gli studi leggiadri

Tra Ottocento e Novecento
con Giacomo Leopardi

© 2015 by Mondadori Education S.p.A., Milano
Tutti i diritti riservati

www.mondadorieducation.it

Prima edizione: aprile 2015

Edizioni

15	14	13	12	11	10	9	8	7	6
2024		2023		2022		2021		2020	

Questo volume è stampato da:
Rotolito S.p.A. – Pioltello (MI)
Stampato in Italia - Printed in Italy

> Il Sistema Qualità di Mondadori Education S.p.A. è certificato da Bureau Veritas Italia S.p.A. secondo la Norma UNI EN ISO 9001:2008 per le attività di: progettazione, realizzazione di testi scolastici e universitari, strumenti didattici multimediali e dizionari.

Le fotocopie per uso personale del lettore possono essere effettuate nei limiti del 15% di ciascun volume/fascicolo di periodico dietro pagamento alla SIAE del compenso previsto dall'art. 68, commi 4 e 5, della legge 22 aprile 1941 n. 633.
Le fotocopie effettuate per finalità di carattere professionale, economico o commerciale o comunque per uso diverso da quello personale possono essere effettuate a seguito di specifica autorizzazione rilasciata da CLEAREdi, Centro Licenze e Autorizzazioni per le Riproduzioni Editoriali, Corso di Porta Romana 108, 20122 Milano, e-mail autorizzazioni@clearedi.org e sito web www.clearedi.org.

Progettazione e coordinamento	Benedetta Montagni
Redazione	Alberto Pozzi
Progetto grafico	Angela Garignani
Impaginazione	Edistudio, Milano
Progetto grafico della copertina	Alfredo La Posta
Ricerca iconografica	Martina Giorgi

Revisione e integrazione testi, Il film del mese e Il libro del mese	Filippo Doveri
Percorsi visivi	Martina Giorgi
Scuola di grammatica, Storia della lingua e Scuola di scrittura (Parafrasi e riassunto)	Silvia Fantacci

Contenuti digitali

Progettazione	Fabio Ferri, Simona Ravalico
Redazione	Alessandro Ristori, Valentina Benedetti
Realizzazione	Nowhere S.r.l., Marco Versari

L'editore fornisce - per il tramite dei testi scolastici da esso pubblicati e attraverso i relativi supporti - link a siti di terze parti esclusivamente per fini didattici o perché indicati e consigliati da altri siti istituzionali. Pertanto l'editore non è responsabile, neppure indirettamente, del contenuto e delle immagini riprodotte su tali siti in data successiva a quella della pubblicazione, distribuzione e/o ristampa del presente testo scolastico.

Per eventuali e comunque non volute omissioni e per gli aventi diritto tutelati dalla legge, l'editore dichiara la piena disponibilità.

Per informazioni e segnalazioni:
Servizio Clienti Mondadori Education
e-mail *servizioclienti.edu@mondadorieducation.it*
numero verde **800 123 931**

Angelo Roncoroni
Milva Maria Cappellini
Alberto Dendi
Elena Sada
Olga Tribulato

gli studi leggiadri

Tra Ottocento e Novecento
con Giacomo Leopardi

LIBRO+WEB

Libro+Web è la piattaforma digitale Mondadori Education adatta a tutte le esigenze didattiche, che raccoglie e organizza i libri di testo in formato digitale, i **MEbook**; i **Contenuti Digitali Integrativi**; gli **Strumenti per la creazione di risorse**; la formazione **LinkYou**.

Il **centro dell'ecosistema digitale Mondadori Education** è il **MEbook**: la versione digitale del libro di testo. È fruibile **online** direttamente dalla homepage di Libro+Web e **offline** attraverso l'apposita app di lettura. Lo puoi consultare da qualsiasi dispositivo e se hai problemi di spazio puoi scaricare anche solo le parti del libro che ti interessano.

Il **MEbook** è personalizzabile: puoi ritagliare parti di pagina e inserire appunti, digitare del testo o aggiungere note. E da quest'anno il vocabolario integrato direttamente nel testo.

È sempre con te: ritrovi qualsiasi modifica nella versione online e su tutti i tuoi dispositivi.

In Libro+Web trovi tutti i **Contenuti Digitali Integrativi** dei libri di testo, organizzati in un elenco per aiutarti nella consultazione.

All'interno della piattaforma di apprendimento sono inseriti anche gli Strumenti digitali per la personalizzazione, la condivisione e l'approfondimento: **Edutools**, **Editor di Test e Flashcard**, **Google Drive**, **Classe Virtuale**.

Da Libro+Web puoi accedere ai **Campus**, i portali disciplinari ricchi di news, info, approfondimenti e Contenuti Digitali Integrativi organizzati per argomento, tipologia o parola chiave.

Per costruire lezioni più efficaci e coinvolgenti il docente ha a disposizione il programma **LinkYou**, che prevede seminari per la didattica digitale, corsi, eventi e webinar.

Come ATTIVARLO e SCARICARLO

COME ATTIVARE IL MEbook

PER LO STUDENTE

- Collegati al sito mondadorieducation.it e, se non lo hai già fatto, registrati: è facile, veloce e gratuito.

- Effettua il login inserendo Username e Password.

- Accedi alla sezione Libro+Web e fai clic su "Attiva MEbook".

- Compila il modulo "Attiva MEbook" inserendo negli appositi campi tutte le cifre tranne l'ultima dell'ISBN, stampato sul retro del tuo libro, il codice contrassegno e quello seriale, che trovi sul bollino argentato SIAE nella prima pagina dei nostri libri.

- Fai clic sul pulsante "Attiva MEbook".

PER IL DOCENTE

- Richiedi al tuo agente di zona la copia saggio del libro che ti interessa.

COME SCARICARE IL MEbook

È possibile accedere online al **MEbook** direttamente dal sito mondadorieducation.it oppure scaricarlo per intero o in singoli capitoli sul tuo dispositivo, seguendo questa semplice procedura:

- Scarica la nostra applicazione gratuita che trovi sul sito mondadorieducation.it o sui principali store di app.

- Lancia l'applicazione.

- Effettua il login con Username e Password scelte all'atto della registrazione sul nostro sito.

- Nella libreria è possibile ritrovare i libri attivati: clicca su "Scarica" per renderli disponibili sul tuo dispositivo.

- Per leggere i libri scaricati fai clic su "leggi".

Accedi al MEbook anche senza connessione ad Internet.
Vai su www.mondadorieducation.it e scopri come attivare, scaricare e usare il tuo MEbook.

www.mondadorieducation.it

UNA DIDATTICA DIGITALE INTEGRATA

Studente e docente trovano un elenco dei **Contenuti Digitali Integrativi** nell'INDICE, che aiuta a pianificare lo studio e le lezioni in classe.

ANALISI INTERATTIVA E FILE AUDIO

- Per i testi fondamentali della letteratura italiana un laboratorio interattivo di lettura, analisi e commento, con la possibilità di inserire evidenziazioni, note personali e segnalibri e con una serie di esercizi autocorrettivi.
- Letture ad alta voce dei testi più belli, in particolare testi poetici, per apprezzare il valore delle parole e il senso del ritmo.

MONDADORI EDUCATION

Torquato Tasso

La vita e le opere

I primi studi Torquato Tasso nasce a Sorrento nel 1544 da genitori nobili, la pistoiese Porzia de' Rossi e Bernardo Tasso, di famiglia bergamasca. Il padre, distintosi in diverse corti per le sue doti militari e letterarie, nel 1531 era entrato al servizio del condottiero Ferrante Sanseverino, principe di Salerno, e nel 1552 l'aveva seguito in esilio. Torquato, iniziati gli studi a Napoli, nel 1554 raggiunge il padre a Roma. Due anni dopo, alla morte della madre, viene inviato a Bergamo presso alcuni parenti e nel 1557 il padre lo chiama presso di sé a Urbino, dove era entrato al servizio del duca Guidobaldo Della Rovere, alla corte urbinate il giovane Torquato intraprende le prime prove letterarie. Nel 1559, sempre seguendo il padre, si reca a Venezia, dove comincia il *Gierusalemme*, poema epico sulla prima crociata e sulla liberazione del Santo Sepolcro, primo abbozzo della *Gerusalemme liberata*. Nello stesso anno Bernardo dà alle stampe il suo poema cavalleresco *Amadigi*.

A Padova e a Ferrara Torquato è poi a Padova, dove, intrapresi e subito abbandonati gli studi di diritto, si volge alla filosofia e all'eloquenza, stringendo importanti rapporti con Sperone Speroni e altri eruditi dell'Accademia degli Infiammati, uno dei più importanti centri di diffusione del pensiero di Aristotele e in particolare della sua *Poetica*. Interrotto il tentativo epico del *Gierusalemme*, Torquato si dedica alla stesu-

ra intermente dedicati al poema epico, frequenta la vita mondana e raffinata delle corti di Ferrara e Mantova e comincia a comporre alcune liriche d'amore, prime prove di una vasta produzione di rime che proseguirà anche negli anni successivi. Nell'ottobre del 1565 Tasso si trasferisce a Ferrara per entrare al servizio del cardinale Luigi d'Este, che lo incarica di occuparsi della vita culturale di corte. Qui, nel 1569, lo raggiunge la notizia della morte del padre. Nel 1572, dopo un viaggio in Francia, passa al servizio del duca Alfonso II. Il soggiorno ferrarese è estremamente fecondo per Tasso dal punto di vista creativo: oltre a partecipare alla vita culturale della corte e a frequentare i più importanti letterati e artisti, Tasso riprende a lavorare intorno al progetto di un poema epico sulla prima crociata; modificando radicalmente l'impianto del *Gierusalemme*, comincia la stesura di *Gerusalemme liberata*, l'opera cui avrebbe dedicato il resto della vita. Nel 1573 compone per questa corte amante delle feste e degli spettacoli teatrali il dramma pastorale *Aminta* e inizia la tragedia *Galealto re di Norvegia* (rielaborata nel 1587 con il titolo di *Re Torrismondo*).

Inquietudini e dubbi Nel 1575, conclusa la stesura del poema sulla prima crociata – privo ancora di un titolo definitivo – Tasso entra in un grave stato di insicurezza, di sfiducia e di confusione intellettuale e psicologica, all'insoddisfazione per l'opera si aggiunge un profondo malcontento per la vita di corte e laceranti dubbi sulla propria fede cattolica. Sottopone così il poema all'esame di quattro autorevoli reviso-

---

LEZIONE LIM

Per gli autori e i movimenti principali, lezioni per Lim, facilmente personalizzabili, utili per rendere più partecipata la lezione frontale, ma da sfruttare anche per ripassare e riassumere gli argomenti una volta spiegati.

LINEA DEL TEMPO INTERATTIVA

- Per avere sott'occhio i principali fatti artistici e letterari e per poterli al tempo stesso collocare nel tempo.
- Dalle origini al Novecento tutta la letteratura in ordine cronologico, con la possibilità di selezionare il periodo che interessa visualizzare.

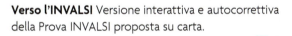

TEST INTERATTIVI E AUTOCORRETTIVI

Verso l'INVALSI Versione interattiva e autocorrettiva della Prova INVALSI proposta su carta.

Test online Per permettere allo studente di verificare le conoscenze acquisite e valutare la propria preparazione in vista di una verifica scritta o orale.

E tanti altri Contenuti Digitali Integrativi:

 La biblioteca digitale: altri testi, con cappello introduttivo e note, per ampliare l'offerta antologica.

 Laboratorio cinema: per approfondire la conoscenza dei *Film del mese*, spunti operativi e materiali integrativi.

www.mondadorieducation.it

INDICE

Giacomo Leopardi … 1

1 La vita e le opere … 2
  LA PAROLA ALL'AUTORE Ritratto di una madre di famiglia … 3
  LA PAROLA ALL'AUTORE «Unico divertimento in Recanati è lo studio…: tutto il resto è noia» … 4
2 Il pensiero … 6
  LA PAROLA ALL'AUTORE Un filosofo, non un malato … 6
3 La poetica … 9
  LA PAROLA ALL'AUTORE Leopardi interviene nella *querelle* classici-romantici … 10
  IL FILM DEL MESE M. Martone, *Il giovane favoloso* … 13

La riflessione teorica: lo Zibaldone … 14
  T1 La teoria del piacere: l'infinito e l'illusione … 14
  T2 La poetica del vago e dell'indefinito … 18
  T3 La sofferenza dell'uomo e dell'universo … 21

Canti … 24
  APPROFONDIMENTO La metrica leopardiana … 25
  APPROFONDIMENTO L'indice definitivo dei *Canti* … 27
  T4 Ultimo canto di Saffo … 28
  T5 L'infinito … 33
  T6 La sera del dì di festa … 36
  T7 A Silvia … 39
  LA PAROLA ALL'AUTORE La bellezza di una fanciulla … 43
  T8 Testo laboratorio – *La quiete dopo la tempesta* … 44
  T9 Il sabato del villaggio … 47
  T10 Canto notturno di un pastore errante dell'Asia … 51
  T11 A se stesso … 58
  LA PAROLA ALLA CRITICA Walter Binni legge *A se stesso* … 60
  T12 La ginestra o il fiore del deserto (vv. 1-157) … 61
  T13 La ginestra o il fiore del deserto (vv. 158-317) … 68
  IL LIBRO DEL MESE L. Bianciardi, *La vita agra* … 75

Operette morali … 76
  LA PAROLA ALL'AUTORE L'intento dell'opera secondo Leopardi … 77
  T14 Dialogo di Torquato Tasso e del suo genio familiare … 78
  APPROFONDIMENTO La noia, sentimento del nulla, da Leopardi a Moravia … 85
  T15 Dialogo della Natura e di un Islandese … 86
  T16 Testo laboratorio – *Dialogo di un venditore d'almanacchi e di un passeggere* … 93

Laboratorio delle competenze … 95
  T17 Testo laboratorio – *Il passero solitario* … 95
  • Guida alla verifica orale … 99
  Verso l'Esame di Stato
  • Verifica delle conoscenze … 100
  T18 Analisi del testo – *Alla luna* … 101
  • Saggio breve – *Il sentimento della natura nel Romanticismo* … 103

 LEZIONE LIM Leopardi *Il pensiero in versi*

 TUTORIAL L'infinito (*Canti*, XII) • La sera del dì di festa (*Canti*, XIII) • A Silvia (*Canti*, XXI) • La quiete dopo la tempesta (*Canti*, XXIV) • A se stesso (*Canti*, XXVIII) • Dialogo di un venditore d'almanacchi e di un passeggere (*Operette morali*) • Alla luna (*Canti*, XIV)

 AUDIO L'infinito (*Canti*) • A Silvia (*Canti*) • Canto notturno di un pastore errante dell'Asia (*Canti*) • A se stesso (*Canti*) • Dialogo della Natura e di un Islandese (*Operette morali*) • Il passero solitario (*Canti*)

 BIBLIOTECA DIGITALE Il sogno (*Canti*) • Malambruno e Farfarello (*Operette morali*) • Il coro dei morti (*Operette morali*)

 LABORATORIO CINEMA M. Martone, *Il giovane favoloso*   **TEST ONLINE** Giacomo Leopardii

La fine dell'Ottocento

COORDINATE STORICHE Dall'Unità d'Italia all'età giolittiana

1	La seconda rivoluzione industriale e l'età dell'imperialismo	106
2	L'Italia dopo l'Unità	109
3	L'Italia dal 1876 al 1896	111
	IL FILM DEL MESE E. Crialese, *Nuovo mondo*	113

COORDINATE CULTURALI Tra Positivismo e Decadentismo

1	Il Positivismo	114
	LA PAROLA AI PROTAGONISTI Darwin: «L'uomo è disceso da un quadrupede peloso»	115
2	Marx e il socialismo scientifico	117
	LA PAROLA AI PROTAGONISTI La lotta di classe nel *Manifesto* di Marx	117
3	La critica della modernità	119
	LA PAROLA AI PROTAGONISTI Nietzsche: la morte di Dio e la nascita del Superuomo	119
4	Il Decadentismo	120
5	Le tendenze artistiche di fine Ottocento	121
	LA LINGUA: STORIA E LESSICO Il problema dell'unificazione linguistica	124
	Laboratorio delle competenze	125
	• Guida alla verifica orale	125
	• Saggio breve – *Che cosa fu l'imperialismo?*	126

 LEZIONE LIM Tra Ottocento e Novecento *La Belle Époque*
 LABORATORIO CINEMA E. Crialese, *Nuovo mondo*
 LINEA DEL TEMPO INTERATTIVA
 TEST ONLINE Tra Ottocento e Novecento

Naturalismo e Verismo   127

1	Il Naturalismo francese	128
	LA PAROLA AI PROTAGONISTI Zola e l'artista "scienziato"	129
	T1 Gustave Flaubert, *Madame si annoia* (*Madame Bovary*)	132
	T2 Edmond e Jules de Goncourt, «Questo romanzo è un romanzo vero» (*Prefazione a Germinie Lacerteux*)	136
	T3 Émile Zola, *Gervaise e l'acquavite* (*L'Assommoir*)	139
	IL LIBRO DEL MESE V. Pratolini, *Cronache di poveri amanti*	144
2	Il Verismo in Italia	145
	LA PAROLA AI PROTAGONISTI La vera novità del Naturalismo secondo Luigi Capuana	146
	T4 Luigi Capuana, *Il medico dei poveri* (*Le paesane*)	148
	T5 Federico De Roberto, *Una famiglia di «mostri»* (*I Viceré*)	153
	T6 Testo Laboratorio – Matilde Serao, *L'estrazione del lotto* (*Il paese di Cuccagna*)	159
	Laboratorio delle competenze	165
	T7 Testo laboratorio – Émile Zola, *La marcia dei minatori* (*Germinale*)	165
	• Guida alla verifica orale	170

 LEZIONE LIM Il Naturalismo e il Verismo *Lo stile della realtà*
 BIBLIOTECA DIGITALE R. Fucini, *Vanno in Maremma* (*Le veglie di Neri*) • M. Pratesi, *La morte in campagna* (*L'eredità*) • Neera, *La partenza di Teresa* (*Teresa*) • E. De Marchi, *Demetrio e Beatrice* (*Demetrio Pianelli*) • F. De Roberto, *E tre!* (*La paura*) • G. Deledda, *Il delitto di Efix* (*Canne al vento*)
 TEST ONLINE Naturalismo e Verismo

INDICE

Giovanni Verga — 171

- **1** La vita e le opere — 172
  - **APPROFONDIMENTO** Il ciclo dei *Vinti* — 173
- **2** Il pensiero — 175
  - **LA PAROLA ALL'AUTORE** «L'ideale dell'ostrica» — 176
- **3** La poetica — 176

La poetica verista — 178
- **T1** Lettera dedicatoria a Salvatore Farina (Prefazione a *L'amante di Gramigna*) — 179
- **T2** La Prefazione ai Malavoglia (Prefazione a *I Malavoglia*) — 181
- **APPROFONDIMENTO** Verga e i naturalisti francesi — 184

Vita dei campi — 185
- **T3** Testo laboratorio – *La Lupa* — 186
- **T4** *Rosso Malpelo* — 190

I Malavoglia — 201
- **LA PAROLA ALL'AUTORE** «I *Malavoglia* hanno fatto fiasco» — 201
- **T5** La famiglia Toscano e la partenza di 'Ntoni (cap. I) — 204
- **T6** Visita di condoglianze (cap. IV) — 209
- **IL FILM DEL MESE** L. Visconti, *La terra trema* — 215
- **T7** Il contrasto tra 'Ntoni e padron 'Ntoni (cap. XI) — 216
- **T8** L'addio di 'Ntoni (cap. XV) — 221
- **LA PAROLA ALLA CRITICA** Romano Luperini, La conclusione dei *Malavoglia* — 225

Novelle rusticane — 226
- **T9** *La roba* — 227
- **T10** *Libertà* — 232

Mastro-don Gesualdo — 238
- **T11** La morte di Gesualdo — 239
- **IL LIBRO DEL MESE** G. Tomasi di Lampedusa, *Il Gattopardo* — 245

Laboratorio delle competenze — 246
- Guida alla verifica orale — 247
- **T12** Testo laboratorio – L'addio alla roba (*Mastro-don-Gesualdo*) — 247

Verso l'Esame di Stato — 250
- Verifica delle conoscenze — 250
- **T13** Analisi del testo – *Malaria* (*Novelle rusticane*) — 251
- Saggio breve – Il pessimismo in Leopardi, Manzoni e Verga: analogie e differenze — 256
- **SCUOLA DI GRAMMATICA** Cosa direbbe Darwin? • Ripassiamo insieme — 257

 LEZIONE LIM Verga *L'eclissi del narratore*
 TUTORIAL La Prefazione ai Malavoglia (*I Malavoglia*) • La lupa (*Vita dei campi*) • Libertà (*Novelle rusticane*) • La morte di Gesualdo (*Mastro-don Gesualdo*)
 AUDIO *La Lupa* (*Vita dei campi*)
 BIBLIOTECA DIGITALE La monacazione (*Storia di una capinera*) • Fantasticheria (*Vita dei campi*) • I guai di don Gesualdo (*Mastro-don Gesualdo*)
 LABORATORIO CINEMA L. Visconti, *La terra trema*   **TEST ONLINE** Giovanni Verga • Verso l'INVALSI

La Scapigliatura — 261

- **1** Modernità e ribellismo — 262
  - **LA PAROLA AI PROTAGONISTI** Cletto Arrighi: ritratto di uno scapigliato — 262
- **2** Gli autori — 263
  - **T1** Emilio Praga, *Preludio* (*Penombre*) — 265
  - **T2** Arrigo Boito, *Dualismo* (*Libro dei versi*) — 268
  - **IL LIBRO DEL MESE** P.V. Tondelli, *Altri libertini* — 273

| T3 Iginio Ugo Tarchetti, *Fosca, tra attrazione e repulsione* (*Fosca*) | 274 |
| T4 Iginio Ugo Tarchetti, *Memento!* (*Disjecta*) | 278 |

Laboratorio delle competenze 280
| T5 Testo laboratorio – Emilio Praga, *Vendetta postuma* (*Penombre*) | 280 |
| • Guida alla verifica orale | 282 |

 AUDIO   E. Praga, *Preludio* (*Penombre*)
 BIBLIOTECA DIGITALE   A. Boito, *L'alfier nero* (*Novelle*) • C. Dossi, *Il suicidio di Alberto* (*Vita di Alberto Pisani*)
TEST ONLINE   La Scapigliatura

Giosue Carducci 283
1 La vita e le opere 284
   LA PAROLA ALL'AUTORE   *L'Inno a Satana* 285
2 Il pensiero e la poetica 287

Rime nuove 289
LA PAROLA ALLA CRITICA   Walter Binni, *Il tema centrale dell'opera di Carducci* 289
T1 *Pianto antico*	290
T2 *Traversando la Maremma toscana*	292
T3 *Idillio Maremmano*	294

Odi barbare 298
| T4 *Alla stazione in una mattina d'autunno* | 298 |
| T5 *Nevicata* | 302 |

Laboratorio delle competenze 304
| T6 Testo laboratorio – *Nella piazza di San Petronio* (*Odi Barbare*) | 304 |
| • Guida alla verifica orale | 306 |

 TUTORIAL   *Pianto antico* (*Rime nuove*) • *Alla stazione in una mattina d'autunno* (*Odi barbare*)
 AUDIO   *Pianto antico* (*Rime nuove*) • *Nevicata* (*Odi barbare*)
 BIBLIOTECA DIGITALE   *Intermezzo* (*Giambi ed epodi*) • *Presso una certosa* (*Rime e ritmi*) • *Mezzogiorno alpino* (*Rime e ritmi*) • *Fantasia* (*Odi barbare*)
TEST ONLINE   Giosue Carducci

Baudelaire e i simbolisti 307
1 La poesia del Decadentismo in Francia 308
2 Baudelaire e la nascita della poesia moderna 309
   LA PAROLA ALL'AUTORE   La perdita dell'aureola 310
| T1 Charles Baudelaire, *Corrispondenze* (*I fiori del male*) | 311 |
| T2 Charles Baudelaire, *Spleen* (*I fiori del male*) | 313 |
   IL FILM DEL MESE   A. Holland, *Poeti dall'inferno* 315
| T3 Charles Baudelaire, *L'albatro* (*I fiori del male*) | 316 |
| T4 Charles Baudelaire, *L'uomo e il mare* (*I fiori del male*) | 318 |
3 La poetica del Simbolismo 319
   LA PAROLA AI PROTAGONISTI   Rimbaud poeta veggente 319

INDICE

4 I maestri del Simbolismo francese — 320
- **T5** Paul Verlaine, *Arte poetica* (*Un tempo e poco fa*) — 321
- **T6** Paul Verlaine, *Languore* (*Cose lontane e cose vicine*) — 324
- **T7** Stéphane Mallarmé, *Brezza marina* (*Poesie*) — 327
- **T8** Arthur Rimbaud, *Vocali* (*Poesie*) — 328

Laboratorio delle competenze — 330
- **T9** Testo Laboratorio – Paul Verlaine, *Piange dentro il mio cuore* (*Romanze senza parole*) — 330
- Guida alla verifica orale — 332

BIBLIOTECA DIGITALE C. Baudelaire, *I gatti* (*I fiori del male*) • A. Rimbaud, *Sensazione* (*Poesie*) • A. Rimbaud, *Lettera del veggente* (*Lettera a Paul Demeny, 15 maggio 1871*) • P. Verlaine, *Canzone d'autunno* (*Poesie saturnine*) • S. Mallarmé, *Risveglio* (*Poesie*)
LABORATORIO CINEMA A. Holland, *Poeti dall'inferno*
TEST ONLINE Baudelaire e i simbolisti

Il romanzo decadente — 333

1 La letteratura del Decadentismo — 334
- **LA PAROLA ALLA CRITICA** Mario Morasso, *Perché nasce il Decadentismo?* — 335

2 Alle origini: Joris-Karl Huysmans — 336
- **T1** Joris-Karl Huysmans, *La realtà artificiale di Des Esseintes* (*Controcorrente*) — 338
- **LA PAROLA ALL'AUTORE** *Controcorrente*, un romanzo di "rottura" — 337

3 In Inghilterra: Oscar Wilde — 341
- **IL LIBRO DEL MESE** A. Moravia, *Gli indifferenti* — 343
- **T2** Oscar Wilde, *La bellezza come unico valore* (*Il ritratto di Dorian Gray*) — 344

4 Il romanzo decadente in Italia: Fogazzaro e Deledda — 349
- **T3** Antonio Fogazzaro, *Marina all'Orrido* (*Malombra*) — 351
- **T4** Grazia Deledda, *La malattia di Efix* (*Canne al vento*) — 355

Laboratorio delle competenze — 358
- **T5** Testo Laboratorio – Joris-Karl Huysmans, *Il pranzo a lutto* (*Controcorrente*) — 358
- Guida alla verifica orale — 360

LEZIONE LIM Il Decadentismo *La trasgressione*
BIBLIOTECA DIGITALE J.-K. Huysmans, *La Chimera e la Sfinge* (*Controcorrente*) • O. Wilde, *Dorian Gray e Des Esseintes* (*Il ritratto di Dorian Gray*) • G. Deledda, *Il delitto di Efix* (*Canne al vento*)
TEST ONLINE Il romanzo decadente

Gabriele D'Annunzio — 361

1 La vita e le opere — 362
- **LA PAROLA ALL'AUTORE** La «gran fiera di ideali a buon mercato» — 364
- **LA PAROLA ALL'AUTORE** L'impresa di Fiume secondo D'Annunzio — 366

2 Il pensiero e la poetica — 368
- **LA PAROLA ALLA CRITICA** Ezio Raimondi, *L'Estetismo come risposta alla «volgarità del mondo moderno»* — 368
- **LA PAROLA ALLA CRITICA** Carlo Salinari, *D'Annunzio e l'ideale del superuomo* — 369
- **APPROFONDIMENTO** D'Annunzio e l'arte della comunicazione — 370

I capolavori in prosa — 371
- **LA PAROLA ALL'AUTORE** «Il verso è tutto» — 371

T1 *Andrea Sperelli* (Il piacere)		374
T2 *L'asta* (Il piacere)		377
APPROFONDIMENTO Tre ritratti per il *dandy*: Huysmans, D'Annunzio, Wilde		381
T3 *Il programma politico del Superuomo* (Le vergini delle rocce)		382
IL LIBRO DEL MESE Curzio Malaparte, *La pelle*		386
T4 *Scrivo nell'oscurità* (Notturno)		387

Canto novo e Poema paradisiaco 391
T5 *O falce di luna calante* (Canto novo)		392
T6 *Consolazione* (Poema paradisiaco)		394

La grande poesia di Alcyone 398
LA PAROLA ALLA CRITICA Walter Binni, *Una poesia «purificata»*		399
T7 *La sera fiesolana*		400
LA PAROLA ALLA CRITICA Anco Marzio Mutterle, *La circolarità de «La sera fiesolana»*		402
T8 *La pioggia nel pineto*		404
APPROFONDIMENTO Una lettura "scolastica" della *Pioggia nel pineto*		410
T9 *Le stirpi canore*		410

Laboratorio delle competenze 413
T10 Testo laboratorio – *I pastori* (Alcyone)		413
• Guida alla verifica orale		415
Verso l'Esame di Stato		416
• Verifica delle conoscenze		416
T11 Analisi del testo – *La sabbia del tempo* (Alcyone)		417
• Saggio breve – *La metamorfosi: premio, punizione, allegoria*		419

 LEZIONE LIM   D'Annunzio *La parola e l'azione*
 TUTORIAL   *Il superuomo* (Le vergini delle rocce) • *O falce di luna calante* (Canto novo) • *La sera fiesolana* (Alcyone) • *La pioggia nel pineto* (Alcyone) • *I pastori* (Alcyone)
 AUDIO   *La sera fiesolana* (Alcyone) • *La pioggia nel pineto* (Alcyone) • *Meriggio* (Alcyone) • *La sabbia del tempo* (Alcyone)
 BIBLIOTECA DIGITALE   *Lungo l'Affrico nella sera di giugno* (Alcyone) • *La parola e l'azione* (Il fuoco)
 TEST ONLINE   Gabriele D'annunzio

Giovanni Pascoli 421
1 La vita e le opere		422
LA PAROLA ALL'AUTORE Pascoli e le sorelle: un rapporto tormentato		423
LA PAROLA ALL'AUTORE La grande Proletaria si è mossa		424
2 Il pensiero e la poetica		426
LA PAROLA ALLA CRITICA Giorgio Bàrberi Squarotti, *L'immagine del nido nelle poesie familiari*		427

Il fanciullino 428
T1 *È dentro di noi un fanciullino*		429

Myricae 431
LA PAROLA ALL'AUTORE La *Prefazione alla terza edizione di Myricae*		432
T2 *Arano*		433
T3 *Lavandare*		435
T4 *Novembre*		437
T5 *L'assiuolo*		439
T6 *X Agosto*		442
APPROFONDIMENTO Un delitto misterioso		444

INDICE

T7 Temporale		445
T8 Il lampo		447
Poemetti		449
T9 Italy		450
T10 Digitale purpurea		455
LA PAROLA ALLA CRITICA Cesare Garboli, *Inattualità di un poeta senza desiderio*		459
T11 Nella nebbia		460
Canti di Castelvecchio		462
LA PAROLA ALLA CRITICA Gianfranco Contini, *Pascoli e le «eccezioni alla norma»*		462
T12 Il gelsomino notturno		463
IL LIBRO DEL MESE A. Palazzeschi, *Sorelle Materassi*		466
T13 La mia sera		467
T14 Testo laboratorio – *Nebbia*		470
APPROFONDIMENTO Onomatopee e fonosimbolismo in Pascoli		472
Poemi conviviali		473
LA PAROLA ALLA CRITICA Giuseppe Petronio, *Cercando il favore del pubblico*		473
T15 Alèxandros		474
Laboratorio delle competenze		478
T16 Testo laboratorio – *La tessitrice (Canti di Castelvecchio)*		478
• Guida alla verifica orale		480
Verso l'Esame di Stato		482
• Verifica delle conoscenze		482
T17 Analisi del testo – *La felicità (Myricae)*		482
• Saggio breve – *Il poeta-bambino: un'immagine ricorrente*		483
SCUOLA DI SCRITTURA La parafrasi e il riassunto		484

 LEZIONE LIM Pascoli *Una semplice complessità*
 TUTORIAL *L'assiuolo (Myricae)* • *X agosto (Myricae)* • *Il lampo (Myricae)* • *Il gelsomino notturno (Canti di Castelvecchio)* • *La mia sera (Canti di Castelvecchio)* • *Nebbia (Canti di Castelvecchio)*
 AUDIO *X Agosto (Myricae)* • *Novembre (Myricae)* • *L'assiuolo (Myricae)* • *Digitale purpurea (Primi poemetti)* • *Il gelsomino notturno (Canti di Castelvecchio)*
BIBLIOTECA DIGITALE *L'ora di Barga (Canti di Castelvecchio)* • *Il tuono (Myricae)*   **TEST ONLINE** Giovanni Pascoli

PERCORSI VISIVI Realtà e denuncia: combattere con le immagini		490
PERCORSI VISIVI I luoghi della cura		494

Il primo Novecento

COORDINATE STORICHE Dall'età giolittiana alla Prima guerra mondiale

1 Luci e ombre della *Belle époque*		500
LA PAROLA AI PROTAGONISTI Otto von Bismarck, *La politica estera della Germania*		501
2 L'Italia nell'età giolittiana		502
3 La Prima guerra mondiale		503
LA PAROLA AI PROTAGONISTI «Amiamo la guerra»: l'imperativo di Giovanni Papini		503
IL FILM DEL MESE C. Chaplin, *Tempi moderni*		505

COORDINATE CULTURALI L'età dell'irrazionalismo

1	Le novità scientifiche	506
2	L'irrazionalismo	507
	LA PAROLA AI PROTAGONISTI Sigmund Freud: «L'Io non è padrone in casa propria»	507
3	La società di massa e la crisi degli intellettuali	508
	LA PAROLA AI PROTAGONISTI Renato Serra, *L'illusione della guerra*	509
	IL LIBRO DEL MESE P. Levi, *La chiave a stella*	511
4	Le tendenze artistiche del primo Novecento	512
	LA LINGUA: STORIA E LESSICO Verso l'italiano	516
	Laboratorio delle competenze	517
	• Guida alla verifica orale	517
	• Saggio breve – *La società di massa*	518

- LEZIONE LIM Tra Ottocento e Novecento *La Belle Époque*
- LABORATORIO CINEMA C. Chaplin, *Tempi moderni*
- LINEA DEL TEMPO INTERATTIVA
- TEST ONLINE Il primo Novecento

Futurismo e Avanguardie 519

1	Il Futurismo	520
	LA PAROLA AI PROTAGONISTI Il Futurismo conquista l'arte	521
2	Filippo Tommaso Marinetti	522
	T1 Filippo Tommaso Marinetti, *Il primo Manifesto del Futurismo* (*Fondazione e Manifesto del Futurismo*)	523
	T2 Filippo Tommaso Marinetti, *Manifesto tecnico della letteratura futurista* (*I poeti futuristi*)	527
	T3 Filippo Tommaso Marinetti, *Il bombardamento di Adrianopoli* (*Zang Tumb Tumb*)	530
3	Govoni e Palazzeschi	533
	LA PAROLA ALL'AUTORE Aldo Palazzeschi, *La risata: un dono divino*	534
	T4 Aldo Palazzeschi, *E lasciatemi divertire!* (*Canzonetta*) (*L'incendiario*)	535
	T5 Testo laboratorio – Corrado Govoni, *Il giardino* (*L'inaugurazione della primavera*)	539
4	Le avanguardie poetiche in Europa	542
	LA PAROLA AI PROTAGONISTI Tristan Tzara, *Per fare una poesia dadaista*	543
	T6 Vladimir Majakovskij, *La guerra è dichiarata* (*Io*)	544
	T7 Sergej A. Esenin, *Confessioni di un teppista* (*Confessioni di un teppista*)	546
	T8 Guillaume Apollinaire, *Piove* (*Calligrammi*)	550
	APPROFONDIMENTO Calligrammi e poesia visiva	552
	Laboratorio delle competenze	553
	T9 Testo Laboratorio – A. Palazzeschi, *Chi sono?* (*Poesie*)	553
	• Guida alla verifica orale	555
	SCUOLA DI GRAMMATICA Il treno del futuro? Velocissimo e sottovuoto • Ripassiamo insieme	556

 LEZIONE LIM Il Crepuscolarismo e il Futurismo *L'alba del Novecento*
 AUDIO A. Palazzeschi, *E lasciatemi divertire!* (*Canzonetta*) (*L'incendiario*)
 TUTORIAL A. Palazzeschi, *Chi sono?* (*Poesie*)
 BIBLIOTECA DIGITALE A. Soffici, *Crocicchio* (*Simultaneità e chimismi lirici*) • C. Govoni, *Il sole* (*Brindisi alla notte*) • A. Palazzeschi, *Ave, Mara, Amara* (*I cavalli bianchi*)
 TEST ONLINE Il Futurismo e le avanguardie • Verso l'INVALSI

Indice **XV**

INDICE

Crepuscolari e vociani — 561

1 La corrente crepuscolare — 562
2 Guido Gozzano — 564
   - **T1** Guido Gozzano, *La signorina Felicita ovvero la Felicità* (*I colloqui*) — 565
   - **T2** Guido Gozzano, *Totò Merùmeni* (*I colloqui*) — 573
3 Corazzini e Moretti — 577
   - **T3** Sergio Corazzini, *Desolazione del povero poeta sentimentale* (*Piccolo libro inutile*) — 578
   - LA PAROLA ALLA CRITICA Aldo Vallone, *L'identità assoluta tra arte e vita* — 581
   - **T4** Marino Moretti, *Io non ho nulla da dire* (*Poesie di tutti i giorni*) — 582
   - **T5** Testo laboratorio – Marino Moretti, *A Cesena* (*Il giardino dei frutti*) — 586
4 I poeti vociani: Rebora, Sbarbaro, Campana — 589
   - **T6** Clemente Rebora, *Viatico* (*Poesie sparse*) — 592
   - IL LIBRO DEL MESE S. Vassalli, *La notte della cometa* — 594
   - **T7** Camillo Sbarbaro, *Taci, anima stanca di godere* (*Pianissimo*) — 595
   - **T8** Dino Campana, *La Chimera* (*Canti orfici*) — 598
   - **Laboratorio delle competenze** — 601
   - **T9** Testo laboratorio – Camillo Sbarbaro, *Talor mentre cammino per le strade* (*Pianissimo*) — 601
   - • Guida alla verifica orale — 604

 LEZIONE LIM Il Crepuscolarismo e il Futurismo *L'alba del Novecento*
 TUTORIAL G. Gozzano, *La signorina Felicita* (*I colloqui*)
 AUDIO G. Gozzano, *Totò Merùmeni* (*I colloqui*) • S. Corazzini, *Desolazione del povero poeta sentimentale* (*Piccolo libro inutile*) • M. Moretti, *A Cesena* (*Il giardino dei frutti*) • C. Rebora, *O carro vuoto sul binario morto* (*Frammenti lirici*) • C. Sbarbaro, *Taci, anima stanca di godere* (*Pianissimo*) • D. Campana, *La Chimera* (*Canti Orfici*)
 BIBLIOTECA DIGITALE G. Gozzano, *L'amica di nonna Speranza* (*I colloqui*) • S. Corazzini, *Il mio cuore* (*Dolcezze*) • C. Rebora, *O carro vuoto sul binario morto* (*Frammenti lirici*) • D. Campana, *Viaggio a Montevideo* (*Canti orfici*)
 TEST ONLINE Crepuscolari e vociani

Luigi Pirandello — 605

1 La vita e le opere — 606
   - LA PAROLA ALL'AUTORE «Una mano che gira la manovella» — 607
2 Il pensiero — 611
3 La poetica — 612
   - LA PAROLA ALL'AUTORE Una vecchia signora imbellettata: dalla comicità all'umorismo — 613
   - **T1** *L'arte umoristica* (*L'umorismo*, parte seconda, cap. VI) — 614

Le Novelle per un anno — 617
   - **T2** *La patente* — 618
   - **T3** *Il treno ha fischiato...* — 626
   - **T4** Testo laboratorio – *La morte addosso* — 633

Il fu Mattia Pascal — 639
   - LA PAROLA ALLA CRITICA Enrico Ghidetti, *Le illusioni di Mattia Pascal* — 640
   - **T5** *Prima e seconda premessa* (capp. I-II) — 641
   - **T6** *La nascita di Adriano Meis* (cap. VIII) — 646
   - APPROFONDIMENTO L'identità perduta e il tema del doppio — 651
   - IL LIBRO DEL MESE I. Calvino, *Il Visconte dimezzato* — 652

XVI Indice

Uno, nessuno e centomila — 653
LA PAROLA ALL'AUTORE «La vita non conclude» — 654
T7 Testo laboratorio – *Un piccolo difetto* (libro I, cap. I) — 655
T8 *Un paradossale lieto fine* (Uno, nessuno e centomila, libro VIII, cap. IV) — 658

I capolavori teatrali — 661
LA PAROLA ALLA CRITICA Giovanni Macchia, *Un teatro che "tortura" lo spettatore* — 663
T9 *La voce della Verità* (Così è (se vi pare), atto III) — 664
T10 *L'ingresso in scena dei sei personaggi* (Sei personaggi in cerca d'autore) — 671
T11 *Enrico IV per sempre* (Enrico IV, atto III) — 676

Laboratorio delle competenze — 681
T12 Testo Laboratorio – «*Io e l'ombra mia*» (Il fu Mattia Pascal, cap. XV) — 681
• Guida alla verifica orale — 684
Verso l'Esame di Stato — 685
• Verifica delle conoscenze — 685
T13 Analisi del testo – *Personaggi contro Attori* (Sei personaggi in cerca d'autore) — 686
• Saggio breve– *Ridere è… una cosa seria* — 688
SCUOLA DI GRAMMATICA Pirandello ai tempi della rete • Ripassiamo insieme — 690

  LEZIONE LIM Pirandello *Dal personaggio alla maschera*
  TUTORIAL *L'ingresso in scena dei sei personaggi* (Sei personaggi in cerca d'autore) • *La voce della «verità»* (Così è (se vi pare), atto III, scene 7-9)
  AUDIO *Il treno ha fischiato…* (Novelle per un anno) • *La nascita di Adriano Meis* (Il fu Mattia Pascal)
BIBLIOTECA DIGITALE *Lumie di Sicilia* (Novelle per un anno) • *Lumie di Sicilia* (Atto unico)
TEST ONLINE Luigi Pirandello • Verso l'INVALSI

Italo Svevo — 693
1 La vita e le opere — 694
LA PAROLA ALL'AUTORE «Quella ridicola e dannosa cosa che si chiama letteratura» — 695

2 Il pensiero — 697
LA PAROLA ALL'AUTORE «Perché voler curare la nostra malattia?» — 697
LA PAROLA ALLA CRITICA Giacomo Debenedetti, *L'inetto «consapevole» dei romanzi di Svevo* — 698
LA PAROLA ALL'AUTORE «La vita sarà letteraturizzata» — 699

3 La poetica — 700
APPROFONDIMENTO *Svevo e la psicanalisi: un rapporto complesso* — 702

Una vita — 703
T1 *Alfonso e Macario* — 703

Senilità — 708
T2 *Emilio e Angiolina* — 709
LA PAROLA ALLA CRITICA Geno Pampaloni, *Una coppia narrativamente riuscita* — 712

La coscienza di Zeno — 713
LA PAROLA ALL'AUTORE Svevo a Montale: «La Coscienza è un autobiografia e non la mia» — 713
T3 *Prefazione e preambolo* — 715
T4 *L'ultima sigaretta* — 718
APPROFONDIMENTO *Nella mente del personaggio: quattro tecniche narrative* — 723
T5 *Lo schiaffo del padre* — 724
LA PAROLA ALLA CRITICA Mario Lavagetto, *Le bugie di Zeno* — 727
T6 Testo laboratorio – *Il fidanzamento di Zeno* — 728

INDICE

T7 *L'esplosione finale*	735
Laboratorio delle competenze	739
T8 Testo Laboratorio – *Il funerale sbagliato* (*La coscienza di Zeno*)	739
• Guida alla verifica orale	742
Verso l'Esame di Stato	743
• Verifica delle conoscenze	743
T9 Analisi del testo – *La seduta spiritica* (*La coscienza di Zeno*)	744
• Saggio breve – *La figura dell'«inetto» nella narrativa del Novecento*	747
SCUOLA DI GRAMMATICA Riflessioni e interrogativi sulla guerra	
• Ripassiamo insieme	748

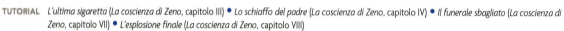

LEZIONE LIM Svevo *La vita come malattia, la letteratura come terapia*
TUTORIAL *L'ultima sigaretta* (*La coscienza di Zeno*, capitolo III) • *Lo schiaffo del padre* (*La coscienza di Zeno*, capitolo IV) • *Il funerale sbagliato* (*La coscienza di Zeno*, capitolo VII) • *L'esplosione finale* (*La coscienza di Zeno*, capitolo VIII)
AUDIO *Prefazione e Preambolo* (*La coscienza di Zeno*) • *L'esplosione finale* (*La coscienza di Zeno*)
BIBLIOTECA DIGITALE *Il suicidio di Alfonso* (*Una vita*) • *Un dolore lancinante* (*La coscienza di Zeno*)
TEST ONLINE Italo Svevo • Verso l'INVALSI

Il romanzo della crisi — 753

1 Il romanzo del primo Novecento	754
2 Il romanzo in Francia	755
T1 Marcel Proust, *La madeleine* (*Alla ricerca del tempo perduto – Dalla parte di Swann*)	757
3 Il romanzo di lingua tedesca	762
T2 Thomas Mann, *La morte di Aschenbach* (*La morte a Venezia*)	765
T3 Franz Kafka, *Il risveglio di Gregor Samsa* (*La metamorfosi*)	770
IL LIBRO DEL MESE D. Buzzati, *Il deserto dei tartari*	774
4 La narrativa inglese	775
T4 James Joyce, *Il monologo di Molly Bloom* (*Ulisse*)	777
T5 Virginia Woolf, *Il calzerotto marrone* (*Gita al faro*)	781
Laboratorio delle competenze	786
T6 Testo laboratorio – Franz Kafka, *Davanti alla legge* (*Il processo*)	786
• Guida alla verifica orale	789

AUDIO F. Kafka, *Il risveglio di Gregor Samsa* (*La metamorfosi*)
BIBLIOTECA DIGITALE F. Kafka, *Un messaggio dell'imperatore* (*I racconti*) • J. Joyce, *Famiglia, patria, religione* (*Dedalus*) • J. Joyce, *Due brani satirici* (*Ulisse*) • J. Joyce, *Evelyne* (*I dublinesi*) • V. Woolf, *Il raggio del faro* (*Gita al faro*)
TEST ONLINE Il romanzo della crisi

PERCORSI VISIVI Acqua, luce e gas: la città moderna	790
PERCORSI VISIVI Macchine, velocità e dinamismo: la poetica della modernità	793
SCUOLA DI SCRITTURA Scrivere per l'Esame di Stato	796

Indice dei nomi — 810

Giacomo Leopardi

Zibaldone

T1 *La teoria del piacere: l'infinito e l'illusione (165-172)*

T2 *La poetica del vago e dell'indefinito (472, 1744-1745, 1789, 1798)*

T3 *La sofferenza dell'uomo e dell'universo (4128-4129, 4175-4177)*

Canti

T4 *Ultimo canto di Saffo (IX)*

T5 *L'infinito (XII)*

T6 *La sera del dì di festa (XIII)*

T7 *A Silvia (XXI)*

T8 TESTO LABORATORIO – *La quiete dopo la tempesta (XXIV)*

T9 *Il sabato del villaggio (XXV)*

T10 *Canto notturno di un pastore errante dell'Asia (XXIII)*

T11 *A se stesso (XXVIII)*

T12 *La ginestra o il fiore del deserto (XXXIV, vv. 1-157)*

T13 *La ginestra o il fiore del deserto (XXXIV, vv. 158-317)*

Operette morali

T14 *Dialogo di Torquato Tasso e del suo genio familiare (XI)*

T15 *Dialogo della Natura e di un Islandese (XII)*

T16 TESTO LABORATORIO – *Dialogo di un venditore d'almanacchi e di un passeggere (XXIII)*

Laboratorio delle competenze

T17 TESTO LABORATORIO – *Il passero solitario (Canti, XI)*

T18 TESTO LABORATORIO – *Alla luna (Canti, XIV)*

Giacomo Leopardi

Leopardi
Il pensiero in versi

Domenico Morelli, *Ritratto di Giacomo Leopardi*, 1845.

La vita e le opere

Un'infanzia felice e un'adolescenza appartata Giacomo Leopardi nasce il 29 giugno **1798** a **Recanati**, borgo marchigiano dello Stato Pontificio, dal conte Monaldo e dalla marchesa Adelaide Antici. Primo di dieci figli (di cui soltanto tre sopravviveranno alla primissima infanzia), Giacomo è particolarmente legato al fratello Carlo e alla sorella Paolina, più giovani di uno e due anni. Egli stesso ricorda nello *Zibaldone* i loro sfrenati giochi infantili: «Piacere, entusiasmo ed emulazione che mi cagionavano nella mia prima gioventù i giuochi e gli spassi ch'io pigliava co' miei fratelli […]. Quella specie di piccola gloria ecclissava per qualche tempo a' miei occhi quella di cui io andava continuamente e sì cupidamente in cerca co' miei abituali studi».

La famiglia Leopardi è una delle più illustri della nobiltà marchigiana, ma l'assottigliarsi del patrimonio familiare impone una rigida amministrazione economica, di cui si occupa con severo rigore la madre, impegnata a conservare almeno l'apparenza dell'antico splendore. Il formalismo di Adelaide, una donna fredda e priva di slanci d'affetto, condiziona l'adolescenza del figlio, costretto a un'esistenza appartata, quasi priva di rapporti con i coetanei e di esperienze sentimentali.

Isolato dal mondo e istruito da precettori ecclesiastici, Giacomo trova presto rifugio nella fornitissima biblioteca paterna, dove trascorre **«sette anni di studio matto e disperatissimo»**, che gli garantiscono un'enorme cultura ma compromettono per sempre la sua salute fisica e psichica. A questo periodo risalgono numerosi scritti – saggi, traduzioni, poesie e tragedie – che dimostrano la **precocissima ed enciclopedica formazione** del giovane Leopardi. Ancora adolescente, egli conosce il latino, il greco e l'ebraico e compone due ampie opere erudite: la *Storia dell'astronomia* (1813) e il *Saggio sopra gli errori popolari degli antichi* (1815).

La "conversione letteraria" e le prime prove poetiche Ormai diciottenne, intorno al 1816 Leopardi matura quella che egli stesso definisce «conversione letteraria», che lo porta **«dall'erudizione al bello»**, ossia dal semplice accumulo di nozioni all'appassionata lettura dei grandi poeti classici (Omero, Virgilio e Dante), cui si aggiungono gradualmente anche testi più moderni, da Alfieri a Foscolo, dal *Werther* di Goethe ai *Canti di Ossian* di Macpherson.

In parallelo si evolve anche il suo pensiero. Confortato dall'amicizia epistolare (iniziata nei primi mesi del 1817) con il letterato classicista **Pietro Giordani**, Leopardi cerca di intervenire nel dibattito culturale che contrappone classicisti e romantici e si schiera a fianco dei classicisti in due scritti rimasti all'epoca inediti: la *Lettera ai Sigg. compilatori della «Biblioteca italiana» in risposta a Madame de Staël*, del luglio 1816, e il *Discorso di un italiano intorno alla poesia romantica*, del marzo 1818. Abbandonando le posizioni reazionarie ereditate dal padre, egli matura in campo politico un infiammato patriottismo che, non potendosi esprimere nei fatti, ispira le canzoni *All'Italia*, *Sopra il monumento di Dante* e *Ad Angelo Mai*, i primi testi che confluiranno poi nei *Canti*.

Il "carcere" recanatese e la «conversione dal bello al vero» In questi anni, tuttavia, il senso di isolamento e il disagio esistenziale si acuiscono, accentuati da un doloroso deperimento psicofisico e dalle pressioni dei parenti, che vorrebbero indirizzarlo alla carriera ecclesiastica.

Sempre più oppresso dall'angusto ambiente familiare, alla fine di luglio del 1819, ormai divenuto maggiorenne (il 29 giugno ha infatti compiuto ventun'anni), Leopardi progetta nei dettagli la **fuga da Recanati**, ma viene scoperto dal padre prima di poterla mettere in atto.

> ### La parola all'autore
> ## Ritratto di una madre di famiglia
>
> Per la madre, fredda e distante, autoritaria, Leopardi avrà, una volta diventato adulto, parole terribili. Non è difficile riconoscere Adelaide Antici, che partorì dieci figli vedendone morire uno appena nato e altri sei in tenerissima età, in queste note tratte dallo *Zibaldone* e datate 25 novembre 1820.
>
> Io ho conosciuto intimamente una madre di famiglia che non era punto superstiziosa, ma saldissima ed esattissima nella credenza cristiana, e negli esercizi della religione. Questa non solamente non compiangeva quei genitori che perdevano i loro figli bambini, ma gl'invidiava intimamente e sinceramente, perché questi eran volati al paradiso senza pericoli, e avean liberato i genitori dall'incomodo di mantenerli. Trovandosi più volte in pericolo di perdere i suoi figli nella stessa età, non pregava Dio che li facesse morire, perché la religione non lo permette, ma gioiva cordialmente; e vedendo piangere o affliggersi il marito, si rannicchiava in se stessa, e provava un vero e sensibile dispetto. [...] Considerava la bellezza come una vera disgrazia, e vedendo i suoi figli brutti o deformi, ne ringraziava Dio, non per eroismo, ma di tutta voglia. Non proccurava in nessun modo di aiutarli a nascondere i loro difetti, anzi pretendeva che in vista di essi, rinunziassero intieramente alla vita nella loro prima gioventù: se resistevano, se cercavano il contrario, se vi riuscivano in qualche minima parte, n'era indispettita, scemava quanto poteva colle parole e coll'opinion sua i loro successi (tanto de' brutti quanto de' belli, perché n'ebbe molti), e non lasciava passare anzi cercava studiosamente l'occasione di rinfacciar loro, e far loro ben conoscere i loro difetti, e le conseguenze che ne dovevano aspettare, e persuaderli della loro inevitabile miseria, con una veracità spietata e feroce.

Le sofferenze personali aprono la strada alla riflessione filosofica e nel 1819 una seconda "conversione", **dal «bello» al «vero»**, porta Leopardi ad abbracciare le teorie materialistiche legate al meccanicismo settecentesco. Nel 1826 scriverà di sé al conte Pepoli: «Appresa, senza maestro, la lingua greca, si diede seriamente agli studi filologici, e vi perseverò per sette anni; finché, rovinatasi la vista, e obbligato a passare un anno intero (1819) senza leggere, si volse a pensare, e si affezionò alla filosofia [...]».

Tra il 1819 e il 1823 si colloca un periodo di **intensa creatività poetica**, che vede la stesura dei primi idilli (*L'infinito*, *La sera del dì di festa*) e di nuove canzoni filosofiche (*Bruto minore*, *Ultimo canto di Saffo*, *Alla sua donna*). Diventa intanto più sistematica la stesura di un diario privato, lo *Zibaldone*, in cui si depositano appunti, note e pensieri di vario genere.

Il soggiorno a Roma e il silenzio della poesia

Nel novembre del 1822 giunge finalmente la sospirata occasione di uscire da quella «tomba de' vivi» che è Recanati: ospitato dallo zio materno, il poeta si reca a Roma e vi si trattiene fino al maggio del 1823. Tuttavia il viaggio tanto atteso si rivela una **delusione**: Leopardi trova insulsa e mediocre la mondanità dei salotti e anche l'austera monumentalità della città lo lascia indifferente. Scrivendo a Carlo, il 16 dicembre 1822, si lamenta di ogni aspetto della vita romana, appuntando la propria critica sul modo di intendere la letteratura e il mestiere di letterato, così lontano dal suo: «Orrori e poi orrori. I più santi nomi profanati, le più insigni sciocchezze levate al cielo, i migliori spiriti di questo secolo calpestati come inferiori al minimo letterato di Roma, [...]; l'Antiquaria [gli studi eruditi dell'antichità classica] messa da tutti in cima del sapere umano, e considerata costantemente e universalmente come l'unico vero studio dell'uomo [...] tutto questo m'avvilisce in modo, che s'io non avessi il rifugio della posterità [...], manderei la letteratura al diavolo mille volte».

Fallito il tentativo di ottenere un incarico presso il governo pontificio, a Leopardi non resta che tornare a Recanati, ormai convinto che il proprio senso di malessere esistenziale non dipenda solo dal «natìo borgo selvaggio», ma sia una **condizione universale e ineliminabile**, propria di ogni uomo e di ogni tempo. Cadute le illusioni della prima giovinezza, anche la vena poetica si inaridisce: tra il 1823 e il 1828 Leopardi, abbandonata quasi completamente la stesura di testi poetici, si impone una più organica riflessione teorica sul significato dell'esistenza. Prende forma così il progetto delle *Operette morali*, a cui Leopardi lavora alacremente a partire dal gennaio **1824** e in cui si esprime in forma prosastica e raziocinante una nuova fase del suo pensiero.

Lontano da Recanati

Nel 1825 Leopardi si stabilisce a **Milano**, grazie alla proposta dell'editore Stella, il quale gli offre una serie di incarichi che gli permettono di sostenersi, senza però garantirgli una rea-

La vita e le opere 3

La parola all'autore

«Unico divertimento in Recanati è lo studio...: tutto il resto è noia»

Per il giovane Leopardi, l'amicizia con Pietro Giordani fu di grande sollievo e stimolo. A lui il poeta si rivolge in questa lettera del 1817 come a un amico sincero, confidando il suo senso di oppressione verso un ambiente angusto e privo di attrattive, in cui l'unico rifugio è lo studio.

Che cosa è in Recanati di bello? che l'uomo si curi di vedere o d'imparare? niente. Iddio ha fatto tanto bello questo nostro mondo, tante cose belle ci hanno fatto gli uomini, tanti uomini ci sono che chi non è insensato arde di vedere e di conoscere, la terra è piena di meraviglie, ed io di dieciott'anni potrò dire, in questa caverna[1] vivrò e morrò dove sono nato? Le pare che questi desideri si possano frenare? che siano ingiusti soverchi sterminati? che sia pazzia il non contentarsi di non veder nulla, il non contentarsi di Recanati? L'aria di questa città l'è stato mal detto che sia salubre. È mutabilissima, umida, salmastra, crudele ai nervi e per la sua sottigliezza niente buona a certe complessioni. A tutto questo aggiunga l'ostinata nera orrenda barbara malinconia che mi lima e mi divora, e collo studio s'alimenta e senza studio s'accresce. So ben io qual è, e l'ho provata, ma ora non la provo più, quella dolce malinconia che partorisce le belle cose, più dolce dell'allegria, la quale, se m'è permesso di dir così, è come il crepuscolo, dove questa è notte fittissima e orribile, è veleno, come Ella dice, che distrugge le forze del corpo e dello spirito. Ora come andarne libero non facendo altro che pensare e vivendo di pensieri senza una distrazione al mondo? e come far che cessi l'effetto se dura la causa? Che parla Ella di divertimenti? Unico divertimento in Recanati è lo studio: unico divertimento è quello che mi ammazza[2]: tutto il resto è noia.

1. questa caverna: l'espressione si riferisce sia al paese di Recanati sia al palazzo paterno.

2. quello che mi ammazza: lo studio, che rende instabile la salute fisica del poeta.

---

le stabilità economica. Alla fine dell'anno il poeta si trasferisce a Bologna, dove pubblica le prime canzoni. Nel 1827 è a **Firenze**, dove trova sinceri e generosi estimatori nel circolo dell'«Antologia», uno dei periodici più importanti della cultura italiana, che riunisce intellettuali di fede liberale.

Nell'inverno tra il 1827 e il 1828 soggiorna a **Pisa**, dove la dolcezza del clima (che giova molto alla sua salute) e l'affetto degli amici favoriscono il **ritorno alla poesia**. Scrive alla sorella Paolina il 12 novembre 1827: «Sono rimasto incantato di Pisa per il clima: se dura così, sarà una beatitudine [...] L'aspetto di Pisa mi piace assai più di quel di Firenze: questo lung'Arno è uno spettacolo così bello, così ampio, così magnifico, così gaio, così ridente che innamora [...] E poi vi si aggiunge che io, grazie a Dio, sto bene, che mangio con appetito, che ho una camera a ponente che guarda sopra un grand'orto, con una grande apertura tanto che si arriva a veder l'orizzonte». Da questa condizione particolarmente serena nascono *Il risorgimento* e *A Silvia*, con cui si apre la stagione dei grandi canti pisano-recanatesi, che continua anche quando le necessità economiche e la morte del fratello Luigi lo costringono a fare ritorno a **Recanati**. Qui, oppresso dalle sofferenze fisiche e morali, trascorre «sedici mesi di notte orribile», durante i quali però compone alcuni dei suoi canti più alti: *Le ricordanze, La quiete dopo la tempesta, Il sabato del villaggio* e il *Canto notturno di un pastore errante dell'Asia*.

Il periodo fiorentino Nell'aprile del 1830 Leopardi decide di accettare l'invito degli amici fiorentini, che gli offrono un assegno mensile per un anno in cambio di collaborazioni critico-letterarie. Egli lascia così il paese natale, che non rivedrà mai più. A Firenze si apre una nuova fase della sua vita, ricca di stimoli intellettuali e più aperta al dibattito politico e ai rapporti sociali. Il poeta è ormai una presenza viva e ben nota della scena culturale italiana: conosce Manzoni e Stendhal, frequenta i salotti letterari e li anima con il suo battagliero spirito polemico, ostile a ogni facile entusiasmo di tipo progressista.

A Firenze Leopardi sperimenta anche l'unica reale passione amorosa della sua vita, innamorandosi di **Fanny Targioni Tozzetti**, nobildonna colta e raffinata che nel suo salotto di via Ghibellina riceveva artisti e letterati. Stando alle testimonianze dei contemporanei, la giovane (all'epoca aveva 25 anni, 7 meno di Leopardi) moglie del medico e botanico Antonio Targioni Tozzetti era bella, spigliata e brillante tanto che le si attribuivano diversi amanti. A lei e alla delusione provocata da questo amore non ricambiato si ispirano le liriche del cosiddetto «ciclo di Aspasia», tra cui *Il pensiero dominante, Consalvo, Amore e morte* e *A se stesso*.

Il periodo napoletano e la morte A Firenze Leopardi stringe anche amicizia con un giovane esule della Repubblica partenopea, **Antonio Ranieri**, cono-

4 Giacomo Leopardi

La vita e le opere

1798-1824 **Recanati** **Gli studi, le prime opere, i primi contatti col mondo**	1812-1819 «studio matto e disperatissimo» 1816 Partecipa alla *querelle* classici-romantici: *Lettera ai compilatori della «Biblioteca italiana»* 1817 Inizia l'amicizia epistolare con Giordani; primi appunti dello *Zibaldone* 1818 *Discorso di un italiano intorno alla poesia romantica* 1819 Tentativo di fuga da Recanati. Scrive *L'infinito* 1820 *La sera del dì di festa* 1822 Visita a Roma; *Ultimo canto di Saffo* 1824 Prime venti *Operette morali*; esce la prima edizione dei *Canti*
1825-1828 **Milano, Bologna, Firenze, Pisa** **Gli orizzonti culturali si allargano**	1825 Grazie a un contratto con l'editore Stella si trasferisce a Milano 1827 Prima edizione completa delle *Operette morali* 1828 A Pisa compone *Il risorgimento* e *A Silvia*
1828-1830 **Di nuovo a Recanati** **«natìo borgo selvaggio»**	Compone i canti pisano-recanatesi («grandi idilli»): *Le ricordanze, La quiete dopo la tempesta, Il sabato del villaggio, Canto notturno di un pastore errante dell'Asia*
1830-1837 **Lontano da Recanati per sempre** **Firenze e Napoli**	1830-1831 A Firenze s'innamora di Fanny Targioni Tozzetti e conosce Antonio Ranieri, fedele compagno degli ultimi anni. Scrive *Il passero solitario* 1832 Delusione d'amore. Lascia Firenze e si trasferisce a Napoli. Nuove *Operette morali*, ultimi appunti dello *Zibaldone* 1833-1834 «Ciclo di Aspasia» 1836 A Torre del Greco compone *La ginestra* 1837 Rientra a Napoli dove muore, il 14 giugno, a 39 anni

sciuto già nel primo soggiorno fiorentino, insieme al quale nel 1833 si trasferisce a Napoli, nella speranza che un clima mite possa giovargli alla salute, sempre più malferma. Qui concorda con l'editore Starita la pubblicazione di tutte le proprie opere, che però viene interrotta dalla censura austriaca dopo i primi due volumi. Intraprende anche la stesura di una raccolta di *Pensieri*, che vedranno la luce postumi. L'ambiente napoletano, intriso di tendenze spiritualistiche e cattolico-liberali, acuisce per contrasto in Leopardi un **vivo spirito polemico**, da cui nascono taglienti opere satiriche: i *Paralipomeni alla Batracomiomachia* e la *Palinodia al marchese Gino Capponi*. Nel 1836, sempre accompagnato dall'amico Ranieri, il poeta si sposta in una villa a Torre del Greco per sfuggire a un'epidemia di colera che si era diffusa a Napoli. Qui concepisce *La ginestra*, un ampio componimento che può essere considerato il suo testamento poetico, in cui il pessimismo eroico sembra aprirsi all'ideale della solidarietà. Rientrato a Napoli, Leopardi **muore a soli 39 anni**, il 14 giugno **1837**. Per volontà del poeta, Ranieri si occuperà dell'edizione postuma delle sue opere. Nel registro familiare, la sorella Paolina scrive: «Adì 14 giugno 1837 morì nella città di Napoli questo mio diletto fratello divenuto uno dei primi letterati d'Europa: fu tumulato nella chiesa di San Vitale sulla via di Pozzuoli. Addio caro Giacomo: quando ci rivedremo in Paradiso?».

Sosta di verifica

1 Come avviene la formazione culturale e letteraria di Leopardi?

2 Quando avvengono e in che cosa consistono le due «conversioni» giovanili di Leopardi?

3 In quale occasione il poeta lascia per la prima volta Recanati?

4 In quale periodo della sua vita Leopardi attraversa una fase di silenzio poetico?

5 In quale città Leopardi trascorre gli ultimi anni della sua vita?

La vita e le opere

Il pensiero

Un poeta filosofo? L'intera opera di Leopardi si basa sulla riflessione filosofica intorno alla condizione dell'uomo e alla sua infelicità. Questo nodo problematico determina un legame strettissimo e costante tra creazione artistica e indagine conoscitiva, tra poesia e filosofia. La componente concettuale dell'opera di Leopardi è stata minimizzata per l'intero Ottocento e per buona parte del Novecento, a causa della distanza delle posizioni leopardiane dagli orientamenti dominanti: il suo **materialismo** risultava infatti incompatibile con l'idealismo e con la cultura cattolica, il suo **pessimismo** inconciliabile con il positivismo e con la cultura progressista. L'attenzione di grandi filosofi come Arthur Schopenhauer, Friedrich Nietzsche, Henry Bergson e Walter Benjamin ha contribuito a chiarire la natura profondamente filosofica della scrittura leopardiana, e l'originalità del suo metodo d'indagine, aperto, dinamico, in continuo divenire. Il carattere apparentemente asistematico del pensiero di Leopardi riguarda peraltro gli esiti (in primo luogo lo *Zibaldone*, sterminata raccolta di annotazioni eterogenee), più che la sostanza della sua meditazione: egli stesso, del resto, riferendosi alle proprie concezioni, parla esplicitamente di «teoria», di «sistema», di «filosofia».

Se i posteri hanno stentato a riconoscere la grandezza intellettuale di Leopardi, anche i contemporanei ridussero l'importanza delle sue riflessioni, attribuendo l'origine di una visione tanto pessimistica della realtà alle **sofferenze fisiche e psichiche dell'autore**, al suo isolamento culturale e alla difficoltà di stabilire rapporti interpersonali. Tra le più crudeli e perfide stroncature di Leopardi, è rimasta celebre quella di Niccolò **Tommaseo**, condotta sul filo di una riduttiva interpretazione della sua opera e del suo pensiero letti appunto come la necessaria conseguenza della riflessione di una persona malata e deforme. Nel 1837 egli scrive a Gino Capponi: «Natura con un pugno lo sgobbò: / "Canta" gli disse irata ed ei cantò»; l'anno prima a Cesare Cantù aveva profetizzato, con scarsa lungimiranza: «Nel dumila il Leopardi non avrà d'eminente nell'opinione degli uomini né anco la spina dorsale, perché i bachi della sepoltura gliel'avranno appianata».

In realtà, Leopardi supera di gran lunga i limiti di una prospettiva individuale per volgersi a riflettere più in generale sulla **condizione esistenziale** di tutti gli uomini.

Il «pessimismo storico» I critici hanno individuato nel pensiero leopardiano una serie di fasi, che si susseguono a partire dagli anni giovanili (1816-1818) per arrivare agli ultimi anni di vita (1836-1837). È necessario tuttavia ricordare che la parabola conoscitiva di Leopardi si sviluppa in modo ininterrotto e nel suo approfondirsi e articolarsi mostra coordinate costanti in relazione al suo oggetto (ossia la condizione umana) e al suo metodo (l'interrogazione assidua). Fin dall'età giovanile, Leopardi inizia a trasformare la propria sofferenza fisica e psichica in un «formidabi-

---

La parola all'autore

Un filosofo, non un malato

Leopardi protestò sempre contro la semplicistica riduzione della sua ricerca conoscitiva a sintomo e conseguenza della sua infelicità personale o, addirittura, dei suoi malanni fisici. È quanto emerge dalla lettera, datata 24 maggio 1832, che Leopardi scrive da Firenze al filologo svizzero Louis De Sinner, rivendicando il coraggio della propria «filosofia disperata».

Quali che siano le mie sventure, che si è creduto giusto sbandierare e forse un po' esagerare [...], io ho avuto abbastanza coraggio per non cercare di diminuirne il peso, né con frivole speranze di una pretesa felicità futura e sconosciuta, né con una vile rassegnazione. I miei sentimenti verso il destino sono stati e sono sempre quelli che ho espresso nel *Bruto minore*[1]. È stato proprio per questo coraggio che, essendo stato condotto dalle mie ricerche ad una filosofia disperata, non ho esitato ad abbracciarla tutta intera; mentre, d'altro canto, è stato solo per effetto della debolezza degli uomini, che hanno bisogno d'essere persuasi del valore dell'esistenza, che si è voluto vedere le mie opinioni filosofiche come il risultato delle mie sofferenze individuali e che ci si ostina ad attribuire alle mie circostanze materiali, ciò che si deve solo al mio intelletto. Prima di morire, io voglio protestare contro queste invenzioni della debolezza e della volgarità, e pregare i miei lettori di impegnarsi a demolire le mie osservazioni e i miei ragionamenti piuttosto di accusare le mie malattie.

1. *Bruto minore*: il canto composto da Leopardi nel 1821.

Giacomo Leopardi

le strumento di conoscenza» (S. Timpanaro), interrogandosi sulla natura e l'origine dell'infelicità umana. In una **prima fase** della sua riflessione, intorno al **1816-1819**, egli giunge alla conclusione che la sofferenza degli uomini non dipende dalla natura, bensì dall'evoluzione della civiltà nel suo progredire storico. Alle origini, secondo Leopardi, i popoli antichi vivevano a stretto contatto con la **natura** la quale, come una **madre benevola**, aveva dotato gli uomini di quella capacità di immaginare che è tipica anche dell'infanzia. Quindi, pur non essendo propriamente felici, essi erano animati da magnanime illusioni che li spingevano a gesti eroici e rendevano la loro vita più attiva e perciò ignara della noia. Nel corso della storia, però, il progressivo **affermarsi della ragione e della civiltà** ha dissolto e allontanato per sempre le illusioni generate dalla natura, svelando la triste realtà e sprofondando gli uomini nell'angoscia.

È questa la fase – segnata dalla suggestione delle idee di Rousseau – del cosiddetto «**pessimismo storico**», che attribuisce l'umana infelicità all'**abbandono dello stato di natura** e sottolinea la **superiorità del mondo antico** rispetto all'età moderna, ormai in irrimediabile contrasto con la natura stessa. La **storia** viene quindi concepita come un **processo di degenerazione**; l'unico modo per recuperare in parte le illusioni del passato e sottrarsi alla meschinità del presente consiste nell'imitare la civiltà e la poesia classiche. Altre possibili occasioni di parziale recupero della vitalità antica vengono dall'azione e dall'eroismo: l'ispirazione civile e lo slancio titanico di certe canzoni giovanili prendono origine da questa concezione, e insieme dall'ideale di un **compito etico** assegnato allo scrittore.

La «teoria del piacere»

A partire dal 1819, Leopardi vive, come si è visto, una crisi profonda, che segna uno snodo nel suo itinerario di riflessione esistenziale e filosofica. Contribuisce all'evoluzione delle concezioni leopardiane una serie di eventi: l'allontanamento dalla religione cattolica, il fallimento dei moti del 1821, la bruciante delusione dovuta al soggiorno romano nel 1823. Alcune importanti annotazioni dello *Zibaldone* testimoniano in questi anni una adesione sempre più piena alle teorie del **materialismo illuministico**, con l'elaborazione della cosiddetta «teoria del piacere». Sulla base delle teorie del sensismo settecentesco, Leopardi concepisce infatti la **materia** come unica realtà – una realtà che nello *Zibaldone* definirà «pensante» – e i **sensi** come gli strumenti principali della conoscenza umana, capaci di trasmettere al pensiero le esperienze e le percezioni. La **felicità**, di conseguenza, si identifica – senza nessuna componente metafisica – con il **piacere**, legato ai sensi, alla materia e alla pienezza vitale. Ma l'uomo desidera in realtà **un piacere infinito** e assoluto, **che non esiste** in natura e che è impossibile per l'uomo, irrimediabilmente "finito" in quanto segnato da limiti intrinseci, fisico-biologici. Dalla sproporzione tra il desiderio umano di un piacere infinito e la finitezza della realtà nasce una contraddizione irrisolvibile, che ha come conseguenza l'**infelicità dell'uomo** e la percezione della sua nullità. L'unica via attraverso cui l'uomo può raggiungere una specie di piacere illusorio è l'**immaginazione**, nella forma del ricordo di un piacere passato o dell'attesa di un indeterminato piacere futuro: di qui il rilievo che assumono nella poesia leopardiana i motivi del ricordo e della speranza, come pure l'idealizzazione dell'infanzia e dell'adolescenza quali età naturalmente portate all'illusione. Infine, Leopardi abbandona l'idea che il letterato possa incidere su una realtà ormai immodificabile e matura la convinzione che il compito dello scrittore sia quello di **constatare e diffondere il vero**.

Il «pessimismo cosmico»

La «teoria del piacere» apre la strada a una **seconda fase** della riflessione di Leopardi che, **tra il 1823 e il 1830**, approda al cosiddetto «pessimismo cosmico». In questa nuova teoria – che si esprime nelle *Operette morali* e nei canti pisano-recanatesi – l'**infelicità** dell'uomo non è più il risultato

Ferdinand Knab, *Una donna alla fontana con la luna crescente*, 1866.

Il pensiero 7

di un processo storico ma **un dato assoluto** e ineliminabile, che riguarda tutti gli uomini, **tutte le creature viventi, tutte le epoche**. Scrive il 27 maggio 1829 nello *Zibaldone*: «La natura non ci ha solamente dato il desiderio della felicità, ma il bisogno; vero bisogno, come quel di cibarsi. Perché chi non possiede la felicità, è infelice, come chi non ha di che cibarsi, patisce di fame. Or questo bisogno ella ci ha dato senza la possibilità di soddisfarlo, senza nemmeno aver posto la felicità nel mondo. Gli animali non han più di noi, se non il patir meno; così i selvaggi: ma la felicità nessuno».

Il materialismo porta ora Leopardi a concepire **la natura** non più come una madre benevola (com'era nella fase del «pessimismo storico»), bensì come un **meccanismo cieco e crudele** il cui unico scopo è la conservazione dell'esistenza, secondo un ciclo incessante che comporta la nascita e la morte dei singoli individui e non si cura in alcun modo della loro sofferenza. La natura, immensa e inesorabile, fa nascere l'uomo con un desiderio infinito di piacere destinato a restare perennemente insoddisfatto, ed è del tutto indifferente al benessere delle proprie creature, che anzi tormenta con ogni genere di mali. Il **dolore** – visto sempre più non solo come assenza di piacere, ma come **tormento materiale** dovuto a danni esterni quali le calamità naturali, le malattie, la morte – non è, nell'universo, un fatto episodico ed accidentale, bensì un elemento strutturale, necessario alla perpetuazione della vita e privo di ogni intento finalistico.

Questa nuova visione comporta quindi un **rovesciamento dei rapporti tra natura e civiltà**. La ragione e la civiltà (prerogative essenziali dell'uomo), che nella fase del «pessimismo storico» erano considerate in un'ottica negativa in quanto allontanavano l'umanità dalle generose illusioni fornite dalla natura, ora assumono una connotazione ambivalente. La ragione, infatti, da un lato svela all'uomo l'«arido vero», eliminando ogni possibile illusione di piacere, dall'altro lo sprona ad accettare con dignità e piena consapevolezza la propria sorte infelice, accantonando ogni credenza religiosa e spiritualistica e ogni idea di tipo antropocentrico o finalistico. Anche la visione del rapporto tra antichi e moderni si complica: il mondo classico si rivela infatti già segnato dall'infelicità e dall'idea che essa sia insita nell'uomo. Ciò nonostante, l'antichità continuerà sempre ad apparire a Leopardi un'epoca più positiva rispetto al tempo moderno. Il peso di tale evoluzione filosofica è tale che negli anni tra il 1823 e il 1827 Leopardi abbandona la poesia e traduce gli esiti della propria riflessione teorica in prosa, nelle *Operette morali*; solo nel 1828 si aprirà una nuova stagione della poesia leopardiana, quella dei grandi **canti pisano-recanatesi** (detti anche «grandi idilli»), nei quali trova voce la dolorosa consapevolezza del vuoto dell'esistenza e del misero stato a cui è condannato il genere umano. Insieme allo sdegno per l'ostilità imperturbabile della natura, echeggia nei grandi canti di questi anni anche la profonda pietà verso gli uomini e le loro illusorie speranze, mentre il sentimento della «**rimembranza**» idealizza il ricordo del passato.

Il titanismo eroico Nel pensiero maturo di Leopardi, all'assoluto pessimismo si accompagna un atteggiamento di **distacco ironico** e di **stoica rassegnazione**. Nessuna mistificazione o consolazione appare ormai accettabile, nemmeno l'amore: nelle liriche scritte a Firenze all'inizio degli anni Trenta (il cosiddetto «ciclo di Aspasia»), la **disillusione sentimentale** e il **definitivo rifiuto delle illusioni** determinano addirittura una radicale trasformazione del linguaggio poetico. Tale intransigenza, però, non implica un individualistico isolamento: i contatti con l'ambiente fiorentino degli intellettuali liberali e cattolici riuniti intorno all'«Antologia» di Vieusseux spingono anzi Leopardi a intervenire vivacemente nel dibattito politico-culturale dell'epoca. Ai moderati fiorentini, sostenitori del progresso scientifico e sociale conciliato con i valori del cattolicesimo, egli oppone un'attitudine intellettuale lucida ed eroica, capace di accettare l'«arido vero» senza mistificazioni trascendentali e senza inganni antropocentrici. La condizione dell'individuo è ontologicamente negativa e nessuna ideo-

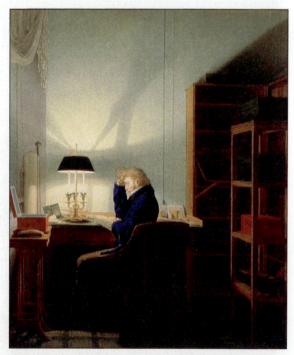

Georg Friedrich Kersting, *Uomo che legge alla luce della lampada*, 1814.

logia provvidenzialista o storicista può giustificarla né risolverla. I toni della produzione leopardiana sono in questo periodo spesso acri e ironici, come nel poemetto *Paralipomeni della Batracomiomachia* e nella *Palinodia al marchese Gino Capponi*.

La solidarietà tra gli uomini Nell'**ultima fase** della sua poesia, infine, Leopardi supera l'atteggiamento di distaccata e ironica contemplazione dell'infelicità universale per riscoprire il valore della solidarietà umana. Nella *Ginestra*, estrema sintesi di poesia e di pensiero, il poeta rivolge all'umanità un **alto insegnamento morale e civile** e insieme una grande **proposta utopica**: una volta presa coscienza della propria fragilità di fronte a immani forze distruttrici, anziché aggravare la pena combattendosi a vicenda, gli uomini dovrebbero unirsi in «**social catena**» di fronte al vero nemico, la natura matrigna. Essi dovrebbero confortarsi a vicenda, allo scopo di ridurre il dolore e rafforzare quel poco di felicità consentita all'uomo dai suoi insuperabili limiti costitutivi, giungendo così a costruire una società rinnovata, sulla base della coscienza del vero, della fratellanza e della funzione demistificante della poesia.

La qualità della civiltà e della dignità umana viene così riaffermata con forza dall'ultimo Leopardi, attraverso l'accettazione di un destino di sofferenza e di negatività con cui l'uomo è chiamato a confrontarsi con fermezza, senza facili esaltazioni ma anche senza sterile vittimismo e senza alcun risentimento verso gli altri uomini, **affratellati dalla medesima infelicità**. Nello *Zibaldone*, in un'annotazione del 2 gennaio 1829, nega con decisione il carattere «nemico all'uomo» del proprio pensiero: «La mia filosofia, non solo non è conducente alla misantropia, come può parere a chi la guarda superficialmente, e come molti l'accusano; ma di sua natura esclude la misantropia […]. La mia filosofia fa rea d'ogni cosa la natura, e discolpando gli uomini totalmente, rivolge l'odio, o se non altro il lamento, a principio più alto, all'origine vera de' mali de' viventi».

> **Sosta di verifica**
>
> 1 Quali sono i riferimenti filosofici e letterari della cultura leopardiana?
> 2 Quale visione della natura elabora Leopardi nella fase del cosiddetto «pessimismo cosmico»?
> 3 Che cos'è la «teoria del piacere»?
> 4 Come muta il pensiero del poeta nel passaggio alla fase del «pessimismo cosmico»?
> 5 Quali nuovi valori emergono nell'ultima fase della produzione leopardiana?

La poetica

Il classicismo romantico La concezione poetica di Leopardi – l'idea che egli ha della poesia, della sua natura e dei suoi scopi – si intreccia con il suo pensiero, ne condivide e ne asseconda gli sviluppi. Nell'accesa disputa letteraria che contrapponeva i classicisti ai romantici, fin dall'età giovanile Leopardi si schiera apertamente e senza esitazione a fianco dei classicisti. Già nel *Discorso di un italiano intorno alla poesia romantica* (1818) egli sostiene infatti che la civiltà moderna, dominata dal freddo raziocinio, è ormai incapace di produrre vera poesia, in quanto ha perduto ogni facoltà immaginativa. Al contrario gli autori classici, proprio perché più vicini a un rapporto armonioso e immediato con la natura, erano in grado – al pari di quanto accade ai fanciulli – di nutrirsi di illusioni e di trasmetterle attraverso i loro versi. Al Romanticismo, inoltre, Leopardi rivolge l'accusa di aver privilegiato un'astratta spiritualità e in questo modo di aver spezzato il legame tra poesia e sensi, quindi tra poesia e natura: il **compito della poesia** è invece proprio quello di **conservare** almeno nell'immaginazione **il vincolo con la natura**, contro l'azione di inaridimento delle illusioni esercitata dalla ragione e dalla civiltà. La **poesia classica è quindi superiore a quella moderna**, e chi desidera creare vera arte deve ispirarsi a essa, ai suoi temi e alle sue procedure. A una for-

Constance Charpentier, *Melancolia*, 1801.

ma classica si rifanno esplicitamente le canzoni (tra le quali *Ultimo canto di Saffo*), prime prove poetiche di Leopardi.

Ma il classicismo leopardiano è complesso, ben lontano dall'imitazione pedante e libresca. Al contrario, esso nasce dal desiderio, di matrice tipicamente romantica, di recuperare una **dimensione di perduta armonia** e da una tensione dell'animo e della fantasia. La produzione artistica e teorica di Leopardi è quindi certamente compatibile con **molti aspetti del gusto romanti**-co, come l'amore per l'immaginazione, le tematiche del **dolore esistenziale**, lo **scompenso tra ideale e reale**, la **centralità dell'io lirico**. Esistono tuttavia elementi che allontanano decisamente l'opera leopardiana dagli schemi romantici, come il severo materialismo e il razionalismo di impronta illuministica e il categorico rifiuto di ogni suggestione spiritualistica. Specialmente evidenti risultano le **differenze di Leopardi rispetto ai romantici italiani**, evidenti nella predilezione per la poesia rispetto alla narrativa, nell'importanza attri-

La parola all'autore

Leopardi interviene nella *querelle* classici-romantici

Nel 1816, il diciottenne Leopardi invia ai curatori di una importante rivista letteraria una articolata risposta alla lettera aperta con cui Madame de Staël aveva invitato i letterati italiani ad aprirsi al movimento romantico leggendo e imitando gli autori stranieri del Nord Europa. Nel testo – che non venne pubblicato all'epoca – Leopardi prende posizione contro il Romanticismo, rivalutando invece i poeti classici greci e latini, più legati alla tradizione italiana e soprattutto più originali e più vicini alla comunione con la natura.

Già vengo di proposito al suggetto[1] della nuova lettera di Madama[2], ed è: che gl'Italiani denno[3] spesso rivolgere l'attenzione ad oltremonte e ad oltremare[4], e porre opera diligentissima a conoscere la Letteratura degli stranieri: cosa che al dotto Italiano non era saputa buona[5]. [...] Gran rischio, dice Madama, corre la letteratura italiana di essere inondata da idee, e frasi comuni; bisogna guardarsi dalla sterilità che debbe seguirne[6]. E se le menti italiane son fredde, crediamo noi che il settentrione possa riscaldarle? Non poca lettura, ma scarsa vaghezza[7] di mettere a frutto l'ingegno proprio ne fa poveri di grandi poeti, e di spiriti creatori. Io non veggo come si possa essere originale attingendo, e come un largo studio d'ogni gusto e d'ogni letteratura, abbia a menarne[8] ad *una originalità trascendente*. Forse che quanto si è più ricco di suppellettile poetica[9], tanto si è più atto a[10] crear cose grandi? né sapranno gl'Italiani crear altro che materia già creata? Scintilla celeste, e impulso soprumano vuolsi[11] a fare un sommo poeta, non studio di autori, e disaminamento[12] di gusti stranieri. [...] Ricordiamoci che il più grande di tutti i poeti è il più antico, il quale non ha avuto modelli, che Dante sarà sempre imitato, agguagliato[13] non mai, e che noi non abbiamo mai potuto pareggiare gli antichi (se v'ha chi tenga il contrario[14] getti questa lettera che è di un mero pedante) perché essi quando voleano descrivere il cielo, il mare, le campagne, si metteano ad osservarle, e noi[15] pigliamo in mano un poeta, e quando voleano ritrarre una passione s'immaginavano di sentirla, e noi ci facciamo a leggere una tragedia[16], e quando voleano parlare dell'universo vi pensavano sopra, e noi pensiamo sopra il modo in che[17] essi ne hanno parlato; e questo perché essi e imprimamente i Greci non aveano modelli, o non ne faceano uso, e noi non pure[18] ne abbiamo, e ce ne gioviamo, ma non sappiamo farne mai senza, onde quasi tutti gli scritti nostri sono copie di altre copie [...]. Ebbene date dunque agl'Italiani altri modelli, fate che leggano gli autori stranieri: questo è mezzo certo per aver novità e cacciare in bando il rancidume[19]. Vanissimo consiglio! Apriamo tutti i canali della letteratura straniera, facciamo sgorgare ne' nostri campi tutte le acque del settentrione, Italia in un baleno ne sarà dilagata[20], tutti i poetuzzi Italiani correranno in frotta a berne; [...] e dopo dieci anni tutte le frasi e tutte le idee aggiunte diverranno viete[21] e comuni; e noi torneremo là onde eravamo partiti, o più veramente c'inoltreremo buon tratto verso il pessimo[22]. Questo rimedio è come una dose d'oppio che differisce il dolore e ne lascia la cagione[23]. [...]

1. suggetto: *soggetto, argomento.*
2. Madama: Madame de Staël.
3. denno: *devono.*
4. ad oltremonte e ad oltremare: *cioè, alle letterature transalpine (francese e tedesca) e a quella inglese.*
5. non era saputa buona: *non era ritenuta buona, valida.*
6. che debbe seguirne: *che necessariamente ne consegue.*

7. vaghezza: *desiderio, voglia.*
8. abbia a menarne: *debba condurre.*
9. suppellettile poetica: *repertorio di testi poetici.*
10. atto a: *capace di.*
11. vuolsi: *ci vuole, è necessario.*
12. disaminamento: *attento esame.*
13. agguagliato: *uguagliato.*
14. se v'ha ... contrario: *se*

c'è qualcuno che pensa il contrario.
15. e noi: *invece noi* (moderni).
16. ci facciamo ... tragedia: *ci rifacciamo alla lettura di qualche modello tragico.*
17. in che: *in cui.*
18. non pure: *non solo.*
19. cacciare ... rancidume: *prendere le distanze da una tradizione letteraria ormai vecchia, appassita.*

20. dilagata: *allagata.*
21. viete: *vecchie, trite e ritrite.*
22. c'inoltreremo ... pessimo: *ci addentreremo per un buon tratto di strada (cioè, ancora più di ora) nel terreno del pessimo gusto.*
23. Differisce ... cagione: *allontana momentaneamente il dolore ma ne lascia sussistere la causa.*

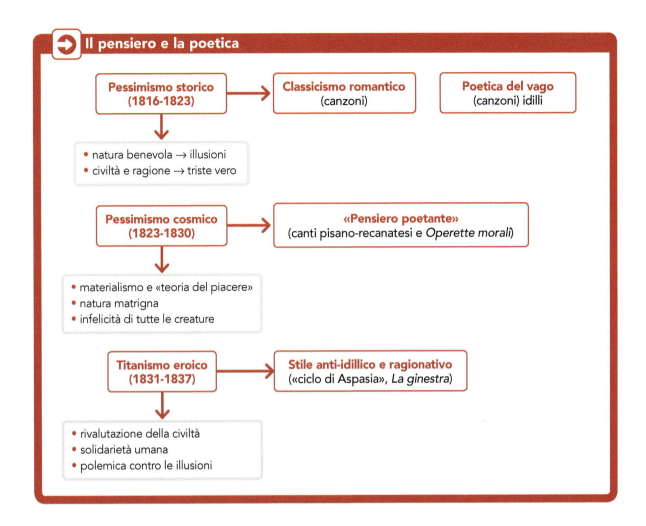

buita alla soggettività, nella critica alla storia e al progresso e nella distanza dal cattolicesimo. Mentre poi i romantici italiani attribuivano alla poesia una funzione sociale, per Leopardi la poesia ha una funzione più profonda e universale: confortare l'uomo dalla sua condizione dolorosa, fatta di male e di noia, e, in seguito, smascherare gli inganni e perseguire il vero.

La «poetica del vago e dell'indefinito» Negli stessi anni giovanili in cui compone le canzoni, modellate sullo stile dei classici, Leopardi affida alle pagine dello *Zibaldone* anche una serie di riflessioni intorno a quella che egli stesso chiama «poetica del vago e dell'indefinito», strettamente legata alle implicazioni della teoria del piacere. Poiché l'uomo aspira naturalmente a un piacere assoluto e illimitato nello spazio e nel tempo, la poesia deve rispondere a tale indefinita aspirazione e quindi perseguire **una espressività indeterminata**, facendo ricorso a situazioni e immagini vaghe, in grado di stimolare quell'immaginazione grazie alla quale l'uomo si può «figurare» piaceri illimitati. Per questo Leopardi utilizza, soprattutto negli idilli (valga come esempio per tutti il più celebre, *L'infinito*), **vocaboli di significato ampio e polisemico** («ultimo orizzonte», «interminati spazi», «sovrumani silenzi» ecc.) e immagini che suscitano un'idea di vastità senza limiti («E il naufragar m'è dolce in questo mare»), sottolineata da frequenti *enjambement* che dilatano il confine del verso. Per gli stessi motivi, ricorrono nell'opera leopardiana i motivi dell'**attesa** (*Il sabato del villaggio*) e del **ricordo** (*A Silvia, Le ricordanze*), capaci di suscitare, se non la felicità, **una "finzione" di piacere**. In particolare, i ricordi riguardano l'età infantile, poiché le immagini visive e acustiche che ci risultano più piacevoli sono legate a sensazioni provate proprio durante la fanciullezza: la poesia riesce così a richiamare, attraverso il ricordo, la capacità immaginativa e la pienezza vitale dell'infanzia e dell'adolescenza.

L'analogia tra gli antichi e i fanciulli viene ripresa da Leopardi anche sul piano della poetica: grazie alla loro vicinanza alla natura, i poeti antichi erano capaci – proprio come i fanciulli – di immaginazione viva e felice. Tale capacità è ormai negata ai moderni, distanti dalla natura e inariditi dalla ragione; per questo, a loro è concessa solo una poesia filosofica, disincantata, generata dalla coscienza dell'«arido vero».

La prosa filosofica e il «pensiero poetante»

Il periodo dal 1823 al 1827 vede l'allontanamento di Leopardi dal linguaggio poetico e la composizione delle prose raccolte nelle *Operette morali*. La densità speculativa di questa fase si concretizza in una prosa impegnata non solo a trasmettere contenuti filosofici, ma anche a **elaborare una «lingua filosofica»**, nella quale, come Leopardi stesso scrive nello *Zibaldone*, la perfezione dello stile corrisponda alla «importanza dei pensieri e delle cose». Il linguaggio del vero deve possedere requisiti di eleganza, decoro e chiarezza non per un'esigenza formalistica, ma piuttosto perché, si legge ancora nello *Zibaldone*, «non basta che lo scrittore sia padrone del proprio stile. Bisogna che il suo stile sia padrone delle cose».

Il ritorno alla poesia segna nella poetica leopardiana, dal 1828, un nuovo stadio nel quale **poesia e filosofia si fondono compiutamente**. La poesia è necessaria perché agli uomini è necessaria la bellezza, ma il suo non è più il compito consolatorio di ripristinare le illusioni, bensì quello conoscitivo di prendere atto del vero e di diffonderlo tra gli uomini affinché accettino con dignità la propria condizione. Così, nei **canti pisano-recanatesi**, in forma lirica si esprimono precise verità filosofiche e morali, attraverso quello che Antonio Prete ha definito **«pensiero poetante»**. In equilibrio perfetto tra arte e teorizzazione, i grandi canti di questi anni presentano in genere una struttura bipartita: **la prima parte realistico-descrittiva**, spesso di ambientazione recanatese, evoca un'illusione di felicità, mentre **la seconda parte, di tipo riflessivo-meditativo**, ne dimostra razionalmente la vanità, ribadendo il «triste vero». Mentre nelle parti descrittive il poeta tende ad adottare ancora la «poetica del vago e dell'indefinito», nelle parti di riflessione domina una «poetica del vero» che esclude la presenza del paesaggio naturale e procede con un tono secco e assertivo, polemico e talora sarcastico, smantellando ogni illusione attraverso l'argomentazione logica.

L'ultimo Leopardi

Nell'ultima fase della sua produzione, oggi assai rivalutata dalla critica che ne ha sottolineato la densità concettuale e la modernità problematica, Leopardi mostra un ulteriore approfondimento della propria poetica, sul piano sia delle soluzioni espressive sia dei compiti ascritti alla poesia. Negli ultimi testi Leopardi adotta definitivamente una **poetica anti-idillica**, depurata da qualsiasi descrittività paesaggistica come pure da immagini vaghe o indefinite. Nel «ciclo di Aspasia», la negatività totale si esprime attraverso un linguaggio volutamente secco e franto, mentre nella *Ginestra* periodi sintattici ampi e complessi si snodano attraverso un accumulo di subordinate che asseconda il rigore argomentativo del discorso. Al quadro idillico si sostituisce la **durezza di una natura possente e aspra**, eppure confortata dal profumo dell'umile ginestra: si tratta anche di una grande **dichiarazione di poetica in forma allegorica**, dove la potenza della rappresentazione sostiene gli intenti conoscitivi, polemici e persuasivi. Il compito che Leopardi definitivamente consegna alla poesia è infatti alto e complesso: assecondare e diffondere le conquiste della ragione, che rivela la verità, distrugge le imposture e nega ogni sciocca superbia antropocentrica, ma anche nutrire l'energia e la vitalità dell'uomo, tutelando i suoi sentimenti e il suo bisogno di bellezza e armonia.

Odilon Redon, *Melancolia*, 1876.

○ Sosta di verifica

1 Nella disputa classico-romantica, a favore di quale posizione si schiera Leopardi?
2 Quali sono le sue argomentazioni?
3 Quali sono i principi fondanti della «poetica del vago e dell'indefinito»?
4 Quale tipo di struttura di base presenta la maggior parte dei canti pisano-recanatesi?
5 Quali sono le caratteristiche formali e ideologiche delle liriche dell'ultimo Leopardi?

Il film del mese
Il giovane favoloso

- **REGIA** Mario Martone
- **ANNO** 2014
- **DURATA** 137 min.
- **CAST** Elio Germano (Giacomo Leopardi), Michele Riondino (Antonio Ranieri), Massimo Popolizio (Monaldo Leopardi), Anna Mouglalis (Fanny Targioni Tozzetti), Valerio Binasco (Pietro Giordani)

TRE BUONI MOTIVI PER VEDERLO

1. È una ricostruzione estremamente realistica e accurata della vita di Leopardi.
2. Ricostruisce la genesi di alcuni dei più famosi componimenti leopardiani.
3. Mostra aspetti 'minori' e solitamente poco conosciuti della biografia di Leopardi.

L'AUTORE E L'OPERA Autore di innovativi lavori nel campo del videoteatro, che unisce alla recitazione tradizionale elementi elettronici tipici del linguaggio televisivo e cinematografico, il regista napoletano Mario Martone (1959) ha diretto film spesso considerati 'di nicchia', come *Morte di un matematico napoletano* (1992), sulla vita di uno dei padri dell'analisi matematica, Renato Caccioppoli, ma anche opere di ampio respiro come *Noi credevamo* (2010), ricostruzione di alcuni dei momenti salienti del nostro Risorgimento, liberamente ispirata all'omonimo romanzo di Anna Banti. *Il giovane favoloso* (2014) racconta la vita di Giacomo Leopardi, dall'infanzia a Recanati fino alla morte a Torre del Greco, privilegiando l'aspetto umano e meno conosciuto del grande poeta. La biografia leopardiana è scandita da eventi fondamentali (i contrasti con il padre, l'amicizia appassionata con Pietro Giordani, l'amore non corrisposto per Fanny Targioni Tozzetti e, ovviamente, il rapporto con Antonio Ranieri), intervallati però da momenti più meditativi e intimisti, nel quale la personalità complessa e difficile di Leopardi viene rivelata da avvenimenti in apparenza insignificanti, ma rivelatori della sua visione del mondo e del profondo pessimismo che anima la sua produzione letteraria.

LA TRAMA Il piccolo Giacomo Leopardi cresce nella grande casa di Recanati insieme ai fratelli Carlo e Paolina. Dotato di un'intelligenza straordinaria, trascorre gli anni dell'infanzia e dell'adolescenza immerso sui libri, minando in modo irrimediabile il suo fisico già gracile. Una volta cresciuto vorrebbe abbandonare la casa paterna e l'incontro con il letterato Pietro Giordani risveglia in lui il desiderio di vedere il mondo e sfuggire all'opprimente atmosfera di Recanati. Ma il padre sembra irremovibile e blocca un suo tentativo di fuga. Anni dopo troviamo Leopardi a Firenze in compagnia del napoletano Antonio Ranieri, con il quale frequenta letterati e aristocratici, senza però riuscire ad allacciare rapporti umani autentici. Soltanto nella Napoli popolare riesce finalmente a vivere in modo libero, senza preoccuparsi delle sue opinioni e del suo carattere scontroso, ma le sue precarie condizioni fisiche si aggravano ogni giorno di più e l'arrivo di un'epidemia di colera peggiora ulteriormente la situazione.

La riflessione teorica: *lo Zibaldone*

Poesia e riflessione Leopardi accompagna per tutta la vita la stesura di opere propriamente letterarie alla composizione di **testi, pubblici e privati**, in cui espone in forma più o meno organica i principi della sua poetica e della sua visione del mondo e dell'uomo. Queste opere permettono di ricostruire **l'evoluzione del suo pensiero e della sua arte**, nel suo sviluppo diacronico e anche nelle sue apparenti contraddizioni.

Lo Zibaldone Lo *Zibaldone* è un'opera essenziale per comprendere la vicenda intellettuale di Leopardi, le sue letture, la parabola del suo pensiero e la genesi della sua opera. Il testo viene pubblicata per la prima volta tra il **1898 e il 1900** da una commissione presieduta da Giosue Carducci: al **1937** risale l'edizione critica, curata da Francesco Flora. Il termine «zibaldone», con cui lo stesso Leopardi alludeva al testo, indica un insieme disorganico di appunti eterogenei; l'opera, non compatta e conclusa ma **aperta e dinamica**, riunisce infatti **annotazioni di varia natura** – dalla metafisica alla logica, dalla linguistica all'esteti-ca, dalla poetica all'antropologia – redatte dall'autore lungo tutto l'arco della sua vita. Nei primi anni Leopardi vi registra soprattutto considerazioni e analisi di argomento letterario ed estetico; dal 1820 e fino al 1827, invece, affida alle pagine del suo diario riflessioni esistenziali, progetti e approfondimenti intellettuali e culturali. Dal 1827 gli appunti tornano a concentrarsi su questioni filologiche e a farsi più sporadici, fino alla definitiva interruzione, al termine del 1832. L'opera **non era destinata alla pubblicazione**, come è testimoniato anche dallo stile, immediato e sintetico. L'importanza che Leopardi attribuiva a queste carte è tuttavia dimostrata dal **lavoro di sistematizzazione e indicizzazione** che egli intraprende **nel 1827**, creando un repertorio articolato secondo raggruppamenti tematici e connessioni interne. In questo modo si evidenzia tutta la **consistenza filosofica e intellettuale** dello *Zibaldone* che, dietro un'apparenza caotica e frammentaria, presenta una **struttura** resa **forte e compatta** dalle presenza di **tematiche ricorrenti**, sviluppate negli anni e tuttavia sempre disponibile a incrementi.

T1 La teoria del piacere: l'infinito e l'illusione

Zibaldone, 165-172

Il brano, tratto dallo Zibaldone, fa parte di una sorta di piccolo saggio filosofico in cui Leopardi, tra il 12 e il 25 luglio 1820, si propone di esporre in modo organico una serie di importanti riflessioni sul rapporto tra felicità e immaginazione.
Leopardi espone qui una vera e propria «teoria del piacere», secondo la quale l'uomo, aspirando per natura a un piacere infinito che non esiste nella realtà, è destinato a vedere sempre frustrato il proprio desiderio di felicità. Soltanto l'immaginazione e la fantasia, favorite dalla benevolenza della natura, permettono di raggiungere un'illusione di piacere.
I numeri tra parentesi quadra si riferiscono alle pagine del manoscritto.

> [165] Il sentimento della nullità di tutte le cose, la insufficienza di tutti i piaceri a riempierci[1] l'animo, e la tendenza nostra verso un infinito che non comprendiamo, forse proviene da una cagione[2] semplicissima, e più materiale che spirituale. L'anima umana (e così tutti gli esseri viventi) desidera sempre essenzialmente, e mira
> 5 unicamente, benché sotto mille aspetti, al piacere, ossia alla felicità, che consideran-

---

1. riempierci: *riempirci.*   **2. cagione:** *causa.*

Zibaldone

L'uomo desidera una felicità infinita nello spazio e nel tempo, che però non esiste nella realtà concreta.

dola bene, è tutt'uno col piacere. Questo desiderio e questa tendenza non ha limiti, perché ingenita o congenita coll'esistenza[3], e termina colla vita. E non ha limiti 1. né per durata, 2. né per estensione. Quindi non ci può essere nessun piacere che uguagli 1. né la sua durata, perché nessun piacere è eterno, 2. né la sua estensione, perché nessun piacere è immenso, ma la natura delle cose porta[4] che tutto esista limitatamente, e tutto abbia confini, e sia circoscritto. […] Veniamo alle conseguenze. Se tu desideri un cavallo, ti pare di desiderarlo come cavallo, e come *un tal* piacere, ma in fatti lo desideri come piacere astratto e illimitato. Quando giungi a possedere il cavallo, [166] trovi un piacere necessariamente circoscritto, e senti un vuoto nell'anima, perché quel desiderio che tu avevi effettivamente, non resta pago[5]. […] E perciò tutti i piaceri debbono esser misti di dispiacere, come proviamo[6], perché l'anima nell'ottenerli cerca avidamente quello che non può trovare, cioè una infinità di piacere, ossia la soddisfazione di un desiderio illimitato.

Veniamo alla inclinazione dell'uomo all'infinito. Indipendentemente dal desiderio del piacere, esiste nell'uomo una facoltà immaginativa[7], la quale può concepire le cose che non sono, e in un modo in cui le cose reali non sono. Considerando la tendenza innata[8] dell'uomo al piacere, è naturale che la facoltà immaginativa faccia una delle sue principali occupazioni della immaginazione del piacere[9]. E stante la detta[10] proprietà di questa forza immaginativa, ella può figurarsi dei piaceri che non esistano, e figurarseli infiniti: 1. in numero, 2. in durata, 3. in estensione. Il piacere infinito che non si può trovare nella realtà, si trova così nella immaginazione, dalla quale derivano la speranza, le illusioni ec.[11] Perciò non è maraviglia: 1. che la speranza sia sempre maggior del bene; 2. che la felicità umana non possa consistere se non nella immaginazione e nelle illusioni. Quindi bisogna considerare la gran misericordia e il gran magistero[12] della natura, che da una parte non potendo spogliar l'uomo e nessun essere vivente dell'amor del piacere, […] dall'altra parte non potendo fornirli di piaceri reali infiniti, ha voluto supplire[13]: 1. colle illusioni, e di queste è stata loro liberalissima[14], e bisogna considerarle come cose arbitrarie in natura, la quale poteva ben farcene senza[15]; 2. coll'immensa varietà acciocché[16] l'uomo stanco o disingannato[17] di un piacere ricorresse all'altro, o anche disingannato di tutti i piaceri fosse distratto e confuso dalla gran varietà delle cose, ed anche non potesse così facilmente stancarsi di un piacere, non avendo troppo tempo di fermarcisi, e di lasciarlo logorare, e dall'altro canto non avesse troppo campo di[18] riflettere sulla incapacità di tutti i piaceri a soddisfarlo. Quindi deducete le solite[19] conseguenze della superiorità degli antichi sopra i moderni in ordine alla felicità.

L'immaginazione come ho detto è il primo fonte della felicità umana. Quanto più questa regnerà nell'uomo, tanto più l'uomo sarà felice. Lo vediamo nei fanciulli. Ma questa non può regnare senza l'ignoranza; almeno una certa ignoranza come quella degli antichi.

È possibile trovare un'illusione di piacere infinito solo attraverso l'immaginazione.

Per Leopardi la Natura è ancora un'entità benevola, che aiuta l'uomo ad illudersi.

LEOPARDI CREDE ANCORA CHE LA NATURA SIA UNA MADRE AMOROSA.

GLI ANTICHI TENDONO A ILLUDERSI PIÙ FACILMENTE

L'immaginazione è più forte negli antichi e nei bambini, nei quali la ragione è meno sviluppata.

---

3. ingenita ... coll'esistenza: *insita e connaturata con l'esistenza.*

4. porta: *comporta.*

5. non resta pago: *non viene soddisfatto.*

6. come proviamo: *come dimostra la nostra comune esperienza.*

7. facoltà immaginativa: *capacità di immaginazione.*

8. innata: *naturale* (cioè, presente nell'uomo fin dalla nascita e indipendentemente da ogni esperienza concreta).

9. è naturale ... piacere: *è naturale che la capacità di immaginare si esprima particolarmente nella immaginazione del piacere.*

10. stante la detta: *tenendo in considerazione la suddetta.*

11. ec.: *eccetera.*

12. magistero: *saggezza.* Come si ricorderà, in questo primo periodo Leopardi considera ancora la natura benigna verso l'uomo e gli esseri viventi in genere.

13. supplire: *compensare, rimediare.*

14. è stata ... liberalissima: *è stata assai generosa verso di loro* (cioè, verso gli esseri viventi).

15. cose ... senza: *cose superflue* (cioè, non strettamente necessarie alla vita) *in natura, che la natura stessa* («la quale») *poteva benissimo evitare di regalarci.*

16. acciocché: *in modo che.*

17. disingannato: *disilluso.*

18. campo di: *spazio per.*

19. solite: *usuali* (in quanto già più volte teorizzate).

La teoria del piacere: l'infinito e l'illusione

La cognizione del vero, cioè dei limiti e definizioni delle cose, circoscrive l'immaginazione[20]. […]

> Del resto il desiderio del piacere essendo materialmente infinito in estensione (non solamente nell'uomo, ma in ogni vivente), la pena dell'uomo nel provare un piacere è di veder subito i limiti della sua estensione. Quindi è manifesto: 1. perché tutti [170] i beni paiano bellissimi e sommi da lontano, e l'ignoto sia più bello del noto; effetto della immaginazione determinato dalla inclinazione della natura al piacere, effetto delle illusioni voluto dalla natura; 2. perché l'anima preferisca in poesia e da per tutto, il bello aereo[21], le idee infinite. Stante la considerazione qui sopra detta, l'anima deve naturalmente preferire agli altri quel piacere ch'ella non può abbracciare. Di questo bello aereo, di queste idee abbondavano gli antichi, abbondano i loro poeti, massime[22] il più antico cioè Omero, abbondano i fanciulli, gl'ignoranti ec. in somma la natura. La cognizione e il sapere[23] ne fa strage, e a noi riesce difficilissimo il provarne. […] Alle volte l'anima desidererà ed effettivamente desidera una veduta ristretta e confinata in certi modi[24]. La cagione è la stessa, cioè il desiderio dell'infinito, perché allora in luogo[25] della vista, lavora l'immaginazione e il fantastico sottentra[26] al reale. L'anima s'immagina quello che non vede, che quell'albero, quella siepe[27], quella torre gli nasconde, e va errando[28] in uno spazio immaginario, e si figura cose che non potrebbe, se la sua vista si estendesse da per tutto, perché il reale escluderebbe l'immaginario. (12-23. Luglio 1820.)

Le conseguenze estetiche della teoria del piacere: l'amore per il lontano e l'indefinito.

---

20. La cognizione ... l'immaginazione: *la conoscenza della verità, cioè della natura limitata e finita delle cose, limita l'immaginazione.*
21. aereo: *impalpabile.*
22. massime: *specialmente, soprattutto.*
23. La cognizione e il sapere: *cioè, le co-*noscenze che l'uomo, nel suo progredire, ha acquisito, staccandosi dal primitivo stato naturale.
24. confinata ... modi: *con determinati confini.*
25. in luogo: *al posto.*
26. sottentra: *subentra.*
27. siepe: *è evidentemente il riferimento a immagini e concetti presenti nell'*Infinito*, come in altri idilli coevi.*
28. va errando: *si muove senza una meta precisa.*

➡ Analisi del testo

COMPRENSIONE

Il testo prende avvio dalla constatazione che ogni uomo per natura desidera raggiungere un piacere infinito nello spazio e nel tempo, ossia una felicità assoluta. Ma, poiché la realtà fisica è finita e limitata, questo «desiderio illimitato» non viene mai soddisfatto, e ciò causa sofferenza. La tensione dell'uomo verso l'infinito può essere in parte soddisfatta soltanto attraverso l'immaginazione, che permette di raggiungere una felicità almeno illusoria. L'immaginazione, favorita da una natura benevola, è quindi l'unica fonte di piacere, mentre la ragione, che svela la miseria della realtà, è nemica dell'uomo. Ne deriva la predilezione per le immagini poetiche indefinite e, al tempo stesso, la superiorità degli antichi e dei fanciulli rispetto ai moderni e agli adulti, più razionali e meno capaci di lasciare libero spazio alla fantasia.

ANALISI E INTERPRETAZIONE

Felicità, piacere e immaginazione Leopardi, riprendendo i principi del sensismo, identifica la felicità con il piacere. Sulla base del pensiero di Condillac e di altri filosofi settecenteschi, egli è infatti convinto che piacere e dolore siano sensazioni di natura materiale, legate alla percezione dei sensi.

16 *Zibaldone*

Di matrice romantica è invece l'idea che l'uomo non si appaghi dei piaceri concreti e tangibili, ma tenda a un «piacere infinito», che non esiste in natura. L'aspirazione alla felicità infinita nasce dall'amore infinito che ogni individuo porta verso di sé, e non può dunque essere né eliminata né soddisfatta. Questa **tensione verso l'infinito** trova una parziale **compensazione nell'immaginazione**, che si configura però come una facoltà ambivalente. Da un lato infatti essa ispira desideri infiniti e condanna così l'uomo all'insoddisfazione; dall'altro, nell'uomo **suscita le illusioni**, che sono una forma di piacere derivante dall'indefinito e dall'aspettazione.

La natura e la superiorità degli antichi Nel periodo in cui viene composto il primo brano, Leopardi, ancora legato alla fase del cosiddetto «pessimismo storico», è convinto che l'infelicità dell'uomo sia il risultato dell'evoluzione della civiltà che, allontanando l'uomo dal contatto con la natura, sviluppa in lui le facoltà razionali e lo porta a scoprire il «triste vero» della propria misera condizione. In questa fase la **natura** è quindi considerata come una **madre amorosa**, che tende ad alleviare le sofferenze dell'uomo fomentando nel suo animo generose illusioni di felicità e col-

locandolo in un ambiente vario e stimolante. Per questo motivo la capacità di illudersi è naturalmente superiore nei **popoli antichi e primitivi** i quali, come i **bambini**, vivono più vicini allo stato di natura e possiedono pertanto maggior energia vitale e forza fantastica; al contrario i popoli civili e gli adulti hanno ormai sviluppato le abilità razionali e, perduta così la capacità di illudersi, possono recuperarla solo in parte attraverso la fantasia poetica e la rimembranza.

Uno stile molto particolare Lo *Zibaldone* è un testo concepito da Leopardi non per essere pubblicato, ma come **una raccolta del tutto privata** di pensieri e note di varia natura. Da ciò deriva l'adozione di una **forma espressiva talvolta complicata** e addirittura involuta sul piano sintattico e concettuale, **non priva di ripetizioni**, in cui la cura stilistica risulta decisamente secondaria. L'autore infatti non si rivolge a un pubblico, ma scrive per chiarire a se stesso determinati concetti o problemi, come in una sorta di diario. Sebbene la **struttura argomentativa** – segnalata anche dai numerosi nessi logici – sia sempre salda e rigorosa, Leopardi non esita quindi a ricorrere ad **abbreviazioni** («ec. ec.») o a **elenchi puntati**, come è tipico degli appunti privati, non sottoposti a un'attenta revisione formale.

Lavoriamo sul testo

COMPRENSIONE

1 Il brano è particolarmente ampio e complesso. Precisane il contenuto rispondendo alle seguenti domande (sottolinea nel testo i passi che ti permettono di rispondere).

– Per quale motivo il desiderio di infinita felicità dell'uomo non può mai essere pienamente soddisfatto?

– In che modo è possibile trovare un'illusione di piacere infinito?

– La capacità di immaginare è più viva nei moderni o negli antichi? Negli adulti o nei bambini?

– Come si traduce sul piano dell'estetica la teoria del piacere?

2 Alle rr. 12-16 è contenuto un esempio: dopo averlo sottolineato, spiegane il significato.

ANALISI E INTERPRETAZIONE

3 Quale rapporto esiste secondo Leopardi tra «piacere» e «felicità»? Spiegalo facendo preciso riferimento a passi dei brani letti.

4 Quale immagine della natura emerge dal testo? Quale funzione essa svolge nei confronti degli uomini? Sottolinea nel testo i passi significativi a questo riguardo.

5 Leopardi afferma che «La cognizione del vero, cioè dei limiti e definizioni delle cose, circoscrive l'immaginazione». Quali conseguenze ne derivano?

6 Nella parte finale del brano, l'autore espone le conseguenze estetiche della sua teoria: quali immagini e sensazioni, secondo Leopardi, suscitano particolare diletto, e per quale motivo?

SCRITTURA E APPROFONDIMENTI

7 Leopardi ha della felicità umana una visione particolare e pessimistica, legata alla sua formazione e al suo pensiero. Illustra in un testo argomentativo in che cosa consiste a tuo parere la felicità oggi, e spiega se ritieni possibile o no raggiungerla. Attribuisci al tuo testo un titolo.

La teoria del piacere: l'infinito e l'illusione

T2 La poetica del vago e dell'indefinito

Zibaldone, 472, 1744-1745, 1789, 1798

In questi appunti, datati tra il 1820 e il 1821, Leopardi collega le proprie riflessioni filosofiche sulla felicità e sulla natura del piacere a considerazioni più strettamente estetiche, elaborando la «poetica del vago e dell'indefinito».
Il primo brano riflette sul legame tra l'aspirazione dell'uomo a una felicità infinita e il piacere suscitato da immagini poetiche indefinite, mentre il secondo formula una vera e propria teoria della visione. I testi successivi si soffermano su esempi concreti di immagini ed espressioni giudicate particolarmente poetiche proprio per la loro indefinitezza.

> *LEOPARDI FA UNA CONSIDERAZIONE ESTETICA FACENDO RIFERIMENTO A QUANDO VEDIAMO UN' IMMAGINE POETICA CHE CI DÀ UN SENSO DI VAGO E DI INDEFINITO CHE CI FA ACCAREZZARE L'IDEA DELL'INFINITA.*

[472] Non solo la facoltà conoscitiva, o quella di amare, ma neanche l'immaginativa è capace dell'infinito, o di concepire infinitamente, ma solo dell'indefinito, e di concepire indefinitamente. La qual cosa ci diletta perché l'anima non vedendo i confini, riceve l'impressione di una specie d'infinità, e confonde l'indefinito coll'infinito, non però comprende[1] né concepisce effettivamente nessuna infinità. Anzi nelle immaginazioni le più vaghe e indefinite, e quindi le più sublimi e dilettevoli, l'anima sente espressamente una certa angustia[2], una certa difficoltà, un certo desiderio insufficiente, un'impotenza decisa[3] di abbracciar tutta la misura di quella sua immaginazione, o concezione o idea. La quale perciò, sebbene la riempia e diletti e soddisfaccia più di qualunque altra cosa possibile in questa terra, non però la riempie effettivamente, né la soddisfa, e nel partire[4] non la lascia mai contenta, perché l'anima sente e conosce o le pare, di non averla concepita e veduta tutta intera [...]. (4 Gen. 1821.)

---

1. **non però comprende:** *ma non per questo raggiunge.*
2. **angustia:** *limitatezza.*
3. **un'impotenza decisa:** *una totale incapacità.*
4. **nel partire:** *quando l'immaginazione viene meno.*

> *LA VISTA DEL SOLE O DELLA LUNA NON PER INTERO CI DÀ PIACERE SICCOME IL NON VEDERE TUTTO SUSCITA INCERTEZZA.*

[1744-1745] Da quella parte della mia teoria del piacere dove si mostra come degli oggetti veduti per metà, o con certi impedimenti ec.[1] ci destino idee *indefinite*, si spiega perché ci piaccia la luce del sole o della luna, veduta in luogo dov'essi[2] non si vedano e non si scopra la sorgente della luce; un luogo solamente in parte illuminato da essa luce; il riflesso di detta luce, e i vari effetti materiali che ne derivano; il penetrare di detta luce in luoghi dov'ella divenga incerta e impedita, e non bene si distingue, come attraverso un canneto, in una selva, per li balconi socchiusi ec. ec.; [...] tutti quegli oggetti insomma che per diverse materiali e menome[3] circostanze giungono alla nostra vista, *udito* ec. in modo incerto, mal distinto, imperfetto, incompleto, o fuor dell'ordinario ec. Per lo contrario[4] la vista del sole o della luna in una campagna vasta ed aprica[5], e in un cielo aperto ec. è piacevole per la vastità della sensazione. Ed è pur piacevole per la ragione assegnata di sopra[6], la vista di un cielo diversamente sparso di nuvoletti, dove la luce del sole o della luna produca effetti variati, e

---

1. **ec.:** *eccetera.*
2. **essi:** *cioè il sole o la luna.*
3. **menome:** *minime.*
4. **Per lo contrario:** *al contrario.*
5. **aprica:** *soleggiata.*
6. **per la ragione ... sopra:** *per il motivo che si è illustrato prima.*

18   *Zibaldone*

15 indistinti, e non ordinari ec. È piacevolissima e sentimentalissima la stessa luce veduta nelle città, dov'ella è frastagliata dalle ombre, dove lo scuro contrasta in molti luoghi col chiaro[7], dove la luce in molte parti degrada appoco appoco[8], come sui tetti, dove alcuni luoghi riposti[9] nascondono la vista dell'astro luminoso ec. ec. A questo piacere contribuisce la varietà, l'incertezza, il non veder

20 tutto, e il potersi perciò spaziare[10] coll'immaginazione, riguardo a ciò che non si vede. (20 Sett. 1821.)

---

7. dove lo scuro ... col chiaro: cioè dove si creano giochi di luci e ombre.

8. degrada ... appoco: *diminuisce gradatamente.*

9. riposti: *nascosti, appartati.*

10. il non ... spaziare: *il fatto che non si veda tutto e che si possa quindi spaziare.*

LA NOTTE CONFONDE GLI OGGETTI NON RENDENDONE CHIARA LA LORO VISIONE.

[1789] Le parole *lontano, antico,* e simili sono poeticissime e piacevoli, perché destano idee vaste, e indefinite, e non determinabili e confuse. (25 Sett. 1821.)

[1798] Le parole *notte notturno* ec., le descrizioni della notte ec., sono poeticissime, perché la notte confondendo gli oggetti[1], l'animo non ne concepisce che un'immagine vaga, indistinta, incompleta, sì di essa che di quanto ella contiene[2]. Così *oscuro, profondo* ec. ec. (28 Sett. 1821.)

---

1. la notte ... oggetti: *poiché la notte rende confusi gli oggetti.*

2. sì di essa ... contiene: *tanto della notte quanto degli oggetti avvolti nelle sue tenebre.*

● Analisi guidata

Infinito e indefinito

Nel **primo brano** l'autore sottolinea lo stretto legame tra «infinito» e «indefinito»: poiché l'infinito cui l'uomo aspira non esiste nella realtà, l'unico piacere può consistere nell'**evocazione poetica di sensazioni indefinite**. Il **secondo brano** contiene una «teoria della visione», nella quale si esaminano le immagini poetiche che, per la loro indeterminatezza, sono fonte di maggiore piacere. La stessa funzione viene svolta – come si sottolinea nelle ultime due annotazioni – da termini ed **espressioni polisemiche e vaghe**.

● Competenze di comprensione e analisi

- Le immagini indefinite suscitano piacere: per quale motivo? Ricostruisci il ragionamento leopardiano dopo aver sottolineato nei testi i passaggi più significativi.

- Quali termini sono particolarmente poetici e suggestivi? Per quali motivi?

La poetica del vago e dell'indefinito

La poesia: un'illusione d'infinito

La «poetica del vago e dell'indefinito» è strettamente legata alla **«teoria del piacere»,** elaborata sul piano filosofico da Leopardi intorno al 1820. Poiché l'uomo, secondo l'autore, aspira a **una felicità infinita** che non è raggiungibile nell'ambito dell'esperienza umana, dovrà supplire a questo bisogno attraverso l'immaginazione. L'arte e la poesia hanno appunto lo scopo, essenzialmente consolatorio, di **suscitare nel lettore emozioni vaste e vaghe**, tali da **illudere i sensi** che, scambiando l'indefinito con l'infinito, ricevono un momentaneo piacere, che risulta però solo parziale e illusorio.

● Competenze di comprensione e analisi

- Per quale motivo Leopardi afferma che «neanche l'immaginazione è capace dell'infinito, o di concepire infinitamente»? Su quali presupposti si basa questa affermazione?

- Il piacere che deriva dall'indefinito non appaga pienamente l'uomo: perché? Sottolinea nel testo le parti che motivano la tua risposta.

Le fonti dell'indefinito

Nel secondo brano, Leopardi sostiene che le immagini poetiche caratterizzate da una **luce indistinta** o da una **sensazione di vastità** suscitano particolare piacere nel lettore, perché permettono all'immaginazione di spaziare. Questi contenuti devono poi essere descritti attraverso **espressioni di significato sfumato e vago**, tali da suscitare una sensazione di ampiezza e indeterminatezza.

Le teorie qui espresse trovano piena applicazione sia negli idilli sia, in parte, nei canti pisano-recanatesi: la predilezione per le immagini spaziali aperte e vaghe e per le espressioni polisemiche risalta infatti sia nell'*Infinito* sia in numerose altre liriche (per esempio nell'*Ultimo canto di Saffo* o nella *Sera del dì di festa*), testimoniando lo stretto legame **tra riflessione teorica e prassi poetica**.

● Competenze di comprensione e analisi

- Secondo Leopardi risultano particolarmente suggestive sia le immagini in cui la luce non ha una fonte definita sia quelle molto ampie e vaste. Che cos'hanno in comune questi due tipi di immagini e quali sensazioni suscitano nell'animo del lettore?

- Analizza lo stile dei frammenti proposti, chiarendo da quali elementi risulta evidente il loro carattere privato.

T3 La sofferenza dell'uomo e dell'universo

Zibaldone, 4128-4129, 4175-4177

Il primo brano risale all'aprile 1825, il secondo all'aprile 1826: si tratta della fase in cui la crisi dell'idea di una natura benevola e materna – crisi collocabile negli anni tra il 1821 e il 1823 – ha ormai condotto Leopardi all'elaborazione della teoria del cosiddetto «pessimismo cosmico».

Leopardi evidenzia qui l'insanabile contraddizione tra il fine degli esseri viventi, che è il proprio piacere, e il fine della natura, che prescinde del tutto dal piacere dei singoli; nel secondo brano, assai famoso, rappresenta l'universo come un luogo di sofferenza attraverso la descrizione di un giardino.

[4128] Bisogna distinguere tra il fine della natura generale e quello della umana, il fine dell'esistenza universale, e quello della esistenza umana, o per meglio dire, il fine naturale dell'uomo, e quello della sua esistenza. Il fine naturale dell'uomo e di ogni vivente, in ogni momento della sua esistenza sentita, non è né può es-
5 sere altro che la felicità, e quindi il piacere, suo proprio; e questo è anche il fine unico del vivente in quanto a tutta la somma della sua vita, azione, pensiero. Ma il fine della sua esistenza, o vogliamo dire il fine della natura nel dargliela e nel modificargliela, come anche nel modificare l'esistenza degli altri enti, e in somma il fine dell'esistenza generale, e di quell'ordine e modo di essere che hanno le
10 cose e per se, e nel loro rapporto alle altre, non è certamente in niun modo la felicità né il piacere dei viventi, non solo perché questa felicità è impossibile (Teoria del piacere), ma anche perché sebbene la natura nella modificazione di ciascuno animale e delle altre cose per rapporto a loro, ha provveduto e forse avuto la mira ad alcuni piaceri di essi animali, queste cose sono un nulla rispetto a
15 quelle nelle quali il modo di essere di ciascun vivente, e delle altre cose rispetto a loro, risultano necessariamente e costantemente in loro dispiacere[1]; sicché e la somma e la intensità del dispiacere nella vita intera di ogni animale, passa senza comparazione [4129] la somma e intensità del suo piacere. Dunque la natura, la esistenza non ha in niun modo per fine il piacere né la felicità degli animali; piut-
20 tosto al contrario; ma ciò non toglie che ogni animale abbia *di sua natura* per necessario, perpetuo e solo suo fine il suo piacere, e la sua felicità, e così ciascuna specie presa insieme, e così la università[2] dei viventi. Contraddizione evidente e innegabile nell'ordine delle cose e nel modo della esistenza, contraddizione spaventevole; ma non perciò men vera: misterio grande, da non potersi mai spiega-
25 re, se non negando (giusta[3] il mio sistema) ogni verità o falsità assoluta, e rinunziando in certo modo anche al principio di cognizione[4], *non potest idem simul esse et non esse*[5]. (5-6 aprile 1825.)

---

1. in loro dispiacere: *rivolte al loro dispiacere.*

2. università: *l'universalità, l'insieme universale.*

3. giusta: *secondo.*

4. principio di cognizione: *fondamento della teoria della conoscenza.*

5. non potest ... non esse: *una cosa non può* *al medesimo tempo essere e non essere;* si tratta del principio aristotelico di non contraddizione, che è alla base della conoscenza (razionale).

[4175] [...] Non gli uomini solamente, ma il genere umano fu e sarà sempre infelice di necessità. Non il genere umano solamente ma tutti gli animali. Non gli animali soltanto ma tutti gli altri esseri al loro modo. Non gl'individui, ma le specie, i generi, i regni, i globi, i sistemi, i mondi.

Entrate in un giardino di piante, d'erbe, di fiori. Sia pur quanto volete ridente. Sia nella più mite stagione dell'anno. Voi non potete volger lo sguardo in nessuna parte che voi non vi troviate del patimento. Tutta quella famiglia di vegetali è in istato di *souffrance*[1], qual individuo più, qual meno. Là quella rosa è offesa dal sole, che gli ha dato la vita; si corruga, langue, appassisce. Là quel giglio è succhiato crudelmente da un'ape, nelle sue parti più sensibili, più vitali. [4176] Il dolce mele[2] non si fabbrica dalle industriose, pazienti, buone, virtuose api senza indicibili tormenti di quelle fibre delicatissime, senza strage spietata di teneri fiorellini. Quell'albero è infestato da un formicaio, quell'altro da bruchi, da mosche, da lumache, da zanzare; questo è ferito nella scorza e cruciato[3] dall'aria o dal sole che penetra nella piaga; quello è offeso nel tronco, o nelle radici; quell'altro ha più foglie secche; quest'altro è roso, morsicato nei fiori; quello trafitto, punzecchiato nei frutti. Quella pianta ha troppo caldo, questa troppo fresco; troppa luce, troppa ombra; troppo umido, troppo secco. L'una patisce incomodo e trova ostacolo e ingombro nel crescere, nello stendersi; l'altra non trova dove appoggiarsi, o si affatica e stenta per arrivarvi. In tutto il giardino tu non trovi una pianticella sola in istato di sanità perfetta. Qua un ramicello è rotto o dal vento o dal suo proprio peso; là un zeffiretto[4] va stracciando un fiore, vola con un brano[5], un filamento, una foglia, una parte viva di questa o quella pianta, staccata e strappata via. Intanto tu strazi le erbe co' tuoi passi; le stritoli, le ammacchi, ne spremi il sangue, le rompi, le uccidi. Quella donzelletta sensibile e gentile, va dolcemente sterpando[6] e infrangendo steli. Il giardiniere va saggiamente troncando, tagliando membra sensibili, colle unghie, col ferro (Bologna. 19 aprile. 1826). Certamente queste piante vivono; alcune perché le loro infermità non sono mortali, altre perché ancora con malattie mortali, le piante, e gli animali altresí, possono durare a vivere qualche poco di tempo. Lo spettacolo di tanta copia di vita all'entrare in questo giardino ci rallegra l'anima, e di qui è[7] che questo ci pare essere un soggiorno di gioia. Ma in verità questa vita è trista e infelice, ogni giardino è quasi un vasto ospitale[8] (luogo ben più deplorabile che un cemeterio[9]), e se questi esseri [4177] sentono, o vogliamo dire, sentissero, certo è che il non essere sarebbe per loro assai meglio che l'essere. (Bologna. 22 apr. 1826.)

Note a margine (manoscritte): LEOPARDI FA UN ESEMPIO DI UN GIARDINO IN CUI OGNI ELEMENTO IN UN MODO O IN UN ALTRO È IN STATO DI SOFFERENZA

---

1. **souffrance**: *sofferenza*, in francese.
2. **mele**: *miele*.
3. **cruciato**: *straziato* (letteralmente, "messo in croce", dal latino *crucem*).
4. **zeffiretto**: *venticello leggero*.
5. **brano**: *brandello*.
6. **sterpando**: *strappando*.
7. **di qui è**: *deriva da qui*.
8. **ospitale**: *ospedale*.
9. **cemeterio**: *cimitero*.

Analisi del testo

COMPRENSIONE

Nel **primo brano**, l'autore affronta il nodo centrale della felicità mettendo in luce la «contraddizione evidente e innegabile» tra l'innato desiderio di tutte le creature di raggiungere un piacere illimitato e l'assoluta noncuranza della natura per il piacere degli esseri viventi. Nel **secondo brano**, il pessimismo leopardiano raggiunge uno dei suoi vertici nella descrizione di un giardino che in apparenza è sereno e armonioso, ma in realtà nasconde crudeltà e sofferenze indicibili: emblema tragico della vita dell'uomo e dell'universo.

ANALISI E INTERPRETAZIONE

Un eroico relativismo Indagando nel **primo brano** la discrepanza tra il fine dell'esistenza umana e il fine della natura, Leopardi proclama il proprio **relativismo** e contesta alla radice ogni forma di antropocentrismo: l'uomo non è affatto il centro della vita universale e la sua felicità – come quella di ogni altro essere vivente – non interessa affatto alla natura. Ma la vera «**contraddizione spaventevole**» consiste nello squilibrio tra l'indole di ciascun essere vivente, che aspira per natura al piacere, e la natura universale, che non si cura affatto del piacere delle sue creature e anzi lo impedisce. L'annotazione, che risale al 1825, testimonia il **profondo cambiamento** avvenuto nel pensiero leopardiano, ormai approdato al «**pessimismo cosmico**». Nel **secondo brano**, Leopardi offre una **rappresentazione per immagini** della *souffrance* cosmica, in un'ottica che supera non solo l'antropocentrismo, ma

lo stesso geocentrismo, poiché l'infelicità coinvolge «le specie, i generi, i regni, i globi, i sistemi, i mondi». La natura mostra ormai la propria feroce fisionomia, torturando ogni essere vivente e trasformando l'apparente armonia in un crudelissimo dispositivo di morte.

Lo stile del pensiero poetante Nel **primo brano**, Leopardi definisce esplicitamente la propria riflessione come «teoria del piacere» (e più avanti scrive «il mio sistema»), dichiarando in questo modo non solo la sostanza filosofica ma anche la **prospettiva sistematica** del proprio pensiero. Nel **secondo brano**, invece, il **linguaggio poetico** è utilizzato **come linguaggio filosofico**: per svelare il vero, la lingua usa le risorse della poesia, e smaschera così anche l'illusione letteraria del *locus amoenus*, capovolgendolo spietatamente. I due brani evidenziano quindi **due diverse scelte espressive**. Il **primo testo** adotta uno **stile sobrio e argomentativo**, con connettivi («quindi», «anche», «in somma», «ma» e così via) che marcano l'articolarsi del ragionamento e con espressioni che distinguono i passaggi logici («Bisogna distinguere», «per meglio dire» e così via). Nel **secondo brano**, invece, la grande allegoria del giardino dei supplizi si avvale di un **linguaggio fortemente figurato**, segnato dalla costante umanizzazione degli elementi naturali. La sintassi è lineare e nitida, il lessico è raffinato, con latinismi («mele», «cruciato») ma anche con alterati diminutivi («zeffiretto», «donzelletta») in contrasto con lo scenario di devastazione e di morte.

Lavoriamo sul testo

COMPRENSIONE

1 In ciascuno dei due brani, sottolinea la frase o l'espressione che ti pare racchiudere con maggior efficacia il senso del testo.

2 Sintetizza il contenuto di ciascun brano in un breve testo (non più di cinque righe per ciascuno).

ANALISI E INTERPRETAZIONE

3 Il primo brano costituisce una radicale critica all'antropocentrismo. Spiega questa affermazione, motivandola con riferimenti puntuali al testo.

4 Qual è la «contraddizione spaventevole» che Leopardi denuncia nel primo brano?

5 Nel primo brano, evidenzia i connettivi; segna poi termini ed espressioni che ti sembrano particolarmente rilevanti sul piano dell'argomentazione concettuale. Spiega il motivo delle tue scelte.

6 Nel secondo brano, individua tutti i vocaboli e le espressioni che implicano umanizzazione di elementi naturali. Qual è l'effetto espressivo di tale scelta?

7 Considera la diversa tessitura stilistica dei due brani: che cosa puoi osservare? Quali sono le differenze, anche sul piano del rapporto tra concetti e linguaggio?

SCRITTURA E APPROFONDIMENTI

8 L'immagine del giardino dei dolori, potente allegoria della condizione universale, è indimenticabile. Scrivi un testo di tipo descrittivo-narrativo che presenti, in forma allegorica, una situazione emblematica – in senso negativo o positivo – dello stato dell'uomo: una scena, una situazione, una breve vicenda in cui sia possibile raffigurare un aspetto della condizione umana.

La sofferenza dell'uomo e dell'universo

Canti

Una raccolta organica   Nella definitiva edizione postuma del 1845, apparsa per l'editore fiorentino Le Monnier a cura di Antonio Ranieri, i *Canti* comprendono **41 componimenti** di diversa lunghezza e struttura metrica scritti fra il 1816 e il 1837, anno della morte dell'autore. La pubblicazione delle poesie leopardiane era in realtà iniziata in ordine sparso a partire dal 1819, ma solo con la fiorentina edizione Piatti (1831), seguita dalla napoletana Starita (1835), il volume assume un assetto organico e il titolo *Canti*, che dichiara la coincidenza tra linguaggio poetico e genere lirico e al tempo stesso si ricollega alla tradizione.

L'edizione definitiva mostra peraltro significativi spostamenti strutturali rispetto alle edizioni precedenti, nelle quali già la disposizione dei testi non rispettava l'ordine cronologico di composizione. In tutte le edizioni, infatti, i singoli testi si dispongono nel libro secondo **criteri cronologici, tematici e di genere**, testimoniando lo sviluppo del pensiero e della poetica di Leopardi ma anche la sua volontà di costruire un libro che dispieghi un itinerario sentimentale ed esistenziale e al tempo stesso evidenzi l'evoluzione di una vasta meditazione sul senso della vita, sul significato del dolore e sull'illusione della felicità. All'interno dell'edizione definitiva dei *Canti* si possono distinguere **tre grandi gruppi** di testi, corrispondenti in linea generale a **tre diverse fasi** della produzione dell'autore:

– il **primo gruppo** (1818-1823) comprende le canzoni e gli idilli (I-IX: canti civili-filosofici; X-XVIII: canti lirico-autobiografici);

– il **secondo gruppo** (1828-1830) raccoglie i canti pisano-recanatesi (XX-XXV; detti anche «grandi idilli»);

– il **terzo gruppo** (1831-1836) include il «ciclo di Aspasia» (XXVI-XIX) e le ultime liriche (tra cui le canzoni sepolcrali, XXX-XXXI, la *Palinodia al marchese Gino Capponi* e *La ginestra*); in coda, i componimenti minori (XXXV-XLI).

Le canzoni   Il primo nucleo dei *Canti* comprende, si è visto, le canzoni e gli idilli, composti nello stesso arco di tempo ma tra loro molto differenti per tono e stile.

La raccolta è aperta da un gruppo di nove **canzoni** ideate **tra il 1818 e il 1822**, nel periodo del cosiddetto **«pessimismo storico»**, durante il quale Leopardi vede l'infelicità umana come frutto dell'evoluzione storica della civiltà e dell'allontanamento dell'uomo dalla comunione con una natura benevola e misericordiosa. La realtà storica attuale appare inadeguata, gretta, passiva, i contemporanei ormai incapaci di sentimenti grandi e azioni eroiche. Le prime canzoni (*All'Italia*, *Sopra il monumento di Dante*, *Ad Angelo Mai*) toccano **temi patriottici**, legati in particolare alla decadenza morale e intellettuale dell'Italia, dimentica della sua antica gloria e delle sue tradizioni culturali. Seguono le canzoni di **contenuto filosofico** ed esistenziale (*Alla primavera, o delle favole antiche* e *Inno ai Patriarchi*), che rievocano una primitiva età dell'innocenza in cui gli esseri umani, non ancora corrotti dalla civiltà, vivevano in armonia con la «saggia natura». Al tema del **suicidio** sono infine dedicate *Bruto minore* (1821) e l'***Ultimo canto di Saffo*** (1822), canzone quest'ultima che serve da cerniera ideale tra le canzoni e gli idilli e in cui Leopardi avanza per la prima volta l'ipotesi che l'infelicità non sia un dato storico bensì un elemento connaturato nella vita umana.

Tutte le canzoni sono accomunate da uno **stile aulico** e letterario, vicino ai modelli classici nella complessità della costruzione sintattica, nella frequenza delle metafore e nella ricercatezza del lessico.

Gli idilli   La genesi delle canzoni civili è parallela a quella degli idilli: *L'infinito, La sera del dì di festa, Alla luna, Il sogno* e *La vita solitaria*. Composti **tra il 1819 e il 1821** e tutti in **endecasillabi** sciolti. Questi componimenti si differenziano dalle canzoni sia nei **contenuti**, **più intimi** e autobiografici, sia nella **forma**, **più semplice** e piana, caratterizzata da forme metriche aperte e da un lessico meno erudito. Abbandonando la solennità delle canzoni, Leopardi sperimenta qui un linguaggio lirico nuovo, basato sulla fluida musicalità del verso e sulla **poetica del vago e dell'indefinito**. Questi testi si ricollegano idealmente al genere dell'idillio bucolico, ossia al quadretto (dal greco *éidolon*, «immagine», «scenetta») di vita campestre tipico della poesia pastorale greca e in particolare della produzione di Teocrito (III sec. a.C.) e recuperato poi anche dal gusto arcadico settecentesco. Tuttavia, gli idilli leopardiani intendono non tanto offrire descrizioni della natura, quanto piuttosto trarne spunto per dare voce a **sensazioni e stati d'animo** del soggetto lirico. Negli idilli, Leopardi ha infatti inteso esprimere «situazioni, affezioni, avventure storiche del *suo* animo»: lo scriverà lui stesso nel 1828, evidenziando il carattere soggettivo di questi testi in contrapposizione con quello più oggettivo e civile delle canzoni. Così, per esempio, nell'idillio ***L'infinito*** il paesaggio naturale fa da sfondo a un viaggio dell'immaginazione nel mistero dell'infinito e dell'eternità, mentre in

Approfondimento

La metrica leopardiana

Il modello petrarchesco Con Leopardi si afferma gradualmente una forma nuova di canzone, detta appunto «leopardiana» o «libera», che parte dalla canzone «regolare» o «petrarchesca» adattandola però alle esigenze nuove della lirica. La forma metrica della canzone, tra le più antiche e illustri della tradizione letteraria italiana che la riprese dal modello della *cansò* provenzale, viene stabilita nella sua forma esemplare da Petrarca: i metri sono l'endecasillabo e il settenario, le strofe o stanze sono cinque o più. Nel modello petrarchesco, ciascuna stanza è formata da una «fronte», articolata in due «piedi» tra loro uguali, e da una «sirma», eventualmente suddivisa in due «volte»; la fronte e la sirma sono legate tra loro da un verso (detto «chiave») che ripete la rima dell'ultimo verso della fronte e, a volte, rima anche nella sirma. Piedi e volte, di solito composti da tre o quattro versi, devono ripetersi sempre con la medesima struttura.
Per esemplificare quanto detto riportiamo qui la prima strofa e il congedo finale della canzone *Chiare fresche e dolci acque* di Petrarca.

La «canzone libera» Leopardi si stacca – per l'insofferenza tipicamente romantica verso le regole e gli schemi fissi e per l'esigenza di costruire forme metriche rispondenti al libero ritmo della propria ispirazione – dalle forme tradizionali introducendo già nelle canzoni degli anni 1818-1823 alcune varianti: nelle prime canzoni, infatti, le strofe sono tutte di uguale lunghezza, ma la collocazione dei versi e la disposizione delle rime sono in ciascuna strofa differenti. Nell'*Ultimo canto di Saffo* le strofe hanno tutte lo stesso numero di versi (diciotto) e i versi sono tutti endecasillabi, tranne l'ultimo che è un settenario; scompare però ogni suddivisione tra «fronte» e «sirma» e i primi sedici versi sono irrelati, ossia liberi da rima, mentre l'unico elemento di simmetria è dato dalla rima baciata nel distico che conclude ogni strofa. Più tardi, nei canti pisano-recanatesi, Leopardi abbandona completamente ogni vincolo metrico prefissato e giunge con *A Silvia* al primo esempio di «canzone libera»: il numero dei versi di ogni strofa qui è variabile; varia all'interno di ogni strofa la disposizione degli endecasillabi e dei settenari; varia lo schema metrico delle diverse strofe; esistono versi irrelati e le rime vengono disposte liberamente. In questo modo il poeta innova profondamente questa forma metrica, che viene portata ad assecondare il tono e i contenuti del testo.

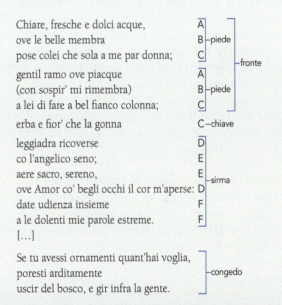

La sera del dì di festa l'io lirico coglie nel notturno lunare occasioni di meditare sulla fugacità della vita e della storia umane.

I canti pisano-recanatesi I canti pisano-recanatesi (impropriamente definiti talvolta anche «grandi idilli») vengono composti, dopo il lungo silenzio poetico, **tra il 1828 e il 1830**: *Il risorgimento* e *A Silvia* sono scritti a Pisa nel 1828; *Le ricordanze*, il *Canto notturno di un pastore errante dell'Asia*, *La quiete dopo la tempesta* e *Il sabato del villaggio* appartengono all'ultimo periodo trascorso dal poeta a Recanati. Agli stessi anni risale probabilmente anche *Il passero solitario*, che nella struttura dei *Canti* chiude la sezione degli idilli.

Queste liriche segnano un'importante svolta nel pensiero e nella poetica leopardiana. Sul piano formale, i canti di questa nuova stagione poetica si caratterizzano per l'uso di un **linguaggio più elaborato** rispetto agli «idilli» e per l'adozione della **canzone libera**. Dal punto di vista tematico, Leopardi approfondisce la sua riflessione e approda al cosiddetto «**pessimismo cosmico**», ossia all'idea che l'infelicità sia un elemento congenito all'esistenza degli uomini e di tutti i viventi. La natura, non più madre benevola bensì cieco meccanismo che conserva e tramanda la vita, nega all'uomo il piacere infinito a cui egli incessantemente aspira, funestandolo con un **dolore ineluttabile**. La coscienza dell'indifferenza della natura si unisce tuttavia a una ritrovata capacità di concepire passioni e illusioni: è così ancora più forte la tensione tra i desideri dell'uomo e l'impossibilità di soddisfarli, ancora più dolorosa la percezione della vanità di ogni speranza. Ricorrente è in particolare il recupero memoriale della giovinezza perduta e delle illusioni cadute. La rappresentazione iniziale di **immagini liete** e in apparenza gioiose, legate soprattutto al **ricordo dell'adolescenza** e alla vita del borgo di Recanati, si accompagna alla lucida coscienza che **ogni illusione è vana** in quanto destinata a cadere di fronte al dolore che pervade l'esistenza. Così, in *A Silvia* il ricordo delle illusioni giovanili della fanciulla e del poeta si annulla di fronte all'incombere della morte e all'inevitabile venir meno di ogni speranza di felicità. Analogamente, nella *Quiete dopo la tempesta* e nel *Sabato del villaggio*, la descrizione del borgo – dopo un temporale e in attesa del giorno festivo – si coniuga alla riflessione razionale sul carattere relativo ed effimero di questi piaceri fugaci, gli unici concessi agli uomini. Al centro del gruppo dei canti, in posizione di rilievo, Leopardi colloca il *Canto notturno di un pastore errante dell'Asia* che, ultimo in ordine di composizione e incentrato sul grande tema esistenziale del senso della vita umana, abbandona l'ambientazione recanatese e la poetica idillica, aprendo la via all'ultima fase poetica.

Il «ciclo di Aspasia» e gli ultimi canti

Il terzo e ultimo gruppo di testi che costituiscono i *Canti* comprende esperienze poetiche diverse, databili **tra il 1831 e il 1836**. A questa fase appartengono sia le liriche del «ciclo di Aspasia» sia gli ultimi testi composti da Leopardi a Napoli, tra cui *La ginestra*.

Sul piano metrico, accanto alla canzone si registrano tentativi di radicale innovazione come la strofa *A se stesso*. In generale, lo stile si allontana dall'effusione lirica e dalla melodiosità del canto per sonorità più secche, per una sintassi fortemente marcata (dalla paratassi più frammentata a estreme complicazioni ipotattiche) e per un lessico dai registri più ampi, nel quale prevalgono note aspre e concrete.

Il «**ciclo di Aspasia**» comprende cinque liriche (*Il pensiero dominante, Amore e morte, Consalvo, Aspasia* e *A se stesso*) scritte da Leopardi tra il 1830 e il 1833 e legate all'amore infelice per **Fanny Targioni Tozzetti**, nobildonna fiorentina cantata appunto con il nome di Aspasia, la cortigiana amata da Pericle nel V secolo a.C. L'amore, che appare dapprima al poeta come l'ultima illusione che può rendere la vita degna di essere vissuta, si risolve tuttavia in una **cocente delusione**, che si esprime in *A se stesso* in uno **stile asciutto**, lontanissimo dagli slanci lirici degli idilli, uno stile che segnala una nuova, drastica svolta poetica.

Decisamente aspri, del tutto spogliati di ogni indefinita musicalità e densi di **pensiero filosofico** risultano gli ultimi canti, composti durante il soggiorno napoletano successivo al 1834, fra i quali spiccano la *Palinodia al marchese Gino Capponi, Il tramonto della luna* e soprattutto *La ginestra*. In questi testi la critica riconosce una nuova fase della poesia leopardiana, segnata da un ritrovato **impegno ideologico-civile** e da una rinnovata **tensione eroica** dell'io lirico, una tensione che si accompagna alla vibrante **polemica contro ogni facile ottimismo** ma si apre anche alla fraternità umana. Il rifiuto di ogni illusione e la critica al tempo presente sono al centro dell'ampio componimento *La ginestra* (1836), ideale testamento poetico di Leopardi. In essa, contro un pessimismo che non lascia spazio alla speranza, l'immagine del piccolo fiore che resiste umilmente sulle pendici del vulcano diviene il simbolo di una nuova poesia che canta la possibile **fratellanza fra gli uomini**, tutti ugualmente figli di una natura matrigna.

Johann Friedrich August Tischbein, *Ritratto di giovane donna*, 1800.

Approfondimento

L'indice definitivo dei *Canti*

Proponiamo di seguito uno schema riassuntivo dei *Canti*: la prima colonna riporta i titoli dei canti, nell'ordine in cui sono disposti nell'edizione definitiva; nella seconda è indicata la data di composizione; nella terza è indicata la struttura metrica; nella quarta, infine, è indicato il gruppo di poesie di cui fa parte ciascun canto. I testi presenti in antologia sono evidenziati.

TITOLI DEI CANTI	data di composizione	struttura metrica	gruppo di poesie
I. *All'Italia*	settembre 1818	canzone petrarchesca	canzone
II. *Sopra il monumento di Dante*	settembre-ottobre 1818	canzone petrarchesca	canzone
III. *Ad Angelo Mai*	gennaio 1820	canzone petrarchesca	canzone
IV. *Nelle nozze della sorella Paolina*	ottobre-novembre 1821	canzone petrarchesca	canzone
V. *A un vincitore nel pallone*	novembre 1821	canzone petrarchesca	canzone
VI. *Bruto minore*	dicembre 1821	canzone petrarchesca	canzone
VII. *Alla primavera*	gennaio 1822	canzone petrarchesca	canzone
VIII. *Inno ai Patriarchi*	luglio 1822	canzone petrarchesca	canzone
IX. *Ultimo canto di Saffo*	maggio 1822	canzone petrarchesca irregolare	canzone
X. *Il primo amore*	dicembre 1817	elegia in terzine incatenate	
XI. *Il passero solitario*	1832-1835?	canzone libera	canti pisano-recanatesi
XII. *L'infinito*	1819	endecasillabi sciolti	idillio
XIII. *La sera del dì di festa*	primavera 1820?	endecasillabi sciolti	idillio
XIV. *Alla luna*	1819	endecasillabi sciolti	idillio
XV. *Il sogno*	fine 1820-1821	endecasillabi sciolti	idillio
XVI. *La vita solitaria*	estate-autunno 1821	endecasillabi sciolti	idillio
XVII. *Consalvo*	1832-1835?	novella in versi endecasillabi sciolti	ciclo di Aspasia
XVIII. *Alla sua donna*	settembre 1823	canzone petrarchesca	canzone irregolare
XIX. *Al conte Carlo Pepoli*	marzo 1826	epistola in endecasillabi sciolti	
XX. *Il risorgimento*	7-13 aprile 1828	quartine di ottonari rimati abbc	
XXI. *A Silvia*	19-20 aprile 1828	canzone libera	canti pisano-recanatesi
XXII. *Le ricordanze*	26 ago.-12 set. 1829	endecasillabi sciolti	canti pisano-recanatesi
XXIII. *Canto notturno di un pastore errante dell'Asia*	22 ott. 1829-9 apr. 1830	canzone libera	canti pisano-recanatesi
XIV. *La quiete dopo la tempesta*	17-20 settembre 1829	canzone libera	canti pisano-recanatesi
XXV. *Il sabato del villaggio*	20-29 settembre 1829	canzone libera	canti pisano-recanatesi
XXVI. *Il pensiero dominante*	1833?	canzone libera	ciclo di Aspasia
XXVII. *Amore e morte*	1833?	canzone libera	ciclo di Aspasia
XXVIII. *A se stesso*	1833-1835?	strofa di canzone libera	ciclo di Aspasia
XXIX. *Aspasia*	1833-1835?	endecasillabi sciolti	ciclo di Aspasia
XXX. *Sopra un bassorilievo antico sepolcrale*	1834-1835?	canzone libera	
XXXI. *Sopra il ritratto di una bella donna*	1834-1835?	canzone libera	
XXXII. *Palinodia al marchese Gino Capponi*	1834-1835	epistola in endecasillabi sciolti	
XXIII. *Il tramonto della luna*	1836	canzone libera	
XXXIV. *La ginestra, o Il fiore del deserto*	1836	canzone libera	
XXXV. *Imitazione*	dopo il 1828	strofa di canzone libera	
XXXVI. *Scherzo*	15 febbraio 1828	strofa di canzone libera	

T4 Ultimo canto di Saffo

Canti, IX

Composta a Recanati nel maggio 1822, la canzone è pubblicata per la prima volta a Bologna nel 1824 e, in seguito, nella prima edizione dei Canti (1831). Il testo ha la forma di un accorato monologo che il poeta immagina pronunciato da Saffo, poetessa greca del VI secolo a.C., che secondo la leggenda si sarebbe uccisa gettandosi dalla rupe di Leucade a causa del suo amore non corrisposto per il giovane Faone. Nel dramma di Saffo, condannata senza colpa a una cru-

dele esclusione dalla bellezza della natura, Leopardi proietta la propria esperienza, raffigurando – come egli stesso dichiara – «l'infelicità di un animo delicato, tenero, sensitivo, nobile e caldo, posto in un corpo brutto e giovane». La sostanza filosofica del canto va però ben oltre le coordinate autobiografiche, incentrandosi sui temi della virtù non riconosciuta, della noncuranza degli dei, della disarmonia tra uomo e natura e, più in generale, sul doloroso conflitto tra io e mondo.

Metrica Canzone di quattro strofe di diciotto versi ciascuna. I primi sedici versi sono endecasillabi sciolti; gli ultimi due sono un settenario e un endecasillabo a rima baciata.

> Saffo poteva godere della bellezza armoniosa della natura quando era ancora ignara della propria sorte; ora trova conforto solo nei paesaggi sconvolti e turbati come il suo animo; l'armoniosa relazione con la natura, privilegio degli antichi, si è ormai interrotta.

Placida notte, e verecondo raggio
della cadente luna[1]; e tu che spunti
fra la tacita selva in su la rupe,
nunzio del giorno[2]; oh dilettose e care
5 mentre ignote mi fur l'erinni e il fato,
sembianze agli occhi miei[3]; già non arride
spettacol molle ai disperati affetti[4].
Noi l'insueto allor gaudio ravviva
quando per l'etra liquido si volve
e per li campi trepidanti il flutto
10 polveroso de' Noti[5], e quando il carro,
grave carro di Giove a noi sul capo,
tonando, il tenebroso aere divide[6].
Noi per le balze e le profonde valli
natar giova tra' nembi, e noi la vasta
15 fuga de' greggi sbigottiti, o d'alto
fiume alla dubbia sponda
il suono e la vittrice ira dell'onda[7].

---

1. verecondo … luna: *casto raggio della luna che tramonta* («cadente»). Il raggio lunare è detto «verecondo» ("pudico", "casto") in riferimento alla vergine Diana, dea della luna.

2. e tu … giorno: *e tu che spunti sulla rupe silenziosa, o annunciatore del giorno.* Il vocativo si rivolge al pianeta Venere, che precede il sorgere del Sole.

3. dilettose … miei: *o scenari* («sembianze») *piacevoli e cari al mio sguardo, finché* («mentre») *mi erano ancora sconosciuti i tormenti e il crudele destino.* Le Erinni sono propriamente le dee greche della ven-

detta, qui simbolo della sofferenza d'amore.

4. già … affetti: *ormai questa dolce vista non porta più piacere a chi è disperato.*

5. Noi … Noti: il soggetto è «insueto gaudio»: *una gioia inconsueta rallegra noi* (creature infelici) *solo quando per l'aria limpida e per i campi sconvolti si abbatte* («si volve») *l'onda di polvere dei venti tempestosi* («Noti»).

6. e quando … divide: *e quando il pesante* («grave») *carro di Giove, tuonando sul nostro capo, squarcia il cielo oscuro.* Secondo gli antichi, il tuono era causato dal passaggio nel cielo del carro di Giove.

7. Noi … dell'onda: *a noi piace* («noi giova», secondo la costruzione transitiva del verbo "giovare" nella lingua latina), *attraverso dirupi e valli profonde, immergerci* («natar», letteralmente "nuotare") *nelle nubi tempestose, a noi piace vedere la fuga disordinata* («vasta», ossia "che si disperde in varie direzioni") *delle mandrie spaventate o, stando sulla sponda malsicura* («dubbia») *d'un fiume in piena* («alto»), *sentire il fragore e la furia devastatrice* («vittrice ira») *delle acque.* Le creature infelici come Saffo trovano conforto solo nei paesaggi naturali sconvolti e tempestosi.

Canti

Bello il tuo manto, o divo[8] cielo, e bella
20 sei tu, rorida[9] terra. Ahi di cotesta
infinita beltà parte nessuna
alla misera Saffo i numi e l'empia
sorte non fenno[10]. A' tuoi superbi regni

> All'amore non corrisposto per Faone si sovrappone l'amore di Saffo per la bellezza della natura, ugualmente non ricambiato.

vile, o natura, e grave ospite addetta,
25 e dispregiata amante, alle vezzose
tue forme il core e le pupille invano
supplichevole intendo[11]. A me non ride
l'aprico margo, e dall'eterea porta
il mattutino albor[12]; me non il canto
30 de' colorati augelli, e non de' faggi
il murmure[13] saluta: e dove all'ombra
degl'inchinati salici dispiega
candido rivo il puro seno, al mio
lubrico piè le flessuose linfe
35 disdegnando sottragge,
e preme in fuga l'odorate spiagge[14].

> La poetessa si chiede se l'esclusione dalla bellezza della natura sia forse dovuta a qualche propria colpa involontaria.

Qual fallo mai, qual sì nefando eccesso
macchiommi anzi il natale, onde sì torvo
il ciel mi fosse e di fortuna il volto[15]?
40 In che peccai bambina, allor che ignara
di misfatto è la vita[16], onde poi scemo
di giovanezza, e disfiorato, al fuso
dell'indomita Parca si volvesse
il ferrigno mio stame[17]? Incaute voci
45 spande il tuo labbro: i destinati eventi

---

8. divo: *divino.*

9. rorida: *bagnata di rugiada.*

10. di cotesta ... non fenno: *di questa infinita bellezza gli dèi («numi») e la sorte impietosa non fecero («fenno») in nessun modo partecipe la povera Saffo.*

11. A' tuoi ... intendo: *io, o natura, assegnata dal destino («addetta») ai tuoi stupendi regni come un'ospite spregevole («vile») e sgradita («grave»), e come un'amante disprezzata, invano rivolgo («intendo») supplichevole il cuore e gli occhi alle tue seducenti bellezze («vezzose tue forme»).*

12. A me ... albor: *a me non sorride la campagna soleggiata («aprico margo») né l'albore del mattino che proviene dalla porta del cielo (cioè da oriente, dove spunta il sole).*

13. murmure: *mormorio.*

14. dove ... spiagge: *dove, all'ombra dei salici piangenti («inchinati»), un limpido ruscello («candido rivo») snoda il suo corso trasparente («dispiega... il puro seno»), esso stesso, con sdegno sottrae le sue acque («linfe») flessuose al mio piede incerto («lubrico», cioè "che scivola"), e nel fuggire urta le rive («spiagge») piene di fiori odorosi. Saffo, che si accinge a immergersi nell'acqua del torrente, nella sua disperazione interpreta il rifluire delle acque come un segno sprezzante di rifiuto da parte del fiume, che si ritrae come per evitarla.*

15. Qual ... volto?: *quale colpa mai, quale orribile peccato mi macchiò prima della nascita («anzi il natale»), per far sì che il cielo e il volto della sorte mi fossero tanto* ostili («torvo»)?

16. allor ... la vita: *quando la vita non conosce ancora la colpa.*

17. onde ... stame?: *per cui poi il filo grigio e rugginoso della mia vita («ferrigno mio stame») si avvolgesse sul fuso della Parca inflessibile («indomita») privo («scemo») di giovinezza e sfiorito? Secondo la mitologia, le tre Parche sono simbolo del destino e sono rappresentate intente a tessere il filo della vita degli uomini. Saffo immagina che, a causa di qualche sua inconsapevole colpa, le Parche (qui in particolare Lachesi, colei che gira il fuso che avvolge il filo dell'esistenza, stabilisce la sua durata e l'alternarsi di giorni buoni e cattivi) abbiano preparato per lei una vita infelice e oscura, rappresentata dal filo «ferrigno».*

> La vita umana appare come un mistero inconoscibile, in cui l'unica realtà è una sofferenza senza colpa né causa.

move arcano consiglio[18]. Arcano è tutto,
fuor che il nostro dolor. Negletta prole
nascemmo al pianto, e la ragione in grembo
de' celesti si posa[19]. Oh cure, oh speme
50 de' più verd'anni[20]! Alle sembianze il Padre,
alle amene sembianze eterno regno
diè nelle genti; e per virili imprese,
per dotta lira o canto,
virtù non luce in disadorno ammanto[21].

55 Morremo[22]. Il velo indegno a terra sparto,
rifuggirà l'ignudo animo a Dite,
e il crudo fallo emenderà del cieco
dispensator de' casi[23]. E tu cui lungo
amore indarno, e lunga fede, e vano
60 d'implacato desio furor mi strinse,

> In forma dubitativa, si afferma l'idea che l'infelicità sia un destino comune a tutti gli uomini.

vivi felice, se felice in terra
visse nato mortal[24]. Me non asperse
del soave licor del doglio avaro
Giove, poi che perìr gl'inganni e il sogno
65 della mia fanciullezza[25]. Ogni più lieto
giorno di nostra età primo s'invola[26].
Sottentra il morbo[27], e la vecchiezza, e l'ombra
della gelida morte. Ecco di tante
sperate palme e dilettosi errori,
70 il Tartaro m'avanza[28]; e il prode ingegno
han la tenaria Diva,
e l'atra notte, e la silente riva[29].

---

18. Incaute ... consiglio: *le tue labbra pronunciano parole prive di senso («incaute voci»); una volontà misteriosa («arcano consiglio») determina gli eventi decisi dal destino.*

19. Arcano ... si posa: *tutto è misterioso, tranne il nostro dolore. Noi, figli abbandonati dalla natura, siamo nati per soffrire («al pianto») e il motivo di tutto ciò sta nella mente degli dèi.*

20. Oh cure ... verd'anni: *o affanni, o speranza dell'età giovanile («verd'anni»)!*

21. Alle sembianze ... ammanto: *il padre (cioè Giove, padre di tutti gli dèi) ha concesso alle belle apparenze («amene sembianze», ossia alla bellezza) eterno dominio tra gli uomini («nelle genti»); e per quanto si compiano imprese eroiche o per quanto ci si distingua nella dotta arte del canto poetico, il valore («virtù») non brilla in un corpo esteriormente brutto («in disadorno ammanto»).*

22. Morremo: *moriremo.* Il verbo, al *plurale maiestatis,* riprende la solenne esclamazione della Didone virgiliana decisa al suicidio.

23. Il velo ... casi: *una volta abbandonato a terra il corpo sgraziato («il velo indegno», che soffoca la grandezza d'animo di Saffo), l'animo nudo troverà rifugio nel regno dei morti («Dite» è Plutone, dio degli Inferi) e rimedierà così il crudele errore del destino, che distribuisce ciecamente le sorti degli uomini («cieco dispensator de' casi»).*

24. E tu ... mortal: *e tu, a cui mi legò («strinse») inutilmente («indarno») un lungo amore, una lunga fedeltà e un vano fuoco di desiderio inappagato («d'implacato desio»), vivi felice, se mai sulla terra può vivere felice una creatura mortale.* Saffo si rivolge ora a Faone.

25. Me non ... fanciullezza: *dopo che vennero meno le ingannevoli illusioni e i sogni della mia giovinezza, Giove non mi co-* sparse («asperse») *con il dolce liquido («licor») del vaso della felicità, che dispensa i suoi doni con parsimonia («doglio avaro»).* Secondo una leggenda omerica, ai piedi del trono di Giove stavano due vasi, quello del dolore e quello del piacere; ma quest'ultimo veniva concesso solo raramente agli uomini.

26. Ogni ... s'invola: *tutti i giorni più felici della nostra vita («età») svaniscono («s'invola») per primi.*

27. Sottentra il morbo: *subentra la malattia.*

28. di tante ... m'avanza: *di tanti premi («palme») sperati e piacevoli illusioni («dilettosi errori») mi resta solo la morte («il Tartaro», il regno dei morti).*

29. il prode ... riva: *Proserpina, dea degli inferi (detta «tenaria Diva» dal capo Tenaro, dove era posto il passaggio al regno dei morti) e la nera («atra») notte e la riva silenziosa (dell'Acheronte, fiume infernale) sono padroni («han») del mio nobile ingegno.*

Canti

Analisi guidata

Una lirica in tre parti: il dolore, la protesta, il suicidio

La lirica può essere suddivisa, sul piano dei significati, in **tre parti**. Nelle **prime due strofe** Saffo sottolinea la contrapposizione tra la bellezza della natura (espressa nel sereno paesaggio lunare che apre la lirica) e il proprio tormento. La consapevolezza della propria deformità fisica è all'origine di un senso doloroso di **disarmonia e di esclusione** dalla «infinita beltà» della Terra.

Nella **terza strofa** la poetessa leva quindi la propria **protesta verso il destino crudele** e giunge a due amare conclusioni: che nel mistero della vita l'unica realtà è il dolore («Arcano è tutto, / fuor che il nostro dolor», vv. 46-47) e che l'assenza della bellezza non può essere compensata dalla sensibilità d'animo né dalle doti artistiche (vv. 52-54). Al contrario, il destino crudele rinchiude un animo grande, desideroso di bellezza e di amore, nella prigione di un corpo deforme.

Nella **strofa finale**, Saffo ribadisce la scelta del **suicidio**. Rivolgendosi all'amato Faone, vorrebbe augurargli una vita felice: questa speranza pare però irrealizzabile di fronte alla constatazione che **l'unica felicità** di cui gli uomini possono godere **è quella dell'infanzia**, legata all'incoscienza del proprio triste destino.

Competenze di comprensione e analisi

- L'inizio del canto propone un panorama sereno e quieto. Che tipo di paesaggio viene invece descritto ai vv. 8-18? Per quale motivo Saffo ama solo questo secondo tipo di spettacolo naturale?

- La contrapposizione tra la bellezza della natura e la deformità della pur virtuosa Saffo manifesta l'assoluta indifferenza della natura, che dispensa bellezza e virtù in maniera del tutto casuale. In quale punto del testo tale contrapposizione emerge con maggiore evidenza?

- Secondo Saffo, nella vita umana solo un periodo può essere considerato felice: quale, e per quale motivo?

Sofferenza personale e dolore universale

Nella figura di Saffo (quindi nell'immagine di un altro poeta) Leopardi proietta la propria sofferenza individuale, che nasce da due elementi connessi: il **contrasto fra la bellezza della natura e la disarmonia del proprio corpo** e l'inesorabile **caduta di tutte le speranze** d'amore e di fama concepite nell'adolescenza. In alcuni punti del testo, tuttavia, affiora l'idea che questa condizione di infelicità non riguardi solo il poeta come singolo individuo, ma costituisca piuttosto **la sorte comune di tutti gli uomini**. Questo concetto, adombrato già nella terza strofa («Negletta prole / nascemmo al pianto», vv. 47-48), si accentua nel finale, legandosi allo svanire delle illusioni di fronte alla realtà del dolore.

La lirica testimonia quindi **un momento di passaggio** nel pensiero leopardiano, momento che prelude al «**pessimismo cosmico**» e all'idea che l'infelicità accomuni tutti gli esseri viventi, esclusi dal contatto con una natura meravigliosa ma insensibile. La complessità di questa fase di transizione emerge anche dalla **caratterizzazione del personaggio di Saffo** che, pur appartenendo all'antichità greca – a un mondo che Leopardi nella fase del «pessimismo storico» ritiene ancora capace di armonioso rapporto con la natura –, **ha ormai perso le illusioni** e risulta preda di un invincibile dolore.

Competenze di comprensione e analisi

- Nella lirica, Saffo parla spesso alla prima persona plurale («Noi»: v. 8 e v. 14; «nostro dolor», v. 47; ecc.). A tuo parere si tratta di un espediente retorico oppure di un modo per coinvolgere nella stessa condizione esistenziale più individui? A chi si riferisce, secondo te, Saffo?

- In questa fase del pensiero leopardiano, l'immagine della natura risulta ambigua. In quali punti del testo essa appare benevola e splendida e dove invece appare spietata e insensibile?

- «Virtù non luce in disadorno ammanto» (v. 54): quale concetto esprime Leopardi in questo verso? L'affermazione del poeta sull'importanza delle «amene sembianze» (v. 51) ti sembra ancora oggi attuale?

Classicismo e poetica dell'indefinito

Sul piano formale, la canzone – che sviluppa in chiave lirica tematiche classiche quali l'infelicità dei grandi uomini e il suicidio dei magnanimi – adotta uno **stile elevato** e classicheggiante, evidente sia nelle frequenti **anastrofi** e nei costrutti ipotattici sia nel lessico, ricco di **latinismi** e **arcaismi**.

Il ricorso a una forma letteraria e lontana dall'uso non solo conferisce al testo **un tono aulico e solenne**, ma evoca, soprattutto nella descrizione del paesaggio naturale, **sensazioni indeterminate** e indistinte, ritenute da Leopardi particolarmente poetiche.

Allo stile evocativo usato per descrivere la bellezza della natura si sostituisce, nelle **sequenze riflessive**, un tessuto stilistico più aspro e un **ritmo più franto** e dissonante, che riflettono la disperazione dell'io lirico e il suo tormento interiore, sottolineato anche dagli *enjambement*.

Competenze di comprensione e analisi

- Analizza la prima strofa della lirica (vv. 1-18). Prevale la coordinazione o la subordinazione? Sono presenti inversioni nell'ordine consueto delle parole? Qual è, secondo te, il valore espressivo di tali scelte stilistiche?

- Quali riferimenti al mondo classico e al mito ricorrono nel testo? Qual è la loro funzione in rapporto al contenuto?

- Nel testo ricorrono termini letterari di origine latina: individuane almeno cinque e spiegane la funzione espressiva.

T5 L'infinito

Canti, XII

Ascolta la poesia e fai l'analisi interattiva

L'infinito, composto a Recanati molto probabilmente tra la primavera e l'autunno del 1819, viene pubblicato per la prima volta nel 1825 sulla rivista milanese «Il Nuovo Ricoglitore». Incluso nell'edizione bolognese dei Versi, la poesia entra a far parte dei Canti a partire dall'edizione del 1831, aprendo la serie degli «idilli». L'io lirico siede assorto su un colle; l'ostacolo visivo costituito da una siepe stimola nella sua immaginazione, per contrasto, l'idea dell'infinito e gli permette di superare i limiti circoscritti della realtà.

Metrica Endecasillabi sciolti.

(annotazione a margine: LEOPARDI IMMAGINA L'INFINITO OLTRE LA SIEPE.)

Sempre caro mi fu quest'ermo colle[1],
e questa siepe, che da tanta parte
dell'ultimo orizzonte il guardo esclude[2].
Ma[3] sedendo e mirando[4], interminati
5   spazi di là da quella, e sovrumani
silenzi, e profondissima quiete
io nel pensier mi fingo[5]; ove per poco
il cor non si spaura[6]. E come[7] il vento
odo stormir tra queste piante, io quello
10   infinito silenzio a questa voce
vo comparando[8]: e mi sovvien l'eterno[9],
e le morte stagioni, e la presente
e viva, e il suon di lei[10]. Così tra questa
immensità s'annega[11] il pensier mio:
15   e il naufragar m'è dolce in questo mare[12].

Apri il vocabolario

L'aggettivo "ermo", dal latino volgare *eremus* («solitario», «deserto»), è termine proprio della lingua poetica; nella lingua corrente resta in uso nel sostantivo "eremo" che indica un luogo appartato, riservato al silenzio e alla meditazione. Da questo significato deriva il termine "eremita", colui che, per motivi religiosi, sceglie di vivere isolato per meglio dedicarsi alla preghiera e all'approfondimento spirituale.

---

1. ermo colle: *colle solitario*; è il monte Tabor, nei pressi di Recanati.
2. che ... esclude: *che sottrae alla vista («guardo») gran parte dell'estremo orizzonte.*
3. Ma: *tuttavia*, cioè nonostante la siepe impedisca allo sguardo di spaziare.
4. mirando: *guardando intensamente*; il verbo indica un guardare assorto, capace di andare oltre le cose presenti.
5. interminati ... mi fingo: *rappresento mia nella mente («mi fingo») al di là della siepe («di là da quella») spazi infiniti e silenzi che superano la capacità di percezione umana («sovrumani») e una profonda sensazione di pace.* Il termine «quiete» suggerisce anche l'idea della morte, che Foscolo chiamava «fatal quiete».
6. ove ... si spaura: *nei quali* (cioè in questi spazi infiniti) *il mio cuore quasi si spaventa*, come sbigottito dal pensiero dell'infinito.
7. come: *appena*, con valore temporale.
8. quello ... vo comparando: *paragono («vo comparando») quel silenzio infinito a questo rumore («voce») del vento.*
9. mi sovvien l'eterno: *mi viene in mente l'eternità.*
10. le morte ... di lei: *le epoche passate e l'età attuale e viva e i suoi rumori («suon di lei»).*
11. s'annega: *si smarrisce*.
12. in questo mare: *nel mare dell'infinito*.

Analisi del testo

COMPRENSIONE
La lirica evoca le diverse tappe di un'avventura dell'immaginazione che conduce l'io lirico ad attingere l'infinito. Il testo si articola in due sequenze omogenee e simmetriche.

Nella **prima parte** (vv. 1-8) l'io lirico, partendo da una situazione concreta, viene indotto da un ostacolo visivo (la siepe) a passare dal **piano della realtà** al piano dell'**immaginazione** («mi fingo», v. 7), giungendo alla percezione dell'**infinito spaziale** («interminati spazi»; «sovrumani silenzi»; «profondissima quiete»).

Nella **seconda parte** (vv. 8-13) il poeta ritorna alla **dimensione finita della realtà** (il "qui e ora" rappresentato da «queste piante»); ma un altro stimolo sensoriale, in questo caso **acustico** («il vento», v. 9), gli permette di raggiungere nella fantasia l'**infinito temporale** e di confrontare l'età presente all'ampiezza delle epoche passate («infinito silenzio»; «l'eterno»; «le morte stagioni»).

Nel **finale**, la **situazione iniziale si è rovesciata**: il poeta non è più collocato nella realtà concreta («quest'ermo colle», v. 1), ma immerso nella dimensione immaginaria dell'infinito («questo mare», v. 15), che suscita in lui una sensazione di dolcezza («naufragar m'è dolce» del v. 15).

ANALISI E INTERPRETAZIONE
La dialettica finito / infinito Il componimento si sviluppa su una continua oscillazione tra il finito e l'infinito, che corrisponde al passaggio dell'io lirico dal piano della **razionalità** a quello dell'**immaginazione**; i due piani, tuttavia, restano sempre distinti. L'esperienza descritta da Leopardi non è infatti né un'evasione nell'irrazionale né uno smarrimento mistico del pensiero, ma una sorta di **lucido sogno, avviato dai sensi e sorvegliato dalla ragione**. Lo attesta anche la rigorosa struttura del testo, nel quale assume particolare rilievo l'uso degli **aggettivi dimostrativi «questo» e «quello»** i quali, ricorrendo ben otto volte nella lirica, indicano rispettivamente vicinanza e lontananza ora dalla realtà finita, concretamente avvertita per mezzo dei sensi, ora dall'infinito, percepito come dimensione immaginaria.

La poetica del vago e dell'indefinito Nell'*Infinito* Leopardi ricorre a **termini polisemici e indeterminati**, tesi a suscitare sensazioni indefinite e quindi piacevoli, tali da evocare nel lettore un'esperienza emotiva e mentale analoga a quella vissuta dal poeta. A questo fine contribuisce anche il piano fonico, con la prevalenza dei **suoni vocalici aperti** – soprattutto della «a» – che suggeriscono in particolare l'idea di vastità e prolungata risonanza.

La scelta di numerose parole plurisillabe, di superlativi assoluti e di termini composti (spesso di tipo negativo o privativo: «in-finito», «in-terminati») crea un intenso effetto di dilatazione e di durata. Allo stesso esito è rivolta la sintassi, con la prevalenza della coordinazione, le enumerazioni per polisindeto e la presenza di diversi verbi al gerundio. Significativa è la **frequenza degli *enjambement***, che esprime (attraverso il superamento della misura del verso) la continua spinta al superamento dei limiti contingenti dell'uomo.

Lavoriamo sul testo

COMPRENSIONE

1. La vicenda rappresentata nella lirica si svolge in un contesto consueto e familiare: quale? Sul piano strettamente fisico, l'io lirico appare in movimento o statico?
2. L'immaginazione dapprima dell'infinito spaziale e poi di quello temporale viene suscitata da diversi stimoli sensoriali: individuali nel testo.
3. Al v. 4, un'avversativa in posizione iniziale segnala un cambiamento rilevante nell'esperienza dell'io lirico: quale?
4. A che cosa allude il poeta attraverso la metafora del «mare» nel verso finale?

LINGUA E LESSICO

5. Dal punto di vista sintattico, il periodo iniziale e quello finale, semplici e sintetici, si contrappongono ai due periodi centrali, più complessi ed elaborati. Dopo aver verificato la struttura sintattica del testo, spiega quali sono a tuo parere gli effetti espressivi di questa scelta.

ANALISI E INTERPRETAZIONE

6. La struttura del componimento presenta elementi di simmetria tra le diverse sequenze: segnala gli elementi simili, usando colori diversi per metterli in evidenza.
7. Nel testo ricorrono parole particolarmente vaghe e indeterminate: dopo averle sottolineate, spiega qual è la loro funzione in rapporto alla poetica leopardiana e al contenuto del testo.
8. Sul piano ritmico, gli unici due versi che non presentano *enjambement* sono il primo e l'ultimo. Quali sono secondo te i motivi di questa scelta stilistica?
9. Nell'ultimo verso sono presenti due figure retoriche: quali? Commenta tale scelta retorica, tanto più significativa nella complessiva sobrietà retorica dello stile leopardiano, e di questa lirica in particolare.

SCRITTURA E APPROFONDIMENTI

10. Facendo riferimento alla «teoria del piacere» elaborata nello *Zibaldone*, spiega in un breve testo argomentativo per quale motivo l'idea dell'infinito è particolarmente cara a Leopardi e in che senso essa si può conciliare con la sua concezione materialistica.

T6 La sera del dì di festa

Canti, XIII

Fai l'analisi interattiva

Composta probabilmente nel 1820, la lirica – compresa tra gli idilli – viene pubblicata per la prima volta nel 1825 sulla rivista «Il Nuovo Ricoglitore» e quindi l'anno seguente nell'edizione bolognese dei Versi. Inserita nei Canti nel 1831, è collocata subito dopo L'infinito. Nella serena notte di luna che conclude un giorno festivo, la donna amata dal poeta dorme serena e ignara dell'amore senza speranza che ha suscitato, mentre egli veglia in preda alla disperazione. Ai tormenti d'amore si sostituisce il dolore per il fatale oblio in cui tutto ciò che è umano è destinato a cadere.

Metrica Endecasillabi sciolti.

Dolce e chiara è la notte e senza vento,
e queta sovra i tetti e in mezzo agli orti[1]
posa[2] la luna, e di lontan rivela
serena ogni montagna[3]. O donna mia[4],
5   già tace ogni sentiero, e pei balconi
rara traluce la notturna lampa[5]:
tu dormi, che t'accolse agevol sonno
nelle tue chete stanze[6]; e non ti morde
cura nessuna[7]; e già non sai né pensi
10 quanta piaga[8] m'apristi in mezzo al petto.
Tu dormi: io questo ciel, che sì benigno
appare in vista, a salutar m'affaccio[9],
e l'antica natura onnipossente,
che mi fece all'affanno[10]. A te la speme[11]
15 nego, mi disse, anche la speme; e d'altro
non brillin gli occhi tuoi se non di pianto.
Questo dì fu solenne[12]: or da' trastulli
prendi riposo[13]; e forse ti rimembra[14]
in sogno a quanti oggi piacesti, e quanti
20 piacquero a te: non io, non già ch'io speri,
al pensier ti ricorro[15]. Intanto io chieggo
quanto a viver mi resti[16], e qui per terra

> La donna amata, come la natura circostante, è immersa nella quiete, ignara e incurante del tormento del poeta.

---

1. queta ... orti: *quieta sopra le case* («tetti», per metonimia) *e sui giardini* («orti» è un latinismo).
2. posa: *sta immobile* (ma il verbo umanizza la luna che sembra "riposare" nel cielo).
3. di lontan ... montagna: *il chiarore della luna permette di scorgere* («rivela») *il profilo nitido delle montagne in lontananza.*
4. donna mia: *il poeta si rivolge a una ragazza amata, forse solo un fantasma della fantasia.*
5. pei balconi ... lampa: *attraverso i balconi filtra qua e là* («rara traluce») *la luce d'una lampada accesa per la notte.*
6. che ... stanze: *poiché ti accolse un sonno facile e spontaneo* («agevol») *nelle tue stanze tranquille;* «chete» riprende «queta» del v. 2, riferito alla luna.
7. non ti ... nessuna: *non ti tormenta nessun affanno* («cura», latinismo).
8. quanta piaga: *che profonda ferita d'amore.*
9. io ... m'affaccio: *io invece mi affaccio a contemplare questo cielo, tanto benevolo in apparenza* («in vista»).
10. l'antica ... affanno: *e (mi affaccio a contemplare anche) la natura eterna* («antica») *e onnipotente, che mi ha destinato al dolore.*
11. speme: *speranza.*
12. Questo ... solenne: *questo è stato un giorno di festa.*
13. da' trastulli ... riposo: *ti stai riposando dopo gli svaghi.* Il poeta si rivolge ora alla donna amata.
14. ti rimembra: *ti ricordi.*
15. non io ... ricorro: *io non ricorro certo nei tuoi pensieri, e non oso nemmeno sperarlo.*
16. chieggo ... resti: *chiedo a me stesso quanto tempo mi resti da vivere.*

36 Canti

La forte cesura segna il passaggio dalla prima alla seconda parte del canto: un suono indistinto suscita per contrasto la percezione del «silenzio» e dell'oblio in cui ogni vicenda umana è destinata a cadere.

mi getto, e grido, e fremo[17]. Oh giorni orrendi
in così verde etate[18]! Ahi, per la via
25 odo non lunge[19] il solitario canto
dell'artigian, che riede a tarda notte,
dopo i sollazzi, al suo povero ostello[20];
e fieramente[21] mi si stringe il core,
a pensar come tutto al mondo passa,
30 e quasi orma non lascia. Ecco è fuggito
il dì festivo, ed al festivo il giorno
volgar succede[22], e se ne porta il tempo

Le interrogative richiamano il tema letterario dell'ubi sunt? ("dove sono?"), ossia della constatazione della vanità della gloria umana.

ogni umano accidente[23]. Or dov'è il suono
di que' popoli antichi[24]? or dov'è il grido
35 de' nostri avi famosi[25], e il grande impero
di quella Roma, e l'armi, e il fragorio
che n'andò per la terra e l'oceàno[26]?
Tutto è pace e silenzio, e tutto posa
il mondo, e più di lor non si ragiona[27].

La conclusione è legata a un ricordo d'infanzia, che riporta la mente del poeta a un notturno simile a quello che apre la lirica.

40 Nella mia prima età[28], quando s'aspetta
bramosamente[29] il dì festivo, or poscia
ch'egli era spento, io doloroso, in veglia,
premea le piume[30]; ed alla tarda notte
un canto che s'udia per li sentieri
45 lontanando morire a poco a poco,
già similmente mi stringeva il core[31].

17. fremo: *mi agito.*
18. in ... etate: *in un'età così giovanile* («verde»).
19. non lunge: *non lontano.*
20. che riede ... ostello: *che ritorna a notte inoltrata, dopo il divertimento* («i sollazzi»), *alla sua povera casa.*
21. fieramente: *crudelmente.*
22. al festivo ... succede: *al giorno di festa subentra il giorno feriale* («volgar»).
23. se ne ... accidente: *il tempo porta via con sé ogni evento umano;* «accidente» sot-

tolinea come tutte le vicende umane siano casuali ed effimere.
24. il suono ... antichi: *la fama, l'eco delle grandi imprese dei popoli dell'antichità.*
25. il grido ... famosi: *la gloria dei nostri famosi antenati.*
26. l'armi ... l'oceàno: *il fragore delle armi* (cioè, il clamore delle vittorie di Roma) *che si sparse per terra e per mare.*
27. Tutto ... ragiona: *tutto il mondo è immobile e silenzioso, e non si parla più di loro.*
28. prima età: *fanciullezza.*

29. bramosamente: *con ansia e impazienza.*
30. or ... piume: *dopo che esso era trascorso, io pieno di angoscia* («doloroso») *giacevo nel letto* («premea le piume», sineddoche) *insonne.*
31. alla tarda ... core: *a notte inoltrata, un canto che si sentiva spegnersi a poco a poco allontanandosi per le vie, già nello stesso modo* («similmente») *mi stringeva il cuore.*

⦿ Analisi guidata

I tre tempi della lirica

Nella lirica si succedono temi e toni diversi, sebbene tra loro collegati. La **prima parte**, aperta da un notturno lunare, si incentra sul doloroso **contrasto tra la sofferenza** individuale del poeta **e la serenità** della donna. Come la donna anche la natura, bellissima ma insensibile, si mostra del tutto indifferente al poeta e alla sua disperazione.

Nella **seconda parte**, l'eco lontana di un «solitario canto» (v. 25) suscita nel poeta una più ampia riflessione sull'inesorabile **transitorietà di tutte le cose umane** e sullo svanire nel tempo delle grandi civiltà del passato: la gioia fuggevole di un giorno festivo e la gloria secolare dei grandi imperi condividono la medesima fugacità.

Nel **finale**, dopo la memoria storica, affiora il tema della «rimembranza» individuale: il poeta ricorda che già negli anni dell'infanzia il suono di un canto nella notte suscitava in lui una sofferenza analoga a quella che sta provando ora.

La sera del dì di festa

Competenze di comprensione e analisi

- Individua le tre parti della lirica:
  prima parte: vv. ....
  seconda parte: vv. ....
  terza parte: vv. ....

- Nella prima sequenza della lirica prevalgono le sensazioni visive, nella seconda quelle uditive: individuale nel testo, sottolineando i termini che si riferiscono alle une e alle altre.

- La lirica presenta una struttura circolare: motiva questa affermazione con precisi riscontri testuali.

Sofferenza d'amore e senso della caducità umana

Nella lirica si intrecciano **due tematiche**: l'infelicità del poeta, che lamenta la propria **esclusione dalle gioie della vita e dell'amore**, e un più ampio senso di smarrimento dato dalla constatazione della **vanità di ogni azione umana**.

I due motivi sono **connessi fra loro**: la consapevolezza della caducità delle vicende umane nel tempo induce infatti il poeta a collocare il proprio dolore personale in una dimensione più vasta, che accomuna tutti gli uomini di ogni epoca. Questo ampliarsi della prospettiva – **dall'ambito individuale a quello collettivo** e storico – invece di intensificare il dolore lo rende più tollerabile, trasformando il tormento amoroso nella malinconica consapevolezza che **anche i più cocenti dolori sono destinati a essere dimenticati**. Alla fine del testo, tuttavia, il richiamo al ricordo d'infanzia riporta in primo piano l'io lirico, che si mostra in tutta la sua dolorosa complessità interiore, alludendo a una lunga storia individuale di sofferenza.

Competenze di comprensione e analisi

- Ai vv. 4-21 l'immagine della donna amata si contrappone a quella del poeta: su che cosa si basa questa antitesi?

- In quale parte del testo viene espresso il tema della caducità delle vicende umane? Quale significato assume nel contesto il riferimento all'impero di Roma (vv. 35-36)?

Tra enfasi e lirismo

La duplice ispirazione della lirica si riflette nelle scelte stilistiche, che oscillano tra ricerca di **immagini indefinite** e vaghe e accentuati **toni enfatici**.

Nel paesaggio lunare che apre e chiude la lirica le scelte sintattiche e lessicali (caratterizzate dalla paratassi e da aggettivi come «dolce», «chiara», «queta», ecc.) creano un clima di sospensione trasognata, tipico della **«poetica del vago e dell'indefinito»**.

Nelle parti in cui invece si pone in primo piano l'io dolente del poeta (vv. 20-24) prevale un tono turbato e scomposto, in cui **ribellione e titanismo** si mescolano («e qui per terra / mi getto, e grido, e fremo», vv. 22-23). La poetica dell'indefinito entra qui in urto con la percezione del «vero», di un dolore bruciante avvertito soprattutto sul piano personale.

Competenze di comprensione e analisi

- Individua nella lirica i vocaboli "indefiniti" utilizzati da Leopardi. A quali entità si riferiscono e quali sensazioni intendono suscitare nel lettore?

- I vv. 33-37 sono marcati dalle interrogative e da un insistito polisindeto. Quale concetto intende sottolineare il poeta con tali espedienti stilistici?

Canti

T7 A Silvia

Canti, XXI

Ascolta la poesia e fai l'analisi interattiva

Composta a Pisa tra il 19 e il 20 aprile 1828, A Silvia segna il ritorno di Leopardi alla poesia dopo un lungo silenzio. Il rinascere dell'ispirazione è così annunciato dal poeta in una lettera alla sorella Paolina: «Dopo due anni, ho fatto dei versi quest'Aprile; ma versi veramente all'antica, e con quel mio cuore di una volta». La lirica, che nell'edizione fiorentina dei Canti del 1831 apre la sezione dei canti pisano-recanatesi, trae occasione dal ricordo reale di Teresa Fattorini, figlia del cocchiere di casa Leopardi morta diciottenne di tubercolosi. La figura della ragazza, trasfigurata poeticamente, diviene però l'allegoria della giovinezza e dell'effimera speranza che ad essa sempre si accompagna.

[annotazione manoscritta: Si chiama "A Silvia" perché è dedicata alla Silvia dell'Aminta di Tasso.]

Metrica Canzone libera di sei strofe di settenari ed endecasillabi, libere sia nel numero dei versi che nelle rime (ma ogni strofa termina con un settenario rimato con un altro verso interno alla strofa medesima).

    Silvia, rimembri[1] ancora
    quel tempo della tua vita mortale[2],
    quando beltà splendea
    negli occhi tuoi ridenti e fuggitivi[3],
5   e tu, lieta e pensosa, il limitare
    di gioventù salivi[4]?

    Sonavan le quiete
    stanze, e le vie dintorno,
    al tuo perpetuo canto[5],
10   allor che[6] all'opre femminili intenta[7]
    sedevi, assai contenta
    di quel vago avvenir che in mente avevi[8].
    Era il maggio odoroso[9]: e tu solevi
    così menare il giorno[10].

15   Io gli studi leggiadri
    talor lasciando e le sudate carte[11],
    ove il tempo mio primo
    e di me si spendea la miglior parte[12],

---

1. rimembri: ricordi.
2. quel tempo ... mortale: quell'epoca della tua vita terrena, ossia l'adolescenza. L'avverbio «ancora» (v. 1) e l'aggettivo «mortale» proiettano sull'evocazione di Silvia l'ombra della morte.
3. quando ... fuggitivi: quando la bellezza splendeva nei tuoi occhi sorridenti e schivi.
4. e tu ... salivi: e tu, gioiosa e al tempo stesso pensierosa, ti appresavi a varcare la soglia («il limitare») della gioventù, cioè a passare dall'adolescenza alla giovinezza piena.
5. Sonavan ... canto: le mie stanze tranquille e le vie circostanti risuonavano del tuo canto continuo.
6. allor che: quando.
7. all'opre ... intenta: occupata nei lavori femminili. La perifrasi indica il lavoro della filatura, occupazione tradizionalmente femminile; ma resta forse l'eco del gesto, affidato alle Parche, di filare e tagliare il filo della vita dell'uomo.
8. assai ... avevi: abbastanza («assai», latinismo) contenta di quel futuro indeterminato e per questo desiderabile («vago») che immaginavi.
9. odoroso: profumato.
10. solevi ... giorno: eri solita trascorrere così la tua giornata.
11. gli studi ... carte: interrompendo talvolta i piacevoli lavori poetici e le pagine su cui mi affaticavo. L'espressione «sudate carte», con ipallage, indica le opere erudite di Leopardi, frutto di fatica intellettuale, e si collega in chiasmo a «studi leggiadri».
12. ove ... parte: in cui si consumavano («si spendea») *la mia giovinezza* («il tempo mio primo») *e la parte migliore di me*, cioè le mie forze più vitali. L'inciso sembra velarsi di rimpianto.

20 d'in su i veroni del paterno ostello[13]
porgea gli orecchi al suon della tua voce,
ed alla man veloce
che percorrea la faticosa tela[14].
Mirava[15] il ciel sereno,
25 le vie dorate e gli orti,
e quinci il mar da lungi, e quindi il monte[16].
Lingua mortal non dice
quel ch'io sentiva in seno[17].

Che pensieri soavi,
che speranze, che cori[18], o Silvia mia!
30 Quale allor ci apparia
la vita umana e il fato[19]!
Quando sovviemmi di cotanta speme,
un affetto mi preme
acerbo e sconsolato[20],
35 e tornami a doler di mia sventura[21].
O natura, o natura,
perché non rendi poi
quel che prometti allor[22]? perché di tanto[23]
inganni i figli tuoi?

40 Tu pria che l'erbe inaridisse il verno[24],
da chiuso morbo combattuta e vinta[25],
perivi[26], o tenerella[27]. E non vedevi
il fior degli anni tuoi[28];
non ti molceva il core
45 la dolce lode or delle negre chiome,
or degli sguardi innamorati e schivi[29];
né teco le compagne ai dì festivi
ragionavan d'amore[30].

Apri il vocabolario

Il termine "ostello" deriva dal francese antico *hostel* (da cui l'attuale *hôtel*), che risaliva e continuava il latino tardo *hospitale* (alloggio per forestieri, da *hospes*, "ospite", "straniero"), usato nel senso di alloggio, casa, palazzo, dimora, è termine poetico e letterario; mentre nell'italiano attuale indica l'albergo molto economico destinato prevalentemente ai giovani che viaggiano ("ostello della gioventù").

Apri il vocabolario

L'aggettivo "schivo" indica chi, per timidezza e naturale inclinazione a non mettersi in mostra, rifugge dai riconoscimenti e dagli apprezzamenti altrui; in senso negativo può assumere la sfumatura di "contrario" e "sdegnoso". Sinonimi: "timido", "ritroso", "restio", "riservato". Contrari: "espansivo", "estroverso", "esuberante" e, nelle accezioni negative, "sfacciato", "spudorato".

---

13. d'in su ... ostello: *dai balconi della casa* («ostello») *paterna.*

14. porgea ... tela: *ascoltavo il suono della tua voce e* (il suono prodotto dalla) *tua mano veloce che muoveva con fatica il telaio;* «faticosa tela» è espressione simmetrica a «sudate carte» (v. 16).

15. Mirava: *io contemplavo.*

16. le vie ... monte: *le strade illuminate dal sole e i campi e da una parte* («quinci») *il mare in lontananza, dall'altra* («quindi») *i monti.*

17. Lingua ... seno: *le parole umane* («Lingua mortal») *non sono in grado di esprimere le sensazioni che provavo nel mio cuore* («in seno»); le emozioni del poeta, romanticamente ineffabili, sono le illusioni di cui si parla nella strofa che segue.

18. cori: *sentimenti appassionati* (lett. "cuori").

19. Quale ... fato: *come ci apparivano belli la vita e il destino* («fato») *allora, cioè nella prima giovinezza.*

20. Quando ... sconsolato: *quando mi ricordo* («sovviemmi») *di una così grande speranza, mi sento opprimere da un sentimento d'angoscia doloroso e sconfortato.* Il ricordo suscita dolore perché le speranze di Silvia e del poeta sono state deluse.

21. tornami ... sventura: *ritorno a compiangere il mio triste destino.*

22. perché ... allor?: *perché non restituisci nella maturità* («poi») *quello che prometti nella giovinezza* («allor»)?

23. di tanto: *in modo così totale e crudele.*

24. Tu ... verno: *tu, Silvia, prima che l'inverno facesse inaridire l'erba.* In senso metaforico, l'autunno rappresenta la maturità che spegne le speranze giovanili.

25. da chiuso ... vinta: *consumata e uccisa* («combattuta e vinta» indicano una tragica battaglia contro la morte) *da una malattia nascosta* («chiuso morbo», forse la tisi).

26. perivi: *morivi.*

27. tenerella: il delicato vezzeggiativo rimarca la giovane età della ragazza.

28. il fior ... tuoi: *il pieno fiorire della tua giovinezza.*

29. molceva ... schivi: *non ti lusingavano il cuore gli elogi rivolti ora ai tuoi capelli neri* («negre chiome»), *ora ai tuoi occhi capaci di suscitare l'amore* («innamorati») *e ritrosi.* Silvia non vivrà abbastanza da poter essere corteggiata.

30. né ... d'amore: *né le amiche nei giorni di festa parlavano* («ragionavan») *d'amore con te.* Il poeta si riferisce alle reciproche confidenze delle ragazze, che sognano l'amore prima di averne avuto diretta esperienza: anche questa gioia sarà negata a Silvia.

40 *Canti*

	Anche peria fra poco
50	la speranza mia dolce: agli anni miei
	anche negaro i fati
	la giovanezza[31]. Ahi come,
	come passata sei,
	cara compagna dell'età mia nova,
55	mia lacrimata speme[32]!
	Questo è quel mondo? questi
	i diletti, l'amor, l'opre, gli eventi
	onde cotanto ragionammo insieme[33]?
	Questa la sorte dell'umane genti[34]?
60	All'apparir del vero
	tu, misera, cadesti[35]: e con la mano
	la fredda morte ed una tomba ignuda
	mostravi di lontano[36].

31. Anche ... giovanezza: *anche la mia dolce speranza sarebbe scomparsa di lì a poco; anche alla mia vita* («agli anni miei») *il destino* («i fati») *ha negato la giovinezza.*

32. come ... speme!: *come sei svanita rapidamente, o cara compagna della mia giovinezza* («dell'età mia nova»), *o mia rimpianta* («lacrimata») *speranza!* Il poeta si rivolge ora direttamente alla propria speranza personi-

ficata, di cui Silvia è il simbolo.
33. Questo ... insieme?: *sarebbe dunque questo quel mondo* (vagheggiato in gioventù)? *Questi i piaceri, l'amore, le nobili attività* («opre») *e i fatti* («gli eventi») *di cui tanto abbiamo parlato insieme?*
34. Questa ... genti?: *questo è il destino del genere umano?*
35. tu ... cadesti: *tu, mia povera speranza,*

sei crollata. Il vocativo è riferito alla speranza; ma il verbo «cadere», nel suo duplice senso di "tramontare" e "morire", coinvolge anche la sorte di Silvia.
36. la fredda ... lontano: *indicavi da lontano la gelida morte e una tomba spoglia* («ignuda»). «Fredda» e «ignuda» indicano una morte oltre la quale non v'è alcuna vita ultraterrena, ma solo la cessazione del dolore.

→ Analisi del testo

COMPRENSIONE

La lirica presenta una struttura calibrata, fondata su **precise corrispondenze interne**. Dopo una breve **strofa introduttiva** (vv. 1-6) in cui il poeta invoca Silvia e la invita al ricordo, la **seconda e la terza strofa**, tra loro simmetriche, sono dedicate alla **rievocazione dell'adolescenza di Silvia** (vv. 7-14) **e del poeta** (vv. 15-27). In una serena atmosfera primaverile, i due giovani si dedicano alle rispettive occupazioni, in fiduciosa attesa del «vago avvenir» (v. 12).

La **quarta strofa**, al centro del canto, interrompe il ricordo con un'**amara riflessione** sul contrasto tra le attese giovanili e il disinganno che le seguirà, e si conclude con un duro attacco alla natura, colpevole di ingannare i propri figli con vane illusioni di felicità; qui Silvia e l'io lirico sono accostati («ci appariva»), prima nelle comuni speranze nell'avvenire e subito dopo nella comune condanna inflitta loro dalla natura.

Le strofe **quinta e sesta** (che riprendono la seconda e la terza) rappresentano rispettivamente la **morte di Silvia** (vv. 40-48) e il parallelo **venir meno delle**

speranze del poeta (vv. 49-63): come la morte ha interrotto le aspettative di Silvia, così la vita ha negato quelle del poeta. Nei versi finali Silvia diviene allegoria della speranza perduta: la sua mano indica in lontananza una «tomba ignuda», emblema dell'unica certezza concessa agli uomini.

ANALISI E INTERPRETAZIONE

Illusione e delusione Il tema centrale del componimento è costituito dall'evocazione delle **illusioni giovanili**, seguita dal **loro inesorabile svanire** di fronte al triste «vero». La struttura stessa della lirica si basa sull'antitesi tra le radiose **speranze dell'adolescenza** (strofe seconda e terza) e il subentrare di un'**atroce disillusione**, che assume per Silvia la forma definitiva della morte fisica (quinta strofa) e per il poeta quella della morte spirituale, ossia dello svanire di ogni speranza di felicità (sesta strofa). Attraverso la rievocazione delle **due vicende parallele**, Leopardi svolge in forma lirica e allegorica una sorta di **dimostrazione filosofica**, che perviene al cosiddetto «pessimismo cosmico». La sofferenza

A Silvia

appare ora inevitabile e comune a tutti gli uomini, poiché dovuta all'**indifferenza di una natura malvagia**, che suscita negli individui speranze destinate a rimanere frustrate («O natura […] perché di tanto / inganni i figli tuoi?», vv. 36-39) nell'inesorabile scorrere del tempo.

Silvia e la «rimembranza» La lirica si avvia nella forma di un'**allocuzione diretta** a Silvia, una figura femminile che, nata probabilmente sulla base di un ricordo reale, assume nel testo **connotazioni vaghe e volutamente indeterminate**. L'immagine della fanciulla (il cui nome deriva dall'*Aminta* di Tasso) viene evocata attraverso particolari sfuggenti (gli occhi «ridenti e fuggitivi», v. 4; le «negre chiome», v. 45), ed anche il contesto primaverile – che allude metaforicamente alla giovinezza – è tratteggiato senza alcun ricorso a elementi concreti. La **trasfigurazione della realtà** risponde del resto al desiderio di Leopardi di suscitare nel lettore sensazioni piacevoli attraverso immagini indeterminate, secondo la **«poetica del vago»**.

A questo principio va ricondotto anche il tema del **ricordo**, su cui si apre la lirica («Silvia, rimembri ancora», v. 1) e attraverso il quale il testo è interamente filtrato. All'idealizzazione delle speranze giovanili, portatrici di piacere in quanto vaghe e indefinite, si unisce infatti la **dolcezza della «rimembranza»**, di per sé piacevole sebbene in contrasto con la durezza del presente (vv. 32-34).

Proprio attraverso la poetica del vago e grazie alla sua efficacia nel trasfigurare il reale, l'esiguo dato biografico (la figura di una ragazza morta giovane) diventa per il poeta occasione di una **riflessione di valore universale** (il destino dell'uomo è l'infelicità e la morte).

Due diversi registri stilistici Come è tipico nei canti pisano-recanatesi, anche in *A Silvia* si alternano **due diversi registri stilistici**. Nelle **parti descrittivo-evocative** il poeta ricorre a una forma relativamente semplice, con una **sintassi lineare** e basata sulla coordinazione. In queste zone del testo Leopardi adotta i moduli espressivi della «poetica del vago», privilegiando **termini polisemici** ed evocativi («perpetuo», «vago», «odoroso» ecc.), talvolta arcaicizzanti («rimembri», «veroni» ecc.).

A queste sequenze si alterna tuttavia, nelle parti più propriamente **riflessivo-argomentative** dedicate allo svelamento del «vero» (come la quarta strofa e il finale), uno stile caratterizzato da una sintassi più mossa ed enfatica, con numerose **esclamative e interrogative**, un ritmo spezzato da ricorrenti *enjambement* e una prevalenza dei settenari rispetto agli endecasillabi.

Dal punto di vista metrico, *A Silvia* è il **primo esempio di «canzone libera»** o «leopardiana», in cui il poeta, pur accettando la forma canonica alta della tradizione poetica italiana, si libera da ogni convenzione letteraria per costruire un testo in cui la lunghezza delle strofe – come anche la disposizione dei versi e delle rime all'interno di ogni strofa – è molto varia, e asseconda lo svolgersi del pensiero.

Lavoriamo sul testo

COMPRENSIONE

1 A chi si rivolge l'io lirico? Oltre alla destinataria, è possibile individuare altre presenze simboliche a cui il poeta fa appello diretto?

2 Il motivo della «rimembranza» è centrale nel canto. In quali parti del testo il poeta appare nel ricordo come un adolescente, e in quali invece come un adulto impegnato nella riflessione generata dalla memoria? Segna le due parti con due colori diversi.

3 Le analogie tra la condizione di Silvia e quella del poeta costituiscono il fondamento della lirica. Quali strofe del componimento hanno al centro Silvia, quali il poeta, e quali invece sono dedicate a entrambi?

LINGUA E LESSICO

4 Qual è il significato dell'aggettivo «vago» (v. 12)? In che senso il termine assume nel contesto un valore polisemico?

5 Che tipo di subordinata è presente ai vv. 17-18: «ove il tempo mio primo / e di me si spendea la miglior parte»? A che complemento corrisponde l'espressione «di me»?

6 Osserva i vv. 20-22: «porgea gli orecchi al suon della tua voce / ed alla man veloce / che percorrea la faticosa tela». L'espressione «porgea gli orecchi» regge due diversi complementi oggetti, di cui il secondo richiederebbe un verbo differente. Quale figura retorica è presente nell'espressione?

Canti

ANALISI E INTERPRETAZIONE

7 Nel testo sono presenti componenti descrittive e riflessive: queste parti corrispondono a strofe precise? Quali differenze stilistiche noti tra le une e le altre? Sono individuabili parti che uniscono descrizione e riflessione?

8 Tra Silvia e il poeta esistono tanto analogie quanto differenze: riassumi le une e le altre, giustificando la tua risposta con riferimenti precisi al testo.

9 Come Silvia è destinata a morire alle soglie della giovinezza, così la speranza è destinata a cadere «all'apparir del vero» (v. 60): dopo aver individuato nel testo la strofa che esprime questi concetti, spiegane il senso complessivo. Tieni presente il rapporto che nel finale si stabilisce tra Silvia, la speranza e la giovinezza.

10 La canzone libera non prevede uno schema preciso di rime: ciò accentua il significato delle rime presenti. Individua e commenta le rime e le assonanze particolarmente significative sul piano del contenuto (per esempio «fuggitivi : schivi» e «natura : sventura»).

11 La lirica è costruita sulla contrapposizione tra un passato felice e un presente doloroso. Individua nel testo le spie linguistiche di questa antitesi, a partire dall'analisi dei tempi verbali e dei deittici («questo» / «quello»).

12 Analizza la canzone dal punto di vista metrico e fonico. In quali parti del testo prevalgono i settenari e dove invece gli endecasillabi? Qual è, secondo te, l'intento espressivo di tale scelta?

SCRITTURA E APPROFONDIMENTI

13 La lettura di *A Silvia* è una delle esperienze scolastiche che, di solito, si ricordano negli anni. Scrivi un testo di tipo interpretativo, esprimendo le tue considerazioni e le tue valutazioni sul testo e sottolineando il grado del tuo coinvolgimento personale nella lettura della canzone.

La parola all'autore

La bellezza di una fanciulla

Silvia, simbolo della giovinezza e delle speranze, è una delle più affascinanti immagini poetiche di tutti i tempi. In una pagina dello *Zibaldone*, datata 30 giugno 1828, Leopardi torna sulla bellezza struggente di una ragazza ancora ignara delle delusioni che l'aspettano.

Ma veramente una giovane dai sedici ai diciotto anni ha nel suo viso, ne' suoi moti, nelle sue voci, salti ec. un non so che di divino, che niente può agguagliare. Qualunque sia il suo carattere, il suo gusto; allegra o malinconica, capricciosa o grave, vivace o modesta, quel fiore purissimo, intatto, freschissimo di gioventù, quella speranza vergine, incolume che gli si legge nel viso e negli atti, o che voi nel guardarla concepite in lei e per lei; quell'aria d'innocenza, d'ignoranza completa del male, delle sventure, de' patimenti, quel fiore insomma, quel primissimo fior della vita; tutte queste cose, anche senza innamorarvi, anche senza interessarvi, fanno in voi un'impressione così viva, così profonda così ineffabile che voi non vi saziate di guardar quel viso, ed io non conosco cosa che più di questa sia capace di elevarci l'anima, di trasportarci in un altro mondo, di darci un'idea d'angeli, di paradiso, di divinità, di felicità. Tutto questo, ripeto, senza innamorarci, cioè senza muoverci desiderio di posseder quell'oggetto. La stessa divinità che noi vi scorgiamo, ce ne rende in certo modo alieni, ce lo fa riguardar come di una sfera diversa e superiore alla nostra, a cui non possiamo aspirare. Laddove in quelle altre donne troviamo più umanità, più somiglianza con noi; quindi più inclinazione in noi verso loro, e più ardire di desiderare una corrispondenza seco. Del resto, se a quel che ho detto, nel vedere e contemplare una giovane di sedici o diciotto anni, si aggiunga il pensiero dei patimenti che l'aspettano, delle sventure che vanno ad oscurare e a spegner ben tosto quella pura gioia, della vanità di quelle care speranze, della indicibile fugacità di quel fiore, di quello stato, di quelle bellezze; si aggiunga il ritorno sopra noi medesimi; e quindi un sentimento di compassione per quell'angelo di felicità, per noi medesimi, per la sorte umana, per la vita (tutte cose che non possono mancar di venire alla mente), ne segue un affetto il più vago e il più sublime che possa immaginarsi.

A Silvia   43

T8 La quiete dopo la tempesta

Canti, XXIV

Il canto viene scritto tra il 17 e il 20 settembre 1829, pochi giorni prima del *Sabato del villaggio*, che lo segue immediatamente nei *Canti* e a cui si collega nei temi e nella forma. Il testo viene pubblicato per la prima volta nell'edizione del 1831, che si conclude appunto con i due canti "recanatesi", *La quiete* e *Il sabato*, i quali assumono dunque un significato riepilogativo, sottolineando la centralità della teoria del piacere nell'opera poetica di Leopardi.

Nel borgo di Recanati, alla fine di una violenta tempesta, gli abitanti ritornano alla vita con rinnovata allegria, dopo la scampata paura. Al poeta, però, la scena ispira una amara riflessione intorno alla natura del piacere umano.

Metrica Canzone «libera» o «leopardiana», composta da tre strofe di endecasillabi e settenari liberamente disposti e con disposizione libera delle rime.

 Ascolta la poesia

> L'anastrofe, anticipando il verbo, sottolinea il gioioso stupore con cui si annuncia la fine del violento acquazzone.

Passata è la tempesta[1]:
odo augelli[2] far festa, e la gallina,
tornata in su la via,
che ripete il suo verso. Ecco il sereno
5 rompe là da ponente, alla montagna[3];
sgombrasi la campagna[4],
e chiaro nella valle il fiume appare.
Ogni cor[5] si rallegra, in ogni lato
risorge il romorio
10 torna il lavoro usato[6].

> La ripresa delle attività quotidiane nel borgo viene colta attraverso i gesti consueti di alcuni personaggi.

L'artigiano a mirar l'umido cielo,
con l'opra in man, cantando,
fassi in su l'uscio[7]; a prova
vien fuor la femminetta a còr dell'acqua
15 della novella piova[8];
e l'erbaiuol rinnova
di sentiero in sentiero
il grido giornaliero[9].
Ecco il Sol che ritorna, ecco sorride
20 per li poggi e le ville[10]. Apre i balconi,
apre terrazzi e logge la famiglia[11]:
e, dalla via corrente[12], odi lontano

---

1. Passata ... tempesta: *il temporale è ormai passato.*
2. augelli: *uccelli* (termine letterario).
3. il sereno ... alla montagna: *il cielo sereno squarcia le nubi* («rompe») *là da occidente, verso la montagna.*
4. sgombrasi la campagna: *i campi si liberano* (dalle nuvole e dalla nebbia).
5. cor: *cuore.*
6. in ogni lato ... usato: *da ogni parte* («lato») *rinascono i rumori e riprendono le attività consuete.*
7. L'artigiano ... l'uscio: *l'artigiano cantando si affaccia* («fassi», cioè "si fa") *all'uscio della sua bottega con in mano l'oggetto su cui sta lavorando* («l'opra») *a guardare il cielo ancora umido di pioggia.*
8. a prova ... piova: *a gara* (con le altre donne del borgo) *la ragazza* («femminetta») *esce a raccogliere l'acqua della recente* («novella») *pioggia.*
9. l'erbaiuol ... giornaliero: *il venditore ambulante di verdura ripete attraverso le vie il suo abituale richiamo* («grido»). La rima baciata pare evocare il richiamo del venditore.
10. sorride ... ville: *risplende* («sorride», per metafora) *fra le colline e i casolari* («ville»).
11. Apre ... famiglia: *la servitù* («famiglia», latinismo) *apre le finestre di balconi, terrazze e verande* («logge»).
12. via corrente: *strada maestra.*

tintinnio di sonagli; il carro stride
del passeggier che il suo cammin ripiglia[13].

25 Si rallegra ogni core[14].
Sì dolce, sì gradita
quand'è, com'or, la vita?[15]
Quando con tanto amore
l'uomo a' suoi studi intende[16]?
30 o torna all'opre? o cosa nova imprende[17]?
Quando de' mali suoi men si ricorda?

> È il nucleo concettuale del testo: la felicità può nascere solo dal sollievo per uno scampato pericolo.

Piacer figlio d'affanno[18];
gioia vana, ch'è frutto
del passato timore, onde si scosse
e paventò la morte
35 chi la vita abborria[19];
onde in lungo tormento,
fredde, tacite, smorte,
sudàr le genti e palpitàr, vedendo
mossi alle nostre offese
40 folgori, nembi e vento[20].

> L'apostrofe diretta alla natura, pervasa di amaro sarcasmo, è fondata sull'antifrasi.

O natura cortese[21],
son questi i doni tuoi,
questi i diletti sono
45 che tu porgi ai mortali[22]. Uscir di pena
è diletto fra noi[23].
Pene tu spargi a larga mano[24]; il duolo
spontaneo sorge[25]: e di piacer, quel tanto
che per mostro e miracolo talvolta

> Leopardi polemizza ironicamente con la cultura spiritualista del suo tempo: secondo il poeta gli dèi non esistono e la natura non si cura affatto dell'uomo.

50 nasce d'affanno, è gran guadagno[26]. Umana
prole cara agli eterni[27]! assai felice
se respirar ti lice
d'alcun dolor[28]: beata
se te d'ogni dolor morte risana[29].

---

13. il carro stride ... ripiglia: *cigola in lontananza il carro del viandante («passeggier») che riprende il suo cammino (interrotto a causa del temporale).*

14. Si rallegra ... core: *ogni cuore si rianima.*

15. Sì dolce ... la vita?: *quando la vita risulta tanto dolce e gradita come in questi momenti («com'or»)?*

16. a' suoi ... intende: *si dedica alle sue occupazioni.*

17. o torna ... imprende: *o torna al suo lavoro o intraprende («imprende») una nuova attività.*

18. Piacer ... affanno: *la felicità nasce dal dolore.*

19. onde ... abborria: *a causa del quale («onde») chi prima detestava («abborria») la vita si riscosse ed ebbe paura della morte.*

20. onde ... vento: *per il quale (riferito a «timore») gli uomini («genti») agghiacciati dalla paura, muti e pallidi («fredde, tacite, smorte») a lungo sudarono e palpitarono vedendo fulmini, nuvole («nembi») e venti scatenati contro di noi («mossi alle nostre offese»).*

21. cortese: *gentile, generosa.* È detto con amara ironia.

22. questi ... mortali: *questi sono i piaceri che tu offri agli uomini.* Continua il tono sarcastico.

23. Uscir ... fra noi: *per noi uomini la momentanea cessazione del dolore («uscir di pena») è di per sé un motivo di gioia («diletto»).*

24. Pene ... a larga mano: *tu dispensi sofferenze senza alcun risparmio («a larga mano»).*

25. il duolo ... sorge: *il dolore nasce spontaneamente.*

26. e di piacer ... guadagno: *e quel poco di piacere che per puro miracolo o prodigio («mostro», latinismo) nasce dall'angoscia è un gran vantaggio.*

27. Umana ... eterni: *o stirpe umana cara agli dèi.* L'affermazione è antifrastica.

28. assai ... dolor: *abbastanza («assai») felice se ti è concesso («ti lice», latinismo) di provare un momento di tregua dal dolore.*

29. beata ... risana: *non solo «felice» (v. 51) ma, paradossalmente, «beata» (v. 53), se la morte ti guarisce da ogni dolore.*

La quiete dopo la tempesta

COMPRENSIONE

1 La lirica si articola in due parti distinte: la prima descrittiva, la seconda di contenuto esplicitamente riflessivo. Individuale nel testo.

2 La vivacità della vita che riprende dopo il temporale è rappresentata poeticamente attraverso alcuni personaggi. Quali sono queste figure e quali le loro azioni?

3 Nella prima parte Leopardi descrive il ritorno alla vita del borgo di Recanati dopo un violento temporale, ma nella seconda sezione il poeta ironizza amaramente su questa illusione di felicità. Quali sono infatti secondo Leopardi gli unici, paradossali «diletti» che la natura offre agli uomini? Che cosa significa l'affermazione «Piacer figlio d'affanno» (v. 32)?

LINGUA E LESSICO

4 Rintraccia l'etimologia dei seguenti termini e per ognuno di essi scrivi una frase con il significato etimologico e con quello corrente.

novella – mostro – miracolo

5 Che tipo di complemento identifichi nell'espressione «a prova» (v. 13)?

ANALISI E INTERPRETAZIONE

6 Nella prima strofa il ritorno alla vita è evocato attraverso notazioni acustiche e visive, seguite da figure borghigiane al tempo stesso realistiche e simboliche. Individua nel testo questi elementi e spiega in che senso le figure del paese si possono definire simboliche.

7 Il ritorno del borgo alle consuetudini quotidiane sembra alludere alla ciclicità rassicurante del movimento universale: individua ed evidenzia nel testo le parole che si riferiscono alla ripetizione e alla rinascita.

8 Ritrova e sottolinea nella lirica tutti i termini e le espressioni indeterminate, riconducibili alla poetica del vago e dell'indefinito.

9 Nella seconda parte del testo, la ragione interviene a rovesciare il quadro idillico evocato dal sentimento. Il passaggio alla parte "filosofica" della lirica segna un mutamento anche stilistico: spiega in che senso, con riferimento al lessico e alla sintassi.

10 Nel passaggio dalla prima alla seconda parte della lirica anche le figure retoriche cambiano la loro funzione. Le ripetizioni e le anafore, che nella prima strofa sottolineano il gioioso ritorno alla vita, nel seguito marcano in modo martellante concetti negativi. Individua nel testo almeno due esempi di anafora con queste funzioni.

11 Nell'ultima strofa Leopardi si rivolge – attraverso l'apostrofe, figura ricorrente nella sua poesia – prima alla «natura cortese» e poi all'umanità stessa, definita «umana / prole cara agli eterni». Il sarcasmo si esprime attraverso l'ironia e soprattutto l'antifrasi: spiega in che cosa consistono queste due figure retoriche e in che modo vengono utilizzate nel testo.

12 La visione della natura emerge nella strofa finale: segnala i versi che la contengono e riassumila. Spiega, in particolare, il significato concettuale della rima «offese» : «cortese».

SCRITTURA E APPROFONDIMENTI

13 Nelle due strofe conclusive il poeta espone una propria teoria del piacere. Riassumila brevemente. Poi commentala in un breve testo, esponendo la tua personale idea del piacere e della felicità; puoi fare riferimento, oltre che alle tue convinzioni ed esperienze, anche ad altri testi letterari, concezioni filosofiche, realizzazioni artistiche e così via.

Canti

T9 Il sabato del villaggio

Canti, XXV

*Composto nel settembre del 1829 – pochi giorni dopo
La quiete dopo la tempesta, insieme al quale forma
una sorta di dittico recanatese – Il sabato del villaggio compare per la prima volta nell'edizione dei Canti del 1831, a conclusione del volume e acquisisce per
questa collocazione una speciale rilevanza.*

*Quando giunge la sera del sabato, tutti gli abitanti del
borgo si preparano alla festa domenicale, pregustando
i divertimenti e il riposo del giorno seguente. Il poeta
interpreta però questa vigilia piena di speranza come
un simbolo delle speranze illusorie degli uomini, destinate ad essere frustrate dalla realtà.*

Metrica   Canzone libera di settenari ed endecasillabi, con rime saltuarie.

> Le due figure femminili sono tra loro complementari: l'una è simbolo della giovinezza e delle sue speranze, l'altra della malinconia della vecchiaia.

La donzelletta[1] vien dalla campagna,
in sul calar del sole[2],
col suo fascio dell'erba; e reca[3] in mano
un mazzolin di rose e di vïole,
5 onde, siccome suole,
ornare ella si appresta
dimani, al dì di festa, il petto e il crine[4].
Siede con le vicine
su la scala a filar la vecchierella,
10 incontro là dove si perde il giorno[5];
e novellando vien del suo buon tempo[6],
quando ai dì della festa ella si ornava,
ed ancor sana e snella
solea[7] danzar la sera intra di quei
15 ch'ebbe compagni dell'età più bella[8].
Già tutta l'aria imbruna[9],
torna azzurro il sereno, e tornan l'ombre
giù da' colli e da' tetti,
al biancheggiar della recente luna[10].
20 Or la squilla dà segno
della festa che viene[11];
ed a quel suon diresti
che il cor si riconforta[12].

> L'agile sequenza di settenari evoca anche nel ritmo la gioia festosa dei ragazzi e i loro giochi spensierati.

I fanciulli gridando
25 su la piazzuola in frotta[13],
e qua e là saltando,

---

1. donzelletta: *giovinetta, contadinella* (termine letterario).

2. in sul ... sole: *verso il tramonto.*

3. reca: *porta.*

4. onde ... crine: *con cui* (cioè, con il «mazzolin di rose e di vïole»), *come è solita fare* («siccome suole»), *si accinge a ornare per il giorno festivo il vestito scollato sul seno e i capelli* («crine»).

5. incontro ... giorno: *rivolta verso la direzione in cui il sole tramonta.* La notazio-ne, volutamente indefinita, assume un valore simbolico.

6. novellando ... tempo: *va raccontando* (con i toni fiabeschi del ricordo) *della sua giovinezza* («buon tempo»).

7. solea: *era solita.*

8. intra ... bella: *fra quei ragazzi che le furono compagni nella gioventù* (l'«età più bella»).

9. imbruna: *si fa più scura.*

10. torna ... luna: *il cielo sereno* (dopo essersi ar-rossato al tramonto) *ritorna azzurro e al biancheggiare della luna appena sorta* («recente») *le ombre tornano ad allungarsi giù dai colli e dai tetti.*

11. la squilla ... festa: *la campana* («squilla») *annuncia la festa imminente.*

12. a quel ... riconforta: *ogni cuore sembra trarre conforto da quel suono*, cioè dal suo-no festoso della campana che sembra anti-cipare la gioia del giorno festivo.

13. in frotta: *in gruppo.*

Il sabato del villaggio   **47**

fanno un lieto romore[14]:
e intanto riede alla sua parca mensa,
fischiando, il zappatore[15],
30   e seco[16] pensa al dì del suo riposo.

Poi quando intorno è spenta ogni altra face[17],
e tutto l'altro tace[18],
odi il martel picchiare, odi la sega
del legnaiuol[19], che veglia
35   nella chiusa bottega alla lucerna,
e s'affretta, e s'adopra
di fornir l'opra anzi il chiarir dell'alba[20].

> È il nucleo concettuale della lirica: la felicità consiste soltanto nell'illusione di una gioia futura destinata a non realizzarsi.

Questo di sette è il più gradito giorno,
pien di speme[21] e di gioia:
40   diman tristezza e noia
recheran l'ore[22], ed al travaglio usato
ciascuno in suo pensier farà ritorno[23].

Garzoncello scherzoso[24],
cotesta età fiorita[25]
45   è come un giorno d'allegrezza pieno,
giorno chiaro, sereno,
che precorre alla festa di tua vita[26].

> Attraverso la preterizione, Leopardi evita di turbare la gioia dell'adolescente, ma getta un'ombra sulle sue speranze nel futuro.

Godi[27], fanciullo mio; stato soave,
stagion lieta è cotesta[28].
50   Altro dirti non vo'[29]; ma la tua festa
ch'anco tardi a venir non ti sia grave[30].

Apri il vocabolario

Il termine "travaglio" qui indica il lavoro duro e faticoso, avvertito con un senso di noia e di pena; nell'italiano attuale il vocabolario dà come significato principale quello di sofferenza e angoscia interiore; poi indica anche un forte dolore fisico, spesso prolungato ed è forse questa l'accezione più comunemente diffusa: "il travaglio del parto". Nel significato di "lavoro" rimane oggi in alcuni dialetti (il siciliano *travagghiu*) ed è sentito come un francesismo (da *travailler*, "lavorare").

---

14. romore: *rumore, chiasso.*

15. riede ... zappatore: *il contadino («zappatore»), fischiettando, ritorna («riede») a casa dove lo attende il suo pasto frugale («parca mensa»).*

16. seco: *dentro di sé.*

17. face: *luce.*

18. tutto ... tace: *tutto il resto è immerso nel silenzio, ossia a notte fonda.*

19. legnaiuol: *falegname.*

20. s'adopra ... alba: *si sforza di portare a termine il suo lavoro («fornir l'opra») prima del chiarore dell'alba, cioè prima che arrivi*

il giorno festivo.

21. speme: *speranza.*

22. diman ... l'ore: *domani le ore (cioè il lento trascorrere del tempo) porteranno con sé un senso di noia e di tristezza.*

23. al travaglio ... farà ritorno: *ciascuno ritornerà a pensare al faticoso lavoro («travaglio») abituale.*

24. Garzoncello scherzoso: *fanciullo spensierato.* Il tenero diminutivo-vezzeggiativo ricorda l'iniziale «donzelletta».

25. età fiorita: *la perifrasi indica la giovinezza (come il «buon tempo» e l'«età più bel-*

la» ai vv. 11 e 15).

26. precorre ... vita: *precede la festa della tua vita, cioè la maturità.*

27. Godi: *sii felice.*

28. stato ... cotesta: *questo che stai vivendo è un momento dolce, un periodo felice della vita.*

29. Altro ... vo': *non voglio dirti altro.*

30. ma ... grave: *ma non ti dispiaccia («non ti sia grave») il fatto che l'età adulta (per metafora, «la tua festa») tardi a giungere.*

Canti

Analisi del testo

COMPRENSIONE

Il sabato del villaggio evoca, in apertura, l'atmosfera gioiosa e carica di speranze che anima il borgo nella sera che precede la domenica. Al **pensiero del giorno festivo** che sta per giungere, tutti – uomini e donne, giovani e anziani – si rallegrano, pregustando il riposo o i divertimenti dell'indomani. Ma **tutte le speranze saranno presto deluse**: la domenica porterà solo «tristezza e noia», assieme al pensiero di una nuova settimana di «travaglio» (v. 41, nel duplice senso di "lavoro" e "pena prolungata"). La trepidante attesa della «festa» è quindi solo un'illusione. Allo stesso modo, nella vita di ogni uomo **la giovinezza è come una vigilia piena di speranza**, cui seguirà presto una vita adulta grigia e deludente. Il poeta si rivolge perciò nel finale a un ragazzo spensierato, invitandolo a godere le gioie dell'età e a non aver fretta di crescere, dal momento che la pienezza della sua maturità gli riserverà solo amare delusioni.

ANALISI E INTERPRETAZIONE

Idillio e riflessione Come nella maggior parte dei canti pisano-recanatesi, Leopardi prende spunto da un quadro di vita paesana per esprimere in immagini poetiche una riflessione di tipo esistenziale. Il componimento è scandito in **due sequenze**:
– una prima parte **idillico-descrittiva** (vv. 1-37) che presenta in modi apparentemente realistici la speranzosa attesa che anima il borgo e i suoi abitanti;
– una seconda parte **riflessivo-meditativa** (vv. 38-51) in cui il poeta denuncia il carattere immaginario e fittizio del piacere, che risiede nell'attesa e mai nel presente, dato che la «festa» agognata si rivelerà immancabilmente deludente, angustiata dall'approssimarsi del «travaglio usato».
Leopardi, quindi, sembra dapprima suscitare anche nel lettore l'**illusione** di una felicità imminente, ma poi, attraverso il ragionamento, dimostra la vanità di ogni speranza e l'illusorietà di ogni piacere. Tuttavia il tono si mantiene pacato e nell'allocuzione finale al «garzoncello scherzoso» il monito reale (ossia l'impossibilità di un piacere goduto nel presente) non è dichiarato, ma soltanto alluso attraverso la figura retorica della preterizione («Altro dirti non vo'», v. 50). In questo modo il **fascino delle illusioni** create dalla poesia non viene del tutto annullato dal raziocinio.

L'attesa di una felicità impossibile Al centro della lirica è l'idea che **il piacere** sia un concetto negativo, **sperimentabile** dall'uomo solo "in assenza", come ricordo di un piacere passato o come attesa di una felicità futura. Il piacere assoluto, a cui tutti gli uomini aspirano, è irraggiungibile come godimento attuale e positivo.
Per l'uomo, la condizione più prossima all'esperienza del piacere è l'attesa del piacere stesso: per questo, la sola età in cui l'individuo, ancora ignaro del «triste vero», può cullarsi nelle illusioni e nella speranza di un futuro di felicità è l'adolescenza. Nel *Sabato del villaggio* l'ambito di rappresentazione è domestico e familiare, lontano dalle visioni cosmiche, e anche il referente poetico risulta semplice, legato alla realtà di un borgo di umili lavoratori: l'**età giovanile viene infatti identificata con il sabato** (giorno della felicità dell'attendere), cui subentrerà inevitabilmente la domenica (giorno dell'angoscia dell'attendere), ossia l'età adulta con le sue delusioni e il suo avvicinarsi alla morte. Sebbene la situazione descritta nella lirica risulti quotidiana e semplice, il contenuto del testo si amplia quindi a una **riflessione più ampia sul destino di ogni uomo**, condannato all'attesa di una felicità destinata a non giungere mai.

Un raffinata semplicità Leopardi utilizza nel *Sabato del villaggio* uno stile semplice e al tempo stesso elaborato, realistico e simbolico; **termini aulici e letterari** («donzelletta», «crine», «face» ecc.) si accompagnano a parole del lessico quotidiano («fascio dell'erba», «filar», «zappatore» ecc.) in una sintassi piana, che procede per lo più per coordinazione, senza evidenti artifici retorici.
Le scelte stilistiche, pur nella sostanziale omogeneità nel canto, assecondano la struttura bipartita del testo:
– la **prima parte** si gioca su immagini festose e mosse, ma anche indefinite («incontro là dove si perde il giorno», v. 10);
– la **seconda parte** lascia spazio alla riflessione, che si esprime in uno **stile più piano e meditativo**, adatto ad alludere all'«arido vero» che permea la realtà. Nella strofa conclusiva, infine, il tono si fa affabile nell'apostrofe al «garzoncello».
Sul piano della struttura metrica, la scelta della **canzone libera** permette di variare la disposizione dei versi nelle strofe: nella prima parte prevale l'agile ritmo dei settenari, mentre nelle ultime due strofe l'addensarsi degli endecasillabi rende il ritmo più lento e pausato. La fitta rete di rime (spesso baciate) e di assonanze crea una musicalità ininterrotta e danzante.

Il sabato del villaggio

Lavoriamo sul testo

COMPRENSIONE

1 Nella prima strofa il poeta rappresenta le attese legate alla «festa»: individuale nel testo, poi precisa che cosa si aspettano dalla domenica i vari personaggi del canto.

2 Per quale motivo il falegname trascorre la notte tra il sabato e la domenica intento al lavoro? La sua fatica sarà ricompensata?

3 Il nucleo concettuale del canto è la consapevolezza che la speranza nelle gioie domenicali è un'illusione: in qual strofa viene chiarita tale idea?

LINGUA E LESSICO

4 Identifica nella poesia tutti i termini aulici e arcaici e spiega quale effetto producono.

5 Rintraccia i termini e le espressioni appartenenti al linguaggio quotidiano e spiega quale effetto producono.

ANALISI E INTERPRETAZIONE

6 Nella prima strofa compaiono alcune figure al tempo stesso realistiche e simboliche («la donzelletta», «la vecchierella» e così via). Analizza i loro sentimenti e sintetizza poi il valore simbolico di queste figure; presta particolare attenzione alla fanciulla e alla vecchietta, nella loro relazione reciproca.

7 Com'è frequente nei componimenti leopardiani, nel canto sono presenti i tre diversi piani temporali: il presente con l'attesa, il futuro con la disillusione, il passato con il ricordo. Individua i passi del testo riferibili ai tre tempi, poi valutane il peso reciproco: su quale tempo si concentra il poeta? Perché?

8 Nell'invito finale rivolto al «garzoncello» Leopardi accenna a una verità negativa, che però tace, attraverso la figura retorica della reticenza. Dopo aver individuato nel testo tale figura, spiega che cosa vorrebbe dire l'io lirico al ragazzo. Perché, invece, sceglie di non parlare?

9 Nella rappresentazione del borgo al crepuscolo e poi nella notte, Leopardi fa ricorso a molti termini legati ai campi semantici del colore e della luce. Individuali nella lirica e spiega a quale principio di poetica rispondono queste scelte lessicali.

10 Le rime, disposte liberamente dal poeta, collegano spesso tra loro termini di particolare rilievo. Quale significato assumono, per esempio, le rime «giorno» : «ritorno» e «gioia» : «noia»?

SCRITTURA E APPROFONDIMENTI

11 Composti nello stesso periodo e collocati nei *Canti* uno di seguito all'altro, *La quiete dopo la tempesta* e *Il sabato del villaggio* sono due "canti gemelli", in quanto trasferiscono in poesia due analoghi corollari della «teoria del piacere». Confronta i due testi sul piano tematico, strutturale e formale, individuando analogie e differenze.

12 La domenica sera rappresenta spesso un momento particolare della settimana, ancora dedicato al riposo e al divertimento ma già percorso dai programmi e dalle eventuali preoccupazioni del lunedì: è così anche per te? Elabora un testo riflessivo sull'argomento.

T10 Canto notturno di un pastore errante dell'Asia

Canti, XXIII

Ascolta la poesia

La lirica, composta tra la fine dell'ottobre 1829 e i primi d'aprile del 1830, compare per la prima volta nell'edizione dei *Canti* del 1831. Il testo, collocato al centro del gruppo dei canti pisano-recanatesi, è l'ultimo di essi in ordine di composizione e sembra anticipare l'ultima stagione della poesia leopardiana. Nel surreale silenzio notturno di un deserto dell'Asia, un pastore nomade – simbolo dell'umanità ma anche alter ego del poeta – rivolge alla luna una serie di domande esistenziali sul significato della vita umana e dell'universo e sulle cause della sofferenza che sembra accomunare tutti gli esseri viventi. Ma i suoi profondi interrogativi sono destinati a restare senza risposta: l'unica realtà evidente è il dolore che sempre si accompagna alla vita.

Metrica Canzone libera composta da sei strofe di endecasillabi e settenari variamente alternati e rimati. Alla fine di ogni strofa ricorre un verso che rima in -ale.

> *La lirica si apre sulla prima domanda rivolta dal pastore alla luna, simbolo di una natura distante e indifferente.*

Che fai tu, luna, in ciel? dimmi, che fai,
silenzïosa luna?
Sorgi la sera, e vai,
contemplando i deserti; indi ti posi[1].
5 Ancor non sei tu paga[2]
di riandare i sempiterni calli[3]?
Ancor non prendi a schivo, ancor sei vaga
di mirar queste valli[4]?
Somiglia alla tua vita
10 la vita del pastore.
Sorge in sul primo albore[5];
move la greggia oltre pel campo[6], e vede
greggi, fontane ed erbe;
poi stanco si riposa in su la sera[7]:
15 altro mai non ispera[8].
Dimmi, o luna: a che vale[9]
al pastor la sua vita,
la vostra vita a voi[10]? dimmi: ove tende[11]
questo vagar mio breve,
20 il tuo corso immortale[12]?

---

1. ti posi: *tramonti.*
2. paga: *sazia.*
3. riandare … calli: *ripercorrere i sentieri («calli») eterni, sempre uguali (ossia la tua orbita).*
4. Ancor … valli?: *ancora non ti viene a noia, sei ancora desiderosa («vaga») di contemplare questi luoghi terreni?*
5. Sorge … albore: *si alza allo spuntare dell'alba.* Il verbo «sorge» è lo stesso usato al v. 3 per la luna, a sottolineare il parallelismo con la vita del pastore.
6. move … pel campo: *spinge avanti il suo gregge nella campagna.*
7. in su la sera: *verso sera.*
8. altro … ispera: *non nutre mai nessun'altra speranza (al di fuori di questa vita monotona).*
9. a che vale: *a che serve, che senso ha.*
10. voi: si riferisce alla luna e agli altri corpi celesti.
11. ove tende: *a quale fine è rivolto.*
12. questo … immortale: da notare l'antitesi tra la breve vita del pastore («vagar mio breve») e l'eterno percorso della luna («il tuo corso immortale»), entrambi privi di senso.

> La strofa è interamente occupata da un'allegoria: la vita umana è come la corsa insensata e affannosa di un vecchio, che termina nella morte.

Vecchierel bianco, infermo[13],
mezzo vestito e scalzo,
con gravissimo fascio[14] in su le spalle,
per montagna e per valle,

25 per sassi acuti, ed alta rena, e fratte[15],
al vento, alla tempesta, e quando avvampa
l'ora, e quando poi gela[16],
corre via, corre, anela[17],
varca torrenti e stagni,

30 cade, risorge[18], e più e più s'affretta,
senza posa o ristoro[19],
lacero, sanguinoso; infin ch'arriva
colà dove la via
e dove il tanto affaticar fu volto[20]:

35 abisso orrido, immenso,
ov'ei precipitando, il tutto obblia[21].
Vergine luna, tale
è la vita mortale.

> Il pianto del neonato viene interpretato, sulla scorta della filosofia epicurea, come la prima espressione del «male di vivere».

Nasce l'uomo a fatica,

40 ed è rischio di morte il nascimento[22].
Prova pena e tormento
per prima cosa; e in sul principio stesso
la madre e il genitore
il prende a consolar dell'esser nato[23].

45 Poi che crescendo viene,
l'uno e l'altro il sostiene[24], e via pur sempre
con atti e con parole
studiasi fargli core,
e consolarlo dell'umano stato[25]:

50 altro ufficio più grato
non si fa da parenti alla lor prole[26].
Ma perché dare al sole,
perché reggere in vita
chi poi di quella consolar convenga[27]?

55 Se la vita è sventura,

---

13. Vecchierel ... infermo: *un vecchio dai capelli bianchi e malato.* L'espressione riprende l'*incipit* del sonetto di Petrarca: «Movesi il vecchierel canuto e bianco».

14. gravissimo fascio: *pesantissimo carico,* simbolo dei gravosi oneri della vita.

15. per sassi ... fratte: *in mezzo a terreni pietrosi e taglienti, attraverso sabbie profonde («alta rena») e luoghi pieni di sterpaglie.*

16. e quando ... gela: *sia quando la stagione («l'ora») è torrida sia quando poi è gelida.* Il polisindeto, alternato all'accostamento per asindeto e unito alla brevità incalzante dei versi, rende l'idea della corsa affanno-

sa del vecchio.

17. anela: *ansima, respira con affanno.*

18. risorge: *si rialza.*

19. senza ... ristoro: *senza riposo e senza tregua.*

20. colà ... volto: *là dove un così faticoso cammino era rivolto.*

21. ov'ei ... obblia: *precipitando nel quale egli dimentica («obblia») tutto.*

22. Nasce ... nascimento: *l'uomo nasce fra i dolorosi travagli (del parto) e la nascita stessa costituisce un rischio mortale.*

23. e in sul ... nato: *e proprio sul principio della vita la madre e il padre iniziano a*

consolarlo della disgrazia di essere venuto al mondo.

24. Poi ... sostiene: *poi, man mano che cresce, entrambi i genitori lo aiutano.*

25. e via ... stato: *e assiduamente («via pur sempre») si sforzano con atti e con parole di rincuorarlo («fargli core») e di consolarlo della condizione umana.*

26. altro ... prole: *un altro compito più gradito e utile di questo non può essere svolto dai genitori («parenti») per i loro figli.*

27. Ma perché ... convenga?: *ma perché dare alla luce e perché mantenere in vita chi poi si deve confortare della vita stessa?*

52 *Canti*

perché da noi si dura[28]?
Intatta[29] luna, tale
è lo stato mortale.
Ma tu mortal non sei,
60   e forse del mio dir poco ti cale[30].

Pur tu, solinga, eterna peregrina[31],
che sì pensosa sei, tu forse intendi,
questo viver terreno,
il patir nostro, il sospirar, che sia[32];
65   che sia questo morir, questo supremo
scolorar del sembiante,
e perir dalla terra, e venir meno
ad ogni usata, amante compagnia[33].
E tu certo comprendi
70   il perché delle cose, e vedi il frutto
del mattin, della sera[34],
del tacito, infinito andar[35] del tempo.
Tu sai, tu certo, a qual suo dolce amore
rida la primavera[36],
75   a chi giovi l'ardore, e che procacci
il verno co' suoi ghiacci[37].
Mille cose sai tu, mille discopri[38],
che son celate[39] al semplice pastore.
Spesso quand'io ti miro[40]
80   star così muta in sul deserto piano[41],
che, in suo giro lontano, al ciel confina[42];
ovver con la mia greggia
seguirmi viaggiando a mano a mano[43];
e quando miro in cielo arder le stelle[44];
85   dico fra me pensando:
a che tante facelle[45]?
che fa[46] l'aria infinita, e quel profondo
infinito seren? che vuol dir questa
solitudine immensa? ed io che sono?
90   Così meco ragiono[47]: e della stanza

> In climax crescente, si affaccia l'idea che la luna conosca il segreto ultimo del senso della vita, che all'uomo non è dato comprendere.

---

28. perché ... dura?: *perché noi uomini la sopportiamo?*

29. Intatta: *non toccata, indifferente* (alle sventure umane). L'aggettivo riprende «Vergine» del v. 37; i vv. 57-58 replicano come un ritornello i vv. 37-38.

30. ti cale: *ti importa.*

31. solinga, eterna peregrina: *solitaria, eterna viaggiatrice.*

32. tu forse ... sia: *tu forse comprendi* («intendi») *che senso abbia questa vita mortale, il nostro soffrire e sospirare.*

33. che sia ... compagnia: *(tu forse comprendi) che cosa sia questo mistero della morte, questo ultimo impallidire del volto* («scolorar del sembiante», al momento del trapasso), e *lo scomparire dalla terra e il mancare a ogni compagnia amata e consueta.*

34. il frutto ... della sera: *lo scopo dell'alternarsi del giorno e della notte.*

35. andar: *scorrere.*

36. a qual ... primavera: *a quale dolcezza d'amore sia diretto il sorriso della primavera* (cioè: quale scopo abbia la ridente atmosfera primaverile).

37. a chi ... ghiacci: *a chi sia utile la calura estiva* («l'ardore») *e quale risultato procuri l'inverno con il suo ghiaccio.*

38. discopri: *scopri, sveli.*

39. celate: *nascoste.*

40. ti miro: *ti contemplo.*

41. in sul ... piano: *sulla pianura deserta.*

42. che ... confina: *che, all'orizzonte* («in suo giro lontano»), *confina con il cielo.*

43. ovver ... a mano: *oppure* (quando ti vedo) *seguirmi passo passo viaggiando con il mio gregge.*

44. miro ... stelle: *guardo le stelle risplendere in cielo.*

45. a che ... facelle?: *a che scopo tante fiammelle?* Il termine «facelle» (latinismo) riprende la metafora di «arder» (v. 84).

46. che fa: *che scopo ha, a che cosa serve.*

47. meco ragiono: *parlo fra me.*

Canto notturno di un pastore errante dell'Asia   **53**

smisurata e superba,
e dell'innumerabile famiglia;
poi di tanto adoprar, di tanti moti
d'ogni celeste, ogni terrena cosa,

95 girando senza posa,
per tornar sempre là donde son mosse;
uso alcuno, alcun frutto
indovinar non so[48]. Ma tu per certo,
giovinetta immortal[49], conosci il tutto.

100 Questo io conosco e sento,
che degli eterni giri,
che dell'esser mio frale,
qualche bene o contento
avrà fors'altri; a me la vita è male[50].

105 O greggia mia che posi[51], oh te beata,
che la miseria tua, credo, non sai[52]!
Quanta invidia ti porto!
Non sol perché d'affanno
quasi libera vai[53];

110 ch'ogni stento, ogni danno,
ogni estremo timor subito scordi[54];
ma più perché giammai tedio non provi[55].
Quando tu siedi all'ombra, sovra[56] l'erbe,
tu se' queta[57] e contenta;

115 e gran parte dell'anno
senza noia consumi in quello stato[58].
Ed io pur[59] seggo sovra l'erbe, all'ombra,
e un fastidio m'ingombra
la mente, ed uno spron quasi mi punge[60]

120 sì che, sedendo, più che mai son lunge
da trovar pace o loco[61].
E pur nulla non bramo,
e non ho fino a qui cagion di pianto[62].
Quel che tu goda o quanto,

> Per il pastore l'unica realtà tangibile è costituita dalla sofferenza e dal dolore.

> Secondo Leopardi la noia è una sofferenza profonda che deriva dalla percezione del vuoto dell'esistenza, che gli animali nella loro semplicità non avvertono.

---

48. della stanza ... non so: e non riesco a comprendere («indovinar non so», al v. 98) alcuna utilità, alcuno scopo dell'universo smisurato e maestoso, dell'enorme numero degli esseri viventi («famiglia»), e ancora di tanto affaccendarsi («adoprar»), di tanti movimenti di tutte le cose, sia in cielo sia in terra, che girano senza mai fermarsi («senza posa») per tornare sempre al punto da cui sono partite («là donde son mosse»).

49. giovinetta immortal: la luna viene ancora invocata con un appellativo proprio della dea Diana, come al v. 37.

50. Questo ... male: io so e percepisco solo questo: che forse qualcun altro trarrà qualche beneficio o qualche conforto («contento») dalla perpetua rivoluzione degli astri e dalla mia fragile («frale») esistenza, ma per me la vita è dolore.

51. posi: ti riposi.

52. che ... sai: che (almeno credo) non conosci la (ossia "non hai coscienza della") tua infelicità.

53. d'affanno ... vai: vivi quasi libera da sofferenze.

54. ch'ogni ... scordi: perché dimentichi rapidamente ogni dolore, ogni problema e ogni timore anche estremo.

55. giammai ... provi: non provi mai noia.

56. sovra: sopra.

57. se' queta: sei tranquilla.

58. gran ... stato: trascorri («consumi») senza noia gran parte dell'anno in questa condizione (di quieta serenità).

59. Ed io pur: e anch'io.

60. un fastidio ... punge: un turbamento mi invade la mente e un pungolo quasi mi sprona.

61. sì che ... loco: cosicché, pur stando fermo («sedendo»), sono più che mai lontano dal trovar pace o riposo («loco»).

62. E pur ... pianto: eppure non desidero («bramo») nulla, e finora («fino a qui») non ho nessuna ragione («cagion») di sofferenza.

54 Canti

> 125 non so già dir[63]; ma fortunata sei.
> Ed io godo ancor poco,
> o greggia mia, né di ciò sol mi lagno[64].
> Se tu parlar sapessi, io chiederei:
> Dimmi: perché giacendo
> 130 a bell'agio[65], ozioso,
> s'appaga[66] ogni animale;
> me, s'io giaccio in riposo, il tedio assale[67]?
>
> Forse s'avess'io l'ale
> da volar su le nubi[68],
> 135 e noverar[69] le stelle ad una ad una,
> o come il tuono errar di giogo in giogo[70],
> più felice sarei, dolce mia greggia,
> più felice sarei, candida luna.
> O forse erra dal vero,
> 140 mirando all'altrui sorte, il mio pensiero[71]:
> forse in qual forma, in quale
> stato che sia, dentro covile o cuna,
> è funesto a chi nasce il dì natale[72].

L'estrema ipotesi di speranza verrà subito contraddetta dal cupo finale: la felicità non appartiene a nessuna creatura vivente.

Apri il vocabolario

Il termine "tedio", dal latino *taedium* che sta per "noia, disgusto, fastidio", conserva anche in Leopardi e nell'italiano di oggi lo stesso significato, legandosi spesso a una dimensione interiore ed esistenziale di profonda e opprimente inquietudine (è il *taedium vitae*).

Francesco Paolo Michetti, *Pastorelle con gregge*, 1900 ca.

63. **Quel ... dir**: *quali o quanti siano i tuoi piaceri, non lo so dire.*
64. **Ed io ... lagno**: *e anch'io come te ho poche occasioni di gioia, ma non soltanto di questo* (cioè, della scarsità di piaceri) *io mi lamento* («mi lagno»).
65. **a bell'agio**: *a suo agio, comodamente.*
66. **s'appaga**: *è soddisfatto.*

67. **me ... assale?**: *mentre io, se mi distendo a riposare, sono assalito dalla noia?*
68. **s'avessi ... nubi**: *se io avessi le ali, così da poter volare sopra le nubi.*
69. **noverar**: *contare.*
70. **errar ... giogo**: *vagare da una vetta all'altra.*
71. **erra ... pensiero**: *il mio pensiero si al-*

lontana dalla verità, nel considerare la condizione degli altri esseri viventi.
72. **forse ... natale**: *forse in qualsiasi forma, in qualsiasi stato, dentro una tana* («covile») *o in una culla* (cioè sia per gli animali sia per gli uomini) *il giorno della nascita* («dì natale») *è comunque portatore di sofferenza* («funesto») *per chi nasce.*

Canto notturno di un pastore errante dell'Asia

Analisi del testo

COMPRENSIONE

La lirica, strutturata come la trascrizione del canto rivolto alla luna da un solitario pastore, segue una precisa struttura argomentativa, in cui **a ogni strofa corrisponde un nucleo concettuale**.

La **prima strofa** prende avvio da una serie di domande che il pastore rivolge alla luna intorno al senso della vita dell'uomo e dell'universo. Confrontando la propria esistenza monotona con il percorso ciclico della luna nel cielo, il pastore constata che entrambe sembrano prive di significato e di scopo.

Nella **seconda strofa**, attraverso un'ampia similitudine allegorica, il pastore traccia l'itinerario della vita umana come il viaggio faticoso di un vecchio verso la voragine della morte. Nella **terza strofa** – in cui l'umanità è rappresentata dall'immagine di un neonato – il pianto alla nascita viene interpretato come la prima espressione della sofferenza dell'uomo. Nella **quarta strofa**, il pastore avanza l'ipotesi che la luna, a lui tanto superiore, possa conoscere quel significato esistenziale che a lui è nascosto; poi allarga lo sguardo all'universo e ai suoi enigmatici movimenti, ponendo di nuovo domande sul senso del tutto e concludendo di nuovo che la vita è sofferenza.

Nella **quinta strofa** l'attenzione si sposta dall'astro lunare al gregge addormentato che, rispetto al pastore, soffre meno poiché non conosce la noia, attributo esclusivo dell'uomo, consapevole del nulla dell'esistenza.

Nella **strofa finale** il pastore abbandona ogni fiducia nella possibilità di giungere a una risposta certa: qualsiasi ipotesi di esistenza felice – nelle distanze siderali come nei luoghi degli uomini e delle bestie – è probabilmente falsa, e la vita forse è un male ovunque e per tutti.

ANALISI E INTERPRETAZIONE

Il «pessimismo cosmico» Nel *Canto notturno* Leopardi si allontana da ogni occasione biografica per affidare la propria riflessione esistenziale a un ingenuo pastore nomade, che – proprio per la sua semplicità e per la linearità del suo pensiero – diventa simbolo assoluto della condizione umana.

Attraverso il suo «canto», il poeta avanza una serie di **ipotesi sullo scopo dell'esistenza**, che appare incomprensibile e intrisa di sofferenza. Muta interlocutrice è la luna, emblema di una natura intesa ormai come **meccanismo imperturbabile e indifferente**, lontana e del tutto insensibile al dolore umano. Gli incalzanti interrogativi del pastore rimangono infatti senza risposta e, sebbene resti aperta la possibilità che un senso ultimo della vita esista, l'io lirico conclude che non solo gli uomini, ma **tutti gli esseri viventi** di ogni luogo e di ogni tempo **sono necessariamente infelici**. Nell'approdo a un radicale «pessimismo cosmico» viene meno ogni idealizzazione delle epoche passate, come pure dell'infanzia e delle illusioni offerte dalla natura. L'unico parziale correttivo riguarda gli **animali**, forse meno infelici dell'uomo in quanto **non toccati dal «tedio»**, ossia dalla noia intesa come pura percezione della mancanza di senso del vivere.

Anti-idillio e poesia filosofica Il componimento mostra il superamento della poetica tipica dei canti pisano-recanatesi. L'io del poeta infatti non si esprime più in prima persona, ma **delega il canto** a un personaggio simbolico, mentre **scompare ogni elemento naturale positivo e familiare**. Il **paesaggio** è ridotto a **pochi elementi essenziali**: un uomo, la luna e una sconfinata estensione di terra e di cielo, un deserto desolato da percorrere in cerca del vero. Il pastore stesso è lontano dalla civiltà come lo erano gli antichi, a cui Leopardi aveva in passato riconosciuto i privilegi dell'armonia con la natura: tuttavia, il **pastore** non è un "antico" bensì un **filosofo**, e nella natura non trova alcuna consolazione. La sua primitività coincide piuttosto con l'**assenza di ideologie rassicuranti**, e quindi con la disponibilità a una **ricerca esistenziale e filosofica radicale**, che non si appaga di facili conforti.

Nel *Canto notturno*, inoltre, viene meno anche la struttura bipartita caratteristica degli altri canti pisano-recanatesi, giocata sull'antitesi fra l'evocazione delle illusioni e la loro negazione e organizzata in una struttura binaria che presentava prima una parte descrittivo-evocativa e poi una parte riflessiva. In questo caso, **la poesia procede invece alternando rappresentazione e ragionamento**, secondo un **andamento raziocinante** che sarà tipico dell'ultima produzione leopardiana, in particolare nella *Ginestra*.

Il rigore dello stile Sul piano formale, Leopardi, abbandonata la «poetica del vago», adotta qui una **rigorosa essenzialità** espressiva, che rappresenta la semplicità del pastore ma anche l'inflessibilità logica della sua argomentazione. La sintassi è sobria e il lessico costituito da termini piani e semplici, di assoluta chiarezza. Particolarmente frequenti sono, soprattutto nel finale delle strofe, le **interrogative dirette**, alternate ad **affermazioni categoriche**, sentenze di valore universale. La scarsa aggettivazione è pregnante, soprattutto nel sottolineare il silenzio e la distanza che separa la luna («silenzïosa», «vergine», «intatta», «muta») dalla sorte degli uomini. Le figure di ripetizione (per esempio l'anafora) da un lato alludono alla ingenuità del pastore, alla sua insistenza quasi infantile nel voler comprendere («Che fai… dimmi, che fai»), dall'altro sottolineano l'incertezza che segna anche le poche acquisizioni cono-

scitive concesse all'uomo («Forse», «Credi» ecc.). La metrica, attraverso la **rima obbligata in «-ale»** che chiude ogni strofa, conferisce al canto un'inflessione volutamente ingenua e semplice, quasi da **cantilena popolare**, che contrasta con la drammaticità dei contenuti, mettendo in risalto una verità ormai acquisita ed espressa con composto distacco.

Lavoriamo sul testo

COMPRENSIONE

1 Nella prima strofa il pastore rivolge alla luna una serie di domande: qual è il loro oggetto? Sottolinea nel testo la domanda che ti appare più direttamente emblematica della ricerca del pastore.

2 Nella terza strofa, il pastore porta a dimostrazione dell'infelicità umana il comportamento dei genitori rispetto ai figli: qual è il loro paradossale compito?

3 Nella penultima strofa, il pastore dichiara felice il proprio gregge. Spiega per quale motivo il pastore fa questa affermazione, e in particolare da quale sofferenza ritiene le pecore immuni.

4 Il pastore, nell'ultima strofa, giunge a una conclusione: quale? Si tratta di una conclusione certa e definitiva oppure ipotetica e parziale? Motiva le tue risposte con riferimenti puntuali al testo.

LINGUA E LESSICO

5 Qual è il significato primario del termine «ufficio» (v. 50)? Come si spiega lo slittamento semantico che lo porta ad indicare il luogo dove si svolgono incombenze amministrative o burocratiche?

6 Al v. 56, a che complemento corrisponde l'espressione «da noi»?

7 Al v. 75, da quale verbo è retta la frase «a chi giovi l'ardore»? Che tipo di subordinata è? Sono presenti nei versi vicini altre subordinate dello stesso tipo: quali?

8 Quale figura retorica è presente ai vv. 137-138?

ANALISI E INTERPRETAZIONE

9 Nel corso della lirica si affaccia più volte, specie nella terza strofa, l'idea che la luna in realtà conosca il segreto dell'esistenza. Per quale motivo, allora, esso non viene rivelato al pastore?

10 Il paesaggio assume nella lirica una funzione centrale: quale? In particolare, è simile o diverso rispetto a quello degli altri canti pisano-recanatesi? Motiva la tua risposta con esempi tratti anche da altre liriche leopardiane.

11 Osserva la metrica del canto: in quali parti del testo prevalgono gli endecasillabi e in quali i settenari, e per quale motivo? Sono presenti molti *enjambement*? Con quale funzione? Individuane almeno tre ed evidenziane l'esito espressivo.

12 Individua tutti gli aggettivi rivolti alla luna: quale immagine del corpo celeste delineano? Individua ora gli aggettivi di denotazione spazio-temporale e gli aggettivi dimostrativi: che tipo di spazio evocano?

13 Rintraccia nella lirica qualche esempio di ripetizione, di anafora e di parallelismo. Sintetizza la ragione per cui, secondo te, il ricorso a tali procedimenti è così insistito in questo testo.

SCRITTURA E APPROFONDIMENTI

14 I contenuti del *Canto notturno*, legati alla fase del «pessimismo cosmico», sono analoghi a quelli espressi da Leopardi nel *Dialogo della Natura e di un Islandese*. Scrivi un confronto argomentato tra i due testi, ponendo in rilievo le analogie nella situazione, nella visione della natura e nella concezione della vita e dell'uomo.

Canto notturno di un pastore errante dell'Asia

T11 A se stesso

Canti, XXVIII

Pubblicato per la prima volta nell'edizione dei Canti del 1835, A se stesso è il penultimo componimento del «ciclo di Aspasia», una serie di cinque testi legati all'amore infelice di Leopardi per Fanny Targioni Tozzetti. La composizione risale probabilmente al 1833, epoca in cui il poeta, raggiunto il culmine del proprio pessimismo, progetta un inno Ad Arimane, divinità che nella religione persiana rappresentava il male e che Leopardi identifica con la natura matrigna che domina il mondo.
In pochi versi scarni e lapidari, lo spunto autobiografico – il venir meno dell'illusione di poter vivere appieno un amore ricambiato – si sviluppa in un totale rifiuto di ogni «caro inganno» e nella risoluta contemplazione della totale negatività del mondo e della condizione umana.

Metrica Sedici versi endecasillabi e settenari liberamente rimati, senza divisioni strofiche.

Or poserai per sempre[1],
stanco mio cor. Perì l'inganno estremo,
ch'eterno io mi credei[2]. Perì. Ben sento,
in noi di cari inganni,
5   non che la speme, il desiderio è spento[3].
Posa per sempre. Assai[4]
palpitasti. Non val cosa nessuna
i moti tuoi, né di sospiri è degna
la terra[5]. Amaro e noia
10 la vita, altro mai nulla[6]; e fango è il mondo.
T'acqueta omai. Dispera
l'ultima volta[7]. Al gener nostro il fato
non donò che il morire[8]. Omai disprezza
te, la natura, il brutto
15 poter che, ascoso, a comun danno impera,
e l'infinita vanità del tutto[9].

---

1. Or ... sempre: ora ti placherai per sempre. Il futuro ha una sfumatura iussiva, quasi a esprimere un invito pressante.
2. Perì ... credei: è definitivamente morta anche l'ultima illusione (cioè, l'illusione dell'amore), che avevo creduto eterna.
3. in noi ... spento: in noi (cioè «in me e in te, o mio cuore») è ormai spenta non solo la speranza («speme») ma anche il desiderio delle dolci illusioni d'amore.
4. Assai: fin troppo.
5. Non val ... la terra: nessuna cosa merita i tuoi palpiti («i moti tuoi») e nulla al mondo è degno di essere desiderato.
6. Amaro ... nulla: la vita non è che amarezza e noia, e mai null'altro. L'assenza del verbo rende la sentenza più incisiva e lapidaria.
7. T'acqueta ... volta: placati ormai (sempre riferito a «stanco mio cor» del v. 2), abbandona ogni speranza («dispera») una volta per tutte. Altri intendono «sia questa la tua ultima disperazione», che però si collega in modo meno stringente con la frase successiva.
8. al gener ... morire: alla stirpe umana («gener nostro») il destino non ha fatto altro dono se non la morte.
9. Omai ... tutto: ormai (o cuore) disprezza (è un imperativo) anche te stesso e poi la natura, lo sprezzevole potere che, nascosto («ascoso»), governa a danno di tutti, e disprezza l'infinita vanità dell'universo («del tutto»). L'ultimo verso riecheggia il *vanitas vanitatum* dell'*Ecclesiaste* biblico.

Analisi guidata

Una struttura calibrata

La lirica si struttura secondo una rigorosa simmetria interna. Nel testo si succedono infatti **tre momenti ben distinti**. Ogni sequenza si apre con un'**esortazione** rivolta dal poeta al proprio cuore affinché cessi di illudersi, seguita da **riflessioni più ampie** sul destino dell'uomo.
Nella **prima parte** (vv. 1-5) all'apostrofe segue la constatazione della fine dell'«estremo inganno» d'amore, che coincide con l'abbandono di ogni speranza.
Nella **seconda parte** (vv. 6-10) l'imperativo «Posa per sempre» si accompagna alla risoluta affermazione della negatività totale della vita.
L'**ultima parte** (vv. 11-16) sviluppa infine il motivo del titanico disprezzo del poeta verso se stesso, la natura e il male che domina la realtà.
La **struttura allocutiva**, ricorrente nelle liriche leopardiane, viene qui utilizzata per evocare un dialogo tra due componenti dell'io poetico: la parte raziocinante, che assume un tono perentorio, e la parte sentimentale, ossia il cuore, costretto ad abbandonare le proprie illusioni.

Competenze di comprensione e analisi

- I tre momenti della lirica ripetono anche la stessa struttura metrica: quale successione di endecasillabi e settenari presentano?

- Ognuna delle tre parti si apre con un verbo di valore imperativo: individua i versi nel testo. Per quale motivo si può dire che le apostrofi del poeta al proprio cuore sono disposte in climax crescente?

- La simmetria tra le parti è sottolineata anche attraverso alcune ripetizioni lessicali: individuale nel testo.

Una totale negatività

Il canto trae occasione da una cocente **delusione amorosa** per approfondire la visione pessimistica della vita e del mondo, che appare al poeta dominato da un **male indomabile**, rispetto al quale l'unico scampo è la morte («Al gener nostro il fato / non donò che il morire»). Di fronte a questa realtà negativa **viene meno** totalmente non solo la speranza di felicità, ma persino il **desiderio stesso di illudersi** (vv. 3-5): cancellato ogni conforto, resta soltanto **la constatazione del nulla infinito**, un nulla quasi parallelo e opposto all'infinito desiderio umano di piacere.
Una tale disperazione non comporta però un atteggiamento vittimistico; al contrario, il poeta manifesta un'**attitudine eroica**, ostentando un risentito disprezzo nei confronti di un mondo ostile e meschino («fango è il mondo»), riaffermando attraverso l'accettazione del vero la propria dignità e superiorità spirituale.

Competenze di comprensione e analisi

- L'antitesi tra «inganno estremo» (v. 2) e «cari inganni» (v. 4) assume, in relazione al pensiero leopardiano, un intenso significato: quale? Come valuta ora il poeta le illusioni di felicità?

- Su quali elementi si incentra il «disprezzo» del poeta ai vv. 13-16? Ti sembra che gli oggetti di tale disprezzo siano disposti nei versi in modo particolare? Motiva la tua risposta.

- Come in gran parte della poesia leopardiana, il tempo ha un'importanza centrale: individua nel testo avverbi e locuzioni temporali e commentane la funzione. Analizza e commenta poi l'uso dei tempi verbali.

La novità dello stile

La desolazione dei contenuti si accompagna all'**abbandono definitivo della poetica dell'indefinito** e sembra quasi condurre alla negazione stessa della parola poetica. Lo stile anti-idillico si esprime anzitutto nella **frantumazione della sintassi** (i 16 versi della poesia contengono ben 17 proposizioni), che procede con **periodi secchi e assertivi**, spesso costituiti da una sola frase, talvolta brevissima («Perì»; «Posa per sempre»). La punteggiatura introduce **numerose pause** che conferiscono al testo una musicalità dissonante e spezzata, sottolineata dai frequentissimi *enjambement*.

Nel lessico prevalgono termini legati alle aree semantiche della morte, della negatività, della fine. Gli aggettivi sono tutti di senso negativo («stanco», «estremo», ecc.), mentre dominano i **verbi** e soprattutto i **sostantivi**, che indicano per lo più entità astratte («terra», «natura», «vita», «morte» ecc.).

Le rime sono poco numerose ma concettualmente pregnanti («dispera» : «impera»; «brutto» : «tutto»), rinforzate da rime interne, assonanze e allitterazioni.

○ Competenze di comprensione e analisi

- Analizza il testo sul piano sintattico. Prevale la coordinazione o la subordinazione? Quali periodi sono particolarmente brevi e per quale motivo?

- Cesure ed *enjambement* evidenziano in maniera perentoria le parole in posizione inziale e finale, mettendone in rilievo i significati: verifica tale affermazione nel testo e spiegala facendo ricorso a esempi.

- La lirica è fitta di negazioni e di espressioni che rimandano all'idea di inesorabilità. Individuale nel testo e spiegane la funzione.

La parola alla critica

Walter Binni legge *A se stesso*

Il brano proposto è tratto da un volume fondamentale nella storia dell'interpretazione di Leopardi: *La nuova poetica leopardiana* di Walter Binni, pubblicato per la prima volta nel 1947. Il critico ha il merito, tra l'altro, di salvare anche l'ultima produzione del poeta, che in quegli anni raccoglieva scarsi consensi.

Mentre nel *Consalvo* ogni parola, ogni mossa erano pregne di riferimenti ad un'avventura sognata, qui tutto si riduce ad un distacco da ogni forma di sogno con una sobrietà che poté apparire alla maggioranza dei critici prosastica o epigrafica; raggelata e scheletrica. In realtà manca quel gelo che si fa ironico in tanto Leopardi delle *Operette* e in certi momenti dei *Canti*, e c'è al suo posto un tono assoluto e interiormente fremente. [...]. Le brevissime frasi non sono rapprese e scarnificate, ma rappresentano forti slanci contenuti da una forza stilistica superiore, unificati in una linea non adagiata che li salva da una prosastica ed epigrafica solitudine [...]. Il ritmo nettamente ascendente in tutti i membri, indica la natura non statica: di movimento contenuto, e le spezzature che non lasciano intatto quasi nessun verso (e per esempio al verso 10 la "e" congiuntiva è più che altro una pausa accentuata dopo il punto e virgola) sono slanciate da alcuni poderosi *enjambements* tra cui spicca il larghissimo; "assai/ palpitasti". Tanto che il poeta sembra volere colmare gli spazi traverso e verso e formare dei versi ideali oltre la misura reale dei settenari e degli endecasillabi da spezzare poi in un'unica linea a cui collaborano con energia iniziale e con tensione estrema mosse ripetute sempre più intense: l'esempio più ardito della nuova poetica, l'antiidillio per eccellenza.

W. Binni, *La nuova poetica leopardiana*, Firenze, Sansoni, 1947.

T12 La ginestra o il fiore del deserto

Canti, XXXIV, vv. 1-157

Composto a Torre del Greco nel 1836, in una villa ai piedi del Vesuvio, il componimento viene pubblicato nell'edizione postuma del canzoniere leopardiano, curata da Antonio Ranieri nel 1845 per le edizioni fiorentine Le Monnier. Sono di mano di Ranieri tutte le copie manoscritte del testo. Per volontà del poeta, La ginestra è collocata a chiusura dei Canti, come una sorta di testamento spirituale.

La ginestra, umile fiore che germoglia con tenacia alle pendici del Vesuvio, in un luogo in cui si manifesta appieno la potenza distruttiva della natura, rappresenta un modello etico positivo per gli esseri umani, i quali dovrebbero abbandonare ogni illusione di progresso e riconoscere con dignità la propria condizione.

Metrica Strofe libere di endecasillabi e settenari.

> Leopardi rovescia il senso della citazione evangelica: per il poeta «la luce» non è la verità della fede, bensì la consapevolezza razionale della misera condizione umana, che gli uomini preferiscono ignorare.

> Il poeta ricorda di aver visto la ginestra nelle campagne laziali fra le rovine dell'antica Roma: tale associazione evidenzia la caducità dell'uomo e della sua storia, insignificante di fronte all'onnipotenza della natura.

E gli uomini vollero piuttosto le tenebre che la luce.
GIOVANNI, III, 19

Qui su l'arida schiena[1]
del formidabil[2] monte
sterminator Vesevo[3],
la qual null'altro allegra arbor né fiore[4],
5   tuoi cespi solitari intorno spargi,
odorata ginestra,
contenta dei deserti[5]. Anco ti vidi
de' tuoi steli abbellir l'erme contrade
che cingon la cittade
10   la qual fu donna de' mortali un tempo[6],
e del perduto impero
par che col grave e taciturno aspetto
faccian fede e ricordo al passeggero[7].
Or ti riveggo in questo suol, di tristi
15   lochi e dal mondo abbandonati amante,
e d'afflitte fortune ognor compagna[8].
Questi campi[9] cosparsi
di ceneri infeconde[10], e ricoperti
dell'impietrata lava,
20   che sotto i passi al peregrin risona[11];

---

1. su l'arida schiena: *sulle pendici brulle.*
2. formidabil: *spaventoso, terrificante.*
3. Vesevo: *Vesuvio. La forma arcaica e rara dà maggior solennità al verso.*
4. la qual ... fiore: *che nessun altro albero o fiore allieta (tranne la ginestra).*
5. tuoi ... deserti: *tu, o profumata ginestra, spargi tutt'intorno i tuoi cespugli solitari, accontentandoti di questi luoghi abbandonati.*
6. Anco ... tempo: *già una volta in passato*

ti vidi adornare con i tuoi rami le solitarie («erme») *campagne che circondano la città che un tempo fu dominatrice* («donna», nel senso di "signora") *dei popoli. La perifrasi indica la città di Roma.*
7. e del ... passeggero: *e (queste campagne solitarie) con il loro aspetto severo e silenzioso pare che testimonino («faccian fede») e ricordino al viandante quell'impero caduto in rovina.*

8. Or ... compagna: *ora ti rivedo in questo luogo, tu che sei amante dei luoghi tristi e abbandonati dagli uomini, e sempre («ognor») compagna di grandezze decadute.*
9. Questi campi: è il soggetto di «fur» al v. 24.
10. infeconde: *sterili.*
11. ricoperti ... peregrin risona: *ricoperti di lava pietrificata, che risuona sotto i passi del viandante.*

La ginestra o il fiore del deserto 61

dove s'annida e si contorce al sole
la serpe, e dove al noto
cavernoso covil torna il coniglio[12];
fur liete ville e colti,
25 e biondeggiàr di spiche, e risonaro
di muggito d'armenti[13];
fur giardini e palagi[14],
agli ozi de' potenti
gradito ospizio[15]; e fur città famose
30 che coi torrenti suoi l'altero monte
dall'ignea bocca fulminando oppresse
con gli abitanti insieme[16]. Or tutto intorno
una ruina involve[17],
dove tu siedi[18], o fior gentile, e quasi
35 i danni altrui commiserando[19], al cielo
di dolcissimo odor mandi un profumo,
che il deserto consola. A queste piagge
venga colui che d'esaltar con lode
il nostro stato ha in uso, e vegga quanto
40 è il gener nostro in cura
all'amante natura[20]. E la possanza
qui con giusta misura
anco estimar potrà dell'uman seme[21],
cui la dura nutrice, ov'ei men teme,
45 con lieve moto in un momento annulla
in parte, e può con moti
poco men lievi ancor subitamente
annichilare in tutto[22].
Dipinte in queste rive
50 son dell'umana gente
Le magnifiche sorti e progressive[23].

Qui mira e qui ti specchia,
secol superbo e sciocco[24],
che il calle insino allora
55 dal risorto pensier segnato innanti

> Leopardi accusa il XIX secolo di aver rinnegato la via del razionalismo e di essere tornato ad abbracciare irrazionali credenze religiose, scambiando per progresso un grave regresso culturale: la polemica contro il presente si fa diretta e articolata.

---

12. dove ... coniglio: *dove il coniglio ritorna alla sua consueta tana («covil») sotterranea, scavata nel suolo vulcanico.*

13. fur ... d'armenti: *(questi luoghi ora deserti) furono un tempo villaggi fiorenti e terreni coltivati e biondeggiarono di spighe di grano e risuonarono del muggito delle mandrie.* Prima dell'eruzione che nel 79 d.C. distrusse Ercolano e Pompei, le campagne attorno al Vesuvio, ora deserte, erano piene di vita.

14. palagi: *palazzi.*

15. agli ozi... ospizio: *gradevole luogo di soggiorno per il riposo dei potenti.* Nella pianura campana sorgevano anticamente le case di villeggiatura dei romani più abbienti.

16. fur ... insieme: *(questi campi) furono città famose, che lo spietato vulcano seppel-*

lì («oppresse») insieme ai suoi abitanti con i suoi fiumi di lava, eruttando dalla sua bocca infuocata («ignea», latinismo).

17. Or ... involve: *ora un'unica rovina avvolge tutto.*

18. sedi: *stai, dimori.*

19. quasi ... commiserando: *come dimostrando compassione per le altrui sciagure («danni»).*

20. A queste... natura: *venga in questi luoghi desolati («piagge») chi è solito («ha in uso») esaltare con lodi la nostra condizione e si renda conto di quanto il genere umano stia a cuore alla natura benevola.*

21. E la possanza ... seme: *e qui potrà anche valutare («estimar») correttamente la potenza del genere umano («uman seme»).*

22. cui ... tutto: *che («cui») la sua spietata nutrice, quando (l'uomo) meno se l'aspetta («ov'ei*

men teme»), con un leggero movimento in un istante distrugge in parte, e può con movimenti solo un po' meno lievi annientare («annichilare») del tutto all'improvviso. I terremoti, che per la natura (indicata con la perifrasi «dura nutrice») non sono che lievi scuotimenti, possono cancellare in un istante la vita dell'uomo sulla terra.

23. Dipinte ... progressive: *in questi luoghi sono chiaramente illustrate («dipinte») le sorti magnifiche e il luminoso progresso cui è destinata l'umanità.* Il v. 51 è una citazione sarcastica dagli *Inni sacri* composti nel 1832 dal poeta cattolico-liberale Terenzio Mamiani, cugino di Leopardi.

24. Qui ... sciocco: *o secolo vanitoso e stolto, vieni in questi luoghi a rimirarti e a guardarti allo specchio,* ossia a riflettere e a verificare l'infondatezza delle tue illusioni.

Canti

abbandonasti[25], e volti addietro i passi,
del ritornar ti vanti,
e procedere il chiami[26].
Al tuo pargoleggiar gl'ingegni tutti,
60   di cui lor sorte rea padre ti fece,
vanno adulando, ancora
ch'a ludibrio talora
t'abbian fra sé[27]. Non io
con tal vergogna scenderò sotterra[28];
65   ma il disprezzo piuttosto che si serra
di te nel petto mio,
mostrato avrò quanto si possa aperto[29]:
ben ch'io sappia che obblio
preme chi troppo all'età propria increbbe[30].
70   Di questo mal, che teco
mi fia comune, assai finor mi rido[31].
Libertà vai sognando, e servo a un tempo
vuoi di novo il pensiero,
sol per cui risorgemmo
75   della barbarie in parte, e per cui solo
si cresce in civiltà, che sola in meglio
guida i pubblici fati[32].
Così ti spiacque il vero
dell'aspra sorte e del depresso loco
80   che natura ci diè[33]. Per questo il tergo
vigliaccamente rivolgesti al lume
che il fe palese[34]: e, fuggitivo, appelli
vil chi lui segue, e solo
magnanimo colui
85   che se schernendo o gli altri, astuto o folle,
fin sopra gli astri il mortal grado estolle[35].

Uom di povero stato e membra inferme

Con titanico disprezzo, il poeta ribadisce il proprio dissenso verso ogni ottimistica illusione che nasconda la miseria della condizione umana, e rivendica il proprio coraggio.

Inizia qui una lunga similitudine allegorica che oppone, alle false promesse di immortalità e felicità, la dolorosa realtà dell'uomo e della sua civiltà.

---

25. che ... abbandonasti: *tu che hai abbandonato la strada («calle») già tracciata in avanti dal pensiero risorto e seguita fino ad allora.* Il «risorto pensier» indica il razionalismo riemerso, dopo le tenebre medievali, nell'età rinascimentale, proseguito dalla filosofia illuministica.

26. volti addietro ... chiami: *rivolto il tuo cammino all'indietro, ti vanti di questo percorso a ritroso («del ritornar») e lo chiami progresso («procedere»).*

27. Al tuo ... fra sé: *tutti gli intellettuali («ingegni»), la cui sorte infelice ti ha reso padre* (ossia, "che hanno avuto la sfortuna di vivere in questo secolo"), *vanno esaltando i tuoi insensati ragionamenti infantili («pargoleggiar»), sebbene nel loro intimo talora si facciano beffe di te («a ludibrio... t'abbian»).*

28. scenderò sotterra: *morirò.*

29. ma ... aperto: *ma piuttosto mostrerò nel* modo più chiaro possibile («quanto si possa aperto») *il disprezzo verso di te che è racchiuso nel mio animo.*

30. ben ch'io ... increbbe: *benché io sappia che la dimenticanza colpisce («obblio preme») chi si oppose troppo ai suoi contemporanei.*

31. Di questo ... rido: *di questo male che condividerò con te, fin d'ora rido.* Con superiore distacco, il poeta non si cura del pericolo di essere dimenticato dai posteri, tanto più che ogni fama umana è destinata a svanire con il passare del tempo.

32. Libertà ... fati: *vai sognando la libertà e nel contempo vuoi di nuovo rendere schiavo il pensiero, il solo grazie al quale risorgemmo in parte dalla barbarie e il solo grazie al quale si progredisce in civiltà, unico elemento che guida verso il meglio il destino dell'umanità («i pubblici fati»).* Il XIX secolo elabora progetti di libertà politica e civile ma in realtà, riprendendo i dogmi religiosi, as-serve il libero pensiero del razionalismo settecentesco, unico fondamento del benessere collettivo.

33. Così ... diè: *così non hai saputo prendere atto («ti spiacque») della cruda verità sulla nostra sorte crudele e sull'infima condizione che la natura assegnò a noi uomini.*

34. Per questo ... palese: *perciò hai voltato vigliaccamente le spalle («il tergo») al razionalismo illuminista («lume») che rese evidente questa verità.*

35. fuggitivo ... estolle: *sebbene sia tu a sfuggire (dalla cruda verità), chiami vile chi segue queste dottrine, e (chiami) magnanimo soltanto colui che, illudendo se stesso o gli altri, folle o astuto, innalza («estolle») fin sopra le stelle l'umana condizione.* «Astuto» è chi inganna gli altri in malafede, mentre davvero «folle» è colui che si abbandona a una cieca fiducia nella felicità dell'uomo.

La ginestra o il fiore del deserto

	che sia dell'alma generoso ed alto,
	non chiama se né stima
90	ricco d'or né gagliardo[36],
	e di splendida vita o di valente
	persona infra la gente
	non fa risibil mostra[37];
	ma se di forza e di tesor mendico
95	lascia parer senza vergogna, e noma
	parlando, apertamente, e di sue cose
	fa stima al vero uguale[38].
	Magnanimo animale
	non credo io già, ma stolto,
100	quel che nato a perir, nutrito in pene,
	dice, a goder son fatto[39],
	e di fetido orgoglio
	empie le carte[40], eccelsi fati e nove
	felicità, quali il ciel tutto ignora,
105	non pur quest'orbe, promettendo in terra
	a popoli che un'onda
	di mar commosso, un fiato
	d'aura maligna, un sotterraneo crollo
	distrugge sì, che avanza
110	a gran pena di lor la rimembranza[41].
	Nobil natura è quella
	che a sollevar s'ardisce
	gli occhi mortali incontra
	al comun fato[42], e che con franca lingua,
115	nulla al ver detraendo,
	confessa il mal che ci fu dato in sorte,
	e il basso stato e frale[43];
	quella che grande e forte
	mostra se nel soffrir[44], né gli odii e l'ire
120	fraterne, ancor più gravi
	d'ogni altro danno, accresce
	alle miserie sue, l'uomo incolpando

> In antitesi rispetto alla viltà di chi esalta vanamente la condizione umana, viene elogiato il comportamento di chi osa guardare in faccia il «triste vero» e sa accettare con animo fermo la propria condizione di sofferenza.

36. Uom ... gagliardo: *un uomo di umile condizione economica («povero stato») e dal corpo malato, ma che sia nobile («alto») e generoso d'animo, non dice né pensa di essere colmo di ricchezze né robusto.*

37. e di splendida ... mostra: *e non ostenta in maniera ridicola («fa risibil mostra») un tenore di vita dispendioso o un fisico in perfetta salute («valente persona»).*

38. ma ... uguale: *ma senza vergognarsi si mostra («se... lascia parer»; «se» equivale a "sé") povero di forza e di ricchezze, e tale si dichiara («noma») nei suoi discorsi, con franchezza, e valuta nel modo corretto («fa stima al vero uguale») la sua situazione («sue cose»). Il lungo periodo (vv. 87-97) significa che un uomo di animo nobile non si preoccupa di camuffare la sua immagine davanti* a se stesso o alla società, ma ha il coraggio di vedere e mostrare agli altri senza vigliaccheria e senza alterigia la propria debolezza.

39. Magnanimo ... fatto: *io non considero nobile d'animo quell'essere vivente («animale») che, sebbene nato per morire e cresciuto tra le sofferenze («nutrito in pene»), afferma di essere stato creato per essere felice.*

40. di fetido ... carte: *riempie i suoi scritti («carte», per metonimia) di disgustoso orgoglio.*

41. eccelsi ... rimembranza: *promettendo sulla terra destini esaltanti («eccelsi fati») e straordinarie felicità, che non solo il nostro pianeta («non pur quest'orbe») ma tutto il cielo non ha mai conosciuto, a uomini («popoli») che un maremoto o un soffio d'aria pestilenziale (cioè, un'epidemia) o un crollo sotterraneo (che provoca terremoti) può* distruggere in modo che ne resta a stento («a gran pena») il ricordo.

42. Nobil ... fato: *un animo nobile è invece colui che osa sollevare il suo sguardo mortale verso il nostro comune destino. I versi riprendono la lode rivolta dal poeta latino Lucrezio al filosofo Epicuro, padre del razionalismo che, svelando le leggi fisiche dell'universo, liberò l'uomo dalla superstizione religiosa.*

43. che ... frale: *che con franchezza, senza sottrarre nulla alla verità, ammette tutto il male che ci è stato riservato dalla sorte, e la bassa e fragile («frale») condizione (di noi uomini).*

44. quella ... soffrir: (è un animo nobile) *quello che si mostra grande e forte anche nella sofferenza.*

del suo dolor, ma dà la colpa a quella
che veramente è rea, che de' mortali
125 madre è di parto e di voler matrigna[45].
Costei chiama[46] inimica; e incontro a questa
congiunta esser pensando,
siccome è il vero, ed ordinata in pria
l'umana compagnia[47],
130 tutti fra se confederati estima[48]
gli uomini, e tutti abbraccia
con vero amor, porgendo
valida e pronta ed aspettando aita
negli alterni perigli[49] e nelle angosce
135 della guerra comune. Ed alle offese
dell'uomo armar la destra, e laccio porre
al vicino ed inciampo,
stolto crede[50] così qual fora in campo
cinto d'oste contraria, in sul più vivo
140 incalzar degli assalti,
gl'inimici obbliando, acerbe gare
imprender con gli amici,
e sparger fuga e fulminar col brando
infra i propri guerrieri[51].
145 Così fatti pensieri
quando fien, come fur, palesi al volgo[52],
e quell'orror che primo
contra l'empia natura
strinse i mortali in social catena,
150 fia ricondotto in parte
da verace saper[53], l'onesto e il retto
conversar cittadino,
e giustizia e pietade, altra radice
avranno allor che non superbe fole[54],
155 ove fondata probità del volgo
così star suole in piede
quale star può quel ch'ha in error la sede[55].

> Dopo aver distrutto ogni illusione e corroso ogni pretesa di immortalità e di progresso, il poeta avanza un modello nuovo di convivenza tra gli uomini.

> Una società davvero salda può basarsi solo su un vincolo solidaristico tra gli esseri umani (nata sulla constatazione della comune connaturata infelicità), non certo sulla presunzione individualistica che pone l'uomo al centro dell'universo.

45. né gli odii ... matrigna: *e non aggiunge al suo già doloroso stato («alle miserie sue») gli odi e le aspre lotte («ire») fraterne, ancor più gravi di ogni altro danno, incolpando gli altri uomini della sua sofferenza, ma addebita la colpa alla vera colpevole («rea»), (la natura), che è madre dei mortali perché li ha generati, ma matrigna quanto al suo atteggiamento verso di loro.*

46. chiama: *considera.* Il soggetto, qui e nei successivi periodi, è sempre la «Nobil natura» del v. 111.

47. incontro ... compagnia: *pensando, come è vero, che alle sue origini («in pria») la società umana si fosse unita e organizzata contro di essa.* Anche nello *Zibaldone* ricorre più volte l'idea che la società umana nasca dall'alleanza degli uomini contro la natura, comune nemica.

48. confederati estima: *ritiene uniti.*

49. porgendo ... perigli: *prestandosi e aspettandosi un valido e tempestivo aiuto («aita») nei pericoli che minacciano ora l'uno ora l'altro.*

50. alle offese ... crede: *e considera sciocco armare la mano dell'uomo perché danneggi un altro uomo e preparare trappole («laccio») e ostacoli («inciampo») contro il vicino.*

51. così qual ... guerrieri: *così come sarebbe stolto, in un accampamento circondato da nemici ostili, nel momento in cui più infuriano gli assalti, dimenticando i nemici, intraprendere con gli amici aspri duelli («gare») e seminare il panico e far strage («fulminar») tra i propri compagni.* L'insensatezza degli uomini che si combattono fra loro è sottolineata anche del *Dialogo della Natura e di un Islandese*.

52. Così ... volgo: *quando questi pensieri saranno, come furono in passato, evidenti a tutti gli uomini («volgo»).*

53. e quell'orror ... saper: *e quando quel timore («orror») della natura crudele che per primo strinse gli uomini in un patto di solidarietà sociale («social catena») sarà ripristinato («fia ricondotto») parzialmente grazie a una sapienza veritiera.*

54. l'onesto ... fole: *allora gli onesti e corretti rapporti civili («conversar cittadino»), la giustizia e la pietà avranno un ben più solido fondamento («altra radice») che non le presuntuose fantasie dell'ottimismo idealistico.*

55. ove ... sede: *fondandosi sulle quali («ove») l'onestà della gente si regge oggi malamente come può fare chi si fonda su presupposti privi di consistenza.*

La ginestra o il fiore del deserto

➡ Analisi del testo

COMPRENSIONE

Il vasto componimento si apre su un **paesaggio desolato** alle pendici del Vesuvio, dove sboccia l'«odorata ginestra», che diventa simbolo di una pacata resistenza alla violenza ostile della natura. La visione della ginestra sollecita una riflessione sul senso della vita dell'uomo e della sua storia. Dalla descrizione paesaggistica scaturisce nella seconda strofa la **polemica del poeta verso la propria epoca** («secol superbo e sciocco») e verso tutti coloro che, non volendo riconoscere la fragilità umana, si illudono con false credenze ottimistiche e rinnegano le conquiste filosofiche dei secoli illuminati. Nella terza strofa, in antitesi rispetto ai miti ingannevoli, il poeta invita gli uomini ad accettare la propria condizione, senza mistificazioni, e a **stringersi in «social catena» contro la natura**, comune nemica. Solo così il vivere collettivo potrà avere una solida base etica per tentare di arginare il dolore della vita.

ANALISI E INTERPRETAZIONE

L'emblema della ginestra La prima strofa, prevalentemente descrittiva, si incentra sulla contrapposizione tra **due immagini-simbolo**: la ginestra e il vulcano. Il **Vesuvio** («formidabil monte / sterminator»), che si erge al centro di un paesaggio arido e sterile, testimonia crudamente il **potere di una natura ostile**, indifferente alla sofferenza umana. L'immagine delle campagne intorno a Roma, dove la ginestra pure fiorisce, introduce il motivo della labilità delle civiltà umane nel tempo, ribadito dalle rovine delle città devastate dall'eruzione molti secoli prima: di fronte alla potenza della natura, **la storia dell'uomo** risulta **fragile ed effimera**. In contrasto con ogni concezione provvidenzialistica e ottimistica della storia umana – negata dal paesaggio stesso delle pendici del Vesuvio – **la ginestra**, unico fiore che riesce a germogliare nel deserto di lava, diviene invece un **emblema positivo dell'atteggiamento umile ma dignitoso** che ogni uomo dovrebbe assumere, sfuggendo le mistificazioni, accettando la propria realtà di dolore e adoperandosi con compassione per alleviare la condizione di sofferenza di tutti degli uomini. Al tempo stesso, il «fior gentile» che con coraggio resiste a ogni disastro e con un dolce profumo «il deserto consola» può essere inteso anche come un **simbolo della poesia** dell'ultimo Leopardi che, senza rinunciare ai valori dell'arte, propone modelli etici positivi ispirati al «triste vero».

Tra polemica e nuovi valori A partire dal v. 37, il poeta articola una **risentita polemica** nei confronti delle diffuse **ideologie spiritualiste** della sua epoca le quali, abbandonando il materialismo in nome del ritorno ai valori religiosi, esaltano la centralità dell'uomo nel creato e la fiducia in un rapido progresso dell'umanità. Nella seconda strofa Leopardi continua ad attaccare duramente queste concezioni, sostenendo che esse, invece di segnare uno sviluppo del pensiero umano, hanno comportato un **regresso culturale**, annullando le conquiste del pensiero laico e razionalista del Rinascimento e dell'Illuminismo. Il poeta oppone il proprio fermo «disprezzo» alla viltà e alla paura che spingono i suoi contemporanei a ignorare la miseria della condizione umana e a inneggiare paradossalmente a presunte conquiste di libertà. La terza strofa contiene un'allegoria in funzione di similitudine esemplare: l'uomo povero e malato – immagine di sapore autobiografico – rappresenta tutta la specie umana, che può dimostrare grandezza solo accettando le proprie sventure e accusando dei propri mali non già gli altri uomini, bensì «quella / che veramente è rea», ossia la natura. Leopardi avanza quindi una **proposta morale e sociale costruttiva**, ipotizzando la costruzione di una civiltà in cui gli uomini – coscienti della propria infelicità e coalizzati contro la natura nemica – pratichino la **solidarietà**, unico possibile fondamento di una società rinnovata.

Una poesia anti-idillica *La ginestra* segna sul piano formale l'approdo di Leopardi a una poesia nuova. Abbandonata la poetica dell'indefinito, il poeta adotta uno **stile raziocinante e filosofico**, che si snoda con rigore argomentativo attraverso **strofe distese**, coerenti per ampiezza con la complessità dei temi affrontati. Specie nelle parti polemiche (per esempio nella seconda e terza strofa) **la sintassi è articolata e complessa**, prevalentemente ipotattica, con periodi di vasto respiro argomentativo, con un elevato numero di subordinate e talvolta con la posposizione della principale. Fitto è l'uso del polisindeto, di ripetizioni e iterazioni che scandiscono gli snodi logici del periodo. Il lessico è aulico e solenne, con termini letterari e latinismi («Vesevo», «arbor», «cittade» ecc.) ma privo di compiacimenti formali. Anche gli elementi del paesaggio (in particolare nella prima strofa), tutt'altro che idillici, assumono un intenso valore simbolico, in un **quadro scabro e dissonante**, sottolineato da immagini e suoni aspri («si contorce al sole / la serpe»; «al noto / caverno-so covil torna il coniglio»). Inoltre, fin dall'esordio **il poeta si cala direttamente nel paesaggio** (co-me indicano gli avverbi e i pronomi deittici come «qui», «or», «questo» ecc.) e, abbandonando ogni schermo tra sé e la dolorosa realtà, si confronta con la potenza della natura e invita espressamen-te il lettore a fare altrettanto («A queste piagge / venga colui…»).

Lavoriamo sul testo

COMPRENSIONE

1 La citazione premessa alla poesia assume un significato particolare in riferimento a quanto afferma il poeta nella seconda strofa: sintetiz-za questo significato.

2 Il poeta, vedendo la ginestra, ricorda di averla vista in passato: dove si trova ora, e dove ha già visto il fiore? Che cosa hanno in comune i due paesaggi?

3 Perché al v. 53 Leopardi definisce la sua epoca «secol superbo e sciocco»? Quali sono i moti-vi della sua polemica?

4 Che cosa indica il poeta con l'espressione «so-cial catena» (v. 149)?

LINGUA E LESSICO

5 Svolgi l'analisi grammaticale dei verbi «mira» e «ti specchia» (v. 52).

6 A quali complementi corrispondono gli ag-gettivi «vil» e «magnanimo» ai vv. 83-84? I due termini sono tra loro in antitesi sul piano eti-mologico: in che senso?

7 I vv. 98-110 sono occupati da un unico, am-pio periodo sintattico. Svolgi l'analisi del pe-riodo, evidenziandone la struttura attraverso uno schema.

ANALISI E INTERPRETAZIONE

8 Quali caratteristiche presenta il paesaggio na-turale che apre la lirica? Si tratta di uno scena-rio naturale simile o diverso da quello dei canti pisano-recanatesi? Motiva la tua risposta con riferimenti ai testi.

9 Il titolo (e poi i primi versi) contengono i due poli concettuali del canto, espressi in due im-magini: la ginestra e il vulcano. Motiva questa affermazione, precisando il significato della coppia di immagini, considerate singolarmen-te e nella loro relazione.

10 In quali versi Leopardi esprime la sua pole-mica nei confronti della propria epoca? Qua-li concezioni Leopardi contrasta con partico-lare astio e per quale motivo? Riassumile in-quadrandole nel pensiero leopardiano.

11 Nella *Ginestra*, Leopardi allude a una precisa funzione del poeta nei confronti della collet-tività: spiegala, prestando particolare atten-zione ai vv. 98-110.

12 Ai vv. 138-144 è presente una metafora mili-tare: quale concetto sottolinea?

SCRITTURA E APPROFONDIMENTI

13 La polemica contro la stoltezza e l'opportuni-smo di tanti intellettuali a lui contemporanei avvicina l'atteggiamento di Leopardi a quel-lo di altri poeti del secolo precedente, come Parini o Alfieri. Sviluppa in un breve brano di tipo argomentativo il confronto, argomentan-dolo sulla base dei brani analizzati.

La ginestra o il fiore del deserto

T13 La ginestra o il fiore del deserto

Canti, XXXIV, vv. 158-317

Riportiamo qui la seconda parte de La ginestra, *composta da Leopardi nel 1836, a soli due anni dalla morte, in una sorta di ideale testamento spirituale. Proseguendo nella sua polemica contro le false illusioni degli uomini, abituati a credersi il fine e il centro dell'universo, il poeta volge lo sguardo allo spazio celeste, osservando la sproporzione tra l'immensità del cosmo e la piccolezza del genere umano, esposto agli attacchi di una natura onnipotente, ostile ed eterna, simboleggiata dalla forza distruttiva del Vesuvio. Dall'umile ginestra giunge il messaggio ultimo della lirica: pur nella sua sofferenza, l'uomo può trovare una superiore dignità nell'accettazione serena della propria sorte, contemplata con piena lucidità intellettuale.*

Metrica   Strofe libere di endecasillabi e settenari.

> Sovente in queste rive,
> che, desolate, a bruno
> 160 veste il flutto indurato, e par che ondeggi,
> seggo la notte[1]; e su la mesta landa[2]
> in purissimo azzurro
> veggo[3] dall'alto fiammeggiar le stelle,
> cui di lontan fa specchio
> 165 il mare[4], e tutto di scintille in giro
> per lo vòto seren brillare il mondo[5].
> E poi che gli occhi a quelle luci appunto[6],
> ch'a lor sembrano un punto,
> e sono immense, in guisa
> 170 che un punto a petto a lor son terra e mare
> veracemente[7]; a cui
> l'uomo non pur, ma questo
> globo ove l'uomo è nulla,
> sconosciuto è del tutto[8]; e quando miro
> 175 quegli ancor più senz'alcun fin remoti
> nodi quasi di stelle,
> ch'a noi paion qual nebbia[9], a cui non l'uomo
> e non la terra sol, ma tutte in uno,
> del numero infinite e della mole,
> 180 con l'aureo sole insiem, le nostre stelle
> o sono ignote, o così paion come
> essi alla terra, un punto

> Lo sguardo dell'io poetico si alza e si allarga. La contemplazione della volta celeste induce a una riflessione più vasta: grande e piccolo sono concetti relativi e solo la ridicola superbia dell'uomo lo spinge a credersi centro e misura dell'universo.

---

1. Sovente ... la notte: *spesso di notte siedo («seggo») in questi luoghi (cioè, sulle pendici del Vesuvio), che un torrente di lava pietrificata («il flutto indurato») riveste di scuro e sembra che ancora ondeggi.*
2. mesta landa: *campagna desolata.*
3. veggo: *vedo.*
4. cui ... mare: *che in lontananza si specchiano nel mare.*

5. e tutto ... mondo: *e attraverso il cielo sereno vedo intorno tutto l'universo brillare di stelle.*
6. E poi ... appunto: *e quando poi fisso gli occhi verso quelle luci, cioè verso le stelle.*
7. ch'a lor ... veracemente: *che a loro (cioè, ai miei occhi) sembrano un punto piccolissimo e invece sono enormi, in modo tale («in guisa») che in realtà sono la terra e il mare a essere*

un punto al loro confronto («a petto a lor»).
8. a cui l'uomo ... del tutto: *e alle quali stelle è del tutto sconosciuto non solo («non pur») l'uomo, ma anche questa terra dove l'uomo è un nulla.*
9. e quando ... nebbia: *e quando contemplo quegli insiemi di stelle infinitamente lontani, che a noi sembrano una nebbia; sono le lontane nebulose celesti.*

185 di luce nebulosa[10]; al pensier mio
che sembri allora, o prole
dell'uomo[11]? E rimembrando
il tuo stato quaggiù, di cui fa segno
il suol ch'io premo[12]; e poi dall'altra parte,
che te signora e fine

190 credi tu data al Tutto, e quante volte
favoleggiar ti piacque, in questo oscuro
granel di sabbia, il qual di terra ha nome,
per tua cagion, dell'universe cose
scender gli autori, e conversar sovente
co' tuoi piacevolmente[13], e che i derisi
195 sogni rinnovellando, ai saggi insulta
fin la presente età, che in conoscenza
ed in civil costume
sembra tutte avanzar[14]; qual moto allora,
mortal prole infelice, o qual pensiero
200 verso te finalmente il cor m'assale[15]?
Non so se il riso o la pietà prevale.

Come d'arbor cadendo un picciol pomo,
cui là nel tardo autunno
maturità senz'altra forza atterra,
d'un popol di formiche i dolci alberghi,
205 cavati in molle gleba
con gran lavoro, e l'opre
e le ricchezze che adunate a prova
con lungo affaticar l'assidua gente
avea provvidamente al tempo estivo,
210 schiaccia, diserta e copre
in un punto[16]; così d'alto piombando,
dall'utero tonante
scagliata al ciel profondo,
di ceneri e di pomici e di sassi
215 notte e ruina, infusa

Di fronte alla nullità della Terra e dell'uomo nell'universo sia i miti pagani sia le fedi monoteistiche e la credenza cristiana dell'incarnazione di Dio in Cristo appaiono come favole illusorie.

La similitudine del formicaio, semplice e quotidiana, sottolinea l'assoluta indifferenza della natura verso il genere umano, non più grande o rilevante delle formiche nell'imperturbabile meccanismo dell'universo.

10. a cui ... nebulosa: *alle quali non solo l'uomo e la terra, ma tutte le nostre stelle insieme («in uno»), sebbene infinite nel numero e nella grandezza («mole»), insieme al sole luminoso («aureo», ossia "dorato"), o sono ignote o appaiono così come essi (ossia i «nodi di stelle») appaiono alla terra, cioè come un punto di luce fioca.*
11. che sembri ... dell'uomo?: *(quando rifletto così) che cosa mi sembri allora, o genere umano? L'espressione «prole dell'uomo» è ironicamente enfatica.*
12. E rimembrando ... premo: *e ricordando la tua bassa condizione qua sulla terra, di cui è testimone il suolo che io calpesto.* Il terreno isterilito dalla lava attesta la fragilità del genere umano, sottoposto al capriccio della natura.

13. e poi ... piacevolmente: *e poi ricordando per contro che tu credi d'essere stata creata («data») come la padrona e il fine ultimo dell'universo («al Tutto»), e ricordando ancora quante volte ti sei compiaciuta di immaginare che gli dèi, creatori («autori») di tutte le cose, scendessero per causa tua in questo opaco granello di sabbia che si chiama terra e si intrattenessero («conversar») piacevolmente con i tuoi.*
14. e che ... avanzar: *e ricordando che perfino l'età contemporanea («presente»), che pure sembra superare tutte le precedenti per conoscenze e civiltà, rinnovando («rinnovellando») la sua fiducia in quei risibili miti («derisi sogni») insulta chi conserva un po' di saggezza.*

15. qual ... m'assale?: *quale sensazione istintiva («moto») o pensiero nei tuoi confronti assale il mio cuore, o infelice stirpe umana?*
16. Come ... punto: *come un piccolo frutto («pomo»), che («cui») verso il tardo autunno la semplice maturazione fa cadere al suolo («atterra») senza l'intervento di nessun'altra forza, cadendo da un albero, schiaccia, distrugge («diserta») e ricopre in un solo istante («punto») la confortevole dimora di una popolazione di formiche, scavata con grande lavoro in una tenera zolla di terra («gleba») e le loro costruzioni («opre») e le ricchezze che con lunga fatica quei laboriosi insetti («assidua gente») avevano radunato con previdenza durante l'estate, gareggiando in operosità («a prova»).*

La ginestra o il fiore del deserto

di bollenti ruscelli,
o pel montano fianco
furiosa tra l'erba
220 di liquefatti massi
e di metalli e d'infocata arena
scendendo immensa piena,
le cittadi che il mar là su l'estremo
lido aspergea, confuse
225 e infranse e ricoperse
in pochi istanti[17]: onde su quelle or pasce
la capra, e città nove
sorgon dall'altra banda, a cui sgabello
son le sepolte, e le prostrate mura
230 l'arduo monte al suo piè quasi calpesta[18].
Non ha natura al seme
dell'uom più stima o cura
che alla formica[19]: e se più rara in quello
che nell'altra è la strage,
235 non avvien ciò d'altronde
fuor che l'uom sue prosapie ha men feconde[20].

> La specificazione cronologica iniziale avvia una strofa incentrata sul tema del tempo storico, insignificante e relativo in confronto ai tempi e ai movimenti della natura.

Ben mille ed ottocento
anni varcàr poi che spariro, oppressi
dall'ignea forza, i popolati seggi[21],
240 e il villanello[22] intento
ai vigneti, che a stento in questi campi
nutre la morta zolla e incenerita[23],
ancor leva lo sguardo
sospettoso alla vetta
245 fatal[24], che nulla mai fatta più mite
ancor siede tremenda[25], ancor minaccia
a lui strage ed ai figli ed agli averi
lor poverelli[26]. E spesso
il meschino[27] in sul tetto
250 dell'ostel villereccio[28], alla vagante

---

17. così … istanti: *così, piombando dall'alto, scagliata verso le profondità celesti dalle viscere tonanti del vulcano, una rovinosa oscurità* («notte e ruina», endiadi) *fatta di ceneri, di pomici e di sassi, mescolata* («infusa») *a incandescenti torrenti di lava, oppure un immenso fiume in piena, composto di massi e metalli liquefatti e terra infuocata, scendendo furioso tra la vegetazione* («l'erba», simbolo di vita spazzata via dall'eruzione del vulcano) *per il fianco del monte in pochi istanti sconvolse, distrusse e ricoprì le città che il mare bagnava* («aspergea») *là sulla costa.*
18. onde … calpesta: *cosicché su quelle città ora pascolano le capre, e nuove città sorgono dall'altra parte* («dall'altra banda»), *a cui quelle sepolte fanno da base* («sgabello») *e l'imponente monte quasi sembra calpestare*

ai suoi piedi le mura abbattute («prostrate»).
19. Non ha … alla formica: *la natura non ha più considerazione o riguardo per la stirpe umana* («seme dell'uom») *di quanta ne abbia per la formica.*
20. e se … feconde: *e se la strage si abbatte più raramente su quello che sull'altra, ciò non avviene per altra ragione* («d'altronde») *se non perché l'uomo ha generazioni* («prosapie») *meno prolifiche, cioè perché è meno fecondo rispetto agli insetti.*
21. Ben … seggi: *sono passati ben mille e ottocento anni da quando spararono, sepolte dalla forza infuocata* («ignea») *del vulcano, le popolose città* («seggi»), *cioè Ercolano e Pompei, distrutte dall'eruzione del Vesuvio nel 79 d.C.*
22. il villanello: *il contadino.*

23. nutre … incenerita: *lavora la terra* («nutre») *sterile e ricoperta di cenere.*
24. ancor… fatal: *ancora solleva lo sguardo pieno di timore verso la cima del vulcano da cui dipende il suo destino* («fatal»).
25. che … tremenda: *che, non divenuta per nulla* («nulla mai») *più mite, ancora si erge temibile.* La constatazione si basa su eventi direttamente conosciuti dal poeta: nel 1822 e nel 1855 vi furono infatti due imponenti eruzioni del Vesuvio e, anche durante il suo soggiorno a Napoli, Leopardi poté vedere la preoccupazione degli abitanti.
26. agli averi … poverelli: *ai loro poveri beni.*
27. il meschino: *il poveretto*, ossia il contadino.
28. dell'ostel villereccio: *della sua umile casa di campagna.*

aura giacendo tutta notte insonne
e balzando più volte[29], esplora il corso
del temuto bollor, che si riversa
dall'inesausto grembo
255 su l'arenoso dorso, a cui riluce
di Capri la marina
e di Napoli il porto e Mergellina[30].
E se appressar lo vede[31], o se nel cupo
del domestico pozzo ode mai l'acqua
260 fervendo gorgogliar[32], desta[33] i figliuoli,
desta la moglie in fretta, e via, con quanto
di lor cose rapir[34] posson, fuggendo,
vede lontano l'usato
suo nido[35], e il picciol campo,
265 che gli fu dalla fame unico schermo[36],
preda al flutto rovente,
che crepitando giunge, e inesorato
durabilmente sovra quei si spiega[37].
Torna al celeste raggio
270 dopo l'antica obblivion l'estinta
Pompei[38], come sepolto
scheletro, cui di terra
avarizia o pietà rende all'aperto[39];
e dal deserto foro[40]
275 diritto infra le file
dei mozzi[41] colonnati il peregrino
lunge contempla il bipartito giogo
e la cresta fumante,
che alla sparsa ruina ancor minaccia[42].
280 E nell'orror della secreta notte
per li vacui teatri,
per li templi deformi e per le rotte
case[43], ove i parti il pipistrello asconde[44],
come sinistra face

> La descrizione dell'eruzione notturna – richiamo all'uomo affinché rammenti la superiorità assoluta delle leggi naturali sulle situazioni storiche – è condotta con un gusto per i particolari cupi e orridi tipico del Romanticismo nordico.

29. alla vagante ... più volte: *stando sdraiato all'aria aperta («vagante aura») tutta la notte senza riuscire a prendere sonno e più volte balzando in piedi.*

30. esplora ... Mergellina: *scruta («esplora») il corso del temuto fiume di lava incandescente («bollor») che si riversa dalle inesauribili viscere del vulcano sulle pendici sabbiose («arenoso dorso»), al cui bagliore rilucono la marina di Capri e il porto di Napoli e Mergellina* (un sobborgo a nord di Napoli).

31. E se ... vede: *e se vede avvicinarsi la lava* («lo» è riferito al «bollor» del v. 253).

32. o se ... gorgogliar: *o se nella cupa profondità del pozzo di casa sente l'acqua che gorgoglia ribollendo («fervendo»).* Il surriscaldarsi del sottosuolo è un segnale dell'avvicinarsi della lava.

33. desta: *sveglia.*

34. rapir: *portar via in tutta fretta.*

35. l'usato... nido: *il suo abituale rifugio, ossia la povera casa («nido» è metafora) dove ha abitato per tanti anni.*

36. che ... schermo: *che fu per lui l'unico riparo dalla fame, cioè l'unica fonte di sostentamento.*

37. preda ... si spiega: (vede la sua casa e il suo campo) *in preda all'onda arroventata della lava che sopraggiunge crepitando e inesorabile si sparge per sempre («durabilmente») su di essi.*

38. Torna ... Pompei: *dopo una lunga dimenticanza («obblivion») la morta Pompei ritorna alla luce del cielo («al celeste raggio»).* Come per le eruzioni del Vesuvio (vedi nota 25), anche in questo caso il riferimento è preciso: gli scavi archeologici a Pompei, iniziati nel 1748,

diedero impulso alla nascita della corrente neoclassica.

39. cui ... all'aperto: *che l'avidità («avarizia»)* (di eventuali tesori sepolti) *o la pietà restituiscono alla luce da sotto terra («di terra»).*

40. foro: *piazza.*

41. mozzi: *diroccati.*

42. il peregrino... minaccia: *il visitatore da lontano contempla la doppia vetta («il bipartito giogo», cioè il Vesuvio e il monte Somma) e la cima («cresta») fumante del vulcano, che minaccia ancora le rovine sparse tutt'intorno.*

43. E nell'orror ... case: *e nell'orrore della notte oscura e misteriosa («secreta»), fra i teatri vuoti («vacui»), fra i templi deturpati dalla rovina e fra le case distrutte.*

44. ove... asconde: *dove il pipistrello nasconde i piccoli appena nati («i parti»).*

La ginestra o il fiore del deserto

285 che per vòti palagi atra s'aggiri,
corre il baglior della funerea lava,
che di lontan per l'ombre
rosseggia e i lochi intorno intorno tinge[45].
Così, dell'uomo ignara e dell'etadi
290 ch'ei chiama antiche, e del seguir che fanno
dopo gli avi i nepoti,
sta natura ognor verde, anzi procede
per sì lungo cammino
che sembra star[46]. Caggiono i regni intanto,
295 passan genti e linguaggi: ella nol vede:
e l'uom d'eternità s'arroga il vanto[47].

E tu, lenta[48] ginestra,
che di selve odorate
queste campagne dispogliate adorni[49],
300 anche tu presto alla crudel possanza
soccomberai del sotterraneo foco,
che ritornando al loco
già noto, stenderà l'avaro lembo
su tue molli foreste[50]. E piegherai
305 sotto il fascio mortal non renitente
il tuo capo innocente[51]:
ma non piegato insino allora indarno
codardamente supplicando innanzi
al futuro oppressor; ma non eretto
310 con forsennato orgoglio inver le stelle,
né sul deserto, dove
e la sede e i natali
non per voler ma per fortuna avesti[52];
ma più saggia, ma tanto
315 meno inferma[53] dell'uom, quanto le frali
tue stirpi non credesti
o dal fato o da te fatte immortali[54].

> La strofa si chiude ancora su notazioni temporali: rispetto al breve e tormentato corso della storia umana, risalta l'eternità minacciosa della natura, il suo «lungo cammino».

> La ginestra, capace di evitare sia la viltà sia il futile orgoglio, si propone come modello etico per tutti gli uomini: generosa di sé, tenace e dignitosa, priva di ogni presunzione ma anche di ogni viltà.

45. come ... tinge: *come una fiaccola («face») inquietante che si aggiri lugubre («atra») per i palazzi disabitati, corre il bagliore della lava portatrice di morte («funerea»), che tra le ombre da lontano rosseggia e illumina («tinge») della sua luce i luoghi circostanti.* La descrizione ricorda da vicino il gusto preromantico dei *Sepolcri* di Foscolo (in particolare l'espressione «all'orror de' notturni / silenzi», vv. 207-208).

46. Così ... star: *così la natura resta sempre giovane («verde»), incurante dell'uomo e delle epoche («etadi») che egli chiama antiche e del succedersi delle generazioni («seguir che fanno dopo gli avi i nepoti»), anzi essa procede con un cammino così lento che sembra restare sempre immobile («star»).* Le modificazioni della natura si succedono secondo tempi geologici, tanto da dare l'impressione che essa non cambi affatto.

47. Caggiono... vanto: *intanto cadono («caggiono») i regni, passano interi popoli e le loro lingue: la natura («ella») non vede tutto ciò; eppure l'uomo con arroganza si attribuisce il vanto di essere immortale.* Il tema della caducità delle opere umane, ricorrente nella tradizione letteraria, riprende alcuni versi della *Gerusalemme liberata* di Torquato Tasso (XV, 20, vv. 1-4).

48. lenta: *flessibile.*

49. che ... adorni: *che con i tuoi cespugli profumati («selve odorate») abbellisci queste campagne brulle.*

50. anche tu... foreste: *anche tu presto dovrai cedere alla crudele potenza della lava («sotterraneo foco»), che ritornando sul luogo già da lei visitato (la rima interna «loco»: «noto» sottolinea il ritorno della lava sui luoghi già in passato devastati), stenderà il suo mantello avido di morte sui tuoi teneri arbusti.* I termini «selve» (v. 298) e «foreste» (v. 304) sono iperbolici riferiti alle reali dimensioni della ginestra, ma ne sottolineano sul piano simbolico la grandezza e la nobiltà morale.

51. E piegherai ... innocente: *e allora piegherai senza opporre alcuna resistenza («non renitente») il tuo capo innocente sotto il peso («fascio») mortale della lava.*

52. ma non ... avesti: *ma senza averlo piegato sino ad allora per supplicare invano («indarno») vilmente davanti al tuo futuro oppressore (ossia alla lava, simbolo della forza della natura), e senza averlo eretto con folle presunzione verso le stelle e neppure sopra il luogo deserto in cui sei vissuta e sei nata («la sede e i natali... avesti»), non per tua scelta ma per un crudele destino («fortuna»).*

53. inferma: *malata, di stoltezza e orgoglio.*

54. quanto ... immortali: *in quanto non hai mai creduto che le tue fragili («frali») generazioni fossero state rese immortali dal fato (come credono gli uomini che hanno fede in una provvidenza divina) o per tuo merito (come pensa chi ha una cieca fiducia nel progresso tecnologico).*

Canti

Analisi del testo

COMPRENSIONE

La **quarta strofa** si allarga alla contemplazione degli sconfinati spazi cosmici, di fronte ai quali risalta per contrasto la piccolezza dell'uomo, il quale pure non cessa di illudersi della propria centralità nell'universo.

La **quinta strofa**, attraverso una similitudine quotidiana, paragona la distruzione provocata dall'eruzione del vulcano al cadere dall'albero di una mela troppo matura, che annienta un intero popolo di formiche. La riflessione sulla potenza della natura e sulla sua violenza cieca contro l'umanità culmina nella **sesta strofa**, in cui il poeta sottolinea come il timore del vulcano tormenti ancora, come in passato, gli abitanti delle campagne circostanti: la mole del monte che sovrasta il paesaggio si fa simbolo della natura e dei suoi tempi eterni, di fronte ai quali la storia dell'uomo appare irrilevante.

Con esatta simmetria rispetto all'esordio, la **strofa finale** della lirica si concentra nuovamente sulla ginestra, destinata a piegarsi anch'essa al sopraggiungere della lava distruttrice ma fino ad allora lontana sia dal folle orgoglio sia dalla viltà. Con la sua umile tenacia e con la sua dignità, l'arbusto fiorito che dà titolo alla lirica diventa quindi un esplicito modello esistenziale ed etico per l'uomo.

ANALISI E INTERPRETAZIONE

Il paesaggio e la natura ostile Anche nella seconda parte della *Ginestra*, Leopardi sviluppa con rigore argomentativo le proprie considerazioni, volte da un lato a polemizzare **contro lo spiritualismo e l'illusorio antropocentrismo** del proprio tempo e, dall'altro, a evidenziare **l'indifferenza di una natura** ormai vista come **crudele matrigna** del genere umano. A questo scopo, il paesaggio astrale della quarta strofa, pur nel suo fascino, non intende evocare (come nell'idillio *L'infinito*) una vastità cosmica in cui perdersi con l'immaginazione, ma, al contrario, sostenere una riflessione lucida sulla **nullità dell'uomo** nell'universo.

La potenza della natura viene sottolineata anche ai vv. 289-296, non più sul piano spaziale ma su quello temporale, mediante il contrasto tra la durata effimera della vita dell'uomo e l'**eternità della natura**, immobile e sempre uguale a se stessa, e viene ripresa anche nella quinta strofa, attraverso una lunga similitudine che mette in rapporto l'eruzione che annientò le città vesuviane con la caduta di una mela che stermina un formicaio. Sulla scala immane della natura, del resto, i due eventi disastrosi sono equivalenti, e rientrano allo stesso titolo nell'eterno ciclo naturale di nascita, trasformazione e morte.

La ginestra: un modello morale Nella forma dell'allocuzione diretta, nella strofa finale il poeta torna a rivolgersi alla ginestra: **la lirica si apre e si chiude sull'immagine del fiore**, che ha sollecitato e che ora conclude una vastissima riflessione. Nel commiato, ancor più che nell'esordio, la ginestra si propone come un modello etico per l'uomo e, quasi antropomorfizzata («il tuo capo innocente»), diviene un **simbolo positivo** di comportamento, implicitamente contrapposto alla stoltezza dei contemporanei. La ginestra infatti, destinata a cadere anch'essa sotto il torrente di lava del vulcano, accetta dignitosamente la propria sorte, evitando sia la vigliaccheria («codardamente supplicando innanzi / al futuro oppressor») sia il «forsennato orgoglio». La sua resistenza senza boria diventa **non solo accettazione ma anche affermazione della vita** – e delle sue consolazioni, sia pure tenui come il profumo di un fiore – in uno scenario di morte cosmica e inesorabile. La ginestra, **incarnazione ultima del poeta stesso**, si mostra quindi, nella sua umile semplicità, assai «più saggia» dell'uomo e di lui ben più coraggiosa e compassionevole.

Lirismo e rigore argomentativo In linea con l'adozione di una poetica ormai compiutamente anti-idillica, Leopardi adotta anche in questa parte del testo **uno stile ragionativo e filosofico**, marcato da frequentissimi *enjambement* e fondato su **periodi molto ampi e complessi**, costruiti su un fitto succedersi di subordinate.

Sul piano metrico, i frequenti *enjambement* assecondano il procedere del ragionamento e danno massimo rilievo a parole o espressioni centrali nell'argomentazione. I lunghi periodi sono conclusi spesso da **lapidarie sentenze morali** («Non so se il riso o la pietà prevale»). Anche il ritmo ottenuto attraverso le assonanze e le cesure metriche è comunque volutamente franto e spezzato, lontanissimo da ogni melodiosità e cantabilità; le rime sono poco numerose (più frequenti le assonanze) e usate sempre per dare risalto a nuclei concettuali essenziali, soprattutto alla fine di ogni strofa. L'adozione di una forma ragionativa non esclude tuttavia accenti di **lirismo**, che emergono soprattutto nella **poesia "cosmica"** della quarta strofa e nei versi finali rivolti alla ginestra, connotati da una musicalità sommessa e delicata.

La ginestra o il fiore del deserto

Lavoriamo sul testo

COMPRENSIONE

1. La contemplazione del cielo stellato suscita nel poeta alcune riflessioni: spiega quali, dopo aver sottolineato nel testo i versi in questione. In che senso il poeta rovescia la consueta prospettiva che pone la terra e l'uomo al centro del cosmo?
2. Nei vv. 202-230 è contenuta una similitudine: individuala e sintetizzane il significato.
3. Quale preoccupazione opprime il «villanello» del v. 240?
4. Nella parte finale del componimento si legge che la natura «procede / per sì lungo cammino / che sembra star»: individua nel testo i versi, poi spiegane in breve il significato.

ANALISI E INTERPRETAZIONE

5. La quarta strofa fornisce un esempio di paesaggio cosmico e "sublime". Quali termini indeterminati contribuiscono a creare un senso di assorta contemplazione del cosmo?
6. La quarta strofa si conclude con un verso sentenzioso: «Non so se il riso o la pietà prevale». Spiegane il significato, precisando qual è l'atteggiamento di Leopardi nel constatare la piccolezza dell'uomo nell'universo e, al contempo, la sua stolta arroganza.
7. Nel componimento ricorrono versi secchi, simili a sentenze perentorie. Scegline uno che ti pare particolarmente denso di significato, spiegalo e inquadralo nella più generale riflessione leopardiana.
8. Sul piano metrico, il poeta alterna liberamente nelle diverse strofe endecasillabi e settenari. In quali parti prevalgono questi ultimi e per quali ragioni espressive?
9. La ginestra presenta una tessitura ritmica e fonica che rifugge la musicalità melodiosa. Sono presenti rime o *enjambement* significativi nel testo? Individua qualche esempio delle une e degli altri, e spiega qual è il loro valore espressivo.

SCRITTURA E APPROFONDIMENTI

10. Dalla lirica emerge un'immagine della natura connotata da una terribile potenza. Definisci tale immagine in un breve scritto, con opportuni riferimenti al testo, e confrontala con la visione espressa da Leopardi in altre opere, in versi e in prosa (per esempio nel *Dialogo della Natura e di un Islandese*).

Johan Christian Dahl, *L'eruzione del Vesuvio*, 1826.

Il libro del mese
La vita agra

AUTORE Luciano Bianciardi
ANNO DI PUBBLICAZIONE 1962
CASA EDITRICE Feltrinelli

TRE BUONI MOTIVI PER LEGGERLO

1 È una riflessione cinica e amara sulle conseguenze del *boom* economico in Italia.
2 Delinea il ritratto di un intellettuale controcorrente.
3 Offre un quadro estremamente realistico del mondo del lavoro e della competitività che vi regna.

L'AUTORE E L'OPERA Dopo aver lavorato come insegnante e bibliotecario nella sua città natale, Grosseto, Luciano Bianciardi (1922-1971) si trasferisce a Milano, dove lavora per la casa editrice Feltrinelli. Le sue opere più note, comprese nella cosiddetta "trilogia della rabbia" (*Il lavoro culturale*, 1957; *L'integrazione*, 1960; *La vita agra*, 1962) sono incentrate sulla critica della società contemporanea e dell'*establishment* culturale.
Questi temi emergono soprattutto ne *La vita agra*, considerato il capolavoro di Bianciardi. Partendo da esperienze vissute in prima persona, egli traccia una ritratto impietoso della Milano del *boom* economico, in cui il mondo del lavoro è animato da una feroce competitività e gli individui sembrano aver perso qualsiasi traccia di umanità.

L'INCIPIT Tutto sommato io darei ragione all'Adelung[1], perché se partiamo da un alto-tedesco *Breite*[2] il passaggio a *Braida*[3] è facile, e anche il resto: il dittongo che si contrae in una e apertissima, e poi la rotacizzazione[4] della dentale intervocalica[5], che oggi grazie a cielo non è più un mistero per nessuno. La si ritrova, per esempio, nei dialetti del Middle West[6] americano, e infatti quel soldato dell'aviazione che conobbi a Manduria mi diceva «haspero» mostrandomi il ditone della mano destra ingessato, e io non capivo.

1. **Adelung:** Johann Christoph Adelung (1732 -1806), linguista tedesco.
2. **Breite:** ampiezza, larghezza.
3. **Braida:** cioè "campo suburbano tenuto a prato"; si tratta di un termine molto comune nella toponomastica di alcuni dialetti settentrionali.
4. **rotacizzazione:** il passaggio di un suono a "r".
5. **dentale intervocalica:** consonante rappresentata nella lingua italiana dai suoni "t" e "d".
6. **Middle West:** l'insieme di stati situati ad est della zona centrale del paese.

LA TRAMA Il protagonista del romanzo è un intellettuale di provincia anarchico e umorale che si trasferisce a Milano per vendicare le vittime di un disastro minerario (ha infatti l'intenzione di far esplodere il grattacielo in cui ha sede la società responsabile della miniera). Ben presto, però, la città e il lavoro editoriale lo assorbono con i loro ritmi alienanti e spersonalizzanti, inducendolo a trascurare i suoi progetti di rivolta e a rassegnarsi infine a una mediocre vita piccolo-borghese con la ragazza che ama.

TRE PISTE DI LETTURA

1 Qual è la visione del progresso espressa da Bianciardi nel suo romanzo?
2 Elenca in un testo scritto le particolarità dello stile di Bianciardi; ti sembra una prosa ancora attuale o, invece, la giudichi di difficile lettura?
3 Bianciardi pone l'accento sull'identificazione dell'individuo con il suo strumento di lavoro. Perché, secondo te, lo scrittore mette in rilievo proprio questo aspetto del lavoro moderno?

Operette morali

La genesi e le vicende editoriali Le *Operette morali*, la principale opera in prosa di Leopardi, comprendono **24 testi di argomento filosofico in forma di dialogo o di narrazione**. La prima ideazione dell'opera, modellata sull'esempio dei *Dialoghi* dello scrittore greco **Luciano di Samosata** (II secolo d.C.), risale al 1819. L'anno seguente, il **4 settembre 1820**, in una lettera a Pietro Giordani, Leopardi parla del progetto e dell'abbozzo di alcune «prosette satiriche»; il disegno viene ripreso l'anno seguente sulle pagine dello *Zibaldone* (vd. *La parola all'autore*) e alcuni testi (poi accantonati) vengono composti già in questi anni. Al termine di questa **lunga fase preparatoria**, la stesura del nucleo centrale delle *Operette* avviene però **nel corso del 1824**, periodo in cui Leopardi matura il passaggio al cosiddetto «pessimismo cosmico» e, accantonata per qualche anno la poesia, sceglie di affidare alla forma più distaccata della prosa le proprie conclusioni filosofiche.

La prima edizione dell'opera, apparsa a Milano nel **1827**, comprendeva venti testi e presentava già la **struttura** che verrà mantenuta, con alcune integrazioni (nel 1825 Leopardi compone un'altra operetta, altre due nel 1827 e ancora due nel 1832), nella versione definitiva, pubblicata postuma a Firenze nel **1845** a cura di Antonio Ranieri.

La finalità morale L'opera si propone di **mostrare agli uomini il «triste vero»** della loro condizione di inevitabile sofferenza, **polemizzando** nei confronti delle **ottimistiche illusioni** proposte dalle teorie religiose e spiritualistiche dell'epoca. In questo senso va inteso anche il **titolo**, tratto dal retore greco Isocrate, che riassume il carattere filosofico e insieme satirico dell'opera. L'aggettivo «morali» intende infatti additare al lettore **un'etica nuova, dignitosa e concreta**, legata in modo stretto e biunivoco alla consapevolezza dell'«acerbo vero». Anche il sostantivo «operette» rinvia a un contenuto etico e pedagogico, mentre la forma diminutiva allude alla scelta di esprimere i contenuti, di per sé seri e tragici, in **forma satirica**, creando una voluta dissonanza tra la serietà dell'argomento e la forma "leggera"; infine, il termine contiene un rimando alla forma breve, particolarmente congeniale alla riflessione filosofica leopardiana, non dogmatica, lontana da ogni rigidità e pedanteria e orientata verso l'interlocutore.

La varietà delle forme Sebbene l'intento delle *Operette morali* sia profondamente unitario, l'opera è caratterizzata da un'estrema varietà di toni, frutto di un'inventiva fantastica che rielabora in modo originale fonti e spunti quanto mai eterogenei (in particolare, si è detto, Luciano di Samosata ma anche gli scrittori del Settecento francese come Voltaire e Diderot). Operette in **forma narrativa** si alternano così a **dialoghi** (nei quali non di rado uno dei due interlocutori è un *alter ego* dell'autore stesso), brevi trattati, racconti mitologici e raccolte di detti paradossali. La ricorrenza dell'interrogazione e l'impianto dialettico – tratti tipici, peraltro, pure di molta poesia leopardiana – vengono assecondati dalla forma prevalentemente dialogica, coerente anche con l'intento di evidenziare gli elementi dissonanti e non conciliabili del reale.

Protagonisti dei numerosi dialoghi sono talvolta **personaggi storici** (come Torquato Tasso o Cristoforo Colombo) decontestualizzati allo scopo di acutizzarne il valore emblematico; altri protagonisti sono eroi **mitologici** (Ercole, Atlante), **entità astrat-**

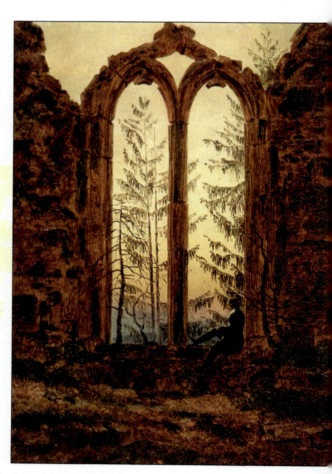

Caspar David Friedrich, *Il sognatore*, 1840.

Giacomo Leopardi

La parola all'autore

L'intento dell'opera secondo Leopardi

In data 27 luglio 1821, Leopardi consegna alle pagine dello *Zibaldone* un articolato progetto delle future *Operette morali*, chiarendone il tono complessivo e lo scopo, volto a "scuotere" le coscienze dei lettori attraverso un'impostazione satirica.

Ne' miei dialoghi io cercherò di portar la commedia a quello che finora è stato proprio della tragedia, cioè i vizi dei grandi, i principii fondamentali delle calamità e della miseria umana, gli assurdi della politica, le sconvenienze appartenenti alla morale universale e alla filosofia, l'andamento e lo spirito generale del secolo, la somma delle cose, della società, della civiltà presente, le disgrazie e le rivoluzioni e le condizioni del mondo, i vizi e le infamie non degli uomini ma dell'uomo, lo stato delle nazioni ec. E credo che le armi del ridicolo, massime in questo ridicolissimo e freddissimo tempo, e anche per la loro natural forza, potranno giovare più di quelle della passione, dell'affetto, dell'immaginazione, dell'eloquenza; e anche più di quelle del ragionamento, benchè oggi assai forti. Così a scuotere la mia povera patria e secolo, io mi troverò avere impiegato le armi dell'affetto e dell'entusiasmo e dell'eloquenza e dell'immaginazione nella lirica, e in quelle prose letterarie ch'io potrò scrivere; le armi della ragione, della logica, della filosofia ne' Trattati filosofici ch'io dispongo; e le armi del ridicolo ne' dialoghi e novelle Lucianee ch'io vo preparando.

G. Leopardi, *Zibaldone* 1393 (27 luglio 1821)

---

te personificate (la Natura, la Moda), folletti, gnomi, diavoli e altre **creature fantastiche**, ma anche qualche figura quotidiana, per quanto stilizzata.

Lo stile e il ruolo dell'ironia   In tanta eterogeneità di forme e temi, l'unità dell'opera è garantita, oltre che dall'omogenea visione filosofica, dall'atteggiamento dell'autore, il quale esprime le proprie concezioni con un **tono distaccato e spesso ironico** che testimonia la superiore lucidità che gli deriva dall'abbandono di ogni illusione. Se la ricerca del vero è sempre dolorosa, il tratto ironico ne aumenta l'efficacia dissacrante e al tempo stesso consola l'angoscia: in questo, la **funzione dell'ironia** è in un certo senso vicina a quella della poesia. Lo stile delle *Operette*, perfettamente adatto al tono ironico, è uno **stile "medio"**, elegante ma non artificioso, che evita ogni eccesso e si mantiene equidistante sia dai toni elevati e aulici sia dalle forme comiche e grottesche. La tendenza all'arcaicità del lessico risulta qui moderata (sono addirittura presenti tratti familiari e perfino dialettali), le costruzioni – nonostante l'impianto colloquiale – sono talvolta modellate sui costrutti classici e l'ampiezza del ritmo espressivo viene raggiunta grazie alla distribuzione simmetrica di vocaboli e frasi.

Le tematiche   Al centro della riflessione affidata alle operette sono i grandi nodi tematici della meditazione di Leopardi, della sua esplorazione della realtà universale e della condizione umana, fondata sui presupposti filosofici del sensismo e del meccanicismo.

Molti testi si collegano alla riflessione sull'**infelicità umana** e alla «**teoria del piacere**». Già la prima prosa, *Storia del genere umano*, ripercorre attraverso il mito le diverse tappe della vana ricerca della felicità da parte dell'uomo, mentre il ***Dialogo di Torquato Tasso e del suo genio familiare*** riflette sull'idea che un'illusione di piacere può trovarsi solo nel ricordo o nell'attesa di un futuro migliore, tema centrale anche nel ***Dialogo di un venditore d'almanacchi e di un passeggere***.

Altre operette insistono invece sulla **satira contro l'antropocentrismo** e sulla corrosione dei falsi umanesimi: nel *Copernico* il Sole, stanco di ruotare intorno alla Terra, decide di invertire le parti, mentre il *Cantico del gallo silvestre* è una sorta di lirica profezia della imminente scomparsa del genere umano. Una piena formulazione del **materialismo leopardiano** trova poi compiuta espressione nel ***Dialogo della Natura e di un Islandese***, espressione matura del «pessimismo cosmico».

Le operette scritte nel **1832**, influenzate da un rinnovato **titanismo eroico**, hanno un tono solo parzialmente diverso. Nel *Dialogo di Plotino e di Porfirio* del 1827, la scelta del suicidio viene condannata in nome della solidarietà sociale, mentre nel *Dialogo di Tristano e di un amico* – testo finale della raccolta – l'autore, fingendo di ritrattare le proprie posizioni pessimistiche, ribadisce in realtà il destino di dolore degli uomini.

Operette morali

T14 Dialogo di Torquato Tasso e del suo genio familiare

Operette morali, XI

L'operetta viene composta a Recanati tra il 1° e il 10 giugno 1824, e pubblicata per la prima volta nell'«Antologia» del gennaio 1826. Nel volume, risulta collocata subito prima del Dialogo della Natura e di un Islandese, come a prepararne il culmine di pessimismo, stemperato qui dai tono in parte ironici.

Torquato Tasso – poeta assai amato da Leopardi e dai romantici per la sua esistenza travagliata e la sua indole malinconica – fu rinchiuso nel manicomio di Sant'Anna a Ferrara dal 1579 al 1586. Nel Dialogo, uno spirito benevolo discorre con Tasso – la cui prigionia diventa emblema dello «stato violento» nel quale ogni uomo vive – sulla natura del piacere, sul valore dell'immaginazione e sulla noia: solo nel finale verrà chiarita la sorprendente origine dello spirito.

GENIO[1] Come stai Torquato?

TASSO Ben sai come si può stare in una prigione, e dentro ai guai fino al collo.

GENIO Via, ma dopo cenato non è tempo da dolersene. Fa buon animo, e ridiamone insieme.

5 TASSO Ci son poco atto[2]. Ma la tua presenza e le tue parole sempre mi consolano. Siedimi qui accanto.

GENIO Che io segga? La non è già cosa facile a uno spirito. Ma ecco: fa conto ch'io sto seduto.

TASSO Oh potess'io rivedere la mia Leonora[3]. Ogni volta che ella mi torna alla
10 mente, mi nasce un brivido di gioia, che dalla cima del capo mi si stende fino all'ultima punta de' piedi; e non resta in me nervo né vena che non sia scossa. Talora, pensando a lei, mi si ravvivano nell'animo certe immagini e certi affetti, tali, che per quel poco tempo, mi pare di essere ancora quello stesso Torquato che fui prima di aver fatto esperienza delle sciagure e degli uomini, e che ora io
15 piango tante volte per morto. In vero, io direi che l'uso del mondo, e l'esercizio de' patimenti[4], sogliono come profondare e sopire dentro a ciascuno di noi quel primo uomo che egli era: il quale di tratto in tratto si desta per poco spazio, ma tanto più di rado quanto è il progresso degli anni; sempre più poi si ritira verso il nostro intimo, e ricade in maggior sonno di prima; finché durando ancora la
20 nostra vita, esso muore. In fine, io mi maraviglio come il pensiero di una donna abbia tanta forza, da rinnovarmi, per così dire, l'anima, e farmi dimenticare tante calamità. E se non fosse che io non ho più speranza di rivederla, crederei non avere ancora perduta la facoltà di essere felice.

GENIO Quale delle due cose stimi che sia più dolce: vedere la donna amata, o
25 pensarne?

TASSO Non so. Certo che quando mi era presente ella mi pareva una donna; lontana, mi pareva e mi pare una dea.

> Anche in un contesto così angosciante, il Leopardi prosatore non rinuncia all'ironia: a un essere incorporeo, non è facile sedersi.

> Il tema del tempo che, passando inesorabilmente, trasforma l'uomo verrà ripreso in chiusura.

---

1. Genio: Leopardi stesso registra, nelle note a questa operetta, che Tasso recluso «credette di vedere di tratto in tratto uno spirito buono ed amico, e avere con esso lui molti e lunghi ragionamenti».

2. atto: *abituato*.

3. Leonora: Eleonora d'Este, sorella del duca di Ferrara Alfonso II. Secondo la leggenda, Tasso – che visse alla corte estense – fu di lei segretamente innamorato e proprio per questo cadde in disgrazia presso i protettori.

4. l'uso ... patimenti: *l'aver praticato il mondo e l'aver molto sofferto*.

Operette morali

Le donne angelicate risultano in realtà, a chi le conosca, essere del tutto normali: il genio lo afferma con un'immagine caricaturale.

GENIO Coteste dee sono così benigne, che quando alcuno vi si accosta, in un tratto ripiegano la loro divinità, si spiccano[5] i raggi d'attorno, e se li pongono in tasca, per non abbagliare il mortale che si fa innanzi.

TASSO Tu dici il vero pur troppo. Ma non ti pare egli cotesto un gran peccato delle donne; che alla prova, elle ci riescano così diverse da quelle che noi le immaginavamo?

GENIO Io non so vedere che colpa s'abbiano in questo, d'esser fatte di carne e sangue, piuttosto che di ambrosia e nettare[6]. Qual cosa del mondo ha pure un'ombra o una millesima parte della perfezione che voi pensate che abbia a essere nelle donne? E anche mi pare strano, che non facendovi maraviglia che gli uomini sieno uomini, cioè creature poco lodevoli e poco amabili; non sappiate poi comprendere come accada, che le donne in fatti non sieno angeli.

TASSO Con tutto questo, io mi muoio dal desiderio di rivederla, e di riparlarle.

GENIO Via, questa notte in sogno io te la condurrò davanti; bella come la gioventù; e cortese in modo, che tu prenderai cuore di favellarle[7] molto più franco e spedito che non ti venne fatto mai per l'addietro: anzi all'ultimo le stringerai la mano; ed ella guardandoti fisso, ti metterà nell'animo una dolcezza tale, che tu ne sarai sopraffatto; e per tutto domani, qualunque volta ti sovverrà di questo sogno, ti sentirai balzare il cuore dalla tenerezza.

TASSO Gran conforto: un sogno in cambio del vero.

GENIO Che cosa è il vero?

TASSO Pilato non lo seppe meno di quello che lo so io[8].

GENIO Bene, io risponderò per te. Sappi che dal vero al sognato, non corre altra differenza, se non che questo può qualche volta essere molto più bello e più dolce, che quello non può mai.

TASSO Dunque tanto vale un diletto sognato, quanto un diletto vero?

Il genio scandisce con le proprie domande, formulate con secca essenzialità, il procedere della riflessione filosofica; si tratta di un procedimento di tipo maieutico, come quello utilizzato da Socrate (filosofo che viene citato dallo stesso Leopardi in una nota).

GENIO Io credo. Anzi ho notizia di uno che quando la donna che egli ama, se gli rappresenta dinanzi in alcun sogno gentile, esso per tutto il giorno seguente, fugge di ritrovarsi con quella e di rivederla; sapendo che ella non potrebbe reggere al paragone dell'immagine che il sonno gliene ha lasciata impressa, e che il vero, cancellandogli dalla mente il falso, priverebbe lui del diletto straordinario che ne ritrae. Però non sono da condannare gli antichi, molto più solleciti, accorti e industriosi di voi, circa a ogni sorta di godimento possibile alla natura umana, se ebbero per costume di procurare in vari modi la dolcezza e la giocondità dei sogni; né Pitagora è da riprendere per avere interdetto il mangiare delle fave, creduto contrario alla tranquillità dei medesimi sogni, ed atto a intorbidarli[9]; e sono da scusare i superstiziosi che avanti di coricarsi

solevano orare e far libazione a Mercurio conduttore dei sogni, acciò ne menasse loro di quei lieti; l'immagine del quale tenevano a quest'effetto intagliata in su' piedi delle lettiere[10]. Così, non trovando mai la felicità nel tempo della vigilia, si studiavano di essere felici dormendo: e credo che in parte, e in qualche modo, l'ottenessero; e che da Mercurio fossero esauditi meglio che dagli altri Dei.

Il tema del sogno è un altro centro concettuale del Dialogo.

---

5. si spiccano: *si staccano.*

6. ambrosia e nettare: propriamente, le sostanze di cui si cibano gli dei; qui, sostanze divine.

7. favellarle: *parlarle.*

8. Pilato ... io: il riferimento è al vangelo di Giovanni (XVIII, 38): a Gesù, il quale afferma di essere venuto nel mondo a testimoniare la ve-

rità, Pilato chiede infatti: «Che cos'è la verità?».

9. né Pitagora ... intorbidarli: i pitagorici non mangiavano le fave; i motivi di tale atteggiamento risiedono forse nel fatto che, come allude Leopardi, si riteneva che fossero afrodisiache e che potessero indurre sogni erotici che ostacolavano i sogni premonitori inviati dagli dei.

10. I superstiziosi ... lettiere: Mercurio, che conduceva le anime all'Oltretomba, conduceva anche i sogni agli uomini, i quali, affinché ne portasse di buoni («ne menasse di lieti») lo pregavano («orare»), gli offrivano vino e latte («libazioni») e ne tenevano immagini nelle stanze da letto.

Dialogo di Torquato Tasso

TASSO Per tanto, poiché gli uomini nascono e vivono al solo piacere, o del corpo o dell'animo; se da altra parte il piacere è solamente o massimamente nei sogni, converrà ci determiniamo a vivere per sognare: alla qual cosa, in verità, io non mi posso ridurre.

GENIO Già vi sei ridotto e determinato, poiché tu vivi e che tu consenti di vivere. Che cosa è il piacere?

TASSO Non ne ho tanta pratica da poterlo conoscere che cosa sia.

GENIO Nessuno lo conosce per pratica, ma solo per ispeculazione[11]: perché il piacere è un subbietto speculativo[12], e non reale; un desiderio, non un fatto; un sentimento che l'uomo concepisce col pensiero, e non prova; o per dir meglio, un concetto e non un sentimento. Non vi accorgete voi che nel tempo stesso di qualunque vostro diletto, ancorché desiderato infinitamente, e procacciato[13] con fatiche e molestie indicibili; non potendovi contentare il goder che fate in ciascuno di quei momenti, state sempre aspettando un goder maggiore e più vero, nel quale consista insomma quel tal piacere; e andate quasi riportandovi di continuo agl'istanti futuri di quel medesimo diletto? Il quale finisce sempre innanzi al giungere dell'istante che vi soddisfaccia; e non vi lascia altro bene che la speranza cieca di goder meglio e più veramente in altra occasione, e il conforto di fingere e narrare a voi medesimi di aver goduto, con raccontarlo anche agli altri, non per sola ambizione, ma per aiutarvi al persuaderlo che vorreste pur fare a voi stessi. Però[14] chiunque consente di vivere, nol[15] fa in sostanza ad altro effetto né con altra utilità che di sognare; cioè credere di avere a godere, o di aver goduto; cose ambedue false e fantastiche.

TASSO Non possono gli uomini credere mai di godere presentemente[16]?

GENIO Sempre che credessero cotesto, godrebbero in fatti. Ma narrami tu se in alcun istante della tua vita, ti ricordi aver detto con piena sincerità ed opinione: io godo. Ben tutto giorno dicesti e dici sinceramente: io godrò; e parecchie volte, ma con sincerità minore: ho goduto. Di modo che il piacere è sempre o passato o futuro, e non mai presente.

TASSO Che è quanto dire è sempre nulla.

GENIO Così pare.

TASSO Anche nei sogni.

GENIO Propriamente parlando.

TASSO E tuttavia l'obbietto e l'intento della vita nostra, non pure essenziale ma unico, è il piacere stesso; intendendo per piacere la felicità, che debbe in effetto esser piacere; da qualunque cosa ella abbia a procedere[17].

GENIO Certissimo.

TASSO Laonde la nostra vita, mancando sempre del suo fine, è continuamente imperfetta: e quindi il vivere è di sua propria natura uno stato violento.

GENIO Forse.

TASSO Io non ci veggo forse. Ma dunque perché viviamo noi? voglio dire, perché consentiamo di vivere?

GENIO Che so io di cotesto? Meglio lo saprete voi, che siete uomini.

TASSO Io per me ti giuro che non lo so.

GENIO Domandane altri de' più savi, e forse troverai qualcuno che ti risolva cotesto dubbio.

> Il piacere è il tema principale, intorno al quale ruotano tutti gli altri: qui, il genio sintetizza appunto la teoria leopardiana del piacere.

> La violenza del vivere deriva dalla sofferenza alla quale ogni uomo è condannato, in quanto destinato a desiderare una felicità irraggiungibile.

---

11. per ispeculazione: *per ricerca intellettuale astratta.*
12. subbietto speculativo: soggetto di speculazione, di ricerca filosofica.
13. procacciato: *procurato.*
14. Però: *perciò.*
15. nol: *non lo.*
16. presentemente: *nel presente.*
17. procedere: *venire, derivare.*

TASSO Così farò. Ma certo questa vita che io meno, è tutta uno stato violento: perché lasciando anche da parte i dolori, la noia sola mi uccide.

GENIO Che cosa è la noia?

> La noia è un altro centro concettuale della riflessione di Leopardi.

TASSO Qui l'esperienza non mi manca, da soddisfare alla tua domanda. A me pare che la noia sia della natura dell'aria: la quale riempie tutti gli spazi interposti alle altre cose materiali, e tutti i vani[18] contenuti in ciascuna di loro; e donde un corpo si parte, e altro non gli sottentra, quivi ella succede immediatamente[19]. Così tutti gl'intervalli della vita umana frapposti ai piaceri e ai dispiaceri, sono occupati dalla noia. E però, come nel mondo materiale, secondo i Peripatetici, non si dà vòto alcuno[20]; così nella vita nostra non si dà vòto; se non quando la mente per qualsivoglia causa intermette[21] l'uso del pensiero. Per tutto il resto del tempo, l'animo, considerato anche in se proprio e come disgiunto dal corpo, si trova contenere qualche passione; come quello a cui l'essere vacuo da ogni piacere e dispiacere, importa essere pieno di noia, la quale anco è passione, non altrimenti che il dolore e il diletto[22].

GENIO E da poi che tutti i vostri diletti sono di materia simile ai ragnateli; tenuissima, radissima e trasparente; perciò come l'aria in questi, così la noia penetra in quelli da ogni parte, e li riempie. Veramente per la noia non credo si debba intendere altro che il desiderio puro della felicità; non soddisfatto dal piacere, e non offeso apertamente dal dispiacere. Il buon desiderio, come dicevamo poco innanzi, non è mai soddisfatto; e il piacere propriamente non si trova. Sicché la vita umana, per modo di dire, è composta e intessuta, parte di dolore, parte di noia; dall'una delle quali passioni non ha riposo se non cadendo nell'altra. E questo non è tuo destino particolare, ma comune di tutti gli uomini.

TASSO Che rimedio potrebbe giovare contro la noia?

GENIO Il sonno, l'oppio, e il dolore. E questo è il più potente di tutti; perché l'uomo mentre patisce, non si annoia per niuna maniera.

TASSO In cambio di cotesta medicina, io mi contento di[23] annoiarmi tutta la vita. Ma pure la varietà delle azioni, delle occupazioni e dei sentimenti, se bene non ci libera dalla noia, perché non ci crea diletto vero, contuttociò la solleva ed alleggerisce. Laddove[24] in questa prigionia, separato dal commercio umano[25], toltomi eziandio[26] lo scrivere, ridotto a notare per passatempo i tocchi dell'oriuolo, annoverare i correnti[27], le fessure e i tarli del palco[28], considerare il mattonato del pavimento, trastullarmi colle farfalle e coi moscherini che vanno attorno alla stanza, condurre quasi tutte le ore a un modo; io non ho cosa che mi scemi[29] in alcuna parte il carico della noia.

GENIO Dimmi: quanto tempo ha[30] che tu sei ridotto a cotesta forma di vita?

TASSO Più settimane, come tu sai.

GENIO Non conosci tu dal primo giorno al presente, alcuna diversità nel fastidio che ella[31] ti reca?

---

18. i vani: *i vuoti.*

19. donde... immediatamente: *dove si toglie («parte») un corpo, e non gliene subentra («sottentra») un altro, l'aria immediatamente arriva a sostituire («succede») il corpo.*

20. secondo... alcuno: *i Peripatetici, seguaci di Aristotele, negano l'esistenza del vuoto.*

21. intermette: *interrompe.*

22. come quello... diletto: *poiché l'essere privo («vacuo») di ogni piacere e dispiacere implica («importa») essere pieno di noia; la quale è anch'essa («anco») una passione, non diversamente («altrimenti») dal dolore e dal piacere.*

23. mi contento di: *io preferisco.*

24. Laddove: *mentre.*

25. commercio umano: *relazioni con gli altri.*

26. eziandio: *perfino.*

27. annoverare i correnti: *contare i travicelli.*

28. palco: *tavolato che costituisce il soffitto di una stanza.*

29. mi scemi: *mi diminuisca.*

30. ha: *è.*

31. ella: *riferito a «cotesta forma di vita».*

Dialogo di Torquato Tasso

Tasso Certo che io lo provava maggiore a principio: perché di mano in mano la mente, non occupata da altro e non isvagata, mi si viene accostumando[32] a conversare seco medesima assai più e con maggior sollazzo di prima, e acquistando un abito e una virtù di favellare in se stessa[33], anzi di cicalare[34], tale, che parecchie volte mi pare quasi avere una compagnia di persone in capo che stieno[35] ragionando, e ogni menomo soggetto che mi si appresenti al pensiero, mi basta a farne tra me e me una gran diceria[36].

Genio Cotesto abito te lo vedrai confermare e accrescere di giorno in giorno per modo, che quando poi ti si renda la facoltà di usare cogli altri uomini[37], ti parrà essere più disoccupato stando in compagnia loro, che in solitudine. E quest'assuefazione in sì fatto tenore di vita, non credere che intervenga[38] solo a' tuoi simili, già consueti a meditare; ma ella interviene in più o men tempo a chicchessia[39]. Di più, l'essere diviso dagli uomini e, per dir così, dalla vita stessa, porta seco questa utilità; che l'uomo, eziandio[40] sazio, chiarito e disamorato delle cose umane per l'esperienza; a poco a poco assuefacendosi di nuovo a mirarle da lungi, donde elle paiono molto più belle e più degne che da vicino, si dimentica della loro vanità e miseria; torna a formarsi e quasi crearsi il mondo a suo modo; apprezzare, amare e desiderare la vita; delle cui speranze, se non gli è tolto o il potere o il confidare[41] di restituirsi alla società degli uomini, si va nutrendo e dilettando, come egli soleva a' suoi primi anni. Di modo che la solitudine fa quasi l'ufficio della gioventù; o certo ringiovanisce l'animo, ravvalora[42] e rimette in opera l'immaginazione, e rinnuova nell'uomo esperimentato i beneficii di quella prima inesperienza che tu sospiri. Io ti lascio; che veggo che il sonno ti viene entrando; e me ne vo ad apparecchiare[43] il bel sogno che ti ho promesso.

Così, tra sognare e fantasticare, andrai consumando la vita; non con altra utilità che di consumarla; che questo è l'unico frutto che al mondo se ne può avere, e l'unico intento che voi vi dovete proporre ogni mattina in sullo svegliarvi. Spessissimo ve la conviene strascinare co' denti: beato quel dì che potete o trarvela dietro colle mani, o portarla in sul dosso[44]. Ma, in fine, il tuo tempo non è più lento a correre in questa carcere, che sia nelle sale e negli orti[45] quello di chi ti opprime. Addio.

Tasso Addio. Ma senti. La tua conversazione mi riconforta pure assai. Non che ella interrompa la mia tristezza: ma questa per la più parte del tempo è come una notte oscurissima, senza luna né stelle; mentre son teco, somiglia al bruno dei crepuscoli, piuttosto grato che molesto. Acciò da ora innanzi io ti possa chiamare o trovare quando mi bisogni, dimmi dove sei solito di abitare[46].

Genio Ancora non l'hai conosciuto? In qualche liquore generoso.

> La lontananza rende ogni cosa migliore: è il corrispettivo filosofico della poetica dell'indefinito.

> Torna il tema del sogno, associato a un giudizio disilluso sulla vita umana.

> Finale a sorpresa e senza speranza: il genio-filosofo nasce in realtà dall'ebbrezza alcolica, quindi non ci sono affatto garanzie circa il rigore delle sue argomentazioni e la fondatezza delle sue tesi.

---

32. mi si viene accostumando: *mi si sta abituando.*

33. Un abito ... stessa: *un'abitudine* («un abito») *e una capacità* («virtù») *di parlare interiormente* («in se stessa»).

34. cicalare: chiacchierare, specie di cose futili, in maniera insistente e noiosa.

35. stieno: *stiano.*

36. una gran diceria: *un gran parlare.*

37. usare ... uomini: *frequentare gli altri uomini.*

38. intervenga: *accada.*

39. chicchessia: *chiunque.*

40. eziandio: *sebbene.*

41. il confidare: *la fiducia.*

42. ravvalora: *restituisce valore.*

43. apparecchiare: *preparare.*

44. in sul dosso: *sulla schiena.*

45. orti: *giardini.*

46. Acciò ... abitare: *affinché da ora in avanti io ti possa chiamare o trovare quando ho bisogno di te.*

Operette morali

Analisi guidata

La teoria del piacere

Nel manicomio di Sant'Anna, il sofferente Tasso riceve la visita di uno spirito che intavola con lui una **discussione sull'infelicità umana**, derivante dall'impossibilità per l'uomo di conseguire un piacere presente ed effettivo. Il piacere è infatti sempre spostato avanti nel futuro, come speranza, o indietro nel passato, come ricordo e rimpianto. Dunque, tutto ciò che resta all'uomo è **sognare la felicità**, rinunciando a conseguirla realmente. La realizzazione del desiderio umano, peraltro, è sempre deludente rispetto all'immaginazione di esso. Il male più doloroso è però **la noia**, che rivela il vuoto in cui l'uomo vive e contro la quale valgono solo il sonno, l'oppio e il dolore. L'intera argomentazione dello spirito appare impeccabile, ma al momento di congedarsi da Tasso egli rivela la propria origine alcolica.

Competenze di comprensione e analisi

- Suddividi il testo in sequenze e assegna a ciascuna un titolo che ne riassuma il contenuto e il significato concettuale.
- In quale parte del testo Tasso e il genio dibattono sul rapporto tra il sogno e la realtà? Quali sono le loro conclusioni?

Una costellazione di concetti

L'operetta si articola intorno a diversi nuclei tematici, fra loro collegati:
– **la teoria del piacere**: il piacere è irraggiungibile, in quanto il desiderio infinito dell'uomo urta contro una realtà finita; al massimo, il piacere è concepibile come ricordo o come attesa, quindi al passato o al futuro, mai al presente;
– **la noia**: fenomeno concreto, la noia riempie i vuoti tra la percezione del dolore e i momenti di illusorio piacere; in quanto «desiderio puro della felicità», essa rivela l'essenza stessa della condizione umana;
– **il valore del sogno e dell'immaginazione**: sognare e immaginare sono attività alimentate dall'isolamento e dalla solitudine, che rendono la realtà ben più desiderabile di quanto essa sia. Proprio per questo l'immaginare amoroso è sempre preferibile alla donna vera che ne costituisce l'oggetto. L'immaginazione conforta l'esistenza, ma neanche l'evasione nel sogno (e quindi neanche l'attività poetica) può guarire la sofferenza dell'uomo, condannato a trascorrere la propria vita tra la delusione del piacere, il dolore e la noia.

Competenze di comprensione e analisi

- Dalle parole di Tasso e del genio emerge, tra l'altro, una teoria dell'amore: dopo aver individuato nel testo i passi relativi, sintetizzala. Per quali aspetti la visione del genio si differenzia da quella di Tasso?
- Nell'operetta Leopardi riassume la «teoria del piacere». Come argomenta l'impossibilità della felicità per l'uomo? Quali corollari concettuali ne derivano?
- Come viene definita la noia nell'operetta? Questo sentimento ha una valenza positiva o negativa? Motiva la risposta sula base del testo.

Tra rigore speculativo e ironia

L'esordio dell'operetta è caratterizzato da uno **stile semplice e amichevole**, con qualche inflessione comica. Il graduale spostamento del dialogo su temi più elevati – l'amore, il piacere, la noia – determina un **innalzamento del linguaggio**, con un lessico più aulico e una sintassi più sostenuta. Anche nelle parti di maggior impegno teorico, continuano tuttavia a essere presenti elementi colloquiali (per esempio le metafore concrete: «tutti i vostri diletti sono di materia simile ai ragnateli»).

Sul piano dello sviluppo dialogico, **è il genio a impostare la conversazione**, che alterna scambi di battute brevissime a discorsi più lunghi e didascalici, di impianto argomentativo, suggerendo all'interlocutore la traccia dell'argomentazione e lasciando che sia lui stesso a trarre le conclusioni più significative. Tipica del dialogo platonico è la formulazione di domande sintetiche di tipo ontologico («Che cosa è...?»).

La battuta conclusiva riporta circolarmente il linguaggio al tono comico, creando sull'intero dialogo un effetto di **desublimazione** retroattiva: il genio è, in realtà, uno «spirito dell'ebrezza», generato non dal raziocinio bensì dall'ubriachezza. Le verità a cui i due interlocutori sono giunti e i fondamenti stessi del loro discutere risultano violentemente dissacrati, e ciò nondimeno restano veri: si tratta di una dichiarazione di ambiguità estrema.

Competenze di comprensione e analisi

- Analizza l'opera dal punto di vista stilistico, individuando alcuni esempi per ciascuno dei tratti evidenziati:
  - parole ed espressioni di tipo colloquiale o scherzoso;
  - parole di registro più elevato (arcaismi, vocaboli letterari, termini filosofici);
  - interrogative di intento conoscitivo;
  - forme sintattiche elaborate;
  - forme negative.
- In quali punti del testo emerge con più evidenza il tono ironico e sarcastico dell'autore? Qual è la sua funzione complessiva?

Edouard Hamman, *Disillusione*, 1851.

Operette morali

Approfondimento

La noia, sentimento del nulla, da Leopardi a Moravia

Il *taedium vitae* da Petrarca a Leopardi

Conosciuta già dai classici latini come *taedium* o *aegritudo*, la noia è uno stato d'animo spesso evocato nelle opere di poeti e prosatori di epoche tra loro anche molto distanti. Francesco Petrarca riconosce tra i suoi principali peccati l'«accidia», intesa come «funesta malattia dell'animo» causata da una profonda insoddisfazione di sé e del mondo che causa malinconia, inerzia e una sorta di compiacimento della propria sofferenza. Nel pensiero di Leopardi la noia assume un diverso significato, del tutto laico e legato alle teorie relative all'impossibilità del piacere. Secondo Leopardi la noia – un sentimento forse peggiore persino del dolore – è lo stato d'animo che subentra nell'uomo quando, in assenza di piaceri e anche di dolori immediati, percepisce l'insensatezza della vita e il vano desiderio della felicità. Ecco come viene analizzato questo stato d'animo in una pagina dello *Zibaldone* datata 17 ottobre 1823: «Chi dice assenza di piacere e dispiacere, dice noia, non che assolutamente queste due cose sieno tutt'una, ma rispetto alla natura del vivente, in cui l'una senza l'altra (mentre ch'ei sente di vivere) non può assolutamente stare. La noia corre sempre e immediatamente a riempire tutti i vuoti che lasciano negli animi de' viventi il piacere e il dispiacere [...]. La noia è come l'aria quaggiù, la quale riempie tutti gl'intervalli degli altri oggetti, e corre subito a stare là donde questi si partono, se altri oggetti non gli rimpiazzano. O vogliamo dire che il vuoto stesso dell'animo umano, e l'indifferenza, e la mancanza d'ogni passione, è noia, la quale è pur passione. Or che vuol dire che il vivente, sempre che non gode né soffre, non può fare che non s'annoi? Vuol dire ch'e' non può mai fare ch'e' non desideri la felicità, cioè il piacere e il godimento. Questo desiderio, quando e' non è né soddisfatto, né dirittamente contrariato dall'opposto del godimento, è noia. La noia è il desiderio della felicità, lasciato, per così dir, puro». Del resto, come si afferma anche nel *Canto notturno*, la noia è un sentimento tipico solo degli uomini, e in particolare degli uomini grandi. Poiché essa nasce da un inappagato desiderio di infinito, paradossalmente a soffrirne maggiormente saranno coloro che più avvertono vivo in sé questo bisogno di assoluto. Il concetto è così sintetizzato nei *Pensieri*: «La noia è in qualche modo il più sublime dei sentimenti umani [...] il non potere essere soddisfatto da alcuna cosa terrena, né, per dir così, dalla terra intera; considerare l'ampiezza inestimabile dello spazio, il numero e la mole maravigliosa dei mondi, e trovare che tutto è poco e piccino alla capacità dell'animo proprio; immaginarsi il numero dei mondi infinito, e l'universo infinito, e sentire che l'animo e il desiderio nostro sarebbe ancora più grande che sì fatto universo; e sempre accusare le cose d'insufficienza e di nullità, e patire mancamento e voto, e però noia, pare a me il maggior segno di grandezza e di nobiltà, che si vegga della natura umana. Perciò la noia è poco nota agli uomini di nessun momento [*importanza*], e pochissimo o nulla agli altri animali» (*Pensieri*, LXVIII).

Baudelaire, Sartre, Moravia

La noia è destinata a caratterizzare lo stato d'animo dell'artista moderno. Charles Baudelaire, nei suoi *Fiori del male* (1857), ne fa il simbolo di una condizione esistenziale dalla quale si può evadere solo rifugiandosi nel sogno, nell'irregolarità, nella deformazione esasperata del quotidiano. E allo *spleen*, termine inglese che indica tedio e malinconia (in francese è l'*ennui*, la noia) dedica ben quattro componimenti. Ecco l'esordio del più celebre: «Quando il cielo basso e greve pesa come un coperchio / sullo spirito che geme in preda a lunghi affanni, / e versa, abbracciando l'intero giro dell'orizzonte, / una luce diurna più triste della notte; / quando la terra è trasformata in umida prigione / dove, come un pipistrello, la Speranza / sbatte contro i muri con la sua timida ala / picchiando la testa sui soffitti marcescenti; / quando la pioggia, distendendo le sue immense strisce, / imita le sbarre d'un grande carcere, / e un popolo muto d'infami ragni / tende le sue reti in fondo ai nostri cervelli [...]» (*Spleen*).

Nella prima metà del Novecento il senso di disagio che si concretizza in noia caratterizza le opere dell'esistenzialista Jean-Paul Sartre, che nel suo romanzo *La nausea* (1938) sembra in parte reinterpretare modernamente il pensiero leopardiano, collegando la noia alla percezione lucida della gratuità delle cose e di un'esistenza che appare priva di senso e finalità: «La Nausea mi lascia un breve respiro. Ma so che ritornerà: è il mio stato normale. Soltanto, oggi il mio corpo è troppo esausto per sopportarla. Anche i malati hanno delle felici debolezze che gli tolgono per qualche ora la coscienza del loro male. Mi annoio, ecco tutto. Ogni tanto sbadiglio così forte che le lacrime mi scendono giù per le guance. È una noia profonda, profonda, il profondo cuore dell'esistenza, la materia stessa di cui sono fatto».

E il tedio caratterizza la maggior parte dei personaggi di Alberto Moravia, dagli *Indifferenti* (1929) fino a *La noia* (1960), in cui il protagonista, Dino, un nobile romano che si dedica alla pittura per passare il tempo, ne è continuamente assalito. «La noia» dichiara Dino «è propriamente una specie di insufficienza o inadeguatezza o scarsità della realtà: per adoperare una metafora, la realtà, quando mi annoio, mi ha sempre fatto l'effetto sconcertante che fa una coperta troppo corta, ad un dormiente, in una notte di inverno. La tira sui piedi ed ha freddo al petto, la tira sul petto ed ha freddo ai piedi; e così non riesce mai a prender sonno veramente».

T15 Dialogo della Natura e di un Islandese

Operette morali, XII

Composto dal 21 al 30 maggio del 1824, e apparso nell'edizione del 1927, il Dialogo della Natura e di un Islandese *segna l'approdo di Leopardi alla fase del cosiddetto «pessimismo cosmico», che influenzerà lo sviluppo successivo di tutta la sua produzione letteraria. Abbandonata ogni speranza di felicità e spinto dal desiderio di ridurre al minimo la propria sofferenza, un Islandese si allontana dalla società umana e, dopo lunghe peregrinazioni, nei pressi dell'equatore si imbatte nella Natura, personificata in una inquietante figura femminile. Dopo aver ascoltato il racconto delle vicissitudini dell'uomo e le sue accuse appassionate, essa con tono freddo e distaccato risponde, e le sue parole suonano terribili.*

> L'incontro dell'Islandese con la Natura avviene in Africa, in un paesaggio surreale e desertico.

Un Islandese[1], che era corso[2] per la maggior parte del mondo, e soggiornato in diversissime terre; andando una volta per l'interiore dell'Affrica[3], e passando sotto la linea equinoziale[4] in un luogo non mai prima penetrato da uomo alcuno, ebbe un caso simile a quello che intervenne[5] a Vasco di Gama[6] nel passare il Capo di Buona speranza; quando il medesimo Capo, guardiano dei mari australi[7], gli si fece incontro, sotto forma di gigante, per distorlo dal tentare quelle nuove acque[8]. Vide da lontano un busto grandissimo; che da principio immaginò dovere essere di pietra, e a somiglianza degli ermi colossali veduti da lui, molti anni prima, nell'isola di Pasqua[9]. Ma fattosi più da vicino[10], trovò che era una forma smisurata di donna seduta in terra, col busto ritto, appoggiato il dosso[11] e il gomito a una montagna; e non finta ma viva; di volto mezzo tra bello e terribile, di occhi e di capelli nerissimi; la quale guardavalo fissamente; e stata così un buono spazio[12] senza parlare, all'ultimo gli disse.

> La Natura è rappresentata in modo antropomorfo, come una figura femminile enorme e inquietante.

NATURA Chi sei? che cerchi in questi luoghi dove la tua specie era incognita[13]?
ISLANDESE Sono un povero Islandese, che vo fuggendo la Natura; e fuggitala quasi tutto il tempo della mia vita per cento parti della terra, la fuggo adesso per questa.
NATURA Così fugge lo scoiattolo dal serpente a sonaglio, finché gli cade in gola da se medesimo. Io sono quella che tu fuggi.
ISLANDESE La Natura?
NATURA Non altri.
ISLANDESE Me ne dispiace fino all'anima; e tengo per fermo[14] che maggior disavventura di questa non mi potesse sopraggiungere[15].
NATURA Ben potevi pensare che io frequentassi specialmente queste parti; dove non ignori che si dimostra più che altrove la mia potenza. Ma che era che ti moveva[16] a fuggirmi?

---

1. La scelta di porre al centro del dialogo la figura di un Islandese deriva all'autore con ogni probabilità dalla lettura della **Storia di Jenni** (1775) di Voltaire, in cui si sottolineavano le difficili condizioni di vita degli abitanti dell'Islanda, sottoposti al rigore del clima e alle frequenti eruzioni vulcaniche.
2. era corso: *aveva viaggiato.*
3. andando ... dell'Affrica: *una volta, passando attraverso le regioni interne dell'Africa.*
4. la linea equinoziale: *l'equatore.*
5. intervenne: *capitò.*
6. Vasco di Gama: navigatore portoghese che nel 1497 doppiò il Capo di Buona Speranza. L'episodio di cui parla Leopardi è narrato nel poema *I Lusiadi*, di Luís Vaz de Camões (1525-1580).
7. australi: *dell'emisfero meridionale.*
8. distorlo ... acque: *distoglierlo dall'avventurarsi in quei mari inesplorati.*
9. ermi ... Pasqua: nell'isola di Pasqua, in Polinesia, si trovano in effetti colossali statue antropomorfe. Il termine «ermi» (= "erme"), anticamente usato per indicare i busti in pietra del dio Ermes, qui significa "statue".
10. fattosi ... vicino: *avvicinatosi.*
11. appoggiato il dosso: *con la schiena appoggiata.*
12. un buono spazio: *a lungo.*
13. incognita: *sconosciuta.* L'Islandese è infatti giunto in luoghi mai raggiunti prima dall'uomo.
14. tengo per fermo: *sono sicuro.*
15. sopraggiungere: *capitare.*
16. Ma ... moveva: *ma quale motivo ti spingeva.*

86 Operette morali

ISLANDESE Tu dei[17] sapere che io fino nella prima gioventù, a poche esperienze, fui persuaso e chiaro[18] della vanità della vita, e della stoltezza degli uomini; i quali combattendo continuamente gli uni cogli altri per l'acquisto di piaceri che non dilettano, e di beni che non giovano[19]; sopportando e cagionandosi scambievolmente infinite sollecitudini[20] e infiniti mali, che affannano e nocciono in effetto[21]; tanto più si allontanano dalla felicità, quanto più la cercano. Per queste considerazioni, deposto ogni altro desiderio, deliberai[22], non dando molestia a chicchessia, non procurando in modo alcuno di avanzare il mio stato[23], non contendendo con altri[24] per nessun bene del mondo, vivere una vita oscura e tranquilla; e disperato dei piaceri[25], come di cosa negata alla nostra specie, non mi proposi altra cura che di tenermi lontano dai patimenti[26]. Con che non intendo dire che io pensassi di astenermi dalle occupazioni e dalle fatiche corporali: che ben sai che differenza è[27] dalla fatica al disagio, e dal viver quieto al vivere ozioso. E già nel primo mettere in opera questa risoluzione[28], conobbi per prova come egli è vano a pensare[29], se tu vivi tra gli uomini, di potere, non offendendo alcuno, fuggire che gli altri non ti offendano[30]; e cedendo sempre spontaneamente, e contentandosi del menomo[31] in ogni cosa, ottenere che ti sia lasciato un qualsivoglia luogo[32], e che questo menomo non ti sia contrastato[33]. Ma dalla molestia degli uomini mi liberai facilmente, separandomi dalla loro società, e riducendomi in solitudine: cosa che nell'isola mia nativa si può recare ad effetto[34] senza difficoltà. Fatto questo, e vivendo senza quasi verun'immagine[35] di piacere, io non poteva mantenermi però senza patimento: perché la lunghezza del verno[36], l'intensità del freddo, e l'ardore estremo della state[37], che sono qualità di quel luogo, mi travagliavano[38] di continuo; e il fuoco, presso al quale mi conveniva[39] passare una gran parte del tempo, m'inaridiva le carni, e straziava gli occhi col fumo; di modo che, né in casa né a cielo aperto, io mi poteva salvare da un perpetuo disagio. Né anche potea conservare quella tranquillità della vita, alla quale principalmente erano rivolti i miei pensieri: perché le tempeste spaventevoli di mare e di terra, i ruggiti e le minacce del monte Ecla[40], il sospetto degl'incendi, frequentissimi negli alberghi[41], come sono i nostri, fatti di legno, non intermettevano[42] mai di turbarmi. Tutte le quali incomodità in una vita sempre conforme a se medesima[43], e spogliata di qualunque altro desiderio e speranza, e quasi di ogni altra cura[44], che d'esser quieta; riescono di non poco momento[45], e molto più gravi che elle non sogliono apparire[46] quando la maggior parte dell'animo nostro è occupata dai pensieri della vita civile, e dalle avversità che provengono dagli uomini. Per tanto veduto che più che io mi ristringeva e quasi mi contraeva in me stesso[47], a fine d'impedire

---

> La decisione dell'Islandese: senza sperare nella felicità, cercare di condurre una vita il più possibile lontana dalla sofferenza.

> Il primo tentativo: allontanarsi dalla società umana e vivere in solitudine.

---

17. dei: *devi.*

18. a poche ... chiaro: *dopo poche esperienze, fui chiaramente persuaso.*

19. per l'acquisto ... non giovano: *per cercare di procurarsi piaceri che non donano gioia e di beni che non portano vantaggi.*

20. cagionandosi ... sollecitudini: *causando gli uni agli altri enormi preoccupazioni.*

21. affannano ... effetto: *che hanno l'effetto di procurare affanni e di nuocere.*

22. deliberai: *decisi.*

23. non dando ... stato: *non dando fastidio a nessuno, non cercando in alcun modo di migliorare la mia condizione.*

24. non ... altri: *senza entrare in conflitto con gli altri uomini.*

25. disperato ... piaceri: *senza più alcuna speranza di poter provare dei piaceri.*

26. patimenti: *sofferenze.*

27. è: *esiste, c'è.*

28. nel primo ... risoluzione: *nei primi tentativi di attuare questa decisione.*

29. conobbi ... pensare: *mi resi conto attraverso l'esperienza di come sia illusorio pensare.*

30. fuggire ... offendano: *evitare che gli altri ti danneggino.*

31. menomo: *minimo.*

32. un qualsivoglia luogo: *un qualsiasi (anche piccolo ma tranquillo) spazio vitale.*

33. contrastato: *conteso.*

34. recare ad effetto: *ottenere.*

35. verun'immagine: *nessuna apparenza.*

36. verno: *inverno.*

37. state: *estate.*

38. mi travagliavano: *mi facevano soffrire.*

39. mi conveniva: *ero costretto.*

40. Ecla: l'Hekla è un vulcano islandese delle cui apocalittiche eruzioni parla Voltaire per dimostrare come non esista alcuna provvidenza divina a proteggere l'uomo.

41. alberghi: *abitazioni.*

42. intermettevano: *smettevano.*

43. conforme ... medesima: *uguale a se stessa.*

44. cura: *preoccupazione* (latinismo).

45. riescono ... momento: *hanno non poca importanza* (il soggetto è «tutte le quali incomodità», all'inizio della frase).

46. che elle ... apparire: *di quanto sembrino di solito.*

47. veduto ... me stesso: *dopo aver constatato che, quanto più io mi tenevo in disparte e quasi mi ritiravo in me stesso.*

Dialogo della Natura e di un Islandese

Il secondo tentativo: viaggiare senza sosta, alla ricerca di un luogo adatto all'uomo.

che l'esser mio non desse noia né danno a cosa alcuna del mondo; meno mi veniva fatto che le altre cose non m'inquietassero e tribolassero[48]; mi posi a cangiar[49] luoghi e climi, per vedere se in alcuna parte della terra potessi non offendendo non essere offeso, e non godendo non patire. E a questa deliberazione fui mosso anche da un pensiero che mi nacque, che forse tu non avessi destinato al genere umano se non solo un clima della terra (come tu hai fatto a ciascuno degli altri generi degli animali, e di quei delle piante), e certi tali luoghi; fuori dei quali gli uomini non potessero prosperare né vivere senza difficoltà e miseria; da dover essere imputate, non a te, ma solo a essi medesimi, quando eglino avessero disprezzati e trapassati i termini che fossero prescritti per le tue leggi alle abitazioni umane[50]. Quasi tutto il mondo ho cercato, e fatta esperienza di quasi tutti i paesi; sempre osservando il mio proposito, di non dar molestia alle altre creature, se non il meno che io potessi, e di procurare la sola tranquillità della vita. Ma io sono stato arso dal caldo fra i tropici, rappreso[51] dal freddo verso i poli, afflitto nei climi temperati dall'incostanza dell'aria, infestato dalle commozioni degli elementi[52] in ogni dove. Più luoghi ho veduto, nei quali non passa un dì senza temporale: che è quanto dire che tu dai ciascun giorno un assalto e una battaglia formata[53] a quegli abitanti, non rei[54] verso te di nessun'ingiuria. In altri luoghi la serenità ordinaria del cielo è compensata dalla frequenza dei terremoti, dalla moltitudine e dalla furia dei vulcani, dal ribollimento sotterraneo di tutto il paese. Venti e turbini smoderati regnano nelle parti e nelle stagioni tranquille dagli altri furori dell'aria[55]. Tal volta io mi ho[56] sentito crollare il tetto in sul capo pel gran carico della neve, tal altra, per l'abbondanza delle piogge la stessa terra, fendendosi[57], mi si è dileguata di sotto ai piedi; alcune volte mi è bisognato fuggire a tutta lena[58] dai fiumi, che m'inseguivano, come fossi colpevole verso loro di qualche ingiuria. Molte bestie salvatiche, non provocate da me con una menoma offesa, mi hanno voluto divorare; molti serpenti avvelenarmi; in diversi luoghi è mancato poco che gl'insetti volanti non mi abbiano consumato infino alle ossa. Lascio[59] i pericoli giornalieri, sempre imminenti all'uomo[60], e infiniti di numero; tanto che un filosofo antico[61] non trova contro al timore, altro rimedio più valevole della considerazione che ogni cosa è da temere. Né le infermità mi hanno perdonato[62]; con tutto che io fossi come sono ancora, non dico temperante, ma continente dei piaceri del corpo[63]. Io soglio prendere non piccola ammirazione[64] considerando come tu ci abbi infuso[65] tanta e sì ferma e insaziabile avidità del piacere; disgiunta dal quale la nostra vita, come priva di ciò che ella desidera naturalmente, è cosa imperfetta: e da altra parte abbi ordinato[66] che l'uso di esso piacere sia quasi di tutte le cose umane la più nociva alle forze e alla sanità del corpo, la più calamitosa[67] negli effetti in quanto a ciascheduna persona[68], e la più contraria alla durabilità[69] della stessa vita.

L'Islandese deve constatare che ovunque la Natura è ostile all'uomo e lo tormenta con infiniti mali.

La Natura infonde nell'uomo il desiderio del piacere, ma questo stesso piacere è contrario alla salute e nocivo alla vita.

---

48. meno ... tribolassero: tanto meno riuscivo a evitare che altre cose mi facessero soffrire e mi tormentassero.

49. mi ... cangiar: iniziai a cambiare.

50. da dover ... umane: (difficoltà e miseria) che dovevano essere causate non da te, (o Natura) ma solo dagli uomini stessi («eglino»), in quanto avevano ignorato e superato i limiti dati dalle tue leggi ai luoghi adatti a essere abitati dagli uomini.

51. rappreso: intirizzito.

52. infestato ... elementi: perseguitato dalle perturbazioni atmosferiche.

53. formata: dichiarata, organizzata.

54. rei: colpevoli.

55. tranquille ... dell'aria: risparmiate dagli altri cataclismi atmosferici.

56. mi ho: mi sono.

57. fendendosi: spaccandosi, cioè aprendosi in un baratro.

58. a tutta lena: in tutta fretta.

59. Lascio: tralascio.

60. sempre ... all'uomo: che sempre sovrastano l'uomo.

61. filosofo antico: si tratta del filosofo latino Seneca, che nelle Questioni naturali afferma: «Se non volete temere nulla, pensate che bisogna temere ogni cosa».

62. Né le infermità ... perdonato: e nemmeno le malattie mi hanno risparmiato.

63. non dico ... corpo: non solo moderato, ma anche capace di astenermi assolutamente dai piaceri del corpo.

64. soglio ... ammirazione: sono solito stupirmi non poco.

65. come ... infuso: come tu (o Natura) ci abbia dato.

66. abbi ordinato: e (considerando come) tu abbia stabilito.

67. calamitosa: pericolosa.

68. in quanto ... persona: per quanto riguarda ciascuna persona.

69. durabilità: durata.

Operette morali

Ma in qualunque modo, astenendomi quasi sempre e totalmente da ogni diletto, io non ho potuto fare di non[70] incorrere in molte e diverse malattie: delle quali alcune mi hanno posto in pericolo della morte; altre di perdere l'uso di qualche membro[71], o di condurre perpetuamente una vita più misera che la passata; e tutte per più giorni o mesi mi hanno oppresso il corpo e l'animo con mille stenti e mille dolori. E certo, benché ciascuno di noi sperimenti nel tempo delle infermità, mali per lui nuovi o disusati[72], e infelicità maggiore che egli non suole[73] (come se la vita umana non fosse bastevolmente misera per l'ordinario[74]); tu non hai dato all'uomo, per compensarnelo[75], alcuni tempi di sanità soprabbondante e inusitata[76], la quale gli sia cagione[77] di qualche diletto straordinario per qualità e per grandezza. Ne' paesi coperti per lo più di nevi, io sono stato per accecare: come interviene ordinariamente ai Lapponi[78] nella loro patria. Dal sole e dall'aria, cose vitali, anzi necessarie alla nostra vita, e però da non potersi fuggire[79], siamo ingiuriati[80] di continuo: da questa[81] colla umidità, colla rigidezza, e con altre disposizioni[82]; da quello[83] col calore, e colla stessa luce: tanto che l'uomo non può mai senza qualche maggiore o minore incomodità o danno, starsene esposto all'una o all'altro di loro. In fine, io non mi ricordo aver passato un giorno solo della vita senza qualche pena; laddove io non posso numerare quelli che ho consumati senza pure un'ombra di godimento[84]: mi avveggo[85] che tanto ci è destinato e necessario il patire, quanto il non godere; tanto impossibile il viver quieto in qual si sia[86] modo, quanto il vivere inquieto senza miseria: e mi risolvo a conchiudere[87] che tu sei nemica scoperta degli uomini, e degli altri animali, e di tutte le opere tue[88]; che ora c'insidii ora ci minacci ora ci assalti ora ci pungi ora ci percuoti ora ci laceri, e sempre o ci offendi[89] o ci perseguiti; e che, per costume e per instituto[90], sei carnefice della tua propria famiglia, de' tuoi figliuoli e, per dir così, del tuo sangue e delle tue viscere. Per tanto rimango privo di ogni speranza: avendo compreso che gli uomini finiscono di perseguitare chiunque li fugge o si occulta con volontà vera di fuggirli o di occultarsi[91]; ma che tu, per niuna cagione, non lasci mai d'incalzarci, finché ci opprimi[92]. E già mi veggo vicino il tempo amaro e lugubre della vecchiezza; vero e manifesto male, anzi cumulo di mali e di miserie gravissime; e questo tuttavia non accidentale[93], ma destinato da te per legge a tutti i generi de' viventi, preveduto da ciascuno di noi fino nella fanciullezza, e preparato in lui di continuo, dal quinto suo lustro in là[94], con un tristissimo declinare e perdere[95] senza sua colpa: in modo che appena un terzo della vita degli uomini è assegnato al fiorire, pochi istanti alla maturità e perfezione, tutto il rimanente allo scadere, e agl'incomodi che ne seguono[96].

> L'accusa alla Natura, apertamente ostile agli uomini e causa delle loro sofferenze.

---

70. fare di non: *fare a meno, evitare di.*

71. membro: *arto.*

72. disusati: *insoliti.*

73. maggiore ... suole: *maggiore di quella a cui è abituato.*

74. bastevolmente ... per l'ordinario: *sufficientemente infelice di norma.*

75. compensarnelo: *compensarlo di ciò* (cioè di tutti questi mali).

76. inusitata: *al di fuori della norma.*

77. cagione: *causa.*

78. sono stato ... Lapponi: *sono stato vicino a diventar cieco* (per il riflesso del sole sulla neve), *come avviene spesso ai Lapponi.* La Lapponia è una regione vicina al Circolo Polare Artico.

79. però ... fuggire: *perciò tali da non po-*

ter essere evitate.

80. ingiuriati: *danneggiati.*

81. da questa: *cioè dall'aria.*

82. colla rigidezza ... disposizioni: *con il rigore del freddo e con altre situazioni climatiche* (a noi nocive).

83. da quello: *cioè dal sole.*

84. laddove ... godimento: *mentre non posso contare* («numerare») *i giorni che ho consumato senza provare nemmeno un po' di piacere.*

85. mi avveggo: *mi rendo conto.*

86. qual si sia: *qualsiasi.*

87. mi risolvo a conchiudere: *sono indotto a concludere.*

88. le opere tue: *le tue creature.*

89. offendi: *danneggi.*

90. per costume e per instituto: *per tua abitudine e per preciso proposito.*

91. finiscono ... occultarsi: *smettono di perseguitare chi fugge o si nasconde* (non per tendere tranelli ma) *con la sincera volontà di nascondersi e fuggire.*

92. per niuna ... opprimi: *per nessuna ragione smetti mai di perseguitarci finché ci uccidi.* Mentre le inimicizie tra gli uomini possono aver fine, l'ostilità della natura è quindi assoluta e inesorabile.

93. accidentale: *dovuto al caso,* quindi fortuito.

94. dal quinto ... in là: *dai 25 anni in poi.*

95. perdere: *deperire.*

96. allo scadere ... seguono: *al decadimento e ai fastidi che ne conseguono.*

Dialogo della Natura e di un Islandese

La Natura non si cura degli uomini ed è indifferente alle loro gioie e ai loro dolori.

NATURA Immaginavi tu forse che il mondo fosse fatto per causa vostra[97]? Ora sappi che nelle fatture[98], negli ordini e nelle operazioni mie, trattone pochissime[99], sempre ebbi ed ho l'intenzione a tutt'altro, che alla felicità degli uomini o all'infelicità. Quando io vi offendo in qualunque modo e con qual si sia mezzo, io non me n'avveggo[100], se non rarissime volte: come, ordinariamente, se io vi diletto o vi benefico, io non lo so; e non ho fatto, come credete voi, quelle tali cose, o non fo quelle tali azioni, per dilettarvi o giovarvi. E finalmente, se anche mi avvenisse di estinguere tutta la vostra specie, io non me ne avvedrei[101].

L'Islandese si serve di una similitudine per sottolineare l'incoerenza della Natura, che ha generato gli uomini ma li fa soffrire.

ISLANDESE Ponghiamo caso[102] che uno m'invitasse spontaneamente a una sua villa, con grande instanza[103]; e io per compiacerlo vi andassi. Quivi[104] mi fosse dato per dimorare[105] una cella tutta lacera e rovinosa[106], dove io fossi in continuo pericolo di essere oppresso, umida, fetida, aperta al vento e alla pioggia. Egli, non che si prendesse cura[107] d'intrattenermi in alcun passatempo o di darmi alcuna comodità, per lo contrario appena mi facesse somministrare il bisognevole a sostentarmi[108]; e oltre di ciò mi lasciasse villaneggiare[109], schernire, minacciare e battere da' suoi figliuoli e dall'altra famiglia[110]. Se querelandomi io seco[111] di questi mali trattamenti, mi rispondesse: forse che ho fatto io questa villa per te? o mantengo io questi miei figliuoli, e questa mia gente, per tuo servigio? e bene ho altro a pensare che de' tuoi sollazzi[112], e di farti le buone spese[113]; a questo replicherei: vedi, amico, che siccome tu non hai fatto questa villa per uso mio, così fu in tua facoltà di non invitarmici. Ma poiché spontaneamente hai voluto che io ci dimori, non ti si appartiene egli[114] di fare in modo, che io, quanto[115] è in tuo potere, ci viva per lo meno senza travaglio e senza pericolo? Così dico ora. So bene che tu non hai fatto il mondo in servigio[116] degli uomini. Piuttosto crederei che l'avessi fatto e ordinato espressamente per tormentarli. Ora domando: t'ho io forse pregato di pormi in questo universo? o mi vi sono intromesso violentemente, e contro tua voglia? Ma se di tua volontà, e senza mia saputa[117], e in maniera che io non poteva sconsentirlo né ripugnarlo[118], tu stessa, colle tue mani, mi vi hai collocato; non è egli dunque ufficio[119] tuo, se non tenermi lieto e contento in questo tuo regno, almeno vietare che io non vi sia tribolato e straziato, e che l'abitarvi non mi noccia[120]? E questo che dico di me, dicolo[121] di tutto il genere umano, dicolo degli altri animali e di ogni creatura.

La Natura è un ciclo perenne di creazione e distruzione: la sofferenza dei singoli è necessaria per la continuazione della vita dell'universo.

NATURA Tu mostri non aver posto mente[122] che la vita di quest'universo è un perpetuo circuito di produzione e distruzione, collegate ambedue tra se di maniera, che[123] ciascheduna serve continuamente all'altra, ed alla conservazione del mondo; il quale sempre che cessasse o l'una o l'altra di loro, verrebbe parimente in dissoluzione[124]. Per tanto risulterebbe in suo danno se fosse in lui[125] cosa alcuna libera da patimento.

---

97. per causa vostra: *a vostro vantaggio.*
98. fatture: *creazioni.*
99. trattone pochissime: *ad eccezione di pochissime.*
100. non me n'avveggo: *non me ne accorgo.*
101. finalmente... avvedrei: *infine, anche se mi accadesse di distruggere tutta la stirpe umana, io non me ne accorgerei.*
102. Ponghiamo caso: *supponiamo.*
103. instanza: *insistenza.*
104. Quivi: *questa e le frasi che seguono dipendono tutte da «Ponghiamo caso che».*
105. dimorare: *risiedere, abitare.*
106. rovinosa: *cadente.*
107. non che ... cura: *invece di prendersi cura.*

108. per lo contrario ... a sostentarmi: *anzi, al contrario, mi facesse servire solo lo stretto necessario («bisognevole») per la sopravvivenza.*
109. villaneggiare: *offendere.*
110. dall'altra famiglia: *dal resto della servitù.*
111. querelandomi io seco: *lamentandomi io con lui.*
112. sollazzi: *piaceri.*
113. farti le buone spese: *mantenerti con generosità.*
114. non ti ... egli: *non ti compete forse l'obbligo.*
115. quanto: *per quanto.*
116. in servigio: *a beneficio, a vantaggio.*

117. senza ... saputa: *a mia insaputa.*
118. sconsentirlo ... ripugnarlo: *non acconsentire a ciò né rifiutare.*
119. ufficio: *dovere.*
120. non mi noccia: *non mi procuri danno.*
121. dicolo: *lo dico.*
122. Tu ... mente: *tu dimostri di non aver considerato.*
123. di maniera, che: *in modo tale che.*
124. il quale... dissoluzione: *nel momento in cui («sempre che») si arrestasse l'uno o l'altro elemento (cioè sia la nascita di nuovi esseri sia la loro morte), l'universo in entrambi i casi si dissolverebbe.*
125. in lui: *cioè nell'universo.*

> La visione meccanicistica della natura è infatti tipica degli illuministi settecenteschi.

140 ISLANDESE Cotesto medesimo odo ragionare a tutti i filosofi[126]. Ma poiché quel che è distrutto, patisce; e quel che distrugge, non gode, e a poco andare[127] è distrutto medesimamente[128]; dimmi quello che nessun filosofo mi sa dire: a chi piace o a chi giova cotesta vita infelicissima dell'universo, conservata con danno e con morte di tutte le cose che lo compongono?

> Il doppio finale ribadisce con amara ironia la dura legge che governa l'universo e il disinteresse della Natura per il genere umano.

145 Mentre stavano in questi e simili ragionamenti è fama che[129] sopraggiungessero due leoni, così rifiniti e maceri dall'inedia[130], che appena ebbero forza di mangiarsi quell'Islandese; come fecero[131] e presone un poco di ristoro, si tennero in vita per quel giorno. Ma sono alcuni che negano questo caso, e narrano che un fierissimo vento, levatosi mentre che l'Islandese parlava, lo stese a terra, e sopra
150 gli edificò un superbissimo mausoleo di sabbia[132]: sotto il quale colui[133] diseccato perfettamente, e divenuto una bella mummia, fu poi ritrovato da certi viaggiatori, e collocato nel museo di non so quale città di Europa.

126. Cotesto ... filosofi: *sento che tutti i filosofi fanno questo stesso ragionamento.*
127. a poco andare: *di lì a poco.*
128. medesimamente: *allo stesso modo.*
129. è fama che: *si dice che.*
130. rifiniti ... inedia: *sfiniti e macerati dalla fame.*
131. come fecero: *e così infatti fecero.*
132. un superbissimo ... sabbia: *un grandioso monumento funebre fatto di sabbia.*
133. colui: *cioè l'Islandese.*

 Dalle *Operette morali* puoi leggere anche *Malambruno e Farfarello* e *Il coro dei morti*

Analisi del testo

COMPRENSIONE
Dopo una breve **sequenza narrativa** che inquadra l'incontro tra l'Islandese e la Natura, la **prima parte** dell'operetta è occupata da un lungo monologo dell'Islandese – portavoce delle teorie di Leopardi e simbolo dell'intero genere umano – che ricorda le tappe della propria vana ricerca di un'esistenza libera dal dolore e si conclude con una violenta accusa contro la Natura, ritenuta «nemica scoperta degli uomini» e causa prima dei loro mali.
Nella **seconda parte**, attraverso un'ampia similitudine l'Islandese sostiene che, dal momento che la Natura ha dato la vita agli uomini, dovrebbe garantire loro un'esistenza serena. Ma la Natura afferma lapidariamente la propria indifferenza alle sorti dell'uomo che, come le altre creature, è parte di «un perpetuo circuito di produzione e distruzione» in cui la sofferenza è necessaria alla conservazione del mondo. Le domande finali dell'Islandese sul senso della vita umana restano senza risposta, e nell'epilogo l'autore ipotizza con enigmatica ironia l'incerta sorte finale del personaggio.

ANALISI E INTERPRETAZIONE
Il materialismo e la Natura matrigna Il dialogo segna un'importante svolta nell'evoluzione del pensiero leopardiano. Abbandonata l'idea che l'infelicità umana sia dovuta all'evoluzione storica della civiltà, Leopardi giunge a un **pessimismo assoluto** e «cosmico», che si estende a tutte le creature e si fonda su una visione recisamente materialistica dell'universo.
Il mito roussoiano dello stato di natura si è ormai esaurito: la **Natura** non è più considerata come una madre generosa dispensatrice all'uomo di illusioni (e quindi di possibilità di piacere), bensì come un'entità ostile, come un **meccanismo cieco e indifferente** («carnefice della *sua* propria famiglia, de' *suoi* figliuoli»), che ha come scopo solo la perpetuazione dell'esistenza.
La sofferenza degli esseri viventi (tormentati da fattori del tutto fisici e biologici: i pericoli esterni, le malattie, la vecchiaia) non nasce dunque da un intento di crudeltà né da un errore, ma è intrinseca alla vita dell'universo e indispensabile alla sua stessa conservazione e al suo funzionamento. **Svanisce**, di conseguenza, anche **ogni ipotesi antropocentrica** e ogni pretesa di considerare l'uomo come fine ultimo del creato, di cui costituisce in realtà solo una parte trascurabile.

Una vana ricerca di senso L'Islandese, portatore dell'ideologia leopardiana, appare come una versione metafisica e dolente del viaggiatore settecentesco; ma il suo peregrinare è l'emblema dello stesso percorso filosofico leopardiano.
Nel dialogo, la sofferta requisitoria dell'Islandese si scontra con la freddezza ostile della Natura, che

non lascia spazio ad alcuna speranza. Dopo aver preso atto che «tanto ci è destinato e necessario il patire, quanto il non godere», l'Islandese non rinuncia tuttavia a rivolgere la propria invettiva contro la Natura, invettiva a cui si accompagna nel finale un'**estrema domanda**, alla ricerca del **senso della vita umana** («a chi piace o a chi giova cotesta vita infelicissima dell'universo?»).

Il **doppio finale**, amaramente ironico, spegne nel silenzio questo profondo interrogativo, confermando il cieco **meccanicismo che domina l'universo**: dal corpo dell'Islandese, due leoni sfiniti dalla fame traggono forse il nutrimento necessario per vivere, mentre l'immagine del «mausoleo di sabbia» si pone come beffardo monito alla superbia umana. Del resto, i due finali sono equivalenti in quanto sottolineano entrambi l'insignificanza dell'uomo, al quale resta solo la possibilità di levare la propria **denuncia contro l'insensata sofferenza** che domina l'universo.

Lo stile del lamento e dell'invettiva Rispetto alla maggior parte delle *Operette morali*, questo dialogo si caratterizza per la scelta di una forma espressiva meno fredda e distaccata. Nelle parole dell'Islandese risuona un'**eloquenza appassionata**, che varia dal lamento all'invettiva. In particolare, nel ripercorrere le tappe della propria esistenza, egli ricorre alla tecnica dell'accumulazione, elencando in drammatico crescendo, talora sottolineato dall'asindeto, il gran numero e la varietà delle sofferenze subite ad opera della Natura («la lunghezza del verno, l'intensità del freddo, e l'ardore estremo della state … e il fuoco»). Frequenti sono anche le serie di interrogative retoriche, mentre la negatività assoluta dei contenuti si traduce nella **fitta ricorrenza di negazioni e figure retoriche di privazione e assenza** (come la litote).

Alla lacerante concitazione del discorso dell'Islandese si contrappone la sintetica freddezza delle battute della Natura, segnate da un **lapidario distacco**, che esprime totale indifferenza per le sorti umane («Immaginavi tu forse che il mondo fosse fatto per causa vostra?»). L'antitesi tra i due registri espressivi ribadisce quindi l'inconciliabilità tra la prospettiva soggettiva dell'Islandese e le leggi meccanicistiche che governano l'universo.

Lavoriamo sul testo

COMPRENSIONE

1 In quale contesto spazio-temporale si colloca l'incontro tra la Natura e l'Islandese? Si tratta di una situazione realistica o fantastica? Spiega quali sono i motivi di questa scelta.

2 L'Islandese elenca i molti mali che lo affliggono: quali sono?

3 Nella seconda parte del testo, l'Islandese ricorre a una similitudine: in che cosa consiste e quale concetto intende sottolineare?

4 Il *Dialogo della Natura e di un Islandese* ha un finale aperto: in che senso?

LINGUA E LESSICO

5 Che tipo di subordinate sono «deposto ogni desiderio» e «vivere una vita oscura e tranquilla»?

6 Alla r. 148 trovi il verbo «querelandomi»: in che modo e tempo è posto? Sul piano lessicale, qual è l'etimologia e il significato del verbo?

ANALISI E INTERPRETAZIONE

7 L'Islandese compie un viaggio di consapevolezza e avvicinamento alla verità: quali sono le tappe fondamentali di tale viaggio?

8 Il tragitto dell'Islandese può essere interpretato come l'emblema del percorso conoscitivo di Leopardi, dall'esperienza personale al «pessimismo storico» al «pessimismo cosmico»: motiva questa affermazione sulla base del testo.

9 In alcuni punti del dialogo emerge l'immagine di una Natura indifferente, mentre in altri la Natura appare addirittura ostile all'uomo. Si tratta, secondo te, di una contraddizione oppure di due diverse logiche – quella della Natura e quella dell'uomo – che non è possibile conciliare? Motiva la tua risposta.

10 Nel finale, l'autore offre due possibili versioni della morte dell'Islandese. A che cosa alludono, secondo te, e in che senso entrambe risultano pervase di amara ironia?

SCRITTURA E APPROFONDIMENTI

11 Il *Dialogo della Natura e di un Islandese* presenta alcune analogie con il *Canto notturno di un pastore errante dell'Asia*. Scrivi un breve confronto argomentato tra i due testi, sottolineandone analogie e differenze e chiarendo come in entrambi trovi piena espressione il cosiddetto «pessimismo cosmico» di Leopardi.

92 *Operette morali*

T16 Dialogo di un venditore d'almanacchi e di un passeggere

Testo laboratorio

Operette morali, XXIII

Il dialogo, scritto dopo un intervallo di cinque anni rispetto all'ultima operetta, viene composto, forse a Firenze, nel 1832 e in seguito inserito nell'edizione del 1834 delle Operette morali.

Nel breve e vivace dialogo tra un venditore di calendari e un pensoso viandante, Leopardi esprime uno dei nuclei centrali della «teoria del piacere».

[manoscritto:] ESPRIME IL PENSIERO SECONDO CUI LA FELICITÀ NON ESISTE NEL PRESENTE MA È SOLO UNA SPERANZA FUTURA

Fai l'analisi interattiva dell'operetta

VENDITORE Almanacchi, almanacchi nuovi; lunari[1] nuovi. Bisognano[2], signore, almanacchi?

PASSEGGERE[3] Almanacchi per l'anno nuovo?

VENDITORE Sì signore.

> È la prima delle domande con cui il Passeggere tenta inutilmente di fare in modo che il suo interlocutore giunga da sé alla verità.

5 PASSEGGERE Credete che sarà felice quest'anno nuovo?

VENDITORE Oh illustrissimo sì, certo.

PASSEGGERE Come quest'anno passato?

VENDITORE Più più assai.

PASSEGGERE Come quello di là[4]?

10 VENDITORE Più più, illustrissimo.

PASSEGGERE Ma come qual altro? Non vi piacerebb'egli[5] che l'anno nuovo fosse come qualcuno di questi anni ultimi?

VENDITORE Signor no, non mi piacerebbe.

PASSEGGERE Quanti anni nuovi sono passati da che voi vendete almanacchi?

15 VENDITORE Saranno vent'anni, illustrissimo.

PASSEGGERE A quale di cotesti vent'anni vorreste che somigliasse l'anno venturo?

VENDITORE Io? non saprei.

PASSEGGERE Non vi ricordate di nessun anno in particolare, che vi paresse felice?

VENDITORE No in verità, illustrissimo.

> Il Passeggere finge di far proprio un abusato luogo comune, in cui in realtà non crede.

20 PASSEGGERE È pure la vita è una cosa bella. Non è vero?

VENDITORE Cotesto si sa.

PASSEGGERE Non tornereste voi a vivere cotesti vent'anni, e anche tutto il tempo passato, cominciando da che[6] nasceste?

VENDITORE Eh, caro signore, piacesse a Dio che si potesse[7].

25 PASSEGGERE Ma se aveste a rifare la vita che avete fatta né più né meno, con tutti i piaceri e i dispiaceri che avete passati?

VENDITORE Cotesto non vorrei.

PASSEGGERE Oh che altra vita vorreste rifare? la vita ch'ho fatta io, o quella del principe[8], o di chi altro? O non credete che io, e che il principe, e che chiunque

30 altro, risponderebbe come voi per l'appunto; e che avendo a rifare la stessa vita che avesse fatta, nessuno vorrebbe tornare indietro?

---

1. Almanacchi ... lunari: l'almanacco è una sorta di calendario che contiene anche osservazioni astronomiche, astrologiche, meteorologiche e di altro genere. Il lunario è un analogo calendario popolare, così detto perché suddivide l'anno secondo i cicli della luna.

2. Bisognano: *servono.*

3. PASSEGGERE: *un passante.*

4. quello di là: *precedente.*

5. Non vi piacerebb'egli: *non vi piacerebbe;* «egli» è pronome pleonastico, che nell'uso moderno viene omesso.

6. da che: *da quando.*

7. piacesse ... potesse: *magari fosse possibile.*

8. del principe: cioè di una persona ricca e potente.

Dialogo di un venditore d'almanacchi e di un passeggere

VENDITORE Lo credo cotesto.

PASSEGGERE Né anche voi tornereste indietro con questo patto[9], non potendo in altro modo?

35 VENDITORE Signor no davvero, non tornerei.

PASSEGGERE Oh che vita vorreste voi dunque?

VENDITORE Vorrei una vita così, come Dio me la mandasse, senz'altri patti.

PASSEGGERE Una vita a caso, e non saperne altro avanti[10], come non si sa dell'anno nuovo?

VENDITORE Appunto.

40 PASSEGGERE Così vorrei ancor[11] io se avessi a rivivere, e così tutti. Ma questo è segno[12] che il caso, fino a tutto quest'anno, ha trattato tutti male. E si vede chiaro che ciascuno è d'opinione che sia stato più o di più peso[13] il male che gli è toccato, che il bene, se a patto di riavere la vita di prima, con tutto il suo bene e il suo male, nessuno vorrebbe rinascere. Quella vita ch'è una cosa bella, non è la vita che si conosce, ma quella che non si conosce; non la vita passata, ma la futura. Coll'anno nuovo, il caso incomincerà a trattar bene voi e me e tutti gli altri, e si principierà[14] la vita felice. Non è vero?

45

VENDITORE Speriamo.

PASSEGGERE Dunque mostratemi l'almanacco più bello che avete.

50 VENDITORE Ecco, illustrissimo. Cotesto vale trenta soldi.

PASSEGGERE Ecco trenta soldi.

VENDITORE Grazie, illustrissimo: a rivederla. Almanacchi, almanacchi nuovi; lunari nuovi[15].

> È questo il reale pensiero di Leopardi: la felicità non esiste, se non nell'attesa e nella speranza di una gioia futura.

---

9. con questo patto: *a queste condizioni.*
10. non saperne... avanti: *non sapere niente di quel che succederà in avvenire.*
11. ancor: *anche.*

12. è segno: *significa.*
13. più o di più peso: *maggiore per quantità o importanza.*
14. si principierà: *avrà inizio.*

15. Almanacchi ... nuovi: il Venditore riprende la sua strada, in cerca di nuovi acquirenti.

COMPRENSIONE

1 L'intera discussione scaturisce da una domanda del Passeggere: quale? Evidenziala nel testo.

2 Individua nel testo i punti in cui il Passeggere tenta di far comprendere al Venditore che il piacere non esiste nel presente bensì solo nelle fallaci aspettative degli individui e che non ha alcun senso sperare in un futuro migliore.

3 Da quali elementi si comprende che il Venditore non segue affatto il ragionamento del Passeggere?

ANALISI E INTERPRETAZIONE

4 Sulla base di quali elementi si può affermare che il Passeggere si fa portavoce dell'autore? Di quale posizione è emblema invece la figura del Venditore di almanacchi?

5 In quale punto del testo il Passeggere esprime compiutamente la sua tesi?

6 Alla fine, il Passeggere compra un almanacco nuovo: quale significato assume tale gesto? Significa che anch'egli nutre speranze per il futuro? Ti sembra che l'apparente ritrattazione segnali un indebolirsi del pessimismo? Oppure la spieghi con una sorta di compassionevole solidarietà nei confronti del prossimo, che Leopardi esita a strappare alle sue vane ma confortanti illusioni?

7 L'operetta termina con le stesse parole con cui era iniziata: per quale motivo, a tuo parere?

8 In quali punti del brano emerge l'ironia dell'autore? La definiresti amara o bonaria?

SCRITTURA E APPROFONDIMENTI

9 Nell'operetta trova espressione uno dei principali corollari della «teoria del piacere» elaborata da Leopardi. Dopo avere individuato il nucleo concettuale del testo, confrontalo in un breve testo argomentativo con altri testi (tratti dallo *Zibaldone* o dai *Canti*) in cui l'autore esprime concetti analoghi.

Operette morali

LABORATORIO DELLE COMPETENZE

- **Lettura**
- **Comprensione**
- **Analisi**
- **Interpretazione**
- **Produzione scritta**

Testo laboratorio
T17 Il passero solitario

Canti, XI

Ascolta la poesia

Nella struttura dei Canti *questa lirica apre la sezione degli idilli, ma la sua composizione è con ogni probabilità più tarda. Nonostante in alcuni appunti del 1819 Leopardi parli del «passero solitario» come possibile tematica di una lirica, la stesura del testo è certamente posteriore, risalendo forse al 1831, quindi al periodo più maturo dell'opera leopardiana, successivo ai canti pisano-recanatesi. La lirica infatti non è presente nell'edizione dei* Canti *del 1831, e vi compare solo a partire dal 1835.*
La lirica si sviluppa sulla base di un paragone tra il passero solitario, che osserva stando in disparte i gioiosi voli degli altri uccelli nell'aria primaverile, e il poeta, che nel pieno della sua giovinezza evita i divertimenti e la compagnia dei suoi coetanei.

Metrica Canzone libera di tre strofe di endecasillabi e settenari variamente alternati, con rime saltuarie.

> La lirica è impostata nella forma di un'allocuzione diretta al «passero solitario», evidente proiezione autobiografica del poeta stesso.

> L'atteggiamento schivo e solitario del passero preannuncia il parallelismo con il comportamento del giovane Leopardi.

D'in su la vetta della torre antica[1],
passero solitario, alla campagna
cantando vai[2] finché non more il giorno[3];
ed erra l'armonia per questa valle[4].
5 Primavera dintorno
brilla nell'aria, e per li campi esulta[5],
sì ch'a mirarla intenerisce il core[6].
Odi[7] greggi belar, muggire armenti[8];
gli altri augelli contenti, a gara insieme
10 per lo libero ciel fan mille giri[9],
pur festeggiando il lor tempo migliore[10]:
tu pensoso in disparte il tutto miri[11];
non compagni, non[12] voli,
non ti cal d'allegria, schivi gli spassi[13];
15 canti, e così trapassi
dell'anno e di tua vita il più bel fiore[14].

1. D'in ... antica: *dalla cima dell'antica torre.* La «torre» è identificabile con il campanile della chiesa di Sant'Agostino, a Recanati.
2. alla campagna ... vai: *canti senza sosta rivolto alla campagna.*
3. more il giorno: *tramonta il sole.*
4. ed erra ... valle: *e l'armonia del tuo canto si diffonde per la vallata.* L'aggettivo dimostrativo «questa» sottolinea il rapporto diretto con il paesaggio recanatese.
5. Primavera ... esulta: *tutt'intorno, la primavera rende l'aria tersa* («brilla nell'aria») *e gioisce* («esulta») *nel trionfo* (di profumi e colori) *dei campi.*
6. intenerisce il core: *il cuore si commuove.* Il verbo è qui usato in senso intransitivo e «core» è soggetto.
7. Odi: *si sentono* (forma impersonale).
8. armenti: *mandrie di bovini.*
9. gli altri ... giri: *gli altri uccelli contenti fanno mille giri volando tutti insieme a gara per il cielo sereno* («libero» nel senso di "privo di nubi"); «altri» anticipa per antitesi la solitudine del passero (v. 12), che osserva tutto da lontano.
10. pur ... migliore: *festeggiando solo e sempre* («pur») *il momento migliore dell'anno* (cioè, la primavera) *e della loro vita* (cioè, la giovinezza, di cui la primavera è simbolo).
11. miri: *guardi, osservi.*
12. non: l'anafora della negazione sottintende un verbo ("esistono per te").
13. non ... spassi: *non ti curi dell'allegria, eviti i divertimenti.*
14. trapassi ... fiore: *lasci passare la parte più bella* («il più bel fiore») *dell'anno* (cioè, la primavera) *e della tua vita* (cioè, la gioventù).

Laboratorio delle competenze **95**

LABORATORIO DELLE COMPETENZE

> L'affermazione rende esplicita l'equivalenza tra il passero e il poeta, sviluppata in questa seconda strofa.

Oimè, quanto somiglia
al tuo costume[15] il mio! Sollazzo e riso,
della novella età dolce famiglia,
20 e te german di giovinezza, amore,
sospiro acerbo de' provetti giorni,
non curo, io non so come[16]; anzi da loro
quasi fuggo lontano[17];
quasi romito, e strano
25 al mio loco natio[18],
passo del viver mio la primavera[19].
Questo giorno ch'omai cede alla sera,
festeggiar si costuma al nostro borgo[20].
Odi per lo sereno un suon di squilla[21],
30 odi spesso un tonar di ferree canne[22],
che rimbomba lontan di villa in villa[23].
Tutta vestita a festa
la gioventù del loco
lascia le case, e per le vie si spande;
35 e mira ed è mirata, e in cor s'allegra[24].
Io solitario in questa
rimota parte alla campagna uscendo[25],
ogni diletto e gioco
indugio in altro tempo[26]: e intanto il guardo
40 steso nell'aria aprica
mi fere il Sol che tra lontani monti,
dopo il giorno sereno,

> Il calare del sole dopo la serena giornata di festa si fa simbolo dell'inevitabile svanire dell'adolescenza e delle sue generose illusioni.

cadendo si dilegua[27], e par che dica
che la beata gioventù vien meno.

45 Tu, solingo augellin, venuto a sera
del viver che daranno a te le stelle[28],
certo del tuo costume
non ti dorrai[29]; che di natura è frutto

---

15. costume: *modo di vivere.*

16. Sollazzo ... come: *io non mi curo, non so come mai, dei divertimenti e della gioia* («Sollazzo e riso»), *che sono la dolce compagnia* («famiglia») *dell'età giovanile* («novella»), *né di te, amore, che sei fratello* («german») *della gioventù e amaro rimpianto* («sospiro») *nell'età matura* («provetti giorni»).

17. fuggo lontano: è lo stesso atteggiamento del passero al v. 14 («schivi gli spassi»).

18. romito ... natio: *solitario* («romito») *e come estraneo* («strano») *al luogo stesso in cui sono nato.* Il poeta, nel suo isolamento, non partecipa alla vita sociale del paese.

19. passo ... primavera: *trascorro la primavera della mia vita* (cioè, la giovinezza).

20. Questo... borgo: *nel nostro paese* (il «borgo» è Recanati) *si usa festeggiare questo giorno che ormai lascia il posto alla sera* (cioè, "che volge al tramonto"). Si tratta probabilmente del 15 giugno, festa di san Vito, patrono di Recanati.

21. Odi ... squilla: *si sente* («odi» è impersonale, come al v. 8) *un suono di campane nell'aria serena.*

22. un tonar ... canne: *un tuonare di fucili* («ferree canne», per sineddoche). Si spara a salve in segno di festa.

23. di villa in villa: *da un casolare all'altro.*

24. mira ... s'allegra: *guarda e si fa guardare e si rallegra dentro di sé*, con innocente vanità.

25. Io ... uscendo: *io invece allontanando-mi* («uscendo») *tutto solo verso la campagna in questa parte fuori mano* («rimota»).

26. ogni ... tempo: *rimando a un'altra occasione ogni piacere e ogni divertimento.*

27. il guardo ... dilegua: *il sole, che scompare* («si dilegua») *tramontando* («cadendo») *tra montagne lontane dopo il giorno sereno, mi colpisce* («fere») *lo sguardo che si protende* («guardo steso») *nell'aria luminosa* («aprica», propriamente "soleggiata").

28. Tu ... stelle: *tu* (in opposizione con «A me» del v. 50), *o solitario uccellino, quando arriverai alla fine* («sera») *della vita che il destino* («le stelle») *ti concederà.*

29. certo ... dorrai: *certo non ti lamenterai del modo in cui sei vissuto* («tuo costume»).

Laboratorio delle competenze

ogni vostra vaghezza[30].
50 A me, se di vecchiezza
la detestata soglia
evitar non impetro,
quando muti questi occhi all'altrui core,
e lor fia vòto il mondo, e il dì futuro
55 del dì presente più noioso e tetro,
che parrà di tal voglia[31]?
che di quest'anni miei? Che[32] di me stesso?
Ahi pentirommi, e spesso,
ma sconsolato, volgerommi indietro[33].

> L'amara constatazione, proiettata nel futuro, deriva in realtà dalla concreta esperienza del Leopardi maturo, preda dei rimpianti per una giovinezza non vissuta.

30. che ... vaghezza: *dato che ogni vostro desiderio («vaghezza») è frutto della natura*; il comportamento degli animali nasce infatti da un istinto naturale.
31. A me ... voglia?: *a me invece, se non ottengo («impetro») dal destino di evitare la detestabile soglia della vecchiaia* (cioè, di morire ancora giovane), *quando questi oc-* chi saranno incapaci di comunicare sentimenti d'amore («muti ... all'altrui core»), e il mondo sembrerà loro privo di ogni attrattiva («vòto»), e il futuro sarà più noioso e tetro del presente, che cosa sembrerà di questo mio desiderio («voglia») di solitudine? «A me» (v. 50) si lega a «che parrà di tal voglia» (v. 56) da cui lo separano ben tre subordi- nate che evocano lo spettro della vecchiaia.
32. Che: sottinteso «a me parrà», ossia come giudicherò.
33. pentirommi ... indietro: *mi pentirò, e spesso, ma senza possibilità di consolazione mi volgerò indietro*, ossia agli anni della gioventù ormai irrimediabilmente trascorsi.

COMPRENSIONE

1 Nella lirica, alcune caratteristiche, dichiarate o alluse, accomunano il passero e il poeta: quali? Quale differenza sostanziale sottolinea invece Leopardi nell'ultima strofa?

→ **Oltre il testo** **Confrontare e analizzare**

- Ripensando alle altre liriche leopardiane che hai letto, sapresti individuare ulteriori figure alle quali il poeta affida la propria voce o rispetto alle quali evidenzia consonanze? Che cosa puoi osservare a proposito di queste scelte?

2 Il parallelismo tra le prime due strofe è evidenziato da una fitta rete di richiami anche formali: quali espressioni vengono riprese? Nel complesso, ti sembra che le strofe possano essere definite simmetriche? Motiva la tua risposta con riferimenti precisi al testo.

3 La scena descritta si svolge in un borgo, verosimilmente Recanati, in una sera primaverile. Quale valore simbolico assumono il momento della giornata e la stagione dell'anno in relazione al significato della lirica?

LINGUA E LESSICO

4 Completa l'analisi lessicale del testo, individuando (e segnalando con colori diversi) le parole auliche e quelle quotidiane, le parole legate all'ambito semantico della gioia e quelle riferibili all'ambito dell'infelicità.

Laboratorio delle competenze   **97**

LABORATORIO DELLE COMPETENZE

ANALISI E INTERPRETAZIONE

5. Il paesaggio recanatese è centrale nel canto: come viene connotato? Le notazioni visive e acustiche sono positive o negative?

Oltre il testo — Confrontare e analizzare

- Rileggi il profilo biografico leopardiano, e ripensa agli altri canti di ambientazione borghigiana che hai letto: quale rapporto ebbe Leopardi con il proprio luogo di nascita? Spiegandolo, fai riferimento ai testi e ai documenti, evidenziando gli elementi costanti e le analogie presenti nelle poesie.

6. L'amore viene definito da Leopardi «sospiro acerbo de' provetti giorni» (v. 21): spiega questa espressione.

7. Nella conclusione del componimento, l'io lirico afferma che si pentirà, in futuro, del modo in cui ha trascorso la sua giovinezza: da che cosa nascerà il pentimento?

Oltre il testo — Confrontare e analizzare

- La riflessione sull'adolescenza e il suo rapporto con l'età matura è ricorrente nella produzione leopardiana. In quali altri canti è presente? Individua analogie e differenze in un breve testo argomentato.

8. Analizza la struttura sintattica dei vv. 50-57. Per quale motivo Leopardi ricorre a un periodo così complesso? Che funzione hanno invece le tre interrogative?

Oltre il testo — Confrontare e analizzare

- Cerca nelle liriche leopardiane altri esempi di sintassi: è possibile parlare di consuetudini sintattiche leopardiane? Esiste una relazione costante tra significati del testo e scelta sintattica? Esistono differenze marcate nelle differenti fasi della poesia leopardiana?

SCRITTURA E APPROFONDIMENTI

9. Il passero solitario costituisce una sorta di autoritratto in versi del poeta: un motivo caro a molti altri scrittori. Scrivi un breve testo che metta a confronto con questo altri componimenti poetici autobiografici, contestualizzandoli adeguatamente sul piano storico-culturale ed evidenziando analogie e differenze di temi e di toni.

10. Quali considerazioni sulla condizione e sui comportamenti adolescenziali vengono ancora oggi sollecitate dal *Passero solitario* e dall'intera esperienza biografica e poetica di Leopardi? Esiste oggi, nel mondo della comunicazione globale e incessante, una «solitudine dei giovani»? Ti è accaduto di sperimentarla? Elabora su questi temi un breve testo di tipo espressivo, in forma di lettera o di pagina di diario.

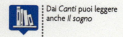

Dai *Canti* puoi leggere anche *Il sogno*

Guida alla verifica orale

DOMANDA N. 1 In che cosa consiste e come si evolve il pessimismo leopardiano?

LA RISPOSTA IN SINTESI

Leopardi giunge presto alla conclusione che l'uomo è necessariamente infelice. Dapprima («pessimismo storico») egli ritiene che l'infelicità sia legata allo sviluppo della civiltà e al distacco dell'uomo dalla Natura, ma poi («pessimismo cosmico») approfondisce la sua tesi, affermando che tutte le creature sono sempre infelici, poiché la Natura ha dato loro l'innato desiderio di una felicità infinita, che non esiste in natura.

LA RISPOSTA NEI TESTI

- **T3** Il brano dello *Zibaldone* contiene una precisa formulazione del cosiddetto «pessimismo cosmico» leopardiano.
- **T7** Solo nell'adolescenza, quando si nutrono ancora speranze nel futuro, ci si può illudere di essere felici.
- **T9** Un'illusione di piacere si può raggiungere solo nell'attesa di una felicità futura.
- **T11** La delusione amorosa fa crollare le ultime speranze nella possibilità di una gioia terrena.
- **T15** Leopardi esprime lucidamente il proprio pessimismo cosmico, causato da una Natura cieca e ostile all'uomo.

DOMANDA N. 2 Che cosa si intende per «poetica del vago e dell'indefinito»?

LA RISPOSTA IN SINTESI

Questa particolare poetica, tipica degli «idilli» giovanili e in parte dei canti pisano-recanatesi, consiste nell'utilizzare immagini indefinite ed espressioni poetiche ampie e suggestive, allo scopo di suscitare nel lettore un'impressione di indefinitezza che appaghi almeno in parte il suo desiderio di infinito, procurando diletto.

LA RISPOSTA NEI TESTI

- **T2** Leopardi espone nello *Zibaldone* i presupposti teorici e le applicazioni pratiche della sua poetica.
- **T5** *L'infinito* costituisce, per le immagini e le scelte lessicali e stilistiche, la più precisa applicazione della poetica del vago.
- **T6** Anche ne *La sera del dì di festa* abbondano le immagini indeterminate e vaghe.
- **T7** In *A Silvia* la prima parte della lirica, dedicata alla giovinezza, è impostata secondo la poetica idillica.
- **T8** Anche ne *La quiete dopo la tempesta,* come in tutti i canti pisano-recanatesi, la struttura è bipartita: a una parte evocativa e indefinita segue una sezione di tono raziocinante e anti-idillico.

DOMANDA N. 3 Quali sono le tematiche più tipiche delle *Operette morali*?

LA RISPOSTA IN SINTESI

I motivi principali di queste prose filosofiche sono l'infelicità dell'uomo, l'impossibilità di raggiungere il piacere, la riflessione sulla Natura e sul materialismo e la polemica sarcastica verso le ideologie progressiste e religiose.

LA RISPOSTA NEI TESTI

- **T14** Nel *Dialogo di Torquato Tasso e del suo genio familiare* l'autore riflette sull'irraggiungibilità del piacere, sul rapporto tra realtà e immaginazione e sul tema della noia.
- **T15** Nel *Dialogo della Natura e di un Islandese* Leopardi esprime appieno il suo desolato pessimismo e la visione della Natura come matrigna crudele del genere umano, indifferente alle sofferenze delle sue creature.
- **T16** Il *Dialogo di un venditore d'almanacchi e di un passeggere* riflette sull'idea che l'unico illusorio piacere concesso all'uomo consiste nella speranza in un futuro migliore.

Laboratorio delle competenze 99

VERSO L'ESAME DI STATO

Verifica delle conoscenze

Quesiti a risposta chiusa

1. Leopardi trascorse l'ultima parte della sua vita:
- ☐ a Recanati
- ☐ a Firenze
- ☐ a Napoli
- ☐ a Roma

2. Nella polemica classico-romantica, Leopardi:
- ☐ si schierò a favore dei romantici
- ☐ si schierò a favore dei classici
- ☐ sostenne l'importanza dell'originalità del poeta
- ☐ non prese una posizione esplicita

3. La prima fase della riflessione filosofica leopardiana prende il nome di:
- ☐ pessimismo storico
- ☐ pessimismo cosmico
- ☐ titanismo eroico
- ☐ pensiero poetante

4. Secondo la «poetica del vago e dell'indefinito» la poesia deve:
- ☐ mostrare all'uomo il «triste vero»
- ☐ suscitare un'illusione di piacere attraverso l'indefinito
- ☐ polemizzare contro le illusioni e i facili ottimismi
- ☐ confortare gli uomini attraverso l'evocazione dei sentimenti

5. I *Canti* furono pubblicati nella loro edizione definitiva:
- ☐ nel 1827
- ☐ nel 1831
- ☐ nel 1835
- ☐ nel 1845

6. Il criterio di strutturazione delle liriche nei *Canti* è:
- ☐ metrico e di genere
- ☐ cronologico
- ☐ cronologico, tematico e metrico
- ☐ del tutto casuale

7. Le *Operette morali* comprendono:
- ☐ liriche e prose alternate fra loro
- ☐ prose satiriche di argomento filosofico
- ☐ dialoghi e racconti di argomento polemico
- ☐ pensieri e appunti occasionali

8. L'ultima fase della lirica leopardiana mostra:
- ☐ un'apertura ottimistica sulla sorte dell'uomo
- ☐ la speranza che l'amore possa portare l'uomo alla felicità
- ☐ un incupirsi del pessimismo cosmico
- ☐ la rivalutazione della solidarietà umana

Quesiti a risposta aperta
(massimo 8 righe per ogni risposta)

1 Spiega in che cosa consiste la «teoria del piacere» elaborata da Leopardi.

2 Illustra la posizione di Leopardi nei confronti del movimento romantico e spiega in che cosa consiste il «classicismo romantico» dell'autore.

3 Chiarisci la differenza di contenuti e forme tra le canzoni e gli idilli.

4 Indica in sintesi quali sono le tematiche principali dei canti pisano-recanatesi.

5 Illustra le novità introdotte da Leopardi nei *Canti* dal punto di vista metrico rispetto alla tradizione precedente.

6 Chiarisci in che senso la maggior parte dei canti pisano-recanatesi presenta una struttura concettualmente e stilisticamente bipartita.

7 Spiega quale ruolo svolge in Leopardi il tema del ricordo, facendo sintetico riferimento alle liriche analizzate.

8 Illustra quali sono gli obiettivi della polemica di Leopardi all'interno delle *Operette morali*.

9 Analizza le novità stilistiche della poesia dell'ultimo Leopardi, con particolare riferimento alla *Ginestra*.

10 Spiega che cos'è lo *Zibaldone*, com'è strutturato e quali sono i motivi della sua importanza.

Trattazione sintetica di argomenti
(massimo 20 righe per ciascuno)

1. Ripercorri l'evoluzione del pessimismo leopardiano, evidenziando in particolare come si modifica nel tempo la visione del rapporto reciproco tra natura e ragione.

2. Illustra la struttura dei *Canti,* evidenziandone le partizioni interne sul piano sia tematico sia stilistico e metrico.

3. Illustra lo scopo e le principali tematiche presenti nelle *Operette morali*.

4. Individua i motivi per cui Leopardi può essere inserito pienamente all'interno della corrente del Romanticismo.

Analisi del testo

T18 Alla luna

Canti, XIV

La lirica, composta da Leopardi nel 1820, entra nell'edizione del 1831 dei Canti, collocata dopo L'infinito e La sera del dì di festa, *nel gruppo degli idilli.*

O graziosa[1] luna, io mi rammento
che, or volge l'anno[2], sovra questo colle
io venia pien d'angoscia a rimirarti:
e tu pendevi[3] allor su quella selva
5 siccome or fai[4], che tutta la rischiari.
Ma nebuloso e tremulo dal pianto[5]
che mi sorgea sul ciglio, alle mie luci[6]
il tuo volto apparia, che travagliosa[7]
era mia vita: ed è, né cangia stile[8],
10 o mia diletta luna. E pur mi giova[9]
la ricordanza, e il noverar l'etate
del mio dolore[10]. Oh come grato occorre[11]
nel tempo giovanil, quando ancor lungo
la speme e breve ha la memoria il corso[12],
15 il rimembrar delle passate cose,
ancor che triste, e che l'affanno duri[13]!

1. **graziosa:** nel duplice senso di *bella* e *benevola.*
2. **or volge l'anno:** *un anno fa.*
3. **pendevi:** *stavi sospesa.*
4. **siccome or fai:** *così come fai ora.*
5. **nebuloso ... pianto:** *offuscato e tremulo a causa delle lacrime.*

6. **luci:** *occhi.*
7. **travagliosa:** *piena di angoscia.*
8. **ed è... stile:** *e ancora lo è, e non cambia la sua condizione.*
9. **mi giova:** *mi è gradito.*
10. **il noverar ... dolore:** *misurare la durata della mia sofferenza.*

11. **grato occorre:** *risulta gradito*; il soggetto è «il rimembrar» (v. 15).
12. **quando ... il corso:** *quando ancora il percorso della speranza è lungo e quello della memoria breve.*
13. **ancor che ... duri:** *anche se il ricordo è doloroso, e la sofferenza perdura ancora.*

Verso l'Esame di Stato

VERSO L'ESAME DI STATO

COMPRENSIONE

1 Svolgi la parafrasi del testo.

2 Riassumi in otto righe il contenuto della lirica.

LINGUA E LESSICO

3 Dal punto di vista stilistico, la lirica presenta una forma espressiva semplice o complessa? Quali elementi lessicali permettono di affermare che viene qui applicata la «poetica del vago e dell'indefinito»?

> **Oltre il testo**   **Confrontare e analizzare**
>
> • Metti a confronto lo stile dei piccoli idilli con quello dei grandi idilli; quali sono le differenze più significative?

ANALISI E INTERPRETAZIONE

4 L'idillio aveva in origine il titolo *La rimembranza*. Come viene considerato il ricordo del passato dal poeta e per quale motivo? Questa valutazione riguarda solo l'io lirico o assume valore universale?

> **Oltre il testo**   **Confrontare e analizzare**
>
> • In quali altri componimenti dei *Canti* il tema del ricordo diviene occasione per una meditazione esistenziale?

5 La lirica si basa sull'alternanza tra passato e presente. Individua nel testo, a partire dai tempi verbali, le parti riferite al presente e quelle legate al passato. Tra i due momenti c'è analogia o differenza di stato d'animo?

6 Spiega il significato dei vv. 13-14 («nel tempo giovanil, quando ancor lungo / la speme e breve ha la memoria il corso»), che vennero aggiunti da Leopardi in un secondo tempo. A quale visione della giovinezza fanno riferimento?

7 Quali caratteristiche ha il paesaggio? È realistico o stilizzato? In che rapporto si pone la luna rispetto allo stato d'animo del poeta?

8 Quale forma metrica è utilizzata nel componimento? Quali *enjambement* sono presenti nel testo e che funzione svolgono?

SCRITTURA E APPROFONDIMENTI

9 La lirica è concepita nella forma di un'allocuzione rivolta alla luna. In quali altri testi leopardiani è presente la luna e quali diversi significati assume? Di che cosa è spesso simbolo?

10 Metti a confronto la parte conclusiva del componimento con i seguenti versi, tratti da *Le ricordanze*, spiegando in un testo scritto l'affinità tematica tra i due testi.

> Qui non è cosa
> ch'io vegga o senta, onde un'immagine dentro
> non torni, e un dolce rimembrar non sorga,
> Dolce per sé; ma con dolor sottentra
> il pensier del presente, un van desio
> del passato, ancor tristo, e il dire: io fui. (vv. 55-60)

Saggio breve

ARGOMENTO ## Il sentimento della natura nel Romanticismo

DOCUMENTI

1 *18 agosto [1771]*
[…] Grandiosi monti mi circondavano, abissi mi stavano innanzi, e torrenti vi cadevano precipitosi; i fiumi scorrevano sotto di me, e ne sonavano la selva e il monte; e io le vedevo, le misteriose Forze, operare e generare congiunte nelle profondità della terra; mentre sopra la terra e sotto il cielo brulicano le generazioni d'innumerevoli specie. Tutto, in ogni dove, è popolato d'innumerevoli forme, ma gli uomini si chiudono fra loro nelle loro casucce, vi si annidano, e si proclamano signori del creato. Illuso! Tu che vedi tutto piccolo perché sei, tu, piccolo. […] Dai monti impervii, e dai deserti che nessun piede calpestò, fino al termine degli oceani inesplorati, va il respiro dell'Eterno Creatore, e si compiace in ogni granello di polvere che lo riceve e ha vita. Oh quante volte in quel tempo sospirai d'approdare, con l'ala della gru che sopra a me trasvolava, alla riva dell'Oceano smisurato per bere al calice spumeggiante dell'Infinito quell'esaltante estasi vitale, per sentire, e fosse pure per un attimo solo, entro la forza angusta del petto mio una stilla della Beatitudine di Colui che tutto ha in sé e tutto da Sé produce!
J.W. Goethe, *I dolori del giovane Werther*, in *Romanzi*, trad. di G.A. Borgese, Milano, Mondadori, 1984

2 G. Leopardi, *Dialogo della Natura e di un Islandese*, p. 86.

3 Al mito del sentimento si collega l'altro grande mito romantico, quello della «Natura»: evadere dal limite si può nel contatto immediato e totale della natura, nella quale palpita una vita divina. La natura degli illuministi è un meccanismo retto da leggi immutabili, estraneo alla vita dell'uomo. Questa è la concezione prospettata dalla scienza. Ma su di un piano più sentimentale questo meccanismo ha finito per assumere l'aspetto di un enorme mostro non solo indifferente, ma crudele, contro il quale vanamente s'infrangono i sospiri e i pianti degli uomini. […] E alla natura indifferente e matrigna rivolge le sue desolate invocazioni e lancia le sue invettive il Leopardi. A questa concezione si appoggia l'atteggiamento titanico tipico di tanta parte del Romanticismo specialmente occidentale. È la natura la responsabile del dolore degli uomini. È contro di essa che il titano deve lottare per liberare gli uomini dall'infelicità […]. Ma accanto alla concezione tragica di una natura nemica si viene formando già sulla fine del Settecento […], e si diffonde in tutto il Romanticismo, quella idillica di una natura amica, confidente e confortatrice. Le due concezioni si alternano e s'intrecciano anche in un medesimo autore (è ciò che avviene appunto nel Leopardi), e persino in una medesima opera […]. Tuttavia la seconda è senza dubbio prevalente e può essere considerata quella veramente caratteristica del Romanticismo.
M. Puppo, *Il Romanticismo*, Roma, ed. Studium, 1994

4 Caspar David Friedrich, *Uomo e donna che contemplano la luna*, 1824 ca.

Verso l'Esame di Stato 103

La fine dell'Ottocento

Consulta la linea del tempo interattiva

Tra Ottocento e Novecento
La Belle Époque

L'Europa alla vigilia della Prima guerra mondiale

Ritratto di Charles Darwin, 1890 circa.

Giovanni Fattori, *Il campo italiano alla battaglia di Magenta*, 1861-1862.

Positivismo

Nei decenni centrali dell'Ottocento si afferma in Europa il Positivismo, una corrente di pensiero fondata sulla fiducia nella ragione e nella scienza, che esalta il progresso e la modernità e si propone di applicare il metodo sperimentale delle scienze matematiche a tutti i campi del sapere. Tra i maggiori esiti della cultura positivista vi sono la teoria dell'evoluzione di Darwin, il determinismo di Taine e il socialismo scientifico di Marx.

Naturalismo

A partire dal 1865 si sviluppa in Francia il Naturalismo, una corrente letteraria che si rifà ai principi del Positivismo e si propone di descrivere in modo scientifico le trasformazioni della società industriale e gli effetti del progresso sulle classi più umili della società, attraverso una narrazione oggettiva e impersonale che considera l'artista al pari di uno scienziato. La poetica naturalista penetra anche in Italia, dove prende il nome di Verismo: gli autori veristi (Capuana, Verga), tuttavia, ambientano le loro opere tra i contadini e i pescatori delle arretrate regioni meridionali.

Eduard Manet, *Colazione sull'erba*, 1862-1863.

Anton von Werner, *La proclamazione dell'impero tedesco*, 1877.

Charles Baudelaire pubblica *I fiori del male*	1857
Charles Darwin pubblica *L'origine delle specie*	1859
Seconda guerra d'Indipendenza e impresa dei Mille	1859-1860
Vittorio Emanuele II di Savoia diviene Re d'Italia	1861
Guerra di secessione americana, vinta dagli Stati del Nord	1861-1865
Prima esposizione degli impressionisti	1863
Inizia la stagione del Naturalismo	1865
La terza guerra d'Indipendenza termina con l'annessione del Veneto	1866
Guerra franco-prussiana vinta dalla Prussia: nasce il Secondo Reich	1870
Roma diventa capitale del Regno d'Italia	1871
Inizia la "grande depressione"	1873
Huysmans pubblica *Controcorrente*, manifesto del Decadentismo estetizzante	1884
Nasce il Partito Socialista Italiano	1895
Disfatta di Adua: finisce l'esperienza coloniale italiana in Etiopia	1896
Umberto I viene ucciso dall'anarchico Gaetano Bresci	1900

Impressionismo

Nei decenni centrali dell'Ottocento nasce in Francia l'Impressionismo, un movimento pittorico che rivoluziona la storia dell'arte ed è alla base delle principali esperienze artistiche del Novecento. In polemica con la pittura storica e ufficiale dell'epoca, gli impressionisti dipingono en plein air ("all'aria aperta") e rivendicano il primato del colore e della luce rispetto al disegno, con l'intenzione di riprodurre sulla tela le emozioni evocate dal paesaggio.

Decadentismo

Negli ultimi decenni dell'Ottocento si diffonde in Europa una nuova sensibilità che critica la società industriale e rifiuta l'ottimismo positivista e il culto della scienza, in nome di una nuova attenzione alla soggettività dell'individuo e agli aspetti irrazionali dell'animo umano. Tali tendenze prendono il nome di Decadentismo e interessano tutti i campi della cultura. Tra le più importanti correnti della letteratura decadente vi sono il Simbolismo e l'Estetismo, che esaltano l'arte come valore assoluto e celebrano l'artista come un individuo eccezionale, che si distingue dalla massa delle persone comuni.

COORDINATE STORICHE

Dall'Unità d'Italia all'età giolittiana

Manifesto pubblicitario dell'Esposizione universale di Parigi, 1900.

La seconda rivoluzione industriale e l'età dell'imperialismo

La seconda rivoluzione industriale Negli ultimi decenni dell'Ottocento l'Europa conosce un periodo di notevole crescita economica e demografica, determinata in primo luogo dall'introduzione di numerose **innovazioni tecnologiche** e dal conseguente **aumento della produzione industriale**.
Risalgono all'epoca di questa **seconda rivoluzione industriale** l'uso dell'**acciaio**, dell'**energia elettrica** e del **petrolio**, lo sviluppo della chimica, l'ampliamento delle **ferrovie** e della **navigazione a vapore** e nuove invenzioni come il motore a scoppio, il telegrafo, la radio, la lampadina, che modificano profondamente l'aspetto delle città e le abitudini della vita quotidiana.
A beneficiare degli effetti di questa ondata di sviluppo sono soprattutto Gran Bretagna, Francia, Germania, Belgio e Italia settentrionale e, fuori dall'Europa, Stati Uniti e Giappone. Rimangono invece in una condizione di arretratezza la maggior parte dell'area mediterranea, ancora legata a un'agricoltura di tipo latifondistico, le regioni orientali dell'Europa e la Russia.

L'emergere della questione sociale Lo sviluppo del capitalismo industriale procede parallelamente alla **piena affermazione della borghesia**, che conquista l'egemonia sociale e politica nella maggior parte degli Stati europei. Ma dopo essere uscita vincitrice dalla secolare lotta contro l'aristocrazia, la classe borghese deve confrontarsi con una nuova **questione sociale** che la vede opposta al **proletariato**. Una delle prime conseguenze del nuovo sviluppo industriale è infatti l'emergere di una **coscienza di classe** tra gli operai, che, negli Stati più avanzati, si organizzano per vedere riconosciuti alcuni diritti fondamentali come lo sciopero, la riduzione dell'orario di lavoro (che poteva superare le dodici ore al giorno), l'aumento dei salari. In seguito alla dura reazione degli industriali, nel movimento operaio si diffondono **dottrine socialiste e comuniste**, nascono le prime associazioni sindacali e i primi partiti politici di ispirazione marxista: nel 1864, a Londra, viene fondata l'Associazione internazionale dei lavoratori (Prima Internazionale) e nel 1875, in Germania, il Partito socialdemocratico tedesco.

La "grande depressione" A partire **dal 1873** tutta l'Europa viene colpita da una **grave crisi economica**, nota come "grande depressione", che si protrae fino **alla metà degli anni Novanta**. Non si tratta di un fenomeno nato dalla mancanza di materie prime ma, al contrario, da una **sovrapproduzione**, ovvero un eccesso di beni prodotti rispetto al reale fabbisogno. Innescata da un massiccio afflusso di cereali a basso costo provenienti dagli Stati Uniti, la "grande depressione" passa rapidamente dall'agricoltura agli altri settori economici, causando un forte **calo dei prezzi**, a cui seguono lo **spopolamento** delle campagne e il **licenziamento** di grandi masse di lavoratori. Si verifica quindi una grande **emigrazione** dalle regioni più povere dell'Europa: tra la fine dell'Ottocento e l'inizio del Novecento milioni di persone – in gran parte provenienti dal sud

Gli effetti della "grande depressione"

La "grande depressione"	Le imprese e gli Stati reagiscono con:
• Dal il 1873 alla metà degli anni Novanta • Dovuta alla sovrapproduzione • Provoca calo dei prezzi, disoccupazione, emigrazione verso le Americhe	• concentrazioni monopolistiche delle aziende (*trust*) • nuove forme di razionalizzazione del lavoro (meccanizzazione) • adozione di politiche protezionistiche • ricerca di nuovi mercati attraverso conquiste coloniali (imperialismo)

Italia, dall'Irlanda e dalla Polonia – lasciano la loro terra e si trasferiscono negli Stati Uniti e nell'America meridionale.

La nascita del capitalismo monopolistico

Per rispondere efficacemente alla crisi, la nascente economia capitalistica si riorganizza attraverso un profondo **rinnovamento delle strutture produttive**. In primo luogo viene avviato un processo di **concentrazione monopolistica**: le principali aziende si raggrupparono in *trust* o 'cartelli', ossia in gruppi di imprese che praticano prezzi analoghi, coprendo l'intero ciclo produttivo e neutralizzando di fatto la concorrenza.

Grandi progressi avvengono anche nel campo della **modernizzazione** delle industrie e degli apparati produttivi. Gli studi dell'ingegnere americano Frederick Winslow **Taylor** sulla divisione scientifica delle fasi del lavoro (detta anche "taylorismo") vengono applicati dall'industriale americano Henry **Ford**, che introduce nei suoi stabilimenti la **catena di montaggio**. Questo sistema, basato su una completa **meccanizzazione dei processi produttivi**, riduce i costi e aumenta la produttività (per assemblare una macchina il tempo passa da dodici ore a una sola ora), ma impone ritmi di lavoro logoranti e considera l'operaio un semplice esecutore al servizio della macchina.

Dal liberismo al protezionismo

La crisi suscitata dalla "grande depressione" spinge gli stessi governi europei a intervenire direttamente nell'economia: abbandonando la politica liberistica del primo Ottocento, i diversi Stati adottano **misure** rigidamente **protezionistiche**, innalzando i dazi doganali e ostacolando la libera circolazione delle merci, allo scopo di **salvaguardare la produzione nazionale**. Parallelamente, molti Stati europei si proiettano verso l'esterno, cercando nuove materie prime e nuovi mercati attraverso il **rilancio dell'espansione coloniale**.

L'imperialismo

L'ondata coloniale che caratterizza gli ultimi decenni dell'Ottocento ha caratteristiche diverse rispetto al passato. Mentre nei secoli precedenti la fondazione di colonie aveva uno scopo essenzialmente commerciale, il nuovo colonialismo europeo avviene all'insegna della **conquista militare** di interi territori, il cui possesso risponde anche a **esigenze strategiche** e di **prestigio** internazionale, tanto da andare sotto il nome di imperialismo.

L'intervento armato delle principali potenze europee si sviluppa soprattutto in **Africa** e nel 1884 la

La linea di assemblaggio del Modello T nello stabilimento della Ford a Detroit, 1908.

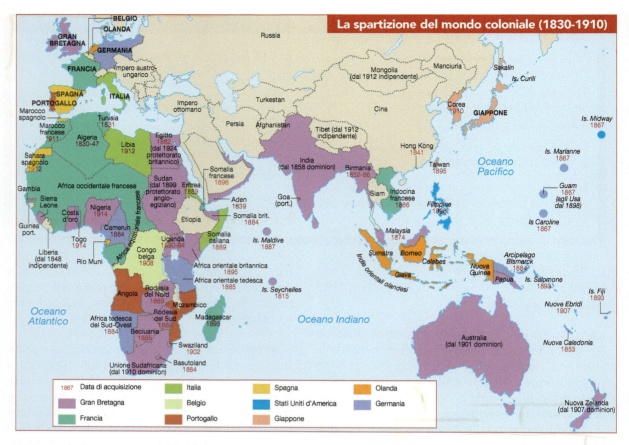

Conferenza di Berlino ratifica la spartizione del continente, ormai quasi completamente nelle mani degli europei.

La "pace armata" tra le grandi potenze

Dopo la rapida vittoria nella guerra franco-prussiana e la nascita del Secondo Reich (1870) la **Germania** è ormai assurta al ruolo di grande potenza continentale, insieme all'**Inghilterra** e alla **Francia**, in cui, dopo la caduta di Napoleone III e la breve esperienza della Comune di Parigi, si è formata la Terza Repubblica, di orientamento liberale. Nel panorama internazionale emergono intanto due nuovi Stati: la **Russia** dello zar Nicola II, che dopo l'abolizione della servitù della gleba (1861) avvia una politica di riforme, destinate però a creare gravi squilibri sociali che culmineranno nella rivoluzione bolscevica del 1917; e gli **Stati Uniti**, che dopo la fine della guerra di secessione (1861-1865) vivono una impetuosa crescita economica che li trasforma, in pochi decenni, nella massima potenza economica mondiale.

Nonostante il periodo successivo al 1870 sia contrassegnato da un quarantennio privo di conflitti sul territorio europeo, la gara imperialistica tra i vari Stati causa una crescente **tensione negli equilibri politici internazionali** e l'emergere di forme di **nazionalismo** sempre più accentuato, tanto che gli storici parlano in proposito di un'epoca di "pace armata". In Europa prevale la "politica dell'equilibrio" del cancelliere tedesco **Bismarck**, che mentre si fa garante dello stato di non-belligeranza, mira in realtà all'egemonia continentale della Germania. Si profilano così due opposti schieramenti destinati a esasperare sempre più i contrasti che porteranno alla Prima guerra mondiale: la **Triplice Alleanza (1882)** tra Germania, Austria e Italia, e la **Triplice Intesa (1907)** tra Francia, Inghilterra e Russia.

Sosta di verifica

1. Quali innovazioni tecnologiche favoriscono la crescita economica di questi decenni?
2. Che cosa si intende per "grande depressione"? Quali sono le sue conseguenze?
3. Quali misure adottano le grandi aziende per far fronte alla crisi?
4. Quali fattori influenzano il passaggio dal liberismo a una politica di tipo protezionistico?
5. Quali aspetti caratterizzano il colonialismo di fine Ottocento?

L'Italia dopo l'Unità

Un Paese arretrato   All'indomani dell'unificazione, l'**Italia** si presenta come un **Paese** fortemente **arretrato**: il ceto borghese stenta ad affermarsi e l'economia, specie nel Meridione, è ancora fondata in buona parte su un'agricoltura di tipo latifondistico, poco produttiva e all'origine di forti squilibri sociali. Il Paese è contrassegnato da una **marcata differenza tra Nord e Sud** ed è privo di unità amministrativa e di una rete di trasporti efficiente. A questo si aggiungono gravi problemi interni come l'**analfabetismo**, che interessa quasi l'80% della popolazione, e soprattutto il **brigantaggio**. Nelle **regioni meridionali** migliaia di giovani rifiutano di arruolarsi nell'esercito piemontese e protestano per le durissime condizioni di vita del popolo, ma la loro ribellione viene sedata nel sangue dal governo unitario, che in pochi anni invia nel Meridione oltre 100.000 soldati.

I problemi del nuovo Regno d'Italia
- Arretratezza economica e sociale
- Differenze tra Nord e Sud
- Carenza di infrastrutture
- Analfabetismo
- Brigantaggio nelle regioni meridionali

Anche il parlamento è espressione di una ristretta minoranza, poiché la legge elettorale, basata sul reddito, concede il diritto di voto a meno del 2% della popolazione.

La Destra storica   Dal **1861** al **1876** questi gravi problemi vengono affrontati dalla cosiddetta "**Destra storica**", ispirata ai valori del **liberalismo moderato** di Cavour ed espressione degli interessi dei grandi proprietari terrieri e degli industriali del Nord. Sul piano amministrativo i vari governi tentano di unificare realtà regionali spesso molto differenti tra loro attraverso un **programma centralistico**, che estende le strutture del regno sabaudo a tutta la Penisola e introduce il **servizio militare obbligatorio**. A livello economico, la Destra storica giunge al **risanamento del bilancio** statale (1876), ma è costretta per questo a un notevole inasprimento della **pressione fiscale**, con imposte (come la tristemente famosa "tassa sul macinato" del 1868) che gravano soprattutto sulle classi più povere.

Il compimento dell'unificazione   Il governo della Destra storica si trova a dover affrontare anche la questione del completamento dell'Unità. Vista l'impossibilità di annettere Roma e il Lazio, nel 1865 viene dichiarata capitale Firenze. Ma nel **1870**, approfittando delle difficoltà della Francia, protettrice del papato ma impegnata nella guerra contro la Prussia, le truppe italiane entrano a Roma attraverso la **breccia di Porta Pia** (20 settembre), ponendo fine al dominio temporale della Chiesa. Nel **1871 Roma** è proclamata **capitale** del Regno d'Italia, ma papa **Pio IX** rifiuta di riconoscere lo Stato italiano; il pontefice rinnova la scomunica contro gli usurpatori e nel **1874** promulga la bolla *Non expedit*, con cui vieta ai cattolici di partecipare alla vita politica del Paese.

Giorgio Sommer, *Lo scrivano, costume di Napoli*, 1870.

Dall'unità d'Italia all'età giolittiana | 109

La parola ai protagonisti

La "questione meridionale" nelle *Lettere* di Pasquale Villari

Tra i numerosi scritti dedicati alla questione meridionale spiccano le *Lettere meridionali* di Pasquale Villari (1826-1917), pubblicate nel 1875 sulla rivista «L'opinione». In questi scritti, Villari, storico e poi deputato e senatore del Regno d'Italia, indicava come cause dell'arretratezza del Meridione la corruzione, la malavita organizzata e, soprattutto, la mancanza di una piccola proprietà terriera in grado di opporsi allo strapotere dei latifondisti.

Per distruggere il brigantaggio noi abbiamo fatto scorrere il sangue a fiumi, ma ai rimedi radicali abbiamo poco pensato. In questa, come in molte altre cose, l'urgenza dei mezzi repressivi ci ha fatto mettere da parte i mezzi preventivi, i quali soli possono impedire la riproduzione di un male che certo non è spento e durerà un pezzo. In politica noi siamo stati buoni chirurghi e pessimi medici. [...] Chi può mettere in dubbio che il nuovo governo abbia aperto gran numero di scuole, costruito molte strade e fatto opere pubbliche? Ma le condizioni sociali del contadino non furono soggetto di alcun studio, né di alcun provvedimento che valesse direttamente a migliorarne le condizioni. Uno solo dei provvedimenti iniziati tendeva direttamente a questo scopo, ed era la vendita dei beni ecclesiastici in piccoli lotti, e la divisione di alcuni beni demaniali[1]. Ciò poteva ed era inteso a creare una classe di contadini proprietari, il che sarebbe stato grande benefizio per quelle province. Ma senza entrare in minuti[2] particolari, noteremo per ora che il risultato fu assai diverso dallo sperato; perché è un fatto che quelle terre, in uno o in un altro modo, andarono e vanno rapidamente ad accrescere i vasti latifondi dei grandi proprietari, e la nuova classe di contadini non si forma.

P. Villari, *La questione meridionale ed altri scritti sulla questione sociale in Italia*, Torino, Bocca, 1885

1. beni demaniali: terreni appartenenti allo Stato.
2. minuti: minimi.

La "questione meridionale" Alla fine del processo di unificazione emerge sulla scena politica nazionale un nuovo problema, destinato a influenzare la vita dello Stato italiano per decenni: la **"questione meridionale"**. L'espressione, che ricorre per la prima volta in un dibattito parlamentare del 1873, è usata per indicare la condizione di **miseria** e **arretratezza** che caratterizza le **regioni del Sud Italia**. A portare l'argomento all'attenzione dell'opinione pubblica sono alcuni storici ed economisti che vedono nel sottosviluppo del Meridione un fattore in grado di influenzare negativamente lo sviluppo nazionale. Tra i numerosi studi sulla condizione del Meridione apparsi in questi anni ricordiamo le *Lettere meridionali* (1875) di **Pasquale Villari** (1826-1917), l'*Inchiesta in Sicilia* (1876) di **Leopoldo Franchetti** (1847-1917) e **Sidney Sonnino** (1847-1922), e l'*Inchiesta Jacini* (1880-1885), promossa dal Parlamento per indagare le condizioni di vita delle classi rurali.

Questi contributi evidenziano una serie di cause all'origine della questione meridionale, tra cui la difficoltà per i contadini di avere libero accesso ai terreni, l'**arretratezza dell'agricoltura**, ancora di tipo latifondistico e non meccanizzata (come era invece quella delle regioni settentrionali) e la **collusione tra istituzioni, grandi proprietari terrieri e organizzazioni malavitose** (la camorra e la mafia), che ostacola le rivendicazioni di contadini e braccianti e protegge gli interessi dei "padroni". Tra le soluzioni proposte per contrastare l'arretratezza del Meridione vi sono invece la formazione di una borghesia moderna in grado di contrastare la corruzione e la malavita; un incremento della piccola proprietà terriera, ottenuto attraverso il **frazionamento dei latifondi**; l'adozione di un modello di sviluppo che combini industria e agricoltura.

Sosta di verifica

1 Quali problemi affliggono l'Italia dopo la proclamazione del Regno?

2 Che cos'è la Destra storica e qual è il suo programma di governo?

3 Quali sono i rapporti tra Stato e Chiesa dopo l'unificazione?

4 Che cosa si intende con l'espressione "questione meridionale"?

La fine dell'Ottocento • Coordinate storiche

L'Italia dal 1876 al 1896

La Sinistra storica e il trasformismo Nel 1876 la cosiddetta "rivoluzione parlamentare" pone fine al periodo della Destra e porta al potere la **Sinistra storica**, che con il suo leader **Agostino Depretis** governerà l'Italia **fino al 1887**. Anche se gli esponenti della Sinistra storica si caratterizzano per un maggiore progressismo sociale e per una certa apertura alla modernizzazione del Paese, in questa prima fase della storia italiana Destra e Sinistra non sono schieramenti politici nettamente distinti per ideologia e programmi, ma piuttosto correnti moderate, in cui confluiscono gli interessi della borghesia nel suo complesso. L'ascesa della Sinistra segna anche l'inizio del cosiddetto **"trasformismo"**, una spregiudicata prassi politica che consiste nel venire a patti di volta in volta con i diversi gruppi di potere, assicurandosi l'appoggio parlamentare di numerosi deputati disposti a spostarsi da uno schieramento all'altro, con una **spartizione clientelare del potere politico** che elimina ogni reale opposizione.

Riforme e politica coloniale In politica interna, Depretis attua una serie di riforme in senso progressista: vara una nuova **legge elettorale** (1882) che amplia la percentuale degli aventi diritto al voto (ora vicina al 7%), abolisce l'odiata tassa sul macinato e con la **Legge Coppino** (1877) introduce un **obbligo scolastico di tre anni** e rende gratuita l'iscrizione alla scuola elementare. Tra gli intenti prioritari del ceto dirigente vi è infatti la necessità di creare una coscienza nazionale unitaria, da raggiungere in primo luogo attraverso la riorganizzazione del sistema scolastico. La legge Coppino favorisce una graduale **crescita dell'alfabetizzazione**, sia pure con grandi disomogeneità tra Nord e Sud, città e campagne, maschi e femmine, e con un grave ritardo rispetto ai Paesi europei più industrializzati.

In politica estera, il governo cerca uno **sbocco coloniale in Africa** al pari delle grandi potenze europee (anche se l'Italia era stata invitata alla Conferenza di Berlino solo come Paese "osservatore"). Le truppe italiane penetrano dapprima nella baia di Assab, in Eritrea, ma il successivo tentativo di assoggettare l'**Etiopia** culmina nel gennaio del **1887** nella drammatica **sconfitta di Dogali**.

Il governo Crispi, tra avventura coloniale e riforme interne Nel luglio 1887, con la morte di Depretis si conclude l'esperienza della Sinistra storica e sale al potere **Francesco Crispi**, che resta al governo fino al 1896. Anche Crispi adotta una **politica estera aggressiva e nazionalistica**, improntata all'espansionismo coloniale. Nel 1890 l'Italia ottiene dal *negus* di Etiopia il riconoscimento delle conquiste in Eritrea e progetta di espandere la propria area di

Vignetta caricaturale sulla Triplice Alleanza del 1882 che raffigura Francesco Crispi, Otto von Bismarck e l'imperatore Francesco Giuseppe d'Austria.

L'Italia tra i governi Depretis e Crispi (1876-1896)

- Introduzione dell'obbligo scolastico (Legge Coppino, 1877)
- Nuova legge elettorale che aumenta gli aventi diritto al voto fino al 7%
- Avventura coloniale in Africa (Eritrea e Etiopia) finita con le sconfitte di Dogali (1887) e Adua (1896)
- Riorganizzazione della pubblica amministrazione e nuovo codice penale
- Repressione delle proteste popolari (Fasci siciliani, 1893)

influenza verso l'**Abissinia**. Ma l'impresa fallisce clamorosamente: le sconfitte dell'Amba Alagi e di Macallè (1895) e il **massacro di Adua** (1896) rivelano il carattere velleitario e l'inadeguatezza militare delle ambizioni imperialiste italiane, e portano alle dimissioni di Crispi.

In politica interna, invece, l'azione di Crispi si caratterizza per un marcato **autoritarismo**, volto a rafforzare il potere esecutivo del governo, che in poco più di un anno riforma la legge elettorale, **riorganizza la pubblica amministrazione** e introduce il nuovo Codice Penale Zanardelli (1889), che prevede tra l'altro l'abolizione della pena di morte.

Nascita del Partito socialista e tensioni sociali

Il governo Crispi applica la propria politica autoritaria anche alla gestione delle crescenti **tensioni sociali** che agitano il Paese, causate dagli effetti economici della "grande depressione" e da una sempre maggiore **organizzazione politica e sindacale della classe operaia**. Nel 1892, a Genova, viene fondato il Partito dei lavoratori italiani, di ispirazione marxista, che nel **1895** prende il nome di **Partito socialista italiano**; il suo principale esponente, **Filippo Turati**, propone una serie di moderate riforme economiche e sociali da attuare attraverso la collaborazione con il ceto borghese. I governi, però, rispondono alle rivendicazioni dei lavoratori con **sanguinose repressioni**. Nel 1893 Crispi invia l'esercito per reprimere il movimento dei **Fasci siciliani**, che chiedeva riforme agrarie in favore dei contadini, ma sosteneva anche richieste di secessione della Sicilia. La dura repressione causa un centinaio di morti. A **Milano**, invece, nel **1898** il generale **Bava Beccaris** ordina di usare i cannoni contro la folla disarmata che protesta contro l'aumento del prezzo del pane, uccidendo 80 persone.

La violenza dello scontro politico-sociale culmina nel gesto clamoroso di **Gaetano Bresci**, un emigrato anarchico che nel **1900**, a Monza, **uccide il re Umberto I**, colpevole di aver insignito Bava Beccaris di un'onorificenza dopo la strage di Milano.

Sosta di verifica

1 In che cosa consiste la pratica politica del trasformismo?
2 Quali sono le principali misure adottate dai governi della Sinistra storica?
3 In che direzione e con quali esiti si svolge l'avventura coloniale italiana?
4 Qual è la reazione dei governi alle proteste di contadini e operai?

Manifesto pubblicitario dell'«Avanti!», quotidiano del Partito socialista italiano, fondato a Roma nel 1896.

Il film del mese
Nuovomondo

- **REGIA** Emanuele Crialese
- **ANNO** 2006
- **DURATA** 114 min.
- **CAST** Charlotte Gainsbourg (Lucy), Vincenzo Amato (Salvatore), Aurora Quattrocchi (Donna Fortunata), Francesco Casisa (Angelo), Filippo Pucillo (Pietro), Federica De Cola (Rita), Isabella Ragonese (Rosa

Scopri altri materiali sul film

L'AUTORE E L'OPERA

Oltre a *Nuovomondo* il siciliano Emanuele Crialese (1965) ha dedicato al tema dell'immigrazione anche la sua opera d'esordio, *Once we were stragers* (1997) e il più recente *Terraferma* (2011), film che affrontano questo delicata questione dal punto di vista dei migranti (nel primo caso) e da quello di chi i migranti li vede sbarcare (nel secondo).

Il pluripremiato *Nuovomondo* (2006), vincitore del Leone d'argento a Venezia, è più di una semplice storia di emigrazione, poiché affronta il tema universale della perdita e dell'abbandono, dell'allontanamento dalla terra madre verso mete sconosciute. È infatti un film che parla di ali e radici: le ali che spingono l'uomo alla ricerca di una vita migliore e le radici che lo legano al luogo di nascita e che hanno contribuito a renderlo ciò che è.

LA TRAMA

Il film racconta il viaggio verso l'America compiuto agli inizi del Novecento dalla famiglia siciliana dei Mancuso. Come migliaia di altri migranti, i Mancuso decidono di partire per gli Stati Uniti dopo che il capofamiglia, il vedovo Salvatore, ha fatto un voto e chiesto un segno al cielo: il segnale arriva quando il figlio Pietro arriva con una cartolina di propaganda che ritrae minuscoli contadini accanto a galline giganti e carote enormi. Dopo aver venduto tutti i loro beni, Salvatore, i figli Angelo e Pietro, l'anziana madre Fortunata lasciano la Sicilia e si imbarcano. Sulla nave Salvatore conosce Lucy, una elegante signora inglese che viaggia da sola ed è alla ricerca di un marito per poter entrare negli Stati Uniti. Una volta giunti in America gli immigrati vengono sottoposti a test d'intelligenza che decidono il loro ingresso nel Paese. Tutta la famiglia affronta queste prove umilianti, ma questo potrebbe non essere sufficiente per farli diventare cittadini del "Nuovomondo".

TRE BUONI MOTIVI PER VEDERLO

1. Affronta i pregiudizi che da sempre accompagnano gli emigranti e il loro difficile inserimento nella società di accoglienza.
2. Attraverso la storia di una famiglia italiana avvicina gli spettatori alle aspettative degli immigrati di oggi, per i quali è l'Italia il "nuovomondo".
3. Grazie all'uso del dialetto siciliano offre una visione inedita del viaggio dei protagonisti e permette allo spettatore di immaginare assieme a loro la "favolosa" America.

COORDINATE CULTURALI

Tra Positivismo e Decadentismo

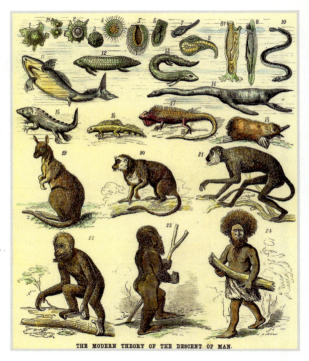

L'evoluzione della specie in una tavola illustrata da Ernst Haeckel, 1874.

Il Positivismo

Progresso e fiducia nella scienza Le trasformazioni avvenute nella società occidentale in seguito alla rivoluzione industriale si ripercuotono in modo profondo sulla cultura ottocentesca. Esaurito lo slancio romantico che caratterizza i primi decenni del XIX secolo, gli intellettuali elaborano una nuova **visione razionalistica** della realtà e contrappongono allo spirito e all'interiorità, tipiche della cultura romantica, la fiducia nella ragione, nella scienza e nel progresso. Nasce così il **Positivismo**, una corrente di pensiero che si propone di applicare alle dinamiche sociali e culturali il **metodo sperimentale delle scienze matematiche** (dette "positive" perché basate su una realtà dimostrabile con l'esperienza): ovvero l'osservazione diretta dei fenomeni, la sperimentazione e una concezione della realtà come un qualcosa di scientificamente conoscibile.

Affermatosi dapprima in Francia in ambito filosofico, tra gli anni Sessanta e la fine del XIX secolo il Positivismo diventa parte integrante della mentalità dell'epoca e incarna l'ideologia dominante della borghesia nella sua fase di più aggressiva affermazione, in cui le conquiste del mondo occidentale appaiono inarrestabili e nulla sembra poter fermare l'avanzata della modernità.

Comte e la nascita della sociologia

Il termine "positivismo" viene usato per la prima volta in Francia nel 1822 dal filosofo utopista Henri de Saint-Simon (1760-1825), ma è grazie ad **Auguste Comte** (1789-1857) che passa a indicare, in senso più ampio, la filosofia e la cultura dominanti in Europa nella seconda metà dell'Ottocento. Nel suo *Corso di filosofia positiva* (1830-1842) Comte afferma che l'umanità ha compiuto un cammino progressivo sulla via della conoscenza, passando da uno stadio teologico, in cui le cause dei fenomeni venivano attribuite alle divinità, a uno stadio metafisico, in cui la realtà veniva spiegata sulla base di principi laici ma astratti, per giungere infine a uno stadio positivo, quello della modernità. In quest'epoca, cominciata con Galileo e Cartesio, l'uomo ha compreso che **l'unico vero sapere è quello scientifico** (basato sui dati osservabili attraverso l'esperienza e verificabili in modo sperimentale) e ha iniziato a formulare leggi capaci di spiegare i meccanismi che regolano il mondo fisico.

Per padroneggiare la realtà, l'uomo deve quindi rinunciare alla ricerca delle cause ultime dei fenomeni (il "perché" della realtà) e concentrarsi sui loro meccanismi e sulla **dinamica dei rapporti di causa-effetto** (il "come"), applicando il metodo scientifico anche allo studio dell'uomo. Sarà compito di una nuova disciplina, la **sociologia**, analizzare scientificamente i comportamenti umani e le dinamiche sociali che li determinano.

Il determinismo di Taine Tra i principali esponenti del Positivismo francese vi è il filosofo **Hippolyte Taine** (1828-1893). Nel saggio *Filosofia dell'arte* (1865) egli afferma che l'opera d'arte non è il frutto del genio individuale o di un'ispirazione soggettiva (come invece sostenevano i romantici), ma il prodotto di precisi **fattori che determinano le scelte degli individui** e ne influenzano il comportamento: l'ambiente, la **razza** (intesa come caratteristiche antropologiche di un popolo) e il **momento storico**. Questa teoria, che prende il nome di **determinismo**, influenza in modo decisivo gli scrittori naturalisti che, proprio in quegli anni, elaborano una nuova forma di romanzo.

Darwin e l'evoluzionismo   Il metodo scientifico del Positivismo è all'origine di una delle più importanti teorie scientifiche dell'Ottocento, l'"**evoluzionismo**" del naturalista inglese **Charles Darwin** (1809-1882). Ne *L'origine delle specie* (1859) egli sostiene che le diverse specie esistenti in natura si modificano nel corso del tempo, evolvendosi per meglio adattarsi all'ambiente circostante ed entrando in competizione tra loro. Questa serrata lotta per la vita (*struggle for life*) si risolve con la vittoria degli individui dalle caratteristiche più adatte alla sopravvivenza, che vengono poi trasmesse geneticamente ai loro discendenti. L'evoluzione e il progresso delle specie sono quindi determinati dal **principio della selezione naturale**, che fa sì che le mutazioni di un singolo si propaghino alla specie, rendendola più forte rispetto ad altre, che invece soccombono perché incapaci di adattarsi all'ambiente.
Le osservazioni di Darwin presentano alcuni punti di contatto con le teorie dell'economista inglese **Thomas Malthus** (1766-1834). Nel *Saggio sulla popolazione* (1798) lo studioso aveva individuato la causa dei conflitti tra gli esseri viventi nella diversa distribuzione e produzione delle risorse, da cui deriva la crescita o il declino dei diversi popoli. Darwin prende spunto da questa conclusione ma la estende anche al conflitto tra individui della stessa specie.
Nel saggio *L'origine dell'uomo* (1871), invece, Darwin giunge a una conclusione rivoluzionaria: **anche l'uomo**, come le altre specie naturali, **è frutto della selezione naturale**, che lo ha portato a differenziarsi gradualmente da altre specie di primati. Una simile teoria suscita grande scandalo nel mondo scientifico e soprattutto nella Chiesa, in quanto nega il racconto biblico della creazione (creazionismo) e l'immutabilità delle specie sostenuta dalla teologia cattolica.

Il darwinismo sociale di Spencer   Le ipotesi di Darwin si estendono ben presto anche ad altri campi del sapere. Il filosofo inglese **Herbert Spencer** (1820-1903) **applica i principi dell'evoluzionismo alla società umana**, sostenendo che anche le classi sociali evolvono nel tempo secondo una fisiologica selezione naturale, che garantisce il successo dei ceti sociali più forti. Tali meccanismi hanno portato alla nascita della moderna società capitalistica e al trionfo del ceto borghese e poiché, secondo Spencer, questa evoluzione è inarrestabile, ogni tentativo di variarne il corso cercando di eliminare la distinzione tra le classi risulterebbe inutile e dannoso.
Questa teoria, che prende il nome di "**darwinismo sociale**", è accolta con favore dalla borghesia, che vi

---

La parola ai protagonisti

Darwin: «L'uomo è disceso da un quadrupede peloso»

Nel capitolo conclusivo del suo saggio *L'origine dell'uomo* (1871), Charles Darwin – in aperta polemica con ogni visione creazionista – ribadisce con fermezza la necessità di applicare la teoria dell'evoluzionismo anche all'uomo, discendente da un mammifero meno evoluto e perfezionatosi nel tempo attraverso le leggi della selezione naturale e della lotta per l'esistenza.

La conclusione principale cui siamo giunti, ora sostenuta da molti naturalisti ben capaci di formulare un giudizio valido, è che l'uomo sia disceso da qualche forma meno organizzata. [...] Chi non si contenta di guardare, come fanno i selvaggi, i fenomeni della natura in modo slegato, non può più pensare che l'uomo sia il risultato di un atto separato di creazione. Costui sarebbe costretto a riconoscere che la stretta somiglianza di un embrione umano con quello per esempio di un cane – la struttura del cranio, delle membra e di tutto lo scheletro – con una base uguale a quella degli altri mammiferi, indipendentemente dall'uso cui le singole parti sono adibite [...] portano tutti nel modo più evidente alla conclusione che l'uomo è codiscendente[1], insieme ad altri mammiferi, da un progenitore comune. [...] Considerando la struttura embriologica dell'uomo [...] possiamo parzialmente ricostruire nella nostra mente la condizione primitiva dei nostri progenitori; e possiamo approssimativamente collocarli al proprio posto nella serie zoologica. Impariamo in tal modo che l'uomo è disceso da un quadrupede peloso, con la coda, probabilmente di abitudini arboree, e abitante del vecchio mondo[2].

C. Darwin, *L'origine dell'uomo*, in *L'evoluzionismo*, a cura di A. Somenzi, Torino, Loescher, 1976

1. codiscendente: discendente al pari delle altre creature.
2. vecchio mondo: il continente europeo.

Tra Positivismo e Decadentismo   **115**

ritrova l'implicita giustificazione del suo successo. Ma alcuni pensatori la utilizzano come giustificazione ideologica delle politiche imperialiste dell'epoca, spiegando che il dominio dell'Occidente civilizzato sui popoli "selvaggi" è un fenomeno legittimo e necessario per lo sviluppo e il progresso della razza umana.

Il Positivismo italiano Sia pure in ritardo rispetto agli altri Paesi europei, anche in Italia si registra un certo sviluppo delle scienze naturali e sociali. Rilevante è l'opera di **Roberto Ardigò** (1828-1920), maestro della scuola sociologica padovana e promotore di una **pedagogia scientifica** attraverso la quale «l'uomo può acquisire le abitudini di persona civile, di buon cittadino». Lo psichiatra Cesare Lombroso (1835-1909), fondatore dell'antropologia criminale, riteneva invece possibile prevedere con certezza i comportamenti di un individuo attraverso la fisiognomica, ovvero lo studio dei suoi tratti somatici (l'aspetto del viso, le dimensioni e la forma del cranio ecc.). Per esempio, sarebbe stato possibile dimostrare come alcuni tratti fisici particolari (fronte sporgente, mandibole prominenti ecc.) fossero indice di un'indole aggressiva e violenta e potenzialmente criminale. Le teorie di Lombroso, che all'epoca godevano di grande considerazione (la fisiognomica era persino usata come prova nei tribunali), saranno però completamente smentite nel Novecento.

Un'altra importante applicazione del metodo positivista in Italia è quella degli economisti e degli storici che si occupano della questione meridionale, che per la prima volta tentano di spiegare scientificamente le cause dell'arretratezza dell'Italia del Sud.

Cesare Lombroso, *L'uomo delinquente*, Tav. XLVII, 1876.

⬤ Sosta di verifica

1. Su quali principi si fonda il metodo positivista?
2. Qual è il compito della sociologia?
3. Che cosa afferma il determinismo di Taine?
4. In che modo la teoria darwiniana influenza anche l'osservazione delle dinamiche sociali?
5. Quali sono i principali rappresentanti del Positivismo italiano?

⬤ Il Positivismo

Il pensiero	I principali esponenti
• Corrente di pensiero razionalista contrapposta allo spiritualismo e all'interiorità romantici	• **Comte** (sociologia): applica la dinamica dei rapporti causa-effetto alle scienze umane
• Ha fiducia nella scienza e nel progresso dell'umanità	• **Taine** (determinismo): sostiene che l'opera d'arte è influenzata da ambiente, razza e momento storico
• Applica il metodo scientifico a tutti i campi del sapere	• **Darwin** (evoluzionismo): individua il principio della selezione naturale come motore dell'evoluzione naturale
• È l'ideologia della classe borghese e del suo ottimismo	• **Spencer** (darwinismo sociale): estende le scoperte di Darwin alle relazioni umane e internazionali

Marx e il socialismo scientifico

Questione sociale e critica del progresso

Se il trionfo del capitalismo borghese trova la propria giustificazione ideologica nelle teorie del Positivismo, il diffondersi dell'industrializzazione determina però anche un **peggioramento delle condizioni di vita delle classi subalterne**.

La meccanizzazione dei lavori agricoli provoca un gran numero di disoccupati tra i contadini, che si spostano nelle città per cercare un impiego come operai salariati. Ma il lavoro nelle fabbriche è molto duro, i salari ai limiti della sopravvivenza, e le condizioni abitative nelle zone periferiche assai degradate. Il presunto progresso mostra così il suo volto negativo e disumano, soprattutto per il **proletariato** che, però, proprio in questo periodo raggiunge una nuova coscienza di classe.

Il socialismo scientifico di Marx

Su questa base si sviluppa il pensiero di **Karl Marx** (1818-1883), che avrà grande importanza per la storia europea. Muovendo da un'analisi di tipo scientifico, in cui sono evidenti le influenze del pensiero positivista, il filosofo tedesco elabora, nel *Manifesto del Partito Comunista* (1848, scritto con l'amico Friedrich Engels) e, soprattutto, nel *Capitale* (1867), una serrata **critica della società borghese e capitalistica** che prende il nome di "socialismo scientifico", per distinguerlo dalle numerose teorie di inizio secolo che proponevano dottrine socialistiche di tipo utopistico.

Basandosi sulla dottrina del "**materialismo storico**" (che vede nei processi economici i fattori di sviluppo della società), Marx sostiene che le differenze sociali sono diretta conseguenza dei meccanismi stessi del sistema capitalistico, fondato sul possesso esclusivo dei mezzi di produzione (le macchine) da parte degli imprenditori borghesi. La differenza tra il **valore del lavoro** e il **valore del salario** garantisce il guadagno dell'imprenditore, il quale "compra" la forza-lavoro dell'operaio pagandogli uno stipendio inferiore al costo del bene prodotto e si assicura così i profitti necessari a nuovi investimenti: è quindi facilmente intuibile che gli imprenditori sono in grado di realizzare **profitti maggiori mantenendo bassi i**

La parola ai protagonisti

La lotta di classe nel *Manifesto* di Marx

Nel *Manifesto del Partito Comunista*, scritto da Karl Marx e Friedrich Engels nel 1848, viene teorizzata la contrapposizione tra le classi sociali, vista come un elemento centrale dello sviluppo storico. Nel brano è evidente come le teorie del darwinismo sociale vengano reinterpretate secondo l'ottica delle classi meno abbienti.

Uno spettro si aggira per l'Europa: lo spettro del comunismo. Tutte le potenze della vecchia Europa si sono coalizzate in una sacra caccia alle streghe contro questo spettro: il papa e lo zar, Metternich e Guizot[1], radicali francesi e poliziotti tedeschi. [...] È gran tempo che i comunisti espongano apertamente a tutto il mondo la loro prospettiva, i loro scopi, le loro tendenze, e oppongano alla favola dello spettro del comunismo un manifesto del partito. [...]

La storia di tutta la società, svoltasi fin qui, è storia delle lotte delle classi. Liberi e schiavi, patrizii e plebei, baroni e servi della gleba, maestri capi delle arti[2] e artigiani addetti alla compagnia, in una parola, oppressi e oppressori, stettero continuamente in contrasto tra loro e sostennero una lotta non mai interrotta, a volte palese a volte dissimulata; ma che è sempre finita, o con la trasformazione rivoluzionaria di tutta la società, o con la totale rovina delle classi in contesa. [...] Questa moderna società borghese, sorta dalla rovina della società feudale, non ha già distrutto le opposizioni di classe. Essa ha soltanto introdotto nuove classi, nuove condizioni di oppressione, nuove forme di lotta, sostituendole alle antiche.

Nondimeno quest'epoca nostra, quest'epoca della borghesia, presenta una notevole differenza rispetto alle altre, ed è che in essa le opposizioni di classe si son semplificate. L'intera società si va, e sempre di più in più, come scindendo in due campi nemici, in due classi direttamente opposte: la borghesia e il proletariato.

K. Marx – F. Engels, *Manifesto del Partito Comunista*, traduzione di L. Caracciolo, Milano, Silvio Berlusconi Editore, 1998

1. Metternich e Guizot: sono i primi ministri austriaco e francese all'epoca in cui viene redatto il *Manifesto*.
2. capi delle arti: i capi delle corporazioni artigiane medievali.

Tra Positivismo e Decadentismo

Emilio Longoni, *L'oratore dello sciopero*, 1891.

salari. Tuttavia, secondo Marx, il capitalismo è destinato per sua natura all'autodistruzione, secondo una dinamica di selezione naturale. La concorrenza spietata porterà infatti al tracollo degli imprenditori più deboli e la società si ridurrà a due sole classi: un esiguo numero di grandi capitalisti e una massa sterminata di proletari. A questo punto i salariati si ribelleranno e, attraverso una **rivoluzione sociale**, si impadroniranno dei mezzi di produzione, instaurando una società comunista senza distinzione fra le classi sociali.

Una nuova attenzione verso il mondo dei lavoratori
Il pensiero marxista è tra i motivi ispiratori della drammatica esperienza della **Comune di Parigi** (1871), soffocata nel sangue dalle truppe del governo francese. Ma al di là delle conseguenze storiche delle dottrine marxiste, che portano alla nascita di **associazioni sindacali** e di **partiti politici di ispirazione socialista** e, più in generale, a una **nuova riflessione** sui meccanismi che regolano i rapporti tra le classi (perfino la Chiesa cattolica con l'enciclica *Rerum novarum*, promulgata nel 1891 da papa Leone XIII, critica apertamente le disuguaglianze sociali), le difficili condizioni di vita dei lavoratori diventano fonte di ispirazione per artisti e scrittori. Autori come Victor Hugo, Charles Dickens ed Émile Zola e, in un ambito economicamente più arretrato, Lev Tolstoj, Fëdor Dostoevskij e Giovanni Verga, descrivono la vita degradata delle periferie industriali e la miseria delle classi contadine e denunciano fenomeni come disoccupazione, analfabetismo, alcolismo e delinquenza, visti come il prodotto della nuova civiltà industriale.

L'influenza del Positivismo sulla letteratura: Naturalismo e Verismo
L'affermarsi delle dottrine positivistiche e la crescente attenzione per le nuove dinamiche sociali della società industriale trovano la loro applicazione, in letteratura, con il movimento del **Naturalismo**, sviluppatosi in **Francia** a partire dal **1865** (anno della pubblicazione del romanzo *Germinie Lacerteux* dei fratelli Goncourt). Gli scrittori **naturalisti applicano** all'arte il **metodo sperimentale** e considerano il romanzo un prodotto di determinati fattori (ambiente, razza, momento storico, come teorizzato da Taine). Attraverso una **narrazione distaccata e impersonale**, che mira a eliminare il più possibile la soggettività dell'autore, essi descrivono le trasformazioni prodotte dall'industrializzazione e si interessano alle **classi più umili**, individuando nelle leggi dell'**ereditarietà** e nel **condizionamento ambientale** le cause che spingono gli individui a determinate azioni.

In Italia le poetiche naturaliste vengono applicate al **mondo rurale** e prendono il **nome di Verismo**. Il teorico e principale esponente di questo movimento, il catanese **Giovanni Verga**, sceglie come protagonisti dei suoi romanzi e delle sue novelle, ambientati tra i pescatori e i contadini siciliani, degli "**umili**", e si propone di mostrare al lettore la feroce **lotta per la vita** che regola il loro comportamento, dimostrando che il progresso agisce secondo la legge darwiniana della selezione naturale, che vede la vittoria del più forte sul più debole.

○ Sosta di verifica

1. In quale contesto economico-sociale si sviluppano le teorie socialiste?
2. Perché il pensiero di Marx è chiamato "socialismo scientifico"?
3. Che cosa si intende per "lotta di classe"?
4. Qual è l'atteggiamento degli scrittori ottocenteschi verso il mondo operaio?
5. Quali sono i principi fondamentali del Naturalismo?

La fine dell'Ottocento • Coordinate culturali

La critica della modernità

Il rifiuto dell'ottimismo positivista L'ultimo ventennio dell'Ottocento è caratterizzato dal profondo mutamento non solo della situazione socio-politica, ma anche del panorama culturale europeo. L'involuzione nazionalistica del ceto borghese, le rivendicazioni del proletariato, gli squilibri sociali che accompagnano l'affermarsi della modernità portano, verso la fine del secolo, a un rifiuto dell'ottimismo positivistico e alla riproposizione di teorie che, contro la pretesa scientificità del Positivismo, esaltano gli **aspetti interiori e soggettivi dell'animo umano**. In questo nuovo clima culturale vedono la luce le filosofie irrazionalistiche di Friedrich Nietzsche e Henri Bergson, destinate a influenzare l'arte e la letteratura dell'epoca a cavallo tra XIX e XX secolo.

Nietzsche e la «morte di Dio» Già nella filosofia dell'Ottocento erano presenti elementi irrazionalistici, soprattutto nel pensiero del danese **Søren Kierkegaard** (1813-1855) e del tedesco **Arthur Schopenhauer** (1788-1860), il quale, nella sua opera principale, *Il mondo come volontà e rappresentazione* (1819), propone una concezione individualistica e pessimistica della realtà, intesa come manifestazione, sempre incompiuta e imperfetta, della «volontà». La dottrina di Schopenhauer viene ripresa da **Friedrich Nietzsche** (1844-1900), in polemica con la tradizione occidentale di matrice cristiana, ritenuta portatrice di false credenze. Secondo Nietzsche la verità non può essere assoluta, ma sempre e solo relativa alle interpretazioni soggettive, che sono il risultato di molteplici variabili storiche e individuali. Progressivamente il relativismo nietzscheano approda a un sostanziale **nichilismo**, ossia alla negazione di ogni valore e di ogni certezza, espresso in scritti come *Così parlò Zarathustra* (1883-1885) e *Al di là del bene e del male* (1886).

Proclamando la «morte di Dio», ossia il **tramonto di tutti i valori tradizionali**, Nietzsche vede la storia come un ripetersi ciclico di eventi (l'«eterno ritorno») privo di ogni finalità. In questa prospettiva, può trionfare solo l'individuo eccezionale, il **Superuomo** (o meglio, l'*Über-mensch*, "l'oltre-uomo") che, libero dai vincoli della morale, afferma la propria «volontà di potenza», vivendo la vita attimo per attimo.

Il pensiero di Nietzsche avrà un enorme influsso sulla cultura del primo Novecento: il **mito del superuomo**, in particolare, sarà ripreso da Gabriele D'Annunzio, mentre alcune sue opere saranno reinterpretate, con deliberate forzature, anche dai teorici del Nazismo.

Bergson: vitalismo e tempo interiore La filosofia del tardo Ottocento è caratterizzata da una rinnovata **attenzione nei confronti del soggetto**, unita alla tendenza a interpretare la realtà alla luce di **principi vitalistici**, che sfuggono a ogni definizione razionale. Centrale è il pensiero del filosofo francese **Henri Bergson** (1859-1941), fondato sul concetto dello **«slancio vitale»** come principio unificante della realtà e sull'esaltazione dell'**intuizione** come unico mezzo di

---

La parola ai protagonisti

Nietzsche: la morte di Dio e la nascita del Superuomo

Con toni ispirati ed enfatici, in *Così parlò Zarathustra* (1883-1885) Nietzsche annuncia la «morte di Dio», ossia il crollo di tutti i valori tradizionali, compreso quello della solidarietà verso i più deboli. Nasce così il «superuomo», un individuo eccezionale che, libero dalla morale comune, è pienamente padrone di sé e consapevole della sua superiorità rispetto agli altri uomini.

Davanti a Dio! – Ma questo Dio è morto! Uomini superiori, questo Dio era il vostro più grave pericolo. Da quando egli giace nella tomba, voi siete veramente risorti. Solo ora verrà il grande meriggio[1], solo ora l'uomo diverrà – padrone! Avete capito queste parole, fratelli? Voi siete spaventati: il vostro cuore ha le vertigini? Vi si spalanca, qui, l'abisso? Ringhia, qui, contro di voi il cane dell'Inferno?
Ebbene! Coraggio! Uomini superiori! Solo ora il monte partorirà il futuro degli uomini. Dio è morto: ora noi vogliamo, – che viva il superuomo.
I più preoccupati si chiedono oggi: "come può sopravvivere l'uomo?". Zarathustra invece chiede, primo e unico: "come può essere superato l'uomo?". Il superuomo mi sta a cuore, egli è la mia prima e unica cosa, – e non l'uomo: non il prossimo, non il miserrimo[2], non il più sofferente, non il migliore.

F. Nietzsche, *Così parlò Zarathustra*, traduzione di M. Carpitella, Milano, Adelphi, 1998

1. il grande meriggio: il momento della pienezza vitale.
2. il miserrimo: il più misero.

Tra Positivismo e Decadentismo 119

La critica della modernità

- Rifiuto dell'ottimismo positivista e delle teorie scientifiche e razionalistiche

- Nuove teorie filosofiche esaltano le componenti irrazionali e soggettive dell'animo umano

- **Nietzsche**: nichilismo, rifiuto dei valori morali e delle convenzioni borghesi (Superuomo)

- **Bergson**: vitalismo, intuizione come unica forma di conoscenza, tempo soggettivo e interiore

vera conoscenza. Nel *Saggio sui dati immediati della coscienza* (1889), Bergson elabora una nuova concezione del tempo inteso non come successione lineare di momenti isolati ma come una «durata pura», un **tempo soggettivo e interiore** percepito dalla coscienza come un flusso ininterrotto in cui il passato, attraverso la memoria, coincide con il presente. «La memoria – osserva Bergson nel più tardo saggio *L'evoluzione creatrice* del 1907 – non è la facoltà di classificar ricordi in un cassetto o di scriverli su di un registro. Non c'è registro, non c'è cassetto; anzi, a rigor di termini, non si può parlare di essa come di una "facoltà": giacchè una facoltà funziona in modo intermittente, quando vuole o quando può, mentre l'accumularsi del passato su se stesso continua senza tregua ... Esso ci segue, tutt'intero, in ogni momento: ciò che abbiamo sentito, pensato, voluto sin dalla prima infanzia è là, chino sul presente che esso sta per assorbire in sé, incalzante alla porta della coscienza, che vorrebbe lasciarlo fuori. La funzione del meccanismo cerebrale è appunto quella di ricacciare la massima parte del passato nell'incosciente per introdurre nella coscienza solo ciò che può illuminare la situazione attuale, agevolare l'azione che si prepara, compiere un lavoro utile. Talvolta qualche ricordo non necessario riesce a passar di contrabbando per la porta socchiusa; e questi messaggeri dell'inconscio ci avvertono del carico che trasciniamo dietro a noi senza averne consapevolezza». Le teorie sul tempo interiore di Bergson avranno notevole influenza sulla narrativa del primo Novecento, soprattutto sull'opera di Marcel Proust e Italo Svevo.

◉ Sosta di verifica

1 Quale nuovo stato d'animo si sostituisce all'ottimismo positivista nell'ultimo ventennio dell'Ottocento?

2 Che cosa intende Nietzsche con l'espressione «morte di Dio»?

3 Che cosa è il "tempo interiore" descritto da Bergson?

Il Decadentismo

Un movimento di difficile classificazione

A partire dagli anni Sessanta dell'Ottocento si manifesta in Europa una nuova sensibilità che rifiuta l'ottimismo positivista e si riallaccia ad alcuni **motivi tipici del Romanticismo**, come la riscoperta dell'interiorità, l'eccezionalità dell'artista e il suo sentimento di esclusione nei confronti della società. Tali fermenti, che hanno i loro primi sviluppi in Francia con il Simbolismo e in Italia con la Scapigliatura, danno vita al **Decadentismo**, un movimento ampio e composito, che interessa tutti i campi dell'arte e della cultura e ha esiti assai diversi nei vari Paesi europei. Ciò che accomuna gli esponenti del Decadentismo è un'acuta percezione della **crisi di ogni certezza** e degli aspetti negativi della modernità. Pensatori e artisti rifiutano l'idea che la realtà sia spiegabile attraverso una conoscenza scientifica e razionale e rivalutano invece l'**intuizione**, l'**irrazionalismo** e la sensibilità individuale.

Il significato della parola "decadente"

L'aggettivo "decadente" è utilizzato inizialmente in senso **dispregiativo** per indicare gli atteggiamenti anticonformisti e immorali dei "poeti maledetti". Ben presto, però, questi artisti si appropriano della definizione, rivendicando con orgoglio il privilegio di esprimere nella loro arte il senso di **stanchezza di una civiltà ormai prossima al tramonto**, come testimonia il celebre verso di **Paul Verlaine**: «Io sono l'Impero alla fine della decadenza» (*Languore*, 1883). Solo alcuni decenni più tardi il termine "Decadentismo" passa a indicare, in senso molto più ampio, tutta la nuova cultura fiorita tra Otto e Novecento.

La periodizzazione del Decadentismo

La periodizzazione del Decadentismo è un argomento che divide gli studiosi, come dimostra la mancanza di date canoniche entro cui collocare lo sviluppo di

NASCONO SIMBOLISMO E ESTETISMO
308

questo movimento e l'attività dei suoi esponenti. Vi è comunque un generale accordo nel fissare l'inizio dell'età decadente negli **ultimi decenni dell'Ottocento**, mentre diverse sono le posizioni relative alla fine di questa età. Secondo alcuni, le poetiche decadenti cessano con l'**inizio del XX secolo**, mentre altri vi fanno confluire anche i romanzieri della "crisi" e alcuni poeti del primo dopoguerra (William Butler Yeats, Stefan George, Thomas Stearns Eliot).

Una nuova idea dell'artista Tra i temi centrali del Decadentismo vi è il **nuovo ruolo attribuito all'artista** nella società. Già nei primi decenni dell'Ottocento, con l'avvento dell'età industriale e capitalistica, fondata sul profitto e sulla concretezza borghese, gli intellettuali perdono la loro storica funzione di guida delle coscienze. Al di fuori di una ristretta cerchia, l'artista è in genere **percepito come una figura marginale**: spesso costretto ad affiancare alla scrittura il lavoro di impiegato o insegnante, l'intellettuale si oppone alla società borghese e ai suoi valori, di cui pure percepisce il fascino.

Se gli scrittori naturalisti e veristi tentano di rilanciare la figura dell'artista paragonandolo a uno "scienziato" che ha il compito di analizzare le pulsioni dell'animo umano, gli autori decadenti mostrano atteggiamenti di aperta **ribellione nei confronti della morale borghese e della società**. A partire dai "poeti maledetti" si afferma una nuova idea dell'artista, visto come una **figura eccezionale** e destinato per questo all'isolamento e a una sorta di **volontaria autoemarginazione**. La realtà appare come un insondabile mistero che solo l'artista, grazie alla sua particolare sensibilità, può comprendere e rappresentare nelle sue opere: scrittori e poeti, quindi, abbandonano ogni forma di impegno politico e sociale e **celebrano l'arte come valore assoluto**. *L'ARTE PER L'ARTE*

L'arte per l'arte: l'Estetismo Una delle forme con cui gli artisti decadenti cercano di esprimere la loro estraneità dalla società borghese è l'Estetismo, un movimento artistico nato in Inghilterra negli ultimi decenni dell'Ottocento che esalta il principio dell'"arte per l'arte", ovvero come un'esperienza superiore non soggetta ai vincoli della morale, che celebra la **bellezza come valore assoluto**, rifiutando il realismo e l'utilitarismo borghesi. L'artista diventa dunque un esteta o *dandy*, che disprezza la massa delle persone comuni e vive la propria **vita come un'opera d'arte**, con comportamenti eccentrici e raffinati e con una morbosa attrazione per tutto ciò che è **insolito e prezioso**, a cui si accompagna però un senso di decadenza e di **corruzione spirituale**.

Sosta di verifica

1. In quale periodo si sviluppa il Decadentismo?
2. Con quale significato viene inizialmente utilizzato l'aggettivo "decadente"?
3. Quale figura di artista viene esaltata dal Decadentismo?
4. In che cosa consiste la poetica dell'"arte per l'arte"?

Le tendenze artistiche di fine Ottocento

Dal Realismo all'Impressionismo La tendenza al realismo è avvertita anche nella pittura, che risente degli sviluppi della fotografia, passata in questi decenni da attività elitaria a fenomeno di costume, alla portata di tutte le classi sociali. Intorno agli **anni**

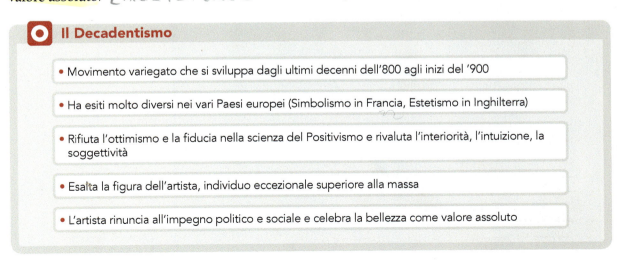

Il Decadentismo

- Movimento variegato che si sviluppa dagli ultimi decenni dell'800 agli inizi del '900
- Ha esiti molto diversi nei vari Paesi europei (Simbolismo in Francia, Estetismo in Inghilterra)
- Rifiuta l'ottimismo e la fiducia nella scienza del Positivismo e rivaluta l'interiorità, l'intuizione, la soggettività
- Esalta la figura dell'artista, individuo eccezionale superiore alla massa
- L'artista rinuncia all'impegno politico e sociale e celebra la bellezza come valore assoluto

Tra Positivismo e Decadentismo

Cinquanta si sviluppa in **Francia** il movimento pittorico del **Realismo** che, con artisti come Honoré Daumier e Gustave Courbet, influenza anche i **Macchiaioli**, un gruppo di giovani pittori toscani che contribuiscono con le loro opere, innovative nella resa pittorica (l'uso della "macchia" di colore per riprodurre il vero) e nella scelta dei temi (paesaggi rurali, scene di vita domestica, ritratti lontani da intenti celebrativi), a svecchiare il panorama artistico contemporaneo. Ma è negli **anni Sessanta** che, in **Francia**, nasce un movimento pittorico destinato a cambiare la storia dell'arte mondiale, l'**Impressionismo**. Nel 1863, Napoleone III organizza un'esposizione parallela per i pittori esclusi dal *Salon* ufficiale di quell'anno (l'esposizione che al Louvre raccoglieva i prodotti migliori dell'arte francese), che prende il nome di *Salon des Refusés* (Esposizione dei rifiutati), e a cui partecipano molti esponenti del gruppo (Monet, Manet, Pissarro, Degas, Renoir).

Al decennio 1870-1880 risalgono le opere più significative del movimento, che prende il nome da un dipinto di **Claude Monet** (1840-1926), *Impression: soleil levant* (1872). In un'epoca in cui la fotografia permette di riprodurre ogni cosa, gli impressionisti si propongono di mostrare sulla tela le "**impressioni**" **evocate da un paesaggio**, riproducendo l'immagine che gli occhi percepiscono prima che intervenga l'analisi intellettuale. Essi utilizzano effetti luminosi, giochi di luce e colori, mettendo in secondo piano elementi come il disegno e la prospettiva; per questo motivo le loro opere vengono spesso accusate di essere poco più che schizzi incompiuti. Contemporaneamente alla rivoluzione stilistica che **rifiuta il disegno** e procede per **pennellate di colore**, privilegiando la **luce** rispetto alle forme, gli impressionisti snobbano anche i temi tradizionalmente riservati alla pittura accademica (soggetti storici e biblici, ritratti austeri e imponenti) e teorizzano la necessità della **pittura dal vero**, *en plein air*, ossia "all'aria aperta".

Il Simbolismo

Analogamente a quanto accade in ambito letterario, anche nella pittura si sviluppa una corrente più attenta agli **aspetti simbolici ed evocativi** dell'immagine. I pittori simbolisti si ispirano alla poesia di Baudelaire e dei "poeti maledetti" e intendono rappresentare nelle loro opere non una trasposizione della realtà oggettiva, ma della **soggettività** e dell'**interiorità dell'artista**.

Gustave Moreau (1826-1898), autore prediletto dagli scrittori del Decadentismo estetizzante, rivisita nelle sue tele preziose e cariche di citazioni stilistiche soggetti biblici e mitologici. Ne *L'apparizione* (1876) l'episodio di Salomé, che danza per ottenere da Erode la testa di Giovanni Battista, è trasfigurato nella macabra apparizione della testa mozzata e sanguinante del santo, che campeggia al centro di una composizione ridondante di ornamenti, in cui la figura della danzatrice, seminuda e carica di gioielli, costituisce l'altro polo di attrazione.

Gauguin e Van Gogh

Negli anni Ottanta e Novanta dell'Ottocento si svolge la parabola artistica di due pittori che, pur prendendo spunto dal movimento impressionista, se ne differenziano e, con la loro

Claude Monet, *Impression: soleil levant*, 1872.

ricerca, anticipano la nascita dell'Espressionismo novecentesco. **Paul Gauguin** (1848-1903) soggiorna, a partire dal 1891, nelle lontane isole della Polinesia francese, dove ritrae gli indigeni evocando una sorta di Eden perduto di originaria purezza, fatto di colori accesi e di paesaggi esotici e lussureggianti.

L'olandese **Vincent Van Gogh** (1853-1890), inizialmente vicino agli impressionisti e in seguito fortemente influenzato dalla pittura di Gauguin – con il quale visse un tormentato rapporto di amicizia concluso con una drammatica rottura – trova la sua vena più originale in uno stile basato sulla **plasticità del colore** e su immagini simboliche che esprimo la sua **condizione di malattia psichica**, che lo condurrà al suicidio. Il paesaggio raffigurato in **Campo di grano con volo di corvi** (1890) è deformato e stravolto dallo stato d'animo dell'artista: le violente pennellate esasperano la contrapposizione tra il giallo acceso della terra coltivata e il blu scuro del cielo gravido di tempesta, mentre i corvi in volo accrescono il senso di inquietudine che pervade la tela.

○ Sosta di verifica

1 Quali sono le caratteristiche della pittura impressionista?
2 Che cosa accomuna il Simbolismo pittorico alle contemporanee esperienze poetiche?
3 In che senso Van Gogh e Gauguin si distaccano dagli impressionisti?

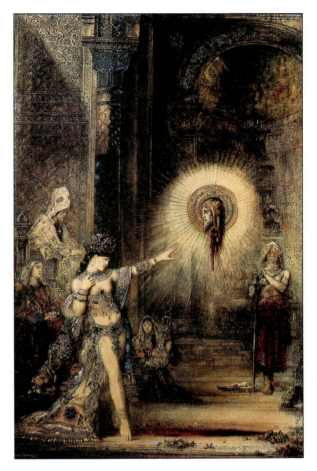

Gustave Moreau, *L'apparizione*, 1876.

Vincent Van Gogh, *Campo di grano con volo di corvi*, 1890.

Tra Positivismo e Decadentismo

LA LINGUA: STORIA E LESSICO

Il problema dell'unificazione linguistica

La soluzione di Manzoni: il fiorentino Dopo l'unificazione politica dell'Italia, l'obiettivo dei ceti dirigenti diventa quello di raggiungere anche la piena unificazione linguistica della Penisola, ancora frantumata in un mosaico di lingue e dialetti: nel 1861 soltanto il 10% circa della popolazione era in grado di usare correttamente l'italiano e nel parlato erano ovunque utilizzati i dialetti. Si riaccende così la secolare "questione della lingua" che, posta da Dante e affrontata nel corso del Cinquecento da linguisti e letterati, diventa in questo momento un problema che anche i politici del nuovo Stato devono affrontare. Ci si chiede quale lingua debba diventare il modello nazionale e quali mezzi debbano essere impiegati per diffonderla: per affrontare la questione nel 1868 è nominata dal ministro dell'istruzione Pietro Broglio un'apposita commissione. A capo c'è l'illustre **Alessandro Manzoni**, che già nei suoi *Promessi sposi* si era posto il problema di adottare una lingua che fosse comprensibile in tutta la penisola. Lo scrittore elabora una relazione dal titolo *Dell'Unità della lingua e dei mezzi per diffonderla*, in cui propone la soluzione del **fiorentino contemporaneo parlato dai ceti colti**, suggerendo, tra i metodi di attuazione, l'utilizzazione di maestri toscani nelle scuole, viaggi in Toscana per gli studenti, nonché la stesura di un vocabolario, realizzato tra il 1870 e il 1897 dallo stesso Pietro Broglio e dal genero di Manzoni, Giovan Battista Giorgini (*Novo vocabolario della lingua italiana secondo l'uso di Firenze*).

Il governo abbraccia la soluzione manzoniana e lo strumento principale della diffusione del modello linguistico sarà il **sistema scolastico nazionale**: ricorderemo che la legge Casati (1859) aveva istituito un biennio scolastico obbligatorio che la successiva legge Coppino (1877) innalzerà a tre anni. Insieme alla scuola anche le migrazioni interne, la diffusione dei giornali e altri mezzi di informazione favoriranno l'aumento del tasso di alfabetizzazione e, contemporaneamente, l'inizio di una unificazione linguistica. Tuttavia permane una situazione di sostanziale bilinguismo: mentre l'italiano comincia ad essere usato nello scritto e nei contesti formali dalle persone colte, nell'ambito del parlato familiare e colloquiale continueranno però a dominare i dialetti regionali.

Gli antimanzoniani Contro la proposta di Manzoni si levarono però varie voci, tra cui quella del linguista lombardo **Graziadio Isaia Ascoli** (1829-1907), che sulla rivista «Archivio Glottologico Italiano» (1873) sostenne che una lingua nazionale non può essere un modello stabilito e imposto dall'alto, ma deve svilupparsi spontaneamente, come naturale conseguenza dello scambio culturale tra gli intellettuali provenienti da varie parti d'Italia. Secondo lui, una lingua realmente unitaria e riconosciuta a livello collettivo poteva nascere soltanto come un **processo di graduale maturazione** e dalla **convergenza di diversi idiomi regionali**.

I termini della cultura e della politica In ambito culturale trionfa un nuovo termine: *positivismo*. La parola viene usata per la prima volta nel 1822 dal filosofo francese Henri Saint-Simon e ripreso poi da Auguste Comte, fondatore dell'omonima corrente. Il termine è utilizzato nel significato di scientifico, in collegamento alla sua accezione originaria: *positivo*, aggettivo derivato da *positivus*, forma medievale del verbo latino *ponere* (fondare, porre), indicava **ciò che è basato sulla realtà dei fatti** e può dunque definirsi **certo e concreto**.

I termini "positivo" e "positivismo" indicheranno quindi, nella seconda metà dell'Ottocento, il pensiero dominante in ambito scientifico-filosofico, basato sul mito del progresso e sulla fiducia nella concretezza del metodo scientifico.

In Italia, negli anni successivi all'Unità nascono inoltre molti termini appartenenti all'ambito politico:

• *trasformismo*, parola che si diffonde dal 1882 durante il governo di Agostino Depretis per indicare una prassi politica volta a creare vaste maggioranze parlamentari, superando le classiche distinzioni tra destra e sinistra;

• *piemontista*, *autoritario*, *intransigente* assumono una precisa sfumatura politica con gli schieramenti del neonato Stato italiano.

La lingua: storia e lessico

LABORATORIO DELLE COMPETENZE

Guida alla verifica orale

DOMANDA N. 1 Come si modifica la cultura europea tra la metà dell'800 e l'ultimo ventennio del secolo?

LA RISPOSTA IN SINTESI

Mentre in una prima fase domina, soprattutto nel ceto borghese, uno stato d'animo di entusiasmo per gli sviluppi della scienza e della modernità (Positivismo), in seguito prevalgono atteggiamenti irrazionalistici, legati a un acuto senso di disagio, di relativismo e di perdita di certezze, che determinano l'avvento di nuove tendenze che prendono il nome di Decadentismo.

DOMANDA N. 2 Quali sono le principali caratteristiche del pensiero positivista e in quali campi scientifici si manifestano?

LA RISPOSTA IN SINTESI

Il Positivismo esalta la fiducia nella scienza e nel progresso ed estende il metodo sperimentale delle scienze matematiche a tutti i campi del sapere. I pensatori positivisti sostengono la necessità di uno studio oggettivo e distaccato di tutti i fenomeni ed estendono le loro riflessioni al comportamento umano (sociologia), alla produzione dell'opera d'arte (determinismo), all'evoluzione delle specie animali (selezione naturale), ai rapporti internazionali tra gli Stati (evoluzionismo), alle dinamiche sociali che interessano i lavoratori (socialismo scientifico).

DOMANDA N. 3 Quale atteggiamento assumono gli intellettuali del secondo Ottocento nei confronti del progresso e della modernità?

LA RISPOSTA IN SINTESI

Con l'industrializzazione e il capitalismo si diffonde un clima di entusiasmo per le conquiste scientifiche e tecnologiche, esaltate dal pensiero positivista. Tuttavia gli squilibri sociali determinati dalla modernità inducono anche a una riflessione critica sulle conseguenze del progresso per i ceti più umili, evidenti sia nel pensiero di Marx sia nell'opera di artisti e scrittori, che mostrano gli aspetti più squallidi della società industriale.

DOMANDA N. 4 Che cosa significa la parola "Decadentismo" e quale significato ha in origine?

LA RISPOSTA IN SINTESI

Con la parola "Decadentismo" si indica una serie di tendenze culturali, artistiche e letterarie che si manifestano in Europa nei decenni finali dell'Ottocento e sono accomunate dal rifiuto del razionalismo e dell'oggettività positiviste, a cui contrappongono valori individuali e soggettivi. In origine questo termine è stato usato per definire in modo spregiativo gli atteggiamenti anticonformisti di un gruppo di poeti francesi (i "poeti maledetti"), che esibivano con orgoglio la loro "decadenza" morale.

DOMANDA N. 5 Come si modifica in questo periodo la figura dell'intellettuale e dell'artista?

LA RISPOSTA IN SINTESI

Nel secondo Ottocento l'intellettuale perde gran parte del suo prestigio sociale e reagisce a questo declassamento in modi diversi: alcuni artisti si piegano agli interessi del mercato, mentre altri si dedicano a una produzione elitaria, esaltando l'arte come valore assoluto e rivendicando l'eccezionalità dell'artista rispetto alle persone comuni.

DOMANDA N. 6 Quali sono i movimenti artistici della seconda metà dell'Ottocento e in che modo sono legati alle contemporanee esperienze letterarie?

LA RISPOSTA IN SINTESI

L'attenzione a riprodurre oggettivamente la realtà, tipica del Naturalismo, ha un significativo riscontro nelle opere dei pittori impressionisti, sostenitori di una pittura *en plein air* e attenti allo studio della luce e del colore.

Laboratorio delle competenze 125

VERSO L'ESAME DI STATO

Saggio breve

ARGOMENTO Che cosa fu l'imperialismo?

DOCUMENTI

1 [Noi] dobbiamo dare una definizione dell'imperialismo che contenga i suoi cinque principali contrassegni, e cioè:

• la concentrazione della produzione e del capitale, che ha raggiunto un grado talmente alto di sviluppo da creare i monopoli con funzione decisiva nella vita economica;

• la fusione del capitale bancario col capitale industriale e il formarsi, sulla base di questo «capitale finanziario», di un'oligarchia finanziaria;

• la grande importanza acquistata dall'esportazione di capitale in confronto con l'esportazione di merci;

• il sorgere di associazioni monopolistiche internazionali di capitalisti, che si ripartiscono il mondo;

• la compiuta ripartizione della terra tra le più grandi potenze capitalistiche.

L'imperialismo è dunque il capitalismo giunto a quella fase di sviluppo, in cui si è formato il dominio dei monopoli e del capitale finanziario, l'esportazione di capitale ha acquistato grande importanza, è cominciata la ripartizione del mondo tra i trust internazionali, ed è già compiuta la ripartizione dell'intera superficie terrestre tra i più grandi paesi capitalistici.

V.I. Lenin, *L'imperialismo fase suprema del capitalismo*, Roma, Editori Riuniti, 1974

2 Piuttosto di ricercare le origini del nazionalismo nell'imperialismo, o viceversa, è preferibile considerarli come fenomeni in consolidata e reciproca relazione. L'espansione imperiale ha costretto i leader degli Stati a tenere conto dell'indole della nazionalità che pretendevano di incorporare. A sua volta, tale esperienza corroborò le identità patriottiche, sia tra i conquistatori che tra i conquistati. [...] Imperialismo e nazionalismo fanno parte del medesimo fenomeno. Il nazionalismo e il conflitto in Europa resero gli Stati più consapevoli dei loro concorrenti all'estero e più propensi ad accampa-

re diritti e a sostenere i loro cittadini. La spartizione dell'Africa, effettivamente, fu in parte un esercizio preventivo tramite cui i governi nazionali cercarono di battere sul tempo i loro rivali rivendicando tratti di territorio che in futuro, prima o poi, avrebbero potuto diventare economicamente o strategicamente importanti.

C.A. Bayly, *La nascita del mondo moderno. 1780-1914*, Torino, Einaudi, 2007

3 Fin dall'inizio del XIX secolo, gli europei avevano consolidato il loro dominio in quelle parti del mondo verso le quali si era diretta la colonizzazione nell'epoca del mercantilismo: tali erano l'Australasia, l'India, il Sudest asiatico e soprattutto le due Americhe, zone temperate, popolate da immigrati bianchi, o zone tropicali dominate dagli europei. A poco a poco, il liberalismo e lo sviluppo industriale avevano modificato i metodi dell'espansione bianca, che ora erano rivolti a estendere le aree di influenza indiretta piuttosto che a rivendicare il possesso di colonie giuridicamente riconosciute come parte di un impero. [...] L'Africa fu l'ultimo continente ad attirare l'attenzione degli strateghi dell'espansione, convinti di essere ormai giunti alla fine delle risorse offerte dal mondo. [...] Che l'Europa avesse la potenza necessaria per soggiogare l'Africa era assolutamente evidente: ma i suoi governi lo volevano davvero? Venti anni bastarono per ritagliare il continente in parti simmetriche escogitate dai geometri della diplomazia. Alla fine del secolo, soltanto il Marocco e l'Etiopia erano ancora indipendenti, ma il loro turno stava arrivando. [...] La colonizzazione dell'Africa non fu ispirata da cause o obiettivi generali. Negli annali dell'imperialismo la spartizione dell'Africa appare come un processo affidato quasi essenzialmente al caso. Raramente, degli eventi destinati a sconvolgere un intero continente sono stati determinati in maniera così casuale.

R. Robinson - J. Gallagher, *La spartizione dell'Africa*, in *Storia del mondo moderno*, vol. XI, Milano, Garzanti, 1979

Verso l'Esame di Stato

Naturalismo e Verismo

T1 G. Flaubert, *Madame si annoia (Madame Bovary)*

T2 E. e J. de Goncourt, *«Questo romanzo è un romanzo vero» (Prefazione a Germinie Lacerteux)*

T3 É. Zola, *Gervaise e l'acquavite (L'Assommoir)*

T4 L. Capuana, *Il medico dei poveri (Le paesane)*

T5 F. De Roberto, *Una famiglia di «mostri» (I Viceré)*

T6 M. Serao, *L'estrazione del lotto (Il paese di Cuccagna)*

Laboratorio delle competenze

T7 TESTO LABORATORIO – É. Zola, *La marcia dei minatori (Germinale)*

Naturalismo e Verismo

Il Naturalismo e il Verismo
Lo stile della realtà

Edouard Manet, *Ritratto di Émile Zola*, 1868.

Il Naturalismo francese

Le nuove tendenze del romanzo europeo
Mentre il Romanticismo aveva considerato il romanzo storico quale forma narrativa più in sintonia con lo spirito "romantico", i **decenni centrali dell'Ottocento** segnano la definitiva affermazione del **romanzo realista e sociale** come genere letterario destinato a celebrare il trionfo della **borghesia** e della nuova **società industriale**.

L'ampliarsi del pubblico e l'emergere di problematiche legate all'industrializzazione e ai rapporti tra le classi inducono molti scrittori a privilegiare **vicende contemporanee**: le storie individuali sono calate all'interno di un preciso contesto socio-economico, spesso borghese, e ritratte con una marcata tendenza al **realismo** che influenza anche le forme e lo stile della narrazione. Il narratore onnisciente del romanzo settecentesco e storico lascia il posto a un'assoluta e apparentemente neutrale **oggettività** – tratto distintivo degli autori del Naturalismo francese e, in misura minore, dei veristi italiani – mentre sul finire del secolo l'impersonalità viene gradualmente sostituita da una pluralità di **punti di vista**, attraverso i quali il narratore si identifica di volta in volta con i vari personaggi.

Dal Realismo al Naturalismo: Balzac e Flaubert
Il Realismo si sviluppa in forme diverse in tutta Europa, ma è in **Francia** che questa corrente viene definita a livello teorico. Nella *Prefazione* (1842) al ciclo di romanzi della **Commedia umana**, **Honoré de Balzac** (1799-1850) afferma che il romanziere deve **narrare i fatti della vita contemporanea**, studiando **le azioni dell'uomo nell'ambito delle condizioni economiche e ambientali** della società in cui vive. Pochi anni dopo, la narrazione realista giunge al suo culmine con **Gustave Flaubert** (1821-1880), autore che i naturalisti considereranno come il loro caposcuola. **Madame Bovary** (1856), il suo romanzo più noto che all'epoca suscitò un enorme scandalo e gli costò un processo per immoralità, racconta l'infelice **vita sentimentale di una giovane donna di provincia**, mettendo a nudo l'ipocrisia e la **falsità delle relazione borghesi**. Flaubert evita di intervenire in prima persona con commenti o giudizi e pone in primo piano i fatti grazie al **principio dell'impersonalità**, mediante il quale l'autore risulta nella sua opera «come Dio nella creazione, invisibile e onnipotente, sì che lo si senta ovunque, ma non lo si veda mai». L'altra grande opera di Flaubert – che si dedicò esclusivamente alla scrittura conducendo un'esistenza piuttosto appartata a causa di una malattia nervosa che lo aveva colpito in gioventù – è il romanzo **L'educazione sentimentale** (scritto una prima volta negli anni Quaranta, poi abbandonato fino al 1864 e pubblicato solo nel 1869). È la storia del **giovane Frédéric Moreau e delle sue esperienze sentimentali**, seguite durante ventisette anni nei quali il protagonista continua a essere segretamente **innamorato di Madame Arnoux, una donna sposata** e assai più grande di lui, alla quale egli confesserà il suo amore solo nell'ultima scena del romanzo.

La nascita del Naturalismo
Il movimento naturalista – che **nasce** ufficialmente **nel 1865**, con la pubblicazione del romanzo **Germinie Lacerteux** dei **fratelli** Edmond e Jules de **Goncourt** – muove a livello stilistico dalla lezione dei grandi scrittori realisti, in particolare Flaubert, mentre a livello ideologico risente dell'influenza del **Positivismo**, con la sua illimitata fiducia nel progresso e l'applicazione del

La parola all'autore

Zola e l'artista "scienziato"

MATERIA = AZIONI UMANE

Nel saggio *Il romanzo sperimentale* (1880) Zola paragona l'attività del romanziere a quella di uno scienziato, che ha il compito di condurre un esperimento servendosi dei dati precedentemente raccolti. Allo stesso modo, lo scrittore deve osservare le azioni umane e tentare di spiegarne i moventi grazie a una narrazione "scientifica".

Il romanziere è insieme un osservatore ed uno sperimentatore. L'osservatore per parte sua pone i fatti quali li ha osservati, individua il punto di partenza, sceglie il terreno concreto sul quale si muoveranno i personaggi e si produrranno i fenomeni. Poi entra in scena lo sperimentatore che impianta l'esperimento, cioè fa muovere i personaggi in una storia particolare, per mettere in evidenza che i fatti si succederanno secondo la concatenazione imposta dal determinismo dei fenomeni studiati. [...]
In conclusione il procedimento consiste nel prendere i fatti nella realtà e nello studiarne la concatenazione agendo su di essi, modificando, cioè, circostanze e ambienti senza mai allontanarsi dalle leggi della natura. Ne deriva la conoscenza scientifica dell'uomo nella sua azione individuale e sociale. Senza dubbio siamo ben lontani dalle certezze della chimica ed anche della fisiologia. Non si conoscono ancora i reagenti[1] capaci di scomporre le passioni permettendo di analizzarle. [...] Ma il mio scopo non è quello di constatare dei risultati già acquisiti, desidero solo esporre con chiarezza un metodo. Se il romanziere sperimentale cammina ancora a tentoni entro la scienza più oscura e più complessa, ciò non toglie che questa scienza esista. È innegabile che il romanzo naturalista, quale ora lo intendiamo, è un vero e proprio esperimento che il romanziere compie sull'uomo, con l'aiuto dell'osservazione.

É. Zola, *Il romanzo sperimentale*, traduzione I. Zaffagnini, Parma, Pratiche, 1980

1. **reagenti**: le sostanze necessarie per ottenere una trasformazione chimica.

---

metodo delle scienze allo studio della società e dei comportamenti umani.

Nell'ambito del pensiero positivista i naturalisti si interessano in particolare:

• al **determinismo** di Hippolyte **Taine** (che è il primo, nel 1858, a usare il termine "Naturalismo" in un saggio su Balzac), secondo il quale l'opera d'arte è il prodotto di tre fattori: le **caratteristiche genetiche ed ereditarie** (*race*), l'**ambiente** geografico e sociale (*milieu*) e il **momento storico** (*moment*);

• alla **teoria dell'evoluzione** e della selezione naturale enunciata da Charles **Darwin** nel suo libro *L'origine delle specie* (1857);

• agli **studi di fisiologia** del medico francese Claude **Bernard** (1813-1878), che applica il metodo sperimentale all'analisi e alla cura delle malattie dell'organismo. Secondo Bernard, ogni uomo è una combinazione di materia e istinto e il comportamento umano, prodotto delle azioni meccaniche del corpo, può quindi essere spiegato attraverso la fisiologia, la scienza che studia il **funzionamento degli organismi**. Da queste teorie ha origine la concezione dell'artista-scienziato, tipica della poetica naturalista. Lo scrittore deve applicare alla letteratura il metodo scientifico e comportarsi come uno scienziato, ossia ricostruire in modo analitico il **movente** delle azioni umane, regolate da leggi analoghe a quelle della realtà naturale, ovvero l'**ereditarietà** e l'influenza dell'**ambiente** in cui operano gli individui.

La connotazione ideologica del Naturalismo

Già il romanzo realista della prima metà dell'Ottocento aveva affrontato le tematiche legate alla nuova **realtà industriale**, cercando di descrivere le trasformazioni e i mutamenti prodottisi nella società europea. Negli anni Sessanta dell'Ottocento la Francia è ormai un Paese fortemente industrializzato e specialmente a Parigi, grande metropoli moderna, operai e salariati vivono spesso in condizioni di degrado materiale e morale. Nelle opere dei naturalisti l'**ammirazione per la scienza** e per lo sviluppo tecnologico ed economico si accompagna alla consapevolezza delle **disuguaglianze sociali** causate dalla modernità. Scrittori come i Goncourt e Zola denunciano le difficili condizioni di vita dei ceti meno abbienti, convinti che l'arte abbia il diritto e il dovere di contribuire al miglioramento della società. Questi autori credono cioè nella **funzione sociale dell'arte**: solo la rigorosa analisi delle patologie sociali evidenziate dalla letteratura renderà possibile la loro risoluzione.

I caratteri stilistici del Naturalismo

I principi della poetica naturalista sono esposti in due te-

Naturalismo e Verismo **129**

sti che rappresentano di fatto i manifesti teorici del movimento. Nella prefazione a *Germinie Lacerteux* i fratelli Goncourt affermano la necessità di ispirarsi a fatti di cronaca e di rappresentarli in modo oggettivo, senza tralasciare i particolari più ripugnanti, anche se questi possono turbare la sensibilità dei lettori. Nel saggio *Il romanzo sperimentale* (1880) Émile Zola ribadisce la volontà di rappresentare la realtà contemporanea ispirandosi a vicende realmente accadute, che riguardino in particolare la vita del proletariato urbano. Il quadro ambientale deve essere ricostruito con precisione, così che il lettore abbia l'impressione di trovarsi di fronte a una *tranche de vie*, uno "spicchio di vita".

Per rappresentare i mali della società moderna gli scrittori naturalisti adottano scelte stilistiche originali, che rinnovano profondamente l'impianto del romanzo ottocentesco. Con l'intento di giungere a una narrazione oggettiva e distaccata come le scienze matematiche, essi riprendono da Flaubert il principio dell'impersonalità e lo applicano in modo sistematico nelle loro opere, rinunciando a esprimere un giudizio esplicito sulle vicende narrate e adottando un punto di vista interno all'ambiente rappresentato. In questo modo la denuncia sociale nasce dai fatti stessi che, descritti nella loro crudezza, testimoniano in modo efficace la degradazione del proletariato urbano.

Zola e il ciclo dei *Rougon-Macquart*

L'autore più significativo del Naturalismo è senza dubbio il parigino Émile Zola (1840-1902), romanziere e giornalista impegnato nel dibattito politico e culturale, con simpatie socialiste e democratiche. Dopo alcune opere giovanili di gusto tardo-romantico, nel 1867 pubblica il romanzo *Thérèse Raquin* – torbida vicenda di due amanti che, dopo aver ucciso il marito della donna, si suicidano a causa del senso di colpa – in cui sono già evidenti i principi della poetica naturalista, che Zola esporrà in seguito nel saggio *Il romanzo sperimentale*. L'opera più ambiziosa di Zola è costituita da *I Rougon-Macquart*, un ciclo di venti romanzi – il cui significativo sottotitolo è *Storia naturale e sociale di una famiglia sotto il Secondo Impero* – nei quali egli analizza l'evoluzione della società francese nelle sue diverse classi sociali seguendo le vicende degli esponenti di uno stesso nucleo familiare, nell'arco di cinque generazioni. Con la scelta di questo ambizioso tema Zola intende mostrare l'influenza dell'ereditarietà, dell'ambiente sociale e del contesto storico sui suoi personaggi («Come in fisica la gravità, così l'eredità ha le sue leggi. Cercherò di scoprire e di seguire, tenendo conto della duplice azione dei temperamenti individuali e degli ambienti sociali, il filo che conduce con certezza matematica da un uomo ad un altro uomo»). Lo scrittore offre così un impietoso affresco della Francia del suo tempo, della meschinità del ceto borghese e dei problemi che affliggono i più umili. Tra i romanzi del ciclo spiccano *Il ventre di Parigi* (1873), ambientato nei grandi mercati generali della capitale francese, *L'Ammazzatoio* (1877), dedicato alla piaga dell'alcolismo, e *Germinale* (1885), che descrive la dura vita dei minatori di una cittadina del Nord della Francia.

I fratelli Goncourt e Maupassant

Ancor prima della pubblicazione delle opere di Zola, i fratelli Edmond (1822-1896) e Jules (1830-1870) de Goncourt si dedicano a una produzione di tipo naturalistico, caratterizzata dagli studi d'ambiente, dall'interesse per il ceto popolare e da un gusto quasi fotografico per le descrizioni. Ai Goncourt si deve la pubblicazione del primo romanzo naturalista, *Germinie Lacerteux* (1865), storia delle torbide passioni, dell'alcolismo e della rovina di una cameriera, nella cui Prefazione, co-

Edgar Degas, *L'assenzio*, 1876.

me si è accennato, sono enunciati alcuni importanti **capisaldi della poetica naturalista**.
Al Naturalismo si lega in parte anche l'opera di Guy de Maupassant (1850-1893), allievo e amico di Flaubert e di Zola, che pur ritraendo in modo magistrale la società francese della sua epoca, si distacca dalla poetica naturalistica per la maggior attenzione dedicata all'analisi psicologica dei personaggi e, soprattutto nell'ultima fase della sua produzione, per la scelta di temi legati al fantastico e al soprannaturale. Nei suoi romanzi e racconti, Maupassant esprime una **visione disincantata e pessimistica** della natura umana, a cui si accompagnano una minore fiducia nel progresso scientifico e un profondo scetticismo circa la possibilità di poter conoscere a fondo la psiche umana. Tra i suoi romanzi ricordiamo *Una vita* (1883), incentrato sulla triste vicenda di una donna solitaria, e ***Bel-Ami*** (1885), storia di un cinico arrampicatore sociale che si fa strada nel mondo del giornalismo e della politica grazie al proprio successo con le donne, sullo sfondo di una società alto-borghese immorale e corrotta.

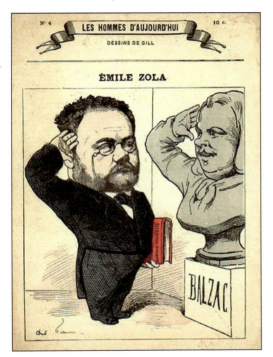

André Gill, *Zola, con I Rougon-Macquart sotto braccio, rende omaggio al suo modello*, Balzac, vignetta satirica per la copertina del n. 4 di "Les hommes d'aujourd'hui", 1878.

○ Sosta di verifica

- Perché Flaubert può essere considerato un precursore del Naturalismo?
- Quando nasce il movimento naturalista?
- Di che cosa si occupa in primo luogo il movimento?
- Quali testi possono essere considerati i manifesti teorici della poetica naturalista?
- Come descriveresti la nuova figura dell'«artista-scienziato»?
- Quali sono i maggiori autori del Naturalismo?
- Perché la produzione di Maupassant non può essere considerata a tutti gli effetti naturalista?

○ Naturalismo

- Si sviluppa in Francia a partire dal 1865
- Applica alla letteratura il metodo scientifico del Positivismo (artista-scienziato) e considera l'opera d'arte frutto di precisi fattori (determinismo di Taine)
- Descrive le trasformazioni della società industriale e si interessa alle classi più umili
- Individua nell'ereditarietà e nel condizionamento ambientale le cause delle azioni umane
- Utilizza una narrazione obiettiva e distaccata (principio dell'impersonalità, già teorizzato da Flaubert)
- Denuncia attraverso la letteratura i mali causati dalla modernità (funzione sociale dell'arte)
- Principali rappresentanti: Flaubert (precursore), fratelli Goncourt (*Germinie Lacerteux*), Zola (*Il romanzo sperimentale*, ciclo dei *Rougon-Macquart*), Maupassant

T1 Gustave Flaubert
Madame si annoia

Madame Bovary

Il romanzo Madame Bovary *(1856) è ispirato a un fatto di cronaca e racconta la storia di Emma, una giovane sognatrice che sposa, senza amarlo, Charles Bovary, un modesto medico di campagna. La donna si sente esasperata dal grigiore della vita di provincia, dalla piatta monotonia coniugale, e cerca conforto nell'amore del giovane studente Léon. Quando Léon si trasferisce a Parigi, Emma inizia una relazione con Rodolphe, un ricco proprietario terriero con cui progetta inutilmente di fuggire. Emma rivede per caso Léon e riprende a frequentarlo segretamente, indebitandosi sempre di più per vivere al di sopra delle sue possibilità. Quando i suoi amanti si rifiutano di aiutarla a pagare i debiti, Emma, disgustata dalla sua stessa condotta, si toglie la vita.*

A causa della precisione realistica con cui è descritto l'adulterio della protagonista, l'opera fu accusata di immoralità e la censura impose il taglio di alcuni episodi (il romanzo era stato inizialmente pubblicato a puntate). In seguito al rifiuto di Flaubert, si arrivò a un processo, dove le accuse a lui rivolte caddero grazie a una celebre arringa difensiva, che spiegò le frasi incriminate non come espressione del pensiero dell'autore, ma come conseguenza della narrazione impersonale adottata da Flaubert: esse non riportavano il giudizio del narratore, ma esprimevano soltanto l'opinione soggettiva del personaggio, di cui l'autore intendeva descrivere la sentimentalità "romanzesca".

Nel brano che proponiamo, tratto dalla prima parte del romanzo, Flaubert rappresenta la vita quotidiana di Emma e Charles, cogliendo con estrema precisione la profonda irrequietezza della protagonista e il contrasto fra le sue aspirazioni e la deludente realtà in cui si trova a vivere. L'unico conforto concesso a Emma diventa così lo sterile vagheggiamento di un amore diverso e appagante, simile a quello che ella aveva sognato da giovane.

La conversazione di Charles era piatta come un marciapiede, e vi sfilavano le idee più comuni, nel loro aspetto più dimesso[1], senz'alcun lievito[2] di emozione, di umorismo o di fantasia. Non gli era mai venuta la curiosità, diceva, di andare a teatro a vedere gli attori di Parigi, al tempo in cui abitava a Rouen[3]. Non sapeva
5 né nuotare né tirare di scherma né usare la pistola, e nemmeno riuscì, un giorno, a spiegarle un termine d'equitazione in cui si era imbattuta in un romanzo[4]. Ma un uomo non doveva sapere tutto, eccellere nelle più varie attività, iniziare la moglie ai dinamismi della passione, alle raffinatezze della vita, a ogni genere di mistero? Invece lui non insegnava niente. Niente sapeva e niente sperava. La cre-
10 deva felice; e lei provava rancore per quella sua calma così solida, per quella sua greve serenità, per quella stessa felicità che era lei a dispensargli.
A volte Emma disegnava; ed era per Charles un gran divertimento starsene lì, in piedi, a guardarla china sul cartoncino, che strizzava gli occhi per vedere meglio il lavoro o arrotondava con il pollice palline di mollica di pane. Quanto al piano,
15 più le sue dita ci volavano sopra, più lui si estasiava.
[...] E anche Charles, avendo una moglie simile, finiva per stimarsi di più. Mostrava con orgoglio, in sala, due piccoli schizzi dovuti alla sua matita, che fatti montare da lui in larghe cornici, ora pendevano da due lunghi cordoni verdi contro

---

1. dimesso: *ordinario, banale.*
2. lievito: *stimolo, fermento.*
3. al tempo ... a Rouen: quando da giovane era studente.
4. Non sapeva ... romanzo: non solo Charles non ha nulla dell'uomo d'azione protagonista dei romanzi amati da Emma, ma si dimostra insignificante anche a livello intellettuale.

la tappezzeria. All'uscita della messa lo si vedeva sull'uscio di casa con certe bel-
20 le pantofole a piccolo punto.
Rincasava tardi, talvolta a mezzanotte. Voleva cenare, e siccome la domestica si
era già coricata, toccava a Emma servirlo. Lui si toglieva la finanziera[5] per mangiare più a suo agio. Elencava le persone che aveva incontrato, una per una, i paesi
dov'era stato, le ricette che aveva scritto, e, soddisfatto di sé, mangiava quello che
25 restava dello stracotto, si sbucciava il formaggio, sgranocchiava una mela, svuota-
va la caraffa, poi raggiungeva il letto, si allungava di schiena e prendeva a russare.
Avendo conservato a lungo l'abitudine del berretto da notte di cotone, il fazzoletto gli scivolava via sulle orecchie; e così i capelli al mattino gli si arruffavano
sul viso, chiazzati dalla pelugine[6] bianca del cuscino i cui lacci si allentavano nel
30 corso della notte. Portava sempre stivali massicci, solcati sul collo del piede da
due profonde pieghe sbieche confluenti alle caviglie, mentre la restante tomaia
proseguiva dritta, tesa, come su un piede di legno. Lui diceva che erano proprio
una provvidenza[7] per la campagna.
[...] Secondo certe teorie che le sembravano buone, nonostante tutto, lei pretese[8]
35 di essere innamorata. Al chiaro di luna, in giardino, ripeteva tutte le rime appassionate che poteva ricordare a memoria, e fra un sospiro e l'altro cantava per lui
qualche malinconico adagio[9]; ma alla fine si ritrovava tranquilla come prima, e
Charles non ne usciva né più turbato né più innamorato.
Dopo alcuni consimili tentativi di far sprizzare una scintilla dalla pietra focaia
40 del suo cuore, e del resto incapace di comprendere ciò che non provava, come
di credere a quanto si sottraeva alle forme convenzionali[10], si convinse facilmente che la passione di Charles non aveva più niente di eccezionale. Le sue espan-
sioni si erano fatte regolari, ed era a ora fissa che la stringeva a sé. Un'abitudine
come tante altre, un dolce contemplato dalla lista, dopo la monotonia della cena.
45 Un guardiacaccia, che il signor dottore aveva guarito da una polmonite, aveva regalato a Madame una piccola levriera di razza italiana; lei se la portava dietro nelle
passeggiate, perché usciva qualche volta, per starsene un minuto in solitudine e
non ritrovarsi sempre sotto gli occhi quell'eterno giardino e la polvere della strada.
Si spingeva fino alla faggeta di Banneville, vicino al padiglione abbandonato che
50 sorge sull'angolo del muraglione dalla parte dei campi. Nell'antico fossato, fra le
erbe, ci sono canne altissime dalle foglie taglienti.
Cominciava col guardarsi intorno, per vedere se mai qualcosa fosse cambiato
dall'ultima volta. Ritrovava al loro posto le digitali[11] e i rafani selvatici, la parata delle ortiche intorno ai pietroni e i mosaici dei licheni lungo le tre finestre i
55 cui scuri eternamente sbarrati marcivano e si sbriciolavano sul telaio arrugginito.
Il suo pensiero, privo di una direzione precisa, sulle prime vagabondava a caso,
come la levriera, che si lanciava in vasti rondò[12] nei campi, abbaiava alle farfalle
gialle, dava la caccia ai musaragni[13] o mordicchiava i papaveri sul limitare di un
campo di grano. Poi le sue idee si mettevano lentamente a fuoco, e seduta sull'er-
60 ba che rintuzzava con la punta del parasole, Emma si ripeteva: "Perché, Dio mio,
perché mi sono sposata?".

---

5. finanziera: giubba lunga a doppio petto tipica dell'abbigliamento ottocentesco.
6. pelugine: *peluria*.
7. erano ... provvidenza: *erano proprio adatti*.
8. pretese: *cercò di convincersi*.
9. adagio: brano musicale dal ritmo lento.

10. incapace ... convenzionali: Emma non riesce a capire cosa sia l'amore perché non è innamorata di Charles e anche perché la sua conoscenza del sentimento è dedotta solo dai libri (le «forme convenzionali») e non da una esperienza diretta.
11. digitali: piante erbacee dai fiori color

porpora e a forma di ditale (da cui il nome scientifico *Digitalis purpurea*).
12. rondò: il rondò è un antico ballo veneziano, ma qui il termine è usato in senso metaforico per indicare gli ampi giri fatti dal cane.
13. musaragni: piccoli animali simili alle talpe, detti anche *toporagni*.

Gustave Flaubert **133**

Si domandava se non ci sarebbe stato modo d'incontrare un uomo diverso, per diverse combinazioni del caso; e si sforzava d'immaginare quali avrebbero potuto essere quegli avvenimenti non avvenuti, quel tipo diverso di vita, quel marito che non conosceva. Non tutti, infatti, erano come il suo. Poteva trattarsi di un uomo bello, brillante, distinto, attraente come dovevano essere i mariti che le sue antiche compagne di convento[14] avevano trovato. Che cosa facevano ora? In città, con il frastuono delle strade, il brusio dei teatri e le rutilanti[15] sale da ballo, conducevano esistenze da dilatare il cuore e far fiorire i sensi. Ma lei, la sua vita era fredda come una soffitta con la finestrella a Nord, e la noia, ragno silenzioso, tesseva la sua tela nell'ombra, in ogni angolo del suo cuore. Ripensava alle feste delle premiazioni[16]; quando saliva sul palco per ricevere le piccole corone. Con la treccia, il vestito bianco e gli scarpini di coppale[17], appariva piena di grazia, e quando tornava al suo posto i signori si chinavano a farle i complimenti; il cortile era pieno di carrozze, da dentro le venivano cenni affettuosi, passava il maestro di musica e la salutava con la custodia del violino. Com'era tutto lontano, tanto lontano!

Chiamava Djali[18], se la prendeva fra le ginocchia, le passava le dita sulla testina affusolata dicendo: «Su, dai un bacio alla tua padrona, tu che non hai dispiaceri».

G. Flaubert, *Madame Bovary*, traduzione di M.L. Spaziani, in *Opere*, Milano, Mondadori, 1997

---

14. compagne di convento: le ragazze con cui Emma è cresciuta in convento.
15. rutilanti: *splendenti*.
16. alle feste delle premiazioni: le premiazioni scolastiche.
17. coppale: pelle laccata.
18. Djali: la cagnetta a cui Emma confida il suo desiderio di evasione.

 Analisi guidata

La struttura

Il brano, in cui si alternano sequenze descrittive e narrative, può essere suddiviso in **tre parti**:
– la **prima** descrive la vita quotidiana di Emma e Charles, ripetitiva, noiosa e fonte, per la ragazza, di profonda frustrazione;
– la **seconda** mostra gli inutili tentativi di Emma di provare a se stessa di essere innamorata del marito;
– la **terza** si concentra sul desiderio di evasione di Emma.

 Competenze di comprensione e analisi

- Distingui nel testo le sequenze narrative da quelle descrittive; quali ti sembrano prevalenti e per quale motivo?

- La prima parte si svolge quasi esclusivamente nello spazio interno della casa coniugale, mentre la terza vede Emma all'aperto, nei campi. Quale significato può avere, secondo te, questa variazione?

L'ottusa semplicità di Charles

Il brano mette a confronto l'**insoddisfazione di Emma**, che sogna un amore romantico in cui l'uomo sappia iniziare la moglie «ai dinamismi della passione», con l'**ottusa serenità di Charles**, vero protagonista della prima parte del brano. Emma non solo non è felice, ma è indispettita dall'atteggiamento del marito, appagato dalla propria vita e innamorato della moglie, della quale non sembra percepire la sofferenza. Il narratore non perde occasione di dipingere Charles come un **semplicotto con poche qualità**, che «Niente sapeva e niente sperava», passando dalla rievocazione della sua anonima gioventù («Non gli era mai venuta la curiosità, diceva, di andare a teatro a vedere gli attori di Parigi, al tempo in cui abitava a Rouen») ai **graffianti ritratti** in cui lo si vede mentre fa palline di pane con le dita, si sporge in pantofole sull'uscio di casa o dorme, come gli anziani, con il berretto da notte.

Competenze di comprensione e analisi

- Quale frase all'inizio del brano descrive in modo emblematico il grigiore di Charles e la sua distanza dal tipo d'uomo che Emma vorrebbe accanto a sé?

- Ti pare che la figura di Charles sia descritta in modo oggettivo o risenta del punto di vista della protagonista e delle sue attese deluse? Rispondi anche con esempi tratti dal testo.

Il desiderio di evasione

La seconda e la terza parte del brano sono invece incentrate su **Emma**, della quale si mostrano prima i tentativi di ravvivare il matrimonio e poi le fantasie con le quali cerca di evadere dalla noia della sua esistenza.

La ragazza tenta ingenuamente di convincersi dell'amore che prova per Charles, recitando poesie e cantando languidamente, come ha letto sui libri; ma nonostante i suoi sforzi deve rassegnarsi a un **rapporto freddo e di routine**, che il narratore paragona ironicamente a «un'abitudine come tante altre, un dolce contemplato dalla lista» (r. 43-44).

Soltanto durante le sue passeggiate Emma rimpiange il matrimonio e si **immagina un amore diverso** e più romantico. Ella ripensa con invidia alle compagne d'infanzia, sposate a uomini brillanti e impegnate in quella vita mondana a lei tanto cara, che le fa ricordare con nostalgia perfino le premiazioni scolastiche, in cui era al centro dell'attenzione e tutti si interessavano a lei.

Il tema centrale del brano – e di tutto il romanzo – consiste quindi nella profonda **insoddisfazione** di Emma che, incapace di accettare il grigiore della vita borghese e insofferente anche verso il marito, cercherà con ogni mezzo di sfuggire a questa realtà fino alla tragica conclusione.

Competenze di comprensione e analisi

- Con quale metafora viene descritta l'infelice vita coniugale di Emma?

- La frase con cui si chiude il brano è particolarmente significativa: spiega perché.

La tecnica dell'impersonalità

In queste pagine Flaubert applica programmaticamente il principio dell'impersonalità. Il punto di vista però non è affatto neutro, ma si avvale spesso della **focalizzazione interna**, mostrando la realtà così come appare alla protagonista. A questo scopo viene spesso usato anche il **discorso indiretto libero**.

Competenze di comprensione e analisi

- Individua nel testo almeno un punto in cui il narratore utilizza il discorso indiretto libero per riportare i pensieri di Emma.

- In quale punto l'impersonalità del narratore sembra lasciar trapelare una certa ironia?

Gustave Flaubert   135

Edmond e Jules de Goncourt «Questo romanzo è un romanzo vero»

Prefazione a *Germinie Lacerteux*

Germinie Lacerteux, pubblicato dai fratelli Edmond e Jules de Goncourt nel 1865, è il testo che segna la nascita del Naturalismo francese. Ispirato a una vicenda reale, il romanzo narra la doppia vita di una domestica, in apparenza ineccepibile cameriera di un'anziana nobildonna, ma in realtà preda di una morbosa passione per un uomo disonesto che la sfrutta, inducendola al furto, alla prostituzione, all'alcolismo e infine alla morte, in una progressiva degradazione fisica e morale.

Nella Prefazione, gli autori giustificano la scelta di un argomento decisamente insolito e in apparenza scandaloso, esponendo con chiarezza i principi fondamentali della nuova poetica naturalista: il romanzo deve raccontare delle classi umili sconosciute al pubblico e riprodurre la realtà in modo scientifico, senza tralasciare quegli aspetti che possono scandalizzare e apparire ripugnanti.

Dobbiamo chiedere scusa al pubblico per questo libro che gli offriamo e avvertirlo di quanto vi troverà. Il pubblico ama i romanzi falsi: questo romanzo è un romanzo vero. Ama i romanzi che dànno l'illusione di essere introdotti nel gran mondo: questo libro viene dalla strada.

5 Ama le operette maliziose, le memorie di fanciulle, le confessioni d'alcova[1], le sudicerie erotiche, lo scandalo racchiuso in un'illustrazione nelle vetrine di librai: il libro che sta per leggere è severo e puro. Che il pubblico non si aspetti la fotografia licenziosa del Piacere: lo studio che segue è la clinica dell'Amore[2].

Il pubblico apprezza ancora le letture anodine[3] e consolanti, le avventure che fi-
10 niscono bene, le fantasie che non sconvolgono la sua digestione né la sua serenità: questo libro, con la sua triste e violenta novità è fatto per contrariare le abitudini del pubblico, per nuocere alla sua igiene.

Perché mai dunque l'abbiamo scritto? Proprio solo per offendere il lettore o scandalizzare i suoi gusti?

15 No.

Vivendo nel diciannovesimo secolo, in un'epoca di suffragio universale, di democrazia, di liberalismo, ci siamo chiesti se le cosiddette "classi inferiori" non abbiano diritto al Romanzo; se questo mondo sotto un mondo, il popolo, debba restare sotto il peso del "vietato" letterario[4] e del disdegno degli autori che sino ad
20 ora non hanno parlato dell'anima e del cuore che il popolo può avere. Ci siamo chiesti se possano ancora esistere, per lo scrittore e per il lettore, in questi anni d'uguaglianza che viviamo, classi indegne, infelicità troppo terrene, drammi troppo mal recitati, catastrofi d'un terrore troppo poco nobile. Ci ha presi la curiosità di sapere se questa forma convenzionale di una letteratura dimenticata e di una
25 società scomparsa, la Tragedia, sia definitivamente morta; se, in un paese senza caste e senza aristocrazia legale[5], le miserie degli umili e dei poveri possano parlare all'interesse, all'emozione, alla pietà, tanto quanto le miserie dei grandi e dei

---

1. le confessioni d'alcova: le confessioni intime ed erotiche («alcova» significa *camera da letto*).
2. la clinica dell'Amore: lo studio scientifico e oggettivo degli aspetti patologici del-

la passione.
3. anodine: *indolori, insignificanti,* e perciò rassicuranti per il lettore.
4. debba ... letterario: *vada ancora considerato indegno della letteratura.*

5. aristocrazia legale: la nobiltà riconosciuta per legge come classe privilegiata, che in Francia era stata abolita dalla rivoluzione del 1789.

Naturalismo e Verismo

ricchi; se, in una parola, le lacrime che si piangono in basso possano far piangere come quelle che si piangono in alto.

30 Queste meditazioni ci hanno indotto a tentare l'umile romanzo di *Suor Philomène*[6], nel 1861; e adesso ci inducono a pubblicare *Le due vite di Germinie Lacerteux*.
Ed ora, questo libro venga pure calunniato: poco c'importa. Oggi che il Romanzo
si allarga e ingrandisce, e comincia ad essere la grande forma seria, appassionata,
viva, dello studio letterario e della ricerca sociale, oggi che esso diventa, attraverso
35 l'analisi e la ricerca psicologica, la Storia morale contemporanea, oggi che il Romanzo s'è imposto gli studi e i compiti della scienza, può rivendicarne la libertà
e l'indipendenza. Ricerchi dunque l'Arte e la Verità; mostri miserie tali da impri-
mersi nella memoria dei benestanti di Parigi; faccia vedere alla gente della buona
società quello che le dame di carità hanno il coraggio di vedere, quello che una
40 volta le regine facevano sfiorare appena con gli occhi, negli ospizi, ai loro figli: la
sofferenza umana, presente e viva, che insegna la carità; il Romanzo abbia quella religione, che il secolo scorso chiamava con il nome largo e vasto di Umanità;
basterà questa coscienza: ecco il suo diritto.

E. e J. de Goncourt, *Germinie Lacerteux*, traduzione di O. Del Buono,
Milano, Rizzoli, 1951

---

6. Suor Philomène: è il primo romanzo dei fratelli Goncourt, ambientato in un ospedale.

● Analisi guidata

Una proposta controcorrente

Il testo della Prefazione può essere suddiviso in **tre sequenze argomentative**.
Nella **prima** gli autori, ricorrendo a continue **antitesi**, collocano la propria opera agli antipodi rispetto
alle attese del grande pubblico: mentre i lettori amano in genere le opere false, licenziose e a lieto fine,
il loro romanzo è invece vero e ispirato a un **fatto di cronaca** («viene dalla strada»).
La **seconda** spiega i **motivi** che hanno indotto i Goncourt a scegliere una vicenda incentrata sulla
degradazione di una popolana: a chi li accusa di immoralità, essi ribattono di aver scritto un'opera
adeguata all'età contemporanea, cioè a un'epoca democratica in cui nessun aspetto della società deve
essere vietato all'arte.
L'**ultima**, infine, è dedicata alla **funzione** del romanzo, considerato l'unico genere in grado di rispondere alle esigenze dei tempi. Secondo la poetica del Naturalismo, lo scopo del romanzo è quello di
condurre un'**analisi scientifica** della realtà, al fine di far emergere le **disuguaglianze sociali**. Soltanto
un'arte che condivide queste basi può, secondo i Goncourt, rispondere alle esigenze di una società
"moderna", in cui i ceti più bassi possono e devono essere descritti anche dalla letteratura.

● Competenze di comprensione e analisi

- Quali sono gli aspetti per cui il romanzo dei fratelli Goncourt si contrappone alla maggior
  parte dei romanzi contemporanei?

- Attraverso quali ripetizioni viene esplicitata l'opposizione tra questo romanzo e ciò che il
  pubblico si aspetta?

- Perché i Goncourt hanno scelto di raccontare la storia di una donna del popolo?

- Quale deve essere, secondo gli autori, lo scopo del romanzo "moderno"?

Realismo e scientificità

Nella *Prefazione* sono espressi molti principi della **poetica naturalista**. Accanto alla pretesa di assoluto realismo («questo è un romanzo vero»), gli autori sottolineano anche l'**atteggiamento oggettivo** e scientifico con cui si pongono di fronte alla materia narrata, necessario per indagare le **cause dei comportamenti** individuali («lo studio che segue è la clinica dell'Amore»).

L'applicazione del metodo scientifico allo **studio della società** («il Romanzo si è imposto gli studi e i compiti della scienza») – tipica della cultura positivista – si unisce così a una precisa volontà di **denuncia** sociale («faccia vedere alla gente della buona società [...] la sofferenza umana»), in cui gli autori naturalisti individuano il compito principale del loro ruolo di artisti.

Competenze di comprensione e analisi

- Una caratteristica fondamentale della poetica del Naturalismo è l'adozione del metodo scientifico applicato allo studio della società e dei comportamenti umani. In quali punti del testo i fratelli Goncourt sottolineano più espressamente questo intento?

- Rintraccia nel testo tutti gli accenni al contesto storico e sociale in cui operano i fratelli Goncourt e spiega perché esso appare diverso da quello del secolo precedente.

- La prefazione al romanzo riflette l'impegno sociale e ideologico del Naturalismo francese. Per meglio comprendere le differenze tra Naturalismo e Verismo, confronta il testo con la *Prefazione* ai *Malavoglia* di Verga (p. 181), evidenziandone gli elementi comuni e quelli divergenti.

Gustave Caillebotte, *Donna alla toeletta*, 1873.

T3 Émile Zola
Gervaise e l'acquavite

L'Assommoir

Settimo romanzo del ciclo dei Rougon-Macquart, L'Assommoir (L'Ammazzatoio) apparve nel 1876 a puntate su un giornale, ma la pubblicazione fu sospesa a causa delle numerose proteste dei lettori scandalizzati. Pochi mesi dopo un altro settimanale decise di pubblicarlo nuovamente e nel 1877 il libro uscì anche in volume.

L'Assommoir narra la triste vicenda della lavandaia Gervaise che, trasferitasi a Parigi in cerca di fortuna con l'amante e i due figli, viene abbandonata dall'uomo. Dopo le nuove nozze con l'operaio Coupeau, conduce una vita dignitosa finché il marito, ferito in un incidente sul lavoro, inizia a bere e a frequentare l'As-

sommoir, una bettola in cui molti lavoratori si ritrovano per affogare nell'alcol le proprie sofferenze. Col tempo la situazione precipita e anche Gervaise, assillata dai problemi economici, diventa alcolizzata. La conclusione del romanzo è tragica: Coupeau muore e Gervaise, ormai degradata moralmente e costretta a prostituirsi, muore anch'essa dopo poco tempo.

Nel brano che segue, l'autore descrive la prima ubriacatura di Gervaise. La donna, che fino ad allora si era mantenuta onesta e sobria, arriva all'Assommoir in cerca del marito, col proposito di ricondurlo a casa. Ma trovatolo completamente ubriaco, finisce anch'essa per bere, avviandosi così sulla strada dell'alcolismo.

I fasci di luce che uscivano dall'Assommoir si riflettevano nelle pozzanghere che coprivano il selciato, e su cui la pioggia rimbalzava in mille piccole bollicine. Quando la porta si apriva e si richiudeva con il sinistro cigolio delle sue lastre di rame, [Gervaise] era costretta a scansarsi e finiva nel fango. Alla fine si diede della stu-
5 pida; spinse la porta e andò difilato verso il tavolino di Coupeau. In fin dei conti stava cercando suo marito; e ne aveva il diritto, perché quella sera aveva promesso di portarla al circo. Tanto peggio! non aveva nessuna voglia di squagliarsi sul marciapiede come un pezzo di sapone!

«Toh! sei tu, vecchia mia!», gridò lo zincatore, strozzato da un sogghigno. «Ah!
10 questa sì che è buffa!... Eh! non ho ragione? non sembra anche a voi la cosa più buffa del mondo?».

Infatti tutti ridevano, Mes-Bottes, Bibi-la-Grillade, Bec-Salé, detto anche Boit-sans-Soif[1]. Sì, c'era qualcosa che trovavano assolutamente divertente, ma non si capiva bene che cosa. Gervaise era ancora in piedi, un po' stordita. E poiché Coupe-
15 au le sembrava di buonumore, s'azzardò a dire:

«Lo sai, dobbiamo andare fin laggiù. Bisogna affrettarci. Arriveremo comunque in tempo per vedere ancora qualcosa».

«Non posso alzarmi, sono inchiodato alla sedia! oh! dico sul serio», riprese Coupeau continuando a ridacchiare. «Prova, così te ne convinci! Tirami per il braccio
20 con tutte le tue forze, coraggio, Dio santo! più forte! ohé, issa!... Lo vedi? È stato quel furfante di papà Colombe[2] ad avvitarmi qui sopra!»

Gervaise si era prestata al gioco; e quando gli lasciò il braccio, i compagni trovarono lo scherzo così divertente che si buttarono gli uni addosso agli altri, strillando e strusciandosi le spalle come gli asini quando vengono strigliati. Lo zincatore ave-
25 va la bocca sgangherata in un tale sogghigno che gli si poteva vedere fino in gola.

---

1. Mes-Bottes ... Boit-sans-Soif: sono gli eloquenti soprannomi degli avventori abituali dell'osteria; in italiano "I miei scarponi", "Bibì-la-Braciola" e "Becco-asciutto", detto anche "Beve-senza-sete".

2. papà Colombe: è il proprietario dell'Assommoir.

Émile Zola **139**

«Stupida bestia!», le disse alla fine, «potresti anche sederti per qualche minuto. È sempre meglio stare qui che fuori a bagnarsi... Ebbene! sì, non sono tornato a casa, ho avuto da fare. Puoi anche fare il muso, che tanto non ci guadagni niente... Fate un po' di posto, voialtri!»

30 «Se la signora volesse accettare le mie ginocchia, starebbe certo più comoda», disse Mes-Bottes con galanteria.

Allora Gervaise, per non farsi notare, prese una sedia e si accomodò a tre passi dal tavolino. Guardò quello che bevevano gli uomini, un'acquavite che luccicava come l'oro dentro i bicchieri; una piccola pozza era colata sul tavolino e Bec-

35 Salé, detto anche Boit-sans-Soif, senza smettere di parlare, vi inzuppava il dito e tracciava a grosse lettere un nome di donna: Eulalie. Bibi-la-Grillade le sembrò non poco malandato, più magro di un chiodo. Mes-Bottes aveva il naso tutto fiorito[3], una vera dalia azzurra di Borgogna. E tutti e quattro facevano a gara a chi fosse più sudicio; le loro sozze barbe erano irte e pisciose come degli spazzolini

40 da vaso da notte, le casacche erano ridotte a brandelli, le manacce che si allungavano erano nere e con le unghie a lutto[4]. [...] Il fumo delle pipe saliva nella luce abbagliante del gas, turbinando come polvere e avvolgendo gli avventori in una nebbia che si condensava lentamente; e da quella nuvola usciva un baccano assordante e confuso: voci appannate, bicchieri che si urtavano, bestemmie, pugni

45 che rimbombavano sui tavolini come cannonate. E Gervaise si sentiva a disagio, perché uno spettacolo del genere non è certo piacevole per una donna, soprattutto se non vi è abituata; soffocava, con gli occhi infiammati, la testa già appesantita dall'odore di alcool che esalava dall'intera sala. Poi, tutt'a un tratto, ebbe la sensazione di un malessere ancora più inquietante proprio alle sue spalle. Si

50 rigirò e vide l'alambicco, la distillatrice che lavorava sotto la vetrata dello stretto cortile con la sua profonda vibrazione da cucina infernale. Di sera le sue storte apparivano ancor più cupe e sinistre, illuminate com'erano soltanto nelle loro incurvature di una larga stella rossa; e l'ombra della macchina disegnava contro la parete sul fondo delle immagini obbrobriose, figure con la coda, mostri che spa-

55 lancavano le mascelle come per divorare il mondo intero.[5]

«Su, boccuccia di rosa, non fare il muso!», gridò Coupeau. «Al diavolo i guastafeste! Cosa vuoi bere?»

«Proprio nulla», rispose la lavandaia. «Non ho nemmeno cenato».

«Ebbene! una ragione di più; un goccetto di qualcosa ti rimetterebbe in forze».

60 Ma poiché Gervaise continuava a restare imbronciata, Mes-Bottes si mostrò di nuovo galante.

«Forse alla signora piacerebbe qualcosa di dolce», mormorò.

«Mi piacerebbe che il mio uomo non si ubriacasse», rispose allora Gervaise irritata. «Sì, mi piacciono gli uomini che portano a casa la loro paga e mantengono

65 la parola, quando hanno fatto una promessa».

«Ah! è allora questo che ti rode!», disse lo zincatore senza smettere di sogghignare. «Vuoi la tua parte! Ma se è così, oca che non sei altro, perché ti ostini a rifiutare un bicchierino?... Su, prendi qualcosa; è tutto regalato!»

La lavandaia lo fissò a lungo, con l'espressione cupa e una piccola ruga che le sol-

70 cava la fronte come una piega nera. Poi rispose con voce strascicata:

«Ma sì! hai ragione, è una buona idea. Ci berremo tutti i soldi insieme!».

---

3. **tutto fiorito:** *arrossato, paonazzo per il vino.*

4. **a lutto:** *sporche, nere.*

5. **Si rigirò ... il mondo intero:** dietro Gervaise vi è la grande macchina per distillare il liquore, che conferisce all'ambiente un'atmosfera spettrale, con i tubi e i rubinetti che proiettano ombre mostruose attraverso la vetrina.

140 Naturalismo e Verismo

Bibi-la-Grillade si alzò per andarle a prendere un bicchiere d'anisette[6]. Gervaise spostò la sua sedia in modo d'avvicinarsi al tavolino. Mentre sorseggiava l'anisette, un ricordo la colpì all'improvviso: si rammentò della prugna[7] che un giorno

75 aveva preso insieme a Coupeau, accanto alla porta, quando lui le faceva la corte. In quel tempo mangiava la prugna e lasciava l'acquavite. E adesso anche lei cominciava a darsi ai liquori! Oh! si conosceva bene; non aveva un solo briciolo di volontà. Le sarebbe bastato un buffetto sulle spalle per andare ad affogare nell'alcool. Per esempio, quell'anisette le piaceva, nonostante fosse un po' troppo dol-

80 ce, quasi nauseante. Centellinava il suo bicchierino ascoltando Bec-Salé, detto anche Boit-sans-Soif, tutto infervorato a raccontare della sua relazione con la bella Eulalie, sì, proprio quella che vendeva il pesce per strada, una donna davvero in gamba, una furbastra che gli dava la caccia da una bettola all'altra, mentre spingeva il carretto lungo i marciapiedi. [...]

85 «Ah! bene, grazie tante!», gridò Coupeau, rivoltando il bicchiere d'anisette che la moglie aveva svuotato. «Te lo sei svuotato tutto! Guardate, brutti furfanti, non ne vien giù nemmeno una goccia!»

«La signora ne vuole un altro bicchiere?», domandò Bec-Salé, detto anche Boit-sans-Soif.

90 No, ne aveva abbastanza. E tuttavia esitava. L'anisette la nauseava. Avrebbe preso volentieri qualcosa di più forte, per riaggiustarsi lo stomaco. E gettava degli sguardi di traverso sulla macchina che le stava alle spalle. Quella maledetta marmitta, tonda come il ventre d'una grassa calderaia, con quel suo naso che s'allungava e s'attorcigliava, le alitava come un brivido nella schiena, un brivido di desiderio e

95 insieme di paura. Sì, faceva pensare alle trippe di metallo di qualche gran donnaccia, di qualche strega che lascia andare goccia a goccia tutto il fuoco delle sue viscere. Una bella sorgente di veleno, una attività che avrebbero dovuto sotterrare in una cantina, tanto era sfacciata e vergognosa! Ma con tutto ciò, avrebbe voluto ficcarci dentro il muso, annusarne l'odore, assaggiare quella porcheria, quand'an-

100 che la sua lingua scottata avesse dovuto sbucciarsi di colpo come un'arancia.

«Che state bevendo?», domandò agli uomini come per caso, con l'occhio acceso dal bel colore dorato dei loro bicchieri.

«Questa, vecchia mia», rispose Coupeau, «è la canfora[8] di papà Colombe... Non fare la sciocca. Te la faremo assaggiare.»

105 E quando ebbero portato un bicchiere d'acquavite, e la sua mascella si contrasse al primo sorso, lo zincatore riprese picchiandosi sulle cosce: «Eh! ti lascia senza fiato, vero?... Buttala giù tutta insieme. Ogni bicchierino di questa roba toglie uno scudo da sei franchi dalla tasca del medico[9]».

Dopo il secondo bicchiere, Gervaise non sentì più la fame che l'aveva torturata.

110 Ormai si era riconciliata con Coupeau, non gli serbava più rancore per la promessa non mantenuta. Sì, sarebbero andati al circo un'altra volta; non doveva poi essere così divertente guardare dei saltimbanchi che giravano al galoppo sui loro cavalli. Da papà Colombe non pioveva; e se la quindicina[10] spariva in bicchierini d'acquavite, almeno se la metteva in corpo, se la beveva limpida e scintillante

115 come un bell'oro liquido. Ah! che voglia di mandare a quel paese il mondo intero! La vita le offriva così pochi piaceri, che le sembrava già una consolazione po-

---

6. anisette: liquore dolce a base di anice.
7. prugna: una susina sotto spirito.
8. canfora: *sostanza aromatica dal sapore acre e pungente;* qui il termine è usato in senso metaforico, per indicare un liquore particolarmente forte.
9. Ogni bicchierino ... tasca del medico: Coupeau sostiene, come tutti gli ubriaconi, che l'alcol fa bene alla salute e tiene lontano dai medici.
10. quindicina: *paga di quindici giorni.*

Émile Zola

ter partecipare a metà nel far fuori in quel modo il loro denaro. Ci si trovava bene; perché mai avrebbe dovuto andarsene? La potevano anche prendere a cannonate; una volta che si era fatta la sua cuccia, non la lasciava tanto facilmente. Si crogiolava in quel bel calduccio, con il corpetto incollato alle spalle, invasa da un benessere che le intorpidiva le membra. E ridacchiava da sola, poggiata sui gomiti, con gli occhi smarriti, divertendosi a guardare due avventori, un gigante e un nano, seduti a un tavolo vicino che si volevano assolutamente baciare, tanto erano cotti[11]. Sì, all'Assommoir si divertiva; le bastava guardare la faccia da luna piena di papà Colombe, una vera vescica di grasso[12], gli avventori che fumavano le loro corte pipe urlando e sputando, le alte fiamme del gas che illuminavano i vetri e le bottiglie di liquore. L'odore non le dava più fastidio; anzi, si sentiva solleticare il naso, finiva per trovarlo gradevole. Le palpebre le si chiudevano un poco, mentre respirava trattenendo il fiato, ma senza che la cosa l'opprimesse, assaporando il piacere del lento sonno che la prendeva. Poi, dopo il terzo bicchierino si lasciò cadere con la testa fra le mani; non vide più che Coupeau e i compagni, rimase faccia a faccia con loro, vicinissima, con le guance riscaldate dal loro respiro, guardando le loro sudice barbe come se ne avesse a contare i peli. Erano ormai completamente ubriachi.

É. Zola, *L'Assommoir*, traduzione di F. Bruno, Milano, Garzanti, 2009

11. cotti: *ubriachi.*
12. vescica di grasso: l'espressione spregiativa allude all'obesità di papà Colombe.

Analisi guidata

L'inevitabile caduta di Gervaise

Il brano è costruito come un crescendo che ha per protagonista Gervaise. Anche se in un primo tempo mantiene un atteggiamento distaccato e severo verso il marito e gli altri clienti dell'Assommoir, la donna viene gradualmente attratta dal fascino dell'alcol e, dopo aver accettato quasi per ripicca di assaggiare un po' di liquore, si ubriaca e segna così l'**inizio** della sua **degradazione**.
Tale comportamento sembra contraddittorio con i propositi iniziali, ma secondo Zola è del tutto naturale e spiegabile, in termini "scientifici", con l'**influenza esercitata** sulla donna **dall'ambiente** (*milieu*), alla quale è per lei impossibile sottrarsi.

Competenze di comprensione e analisi

- Inizialmente, Gervaise osserva l'osteria con fastidio e repulsione, ma dopo i primi bicchieri l'ambiente le appare in una nuova luce; evidenzia nel brano i passi in cui emerge questo mutamento di prospettiva.

- Rintraccia nel testo le espressioni che mettono in luce il *milieu* (l'ambiente) da cui proviene Gervaise e che sembrano in qualche modo giustificare la sua scelta di bere.

Il realismo di un ambiente degradato

Zola descrive con dovizia di particolari l'osteria in cui Coupeau si abbandona all'alcol, dipingendo un quadro di estremo **squallore materiale e morale**. Coupeau, completamente ubriaco, si rivolge alla moglie con toni beffardi, e anche i suoi compagni sono esempi di un'umanità miserevole e degradata.

All'interno di una **descrizione prevalentemente realistica**, tuttavia, vi sono anche alcuni elementi che connotano l'ambiente in maniera **simbolica**, in particolare la macchina distillatrice, raffigurata come una creatura mostruosa quasi dotata di una sua propria volontà, che sembra spingere gli avventori a bere con il suo fascino soprannaturale.

Competenze di comprensione e analisi

- Quali dei particolari riportati da Zola ti sembrano volutamente esagerati per caratterizzare negativamente l'ambiente?

- Scrivi un breve testo in cui descrivi l'ambiente dell'Assommoir e i suoi clienti, individuando le loro caratteristiche fisiche e psicologiche.

- Per quale motivo, a tuo parere, Zola ha scelto di chiamare la taverna L'Assommoir? Rispondi in un breve testo scritto tenendo conto della descrizione della taverna fatta in questo brano.

Un punto di vista mutevole

Secondo il principio dell'**impersonalità**, Zola racconta la vicenda senza intervenire con giudizi espliciti. Tuttavia, il punto di vista varia nel corso della narrazione: l'ottica del narratore coincide talvolta con quella di **Gervaise**, di cui vengono riportati i pensieri nella forma del **discorso indiretto libero**, mentre in alcuni punti emerge il punto di vista dell'**autore**, che studia e descrive con attenzione l'ambiente e i personaggi. Dalla convergenza fra i due punti di vista deriva la carica di **denuncia sociale** del testo, che diventa di **forte impatto** proprio grazie alla scelta di mostrare l'Assommoir attraverso gli occhi della ragazza, che lo vede prima come un luogo ostile e alla fine come un rifugio protettivo in cui dimenticare tutti i problemi della sua squallida esistenza.

Competenze di comprensione e analisi

- Cerca di distinguere nelle sequenze descrittive le affermazioni del narratore da quelle filtrate attraverso il punto di vista di Gervaise. C'è contrasto fra i due punti di vista?

- Individua nel brano almeno un esempio di discorso indiretto libero.

L'autore e il suo romanzo

Nella prefazione alla prima edizione in volume di *L'Assommoir* (1877) Zola scriveva: «Quando *L'Assommoir* apparve a puntate su un giornale, fu attaccato con una brutalità senza esempio, denunciato, accusato d'ogni sorta di obbrobri… la sua forma ha messo tutti in allarme. La gente se l'è presa con le parole. Il mio delitto sta nell'aver avuto la curiosità letteraria di raccattare e colare in uno stampo molto elaborato la lingua del popolo. La forma! La forma! Il gran delitto sta lì!».

Competenze di comprensione e analisi

- L'autore attribuisce allo stile («la forma!») il peccato più grave rimproveratogli dai suoi lettori. Spiega perché basandoti sulle battute degli operai ubriachi e indicando qualche esempio di linguaggio capace di scandalizzare i lettori dell'epoca.

- Confronta le parole di Zola con quelle dei fratelli Goncourt (p. 136) ed esprimi le tue considerazioni in un breve testo scritto.

Il libro del mese
Cronache di poveri amanti

AUTORE	Vasco Pratolini
ANNO DI PUBBLICAZIONE	1947
CASA EDITRICE	Rizzoli

TRE BUONI MOTIVI PER LEGGERLO

1. Ricostruisce le tensioni politiche dei primi anni del Fascismo.
2. Restituisce un'immagine di Firenze poco conosciuta e oggi scomparsa.
3. È uno dei capolavori del Neorealismo.

L'AUTORE E IL ROMANZO Nato in un quartiere del centro di Firenze, in gioventù Vasco Pratolini (1913-1991) svolge svariati lavori tra cui il garzone di bottega e il venditore ambulante. Negli anni Trenta è tra i fondatori della rivista «Campo di Marte», divenuta in breve un punto di riferimento nel panorama intellettuale dell'epoca; alla fine della guerra pubblica i suoi primi romanzi e comincia a interessarsi di cinema, collaborando con Rossellini alla realizzazione di *Paisà* (1946), uno dei capolavori del Neorealismo. Anche in letteratura l'opera di Pratolini è ascrivibile alla corrente neorealista. Romanzi come *Cronache di poveri amanti* (1947), *Le ragazze di San Frediano* (1952) e *Metello* (1955) sono ambientati nel centro di Firenze e descrivono la vita del popolo.

L'INCIPIT Ha cantato il gallo del Nesi carbonaio, si è spenta la lanterna dell'Albergo Cervia. Il passaggio della vettura che riconduce i tranvieri del turno di notte ha fatto sussultare Oreste parrucchiere che dorme nella bottega di via dei Leoni, cinquanta metri da via del Corno. Domani, giorno di mercato, il suo primo cliente sarà il fattore di Calenzano che ogni venerdí mattina si presenta con la barba di una settimana. Sulla torre di Arnolfo il marzocco rivolto verso oriente garantisce il bel tempo. Nel vicolo dietro Palazzo Vecchio i gatti disfano i fagotti dell'immondizia. Le case sono così a ridosso che la luce lunare sfiora appena le finestre degli ultimi piani. Ma il gallo del Nesi, ch'è in terrazza, l'ha vista ed ha cantato.

LA TRAMA *Cronache di poveri amanti* è un romanzo corale in cui si narrano le storie degli abitanti di Via del Corno, una strada «lunga cinquanta metri e larga cinque» che è di fatto la vera protagonista dell'opera. Qui, durante gli anni Venti del Novecento, si sviluppano le vicende umane e sentimentali del carbonaio Nesi, che vive con Aurora e il suo figlio illegittimo; della Signora, ex prostituta divenuta molto ricca e influente; di Maciste, operaio che si batte contro i soprusi dei fascisti, e di molti altri personaggi più o meno importanti. Tra storie d'amore giovanili e presa di coscienza dei tempi duri che si preannunciano, Pratolini racconta in modo realistico, anche se con toni spesso tendenti al populismo, la vita di un quartiere fiorentino dal punto di vista dei suoi popolani.

TRE PISTE DI LETTURA

1. *Cronache di poveri amanti* è considerato uno dei capolavori del Neorealismo, una corrente che si fonda sull'uso di un linguaggio medio facilmente comprensibile al grande pubblico. Ti sembra che la lingua di Pratolini risponda a queste caratteristiche? Rispondi facendo qualche esempio tratto dal testo.
2. La critica considera *I Malavoglia* (1881) di Giovanni Verga e *Cronache di poveri amanti* due "romanzi corali", nei quali cioè protagonista non è un singolo individuo ma un'intera collettività. Ti trovi d'accordo con questa opinione? Rispondi facendo riferimento a parti delle due opere che possano giustificare questa definizione.
3. Pratolini definí questo romanzo «l'ultimo dei miei libri autobiografici». Dopo esserti documentato sulla vita dell'autore, indica in quali punti le vicende private dell'autore e quelle descritte nel romanzo sembrano coincidere.

Il Verismo in Italia

La nascita del Verismo Durante gli anni Settanta dell'Ottocento, grazie a Luigi Capuana, all'epoca critico letterario del «Corriere della Sera», i romanzi di Zola si diffondono in Italia dove, sulla scia del Naturalismo francese, si sviluppa il Verismo, un movimento letterario che prende il nome dall'attenzione al "vero" e alle problematiche sociali. I maggiori esponenti del Verismo sono **Giovanni Verga**, **Luigi Capuana** e **Federico De Roberto**, autori accomunati da stretti legami d'amicizia, che condividono la volontà di ispirarsi alla poetica naturalista, adattandola però al contesto dell'Italia postunitaria. Anche il Verismo si interessa agli strati più umili della società, ma l'ambiente in cui si svolgono le vicende narrate è diverso da quello urbano e operaio della Francia. In un Paese ancora arretrato sul piano economico, Verga e i veristi – tutti di origine siciliana – scelgono di rappresentare la realtà del sud Italia, spinti anche dal dibattito sulla cosiddetta **"questione meridionale"**, denunciata in quegli anni dalle inchieste parlamentari di Leopoldo Franchetti e Sidney Sonnino. La narrativa verista descrive il **mondo rurale e marinaresco della Sicilia**, una zona economicamente e culturalmente arretrata in cui convivono valori tradizionali e innovazioni portate dal progresso e dove le contraddizioni attraversano sia il mondo popolare (come nei *Malavoglia* di Verga), sia la classe borghese-aristocratica dei grandi proprietari terrieri (come nel *Mastro-don Gesualdo* dello stesso Verga o nei *Viceré* di De Roberto).

Un'ideologia pessimista Il differente contesto socio-economico scelto dai veristi spiega in parte anche la diversità di atteggiamento nei confronti del conflitto di classe che oppone le classi più umili all'alta borghesia e all'aristocrazia. Mentre i naturalisti descrivono le disuguaglianze sociali mossi dal desiderio di debellarle e fiduciosi nella possibilità di un miglioramento, **le opere dei veristi non sono animate da speranze riformiste** né rivoluzionarie. Verga, Capuana e De Roberto, grandi innovatori sul piano letterario ma conservatori in politica, non nutrono alcuna fiducia nel progresso: essi sono animati da un radicale **pessimismo**, che si esprime nella rappresentazione di una società condannata a un **destino tragico e immutabile**, in cui i più umili sono destinati a essere fatalmente «**vinti**» dalla storia.

Naturalismo e Verismo, analogie e differenze I veristi condividono con i naturalisti alcuni importanti principi di poetica: l'**interesse per la realtà sociale** contemporanea e per i ceti meno abbienti; la **concezione determinista** secondo cui l'individuo è influenzato da fattori genetici, ambiente e contesto storico; la tendenza a una rigorosa obiettività che si realizza grazie al principio dell'**impersonalità**. Ma il Verismo presenta anche alcune differenze sostanziali rispetto al Naturalismo. In primo luogo è diverso l'**ambiente rappresentato** (mondo rurale e marinaro del Sud Italia rispetto alle città francesi); inoltre, è minore la **fiducia** nella possibilità di spiegare "scientificamente" le cause profonde delle passioni e dei sentimenti che muovono i personaggi. Secondo i veristi, infatti, la novità del Naturalismo non consiste tanto nella pretesa di approdare a una «**scienza dei sentimenti**», ma soprattutto nell'**originalità della forma narrativa**.

Verga e i veristi applicano nelle loro opere il principio dell'impersonalità, già teorizzato da Flaubert. In questo

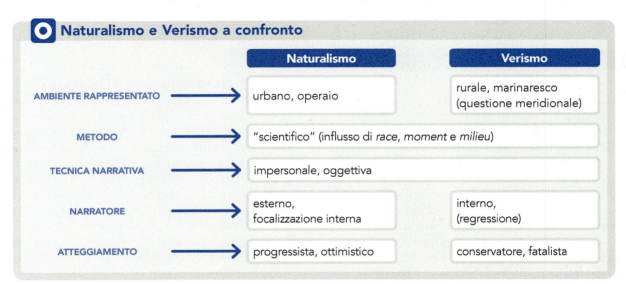

Naturalismo e Verismo a confronto

	Naturalismo	Verismo
AMBIENTE RAPPRESENTATO	urbano, operaio	rurale, marinaresco (questione meridionale)
METODO	"scientifico" (influsso di *race*, *moment* e *milieu*)	
TECNICA NARRATIVA	impersonale, oggettiva	
NARRATORE	esterno, focalizzazione interna	interno, (regressione)
ATTEGGIAMENTO	progressista, ottimistico	conservatore, fatalista

Il Verismo in Italia 145

La parola all'autore

La vera novità del Naturalismo secondo Luigi Capuana

Nella sua recensione ai *Malavoglia* (1881) di Giovanni Verga, Luigi Capuana sottolinea l'originalità dell'opera dell'amico, mostrando le differenze che la caratterizzano rispetto ai modelli del Naturalismo francese. In questo passo, in particolare, egli afferma che la vera novità delle opere di Zola non consiste nell'adozione di un metodo scientifico – inapplicabile all'arte, che ha caratteri specifici e autonomi – ma piuttosto nella forma e nel canone dell'impersonalità.

Il naturalismo, i famosi documenti umani non sono una trovata dello Zola. Bisogna non aver letto la prefazione del Balzac al suo immenso monumento per credere che il trasportare nel romanzo il metodo della storia naturale sia una novità strana e pericolosa. Senza dubbio l'elemento scientifico s'infiltra nel romanzo contemporaneo e lo trasforma più pesantemente, con più coscienza, nei lavori del Flaubert, dei De Goncourt e dello Zola; ma la vera novità non istà in questo. Né stà nella pretesa di un romanzo sperimentale, bandiera che lo Zola inalbera arditamente, a sonori colpi di grancassa, per attirar la folla che altrimenti passerebbe via, senza fermarsi [...]. Un'opera d'arte non può assimilarsi un concetto scientifico che alla propria maniera, secondo la sua natura d'opera d'arte. Se il romanzo non dovesse far altro che della fisiologia o della patologia, o della psicologia comparata in azione, [...] il guadagno non sarebbe né grande né bello. Il positivismo, il naturalismo esercitano una vera e radicale influenza nel romanzo contemporaneo, ma soltanto nella forma e tal influenza si traduce nella perfetta impersonalità di quest'opera d'arte. Tutto il resto, per l'arte, è una cosa molto secondaria, e dovrebbe esser tale anche nei giudizii che si pronunziano.

---

modo il narratore non esprime il punto di vista dell'autore né il suo giudizio morale sugli eventi, ma regredisce al livello del mondo rappresentato, venendo così spesso a coincidere con il punto di vista collettivo e corale dei personaggi (in particolare grazie all'uso del discorso indiretto libero). Sul piano dell'intreccio, i veristi rifiutano le trame complesse della narrativa tardoromantica, privilegiando uno sviluppo lineare e prevedibile, che appaia come il risultato logico delle premesse ambientali e del carattere dei personaggi.

Luigi Capuana e Federico de Roberto

Amico e sostenitore di Verga, **Luigi Capuana** (1838-1915), siciliano vissuto tra Firenze e Roma, è il maggiore **teorico del Verismo**. Attento alle novità letterarie, egli è il primo, nel 1871, a recensire con toni entusiastici la traduzione italiana de *L'Assommoir* di Zola e a far conoscere in Italia l'opera dei naturalisti. Giornalista e critico letterario, autore di numerosi saggi in cui difende con passione la nuova poetica e ne individua i caratteri specifici (*Per l'arte*, 1885), Capuana si cimenta anche nella narrativa, con romanzi come *Giacinta* (1879), *Il profumo* (1890) e **Il marchese di Roccaverdina** (1901), incentrati sull'analisi di personaggi dalla psicologia patologica, segnati da gravi traumi e da amori colpevoli che li conducono fatalmente alla pazzia. Incline al gusto bozzettistico e all'uso di una forma narrativamente scorrevole, Capuana è autore anche di numerose **novelle**, fra cui quelle riunite nella raccolta **Le paesane** (1894).

Vicino a Verga e a Capuana è anche **Federico De Roberto** (1861-1927), napoletano di nascita ma vissuto tra Catania e Milano, che applica nelle sue opere il criterio dell'impersonalità, unito però a una particolare capacità di **analisi psicologica dei personaggi**, dei loro sentimenti e delle loro passioni. Come Verga e Zola, anche De Roberto progetta un ciclo di romanzi, rimasto incompiuto, che avrebbe dovuto rappresentare l'evoluzione di una famiglia della nobiltà catanese. A differenza degli altri veristi, però, egli non si interessa ai ceti più umili, ma all'**aristocrazia siciliana**, osservata con cinico pessimismo e ritratta come una classe parassitaria, boriosa e avida di potere. Le lotte familiari, unite al tema della decadenza della stirpe, sono al centro del suo capolavoro, il romanzo *I Viceré* (1894).

La letteratura regionale: il "bozzetto"

Negli ultimi decenni dell'Ottocento si sviluppa in Italia una produzione narrativa minore, che può essere accomunata al Verismo per le **tematiche regionalistiche** e per la rappresentazione realistica di **ambienti e situazioni quotidiane**, dalle quali, tuttavia, più che un intento di denuncia sociale traspare un generico umanitarismo verso i ceti meno abbienti. Si tratta dei cosiddetti "**bozzetti**", spaccati più o meno ampi di vita popolare, talvolta animati da intenti morali ed educativi, che allo stile oggettivo e impersonale del verismo preferiscono una forma narrativa più tradizionale.

146 Naturalismo e Verismo

Rientrano in questo filone le opere dei toscani Mario Pratesi (1842-1921) e **Renato Fucini** (1843-1921), di cui si ricordano le *Veglie di Neri* (1884), raccolta di novelle ambientate nella campagna toscana. All'ambiente milanese riporta invece l'opera di **Emilio De Marchi** (1851-1901), che nel romanzo *Demetrio Pianelli* (1890) narra la storia di un modesto impiegato utilizzando uno stile basso e dimesso che ben si adatta alla grigia quotidianità del protagonista.

Matilde Serao e Grazia Deledda

Pur se con notevole ritardo rispetto a Paesi come l'Inghilterra, che già alla fine del secolo precedente aveva prodotto un'autrice come Jane Austen, anche nella letteratura italiana, alla fine dell'Ottocento, si affermano due voci femminili di rilievo internazionale, Matilde Serao e Grazia Deledda. Le mutate condizioni socio-economiche dello Stato postunitario, unite al miglioramento dell'istruzione di base permettono, almeno per le classi più agiate, la prospettiva di un'educazione femminile (la Serao, per esempio, riesce a completare le scuole superiori), sebbene l'apprendimento da autodidatta resti spesso, a causa di condizionamenti sociali o culturali, la sola possibilità che le donne hanno di studiare (come nel caso della Deledda, che deve interrompere gli studi alla quarta elementare). L'attività della napoletana **Matilde Serao** (1856-1927) si svolge tra la narrativa e il giornalismo. Molto famosa è la sua inchiesta giornalistica dal titolo *Il ventre di Napoli* (1884), che prende il nome da una frase storica di Depretis, allora capo del governo, che al dilagare dell'epidemia di colera nella città campana dichiarò: «Bisogna sventrare Napoli!». E proprio al ministro la Serao si rivolge nel primo pezzo che apre l'inchiesta: «Sventrare Napoli? Credete che basterà?...

Per distruggere la corruzione materiale e quella morale… non basta sventrare Napoli: bisogna quasi tutta rifarla». Da questa inchiesta l'autrice trae spunto per il romanzo **Il paese di Cuccagna** (1890), vivace e dolente rappresentazione del popolo partenopeo che, insieme a *Telegrafi di Stato* (1885), costituisce il vertice della sua produzione verista, che si segnala per uno **stile vigorosamente realista** ma poco incline al patetismo lacrimevole.

Come osserva la maggior parte della critica, la produzione della scrittrice sarda **Grazia Deledda** (1871-1936) – premio Nobel per la letteratura (nel 1926) – oscilla tra il Verismo, a cui la avvicinano le ambientazioni popolane e l'interesse per il folclore e le tradizioni sarde, e il Decadentismo, da cui sembrano derivare l'interesse per il mondo onirico e soprannaturale e l'attenzione riservata alle pulsioni più intime dei personaggi. Sono infatti i **grandi temi umani** a interessare la scrittrice: la colpa, il delitto, l'espiazione, la passione sensuale e il peccato, da cui prendono avvio le vicende dei suoi romanzi più celebri, tutti ambientati nella regione sarda della Barbagia e scritti in un linguaggio dalla forte coloritura locale: **Elias Portolu** (1903), *Cenere* (1904, da cui nel 1916 fu tratto un film interpretato da Eleonora Duse), **Canne al vento** (1913) e *La madre* (1920).

◉ Sosta di verifica

- Quando nasce e in cosa consiste il Verismo? Chi sono i maggiori autori di questa corrente?
- In che cosa si differenziano Naturalismo e Verismo?
- Che cosa si intende per "bozzetto" letterario?
- Quali scrittrici sono influenzate dal Verismo? Di che cosa trattano le loro opere?

◉ Verismo

- Nasce negli anni Settanta dell'Ottocento

- Si ispira al Naturalismo francese: adotta l'ideologia positivista e determinista e il principio dell'impersonalità

- Ambienta le sue vicende nel mondo arretrato del Sud Italia; protagonisti sono persone del mondo contadino e marinaro

- Principali esponenti: Verga, Capuana (*Il marchese di Roccaverdina*, *Le paesane*), De Roberto (*I Viceré*)

- Alla fine dell'Ottocento si sviluppa una letteratura ispirata al Verismo, rappresentata da «bozzetti» regionali ma anche da autori importanti (Serao, Deledda)

Il Verismo in Italia **147**

T4 Luigi Capuana
Il medico dei poveri

Le paesane

La novella è tratta dalla raccolta Le paesane *(1894), che contiene testi pubblicati singolarmente nel decennio precedente e ispirati alla vita della Sicilia contadina. Capuana, fedele a un'impostazione verista, ritrae qui un mondo economicamente e culturalmente arretrato, la cui società è nettamente divisa tra i pochi benestanti e le masse dei contadini, preda della miseria.*

Il protagonista della novella è un medico che lavora in un paesino di campagna. Al contrario del suo collega e concorrente, riesce a fare fortuna, nonostante la miseria dell'ambiente, grazie alla sua astuzia e alla conoscenza della psicologia dei suoi compaesani. Anche lo scoppio di un'epidemia di colera, di fronte alla quale egli fugge dal paese, si trasforma per lui in una nuova occasione per consolidare il suo carisma.

> **Apri il vocabolario**
>
> La parola "querela" indicava in origine il lamentarsi per un qualcosa. Oggi, nel linguaggio giuridico, indica l'atto con il quale una persona, offesa da un reato per cui non è previsto il procedimento d'ufficio, denuncia il responsabile alle autorità allo scopo di avviare un processo.

«Almeno costui ci ammazza gratis!»

I contadini di Rammacca[1] dicevano così, parlando del dottor Ficicchia; ma non era vero, perché il dottore, se non in denaro, si faceva pagare largamente in tutte le maniere possibili.

5   Appena entrato in una di quelle luride casette dove l'asino, il maiale e le galline contendevano il poco spazio alla famiglia umana, mescolando esalazioni d'ogni sorta che impestavano l'aria, egli cavava fuori il taccuino e vi notava il nome, il cognome, il mestiere dell'ammalato e i nomi della moglie e dei figli, quasi dovesse riempire una scheda da censimento; e soltanto dopo aver terminato quest'operazione preliminare, sedeva, tastava il polso, osservava la lingua, chiedeva informazioni. Scritta la ricetta, le rare volte che ne scriveva una, scrollava il capo e aggiungeva invariabilmente:

«La cosa è grave; ma rimedieremo!».

Talvolta rimediava come i suoi colleghi, spacciando[2] l'ammalato; spesso però guariva, o meglio, lasciava guarire, ordinando un po' d'acqua bollita con lo zucchero e qualche purgante. [...]

I contadini [...] portavano il dottore in palma di mano, e si sarebbero fatti squartare per rendergli un servizio. Egli lo sapeva e con questo si consolava di tutte le malignità del farmacista e del collega dottor La Bella che curava i massai grassi[3] e l'aristocrazia, cioè: il barone, nei pochi mesi ch'ei veniva a passare in paese, e il suo amministratore, che faceva il barone tutto l'anno ed era il vero padrone di Rammacca.

Il dottor Ficicchia non serviva solamente da medico pe' suoi clienti, ma da consultore[4] legale, da avvocato, da uomo di affari, e qualche volta anche da combinatore di matrimoni. [...]

25   Sbrigate le consultazioni mediche, cominciava quelle intorno agli affari.

«Per la querela? Verrò io stesso dal pretore.»

«Per la citazione del giudice conciliatore? Faremo rimandare l'udienza.»

«Per l'atto di vendita presso il notaio? Darò un'occhiata io alla scrittura. Fidati

---

1. **Rammacca:** villaggio in provincia di Catania.
2. **spacciando:** *ammazzando, facendo morire.*
3. **i massai grassi:** *i fattori più ricchi,* che amministravano a proprio piacere le tenute dei proprietari terrieri assenti e lontani.
4. **consultore:** *consulente, consigliere.*

Naturalismo e Verismo

30 era un buon uomo; Non ti fidare era meglio[5]. Spesso, con certi notai, uno si trova venduto come Gesù Cristo per trenta danari.»

«Per quel matrimonio? Bisogna rimediare, dando alla ragazza la casetta. Il torto è vostro, compare.»

Qualche volta dava anche torto ai clienti, ma poi faceva in modo che avessero
35 sempre ragione. E il cliente spalancava tanto d'occhi apprendendo che la faccenda era aggiustata proprio come pretendeva lui. Ah, la sa lunga il nostro dottore! La sapeva lunga davvero. Voleva un servizio e pareva chiedesse un favore. [...]

Così il dottor Ficicchia era servito meglio del barone che doveva pagare le giornate ai contadini nella vendemmia, nella mietitura, nella trebbia, e al tempo del-
40 la rimonda[6] degli ulivi per riempire di legna la legnaia.

Il manovale gli acconciava[7] i tetti, gli faceva ogni sorta di riparazioni nella vecchia casa; andava a rizzargli anche i muriccioli in campagna, quando occorreva. Le donne gli filavano il lino e la stoppa per la tela della sua signora, che dava consulti anche lei, quando il dottore non era in casa. [...]

45 Ogni volta che il dottore incontrava per una via o in piazza qualche cliente disoccupato, gli si accostava sorridendo, gli domandava notizie della famiglia, gli accennava dalla lontana la cura fatta a' suoi o a lui pochi mesi addietro, e mostrava di compiacersi grandemente che non c'era poi stata la ricaduta che lo aveva tenuto in pensiero. Il contadino ringraziava di tanta premura, si sentiva intenerito,
50 e il dottore, di punto in bianco, gli scaraventava in viso il solito:

«Non hai niente da fare? Fammi un piacere...».

Pareva una cosa venutagli in mente lì per lì: invece, prima di uscir di casa, egli aveva consultato il famoso taccuino e stabilito anticipatamente chi richiedere di quel piacere, che spesso si riduceva a una, due giornate di lavoro, per le quali gli
55 sarebbe toccato di spendere una diecina di lire.

Che importava? Non pagavano in contanti; questo pei contadini equivaleva a non pagar nulla. E ripetevano in buona coscienza:

«Almeno costui ci ammazza gratis!».

La reputazione del dottor Ficicchia fu un po' scossa durante il colera del sessanta-
60 sei[8]. Arrivavano brutte notizie da Palermo, da Catania, da Messina: la gente moriva come mosche. Si sapeva di certa scienza che la macchina per buttare il veleno era già arrivata al pretore e al maresciallo dei carabinieri[9]. Solamente il parroco non s'era ancora messo d'accordo col maresciallo, col pretore e col dottor La Bella intorno al numero delle morti che dovevano accadere a Rammacca. Si sapeva,
65 anche di certa scienza, che il dottor Ficicchia aveva risposto al pretore:

«Avvelenate me, se volete! Io non ci metto le mani nell'assassinare la povera gente!».

E così non se ne faceva nulla: la macchina rimaneva incassata tuttavia in pretura o nella caserma dei carabinieri, non si sapeva precisamente dove; era certo però che un giorno o l'altro la cosa doveva accadere, per ordine del governo, per scemare
70 la troppa popolazione[10]. E Garibaldi intanto aveva assicurato che non ci sarebbe stato più colera dopo la rivoluzione! Che poteva farci il povero Garibaldi? Vittorio Emanuele voleva così perché gli altri governi gli forzavano la mano. Anche il

---

5. Fidati ... era meglio: il dottore riporta un proverbio popolare equivalente a "fidarsi è bene, ma non fidarsi è meglio"
6. rimonda: *potatura.*
7. acconciava: *riparava, sistemava.*
8. il colera del sessantasei: l'epidemia di colera che colpì tutta Europa nel 1866 e di cui si parla anche nei *Malavoglia* di Verga.
9. Si sapeva ... carabinieri: la superstizione popolare credeva alla diceria («di certa scienza») secondo cui il colera veniva diffuso ad arte dai potenti per avvelenare la povera gente.
10. per scemare ... popolazione: *per far diminuire la popolazione troppo numerosa;* in questo modo la gente spiegava la venuta dell'epidemia come un tentativo di controllare l'eccessivo aumento della popolazione.

papa faceva buttare il colera ne' suoi stati, ed era un ministro di Dio!

Il cerchio dei paesi infestati si stringeva attorno a Rammacca. La povera gente si rassegnava alla fatalità del male, pur cercando di prendere tutte le precauzioni, tappando usci e finestre, chiudendosi in casa all'avemmaria[11], non uscendo prima che il sole fosse alto e avesse disperso il veleno.

«Dottore, voi non ci abbandonerete!» si raccomandavano sottovoce. Il dottore, per non compromettersi, rispondeva con una stretta di spalle; a quattr'occhi, messo tra l'uscio e il muro, si lasciava anche scappare di bocca:

«Fossi medico io solo qui!».

Lo diceva senza malignità, forse; ma i contadini si sussurravano da un orecchio all'altro quelle parole, e guardavano in cagnesco il dottor La Bella che si prestava a dar la mano al pretore, al maresciallo, al parroco, quantunque confortati dal pensiero che il dottor Ficicchia non li avrebbe abbandonati.

Una mattina però furono atterriti, apprendendo che il dottore e la sua signora erano partiti alla chetichella per Trizzitello[12], e avevano messo tanto di catenaccio alla porta di casa.

Non c'era più dubbio: quello era il segnale che il domani la macchina del veleno avrebbe cominciato a funzionare. Le autorità s'erano già messe d'accordo: un centinaio di morti, né uno di più, né uno di meno! [...] Almeno il dottor Ficicchia era scappato in campagna! Se n'era lavate le mani.

Per fortuna del dottor Ficicchia, e più del La Bella che passò dei brutti quarti d'ora, a Rammacca non avvenne neppure un solo caso di colera. E quando il dottore tornò in paese, dopo un paio di mesi di assenza, a coloro che gli rimproveravano la sua scappata[13], rispondeva con un sorriso malizioso, scrollando la testa, o brontolando fra' denti:

«Se non me ne fossi andato!».

E da lì a poco i contadini si ripeterono sotto voce:

«Se non se ne fosse andato lui!».

Si era saputo, di certa scienza, al solito, che all'ultimo il dottor La Bella non aveva voluto assumere da solo la responsabilità dell'eccidio[14], e per questo Rammacca non aveva avuto colera. Il dottor Ficicchia, scappando, aveva salvato il paese! Curando gratis a questo modo, il bravo dottore si fabbricò il palazzo, come diceva la sua signora, e allargò i limiti del fondo[15] di Trizzitello, che divenne una tenuta. All'ultimo, fino[16] il dottor La Bella dovette riconoscere che il suo avversario era più furbo di lui; e per far bene i propri interessi, sposò una figliuola del collega, quantunque brutta e cieca di un occhio, e andò ad abitare nel palazzo insieme col suocero.

Da quel giorno in poi però il dottor Ficicchia mutò registro nella sua condotta verso i contadini. Tutti i casi di malattia erano gravi: non si fidava di se stesso; suo genero ne sapeva più di lui e lo mandava in sua vece. E col dottor La Bella non si canzonava[17], bisognava pagare, o le citazioni[18] piovevano da tutte le parti quando i contadini non saldavano il conto delle visite. E se i clienti ricorrevano al suocero perché s'intromettesse, questi rispondeva secco secco:

«Io non c'entro».

---

11. all'avemmaria: *al tramonto*, cioè nel momento in cui si recitano le preghiere del vespro.

12. Trizzitello: la casa di campagna del dottore.

13. scappata: *fuga*.

14. la responsabilità dell'eccidio: *la responsabilità di spargere il colera*.

15. fondo: *appezzamento di terreno*.

16. fino: *perfino, anche*.

17. non si canzonava: *non si scherzava*.

18. citazioni: *denunce*.

Solamente quando egli era convinto che non ci era proprio da cavare neppure un soldo dalle tasche d'un povero diavolo, riprendeva il metodo antico, e pareva concedesse una grazia, facendosi ricompensare il doppio al solito modo.

120 Così c'era sempre qualcuno a Rammacca che, parlando del dottor Ficicchia, poteva ripetere come prima:

«Almeno costui ci ammazza gratis!».

Analisi guidata

La struttura del testo

La novella può essere suddivisa in **tre macrosequenze**:
– la prima definisce l'**indole del protagonista** e i suoi rapporti con i contadini del paese, che si rivolgono a lui non solo in qualità di medico ma anche come consigliere legale;
– la seconda narra la **fuga** del dottor Ficicchia dal paese minacciato dal colera, che i paesani credono diffuso dalle autorità per sfoltire la popolazione;
– l'ultima sequenza vede il **trionfo** del dottor Ficicchia. Non solo egli fa credere ai compaesani che il mancato arrivo del colera è una conseguenza del suo allontanamento, ma espande i suoi possedimenti e riesce perfino a far sposare la figlia al dottore rivale, al quale affida il compito di visitare a pagamento i poveri contadini, mantenendo immutato il suo prestigio sociale.

Competenze di comprensione e analisi

- L'espressione «Almeno costui ci ammazza gratis!» ricorre all'inizio della novella, alla fine e al centro. Qual è a tuo parere la sua funzione?

- Perché, a tuo avviso, alla fine della novella il dottor Ficicchia decide di lasciare il suo lavoro al nuovo genero, dottor La Bella, e smette di curare direttamente i paesani?

Un mondo immobile

La **struttura circolare del racconto**, in cui la situazione finale è identica a quella di partenza, sottolinea come, nell'**arretratezza** della Sicilia postunitaria, i rapporti tra individui e tra classi siano destinati a rimanere immutati. Nemmeno la realtà dei fatti (la fuga del dottore) serve infatti a dare ai paesani coscienza della malafede del dottor Ficicchia.
La realtà sociale descritta è per molti aspetti ancora feudale: ai contadini miserabili e superstiziosi si contrappongono i possidenti, che vivono lontano dalle loro terre. Tra questi due estremi si collocano i rappresentanti del potere (il prete e il carabiniere) e un ceto medio di cui fa parte anche il protagonista. Con questo **ritratto negativo** della Sicilia rurale, Capuana colpisce il **fallimento di un'intera classe sociale**, la borghesia meridionale, incapace di sfruttare in senso progressista l'unificazione e di avviare un reale processo di rinnovamento sociale e culturale.

Competenze di comprensione e analisi

- Qual è l'atteggiamento dei contadini nei confronti delle autorità? Che cos'è la «macchina per buttare il veleno» di cui si parla nella novella (r. 61)?

- Analizza la parte iniziale della novella e chiarisci quali sono i rapporti che intercorrono tra i contadini, il protagonista e i notabili del paese. Approfondisci poi il tema collocandolo nel contesto rurale della Sicilia postunitaria, ricorrendo eventualmente anche alle informazioni contenute nelle *Coordinate storiche*, pp. 109-112.

Il protagonista: la meschinità e l'astuzia

Il dottor Ficicchia, protagonista della novella, approfitta dell'ignoranza dei contadini per arricchirsi, divenendo egli stesso **strumento di ingiustizia sociale**, attraverso un'**astuzia meschina** che ne fa un vincente per nulla eroico. Dietro la sua apparente bonarietà si nasconde in realtà il desiderio di distaccarsi quanto più possibile dalla massa dei poveri che egli è costretto a frequentare ogni giorno, come mostra la conclusione della novella, con Ficicchia che si è arricchito e ha smesso di lavorare, realizzando in tutto e per tutto la sua **assimilazione con l'aristocrazia fondiaria** dominante.

⬤ Competenze di comprensione e analisi

- In quali modi Ficicchia approfitta della buona fede dei suoi pazienti e in che cosa consiste la sua astuzia?

- «Così il dottor Ficicchia era servito meglio del barone» (r. 38): da quali punti del racconto emerge un implicito giudizio negativo sul comportamento del protagonista?

Le tecniche narrative

Capuana adotta il principio dell'**impersonalità**, evitando di esprimere direttamente il proprio giudizio sulla vicenda narrata e affidandosi spesso al **dialogo** o al **discorso indiretto** per dare voce al punto di vista interno dei contadini. Diversamente dalla narrativa di Verga, però, la **voce del narratore** è in alcuni punti chiaramente **identificabile** («I contadini... dicevano così... ma non era vero», r. 2): l'eclissi dell'autore è quindi solo parziale.
Caratteristica dello stile colloquiale di Capuana è anche l'**ironia** che accompagna la narrazione, rendendola piacevole e scorrevole ma evidenziandone anche i limiti di denuncia sociale.

⬤ Competenze di comprensione e analisi

- Individua nel testo un esempio di discorso indiretto libero con cui siano riportati i pensieri o le parole dei contadini di Rammacca.

- «Il dottor Ficicchia, scappando, aveva salvato il paese!» (r. 103): a chi appartiene questa affermazione? Ti sembra che corrisponda alla verità dei fatti?

- «Ah, la sa lunga il nostro dottore! La sapeva lunga davvero...» (rr. 36-37). Trova nella novella altri punti in cui emerge la differenza tra il punto di vista del narratore e quello "interno" dei paesani.

- In quali momenti della narrazione l'ironia è più evidente? Come interpreti per esempio la frase «Per fortuna del dottor Ficicchia... a Rammacca non avvenne neppure un solo caso di colera» (rr. 93-94)?

Naturalismo e Verismo

T5 Federico De Roberto
Una famiglia di «mostri»

I Viceré

Di De Roberto puoi leggere anche il racconto *E tre!*

I Viceré, romanzo di Federico De Roberto pubblicato nel 1894, narra le vicende della nobile famiglia catanese degli Uzeda, seguita lungo un arco di tempo che va dal 1850 al 1882, ossia dall'epoca delle lotte risorgimentali al periodo successivo all'unificazione. I personaggi della famiglia sono mossi da ambizioni meschine e da un ardente desiderio di potere e, pur se lentamente corrosi dal germe di un'inevitabile decadenza, riescono a mantenere intatti i loro privilegi.

Il brano proposto costituisce la fine della prima delle tre parti in cui si articola il romanzo e si svolge all'inizio del 1861. Mentre si avvicina il giorno delle elezioni per il Parlamento, a cui è candidato don Gaspare Uzeda, duca d'Oragua e da sempre fervente filoborbonico, sua nipote Chiara sta per dare alla luce un figlio. Ma a causa dei continui matrimoni fra consanguinei, la donna partorisce una creatura mostruosa, che muore subito dopo il parto e viene conservata sotto spirito per volontà della madre. A questo episodio, simbolo della degenerazione fisica e morale degli Uzeda, si contrappone la vittoria politica di don Gaspare che, passato per opportunismo a posizioni democratiche, viene eletto nel neonato Parlamento italiano.

Il giorno dell'elezione era vicino; i due Giulente[1], ma più specialmente Benedetto, avevano scovato gli elettori, compiuto tutte le formalità dell'iscrizione; mattina e sera veniva gente a trovare il duca per dichiarargli che avrebbero votato per lui: i Giulente non mancavano mai. La vigilia della votazione, mentre appunto il candidato dava udienza ai suoi fautori, il cameriere del marchese[2] venne di corsa a chiamare il principe[3] e la principessa, perché Chiara era sul punto di partorire. Quando Giacomo e Margherita arrivarono in casa di lei, trovarono Federico che smaniava come un pazzo, dall'ansietà, non potendo assistere la sofferente, chiamando però a ogni tratto[4] la cameriera, la cugina Graziella o una delle tre levatrici[5] che si davano il cambio al letto della partoriente. Il principe restò con lui e la principessa entrò nella camera di Chiara.

Nonostante il travaglio del parto, costei aveva un'aria beata, sorrideva tra due contorcimenti[6], raccomandava che rassicurassero suo marito.

«Ditegli che non soffro... Va' tu stessa, Margherita... Ah!... Poveretto... è sulle spine...»

Il suo desiderio di tanti anni, il suo voto più ardente, era dunque sul punto d'esser conseguito! I dolori s'attutivano, a quest'idea; ella non soffriva quasi più pensando all'ambascia[7] del marito... Quando la principessa tornò in camera, la levatrice esclamava:

«Ci siamo!... Ci siamo!...»

«Presenta la testa?» domandò la cugina, che reggeva per le ascelle la marchesa in preda all'ultima crisi.

«Non so... Coraggio, signora marchesa... Che è?...»

---

1. i due Giulente: Lorenzo Giulente e suo nipote Benedetto sono due avvocati liberali mossi da aspirazioni aristocratiche. Benedetto desidera sposare la nipote del duca d'Oragua e perciò si adopera per favorire la sua elezione in Parlamento.

2. marchese: Federico, marito di Chiara e nipote del duca.

3. principe: Giacomo Uzeda, primogenito della casata, padre di Chiara e nipote del duca.

4. a ogni tratto: *ogni momento*.

5. levatrici: donne che aiutavano le partorienti durante i parti in casa.

6. tra due contorcimenti: *in mezzo alle doglie del parto*.

7. ambascia: *angoscia*.

A un tratto le levatrici impallidirono, vedendo disperse le speranze di ricchi rega-
25 li: dall'alvo[8] sanguinoso veniva fuori un pezzo di carne informe, una cosa inno-
minabile, un pesce col becco, un uccello spiumato; quel mostro senza sesso aveva un occhio solo, tre specie di zampe, ed era ancor vivo.
«Gesù! Gesù! Gesù!»
Chiara, per fortuna, aveva perduto i sensi appena liberata, la principessa che s'era
30 aggirata per la camera senza toccar nulla, incapace di dare aiuto alla partoriente,
voltava adesso il capo, dal disgusto prodottole da quella vista; e le levatrici, la cugina, la cameriera si guardavano costernate, esclamando:
«E chi vuol dare la notizia al marito!».
Giusto il marchese, non udendo più nulla, chiamava:
35 «Cugina!... Donn'Agata!... Come va?... Cugina!... Non viene nessuno?».
Fu donna Graziella quella che dovette andargli incontro a prepararlo al brutto
colpo:
«Cugino, di buon animo!... Chiara è liberata...».
«È maschio?... È femmina?... Cugina!... Perché non parlate?»
40 «Fatevi animo!... Il Signore non ha voluto... Chiara sta bene; questo è l'importante...»
Il principe, entrato a vedere l'aborto il cui unico occhio erasi[9] spento, tentò d'impedire al cognato smaniante l'entrata nella camera della moglie; ma non vi riuscì.
Dinanzi al mostro che le levatrici costernate avevano deposto sopra un mucchio
45 di panni, il marchese restò di sasso, portando le mani ai capelli. Frattanto sua
moglie tornava in sensi, guardava in giro gli astanti[10]. «Federico!... È maschio?...»
furon le prime parole che spiccicò.
«Stia zitta!» ingiunsero a una voce le donne, mettendosi dinanzi all'aborto per
impedire che lo scorgesse. «Non le dite nulla per ora...»
50 «Federico!» chiamava ancora la puerpera[11].
«Chiara!... Come stai?» esclamò il marchese, accorrendo. «Hai sofferto molto?
Soffri ancora?»
«No, nulla... Nostro figlio?»
«Chiara, confortati! È una femminetta...» annunziò la cugina, accorrendo. «Che
55 importa!... È tanto bellina!»
«Peccato!...» sospirò ella. «Sei dolente per questo?» domandò poi al marito, ve-
dendone la ciera buia[12].
«Ma no, no!... Tutti i figliuoli sono cari lo stesso...»
«E dov'è?... Portatela qui...» fece ella, con un nuovo sospiro.
60 In quello stesso punto la cameriera, dietro ordine della principessa, portava via il
feto avvolto in un panno, cercando di non farsi scorgere.
«È lì!...» esclamò Chiara. «Voglio vederla...»
Allora una grande confusione ammutolì tutti quanti. Federico, accarezzandole le
mani, baciandola in fronte, le disse:
65 «Coraggio, figlia mia!... Fàtti coraggio... Vedi che anch'io mi rassegno! Il Signore non volle...».
«È morta?» domandò ella, impallidendo.
«No... è nata morta... Coraggio, poveretta!... Purché tu stia bene... il resto è nulla: sia fatta la volontà di Dio.»
70 «Voglio vederla.»

---

8. alvo: *ventre.*
9. erasi: *si era.*

10. gli astanti: *i presenti.*
11. puerpera: *donna che ha da poco partorito.*

12. la ciera buia: *l'espressione del volto corrucciata.*

Tutti la circondarono, insistendo per dissuaderla da quel proposito: giacché era morta! Perché angustiarsi a quella vista! Bisognava che ella s'avesse riguardo; l'importante adesso era la salute di lei!

«Voglio vederla,» ripeté seccamente.

75 Bisognò contentarla. Non pianse, non provò raccapriccio nell'esaminare quell'abominio[13]; disse al marito:

«Era tuo figlio!...».

E ordinò che non lo portassero via, pel momento. Arrivarono frattanto gli altri parenti, don Eugenio, donna Ferdinanda, la duchessa Radalì, i cugini del marche-

80 se; tutti si condolevano[14], ma auguravano miglior fortuna per la prossima volta. Arrivò anche il duca, verso sera, a fare i suoi convenevoli; ma restò poco, poiché i Giulente lo aspettavano giù, per riferirgli le ultime notizie intorno alle disposizioni del collegio: Benedetto pareva Garibaldi quando disse a Bixio: «Nino, domani a Palermo![15]...».

85 Il domani infatti egli corse su e giù per le sezioni, per le case dei votanti, sollecitando la formazione dei seggi, interpretando la legge che riusciva nuova a tutti, incitando la gente a deporre nell'urna il nome d'Oragua. Frattanto in casa di Chiara, quasi in segno di protesta contro quell'ultima pazzia del duca, s'erano riuniti tutti gli Uzeda borbonici[16] [...]. Chiara aveva mandato a chiamare Ferdi-

90 nando[17], e lo aspettava con viva impazienza: quando egli apparve se lo fece venire accanto e gli parlò piano, lungamente. Poi chiamò la cameriera e, cavato di sotto al guanciale un mazzo di chiavi, glielo diede, ordinandole in mezzo al frastuono della conversazione:

«Sai la boccia dello strutto, nel riposto[18]?... la grande?... Prendila, vuotala e net-

95 tala[19] bene... Ma bene mi raccomando! Se c'è acqua calda è meglio».

Pronta che fu la boccia, Ferdinando andò a vederla.

«Va bene,» disse; «adesso occorre lo spirito[20].»

La marchesa ordinò che andassero a comprarlo; e allora in mezzo al cerchio dei parenti stupefatti, fu recato il feto, giallo come di cera, che Ferdinando lavò, asciu-

100 gò e introdusse poi nella boccia dove versò lo spirito e adattò il tappo.

«C'è un po' di sego[21]?... di creta?...»

«Ho il mio cerotto, se ti serve...» disse il marchese.

E del cerotto che appestava la camera Ferdinando spalmò l'incastratura del tappo, perché non entrasse aria nel recipiente. La marchesa seguiva attentamente l'opera-

105 zione; Consalvo, con gli occhi spalancati, guardava quel pezzo di grasso diguazzante[22] nello spirito; a un tratto disse a don Lodovico[23]:

«Zio, non pare la capra del museo?».

Al museo dei Benedettini c'era infatti un altro aborto animalesco, un otricciuolo con le zampe, una vescica sconciamente membrificata[24]; ma il parto di Chiara era

110 più orribile. Don Lodovico non rispose; fatta una breve visita alla sorella, andò via. Anche gli altri a poco a poco se ne andarono, lasciando Chiara sola col ma-

---

Apri il vocabolario

Mentre oggi il cerotto è una fascetta adesiva che viene messa su piccole ferite, in origine il termine (di origine greca) indicava un unguento fatto con la cera. In questo caso il "cerotto" è una pomata per capelli a base di cera, simile al moderno gel.

---

13. quell'abominio: *quella creatura mostruosa.*

14. si condolevano: *presentavano le loro condoglianze.*

15. Benedetto pareva ... a Palermo!: questo ironico paragone richiama la vigilia dell'attacco a Palermo, durante la spedizione garibaldina dei Mille.

16. gli Uzeda borbonici: la parte della fami-

glia fedele agli ideali conservatori.

17. Ferdinando: è un fratello di Chiara, che si diletta di scienza e di medicina.

18. riposto: *ripostiglio.*

19. nettala: *puliscila.*

20. spirito: *alcol.*

21. sego: **grasso animale,** usato per sigillare la boccia di vetro.

22. diguazzante: *che nuotava.*

23. Consalvo ... don Lodovico: Consalvo è l'ultimo degli Uzeda, ancora bambino; don Lodovico è un ecclesiastico fratello del principe.

24. otricciuolo ... membrificata: *un piccolo otre con le zampe, una creatura deforme orrendamente dotata di membra.*

Federico De Roberto

rito a guardar soddisfatta quel pezzo anatomico, il prodotto più fresco della razza dei Viceré. Premeva al principe di tornare dallo zio duca e, per fargli cosa grata, prese con sé il figliuolo, quantunque fosse l'ora che il ragazzo doveva tornare
115 al convento. La famiglia era appena arrivata al palazzo, che s'udirono di lontano suoni confusi: battimani, grida, squilli di tromba e colpi di gran cassa. Una dimostrazione di cittadini d'ogni classe con bandiere e musica, capitanata dai Giulente, veniva ad acclamare il primo deputato del collegio, l'insigne patriotta. Il portinaio, vedendo arrivare quella turba vociferante, fece per chiudere il portone; ma
120 Baldassarre[25], mandato giù dal duca, gli ingiunse di lasciarlo spalancato. La folla gridava: «Viva il duca di Oragua! Viva il nostro deputato!» mentre la banda sonava l'inno di Garibaldi e alcuni monelli, animati dalla musica, facevano capriole. I Giulente, il sindaco, altri otto o dieci cittadini più ragguardevoli parlamentavano con Baldassarre, volendo salire a complimentare l'eletto del popolo; poiché
125 il duca si trovava su nella Sala Gialla, il maestro di casa ve li accompagnò: Benedetto Giulente, appena entrato, vide Lucrezia[26] accanto alla principessa, ancora col cappellino in capo. Il duca, fattosi incontro ai cittadini, strinse la mano a tutti, prodigando ringraziamenti, mentre dalla via veniva il frastuono delle grida e degli applausi, e il principe, visto nel crocchio un iettatore[27] impallidiva mormo-
130 rando: «Salute a noi! Salute a noi!». Fu il nuovo eletto, pertanto, quello che presentò Giulente alle nipoti. Il giovane s'inchinò, esclamando raggiante:
«Signora principessa, signorina, sono felice e superbo di presentar loro la prima volta i miei omaggi in questo fausto giorno che è di festa per la loro casa come per tutto il paese...».
135 «Viva Oragua!... Fuori il duca!... Viva il deputato!» urlavano giù.
E Benedetto, quasi fosse già in casa sua, spalancò il balcone. Allora il duca impallidì peggio del nipote: egli doveva adesso parlare alla folla, aprire finalmente il becco, dire qualcosa.
Stringendosi a Benedetto, balbettava:
140 «Che cosa?... Che debbo dire?... Aiutami tu, mi confondo...».
«Dica che ringrazia il popolo della lusinghiera dimostrazione... che sente la responsabilità del mandato, ma che consacrerà tutte le sue forze ad adempierlo... animato dalla fiducia, sorretto...»
Ma poiché le grida raddoppiavano, egli lo spinse verso il balcone.
145 Appena il deputato apparve, un clamore più alto levossi[28] dalla via formicolante di teste; salutavano coi cappelli, coi fazzoletti, con le bandiere, vociando: «Evviva! Evviva!...». Giallo come un morto, afferrato alla ringhiera con tutte e due le mani, con la vista ottenebrata, immobile in tutta la persona, l'Onorevole cominciò: «Cittadini...»
150 Ma la voce si perdeva nel tumulto vasto e incessante, nel coro assordante degli applausi; l'atteggiamento del deputato non faceva capire che egli volesse discorrere. Benedetto alzò un braccio; come per incanto ottenne silenzio.
«Cittadini!» cominciò il giovanotto; «in nome di voi tutti, in nome del popolo sovrano, ho comunicato all'illustre patriotta...» «Evviva Oragua!... Evviva il duca!...»
155 «la splendida, l'unanime affermazione dell'intero collegio... Alle tante prove d'abnegazione da lui date al paese...» «Evviva! Evviva!...» «il duca d'Oragua aggiunge quest'altra: di obbedire ancora una volta alla volontà del paese e di rappresen-

---

25. Baldassarre: il maggiordomo di casa Uzeda.
26. Lucrezia: un'altra sorella di Chiara, di cui

Benedetto Giulente è innamorato.
27. iettatore: *persona che ha fama di portare sfortuna*, la cui vista spaventa il super-

stizioso duca d'Oragua.
28. levossi: *si alzò.*

tarci in quell'augusto consesso[29] dove per la prima volta concorreranno i figli...»
Ma non poté finire quel periodo. Le acclamazioni, i battimani soffocavano le sue parole; gridavano: «Viva l'unità italiana! Viva Vittorio Emanuele! Viva Oragua! Viva Garibaldi!...» Altri aggiungevano: «Viva Giulente! Viva il ferito del Volturno[30]!...»
«Lo slancio da cui vi vedo animati,» egli proseguiva, «è la più bella conferma del responso dell'urna... di quell'urna donde[31] ancora una volta esce la libera... la sovrana volontà d'un popolo divenuto padrone di sé... Cittadini! Il 18 febbraio 1861, tra i rappresentanti della nazione risorta noi avremo la somma ventura di veder sedere il duca d'Oragua. Viva il nostro deputato!... Viva l'Italia!...»
Uno scroscio finale d'applausi rintronò e la folla cominciò a rimescolarsi. Una seconda volta, con voce strozzata, senza un gesto, senza un moto, il duca aveva cominciato: «Cittadini...» ma giù non udivano, non comprendevano ch'egli fosse per parlare. Allora, voltatosi verso le persone che gremivano il balcone, egli disse: «Volevo aggiungere due parole... ma se ne vanno... Possiamo rientrare...».
Sorrideva, traendo liberamente il respiro, come liberato da un incubo, stringendo la mano a tutti, ma più forte a Benedetto, quasi volesse spezzargliela.
«Grazie!... Grazie!... Non dimenticherò mai questo giorno...»
Guidò il giovane nella stanza attigua perché prendesse congedo dalle signore, accompagnò tutti fino alle scale. Quando rientrò, il principe, liberato anche lui dall'incubo della iettatura, ricominciò a complimentarlo, additandolo come esempio al figliuolo:
«Vedi? Vedi quanto rispettano lo zio? Come tutto il paese è per lui?».
Il ragazzo, stordito un poco dal baccano, domandò:
«Che cosa vuol dire deputato?».
«Deputati,» spiegò il padre, «sono quelli che fanno le leggi nel Parlamento.»
«Non le fa il Re?»
«Il Re e i deputati assieme. Il Re può badare a tutto? E vedi lo zio come fa onore alla famiglia? Quando c'erano i Viceré, i nostri erano Viceré; adesso che abbiamo il Parlamento, lo zio è deputato...!»

---

29. augusto consesso: *illustre riunione.*
30. il ferito del Volturno: Benedetto Giulente era stato garibaldino e, ferito durante la battaglia combattuta al Volturno tra Garibaldi e l'esercito borbonico, era visto come un eroe.
31. donde: *da dove.*

Analisi guidata

Una simbolica contrapposizione

Il brano letto è divisibile in **due macrosequenze**: la prima descrive il **parto** mostruoso di Chiara, con le condoglianze dei parenti e la successiva sistemazione del feto; la seconda si concentra sull'**elezione** del duca di Oragua e sul suo discorso alla folla festante. Sebbene apparentemente contrapposti i due **episodi**, l'uno tragico e l'altro gioioso, sono in realtà strettamente **collegati sul piano simbolico**. Mentre infatti il «mostro» partorito da Chiara incarna, rendendolo visibile, l'intimo degrado della famiglia Uzeda, l'elezione di don Gaspare ne ribadisce il ruolo ancora di primo piano a livello pubblico, sottolineando come i Viceré riescano, attraverso un cinico trasformismo politico, a mantenere il proprio potere. Il motivo della **degenerazione biologica della stirpe** – connesso all'importanza che i naturalisti attribuivano al fattore ereditario e genetico – si combina dunque con quello della **mostruosità degli Uzeda**, che si manifesta non solo sul piano fisico, ma anche e soprattutto, sul piano morale, mediante la loro avidità di potere e la loro capacità di utilizzare chi sta loro intorno (in questo caso Benedetto Giulente, che aiuta il duca perché spera di poterne sposare la nipote).

Federico De Roberto

Competenze di comprensione e analisi

- Come si conclude il parto di Chiara Uzeda? Come reagiscono i genitori all'accaduto e che cosa decide di fare la madre?
- Individua nel testo la frase che esprime la decadenza della famiglia Uzeda.
- Scrivi un breve ritratto del duca d'Oragua basandoti sugli elementi presenti nel testo.

Il fallimento degli ideali risorgimentali

Attraverso le vicende degli Uzeda De Roberto testimonia, su un piano più generale, il fallimento del processo di unificazione: egli mostra, infatti, che, almeno nel Sud, **nulla è cambiato nei rapporti di forza tra le classi sociali**. L'amara conclusione («Quando c'erano i Viceré, i nostri erano Viceré; adesso che abbiamo il Parlamento, lo zio è deputato...!») è come una sentenza che riassume il **pessimismo** tipico del Verismo italiano.

Competenze di comprensione e analisi

- In quali elezioni risulta vittorioso il duca di Oragua e per quale partito? La sua scelta ti pare coerente con la sua posizione sociale?
- Come giudichi la dichiarazione finale («Quando c'erano i Viceré, i nostri erano Viceré; adesso che abbiamo il Parlamento, lo zio è deputato...!») alla luce della situazione sociopolitica dell'Italia postunitaria?
- Metti a confronto il brano di De Roberto e quello di Capuana (p. 148): quali elementi comuni trovi nella loro descrizione della Sicilia di fine Ottocento?

Sarcasmo e realismo drammatico

Fedele al principio verista dell'**impersonalità**, De Roberto non interviene nella narrazione in modo esplicito, ma lascia che a parlare siano i fatti stessi, anche se il narratore utilizza i **dialoghi con una funzione quasi teatrale**, con effetti di grande realismo.

Il giudizio implicito dell'autore emerge però dalla **deformazione caricaturale** di eventi, situazioni e personaggi, presentati in una luce grottesca. Il feroce **sarcasmo** è evidente sia nella descrizione della creatura partorita da Chiara – definita impietosamente «un pesce col becco, un uccello spiumato» (r. 26) – sia nella scena della folla che applaude don Gaspare, ma in realtà non bada alle sue parole e si disperde senza nemmeno prestargli ascolto.

Competenze di comprensione e analisi

- I parenti che si recano a far visita a Chiara dopo il parto accumulano frasi di circostanza, in una sorta di insulso chiacchiericcio. Secondo te, l'autore che cosa ha voluto mettere in luce attraverso questi vuoti dialoghi?
- Individua e illustra i punti del testo in cui è più evidente una deformazione grottesca della realtà, spiegando quali sono gli effetti che De Roberto intende ottenere con questa scelta stilistica.

Naturalismo e Verismo

T6 Matilde Serao
L'estrazione del lotto

Il paese di Cuccagna

Il paese di Cuccagna (1890) è un romanzo a episodi in cui Matilde Serao, dando forma narrativa al materiale documentario raccolto nell'inchiesta giornalistica Il ventre di Napoli (1884), crea un affresco corale della vita napoletana nei suoi diversi ambienti, con una particolare attenzione al ceto popolare che vive, sopravvive e si dispera nei vicoli della città.

Nel brano riportato, tratto dalla parte iniziale del romanzo, viene descritta l'estrazione pubblica dei numeri del lotto, passione che accomuna tutti i ceti sociali. L'autrice raffigura la folla nell'attesa carica di aspettative che precede l'estrazione e durante i momenti che intercorrono tra un numero e l'altro, evidenziando, alla fine, l'inevitabile delusione collettiva che ne deriva.

Le quattro si approssimavano e il cortile dell'Impresa[1] si riempiva di gente. In quel centinaio di metri di spazio, una folla popolana s'infittiva, chiacchierando vivacemente, o aspettando in silenzio, rassegnatamente, guardando lassù, al primo piano, la terrazzina coperta, dove si doveva fare l'estrazione. Ma tutto era chiuso, lassù, anche le imposte di legno, dietro i cristalli del grande balcone. Come altra gente arrivava, sempre, la folla giungeva sino alla muraglia del cortile: delle donne respinte, si erano accoccolate sui primi scalini della scala: qualcuna, più vergognosa, si nascondeva sotto il terrazzino, fra i pilastri che lo sostenevano, addossandosi alla porta chiusa di una grande stalla. Un'altra giovane ancora, ma dal pallido e seducente volto consumato, dai grandi occhi neri, un po' malinconici, un po' stravaganti, con le occhiaie livide, dalla grossa treccia nera disfatta sul collo, era salita sopra un macigno abbandonato in quel cortile, forse dai tempi in cui era stato costruito o restaurato il palazzo; e lì sopra, tutta magra nella sua veste ritinta di nero, che le faceva cento pieghe sullo scarno petto e sui fianchi, dondolando un piede in uno stivaletto rotto e scalcagnato, rialzandosi sulle spalle, ogni tanto, un gramo[2] scialletto anche ritinto di nero, ella dominava la folla, guardandola coi suoi occhi abbattuti e tristi. La folla era fatta quasi tutta di gente povera: ciabattini che avevano chiuso il banchetto nello stambugio[3] che abitavano, avevano arrotolato il grembiule di pelle intorno alla cintura, e in maniche di camicia, col berretto sugli occhi, rimuginavano nella mente i numeri giuocati, con un impercettibile movimento delle labbra; servitori a spasso, che invece di cercar padrone, consumavano le ultime lire del soprabito d'inverno impegnato[4], sognando il terno che di servitori li facesse diventar padroni, mentre una contrazione d'impazienza torceva il loro volto smorto, dove la barba, non più rasa, cresceva inegualmente; erano cocchieri da nolo[5] che avevano lasciata la carrozza affidata al compare, al fratello, al figliuolo, e attendevano, pazientemente, con le mani in tasca, con la flemma[6] del cocchiere che è abituato ad aspettare delle ore il passeggiero; erano sensali[7] di stanze mobiliate, sensali di serve, che, nell'estate, partiti i forestieri, partiti gli studenti, languivano seduti sulle loro sedie, sotto la loro tabella[8] che è tutta la

> **Apri il vocabolario**
>
> La parola "compare" (dal latino *cum* e *pater*, "insieme al padre") indica, alla lettera, la persona che i genitori nominano come padrino di battesimo Oggi, per estensione, indica una persona fidata, un amico, un compagno.

---

1. il cortile dell'Impresa: il luogo in cui si svolgono le estrazioni.

2. gramo: *misero.*

3. stambugio: *catapecchia, piccola abitazione.*

4. impegnato: *dato al Monte dei Pegni,* in cambio di qualche soldo.

5. da nolo: *a noleggio,* cioè che potevano essere noleggiati per qualche ora o per una o più giornate.

6. flemma: *calma.*

7. sensali: persone che svolgono mediazioni in affari di vario genere.

8. tabella: *insegna.*

30 loro bottega, agli angoli dei vicoli San Sepolcro, Taverna Penta, Trinità degli Spagnuoli[9], e avendo giuocato qualche soldino, sottratto al cibo quotidiano, disoccupati, oziosi, venivano a udir l'estrazione del lotto; erano braccianti delle umili arti napoletane che, lasciato il fondaco[10], l'opificio[11], la bottega, abbandonato il duro e mal retribuito lavoro, stringendo nel taschino dello sdrucito panciotto la bol-
35 letta di cinque soldi[12], o il fascetto delle bollette di giuoco *piccolo*[13], erano venuti a palpitare innanzi a quel sogno, che poteva diventare una realtà; erano persone anche più infelici, cioè tutti quelli che a Napoli non vivono neppure alla giornata, ma ad ore, tentando mille lavori, buoni a tutto e incapaci, per mala fortuna, di trovare un lavoro sicuro e rimuneratore, infelici senza casa, senza ricovero, così
40 vergognosamente laceri e sporchi, da fare schifo, avendo rinunziato al pane, per quella giornata, per giuocare un biglietto, sulla faccia dei quali si leggeva la doppia impronta del digiuno e dell'estremo avvilimento. Tra la folla, anche qualche donna si distingueva: donne sciatte, senza età, come senza bellezza; serve senza servizio[14], mogli di giuocatori accaniti, giuocatrici esse stesse, operaie licenziate. [...]
45 Ma, ad un tratto, un lungo grido di soddisfazione uscì dal petto della folla, variato in tutti i toni, saliente alle note più acute e scendente alle note più gravi: il grande balcone della terrazza si era schiuso. La gente che aspettava nella via cercò di penetrare nell'androne, quella che era nell'androne si accalcò nel cortile: vi fu come un serramento[15], mentre tutte le facce si levavano, prese da un'ardente curio-
50 sità, prese da un'angoscia ardente. Un grande silenzio. [...] Silenzio universale: di aspettazione, di stupore. Sul terrazzino, due uscieri del Regio Lotto[16] avevano collocato un lungo e stretto tavolino coperto di un tappeto verde; e dietro il tavolino, tre seggioloni, perché vi sedessero le tre autorità: un consigliere di prefettura, il direttore del Lotto a Napoli, e un rappresentante del municipio. Sopra un
55 altro piccolo tavolino fu collocata l'urna, per i novanta numeri. È grande, l'urna; tutta fatta di una rete metallica, trasparente, a forma di limone, con certe strisce di ottone che vanno da un capo all'altro, cingendola come i circoli del meridiano circondano la terra: sottili strisce luccicanti che ne assicurano la forza, senza impedirle la perfetta trasparenza[17]. [...]
60 Questa gente si muoveva lentamente, con una misura di movimenti, con una precisione di automi, tanto che un popolano, dalla folla, gridò:
«Andiamo, andiamo!»
Di nuovo, silenzio, ma vi fu un grande ondeggiamento di emozione, quando comparve sulla terrazzina il fanciulletto che doveva estrarre dall'urna i nume-
65 ri dell'estrazione.
Era un fanciulletto vestito della bigia uniforme dell'Albergo dei Poveri, un povero fanciulletto del *Serraglio*, come i napoletani chiamano l'ospizio di quelle creature abbandonate[18], un povero *serragliuolo* senza madre e senza padre, o figliuolo di genitori che, per miseria o per crudeltà, avevano abbandonato la loro prole.
70 Il fanciulletto, aiutato da uno degli uscieri, indossò, sull'uniforme da *serragliuo-*

---

9. vicoli San Sepolcro ... Spagnuoli: vicoli del centro storico di Napoli.
10. fondaco: *magazzino.*
11. opificio: *laboratorio.*
12. la bolletta di cinque soldi: *la schedina con una giocata del valore di cinque soldi.*
13. giuoco piccolo: *la puntata minima.*
14. senza servizio: *senza lavoro, disoccupate.*

15. un serramento: *uno stringersi della folla.*
16. Regio Lotto: con questa indicazione la Serao non solo fa capire che si tratta di un'estrazione del lotto "ufficiale" (quello, cioè, che ancora oggi è gestito dallo Stato), ma fa implicitamente riflettere il lettore sul ruolo che lo Stato ha nel rendere la folla sempre più dipendente dal gioco d'azzardo.
17. È grande ... trasparenza: la descrizione

dell'urna, circondata da un alone quasi magico, riflette l'ingenuità e le speranze del punto di vista popolare.
18. l'ospizio ... creature abbandonate: il Reale Albergo dei Poveri di Napoli, comunemente chiamato Serraglio, era un ospizio per indigenti, orfani e bambini abbandonati, fondato nel Settecento per volere di Carlo di Borbone.

Naturalismo e Verismo

lo, una tunica di lana bianca: un berretto bianco, anche di lana, gli fu messo sulla testa, perché la leggenda del Lotto vuole che il piccolo innocente porti la veste bianca dell'innocenza. E lestamente salì sopra uno sgabello, per trovarsi all'altezza dell'urna. Di sotto, la folla tumultuava:

75 «Bel figliuolo, bel figliuolo!»

«Che tu possa essere benedetto!»

«Mi raccomando a te e a San Giuseppe!»

«La Madonna ti benedica le mani!»

«Benedetto, benedetto!»

80 «Santo e vecchio, santo e vecchio!»

Tutti gli dicevano qualche cosa, un augurio, una benedizione, un desiderio, un'invocazione pietosa, una preghiera. Il bambino taceva, guardando, con la manina appoggiata sulla rete metallica dell'urna.

[...] Poi, subito, come per incanto, un silenzio profondo si fece: una immobilità

85 arrestò tutti quei corpi, tutte quelle facce, – la gran gente convulsa[19] parve pietrificata nei sentimenti, nella parola, negli atti, nella espressione.

Il primo usciere, quello che aveva dichiarato i novanta numeri, accostò alla balaustra una tabella di legno, lunga e stretta, a cinque caselle vuote, simile a quella dei *bookmakers*[20] sui campi delle corse, mentre l'altro usciere dava gli ultimi

90 giri all'urna riempita di tutti i novanta numeri. La tabella era voltata verso il popolo. Poi il consigliere scosse un campanello: il giro dell'urna si arrestò: il terzo usciere mise una benda sugli occhi del bimbo biancovestito; costui lestamente immerse la manina nell'urna aperta e cercò un momento, un momento solo, cavando subito una pallina col numero. Mentre questa pallina passava di mano in

95 mano, giù, da quei petti pietrificati, da quelle bocche pietrificate, uscì un sospiro cupo, tetro, angoscioso.

«*Dieci*,» gridò l'usciere, dichiarando il numero estratto e mettendolo subito nella prima casella.

Mormorio e agitazione fra il popolo: tutti coloro che avevano sperato nel primo

100 estratto erano delusi.

Nuova scossa di campanello: il bimbo immerse, per la seconda volta, la manina delicata nell'urna.

«*Due*,» gridò l'usciere, dichiarando il numero estratto e mettendolo nella seconda casella.

105 Al crescente mormorio qualche bestemmia soffocata si aggiunse: tutti quelli che avevano giuocato il secondo estratto erano delusi: tutti quelli che avevano sperato di prendere quattro numeri erano delusi: tutti quelli che avevano giuocato un grosso terno secco cominciavano a temere fortemente la delusione. Tanto che, quando per la terza volta la manina del fanciulletto penetrò nell'urna, qualcuno

110 gridò, angosciosamente:

«Cerca bene, scegli bene, bambino!»

«*Ottantaquattro*,» gridò l'usciere, dichiarando il numero e collocandolo nella terza casella.

Qui scoppiò il grande urlo d'indignazione, fatto di bestemmie, di lamenti, di

115 esclamazioni colleriche e dolorose. Questo terzo numero, cattivo, era decisivo, era decisivo per l'estrazione e per i giuocatori. Con l'ottantaquattro erano delusi

---

19. convulsa: *agitata, irrequieta.*

20. *bookmakers*: coloro che, prima delle corse dei cavalli, raccolgono le scommesse dei giocatori.

già tutti quelli che avevano giuocato il primo, il secondo e il terzo estratto; erano delusi tutti quelli che avevano giuocato la quintina[21], la quaterna, il terno, il terno secco, speranza e amore del popolo napoletano, speranza e desiderio di tutti i giuocatori, da quelli accaniti a quelli che giuocano una volta sola, per caso: il terno che è la parola fondamentale di tutti quei desiderii, di tutti quei bisogni, di tutte quelle necessità, di tutte quelle miserie. Un coro di maledizioni si levava, di giù, contro la mala fortuna, contro la mala sorte, contro il Lotto e contro chi ci crede, contro il governo, contro quello sciagurato ragazzo che aveva la mano così disgraziata. *Serragliuolo, serragliuolo*! gridavano da basso, per insultarlo, mostrandogli il pugno. Dal terzo al quarto numero passarono due o tre minuti; ogni settimana accadeva così: il terzo numero era l'espressione paurosa della infinita delusione popolare.

«*Settantacinque*, – dichiarò con voce più fiacca l'usciere, mettendo il numero estratto nella quarta casella.

Tra le voci irose che non si calmavano, qualche fischio risuonò, vendicativo. Le ingiurie piovevano sul capo del bimbo; ma le maggiori imprecazioni erano contro il Lotto dove non si può vincere mai, mai, dove tutto è combinato perché non si vinca mai, mai, specialmente per la povera gente[22].

«*Quarantatré*,» finì di proclamare l'usciere, collocando il quinto ed ultimo numero. E un ultimo soffio di collera, fra il popolo: niente altro. In un momento, dal terrazzino scomparve tutta la fredda macchina del lotto: sparvero[23] i due bimbi, le tre autorità, l'urna con gli ottantacinque numeri e il suo piedistallo, sparvero tavolini, seggioloni, uscieri, si chiusero i cristalli e le imposte del grande balcone, in un momento. Sola, ritta, accosto alla balaustra, rimase la crudele tabella, coi suoi cinque numeri, quelli, quelli, la grande fatalità, la grande delusione.

Con molta lentezza, a malincuore, la folla si diradava nel cortile. Sui più esaltati dalla passione del giuoco aveva soffiato il vento della desolazione e li aveva abbattuti, come se avessero le braccia e le gambe spezzate, la bocca amara di bile: quelli che avevano giuocato tutt'i loro denari, quella mattina, non sentendo più il bisogno di mangiare, di bere, di fumare, nutrendosi vividamente delle visioni di cuccagna[24] nella fantasia, sognando per quella sera di sabato e per la domenica e per tutti i giorni successivi, tutta una spanciata di pranzi grassi e ricchi, divorati in immaginazione, tenevano mollemente le mani nelle tasche vuote, e negli occhi desolati si dipingeva il fisico, l'infantile dolore di chi sente i primi crampi della fame e non ha, sa di non poter avere il pane per chetare[25] lo stomaco: altri, i più folli, caduti dall'altezza delle loro speranze in un momento, provavano quel lungo minuto di pazzia angosciosa, quando non si vuol credere, no, non si può credere alla sventura e gli occhi hanno quello sguardo smarrito che non vede più la forma delle cose.

---

21. quintina: *cinquina.*
22. dove ... gente: il discorso indiretto libero riporta i pensieri della gente.
23. sparvero: *scomparvero.*
24. visioni di cuccagna: *fantasie di ricchezza.*
25. chetare: placare, calmare.

Naturalismo e Verismo

Analisi guidata

La struttura

L'episodio può essere diviso in **quattro macrosequenze**, più descrittive che propriamente narrative:
– la prima descrive il **radunarsi della folla** poco prima dell'estrazione;
– la seconda mostra l'**allestimento del banco** del lotto e presenta il bambino (il *serragliuolo*) incaricato di estrarre i numeri;
– la terza segue l'**estrazione** cadenzata dei cinque numeri, tra i commenti sempre più rancorosi della gente che assiste;
– la quarta, infine, sottolinea la **disillusione** della folla, che sembra quasi non voler credere a quanto è appena avvenuto.

Competenze di comprensione e analisi

- Scrivi un riassunto sintetico del brano, in un massimo di 10 righe. Quale rapporto sussiste tra gli eventi narrati e le digressioni descrittive?
- Nella terza sequenza l'estrazione dei numeri viene seguita dal narratore con esasperante lentezza: per quale motivo?

Una rappresentazione corale

Vera protagonista del brano è la **folla di Napoli**, che la Serao presenta al lettore come un'unica grande entità, in cui nessuno dei personaggi spicca sugli altri. La massa che si accalca per assistere all'estrazione è costituita da povera gente appartenente alle **classi più umili**, per la maggior parte disoccupati che sperano di cambiare la loro vita con una vincita. L'**illusorietà delle loro speranze** è più volte sottolineata nel testo, ma è soprattutto la conclusione del brano a riportare drammaticamente alla realtà in cui vivono queste persone, sul cui volto si legge «la doppia impronta del digiuno e dell'estremo avvilimento» (rr. 41-42) e che ora saranno nuovamente costrette a fare i conti con la fame e con la necessità di trovare qualche soldo per campare.

Competenze di comprensione e analisi

- Rintraccia le righe di testo in cui l'autrice presenta al lettore la folla di giocatori costituita dagli strati più miserevoli della popolazione.
- In quale punto del brano la folla sembra rendersi conto dell'impossibilità di vincere al gioco del lotto?

Il lotto come religione popolare

La raffigurazione dell'estrazione del lotto mette in evidenza le **caratteristiche** quasi **magico-religiose** che il gioco ha per i napoletani. La simbologia che accompagna l'estrazione ricorda più una **cerimonia liturgica** che un moderno gioco d'azzardo. Il povero orfanello, a cui viene fatta indossare una veste bianca, simbolo di innocenza e purezza, rappresenta una sorta di *medium* tra la divinità e la folla: a lui ci si rivolge con **preghiere e scongiuri**, come ci si rivolgerebbe a un qualche santo per ottenere la grazia. E in fondo, dalle pagine della Serao, proprio questo sembra emergere: il popolo napoletano aspetta la **vincita come una grazia miracolosa** che il Signore concede in modo imperscrutabile. Tuttavia, l'elemento religioso finisce per decadere appena le speranze della folla vengono deluse e anche il povero *serragliuolo* diventa ben presto oggetto di offese e imprecazioni.

Matilde Serao

Competenze di comprensione e analisi

- «… la leggenda del Lotto vuole che il piccolo innocente porti la veste bianca dell'innocenza»: qual è, a tuo parere, il significato che la veste bianca del *serragliuolo* riveste all'interno della cerimonia dell'estrazione?
- Metti a confronto l'estrazione del lotto descritta dalla Serao con quanto avviene oggi in simili situazioni e scrivi un breve testo informativo in cui esponi differenze e analogie tra la concezione antica e quella contemporanea del gioco d'azzardo.

Bozzetto realistico e denuncia sociale

In questo brano – come in tutta la narrativa della Serao – più che l'azione narrativa spicca la capacità di evocare la particolare **atmosfera** e gli **ambienti** della città di Napoli. Ampio spazio è dedicato alla **registrazione degli umori popolari** e alle speranze dei vari personaggi, che si trasformano presto in una rabbia cieca, cui segue la rassegnazione.
L'autrice si avvale qui della tecnica del «**bozzetto**» – ossia del quadro d'ambiente – derivata dalla narrativa verista, cui si avvicina anche per l'intento di **rappresentazione realistica** del contesto sociale. Sul piano formale, però, non è presente l'eclissi dell'autore; al contrario, la **partecipazione emotiva** e l'intervento del narratore sono funzionali a un chiaro scopo di **denuncia sociale**.

Competenze di comprensione e analisi

- Dai particolari della narrazione emergono molte notizie sulle abitudini, gli usi e la mentalità degli abitanti della Napoli di fine Ottocento: individuali e costruisci sulla base di queste informazioni un breve testo espositivo.
- Nell'inchiesta *Il ventre di Napoli* la Serao scrive: «Il popolo napoletano, che è sobrio, non si corrompe per l'acquavite, non muore di *delirium tremens*; esso si corrompe e muore pel lotto. Il lotto è l'acquavite di Napoli». Rintraccia nel testo tutti i punti del brano in cui emerge il giudizio dell'autrice su questo fenomeno sociale.

Bartolomeo Bezzi, *Giorno di magro*, 1895.

Naturalismo e Verismo
164

LABORATORIO DELLE COMPETENZE

- Lettura
- Comprensione
- Analisi
- Interpretazione
- Produzione scritta

Testo laboratorio
T7 Émile Zola

La marcia dei minatori

Germinale

Questo brano, tratto da Germinale (1885) di Émile Zola, è uno dei momenti più celebri del romanzo. Racconta infatti la protesta degli operai che lavorano nella miniera di Montsou, nel nord della Francia: *dopo l'annuncio di una riduzione dei già magri salari, il protagonista, Stefano, ha infatti convinto i compagni di lavoro a iniziare un lungo sciopero.*

Sin dall'albeggiare, un fermento di rivolta aveva corso i borghi operai, avvisaglia della sommossa che ora andava crescendo minacciosa per le strade, dilagando per la campagna. Ma lo spargersi della notizia che cavalleria e gendarmi battevano la pianura, aveva consigliato di differire l'ora della partenza[1]. Quelle truppe, si diceva, erano arrivate da Douai nella notte; si accusava Rasseneur di aver venduto i compagni prevenendo Hennebeau[2]; una spingi-carichi assicurava anzi d'aver visto il domestico che il direttore aveva mandato a spedire il telegramma. Di dietro le imposte i minatori spiavano stringendo i pugni il passare dei soldati nel barlume dell'alba.

Verso le sette e mezzo, al sorgere del sole, una voce venne a calmare gli animi. Si trattava d'uno dei periodici spiegamenti di forza che, da quando era scoppiato lo sciopero, il comando del distretto ordinava, su invito del prefetto di Lilla[3]. I minatori esecravano[4] questo funzionario che, dopo aver promesso di intervenire in senso conciliativo, si limitava ora a far sfilare ogni otto giorni le truppe con l'evidente scopo di intimorirli. Sicché quando dragoni e gendarmi ripresero tranquillamente la via di Marchiennes, paghi d'avere intronato[5] i borghi del trotto dei loro cavalli, i minatori risero alle spalle di quel bonomo di prefetto che ritirava le truppe proprio al momento buono. Sino alle nove rimasero sulle soglie a farsi buon sangue a contemplare con aria sorniona allontanarsi le schiene bonarie degli ultimi gendarmi. Crogiolandosi nei morbidi letti di piuma, i benestanti di Montsou dormivano ancora. La Hennebeau era stata vista uscire in carrozza e lasciarsi alle spalle la villa silenziosa, dove certo il marito era già al suo tavolo di lavoro. Non un pozzo era presidiato: mancanza di previdenza che si verifica fatalmente al momento del pericolo e che dà la misura dell'incapacità d'un governo e degli errori di ogni sorta che commette quando si tratterebbe di non lasciarsi sorprendere dagli avvenimenti. E suonavano le nove, quando finalmente i minatori presero la via di Vandame per recarsi al posto di convegno[6].

----

1. Ma lo spargersi ... l'ora della partenza: nei giorni precedenti gli scioperanti hanno minacciato di marciare sulla miniera per interrompere i lavori, che stanno comunque proseguendo grazie a operai dissidenti.

2. Rasseneur... Hennebeau: il primo è un ex minatore che gestisce un'osteria, il secondo è il direttore della miniera.

3. Lilla: importante città del Nord della Francia, vicino al confine con il Belgio.

4. esecravano: *disprezzavano.*

5. intronato: *riempito con il rumore.*

6. al posto di convegno: *al luogo dell'appuntamento,* sul piazzale della miniera.

7. Jan-Bart: è il nome dell'impianto.

Laboratorio delle competenze **165**

LABORATORIO DELLE COMPETENZE

Stefano si rese subito conto che non troverebbe alla Jean-Bart[7] i tremila compagni sui quali aveva contato. Molti ritenevano la manifestazione differita[8]; ma quel che è peggio già due o tre bande s'erano avviate; e se egli esitava a mettersi alla loro testa c'era rischio che compromettessero ogni cosa. Quasi un centinaio, poi, partiti avanti luce[9], avevano dovuto rifugiarsi nella faggeta[10], in attesa degli altri. Souvarine[11], che Stefano era salito a consultare, s'era stretto nelle spalle: il più spiccio era, disse, appiccare il fuoco a Montsou; e dieci tipi risoluti avrebbero raggiunto meglio lo scopo che una folla; mentre così la cosa rischiava di prendere di nuovo una piega sentimentale. Rifiutò perciò di partecipare e si richinò sul libro che teneva aperto davanti. Uscendo, nell'attraversare il gioco da bocce[12], Stefano scorse Rasseneur seduto davanti alla stufa; pallidissimo, ascoltava i rimproveri di cui la moglie, nell'immancabile vestito a lutto che la cresceva di statura, lo bersagliava; in forma educata ma non per questo meno pungente. Maheu[13] fu d'avviso che non si dovesse mancare all'appuntamento: un appuntamento come quello era sacro. Anche in lui del resto, come in tutti, la notte aveva calmato gli ardori; ora Maheu temeva degli eccessi da parte della folla: il loro dovere era quindi di trovarsi sul posto per impedire ai compagni di abbandonarsi a violenze. La moglie lo approvava col capo. Stefano ripeté, compiaciuto, che bisognava, sì, agire rivoluzionariamente, ma senza attentare alla vita di nessuno. Partendo, rifiutò di accettare la parte che gli spettava della pagnotta avuta il giorno prima; dalla bottiglia di ginepro si vuotò invece tre bicchierini che bevve uno sull'altro, per vincere, disse, il freddo; del liquore si riempì anzi una fiaschetta. Alzira resterebbe a badare ai bambini; quanto a Bonnemort, le sue gambe si risentivano troppo della passeggiata del giorno prima perché potesse alzarsi da letto. Per prudenza partirono alla spicciolata. Gianlino[14] se l'era già svignata da un bel po'; mentre Maheu e la moglie s'incamminavano per la via più lunga alla volta di Montsou, Stefano si diresse alla faggeta incontro ai compagni. Per istrada raggiunse una frotta di donne, tra le quali riconobbe l'Abbruciata e la Levaque[15]; camminando mangiavano delle castagne portate dalla Mouquette; con la buccia, per sentirsi più a lungo qualcosa sullo stomaco. Nella faggeta il giovane non trovò più nessuno; già i compagni, che in un primo tempo vi si erano rifugiati, si trovavano alla Jean-Bart. Messosi di corsa, Stefano arrivò davanti al pozzo nel momento che un centinaio di dimostranti, tra cui Levaque, mettevano piede sul piazzaletto della miniera. Altri affluivano d'ogni parte: i Maheu dalla via maestra, le donne attraverso i campi; sbandati, senza armi né guida, confluendo tutti lì come rigagnoli che avvia in unico punto la pendenza del terreno. Non si era in più di trecento. D'un balzo Stefano si portò fra i primi.

Ci fu un'esitazione quando in cima alla scala della ricevitoria comparve Deneulin[16]. «Cos'è che volete?» chiese risoluto l'ingegnere. Seguìta con gli occhi la carrozza di dove le figlie si sporgevano ancora a sorridergli, Deneulin era tornato al pozzo, ripreso da una vaga inquietudine. Non c'era di che; tutto vi procedeva regolarmente: la discesa era avvenuta, l'estrazione era stata ripresa. E, tran-

---

8. differita: *spostata.*
9. avanti luce: *prima dell'alba.*
10. faggeta: bosco di faggi.
11. Souvarine: un operaio anarchico.
12. il gioco da bocce: *la pista per le bocce.*

13. Maheu: amico di Stefano e padre della giovane Caterina, di cui il protagonista è innamorato
14. Gianlino: un ragazzino a capo di una banda di piccoli criminali.

15. l'Abbruciata e la Levaque: due donne che lavorano alla miniera; la prima ha perso il marito in un incidente sul lavoro.
16. Deneulin: il direttore della miniera.

70 quillizzatosi, s'intratteneva col capo-sorvegliante nel capannone della cernita[17], quando venne segnalato l'arrivo degli scioperanti.

Sportosi a una finestra, alla vista di quella folla che, ingrossandosi via via, invadeva il piazzaletto, ebbe subito netta la sensazione della propria impotenza. In che modo difendere quell'agglomerato di edifici accessibili da ogni parte? A fa-
75 tica avrebbe racimolato tra i suoi operai una ventina d'uomini disposti a stringerglisi intorno. Si sentì spacciato. Facendosi forza per non accasciarsi davanti al disastro: «Che volete?» ripeté, pallido d'ira repressa. Dei mormorii corsero la folla che ondeggiò minacciosa. Stefano si decise a farsi avanti: «Signore, non siamo venuti con alcuna intenzione di farle del male. Ma è necessario che il la-
80 voro cessi in tutti i pozzi».

Deneulin non si contenne: «Imbecilli!» sbottò. «Sarebbe del bene allora, secondo voi, che mi fareste arrestando il lavoro nel mio pozzo? Tanto varrebbe che mi tiraste a bruciapelo una schioppettata nella schiena. [...] Mi rifiuto del resto di scendere a queste stupide discussioni. In casa mia intendo comandare io. Mi ram-
85 marico solo di non avere qui quattro gendarmi per spazzarvi via tutti. La colpa è mia, lo riconosco, d'essere sempre stato troppo buono con gli operai. Ho quel che mi merito. Con gente della vostra specie, l'unico argomento che valga è la forza. Capiterà lo stesso al governo che si illude di comprarvi; con le sue concessioni, non farà che fornirvi le armi con le quali lo rovescerete; ecco tutto!»
90 Stefano faceva uno sforzo per dominarsi. In tono quanto possibile pacato: «Badi, signore, sta a lei evitare un disastro. Dia ordine, la prego, ai suoi operai di sospendere il lavoro. Altrimenti, debbo avvertirla che io non rispondo dei miei compagni».

«Non faccio cessare nulla, levàtemivi dai piedi. Io voi non vi conosco; non ap-
95 partenete al mio pozzo, non ho nulla da discutere con voi. Bisogna essere dei briganti per venire in questo modo a fare i prepotenti in casa d'altri».

Vociferazioni[18] si alzarono, coprirono la sua voce. Le donne lo bersagliavano d'insulti. Lui seguitava a tenere testa; in quella rudezza di linguaggio, nella quale si sfogava il suo temperamento autoritario, trovava sollievo. Dal momento che la ro-
100 vina era ad ogni modo inevitabile, scendere a patti gli ripugnava come una viltà. Ma il numero dei dimostranti cresceva ogni minuto. In poco meno di cinquecento, già si avventavano contro l'ingresso; e lui rischiava per fierezza di rimetterci la vita, quando d'uno strattone il caposorvegliante lo trasse indietro: «Per carità, ingegnere, qui succede un massacro! A che pro?» Deneulin si dibatteva.
105 Tirato dentro: «Razza di banditi», lanciò in un ultimo grido di protesta, «la vedrete il giorno che si tornerà ad essere noi i più forti!»

Premuta alle spalle dalle donne che strillavano incitandoli, già la prima fila s'avventava su per la scala, ammassandovisi da schiantarne la ringhiera. La porta, chiusa solo da un saliscendi, cedette subito. Ma il varco di lì era troppo angu-
110 sto per l'impazienza degli assalitori; pigiati, schiacciati uno contro l'altro, quelli in coda cercarono altre entrate; chi passò dalla baracca, chi dal capannone della cernita, chi dal locale delle caldaie. Fu da ogni parte un traboccare nell'interno; in meno di cinque minuti, l'intera miniera cadde in mano dei dimostranti: che,

---

17. cernita: l'operazione di separazione del minerale dagli scarti.

18. Vociferazioni: *un coro di voci, un brusio.*

Laboratorio delle competenze 167

LABORATORIO DELLE COMPETENZE

115 esultando per la vittoria riportata sull'ostinazione del proprietario, tumultuando invasero tutti i tre piani dell'edificio.

Lanciandosi dentro tra i primi: «Che non gli facciano la pelle, però, adesso!» disse a Stefano Maheu, allarmato. E già il giovane anche lui accorreva; ma quando si fu reso conto che Deneulin s'era barricato nella sala dei capisquadra: «E se anche?» rispose. «Sarebbe colpa nostra? un cocciuto simile!»

120 Così diceva, ma dentro di sé era inquieto: si controllava ancora abbastanza per non cedere al cieco impulso del risentimento. E poi vedere che già la folla cominciava a eccedere, che si era appena al principio e già gli sfuggiva di mano, lo urtava nel suo orgoglio di capo. Invano esortava alla calma; invano si spolmo-
125 nava a ripetere che non bisognava fare il gioco degli avversari, abbandonandosi a inutili distruzioni.

«Alle caldaie!» urlava l'Abbruciata. «Spegniamo i fuochi!» Levaque che aveva trovato una lima la impugnava minaccioso, dominando il vocìo col grido: «Tagliamo i cavi[19]! tagliamo i cavi!» [...] Frattanto dalla scala che scendeva alla baracca, l'Abbruciata seguitava a incitare: «I fuochi, bisogna spegnere! Alle calda-
130 ie, alle caldaie!»

Delle donne già la seguivano. Per impedire che fracassassero ogni cosa, la Maheu si affrettò a raggiungerle: anche lei come il marito, pensava che era meglio far valere i propri diritti senza abbandonarsi al saccheggio della roba altrui. Già nel locale delle caldaie le donne stavano cacciandone i due fuochisti; mentre l'Abbru-
135 ciata, armata di badile, ginocchioni davanti a uno dei forni, lo vuotava di combustibile; gettato sull'impiantito di mattoni, il carbone incandescente seguitava a bruciare emettendo un nero fumo. Dieci forni alimentavano le cinque caldaie. Presto tutte le donne s'accanirono in quel lavoro di spegnimento; la Levaque, maneggiando il badile a due mani; la Mouquette con le sottane rimboccate sin
140 sulle cosce; insanguinate tutte in viso dal riverbero delle braci, sudanti e scarmigliate come streghe.

Sul pavimento i tizzoni si ammucchiavano in cumuli sempre più alti; e al calore che emanavano già nel soffitto dello stanzone s'apriva una crepa. Fu la Maheu a gettare l'allarme: «Basta, smettete! piglia fuoco la baracca!» «Meglio così», l'Ab-
145 bruciata ribatté. «Ah è venuta alfine l'ora che ho attesa tanto della vendetta! Me la pagano, ora, di avermi ammazzato il mio uomo!»

In quella una voce squillante soverchiò il tumulto: «Attenzione!» strillava. «Attenzione, che do il via!»

Era Gianlino. Esultante nella gazzarra, il monello s'era intrufolato tra i primi in
150 quel branco di furie; smanioso di combinarne qualcuna anche lui, aveva adocchiato i rubinetti di scarico. I getti di vapore eruppero con la violenza di cannonate; in un fragore di tempesta le cinque caldaie si vuotarono, fischiando da far sanguinare le orecchie. Tutto sparì nella nebbia; i mucchi di tizzoni s'oscurarono, le donne non furono più che ombre, marionette gesticolanti. In vista, solo
155 lassù, dietro i bianchi vortici di fumo, il monello che trionfava, la bocca spalancata per l'esultanza d'avere scatenato quell'uragano.

[...] In un baleno la Jean-Bart si vuotò; al fragore delle distruzioni e allo schiamazzo dei dimostranti subentrò un silenzio di tomba. Allora Deneulin uscì dal

---

19. i cavi: i cavi che permettono ai montacarichi di scendere all'interno della miniera.

Laboratorio delle competenze

160 suo rifugio; e, rifiutando col gesto che lo si accompagnasse, visitò da solo la miniera. Era pallido, ma calmissimo […] Era davvero finita; era la rovina. Anche se riallacciava i cavi, se riaccendeva i fuochi, dove trovare gli uomini? Altri quindici giorni di arresto ed era il fallimento.

Ma pure davanti alla gravità del disastro, Deneulin non provava più alcuna animosità contro i briganti di Montsou; sentiva che i veri colpevoli erano tutti; che
165 tutto ciò era la conseguenza d'una colpa collettiva, secolare. Oh certo dei bruti, gli autori di quello scempio; ma dei bruti che non sapevano leggere e che crepavano di fame.

É. Zola, *Germinale*, traduzione C. Sbarbaro, Milano, Mondadori, 1987

COMPRENSIONE

1 Da cosa è provocato il dispiegamento di forze armate che gli operai vedono al mattino?

2 Qual è la posizione di Stefano di fronte alla prospettiva di occupare la miniera nonostante l'opposizione del direttore?

3 Cosa accade quando le donne fanno irruzione nella sala delle caldaie?

ANALISI E INTERPRETAZIONE

4 Quale tipo di sequenza prevale nel brano letto?

5 Rintraccia i punti del testo in cui il narratore interviene prendendo posizione sulla vicenda raccontata.

Oltre il testo Confrontare e collegare

- Ti sembra che le scelte stilistiche di Zola rispondano in pieno al principio dell'impersonalità utilizzato dai naturalisti? Motiva la tua risposta con riferimenti al testo.

6 Qual è, secondo te, il giudizio che l'autore vuole dare dei dimostranti e delle loro azioni? Ti sembra che le condivida o che, invece, le condanni?

SCRITTURA E APPROFONDIMENTO

7 Perché il tema del brano letto è coerente con la poetica del naturalismo? Rispondi in un breve testo scritto.

8 Come giudichi la figura di Deneulin, il direttore della miniera? Ti sembra che Zola abbia voluto farne un personaggio emblematico oppure che lo abbia rappresentato descrivendone "scientificamente" le reazioni emotive?

Oltre il testo Confrontare e collegare

- Metti a confronto questo brano di *Germinale* con quello tratto da *L'Assommoir* (p. 139): ti sembra che la caratterizzazione che Zola dà alla classe operaia sia la stessa o no? Rispondi con esempi tratti dai due testi.

Laboratorio delle competenze

LABORATORIO DELLE COMPETENZE

Guida alla verifica orale

DOMANDA N. 1 Come si inserisce il Naturalismo nel contesto socio-economico francese e quali elementi influiscono sulla sua affermazione?

LA RISPOSTA IN SINTESI

Nel secondo Ottocento, in seguito all'affermarsi della seconda rivoluzione industriale, dell'urbanizzazione e delle problematiche sociali a esse collegate, il romanzo naturalista sceglie di occuparsi della realtà sociale contemporanea.

LA RISPOSTA NEI TESTI

T1 Flaubert dipinge il ritratto di una donna borghese insoddisfatta e costretta a vivere nella mediocrità.

T2 I fratelli Goncourt teorizzano un romanzo basato sul «vero» e attento alle problematiche delle classi sociali più disagiate.

T3 Zola rappresenta con metodo scientifico e forma impersonale la degradazione della classe operaia.

DOMANDA N. 2 Che cosa distingue il Verismo italiano dal Naturalismo?

LA RISPOSTA IN SINTESI

Il Verismo si ispira ai principi della poetica naturalista, tra cui lo studio della società e il principio dell'impersonalità, ma li trasferisce nel contesto agricolo e arretrato dell'Italia meridionale. Diverso è quindi l'ambiente rappresentato (contadino e marinaro) e minore la fiducia nel poter indagare scientificamente le passioni umane.

LA RISPOSTA NEI TESTI

T4 Tramite la figura del dottor Ficicchia Capuana evidenzia la miseria, l'ignoranza e l'immobilismo del popolo siciliano. L'aspetto di denuncia sociale, però, è totalmente assente.

T5 Nei *Viceré* De Roberto sottolinea l'immobilità storica e sociale del Sud Italia e il fallimento delle esigenze progressiste nate con l'Unità d'Italia.

T6 Matilde Serao mostra le reazioni della folla di fronte all'estrazione del lotto, fenomeno sociale per il popolo napoletano, sottolineando la miseria di chi spera inutilmente nella vincita al gioco.

DOMANDA N. 3 Quali tecniche narrative adottano gli autori veristi?

LA RISPOSTA IN SINTESI

Secondo il principio dell'impersonalità teorizzato da Flaubert e accettato dai naturalisti, anche i veristi cercano di rappresentare ambienti e situazioni in modo distaccato e oggettivo, senza intervenire direttamente nelle vicende narrate con giudizi e commenti. Ma la completa eclissi dell'autore e la regressione al livello popolare che caratterizzano i romanzi di Verga non è applicata a fondo dagli altri scrittori veristi.

LA RISPOSTA NEI TESTI

T4 Nel racconto di Capuana la voce del narratore è in alcuni punti chiaramente identificabile: l'eclissi dell'autore è quindi solo parziale.

T5 Nel romanzo di De Roberto il narratore non giudica gli eventi e i personaggi, lasciando che i fatti si commentino da sé; è presente però una spiccata ironia, che deforma in senso grottesco alcune situazioni.

T6 Mossa da un intento di denuncia sociale, Matilde Serao narra sia attraverso il punto di vista corale dei personaggi, sia mantenendo il proprio punto di vista ed esprimendo un giudizio esplicito sui fatti.

Giovanni Verga

- **T1** *Lettera dedicatoria a Salvatore Farina (Prefazione a L'amante di Gramigna)*
- **T2** *La prefazione ai Malavoglia (Prefazione a I Malavoglia)*

Vita dei campi

- **T3** TESTO LABORATORIO – *La Lupa*
- **T4** *Rosso Malpelo*

I Malavoglia

- **T5** *La famiglia Toscano e la partenza di 'Ntoni (I)*
- **T6** *Visita di condoglianze (IV)*
- **T7** *Il contrasto tra 'Ntoni e padron 'Ntoni (XI)*

- **T8** *L'addio di 'Ntoni (XV)*

Novelle rusticane

- **T9** *La roba*
- **T10** *Libertà*

Mastro-don Gesualdo

- **T11** *La morte di Gesualdo*

Laboratorio delle competenze

- **T12** TESTO LABORATORIO – *L'addio alla roba (Mastro-don Gesualdo)*
- **T13** ANALISI DEL TESTO – *Malaria (Novelle rusticane)*

Giovanni Verga

Giovanni Verga in un autoritratto fotografico del 1887.

La vita e le opere

La formazione Giovanni Verga nasce a **Catania** il 2 settembre **1840** in una famiglia di proprietari terrieri di origini nobiliari. Dopo gli studi elementari, nel 1851 viene affidato all'insegnamento di Antonio Abate, mediocre letterato ma entusiasta patriota, che gli trasmette il culto per i valori nazionali e unitari. Appassionato lettore, Verga si dedica alla scrittura fin da giovane e nel 1857 compone il suo primo romanzo, *Amore e patria* (mai pubblicato). Nel 1858 si iscrive alla facoltà di giurisprudenza a Catania, ma ben presto abbandona gli studi per seguire le vicende legate all'impresa di **Garibaldi**. Nel 1860 entra nella Guardia nazionale, un corpo di volontari incaricato di prevenire le agitazioni sociali contro il nuovo governo unitario, e fonda la rivista «Roma agl'italiani». L'impegno politico non lo distoglie dalla scrittura e tra il 1861 e il 1863 Verga dà alle stampe **due romanzi incentrati su temi storico-patriottici e sentimentali**, *I carbonari della montagna* e *Sulle lagune*, nei quali appare evidente l'influsso del romanzo storico tardo-romantico e della **narrativa francese d'appendice** (i Dumas, Eugène Sue).

Gli anni fiorentini A partire dal **1865** Verga soggiorna per lunghi periodi a **Firenze**, da poco diventata capitale del Regno d'Italia, ed entra in contatto con una cultura meno provinciale; tra i molti letterati e intellettuali conosce, tra gli altri, il siciliano Luigi **Capuana**, critico teatrale del quotidiano «La Nazione» con il quale stringe un legame d'amicizia che durerà tutta la vita.
Nel **1866** pubblica *Una peccatrice*, romanzo sentimentale di ispirazione autobiografica (il protagonista è un giovane scrittore che si suicida per un amore non corrisposto) che gli dà una certa notorietà.

Per quasi tutto il 1868 Verga soggiorna con la famiglia in Sicilia, per sfuggire all'epidemia di colera che aveva colpito l'Italia; qui inizia a scrivere il romanzo epistolare *Storia di una capinera*, che narra l'amore impossibile tra una giovane costretta dalla famiglia a farsi monaca e il promesso sposo della sorella. Pubblicata nel **1870**, l'opera ottiene un **grande successo di pubblico**.

Il periodo milanese Dopo altri due anni a Firenze, nel **1872** Verga si sposta a **Milano**, capitale economica e culturale del Paese, dove entra in contatto con gli esponenti della **Scapigliatura**. Da loro deriva tematiche come il legame inscindibile tra amore e morte, il conflitto tra l'artista e la società borghese, la potenza distruttiva del sentimento amoroso, che sono al centro del **trittico dei "romanzi milanesi"**, *Eva* (1873), *Eros* (1874) e *Tigre reale* (1875), accomunati dall'**ambientazione borghese**, dai **temi passionali** e dallo stile enfatico e sovrabbondante.

La "conversione" al Verismo Negli stessi anni, Verga legge i **grandi scrittori francesi dell'Ottocento** (Balzac, Flaubert) e i romanzi naturalisti di **Zola** e matura una **nuova concezione letteraria** che culminerà, di lì a pochi anni, nell'approdo al Verismo. Nella novella *Nedda* (1874) e nel successivo abbozzo incompiuto *Padron 'Ntoni* (primo nucleo dei *Malavoglia*) all'ambiente urbano e borghese si sostituisce la **Sicilia arcaica e rurale** e al posto di eroi inquieti e sentimentalmente tormentati compaiono **personaggi umili e "vinti" dalla società**, come *Nedda*, un'umile raccoglitrice di olive che, a causa della miseria, perde prima l'amato e poi la figlioletta. Lo stile, tuttavia, non è ancora impersonale come quello dei naturali-

Approfondimento

Il ciclo dei *Vinti*

In una lettera del 21 aprile 1878 all'amico Salvatore Paolo Verdura, Verga annuncia l'intenzione di realizzare un ciclo di cinque romanzi, intitolato *La Marea*, che abbia come argomento la «lotta per la vita, che si estende dal cenciaiuolo al ministro e all'artista, e assume tutte le forme, dalla ambizione all'avidità del guadagno […] lotta provvidenziale che guida l'umanità, per mezzo e attraverso tutti gli appetiti alti e bassi». Tale progetto – di cui Verga parla anche nella prefazione ai *Malavoglia* e che, in seguito, prenderà il nome di ciclo dei *Vinti* – intendeva trattare il modo in cui la spinta al miglioramento economico agisce sui diversi ceti sociali, a partire dai più umili fino ai più elevati, mostrando come l'esistenza dei protagonisti sia regolata dal principio darwiniano della «lotta per la vita», che vede i più forti prevalere sui più umili.

Il primo romanzo del ciclo (*I Malavoglia*) è incentrato sulla lotta per i bisogni materiali al livello più basso della scala sociale, mentre nel secondo (*Mastro-don Gesualdo*) l'attenzione si sposta sull'aspirazione alla ricchezza e alla nobilitazione sociale. Gli altri romanzi previsti dovevano essere collegati tra loro dal ricorrere di alcuni personaggi legati da rapporti di parentela (sul modello dei *Rougon-Macquart* di Zola): *La duchessa di Leyra* (la cui protagonista è figlia di Mastro-don Gesualdo) doveva trattare l'ambizione aristocratica, *L'onorevole Scipioni* la brama di successo in ambito politico e *L'uomo di lusso* il desiderio di affermazione dell'artista.

Verga, tuttavia, realizzò solo i primi due romanzi, senza mai completare il terzo (di cui recuperò una serie di materiali nelle novelle *I ricordi del capitano d'Arce*) e lasciando degli altri solo abbozzi e appunti. Tra le ragioni dell'abbandono vi furono sia l'esaurirsi della vena creativa sia la difficoltà di applicare alcuni principi della poetica verista (regressione del narratore, adozione di un linguaggio popolare) a un contesto sociale più elevato come quello che avrebbe dovuto caratterizzare gli ultimi romanzi del ciclo.

---

sti, ma ricco di **toni melodrammatici e patetici** analoghi a quelli dei romanzi milanesi.

Dopo la parentesi di *Primavera e altri racconti* (1876), raccolta ancora legata a temi scapigliati e romantici, la svolta verso una poetica compiutamente verista nei temi e nelle forme avviene alla fine degli anni Settanta, grazie al costante dialogo con l'amico Luigi Capuana e all'emergere, sulla scena politica nazionale, della "**questione meridionale**".

Nel 1878 Verga progetta un **ciclo di romanzi** ambientati in Sicilia (intitolato, in origine, *La marea*, e successivamente *I vinti*), in cui, sul modello della *Commedia umana* di Balzac e dei *Rougon-Macquart* di Zola, si propone di descrivere **la lotta per la vita che coinvolge tutte le classi sociali**. Nell'agosto dello stesso anno, pubblica sul «Fanfulla della Domenica» la novella **Rosso Malpelo**, che segna il definitivo **passaggio al Verismo: compaiono** infatti per la prima volta l'artificio stilistico della **regressione** e un **linguaggio che riproduce la parlata popolare**.

Gli anni Ottanta Ormai definitivamente "convertito" alla nuova poetica verista, nei primi anni Ottanta Verga pubblica le sue opere più famose: la raccolta

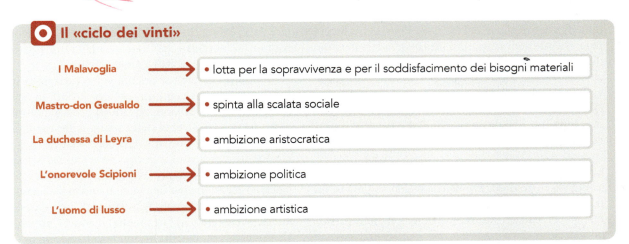

Il «ciclo dei vinti»

I Malavoglia →	lotta per la sopravvivenza e per il soddisfacimento dei bisogni materiali
Mastro-don Gesualdo →	spinta alla scalata sociale
La duchessa di Leyra →	ambizione aristocratica
L'onorevole Scipioni →	ambizione politica
L'uomo di lusso →	ambizione artistica

La vita e le opere

Le opere

- Romanzi fiorentini: *Una peccatrice* (1866), *Storia di una capinera* (1870)

- Romanzi milanesi: *Eva* (1873), *Eros* (1874), *Tigre reale* (1875)

- Testi in cui si realizza l'approdo al Verismo: *Nedda* (1874), *Rosso Malpelo* (1878)

- Capolavori degli anni Ottanta: raccolte di novelle (*Vita dei campi*, 1880; *Novelle rusticane*, 1883) e romanzi (*I Malavoglia*, 1881; *Mastro-don Gesualdo*, 1889)

- Altre raccolte di novelle: *Primavera e altri racconti* (1876), *Per le vie* (1883), *Vagabondaggio* (1887), *I ricordi del capitano d'Arce* (1891), *Don Candeloro e C.i* (1894)

- Testi teatrali: *Cavalleria rusticana* (1884), *La Lupa* (1896), *Dal tuo al mio* (1903)

Vita dei campi (1880), composta da otto novelle di ambientazione siciliana e, soprattutto, *I Malavoglia* (1881), primo romanzo del ciclo dei *Vinti*, che racconta le vicende di una famiglia di pescatori siciliani nel periodo che va dal 1863 al 1878, mostrandone la progressiva disgregazione provocata dal tentativo infruttuoso di migliorare le proprie condizioni sociali ed economiche.

Deluso dall'**insuccesso dei *Malavoglia***, accolto con freddezza dalla critica e dal pubblico, Verga dà alle stampe *Il marito di Elena*, romanzo "borghese" ancora legato al filone mondano-sentimentale, e nella primavera del 1882 si reca a Parigi (dove conosce personalmente Zola) e a Londra per promuovere le sue opere. L'anno successivo torna alla narrativa verista con le raccolte *Novelle rusticane*, di ambientazione siciliana, e *Per le vie*, ispirata alla vita dei popolani milanesi, e nel 1884 adatta per il teatro una delle sue novelle più famose, *Cavalleria rusticana*, che viene rappresentata a Torino e ottiene un grandissimo successo. Preoccupato per la sua situazione finanziaria e per le difficoltà compositive del ciclo dei *Vinti*, Verga lavora per circa due anni senza riuscire a concludere nessuno dei progetti che ha per le mani. Nel 1887 esce la raccolta di novelle *Vagabondaggio* e finalmente, nel **1889**, vede la luce il secondo romanzo del ciclo, *Mastro-don Gesualdo*, in cui si narra l'ascesa sociale di Gesualdo Motta, un manovale siciliano che riesce a sposare una donna aristocratica, ma muore in solitudine.

La lunga causa con Mascagni Grazie al discreto successo di *Mastro-don Gesualdo* Verga sembra trovare una nuova serenità e viaggia in Italia e in Germania, per assistere alle rappresentazioni della versione teatrale di *Cavalleria rusticana*. Nel **1890** il giovane musicista livornese **Pietro Mascagni** realizza, senza il consenso dell'autore, **un'opera musicale ispirata alla novella**, che riscuote un successo straordinario. Verga si rivolge allora a Mascagni e all'editore Sonzogno per ottenere i diritti d'autore che gli spettano e in un primo momento gli viene offerta la cifra irrisoria di 1000 lire (corrispondente a circa 3500€ attuali). Ha così inizio una **lunga causa giudiziaria** che si conclude alla fine del 1892 (ma che, tra ricorsi e nuove cause, durerà in realtà fino al 1907) con il riconoscimento, per Verga, del compenso «impensato e favoloso» di 143.000 lire. Tuttavia, la lunga diatriba mina profondamente l'animo di Verga: lo scrittore non riesce a progredire nella stesura del ciclo dei *Vinti* e nel 1893 decide di abbandonare Milano per tornare nella natia **Catania**.

Il ritorno a Catania Durante gli anni Novanta l'attività letteraria di Verga si riduce al minimo e, a parte alcune raccolte di novelle in cui confluiscono materiali dei romanzi incompiuti (*I ricordi del capitano d'Arce*, 1891; *Don Candeloro e C.i*, 1894), è rivolta soprattutto al **teatro**, per il quale adatta un altro suo celebre testo, la novella *La Lupa* (1896).

Nel frattempo, Verga si orienta verso **posizioni politiche reazionarie**, al punto che nel 1898, in occasione dei moti di Milano, esprime il proprio compiacimento per la durezza della repressione esercitata dal generale Bava Beccaris. Questa svolta ideologica è evidente nel suo ultimo dramma, *Dal tuo al mio* (1903), in cui la lotta dei lavoratori siciliani delle solfatare è l'occasione per una violenta **polemica contro il socialismo**. Sempre più isolato dall'ambiente letterario, Verga frequenta soltanto gli amici Capuana e De Roberto, con i quali condivide la **passione per la** fotografia («No, non sono sfuggito al contagio fotografico e vi confesso che questa della camera nera è una mia segreta mania», scriveva già nel 1880 a Capuana»), e segue con interesse la politica coloniale italiana, sostenendo il partito nazionalista e appoggiando la partecipazione alla Prima guerra mondiale. Nominato **senatore nel 1920**, trascorre gli ultimi anni in solitudine, sempre più ossessionato dalla difesa dei propri beni. Colpito da una trombosi, **muore a Catania** il 27 gennaio **1922**, assistito dall'amico Federico de Roberto.

Sosta di verifica

- In quali anni Verga soggiorna a Firenze? Quali opere vi pubblica?
- Quali sono e da cosa sono accomunati i tre "romanzi milanesi"?
- Come e quando matura la "conversione" al Verismo di Verga?
- Quali sono le principali raccolte di novelle di Verga?
- Quale suo romanzo viene pubblicato nel 1889?
- Dove trascorre i suoi ultimi anni l'autore?

Pellizza da Volpedo, *Il Quarto Stato*, dettaglio, 1901.

Il pensiero

Le coordinate ideologiche Se nella fase iniziale della sua produzione Verga appare influenzato da temi di derivazione romantica e scapigliata, che lo portano a polemizzare contro la meschinità del mondo borghese e contro il falso mito del progresso, prodotto di «un'atmosfera di Banche e di Imprese industriali», la "conversione" al Verismo determina un profondo mutamento della sua visione del mondo. Dopo aver approfondito la lettura degli autori realisti e naturalisti, Verga si convince che il **movente delle azioni** umane risiede **nei bisogni materiali**. Questa **concezione materialistica** si lega alla **teoria evoluzionista di Darwin** – dal quale Verga deriva il concetto di «lotta per la vita» (*struggle for life*) e l'idea che solo gli individui più forti e in grado di adattarsi all'ambiente sopravvivono (selezione naturale) – e alla riflessione sul **determinismo** (mutuato soprattutto da Zola), secondo cui le azioni umane sono influenzate dall'**ambiente** e dalle leggi dell'**ereditarietà**. Tali elementi si combinano con la convinzione, tipica del Positivismo, che il comportamento umano possa essere studiato e descritto in modo scientifico, come già avevano tentato di fare gli scrittori naturalisti.

La «marea» del progresso e la sconfitta dei più deboli Nonostante molti elementi del suo pensiero derivino dal Positivismo, Verga **rifiuta l'ottimismo positivista**, convinto che la società si fondi sulle disuguaglianze e che non sia possibile, per i ceti più bassi, migliorare la propria condizione. Il **progresso** economico e sociale, argomento centrale del ciclo dei *Vinti*, è visto come **motore della storia umana**, ma tale stimolo, in sé positivo, sembra agire a rovescio sugli umili: quando questi tentano di sfuggire al loro destino, si scontrano infatti con un peggioramento delle loro condizioni di vita (è così per i Malavoglia, sedotti dal miraggio dell'utile economico e travolti dalle proprie stesse ambizioni, e per Mastrodon Gesualdo, la cui ricchezza non gli evita la solitudine e l'impossibilità di stabilire legami affettivi). Verga pone l'accento sulla feroce «lotta per la vita» che, secondo i principi del darwinismo sociale, determina la **sconfitta dei più deboli** (i «vinti», appunto) e il trionfo dei più forti, in un meccanismo di sopraffazione reciproca. Il **progresso è** dunque visto come una «marea» destinata a travolgere gli umili: unica possibilità di salvezza, per costoro, è quella di accettare la propria condizione, rimanendo fedeli ai **valori** arcaici della tradizione familiare (la «re-

La parola all'autore

«L'ideale dell'ostrica»

Nella novella *Fantasticheria* Verga racconta a un'amica che l'ha accompagnato ad Aci Trezza il destino di alcuni degli abitanti visti durante quel soggiorno (si tratta dei futuri protagonisti dei *Malavoglia*). Sul finire della novella egli afferma che ciò che muove questa povera gente è «l'ideale dell'ostrica», ovvero il rifiuto di modificare il proprio stato: soltanto affidandosi alla «religione della famiglia», ovvero alle tradizioni arcaiche tramandate da generazioni, essi possono evitare sofferenze e sconfitte.

Ora rimangono quei monellucci che vi scortavano come sciacalli e assediavano le arance. [...] Quei pezzentelli paffuti e affamati cresceranno in mezzo al fango e alla polvere della strada, e si faranno grandi e grossi come il loro babbo e come il loro nonno, e popoleranno Aci-Trezza di altri pezzentelli, i quali tireranno allegramente la vita coi denti più a lungo che potranno, come il vecchio nonno, senza desiderare altro, solo pregando Iddio di chiudere gli occhi là dove li hanno aperti.

«Insomma l'ideale dell'ostrica!» direte voi. Proprio l'ideale dell'ostrica! e noi non abbiamo altro motivo di trovarlo ridicolo, che quello di non esser nati ostriche anche noi.

Per altro il tenace attaccamento di quella povera gente allo scoglio sul quale la fortuna li ha lasciati cadere, mentre seminava principi di qua e duchesse di là, questa rassegnazione coraggiosa ad una vita di stenti, questa religione della famiglia, che si riverbera sul mestiere, sulla casa, e sui sassi che la circondano, mi sembrano cose serissime e rispettabilissime anch'esse. [...]

Mi è parso ora di leggere una fatale necessità nelle tenaci affezioni[1] dei più deboli, nell'istinto che hanno i piccoli di stringersi fra loro per resistere alle tempeste della vita, e ho cercato di decifrare il dramma modesto, ignoto che deve aver sgominati gli attori plebei che conoscemmo insieme[2]. Un dramma che qualche volta forse vi racconterò, e di cui parmi[3] tutto il nodo debba consistere in ciò: che allorquando uno di quei piccoli, o più debole, o più incauto, o più egoista degli altri, volle staccarsi dai suoi per vaghezza dell'ignoto, o per brama di meglio, o per curiosità di conoscere il mondo; il mondo, da pesce vorace ch'egli è, se lo ingoiò, ed i suoi prossimi con lui.

1. affezioni: *sentimenti.*
2. gli attori ... insieme: *i personaggi precedentemente descritti nella novella.*
3. parmi: *mi sembra (che).*

---

ligione della famiglia») e mettendo in pratica «l'ideale dell'ostrica», ovvero «il tenace attaccamento di quella povera gente allo scoglio sul quale la fortuna li ha lasciati cadere».

Un pessimismo senza via d'uscita   Mosso da una logica materialista, Verga guarda quindi alla realtà sociale come a un **mondo dominato dalla violenza e dalla sopraffazione**, in cui **non c'è posto per la religione** e per la fede in un disegno provvidenziale (a differenza di quanto avviene invece in Manzoni). Inoltre, a differenza dei naturalisti, Verga ritiene che sia **impossibile modificare l'ordine sociale esistente**. Pur mostrando una sincera partecipazione alle vicende dei suoi «vinti», egli ha una visione cupamente conservatrice. Ne deriva un atteggiamento in certa misura ambiguo, in cui la denuncia sociale delle difficili condizioni di vita degli umili non si accompagna ad alcuna proposta alternativa, ma solo a una fatalistica e rassegnata **accettazione dell'ingiustizia** che domina la realtà.

Sosta di verifica

- Quale posizione ha Verga nei confronti del mito positivistico del progresso?
- Perché è possibile dire che il pensiero di Verga è di matrice materialista?
- In che cosa consiste «l'ideale dell'ostrica»?
- Quale ruolo ha la religione nella visione del mondo di Verga?

La poetica

I manifesti della poetica verista   Nel mettere a punto la nuova poetica verista, Verga guarda soprattutto al modello dei naturalisti francesi e, come avevano fatto i Goncourt e Zola, esplicita le proprie idee in alcuni **testi programmatici**.

Nella **prefazione** alla novella *L'amante di Gramigna* viene affermata la necessità di **rappresentare scientificamente la realtà: il racconto deve avere le caratteristiche di un «documento umano [...] raccolto pei viottoli dei campi» (dunque un testo "nudo e crudo", privo di elementi "romanzeschi") e l'autore deve riferirlo «colle medesime parole semplici e pittoresche della narrazione popolare» (cioè senza abbellirne lo stile). In questo modo, «l'opera d'arte sembrerà essersi fatta da sé [...] senza serbare alcun punto di contatto col suo autore», realizzando in tal modo il principio dell'**impersonalità** caro ai naturalisti. Poiché il narratore non può conoscere i pensieri dei personaggi, la loro indole e i loro sentimenti devono emergere direttamente dalle loro azioni e parole. Verga si propone quindi di osservare "scientificamente" la psicologia dei personaggi, con l'intento di approdare a una «scienza del cuore umano, che sarà il frutto della nuova arte» (concezione naturalistica dell'**artista-scienziato**). Nella **prefazione ai *Malavoglia***, invece, Verga ribadisce il principio dell'impersonalità, precisando che il **narratore** deve rimanere **estraneo alle vicende dei suoi personaggi**, senza intervenire con commenti e giudizi che lascino trapelare il suo punto di vista: «chi osserva questo spettacolo non ha il diritto di giudicarlo: è già molto se riesce a trarsi un istante fuori del campo della lotta per studiarla senza passione, e renderla nettamente, coi colori adatti, tale da dare la rappresentazione della realtà com'è stata, o come avrebbe dovuto essere».

I principi della poetica verista

Le novità principali della produzione verista di Verga vanno ricercate, più ancora che nei contenuti, nell'originalità delle soluzioni stilistiche. Per applicare il principio dell'impersonalità **Verga utilizza** infatti **tecniche narrative innovative**, come l'eclissi dell'autore, la regressione, lo straniamento e l'uso di un linguaggio popolare, che ricalca quello dei personaggi rappresentati.

L'eclissi dell'autore

In linea con le riflessioni di Zola e dei naturalisti, Verga si distacca dalla narrativa tradizionale ottocentesca (che prevedeva la presenza di un narratore onnisciente) per teorizzare un'opera d'arte che rispecchi in modo neutro e obiettivo i fatti rappresentati attraverso il **principio dell'impersonalità**. Per raggiungere questo scopo **il narratore deve eclissarsi** dal racconto, senza lasciar trasparire le sue opinioni e i suoi giudizi. La mediazione del narratore deve restare «assolutamente invisibile», in modo che **l'opera d'arte sembri «essersi fatta da sé»**, accentuando l'impressione di realismo e dando al lettore l'impressione di trovarsi «faccia a faccia col fatto nudo e schietto».

La regressione

Per ottenere la completa eclissi dell'autore, occorre che questi rinunci a manifestare il proprio punto di vista, attuando una regressione che lo porta a **identificarsi con il punto di vista dei personaggi rappresentati** (quindi, nelle opere veriste, con un **narratore anonimo popolare, interno ai fatti narrati**). La narrazione viene condotta in terza persona da un narratore che fa propria la mentalità, la cultura e i modi espressivi dell'ambiente rappresentato. In questo modo il narratore si fa interprete del **punto di vista collettivo e corale** della comunità, come nei *Malavoglia* o nella novella *Rosso Malpelo*, in cui fin dalle prime battute il lettore capisce che il punto di vista di chi racconta è quello superstizioso del popolo («Malpelo si chiamava così perché aveva i capelli rossi; ed aveva i capelli rossi perché era un ragazzo malizioso e cattivo»).

Lo straniamento

Anche se Verga racconta la vita dei contadini e dei pescatori siciliani, il pubblico a cui si rivolge è composto da borghesi di buona cultura, che ovviamente non condividono la mentalità arcaica e superstiziosa dei suoi personaggi. Ciò produce nel lettore un effetto di straniamento, poiché la regressione dell'autore a livello del narratore popolare **presenta come normali comportamenti che appaiono deplorevoli** alla nostra sensibilità di lettori moderni: è il caso, per esempio, dell'accanimento che i lavoratori della cava dimostrano nei confronti di Malpelo o dell'attaccamento alla "roba" da parte di Mazzarò. È evidente che tale scelta narrativa, se da un lato concorre al raggiungimento dell'oggettività e della "scientificità" dell'opera d'arte (al lettore viene presentata la vera realtà della Sicilia rurale e arcaica), serve anche a portare all'attenzione **comportamenti e valori "estranei" alla mentalità borghese** del secondo Ottocento che, secondo economisti e sociologi dell'epoca, costituivano una delle maggiori cause dell'arretratezza delle regioni meridionali.

Nuove tecniche narrative

Per accentuare l'impressione di realismo, Verga utilizza spesso nei suoi testi il **discorso indiretto libero**, con cui il narratore riporta in terza persona le parole del personaggio, nella forma linguistica che gli è propria, senza introdurle con verbi di "dire" o con segni di interpunzione, come in questo esempio tratto da *Mastro-don Gesualdo*:

Si sentiva allargare il cuore. Gli venivano tanti ricordi piacevoli. Ne aveva portate delle pietre sulle spalle, prima di fabbricare quel magazzino! E ne aveva passati dei giorni senza pane, prima di possedere tutta quella roba! Ragazzetto... gli sembrava di tornarci ancora, quando portava il gesso dalla fornace di suo padre, a Donferrante!

La poetica   177

Questa tecnica – detta anche *erlebte Rede* (in tedesco "discorso vissuto") – permette di alternare la voce del narratore con quella di altri personaggi (non sempre chiaramente identificabili), ottenendo una **narrazione polifonica e corale**, in cui abbondano usi sintattici talvolta scorretti, **espressioni proverbiali** e **termini dialettali**. Verga, infatti, pur non adottando il dialetto siciliano – che in teoria avrebbe garantito il massimo di realismo, ma sarebbe stato di difficile comprensione per il pubblico – **riproduce la lingua del popolo** siciliano dell'epoca postunitaria, come appare da questo secondo esempio, tratto dai *Malavoglia*:

Dopo la mezzanotte il vento s'era messo a fare il diavolo, come se sul tetto ci fossero tutti i gatti del paese, e a scuotere le imposte. Il mare si udiva muggire attorno ai faraglioni che pareva ci fossero riuniti i buoi della fiera di S. Alfio, e il giorno era apparso nero peggio dell'anima di Giuda. Insomma una brutta domenica di settembre, di quel settembre traditore che vi lascia andare un colpo di mare fra capo e collo, come una schioppettata tra i fichidindia.

Sosta di verifica

- Quali sono i principi della poetica verghiana?
- Attraverso quali artifici viene attuato il principio dell'impersonalità?
- In che cosa consiste la regressione?
- Quali sono le novità principali del Verismo relativamente alle tecniche narrative e allo stile?

La poetica verista

Anche se già nella prefazione a *Eva* (1873) Verga dichiara di aspirare a «una narrazione – sogno o storia poco importa – ma vera, com'è stata o come potrebbe essere, senza rettorica e senza ipocrisie», l'approdo al Verismo è frutto di una lenta e progressiva individuazione di nuovi strumenti e tecniche espressivi. Da una simile affermazione di maniera, vicina al gusto tardoromantico più che al realismo ottocentesco, Verga approda, nella prefazione all'*Amante di Gramigna*, a una precisa dichiarazione di poetica che muove dal principio dell'**impersonalità**: l'autore deve eclissarsi, cioè guardare alla materia narrata «da una certa distanza», per poter conservare intatta la lucidità di analisi, e quindi non interferire nella narrazione con giudizi e commenti. Mentre la lettera all'amico Farina contiene precisi elementi di tecnica narrativa, nella prefazione ai *Malavoglia* Verga precisa il suo legame con la **cultura positivista** e definisce la sua visione del **progresso**. Egli accetta la **concezione deterministica** della realtà propria del Positivismo, ma **rifiuta la fiducia nel progresso e l'ottimismo** degli intellettuali contemporanei: il prezzo di questo incessante moto universale è la sconfitta degli individui più deboli (i «vinti», appunto), che dal progresso restano travolti.

T1 Lettera dedicatoria a Salvatore Farina

Prefazione a *L'amante di Gramigna*

La prefazione alla novella L'amante di Gramigna – *pubblicata nel 1880 nella «Rivista minima» con il titolo* L'amante di Raya, *e l'anno successivo inserita nella raccolta* Vita dei campi – *è costituita da una lettera in cui Verga spiega all'amico Salvatore Farina le caratteristiche della sua narrativa verista, relative ai contenuti (realistici e tratti dalla cronaca) e alla forma (linguaggio popolare e immediato e adozione del principio dell'impersonalità). Sulla base di tali princìpi lo scrittore deve rappresentare oggettivamente la realtà, ricostruendo in modo "scientifico" le azioni e la psicologia dei personaggi, senza esprimere giudizi né opinioni personali, in modo che l'opera d'arte sembri «essersi fatta da sé».*

> **L'opera d'arte deve raccontare vicende realmente accadute e l'autore deve "eclissarsi", fare in modo che siano i personaggi stessi a narrare i fatti.**

> **Secondo la concezione naturalista, il romanziere deve ricostruire "scientificamente" i moventi psicologici degli eventi.**

Caro Farina[1], eccoti non un racconto ma l'abbozzo di un racconto[2]. Esso almeno avrà il merito di esser brevissimo, e di esser storico – un documento umano, come dicono oggi[3] – interessante forse per te, e per tutti coloro che studiano nel gran libro del cuore[4]. Io te lo ripeterò così come l'ho raccolto pei viottoli dei campi, press'a poco colle medesime parole semplici e pittoresche della narrazione popolare, e tu veramente preferirai di trovarti faccia a faccia col fatto nudo e schietto, senza stare a cercarlo fra le linee del libro, attraverso la lente[5] dello scrittore. Il semplice fatto umano farà pensare sempre; avrà sempre l'efficacia dell'essere stato, delle lagrime vere, delle febbri e delle sensazioni che sono passate per la carne. Il misterioso processo per cui le passioni si annodano, si intrecciano, maturano, si svolgono nel loro cammino sotterraneo nei loro andirivieni che spesso sembrano contraddittorî, costituirà per lungo tempo ancora la possente attrattiva di quel fenomeno psicologico che forma l'argomento di un racconto, e che l'analisi moderna si studia di seguire con scrupolo scientifico. Di questo che ti narro oggi, ti dirò soltanto il punto di partenza e quello d'arrivo, e per te basterà, – e un giorno forse basterà per tutti.

Noi rifacciamo il processo artistico al quale dobbiamo tanti monumenti gloriosi[6], con metodo diverso, più minuzioso e più intimo. Sacrifichiamo volentieri l'effetto della catastrofe, del risultato psicologico, allo sviluppo logico, necessario delle passioni e dei fatti verso la catastrofe resa meno impreveduta, meno drammatica forse, ma non meno fatale. Siamo più modesti, se non più umili; ma la dimostrazione di cotesto legame oscuro tra cause ed effetti non sarà certo meno utile all'arte dell'avvenire. Si arriverà mai a tal perfezionamento nello studio delle passioni, che diventerà inutile il proseguire in cotesto studio dell'uomo interiore? La scienza del cuore umano[7], che sarà il frutto della nuova arte, svilupperà talmente e così generalmente tutte le risorse dell'immaginazione che nell'avvenire i soli romanzi che si scriveranno saranno i *fatti diversi*[8]?

Quando nel romanzo l'affinità e la coesione di ogni sua parte sarà così completa

---

1. Farina: Salvatore Farina (1846-1918), direttore dal 1871 al 1883 della «Rivista minima» e autore di numerosi romanzi d'intrattenimento.

2. l'abbozzo di un racconto: lo schema di un racconto, in quanto conterrà soltanto i fatti, privi di aggiunte romanzesche e di riflessioni d'autore.

3. come dicono oggi: Verga si riferisce alla poetica naturalista di Émile Zola.

4. per tutti ... cuore: *per coloro che sono interessati a ricostruire il movente delle azioni e dei comportamenti umani* (il «gran libro del cuore»).

5. la lente: *l'interpretazione e la mediazione.*

6. tanti ... gloriosi: *tante opere illustri.*

7. la scienza del cuore umano: espressione coniata da Flaubert per indicare la conoscenza analitica delle passioni.

8. i fatti diversi: espressione che ricalca il francese *faits divers*, "fatti di cronaca": si tratta degli eventi reali, oggetto della narrazione naturalista e verista.

Lettera dedicatoria a Salvatore Farina

> Obiettivo della narrativa verista è un'impersonalità assoluta dell'opera d'arte, che non lasci in alcun modo trapelare la presenza dell'autore.

30 che il processo della creazione rimarrà un mistero, come lo svolgersi delle passioni umane, e l'armonia delle sue forme sarà così perfetta, la sincerità della sua realtà così evidente, il suo modo e la sua ragione di essere così necessarie, che la mano dell'artista rimarrà assolutamente invisibile, allora avrà l'impronta dell'avvenimento reale, l'opera d'arte sembrerà *essersi fatta da sé*, aver maturato ed esser sorta spontanea come un fatto naturale, senza serbare alcun punto di contatto col 35 suo autore, alcuna macchia del suo peccato d'origine.

→ Analisi del testo

COMPRENSIONE
Una nuova poetica In questa prefazione, che accompagna uno dei suoi primi testi veristi, Verga si rivolge all'amico ed editore (Farina è infatti il direttore della rivista su cui viene pubblicata la novella) per spiegare i **principi della nuova poetica**. Fondamentali, per Verga, sono la «**verità**» della vicenda narrata e l'**analisi scientifica** delle passioni umane, principi teorici che egli deriva dalle teorie dei **naturalisti francesi**, come suggeriscono le espressioni «scienza del cuore umano» e «fatti diversi».

ANALISI E INTERPRETAZIONE
Le tecniche narrative e stilistiche Il problema principale che Verga si pone è quello di dare al lettore l'illusione della realtà. Per fare questo egli ricorre a un **argomento tratto dalla cronaca**, riportandolo «così come l'ho raccolto pei viottoli dei campi, press'a poco colle medesime parole semplici e pittoresche della narrazione popolare». Si realizza così il **principio dell'impersonalità**, in base al quale la mano dell'artista deve restare invisibile e l'opera d'arte deve sembrare «essersi fatta da sé», ossia non dipendere in alcun modo dal gusto e dalle opinioni dello scrittore.

○ Lavoriamo sul testo

COMPRENSIONE
1. Riassumi il brano in un massimo di dieci righe, evidenziandone i principali snodi concettuali.
2. Che cosa significa l'espressione «fatti diversi»?
3. Facendo riferimento al testo, spiega quali argomenti devono essere, secondo Verga, oggetto dell'arte verista.

ANALISI E INTERPRETAZIONE
4. Zola e i naturalisti francesi avevano teorizzato la figura dell'artista-scienziato. In quali punti del testo è più evidente il richiamo a tale concezione?

5. Attraverso quale metafora viene descritto il processo di "mediazione" che lo scrittore svolge rispetto alla vicenda narrata?

SCRITTURA E APPROFONDIMENTI
6. Scopo di Verga è rappresentare la realtà e ricostruire i meccanismi psicologici dell'agire umano. Per quali aspetti è evidente l'influsso della filosofia del Positivismo? Rispondi in un testo espositivo che non superi le 20 righe.

180 *L'amante in Gramigna*

T2 La Prefazione ai Malavoglia

I Malavoglia

La Prefazione ai Malavoglia, datata 19 gennaio 1881, rappresenta un importante manifesto della poetica verista. In forma sintetica ma assai chiara, Verga indica i cinque romanzi che, secondo il progetto iniziale, dovevano far parte del ciclo dei Vinti, espone la sua visione del progresso e il suo interesse per gli umili e precisa le principali novità formali della sua narrativa verista.

> Fin dalla prefazione Verga afferma che le sventure dei Malavoglia derivano dal tentativo di migliorare la loro condizione.

Questo racconto è lo studio sincero e spassionato[1] del come probabilmente devono nascere e svilupparsi nelle più umili condizioni, le prime irrequietudini pel[2] benessere; e quale perturbazione[3] debba arrecare in una famigliuola vissuta fino allora relativamente felice, la vaga bramosia dell'ignoto, l'accorgersi che non si sta bene, o che si potrebbe star meglio.

> La metafora sottolinea, allo stesso tempo, l'ineluttabilità e la violenza del progresso. Non a caso, Verga aveva inizialmente intitolato il suo ciclo Marea.

Il movente dell'attività umana che produce la fiumana del progresso è preso qui alle sue sorgenti, nelle proporzioni più modeste e materiali. Il meccanismo delle passioni che la determinano in quelle basse sfere[4] è meno complicato, e potrà quindi osservarsi con maggior precisione. Basta lasciare al quadro le sue tinte schiette e tranquille, e il suo disegno semplice. Man mano che cotesta ricerca del meglio di cui l'uomo è travagliato cresce e si dilata, tende anche ad elevarsi, e segue il suo moto ascendente nelle classi sociali[5]. Nei *Malavoglia* non è ancora

> Viene qui enunciato l'argomento centrale del romanzo.

che la lotta pei bisogni materiali. Soddisfatti questi, la ricerca diviene avidità di ricchezze, e si incarnerà in un tipo borghese, *Mastro-don Gesualdo*[6], incorniciato nel quadro ancora ristretto di una piccola città di provincia, ma del quale i colori cominceranno ad essere più vivaci, e il disegno a farsi più ampio e variato. Poi diventerà vanità aristocratica nella *Duchessa di Leyra*; e ambizione nell'*Onorevole Scipioni*, per arrivare all'*Uomo di lusso*[7], il quale riunisce tutte coteste bramosie, tutte coteste vanità, tutte coteste ambizioni, per comprenderle e soffrirne, se le sente nel sangue, e ne è consunto[8]. A misura che[9] la sfera dell'azione umana si allarga, il congegno delle passioni va complicandosi; i tipi si disegnano certamente meno originali, ma più curiosi, per la sottile influenza che esercita sui caratteri l'educazione, ed anche tutto quello che ci può essere di artificiale[10] nella civiltà. Persino il linguaggio tende ad individualizzarsi, ad arricchirsi di tutte le mezze tinte dei mezzi sentimenti, di tutti gli artifici della parola onde dar rilievo all'idea, in un'epoca che impone come regola di buon gusto un eguale formalismo per mascherare un'uniformità di sentimenti e d'idee. Perché la riproduzione artistica di cotesti quadri sia esatta, bisogna seguire scrupolosamente le norme di questa analisi; esser sinceri per dimostrare la verità, giacché la forma è così inerente al soggetto[11], quanto ogni parte del soggetto stesso è necessaria alla spiegazione dell'argomento generale.

---

1. **studio sincero e spassionato:** *l'analisi obiettiva e distaccata.*
2. **pel:** *per il.*
3. **perturbazione:** *turbamento.*
4. **basse sfere:** *i ceti più umili.*
5. **Man mano ... sociali:** *la spinta al miglioramento si propone obiettivi sempre più ambiziosi quanto più alto è il livello sociale dei protagonisti.*
6. **Mastro-don Gesualdo:** *è il secondo romanzo del ciclo, pubblicato da Verga nel 1889.*
7. **Duchessa di Leyra ... Uomo di lusso:** *sono gli altri tre romanzi del ciclo, che Verga non riuscì a scrivere.*
8. **consunto:** *consumato.*
9. **A misura che:** *via via che.*
10. **artificiale:** *non naturale, viziato dall'eccesso di cultura.*
11. **la forma ... soggetto:** *le scelte espressive sono così strettamente legate all'argomento.*

RIFLESSIONE SUL PROGRESSO

> In questo passo Verga sembra condividere la visione positivista del progresso, anche se subito dopo puntualizza la sua posizione.

Il cammino fatale, incessante, spesso faticoso e febbrile che segue l'umanità per raggiungere la conquista del progresso, è grandioso nel suo risultato, visto nell'insieme, da lontano. Nella luce gloriosa che l'accompagna dileguansi[12] le irrequietudini, le avidità, l'egoismo, tutte le passioni, tutti i vizi che si trasformano in virtù, tutte le debolezze che aiutano l'immane lavoro, tutte le contraddizioni, dal cui attrito sviluppasi[13] la luce della verità. Il risultato umanitario[14] copre quanto c'è di meschino negli interessi particolari che lo producono; li giustifica quasi come mezzi necessari a stimolare l'attività dell'individuo cooperante inconscio a beneficio di tutti[15]. Ogni movente di cotesto lavorio universale, dalla ricerca del benessere materiale, alle più elevate ambizioni, è legittimato dal solo fatto della sua opportunità a raggiungere lo scopo del movimento incessante[16]; e quando si conosce dove vada questa immensa corrente dell'attività umana, non si domanda al certo[17] come ci va. Solo l'osservatore, travolto anch'esso dalla fiumana, guardandosi attorno, ha il diritto di interessarsi ai deboli che restano per via, ai fiacchi che si lasciano sorpassare dall'onda per finire più presto, ai vinti che levano le braccia disperate, e piegano il capo sotto il piede brutale dei sopravvegnenti[18], i vincitori d'oggi, affrettati anch'essi, avidi anch'essi d'arrivare, e che saranno sorpassati domani[19].

> Mentre gli uomini, mossi dai loro continui bisogni materiali, non si curano dei più deboli, l'interesse del romanziere si rivolge ai «vinti».

+ CONTINUA A PARLARE DEL ROMANZO "MALAVOGLIA

I *Malavoglia*, *Mastro-don Gesualdo*, la *Duchessa di Leyra*, l'*Onorevole Scipioni*, l'*Uomo di lusso* sono altrettanti vinti che la corrente ha deposti sulla riva, dopo averli travolti e annegati, ciascuno colle stimate del suo peccato, che avrebbero dovuto essere lo sfolgorare della sua virtù[20]. Ciascuno, dal più umile al più elevato, ha avuta la sua parte nella lotta per l'esistenza, pel benessere, per l'ambizione – dall'umile pescatore al nuovo arricchito – alla intrusa nelle alte classi[21] – all'uomo dall'ingegno e dalle volontà robuste, il quale si sente la forza di dominare gli altri uomini; di prendersi da sé quella parte di considerazione pubblica che il pregiudizio sociale gli nega per la sua nascita illegale; di fare la legge, lui nato fuori della legge[22] – all'artista[23] che crede di seguire il suo ideale seguendo un'altra forma dell'ambizione. Chi osserva questo spettacolo non ha il diritto di giudicarlo; è già molto se riesce a trarsi un istante fuori del campo della lotta per studiarla senza passione[24], e rendere la scena nettamente, coi colori adatti, tale da dare la rappresentazione della realtà com'è stata, o come avrebbe dovuto essere.

> L'autore deve eclissarsi dalla narrazione senza giudicare le vicende dei suoi personaggi.

ECLISSI

L'ARTE NON PUÒ INFLUIRE SULLA VITA DELLA GENTE

---

12. dileguansi: *si dileguano, scompaiono.*

13. sviluppasi: *si sviluppa.*

14. Il risultato umanitario: *l'effetto complessivo, che riguarda l'umanità intera.*

15. cooperante ... tutti: *che inconsapevolmente («inconscio») collabora al benessere collettivo.*

16. è legittimato ... movimento incessante: *è giustificato dal risultato complessivo della spinta al progresso, che non si arresta mai.*

17. al certo: *certamente.*

18. sopravvegnenti: *coloro che giungono dopo di loro.*

19. che saranno ... domani: secondo Verga, quindi, la lotta per la vita non ha alcun vero vincitore.

20. ciascuno ... virtù: se l'obiettivo fosse stato raggiunto, l'ambizione sarebbe stata interpretata come «virtù»; ma se il risultato è un insuccesso, essa appare come un segno di colpa. Le «stìmate» (meglio "stìmmate" o "stìgmate") sono i segni delle piaghe prodotte dai chiodi nel corpo di Gesù crocifisso.

21. dall'umile ... classi: Verga allude ai protagonisti dei suoi romanzi: l'«umile pescatore» indica i personaggi dei *Malavoglia*, il «nuovo arricchito» è Mastro-don Gesualdo, l'«intrusa» è Isabella, figlia di Mastro-don Gesualdo e protagonista della *Duchessa di Leyra*.

22. all'uomo dall'ingegno ... della legge: si tratta dell'onorevole Scipioni, figlio illegittimo di Isabella e protagonista del quarto romanzo.

23. all'artista: protagonista dell'*Uomo di lusso*.

24. senza passione: *senza farsene coinvolgere emotivamente,* cioè in modo imparziale e oggettivo.

182 | I *Malavoglia*

Analisi guidata

La struttura

Il testo si articola intorno a **quattro nuclei concettuali** principali: l'**argomento** specifico dei *Malavoglia*; il **progetto** del ciclo dei *Vinti*; la **riflessione** sul progresso e su ciò che esso causa ai più deboli; – la **volontà di eclissarsi** dalla narrazione al fine di evitare ogni giudizio.

 Competenze di comprensione e analisi

- Individua nel testo i quattro nuclei principali e stendi per ciascuno un breve riassunto.
- Quale tipo di sequenza (narrativa, argomentativa, riflessiva…) predomina nel testo? Rispondi motivando la tua scelta.

La «fiumana del progresso»

Anche se il pensiero di Verga sembra inizialmente coincidere con la visione positivista del progresso («Il cammino fatale … visto da lontano»), considerato nel complesso come un fattore positivo e come il motore dello sviluppo sociale, al pari dei naturalisti francesi, egli non condivide affatto gli entusiasmi della sua epoca, poiché vede le **sofferenze che il progresso produce nelle classi più umili della società**. Da questa constatazione nasce l'idea di occuparsi dei «vinti», cioè di chi viene travolto dalla «fiumana del progresso». Come ben spiegato nel testo, essi non coincidono necessariamente con i ceti più umili, ma esistono in tutte le classi sociali: si tratta di coloro che **hanno tentato invano di migliorare la propria condizione**. Da questa amara riflessione ha origine l'ambizioso progetto (ispirato al ciclo dei **Rougon-Macquart** di Zola) di raccontare la storia di più generazioni di «vinti», che pur progredendo nella scala sociale (essi riescono infatti a innalzarsi dal mondo contadino della Sicilia a quello dell'alta società, teatro delle gesta dell'*Uomo di lusso*) portano dentro di sé le «stimate», i segni del loro fallimento.

 Competenze di comprensione e analisi

- Sottolinea nel brano, con due colori diversi, le espressioni che connotano il progresso in senso positivo e negativo.
- Per quale motivo, ed entro quali limiti, l'autore considera il progresso positivo nel suo complesso?
- Quali immagini vengono utilizzate da Verga per descrivere i «vinti»?

Tra materialismo e darwinismo

Secondo la **visione materialista** di Verga l'uomo è spinto nel «cammino fatale» del progresso da **moventi di natura economica** («la ricerca del meglio»). In questa lotta che oppone gli individui e fa emergere il loro egoismo e gli interessi particolari di ognuno, i più deboli finiscono inevitabilmente travolti dalla «fiumana» e solo i più forti riescono a trionfare, anche se «i vincitori d'oggi … saranno sorpassati domani». Verga applica dunque alla società le **teorie di Darwin**, senza farsi illusioni sul destino degli uomini: la malvagità è connaturata alla natura umana ed è anzi necessaria allo sviluppo della collettività («Il risultato umanitario … a beneficio di tutti»). Diversamente dai naturalisti, che intendevano contribuire con le loro opere al miglioramento della società, Verga non crede che l'arte possa influire sulla vita dei poveri. L'unico compito che egli sembra ritagliarsi è quello dell'«osservatore», che deve riuscire a raccontare queste vicende in modo oggettivo e «senza passione».

La Prefazione ai Malavoglia

Competenze di comprensione e analisi

- Rintraccia i passi in cui si fa cenno ai moventi economici che animano gli uomini.
- Per quale motivo la «lotta per la vita» fa sì che gli esponenti più deboli della società risultino sconfitti?

La «forma inerente al soggetto»

Verga sottolinea la necessità di utilizzare una forma espressiva che mostri la realtà in modo realistico («coi colori adatti»), adeguando il linguaggio al livello sociale dei personaggi. Il desiderio di oggettività comporta la **rinuncia, da parte dell'autore, a un giudizio esplicito** sui fatti narrati e traduce nella pratica il **principio dell'impersonalità** teorizzato dai naturalisti.

Competenze di comprensione e analisi

- Come si modificherà il linguaggio, secondo Verga, man mano che il livello sociale dei protagonisti diventerà più elevato?
- Che cosa presuppone, a livello ideologico, la rinuncia al giudizio esplicito sui fatti narrati?

Approfondimento

Verga e i naturalisti francesi

La genesi della poetica verista in Verga Per la compiuta elaborazione della sua poetica verista Verga deve molto ai naturalisti francesi. Dalle teorizzazioni di Zola e dei fratelli Goncourt riprende infatti la teoria dell'impersonalità, il proposito di interessarsi agli umili e ai ceti meno abbienti e, soprattutto, la volontà di essere un artista-scienziato, che applica nelle sue opere i principi deterministici dell'ereditarietà e dell'influenza del contesto sociale. Non a caso Verga matura la sua progressiva 'conversione' al Verismo durante gli anni Settanta, quando a Milano viene tradotto e recensito (dall'amico Capuana) uno dei più fortunati romanzi di Zola, l'*Assommoir*.

Un diverso contesto storico-sociale Nel far proprie le teorie naturaliste, Verga le modifica profondamente, in ragione del diverso contesto storico, sociale e geografico in cui si trova a operare. Mentre Zola rielaborava fatti di cronaca che avevano come protagonisti i ceti proletari e operai delle grandi metropoli industriali (Parigi in primo luogo), Verga rappresenta nelle novelle e nei romanzi una realtà regionale e contadina, quella della Sicilia postunitaria con i suoi problemi concreti legati alla leva obbligatoria, alla miseria materiale e culturale e a tutte le problematiche che, proprio in quegli anni, venivano portate all'attenzione dall'emergere della "questione meridionale".

L'assenza di un progetto costruttivo Inoltre, accanto ad altre differenze di natura formale – tra cui l'adozione più rigida del principio dell'impersonalità – Verga si differenzia dai naturalisti anche per gli scopi che egli attribuisce all'opera del romanziere. Zola e i suoi seguaci, esponenti di una visione politica progressista e di sinistra, intendevano con i loro testi fare opera di denuncia sociale, smuovendo la coscienza dell'opinione pubblica e inducendo i governanti a intervenire concretamente per migliorare le condizioni di vita dei poveri e per correggere le storture del progresso. In Verga questa residua fiducia di stampo positivistico è invece del tutto assente. Pur rappresentando le drammatiche condizioni di vita dei suoi umili conterranei, egli non nutre alcuna fiducia nella possibilità di un effettivo miglioramento. Chiuso in un conservatorismo dettato da una visione fatalistica della storia e della società, ai suoi "vinti" Verga nega ogni possibile riscatto.

Alcune differenze stilistiche Una delle maggiori differenze tra Verga e Zola riguarda l'uso delle descrizioni. Per i naturalisti la descrizione degli ambienti non serve solo per riprodurre oggettivamente la realtà, ma si lega strettamente all'applicazione dei principi deterministici: è infatti necessario che il lettore abbia ben presente l'ambiente in cui agiscono i personaggi per poter comprendere l'influenza che esso esercita sugli individui. Verga, al contrario, sembra rinunciare a questo tipo di descrizioni, preferendo calare il lettore *in medias res*, ovvero direttamente all'interno della storia, come scrive in una lettera del 27 febbraio 1881 a Felice Cameroni: «Io mi son messo in pieno, e fin dall'inizio, in mezzo ai miei personaggi e ci ho condotto il lettore, come ei li avesse tutti conosciuti diggià [...]. Parmi questo il modo migliore per darci completa l'illusione di realtà».

I Malavoglia

Vita dei campi

Le novelle   La prima edizione di *Vita dei campi*, pubblicata dall'editore Treves nel **1880**, contiene **otto novelle** (alcune delle quali già apparse su riviste nei due anni precedenti): *Cavalleria rusticana*, *La Lupa*, *Fantasticheria*, *Jeli il pastore*, *Rosso Malpelo*, *L'amante di Gramigna*, *Guerra di santi*, *Pentolaccia*. L'anno successivo uscì una seconda edizione in cui Verga inserì anche *Il come, il quando e il perché*.

L'ambientazione e i temi   Come già indicato dal titolo della raccolta, la maggior parte delle novelle sono ambientate nel **mondo rurale** della **Sicilia postunitaria** e hanno come protagonisti umili abitanti delle campagne. Verga sceglie infatti di descrivere le difficili condizioni di vita dei contadini siciliani in modo realistico e concreto, rappresentando una **società dominata da valori arcaici**, in cui sopravvivono usanze come il delitto passionale (*Cavalleria rusticana*, *Jeli il pastore*, *Pentolaccia*) e **piaghe sociali** come il lavoro dei bambini nelle miniere (*Rosso Malpelo*). Pur all'interno di una sostanziale omogeneità, le novelle presentano una certa varietà tematica e strutturale. Alcune (*Cavalleria rusticana*, *La Lupa*, *L'amante di Gramigna*, *Pentolaccia*) si caratterizzano per l'estensione breve e per un crescendo drammatico che si risolve rapidamente in un finale tragico. Altre presentano invece una maggiore caratterizzazione psicologica dei personaggi (*Jeli il pastore*, *Rosso Malpelo*), rappresentando in modo più approfondito il contesto sociale in cui è narrata la vicenda.
Comune a quasi tutte le novelle è l'**emarginazione** dei protagonisti, che fa di loro dei "vinti" e degli esclusi, per i quali è impossibile tentare di migliorare la propria condizione.

Un'opera verista   *Vita dei campi* segna il definitivo approdo di Verga alla poetica verista, i cui principi sono enunciati sia nella novella-manifesto *Fantasticheria* sia nella prefazione a *L'amante di Gramigna*. Fondamentale è l'artificio della **regressione**, con il quale l'autore scompare e affida la propria voce al punto di vista di un **narratore popolare**, che si fa portavoce del punto di vista e dei valori del mondo rurale. Il linguaggio riproduce la **parlata popolare**, con i suoi modi di dire, le sue sgrammaticature e l'utilizzo di termini ed espressioni tipici del dialetto siciliano.

Angiolo Tommasi, *Le ultime vangate*, 1892.

T3 La Lupa

Vita dei campi

Testo laboratorio

Ascolta
la novella
e fai l'analisi
interattiva

Secondo i criteri del Naturalismo e del Verismo, La Lupa *è ispirata alla vicenda reale di una contadina siciliana. Da questo spunto quasi cronachistico Verga ricava un potente dramma di amore e morte, sospeso tra simbolismo romantico e spietata oggettività, in cui domina la figura della gnà Pina, vera* femme fatale *rusticana. Pubblicata per la prima volta in rivista nel 1880, la novella fu inserita nella prima edizione di* Vita dei campi *e nel 1896 Verga ne realizzò un celebre adattamento teatrale.*

> **Il paragone con la proverbiale voracità della lupa sottolinea l'avidità sessuale della protagonista.**

> **È il primo dei molti paragoni animali che caratterizzano la Lupa.**

> **La Lupa non teme di parlare a Nanni in modo sfrontato, dichiarando le sue intenzioni senza alcun pudore.**

> **Apri il vocabolario**
>
> Il termine è un vezzeggiativo del toscano *zita* o *cita* ("ragazza, bambina") e in origine indicava le ragazze giovani e ancora vergini (e dunque, in età da marito). Oggi, invece, indica in senso dispregiativo le donne di una certa età che non si sono mai sposate.

Era alta, magra, aveva soltanto un seno fermo e vigoroso da bruna – e pure[1] non era più giovane – era pallida come se avesse sempre addosso la malaria, e su quel pallore due occhi grandi così, e delle labbra fresche e rosse, che vi mangiavano.
Al villaggio la chiamavano *la Lupa* perché non era sazia giammai – di nulla. Le
5 donne si facevano la croce quando la vedevano passare, sola come una cagnaccia, con quell'andare randagio e sospettoso della lupa affamata; ella si spolpava i loro figliuoli e i loro mariti in un batter d'occhio, con le sue labbra rosse, e se li tirava dietro alla gonnella solamente a guardarli con quegli occhi da satanasso[2], fossero stati davanti all'altare di Santa Agrippina. Per fortuna *la Lupa* non veniva mai in
10 chiesa, né a Pasqua, né a Natale, né per ascoltar messa, né per confessarsi. – Padre Angiolino di Santa Maria di Gesù, un vero servo di Dio, aveva persa l'anima per lei. Maricchia[3], poveretta, buona e brava ragazza, piangeva di nascosto, perché era figlia della *Lupa*, e nessuno l'avrebbe tolta[4] in moglie, sebbene ci avesse la sua bella roba nel cassettone, e la sua buona terra al sole[5], come ogni altra ragazza del villaggio.
15 Una volta la Lupa si innamorò di un bel giovane che era tornato da soldato, e mieteva il fieno con lei nelle chiuse del notaro[6]; ma proprio quello che si dice innamorarsi, sentirsene ardere le carni sotto al fustagno del corpetto[7], e provare, fissandolo negli occhi, la sete che si ha nelle ore calde di giugno, in fondo alla pianura. Ma lui seguitava a mietere tranquillamente, col naso sui manipoli[8], e le diceva: – O che
20 avete, gnà[9] Pina? – Nei campi immensi, dove scoppiettava soltanto il volo dei grilli, quando il sole batteva a piombo, *la Lupa* affastellava[10] manipoli su manipoli, e covoni su covoni, senza stancarsi mai, senza rizzarsi un momento sulla vita, senza accostare le labbra al fiasco[11], pur di stare sempre alle calcagna di Nanni, che mieteva e mieteva, e le domandava di quando in quando: – Che volete, gnà Pina? –
25 Una sera ella glielo disse, mentre gli uomini sonnecchiavano nell'aia, stanchi dalla lunga giornata, ed i cani uggiolavano per la vasta campagna nera: – Te voglio! Te che sei bello come il sole, e dolce come il miele. Voglio te!
– Ed io invece voglio vostra figlia, che è zitella – rispose Nanni ridendo.
La Lupa si cacciò le mani nei capelli, grattandosi le tempie senza dir parola, e se
30 ne andò; né più comparve nell'aia. Ma in ottobre rivide Nanni, al tempo che cavavano[12] l'olio, perché egli lavorava accanto alla sua casa, e lo scricchiolio del torchio non la faceva dormire tutta notte.
– Prendi il sacco delle olive, – disse alla figliuola, – e vieni –.

---

1. e pure: *eppure.*
2. da satanasso: *da demonio.*
3. Maricchia: *diminutivo* di Maria.
4. tolta: *presa.*
5. la sua bella roba ... al sole: il corredo e la dote nuziale.
6. nelle chiuse del notaro: *nei terreni di pro-*

prietà del notaio.
7. sotto ... corpetto: sotto la tela grezza («fustagno») con cui è fatto il corpetto (una sorta di canottiera che si porta sotto il vestito), cioè *nel cuore*; si tratta di una metonimia.
8. manipoli: *fasci di spighe.*
9. gnà: *appellativo tipico del dialetto sicilia-*

no, derivato dallo spagnolo doña *("signora") e usato per riferirsi a donne di bassa condizione sociale.*
10. affastellava: *ammucchiava.*
11. senza ... fiasco: *senza bere.*
12. cavavano: *ricavavano* (spremendo le olive).

186   *Vita dei campi*

Nanni spingeva con la pala le olive sotto la macina, e gridava – Ohi! – alla mula perché non si arrestasse. – La vuoi mia figlia Maricchia? – gli domandò la gnà Pina. – Cosa gli date a vostra figlia Maricchia[13]? – rispose Nanni. – Essa ha la roba di suo padre, e dippiù io le do la mia casa; a me mi basterà che mi lasciate un cantuccio nella cucina, per stendervi un po' di pagliericcio[14]. – Se è così se ne può parlare a Natale – disse Nanni. Nanni era tutto unto e sudicio dell'olio e delle olive messe a fermentare, e Maricchia non lo voleva a nessun patto[15]; ma sua madre l'afferrò pe' capelli, davanti al focolare, e le disse co' denti stretti: – Se non lo pigli, ti ammazzo! –

La Lupa era quasi malata, e la gente andava dicendo che il diavolo quando invecchia si fa eremita. Non andava più di qua e di là; non si metteva più sull'uscio, con quegli occhi da spiritata. Suo genero, quando ella glieli piantava in faccia, quegli occhi, si metteva a ridere, e cavava fuori l'abitino della Madonna per segnarsi[16]. Maricchia stava in casa ad allattare i figliuoli, e sua madre andava nei campi, a lavorare cogli uomini, proprio come un uomo, a sarchiare[17], a zappare, a governare le bestie, a potare le viti, fosse stato greco e levante di gennaio, oppure scirocco di agosto[18], allorquando i muli lasciavano cader la testa penzoloni, e gli uomini dormivano bocconi a ridosso del muro a tramontana. *In quell'ora fra vespero e nona*[19], *in cui non ne va in volta femmina buona*, la gnà Pina era la sola anima viva che si vedesse errare per la campagna, sui sassi infuocati delle viottole, fra le stoppie[20] riarse dei campi immensi, che si perdevano nell'afa, lontan lontano, verso l'Etna nebbioso, dove il cielo si aggravava[21] sull'orizzonte.

– Svegliati! – disse *la Lupa* a Nanni che dormiva nel fosso, accanto alla siepe polverosa, col capo fra le braccia. – Svegliati, ché ti ho portato il vino per rinfrescarti la gola –.

Nanni spalancò gli occhi imbambolati, tra veglia e sonno, trovandosela dinanzi ritta, pallida, col petto prepotente, e gli occhi neri come il carbone, e stese brancolando le mani.

– No! non ne va in volta femmina buona nell'ora fra vespero e nona! – singhiozzava Nanni, ricacciando la faccia contro l'erba secca del fossato, in fondo in fondo, colle unghie nei capelli. – Andatevene! andatevene! non ci venite più nell'aia! –

Ella se ne andava infatti, *la Lupa*, riannodando le trecce superbe, guardando fisso dinanzi ai suoi passi nelle stoppie calde, cogli occhi neri come il carbone.

Ma nell'aia ci tornò delle altre volte, e Nanni non le disse nulla. Quando tardava a venire anzi, nell'ora fra vespero e nona, egli andava ad aspettarla in cima alla viottola bianca e deserta, col sudore sulla fronte – e dopo si cacciava le mani nei capelli, e le ripeteva ogni volta: – Andatevene! andatevene! Non ci tornate più nell'aia! –

Maricchia piangeva notte e giorno, e alla madre le piantava in faccia gli occhi ardenti di lagrime e di gelosia, come una lupacchiotta anch'essa, allorché la vedeva tornare da' campi pallida e muta ogni volta. – Scellerata! – le diceva. – Mamma scellerata!

L'espressione, che traduce un proverbio siciliano, riporta l'opinione degli abitanti del villaggio, ai quali sembra che la Lupa stia abbandonando la sua morbosa sensualità. In effetti la donna tenta, sia pure a fatica, di frenare la sua passione.

Attraverso un proverbio il narratore popolare ricorda che per le donne oneste non è decoroso girare in strada nelle ore più calde del pomeriggio, quando, secondo la superstizione popolare, è più forte il loro potere di seduzione.

Nanni ha ceduto alla seduzione della Lupa, ma è subito preso dal senso di colpa.

L'amore per il marito ha fatto maturare Maricchia, ridestando anche in lei un aggressivo senso di possesso.

---

13. Cosa gli date ... Maricchia?: che cosa date a Maricchia come dote; la forma "gli" (invece di "le") riproduce il parlato.

14. un po' di pagliericcio: *un po' di paglia per dormire.*

15. a nessun patto: *per nessuna ragione.*

16. cavava fuori ... per segnarsi: *tirava fuori il suo talismano per farsi il segno della croce,* come per allontanare il demonio. L'«abitino della Madonna» erano due piccoli pezzi di stoffa con l'immagine o il nome della Madonna, cuciti a due nastri che venivano portati sul petto e sulle spalle.

17. sarchiare: *strappare dai campi le erbacce.*

18. fosse stato greco ... di agosto: *con qualsiasi condizione atmosferica.* «Greco» e «levante» sono due venti di nord-est, mentre lo «scirocco» è un vento caldo proveniente da sud.

19. In quell'ora ... nona: secondo la divisione della giornata in ore canoniche (le ore in cui venivano recitate le diverse preghiere) la «nona» corrisponde alle tre del pomeriggio, mentre il «vespero» indica le sei.

20. stoppie: ciò che rimane delle piante di cereali dopo la mietitura.

21. si aggravava: *pesava, ristagnava,* a causa dell'afa e della calura estiva.

La lupa **187**

75 – Taci!

– Ladra! ladra!

– Taci!

– Andrò dal brigadiere, andrò!

– Vacci!

80 E ci andò davvero, coi figli in collo, senza temere di nulla[22], e senza versare una lagrima, come una pazza, perché adesso l'amava anche lei quel marito che le avevano dato per forza, unto e sudicio delle olive messe a fermentare.

Il brigadiere fece chiamare Nanni; lo minacciò sin[23] della galera e della forca. Nanni si diede a singhiozzare ed a strapparsi i capelli; non negò nulla, non tentò di scolparsi. – È la tentazione! – diceva; – è la tentazione dell'inferno! – Si buttò ai
85 piedi del brigadiere supplicandolo di mandarlo in galera.

> Il punto di vista popolare non accetta il potere di seduzione della donna: per discolparsi Nanni fa riferimento al diavolo, senza ammettere le sue colpe.

– Per carità, signor brigadiere, levatemi da questo inferno! Fatemi ammazzare, mandatemi in prigione! non me la lasciate veder più, mai! mai!

– No! – rispose invece *la Lupa* al brigadiere. – Io mi son riserbato un cantuccio
90 della cucina per dormirvi, quando gli ho data la mia casa in dote. La casa è mia; non voglio andarmene.

Poco dopo, Nanni s'ebbe nel petto un calcio dal mulo, e fu per morire; ma il parroco ricusò di portargli il Signore[24] se *la Lupa* non usciva di casa. *La Lupa* se ne andò, e suo genero allora si poté preparare ad andarsene anche lui da buon cri-
95 stiano; si confessò e comunicò con tali segni di pentimento e di contrizione che tutti i vicini e i curiosi piangevano davanti al letto del moribondo. E meglio sarebbe stato per lui fosse morto in quel giorno, prima che il diavolo tornasse a

> Ancora una volta il narratore popolare tira in ballo il diavolo per spiegare il comportamento di Nanni.

tentarlo e a ficcarglisi nell'anima e nel corpo quando fu guarito. – Lasciatemi stare! – diceva alla *Lupa*. – Per carità, lasciatemi in pace! Io ho visto la morte cogli
100 occhi! La povera Maricchia non fa che disperarsi. Ora tutto il paese lo sa! Quando non vi vedo è meglio per voi e per me... –

Ed avrebbe voluto strapparsi gli occhi per non vedere quelli della *Lupa*, che quando gli si ficcavano ne' suoi gli facevano perdere l'anima ed il corpo. Non sapeva più che fare per svincolarsi dall'incantesimo[25]. Pagò delle messe alle anime del
105 Purgatorio, e andò a chiedere aiuto al parroco e al brigadiere. A Pasqua andò a confessarsi, e fece pubblicamente sei palmi di lingua a strasciconi sui ciottoli del sacrato innanzi alla chiesa, in penitenza[26] – e poi, come *la Lupa* tornava a tentarlo: – Sentite! – le disse, – non ci venite più nell'aia, perché se tornate a cercarmi, com'è vero Iddio, vi ammazzo!

110 – Ammazzami, – rispose *la Lupa*, – ché non me ne importa; ma senza di te non voglio starci –.

> La novella si conclude senza rivelare il destino dei protagonisti, ma si intuisce che succederà qualcosa di tragico.

Ei[27] come la scorse da lontano, in mezzo a' seminati[28] verdi, lasciò di zappare la vigna, e andò a staccare la scure dall'olmo. *La Lupa* lo vide venire, pallido e stralunato, colla scure che luccicava al sole, e non si arretrò di un sol passo, non chi-
115 nò gli occhi, seguitò ad andargli incontro, con le mani piene di manipoli di papaveri rossi, e mangiandoselo con gli occhi neri. – Ah! malanno all'anima vostra! – balbettò Nanni.

---

22. senza temere di nulla: senza aver paura dello scandalo.

23. sin: perfino.

24. ricusò ... il Signore: rifiutò di impartirgli l'estrema unzione.

25. svincolarsi dall'incantesimo: liberarsi dal potere seduttivo della Lupa, che, come una strega, lo tiene legato a sé.

26. fece pubblicamente ... in penitenza: strisciando con la lingua per terra in chiesa Nan-

ni si umilia e fa penitenza per i suoi peccati, nei modi arcaici e semplici della tradizione popolare.

27. Ei: *egli,* cioè Nanni.

28. a' seminati: *ai campi.*

Vita dei campi

COMPRENSIONE
1 Riassumi il racconto in non più di venti righe.
2 Il testo può essere suddiviso in quattro grandi macrosequenze. Individuale e assegna loro un titolo, proseguendo il lavoro avviato.
   1) presentazione della protagonista (da .... a ....)
   2) la passione della Lupa (da .... a ....)
   3) ....
   ....
   ....
   4) ....
   ....
   ....
3 Per quale motivo la protagonista viene chiamata con il soprannome "la Lupa"?

LINGUA E LESSICO
4 Rintraccia nel testo tutte le espressioni riferite alla Lupa che ne sottolineano la natura quasi diabolica, tale da incutere timore e sgomento.

ANALISI E INTERPRETAZIONE
5 Nel testo troviamo numerosi paragoni con gli animali: individuali e spiega qual è la loro funzione.
6 Individua i punti del racconto in cui appaiono i motivi di interesse economico che inducono Nanni a sposare Maricchia.
7 Rintraccia nella novella le espressioni in cui è manifesta la presenza del narratore popolare.
8 Il narratore, che esprime il punto di vista della gente del villaggio, è ostile nei confronti della Lupa. In quali punti del testo ciò è particolarmente evidente?
9 Quale significato simbolico assume l'immagine finale della Lupa che va incontro a Nanni «con le mani piene di manipoli di papaveri rossi»?

SCRITTURA E APPROFONDIMENTI
10 Il tema dell'esclusione e della diversità è ricorrente nell'opera di Verga. In un testo di massimo 30 righe confronta la figura della Lupa con quella di Rosso Malpelo (p. 190): quali analogie e quali differenze riesci a trovare tra i due personaggi?
11 Secondo il narratore popolare, la colpa di ciò che accade a Nanni risiede nella natura "diabolica" della Lupa, donna dalla prorompente sensualità in grado di ammaliare gli uomini come una strega. Si tratta di una tradizione culturale antichissima, che vede nella donna uno "strumento del demonio" e tenta in ogni modo di giustificare le azioni maschili: ti sembra che tale concezione sia del tutto superata o che, anche ai nostri giorni, se ne trovi traccia nell'atteggiamento dei media e dell'opinione pubblica? Scrivi sull'argomento un testo che non superi le 30 righe.

Dalla raccolta *Vita dei campi* puoi leggere anche *Fantasticheria*

T4 Rosso Malpelo

Rosso Malpelo è il primo testo propriamente verista di Verga. Pubblicato nel 1878 a puntate sul quotidiano «Il Fanfulla», venne poi inserito nel 1880 in Vita dei campi.

Ambientata in Sicilia, la novella narra la drammatica esperienza di un ragazzo emarginato e sfruttato, costretto a lavorare in una cava di sabbia in condizioni disumane. In un mondo privo di affetti e dominato dalla legge del più forte, il protagonista matura la consapevolezza delle leggi di sopraffazione che regolano l'esistenza e, con una sorta di lucido orgoglio, va

incontro al proprio destino senza esitazioni. Nel rappresentare questa drammatica realtà, Verga rinuncia a ogni giudizio morale, lasciando parlare i fatti e affidando la narrazione alla voce dei lavoratori della cava: in tal modo la denuncia sociale resta implicita, ma risulta tanto più efficace in quanto nasce da una rappresentazione apparentemente oggettiva.

Proponiamo qui la redazione definitiva della novella (1897), che presenta alcune variazioni rispetto alla stesura originaria e si caratterizza per una più matura adozione del canone dell'impersonalità.

> La novella si apre con le parole del narratore popolare, che riporta una credenza (i capelli rossi come segno di indole malvagia e ribelle) destinata a spiegare il comportamento "cattivo" di Malpelo.

> I paragoni con gli animali vengono usati dal narratore popolare per sottolineare il comportamento "selvatico" di Malpelo, ma agli occhi dei lettori rendono ancora più evidente la sua emarginazione.

Malpelo si chiamava così perché aveva i capelli rossi; ed aveva i capelli rossi perché era un ragazzo malizioso e cattivo, che prometteva di riescire[1] un fior di birbone. Sicché tutti alla cava della rena rossa[2] lo chiamavano *Malpelo*; e persino sua madre, col sentirgli dir sempre a quel modo, aveva quasi dimenticato il suo nome di battesimo.

5 Del resto, ella lo vedeva soltanto il sabato sera, quando tornava a casa con quei pochi soldi della settimana; e siccome era *malpelo* c'era anche a temere che ne sottraesse un paio, di quei soldi: nel dubbio, per non sbagliare, la sorella maggiore gli faceva la ricevuta a scapaccioni[3].

10 Però il padrone della cava aveva confermato che i soldi erano tanti e non più[4]; e in coscienza erano anche troppi per *Malpelo*, un monellaccio che nessuno avrebbe voluto vederselo davanti, e che tutti schivavano come un can rognoso, e lo accarezzavano coi piedi[5], allorché se lo trovavano a tiro.

Egli era davvero un brutto ceffo, torvo, ringhioso, e selvatico. Al mezzogiorno,
15 mentre tutti gli altri operai della cava si mangiavano in crocchio[6] la loro minestra, e facevano un po' di ricreazione, egli andava a rincantucciarsi col suo corbello[7] fra le gambe, per rosicchiarsi quel po' di pane bigio[8], come fanno le bestie sue pari, e ciascuno gli diceva la sua, motteggiandolo[9], e gli tiravan dei sassi, finché il soprastante[10] lo rimandava al lavoro con una pedata. Ei c'ingrassava[11], fra i calci, e
20 si lasciava caricare meglio dell'asino grigio[12], senza osar di lagnarsi. Era sempre cencioso e sporco di rena rossa, che la sua sorella s'era fatta sposa[13], e aveva altro pel capo che pensare a ripulirlo la domenica. Nondimeno era conosciuto co-

---

1. **riescire:** *diventare.*
2. **rena rossa:** *sabbia rossa.* Malpelo è parte integrante della cava, a cui lo accomuna persino il colore dei capelli.
3. **gli faceva ... scapaccioni:** *lo picchiava,* come per dargli la "ricevuta" per i suoi eventuali furti.
4. **che i soldi ... non più:** *che i soldi della paga erano proprio quelli e non di più,* e che quindi Malpelo non rubava nulla dal dena-

ro che portava a casa.
5. **lo accarezzavano coi piedi:** *lo prendevano a calci.*
6. **in crocchio:** *in gruppo.*
7. **corbello:** *cesta.*
8. **bigio:** *grigio, scuro,* perché fatto con farina povera.
9. **motteggiandolo:** *prendendolo in giro, facendosi beffe di lui.*
10. **il soprastante:** *un addtto alla sorveglian-*

za dei lavoratori.
11. **c'ingrassava:** *si trovava a proprio agio.*
12. **si lasciava ... asino grigio:** accettava qualsiasi tipo di offesa, come l'asino a cui vengono dati da portare carichi sempre più pesanti.
13. **s'era fatta sposa:** *si era fidanzata;* nemmeno la madre e la sorella sembrano provare affetto per Malpelo.

Apri il vocabolario

Espressione usata per indicare una retribuzione basata sulla quantità di lavoro svolto. Per alcuni "coltimo" deriva dal latino *quotumus*, "quale, di che quantità?"; per altri, invece dal greco *kottismós*, nome di un gioco di dadi che, per metafora, passa a indicare una forma di rischio.

I lavoratori della cava immaginano che Malpelo, di carattere aggressivo, andrà incontro a una morte violenta, ma la frase è anche un'oscura anticipazione sulla sorte del ragazzo.

Tipico esempio di discorso indiretto libero, che riporta l'opinione del narratore popolare.

me la bettonica[14] per tutto *Monserrato* e la *Carvana*[15], tanto che la cava dove lavorava la chiamavano «la cava di *Malpelo*», e cotesto al padrone gli seccava assai. Insomma lo tenevano addirittura per carità e perché mastro Misciu[16], suo padre, era morto in quella stessa cava.

Era morto così, che un sabato aveva voluto terminare certo lavoro preso a cottimo, di un pilastro lasciato altra volta per sostegno dell'*ingrottato*[17], e dacché non serviva più, s'era calcolato, così ad occhio col padrone, per 35 o 40 carra di rena[18]. Invece mastro Misciu sterrava[19] da tre giorni, e ne avanzava ancora per la mezza giornata del lunedì. Era stato un magro affare e solo un minchione[20] come mastro Misciu aveva potuto lasciarsi gabbare[21] a questo modo dal padrone; perciò appunto lo chiamavano mastro Misciu *Bestia*, ed era l'asino da basto[22] di tutta la cava. Ei, povero diavolaccio, lasciava dire, e si contentava di buscarsi il pane colle sue braccia, invece di menarle addosso ai compagni, e attaccar brighe. *Malpelo* faceva un visaccio, come se quelle soperchierie[23] cascassero sulle sue spalle, e così piccolo com'era aveva di quelle occhiate che facevano dire agli altri: — Va là, che tu non ci morrai nel tuo letto, come tuo padre —.

Invece nemmen suo padre ci morì, nel suo letto, tuttoché[24] fosse una buona bestia. Zio Mommu lo sciancato[25], aveva detto che quel pilastro lì ei non l'avrebbe tolto per venti onze[26], tanto era pericoloso; ma d'altra parte tutto è pericolo nelle cave, e se si sta a badare a tutte le sciocchezze che si dicono, è meglio andare a fare l'avvocato.

Dunque il sabato sera mastro Misciu raschiava ancora il suo pilastro che l'avemaria era suonata da un pezzo[27], e tutti i suoi compagni avevano accesa la pipa e se n'erano andati dicendogli di divertirsi a grattar la rena per amor del padrone, o raccomandandogli di non fare la *morte del sorcio*[28]. Ei, che c'era avvezzo[29] alle beffe, non dava retta, e rispondeva soltanto cogli «ah! ah!» dei suoi bei colpi di zappa in pieno, e intanto borbottava: — Questo è per il pane! Questo pel vino! Questo per la gonnella di Nunziata[30]! — e così andava facendo il conto del come avrebbe speso i denari del suo *appalto*, il cottimante[31]!

Fuori della cava il cielo formicolava di stelle, e laggiù la lanterna fumava e girava al pari di un arcolaio[32]. Il grosso pilastro rosso, sventrato a colpi di zappa, contorcevasi e si piegava in arco[33], come se avesse il mal di pancia, e dicesse ohi! anch'esso. *Malpelo* andava sgomberando il terreno, e metteva al sicuro il piccone, il sacco vuoto ed il fiasco del vino.

Il padre, che gli voleva bene, poveretto, andava dicendogli: — Tirati in là! — oppure: — Sta attento! Bada se cascano dall'alto dei sassolini o della rena grossa, e scap-

---

14. come la bettonica: pianta medicinale assai diffusa in Sicilia; si tratta di un'espressione proverbiale per dire che tutti conoscevano il ragazzo.

15. *Monserrato ... Carvana*: all'epoca sobborghi di Catania.

16. mastro Misciu: "mastro" è epiteto siciliano che indica chi si dedica a lavori manuali; Misciu è diminutivo di Domenico.

17. ingrottato: il soffitto della galleria scavata sottoterra, a mo' di grotta.

18. s'era calcolato ... carra di rena: aveva calcolato che la sabbia da rimuovere fosse pari a circa 35-40 carri («carra»).

19. sterrava: *scavava, portava via terra*.

20. minchione: *sciocco, stupido*.

21. gabbare: *ingannare*.

22. l'asino da basto: *la bestia da soma*, cioè l'uomo a cui venivano affidati i lavori più umili e pesanti.

23. soperchierie: *soprusi*.

24. tuttoché: *nonostante*.

25. zio Mommu lo sciancato: *Gerolamo lo zoppo*. "Zio" nel parlato siciliano è appellativo di tutte le persone anziane, indipendentemente da rapporti di parentela.

26. onze: antiche monete siciliane, del valore di circa 12 lire. L'espressione sta a significare che Mommu non avrebbe svolto un lavoro così pericoloso nemmeno se fosse

stato ben pagato.

27. l'avemaria... pezzo: *l'orario di lavoro era ormai finito da un pezzo*; l'avemaria veniva suonata mezz'ora dopo il tramonto.

28. la morte del sorcio: *la fine del topo*, cioè la morte di chi resta intrappolato sotto terra.

29. avvezzo: *abituato*.

30. la gonnella di Nunziata: la dote per la figlia, sorella maggiore di Malpelo.

31. appalto ... il cottimante: la ricompensa («appalto») stabilita per il suo lavoro a cottimo.

32. arcolaio: strumento per filare con il quale si dipanano le matasse.

33. si piegava in arco: *sembrava inarcarsi*.

Rosso Malpelo

pa! – Tutt'a un tratto, punf! *Malpelo*, che si era voltato a riporre i ferri nel corbello, udì un tonfo sordo, come fa la rena traditora allorché fa pancia e si sventra[34]
tutta in una volta, ed il lume si spense.

L'ingegnere che dirigeva i lavori della cava, si trovava a teatro quella sera, e non
avrebbe cambiato la sua poltrona con un trono, quando vennero a cercarlo per il
babbo di *Malpelo* che aveva fatto la *morte del sorcio*. Tutte le femminucce di Monserrato, strillavano e si picchiavano il petto per annunziare la gran disgrazia ch'era
toccata a comare Santa[35], la sola, poveretta, che non dicesse nulla, e sbatteva i
denti invece, quasi avesse la terzana[36]. L'ingegnere, quando gli ebbero detto il come e il quando, che la disgrazia era accaduta da circa tre ore, e Misciu *Bestia* doveva già essere bell'e arrivato in Paradiso, andò proprio per scarico di coscienza[37],
con scale e corde, a fare il buco nella rena. Altro che quaranta carra! Lo sciancato
disse che a sgomberare il sotterraneo ci voleva almeno una settimana. Della rena
ne era caduta una montagna, tutta fina e ben bruciata dalla lava, che si sarebbe
impastata colle mani, e dovea prendere il doppio di calce[38]. Ce n'era da riempire
delle carra per delle settimane. Il bell'affare di mastro *Bestia*!

Nessuno badava al ragazzo che si graffiava la faccia ed urlava, come una bestia
davvero.

– To'! – disse infine uno. – È *Malpelo*! Di dove è saltato fuori, adesso? – Se non
fosse stato *Malpelo* non se la sarebbe passata liscia...

Malpelo non rispondeva nulla, non piangeva nemmeno, scavava colle unghie colà, nella rena, dentro la buca, sicché nessuno s'era accorto di lui; e quando si ac-
costarono col lume, gli videro tal viso stravolto, e tali occhiacci invetrati[39], e la
schiuma alla bocca da far paura; le unghie gli si erano strappate e gli pendevano
dalle mani tutte in sangue[40]. Poi quando vollero toglierlo di là fu un affar serio;
non potendo più graffiare, mordeva come un cane arrabbiato, e dovettero affer-
rarlo pei capelli, per tirarlo via a viva forza.

Però infine tornò alla cava dopo qualche giorno, quando sua madre piagnucolan-
do ve lo condusse per mano; giacché, alle volte, il pane che si mangia non si può
andare a cercarlo di qua e di là[41]. Lui non volle più allontanarsi da quella galleria,
e sterrava con accanimento, quasi ogni corbello di rena lo levasse di sul[42] petto a
suo padre. Spesso, mentre scavava, si fermava bruscamente, colla zappa in aria,
il viso torvo e gli occhi stralunati, e sembrava che stesse ad ascoltare qualche cosa che il suo diavolo gli susurrasse nelle orecchie, dall'altra parte della montagna
di rena caduta. In quei giorni era più tristo e cattivo del solito, talmente che non
mangiava quasi, e il pane lo buttava al cane, quasi non fosse *grazia di Dio*. Il cane gli voleva bene, perché i cani non guardano altro che la mano che gli dà il pane, e le botte, magari. Ma l'asino, povera bestia, sbilenco e macilento, sopportava
tutto lo sfogo della cattiveria di *Malpelo*; ei lo picchiava senza pietà, col manico
della zappa, e borbottava: – Così creperai più presto!

Dopo la morte del babbo pareva che gli fosse entrato il diavolo in corpo, e lavorava al pari di quei bufali feroci che si tengono coll'anello di ferro al naso. Sapendo
che era *malpelo*, ei si acconciava ad esserlo il peggio che fosse possibile, e se acca-

60

65

70

75

80

85

90

95

100

> Qui e in seguito il narratore popolare sembra non comprendere che il comportamento di Malpelo è dettato dal dolore per la perdita del padre. Anzi, i lavoratori sembrano pensare che il ragazzo sia riuscito a salvarsi solo grazie alla sua malignità.

> Tra le colpe di Malpelo sottolineate dal narratore popolare vi è anche quella di buttare il pane, che per i poveri e i lavoratori è considerato "grazia di Dio".

> Il protagonista accetta, con rassegnazione mista a orgoglio, l'immagine negativa che tutti hanno di lui, senza cercare inutilmente di smentirla.

---

34. fa pancia e si sventra: *si gonfia e poi frana.*
35. comare Santa: la moglie di mastro Misciu e madre di Malpelo.
36. la terzana: *la febbre della malaria*, che si presenta a intervalli regolari ogni tre giorni.

37. per scarico di coscienza: *per scrupolo.*
38. dovea ... calce: con questa sabbia così fine si sarebbe potuto ottenere molta più calce del normale.
39. invetrati: *vitrei, sbarrati.*
40. in sangue: insanguinate.

41. giacché ... di là: poiché a volte non ci si può permettere di perdere un lavoro che significa sopravvivenza.
42. di sul: *dal.*

deva una disgrazia, o che un operaio smarriva i ferri[43], o che un asino si rompeva una gamba, o che crollava un tratto di galleria, si sapeva sempre che era stato lui; e infatti ei si pigliava le busse[44] senza protestare, proprio come se le pigliano gli

105 asini che curvano la schiena, ma seguitano a fare a modo loro. Cogli altri ragazzi poi era addirittura crudele, e sembrava che si volesse vendicare sui deboli di tutto il male che s'immaginava gli avessero fatto gli altri, a lui e al suo babbo. Certo ei provava uno strano diletto a rammentare ad uno ad uno tutti i maltrattamenti ed i soprusi che avevano fatto subire a suo padre, e del modo in cui l'avevano la-

110 sciato crepare. E quando era solo borbottava: «Anche con me fanno così! e a mio padre gli dicevano *Bestia*, perché egli non faceva così!» E una volta che passava il padrone, accompagnandolo con un'occhiata torva: «È stato lui! per trentacinque tarì[45]!» E un'altra volta, dietro allo *Sciancato*: «E anche lui! e si metteva a ridere! Io l'ho udito, quella sera!»

> L'amicizia con Ra-
> nocchio è descritta
> dal punto di vista del
> narratore popolare,
> per il quale Malpelo
> sta con il ragazzetto
> solo per poterlo tor-
> mentare.

115 Per un raffinamento di malignità[46] sembrava aver preso a proteggere un povero ragazzetto, venuto a lavorare da poco tempo nella cava, il quale per una caduta da un ponte s'era lussato il femore, e non poteva far più il manovale. Il poveretto, quando portava il suo corbello di rena in spalla, arrancava in modo che gli avevano messo nome *Ranocchio*; ma lavorando sotterra, così *Ranocchio* com'era, il

120 suo pane se lo buscava[47]. *Malpelo* gliene dava anche del suo, per prendersi il gusto di tiranneggiarlo, dicevano.

Infatti egli lo tormentava in cento modi. Ora lo batteva senza un motivo e senza misericordia, e se *Ranocchio* non si difendeva, lo picchiava più forte, con maggiore accanimento, dicendogli: – To', bestia! Bestia sei! Se non ti senti l'animo di di-

125 fenderti da me che non ti voglio male, vuol dire che ti lascerai pestare il viso da questo e da quello!

O se *Ranocchio* si asciugava il sangue che gli usciva dalla bocca e dalle narici: – Così come ti cuocerà il dolore delle busse[48], imparerai a darne anche tu! – Quando cacciava un asino carico per la ripida salita del sotterraneo, e lo vedeva pun-

130 tare gli zoccoli, rifinito[49], curvo sotto il peso, ansante e coll'occhio spento, ei lo batteva senza misericordia, col manico della zappa, e i colpi suonavano secchi sugli stinchi e sulle costole scoperte. Alle volte la bestia si piegava in due per le battiture, ma stremo di forze[50], non poteva fare un passo, e cadeva sui ginocchi, e ce n'era uno il quale era caduto tante volte, che ci aveva due piaghe alle gam-

135 be. *Malpelo* soleva dire a *Ranocchio*: – L'asino va picchiato, perché non può picchiar lui; e s'ei potesse picchiare, ci pesterebbe sotto i piedi e ci strapperebbe la carne a morsi.

Oppure: – Se ti accade di dar delle busse, procura di darle più forte che puoi; così gli altri ti terranno da conto[51], e ne avrai tanti di meno addosso.

140 Lavorando di piccone o di zappa poi menava le mani con accanimento, a mo' di uno che l'avesse con la rena[52], e batteva e ribatteva coi denti stretti, e con quegli ah! ah! che aveva suo padre. – La rena è traditora – diceva a *Ranocchio* sottovoce; – somiglia a tutti gli altri, che se sei più debole ti pestano la faccia, e se sei più forte, o siete in molti, come fa lo *Sciancato*, allora si lascia vincere. Mio padre la

---

43. i ferri: *gli attrezzi.*

44. busse: *botte, percosse.*

45. per trentacinque tarì: *per pochi soldi.* Il tarì era una moneta siciliana di poco valore.

46. Per un raffinamento di malignità: *per una sottile forma di cattiveria.*

47. il suo pane... buscava: *si guadagnava di che vivere.*

48. come ... busse: *quando soffrirai per i colpi ricevuti.*

49. rifinito: *sfinito.*

50. stremo di forze: *privo di forze, stremato.*

51. ti terranno da conto: *ti rispetteranno.*

52. a mo' di uno ... con la rena: *come se fosse risentito verso la sabbia, come se la odiasse* (per aver seppellito il padre).

Rosso Malpelo

145 batteva sempre, ed egli non batteva altro che la rena, perciò lo chiamavano *Bestia*, e la rena se lo mangiò a tradimento, perché era più forte di lui.

Ogni volta che a *Ranocchio* toccava un lavoro troppo pesante, e il ragazzo piagnucolava a guisa di una femminuccia, *Malpelo* lo picchiava sul dorso, e lo sgridava: — Taci, pulcino! — e se *Ranocchio* non la finiva più, ei gli dava una mano, dicendo

150 con un certo orgoglio: — Lasciami fare; io sono più forte di te —. Oppure gli dava la sua mezza cipolla, e si contentava di mangiarsi il pane asciutto[53], e si stringeva nelle spalle, aggiungendo: — Io ci sono avvezzo —.

Era avvezzo a tutto lui, agli scapaccioni, alle pedate, ai colpi di manico di badile, o di cinghia da basto[54], a vedersi ingiuriato e beffato da tutti, a dormire sui sas-

155 si colle braccia e la schiena rotta da quattordici ore di lavoro; anche a digiunare era avvezzo, allorché il padrone lo puniva levandogli il pane o la minestra. Ei diceva che la razione di busse non gliel'aveva levata mai, il padrone; ma le busse non costavano nulla. Non si lamentava però, e si vendicava di soppiatto, a tradimento, con qualche tiro di quelli che sembrava ci avesse messo la coda il diavo-

160 lo: perciò ei si pigliava sempre i castighi, anche quando il colpevole non era stato lui. Già se non era stato lui sarebbe stato capace di esserlo, e non si giustificava mai: per altro sarebbe stato inutile. E qualche volta, come *Ranocchio* spaventato lo scongiurava piangendo di dire la verità, e di scolparsi, ei ripeteva: — A che giova? Sono *malpelo*! — e nessuno avrebbe potuto dire se quel curvare il capo e le spalle

165 sempre fosse effetto di fiero orgoglio o di disperata rassegnazione, e non si sapeva nemmeno se la sua fosse salvatichezza o timidità[55]. Il certo era che nemmeno sua madre aveva avuta mai una carezza da lui, e quindi non gliene faceva mai.

Il sabato sera, appena arrivava a casa con quel suo visaccio imbrattato di lentiggini e di rena rossa, e quei cenci che gli piangevano addosso[56] da ogni parte, la so-

170 rella afferrava il manico della scopa, scoprendolo sull'uscio in quell'arnese[57], ché avrebbe fatto scappare il suo damo[58] se vedeva con qual gente gli toccava imparentarsi; la madre era sempre da questa o da quella vicina, e quindi egli andava a rannicchiarsi sul suo saccone come un cane malato. Per questo, la domenica, in cui tutti gli altri ragazzi del vicinato si mettevano la camicia pulita per andare a

175 messa o per ruzzare[59] nel cortile, ei sembrava non avesse altro spasso che di andar randagio per le vie degli orti, a dar la caccia alle lucertole e alle altre povere bestie che non gli avevano fatto nulla, oppure a sforacchiare le siepi dei fichidindia. Per altro le beffe e le sassate degli altri fanciulli non gli piacevano.

La vedova di mastro Misciu era disperata di aver per figlio quel malarnese[60], co-

180 me dicevano tutti, ed egli era ridotto veramente come quei cani, che a furia di buscarsi dei calci e delle sassate da questo e da quello, finiscono col mettersi la coda fra le gambe e scappare alla prima anima viva che vedono, e diventano affamati, spelati e selvatici come lupi. Almeno sottoterra, nella cava della rena, brutto, cencioso e lercio com'era, non lo beffavano più, e sembrava fatto apposta per

185 quel mestiere persin nel colore dei capelli, e in quegli occhiacci di gatto che ammiccavano[61] se vedevano il sole. Così ci sono degli asini che lavorano nelle cave per anni ed anni senza uscirne mai più, ed in quei sotterranei, dove il pozzo d'ingresso è a picco, ci si calan colle funi, e ci restano finché vivono. Sono asini vec-

---

Nonostante le drammatiche condizioni di vita in cui Malpelo è costretto a vivere, il narratore popolare non perde occasione di citare la sua cattiveria. Proprio dall'enorme divario tra la visione del narratore e quella del lettore ha origine lo straniamento.

Anche il narratore sembra rendersi conto che il lavoro sottoterra rappresenta, per Mapelo, un tentativo di sfuggire a un'esistenza tragica.

---

53. asciutto: senza niente insieme.
54. cinghia da basto: la cinghia usata per legare la sella degli animali da soma.
55. salvatichezza o timidità: *un carattere scontroso o una grande timidezza.*

56. gli piangevano addosso: *gli cadevano sul corpo sporchi e laceri.*
57. in quell'arnese: *in quello stato miserevole.*
58. damo: *fidanzato.*

59. ruzzare: giocare.
60. malarnese: *disgraziato, tipo poco raccomandabile.*
61. ammiccavano: *si stringevano, si socchiudevano.*

Rosso Malpelo

chi, è vero, comprati dodici o tredici lire, quando stanno per portarli alla *Plaja*[62], a strangolarli; ma pel lavoro che hanno da fare laggiù sono ancora buoni; e *Malpelo*, certo, non valeva di più; se veniva fuori dalla cava il sabato sera, era perché aveva anche le mani per aiutarsi colla fune, e doveva andare a portare a sua madre la paga della settimana.

Certamente egli avrebbe preferito di fare il manovale, come *Ranocchio*, e lavorare cantando sui ponti, in alto, in mezzo all'azzurro del cielo, col sole sulla schiena, – o il carrettiere, come compare Gaspare, che veniva a prendersi la rena della cava, dondolandosi sonnacchioso sulle stanghe[63], colla pipa in bocca, e andava tutto il giorno per le belle strade di campagna; – o meglio ancora, avrebbe voluto fare il contadino, che passa la vita fra i campi, in mezzo al verde, sotto i folti carrubbi, e il mare turchino là in fondo, e il canto degli uccelli sulla testa. Ma quello era stato il mestiere di suo padre, e in quel mestiere era nato lui. E pensando a tutto ciò, narrava a *Ranocchio* del pilastro che era caduto addosso al genitore, e dava ancora della rena fina e bruciata che il carrettiere veniva a caricare colla pipa in bocca, e dondolandosi sulle stanghe, e gli diceva che quando avrebbero finito di sterrare si sarebbe trovato il cadavere del babbo, il quale doveva avere dei calzoni di fustagno quasi nuovi. *Ranocchio* aveva paura, ma egli no. Ei pensava che era stato sempre là, da bambino, e aveva sempre visto quel buco nero, che si sprofondava sotterra, dove il padre soleva condurlo per mano. Allora stendeva le braccia a destra e a sinistra, e descriveva come l'intricato laberinto[64] delle gallerie si stendesse sotto i loro piedi all'infinito, di qua e di là, sin dove potevano vedere la *sciara*[65] nera e desolata, sporca di ginestre riarse, e come degli uomini ce n'erano rimasti tanti, o schiacciati, o smarriti nel buio, e che camminano da anni e camminano ancora, senza poter scorgere lo spiraglio del pozzo pel quale sono entrati, e senza poter udire le strida disperate dei figli, i quali li cercano inutilmente.

Ma una volta in cui riempiendo i corbelli si rinvenne una delle scarpe di mastro Misciu, ei fu colto da tal tremito che dovettero tirarlo all'aria aperta colle funi, proprio come un asino che stesse per dar dei calci al vento[66]. Però non si poterono trovare né i calzoni quasi nuovi, né il rimanente di mastro Misciu; sebbene i pratici[67] affermarono che quello dovea essere il luogo preciso dove il pilastro gli si era rovesciato addosso; e qualche operaio, nuovo al mestiere, osservava curiosamente come fosse capricciosa la rena, che aveva sbatacchiato il *Bestia* di qua e di là, le scarpe da una parte e i piedi dall'altra.

Dacché poi fu trovata quella scarpa, *Malpelo* fu colto da tal paura di veder comparire fra la rena anche il piede nudo del babbo, che non volle mai più darvi un colpo di zappa, gliela dessero a lui sul capo, la zappa. Egli andò a lavorare in un altro punto della galleria, e non volle più tornare da quelle parti. Due o tre giorni dopo scopersero infatti il cadavere di mastro Misciu, coi calzoni indosso, e steso bocconi che sembrava imbalsamato. Lo zio Mommu osservò che aveva dovuto penar molto a finire[68], perché il pilastro gli si era piegato proprio addosso, e l'aveva sepolto vivo: si poteva persino vedere tutt'ora che mastro *Bestia* avea tentato istintivamente di liberarsi scavando nella rena, e avea le mani lacerate e le unghie rotte. «Proprio come suo figlio *Malpelo*! – ripeteva lo *sciancato* – ei scavava di qua, men-

---

190

195

200

205

210

215

220

225

230

Malpelo avrebbe desiderato una vita diversa, al sole e all'aria aperta, ma l'ambiente in cui è nato e cresciuto lo ha costretto a fare lo stesso lavoro di suo padre.

Dopo aver descritto in modo macabro e compiaciuto il mondo sotterraneo delle gallerie, con i fantasmi dei morti che vi si aggirano, Malpelo è colto dal terrore quando viene trovata la scarpa del padre. Il narratore popolare descrive il suo stato d'animo con cinica crudeltà.

Altro esempio tipico di discorso indiretto libero, che riproduce la cadenza del parlato popolare.

---

62. *Plaja*: località sul lungomare a sud di Catania.
63. **stanghe**: i bracci laterali del carro a cui si attaccano le bestie da tiro.

64. **laberinto**: *labirinto*.
65. *sciara*: distesa rocciosa scura, formata dalla crosta di lava solidificata.
66. **dar dei calci al vento**: *morire*.

67. **i pratici**: *gli esperti*.
68. **penar molto a finire**: *soffrire molto prima di morire*.

Rosso Malpelo **195**

tre suo figlio scavava di là». Però non dissero nulla al ragazzo, per la ragione che lo sapevano maligno e vendicativo.

Il carrettiere si portò via il cadavere di mastro Misciu al modo istesso che caricava la rena caduta e gli asini morti, ché[69] stavolta, oltre al lezzo del carcame[70], trattavasi di un compagno, e di *carne battezzata*[71]. La vedova rimpiccolì i calzoni e la camicia, e li adattò a *Malpelo*, il quale così fu vestito quasi a nuovo per la prima volta. Solo le scarpe furono messe in serbo per quando ei fosse cresciuto, giacché rimpiccolire le scarpe non si potevano, e il fidanzato della sorella non le aveva volute le scarpe del morto.

Malpelo se li lisciava sulle gambe, quei calzoni di fustagno quasi nuovi, gli pareva che fossero dolci e lisci come le mani del babbo, che solevano accarezzargli i capelli, quantunque fossero così ruvide e callose. Le scarpe poi, le teneva appese a un chiodo, sul saccone, quasi fossero state le pantofole del papa, e la domenica se le pigliava in mano, le lustrava e se le provava; poi le metteva per terra, l'una accanto all'altra, e stava a guardarle, coi gomiti sui ginocchi, e il mento nelle palme, per delle ore intere, rimuginando chi sa quali idee in quel cervellaccio. Ei possedeva delle idee strane, *Malpelo*! Siccome aveva ereditato anche il piccone e la zappa del padre, se ne serviva, quantunque fossero troppo pesanti per l'età sua; e quando gli aveano chiesto se voleva venderli, che glieli avrebbero pagati come nuovi, egli aveva risposto di no. Suo padre li aveva resi così lisci e lucenti nel manico colle sue mani, ed ei non avrebbe potuto farsene degli altri più lisci e lucenti di quelli, se ci avesse lavorato cento e poi cento anni. In quel tempo era crepato di stenti e di vecchiaia l'asino grigio; e il carrettiere era andato a buttarlo lontano nella *sciara*. — Così si fa — brontolava *Malpelo*; — gli arnesi che non servono più, si buttano lontano.

Egli andava a visitare il carcame del *grigio* in fondo al burrone, e vi conduceva a forza anche *Ranocchio*, il quale non avrebbe voluto andarci; e *Malpelo* gli diceva che a questo mondo bisogna avvezzarsi a vedere in faccia ogni cosa, bella o brutta; e stava a considerare con l'avida curiosità di un monellaccio i cani che accorrevano da tutte le fattorie dei dintorni a disputarsi le carni del grigio. I cani scappavano guaendo, come comparivano i ragazzi, e si aggiravano ustolando sui greppi[72] dirimpetto, ma il *Rosso* non lasciava che *Ranocchio* li scacciasse a sassate. — Vedi quella cagna nera, — gli diceva — che non ha paura delle tue sassate? Non ha paura perché ha più fame degli altri. Gliele vedi quelle costole al *grigio*? Adesso non soffre più. L'asino grigio se ne stava tranquillo, colle quattro zampe distese, e lasciava che i cani si divertissero a vuotargli le occhiaie profonde, e a spolpargli le ossa bianche; i denti che gli laceravano le viscere non lo avrebbero fatto piegare di un pelo, come quando gli accarezzavano la schiena a badilate, per mettergli in corpo un po' di vigore nel salire la ripida viuzza. — Ecco come vanno le cose! Anche il *grigio* ha avuto dei colpi di zappa e delle guidalesche[73]; anch'esso quando piegava sotto il peso, o gli mancava il fiato per andare innanzi, aveva di quelle occhiate, mentre lo battevano, che sembrava dicesse: — Non più! non più! — Ma ora gli occhi se li mangiano i cani, ed esso se ne ride dei colpi e delle guidalesche, con quella bocca spolpata e tutta denti. Ma se non fosse mai nato sarebbe stato meglio.

L'attaccamento di Malpelo per i pantaloni testimonia il suo affetto per il padre, l'unica figura che lo abbia amato e per il quale il bambino abbia provato sentimenti sinceri. Eppure, ancora una volta il narratore popolare non comprende il dolore del ragazzo e lo interpreta come un segno della sua stravaganza, accentuando ancora di più lo straniamento del lettore.

Malpelo è ormai approdato a una visione cupamente pessimistica, secondo cui la vita è di per sé un male, in quanto causa di dolore e sofferenze. Tale concezione è per molti aspetti simile al pessimismo cosmico di Leopardi.

---

69. ché: *anche se.*
70. lezzo del carcame: *puzza del cadavere.*
71. di *carne battezzata*: *di un uomo*; è un'espressione tipica del parlato.

72. ustolando sui greppi: *guaendo sui pendii*; il verbo "ustolare" indica il verso che il cane fa mentre fiuta l'odore («usta») della selvaggina.

73. guidalesche: *piaghe delle bestie da soma*, prodotte dai finimenti di cuoio o dalle percosse.

Rosso Malpelo

La *sciara* si stendeva malinconica e deserta, fin dove giungeva la vista, e saliva e
scendeva in picchi e burroni, nera e rugosa, senza un grillo che vi trillasse, o un
uccello che venisse a cantarci. Non si udiva nulla, nemmeno i colpi di piccone di
coloro che lavoravano sotterra. E ogni volta *Malpelo* ripeteva che la terra lì sotto era
tutta vuota dalle gallerie, per ogni dove, verso il monte e verso la valle; tanto che
una volta un minatore c'era entrato da giovane, e n'era uscito coi capelli bianchi,
e un altro, cui s'era spenta la candela, aveva invano gridato aiuto per anni ed anni.
— Egli solo ode le sue stesse grida! — diceva, e a quell'idea, sebbene avesse il cuore più duro della *sciara*, trasaliva.

— Il padrone mi manda spesso lontano, dove gli altri hanno paura d'andare. Ma
io sono *Malpelo*, e se non torno più, nessuno mi cercherà.

Pure, durante le belle notti d'estate, le stelle splendevano lucenti anche sulla *sciara*, e la campagna circostante era nera anch'essa, come la lava, ma Malpelo, stanco della lunga giornata di lavoro, si sdraiava sul sacco, col viso verso il cielo, a
godersi quella quiete e quella luminaria dell'alto[74]; perciò odiava le notti di luna,
in cui il mare formicola di scintille, e la campagna si disegna qua e là vagamente
— perché allora la *sciara* sembra più bella e desolata.

— Per noi che siamo fatti per vivere sotterra, — pensava *Malpelo* — dovrebbe essere buio sempre e da per tutto.

La civetta strideva sulla *sciara*, e ramingava[75] di qua e di là; ei pensava: — Anche la civetta sente i morti che son qua sotterra, e si dispera perché non può andare a trovarli.
Ranocchio aveva paura delle civette e dei pipistrelli; ma il *Rosso* lo sgridava, perché chi è costretto a star solo non deve aver paura di nulla, e nemmeno l'asino
grigio aveva paura dei cani che se lo spolpavano, ora che le sue carni non sentivano più il dolore di esser mangiate.

— Tu eri avvezzo a lavorar sui tetti come i gatti — gli diceva — e allora era tutt'altra
cosa. Ma adesso che ti tocca a viver sotterra, come i topi, non bisogna più aver
paura dei topi, né dei pipistrelli, che son topi vecchi con le ali; quelli ci stanno
volentieri in compagnia dei morti.

Ranocchio invece provava una tale compiacenza[76] a spiegargli quel che ci stessero
a far le stelle lassù in alto; e gli raccontava che lassù c'era il paradiso, dove vanno a stare i morti che sono stati buoni, e non hanno dato dispiaceri ai loro genitori. — Chi te l'ha detto? — domandava *Malpelo*, e *Ranocchio* rispondeva che glielo
aveva detto la mamma.

Allora *Malpelo* si grattava il capo, e sorridendo gli faceva un certo verso da monellaccio malizioso che la sa lunga. — Tua madre ti dice così perché, invece dei calzoni, tu dovresti portar la gonnella!

E dopo averci pensato un po': — Mio padre era buono, e non faceva male a nessuno, tanto che lo chiamavano *Bestia*. Invece è là sotto, ed hanno persino trovato
i ferri, le scarpe e questi calzoni qui che ho indosso io.

Da lì a poco, *Ranocchio*, il quale deperiva da qualche tempo, si ammalò in modo che la sera dovevano portarlo fuori dalla cava sull'asino, disteso fra le corbe[77],
tremante di febbre come un pulcin bagnato. Un operaio disse che quel ragazzo
non ne avrebbe fatto osso duro[78] a quel mestiere, e che per lavorare in una miniera,
senza lasciarvi la pelle, bisognava nascervi. *Malpelo* allora si sentiva orgoglioso di

---

Malpelo sembra presagire il tragico destino al quale an-drà incontro.

Malpelo prova un senso di superiori-tà rispetto alla sen-sibilità di Ranocchio, ma quando il ragaz-zo nomina la ma-dre anche lui ripen-sa con affetto a suo padre e alla sua tra-gica morte.

---

74. **quella luminaria dell'alto:** *quel luccicare proveniente dall'alto,* cioè *il cielo stellato.*
75. **ramingava:** *vagava.*

76. **compiacenza:** *gioia, piacere.*
77. **corbe:** *grosse ceste.*
78. **non ne avrebbe fatto osso duro:** *non*

si sarebbe mai abituato; espressione po-polare.

Rosso Malpelo   **197**

[margin note] Al manifestarsi della malattia di Ranocchio Malpelo è preso dal panico: nonostante i suoi comportamenti egli è sinceramente affezionato al ragazzo, come si capisce dalle attenzioni che gli riserva.

esserci nato, e di mantenersi così sano e vigoroso in quell'aria malsana, e con tutti quegli stenti. Ei si caricava *Ranocchio* sulle spalle, e gli faceva animo alla sua maniera, sgridandolo e picchiandolo. Ma una volta, nel picchiarlo sul dorso, *Ranocchio* fu colto da uno sbocco di sangue[79]; allora *Malpelo* spaventato si affannò a cercargli nel naso e dentro la bocca cosa gli avesse fatto, e giurava che non avea potuto fargli poi gran male, così come l'aveva battuto, e a dimostrarglielo, si dava dei gran pugni sul petto e sulla schiena, con un sasso; anzi un operaio, lì presente, gli sferrò un gran calcio sulle spalle: un calcio che risuonò come su di un tamburo, eppure *Malpelo* non si mosse, e soltanto dopo che l'operaio se ne fu andato, aggiunse: — Lo vedi? Non mi ha fatto nulla! E ha picchiato più forte di me, ti giuro! Intanto *Ranocchio* non guariva, e seguitava a sputar sangue, e ad aver la febbre tutti i giorni. Allora *Malpelo* prese dei soldi della paga della settimana, per comperargli del vino e della minestra calda, e gli diede i suoi calzoni quasi nuovi, che lo coprivano meglio. Ma *Ranocchio* tossiva sempre, e alcune volte sembrava soffocasse; la sera poi non c'era modo di vincere il ribrezzo[80] della febbre, né con sacchi, né coprendolo di paglia, né mettendolo dinanzi alla fiammata. *Malpelo* se ne stava zitto ed immobile, chino su di lui, colle mani sui ginocchi, fissandolo con quei suoi occhiacci spalancati, quasi volesse fargli il ritratto, e allorché lo udiva gemere sottovoce, e gli vedeva il viso trafelato e l'occhio spento, preciso come quello dell'asino grigio allorché ansava rifinito sotto il carico nel salire la viottola, egli borbottava: — È meglio che tu crepi presto! Se devi soffrire a quel modo, è meglio che tu crepi!

[margin note] L'atteggiamento cinico di Malpelo rivela la sua paura di soffrire nuovamente per la morte di una persona cara, ma il narratore popolare lo interpreta come un'ennesima prova della sua cattiveria.

E il padrone diceva che *Malpelo* era capace di schiacciargli il capo, a quel ragazzo, e bisognava sorvegliarlo.

Finalmente un lunedì *Ranocchio* non venne più alla cava, e il padrone se ne lavò le mani, perché allo stato in cui era ridotto oramai era più di impiccio che altro. *Malpelo* si informò dove stesse di casa, e il sabato andò a trovarlo. Il povero *Ranocchio* era più di là che di qua; sua madre piangeva e si disperava come se il figliuolo fosse di quelli che guadagnano dieci lire la settimana.

[margin note] Il pensiero di Malpelo coincide con la voce del narratore popolare. Entrambi non comprendono perché la madre di Ranocchio si disperi, visto che il ragazzo portava a casa uno stipendio misero e da due mesi non guadagnava niente.

Cotesto non arrivava a comprenderlo *Malpelo*, e domandò a Ranocchio perché sua madre strillasse a quel modo, mentre che da due mesi ei non guadagnava nemmeno quel che si mangiava. Ma il povero *Ranocchio* non gli dava retta; sembrava che badasse a contare quanti travicelli c'erano sul tetto. Allora il *Rosso* si diede ad almanaccare[81] che la madre di *Ranocchio* strillasse a quel modo perché il suo figliuolo era sempre stato debole e malaticcio, e l'aveva tenuto come quei marmocchi che non si slattano[82] mai. Egli invece era stato sano e robusto, ed era *malpelo*, e sua madre non aveva mai pianto per lui, perché non aveva mai avuto timore di perderlo.

Poco dopo, alla cava dissero che *Ranocchio* era morto, ed ei pensò che la civetta adesso strideva anche per lui la notte, e tornò a visitare le ossa spolpate del *grigio*, nel burrone dove solevano andare insieme con *Ranocchio*. Ora del *grigio* non rimanevano più che le ossa sgangherate, ed anche di *Ranocchio* sarebbe stato così.

[margin note] Malpelo non si aspetta più nulla dalla vita, se non la morte, unica via di salvezza al dolore dell'esistenza dei "vinti".

Sua madre si sarebbe asciugati gli occhi, poiché anche la madre di *Malpelo* s'era asciugati i suoi, dopo che mastro Misciu era morto, e adesso si era maritata un'altra volta, ed era andata a stare a Cifali[83] colla figliuola maritata, e avevano chiusa la porta di casa. D'ora in poi, se lo battevano, a loro non importava più nulla, e

---

79. uno sbocco di sangue: è il sintomo di una malattia polmonare, probabilmente la tubercolosi, causata dalla vita malsana nella cava e dalla malnutrizione.
80. il ribrezzo: i brividi.
81. almanaccare: immaginare, supporre.
82. slattano: svezzano.
83. Cifali: Cibali, oggi un quartiere periferico di Catania.

Rosso Malpelo

370 a lui nemmeno, ché quando sarebbe divenuto come il grigio o come Ranocchio, non avrebbe sentito più nulla.

Verso quell'epoca venne a lavorare nella cava uno che non s'era mai visto, e si teneva nascosto il più che poteva. Gli altri operai dicevano fra di loro che era scappato dalla prigione, e se lo pigliavano ce lo tornavano a chiudere per anni ed anni.

375 *Malpelo* seppe in quell'occasione che la prigione era un luogo dove si mettevano i ladri, e i malarnesi come lui, e si tenevano sempre chiusi là dentro e guardati a vista. Da quel momento provò una malsana curiosità per quell'uomo che aveva provata la prigione e ne era scappato. Dopo poche settimane però il fuggitivo dichiarò chiaro e tondo che era stanco di quella vitaccia da talpa, e piuttosto si contenta-

380 va di stare in galera tutta la vita, ché la prigione, in confronto, era un paradiso, e preferiva tornarci coi suoi piedi.

– Allora perché tutti quelli che lavorano nella cava non si fanno mettere in prigione? – domandò *Malpelo*.

– Perché non sono *malpelo* come te! – rispose lo *Sciancato*. – Ma non temere, che

385 tu ci andrai! e ci lascerai le ossa!

Invece le ossa le lasciò nella cava, *Malpelo* come suo padre, ma in modo diverso. Una volta si doveva esplorare un passaggio che doveva comunicare col pozzo grande a sinistra, verso la valle, e se la cosa andava bene, si sarebbe risparmiata una buona metà di mano d'opera nel cavar fuori la rena. Ma a ogni modo, però,

390 c'era il pericolo di smarrirsi e di non tornare mai più. Sicché nessun padre di famiglia voleva avventurarcisi, né avrebbe permesso che si arrischiasse il sangue suo[84], per tutto l'oro del mondo.

Malpelo, invece, non aveva nemmeno chi si prendesse tutto l'oro del mondo per la sua pelle, se pure la sua pelle valeva tanto: sicché pensarono a lui. Allora, nel

395 partire, si risovvenne[85] del minatore, il quale si era smarrito, da anni ed anni, e cammina e cammina ancora al buio, gridando aiuto, senza che nessuno possa udirlo. Ma non disse nulla. Del resto a che sarebbe giovato? Prese gli arnesi di suo padre, il piccone, la zappa, la lanterna, il sacco col pane, il fiasco del vino, e se ne andò: né più si seppe nulla di lui.

400 Così si persero persin le ossa di *Malpelo*, e i ragazzi della cava abbassano la voce quando parlano di lui nel sotterraneo, ché hanno paura di vederselo comparire dinanzi, coi capelli rossi e gli occhiacci grigi.

> L'anticipazione della morte di Malpelo inizia in modo analogo a quella del padre («Invece…»), come a voler accomunare i due "vinti" in un'unica tragica fine.

---

84. che si arrischiasse il sangue suo: che i propri figli («il sangue suo») *corressero questo pericolo.*

85. si risovvenne: *si ricordò.*

➡ **Analisi del testo**

COMPRENSIONE

Il protagonista della vicenda, noto a tutti come **Malpelo**, conduce una **vita di stenti**, lavorando in una cava di sabbia, emarginato sia dagli altri operai sia dalla madre e dalla sorella; solo il padre sembrava volergli bene, ma l'uomo è morto in un incidente, seppellito dalla sabbia nella stessa cava in cui lavora anche il figlio. La triste realtà con cui è costretto a confrontarsi tutti i giorni fa elaborare a Malpelo una **visione della vita desolata e in apparenza cinica.** L'unica sua compagnia è quella di Ranocchio, un ragazzo zoppo che diventa suo compagno di lavoro e che Malpelo protegge ma al tempo stesso tratta con durezza, per educarlo alle asprezze della vita. Quando Ranocchio muore, al protagonista non resta che accettare la propria sorte: incaricato di una difficile ispezione nella cava, si perde per sempre nei cunicoli di sabbia, trovandovi la morte.

Rosso Malpelo

ANALISI E INTERPRETAZIONE

La struttura del racconto *Rosso Malpelo* ha una struttura diversa da quella dei racconti tradizionali. La narrazione **non segue in modo rigoroso la successione cronologica dei fatti** ma, alternando flashback e anticipazioni, si sviluppa intorno ad alcuni **eventi di particolare rilievo**: la morte del padre di Malpelo (raccontata in analessi), la morte dell'asino grigio, l'amicizia con Ranocchio. Verga, infatti, intende rappresentare un **preciso ambiente sociale**, quello della cava, e lo propone allo sguardo del lettore attraverso il punto di vista di coloro che vi lavorano.

La realtà spietata della cava Seguendo i principi del Naturalismo, Verga intende descrivere una vicenda contemporanea, un «**documento umano**» realistico e rappresentativo di una concreta realtà sociale. Egli sceglie quindi di illustrare, attraverso una vicenda del tutto verosimile, la **piaga del lavoro minorile** nelle cave di sabbia della Sicilia, di cui si erano da poco occupati anche Leopoldo Franchetti e Sidney Sonnino nella loro *Inchiesta in Sicilia* (1876). Verga affronta questa materia secondo l'ottica del **darwinismo sociale** – la cava è vista come un luogo in cui domina la "lotta per la vita" e in cui i più deboli sono destinati a soccombere – e si ricollega ai principi del **determinismo**, mostrando come le azioni di ogni personaggio siano determinate da fattori quali l'ereditarietà e l'ambiente, che impediscono a Malpelo di vivere una vita diversa e obbligano suo padre ad accettare un lavoro rischioso per provvedere alle necessità della famiglia.

I personaggi Il mondo della cava di Malpelo è dominato dalla **legge dell'egoismo, dell'utile economico e della sopraffazione**. Come ha osservato Romano Luperini, i personaggi si definiscono in base a **rapporti di forza** e sono divisi in due gruppi nettamente distinti: i **sopraffattori** (l'ingegnere, il capocantiere, lo Sciancato) e le **vittime** (mastro Misciu, Ranocchio, l'asino grigio). In questo mondo non c'è posto per gli affetti, neppure nell'ambito della famiglia. Malpelo si rapporta solo agli altri "vinti", verso i quali ha comunque un **atteggiamento ambiguo**: è legato a Ranocchio da un sincero affetto, ma proprio per questo talvolta lo picchia, per insegnargli le dure regole della vita.
Rispetto agli altri lavoratori della cava, Malpelo è chiaramente un **escluso**. Crescendo, il ragazzo impara a sue spese la dura legge che domina l'esistenza e vi si adegua fino a elaborare una sua filosofia di vita: il mondo si divide in vittime e oppressori.

Regressione e straniamento La novità principale della novella consiste nell'adozione di alcune delle tecniche narrative tipiche del Verismo, in particolare l'artificio della **regressione**. L'autore non esprime in modo diretto le proprie opinioni e i propri giudizi ma, rinunciando ai valori e al linguaggio borghesi, delega il racconto a un **narratore anonimo popolare**, interno e omogeneo alla situazione rappresentata. Tutta la vicenda viene quindi descritta dal **punto di vista dei lavoratori della cava** e riportata attraverso il loro sguardo. Ciò genera un forte **straniamento**, poiché anche nei momenti più commoventi il narratore popolare interviene con commenti che evidenziano la natura cattiva e maligna del ragazzo. Verga ricorre spesso anche al **discorso indiretto libero**, con il quale riporta pensieri e commenti dei personaggi (molto spesso utilizzando **modi di dire ed espressioni proverbiali**), dando alla narrazione un **tono corale**.

Lavoriamo sul testo

COMPRENSIONE

1 Riassumi il brano in massimo 20 righe.
2 Che lavoro fa Rosso Malpelo e quali sono i componenti della sua famiglia?
3 Perché Malpelo non comprende il dolore della madre di Ranocchio?

ANALISI E INTERPRETAZIONE

4 Il destino di Malpelo è di fatto identico a quello di suo padre, mastro Misciu. Che cosa vuole sottolineare Verga in questo modo?
5 Individua i punti della novella da cui emerge l'atteggiamento della madre e della sorella nei confronti di Malpelo.
6 L'unico familiare verso cui Malpelo mostra grande attaccamento è il padre, che, finché è in vita, lo ricambia. Da quali elementi emerge questo particolare legame?
7 L'atteggiamento di Malpelo verso Ranocchio è simile a quello verso l'asino grigio: spiega questa analogia facendo riferimenti diretti al testo.
8 Rintraccia nel testo almeno due esempi di discorso indiretto libero e trasformali in discorso diretto.

SCRITTURA E APPROFONDIMENTI

9 Malpelo non è «un ragazzo malizioso e cattivo». Sostieni questa tesi in un testo argomentativo, adducendo come prove elementi presenti nel testo e controbattendo la tesi del narratore popolare.

Analisi del testo

I Malavoglia

Una genesi complessa La prima idea di un romanzo incentrato sulle vicende di un'umile famiglia di pescatori siciliani risale al 1875, anno in cui Verga comunica all'editore Treves di aver composto un «bozzetto marinaresco» dal titolo *Padron 'Ntoni*. A questo spunto iniziale l'autore lavora a lungo, ampliandolo e modificandolo in rapporto alla progettazione, intorno al 1878, del più ampio **ciclo dei Vinti**. Dopo una lunga gestazione il romanzo viene pubblicato nel **1881** ma, incompreso dal pubblico e dalla critica per il suo carattere profondamente innovativo, va incontro a «un fiasco pieno e completo».

La vicenda Il romanzo si svolge negli anni successivi all'Unità d'Italia, tra il 1863 e il 1878 circa, ed è incentrato sulle drammatiche vicende di un'umile famiglia di pescatori di Aci Trezza (paese nei pressi di Catania), i Toscano, noti con il soprannome di **Malavoglia**. La famiglia è composta dal nonno, il vecchio padron 'Ntoni, da suo figlio Bastianazzo e dalla moglie di questi, Maruzza detta la Longa, e dai loro cinque figli: 'Ntoni, Mena, Luca, Alessi e Lia. Per fronteggiare la partenza di **'Ntoni** per il servizio di leva, che toglie alla famiglia un importante aiuto nel lavoro, **padron 'Ntoni** acquista a credito una partita di lupini da **zio Crocifisso**, l'usuraio del paese, con l'intenzione di rivenderli nel vicino porto di Riposto. Ma durante il trasporto **la Provvidenza**, la barca dei Malavoglia, fa naufragio: il carico si perde in mare e **Bastianazzo** muore.

Nonostante i tentativi di saldare il debito e risollevarsi dalla miseria ha così inizio una lunga serie di sventure per la famiglia Malavoglia: **Luca** parte per il servizio militare e muore nella battaglia di Lissa; **Maruzza** muore di colera; il giovane 'Ntoni, sempre più insoddisfatto, riparte per cercare fortuna altrove e, tornato, si dà al contrabbando. I Malavoglia devono ipotecare la **«casa del nespolo»** e, dopo averla perduta, si impoveriscono ancora di più. Dopo un secondo naufragio della Provvidenza, 'Ntoni finisce in carcere, **Lia** si dà alla prostituzione e padron 'Ntoni muore in solitudine. Solo **Alessi**, insieme alla sorella Mena, sopravvive alla disgregazione della famiglia: sposa la cugina Nunziata e riesce infine a ricomprare la «casa del nespolo». 'Ntoni, invece, dopo l'uscita dalla prigione e un ultimo saluto alla casa dei fratelli, si allontana per sempre da Aci Trezza.

Lo scontro fra tradizione e modernità Sul piano tematico, il romanzo si basa sulla contrapposizione tra **due visioni del mondo** radicalmente antitetiche: la fedeltà ai valori tradizionali, alla **«religione della famiglia»** (secondo la fortunata definizione del critico Luigi Russo) e a una visione della realtà arcaica e statica e, dall'altro lato, l'**irrompere della modernità e del progresso**, fondati sulle regole utilitaristiche del profitto. Dal momento in cui i Malavoglia, lusingati dal **miraggio di un possibile miglioramento economico**, tentano l'affare dei lupini, inizia per loro una serie inarrestabile di disgrazie e lutti, che porta la famiglia a disgregarsi. Fedele al progetto del ciclo dei *Vinti*, Verga intende infatti mostrare

---

La parola all'autore

«I *Malavoglia* hanno fatto fiasco»

In una lettera dell'11 aprile 1881 all'amico Luigi Capuana, Verga mostra piena consapevolezza del totale insuccesso del suo primo romanzo verista, ma difende orgogliosamente le proprie scelte stilistiche.

I *Malavoglia* hanno fatto fiasco, fiasco pieno e completo. Tranne Boito e Gualdo[1], che me ne hanno detto bene, molti, Treves il primo[2], me ne hanno detto male, e quelli che non me l'hanno detto mi evitano come se avessi commesso una cattiva azione. Dei giornali, all'infuori del «Sole», della «Gazzetta d'Italia della domenica», della «Rivista Europea» o letteraria che sia e della «Gazzetta di Parma», nessuno ne ha parlato, anche i meglio disposti verso di me [...]. Il peggio è che io non sono convinto del fiasco e che se dovessi tornare a scrivere quel libro lo farei come l'ho fatto. Ma in Italia l'analisi più o meno esatta senza il pepe della scena drammatica non va e, vedi, ci vuole tutta la tenacità[3] della mia convinzione, per non ammannire i manicaretti[4] che piacciono al pubblico per poter poi ridergli in faccia.

1. **Boito e Gualdo**: Arrigo Boito (1842-1918) e Luigi Gualdo (1844-1898), letterati amici di Verga.
2. **Treves il primo**: *per primo Treves*; Emilio

Treves, l'editore del romanzo.
3. **tenacità**: *tenacia*.
4. **ammannire i manicaretti**: *servire le pietanze gustose*; i «manicaretti» indicano me-

taforicamente libri superficiali, che possono piacere al pubblico ma non hanno alcun valore.

I Malavoglia   201

Francesco Lojacono, *Pescatorelli*, 1897.

gli **effetti negativi del progresso sui ceti più umili**, destinati a essere travolti dalla modernità e dalle dure regole della "lotta per la vita". Nel suo sfiduciato fatalismo Verga prende quindi le distanze dai naturalisti francesi, che vedevano nelle loro opere uno strumento di denuncia sociale in grado di stimolare un cambiamento nella società.

Una struttura binaria La contrapposizione fra tradizione e modernità investe l'intera struttura del romanzo, a partire dal sistema dei personaggi. Nella prima parte l'opposizione è quella tra la **purezza morale dei Malavoglia** e la **comunità cinica e interessata del villaggio** di Aci Trezza, incarnate rispettivamente dall'anziano padron 'Ntoni, fedele ai valori dell'etica arcaica, e dall'usuraio zio Crocifisso, simbolo dell'avidità di guadagno. Tuttavia la «vaga bramosia dell'ignoto» investe anche i Malavoglia, inducendo proprio padron 'Ntoni a intraprendere lo sfortunato affare dei lupini. Nella parte centrale del romanzo l'**antitesi fra tradizione e innovazione** si ripropone all'interno della famiglia Malavoglia e oppone il vecchio patriarca, **padron 'Ntoni**, deciso a ripagare il debito d'onore e a recuperare la «casa del nespolo», all'irrequieto nipote **'Ntoni**, ormai incapace di accontentarsi di una vita di stenti e desideroso di nuove esperienze.

Anche gli spazi e i tempi all'interno del romanzo presentano una doppia valenza. Al **mondo chiuso** e protetto **di Aci Trezza** si oppone lo **spazio aperto della città**, luogo misterioso e fitto di pericoli in cui molti personaggi (come 'Ntoni e Lia) sono destinati a perdersi. Inoltre, mentre la prima parte del romanzo segue un ritmo lento, misurato sul tempo ciclico delle stagioni, via via che la vicenda procede i riferimenti a eventi storici precisi (come la battaglia di Lissa del 1866, l'epidemia di colera del 1867) si infittiscono, imprimendo al ritmo narrativo una progressiva accelerazione.

Le novità formali Dal punto di vista delle scelte formali, nei *Malavoglia* si trovano compiutamente applicate tutte le novità della poetica verista. Fedele al **principio dell'impersonalità**, l'autore evita di esprimere giudizi espliciti e, attraverso la **regressione**, affida la narrazione a un **coro di parlanti popolari** interno al villaggio di Aci Trezza.

L'adozione sistematica del **discorso indiretto libero**, che permette di riprodurre il parlato siciliano dei ceti bassi, fa sì che la vicenda venga rappresentata attraverso lo sguardo e le parole stesse dei protagonisti, con esiti di assoluto realismo. Il narratore, "regredito" al livello della realtà rappresentata, adotta **punti di vista variabili** nel corso della storia, ora identificandosi con i Malavoglia ora invece con l'ottica malevola degli abitanti del paese, che spesso non comprendono le ragioni e i valori dei protagonisti, con un effetto di voluto **straniamento**. Sul piano strettamente linguistico Verga, scartata la scelta del dialetto, utilizza una lingua sicilianeggiante del tutto originale, caratterizzata da **proverbi** e sentenze, da periodi brevi ed ellittici, dalle **ripetizioni** e dai **modi di dire tipici del parlato**. Anche le similitudini e le metafore rispecchiano fedelmente la mentalità popolare e recano l'eco del mondo rappresentato, senza idealizzazioni letterarie.

Giovanni Verga

◉ I Malavoglia

Prima macrosequenza: capitoli I-IV

- **presentazione della famiglia Malavoglia**: il nonno padron 'Ntoni, il figlio Bastianazzo e sua moglie Maruzza e i figli: 'Ntoni, Mena, Luca, Alessi e Lia (T5)
- **'Ntoni parte** per il servizio di leva: iniziano i problemi economici della famiglia Toscano
- padron 'Ntoni **compra a credito un carico di lupini** dall'usuraio zio Crocifisso, per rivenderli in un porto vicino
- durante il trasporto **la Provvidenza** (la barca dei Malavoglia) **naufraga**, i lupini si perdono in mare e Bastianazzo muore; **visita di condoglianze (T6)**

IL TEMPO
dicembre 1863 - settembre 1865
4 capitoli = 4 giorni
ritmo narrativo **LENTO**

IL NUCLEO TEMATICO
padron 'Ntoni (*i valori morali*)
vs
zio Crocifisso (*l'utile economico*)

Seconda macrosequenza: capitoli V-IX

- i Malavoglia si impegnano per ripagare il debito, ma i loro sforzi sono vani e la «casa del nespolo» viene pignorata
- **'Ntoni ritorna** ma è sempre più insofferente; s'innamora di Barbara Zuppidda e si inimica i corteggiatori della ragazza, tra cui il brigadiere don Michele
- **Luca** parte per la leva di mare; **morirà nella battaglia di Lissa**
- Mena, non potendo sposare il povero carrettiere Alfio, viene promessa sposa al ricco Brasi Cipolla, ma il matrimonio non viene celebrato per il progressivo impoverimento della famiglia
- nonostante i tentativi di pagare il debito, i Malavoglia devono **cedere la «casa del nespolo»**, trasferirsi in una casa più piccola e andare a lavorare a giornata

IL TEMPO
autunno 1865 - fine 1866
4 capitoli = 10 mesi
ritmo narrativo **PIÙ VELOCE**

IL NUCLEO TEMATICO
padron 'Ntoni (*tradizione*)
vs
'Ntoni (*modernità*)

Collegamento: X capitolo

- la **Provvidenza** naufraga una seconda volta e padron 'Ntoni rischia di morire

Terza macrosequenza: capitoli XI-XV

- **'Ntoni**, sempre più ribelle e insofferente al paese, **si scontra con il nonno padron 'Ntoni (T7)**
- **muore per il colera Maruzza** la Longa
- **'Ntoni riparte** in cerca di fortuna. **Tornato** senza un soldo, si dà al contrabbando. Scoperto, ferisce il brigadiere don Michele e **viene incarcerato**
- Lia, sedotta da don Michele, lascia il paese e si dà alla prostituzione a Catania
- **padron 'Ntoni muore** in solitudine all'ospedale
- Alessi sposa Nunziata e, insieme alla sorella Mena rimasta nubile, **ricompra la «casa del nespolo»**
- uscito di prigione, **'Ntoni ritorna** alla casa dei fratelli ma, ormai estraneo a quella vita, **se ne va per sempre (T8)**

IL TEMPO
1867 - 1878
4 capitoli = 10 mesi
ritmo narrativo **ACCELERATO**

IL NUCLEO TEMATICO
Alessi e Nunziata
(*fedeli alla tradizione*)
vs
'Ntoni (*ribelle e sconfitto*)

I Malavoglia 203

T5 La famiglia Toscano e la partenza di 'Ntoni

I Malavoglia, cap. I

Dopo la presentazione dei vari membri della famiglia Malavoglia, il romanzo ha inizio con la partenza del giovane 'Ntoni per il servizio militare. Questo evento dà avvio alla narrazione, in quanto rappresenta simbolicamente l'inizio della disgregazione del nucleo familiare dei Malavoglia.
Fedele al principio della regressione, Verga immerge fin dall'inizio il lettore all'interno dell'ambiente rap- *presentato, senza alcun tipo di mediazione. La voce di un narratore popolare anonimo – che rispecchia nella mentalità e nelle scelte espressive gli abitanti di Aci Trezza – presenta i protagonisti del romanzo così come sono noti da sempre alla gente del paese: una famiglia unita, modesta ma laboriosa, guidata da padron 'Ntoni. Intorno a loro si muove il 'coro' del paese, con i suoi personaggi per lo più gretti e ostili.*

Un tempo i *Malavoglia* erano stati numerosi come i sassi della strada vecchia di Trezza, ce n'erano persino ad Ognina, e ad Aci Castello[1], tutti buona e brava gente di mare, proprio all'opposto di quel che sembrava dal nomignolo, come dev'essere[2]. Veramente nel libro della parrocchia[3] si chiamavano Toscano, ma questo
5 non voleva dir nulla, poiché da che il mondo era mondo, all'Ognina, a Trezza e ad Aci Castello, li avevano sempre conosciuti per Malavoglia, di padre in figlio, che avevano sempre avuto delle barche sull'acqua, e delle tegole[4] al sole. Adesso a Trezza non rimanevano che i Malavoglia di padron 'Ntoni[5], quelli della casa del nespolo, e della *Provvidenza*[6] ch'era ammarrata[7] sul greto, sotto il lavatoio, ac-
10 canto alla *Concetta* dello zio[8] Cola, e alla paranza[9] di padron Fortunato Cipolla[10].
Le burrasche[11] che avevano disperso di qua e di là gli altri Malavoglia, erano passate senza far gran danno sulla casa del nespolo e sulla barca ammarrata sotto il lavatoio; e padron 'Ntoni, per spiegare il miracolo, soleva dire, mostrando il pugno chiuso – un pugno che sembrava fatto di legno di noce: – Per menare il re-
15 mo bisogna che le cinque dita s'aiutino l'un l'altro.
Diceva pure: – Gli uomini son fatti come le dita della mano: il dito grosso deve far da dito grosso, e il dito piccolo deve far da dito piccolo[12].
E la famigliuola di padron 'Ntoni era realmente disposta come le dita della mano. Prima veniva lui, il dito grosso, che comandava le feste e le quarant'ore[13]; poi
20 suo figlio Bastiano, *Bastianazzo*, perché era grande e grosso quanto il san Cristoforo che c'era dipinto sotto l'arco della pescheria della città; e così grande e grosso

> Ecco, espressa con un proverbio, la filosofia di vita del vecchio patriarca: la «religione della famiglia» è l'unico rimedio contro le sventure.

---

1. Trezza ... Ognina ... Aci Castello: Aci Trezza è un paese costiero nei pressi di Catania; Ognina è oggi un quartiere di Aci Trezza, mentre Aci Castello è un borgo poco distante.
2. proprio all'opposto ... dev'essere: nel dialetto siciliano, i soprannomi, detti *'ngiurie*, sono attribuiti per antifrasi, ossia indicano caratteristiche opposte a quelle realmente possedute.
3. libro della parrocchia: *registro parrocchiale*, in cui venivano segnate nascite, matrimoni e decessi.

4. delle tegole: per metonimia *una casa*.
5. padron 'Ntoni: è l'anziano capofamiglia dei Malavoglia; l'epiteto «padron» indica che è proprietario di una barca; «'Ntoni» è abbreviazione dialettale del nome Antonio.
6. *Provvidenza*: è il nome della barca dei Malavoglia.
7. ammarrata: *ormeggiata*.
8. zio: appellativo che può indicare un rapporto di familiarità ma può essere usato a proposito di una persona nota.
9. paranza: piccola imbarcazione per la pesca costiera.

10. Cipolla: soprannome di padron Fortunato.
11. burrasche: *disavventure*; la metafora è particolarmente adatta a una famiglia di pescatori.
12. il dito grosso ... piccolo: il senso del proverbio è che per il bene della famiglia ognuno deve rispettare il suo ruolo.
13. comandava ... quarant'ore: *aveva un'autorità indiscussa*. Le «quarant'ore» sono un rito che prevede l'esposizione dell'ostia consacrata all'adorazione dei fedeli.

com'era filava diritto alla manovra comandata[14], e non si sarebbe soffiato il naso se suo padre non gli avesse detto «soffiati il naso» tanto che s'era tolta in moglie[15] *la Longa* quando gli avevano detto «pigliatela». Poi veniva la Longa, una piccina[16] che badava a tessere, salare le acciughe, e far figliuoli, da buona massaia; infine i nipoti, in ordine di anzianità: 'Ntoni, il maggiore, un bighellone[17] di vent'anni, che si buscava tutt'ora qualche scappellotto dal nonno, e qualche pedata più giù per rimettere l'equilibrio, quando lo scappellotto era stato troppo forte; Luca, «che aveva più giudizio del grande» ripeteva il nonno; Mena (Filomena) soprannominata «sant'Agata[18]» perché stava sempre al telaio, e si suol dire «donna di telaio, gallina di pollaio, e triglia di gennaio[19]»; Alessi (Alessio) un mocciooso tutto suo nonno coluì!; e Lia (Rosalia) ancora né carne né pesce. — Alla domenica, quando entravano in chiesa, l'uno dietro l'altro, pareva una processione.

Padron 'Ntoni sapeva anche certi motti[20] e proverbi che aveva sentito dagli antichi[21]: «Perché il motto degli antichi mai mentì»: — «Senza pilota barca non cammina» — «Per far da papa bisogna saper far da sagrestano» — oppure «Fa il mestiere che sai, che se non arricchisci camperai» — «Contentati di quel che t'ha fatto tuo padre; se non altro non sarai un birbante» ed altre sentenze giudiziose.

Ecco perché la casa del nespolo prosperava, e padron 'Ntoni passava per testa quadra[22], al punto che a Trezza l'avrebbero fatto consigliere comunale, se don Silvestro, il segretario[23], il quale la sapeva lunga, non avesse predicato che era un codino marcio[24], un reazionario di quelli che proteggono i Borboni, e che cospirava pel ritorno di Franceschello[25], onde[26] poter spadroneggiare nel villaggio, come spadroneggiava in casa propria.

Padron 'Ntoni invece non lo conosceva neanche di vista Franceschello, e badava agli affari suoi, e soleva dire: «Chi ha carico di casa non può dormire quando vuole» perché «chi comanda ha da dar conto[27]».

Nel dicembre del 1863, 'Ntoni, il maggiore dei nipoti, era stato chiamato per la leva di mare[28]. Padron 'Ntoni allora era corso dai pezzi grossi del paese, che son quelli che possono aiutarci. Ma don Giammaria, il vicario[29], gli avea risposto che gli stava bene, e questo era il frutto di quella rivoluzione di satanasso che avevano fatto collo sciorinare il fazzoletto tricolore dal campanile[30]. Invece don Franco lo speziale[31] si metteva a ridere fra i peli della barbona, e gli giurava fregandosi le mani che se arrivavano a mettere assieme un po' di repubblica, tutti quelli della leva e delle tasse[32]

Questo esempio di discorso indiretto libero presenta la battuta come se fosse pronunciata da uno dei tanti personaggi del "coro" del paese.

La sequenza logica indica il motivo della prosperità dei Malavoglia nel rispetto della tradizione, di quella «religione della famiglia» dalla quale non bisogna allontanarsi.

A parlare è qui il narratore popolare, che interpreta i sentimenti e le opinioni degli abitanti di Aci Trezza.

---

14. filava diritto ... comandata: *eseguiva prontamente tutti gli ordini* (del padre).

15. s'era tolta in moglie: *aveva sposato.*

16. la Longa, una piccina: un altro soprannome antifrastico.

17. bighellone: *perditempo, fannullone.*

18. sant'Agata: martire e patrona di Catania; l'epiteto è qui riferito a Mena in quanto simbolo di virtù morali e domestiche.

19. «donna ... di gennaio»: *sono migliori la donna laboriosa, la gallina allevata nel pollaio e il pesce che si pesca in gennaio.*

20. motti: *detti.*

21. antichi: *anziani.*

22. testa quadra: *persona saggia ed equilibrata.*

23. don Silvestro, il segretario: un ambizioso arrivista che, grazie a una serie di manovre spregiudicate, è riuscito a diventare uno dei notabili del paese.

24. codino marcio: *reazionario convinto* (il «codino», ovvero una treccia di capelli dietro alla nuca, era la tipica acconciatura aristocratica nel Settecento).

25. Franceschello: nome popolarmente attribuito a Francesco II di Borbone (1836-1894), ultimo re del Regno delle Due Sicilie prima della spedizione di Garibaldi nel 1860.

26. onde: per.

27. «Chi ha carico ... conto»: chi ha la responsabilità di una famiglia deve render ragione delle proprie azioni.

28. leva di mare: *servizio militare in marina*, esteso a tutto il Regno dopo l'unificazione.

29. vicario: curato che svolge le funzioni di parroco.

30. e questo era il frutto ... dal campanile: *e questo era il risultato di quella rivoluzione diabolica* («di satanasso») *che avevano fatto sventolando la bandiera* (spregiativamente «il fazzoletto») *tricolore dal campanile*. Nonostante padron 'Ntoni non abbia avuto alcun ruolo nelle insurrezioni che hanno cacciato i Borboni, il prete gli rifiuta il suo aiuto, poiché considera negativamente i moti verificatisi dopo lo sbarco di Garibaldi, che hanno privato la Chiesa dei suoi possedimenti e privilegi.

31. speziale: *farmacista*; è un convinto repubblicano.

32. tutti quelli ... tasse: l'espressione indica spregiativamente i dirigenti dello Stato italiano, che con la leva obbligatoria e il carico fiscale avevano impoverito il Meridione.

La famiglia Toscano e la partenza di 'Ntoni   **205**

55 li avrebbero presi a calci nel sedere, ché soldati non ce ne sarebbero stati più, e invece tutti sarebbero andati alla guerra, se bisognava. Allora padron 'Ntoni lo pregava e lo strapregava per l'amor di Dio di fargliela presto la repubblica, prima che suo nipote 'Ntoni andasse soldato, come se don Franco ce l'avesse in tasca; tanto che lo speziale finì coll'andare in collera. Allora don Silvestro il segretario
60 si smascellava dalle risa a quei discorsi, e finalmente disse lui che con certo gruzzoletto fatto scivolare in tasca a tale e tal altra persona che sapeva lui, avrebbero saputo trovare a suo nipote un difetto da riformarlo. Per disgrazia il ragazzo era fatto con coscienza, come se ne fabbricano ancora ad Aci Trezza, e il dottore della leva, quando si vide dinanzi quel pezzo di giovanotto, gli disse che aveva il di-
65 fetto di esser piantato come un pilastro su quei piedacci che sembravano pale di ficodindia[33]; ma i piedi fatti a pala di ficodindia ci stanno meglio degli stivalini stretti sul ponte di una corazzata, in certe giornatacce; e perciò si presero 'Ntoni senza dire «permettete». La Longa, mentre i coscritti erano condotti in quartiere[34], trottando trafelata accanto al passo lungo del figliuolo, gli andava raccoman-
70 dando di tenersi sempre sul petto l'abitino della Madonna[35], e di mandare le notizie ogni volta che tornava qualche conoscente dalla città, che poi gli avrebbero mandati i soldi per la carta.

Il nonno, da uomo, non diceva nulla; ma si sentiva un gruppo[36] nella gola anch'esso, ed evitava di guardare in faccia la nuora, quasi ce l'avesse con lei. Così se ne
75 tornarono ad Aci Trezza zitti zitti e a capo chino. Bastianazzo, che si era sbrigato in fretta dal disarmare[37] la *Provvidenza*, per andare ad aspettarli in capo alla via, come li vide comparire a quel modo, mogi mogi e colle scarpe in mano[38], non ebbe animo di aprir bocca, e se ne tornò a casa con loro. La Longa corse subito a cacciarsi in cucina, quasi avesse furia di trovarsi a quattr'occhi colle vecchie sto-
80 viglie, e padron 'Ntoni disse al figliuolo: — Va a dirle qualche cosa, a quella poveretta; non ne può più.

Il giorno dopo tornarono tutti alla stazione di Aci Castello per veder passare il convoglio dei coscritti che andavano a Messina, e aspettarono più di un'ora, pigiati dalla folla, dietro lo stecconato. Finalmente giunse il treno, e si videro tutti
85 quei ragazzi che annaspavano, col capo fuori dagli sportelli, come fanno i buoi quando sono condotti alla fiera. I canti, le risate e il baccano erano tali che sembrava la festa di Trecastagni[39], e nella ressa e nel frastuono ci si dimenticava perfino quello stringimento di cuore che si aveva prima.

— Addio 'Ntoni! — Addio mamma! — Addio! ricordati! ricordati! — Lì presso, sull'ar-
90 gine della via, c'era la Sara di comare Tudda[40], a mietere l'erba pel vitello; ma comare Venera *la Zuppidda*[41] andava soffiando[42] che c'era venuta per salutare 'Ntoni di padron 'Ntoni, col quale si parlavano dal muro dell'orto, li aveva visti lei, con quegli occhi che dovevano mangiarseli i vermi[43]. Certo è che 'Ntoni salutò la Sara colla mano, ed ella rimase colla falce in pugno a guardare finché il treno
95 non si mosse. Alla Longa, l'era parso rubato a lei quel saluto; e molto tempo do-

---

Apri il vocabolario

Entrambe le parole significano "moltitudine confusa di persone, calca". «Folla» deriva dal verbo *follare*, che indicava anticamente la pigiatura dei panni per lavarli e quindi, per metafora, un insieme di persone accalcate. «Ressa» deriva invece dal latino *rixa*, "litigio".

---

33. sembravano pale di ficodindia: *erano larghi e piatti.*

34. i coscritti ... quartiere: *le reclute venivano condotte in caserma.*

35. abitino della Madonna: talismano composto da due piccoli pezzi di stoffa con l'immagine o il nome della Madonna, cuciti a due nastri, che venivano portati sul petto e sulle spalle.

36. gruppo: *groppo, nodo.*

37. disarmare: *togliere vele e attrezzature.*

38. colle scarpe in mano: per non rovinarle con l'uso eccessivo, secondo la consuetudine dei contadini.

39. Trecastagni: paesino sulle pendici dell'Etna, a nord di Catania, dove si svolgeva la festa di sant'Alfio.

40. la Sara di comare Tudda: Rosaria, figlia di comare Agatuzza.

41. *la Zuppidda*: la moglie di compare Turi Zuppiddu, così chiamata per il soprannome del marito.

42. soffiando: *riferendo in segreto, insinuando.*

43. con ... vermi: sottinteso, se non corrispondeva al vero ciò che diceva.

---

206 *I Malavoglia*

100 po, ogni volta che incontrava la Sara di comare Tudda, nella piazza o al lavatoio, le voltava le spalle.
Poi il treno era partito fischiando e strepitando in modo da mangiarsi i canti e gli addii. E dopo che i curiosi si furono dileguati, non rimasero che alcune donnicciuole, e qualche povero diavolo, che si tenevano ancora stretti ai pali dello stecconato, senza saper perché. Quindi a poco a poco si sbrancarono[44] anch'essi, e padron 'Ntoni, indovinando che la nuora dovesse avere la bocca amara, le pagò due centesimi di acqua col limone.

---

44. si sbrancarono: *si dispersero.*

Analisi del testo

I Malavoglia «come le dita della mano»... Nel primo capitolo Verga presenta la famiglia Malavoglia, riservando a ciascun componente un piccolo ritratto, sempre costruito attraverso modi di dire e appellativi tipici del parlato popolare siciliano.

Le tecniche narrative La scelta di introdurre la vicenda *in medias res* (cioè nel mezzo della situazione, senza nessun tipo di preliminari) risponde al *principio verista dell'impersonalità*: se l'autore si soffermasse a presentare i luoghi dell'azione e i personaggi descrivendone la personalità e le caratteristiche fisiche e sociali, introdurrebbe infatti la sua soggettività nella vicenda narrata. È lo stesso Verga, in una lettera a Luigi Capuana del febbraio 1881, a spiegare i motivi di questa scelta: «La confusione che dovevano produrvi in mente alle prime pagine tutti i personaggi messivi in faccia senza nessuna presentazione, come li aveste conosciuti sempre, e foste nato e vissuto in mezzo a loro doveva scomparire mano a mano col progredire nella lettura, a misura che essi vi tornavano davanti, e vi si affermavano con nuove azioni ma senza messa in scena, semplicemente, naturalmente, era artificio voluto e cercato anch'esso, per evitare, perdonami il bisticcio, ogni artificio letterario, per darvi l'illusione completa della realtà». Per ottenere questo risultato Verga applica la **regressione** e affida la narrazione al **narratore popolare**, il quale utilizza le scelte stilistiche ed espressive che ci aspetteremmo da un qualsiasi abitante del paese, dando così vita a un vero e proprio **"coro" di voci**.

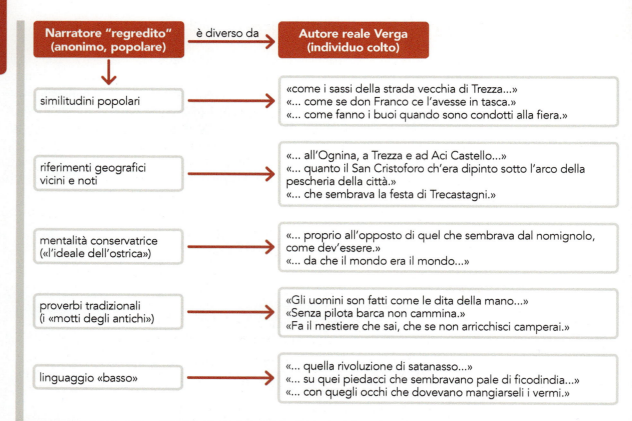

Lavoriamo sul testo

COMPRENSIONE

1 Quanti e quali sono i componenti della famiglia Toscano?
2 Circoscrivi la vicenda narrata nel tempo e nello spazio, con precisi riferimenti al brano.
3 Qual è l'evento principale narrato nel testo?

LINGUA E LESSICO

4 Individua nel brano tutte le espressioni tipiche della lingua parlata e spiega quale effetto stilistico producono.
5 Che tipo di complemento puoi individuare nell'espressione «da riformarlo» (r. 62).
6 Scrivi un sinonimo per ognuno dei seguenti termini e con ciascuno di essi fai almeno una frase.
   a. nomignolo: ....
   ....
   b. reazionario: ....
   ....
   c. trafelata: ....
   ....
   d. dileguati: ....
   ....

ANALISI E INTERPRETAZIONE

7 Il brano è un esempio significativo delle innovative tecniche narrative di Verga. Analizza il modo in cui il narratore presenta i personaggi e l'ambiente in cui si svolge la vicenda, identificando le similitudini, i paragoni, le metafore, i proverbi popolari e spiegandone la funzione.
8 «Verga ci immerge dal principio nell'atmosfera locale, e ci dà l'illusione di esser presenti al parlare di un ente collettivo, di un "coro"»: spiega quest'affermazione del critico Leo Spitzer con precisi riferimenti al testo.

SCRITTURA E APPROFONDIMENTO

9 Fin dalla prima pagina sono presenti alcuni temi fondamentali del romanzo: la contrapposizione tra il passato e il presente, l'allontanamento di uno dei membri della famiglia, la figura centrale del patriarca, attaccato alle tradizioni e fuori dalla storia...: rintraccia nel brano questi elementi, spiegandoli e commentandoli con precisi riferimenti testuali.

I Malavoglia

T6 **Visita di condoglianze**

I Malavoglia, cap. IV

Con il IV capitolo termina la prima macrosequenza del romanzo, che lascia i Malavoglia in lutto e oppressi dai debiti. Dopo il naufragio della Provvidenza *– in cui ha trovato la morte Bastianazzo ed è andato perduto anche il carico di lupini comprato a credito dallo zio Crocifisso – gli abitanti del paese si recano alla casa del nespolo per porgere le loro condoglianze alla famiglia.*

In questa affollata scena corale emerge il comportamento gretto e meschino dei vari personaggi, pressoché insensibili di fronte allo strazio di Maruzza, Mena e padron 'Ntoni. Viene così evidenziata la contrapposizione tra l'ottica malevola dei paesani, sempre pronti a sparlare di tutti e ad accanirsi contro i più deboli, e i Malavoglia che, chiusi nel loro dolore, restano legati ai valori della famiglia e dell'onore.

> Il narratore popolare individua nella morte di Bastianazzo l'inizio delle sventure dei Malavoglia, come poi accadrà realmente.

La casa del nespolo[1] era piena di gente, e il proverbio dice: «triste quella casa dove ci è la *visita pel marito*[2]!» Ognuno che passava, al vedere sull'uscio quei piccoli Malavoglia col viso sudicio e le mani nelle tasche, scrollava il capo e diceva: — Povera comare Maruzza[3]! ora cominciano i guai per la casa sua!

5 Gli amici portavano qualche cosa, com'è l'uso, pasta, ova, vino, e ogni ben di Dio, che ci sarebbe voluto il cuor contento per mangiarsi tutto, e perfino compar Alfio Mosca[4] era venuto con una gallina per mano. — Prendete queste qua, gnà[5] Mena, diceva, che avrei voluto trovarmici io al posto di vostro padre, vi giuro. Almeno non avrei fatto danno a nessuno, e nessuno avrebbe pianto.

10 La Mena, appoggiata alla porta della cucina, colla faccia nel grembiule, si sentiva il cuore che gli sbatteva e gli voleva scappare dal petto, come quelle povere bestie che teneva in mano. La dote di sant'Agata[6] se n'era andata colla *Provvidenza*[7], e quelli che erano a visita nella casa del nespolo, pensavano che lo zio Crocifisso ci avrebbe messo le unghie addosso[8].

15 Alcuni se ne stavano appollaiati sulle scranne[9], e ripartivano senza aver aperto bocca, da veri baccalà che erano; ma chi sapeva dir quattro parole, cercava di tenere uno scampolo di conversazione per scacciare la malinconia, e distrarre un po' quei poveri Malavoglia i quali piangevano da due giorni come fontane. Compare Cipolla[10] raccontava che sulle acciughe c'era un aumento di due tarì[11] per bari-

20 le, questo poteva interessargli a padron 'Ntoni, se ci aveva ancora delle acciughe da vendere; lui a buon conto se n'era riserbati un centinaio di barili; e parlavano pure di compare Bastianazzo, buon'anima, che nessuno se lo sarebbe aspettato, un uomo nel fiore dell'età, e che crepava di salute, poveretto!

C'era pure il sindaco, mastro Croce Callà, «Baco da seta» detto anche *Giufà*[12], col

25 segretario don Silvestro[13], e se ne stava col naso in aria, talché la gente diceva che

---

1. La casa del nespolo: è la casa dei Malavoglia.

2. *visita pel marito*: la visita di condoglianze per la morte del marito; l'espressione è in corsivo nel testo perché traduce una locuzione siciliana.

3. Maruzza: è la vedova di Bastianazzo.

4. Alfio Mosca: è il carrettiere innamorato di Mena, la figlia maggiore di Bastianazzo; pur essendo ricambiato dalla ragazza, non può sposarla a causa della sua povertà (e

per questo il narratore dice «perfino compar ... gallina»).

5. gnà: appellativo tipico del dialetto siciliano, derivato dallo spagnolo *doña* ("signora") e usato per riferirsi a donne di bassa condizione sociale.

6. sant'Agata: soprannome dato a Mena per le sue virtù domestiche.

7. *Provvidenza*: è la barca dei Malavoglia, affondata nella tempesta.

8. ci avrebbe ... addosso: *se ne sarebbe im-*

possessato; zio Crocifisso è l'usuraio che ha prestato a padron 'Ntoni il carico di lupini perduto nel naufragio e che ora i Malavoglia devono ripagare.

9. scranne: *sedie.*

10. Compare Cipolla: un possidente del paese.

11. tarì: moneta siciliana di scarso valore.

12. Giufà: *stupido, tonto* (nomignolo siciliano).

13. don Silvestro: è il segretario comunale.

Visita di condoglianze **209**

> Vengono qui presentati due diversi esempi del comportamento cinico e meschino dei paesani: da una parte Don Silvestro, che approfitta dell'occasione per ridere e scherzare; dall'altra la moglie del farmacista, che si degna di fare visita a persone di rango inferiore, ma rimane in silenzio senza dare confidenza a nessuno.

stava a fiutare il vento per sapere da che parte voltarsi, e guardava ora questo e ora quello che parlavano, come se cercasse la foglia davvero[14], e volesse mangiarsi le parole, e quando vedeva ridere il segretario, rideva anche lui.

30 Don Silvestro per far ridere un po' tirò il discorso sulla tassa di successione di compar Bastianazzo, e ci ficcò così una barzelletta che aveva raccolta dal suo avvocato, e gli era piaciuta tanto, quando gliel'avevano spiegata bene, che non mancava di farla cascare nel discorso ogniqualvolta si trovava a visita da morto.

— Almeno avete il piacere di essere parenti di Vittorio Emanuele, giacché dovete dar la sua parte anche a lui[15]!

35 E tutti si tenevano la pancia dalle risate, ché il proverbio dice: «Né visita di morto senza riso, né sposalizio senza pianto».

La moglie dello speziale torceva il muso a quegli schiamazzi, e stava coi guanti sulla pancia, e la faccia lunga, come si usa in città per quelle circostanze, che solo a guardarla la gente ammutoliva, quasi ci fosse il morto lì davanti, e per questo la chiamavano *la Signora*.

40 Don Silvestro faceva il gallo colle donne[16], e si muoveva ogni momento col pretesto di offrire le scranne ai nuovi arrivati, per far scricchiolare le sue scarpe verniciate. — Li dovrebbero abbruciare, tutti quelli delle tasse! brontolava comare Zuppidda[17], gialla come se avesse mangiato dei limoni, e glielo diceva in faccia a

45 don Silvestro, quasi egli fosse quello delle tasse. — Ella lo sapeva benissimo, quello che volevano certi mangiacarte che non avevano calze sotto gli stivali inverniciati[18], e cercavano di ficcarsi in casa della gente per papparsi la dote e la figliuola: «Bella, non voglio te, voglio i tuoi soldi». Per questo aveva lasciata a casa sua figlia Barbara. — Quelle facce lì non mi piacciono.

50 — A chi lo dite! esclamò padron Cipolla: a me mi scorticano vivo come san Bartolomeo.

— Benedetto Dio! Esclamò mastro Turi Zuppiddu, minacciando col pugno che pareva la malabestia[19] del suo mestiere. Va a finire brutta, va a finire, con questi italiani!

— Voi state zitto! gli diede sulla voce comare Venera, ché non sapete nulla.

55 — Io dico quel che hai detto tu, che ci levano la camicia di dosso, ci levano! borbottò compare Turi, mogio mogio.

Allora Piedipapera[20], per tagliar corto, disse piano a padron Cipolla: — Dovreste pigliarvela voi, comare Barbara, per consolarvi; così la mamma e la figliuola non si darebbero più l'anima al diavolo.

60 — È una vera porcheria! esclamava donna Rosolina, la sorella del curato, rossa come un tacchino, e facendosi vento col fazzoletto; e se la prendeva con Garibaldi che metteva le tasse, e al giorno d'oggi non si poteva più vivere, e nessuno si maritava più. — O a donna Rosolina cosa gliene importa oramai? — sussurrava Piedipapera. Donna Rosolina intanto raccontava a don Silvestro le grosse faccende

65 che ci aveva per le mani: dieci canne di ordito sul telaio[21], i legumi da seccare per l'inverno, la conserva dei pomidoro da fare, che lei ci aveva un segreto tutto suo

> La recente unificazione è vista con diffidenza dagli abitanti dei paesi, che hanno già sperimentato le nuove tasse e il servizio militare obbligatorio.

---

14. come se ... davvero: proprio come fa il baco da seta.

15. essere parenti ... a lui: è la tassa di successione che gli eredi devono versare allo Stato; la battuta riflette l'idea popolare che lo Stato si identifichi con il re stesso (all'epoca Vittorio Emanuele II), immaginato come beneficiario diretto della tassa.

16. faceva il gallo con le donne: *si faceva*

bello con le donne.

17. comare Zuppidda: la moglie di compare Turi Zuppiddu, così chiamata per il soprannome del marito.

18. certi mangiacarte ... inverniciati: *certi burocrati* («mangiacarte», detto in senso spregiativo) *che ostentavano una finta ricchezza.* La Zuppidda si sta riferendo a don Silvestro che ha intenzione di sposare sua

figlia Barbara per mettere le mani sulla dote.

19. malabestia: *grosso martello*, di cui si serve Turi nel suo mestiere di artigiano che ripara le barche dei pescatori.

20. Piedipapera: Tino (Agostino) Piedipapera è il sensale del paese, che ha fatto da intermediario nell'affare dei lupini.

21. dieci canne ... sul telaio: *circa venti metri di tessuto.*

210 I Malavoglia

per avere la conserva dei pomidoro fresca tutto l'inverno. – Una casa senza donna non poteva andare; ma la donna bisognava che avesse il giudizio nelle mani, come s'intendeva lei; e non fosse di quelle fraschette che pensano a lisciarsi[22] e nient'altro, «coi capelli lunghi e il cervello corto», ché allora un povero marito se ne va sott'acqua come compare Bastianazzo, buon'anima. – Beato lui! sospirava la Santuzza[23], è morto in un giorno segnalato, la vigilia dei Dolori di Maria Vergine[24], e prega lassù per noi peccatori, fra gli angeli e i santi del paradiso. «A chi vuol bene, Dio manda pene». Egli era un bravo uomo, di quelli che badano ai fatti loro, e non a dir male di questo e di quello, e peccare contro il prossimo, come tanti ce ne sono.

Maruzza allora, seduta ai piedi del letto, pallida e disfatta come un cencio messo al bucato, che pareva la Madonna Addolorata, si metteva a piangere più forte, col viso nel guanciale, e padron 'Ntoni, piegato in due, più vecchio di cent'anni, la guardava, e la guardava, scrollando il capo, e non sapeva che dire, per quella grossa spina[25] di Bastianazzo che ci aveva in cuore, come se lo rosicasse un pescecane.

– La Santuzza ci ha il miele in bocca[26]! osservava comare Grazia Piedipapera.

– Per fare l'ostessa, rispose la Zuppidda, e' s'ha da essere[27] così. «Chi non sa l'arte chiuda bottega, e chi non sa nuotare che si anneghi».

La Zuppidda ne aveva le tasche piene di quel fare melato[28] della Santuzza, che perfino la Signora si voltava a discorrere con lei, colla bocca stretta[29], senza badare agli altri, con quei guanti che pareva avesse paura di sporcarsi le mani, e stava col naso arricciato come se tutte le altre puzzassero peggio delle sardelle[30], mentre chi puzzava davvero era la Santuzza, di vino e di tante altre porcherie, con tutto l'abitino color pulce[31] che aveva indosso, e la medaglia di Figlia di Maria sul petto prepotente, che non voleva starci. Già se la intendevano fra di loro perché l'arte è parentela[32], e facevano denari allo stesso modo, gabbando il prossimo, e vendendo l'acqua sporca a peso d'oro[33], e se ne infischiavano delle tasse, coloro!

– Metteranno pure la tassa sul sale! aggiunse compare Mangiacarrubbe[34]. L'ha detto lo speziale che è stampato nel giornale. Allora di acciughe salate non se ne faranno più, e le barche potremo bruciarle nel focolare.

Mastro Turi il calafato[35] stava per levare il pugno e incominciare: – Benedetto Dio! –; ma guardò sua moglie e si tacque mangiandosi fra i denti quel che voleva dire.

– Colla malannata[36] che si prepara, aggiunse padron Cipolla, che non pioveva da Santa Chiara, e se non fosse stato per l'ultimo temporale in cui si è persa la *Provvidenza*, che è stata una vera grazia di Dio, la fame quest'inverno si sarebbe tagliata col coltello!

Ognuno raccontava i suoi guai, anche per conforto dei Malavoglia, che non erano poi i soli ad averne: «Il mondo è pieno di guai, chi ne ha pochi e chi ne ha assai»,

---

I Malavoglia e gli altri paesani sono accomunati dalla loro condizione di "vinti", costretti quotidianamente a lottare per la sopravvivenza.

---

22. fraschette ... a lisciarsi: *ragazze che pensano solo a farsi belle.*

23. la Santuzza: è l'ostessa, detta Santuzza per il suo atteggiamento tutt'altro che morigerato.

24. in un giorno segnalato ... Vergine: *in un giorno particolare* («segnalato»), *quello della festa dell'Addolorata* (15 settembre).

25. grossa spina: *gran dolore.*

26. ci ha il miele in bocca: *parla bene, in modo dolce.*

27. e' s'ha da essere: *si deve essere.*

28. ne aveva ... melato: *era stufa di quel comportamento sdolcinato.*

29. colla bocca stretta: *a denti stretti,* cioè senza volersi mischiare del tutto con la Santuzza.

30. sardelle: *sardine.*

31. l'abitino color pulce: è l'abito delle Figlie di Maria (associazione religiosa femminile), di colore tra grigio e marrone.

32. l'arte è parentela: la moglie del farmacista e quella dell'oste svolgono un mestiere simile, secondo il narratore popolare, e questo spiega la loro familiarità, simile a quella che c'è tra parenti.

33. gabbando ... d'oro: *ingannando la gente*

e vendendo a gran prezzo cose da poco (presunti farmaci e vino di poco valore).

34. compare Mangiacarrubbe: è un pescatore che lavora a giornata per padron Cipolla; il suo nomignolo allude alla sua estrema povertà (la carruba è un frutto destinato principalmente agli animali).

35. il calafato: artigiano che impermeabilizza gli scafi delle barche spalmandoli di pece.

36. malannata: *cattiva annata.*

Visita di condoglianze **211**

> **La strana teoria di padron Cipolla riflette la mentalità popolare, ostile alle novità e ai cambiamenti.**

105 e quelli che stavano fuori nel cortile guardavano il cielo, perché un'altra pioggerella ci sarebbe voluta come il pane. Padron Cipolla lo sapeva lui perché non pioveva più come prima. – Non piove più perché hanno messo quel maledetto filo del telegrafo, che si tira tutta la pioggia, e se la porta via. – Compare Mangiacarrubbe allora, e Tino Piedipapera, rimasero a bocca aperta, perché giusto sulla strada

110 di Trezza c'erano i pali del telegrafo; ma siccome don Silvestro cominciava a ridere, e a fare ah! ah! ah! come una gallina, padron Cipolla si alzò dal muricciuolo, infuriato, e se la prese con gli ignoranti, che avevano le orecchie lunghe come gli asini. – Che non lo sapevano che il telegrafo portava le notizie da un luogo all'altro; questo succedeva perché dentro il filo ci era un certo succo come nel tralcio

115 della vite, e allo stesso modo si tirava la pioggia dalle nuvole, e se la portava lontano, dove ce n'era più di bisogno; potevano andare a domandarlo allo speziale[37] che l'aveva detta; e per questo ci avevano messa la legge che chi rompe il filo del telegrafo va in prigione. Allora anche don Silvestro non seppe più che dire, e si mise la lingua in tasca[38].

120 – Santi del Paradiso! Si avrebbero a tagliarli tutti quei pali del telegrafo, e buttarli nel fuoco! incominciò compare Zuppiddu, ma nessuno gli dava retta, e guardavano nell'orto, per mutar discorso.

– Un bel pezzo di terra! Diceva compare Mangiacarrubbe; quando è ben coltivato dà la minestra per tutto l'anno.

125 La casa dei Malavoglia era sempre stata una delle prime a Trezza; ma adesso colla morte di Bastianazzo, e 'Ntoni soldato, e Mena da maritare, e tutti quei mangiapane[39] pei piedi, era una casa che faceva acqua da tutte le parti.

Infine cosa poteva valere la casa? Ognuno allungava il collo sul muro dell'orto, e ci dava un'occhiata, per stimarla così a colpo. Don Silvestro sapeva meglio di

130 ogni altro come andassero le cose, perché le carte le aveva lui, alla segreteria di Aci Castello.

– Volete scommettere dodici tarì che non è tutt'oro quello che luccica, andava dicendo; e mostrava ad ognuno il pezzo da cinque lire nuovo.

Ei sapeva che sulla casa c'era un censo[40] di cinque tarì all'anno. Allora si misero a

135 fare il conto sulle dita di quel che avrebbe potuto vendersi la casa, coll'orto, e tutto.

– Né la casa né la barca si possono vendere perché ci è su la dote di Maruzza, diceva qualchedun altro, e la gente si scaldava tanto che potevano udirli dalla camera dove stavano a piangere il morto. – Sicuro! lasciò andare alfine don Silvestro come una bomba; c'è l'ipoteca dotale[41].

140 Padron Cipolla, il quale aveva scambiato qualche parola con padron 'Ntoni per maritare Mena con suo figlio Brasi, scrollava il capo e non diceva altro.

– Allora, aggiunse compare Turi, il vero disgraziato è lo zio Crocifisso[42] che ci perde il credito dei suoi lupini.

Tutti si voltarono verso Campana di legno il quale era venuto anche lui, per po-

145 litica[43], e stava zitto, in un cantuccio, a vedere quello che dicevano, colla bocca aperta e il naso per aria, che sembrava stesse contando quante tegole e quanti travicelli c'erano sul tetto, e volesse stimare la casa. I più curiosi allungavano il

---

37. speziale: *farmacista;* è don Franco, ritenuto l'intellettuale del paese, che ha diffuso queste dicerie per istigare la popolazione contro il governo.

38. si mise la lingua in tasca: tacque.

39. mangiapane: bambini piccoli, che consumano e non guadagnano.

40. censo: una tassa annuale sugli immobili.

41. ipoteca dotale: vincolo legale sui beni del marito che funge da garanzia per la dote della moglie: senza il consenso di Maruzza, la casa dei Malavoglia non può essere venduta.

42. il vero disgraziato ... Crocifisso: *chi ci ri-*

mette davvero è Crocifisso, l'usuraio (detto anche «Campana di legno») che ha prestato i lupini a padron 'Ntoni.

43. per politica: *per calcolo, per opportunismo.*

collo dall'uscio, e si ammiccavano l'un l'altro per mostrarselo a vicenda. – E' pare l'usciere che fa il pignoramento[44]! sghignazzavano.

Le comari che sapevano delle chiacchiere fra padron 'Ntoni e compare Cipolla, dicevano che adesso bisognava farle passare la doglia[45], a comare Maruzza, e conchiudere quel matrimonio della Mena. Ma la Longa in quel momento ci aveva altro pel capo, poveretta.

Padron Cipolla voltò le spalle freddo freddo, senza dir nulla; e dopo che tutti se ne furono andati, i Malavoglia rimasero soli nel cortile. – Ora, disse padron 'Ntoni, siamo rovinati, ed è meglio per Bastianazzo che non ne sa nulla.

A quelle parole, prima Maruzza, e poi tutti gli altri tornarono a piangere, e i ragazzi, vedendo piangere i grandi, si misero a piangere anche loro, sebbene il babbo fosse morto da tre giorni. Il vecchio andava di qua e di là, senza sapere che facesse; Maruzza invece non si muoveva dai piedi del letto, quasi non avesse più nulla da fare. Quando diceva qualche parola, ripeteva sempre, cogli occhi fissi, e pareva che non ci avesse altro in testa. – Ora non ho più niente da fare!

– No! Rispose padron 'Ntoni, no! Ché bisogna pagare il debito allo zio Crocifisso, e non si deve dire di noi che «il galantuomo come impoverisce diventa birbante».

E il pensiero dei lupini gli ficcava più dentro il cuore la spina di Bastianazzo. Il nespolo lasciava cadere le foglie vizze[46], e il vento le spingeva di qua e di là pel cortile.

– Egli è andato perché ce l'ho mandato io, ripeteva padron 'Ntoni, come il vento porta quelle foglie di qua e di là, e se gli avessi detto di buttarsi dal *fariglione*[47] con una pietra al collo, l'avrebbe fatto senza dir nulla. Almeno è morto che la casa e il nespolo fino all'ultima foglia erano ancora suoi; ed io che son vecchio sono ancora qua. «Uomo povero ha i giorni lunghi».

> Dopo la fine delle visite, padron 'Ntoni spiega alla famiglia la difficile situazione economica, ma non dimentica neppure per un momento il debito contratto con lo zio Crocifisso, preoccupato di salvaguardare il buon nome della famiglia.

---

44. pignoramento: sequestro dei beni del debitore insolvente.
45. doglia: dolore, lutto.
46. vizze: appassite.
47. fariglione: faraglione, alto scoglio che emerge dal mare.

 Analisi del testo

COMPRENSIONE
Dopo la morte di Bastianzzo, annegato nel naufragio della *Provvidenza*, gli abitanti del paese vengono a porgere le condoglianze ai Malavoglia. Il narratore popolare riporta "in presa diretta" i loro discorsi, che spaziano dalle chiacchiere di paese alla polemica contro il nuovo governo italiano, accusato di imporre nuove tasse e addirittura di impedire l'arrivo della pioggia attraverso la rete telegrafica. Ne nasce una scena realistica e dinamica, in cui emergono i punti di vista dei vari personaggi, mossi soprattutto dalla logica del proprio interesse personale e poco interessati al dolore dei Malavoglia. Questi ultimi rimangono invece tenacemente attaccati alla «religione della famiglia», basata sulla solidarietà e sul rispetto della parola data.

ANALISI E INTERPRETAZIONE
Aci Trezza: i Malavoglia e il "coro" Il brano può essere diviso in due parti: nella prima, più ampia, il narratore riferisce i **discorsi dei vari personaggi** venuti a fare le condoglianze ai Malavoglia, mentre nel finale l'attenzione si sposta sulle **reazioni di padron 'Ntoni e dei suoi familiari**. Tra i due gruppi non c'è una reale comunicazione, come dimostra l'antitesi tra il chiacchiericcio insistente e vacuo dei paesani e il silenzio pieno di dolore di Maruzza, Mena e padron 'Ntoni. Solo alla fine, quando sono ormai rimasti soli, i Malavoglia si abbandonano al pianto, lasciandosi andare a una serie di amare considerazioni, che, come al solito, padron 'Ntoni sintetizza ricorrendo ai «motti degli antichi».

La contrapposizione tra i Malavoglia e i paesani
Dall'episodio emerge la fondamentale **contrapposizione tra la chiusa grettezza del villaggio e i Malavoglia**. I paesani appaiono insensibili al dolore dei Malavoglia e sembrano considerare la morte di Bastianazzo solo in relazione alle sue conseguenze economiche: l'inevitabile impoverimento della famiglia e la valutazione dei beni dei Malavoglia («Infine cosa poteva valere la casa? Ognuno allungava il collo sul muro dell'orto, e ci dava un'occhiata, per stimarla così a colpo»). Al contrario l'unica preoccupazione di padron 'Ntoni, al di là del dolore per la perdita del figlio, è quella di rispettare la parola data, impegnandosi per saldare il debito con zio Crocifisso («Ché bisogna pagare il debito...»). Si fronteggiano quindi la spietata **regola dell'interesse** e una più profonda **logica dell'onore** e dei valori familiari.

Lo stile, tra commedia e lirismo Fedele al principio dell'**eclissi dell'autore**, Verga filtra la narrazione attraverso il punto di vista di un **narratore interno e corale**, che esprime la cultura popolare degli umili pescatori siciliani. Tuttavia, anche all'interno in una sostanziale uniformità di stile, la parte incentrata sul "coro" dei paesani ha l'andamento di una **scena da commedia**, con tratti caricaturali e grotteschi, mentre il **finale**, in cui compaiono soltanto i Malavoglia, indulge a una **forma più lirica**, non priva di elementi simbolici (per esempio l'immagine del «nespolo» che «lasciava cadere le foglie vizze», portate qua e là dal vento).

Edvard Munch, *Morte nella stanza del malato*, 1893.

Lavoriamo sul testo

COMPRENSIONE
1 Dov'è ambientato l'episodio e perché?
2 Che cosa è successo a Bastianazzo?
3 Stendi due liste relative ai personaggi che compaiono nel brano: in una segna tutti i Malavoglia, specificandone le relazioni di parentela, nell'altra riporta i nomi dei vari abitanti di Aci Trezza, indicandone professione e caratteristiche.
4 Il brano si può dividere in due parti: individuale spiegandone le diverse caratteristiche.

ANALISI E INTERPRETAZIONE
5 Qual è il significato dell'espressione «era una casa che faceva acqua da tutte le parti»?
6 Di quali valori si fanno portatori i Malavoglia e che tipo di mentalità si esprime nelle parole degli abitanti di Aci Trezza? Da quali punti del brano emerge questa antitesi, che permea tutta la prima parte del romanzo?
7 Le parole dei compaesani volte effettivamente a confortare i Malavoglia o a riflettere sul loro lutto sono poche, e non sempre benevole. In particolare, compare Cipolla, lamentando la lunga siccità, giunge a dire che «se non fosse stato per l'ultimo temporale in cui si è persa la *Provvidenza*, che è stata una vera grazia di Dio, la fame quest'inverno si sarebbe tagliata col coltello». Commenta questa affermazione e rintraccia nel testo altre affermazioni analoghe.
8 Nel brano ricorre spesso il discorso indiretto libero. Trovane almeno due esempi e spiega quali effetti produce nella narrazione.
9 Mentre i compaesani sono descritti solo attraverso le loro parole e i loro gesti, i componenti della famiglia Malavoglia vengono analizzati anche sul piano psicologico. Per quale motivo il narratore riferisce i loro stati d'animo e i loro sentimenti?

SCRITTURA E APPROFONDIMENTO
10 Nei discorsi dei compaesani figurano commenti sfavorevoli sulle tasse, da cui emerge un sentimento di estraneità nei confronti dello Stato unitario. In un testo di massimo 30 righe spiega qual è la posizione di Verga rispetto al nuovo Stato italiano, tenendo presenti alcuni aspetti contenuti nel brano (i problemi legati alla situazione economica della Sicilia postunitaria; il dibattito sul telegrafo, emblema della modernità).

Il film del mese
La terra trema

 Scopri altri materiali sul film

- **REGIA** L. Visconti
- **ANNO** 1948
- **DURATA** 162 min.
- **CAST** Antonio Arcidiacono ('Ntoni), Carmela Fichera (Baronessa), Sebastiano Valastro (il padre), Nicola Castorino (Nicola), Venera Bonaccorso (la vecchia che ride), Alfio Fichera (Michele), Maria Micale (la madre).

L'AUTORE E L'OPERA
Luchino Visconti è uno dei maestri del cinema italiano, autore di capolavori come *Bellissima* (1951), *Senso* (1954), *Rocco e i suoi fratelli* (1960), *Il Gattopardo* (1963), *La caduta degli Dei* (1969) e *Morte a Venezia* (1971).
Liberamente ispirato a *I Malavoglia* (1881) di Giovanni Verga, *La terra trema* avrebbe dovuto essere il primo film di una trilogia sulle lotte dei lavoratori siciliani (pescatori, minatori e contadini) contro chi sfrutta il loro lavoro. Il regista, però, riuscì a realizzare solo questa pellicola, conosciuta anche come *Episodio del mare*, che gli valse il Leone d'Oro alla Mostra del Cinema di Venezia (1948), nonostante l'opposizione di critica e censura. Visconti, infatti, non si limita ad adattare il romanzo verghiano, ma ne rielabora i temi in chiave marxista: non è un destino avverso a provocare le sventure dei protagonisti, ma un sistema di oppressione economica i cui responsabili sono chiaramente indicati.

LA TRAMA
Ad Aci Trezza la famiglia Valastro vive poveramente di pesca, ma il mercato ittico è controllato da grossisti senza scrupoli. Il figlio maggiore, 'Ntoni, cerca di ribellarsi a questa situazione ma la sua protesta rimane isolata e, anzi, è lui a farne le spese finendo in prigione. Dopo esserne uscito, decide di mettersi in proprio con la sua famiglia, ma quando una tempesta distrugge la loro barca anche la speranza di una vita serena va in frantumi. I membri della famiglia Valastro si allontanano gli uni dagli altri, il padre si ammala e 'Ntoni resta solo. A questo punto, il pescatore si rende conto di non avere scelta ed è costretto a piegarsi alla dura legge della sopravvivenza.
Pur mantenendo la trama generale e l'ambientazione dei *Malavoglia*, Visconti opera dei sostanziali cambiamenti, soprattutto a livello ideologico. Un esempio su tutti è quello del personaggio di 'Ntoni, che mentre nel romanzo si isola per il suo rifiuto di una vita dura e miserevole, nel film diventa un proletario consapevole delle logiche dello sfruttamento capitalistico, che mette in gioco sé stesso per giungere a un riscatto sociale e di classe.

TRE BUONI MOTIVI PER VEDERLO
1. È uno dei capolavori del Neorealismo italiano, una corrente cinematografica che utilizza attori non professionisti (pescatori che parlano in dialetto siciliano) e location autentiche (il paese di Aci Trezza).
2. Rilegge il capolavoro di Verga secondo le logiche della lotta di classe che contrappone i proletari ai loro sfruttatori.
3. Mostra senza nessun abbellimento e le durissime condizioni di vita dei pescatori siciliani.

T7 Il contrasto tra 'Ntoni e padron 'Ntoni

I Malavoglia, cap. XI

Dopo la perdita della casa del nespolo la famiglia Malavoglia lavora duramente per saldare il debito con zio Crocifisso. Ma il giovane 'Ntoni, tornato dal servizio militare a Napoli, fatica a riadattarsi alla solita vita di stenti. In questo brano, tratto dall'inizio del capitolo XI, 'Ntoni vorrebbe lasciare per sempre Aci Trezza e la sua famiglia per cercare fortuna in una grande città. All'insofferenza del giovane si oppone però il nonno, che incarna i valori arcaici del mondo rurale.

> **Al mondo esterno, in cui è possibile visitare luoghi lontani e arricchirsi, si contrappone l'immobilità di Aci Trezza.**

Una volta 'Ntoni Malavoglia, andando girelloni[1] pel paese, aveva visto due giovanotti che s'erano imbarcati qualche anno prima a Riposto[2], a cercar fortuna, e tornavano da Trieste, o da Alessandria d'Egitto, insomma da lontano, e spendevano e spandevano all'osteria meglio di compare Naso, o di padron Cipolla[3]; si

5 mettevano a cavalcioni sul desco[4]; dicevano delle barzellette alle ragazze, e avevano dei fazzoletti di seta in ogni tasca del giubbone; sicché il paese era in rivoluzione per loro.

'Ntoni, quando la sera tornava a casa, non trovava altro che le donne, le quali mutavano la salamoia nei barilotti[5], e cianciavano in crocchio[6] colle vicine, sedu-

10 te sui sassi; e intanto ingannavano il tempo a contare[7] storie e indovinelli, buoni pei ragazzi, i quali stavano a sentire con tanto d'occhi intontiti dal sonno. Padron 'Ntoni ascoltava anche lui, tenendo d'occhio lo scolare della salamoia, e approvava col capo quelli che contavano le storie più belle, e i ragazzi che mostravano di aver giudizio come i grandi nello spiegare gli indovinelli.

15 — La storia buona, disse allora 'Ntoni, è quella dei forestieri che sono arrivati oggi, con dei fazzoletti di seta che non par vero; e i denari non li guardano cogli occhi, quando li tirano fuori dal taschino. Hanno visto mezzo mondo, dice, che Trezza ed Aci Castello[8] messe insieme, sono nulla in paragone. Questo l'ho visto anch'io[9]; e laggiù la gente passa il tempo a scialarsi tutto il giorno, invece di stare

20 a salare le acciughe, e le donne, vestite di seta e cariche di anelli meglio della Madonna dell'Ognina[10], vanno in giro per le vie a rubarsi i bei marinari.

Le ragazze sgranavano gli occhi, e padron 'Ntoni stava attento anche lui, come quando i ragazzi spiegavano gli indovinelli: — Io, disse Alessi, il quale vuotava adagio adagio i barilotti, e li passava alla Nunziata, — io quando sarò grande, se

25 mi marito voglio sposar te.

— Ancora c'è tempo, rispose Nunziata seria seria.

— Devono essere delle città grandi come Catania; che uno il quale non ci sia avvezzo[11] si perde per le strade; e gli manca il fiato a camminare sempre fra le due file di case, senza vedere né mare né campagna.

30 — E' c'è stato anche il nonno di Cipolla, aggiunse padron 'Ntoni, ed è in quei paesi là che s'è fatto ricco. Ma non è più tornato a Trezza, e mandò solo i denari ai figliuoli.

— Poveretto! disse Maruzza.

> **Apri il vocabolario**
>
> Il verbo "scialare" deriva dal latino *exhalare* (espirare), il cui significato traslato è "gettare al vento"; da qui il valore metaforico di "dissipare, spendere senza misura". In molti dialetti la forma "scialarsi" viene usata anche come sinonimo di "essere felice, divertirsi", come nelle espressioni del linguaggio giovanile "che scialo" (che divertimento) e "scialla" (sta' tranquillo).

---

1. andando girelloni: *bighellonando.*
2. Riposto: *è il porto commerciale di Catania, poco lontano da Aci Trezza.*
3. compare Naso ... Cipolla: *sono agiati abitanti del paese.*
4. desco: *bancone.*

5. mutavano ... barilotti: *cambiavano la mistura di acqua e sale nei barili*, per conservare le acciughe.
6. cianciavano in crocchio: *chiacchieravano disposte in cerchio.*
7. contare: *raccontare.*

8. Aci Castello: *paese vicino ad Aci Trezza.*
9. l'ho visto anch'io: *quando 'Ntoni ha fatto il servizio militare a Napoli.*
10. la Madonna dell'Ognina: *la statua della Madonna di un paese vicino a Trezza.*
11. avvezzo: *abituato.*

216 *I Malavoglia*

— Vediamo se mi indovini quest'altro, disse la Nunziata: *Due lucenti, due pungenti, quattro zoccoli e una scopa.*

35 — Un bue! rispose tosto Lia.

— Questo lo sapevi! ché ci sei arrivata subito; esclamò il fratello.

— Vorrei andarci anch'io, come padron Cipolla, a farmi ricco, aggiunse 'Ntoni.

— Lascia stare! gli disse il nonno, contento pei barilotti che vedeva nel cortile. Adesso ci abbiamo le acciughe da salare. Ma la Longa guardò il figliuolo col cuo-

40 re stretto, e non disse nulla perché ogni volta che si parlava di partire le venivano davanti agli occhi quelli che non erano tornati più.

E poi soggiunse: «Né testa, né coda, ch'è meglio ventura[12]».

Le file dei barilotti si allineavano sempre lungo il muro, e padron 'Ntoni, come ne metteva uno al suo posto, coi sassi di sopra[13], diceva: — E un altro! Questi a

45 Ognissanti son tutti danari.

'Ntoni allora rideva, che pareva padron Fortunato quando gli parlavano della roba degli altri. — Gran denari! borbottava; e tornava a pensare a quei due forestieri che andavano di qua e di là, e si sdraiavano sulle panche dell'osteria, e facevano suonare i soldi nelle tasche. Sua madre lo guardava come se gli leggesse nella te-

50 sta; né la facevano ridere le barzellette che dicevano nel cortile.

— Chi deve mangiarsi queste sardelle[14] qui, cominciava la cugina Anna, deve essere il figlio di un re di corona bello come il sole, il quale camminerà un anno, un mese e un giorno, col suo cavallo bianco; finché arriverà a una fontana incantata di latte e di miele; dove, scendendo da cavallo per bere, troverà il ditale di mia figlia Ma-

55 ra, che ce l'avranno portato le fate dopo che Mara l'avrà lasciato cascare nella fontana empiendo la brocca; e il figlio del re col bere che farà nel ditale di Mara, si innamorerà di lei; e camminerà ancora un anno, un mese e un giorno, sinché arriverà a Trezza, e il cavallo bianco lo porterà davanti al lavatoio, dove mia figlia Mara starà sciorinando[15] il bucato; e il figlio del re la sposerà e le metterà in dito l'anel-

60 lo; e poi la farà montare in groppa al cavallo bianco, e se la porterà nel suo regno. Alessi ascoltava a bocca aperta, che pareva vedesse il figlio del re sul suo cavallo bianco, a portarsi in groppa la Mara della cugina Anna. — E dove se la porterà? domandò poi la Lia.

— Lontano lontano, nel suo paese di là del mare; d'onde non si torna più.

65 — Come compar Alfio Mosca[16], disse la Nunziata. Io non vorrei andarci col figlio del re, se non dovessi tornare più.

— La vostra figlia non ha un soldo di dote, perciò il figlio del re non verrà a sposarla; rispose 'Ntoni; e le volteranno le spalle, come succede alla gente, quando non ha più nulla.

70 — Per questo mia figlia sta lavorando qui adesso, dopo essere stata tutto il giorno al lavatoio, per farsi la dote. Non è vero Mara? Almeno se non viene il figlio del re, verrà qualchedun altro. Lo so anch'io che il mondo va così, e non abbiamo diritto di lagnarcene. Voi, perché non vi siete innamorato di mia figlia, invece d'innamorarvi della Barbara[17] che è gialla come il zafferano? perché la Zuppidda

75 aveva il fatto suo[18], non è vero? E quando la disgrazia[19] vi ha fatto perdere il fat-

---

> La considerazione pragmatica di 'Ntoni evidenzia il distacco degli altri membri della famiglia e prepara il successivo confronto con padron 'Ntoni.

---

12. Né testa … ventura: *la sorte migliore* («meglio ventura») *è non essere né tra i primi* («testa») *né tra gli ultimi* («coda») *(nella scala sociale).*

13. coi sassi di sopra: per chiudere i barili e tenere pressate le acciughe.

14. sardelle: il termine indica varie specie di novellame (pesci ai primi stadi di crescita), tra cui sardine e acciughe.

15. sciorinando: *stendendo.*

16. Alfio Mosca: è l'umile carrettiere innamorato di Mena Malavoglia, partito in cerca di fortuna.

17. Barbara: è la figlia di comare Zuppidda, che in passato è stata fidanzata con 'Ntoni.

18. il fatto suo: una ricca dote da assegnare alla figlia.

19. la disgrazia: il naufragio della *Provvidenza* e la perdita del carico di lupini.

Il contrasto tra 'Ntoni e padron 'Ntoni **217**

to vostro, a voi altri, è naturale che la Barbara v'avesse a piantare.

— Voi vi accomodate a ogni cosa, rispose 'Ntoni imbronciato, e hanno ragione di chiamarvi Cuor contento.

80 — E se non fossi Cuor contento, che si cambiano le cose? Quando uno non ha niente, il meglio è di andarsene come fece compare Alfio Mosca.

— Quello che dico io! esclamò 'Ntoni.

— Il peggio, disse infine Mena, è spatriare dal proprio paese, dove fino i sassi vi conoscono, e dev'essere una cosa da rompere il cuore[20] il lasciarseli dietro per la strada. «Beato quell'uccello, che fa il nido al suo paesello».

85 — Brava sant'Agata! conchiuse il nonno. Questo si chiama parlare con giudizio.

— Sì! brontolò 'Ntoni, intanto, quando avremo sudato e faticato per farci il nido ci mancherà il panìco[21]; e quando arriveremo a ricuperar la casa del nespolo[22], dovremo continuare a logorarci la vita dal lunedì al sabato; e saremo sempre da capo!

— O tu, che non vorresti lavorare più? Cosa vorresti fare? l'avvocato?

90 — Io non voglio fare l'avvocato! brontolò 'Ntoni, e se ne andò a letto di cattivo umore. Ma d'allora in poi non pensava ad altro che a quella vita senza pensieri e senza fatica che facevano gli altri; e la sera, per non sentire quelle chiacchiere senza sugo, si metteva sull'uscio colle spalle al muro, a guardare la gente che passava, e digerirsi la sua mala sorte; almeno così si riposava pel giorno dopo, che si torna-
95 va da capo a far la stessa cosa, al pari dell'asino di compare Mosca, il quale come vedeva prendere il basto[23], gonfiava la schiena, aspettando che lo bardassero! — Carne d'asino! borbottava; ecco cosa siamo! Carne da lavoro! E si vedeva chiaro che era stanco di quella vitaccia, e voleva andarsene a far fortuna, come gli altri; tanto che sua madre, poveretta, l'accarezzava sulle spalle, e l'accarezzava pu-
100 re col tono della voce, e cogli occhi pieni di lagrime, guardandolo fisso per leggergli dentro e toccargli il cuore. Ma ei diceva di no, che sarebbe stato meglio per lui e per loro; e quando tornava poi sarebbero stati tutti allegri. La povera donna non chiudeva occhio in tutta la notte, e inzuppava di lagrime il guanciale. Infine il nonno se ne accorse, e chiamò il nipote fuori dell'uscio, accanto alla cappellet-
105 ta, per domandargli cosa avesse.

— Orsù, che c'è di nuovo? dillo a tuo nonno, dillo!

'Ntoni si stringeva nelle spalle; ma il vecchio seguitava ad accennare di sì col capo, e sputava, e si grattava il capo cercando le parole.

— Sì, sì, qualcosa ce l'hai in testa, ragazzo mio! Qualcosa che non c'era prima. «Chi
110 va coi zoppi, all'anno[24] zoppica.»

— C'è che sono un povero diavolo! ecco cosa c'è!

— Bè! che novità! e non lo sapevi? Sei quel che è stato tuo padre, e quel che è stato tuo nonno! «Più ricco è in terra chi meno desidera.» «Meglio contentarsi che lamentarsi.»

115 — Bella consolazione!

Questa volta il vecchio trovò subito le parole, perché si sentiva il cuore sulle labbra: — Almeno non lo dire davanti a tua madre.

— Mia madre... Era meglio che non mi avesse partorito, mia madre.

— Sì, accennava[25] padron 'Ntoni, sì, meglio che non t'avesse partorito, se oggi do-
120 vevi parlare in tal modo.

> Padron 'Ntoni tenta di convincere il nipote appellandosi a una morale arcaica, che impone ai poveri di accontentarsi di quello che hanno e non fantasticare di poter migliorare la propria condizione, come invece sogna di poter fare il giovane.

---

20. da rompere il cuore: *straziante.*
21. quando avremo ... panìco: metafora tratta dal mondo animale: *nonostante i nostri sforzi, ci mancherà il necessario per vive-*re; il «panìco» è un mangime per gli uccelli.
22. la casa del nespolo: la casa dei Malavoglia, espropriata per pagare il debito dei lupini.
23. basto: *sella per appendere il carico.*
24. all'anno: *entro un anno, presto.*
25. accennava: *faceva segno di sì con la testa, annuiva.*

218 I Malavoglia

> Ai miraggi di ricchezza di 'Ntoni il vecchio oppone la sua concezione arcaica dell'esistenza, fondata sull'immobilismo e sulla «religione della famiglia».

'Ntoni per un po' non seppe che dire: – Ebbene! esclamò poi, lo faccio per lei, per voi, e per tutti. Voglio farla ricca, mia madre! ecco cosa voglio. Adesso ci arrabattiamo colla casa e colla dote di Mena; poi crescerà Lia, e un po' che[26] le annate andranno scarse staremo sempre nella miseria. Non voglio più farla questa

125 vita. Voglio cambiare stato[27], io e tutti voi. Voglio che siamo ricchi, la mamma, voi, Mena, Alessi e tutti.

Padron 'Ntoni spalancò tanto d'occhi, e andava ruminando[28] quelle parole, come per poterle mandar giù. – Ricchi! diceva, ricchi! e che faremo quando saremo ricchi? 'Ntoni si grattò il capo, e si mise a cercar anche lui cosa avrebbero fatto. – Fare-

130 mo quel che fanno gli altri... Non faremo nulla, non faremo!... Andremo a stare in città, a non far nulla, e a mangiare pasta e carne tutti i giorni.

– Va, va a starci tu in città. Per me io voglio morire dove son nato; – e pensando alla casa dove era nato, e che non era più sua si lasciò cadere la testa sul petto. – Tu sei un ragazzo, e non lo sai!... non lo sai!... Vedrai cos'è quando non potrai più

135 dormire nel tuo letto; e il sole non entrerà più dalla tua finestra!... Lo vedrai; te lo dico io che son vecchio! – Il poveraccio tossiva che pareva soffocasse, col dorso curvo, e dimenava tristamente il capo: – «Ad ogni uccello, suo nido è bello». Vedi quelle passere? le vedi? Hanno fatto il nido sempre colà, e torneranno a farcelo, e non vogliono andarsene.

140 – Io non sono una passera. Io non sono una bestia come loro! rispondeva 'Ntoni. Io non voglio vivere come un cane alla catena, come l'asino di compare Alfio, o come un mulo da bindolo[29], sempre a girar la ruota; io non voglio morir di fame in un cantuccio, o finire in bocca ai pescicani.

– Ringrazia Dio piuttosto, che t'ha fatto nascer qui; e guardati dall'andare a mori-

145 re lontano dai sassi che ti conoscono. «Chi cambia la vecchia per la nuova, peggio trova». Tu hai paura del lavoro, hai paura della povertà; ed io che non ho più né le tue braccia né la tua salute non ho paura, vedi! «Il buon pilota si prova alle burrasche». Tu hai paura di dover guadagnare il pane che mangi; ecco cos'hai! Quando la buon'anima di tuo nonno[30] mi lasciò la *Provvidenza* e cinque bocche

150 da sfamare, io ero più giovane di te, e non avevo paura; ed ho fatto il mio dovere senza brontolare; e lo faccio ancora; e prego Iddio di aiutarmi a farlo sempre sinché ci avrò gli occhi aperti, come l'ha fatto tuo padre, e tuo fratello Luca, benedetto! che non ha avuto paura di andare a fare il suo dovere[31]. Tua madre l'ha fatto anche lei il suo dovere povera femminuccia, nascosta fra quelle quattro mu-

155 ra; e tu non sai quante lagrime ha pianto, e quante ne piange ora che vuoi andartene; che la mattina tua sorella trova il lenzuolo tutto fradicio! E nondimeno sta zitta e non dice di queste cose che ti vengono in mente; e ha lavorato e si è aiutata come una povera formica anche lei; non ha fatto altro, tutta la vita, prima che le toccasse di piangere tanto, fin da quando ti dava la poppa, e quando non sapevi

160 ancora abbottonarti le brache, che allora non ti era venuta in mente la tentazione di muovere le gambe, e andartene pel mondo come uno zingaro.

In conclusione 'Ntoni si mise a piangere come un bambino, perché in fondo quel ragazzo il cuore ce l'aveva buono come il pane; ma il giorno dopo tornò da capo[32].

---

26. un po' che: *se soltanto.*
27. cambiare stato: *cambiare condizione sociale.*
28. ruminando: *ripensando, ripetendo.*
29. bindolo: macchinario con una ruota azio-

nata da un animale, usata per trarre acqua dai pozzi.
30. tuo nonno: si tratta del bisnonno di 'Ntoni.
31. Luca ... dovere: Luca è morto nella bat-

taglia di Lissa, durante il servizio di leva («il suo dovere»).
32. tornò da capo: *ricominciò con le solite storie.*

Il contrasto tra 'Ntoni e padron 'Ntoni **219**

Analisi guidata

Il vecchio e il giovane

L'episodio è incentrato sul contrasto tra il vecchio padron 'Ntoni e il giovane 'Ntoni, che rappresentano due **sistemi di valori contrapposti**. 'Ntoni, insoddisfatto e ribelle, è mosso da un confuso **desiderio di miglioramento** economico e sociale, che lo spinge a rifiutare la staticità del paese e a desiderare di andarsene per sempre. Il nonno invece incarna la **tradizione del mondo rurale**, immobile e sempre uguale a se stesso, in cui dominano i valori dell'onore e della famiglia e ogni novità è vista con sospetto.

Competenze di comprensione e analisi

- Quale evento fortuito fa crescere in 'Ntoni l'insofferenza verso la vita del paese?
- Padron 'Ntoni cerca di trattenere il nipote osservando che anche in natura gli uccelli tornano sempre al loro nido. Che cosa risponde 'Ntoni alle parole del nonno e perché?
- Come si conclude l'episodio? Che cosa decide di fare 'Ntoni e per quale motivo?

Il tema del distacco

'Ntoni è, come Malpelo e molti altri personaggi verghiani, un **escluso**, un personaggio destinato ad allontanarsi per sempre dal proprio paese e ad avventurarsi in un mondo ignoto e pericoloso. Ma, diversamente dal narratore popolare che si accaniva in modo crudele e beffardo contro Malpelo, in questo caso **il narratore mantiene una posizione ambigua**. Da un lato esalta la «religione della famiglia» incarnata da padron 'Ntoni, ma dall'altro sembra invitare il lettore a calarsi nei panni di 'Ntoni e a provare simpatia per la sua insofferenza.

Competenze di comprensione e analisi

- Quale idea dello spazio esterno al villaggio emerge dalle parole di 'Ntoni?
- 'Ntoni sa bene che cosa rifiuta, ma non è altrettanto consapevole del vero scopo del suo desiderio di cambiamento, che resta vago e privo di un progetto preciso: dove si può cogliere questa incertezza?

Le scelte stilistico-espressive

Nonostante Verga resti fedele al principio dell'**eclissi dell'autore**, calandosi completamente nella **mentalità del mondo popolare**, in questo brano lascia spazio alle **voci dei due protagonisti**. Ma il dialogo tra 'Ntoni e padron 'Ntoni mostra innanzitutto la loro fondamentale impossibilità di capirsi, poiché essi parlano in realtà **due linguaggi diversi**. L'anziano patriarca si esprime per massime e proverbi in cui è sintetizzata la saggezza popolare, mentre 'Ntoni è più impetuoso e irruente, anche se dalle sue parole non è possibile farsi un'idea chiara delle sue intenzioni e dei suoi propositi: l'unica cosa che appare chiaramente è la sua ferma volontà di non vivere la stessa vita di suo nonno e suo padre. Anche le scelte espressive rispecchiano quindi le diverse posizioni dei personaggi.

Competenze di comprensione e analisi

- Rintraccia nel testo tutte le espressioni e i modi di dire caratteristici di un narratore popolare.
- Individua e commenta i più significativi proverbi usati da padron 'Ntoni per esprimere la sua visione statica della realtà.
- 'Ntoni usa spesso il pronome personale di prima persona («io»), talvolta all'interno di frasi esclamative ed enfatiche. Per quale motivo?

T8

L'addio di 'Ntoni

[handwritten: CHIUSURA ROMANZO MORTO PADRON 'NTONI]

I Malavoglia, cap. XV

Dopo la morte di padron 'Ntoni, il nipote Alessi ha riscattato la casa del nespolo, dove vive insieme alla moglie Nunziata, ai suoi figli e alla sorella Mena.
Il romanzo si conclude con un episodio emblematico. 'Ntoni, che ha scontato cinque anni di carcere per avere accoltellato il finanziere don Michele, torna alla casa natale: ma la famiglia di un tempo non esiste più e lui si sente inevitabilmente un estraneo. Rendendosi conto che la sua ribellione lo ha per sempre escluso dai valori della «religione della famiglia», 'Ntoni decide così di abbandonare il paese, in cui la vita continua uguale a se stessa.

[handwritten left margin: DESCRIZIONE DELLA VITA DI ALESSI NELLA CASA DEL NESPOLO]

Così compare Alfio[1] si mise il cuore in pace, e Mena seguitò a portare in braccio i suoi nipoti, quasi ci avesse il cuore in pace anche lei, e a spazzare la soffitta, per quando fossero tornati gli altri, che c'erano nati anche loro, – come se fossero stati in viaggio per tornare! – diceva Piedipapera.

5 Invece padron 'Ntoni aveva fatto quel viaggio lontano[2], più lontano di Trieste e d'Alessandria d'Egitto[3], dal quale non si ritorna più; e quando il suo nome cadeva nel discorso, mentre si riposavano, tirando il conto della settimana[4] e facendo i disegni per l'avvenire, all'ombra del nespolo e colle scodelle fra le ginocchia, le chiacchiere morivano di botto, che a tutti pareva d'avere il povero vecchio davanti agli occhi, come l'avevano visto l'ultima volta che erano andati a trovarlo in

10 quella gran cameraccia coi letti in fila[5], che bisognava cercarlo per trovarlo, e il nonno li aspettava come un'anima del purgatorio, cogli occhi alla porta, sebbene non ci vedesse quasi, e li andava toccando, per accertarsi che erano loro, e poi non diceva più nulla, mentre gli si vedeva in faccia che aveva tante cose da dire, e spezzava il cuore con quella pena che gli si leggeva in faccia e non la poteva di-

15 re. Quando gli narrarono poi che avevano riscattata la casa del nespolo, e volevano portarselo a Trezza di nuovo, rispose di sì, e di sì, cogli occhi, che gli tornavano a luccicare, e quasi faceva la bocca a riso, quel riso della gente che non ride più, o che ride per l'ultima volta, e vi rimane fitto nel cuore come un coltello.

[margin note: Il riscatto della casa del nespolo è, per padron 'Ntoni, la notizia più bella, dopo la quale può morire sereno.]

20 Così successe ai Malavoglia quando il lunedì tornarono col carro di compar Alfio per riprendersi il nonno, e non lo trovarono più.

Rammentando tutte queste cose lasciavano il cucchiaio nella scodella, e pensavano e pensavano a tutto quello che era accaduto, che sembrava scuro scuro, come ci fosse sopra l'ombra del nespolo. Ora quando veniva la cugina Anna a filare

25 un po' con le comari, aveva i capelli bianchi, e diceva che aveva perso il riso della bocca, perché non aveva tempo di stare allegra, colla famiglia che aveva sulle spalle, e Rocco[6] che tutti i giorni bisognava andare a cercare di qua e di là, per le strade e davanti la bettola, e cacciarlo verso casa come un vitello vagabondo. Anche dei Malavoglia ce n'erano due vagabondi[7]; e Alessi si tormentava il cervello a

30 cercarli dove potevano essere, per le strade arse di sole e bianche di polvere, che in paese non sarebbero tornati più, dopo tanto tempo.

---

1. compare Alfio: il carrettiere da sempre innamorato di Mena, che non aveva potuto sposarlo a causa delle difficoltà familiari.
2. quel viaggio lontano: la morte (eufemismo).
3. Trieste ... Alessandria d'Egitto: i due grandi porti di mare costituiscono, per la picco-

la comunità dei pescatori, il riferimento a quanto di più lontano (e quindi, in qualche modo, favoloso) vi sia al mondo.
4. tirando ... settimana: *facendo il bilancio della settimana trascorsa.*
5. in quella ... fila: *nella corsia d'ospedale.*

6. Rocco: Rocco Spatu, l'ubriacone del paese, che vive di espedienti.
7. due vagabondi: allusione a 'Ntoni e Lia (che è andata a Catania e non è mai più tornata al paese), ormai lontani ed estranei alla vita familiare.

L'addio di 'Ntoni 221

DIALOGO DOVE 'NTONI RITORNA E PARLA CON ALESSI E SI ACCORGE CHE TUTTO È CAMBIATO E CHE SE NE DEVE ANDARE

> 'Ntoni appare irriconoscibile non solo da un punto di vista fisico ma soprattutto morale, poiché dopo aver abbandonato Aci Trezza egli non sarà più in grado di reintegrarsi nella vita familiare e in quella del paese.

Una sera, tardi, il cane si mise ad abbaiare dietro l'uscio del cortile, e lo stesso Alessi, che andò ad aprire, non riconobbe 'Ntoni il quale tornava colla sporta[8] sotto il braccio, tanto era mutato, coperto di polvere, e colla barba lunga. Come fu entrato, e si fu messo a sedere in un cantuccio, non osavano quasi fargli festa. Ei non sembrava più quello, e andava guardando in giro le pareti, come non le avesse mai viste; fino[9] il cane gli abbaiava, ché non l'aveva conosciuto mai. Gli misero fra le gambe la scodella, perché aveva fame e sete, ed egli mangiò in silenzio la minestra che gli diedero, come non avesse visto grazia di Dio da otto giorni, col naso nel piatto; ma gli altri non avevano fame, tanto avevano il cuore serrato[10]. Poi 'Ntoni, quando si fu sfamato e riposato alquanto, prese la sua sporta e si alzò per andarsene.

Alessi non osava dirgli nulla, tanto suo fratello era mutato. Ma al vedergli riprendere la sporta, si sentì balzare il cuore dal petto, e Mena gli disse tutta smarrita
— Te ne vai?
— Sì! rispose 'Ntoni.
— E dove vai? chiese Alessi.
— Non lo so. Venni per vedervi. Ma dacché son qui la minestra mi è andata tutta in veleno. Per altro qui non posso starci, ché tutti mi conoscono, e perciò son venuto di sera. Andrò lontano, dove troverò da buscarmi[11] il pane, e nessuno saprà chi sono.

> I membri della famiglia capiscono che 'Ntoni è ormai un escluso e che la sua presenza in paese non sarebbe positiva neppure per la reputazione della famiglia.

Gli altri non osavano fiatare, perché ci avevano il cuore stretto in una morsa, e capivano che egli faceva bene a dir così. 'Ntoni continuava a guardare dappertutto, e stava sulla porta, e non sapeva risolversi ad andarsene. — Ve lo farò sapere dove sarò; disse infine, e come fu nel cortile, sotto il nespolo, che era scuro, disse anche: — E il nonno?

Alessi non rispose; 'Ntoni tacque anche lui, e dopo un pezzetto: — E la Lia che non l'ho vista?

E siccome aspettava inutilmente la risposta, aggiunse colla voce tremante, quasi avesse freddo: — È morta anche lei?

Alessi non rispose nemmeno; allora 'Ntoni che era sotto il nespolo, colla sporta in mano, fece per sedersi, poiché le gambe gli tremavano, ma si rizzò di botto, balbettando: — Addio addio! Lo vedete che devo andarmene?

Prima d'andarsene voleva fare un giro per la casa, onde vedere se ogni cosa fosse al suo posto come prima; ma adesso, a lui che gli era bastato l'animo[12] di lasciarla, e di dare una coltellata a don Michele, e di starsene nei guai, non gli bastava l'animo di passare da una camera all'altra se non glielo dicevano. Alessi che gli vide negli occhi il desiderio, lo fece entrare nella stalla, col pretesto del vitello che aveva comperato la Nunziata[13], ed era grasso e lucente; e in un canto c'era pure la chioccia coi pulcini; poi lo condusse in cucina, dove avevano fatto il forno nuovo, e nella camera accanto, che vi dormiva la Mena coi bambini della Nunziata, e pareva che li avesse fatti lei[14]. 'Ntoni guardava ogni cosa, e approvava col capo, e diceva: — Qui pure il nonno avrebbe voluto metterci il vitello; qui c'erano le chiocce, e qui dormivano le ragazze, quando c'era anche quell'altra[15]... — Ma allora non aggiunse altro, e stette zitto a guardare intorno, cogli occhi lustri[16]. In quel momento passava la Mangiacarrubbe[17], che andava sgridando Brasi Cipolla

---

8. **sporta:** borsa, sacco.
9. **fino:** anche, perfino.
10. **serrato:** angosciato.
11. **buscarmi:** guadagnarmi.
12. **gli era ... l'animo:** aveva avuto il coraggio.

13. **Nunziata:** la moglie di Alessi.
14. **pareva ... lei:** Mena ha rinunciato ad avere una propria famiglia, e quindi accudisce i figli di Alessi come se fossero suoi.
15. **quell'altra:** Lia.

16. **lustri:** *lucidi, umidi* per l'emozione.
17. **la Mangiacarrubbe:** la ragazza che Brasi Cipolla ha sposato dopo le mancate nozze con Mena.

222 | *I Malavoglia*

> 'Ntoni ricorda con nostalgia il passato, poiché, solo ora che gli è preclusa, capisce l'importanza di quella «religione della famiglia» che da giovane ha rifiutato.

per la strada, e 'Ntoni disse: – Questa qui l'ha trovato il marito; ed ora, quando avranno finito di quistionare[18], andranno a dormire nella loro casa.

Gli altri stettero zitti, e per tutto il paese era un gran silenzio, soltanto si udiva sbattere ancora qualche porta che si chiudeva; e Alessi a quelle parole si fece coraggio per dirgli: – Se volessi anche tu ci hai la tua casa. Di là c'è apposta il letto per te.

– No! rispose 'Ntoni. Io devo andarmene. Là c'era il letto della mamma, che lei inzuppava tutto di lagrime quando volevo andarmene. Ti rammenti le belle chiacchierate che si facevano la sera, mentre si salavano le acciughe? e la Nunziata che spiegava gli indovinelli? e la mamma, e la Lia, tutti lì, al chiaro di luna, che si sentiva chiacchierare per tutto il paese, come fossimo tutti una famiglia? Anch'io allora non sapevo nulla, e qui non volevo starci, ma ora che so ogni cosa devo andarmene.

In quel momento parlava cogli occhi fissi a terra, e il capo rannicchiato nelle spalle. Allora Alessi gli buttò le braccia al collo.

– Addio, ripeté 'Ntoni. Vedi che avevo ragione d'andarmene! qui non posso starci. Addio, perdonatemi tutti.

E se ne andò colla sua sporta sotto il braccio: poi quando fu lontano, in mezzo alla piazza scura e deserta, che tutti gli usci erano chiusi, si fermò ad ascoltare se chiudessero la porta della casa del nespolo, mentre il cane gli abbaiava dietro, e gli diceva col suo abbaiare che era solo in mezzo al paese. Soltanto il mare gli brontolava la solita storia lì sotto, in mezzo ai *fariglioni*[19], perché il mare non ha paese nemmen lui, ed è di tutti quelli che lo stanno ad ascoltare, di qua e di là dove nasce e muore il sole, anzi ad Aci Trezza ha un modo tutto suo di brontolare, e si riconosce subito al gorgogliare che fa tra quegli scogli nei quali si rompe, e par la voce di un amico.

Allora 'Ntoni si fermò in mezzo alla strada a guardare il paese tutto nero, come non gli bastasse il cuore[20] di staccarsene, adesso che sapeva ogni cosa, e sedette sul muricciuolo della vigna di massaro Filippo.

Così stette un gran pezzo pensando a tante cose, guardando il paese nero, e ascoltando il mare che gli brontolava lì sotto. E ci stette fin quando cominciarono ad udirsi certi rumori ch'ei conosceva, e delle voci che si chiamavano dietro gli usci, e sbatter d'imposte, e dei passi per le strade buie. Sulla riva, in fondo alla piazza, cominciavano a formicolare dei lumi. Egli levò il capo a guardare i *Tre Re*[21] che luccicavano, e la *Puddara*[22] che annunziava l'alba, come l'aveva vista tante volte. Allora tornò a chinare il capo sul petto, e a pensare a tutta la sua storia. A poco a poco il mare cominciò a farsi bianco, e i *Tre Re* ad impallidire, e le case spuntavano ad una ad una nelle vie scure, cogli usci chiusi, che si conoscevano tutte, e solo davanti alla bottega di Pizzuto c'era il lumicino, e Rocco Spatu colle mani nelle tasche che tossiva e sputacchiava. – Fra poco lo zio Santoro aprirà la porta, pensò 'Ntoni, e si accoccolerà sull'uscio a cominciare la sua giornata anche lui. – Tornò a guardare il mare, che s'era fatto amaranto, tutto seminato di barche che avevano cominciato la loro giornata anche loro, riprese la sua sporta e disse: – Ora è tempo d'andarmene, perché fra poco comincierà a passar gente. Ma il primo di tutti a cominciar la sua giornata è stato Rocco Spatu.

---

18. quistionare: *discutere, litigare.*

19. fariglioni: *faraglioni,* grandi scogli a poca distanza dalla costa.

20. non gli bastasse il cuore: *non avesse il coraggio.*

21. i *Tre Re:* i *Tre Re Magi*, nome popolare della costellazione di Orione, nel cui centro si vedono tre stelle di uguale luminosità perfettamente allineate tra loro.

22. la *Puddara:* nome popolare della costellazione delle Pleiadi, paragonata a un pollaio («*Puddara*») per la disposizione delle sue stelle.

L'addio di 'Ntoni   223

Analisi del testo

COMPRENSIONE

Il finale del romanzo presenta una situazione ambigua. Mentre Alessi riesce a riscattare la casa del nespolo e a ricostruire in parte il nido familiare dei Malavoglia, altri personaggi hanno avuto un destino tragico: padron 'Ntoni è morto lontano da casa, Lia si è data alla prostituzione nella grande città e 'Ntoni è ormai escluso dalla vita della famiglia e del paese. Proprio a 'Ntoni, che ne è forse il principale protagonista, viene affidata la conclusione della storia. Tra il ritorno alla casa del nespolo e il definitivo allontanamento passano solo poche ore, sufficienti però a fargli comprendere la sua totale estraneità a quei valori familiari che egli aveva rifiutato, spinto dal desiderio di migliorare la propria condizione. Ed è proprio la struggente nostalgia per la vita felice della famiglia («Ti rammenti le belle chiacchierate …tutti una famiglia?») a rendere ancora più amaro l'inevitabile distacco.

ANALISI E INTERPRETAZIONE

Tre sequenze   Il brano è divisibile in tre sequenze. La **prima** evoca in tono malinconico la vita di Alessi, Nunziata e Mena alla casa del nespolo, gravata dal ricordo dei familiari perduti. La **seconda**, centrale, rappresenta con poche battute di dialogo l'inatteso ritorno di 'Ntoni e la sua improvvisa decisione di ripartire. La **terza** e ultima parte amplia la visuale al paese di Trezza, ancora immerso nella quiete notturna e cullato dalla "voce" del mare, contemplato con accorato rimpianto da 'Ntoni che, all'alba, si allontana per sempre.

La partenza: esclusione e distacco   La conclusione del romanzo ha un chiaro valore simbolico, poiché l'episodio del ritorno e della definitiva partenza di 'Ntoni è incentrato sul motivo dell'esclusione e del **distacco del personaggio** più dinamico del romanzo **dalle sue radici arcaiche e contadine**. 'Ntoni, che aveva rifiutato il mondo statico del paese e si era lasciato sedurre dalla brama di miglioramento, risulta infine uno sconfitto, un "**vinto**" appunto. Impossibilitato a mutare la sua condizione sociale,

egli ha in realtà perduto anche quei valori morali e affettivi che aveva in partenza.

Un finale pessimista   La conclusione del romanzo è stata interpretata in modi diversi dai critici. L'interpretazione tradizionale, sostenuta da Luigi Russo, vedeva nel finale dei *Malavoglia* la **vittoria della «religione della famiglia» e dei valori della tradizione**. La ricostruzione della casa del nespolo da parte di Alessi (erede morale di padron 'Ntoni) e la parziale riunificazione del nucleo familiare starebbero quindi a suggerire un ritorno all'equilibrio originario. Più recentemente tuttavia Bàrberi Squarotti ha sottolineato piuttosto l'**amarezza del finale**, che non coincide affatto con un ritorno alla condizione di partenza: gran parte dei Malavoglia sono morti o dispersi e il loro ricordo grava sui superstiti. Verga sceglie inoltre di chiudere la narrazione sull'addio definitivo di 'Ntoni alla sua famiglia: colui che ha tradito i valori del suo mondo non può più farvi ritorno ed è costretto a un amaro e definitivo esilio. Come infine osserva Romano Luperini, Verga conclude i **Malavoglia** con la **sconfitta** della realtà arcaica **del mondo rurale e dei suoi valori**, sorpassati dalla «marea» del progresso e dall'inarrestabile logica del profitto.

Lo stile lirico e simbolico   Pur mantenendosi fedele al principio dell'eclissi dell'autore, nel finale del romanzo Verga utilizza uno stile in parte lirico e simbolico. Particolarmente funzionale a rendere la contrapposizione tra il dinamismo forzato di 'Ntoni e la staticità del mondo arcaico di Trezza è l'utilizzo dei **tempi verbali**. I verbi che si riferiscono a 'Ntoni, anti-eroe del progresso e della modernità, segnalano movimento e sono tutti al **passato remoto**, che indica un'azione puntuale (**Venni... se ne andò... tornò...**). Al contrario, i verbi che descrivono la vita di Alessi e della sua famiglia sono all'**imperfetto**, tempo che si riferisce alle azioni ripetute e sempre uguali, tipiche di un mondo che vorrebbe collocarsi fuori dalla storia e dalle sue pericolose tentazioni.

Lavoriamo sul testo

COMPRENSIONE

1 Distingui nel testo le tre sequenze principali, assegnando a ciascuna un titolo che ne sintetizzi contenuto e significato.

2 Quanti e quali sono i personaggi che compaiono nel brano? Elencali specificandone caratteristiche e famiglia di provenienza.

I Malavoglia

LINGUA E LESSICO

3 Nei periodi finali, ritorna con insistenza un verbo, ripetuto ben sette volte. Individualo nel testo e poi rispondi alle seguenti domande:
  – A che cosa si riferisce il verbo?
  – Su quale aspetto vuole insistere l'autore attraverso questa ripetizione?
  – Perché la usa proprio mentre descrive la partenza di 'Ntoni?

ANALISI E INTERPRETAZIONE

4 Quali elementi evidenziano l'estraneità di 'Ntoni alla vita della nuova famiglia Malavoglia?

5 Che atteggiamento ha Alessi nei confronti di 'Ntoni?

6 Nel finale del brano, Verga si sofferma sulla descrizione del rumore del mare, che «brontolava la solita storia lì sotto». Qual è il significato simbolico di questa apertura paesaggistica?

SCRITTURA E APPROFONDIMENTI

7 Alla fine del romanzo 'Ntoni si autoesclude dalla famiglia, nella quale sente di non avere più diritto a restare. Ti sembra che il suo personaggio sia maturato nel corso del romanzo? Rispondi in un breve testo scritto.

8 Il critico Romano Luperini osserva che, in senso più profondo, il doloroso distacco di 'Ntoni dal paese è anche l'addio di Verga stesso al mondo premoderno, destinato a essere spazzato via dall'irrompere della modernità e delle dure leggi della "lotta per la vita". In un testo di massimo 30 righe rispondi a una delle seguenti domande:
  – In che senso si può affermare che anche Verga, nelle sue esperienze personali, conobbe l'esclusione e il distacco?
  – Nelle novelle e nel romanzo successivi ai *Malavoglia* ti sembra che la visione del mondo rurale sia ancora idealizzata o che il pessimismo di Verga si incupisca?

La parola alla critica

Romano Luperini, *La conclusione dei* Malavoglia

In un suo celebre saggio su Verga, il critico Romano Luperini analizza la conclusione dei *Malavoglia* e riconosce nell'esclusione di 'Ntoni dalla comunità rurale di Aci Trezza il fallimento dell'ideologia tardo-romantica verghiana.

L'addio di 'Ntoni a Trezza è un addio alla civiltà dell'«eterno ritorno» Nell'ultimo capitolo Alessi e 'Ntoni sono posti di fronte per suggerire un'opposizione di destini: l'uno resta nella casa rifugio e nel paese-nido, l'altro, strappato da questo tempo e da questo spazio mitici, appare ormai condannato allo sradicamento dell'esilio e al tempo-spazio del «progresso». I faraglioni, il mare che brontola sempre la «solita storia», i *Tre Re* che luccicano, la *Puddara* che annuncia l'alba appartengono allo stesso universo della famiglia patriarcale che Alessi rappresenta e che il fratello deve abbandonare per sempre. Mentre un nuovo giorno sta nascendo, 'Ntoni guarda per l'ultima volta il paese, il cielo, il mare. L'inizio di una nuova giornata s'inserisce nel ritmo della rassicurante ripetizione da cui ormai egli è escluso definitivamente. Tutto ritorna e si ripete come sempre. E si ripetono anche le parole e le espressioni del narratore in una cadenza epico-lirica: la parola «cominciare» è iterata[1] sette volte, e l'espressione «cominciare la propria giornata» tre volte. A questo ritmo ciclico appartiene anche Rocco Spatu. Quanti hanno trovato irragionevole o scarsamente significativa la battuta finale a lui riferita («Ma il primo di tutti a cominciare la sua giornata è stato Rocco Spatu») non hanno pensato che questo personaggio, pur essendo all'ultimo gradino della scala sociale, appare ora a 'Ntoni pienamente inserito in quell'universo "idillico" e "familiare" che egli deve lasciare dietro di sé: persino lui può «cominciare la sua giornata», come poco prima lo zio Santoro e le barche. […]
Per questo, l'addio di 'Ntoni ha la dimensione tragica di una scelta storica. Egli che «sa» tutto (e questa nuova consapevolezza è ribadita due volte nelle pagine finali) sa anche che l'unica integrazione possibile sarebbe stata a Trezza, ma sa pure che, ormai, questa non è più possibile e che il suo destino è di accettare l'alienazione del tempo lineare del «progresso» e delle grandi città. Di qui il suo rilievo autobiografico. Attraverso 'Ntoni, l'autore canta simbolicamente il distacco dalla propria formazione romantica che lo aveva indotto a cercare un momento di «fresco e sereno raccoglimento» nel mondo arcaico-rurale e a rintracciarvi un'alternativa di valori.

R. Luperini, *Simbolo e costruzione allegorica in Verga*, Bologna, Il Mulino, 1979

1. iterata: *ripetuta*.

L'addio di 'Ntoni 225

Novelle rusticane

Il contenuto La raccolta *Novelle rusticane* viene pubblicata a Torino nel **1883** e comprende **dodici novelle** già precedentemente apparse in rivista: *Il Reverendo, Cos'è il Re, Don Licciu Papa, Il mistero, Malaria, Gli orfani, La roba, Storia dell'asino di San Giuseppe, Pane nero, I galantuomini, Libertà, Di là del mare*.

L'ambientazione e i temi Pur mantenendo la stessa ambientazione di *Vita dei campi* – il **mondo contadino della Sicilia postunitaria** – lo scenario sociale delle novelle si fa più ampio e articolato. Accanto agli umili braccianti, compaiono esponenti dei ceti più elevati, rappresentanti dei poteri locali e nuovi ricchi (come Mazzarò, protagonista de *La roba*) e al tema della **lotta per i bisogni materiali** si affianca la rappresentazione delle tensioni sociali e dei **conflitti politici legati all'unificazione** (*Libertà* e *Cos'è il Re*).

Un crescente pessimismo Dominati dalla spietata **logica del profitto** e dalla smania dei beni materiali (la «roba» dell'omonima novella) i protagonisti delle *Novelle rusticane* incarnano una **visione del mondo sempre più cupa** e pessimistica. Il nuovo eroe di questa realtà disumana è Mazzarò, la cui ossessione per l'accumulo di ricchezze si traduce in una parabola umana priva di affetti e fatta di valori esclusivamente economici, che anticipa per molti aspetti il protagonista del secondo romanzo del ciclo dei *Vinti*, *Mastro-don Gesualdo*.

Paul Cézanne, *Contadino seduto*, 1900.

Le novelle in sintesi

Raccolta	Ambientazione e personaggi	Tematiche	Ideologia	Struttura e tecniche narrative
Vita dei campi (1880) 8 novelle	Campagna siciliana (umili contadini)	Lotta per i bisogni materiali; tema dell'esclusione	Realismo narrativo («lotta per la vita») + parziale idealizzazione	Singoli personaggi in antitesi all'ambiente; «artificio della regressione»; linguaggio popolare
Novelle rusticane (1883) 12 novelle	Campagna siciliana (contadini ma anche ceti più elevati)	La roba e il profitto; le tensioni sociali; i problemi politici	Pessimismo più cupo; senza idealizzazione	Situazioni collettive e corali; «artificio della regressione»; linguaggio popolare

T9 La roba

Novelle rusticane

Pubblicato sulla rivista «La rassegna settimanale» nel 1880 e in seguito inserita nelle Novelle rusticane, La roba *testimonia il passaggio alla seconda fase della produzione verghiana, caratterizzata dalla riflessione sulla logica del profitto e sui moventi economici che animano gli individui.*
Il protagonista della novella, Mazzarò, è un uomo ossessionato dalla «roba» e accumula beni materiali *dimenticandosi di ogni altro valore umano e affettivo. Grazie alla sua ambizione e alle sue capacità, da umile bracciante è diventato un rispettato proprietario terriero, ma continua a vivere in modo frugale, senza spendere niente di ciò che guadagna. Solo all'avvicinarsi della morte comprenderà l'inutilità della sua ricchezza, riconoscendo il proprio fallimento esistenziale.*

Il viandante che andava lungo il Biviere di Lentini[1], steso là come un pezzo di mare morto[2], e le stoppie riarse della Piana di Catania, e gli aranci sempre verdi di Francofonte, e i sugheri grigi di Resecone, e i pascoli deserti di Passaneto e di Passanitello[3], se domandava, per ingannare la noia della lunga strada polverosa, sotto il cielo fosco dal caldo, nell'ora in cui i campanelli della lettiga[4] suonano tristamente nell'immensa campagna, e i muli lasciano ciondolare il capo e la coda, e il lettighiere canta la sua canzone malinconica per non lasciarsi vincere dal sonno della malaria: — Qui di chi è? — sentiva rispondersi: — Di Mazzarò. — E passando vicino a una fattoria grande quanto un paese, coi magazzini che sembrano chiese[5], e le galline a stormi accoccolate all'ombra del pozzo, e le donne che si mettevano la mano sugli occhi per vedere chi passava: — E qui? — Di Mazzarò. — E cammina e cammina, mentre la malaria vi pesava sugli occhi, e vi scuoteva all'improvviso l'abbaiare di un cane, passando per una vigna che non finiva più, e si allargava sul colle e sul piano, immobile, come gli pesasse addosso la polvere, e il guardiano sdraiato bocconi sullo schioppo, accanto al vallone, levava il capo sonnacchioso, e apriva un occhio per vedere chi fosse: — Di Mazzarò. — Poi veniva un uliveto folto come un bosco, dove l'erba non spuntava mai, e la raccolta durava fino a marzo. Erano gli ulivi di Mazzarò. E verso sera, allorché il sole tramontava rosso come il fuoco, e la campagna si velava di tristezza, si incontravano le lunghe file degli aratri di Mazzarò che tornavano adagio adagio dal maggese[6], e i buoi che passavano il guado lentamente, col muso nell'acqua scura; e si vedevano nei pascoli lontani della Canziria, sulla pendice brulla, le immense macchie biancastre delle mandre di Mazzarò; e si udiva il fischio del pastore echeggiare nelle gole, e il campanaccio che risuonava ora sì ed ora no, e il canto solitario perduto nella valle. — Tutta roba di Mazzarò. Pareva che fosse di Mazzarò perfino il sole che tramontava, e le cicale che ronzavano, e gli uccelli che andavano a rannicchiarsi col volo breve dietro le zolle, e il sibilo dell'assiolo[7] nel bosco. Pareva che Mazzarò fosse disteso tutto grande per quanto era grande la terra, e che gli si camminasse sulla pancia. — Invece egli era un omiciattolo, diceva il lettighiere, che non gli avreste dato un baiocco[8], a vederlo; e di grasso non

> La formula ha un tono fiabesco, ma nello stesso tempo serve anche a far percepire al lettore la vastità dei possedimenti di Mazzarò.

> L'immagine paradossale segna il culmine dell'iperbolica rassegna dei beni di Mazzarò, che sembra identificarsi con il paesaggio e dominarlo in tutta la sua estensione.

> Il punto di vista cambia e viene a coincidere con quello del lettighiere, di cui viene ripreso anche il linguaggio popolare.

---

1. Biviere di Lentini: palude (oggi prosciugata) nella zona di Lentini, presso Siracusa.
2. come un pezzo di mare morto: per le sue acque stagnanti e immobili.
3. Francofonte ... Passanitello: località della piana catanese, più volte ricorrenti nella geografia verghiana.
4. lettiga: *portantina.*
5. che sembrano chiese: per la loro ampiezza.
6. maggese: campo lasciato a riposo.
7. assiolo: uccello simile al gufo.
8. non ... baiocco: espressione idiomatica che significa *non l'avreste considerato granché* (il baiocco era una moneta di rame di poco valore).

La roba **227**

aveva altro che la pancia, e non si sapeva come facesse a riempirla, perché non mangiava altro che due soldi di pane; e sì ch'era ricco come un maiale[9], ma aveva la testa ch'era un brillante[10], quell'uomo.

Infatti, colla testa come un brillante, aveva accumulato tutta quella roba, dove prima veniva da mattina a sera a zappare, a potare, a mietere; col sole, coll'acqua, col vento; senza scarpe ai piedi, e senza uno straccio di cappotto; che tutti si rammentavano di avergli dato dei calci nel di dietro, quelli che ora gli davano dell'eccellenza, e gli parlavano col berretto in mano. Né per questo egli era montato in superbia, adesso che tutte le eccellenze del paese erano suoi debitori; e diceva che eccellenza vuol dire povero diavolo e cattivo pagatore[11]; ma egli portava ancora il berretto[12], soltanto lo portava di seta nera, era la sua sola grandezza, e da ultimo era anche arrivato a mettere il cappello di feltro, perché costava meno del berretto di seta. Della roba ne possedeva fin dove arrivava la vista, ed egli aveva la vista lunga – dappertutto, a destra e a sinistra, davanti e di dietro, nel monte e nella pianura. Più di cinquemila bocche, senza contare gli uccelli del cielo e gli animali della terra, che mangiavano sulla sua terra, e senza contare la sua bocca la quale mangiava meno di tutte, e si contentava di due soldi di pane e un pezzo di formaggio, ingozzato in fretta e in furia, all'impiedi, in un cantuccio del magazzino grande come una chiesa, in mezzo alla polvere del grano, che non ci si vedeva, mentre i contadini scaricavano i sacchi, o a ridosso di un pagliaio, quando il vento spazzava la campagna gelata, al tempo del seminare, o colla testa dentro un corbello[13], nelle calde giornate della messe. Egli non beveva vino, non fumava, non usava tabacco, e sì che del tabacco ne producevano i suoi orti lungo il fiume, colle foglie larghe ed alte come un fanciullo, di quelle che si vendevano a 95 lire. Non aveva il vizio del giuoco, né quello delle donne. Di donne non aveva mai avuto sulle spalle che sua madre, la quale gli era costata anche dodici tarì[14], quando aveva dovuto farla portare al camposanto.

Era che ci aveva pensato e ripensato tanto a quel che vuol dire la roba, quando andava senza scarpe a lavorare nella terra che adesso era sua, ed aveva provato quel che ci vuole a fare i tre tarì della giornata, nel mese di luglio, a star colla schiena curva 14 ore, col soprastante[15] a cavallo dietro, che vi piglia a nerbate se fate di rizzarvi un momento. Per questo non aveva lasciato passare un minuto della sua vita che non fosse stato impiegato a fare della roba; e adesso i suoi aratri erano numerosi come le lunghe file dei corvi che arrivano in novembre; e altre file di muli, che non finivano più, portavano le sementi; le donne che stavano accoccolate nel fango, da ottobre a marzo, per raccogliere le sue olive, non si potevano contare, come non si possono contare le gazze che vengono a rubarle; e al tempo della vendemmia accorrevano dei villaggi interi alle sue vigne, e fin dove sentivasi cantare, nella campagna, era per la vendemmia di Mazzarò. Alla messe poi i mietitori di Mazzarò sembravano un esercito di soldati, che per mantenere tutta quella gente, col biscotto alla mattina e il pane e l'arancia amara a colazione, e la merenda, e le lasagne alla sera, ci volevano dei denari a manate, e le lasagne si scodellavano nelle madie[16] larghe come tinozze. Perciò adesso, quando andava a cavallo dietro la fila dei suoi mietitori, col nerbo in mano, non ne perdeva d'oc-

---

La formula introduce, nella forma del discorso indiretto libero, le riflessioni e i ricordi di Mazzarò stesso.

Apri il vocabolario

Questo termine, che indica lo spuntino di metà pomeriggio, ha una curiosa etimologia. Deriva infatti dal latino *merenda*, forma verbale del verbo *mereri* che significa, al plurale, "cose da meritare".

---

9. ricco come un maiale: smisuratamente ricco.
10. aveva la testa ... brillante: era capace e intelligente: ancora un'espressione popolare.

11. eccellenza ... pagatore: *i signori* (che si fanno chiamare «eccellenza») *spesso sono poveri e indebitati.*
12. il berretto: era il copricapo tipico dei contadini.

13. corbello: *cesta di vimini,* usata per trasportare frutta o ortaggi.
14. tarì: antica moneta siciliana.
15. soprastante: *sorvegliante.*
16. madie: *piatti di grandi dimensioni.*

228 · *Novelle rusticane*

75 chio uno solo, e badava a ripetere: – Curviamoci, ragazzi! – Egli era tutto l'anno colle mani in tasca a spendere, e per la sola fondiaria[17] il re si pigliava tanto che a Mazzarò gli veniva la febbre, ogni volta.

Però ciascun anno tutti quei magazzini grandi come chiese si riempivano di grano che bisognava scoperchiare il tetto per farcelo capire[18] tutto; e ogni volta che **80** Mazzarò vendeva il vino, ci voleva più di un giorno per contare il denaro, tutto di 12 tarì d'argento, ché lui non ne voleva di carta sudicia[19] per la sua roba, e andava a comprare la carta sudicia soltanto quando aveva da pagare il re, o gli altri; e alle fiere gli armenti di Mazzarò coprivano tutto il campo, e ingombravano le strade, che ci voleva mezza giornata per lasciarli sfilare, e il santo[20], colla banda, **85** alle volte dovevano mutar strada, e cedere il passo.

Tutta quella roba se l'era fatta lui, colle sue mani e colla sua testa, col non dormire la notte, col prendere la febbre dal batticuore o dalla malaria, coll'affaticarsi dall'alba a sera, e andare in giro, sotto il sole e sotto la pioggia, col logorare i suoi stivali e le sue mule – egli solo non si logorava, pensando alla sua roba, ch'era **90** tutto quello ch'ei avesse al mondo; perché non aveva né figli, né nipoti, né parenti; non aveva altro che la sua roba. Quando uno è fatto così, vuol dire che è fatto per la roba. *È UNA RELIGIONE*

Ed anche la roba era fatta per lui, che pareva ci avesse la calamita, perché la roba vuol stare con chi sa tenerla, e non la sciupa come quel barone che prima era **95** stato il padrone di Mazzarò, e l'aveva raccolto per carità nudo e crudo[21] ne' suoi campi, ed era stato il padrone di tutti quei prati, e di tutti quei boschi, e di tutte quelle vigne e tutti quegli armenti, che quando veniva nelle sue terre a cavallo coi campieri[22] dietro, pareva il re, e gli preparavano anche l'alloggio e il pranzo, al minchione[23], sicché ognuno sapeva l'ora e il momento in cui doveva arrivare, **100** e non si faceva sorprendere colle mani nel sacco. – Costui vuol essere rubato[24] per forza! – diceva Mazzarò, e schiattava dalle risa quando il barone gli dava dei calci nel di dietro, e si fregava la schiena colle mani, borbottando: «Chi è minchione se ne stia a casa», – «la roba non è di chi l'ha, ma di chi la sa fare». Invece egli, dopo che ebbe fatta la sua roba, non mandava certo a dire[25] se veniva a sor- **105** vegliare la messe, o la vendemmia, e quando, e come; ma capitava all'improvviso, a piedi o a cavallo alla mula, senza campieri, con un pezzo di pane in tasca; e dormiva accanto ai suoi covoni, cogli occhi aperti, e lo schioppo fra le gambe. In tal modo a poco a poco Mazzarò divenne il padrone di tutta la roba del barone; e costui uscì prima dall'uliveto, e poi dalle vigne, e poi dai pascoli, e poi dalle **110** fattorie e infine dal suo palazzo istesso, che non passava giorno che non firmasse delle carte bollate[26], e Mazzarò ci metteva sotto la sua brava croce[27]. Al barone non rimase altro che lo scudo di pietra[28] ch'era prima sul portone, ed era la sola cosa che non avesse voluto vendere, dicendo a Mazzarò: – Questo solo, di tutta la mia roba, non fa per te. – Ed era vero; Mazzarò non sapeva che farsene, e non **115** l'avrebbe pagato due baiocchi. Il barone gli dava ancora del tu[29], ma non gli dava più calci nel di dietro.

Il disprezzo per le banconote simboleggia l'attaccamento di Mazzarò a una ricchezza "tangibile", quella della terra e dei prodotti dei campi.

L'esistenza di Mazzarò è dominata unicamente dalla «roba» e dal pensiero ossessivo di una ricchezza che non è però in grado di dare la felicità.

STORIA DEL BARONE

L'ascesa sociale di Mazzarò culmina nell'acquisizione delle terre del barone, ma egli rimane comunque un contadino e viene ancora trattato come tale, nonostante la sua ricchezza.

---

17. fondiaria: imposta sui terreni, introdotta dopo l'unificazione.

18. capire: entrare (arcaismo).

19. carta sudicia: banconote.

20. il santo: la processione del santo patrono.

21. nudo e crudo: in miseria, privo d'ogni risorsa economica.

22. campieri: guardie delle tenute agricole.

23. minchione: ingenuo, sciocco.

24. rubato: derubato.

25. non mandava certo a dire: non si preoccupava certo di avvertire.

26. delle carte bollate: dei documenti che attestavano i passaggi delle sue proprietà.

27. la sua brava croce: è la tipica firma dell'analfabeta.

28. lo scudo di pietra: lo stemma nobiliare scolpito sulla facciata del palazzo.

29. gli dava ancora del tu: lo trattava ancora come un inferiore.

La roba **229**

– Questa è una bella cosa, d'avere la fortuna che ha Mazzarò! diceva la gente; e non sapeva quel che ci era voluto ad acchiappare quella fortuna: quanti pensieri, quante fatiche, quante menzogne, quanti pericoli di andare in galera, e come quella testa che era un brillante avesse lavorato giorno e notte, meglio di una macina del mulino, per fare la roba; e se il proprietario di una chiusa[30] limitrofa si ostinava a non cedergliela, e voleva prendere pel collo Mazzarò[31], dover trovare uno stratagemma per costringerlo a vendere, e farcelo cascare, malgrado la diffidenza contadinesca. Ei gli andava a vantare, per esempio, la fertilità di una tenuta la quale non produceva nemmeno lupini[32], e arrivava a fargliela credere una terra promessa, sinché il povero diavolo si lasciava indurre a prenderla in affitto, per specularci sopra, e ci perdeva poi il fitto[33], la casa e la chiusa, che Mazzarò se l'acchiappava – per un pezzo di pane. – E quante seccature Mazzarò doveva sopportare! – I mezzadri[34] che venivano a lagnarsi delle malannate[35], i debitori che mandavano in processione le loro donne a strapparsi i capelli e picchiarsi il petto per scongiurarlo di non metterli in mezzo alla strada, col pigliarsi il mulo o l'asinello, che non avevano da mangiare.

– Lo vedete quel che mangio io? – rispondeva lui, – pane e cipolla! e sì che ho i magazzini pieni zeppi, e sono il padrone di tutta questa roba. – E se gli domandavano un pugno di fave, di tutta quella roba, ei diceva: – Che, vi pare che l'abbia rubata? Non sapete quanto costano per seminarle, e zapparle, e raccoglierle? – E se gli domandavano un soldo rispondeva che non l'aveva.

E non l'aveva davvero. Che in tasca non teneva mai 12 tarì, tanti ce ne volevano per far fruttare tutta quella roba, e il denaro entrava ed usciva come un fiume dalla sua casa. Del resto a lui non gliene importava del denaro; diceva che non era roba, e appena metteva insieme una certa somma, comprava subito un pezzo di terra; perché voleva arrivare ad avere della terra quanta ne ha il re, ed esser meglio del re, ché il re non può né venderla, né dire ch'è sua.

Di una cosa sola gli doleva, che cominciasse a farsi vecchio, e la terra doveva lasciarla là dov'era. Questa è una ingiustizia di Dio, che dopo di essersi logorata la vita ad acquistare della roba, quando arrivate ad averla, che ne vorreste ancora, dovete lasciarla! E stava delle ore seduto sul corbello, col mento nelle mani, a guardare le sue vigne che gli verdeggiavano sotto gli occhi, e i campi che ondeggiavano di spighe come un mare, e gli oliveti che velavano la montagna come una nebbia, e se un ragazzo seminudo gli passava dinanzi, curvo sotto il peso come un asino stanco, gli lanciava il suo bastone fra le gambe, per invidia, e borbottava: – Guardate chi ha i giorni lunghi! costui che non ha niente!

Sicché quando gli dissero che era tempo di lasciare la sua roba, per pensare all'anima, uscì nel cortile come un pazzo, barcollando, e andava ammazzando a colpi di bastone le sue anitre e i suoi tacchini, e strillava: – Roba mia, vientene con me!

> L'ossessione per la «roba» si manifesta in un desiderio irrazionale di possedere sempre più terra, al punto da paragonarsi al re che, tuttavia, non può disporre liberamente della sua ricchezza.

> Alla fine, quando si rende conto che con la morte perderà la sua «roba», Mazzarò si trova paradossalmente a invidiare chi non possiede niente.

---

30. chiusa: *lotto di terreno.*

31. voleva … Mazzarò: *voleva approfittarsi di Mazzarò facendogli pagare un prezzo eccessivo.*

32. lupini: semi di zucca, usati come foraggio, ma anche per l'alimentazione umana.

33. fitto: *affitto, canone di locazione.*

34. mezzadri: contadini che coltivano terreni altrui, dividendone i frutti a metà con il proprietario.

35. malannate: *cattive annate,* cioè dai raccolti scarsi.

Analisi del testo

Un "vinto" di successo? A differenza di Rosso Malpelo o dei Malavoglia, personaggi esclusi o finiti ai margini della comunità, **Mazzarò è perfettamente inserito nel suo ambiente sociale**, tanto che il narratore popolare lo presenta sotto una luce quasi epica, come un **"eroe della roba"**. Al pari di molti altri personaggi verghiani egli è mosso unicamente dalla **logica del profitto**, alla quale sacrifica tutta la propria esistenza, finendo per assumere una dimensione tragica e comica al tempo stesso (come quando, per esempio, il narratore osserva che al momento di pagare le tasse «a Mazzarò gli veniva la febbre»). Solo al momento della morte Mazzarò si rende conto del proprio **fallimento** e cerca di sfuggire alla sua condizione tentando disperatamente di trascinare con sé anche i propri averi («Roba mia, vientene con me»).

Artificio della regressione e straniamento: gli effetti sul protagonista Nella novella Verga applica le tecniche narrative tipiche della poetica verista: attraverso l'artificio della **regressione** adotta il **punto di vista del narratore popolare**, che esalta l'ascesa economica del protagonista. Ma il punto di vista del narratore non coincide con quello dell'autore. Sono infatti l'enfasi e le iperboli entusiastiche con cui il narratore celebra le doti del protagonista a produrre nel lettore un effetto di straniamento, inducendolo a riflettere sul tragico equivoco di una **vita basata solo sui beni materiali**.

Lavoriamo sul testo

COMPRENSIONE

1. La novella può essere suddivisa in tre macrosequenze. Individuale nel testo e attribuisci a ciascuna di esse un breve titolo riassuntivo del suo contenuto.
2. Riassumi la novella in un massimo di dieci righe.
3. Qual era la condizione sociale di Mazzarò prima di diventare un ricco proprietario terriero?
4. Qual è la situazione affettiva ed emotiva di Mazzarò? Da quali parti del brano la si può ricavare?

LINGUA E LESSICO

5. Quale effetto produce sul lettore l'uso di espressioni iperboliche fatto dal narratore per sottolineare l'enorme ricchezza del protagonista?
6. Individua nel testo tutte le espressioni popolari che evidenziano la presenza di un narratore di livello "basso"; lo stile è costante in tutto il racconto o noti qualche variazione?

ANALISI E INTERPRETAZIONE

7. Qual è il punto di vista adottato inizialmente dall'autore per descrivere le ricchezze di Mazzarò? Si verificano dei cambiamenti nel seguito del racconto?
8. Come viene descritto il paesaggio? Ti sembra che ne venga data una rappresentazione neutra o che, invece, essa sia in qualche modo legata al personaggio di Mazzarò?
9. Che tipo di rapporti intercorrono tra Mazzarò e il barone? Che cosa significa l'espressione «il barone gli dava ancora del tu?» (r. 115)
9. Per quale motivo, pur essendo ricco, Mazzarò continua a vivere come un povero? Di che cosa è simbolo questo suo atteggiamento?

SCRITTURA E APPROFONDIMENTI

11. In un breve testo analizza la conclusione della novella e valuta con riferimenti puntuali al testo se il gesto finale di Mazzarò è tragico o comico.
12. Mazzarò è un vincitore o un vinto? Scegli la tesi che ti sembra più convincente e sostienila in un testo argomentativo di 20 righe.

T10 Libertà *BRONTE*

Novelle rusticane

> **Fai l'analisi interattiva della novella**

Pubblicata per la prima volta su «La Domenica letteraria» nel 12 marzo 1882 e inserita l'anno successivo nelle Novelle rusticane, Libertà si ispira a un fatto storico, la rivolta contadina scoppiata tra il 2 e il 5 agosto 1860 a Bronte, un paese siciliano alle falde dell'Etna. Dopo lo sbarco in Sicilia, Garibaldi aveva infatti promesso la ridistribuzione delle terre ai contadini e in seguito alla mancata attuazione del proclama, i contadini insorsero, facendo strage dei notabili del luogo, fino a quando Nino Bixio represse duramente l'agitazione.

Verga rielabora in parte gli eventi, in modo che l'episodio narrato diventi una sorta di apologo sull'ambiguità del concetto di giustizia e, soprattutto, sulla vanità di ogni tentativo di modificare l'ordine costituito. Nella descrizione della tragica conclusione dei fatti di Bronte, emerge infatti con chiarezza l'ottica sostanzialmente conservatrice di Verga e la sua mancanza di fiducia nell'acquisizione di una coscienza di classe da parte delle masse popolari.

> L'immagine è la prima di molte che paragonano la folla dei rivoltosi alla furia della natura e ricorda un'analoga similitudine usata da Manzoni (*I promessi sposi*, XXIII, 40) nella descrizione dei tumulti per la carestia.

Sciorinarono dal campanile un fazzoletto a tre colori[1], suonarono le campane a stormo[2], e cominciarono a gridare in piazza: «Viva la libertà!»

Come il mare in tempesta. La folla spumeggiava e ondeggiava davanti al casino dei *galantuomini*[3], davanti al Municipio, sugli scalini della chiesa: un mare di berrette[4] bianche; le scuri e le falci che luccicavano. Poi irruppe in una stradicciuola.

5 — A te prima, barone! che hai fatto nerbare[5] la gente dai tuoi campieri[6]! — Innanzi a tutti gli altri una strega, coi vecchi capelli irti sul capo, armata soltanto delle unghie. — A te, prete del diavolo! che ci hai succhiato l'anima! — A te, ricco epulone[7], che non puoi scappare nemmeno, tanto sei grasso del sangue del povero! — A te,

10 sbirro, che hai fatto la giustizia solo per chi non aveva niente! — A te, guardaboschi! che hai venduto la tua carne e la carne del prossimo per due tarì al giorno[8]! E il sangue che fumava ed ubbriacava. Le falci, le mani, i cenci, i sassi, tutto rosso di sangue! — *Ai galantuomini! Ai cappelli*[9]! Ammazza! ammazza! Addosso ai cappelli! Don Antonio sgattaiolava a casa per le scorciatoie. Il primo colpo lo fece cascare

15 colla faccia insanguinata contro il marciapiede. — Perché? perché mi ammazzate? — Anche tu! al diavolo! — Un monello sciancato raccattò il cappello bisunto e ci sputò dentro. — Abbasso i cappelli! Viva la libertà! — Te'! tu pure! — Al reverendo che predicava l'inferno per chi rubava il pane. Egli tornava dal dir messa, coll'ostia consacrata nel pancione. — Non mi ammazzate, ché sono in peccato mortale! —

20 La gnà[10] Lucia, il peccato mortale; la gnà Lucia che il padre gli aveva venduta a 14 anni, l'inverno della fame, e riempiva la Ruota e le strade di monelli affamati[11].

> Le battute di discorso diretto si succedono rapide, senza che sia possibile stabilire chi le pronunci. Il sovrapporsi di voci anonime evoca drammaticamente la concitazione collettiva.

---

1. Sciorinarono ... colori: *fecero sventolare dal campanile un fazzoletto tricolore* (con i colori della bandiera italiana, simbolo dei garibaldini e dell'unità nazionale).

2. a stormo: *a martello*, cioè con rintocchi frequenti per chiamare a raccolta la folla.

3. casino dei *galantuomini*: *circolo dei signori, dei borghesi benestanti.*

4. berrette: *contadini*, qui indicati per metonimia attraverso i loro tradizionali copricapi.

5. nerbare: *frustare.*

6. campieri: *guardie delle tenute agricole.*

7. epulone: *mangione, gaudente*, con riferimento alla nota parabola evangelica (Luca, XVI, 19 ss.).

8. che hai venduto ... al giorno: *che hai tradito i tuoi simili* («la tua carne e la carne del prossimo») *per pochi soldi* (il tarì è una moneta siciliana di scarso valore). *Il guardaboschi è accusato di aver denunciato i contadini sorpresi a far legna nei possedimenti dei signori.*

9. cappelli: *signori, ricchi, borghesi*, anche qui indicati, con una metonimia, per mezzo dei loro copricapi.

10. gnà: *appellativo tipico del dialetto siciliano, derivato dallo spagnolo doña* ("signora") *e usato per riferirsi a donne di bassa condizione sociale.*

11. Lucia ... affamati: *il parroco è in peccato mortale perché ha fatto di Lucia la sua amante e l'ha costretta ad abbandonare i loro figli come illegittimi. La «Ruota» è la cassetta girevole su cui venivano abbandonati i bambini non riconosciuti dai genitori.*

> La similitudine animalesca sottolinea la violenza cieca dei contadini.

Se quella carne di cane[12] fosse valsa a qualche cosa, ora avrebbero potuto satollarsi[13], mentre la sbrandellavano[14] sugli usci delle case e sui ciottoli della strada a colpi di scure. Anche il lupo allorché capita affamato in una mandra, non pensa a riempirsi il ventre, e sgozza dalla rabbia. – Il figliuolo della Signora, che era accorso per vedere cosa fosse – lo speziale[15], nel mentre chiudeva in fretta e in furia – don Paolo, il quale tornava dalla vigna a cavallo del somarello, colle bisacce magre in groppa. Pure teneva in capo un berrettino vecchio che la sua ragazza gli aveva ricamato tempo fa, quando il male[16] non aveva ancora colpito la vigna. Sua moglie lo vide cadere dinanzi al portone, mentre aspettava coi cinque figliuoli la scarsa minestra che era nelle bisacce del marito. – Paolo! Paolo! – Il primo lo colse nella spalla con un colpo di scure. Un altro gli fu addosso colla falce, e lo sventrò mentre si attaccava col braccio sanguinante al martello[17].

> Il narratore insiste sulla giovane età del ragazzo, chiaramente senza colpa, e non esita a giudicare in modo negativo («il peggio avvenne») il comportamento della folla.

Ma il peggio avvenne appena cadde il figliolo del notaio, un ragazzo di undici anni, biondo come l'oro, non si sa come, travolto nella folla. Suo padre si era rialzato due o tre volte prima di strascinarsi a finire nel mondezzaio, gridandogli: – Neddu[18]! Neddu! – Neddu fuggiva, dal terrore, cogli occhi e la bocca spalancati senza poter gridare. Lo rovesciarono; si rizzò anch'esso su di un ginocchio come suo padre; il torrente[19] gli passò di sopra; uno gli aveva messo lo scarpone sulla guancia e glie l'aveva sfracellata; nonostante[20] il ragazzo chiedeva ancora grazia colle mani. – Non voleva morire, no, come aveva visto ammazzare suo padre; – strappava il cuore! – Il taglialegna, dalla pietà, gli menò un gran colpo di scure colle due mani, quasi avesse dovuto abbattere un rovere di cinquant'anni – e tremava come una foglia. – Un altro gridò: – Bah! egli sarebbe stato notaio, anche lui! Non importa! Ora che si avevano le mani rosse di quel sangue, bisognava versare tutto il resto[21]. Tutti! tutti i *cappelli*! – Non era più la fame, le bastonate, le soperchierie[22] che facevano ribollire la collera. Era il sangue innocente. Le donne più feroci ancora, agitando le braccia scarne, strillando d'ira in falsetto[23], colle carni tenere sotto i brindelli delle vesti. – Tu che venivi a pregare il buon Dio colla veste di seta! – Tu che avevi a schifo d'inginocchiarti accanto alla povera gente! – Te'! Te'! – Nelle case, su per le scale, dentro le alcove[24], lacerando la seta e la tela fine. Quanti orecchini su delle facce insanguinate! e quanti anelli d'oro nelle mani che cercavano di parare i colpi di scure!

La baronessa aveva fatto barricare il portone: travi, carri di campagna, botti piene, dietro; e i campieri che sparavano dalle finestre per vender cara la pelle. La folla chinava il capo alle schioppettate, perché non aveva armi da rispondere. Prima c'era la pena di morte chi[25] tenesse armi da fuoco. – Viva la libertà! – E sfondarono il portone. Poi nella corte, sulle gradinate, scavalcando i feriti. Lasciarono stare i campieri. – I campieri dopo! – Prima volevano le carni della baronessa, le carni fatte di pernici e di vin buono. Ella correva di stanza in stanza col lattante al seno, scarmigliata[26] – e le stanze erano molte. Si udiva la folla urlare per quegli andirivieni, avvicinandosi come la piena di un fiume. Il figlio maggiore, di 16 anni, ancora colle carni bianche anch'esso, puntellava l'uscio colle sue mani tre-

---

12. carne di cane: la carne dei borghesi benestanti.

13. satollarsi: saziarsi.

14. sbrandellavano: facevano a brandelli.

15. speziale: farmacista.

16. il male: la fillòssera, parassita che attacca la vite.

17. martello: *battente fissato al portone* utilizzato per bussare.

18. Neddu: vezzeggiativo di Sebastiano, dalla forma siciliana Bastianeddu.

19. il torrente: la folla, paragonata a un fiume in piena.

20. nonostante: *eppure, tuttavia.*

21. versare tutto il resto: *versare altro sangue*, cioè uccidere tutti i *galantuomini*.

22. soperchierie: *prepotenze.*

23. in falsetto: *con la voce acuta, alterata dalla collera.*

24. alcove: *stanze da letto.*

25. chi: *per chi.*

26. scarmigliata: *spettinata, scompigliata.*

Libertà **233**

manti, gridando: – Mamà! mamà! – Al primo urto gli rovesciarono l'uscio addosso. Egli si afferrava alle gambe che lo calpestavano. Non gridava più. Sua madre s'era rifugiata nel balcone, tenendo avvinghiato il bambino, chiudendogli la bocca colla mano perché non gridasse, pazza[27]. L'altro figliolo voleva difenderla col suo corpo, stralunato, quasi avesse avute cento mani, afferrando pel taglio tutte quelle scuri. Li separarono in un lampo. Uno abbrancò[28] lei pei capelli, un altro per i fianchi, un altro per le vesti, sollevandola al di sopra della ringhiera. Il carbonaio le strappò dalle braccia il bambino lattante. L'altro fratello non vide niente; non vedeva altro che nero e rosso. Lo calpestavano, gli macinavano le ossa a colpi di tacchi ferrati; egli aveva addentato una mano che lo stringeva alla gola e non la lasciava più. Le scuri non potevano colpire nel mucchio e luccicavano in aria.

E in quel carnevale furibondo del mese di luglio, in mezzo agli urli briachi[29] della folla digiuna, continuava a suonare a stormo la campana di Dio, fino a sera, senza mezzogiorno, senza avemaria, come in paese di turchi[30]. Cominciavano a sbandarsi, stanchi della carneficina, mogi, mogi, ciascuno fuggendo il compagno. Prima di notte tutti gli usci erano chiusi, paurosi, e in ogni casa vegliava il lume. Per le stradicciuole non si udivano altro che i cani, frugando per i canti[31], con un rosicchiare secco di ossa, nel chiaro di luna che lavava ogni cosa, e mostrava spalancati i portoni e le finestre delle case deserte.

Aggiornava[32]; una domenica senza gente in piazza né messa che suonasse. Il sagrestano s'era rintanato; di preti non se ne trovavano più. I primi che cominciarono a far capannello[33] sul sagrato si guardavano in faccia sospettosi; ciascuno ripensando a quel che doveva avere sulla coscienza il vicino. Poi, quando furono in molti, si diedero a mormorare. – Senza messa non potevano starci, un giorno di domenica, come i cani! – Il casino dei galantuomini era sbarrato, e non si sapeva dove andare a prendere gli ordini dei padroni per la settimana. Dal campanile penzolava sempre il fazzoletto tricolore, floscio, nella caldura gialla[34] di luglio. E come l'ombra s'impiccioliva lentamente sul sagrato, la folla si ammassava tutta in un canto. Fra due casucce della piazza, in fondo ad una stradicciola che scendeva a precipizio, si vedevano i campi giallastri nella pianura, i boschi cupi sui fianchi dell'Etna. Ora dovevano spartirsi quei boschi e quei campi. Ciascuno fra di sé calcolava colle dita quello che gli sarebbe toccato di sua parte, e guardava in cagnesco il vicino. – Libertà voleva dire che doveva essercene per tutti! – Quel Nino Bestia, e quel Ramurazzo[35], avrebbero preteso di continuare le prepotenze dei *cappelli*! – Se non c'era più il perito per misurare la terra, e il notaio per metterla sulla carta, ognuno avrebbe fatto a riffa e a raffa[36]! – E se tu ti mangi la tua parte all'osteria, dopo bisogna tornare a spartire da capo? – Ladro tu e ladro io. – Ora che c'era la libertà, chi voleva mangiare per due avrebbe avuto la sua festa come quella dei *galantuomini*! – Il taglialegna brandiva in aria la mano quasi ci avesse ancora la scure. Il giorno dopo si udì che veniva a far giustizia il generale[37], quello che faceva tremare la gente. Si vedevano le camice rosse dei suoi soldati salire lentamente per il burrone, verso il paesetto; sarebbe bastato rotolare dall'alto delle pietre per schiacciarli tutti. Ma nessuno si mosse. Le donne strillavano e si strappavano i capelli.

L'insurrezione è assimilata, in una sorta di ossimoro, a un cruento carnevale in quanto anche durante quella festa i ruoli sociali vengono sconvolti: ma in questo caso il gioco lascia posto alla tragedia.

Senza i signori che diano loro gli ordini e privi della consueta routine del paese, i contadini sono incapaci di organizzarsi in modo autonomo, si sentono disorientati.

---

27. pazza: *fuori di sé dal terrore.*

28. abbrancò: *afferrò.*

29. briachi: *ubriachi.*

30. turchi: *nel senso di infedeli, non cristiani, ma anche di 'gente senza timore di Dio'.*

31. canti: *angoli delle strade.*

32. Aggiornava: *cominciava a far giorno.*

33. far capannello: *radunarsi.*

34. nella caldura gialla: *nel calore arroventato;* la sinestesia sottolinea il senso di oppressione.

35. Nino Bestia ... Ramurazzo: due capi della rivolta.

36. avrebbe ... a raffa: *avrebbe fatto a gara per rubare più degli altri.*

37. il generale: Nino Bixio, luogotenente di Garibaldi.

Novelle rusticane

Ormai gli uomini, neri e colle barbe lunghe, stavano sul monte, colle mani fra le cosce, a vedere arrivare quei giovanetti stanchi, curvi sotto il fucile arrugginito, e quel generale piccino sopra il suo gran cavallo nero, innanzi a tutti, solo.

110 Il generale fece portare della paglia nella chiesa, e mise a dormire i suoi ragazzi come un padre. La mattina, prima dell'alba, se non si levavano al suono della tromba, egli entrava nella chiesa a cavallo, sacramentando come un turco. Questo era l'uomo. E subito ordinò che glie ne fucilassero cinque o sei, Pippo, il nano[38], Pizzanello, i primi che capitarono. Il taglialegna, mentre lo facevano inginoc-

115 chiare addosso al muro del cimitero, piangeva come un ragazzo, per certe parole che gli aveva dette sua madre, e pel grido che essa aveva cacciato quando glie lo strapparono dalle braccia. Da lontano, nelle viuzze più remote del paesetto, dietro gli usci, si udivano quelle schioppettate in fila come i mortaletti della festa[39]. Dopo arrivarono i giudici per davvero, dei galantuomini cogli occhiali, arrampica-

120 ti sulle mule, disfatti dal viaggio, che si lagnavano ancora dello strapazzo mentre interrogavano gli accusati nel refettorio del convento, seduti di fianco sulla scranna[40], e dicendo ahi! ogni volta che mutavano lato. Un processo lungo che non finiva più. I colpevoli li condussero in città[41], a piedi, incatenati a coppia, fra due file di soldati col moschetto pronto. Le loro donne li seguivano correndo per le lun-

125 ghe strade di campagna, in mezzo ai solchi, in mezzo ai fichidindia, in mezzo alle vigne, in mezzo alle biade color d'oro, trafelate, zoppicando, chiamandoli a nome ogni volta che la strada faceva gomito, e si potevano vedere in faccia i prigionieri. Alla città li chiusero nel gran carcere alto e vasto come un convento, tutto bucherellato da finestre colle inferriate; e se le donne volevano vedere i loro uomi-

130 ni, soltanto il lunedì, in presenza dei guardiani, dietro il cancello di ferro. E i poveretti divenivano sempre più gialli in quell'ombra perenne, senza scorgere mai il sole. Ogni lunedì erano più taciturni, rispondevano appena, si lagnavano meno. Gli altri giorni, se le donne ronzavano per la piazza attorno alla prigione, le sentinelle minacciavano col fucile. Poi non sapere che fare, dove trovare lavoro nella

135 città, né come buscarsi il pane. Il letto nello stallazzo[42] costava due soldi; il pane bianco si mangiava in un boccone e non riempiva lo stomaco; se si accoccolavano a passare una notte sull'uscio di una chiesa, le guardie le arrestavano. A poco a poco rimpatriarono, prima le mogli, poi le mamme. Un bel pezzo di giovinetta si perdette nella città[43] e non se ne seppe più nulla. Tutti gli altri in paese erano tor-

140 nati a fare quello che facevano prima. I *galantuomini* non potevano lavorare le loro terre colle proprie mani, e la povera gente non poteva vivere senza i *galantuomini*. Fecero la pace. L'orfano dello speziale rubò la moglie a Neli Pirru, e gli parve una bella cosa, per vendicarsi di lui che gli aveva ammazzato il padre. Alla donna che aveva di tanto in tanto certe ubbie[44], e temeva che suo marito le tagliasse la faccia,

145 all'uscire dal carcere, egli ripeteva: — Sta' tranquilla che non ne esce più. — Ormai nessuno ci pensava; solamente qualche madre, qualche vecchiarello, se gli correvano gli occhi verso la pianura, dove era la città, o la domenica, al vedere gli altri che parlavano tranquillamente dei loro affari coi *galantuomini*, dinanzi al casino di conversazione, col berretto in mano, e si persuadevano che all'aria ci vanno i cenci[45].

150 Il processo durò tre anni, nientemeno! tre anni di prigione e senza vedere il so-

---

Il narratore mostra subito il carattere autoritario di Nino Bixio, come a voler giustificare la sommarietà dei suoi primi provvedimenti.

La frase sintetizza l'immutabilità dell'ordine sociale, per cui ai poveri sono necessari i galantuomini.

---

38. il nano: in realtà non si trattava di un nano ma di un povero pazzo.
39. mortaletti della festa: petardi per il giorno di festa.
40. scranna: sedia.

41. città: Catania.
42. stallazzo: *stalla annessa alla locanda.*
43. Un bel pezzo ... nella città: *una bella ragazza scomparve* (o, in senso morale, si diede alla prostituzione, come Lia nei *Ma-*

lavoglia) a Catania.
44. ubbie: *timori, paure.*
45. all'aria ... i cenci: massima popolare che significa *a pagare sono sempre i più deboli.*

Libertà **235**

le. Sicché quegli accusati parevano tanti morti della sepoltura, ogni volta che li conducevano ammanettati al tribunale. Tutti quelli che potevano erano accorsi dal villaggio: testimoni, parenti, curiosi, come a una festa, per vedere i compaesani, dopo tanto tempo, stipati nella capponaia[46] – ché capponi davvero si diventava là dentro! e Neli Pirru doveva vedersi sul mostaccio[47] quello dello speziale, che s'era imparentato a tradimento con lui! Li facevano alzare in piedi ad uno ad uno. – Voi come vi chiamate? – E ciascuno si sentiva dire la sua, nome e cognome e quel che aveva fatto. Gli avvocati armeggiavano fra le chiacchiere, coi larghi maniconi pendenti, e si scalmanavano, facevano la schiuma alla bocca, asciugandosela subito col fazzoletto bianco, tirandoci su una presa di tabacco. I giudici sonnecchiavano, dietro le lenti dei loro occhiali, che agghiacciavano il cuore. Di faccia erano seduti in fila dodici *galantuomini*[48], stanchi, annoiati, che sbadigliavano, si grattavano la barba, o ciangottavano[49] fra di loro. Certo si dicevano che l'avevano scappata bella a non essere stati dei *galantuomini* di quel paesetto lassù, quando avevano fatto la libertà[50]. E quei poveretti cercavano di leggere nelle loro facce. Poi se ne andarono a confabulare fra di loro, e gli imputati aspettavano pallidi, e cogli occhi fissi su quell'uscio chiuso. Come rientrarono, il loro capo, quello che parlava colla mano sulla pancia, era quasi pallido al pari degli accusati, e disse: – Sul mio onore e sulla mia coscienza![51]...

Il carbonaio, mentre tornavano a mettergli le manette, balbettava: – Dove mi conducete? – In galera? – O perché? Non mi è toccato neppure un palmo di terra! Se avevano detto che c'era la libertà!...

---

46. capponaia: *gabbia degli imputati* (metafora).
47. vedersi sul mostaccio: *trovarsi davanti agli occhi*; il «mostaccio» è letteralmente la parte del labbro su cui stanno i baffi, ma per metonimia indica tutto il viso.
48. dodici galantuomini: *i giurati, anch'essi signori e borghesi.*
49. ciangottavano: *chiacchieravano sottovoce.*
50. quando ... la libertà: *quando si erano ribellati per avere la libertà.*
51. Sul mio onore ... coscienza: *la formula annuncia la sentenza, che condanna al carcere tutti i rivoltosi.*

Analisi guidata

Una struttura tripartita

Il racconto si può suddividere in **tre sequenze**:
– la prima descrive, in modo teso e concitato, lo **scoppio** e l'infuriare **della violenta rivolta popolare**, che sfocia in una cruenta strage;
– la seconda, più lenta e pacata, rappresenta le **incertezze dei contadini** dopo la rivolta e la dura **repressione** da parte di Bixio;
– la terza, infine, narra il **processo** che si svolge a Catania e porta alla condanna degli insorti, mentre in paese la situazione ritorna alla **normalità**.

Competenze di comprensione e analisi

- Ognuna delle tre macrosequenze si articola, al suo interno, in diverse parti. Individuale nel testo, dai a ciascuna un breve titolo e poi, basandoti sulla divisione in sequenze, riassumi la novella in un massimo di 15 righe.

- Nella prima parte del racconto, l'agitazione della folla è presentata in modo neutro, come un'inarrestabile furia della natura. Ben presto però il narratore accentua i particolari cruenti, lasciando trapelare la condanna della violenza cieca degli insorti: in quali punti del testo ciò è più evidente?

Novelle rusticane

Immobilismo sociale e pietà per i "vinti"

La novella muove da un fatto storico per dimostrare l'**impossibilità di ogni mutamento dell'ordine sociale**. Fedele al suo pessimismo, Verga constata infatti che, anche quando la gerarchia sociale porta al sopruso dei più forti sui più deboli, ogni tentativo di ribellione è destinato inevitabilmente a fallire, sfociando in una sterile violenza incapace di proporre alternative.

La **posizione dell'autore** verso i contadini, prima protagonisti e poi vittime di un vano desiderio di libertà, è **ambigua**. Da un lato comprende le loro motivazioni, dettate dall'odio nei confronti dei soprusi dei **galantuomini**, ma dall'altro condanna la brutalità in cui ben presto degenera la loro ribellione («Non era più la fame ... Era il sangue innocente»). All'indomani della rivolta, i contadini, privi di guida, risultano del tutto incapaci di gestire la «libertà» e appaiono pronti alla violenza pur di accaparrarsi le terre demaniali. Ambigua è peraltro anche l'immagine di Bixio che, al di là dei tratti positivi, non esita a far fucilare alcuni insorti per riportare l'ordine. L'amara ironia che conclude la novella («In galera? O perché? [...] Se avevano detto che c'era la libertà...») sancisce così la presa di coscienza che **nessun cambiamento è realmente possibile per i "vinti"**.

○ Competenze di comprensione e analisi

- «Tutti gli altri in paese erano tornati a fare quello che facevano prima. I *galantuomini* non potevano lavorare le loro terre colle proprie mani, e la povera gente non poteva vivere senza i *galantuomini*». Per quale motivo l'autore afferma che le due classi non possono vivere l'una senza l'altra?

- Metti a confronto la rivolta popolare di *Libertà* con l'agitazione dei minatori descritta da Zola in *Germinale* (p. 165): quali analogie e differenze noti nella rappresentazione della violenza popolare?

- Il tema centrale della novella è la libertà, ma essa assume un valore diverso per i vari attori della vicenda (i contadini, i *galantuomini*, Nino Bixio): in un breve testo scritto spiega in che cosa consistono queste differenze.

L'alternanza del ritmo

Le tre parti del racconto sono diverse anche nelle tecniche narrative: la **prima sequenza** è **dinamica e drammatica**, rappresentata "in presa diretta" attraverso il succedersi di frasi brevi e spesso nominali in cui ricorre il discorso diretto corale. Nella **seconda** parte il **ritmo** si fa **più lento e pacato**, assecondando la riflessione con uno stile che tende alla subordinazione e utilizza l'imperfetto. Nella **terza** sequenza, infine il **tempo della storia si dilata** (il processo dura tre anni), prevale il sommario e l'impressione dominante è quella di un totale **immobilismo**.

○ Competenze di comprensione e analisi

- Ricostruisci il tempo della storia e confrontalo con il tempo del racconto: come cambia il loro rapporto nelle tre sequenze della novella? Per quale motivo e con quali effetti?

- Rintraccia nel testo almeno un esempio di ellissi temporale.

- Nella prima sequenza vengono riportate molte battute di discorso diretto: da chi vengono pronunciate? Perché, secondo te, Verga non usa invece il discorso indiretto libero?

Libertà   **237**

Mastro-don Gesualdo

Composizione e trama Il secondo romanzo del ciclo dei *Vinti* ha una genesi molto lunga: iniziato nel 1884, viene **pubblicato** una prima volta sulla rivista «Nuova Antologia» **nel 1888**. Sottoposto da Verga a una **profonda revisione** – che amplia la vicenda e ne modifica il finale – è riedito in volume da Treves nel **1889**.

Diviso in **quattro parti** per un totale di 21 capitoli, il romanzo è **ambientato nella cittadina siciliana di Vizzini** nella prima metà dell'Ottocento e narra la parabola di Gesualdo Motta. Il protagonista è un umile muratore (un «mastro», appellativo riservato agli artigiani e agli operai specializzati) che a prezzo di grandi sacrifici e grazie a una grande determinazione diviene un ricco proprietario terriero e un temuto uomo d'affari. Il tentativo di elevare la propria condizione sociale è sancito dal **matrimonio con Bianca Trao**, di famiglia nobile ma decaduta (Gesualdo diventa così un «don», ossia un personaggio di rilievo). L'ascesa economica e sociale comporta però per Gesualdo la rinuncia agli affetti più sinceri e disinteressati (soprattutto l'amore di Diodata, la serva-amante che gli ha dato due figli) e l'ostilità e la diffidenza da parte dell'aristocrazia locale, e culmina in un totale **fallimento esistenziale**. Il matrimonio con Bianca si rivela infelice a causa della diversissima educazione e mentalità dei due coniugi. A ciò si aggiunge il difficile rapporto con la figlia Isabella, sulla cui paternità. La ragazza, per la quale Gesualdo ha voluto un'educazione aristocratica, finirà per sposare, pur non amandolo, il duca di Leyra, un nobile spiantato che a poco a poco distruggerà il patrimonio accumulato dal suocero. Gesualdo, ormai vedovo e malato, si stabilisce infine nel palazzo palermitano del genero, dove conduce un'esistenza solitaria e dove muore ignorato e abbandonato da tutti, nel disprezzo della servitù.

Il romanzo della «roba» e dell'alienazione

Fedele al progetto originario del ciclo dei *Vinti*, Verga affronta in questo secondo romanzo gli **effetti dell'ambizione** e della spinta al miglioramento in un **contesto sociale più elevato** rispetto alla realtà dei *Malavoglia*. Il protagonista rappresenta infatti il **tipo borghese**, spinto nel suo agire dall'aspirazione alla ricchezza e alla promozione sociale. Nelle sue scelte di vita, Gesualdo è mosso da un **criterio puramente economico** e utilitaristico: il suo unico desiderio

Francesco Lojacono, *Strada di campagna (un giorno di caldo in Sicilia)*, 1877.

è accumulare «roba», ossia terre e ricchezze, così da trovare un posto onorevole nella società.

A questa vera e propria **«religione della roba»** (secondo la fortunata definizione di Luigi Russo) egli sacrifica ogni affetto senza peraltro riuscire a integrarsi pienamente nel suo nuovo ruolo sociale, come testimonia la seconda parte del romanzo, con un crescendo impietoso che culmina nella morte di Gesualdo. Il romanzo si configura quindi al tempo stesso come uno studio sociale, come un affresco storico e, modernamente, come «il primo romanzo italiano dell'alienazione» (Nino Borsellino).

Le novità formali Rispetto ai *Malavoglia*, il romanzo segna non solo l'**accentuarsi del pessimismo** verghiano e la definitiva rinuncia a ogni forma di idealizzazione della realtà, ma anche l'approdo a nuove soluzioni narrative e strutturali. *Mastro-don Gesualdo* ha come protagonista non più un'intera comunità, ma un **singolo personaggio**, un **anti-eroe** descritto nella sua sfrenata ambizione con un tono che oscilla tra la **celebrazione epica** e la **dura condanna** morale. Sul modello dei romanzi di formazione ottocenteschi, l'opera procede per **blocchi contrapposti** che segnano le tappe della vita del protagonista, secondo una parabola di ascesa, trionfo, declino e sconfitta. Come immediata conseguenza dell'ambientazione sociale più alta, l'autore rinuncia all'artificio della regressione e **identifica il proprio punto di vista con quello del protagonista**, di cui vengono riportati i pensieri e i sentimenti con il frequente ricorso al **discorso indiretto libero**, ma anche attraverso il discorso diretto e il **monologo interiore**. Lo stile resta mosso e dinamico grazie anche alla pluralità dei personaggi e alla presenza di classi sociali diverse: dai nobili Trao, ormai decaduti, alle figure femminili (Diodata e Isabella), particolarmente approfondite.

T11 La morte di Gesualdo

Mastro-don Gesualdo, parte IV, cap. V

Il brano è tratto dal capitolo finale del romanzo. Consumato da un cancro allo stomaco, il protagonista viene trasferito nel palazzo palermitano del genero, il duca di Leyra, dove viene assistito con estrema cura ma con grande freddezza. All'avvicinarsi della morte, Gesualdo cade preda di angosce e rimorsi. Vorrebbe risarcire almeno in parte i due figli avuti dalla serva Diodata e soprattutto stabilire un dialogo sincero con la figlia Isabella. Ma la comunicazione tra padre e figlia, appartenenti a due mondi sociali diversi, resta di fatto impossibile. Gesualdo muore così in totale solitudine, dopo una notte di agonia trascorsa sotto lo sguardo indifferente e infastidito della servitù.

Aspettava il consulto[1], il giorno fissato, sin dalla mattina, raso e pettinato, seduto nel letto, colla faccia color di terra, ma fermo e risoluto. Ora voleva vederci chiaro nei fatti suoi. «Parlate liberamente, signori miei. Tutto ciò che si deve fare si farà!» Gli batteva un po' il cuore. Sentiva un formicolìo, come di spasimo anticipato[2]
5 tra i capelli. Ma era pronto a tutto; quasi scoprivasi il ventre, perché si servissero pure. Se un albero ha la cancrena addosso, cos'è infine? Si taglia il ramo! Adesso invece i medici non volevano neppure operarlo. Avevano degli scrupoli, dei ma e dei se. Si guardavano fra di loro e biascicavano mezze parole. Uno temeva la responsabilità; un altro osservò che non era più il caso... oramai... Il più vecchio,
10 una faccia di malaugurio che vi faceva morire prima del tempo, com'è vero Dio, s'era messo già a confortare la famiglia, dicendo che sarebbe stato inutile anche prima, ma un male di quella sorta...
«Ah...» rispose don Gesualdo, fattosi rauco a un tratto. «Ah... Ho inteso...»
E si lasciò scivolare pian piano giù disteso nel letto, trafelato. Non aggiunse al-
15 tro, per allora. Stette zitto a lasciarli finire di discorrere. Soltanto voleva sapere s'era venuto il momento di pensare ai casi suoi[3]. Non c'era più da scherzare adesso! Aveva tanti interessi gravi da lasciare sistemati... «Taci! taci!» borbottò rivolto alla figliuola che gli piangeva allato. Colla faccia cadaverica, cogli occhi simili a due chiodi in fondo alle orbite livide[4], aspettava la risposta che gli dovevano, in-
20 fine. Non c'era da scherzare!
«No, no... C'è tempo. Simili malattie durano anni e anni... Però... certo... premunirsi... sistemare gli affari a tempo... non sarebbe male...»
«Ho inteso» ripeté don Gesualdo col naso fra le coperte. «Vi ringrazio, signori miei.»
25 Un nuvolo[5] gli calò sulla faccia e vi rimase. Una specie di rancore, qualcosa che gli faceva tremare le mani e la voce, e trapelava dagli occhi socchiusi. Fece segno al genero di fermarsi; lo chiamò dinanzi al letto, a quattr'occhi, da solo a solo.
«Finalmente... questo notaro... verrà sì o no? Devo far testamento... Ho degli scrupoli di coscienza... Sissignore!... Sono il padrone, sì o no?... Ah... ah... stai ad
30 ascoltare anche tu?...»
Isabella andò a buttarsi ginocchioni ai piedi del letto, col viso fra le materasse, singhiozzando e disperandosi. Il genero lo chetava[6] dall'altra parte. «Ma sì, ma sì,

> Nella forma del discorso indiretto libero, il narratore sottolinea come la principale preoccupazione di Gesualdo in punto di morte riguardi il destino della sua «roba».

> Comprendendo che il suo destino è nelle mani di persone che non si interessano minimamente a lui, Gesualdo cerca di riaffermare il suo ruolo di padrone.

---

1. **consulto**: *visita eseguita da più medici, che si consultano sulla diagnosi e sulle terapie da adottare.*
2. **spasimo anticipato**: *dolore acuto, che a* Gesualdo pare di sentire immaginandosi l'operazione chirurgica che, nelle sue speranze, potrebbe salvarlo.
3. **s'era ... suoi**: *se era giunto il momento di* dettare le ultime volontà.
4. **livide**: *violacee*.
5. **Un nuvolo**: *un'ombra*.
6. **lo chetava**: *lo calmava*.

La morte di Gesualdo 239

quando vorrete, come vorrete. Non c'è bisogno di far delle scene... Ecco in che stato avete messo la vostra figliuola!...»

35 «Va bene!» seguitò a borbottare lui. «Va bene! Ho capito!»

E volse le spalle, tal quale suo padre, buon'anima. Appena fu solo cominciò a muggire come un bue, col naso al muro. Ma poi, se veniva gente, stava zitto. Covava dentro di sé il male e l'amarezza. Lasciava passare i giorni. Pensava ad allungarseli piuttosto, a guadagnare almeno quelli, uno dopo l'altro, così come venivano, 40 pazienza! Finché c'è fiato c'è vita. A misura che il fiato gli andava mancando, a poco a poco, acconciavasi[7] pure ai suoi guai; ci faceva il callo. Lui aveva le spalle grosse, e avrebbe tirato in lungo, mercé[8] la sua pelle dura. Alle volte provava anche una certa soddisfazione, fra sé e sé, sotto il lenzuolo, pensando al viso che avrebbero fatto il signor duca e tutti quanti, al vedere che lui aveva la pelle du45 ra. Era arrivato ad affezionarsi ai suoi malanni, li ascoltava, li accarezzava, voleva sentirseli lì, con lui, per tirar innanzi. I parenti ci avevano fatto il callo anch'essi; avevano saputo che quella malattia durava anni ed anni, e s'erano acchetati[9]. Così va il mondo, pur troppo, che, passato il primo bollore, ciascuno tira innanzi per la sua via e bada agli affari propri. Non si lamentava neppure; non diceva 50 nulla, da villano malizioso[10], per non sprecare il fiato, per non lasciarsi sfuggire quel che non voleva dire; solamente gli scappavano di tanto in tanto delle occhiate che significavano assai, al veder la figliuola che gli veniva dinanzi con quella faccia desolata, e poi teneva il sacco al marito, e lo incarcerava lì, sotto i suoi occhi, col pretesto dell'affezione, per covarselo, pel timore che non gli giocasse 55 qualche tiro nel testamento[11]. Indovinava che teneva degli altri guai nascosti, lei, e alle volte aveva la testa altrove, mentre suo padre stava colla morte sul capo. Si rodeva dentro, a misura che peggiorava; il sangue era diventato tutto un veleno; ostinavasi sempre più, taciturno, implacabile, col viso al muro, rispondendo solo coi grugniti, come una bestia.

60 Finalmente si persuase ch'era giunta l'ora, e s'apparecchiò[12] a morire da buon cristiano. Isabella era venuta subito a tenergli compagnia. Egli fece forza coi gomiti, e si rizzò a sedere sul letto. «Senti» le disse, «ascolta...»

Era turbato in viso, ma parlava calmo. Teneva gli occhi fissi sulla figliuola, e accennava[13] col capo. Essa gli prese la mano e scoppiò a singhiozzare.

65 «Taci,» riprese, «finiscila. Se cominciamo così, non si fa nulla.»

Ansimava perché aveva il fiato corto, ed anche per l'emozione. Guardava intorno, sospettoso, e seguitava ad accennare del capo, in silenzio, col respiro affannato. Ella pure volse verso l'uscio gli occhi pieni di lagrime. Don Gesualdo alzò la mano scarna, e trinciò una croce in aria[14], per significare ch'era finita, e perdonava 70 a tutti, prima d'andarsene.

«Senti... Ho da parlarti... intanto che siamo soli...»

Ella gli si buttò addosso, disperata, piangendo, singhiozzando di no, di no, colle mani erranti[15] che l'accarezzavano. L'accarezzò anche lui sui capelli, lentamente, senza dire una parola. Di lì a un po' riprese: «Ti dico di sì. Non sono un ragaz75 zo... Non perdiamo tempo inutilmente». Poi gli venne una tenerezza. «Ti dispia-

> Anche se si rende perfettamente conto dell'atteggiamento ambiguo della figlia, Gesualdo non può fare a meno di preoccuparsi per la sua infelicità.

---

7. acconciavasi: *si adattava.*

8. mercé: *grazie a.*

9. acchetati: *messi tranquilli.*

10. villano malizioso: *contadino astuto.*

11. teneva il sacco ... nel testamento: *(Isabella) assecondava il marito e teneva sotto stretto controllo Gesualdo («lo incarcerava*

lì»), *con la scusa di essere preoccupata* («col pretesto dell'affezione»), *per tenerselo vicino per paura che non le facesse qualche scherzo nel testamento* (lasciando qualcosa non a lei ma ad altri).

12. s'apparecchiò: *si preparò.*

13. accennava: *faceva dei cenni.*

14. trinciò ... aria: *tracciò nell'aria il segno della croce.*

15. erranti: *frenetiche, in movimento.* Lo stile è enfatico e artificioso, in voluto contrasto con la semplicità delle parole di Gesualdo.

240 *Mastro-don-Gesualdo*

Con i suoi modi semplici Gesualdo esprime alla figlia tutto l'affetto che non è mai riuscito a trasmetterle quando era piccola.

ce, eh?... ti dispiace a te pure?...»

La voce gli si era intenerita anch'essa, gli occhi, tristi, s'erano fatti più dolci, e qualcosa gli tremava sulle labbra. «Ti ho voluto bene... anch'io... Quanto ho potuto... come ho potuto... Quando uno fa quello che può...»

80 Allora l'attirò a sé lentamente, quasi esitando, guardandola fisso per vedere se voleva lei pure, e l'abbracciò stretta stretta, posando la guancia ispida[16] su quei bei capelli fini.

Anche in mezzo a questo momento felice riaffiorano però i dubbi odiosi sulla paternità di Isabella.

«Non ti fo male, dì?... come quand'eri bambina?...» Gli vennero insieme delle altre cose sulle labbra, delle ondate di amarezza e di passione, quei sospetti odiosi[17]

85 che dei bricconi, nelle questioni d'interesse, avevano cercato di mettergli in capo. Si passò la mano sulla fronte, per ricacciarli indietro, e cambiò discorso.

«Parliamo dei nostri affari. Non ci perdiamo in chiacchiere, adesso...»

Essa non voleva, smaniava per la stanza, si cacciava le mani nei capelli, diceva che le lacerava il cuore, che le pareva un malaugurio, quasi suo padre stesse per

90 chiudere gli occhi.

«Ma no! parliamone!» insisteva lui. «Sono discorsi seri. Non ho tempo da perdere adesso.» Il viso gli si andava oscurando, il rancore antico gli corruscava[18] negli occhi. «Allora vuol dire che non te ne importa nulla... come a tuo marito...»

Vedendola poi rassegnata ad ascoltare, seduta a capo chino accanto al letto, comin-

95 ciò a sfogarsi dei tanti crepacuori[19] che gli avevano dati, lei e suo marito, con tutti quei debiti... Le raccomandava la sua roba, di proteggerla, di difenderla: «Piuttosto farti tagliare la mano, vedi!... quando tuo marito torna a proporti di firmare delle carte!... Lui non sa cosa vuol dire!». Spiegava quel che gli erano costati, quei poderi, l'Alia, la Canziria, li passava tutti in rassegna amorosamente; rammenta-

Al pensiero delle sue terre Gesualdo si commuove, ricordando i sacrifici fatti per acquistarle, e cerca invano di trasmettere alla figlia il suo attaccamento alla «roba».

100 va come erano venuti a lui, uno dopo l'altro, a poco a poco, le terre seminative, i pascoli, le vigne; li descriveva minutamente, zolla per zolla, colle qualità buone o cattive. Gli tremava la voce, gli tremavano le mani, gli si accendeva tuttora il sangue al viso, gli spuntavano le lagrime agli occhi: «Mangalavite[20], sai... la conosci anche tu... ci sei stata con tua madre... Quaranta salme[21] di terreni, tutti albera-

105 ti!... ti rammenti... i belli aranci?... anche tua madre, poveretta, ci si rinfrescava la bocca, negli ultimi giorni!... Trecento migliaia l'anno, ne davano! Circa trecento onze[22]! E la Salonia... dei seminati d'oro... della terra che fa miracoli... benedetto sia tuo nonno che vi lasciò le ossa!...».

Infine, per la tenerezza, si mise a piangere come un bambino.

110 «Basta» disse poi. «Ho da dirti un'altra cosa... Senti...»

La guardò fissamente negli occhi pieni di lagrime per vedere l'effetto che avrebbe fatto la sua volontà. Le fece segno di accostarsi ancora, di chinarsi su lui supino che esitava a cercare le parole.

«Senti!... Ho degli scrupoli di coscienza... Vorrei lasciare qualche legato a delle

115 persone verso cui ho degli obblighi[23]... Poca cosa... Non sarà molto per te che sei ricca... Farai conto di essere una regalìa[24] che tuo padre ti domanda... in punto di morte... se ho fatto qualcosa anch'io per te...»

«Ah, babbo, babbo!... che parole!» singhiozzò Isabella.

---

16. ispida: *ruvida.*

17. sospetti odiosi: dicerie secondo cui Isabella non era figlia di Gesualdo, ma di Ninì Rubiera.

18. corruscava: *risplendeva, lampeggiava.*

19. crepacuori: *sofferenze, dolori.*

20. Mangalavite: nome di un terreno di Ge-

sualdo, come, più oltre, la Salonia.

21. salme: la salma (in siciliano «sarma») è una misura di superficie, corrispondente a 1,764 ettari.

22. onze: monete siciliane del valore di circa 12 lire.

23. Vorrei ... obblighi: *vorrei fare un lasci-*

to testamentario («legato»). Gesualdo lascia intendere che vorrebbe lasciare una piccola eredità ai figli illegittimi avuti dalla fedele serva Diodata.

24. di essere una regalìa: *che sia un regalo.*

La morte di Gesualdo 241

«Lo farai, eh? lo farai?... anche se tuo marito non volesse...»

120 Le prese le tempia fra le mani, e le sollevò il viso per leggerle negli occhi se l'avrebbe ubbidito, per farle intendere che gli premeva proprio, e che ci aveva quel segreto in cuore. E mentre la guardava, a quel modo, gli parve di scorgere anche lui quell'altro segreto, quell'altro cruccio nascosto, in fondo agli occhi della figliuola[25]. E voleva dirle delle altre cose, voleva farle altre domande, in quel pun-
125 to, aprirle il cuore come al confessore, e leggere nel suo. Ma ella chinava il capo, quasi avesse indovinato, colla ruga ostinata dei Trao fra le ciglia, tirandosi indietro, chiudendosi in sé, superba, coi suoi guai e il suo segreto. E lui allora sentì di tornare Motta, com'essa era Trao, diffidente, ostile, di un'altra pasta. Allentò le braccia, e non aggiunse altro.

130 «Ora fammi chiamare un prete,» terminò con un altro tono di voce. «Voglio fare i miei conti con Domeneddio.»

Durò ancora qualche altro giorno così, fra alternative di meglio e di peggio[26]. Sembrava anzi che cominciasse a riaversi un po', quando a un tratto, una notte, peggiorò rapidamente. Il servitore che gli avevano messo a dormire nella stanza
135 accanto l'udì agitarsi e smaniare prima dell'alba. Ma siccome era avvezzo a quei capricci, si voltò dall'altra parte, fingendo di non udire. Infine, seccato da quella canzone[27] che non finiva più, andò sonnacchioso a vedere che c'era.

«Mia figlia!» borbottò don Gesualdo con una voce che non sembrava più la sua. «Chiamatemi mia figlia!»

140 «Ah, sissignore. Ora vado a chiamarla» rispose il domestico, e tornò a coricarsi. Ma non lo lasciava dormire quell'accidente! Un po' erano sibili, e un po' faceva peggio di un contrabbasso, nel russare. Appena il domestico chiudeva gli occhi, udiva un rumore strano che lo faceva destare di soprassalto, dei guaiti[28] rauchi, come uno che sbuffasse ed ansimasse, una specie di rantolo che dava noia e vi
145 accapponava la pelle. Tanto che infine dovette tornare ad alzarsi, furibondo, masticando delle bestemmie e delle parolacce.

«Cos'è? Gli è venuto l'uzzolo adesso? Vuol passar mattana![29] Che cerca?»

Don Gesualdo non rispondeva; continuava a sbuffare supino. Il servitore tolse il paralume, per vederlo in faccia. Allora si fregò bene gli occhi, e la voglia di tor-
150 nare a dormire gli andò via a un tratto.

«Ohi! ohi! Che facciamo adesso?» balbettò grattandosi il capo.

Stette un momento a guardarlo così, col lume in mano, pensando se era meglio aspettare ancora un po', o scendere subito a svegliare la padrona e mettere la casa sottosopra. Don Gesualdo intanto andavasi calmando, col respiro più corto,
155 preso da un tremito, facendo solo di tanto in tanto qualche boccaccia, cogli occhi sempre fissi e spalancati. A un tratto s'irrigidì e si chetò del tutto. La finestra cominciava a imbiancare[30]. Suonavano le prime campane. Nella corte udivasi scalpitare i cavalli, e picchiare di striglie sul selciato. Il domestico andò a vestirsi, e poi tornò a rassettare[31] la camera. Tirò le cortine[32] del letto, spalancò le vetrate, e
160 s'affacciò a prendere una boccata d'aria, fumando. Lo stalliere che faceva passeggiare un cavallo malato, alzò il capo verso la finestra.

«Mattinata, eh, don Leopoldo?»

> Di fronte al riemergere dell'atteggiamento altezzoso di Isabella, Gesualdo percepisce la differenza tra le proprie origini umili e quelle nobili della figlia, e abbandona ogni ulteriore tentativo di comunicazione.

> Le scelte linguistiche del narratore sottolineano che il punto di vista è quello malevolo e infastidito del servitore.

---

25. quell'altro ... figliuola: l'infelice vita matrimoniale di Isabella.
26. alternative ... peggio: alternarsi di miglioramenti e peggioramenti.
27. quella canzone: quei lamenti che si ri-
petevano come una cantilena.
28. guaiti: mugolii, ansimi.
29. Gli è ... mattana!: gli sono venuti dei capricci? Vuol fare delle storie!
30. La finestra ... imbiancare: dai vetri si co-
minciava a vedere il chiarore dell'alba.
31. rassettare: riordinare.
32. cortine: tende.

Mastro-don-Gesualdo

«E nottata pure!» rispose il cameriere sbadigliando. «M'è toccato a me questo regalo!»

165 L'altro scosse il capo, come a chiedere che c'era di nuovo, e don Leopoldo fece segno che il vecchio se n'era andato, grazie a Dio. «Ah... così... alla chetichella[33]?...» osservò il portinaio che strascicava la scopa e le ciabatte per l'androne[34].

Degli altri domestici s'erano affacciati intanto, e vollero andare a vedere. Di lì a un po' la camera del morto si riempì di gente in manica di camicia e colla pipa
170 in bocca. La guardarobiera vedendo tutti quegli uomini dalla finestra dirimpetto venne anche lei a far capolino nella stanza accanto.

«Quanto onore, donna Carmelina! Entrate pure; non vi mangiamo mica... E neanche lui... non vi mette più le mani addosso di sicuro...»

«Zitto, scomunicato[35]!... No, ho paura, poveretto!... Ha cessato di penare.»

175 «Ed io pure» soggiunse don Leopoldo.

Così, nel crocchio, narrava le noie che gli aveva dato quel cristiano – uno che faceva della notte giorno, e non si sapeva come pigliarlo, e non era contento mai.

«Pazienza servire quelli che realmente sono nati meglio di noi... Basta, dei morti non si parla.»

180 «Si vede com'era nato...» osservò gravemente il cocchiere maggiore. «Guardate le mani!»

«Già, son le mani che hanno fatto la pappa[36]!... Vedete cos'è nascere fortunati... Intanto vi muore nella battista[37] come un principe!...»

«Allora» disse il portinaio «devo andare a chiudere il portone?[38]»

185 «Sicuro, eh! È roba di famiglia. Adesso bisogna avvertire la cameriera della signora duchessa.»

> La battuta sprezzante del servitore indica che ai loro occhi Gesualdo resta un contadino arricchito, ben diverso dai "padroni": le loro reazioni testimoniano in modo evidente il fallimento del suo tentativo di ascesa sociale.

---

33. alla chetichella: *senza fare rumore, quasi di nascosto.*
34. androne: *anticamera.*
35. scomunicato: *screanzato, maleducato.*
36. mani ... pappa: *mani rovinate dal cemento e dalla calce («pappa»), che cuoce la pelle dei muratori.*
37. battista: *tessuto molto fine e costoso,* perciò tipico delle case signorili.
38. Allora ... il portone?: come segno di lutto veniva accostato un battente del portone di casa.

Rafael Romero de Torres, *L'ultimo sacramento*, dettaglio, 1890.

La morte di Gesualdo 243

Analisi guidata

Un doppio fallimento

Nel finale del romanzo si assiste al **declino del protagonista** che, all'avvicinarsi della morte, si trova di fronte a un duplice **fallimento**, materiale e morale. Non solo percepisce l'impossibilità di stabilire una vera comunicazione affettiva con la figlia, ma è anche incapace di trasmetterle quell'amore per la «roba» che è alla base della sua ascesa. In Gesualdo, dunque, beni materiali e affetti si mescolano nel tentativo di trasmettere a Isabella un'eredità sia materiale sia etica, destinata però ad andare perduta.

Competenze di comprensione e analisi

- Il dramma di Gesualdo è legato soprattutto alla sua condizione di impotenza e alla constatazione che i suoi beni andranno perduti con lui. Sottolinea i punti in cui questi sentimenti appaiono più evidenti.
- Qual è l'atteggiamento di Gesualdo nei confronti della sua condotta di vita? A tuo parere egli è pentito di aver sacrificato gli affetti all'accumulo della «roba»? Rispondi facendo un confronto con il Mazzarò protagonista de *La roba* (p. 227).

L'impossibile dialogo

La parte centrale del brano è occupata dal dialogo tra Gesualdo e Isabella. Mentre il **dolore** di quest'ultima risulta troppo **ostentato** per apparire sincero, Gesualdo si sforza di comunicare alla figlia la sua **affettuosa tenerezza**. Ma, nel momento più intenso del colloquio, il protagonista è costretto a constatare con amarezza la **distanza sociale che li separa**, più forte di ogni sentimento («E lui allora sentì di tornare Motta, com'essa era Trao, diffidente, ostile, di un'altra pasta»).

Competenze di comprensione e analisi

- Osserva l'aggettivazione e i toni usati da Gesualdo per descrivere i suoi poderi: ti sembra che per lui si tratti solo di beni materiali?
- Come reagisce Isabella alla richiesta indiretta di Gesualdo di lasciare una piccola eredità ai figli di Diodata? Analizza il comportamento della ragazza e delineane un breve ritratto.

Le scelte espressive

Nel brano, come più in generale in tutto il romanzo, la narrazione è affidata soprattutto alle battute dialogiche e la focalizzazione è orientata secondo il **punto di vista del protagonista**. Ma con una scelta stilistica particolarmente efficace, nella **sequenza finale** la visuale muta bruscamente e il **punto di vista** viene a coincidere con quello **dei domestici**, maligni e indifferenti, che considerano l'agonia di Gesualdo un fastidio e un capriccio. Lo sprezzante dialogo finale tra i servitori sancisce e sottolinea la **completa solitudine di Gesualdo** e il fallimento della sua parabola esistenziale.

Competenze di comprensione e analisi

- Rintraccia nel testo il momento in cui il punto di vista del narratore si sposta dal protagonista ai domestici.
- Quali spie linguistiche sottolineano il punto di vista malevolo della servitù nei confronti dell'arricchito Gesualdo?

Mastro-don-Gesualdo

Il libro del mese
Il Gattopardo

AUTORE Giuseppe Tomasi di Lampedusa
ANNO DI PUBBLICAZIONE 1958
CASA EDITRICE Feltrinelli

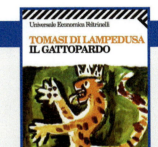

TRE BUONI MOTIVI PER LEGGERLO

1. È un romanzo storico che ricostruisce in modo impeccabile la vita dell'aristocrazia siciliana, nel passaggio dal regime borbonico al Regno d'Italia.
2. Analizza lucidamente il fallimento degli ideali risorgimentali e i motivi dell'arretratezza della Sicilia.
3. Invita a riflettere su un tema attuale come il potere e i modi, spesso opachi, per mantenerlo.

L'AUTORE E IL ROMANZO Giuseppe Tomasi di Lampedusa (1896-1957), discendente di un'antica e nobile famiglia siciliana, trascorse una vita appartata nel suo palazzo di Palermo, dedicandosi prevalentemente alla lettura dei grandi autori della letteratura francese e inglese. Esperto conoscitore dell'opera di Stendhal, la sua fama è legata al romanzo *Il Gattopardo*, uscito postumo l'anno dopo la sua morte e divenuto nel giro di pochi mesi un successo internazionale. Alla vita di questo grande intellettuale il regista Roberto Andò ha dedicato in film *Il manoscritto del Principe* (2000). *Il Gattopardo* (1958) è un romanzo storico ambientato in Sicilia tra il 1860 e il 1910, epoca in cui si realizza il passaggio dal regime borbonico al nuovo Regno d'Italia.

L'INCIPIT La recita quotidiana del Rosario era finita. Durante mezz'ora la voce pacata del Principe aveva ricordato i Misteri Gloriosi e Dolorosi; durante mezz'ora altre voci, frammiste, avevano tessuto un brusio ondeggiante sul quale si erano distaccati i fiori d'oro di parole inconsuete: amore, verginità, morte; e durante quel brusio il salone rococò sembrava aver mutato aspetto; financo i pappagalli che spiegavano le ali iridate sulla seta del parato erano apparsi intimiditi; perfino la Maddalena, fra le due finestre, era sembrata una penitente anziché una bella biondona, svagata in chissà quali sogni, come la si vedeva sempre.

LA TRAMA Mentre Garibaldi sta completando la liberazione dell'Italia meridionale, il principe Fabrizio di Salina, uomo solitario e carismatico, trascorre il suo tempo tra lo splendido palazzo di Palermo e la residenza estiva di Donnafugata, dedicandosi alla lettura e all'osservazione degli astri. Un giorno giunge in visita l'affascinante nipote Tancredi, che manifesta la sua volontà di unirsi ai piemontesi per rovesciare il regime borbonico. Don Fabrizio assiste alla nascita del Regno d'Italia e comincia a interrogarsi sul destino del mondo a cui è sempre appartenuto, mentre Tancredi cerca di consolidare la sua posizione sposando la bellissima Angelica, figlia di uno degli uomini più ricchi del feudo di Salina.

TRE PISTE DI LETTURA

1. Rifiutando il manoscritto del *Gattopardo*, Elio Vittorini scriveva: «Anche se come modi, tono, linguaggio e impostazione narrativa può apparire piuttosto vecchiotto, da fine Ottocento, il suo è un libro molto serio e onesto […] ma non riesce a diventare il racconto d'un epoca e, insieme, il racconto della decadenza di quell'epoca, ma piuttosto la descrizione delle reazioni psicologiche del principe alle modificazioni politiche e sociali di quell'epoca». Sei d'accordo o meno con questo giudizio? Rispondi in un testo argomentativo suffragando la tua tesi con riferimenti al romanzo.
2. Il romanzo è dominato da un senso di disfacimento e declino che esprimere il crollo dei valori in cui il Principe di Salina e l'intera classe aristocratica siciliana si erano sempre rispecchiati. Ti sembra che tale atmosfera possa essere accostata a quella della narrativa decadente e della 'crisi'?
3. La fama del romanzo crebbe ulteriormente dopo l'uscita del film *Il Gattopardo* (1963), diretto da Luchino Visconti. Dopo aver visto il film elenca le principali differenze tra il libro e la sua trasposizione cinematografica.

LABORATORIO DELLE COMPETENZE

Guida alla verifica orale

DOMANDA N. 1 In che cosa consiste e quando si attua la 'conversione' di Verga al Verismo?

LA RISPOSTA IN SINTESI

Dopo aver scritto romanzi sentimentali di ambientazione borghese e mondana, Verga applica in modo originale le teorie dei naturalisti francesi alla difficile situazione sociale del Meridione. I protagonisti delle sue nuove opere appartengono al livello più basso della società (umili pescatori e contadini della Sicilia), il cui dramma viene narrato con una tecnica rigorosamente oggettiva. Dopo i primi tentativi (la novella *Nedda*, del 1874) il primo testo propriamente verista è la novella *Rosso Malpelo* del 1878.

LA RISPOSTA NEI TESTI

T1 Il nuovo stile narrativo adottato da Verga prevede la scomparsa («eclisse») dell'autore e la sua regressione a livello di un narratore popolare che fa parte della comunità rappresentata: in questo modo l'opera d'arte sembrerà «essersi fatta da sé».

T4 In *Rosso Malpelo* si attuano tutte le scelte tematiche e stilistiche della "conversione" al Verismo: ambientazione e personaggi ispirati alla vita dei minatori siciliani e introduzione di un narratore popolare (eclissi dell'autore, regressione, straniamento).

DOMANDA N. 2 Quale visione della realtà sociale viene espressa dalle opere veriste di Verga?

LA RISPOSTA IN SINTESI

Verga riprende dal Positivismo l'idea che la realtà sociale sia dominata dalla spinta al progresso, la quale comporta la vittoria dei più forti, sancendo al tempo stesso la sconfitta dei ceti più deboli (darwinismo). Egli, dunque, sceglie di concentrarsi sui «vinti» e sulla loro tragedia. In questa realtà, atea e materialistica, sentimenti e valori vengono annullati dalle ragioni dell'utile economico e dall'egoismo dei singoli, senza lasciare spazio ad alcuna speranza di riscatto.

LA RISPOSTA NEI TESTI

T2 Il progetto del ciclo dei *Vinti* indica chiaramente in quale direzione vada l'interesse di Verga: narrare le storie di chi è stato sconfitto dal progresso e dalla lotta per il miglioramento sociale.

T3 – T4 Gli eroi che antepongono gli affetti all'utile sono destinati a essere emarginati e a soccombere.

T9 Il nuovo eroe trionfa economicamente ma è destinato a rinunciare agli affetti e a legami umani.

DOMANDA N. 3 Quali sono le tecniche narrative tipiche di Verga?

LA RISPOSTA IN SINTESI

Verga ritiene che l'opera d'arte debba essere del tutto oggettiva e impersonale. Egli applica quindi il principio dell'eclissi dell'autore, secondo il quale la narrazione deve essere condotta da un narratore interno al mondo rappresentato (regressione), senza lasciar trasparire i giudizi dell'autore sulla vicenda. La narrazione viene svolta quindi dall'interno e dal basso, attraverso il frequente ricorso al discorso indiretto libero e a una lingua vicina al parlato.

LA RISPOSTA NEI TESTI

T3 – T10 In tutti i testi sono presenti le scelte espressive e stilistiche tipiche della poetica verista: mimesi del parlato, lingua con coloritura dialettale, punto di vista collettivo e corale, personaggi presentati direttamente attraverso le loro parole e le loro azioni.

Testo laboratorio

T12

L'addio alla roba

Mastro-don Gesualdo parte IV, cap. IV

- Lettura
- Comprensione
- Analisi
- Interpretazione
- Produzione scritta

Il brano, tratto dal penultimo capitolo di Mastro-don Gesualdo (1889), racconta la partenza del protagonista dai suoi possedimenti di campagna. Consapevole che la sua malattia è ormai incurabile, Gesualdo non sa però rassegnarsi ad abbandonare la «roba» faticosamente accumulata negli anni.

Non voleva veder nessuno. Giacché era condannato, voleva morire in pace, senza operazioni chirurgiche, lontano dai guai, nella sua campagna. S'attaccava alla vita mani e piedi, disperato. Ne aveva passate delle altre; s'era aiutato sempre da sé, nei mali passi[1]. Coraggio ne aveva, e aveva il cuoio[2] duro anche. Mangia-

5 va e beveva; si ostinava a star meglio; si alzava dal letto due o tre ore al giorno; si trascinava per le stanze, da un mobile all'altro. Infine si fece portare a Mangalavite[3], col fiato ai denti, mastro Nardo da un lato e Masi dall'altro che lo reggevano sul mulo – un viaggio che durò tre ore, e gli fece dire cento volte: «Buttatemi nel fosso, ch'è meglio».

> **Mastro-don Gesualdo comprende che la sua vita è davvero alla fine, poiché non riesce più a gioire per la visione dei suoi possedimenti e dei suoi averi.**

10 Ma laggiù, dinanzi alla sua roba, si persuase che era finita davvero, che ogni speranza per lui era perduta, al vedere che di nulla gliene importava, oramai. La vigna metteva già le foglie, i seminati erano alti, gli ulivi in fiore, i sommacchi[4] verdi, e su ogni cosa stendevasi una nebbia, una tristezza, un velo nero. La stessa casina, colle finestre chiuse, la terrazza dove Bianca[5] e la figliuola solevano met-

15 tersi a lavorare, il viale deserto, fin[6] la sua gente di campagna che temeva di seccarlo e se ne stava alla larga, lì nel cortile o sotto la tettoia, ogni cosa gli stringeva il cuore; ogni cosa gli diceva: Che fai? che vuoi? La sua stessa roba lì, i piccioni che roteavano a stormi sul suo capo, le oche e i tacchini che schiamazzavano dinanzi a lui... Si udivano delle voci e delle cantilene di villani che lavoravano.

> **La reazione di Gesualdo è irrazionale e quasi patetica: egli non sa rassegnarsi ad abbandonare la sua «roba» e tenta inutilmente di distruggerla.**

20 no. Per la viottola di Licodia, in fondo, passava della gente a piedi e a cavallo. Il mondo andava ancora pel suo verso, mentre non c'era più speranza per lui, roso dal baco[7] al pari di una mela fradicia che deve cascare dal ramo, senza forza di muovere un passo sulla terra, senza voglia di mandar giù un uovo. Allora disperato di dover morire, si mise a bastonare anatre e tacchini, a strappar gemme

25 e sementi. Avrebbe voluto distruggere d'un colpo tutto quel ben di Dio che aveva accumulato a poco a poco. Voleva che la sua roba se ne andasse con lui, disperata come lui. Mastro Nardo e il garzone dovettero portarlo di nuovo in paese, più morto che vivo.

Di lì a qualche giorno arrivò il duca di Leyra[8], chiamato per espresso, e s'impadronì del suocero e della casa, dicendo che voleva condurselo a Palermo e farlo

---

1. nei mali passi: *nelle disavventure.*
2. il cuoio: *la pelle.*
3. Mangalavite: la tenuta di campagna dove si trovava la prima casa del protagonista.
4. sommacchi: arbusti dai quali si estrae una sostanza usata per lavorare la pelle.
5. Bianca: Bianca Trao, la moglie di Gesualdo morta da alcuni mesi.
6. fin: anche, perfino.
7. roso dal baco: la metafora, tratta dal mondo agricolo, indica il progredire della malattia di Gesualdo.
8. il duca di Leyra: il marito di Isabella, la figlia di Gesualdo.
9. Speranza: la sorella di Gesualdo.

Laboratorio delle competenze   **247**

LABORATORIO DELLE COMPETENZE

curare dai migliori medici. Il poveretto, ch'era ormai l'ombra di se stesso, lasciava fare; riapriva anzi il cuore alla speranza; intenerivasi alle premure del genero e della figliuola che l'aspettava a braccia aperte. Gli pareva che gli tornassero già le forze. Non vedeva l'ora d'andarsene, quasi dovesse lasciare il suo male lì, in quella casa e in quei poderi che gli erano costati tanti sudori, e che gli pesavano invece adesso sulle spalle. Il genero intanto occupavasi col suo procuratore a mettere in sesto gli affari. Appena don Gesualdo fu in istato di poter viaggiare, lo misero in lettiga e partirono per la città. Era una giornata piovosa.

Le case note, dei visi di conoscenti che si voltavano appena, sfilavano attraverso gli sportelli della lettiga. Speranza[9], e tutti i suoi, in collera dacché era venuto il duca a spadroneggiare, non si erano fatti più vedere. Ma Nardo aveva voluto accompagnare il padrone sino alle ultime case del paese. In via della Masera si udì gridare: «Fermate! fermate!» e apparve Diodata[10] che voleva salutare don Gesualdo l'ultima volta, lì, davanti il suo uscio. Però, giunta vicino a lui, non seppe trovare le parole, e rimaneva colle mani allo sportello, accennando col capo. «Ah, Diodata... Sei venuta a darmi il buon viaggio?...» disse lui. Essa fece segno di sì, di sì, cercando di sorridere, e gli occhi le si riempirono di lagrime.

«Povera Diodata! Tu sola ti rammenti del tuo padrone...».

Affacciò il capo allo sportello, cercando forse degli altri, ma siccome pioveva lo tirò indietro subito.

«Guarda che fai!... sotto la pioggia... a capo scoperto!... È il tuo vizio antico! Ti rammenti, eh, ti rammenti?»

«Sissignore» rispose lei semplicemente, e continuava ad accompagnare le parole coi cenni del capo. «Sissignore, fate buon viaggio, vossignoria».

Si staccò pian piano dalla lettiga, quasi a malincuore, e tornò a casa, fermandosi sull'uscio, umile e triste. Don Gesualdo s'accorse allora di mastro Nardo che l'aveva seguìto sin lì, e mise mano alla tasca per regalargli qualche baiocco[11].

«Scusate, mastro Nardo... non ne ho... sarà per un'altra volta, se torniamo a vederci, eh?... se torniamo a vederci...» E si buttò all'indietro, col cuore gonfio di tutte quelle cose che si lasciava dietro le spalle, la viottola fangosa per cui era passato tante volte, il campanile perduto nella nebbia, i fichi d'India rigati dalla pioggia che sfilavano di qua e di là della lettiga.

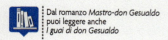

Dal romanzo *Mastro-don Gesualdo* puoi leggere anche *I guai di don Gesualdo*

---

10. Diodata: la fedele serva di Gesualdo, che gli ha dato due figli illegittimi.
11. baiocco: moneta di poco valore.

COMPRENSIONE

1 Dividi il brano in sequenze e assegna a ciascuna un titolo.

2 Perché don Gesualdo cerca di distruggere i suoi beni?

3 Che cosa fa il duca di Leyra, una volta arrivato da mastro-don Gesualdo?

ANALISI E INTERPRETAZIONE

4 Quali sentimenti mostra Gesualdo nei confronti di Diodata? Ti sembrano coerenti con il personaggio descritto da Verga?

5 Delinea un breve ritratto di mastro-don Gesualdo e della figlia Isabella sulla base delle informazioni che puoi ricavare dal brano proposto.

➜ Oltre il testo — Confrontare e analizzare

- Metti a confronto mastro-don-Gesualdo e Mazzarò, protagonista della novella *La roba* (p. 227): quali analogie trovi tra i due personaggi? Ti sembra che entrambi facciano parte della stessa categoria di "vinti"?

- In questo brano il tempo del racconto e il tempo della storia coincidono? Motiva la tua risposta con riferimenti al testo.

6 Che tipo di narratore è quello del brano?

➜ Oltre il testo — Confrontare e analizzare

- Ti sembra che il narratore del brano letto sia analogo a quello dei *Malavoglia* o delle novelle di *Vita dei campi*? Perché? Rispondi in un breve testo scritto.

- Individua nel testo alcuni esempi di linguaggio popolare.

SCRITTURA E APPROFONDIMENTO

7 Ti sembra che il tema del brano sia coerente con il progetto verghiano del ciclo dei *Vinti*?

➜ Oltre il testo — Confrontare e collegare

- Dopo aver riletto le pagine relative al ciclo dei *Vinti*, spiega in un breve testo quali differenze esistono tra i vinti di *Vita dei campi* e dei *Malavoglia* e il protagonista di *Mastro-don Gesualdo*.

8 Scrivi un testo espositivo nel quale analizzi le principali caratteristiche della poetica verista presenti in questo brano.

➜ Oltre il testo — Confrontare e collegare

- Dopo aver riletto le parti relative al pensiero e alla poetica di Verga prepara una relazione multimediale sul Verismo, in cui metti in evidenza lo sviluppo della poetica verghiana e gli elementi ricorrenti della sua ideologia.

Laboratorio delle competenze **249**

VERSO L'ESAME DI STATO

Verifica delle conoscenze

Quesiti a risposta chiusa

1 Il primo testo verista di Verga è:
- ☐ *Eva*
- ☐ *Nedda*
- ☐ *Rosso Malpelo*
- ☐ *La Lupa*

2 Secondo Verga, il progresso e la "lotta per la vita" comportano:
- ☐ l'affermazione dei valori borghesi di intraprendenza e operosità
- ☐ la possibilità di modificare la società a vantaggio dei più deboli
- ☐ una spinta complessiva al miglioramento di tutti
- ☐ la sconfitta dei ceti sociali più deboli e il trionfo dei più forti

3 Secondo la poetica verista di Verga il narratore deve:
- ☐ identificarsi con il protagonista e narrare in prima persona
- ☐ essere onnisciente e conoscere anche i pensieri dei personaggi
- ☐ essere anonimo, non giudicante e interno all'ambiente rappresentato
- ☐ guidare con i suoi giudizi il lettore all'interpretazione della vicenda

4 La lingua utilizzata da Verga è:
- ☐ il dialetto siciliano
- ☐ vicina al parlato siciliano
- ☐ di livello medio e vario
- ☐ elevata e letteraria

5 *I Malavoglia* vengono pubblicati nel:
- ☐ 1872
- ☐ 1881
- ☐ 1879
- ☐ 1889

6 Le principali raccolte di novelle veriste di Verga sono:
- ☐ *Vita dei campi* e *Novelle rusticane*
- ☐ *Tigre reale* e *Per le vie*
- ☐ *Vita dei campi* e *Cavalleria rusticana*
- ☐ *Novelle rusticane* e *Fantasticheria*

7 Con i romanzi del ciclo dei *Vinti* Verga vuole mostrare:
- ☐ il progressivo complicarsi dei rapporti sociali dai ceti più umili a quelli più elevati
- ☐ gli effetti della spinta al miglioramento nei diversi ceti sociali, a partire dai più bassi
- ☐ l'esito positivo del desiderio di progresso nei ceti sociali più bassi della Sicilia
- ☐ l'influsso dell'ereditarietà e dell'ambiente sul comportamento dei singoli

8 Nel finale del *Mastro-don Gesualdo* il protagonista:
- ☐ sposa l'aristocratica Bianca Trao e riesce nel suo intento di ascesa sociale
- ☐ migliora la sua posizione sociale, ma muore in solitudine e senza affetti
- ☐ diseredа la figlia che, contro il suo volere, ha sposato un umile muratore
- ☐ abbandona i suoi beni e la famiglia per sposare la serva Diodata

9 Negli ultimi anni della sua vita Verga:
- ☐ diventa senatore del Regno nel partito della sinistra
- ☐ si interessa al problema linguistico nell'Italia unita
- ☐ diventa sempre più pessimista e politicamente conservatore
- ☐ si dedica esclusivamente al teatro, con enorme successo

Quesiti a risposta aperta
(massimo 8 righe per ogni risposta)

1 Indica in sintesi le caratteristiche delle principali opere pre-veriste di Verga.

2 Illustra quando, in che modo e per quali motivi matura in Verga la cosiddetta "conversione" al Verismo.

3 Spiega quale visione ha Verga del progresso e in che cosa consiste il suo "darwinismo sociale".

4 Chiarisci che cos'è il ciclo dei *Vinti* e quanti e quali romanzi avrebbe dovuto comprendere.

5 Riassumi in sintesi la vicenda narrata ne *I Malavoglia*.

6 Chiarisci per quali motivi si può dire che ne *I Malavoglia* le due figure di 'Ntoni e Padron 'Ntoni sono antitetiche e rappresentano due diverse visioni della realtà.

7 Commenta e chiarisci il messaggio contenuto nel finale de *I Malavoglia*.

8 Individua le differenze ideologiche, strutturali e formali tra *I Malavoglia* e *Mastro-don Gesualdo*.

Trattazione sintetica di argomenti
(massimo 20 righe per ogni risposta)

1 Verga sceglie come argomento delle sue opere veriste i ceti umili della Sicilia postunitaria. Facendo riferimento ai testi analizzati, spiega quale posizione ideologica assume l'autore nei confronti dei "vinti". A tuo parere Verga è mosso dalla fiducia nella possibilità di un miglioramento sociale di questi ceti?

250 Verso l'Esame di Stato

Analisi del testo

T13 Malaria

In questa novella, inclusa nelle Novelle rusticane *(1883), Verga offre un desolato ritratto della pianura siciliana intorno a Catania. In queste zone la pre-* *senza della malaria scandisce la misera esistenza degli uomini e fa da contraltare alla fertilità quasi innaturale della terra.*

E' vi par di toccarla[1] colle mani – come dalla terra grassa che fumi, là, dappertutto, torno torno alle montagne che la chiudono, da Agnone al Mongibello[2] incappucciato di neve – stagnante nella pianura, a guisa dell'afa pesante di luglio. Vi nasce e vi muore il sole di brace, e la luna smorta, e la *Puddara*[3], che sembra navigare in un mare che svapori, e gli uccelli e le margherite bianche della prima-
5 vera, e l'estate arsa, e vi passano in lunghe file nere le anitre nel nuvolo dell'autunno, e il fiume che luccica quasi fosse di metallo, fra le rive larghe e abbandonate, bianche, slabbrate, sparse di ciottoli; e in fondo il lago di Lentini, come uno stagno, colle sponde piatte, senza una barca, senza un albero sulla riva, liscio ed
10 immobile. Sul greto pascolano svogliatamente i buoi, rari, infangati sino al petto, col pelo irsuto. Quando risuona il campanaccio della mandra, nel gran silenzio, volan via le cutrettole[4], silenziose, e il pastore istesso, giallo di febbre, e bianco di polvere anche lui, schiude un istante le palpebre gonfie, levando il capo all'ombra dei giunchi secchi.
15 È che la malaria v'entra nelle ossa col pane che mangiate, e se aprite bocca per parlare, mentre camminate lungo le strade soffocanti di polvere e di sole, e vi sentite mancar le ginocchia, o vi accasciate sul basto della mula che va all'ambio[5], colla testa bassa. Invano Lentini, e Francofonte, e Paternò[6], cercano di arrampicarsi come pecore sbrancate[7] sulle prime colline che scappano dalla pianura, e si circonda-
20 no di aranceti, di vigne, di orti sempre verdi; la malaria acchiappa gli abitanti per le vie spopolate, e li inchioda dinanzi agli usci delle case scalcinate dal sole, tremanti di febbre sotto il pastrano[8], e con tutte le coperte del letto sulle spalle. [...] La sera, appena cade il sole, si affacciano sull'uscio uomini arsi dal sole, sotto il cappellaccio di paglia e colle larghe mutande di tela, sbadigliando e stirandosi le
25 braccia; e donne seminude, colle spalle nere, allattando dei bambini già pallidi e disfatti, che non si sa come si faranno grandi e neri, e come ruzzeranno[9] sull'erba quando tornerà l'inverno, e l'aia diverrà verde un'altra volta, e il cielo azzurro e tutt'intorno la campagna riderà al sole. E non si sa neppure dove stia e perché ci stia tutta quella gente che alla domenica corre per la messa alle chiesuole soli-
30 tarie, circondate dalle siepi dei fichidindia, a dieci miglia in giro, sin dove si ode squillare la campanella fessa[10] nella pianura che non finisce mai. Però dov'è la malaria è terra benedetta da Dio. In giugno le spighe si coricano dal peso, e i solchi fumano quasi avessero sangue nelle vene appena c'entra il

---

1. toccarla: la malaria.
2. da Agnone al Mongibello: Agnone è un paese vicino a Catania; il Mongibello è l'Etna.
3. *Puddara*: è la costellazione delle Pleiadi.

4. cutrettole: piccoli uccelli gialli.
5. all'ambio: cioè alzando contemporaneamente le due zampe dallo stesso lato.
6. Lentini... Paternò: paesi in provincia di Catania.

7. sbrancate: *che hanno perduto il gregge.*
8. pastrano: *mantello di tessuto grezzo.*
9. ruzzeranno: *giocheranno.*
10. fessa: *stridula.*

Verso l'Esame di Stato

VERSO L'ESAME DI STATO

vomero[11] in novembre. Allora bisogna pure che chi semina e chi raccoglie ca-
35   schi come una spiga matura, perché il Signore ha detto: «Il pane che si mangia
bisogna sudarlo». Come il sudore della febbre lascia qualcheduno stecchito sul
pagliericcio di granoturco, e non c'è più bisogno di solfato né di decotto d'eucalipto[12], lo si carica sulla carretta del fieno, o attraverso il basto dell'asino, o su di
una scala, come si può, con un sacco sulla faccia, e si va a deporlo alla chiesuo-
40   la solitaria, sotto i fichidindia spinosi di cui nessuno perciò mangia i frutti. Le
donne piangono in crocchio, e gli uomini stanno a guardare, fumando.
Così s'erano portato il camparo[13] di Valsavoia, che si chiamava massaro Croce, ed
erano trent'anni che inghiottiva solfato e decotto d'eucalipto. In primavera stava
meglio, ma d'autunno, come ripassavano le anitre, egli si metteva il fazzoletto in
45   testa, e non si faceva più vedere sull'uscio che ogni due giorni; tanto che si era ridotto pelle ed ossa, e aveva una pancia grossa come un tamburo, che lo chiamavano il Rospo anche pel suo fare rozzo e selvatico, e perché gli erano diventati gli
occhi smorti e a fior di testa. Egli diceva sempre prima di morire: – Non temete,
che pei miei figli il padrone ci penserà! – E con quegli occhiacci attoniti guarda-
50   va in faccia ad uno ad uno coloro che gli stavano attorno al letto, l'ultima sera, e
gli mettevano la candela sotto il naso[14]. Lo zio Menico, il capraio, che se ne intendeva, disse che doveva avere il fegato duro come un sasso e pesante un rotolo
e mezzo. Qualcuno aggiungeva pure:
– Adesso se ne impipa! ché s'è ingrassato e fatto ricco a spese del padrone, e i suoi
55   figli non hanno bisogno di nessuno! Credete che l'abbia preso soltanto pei begli
occhi del padrone tutto quel solfato e tutta quella malaria per trent'anni?
Compare Carmine, l'oste del lago, aveva persi allo stesso modo i suoi figliuoli tutt'e
cinque, l'un dopo l'altro, tre maschi e due femmine. Pazienza le femmine! Ma i
maschi morivano appunto quando erano grandi, nell'età di guadagnarsi il pane.
60   Oramai egli lo sapeva; e come le febbri vincevano il ragazzo, dopo averlo travagliato due o tre anni, non spendeva più un soldo, né per solfato né per decotti,
spillava del buon vino e si metteva ad ammanire[15] tutti gli intingoli di pesce che
sapeva, onde stuzzicare l'appetito al malato. Andava apposta colla barca a pescare la mattina, tornava carico di cefali, di anguille grosse come il braccio, e poi di-
65   ceva al figliuolo, ritto dinanzi al letto e colle lagrime agli occhi: – Tè! mangia! – Il
resto lo pigliava Nanni, il carrettiere per andare a venderlo in città. – Il lago vi dà
e il lago vi piglia! – Gli diceva Nanni, vedendo piangere di nascosto compare Carmine. – Che volete farci, fratel mio? – Il lago gli aveva dato dei bei guadagni. E a
Natale, quando le anguille si vendono bene, nella casa in riva al lago, cenavano
70   allegramente dinanzi al fuoco, maccheroni, salsiccia e ogni ben di Dio, mentre il
vento urlava di fuori come un lupo che abbia fame e freddo. In tal modo coloro
che restavano si consolavano dei morti. Ma a poco a poco andavano assottiglian-
dosi così che la madre divenne curva come un gancio dai crepacuori[16], e il padre
che era grosso e grasso, stava sempre sull'uscio, onde[17] non vedere quelle stan-
75   zacce vuote, dove prima cantavano e lavoravano i suoi ragazzi. L'ultimo rimasto
non voleva morire assolutamente, e piangeva e si disperava allorché lo coglieva la
febbre, e persino andò a buttarsi nel lago dalla paura della morte. Ma il padre che

---

11. vomero: *vomere*, la lama dell'aratro.
12. solfato... d'eucalipto: sono rimedi contro la malaria.

13. camparo: *guardiano dei campi.*
14. gli mettevano ... naso: per vedere se
respirava ancora.

15. ammanire: *cucinare.*
16. crepacuori: *sofferenze.*
17. onde: *per.*

sapeva nuotare lo ripescò, e lo sgridava che quel bagno freddo gli avrebbe fatto tornare la febbre peggio di prima. – Ah! – singhiozzava il giovanetto colle mani nei capelli, – per me non c'è più speranza! per me non c'è più speranza! – Tutto sua sorella Agata, che non voleva morire perché era sposa! – osservava compare Carmine di faccia a sua moglie, seduta accanto al letto; e lei, che non piangeva più da un pezzo, confermava col capo, curva al pari di un gancio.

Lei, ridotta a quel modo, e suo marito grasso e grosso avevano il cuoio duro, e rimasero soli a guardar la casa. La malaria non ce l'ha contro di tutti. Alle volte uno vi campa cent'anni, come Cirino lo scimunito, il quale non aveva né re né regno, né arte né parte, né padre né madre, né casa per dormire, né pane da mangiare, e tutti lo conoscevano a quaranta miglia intorno, siccome andava da una fattoria all'altra, aiutando a governare i buoi, a trasportare il concime, a scorticare le bestie morte, a fare gli uffici vili[18]; e pigliava delle pedate e un tozzo di pane; dormiva nei fossati, sul ciglione dei campi, a ridosso delle siepi, sotto le tettoie degli stallazzi[19]; e viveva di carità, errando come un cane senza padrone, scamiciato e scalzo, con due lembi di mutande tenuti insieme da una funicella sulle gambe magre e nere; e andava cantando a squarciagola sotto il sole che gli martellava sulla testa nuda, giallo come lo zafferano. Egli non prendeva più né solfato, né medicine, né pigliava le febbri. Cento volte l'avevano raccolto disteso, quasi fosse morto, attraverso la strada; infine la malaria l'aveva lasciato, perché non sapeva più che farsene di lui. Dopo che gli aveva mangiato il cervello e la polpa delle gambe, e gli era entrata tutta nella pancia gonfia come un otre, l'aveva lasciato contento come una pasqua, a cantare al sole meglio di un grillo. Di preferenza lo scimunito soleva stare dinanzi lo stallatico di Valsavoia, perché ci passava della gente, ed egli correva loro dietro per delle miglia, gridando, uuh! uuh! finché gli buttavano due centesimi. L'oste gli prendeva i centesimi e lo teneva a dormire sotto la tettoia, sullo strame[20] dei cavalli, che quando si tiravano dei calci, Cirino correva a svegliare il padrone gridando uuh! e la mattina li strigliava e li governava. Più tardi era stato attratto dalla ferrovia che costrussero[21] lì vicino. I vetturali e i viandanti erano diventati più rari sulla strada, e lo scimunito non sapeva che pensare, guardando in aria delle ore le rondini che volavano, e batteva le palpebre al sole per capacitarsene. La prima volta, al vedere tutta quella gente insaccata nei carrozzoni che passavano dalla stazione, parve che indovinasse. E d'allora in poi ogni giorno aspettava il treno, senza sbagliare di un minuto, quasi avesse l'orologio in testa; e mentre gli fuggiva dinanzi, gettandogli contro la faccia il fumo e lo strepito, egli si dava a corrergli dietro, colle braccia in aria, urlando in tuono di collera e di minaccia: uuh! uuh!...

L'oste, anche lui, ogni volta che da lontano vedeva passare il treno sbuffante nella malaria, non diceva nulla, ma gli sputava contro il fatto suo[22] scrollando il capo, davanti alla tettoia deserta e ai boccali vuoti. Prima gli affari andavano così bene che egli aveva preso quattro mogli, l'una dopo l'altra, tanto che lo chiamavano «Ammazzamogli» e dicevano che ci aveva fatto il callo, e tirava a pigliarsi la quinta, se la figlia di massaro Turi Oricchiazza non gli faceva rispondere: – Dio ne liberi! nemmeno se fosse d'oro, quel cristiano! Ei si mangia il prossimo

---

18. uffici vili: *lavori di poco conto.*

19. stallazzi: *stalle, ripari pee le bestie.*

20. strame: *strato di erba secca e foglie che* ricopre il pavimento delle stalle.

21. costrussero: *costruirono.*

22. gli sputava ... suo: *lo offendeva, gli gridava insulti.*

Verso l'Esame di Stato   253

VERSO L'ESAME DI STATO

suo come un coccodrillo! – Ma non era vero che ci avesse fatto il callo, perché quando gli era morta comare Santa, ed era la terza, egli sino all'ora di colazione non ci aveva messo un boccone di pane in bocca, né un sorso d'acqua, e pian-
125 geva per davvero dietro il banco dell'osteria. – Stavolta voglio pigliarmi una che è avvezza alla malaria – aveva detto dopo quel fatto. – Non voglio più soffrirne di questi dispiaceri.

Le mogli gliele ammazzava la malaria, ad una ad una, ma lui lo lasciava tal qua-le, vecchio e grinzoso, che non avreste immaginato come quell'uomo lì ci aves-
130 se anche lui il suo bravo omicidio sulle spalle, quantunque tirasse a prendere la quarta moglie. Pure la moglie ogni volta la cercava giovane e appetitosa, ché senza moglie l'osteria non può andare, e per questo gli avventori s'erano dirada-ti. Ora non restava altri che compare Mommu, il cantoniere della ferrovia lì vi-cino, un uomo che non parlava mai, e veniva a bere il suo bicchiere fra un tre-
135 no e l'altro, mettendosi a sedere sulla panchetta accanto all'uscio, colle scarpe in mano, per lasciare riposare i piedi. – Questi qui non li coglie la malaria! – pen-sava «Ammazzamogli» senza aprir bocca nemmeno lui, ché se la malaria li aves-se fatti cadere come le mosche non ci sarebbe stato chi facesse andare quella fer-rovia là. Il poveraccio, dacché s'era levato dinanzi agli occhi il solo uomo che
140 gli avvelenava l'esistenza, non ci aveva più che due nemici al mondo: la ferrovia che gli rubava gli avventori, e la malaria che gli portava via le mogli. Tutti gli al-tri nella pianura, sin dove arrivavano gli occhi, provavano un momento di con-tentezza, anche se nel lettuccio ci avevano qualcuno che se ne andava a poco a poco, o se la febbre li abbatteva sull'uscio, col fazzoletto in testa e il tabarro ad-
145 dosso. Si ricreavano[23] guardando il seminato che veniva su prosperoso e verde come il velluto, o le biade che ondeggiavano al par di un mare, e ascoltavano la cantilena lunga dei mietitori, distesi come una fila di soldati, e in ogni viotto-lo si udiva la cornamusa, dietro la quale arrivavano dalla Calabria degli sciami di contadini per la messe[24], polverosi, curvi sotto la bisaccia pesante, gli uomi-
150 ni avanti e le donne in coda, zoppicanti e guardando la strada che si allungava con la faccia arsa e stanca. E sull'orlo di ogni fossato, dietro ogni macchia d'aloe, nell'ora in cui cala la sera come un velo grigio, fischiava lo zufolo del guardiano, in mezzo alle spighe mature che tacevano, immobili al cascare del vento, inva-se anch'esse dal silenzio della notte. – Ecco! – pensava «Ammazzamogli». – Tut-
155 ta quella gente là se fa tanto di non lasciarci la pelle e di tornare a casa, ci torna con dei denari in tasca.

Ma lui no! lui non aspettava né la raccolta né altro, e non aveva animo di cantare. La sera calava tanto triste, nello stallazzo vuoto e nell'osteria buia. A quell'ora il treno passava da lontano fischiando, e compare Mommu stava accanto al suo ca-
160 sotto colla bandieruola in mano; ma fin lassù, dopo che il treno era svanito nel-le tenebre, si udiva Cirino lo scimunito che gli correva dietro urlando, uuh!... E «Ammazzamogli» sulla porta dell'osteria buia e deserta pensava che per quelli lì la malaria non ci era.

Infine quando non poté pagar più l'affitto dell'osteria e dello stallazzo, il padro-
165 ne lo mandò via dopo 57 anni che c'era stato, e «Ammazzamogli» si ridusse a cercar impiego nella ferrovia anche lui, e a tenere in mano la bandieruola quan-do passava il treno.

---

23. **Si ricreavano:** *si rincuoravano.*   **24.** **per la messe:** *per il raccolto.*

Allora stanco di correre tutto il giorno su e giù lungo le rotaie, rifinito[25] dagli anni e dai malanni, vedeva passare due volte al giorno la lunga fila dei carrozzoni stipati di gente; le allegre brigate di cacciatori che si sparpagliavano per la pianura; alle volte un contadinello che suonava l'organetto a capo chino, rincantucciato su di una panchetta di terza classe; le belle signore che affacciavano allo sportello il capo avvolto nel velo; l'argento e l'acciaio brunito dei sacchi e delle borse da viaggio che luccicavano sotto i lampioni smerigliati; le alte spalliere imbottite e coperte di trina. Ah, come si doveva viaggiar bene lì dentro, schiacciando un sonnellino! Sembrava che un pezzo di città sfilasse lì davanti, colla luminaria delle strade, e le botteghe sfavillanti. Poi il treno si perdeva nella vasta nebbia della sera, e il poveraccio, cavandosi un momento le scarpe, seduto sulla panchina, borbottava: – Ah! per questi qui non c'è proprio la malaria!

---

25. **rifinito:** *sfinito.*

COMPRENSIONE

1 Suddividi il brano in sequenze e assegna a ciascuna un breve titolo che ne riassuma il significato.

2 Stendi un riassunto della novella in un massimo di otto righe.

ANALISI E INTERPRETAZIONE

3 La prima parte della novella è dedicata alla descrizione del paesaggio. Quali sono le sue caratteristiche e che sensazioni evocano?

4 Nel testo compaiono quattro personaggi principali: massaro Croce, compare Carmine, Cirino «lo scimunito» e «Ammazzamogli». Analizza le caratteristiche psicologiche di ciascuno di loro, indicando in che modo la malaria li ha colpiti.

5 La mentalità dei paesani sembra dominata da una fatalistica rassegnazione verso la malaria, così come verso le altre sventure. In quali punti del testo emerge questo atteggiamento?

6 L'avvento della ferrovia porta importanti mutamenti nel paese: quali? Quali sono le reazioni dei diversi personaggi? Di che cosa è simbolo il treno?

7 Analizza la novella sul piano stilistico-espressivo. Che tipo di linguaggio viene utilizzato? Qual è il punto di vista adottato dal narratore? Sono presenti esempi di discorso indiretto libero? Nel complesso, ti sembra che Verga sia fedele al principio dell'impersonalità?

SCRITTURA E APPROFONDIMENTI

8 In questa novella Verga descrive in modo oggettivo la miseria dei contadini siciliani, evitando di esprimere giudizi espliciti. Facendo riferimento anche ad altri testi dello stesso autore, traccia un quadro dei problemi del Sud nell'Italia postunitaria e chiarisci qual è la posizione di Verga. Nella sua opera prevale un rassegnato pessimismo o un intento attivo di denuncia sociale?

Verso l'Esame di Stato

LABORATORIO DELLE COMPETENZE

Saggio breve

ARGOMENTO Il pessimismo in Leopardi, Manzoni e Verga

DOCUMENTI

1 Non gli uomini solamente, ma il genere umano fu e sarà sempre infelice di necessità. Non il genere umano solamente ma tutti gli animali. Non gli animali soltanto ma tutti gli altri esseri al loro modo. Non gl'individui, ma le specie, i generi, i regni, i globi, i sistemi, i mondi.

G. Leopardi, *Zibaldone*

2 NATURA: Immaginavi tu forse che il mondo fosse fatto per causa vostra? Ora sappi che nelle fatture, negli ordini e nelle operazioni mie, trattone pochissime, sempre ebbi ed ho l'intenzione a tutt'altro, che alla felicità degli uomini o all'infelicità. Quando io vi offendo in qualunque modo e con qual si sia mezzo, io non me n'avveggo, se non rarissime volte: come, ordinariamente, se io vi diletto o vi benefico, io non lo so; e non ho fatto, come credete voi, quelle tali cose, o non fo quelle tali azioni, per dilettarvi o giovarvi. E finalmente, se anche mi avvenisse di estinguere tutta la vostra specie, io non me ne avvedrei.

G. Leopardi, *Operette morali, Dialogo della Natura e di un Islandese*

3 Chi domandasse se non ci fu anche del dolore in distaccarsi dal paese nativo, da quelle montagne; ce ne fu sicuro: ché del dolore, ce n'è, sto per dire, un po' da per tutto. Bisogna però che non fosse molto forte, giacché avrebbero potuto risparmiarselo, stando a casa loro, ora che i due grand'inciampi, don Rodrigo e il bando, eran levati. Ma, già da qualche tempo, erano avvezzi a riguardar come loro il paese dove andavano. [...] Del resto, avevan tutti passati de' momenti ben amari in quello a cui voltavan le spalle; e le memorie triste, alla lunga guastan sempre nella mente i luoghi che ce le richiamano. [...] Cosa direte ora, sentendo che, appena arrivati e accomodati nel nuovo paese, Renzo ci trovò de' disgusti bell'e preparati? Miserie; ma ci vuol così poco a disturbare uno stato felice!

A. Manzoni, *I promessi sposi*, cap. XXXVIII

4 G. Verga, *Prefazione* ai *Malavoglia*, p. 181.

5 G. Verga, *Rosso Malpelo*, p. 190.

6 G. Verga, *La morte di Gesualdo*, p. 239.

7 Da Rosso Malpelo a 'Ntoni sino a Mazzarò e a mastro-don Gesualdo è presente con forza la critica – disperata sino al nichilismo, perché priva di alternative – all'alienazione del lavoro e all'insensatezza dell'esistenza [...]. Il fatto è che il livello ideologico volto a educare ai doveri sociali e alla necessità della rassegnazione entra qui in contrasto con quello in cui si manifesta invece la 'filosofia' antiprogressistica, atea e materialistica di Verga, per cui la vita umana, come quella degli animali, è determinata dagli istinti, dall'ambiente, dalla lotta per la vita, dunque dalle eterne leggi dei cicli biologici che si ripetono, senza possibilità di redenzione e con l'unico sollievo della morte.

R. Luperini, *Verga moderno*, Roma-Bari, Laterza, 2005

8 Dopo le nozze, i due sposi prendono la sorprendente decisione di non stabilirsi nel loro paese natale ma di trasferirsi nel Bergamasco [...]. La scelta che Manzoni fa compiere ai suoi eroi, così lontana da ogni idea convenzionale di "lieto fine" e così contraria alle attese di ogni buon lettore di romanzi, è importante e carica di significato nell'economia del sistema ideologico-narrativo dell'opera. Il lieto fine, pur indispensabile per garantire il funzionamento esemplare della vicenda, non può significare il recupero puro e semplice dell'"eden" originario, il tornare esattamente al punto di partenza [...]. La scelta che viene imposta ai due eroi è quindi l'espressione più chiara di quella visione antiidillica dell'esistenza umana che ha le sue radici nel peculiare cristianesimo manzoniano e nel suo realismo [...].

G. Baldi, *L'Eden e la storia. Lettura dei Promessi Sposi*, Milano, Mursia, 2004

Verso l'Esame di Stato

SCUOLA DI GRAMMATICA

Cosa direbbe Darwin

Competenze linguistiche
- Coordinazione e subordinazione
- Frasi marcate e frasi scisse

Michele Serra, giornalista brillante e intelligente, si trova a convivere con un figlio adolescente: da questa 'devastante' e per molti aspetti incomprensibile esperienza è nato un libro, Gli sdraiati, *di cui qui si propone un brano.*

Eri sdraiato sul divano, dentro un accrocco spiegazzato di cuscini e briciole. Annoto con zelo scientifico, e nessun ricamo letterario. Sopra la pancia tenevi appoggiato il *computer* acceso. Con la mano destra digitavi qualcosa sullo *smartphone*. La sinistra, semi inerte, reggeva con due dita, per un lembo, un lacero testo di chimica, a evitare che sprofondasse per sempre
5 nella tenebrosa intercapedine tra lo schienale e i cuscini, laddove una volta trovai anche un *wurstel* crudo, uno dei tuoi alimenti prediletti.
La televisione era accesa, a volume altissimo, su una serie americana nella quale due fratelli obesi, con un lessico rudimentale, spiegavano come si bonifica una villetta dai ratti. Alle orecchie tenevi le cuffiette, collegate all'iPod occultato in qualche anfratto: è possibile,
10 dunque, che tu stessi anche ascoltando musica.
Non essendo quadrumane, non eri in grado di utilizzare i piedi per altre connessioni: ma si capiva che le tue enormi estremità, abbandonate sul bracciolo, erano un evidente banco di prova per un tuo coetaneo californiano che troverà il modo di trasformare i tuoi alluci in antenne, diventando lui miliardario in poche settimane, e tu uno dei suoi milioni di cavie
15 solventi.

Volendo tentare, nella pur precaria forma della parola scritta, una ricostruzione sommaria di quanto stava accadendo nel tuo cerebro, e un breve resoconto delle tue attività ricetrasmittenti, sarebbe venuto fuori qualcosa di molto simile a questo:
  «Avevo detto a Slim di guardare prima di tutto nei condotti di aereazione / STASE DA
20   KIBBE VA BENE? / il gruppo funzionale amminico e carbolissico degli aminoacidi /
  NO KIBBE STASE NON PUÒ / […] Qualora non sia sintetizzabile a sufficienza dagli
  organismi vertebrati / Non mi fermo mai, chiamatemi vento, rimo invento / *È più*
  intelligente di te! Se fai tutto quel casino, lui scappa!
Devo essere rimasto lì a guardarti un minuto buono. Cercando un capo e una coda in quel
25 groviglio iperconnesso. A un certo punto ti sei accorto della mia presenza. Non ti sei voltato, hai mantenuto occhi e orecchie sui tuoi terminali e hai continuato a digitare. Ma hai sentito il bisogno di dirmi qualcosa, o meglio di biascicarmelo perché non potevi o non volevi sollevare più dello stretto necessario la mandibola accasciata sul petto. E di questo qualcosa ti sono grato: primo perché mi hai rivolto la parola, secondo perché hai diradato almeno per
30 qualche giorno i miei presagi sull'inarrestabile degrado dell'umanità.
Mi hai detto: "È l'evoluzione della specie".
Penso che tu avessi ragione. Di quale specie, però, al momento attuale ancora non abbiamo conoscenza.
La cosa pazzesca è che nella verifica di chimica hai preso sette. Il voto perfetto per me. Sei è
35 risicato, otto è da secchione.

(M. Serra, *Gli sdraiati*, Feltrinelli, 2013)

Scuola di grammatica   **257**

Verso l'INVALSI

1 Come potresti definire l'attacco del testo da un punto di vista stilistico?
a un periodo complesso e articolato, ricco di subordinate
b un periodare sintetico e ricco di pause, dove prevale la paratassi
c un esempio di stile nominale
d un periodo pieno di anacoluti

2 Indica l'articolazione gerarchica del seguente periodo del testo: «La sinistra, semi inerte, reggeva con due dita, per un lembo, un lacero testo di chimica, a evitare che sprofondasse per sempre nella tenebrosa intercapedine tra lo schienale e i cuscini, laddove una volta trovai anche un *wurstel* crudo, uno dei tuoi alimenti prediletti» (rr. 3-6):

	Principale	Coordinata (specificare a che cosa)	Subordinata (specificare il grado)
La sinistra reggeva un lacero testo di chimica			
a evitare			
che sprofondasse nella intercapedine			
laddove trovai			

3 Cosa vuol suggerire l'espressione «a evitare che sprofondasse per sempre nella tenebrosa intercapedine tra lo schienale e i cuscini» (rr. 4-5)?
a segnala ironicamente che il ragazzo affronta minimi rischi, stando sempre sdraiato sul divano
b ricorda episodi rischiosi accaduti in passato
c sottolinea che al ragazzo non piace studiare chimica
d indica che il divano è ridotto male

4 Volgi alla forma esplicita la proposizione «collegate all'iPod occultato in qualche anfratto»:
....

5 Tra le due frasi del testo «Alle orecchie tenevi le cuffiette, collegate all'iPod occultato in qualche anfratto:» e «è possibile, dunque, che tu stessi anche ascoltando musica» vi è un rapporto di:
a subordinazione
b coordinazione
c anacoluto
d parallelismo

6 La frase «Non essendo quadrumane» rispetto a «non eri in grado di utilizzare i piedi per altre connessioni» (r. 11) esprime:
a la causa
b la conseguenza
c una concessione
d un paragone

7 La parola *estremità* (r. 12) è usata nel testo come:
a iperonimo
b iponimo
c diminutivo
d sinonimo

8 Le due frasi «diventando lui miliardario in poche settimane, e tu uno dei suoi milioni di cavie solventi» (r. 14) sono:
a coordinate per asindeto
b subordinate in un rapporto di causa-effetto
c coordinate per polisindeto
d indipendenti

9 Elenca le parole del testo che appartengono ai due campi semantici della chimica e della tecnologia informatica
Chimica: ....
Tecnologia informatica: ....

10 Qual è l'«evoluzione della specie» di cui parla il ragazzo (r. 30)?
a la capacità di usare mezzi tecnologici
b la incapacità di alzarsi dal divano
c la incapacità di strutturare un discorso logico
d la capacità di stare iperconnessi e portare avanti più cose col minimo sforzo

11 Nella frase «Di quale specie, però, al momento attuale ancora non abbiamo conoscenza» (rr. 31-32) puoi notare un fenomeno di:
a anacoluto
b frase scissa
c frase marcata con dislocazione a sinistra
d stile nominale

258 Scuola di grammatica

Ripassiamo insieme - sintassi

Come costruire il periodo? Coordinazione e Subordinazione

Osserva il testo seguente:

Sono molto stanco perciò andrò a letto presto.

È costituito da due proposizioni tra loro collegate, concluse poi dal punto fermo:

Sono molto stanco / perciò andrò a letto presto.

Si tratta di un *periodo* o *frase complessa*, cioè una porzione di testo formata da tante proposizioni quanti sono i predicati, tra loro collegate.
Ogni periodo ha una *proposizione principale*, ossia una frase che può esistere autonomamente, senza bisogno delle altre.

Sono molto stanco = Principale
perciò andrò a letto presto = Non principale (indica una CONSEGUENZA di quanto espresso nella principale)

Come possiamo collegare tra loro le proposizioni di un periodo? Esistono due modi:

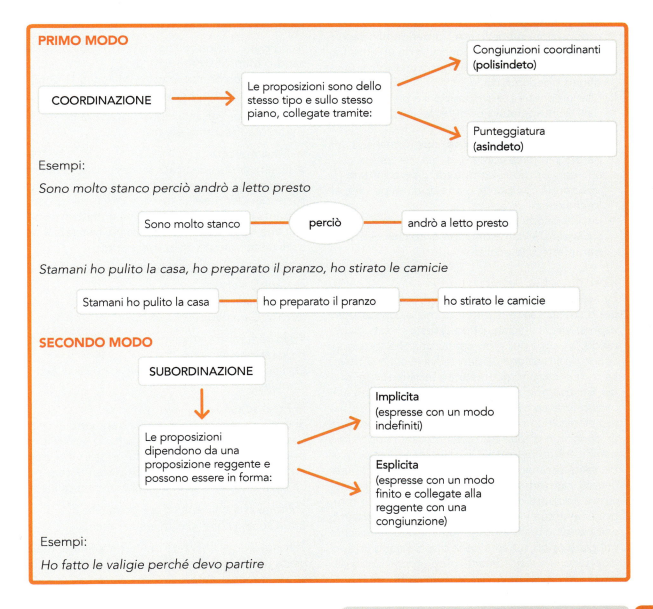

Questione di sintassi

Sintassi è una parola di origine greca che significa "ordinamento" e indica quel settore della lingua che indaga i rapporti tra le frasi all'interno del periodo. Le frasi, a seconda della presenza di rapporti di coordinazione o subordinazione, possono essere disposte secondo uno schema:

- **paratattico**: se tra le frasi prevalgono rapporti di coordinazione;
- **ipotattico**: se tra le frasi prevalgono invece rapporti di subordinazione.

Nella struttura del periodo potremo dunque avere:

- **proposizione principale**, cioè una frase indipendente, autonoma dal punto di vista sintattico e completa per significato;
- **proposizioni coordinate**, cioè frasi dello stesso tipo collegate tra loro in modo che ciascuna rimanga autonoma dall'altra;
- **proposizioni subordinate** o **dipendenti** o **secondarie**, cioè frasi che dipendono da un'altra frase, rispetto alla quale svolgono un ruolo subordinato o secondario.

Il collegamento tra le proposizioni è per lo più svolto dalla **punteggiatura** oppure da una **congiunzione**, che può essere:

- una congiunzione **semplice**, cioè formata da una parola semplice come *e, o, ma, né, se* ecc.;
- una congiunzione **composta**, cioè costituita da una parola composta, come *oppure, perché, allorché* ecc.;
- una **locuzione congiuntiva**, cioè formata da due o più parole, come **dal momento che, come se, per il fatto che** ecc.

Coordinare o subordinare?

La scelta tra coordinazione e subordinazione dipende da una serie di fattori, come le **consuetudini espressive** di chi scrive, il **tipo di testo** che sta elaborando, la natura dell'argomentazione che sta producendo, la **situazione** comunicativa in cui ci si trova. La comunicazione quotidiana e legata a scopi pratici, per esempio, per essere più immediata ed efficace privilegia **frasi brevi** e **coordinate**. Ma se siamo coinvolti in una conversazione che comporta un confronto di idee e un dibattito, sarà opportuno pianificare un **periodo più complesso**: rapporti di causalità saranno espressi mediante **subordinate** causali, rapporti di causa-effetto mediante consecutive, rapporti di eventualità con relative o temporali eventuali ecc. In particolare, se dobbiamo elaborare un testo argomentativo, sarà necessario utilizzare opportunamente le diverse congiunzioni (coordinanti e subordinanti) rendendo il nostro periodo più articolato, ricco, convincente.

Deviazioni dall'ordine standard della frase:

Può capitarti di trovare frasi in cui si verifica una deviazione da quello che è l'ordine standard della frase (soggetto – verbo – oggetto) attraverso diversi procedimenti:

- **Anacoluto**

Eccone un esempio:

Situazioni come queste, c'è da rimanerci male.

La struttura della frase è grammaticalmente errata: pone in risalto un elemento anticipandolo rispetto all'ordine normale, per poi lasciarlo abbandonato. La frase corretta sarebbe:

C'è da rimanerci male in situazioni come queste.

L'anacoluto serve per mettere in evidenza un elemento che, altrimenti, avrebbe minore rilievo. Esistono esempi illustri di anacoluti in celebri libri:

Il coraggio chi non ce l'ha non se lo può dare (Alessandro Manzoni, *Promessi Sposi*)
Io speriamo che me la cavo (Marcello D'Orta, *Io speriamo che me la cavo*)

Lasciamo però gli anacoluti utilizzati per fini espressivi solo agli scrittori esperti!

- **Frasi marcate**

Anche nelle frasi marcate si interrompe la successione regolare della frase (soggetto-verbo-oggetto) per evidenziare un termine che viene spostato in prima posizione (dislocazione a sinistra) oppure alla fine della frase (dislocazione a destra). Si tratta di un fenomeno tipico del parlato:

Il nuovo libro di Camilleri l'ho già letto! → dislocazione a sinistra
L'ordine standard sarebbe: *Ho già letto il nuovo libro di Camilleri*

Te lo compro io, il nuovo romanzo di Camilleri! → dislocazione a destra
Ordine standard: *Ti compro il nuovo romanzo di Camilleri*

- **Frasi scisse**

Si tratta di frasi distinte in **due segmenti**: il primo costituito dal verbo essere seguito da un nome che presenta il nuovo elemento da introdurre (il cosiddetto "presentativo"), il secondo elemento è invece costituito da una relativa che comunica il dato:

È il tono che hai usato che è sbagliato
È tua sorella che ho visto ieri in centro

Si tratta di frasi utilizzate molto nel parlato, ma, se usate nello scritto, conferiscono al testo espressività e immediatezza.

La Scapigliatura

- **T1** E. Praga, *Preludio* (*Penombre*)
- **T2** A. Boito, *Lezione di anatomia* (*Libro dei versi*)
- **T3** I.U. Tarchetti, *Fosca, tra attrazione e repulsione* (*Fosca*)
- **T4** I.U. Tarchetti, *Memento!* (*Disjecta*)

Laboratorio delle competenze
- **T5** TESTO LABORATORIO – E. Praga, *Vendetta postuma* (*Penombre*)

La Scapigliatura

Tranquillo Cremona, *L'edera*, 1878.

1. Modernità e ribellismo

Un movimento composito La Scapigliatura è un **movimento letterario e artistico** sviluppatosi a **Milano** e in **Piemonte** tra il **1860** e il **1890** circa; prende il nome da un romanzo di Cletto Arrighi (pseudonimo di Carlo Righetti), *La Scapigliatura e il 6 febbraio*, in cui veniva rappresentato l'ambiente turbolento e irrequieto dei giovani artisti milanesi. L'aggettivo «scapigliato» – che significa 'con i capelli scomposti, in disordine' – iniziò a circolare in Italia verso la metà dell'Ottocento, per indicare individui dallo **stile di vita anticonformista**, in genere artisti dediti all'alcol e alle droghe, e traduceva in modo approssimativo il francese *bohémien* (letteralmente 'zingaro'), con cui ci si riferiva ai poeti "maledetti" dell'ambiente parigino.

Più che un movimento organizzato, la Scapigliatura fu in realtà una **tendenza** che univa autori molto diversi per ideologia, opinioni politiche e scelte stilistiche, accomunati però da un atteggiamento di **ribellione nei confronti della società borghese** e della sua morale.

La parola ai protagonisti

Cletto Arrighi: ritratto di uno scapigliato

Nel suo romanzo *La Scapigliatura e il 6 febbraio* (1862), considerato come il manifesto programmatico della Scapigliatura, Cletto Arrighi descrive a tinte forti e polemiche la psicologia e il comportamento dei giovani artisti milanesi dell'epoca.

In tutte le grandi e ricche città del mondo incivilito esiste una certa quantità di individui d'ambo i sessi v'è chi direbbe una certa razza di gente – fra i venti e i trentacinque anni non più; pieni d'ingegno quasi sempre, più avanzati del loro secolo; indipendenti come l'aquila delle Alpi, pronti al bene quanto al male, inquieti, travagliati, turbolenti – i quali – e per certe contraddizioni terribili fra la loro condizione e il loro stato, vale a dire fra ciò che hanno in testa, e ciò che hanno in tasca, e per una loro maniera eccentrica e disordinata di vivere, e per... mille e mille altre cause e mille altri effetti il cui studio formerà appunto lo scopo e la morale del mio romanzo – meritano di essere classificati in una nuova e particolare suddivisione della grande famiglia civile, come coloro che vi formano una casta *sui generis* distinta da tutte quante le altre. Questa casta o classe – che sarà meglio detto – vero pandemonio[1] del secolo, personificazione della storditaggine[2] e della follia, serbatoio del disordine, dello spirito d'indipendenza e di opposizione agli ordini stabiliti, questa classe, ripeto, che a Milano ha più che altrove una ragione e una scusa di esistere, io, con una bella e pretta[3] parola italiana, l'ho battezzata appunto: la Scapigliatura milanese.

1. pandemonio: confusione rumorosa e assordante. **2. storditaggine**: stupidità. **3. pretta**: schietta, genuina.

Il conflitto tra l'artista e la società Pur trattandosi di un fenomeno esclusivamente italiano, la Scapigliatura si ispira sia a esperienze del Romanticismo europeo sia, ancora di più, ai poeti "maledetti" francesi; è soprattutto con questi ultimi che condivide la decisa contrapposizione nei confronti della società borghese e del suo conformismo.

All'indomani dell'unificazione dell'Italia, nelle città come Milano e Torino si consolidano le strutture del capitalismo industriale e si va affermando un modello di vita rivolto all'utile e al profitto; l'artista vede allora la sua opera ridotta a merce e condizionata dai gusti di un pubblico sempre più ampio e variegato. Se alcuni letterati accettano il confronto con le regole di mercato, gli scapigliati vi si oppongono con decisione, assumendo **atteggiamenti provocatori e anticonformisti, nell'arte come nella vita**: essi prendono le distanze dalla classe borghese a cui appartengono e ostentano condotte di vita tormentate, che spesso si traducono in **scelte esistenziali autodistruttive** che li portano all'alcolismo, alla miseria e al suicidio.

Tra Decadentismo e Realismo Sul piano letterario, il violento ribellismo degli scapigliati si traduce nel rifiuto della tradizione e in particolare, per gli autori di area lombarda, nella rivolta **contro il pacato realismo di Manzoni** e contro la sua visione provvidenzialistica dell'esistenza. Spinti dal desiderio di riaffermare le superiori ragioni di un'**arte libera e autonoma**, gli scapigliati fanno riferimento piuttosto a Charles **Baudelaire** e ad autori del **Romanticismo nordico e americano** come Ernst Theodor Wilhelm Hoffmann e Edgar Allan Poe, famosi per i loro racconti visionari e fantastici. Al realismo manzoniano e al sentimentalismo tardo-romantico di autori quali Giovanni Prati e Aleardo Aleardi, essi contrappongono **tematiche irrazionalistiche** e "nere" – la malattia, la follia, il contrasto tra realtà e illusione, atmosfere oniriche e situazioni macabre – che anticipano molte delle poetiche decadenti che si svilupperanno in Italia solo alla fine del secolo.

Il rifiuto dell'idealizzazione romantica e l'attrazione-repulsione verso la modernità spinge gli scapigliati a voler rappresentare il vero e li avvicina al Naturalismo, ma solo in parte; nelle loro opere, infatti, manca l'oggettività scientifica tipica dei naturalisti e l'intento realista si rivolge soprattutto agli **aspetti patologici** e alla rappresentazione compiaciuta dell'orrido e del mostruoso, nell'intento di scandalizzare il pubblico borghese. Una sintesi programmatica di questo "realismo" viene fatta da Verga – i cui romanzi milanesi mostrano in maniera evidente i debiti nei confronti della Scapigliatura – quando nella prefazione

Filippo Carcano, *Il Naviglio di via Senato*, 1875.

a *Eva* (1873) scrive: «Eccovi una narrazione – sogno o storia poco importa – ma vera, com'è stata o come potrebbe essere, senza rettorica e senza ipocrisie».

Gli autori scapigliati si pongono come anello di congiunzione **tra Realismo e Simbolismo**, ossia tra le due tendenze che dominano la cultura del secondo Ottocento, e senza dubbio contribuiscono a sprovincializzare la letteratura italiana, avvicinandola ai modelli europei e portandola a confrontarsi con nuovi modelli. Occorre però ricordare che non sempre alle intenzioni corrisposero i risultati. Di fatto, gli atteggiamenti ribelli e il rifiuto della tradizione solo raramente si concretizzano in opere dotate di un reale valore artistico, limitandosi più spesso a esprimere in forme insolite ed esasperate il disagio di un'intera generazione nei confronti della modernità.

2. Gli autori

La linea Milano-Torino In ambito milanese, spicca l'opera di **Emilio Praga** (1839-1875). Nato a Milano in una famiglia agiata, dopo la morte del padre e il dissesto familiare che ne deriva si dà a una vita disordinata, segnata dall'alcol, dalle droghe e da una morte precoce, incarnando quella figura di 'poeta maledetto' da lui celebrata nelle sue opere. Pittore e letterato, amico di Arrigo Boito con cui fonda il settimanale «Figaro» (1864), è autore di raccolte poetiche fra cui *Tavolozza* (1862), *Penombre* (1864) e *Trasparenze* (edita postuma nel 1889), caratterizzate da un **linguaggio** spesso **crudamente realistico**. Nato in Piemonte ma vissuto a Milano, dove muore in miseria minato dalla tubercolosi, **Igino Ugo Tarchetti (1839-1869)** condivide con Praga una breve esistenza da *bohémien*. L'angoscia esistenziale traspare appieno anche dai suoi testi narrativi, nei quali ricorrono temi macabri e cupi. Oltre ad alcuni racconti fantastici, Tarchetti è noto per *Fosca* (1869), romanzo psicologico incentrato sull'attrazione morbosa del protagonista per una donna nevrotica e bruttissima malata di tisi.

Il dualismo tra male e bene, l'attrazione per motivi macabri e un sottile umorismo caratterizzano l'opera di **Arrigo Boito (1842-1918)**, figura-chiave della vita mondana milanese e autore di raccolte poetiche (*Libro dei versi*), racconti (*L'alfier nero*, *Iberia*) e libretti per musica, tra cui *Otello* e *Falstaff* musicati da Giuseppe Verdi.

La produzione del pavese **Carlo Dossi (1849-1910)** si segnala, rispetto a quella degli altri scapigliati, per lo sperimentalismo formale, che interessa la lingua, la sintassi e la punteggiatura, e si accompagna alla capacità di conciliare realismo e deformazione fantastica in narrazioni dissacranti che colpiscono la società del tempo e le istituzioni della neonata Italia. Tali caratteristiche sono evidenti sia negli ironici romanzi autobiografici *Vita di Alberto Pisani* (1870) e *L'altrieri* (1881), sia nelle *Note azzurre*, una sorta di zibaldone di impressioni e progetti letterari.

Agli autori milanesi si affianca anche il gruppo degli **scapigliati piemontesi**, di cui fanno parte Giovanni Camerana (1845-1905), morto suicida e autore di una raccolta di *Versi* fitti di richiami religiosi e funebri, e Giovanni Faldella (1846-1928), divertito manipolatore di un linguaggio piegato a fini caricaturali in prose giornalistiche, romanzi e racconti.

La Scapigliatura democratica Esaurita la polemica essenzialmente letteraria e culturale della sua prima fase, la Scapigliatura si orienta in seguito anche in direzioni di forte **impegno politico-sociale**, che caratterizzano in particolare l'attività della cosiddetta **Scapigliatura democratica**, un gruppo di scrittori di ispirazione anarchico-socialista che denunciano le nuove forme di emarginazione sociale e le miserabili condizioni di vita di vasti strati della popolazione urbana. Autori come Achille Bizzoni, Felice Cameroni e Paolo Valera furono attivi anche nel **giornalismo**: da un'inchiesta condotta nei bassifondi milanesi e apparsa sulla rivista «Il Gazzettino rosa» prende corpo il volume collettivo *Il ventre di Milano. Fisiologia della capitale morale* (1888), che fin dal titolo si richiama esplicitamente a *Il ventre di Parigi* (1873) di Émile Zola.

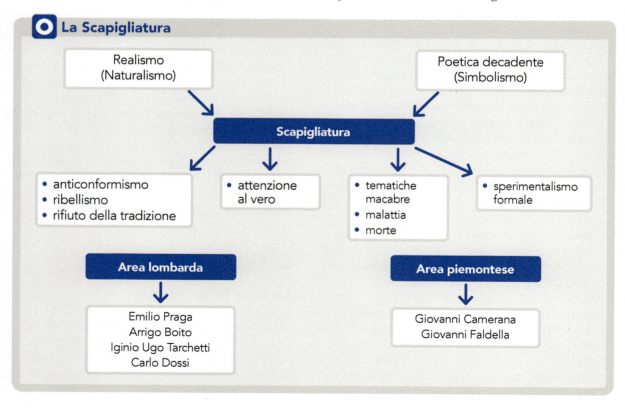

T1 Emilio Praga
Preludio

Penombre

Ascolta la poesia

La lirica apre la raccolta Penombre (1864), in cui Praga si volge all'esplorazione della propria inquieta interiorità, rappresentata attraverso una serie di simboli ispirati alle contemporanee esperienze poetiche europee, prima tra tutte quella di Charles Baudelaire. Preludio *costituisce una sorta di manifesto programmatico della Scapigliatura, di cui riprende le tematiche portanti: la polemica nei confronti della tradizione letteraria e delle convenzioni borghesi, il ribellismo antireligioso e l'espressione della difficile condizione spirituale dell'uomo moderno, ormai privo di ogni certezza.*

Metrica Quartine di tre endecasillabi e un settenario o quinario con schema delle rime ABAb.

Noi siamo i figli dei padri ammalati[1];
aquile al tempo di mutar le piume[2],
svolazziam muti, attoniti, affamati,
sull'agonia di un nume[3].

5 Nebbia remota è lo splendor dell'arca,
e già all'idolo d'or torna l'umano[4],
e dal vertice sacro il patriarca
s'attende invano[5];

s'attende invano dalla musa bianca
10 che abitò venti secoli il Calvario[6],
e invan l'esausta vergine s'abbranca
ai lembi del Sudario[7]...

Casto poeta che l'Italia adora,
vegliardo in sante visïoni assorto[8],
15 tu puoi morir!... degli antecristi[9] è l'ora!
Cristo è rimorto! –

---

1. padri ammalati: la generazione romantica, già priva di valori propositivi.
2. aquile al tempo di mutar le piume: il paragone con gli aquilotti che sono in procinto di tentare il volo e abbandonare il nido simboleggia la condizione degli scapigliati, che vogliono allontanarsi dai modelli tradizionali e percorrere nuove strade.
3. sull'agonia di un nume: *mentre una divinità sta morendo*. Secondo alcuni critici si tratterebbe di un riferimento a Manzoni, ancora vivo all'epoca in cui Praga scrive questi versi, e all'esaurirsi del modello del romanzo storico da lui incarnato.
4. Nebbia... l'umano: *lo splendore dell'Arca dell'alleanza si è perso nella nebbia e gli uomini* («l'umano») *tornano ad adorare falsi idoli*. Secondo il racconto biblico nell'Arca dell'alleanza erano custodite le tavole della legge che Dio aveva donato a Mosè.
5. dal vertice... invano: *inutilmente si attende il ritorno di Mosè* («il patriarca») *dalla cima del monte Sinai* («vertice sacro»). È un'altra immagine della mancanza di salvezza per l'uomo: nessuno può più portarci le tavole della legge.
6. s'attende... Calvario: *inutilmente si aspetta* (la salvezza) *dalla poesia cristiana* (la «musa bianca che abitò venti secoli il Calvario», cioè la poesia che si è ispirata per duemila anni ai valori della religione cristiana).
7. l'esausta vergine... Sudario: *inutilmente questa poesia ormai priva di ispirazione* («l'esausta vergine» è riferito alla «musa bianca» dei versi precedenti, ma richiama ovviamente la figura di Maria che piange la morte di Cristo) *si aggrappa ai valori della fede* (il «Sudario» è il telo in cui fu avvolto il corpo di Cristo crocifisso).
8. Casto... assorto: Alessandro Manzoni, poeta religioso per eccellenza («casto»), ormai vecchio («vegliardo») in senso sia reale sia metaforico.
9. antecristi: sono i poeti scapigliati, simili all'Anticristo nemico della fede.

O nemico lettor[10], canto la Noja[11],
l'eredità del dubbio e dell'ignoto,
il tuo re, il tuo pontefice, il tuo boja,
20 il tuo cielo e il tuo loto[12]!

Canto litane di martire e d'empio[13];
canto gli amori dei sette peccati[14]
che mi stanno nel cor, come in un tempio
inginocchiati.

25 Canto le ebbrezze dei bagni d'azzurro[15],
e l'Ideale che annega nel fango...
non irrider[16], fratello[17], al mio sussurro
se qualche volta piango,

giacché più del mio pallido demone[18]
30 odio il minio e la maschera al pensiero[19],
giacché canto una misera canzone,
ma canto il vero!

---

10. nemico lettor: il lettore è detto «nemico» perché condivide quei valori borghesi che Praga dichiara di voler combattere.
11. la Noja: il tedio esistenziale, analogo allo *spleen* cantato da Baudelaire.
12. l'eredità... loto: la «noia» ha origine («eredità») dalla mancanza di certezze (il «dubbio») e dalla paura di ciò che ci è sconosciuto (l'«ignoto»), allo stesso tempo domina e tormenta ogni uomo (come un «re» o un «pontefice» e come un «boja», un carnefice) e contiene contemporaneamente in sé una tensione verso l'assoluto («cielo») e il degrado morale («loto» significa letteralmente "fango").
13. Canto ... empio: canto i lamenti («litane», ovvero invocazioni liturgiche che si ripetono in modo continuo) *del martire e del peccatore* («empio»).
14. sette peccati: i sette peccati capitali.
15. le ebbrezze... d'azzurro: *l'esaltazione dei sogni di purezza*, indicate con una suggestiva sinestesia («azzurro» sta per "cielo").
16. non irrider: *non prendere in giro, non disprezzare*.
17. fratello: è il lettore; se prima è chiamato «nemico», adesso è fratello al poeta, perché come lui è vittima della «noia».
18. mio pallido demone: la mia ispirazione poetica, che è tormento e dannazione (e per questo rende il poeta «pallido»).
19. odio... pensiero: rifiuto tutto ciò che abbellisce artificialmente («minio», 'rossetto, trucco') e nasconde la verità.

 Analisi guidata

Una struttura bipartita

La lirica è divisa in due parti di uguale ampiezza:
– le prime quattro strofe (vv. 1-16) dichiarano la volontà del giovane movimento scapigliato di **ribellarsi ai valori incarnati dalla poesia religiosa e tradizionale di Manzoni**, simbolo di un mondo ormai in decadenza;
– la seconda parte (vv. 17-32) enuncia una nuova poetica incentrata sulla **«noia» esistenziale**, espressione di uno **stato d'animo inquieto e conflittuale**.

Competenze di comprensione e analisi

- La lirica si apre con il plurale «Noi»: a chi allude il poeta?
- A che cosa alludono le metafore iniziali del vv. 5-12?
- Per quale motivo a partire dal v. 21 passa invece alla prima persona singolare?

La Scapigliatura

«Maledettismo» e verve polemica

Il componimento ribadisce più volte l'**assenza**, nell'uomo moderno, **di ogni certezza e di ogni fede religiosa**, con toni violenti e quasi blasfemi. La polemica antireligiosa culmina nell'**invettiva contro Manzoni**, fin troppo esibita per risultare credibile («tu puoi morir! ... degli antecristi è l'ora!»).

Praga si pone in modo critico anche nei confronti del pubblico, accusato di essere fedele al conformismo borghese della tradizione: ma dopo averlo chiamato polemicamente «nemico» (v. 17), il poeta si rende conto che anche il lettore può condividere la stessa angoscia esistenziale, comune a tutti gli individui, e lo apostrofa come «fratello» (v. 27). Si tratta, ovviamente, di un **atteggiamento volto a provocare e a scandalizzare**, ma perfettamente consapevole dei meccanismi che muovono il successo letterario e dunque parte integrante di quel sistema borghese che Praga dichiara in realtà di voler combattere. Va inoltre sottolineato che queste espressioni si richiamano esplicitamente a un verso della lirica che apre **I fiori del male** di Baudelaire («ipocrita lettore, mio simile, mio fratello»).

Competenze di comprensione e analisi

- Attraverso quali immagini religiose Praga evoca il miraggio di una ormai impossibile salvezza spirituale?
- Per quale ragione Praga ritiene che i suoi potenziali lettori siano ostili a una poesia che ha come oggetto il «vero»?
- Rintraccia nel testo tutte le espressioni e le immagini che, secondo te, potevano scandalizzare e offendere il pubblico borghese dell'Ottocento.

Le contraddizioni della modernità

Nella seconda parte, la mente del poeta appare catturata dalla «**Noja**», che si manifesta in **stati d'animo contrastanti**, che lo portano a oscillare continuamente tra aspirazioni insoddisfatte e degrado spirituale. A ogni facile consolazione, Praga contrappone nel finale la **necessità del «vero»**, inteso come sincera **espressione del disagio dell'uomo moderno**. Anche sul piano formale, il testo si fonda sulla compresenza di forme auliche e letterarie ed espressioni colloquiali e basse, con un **ritmo spezzato da frequenti** *enjambement*.

Competenze di comprensione e analisi

- Attraverso quali antitesi viene espresso, sul piano formale, il dissidio interiore del poeta?
- Individua nella lirica i termini più elevati e quelli più violentemente espressivi. Per quale motivo sono accostati tra loro?
- Quale differenza sussiste tra il «vero» dei romanzieri veristi e gli intenti qui espressi dal poeta? Rispondi in un testo espositivo di massimo 20 righe.

Emilio Praga

T2 Arrigo Boito
Dualismo

Libro dei versi

Di Arrigo Boito puoi leggere anche la novella *L'alfier nero*

La lirica, pubblicata per la prima volta sul «Figaro» nel febbraio 1864, fu poi scelta da Arrigo Boito per aprire il Libro dei versi (1877), che raccoglie la sua produzione giovanile degli anni 1862-1865.
Alla base del componimento vi è il ripetersi di contrapposizioni fra due estremi opposti; il bene e il male, l'ideale e il reale, l'angelico e il demoniaco sono tutti aspetti diversi che convivono nell'anima del poeta, ma diventano anche la rappresentazione del tormento interiore di tutta la sua generazione, dolorosamente sospesa fra il desiderio di produrre un'arte sublime e la necessità di confrontarsi con la modernità.

Metrica Ode di sedici strofe formate ognuna da sette settenari, con schema delle rime abcbdde. In ogni strofa il primo e il terzo verso sono sdruccioli mentre l'ultimo, tronco, rima con quello della strofa seguente.

Son luce ed ombra; angelica
farfalla o verme immondo[1]
sono un caduto chèrubo[2]
dannato a errar sul mondo,
5 o un demone che sale,
affaticando l'ale[3],
verso un lontano ciel.

Ecco perché nell'intime
cogitazioni[4] io sento
10 la bestemmia dell'angelo
che irride al suo tormento[5],
o l'umile orazione
dell'esule dimone[6]
che riede[7] a Dio, fedel.

15 Ecco perché m'affascina
l'ebbrezza di due canti[8],
ecco perché mi lacera
l'angoscia di due pianti[9],
ecco perché il[10] sorriso
20 che mi contorce il viso
o che m'allarga il cuor.

---

1. angelica... immondo: è una ripresa da Dante, *Purgatorio* X, 124-125: «siam vermi / nati a formar l'angelica farfalla».
2. caduto chèrubo: angelo caduto, cioè un diavolo.
3. affaticando l'ale: sfiancando le ali, con grande fatica.
4. nell'intime cogitazioni: nei miei pensieri («cogitazioni») più segreti.
5. che irride al suo tormento: che schernisce la propria pena.
6. l'umile... dimone: l'umile preghiera del demonio cacciato; nota come questa immagine sia antitetica a quella dell' «angelo che irride», come nella prima strofa (vv. 1-7) all'angelo che cade si contrappone il demonio che cerca di risalire al cielo.
7. riede: ritorna.
8. due canti: il canto cinico e ribelle dell'angelo caduto e quello umile e speranzoso del demonio che tenta di tornare al cielo.
9. due pianti: quello disperato dell'angelo caduto e quello di pentimento del demonio.
10. ecco perché il: ecco il perché del.

268 La Scapigliatura

Ecco perché la torbida
ridda[11] de' miei pensieri,
or mansueti e rosei,
25   or vïolenti e neri;
ecco perché con tetro
tedio, avvicendo il metro
de' carmi animator[12].

O creature fragili
30   dal genio onnipossente[13]!
Forse noi siam l'homunculus[14]
d'un chimico demente[15],
forse di fango e foco[16]
per ozïoso gioco
35   un buio Iddio[17] ci fe'.

E ci scagliò sull'umida
gleba[18] che c'incatena,
poi dal suo ciel guatandoci[19]
rise alla pazza scena
40   e un dì a distrar la noia
della sua lunga gioia[20]
ci schiaccerà col pie'.

E noi viviam, famelici[21]
di fede o d'altri inganni,
45   rigirando il rosario
monotono degli anni[22],
dove ogni gemma[23] brilla
di pianto, acerba stilla
fatta d'acerbo duol[24].

50   Talor, se sono il demone
redento che s'indìa[25],
sento dall'alma effondersi[26]
una speranza pia
e sul mio buio viso
55   del gaio paradiso
mi fulgureggia il sol[27].

---

11. ridda: *movimento convulso;* la «ridda» era un ballo circolare praticato da molte persone.

12. con tetro tedio... animator: *con cupa noia, alterno* («avvicendo») *il metro che anima i miei canti;* il termine «tedio» ha qui un significato esistenziale simile allo *spleen* di Baudelaire.

13. O creature... onnipossente: gli esseri umani.

14. l'homunculus: secondo le dottrine alchemiche e magiche è un uomo creato artificialmente, in laboratorio; l'immagine ri-

prende il *Faust* di Goethe.

15. chimico demente: *scienziato pazzo.*

16. di fango e foco: *con il fango e con il fuoco.*

17. un buio Iddio: *una divinità malvagia.*

18. gleba: *zolla di terra,* qui a indicare il mondo.

19. guatandoci: *guardandoci.*

20. e un dì... gioia: *e un giorno per distrarsi dalla noia del suo lungo divertimento* («gioia»).

21. famelici: *avidi, bramosi.*

22. rigirando... degli anni: *mentre gli an-*

ni scorrono tutti uguali come i grani di un rosario.

23. ogni gemma: *ogni grano del metaforico* «rosario» *dei giorni.*

24. acerba... duol: *lacrima* («stilla», "goccia") *amara fatta da un dolore bruciante.*

25. s'indìa: *si innalza verso Dio;* la parola è un neologismo dantesco (*Paradiso* IV, 28).

26. sento... effondersi: *sento provenire dalla mia anima* («alma»).

27. del gaio... sol: *il sole, la luce del gioioso paradiso risplende sul mio viso cupo* («buio»).

Arrigo Boito

L'illusïon – libellula
che bacia i fiorellini,
– l'illusïon – scoiattolo
60 che danza in cima i pini,
– l'illusïon – fanciulla
che trama e si trastulla
colle fibre del cor[28],

viene ancora a sorridermi
65 nei dì più mesti e soli
e mi sospinge l'anima
ai canti, ai carmi, ai voli;
e a turbinar m'attira
nella profonda spira
70 dell'estro ideator[29].

E sogno un'Arte eterea[30]
che forse in cielo ha norma[31],
franca[32] dai rudi vincoli
del metro e della forma,
75 piena dell'Ideale
che mi fa batter l'ale[33]
e che seguir non so.

Ma poi, se avvien che l'angelo
fiaccato[34] si ridesti,
80 i santi sogni fuggono
impauriti e mesti;
allor, davanti al raggio
del mutato miraggio,
quasi rapito, sto[35]:

85 e sogno allor la magica
Circe[36] col suo corteo
d'alci e di pardi[37], attoniti
nel loro incanto reo[38].
E il cielo, altezza impervia,
90 derido e di protervia
mi pasco e di velen[39].

Apri il vocabolario

Il verbo tramare (derivato dal sostantivo trama) indicava in origine l'azione di inserire la trama (il filo che costituisce la parte orizzontale del tessuto) nell'ordito (la parte del tessuto che viene disposta verticalmente sul telaio). Data la natura nascosta di questa operazione, il verbo è stato poi usato (come del resto anche *ordire*) con il senso figurato di "preparare qualcosa all'insaputa di altri", mentre dall'insieme dei fili che formano il tessuto deriva il significato di *trama* come "intreccio dei fatti che compongono una narrazione".

---

28. trama... cor: *si intreccia* («trama») *e si diverte con i sentimenti.*

29. a turbinar... ideator: *mi induce a comporre versi, attirandomi nel vortice dell'ispirazione poetica.*

30. eterea: *degna del cielo, sublime.*

31. in cielo ha norma: *deriva le sue leggi dal cielo.*

32. franca: *libera, affrancata.*

33. piena... l'ale: *ricca di quella tensione*

verso l'ideale che è alla base della mia poesia («mi fa batter l'ale»).

34. fiaccato: *abbattuto, prostrato.*

35. davanti... sto: *resto immobile, come incantato* («rapito») *di fronte alla luce di una fantasia diversa* («mutato miraggio»).

36. la magica Circe: *la maga Circe, potente incantatrice che, nell'Odissea omerica, seduce gli uomini e li trasforma in animali;* Circe è qui il simbolo dei piaceri materiali

che degradano l'uomo al livello animalesco.

37. pardi: *leopardi, ma anche fiere in generale.*

38. attoniti... reo: *sbigottiti e vittime del malvagio* («reo») *incantesimo* (quello che hanno subìto da Circe).

39. E il cielo... velen: *e schernisco il cielo, altezza irraggiungibile, e mi nutro* («mi pasco») *di superbia* («protervia») *e di malvagità* («velen»).

270 La Scapigliatura

E sogno un'Arte reproba[40]
che smaga[41] il mio pensiero
dietro le basse immagini
95   d'un ver che mente al Vero[42]
e in aspro carme immerso
sulle mie labbra il verso
bestemmïando vien[43].

Questa è la vita! L'ebete[44]
100   vita che c'innamora,
lenta che pare un secolo,
breve che pare un'ora;
un agitarsi alterno
fra paradiso e inferno
105   che non s'accheta[45] più!

Come istrïon, su cupida
plebe di rischio ingorda,
fa pompa d'equilibrio
sovra una tesa corda[46],
110   tal è l'uman, librato[47]
fra un sogno di peccato
e un sogno di virtù.

40. reproba: *ribelle, empia,* opposta dunque all'«Arte eterea» del v. 71.

41. smaga: *distrae, fa deviare;* anche questo vocabolo è di origine dantesca (*Purgatorio* III 10-11 e XIX 20).

42. un ver che mente al Vero: *una realtà puramente materiale* (il «ver») *che contraddi-* ce la realtà ideale (il «Vero»).

43. in aspro carme... vien: *e il verso giunge alle mia labbra come una bestemmia, nella forma di una poesia sgradevole* («in aspro carme»).

44. ebete: *banale, priva di senso.*

45. s'accheta: *si placa.*

46. Come istrïon... corda: *come un funambolo ostenta* («fa pompa») *la sua abilità di stare in equilibrio su una corda tesa, davanti a una folla* («plebe») *che desidera e ama* («cupida ... ingorda») *il rischio.*

47. tale è l'uman, librato: *così è l'uomo, che oscilla.*

● Analisi guidata

I contrasti del poeta e dell'uomo moderno

Il componimento ruota in modo quasi ossessivo sul **«dualismo»** di cui è preda l'anima del poeta, espressa nelle prime quattro strofe (vv. 1-28) attraverso la contrapposizione tra angelo e demonio («un caduto chérubo... o un demone che sale», vv. 3-5), tra «ebbrezza» e «angoscia». A partire dal v. 29, questa sorta di autoritratto interiore perde ogni **connotazione individuale** e si allarga fino comprendere l'**intera umanità**, immaginata come scherzo crudele di un «chimico demente» (v. 32) o di un dio folle e condannata a restare eternamente sospesa tra gioia e pianto.

Al v. 50 l'io poetico torna a parlare in prima persona, soffermandosi dapprima (vv. 50-77) sulla sua **aspirazione a un'«Arte eterea»**, nutrita di ideali puri e alti, e in seguito (vv. 78-98) sulla tentazione di abbandonarsi a un'**«Arte reproba»** (v. 92), che rispecchia il **degrado della realtà contemporanea**. La lirica si chiude rappresentando la condizione dell'uomo (e ancora di più quella dell'artista) come quella di un funambolo che cammina su un filo sottile: sospeso in un equilibrio impossibile tra l'attrazione verso il bene e quella verso il male («un sogno di peccato e un sogno di virtù»).

Arrigo Boito

Competenze di comprensione e analisi

- A che cosa alludono le espressioni «l'ebbrezza di due canti» (v. 16) e «l'angoscia di due pianti» (v. 18)?

- Quali ipotesi avanza il poeta sull'origine dell'uomo? Che cosa intende suggerire al lettore?

- Quale significato ha l'immagine dell'«istrïon» nella strofa finale della lirica?

«Son luce ed ombra»

Il tema alla base del componimento rinvia all'**antitesi**, di chiara derivazione romantica, **tra Bene e Male**, luce e ombra, angelico e demoniaco. In particolare, Boito si ispira a un celebre passo del *Faust* di Goethe (da lui trasposto in musica nel *Mefistofele*) incentrato sulla contrapposizione tra le «due anime» del personaggio, l'una tendente al sublime e all'ideale e l'altra legata alla terra e alla materialità.
L'antitesi, di per sé non originale, assume tuttavia un significato specifico nella poesia di Boito, facendosi **emblema della condizione dell'artista moderno**, diviso fra il desiderio di elevarsi al di sopra della massa e recuperare i valori ideali dell'arte e la consapevolezza che a questi valori si sono ormai sostituiti quelli del benessere materiale. La lacerazione dell'io si ripropone quindi nella **duplice ispirazione del canto poetico**, che vorrebbe nutrirsi di un'arte «piena dell'Ideale» (v. 75), ma avverte il richiamo delle «basse immagini», simbolo di un canto blasfemo ma veritiero.

Competenze di comprensione e analisi

- Nella seconda parte della lirica, Boito contrappone un'arte «eterea» a un'arte «reproba». Che cosa intende con questi due termini? Quali sono le caratteristiche di queste due forme poetiche?

- Confronta questo componimento con *Preludio* di Emilio Praga (T1) e chiarisci le cause del senso di lacerazione interiore che travaglia i poeti scapigliati, facendo riferimento anche alla condizione storica e sociale dell'artista di fine Ottocento.

Lo sperimentalismo formale

Sul piano espressivo, le scelte stilistiche rispecchiano la tensione tra estremi opposti. L'intero testo è infatti giocato sul ripetersi della **figura retorica dell'antitesi**, che percorre il componimento dal primo verso («Son luce ed ombra») fino alla conclusione («fra un sogno di peccato / e un sogno di virtù»). Con notevole capacità di variazione stilistica, le antitesi si trasformano a volta in **immagini ossimoriche** («caduto chérubo», contrapposto a «demone che sale», vv. 3-5) in contrasto tra loro, spesso secondo un asse che contrappone l'alto al basso.
Il virtuosismo di Boito muove comunque dal patrimonio tradizionale della lirica italiana, come dimostrano la **ripresa di immagini dantesche** (vv. 1-2) e di immagini che derivano dal patrimonio religioso sia cristiano sia pagano. Dal punto di vista metrico, alla novità dei contenuti non corrisponde un preciso rinnovamento delle forme espressive, che adottano ancora uno schema metrico chiuso, di facile cantabilità e legato alla tradizione.

Competenze di comprensione e analisi

- Individua nel testo le antitesi che illustrano il concetto di «dualismo».

- La lirica è ricca di parole arcaiche che appartengono al lessico della tradizione poetica. Rintracciale e, con l'aiuto del dizionario, trova per ciascuna un sinonimo di uso più colloquiale.

Il libro del mese
Altri libertini

AUTORE Pier Vittorio Tondelli
ANNO DI PUBBLICAZIONE 1980
CASA EDITRICE Feltrinelli

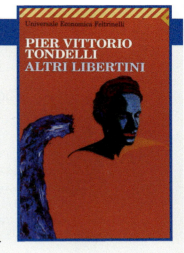

TRE BUONI MOTIVI PER LEGGERLO

1. È considerato uno dei romanzi *cult* degli anni Ottanta.
2. Critica in modo lucido e impietoso la società degli anni Settanta.
3. Affronta senza pudori temi "scomodi" come la droga e il disagio giovanile.

L'AUTORE E IL ROMANZO Dopo gli studi al DAMS, dove in quegli anni insegnavano personalità del calibro di Umberto Eco, Pier Vittorio Tondelli (1955-1991) è stato uno dei protagonisti della controcultura bolognese degli anni Settanta-Ottanta, animata dall'esperienza delle radio libere e dall'interesse per le varie forme di comunicazione contemporanee (teatro, fumetto, cinema). A partire da *Altri libertini* (1980), la sua opera (tra cui si ricordano i romanzi *Pao Pao*, 1982 e *Rimini*, 1985) è caratterizzata da una critica provocatoria e violenta al perbenismo e alla morale comune, condotta attraverso temi come la droga e l'amore omosessuale, che attirarono sui suoi scritti l'attenzione della censura. *Altri libertini*, secondo molti il capolavoro di Tondelli, è una raccolta di racconti che l'autore amava definire «romanzo a episodi». Con il suo linguaggio crudo che riproduce il parlato, in cui si alternano dialoghi fulminei e lunghi monologhi interiori, Tondelli offre uno spaccato della provincia emiliana, in un'epoca in cui le illusioni degli anni Settanta hanno lasciato il posto a un vuoto edonismo e al dramma della droga.

L'INCIPIT Sono ormai giorni che piove e fa freddo e la burrasca ghiacciata costringe le notti ai tavoli del Posto Ristoro, luce sciatta e livida, *neon* ammuffiti, odore di ferrovia, polvere gialla rossiccia che si deposita lenta sui vetri, sugli sgabelli e nell'aria di svacco pubblico che respiriamo annoiati, maledetto inverno, davvero maledette notti alla stazione, chiacchiere e giochi di carte e il bicchiere colmo davanti, gli amici scoppiati pensano si scioglie così dicembre, basta una bottiglia sempre piena, finché dura il fumo.

LA TRAMA Nei sei racconti di *Altri libertini* Tondelli dipinge un ritratto dei giovani degli anni Settanta: i loro sogni, la loro vitalità emotiva, la loro ingenuità e soprattutto i loro errori, in una realtà che si allarga da Bologna a mitiche mete di viaggio come Amsterdam e Londra. I personaggi sono spesso persone ai margini della società (tossicodipendenti, prostitute, sbandati) o devono comunque tenere nascoste le loro inclinazioni sessuali e i loro reali desideri.

TRE PISTE DI LETTURA

1. Tondelli è stato uno dei primi scrittori italiani a utilizzare senza pudore un linguaggio giovanile, ricco di espressioni volgari e oscenità. Scegli uno dei racconti e analizza questo particolare gergo, confrontandolo con quello dei giovani d'oggi: quali sono le principali differenze e cosa, invece, è rimasto uguale?
2. Per la sua carica di rottura e per l'importanza data al tema del viaggio *Altri libertini* è stato paragonato a *On the road* (1951), il capolavoro di Jack Kerouac. Quali tra i racconti del libro possono essere accostati alla lettura di viaggio e per quale motivo? Rispondi in un testo scritto di massimo due pagine.
3. A pochi mesi dalla sua uscita, alcuni lettori chiesero che *Altri libertini* venisse ritirato dalle librerie, per i suoi contenuti spinti e violenti e per l'uso di termini ritenuti «contrari alla morale comune». Ritieni giusto proibire il commercio di un libro (o un disco o un film)? E se sì in quali casi?

T3 Iginio Ugo Tarchetti
Fosca, tra attrazione e repulsione

Fosca, capp. XXXII-XXXIII

L'attrazione degli scapigliati per l'amore morboso e patologico, per le tematiche legate al macabro e al deforme e per i temi della malattia e della morte dominano Fosca, *romanzo di Iginio Ugo Tarchetti pubblicato postumo nel 1869. Vi si narra la torbida storia d'amore di Giorgio, un giovane ufficiale, con una donna gravemente malata di tisi e di eccezionale bruttezza, che* lo tiene legato a sé con il suo oscuro fascino fino alla propria morte.
Nel brano il narratore (che è il protagonista della vicenda) rievoca il carattere della donna e il torbido rapporto che li tiene uniti, accomunati dall'ombra della malattia e della morte.

Fosca ed io vivevamo quasi uniti come due amanti. Se io avessi potuto amarla, sentire veramente per essa ciò che la sola pietà m'induceva a fingere di sentire, nessuna donna avrebbe potuto essere più felice di lei. [...]

Oltre a ciò, ella pensava, agiva, amava come una persona inferma[1]. Tutto era
5 eccezionale nella sua condotta, tutto era contraddittorio; la sua sensibilità era sì eccessiva, che le sue azioni, i suoi affetti, i suoi piaceri, i suoi timori, tutto era subordinato alle circostanze le più inconcludenti della sua vita d'ogni giorno[2]. In una sola cosa era costante, nell'amare e nel contraddirsi, quantunque nelle sue stesse contraddizioni vi fosse qualche cosa di ordinato e di coerente, e nel suo
10 amore un non so che di oscuro e di mutabile che non ne lasciava comprendere la natura e lo scopo. Era ben certo che in fondo a tutto ciò vi era un carattere, ma si poteva meglio indovinarlo che dirlo.

Passavamo quasi tutta la giornata assieme. Al mattino la vedeva[3] da sola come prima; alla sera suo cugino si tratteneva qualche ora con noi; poi finiva coll'uscire
15 e col lasciarci soli da capo. Spesso Fosca teneva il letto[4], e io vegliava al suo capezzale gran parte della notte. Era impossibile ribellarsi a quelle esigenze, impossibile allontanarsi da lei un istante più presto di ciò che era inesorabilmente necessario, o lasciarle apparire soltanto l'affanno[5] in cui mi poneva quel sacrificio.

Ciò avrebbe bastato a provocare qualche accesso terribile[6]. Era cosa avvenutami
20 qualche volta nei primi giorni della nostra relazione, e n'era rimasto sì atterrito che mi sarei assoggettato[7] a qualunque gravissima prova per evitarlo.

Durante quelle sue convulsioni io temeva che ella morisse, e mi sentiva rabbrividire a questo pensiero, giacché se ciò fosse avvenuto ne sarei stato io la causa. L'abitudine mi aveva reso in pochi giorni sì rassegnato, che io aveva quasi cessato di credere alla
25 possibilità di sottrarmi a quella tortura. Il timore di ucciderla mi rendeva capace di qualunque sacrificio. Ella mi faceva rimanere vicino al suo letto delle lunghe ore, e nelle posizioni le più penose; o col capo sul guanciale, o colle mani intrecciate colle sue, o col viso rivolto verso la luce perché potesse vedermi bene. Mi conveniva

---

1. inferma: *malata.*
2. la sua sensibilità... d'ogni giorno: il passo vuole dire che Fosca aveva una sensibilità così forte e accentuata che tutti i suoi stati d'animo erano influenzati da eventi minimi e di nessun conto (le «circostanze le più inconcludenti») che le capitavano quotidianamente.

3. vedeva: *vedevo.* Tarchetti utilizza spesso la terminazione in -a per la prima persona singolare dell'imperfetto, una forma aulica e letteraria usata fino ai primi decenni del Novecento.
4. teneva il letto: *restava a letto.*

5. l'affanno: *il turbamento, la sofferenza.*
6. qualche accesso terribile: *una manifestazione eccessiva e scomposta della malattia della donna,* probabilmente una crisi isterica o un attacco epilettico.
7. assoggettato: *sottoposto.*

274 La Scapigliatura

30 chiudere gli occhi, aprirli, fingere di dormire, sorridere, parlare, tacere, alzarmi, passeggiare, tornarmi a sedere, secondo che ella mi diceva di fare. Una disubbidienza commessa con garbo poteva farla sorridere, ma un atto dispettoso poteva avere conseguenze fatali. Quando era malata molto, i miei tormenti divenivano ancora maggiori. Ella aveva degli eccessi di tristezza e di disperazione veramente spaventevoli. La pietà che ne sentiva mi lacerava il cuore. Spesso era assalita da

35 emicranie sì violente che ne diventava come pazza. Si lacerava i capelli, e tentava di percuotere la testa alla parete. In mezzo a quelle sue urla, a quei suoi spasimi[8], non si dimenticava però di me; mi avvinghiava tra le sue braccia con forza, quasi avesse voluto cercar salvezza sul mio seno, e non mi lasciava libero se non quando i suoi dolori l'avevano abbandonata. Io rimaneva tra le sue braccia, inerte, muto,

40 inorridito, cogli occhi chiusi per non vederne il volto, atterrito dal pensiero che una mia imprudenza avrebbe provocato in lei quelle convulsioni, durante le quali avrebbe potuto tradire inconsciamente il nostro segreto[9]. Nei pochi momenti di calma le leggeva qualche libro, o parlavamo del nostro passato; e io mostrava di metter fede e interesse[10] nei progetti strani e impossibili che ella formava pel suo

45 avvenire. Allora ella era spesso ragionevole, spesso anche amabile, sempre buona; il suo dire era sì aggraziato, sì facile, e le modulazioni della sua voce sì dolci, che a non vederla si poteva rimanere incantati della sua compagnia.
Negl'intervalli di benessere che le lasciavano di quando in quando le sue infermità, era vivace, lieta, qualche volta scherzosa. Alzata, era altra donna[11]. Lo sfarzo dei suoi

50 abiti, i suoi profumi, i fiori di cui riempiva le sue stanze, sembravano metterla in una luce più serena, e circondarla d'un'atmosfera meno lugubre. Benché que' suoi acconciamenti[12] sì ricchi dessero maggior risalto alla sua bruttezza, non la rendevano però sì spaventevole. In quei momenti v'era nella sua persona qualche cosa di vivo, di giovane, di voluttuoso[13] che il letto e la malattia non lasciavano apparire.

55 [...] Spesso mi teneva abbracciato delle lunghe ore, e mi faceva ripetere parola per parola alcune frasi affettuose che né il mio cuore mi avrebbe suggerito, né avrei avuto la forza di dirle. Queste sue follie erano inesauribili come la mia rassegnazione, giacché tutto ciò che avrebbe formato la felicità di un amante, formava invece la mia tortura, né sapeva indurmi a dimostrarglielo. Mi copriva di petali di fiori,

60 mi faceva mangiare dei bottoni[14] di rose, o assaggiare le sue medicine che erano quasi sempre amarissime. Talora esigeva che mi mettessi al tavolo, che le scrivessi una lettera amorosa che mi dettava sovente ella stessa. Dopo essersi abbandonata a tutte queste follie, era spesso assalita da una tristezza improvvisa, si buttava a terra in ginocchio, mi diceva di perdonarla, e piangeva. Passava da un eccesso

65 all'altro, ad un tratto, senza cause apparenti; e non aveva alcuna moderazione né ne' suoi dolori, né nelle sue gioie. [...]
Fosca sembrava trovare maggior piacere in quelle strette di mano e in quei baci che mi dava di sotterfugio in quei momenti. Quella era per lei l'ora più felice della giornata: il sapere che suo cugino era lì, che io avrei osato dir nulla, oppormi

70 a nulla, rendeva la sua arditezza ancora più tormentosa. Le sue imprudenze erano in quei momenti senza numero.
In quanto a me non v'erano istanti più tristi di quelli. [...]

---

8. spasimi: *sofferenze acute e angosciose.*
9. il nostro segreto: la morbosa e strana relazione tra i due protagonisti.
10. metter fede e interesse: *credere e interessarmi.*

11. Alzata, era altra donna: quando sta bene e lascia il letto, Fosca cambia completamente e assume la fisionomia di una donna normale.
12. acconciamenti: le cure particolari che

Fosca mette nel sistemare la propria persona e lo scenario in cui si muove.
13. voluttuoso: *desiderabile.*
14. bottoni: *boccioli.*

Iginio Ugo Tarchetti

75 Ma a che scopo ricordare le angosce di quei giorni? Furono tali dolori che non si possono né immaginare, né dire, né forse sopportare senza soccombervi. La prova che io ho subìta fu breve, ed è a ciò soltanto che ho dovuto la mia salvezza. Venti giorni dopo la convalescenza di Fosca, io non aveva già più né salute, né coraggio, né speranza di sopravvivere e quella sciagura.

80 Una cosa sovratutto – e la noto qui come quella che può dar ragione dell'abbandono[15] in cui ero caduto, e della sfiducia che s'era impadronita di me – contribuiva ad accrescere il mio dolore: il pensiero fisso, continuo, orrendo, che quella donna volesse trascinarmi con sé nella tomba. Essa doveva morire presto, ciò era evidente. Il vederla già consunta[16], già incadaverita, abbracciarmi, avvinghiarmi, tenermi stretto sul suo seno durante quei suoi spasimi, era cosa che dava ogni giorno maggior forza a questa fissazione spaventevole.

15. abbandono: *stato di abbattimento e totale passività.*

16. consunta: *consumata.*

Analisi guidata

Il fascino oscuro di Fosca

Il protagonista-narratore delinea un inquietante ritratto di Fosca, una **donna brutta, malata e nevrotica**, e dei sottili meccanismi psicologici che lo tengono legato a lei. Dominata dalla malattia, Fosca manifesta una sensibilità esasperata e un comportamento contraddittorio, che la fa oscillare in modo imprevedibile tra «eccessi di tristezza e di disperazione» e rari momenti di serenità. Non bella, essa emana però un **fascino morboso**, che tiene avvinto Giorgio in modo tirannico, inducendolo ad assecondare ogni suo desiderio. Egli prova verso Fosca **sentimenti ambivalenti, di attrazione e repulsione** al tempo stesso, e la loro 'relazione' è dominata dal pensiero della morte, che incombe come una minaccia su entrambi.

Competenze di comprensione e analisi

- Sulla base delle informazioni presenti nel testo, scrivi un ritratto di Fosca, mettendone in risalto i tratti fisici e psicologici.

- Giorgio è vittima di una sorta di ricatto emotivo, favorito dalla debolezza del suo carattere: qual è il motivo principale per cui egli non riesce a troncare la relazione con Fosca?

Il prototipo della «donna-vampiro»

Il carattere incostante e volubile di Fosca, unito alla sua malattia, permette alla donna di soggiogare completamente Giorgio, quasi 'contagiandolo' con la sua malattia fino ad assorbire ogni suo spirito vitale. Come risucchiato da questo vortice oscuro, il protagonista sente venir meno le proprie energie vitali e, pur dominato dal «pensiero fisso, continuo, orrendo, che quella donna volesse trascinarlo con sé nella tomba», non riesce a liberarsi dalla sua passione.

La protagonista del romanzo di Tarchetti rappresenta la più compiuta incarnazione del tipo della *femme fatale*, ossia della donna che, con la sua sensualità malata e torbida, tiene legato a sé l'amante fino ad assorbirne ogni spirito vitale. Definita anche con il termine *vamp* (abbreviazione di «vampiro»), questa tipologia femminile riprende e intensifica il **connubio romantico tra amore e morte**, innestandovi l'interesse tipico della **sensibilità decadente** per la malattia, fisica e psichica.

276 La Scapigliatura

Competenze di comprensione e analisi

- Nel racconto del protagonista il rapporto con Fosca viene indicato più volte con le parole «tortura» e «sacrificio»: a tuo parere egli è realmente innamorato della donna?
- In quali parti del testo è più evidente la compiaciuta insistenza su particolari macabri e patologici?

Un romanzo psicologico

La **narrazione è condotta in prima persona dal protagonista** che, in una sorta di **monologo interiore**, si sofferma non tanto sugli eventi concreti ma soprattutto sui propri stati d'animo, secondo una prospettiva soggettiva molto diversa dall'impersonalità teorizzata dai naturalisti.

Competenze di comprensione e analisi

- Il lessico e la sintassi utilizzati ti sembrano elevati o colloquiali? Rispondi con riferimenti al brano.
- Scrivi un breve testo nel quale commenti le scelte narrative di Tarchetti ed evidenzi quali aspetti avvicinano Fosca al genere del romanzo psicologico.

Santiago Rusiñol, *La morfina*, 1894.

T4 Iginio Ugo Tarchetti
Memento!

Disjecta

Pubblicata sul «Gazzettino» il 30 novembre 1867 (e inserita nella raccolta postuma Disjecta nel 1897), la lirica deriva il suo titolo dal motto cristiano che, in latino, invita a ricordare la presenza costante della morte: Memento mori («Ricorda che dobbiamo morire»). Come ha osservato il critico Elio Gioanola, Memento «esemplifica l'incapacità del poeta di vivere in modo sereno i sentimenti e le passioni, di cui egli coglie la precarietà connessa alla condizione umana».

Metrica   Terzine di endecasillabi con schema ABA CDC EFE.

    Quando bacio il tuo labbro profumato,
    cara fanciulla, non posso obbliare[1]
3   che un bianco teschio vi è sotto celato.

    Quando a me stringo il tuo corpo vezzoso[2],
    obbliar non poss'io, cara fanciulla,
6   che vi è sotto uno scheletro nascosto.

    E nell'orrenda visione assorto[3],
    dovunque o tocchi, o baci, o la man posi,
9   sento sporgere le fredde ossa di un morto.

---

1. obbliare: *dimenticare.*
2. vezzoso: *pieno di grazia, seducente.*
3. nell'orrenda... assorto: *tutto preso dalla mia terribile visione.*

Edvard Munch, *Vampiro*, 1893-1894.

Analisi guidata

Il fascino per la morte

In questa lirica Tarchetti si riallaccia a un tema tipico della cultura medievale, ma lo piega al **fascino per il macabro e il funereo tipico della poetica scapigliata**. Il pensiero della morte è infatti sganciato da ogni prospettiva morale ed esprime soprattutto il gusto per i particolari orrorifici tanto cari agli scapigliati.

Competenze di comprensione e analisi

- Quali sentimenti suscita nel poeta l'intimità fisica con la donna amata?
- Il componimento si basa sull'antitesi tra gli aspetti apparentemente sensuali della donna amata e l'emergere dell'ombra della morte. Individua nel testo i termini che fanno parte dei rispettivi campi semantici.

La struttura

Le **prime due strofe** sono strutturate sintatticamente in un **parallelismo** quasi perfetto. In soli sei versi troviamo infatti l'anafora di «Quando», la ripetizione dell'espressione «non posso obbliare» e del vocativo «cara fanciulla» e la medesima conclusione della terzina, in cui all'immagine esteriore della donna si collega la scoperta di ciò che vi è nascosto sotto (il teschio e lo scheletro), con la quale termina anche l'ultima strofa.

Competenze di comprensione e analisi

- Analizza il componimento sul piano metrico e stilistico. Le scelte del poeta sono innovative o tradizionali? Il lessico è letterario o quotidiano?

La volontà di scandalizzare

Come spesso accade nella produzione degli scapigliati, il testo intende **scandalizzare il pubblico borghese** con immagini raccapriccianti e di forte impatto. Si tratta, spesso, di un'esagerazione volutamente iperbolica, che finisce per diventare una **cifra stilistica della poesia scapigliata**, riscontrabile in molti altri autori del movimento (si veda per esempio *Vendetta postuma* di Emilio Praga. A riprova di quanto osservato può essere utile confrontare la lirica con un pensiero di Tarchetti apparso sul giornale «Il Gazzettino» alcuni giorni dopo la pubblicazione di *Memento*: «Vorrei essere un'iena, addentrarmi nei sepolcri e pascermi delle ossa dei morti. A questo mondo io non vedo che teschi e stinchi. Se una donna mi bacia, io non sento che freddo; se mi sorride, vedo i suoi denti a muoversi senza gengive, minacciando di uscirle di bocca; se mi abbraccia, non ho che la sensazione di un corpo stringente e pesante come la creta».

Competenze di comprensione e analisi

- Quali immagini della lirica insistono su particolari volutamente raccapriccianti e macabri?
- Confronta questa poesia con altri testi scapigliati in cui ricorre un gusto analogo e spiegane l'origine letteraria e culturale.
- L'insistenza su questi motivi si ricollega anche alla volontà degli scapigliati di scandalizzare il pubblico borghese. Quali sono le motivazioni profonde di questo intento?

Iginio Ugo Tarchetti

LABORATORIO DELLE COMPETENZE

- Lettura
- Comprensione
- Analisi
- Interpretazione
- Produzione scritta

Testo laboratorio
T5 Emilio Praga
Vendetta postuma

Questa lirica, che fa parte della raccolta Penombre *(1864), è ispirata a un testo di Charles Baudelaire,* Rimorso postumo, *inserito nei* Fiori del male *(1857). In entrambi i testi si immagina la donna amata ormai morta; però, mentre nel modello francese la cupa inquietudine dilata l'atmosfera in un tragico confronto tra la vita e la morte («la pietra al cuore tuo / impedirà di batttere e volere, / e ai tuoi piedi di andare all'avventura»), la poesia di Praga appare più come un semplice gioco letterario, in cui l'apparente foga dell'io lirico lascia spazio a dettagli banali e concreti e a vezzeggiativi che addolciscono le immagini funeree («il letticciuolo / dei nostri lunghi amori», il «tuo dolce lenzuolo», la «tua bocchina»).*

Metrica Quartine di due endecasillabi alternati con un settenario e un quinario in rima secondo lo schema AbAb.

Quando sarai nel freddo monumento[1]
immobile e stecchita,
se ti resta nel cranio un sentimento[2]
4 di questa vita,

ripenserai l'alcova[3] e il letticciuolo
dei nostri lunghi amori,
quand'io portava[4] al tuo dolce lenzuolo
8 carezze e fiori.

Ripenserai la fiammella turchina
che ci brillava accanto[5];
e quella fiala[6] che alla tua bocchina
12 piaceva tanto!

Ripenserai la tua foga omicida[7],
e gli immensi abbandoni;
ripenserai le forsennate[8] grida,
16 e le canzoni;

Ripenserai le lagrime delire[9],
e i giuramenti a Dio,
o bugiarda, di vivere e morire
20 pel genio mio!

1. **freddo monumento:** *la tomba.*
2. **sentimento:** *ricordo.*
3. **l'alcova:** *la camera da letto.*
4. **portava:** *portavo;* nota l'uso della desinenza arcaica dell'imperfetto in *-a,* già visto in Tarchetti.
5. **la fiammella... accanto:** *la luce azzurrina* («turchina») *della lampada a gas.*
6. **fiala:** *una boccetta,* contenente alcol o qualche droga.
7. **la tua foga omicida:** *la passione erotica* della donna, che al poeta appariva violenta e minacciosa («omicida»).
8. **forsennate:** *furiose,* come quelle di una pazza.
9. **delire:** *deliranti.*

> E allora sentirai l'onda dei vermi
> salir nel tenebrore[10],
> e colla gioia di affamati infermi[11]
> 24 morderti il cuore.

10. **nel tenebrore:** *nelle tenebre, nell'oscurità.*　　　　　11. **infermi:** *malati.*

COMPRENSIONE

1 Che cosa deve ricordare la donna, una volta morta?

2 Qual era l'atteggiamento del poeta verso la donna? E quale, invece, quello di lei?

3 Che cosa prometteva la donna al poeta?

ANALISI E INTERPRETAZIONE

4 In quali strofe appare l'immagine della donna morta nella tomba?

5 Individua nella lirica tutti gli esempi di lessico aulico e tutti i termini relativi al campo semantico della morte.

6 Quale termine viene ripetuto più volte in anafora?

SCRITTURA E APPROFONDIMENTO

7 Quali immagini tipiche della lirica d'amore sono capovolte in modo grottesco nel testo di Praga?

Oltre il testo

CONFRONTARE E COLLEGARE

Metti a confronto *Vendetta postuma* con *Rimorso postumo*, la lirica di Baudelaire a cui Praga si è ispirato e in un breve testo rileva le principali analogie e differenze tra i due componimenti.

> Quando tu dormirai, mia tenebrosa,
> nel fondo di una tomba in marmo nero
> e per castello e alcova non avrai
> che una fossa profonda ed un sepolcro
> in cui stilla la pioggia; quando grave
> premendoti sui seni impauriti
> e sopra i fianchi illanguiditi in dolce
> abbandono, la pietra al cuore tuo
> impedirà di battere e volere,
> e ai tuoi piedi di andare all'avventura,
> in quelle lunghe notti senza sonno
> la tomba ti dirà dell'infinito
> mio sogno confidente (ché il poeta
> sempre sarà compreso dalla tomba):
> «Mancata cortigiana, che ti serve
> il non aver conosciuto quello
> che rimpiangono i morti?» E la tua pelle
> il verme roderà come un rimorso.

8 Perché *Vendetta postuma* può essere considerata un testo esemplare della poetica e dello stile degli scapigliati?

Oltre il testo

CONFRONTARE E ANALIZZARE

Confronta la lirica con altri testi dell'unità incentrati sul connubio amore-morte ed elenca in un testo scritto i motivi che ricorrono con maggiore frequenza.

Laboratorio delle competenze　281

LABORATORIO DELLE COMPETENZE

Guida alla verifica orale

Verifica le tue conoscenze

DOMANDA N. 1 Quali atteggiamenti caratterizzano, nella vita e nell'arte, gli autori della Scapigliatura?

LA RISPOSTA IN SINTESI

Gli scapigliati esprimono nelle proprie scelte esistenziali e letterarie il disagio dell'artista di fronte alla modernità e alla società industriale. Opponendosi polemicamente al perbenismo borghese e alla logica del profitto, essi sostengono la piena libertà dell'artista, ostentando comportamenti irregolari nella vita (alcol, droghe, povertà) e nell'arte, esaltando l'opposizione alle forme tradizionali e privilegiando tematiche macabre e grottesche.

LA RISPOSTA NEI TESTI

- **T1** L'apostrofe al «nemico lettor», l'insofferenza per la tradizione, il desiderio di rompere le regole e di andare contro la morale borghese sono la chiave di *Preludio*, una sorta di manifesto programmatico della poetica del movimento scapigliato.

- **T2** La lirica di Boito esprime la condizione di scissione interiore che colpisce gli scapigliati, in bilico tra l'aspirazione all'ideale e gli aspetti materialistici dell'esistenza, facendo di questo «dualismo» il carattere principale dell'ispirazione letteraria.

DOMANDA N. 2 Come si colloca la Scapigliatura nel contesto letterario del secondo Ottocento?

LA RISPOSTA IN SINTESI

La Scapigliatura, che si contrappone (almeno in apparenza) al Romanticismo di matrice manzoniana, si pone all'incrocio tra le tendenze realistiche del nascente movimento naturalista e la poetica simbolistico-decadente, di cui condivide l'interesse per le inquietudini dell'animo e la loro descrizione.

LA RISPOSTA NEI TESTI

- **T1** L'inquietudine manifestata da Praga trova un precedente letterario nel malettismo di Baudelaire (richiamato esplicitamente nell'apostrofe polemica al lettore e nell'oggetto della poesia indicato nella «Noia»), senza però raggiungerne la rivoluzione stilistica e formale. La poesia resta infatti chiusa nella metrica tradizionale.

- **T3** Il romanzo *Fosca* inserisce su un impianto realistico una novità formale (il narratore interno protagonista) e soprattutto la scelta di un personaggio che anticipa le *femmes fatales* del Decadentismo, una donna malata e di rara bruttezza, che riesce ad avvincere a sé il protagonista, trascinandolo in una relazione morbosa.

DOMANDA N. 3 Quali sono i temi ricorrenti nella produzione degli scapigliati?

LA RISPOSTA IN SINTESI

Nelle loro opere, gli scapigliati esprimono la polemica nei confronti della tradizione letteraria e il desiderio di novità, uniti a un senso di profondo disagio esistenziale e all'acuta percezione del dissidio tra realtà e illusioni. Frequente è la predilezione per le tematiche macabre, legate alla malattia e all'orrido, nella dichiarata volontà di scandalizzare i lettori borghesi.

LA RISPOSTA NEI TESTI

- **T1** È chiaro l'attacco alla mentalità borghese e benpensante nella polemica antireligiosa e nel rifiuto della tradizione impersonata da Manzoni. A un pubblico che vuole essere divertito l'autore dichiara che non sa proporre altro che la noia, espressione di un disagio esistenziale.

- **T3** La figura di Fosca, una donna brutta e nevrotica, verso la quale il protagonista nutre un ambiguo sentimento di attrazione e repulsione, esemplifica la predilezione degli scapigliati per le tematiche macabre.

- **T4** La lirica di Tarchetti immagina la donna dopo la morte e si riallaccia alla tradizione medievale del *Memento mori* (Ricorda che dobbiamo morire), insistendo però sui particolari raccapriccianti ed eliminando ogni tipo di implicazione spirituale e morale.

Giosue Carducci

Rime nuove

T1 *Pianto antico*

T2 *Traversando la Maremma toscana*

T3 *Idillio Maremmano*

Odi barbare

T4 *Alla stazione in una mattina d'autunno*

T5 *Nevicata*

Laboratorio delle competenze

T6 TESTO LABORATORIO – *Nella piazza di San Petronio (Odi Barbare)*

Giosue Carducci

Vittorio Corcos, *Ritratto di Giosue Carducci*, 1892.

La vita e le opere

Gli anni della formazione Giosue Carducci nasce a **Valdicastello**, in Versilia, il 27 luglio **1835**, ma trascorre l'adolescenza tra **Castagneto** e Bolgheri, in Maremma. Nel 1849 il padre, che esercita la professione di medico, perde il lavoro a causa delle sue idee politiche liberali e la famiglia si trasferisce a Firenze, dove Giosue studia alle scuole dei Padri scolopi. Nel 1853 è ammesso alla **Scuola Normale Superiore di Pisa**; si laurea in lettere nel 1856 e subito dopo inizia a insegnare al ginnasio di San Miniato.
Appassionato cultore della poesia greca e latina, a Firenze dà vita al gruppo degli «Amici pedanti», giovani letterati ostili al gusto tardoromantico e fautori di un ritorno al classicismo. Il **1857** è l'anno del suo primo volume di *Rime* (poi in gran parte confluite nella raccolta *Levia gravia*), ma è segnato dal tragico **suicidio del fratello Dante** in seguito a una violenta lite con il padre. Nel 1858 anche il padre muore e Carducci, costretto a occuparsi della famiglia, accetta la proposta dell'editore Barbèra di Firenze di curare edizioni di classici e poeti italiani minori.

Gli anni repubblicani e il trasferimento a Bologna Nel 1859 sposa Elvira Menicucci e l'anno seguente è nominato **professore di eloquenza italiana all'università di Bologna**, carica che manterrà fino al 1904. Nel frattempo dà alle stampe *Juvenilia* ("Cose giovanili"), raccolte di poesie influenzate dall'esperienza degli «Amici pedanti». Trasferitosi a Bologna con la moglie, Carducci si dimostra un convinto sostenitore delle **idee mazziniane e repubblicane**, non esitando a esibire un violento **anticlericalismo**. Queste posizioni radicali gli ispirano, nel 1863, l'*Inno a Satana*, e nel 1868 gli costano una sospensione di 75 giorni dall'insegnamento per aver partecipato a un banchetto commemorativo della Repubblica Romana. Nello stesso anno pubblica la raccolta **Levia gravia** ("Cose leggere, cose gravi"), il cui titolo allude alla presenza di testi poco impegnati accanto ad altri più difficili per temi e stile, influenzati da un classicismo scolastico e dal rifiuto del sentimentalismo romantico.

L'avvicinamento alla monarchia Il 1870 è un anno che segna profondamente Carducci. Nel giro di pochi mesi muoiono la madre e il figlio Dante, di soli tre anni: questi lutti precipitano il poeta in una crisi depressiva da cui si riprende grazie alla relazione extraconiugale con Carolina Cristofori Piva, cantata in molte liriche con il nome di Lidia. La pubblicazione delle sue *Poesie* (1871) – in cui sono raccolti i componimenti giovanili e testi di argomento politico – viene accolta con favore dalla critica e gli procura una discreta fama. Nel 1873 pubblica le *Nuove poesie* (1873), in cui non risparmia attacchi a uomini politici e alle istituzioni. Forte del successo della raccolta, molto apprezzata anche all'estero, nel 1876 si candida come deputato nel collegio di Lugo di Romagna: risulta eletto ma non viene sorteggiato tra coloro che dovranno far parte del Parlamento.
Nel frattempo, Carducci matura la decisione di **abbandonare la poesia politica**, in favore di una lirica direttamente ispirata ai classici latini e greci. In questa decisione gioca un ruolo importante anche la sua personale svolta ideologica. Nel novembre **1878** il poeta incontra i Savoia in visita a Bologna e rimane profondamente colpito dalla **regina Margherita**,

La parola all'autore

L'*Inno a Satana*

Nel dicembre 1863 Carducci pubblica su un giornale di Bologna, «Il Popolo delle lettere», l'*Inno a Satana*, un lungo componimento (200 versi) fortemente anticlericale, in cui Satana incarna il progresso e la modernità ostacolati dall'oscurantismo della Chiesa e viene alla fine identificato con l'immagine del treno, «bello e orribile mostro» che percorre la terra. Molti anni più tardi, parlando di questo testo giovanile da lui giudicato artisticamente poco riuscito, Carducci scriverà: «L'Italia col tempo dovrebbe innalzarmi una statua, pel merito civile dell'aver sacrificato la mia coscienza d'artista al desiderio di risvegliar qualcuno o qualcosa...».
Proponiamo di seguito alcune tra le quartine più rappresentative dell'inno.

A te, dell'essere
principio immenso,
materia e spirito,
ragione e senso […]

a te disfrenasi
il verso ardito[1],
te invoco, o Satana,
re del convito[2].

Via l'aspersorio[3],
prete, e 'l tuo metro[4]!
no, prete, Satana
non torna in dietro! […]

Tu spiri, o Satana,
nel verso mio,
se dal sen rompemi[5]
sfidando il dio

de' rei[6] pontefici,
de' re cruenti:
e come fulmine
scuoti le menti. […]

E già già tremano
mitre e corone[7]:
move dal claustro[8]
la ribellione,

e pugna[9] e predica
sotto la stola
di fra' Girolamo
Savonarola.

Gittò la tonaca
Martin Lutero[10]:
gitta i tuoi vincoli[11],
uman pensiero,

e splendi e folgora
di fiamme cinto[12];
materia[13], inalzati:
Satana ha vinto.

Un bello e orribile
mostro si sferra[14],
corre[15] gli oceani,
corre la terra:

corusco e fumido[16]
come i vulcani,
i monti supera,
divora i piani,

sorvola i baratri;
poi si nasconde
per antri incogniti[17]
per vie profonde;

ed esce; e indomito[18]
di lido in lido
come di turbine[19]
manda il suo grido[20],

come di turbine
l'alito spande[21]:
ei[22] passa, o popoli,
Satana il grande;

passa benefico
di loco in loco
su l'infrenabile
carro del foco.

Salute, o Satana,
o ribellione,
o forza vindice[23]
della ragione!

Sacri a te salgano
gl'incensi e i voti[24]!
Hai vinto il Geova[25]
de' sacerdoti.

1. disfrenasi il verso ardito: *si rivolgono i miei versi coraggiosi.*

2. convito: *banchetto.*

3. aspersorio: strumento con cui il prete lancia l'acqua benedetta sui fedeli.

4. 'l tuo metro: i tuoi valori, le tue convinzioni (alla lettera "il tuo metro di giudizio").

5. se dal sen rompemi: *se esci impetuoso dal mio animo.*

6. rei: *colpevoli* (di aver sempre represso la libertà di pensiero).

7. mitre e corone: il potere religioso e quello politico; la mitra è il copricapo indossato dai papi.

8. move dal claustro: *nasce dall'interno della Chiesa.*

9. pugna: *combatte.*

10. Girolamo Savonarola ... Martin Lutero: Carducci ricorda due personaggi che combatterono la corruzione della Chiesa e la sua decadenza spirituale, il frate domenicano Girolamo Savonarola (1452-1498), che fu arso sul rogo dopo aver creato una repubblica ecclesiastica a Firenze e aver apertamente criticato l'operato del papa, e il teologo tedesco Martin Lutero (1483-1546), che con i suoi scritti diede il via alla Riforma protestante.

11. gitta i tuoi vincoli: *liberati dalle tue catene,* ovvero l'ignoranza e la superstizione.

12. folgora di fiamme cinto: *luccica avvolto dalle fiamme;* le fiamme sono quelle dell'inferno che la Chiesa minacciava a quanti si ribellavano alla sua autorità.

13. materia: consapevolezza della propria esistenza terrena, in contrapposizione alla vita eterna promessa dalla Chiesa dopo la morte.

14. si sferra: *si slancia senza freni.*

15. corre: *percorre a grande velocità.*

16. corusco e fumido: *scintillante e fumante.*

17. antri incogniti: *caverne sconosciute;* sono le gallerie, scavate nelle montagne.

18. indomito: *indomabile, invincibile.*

19. come di turbine: *simile a una tempesta.*

20. il suo grido: il rumore metallico del treno o il fischio della macchina a vapore.

21. l'alito spande: *riempie l'aria.*

22. ei: *egli,* cioè il «mostro» del v. 170.

23. vindice: *vendicatrice, portatrice di una rivincita.*

24. gl'incensi e i voti: *le preghiere.*

25. Geova: *Dio,* secondo il vocabolo usato dalla tradizione ebraica.

La vita e le opere

sincera ammiratrice dei suoi versi, tanto da dedicarle l'ode *Alla regina d'Italia Margherita*. Si realizza così un **avvicinamento alla monarchia sabauda**, che egli non manca di celebrare in varie occasioni ufficiali.

La maturità poetica Il ripiegamento su posizioni meno radicali e l'amicizia con la regina accrescono il suo prestigio accademico e letterario. Carducci inizia a recarsi assiduamente a **Roma**, dove frequenta i più prestigiosi salotti e collabora con periodici di larga diffusione, come «Il Fanfulla della domenica» e «Cronaca bizantina». Sono anni fecondi anche da un punto di vista poetico, poiché nel giro di un decennio vedono la luce i suoi capolavori: *Giambi ed epodi* (1882), *Rime nuove* (1887), *Odi barbare* (1893). Mentre le *Rime nuove* mostrano l'approdo a un classicismo misurato, lontano dai toni polemici delle poesie politiche e ripiegato su una dimensione intimista e malinconica, le altre due raccolte testimoniano lo **stretto legame con la lirica classica**.
I *Giambi ed epodi* rimandano, fin dal titolo, al filone satirico e moraleggiante della poesia greca e latina, qui rappresentato dalle invettive di Archiloco e dagli *Epodi* di Orazio, accomunati dall'uso del giambo come metro. La raccolta, che comprende testi degli anni Settanta, si caratterizza infatti per la polemica, spesso risentita e intensa, contro la corruzione della classe politica e contro gli ecclesiastici.
Le *Odi barbare* sono invece il prodotto più maturo dello **sperimentalismo metrico** di Carducci. Egli dà vita a una poesia "barbara", ossia imperfetta e irregolare, in cui **gli schemi metrici della poesia classica sono applicati alla lingua italiana**, con risultati spesso sorprendenti.

Gli ultimi anni Ormai famoso a livello nazionale e riconosciuto unanimemente come "**poeta-vate**" **dell'Italia umbertina**, Carducci si orienta su **posizioni politiche sempre più conservatrici**, appoggiando pubblicamente la politica reazionaria di Crispi e subendo per questo la contestazione di un gruppo di studenti, che cercano di impedirgli di tenere lezione all'università. Nominato **senatore del Regno (1890)**, compone liriche nazionalistiche sulla storia italiana, confluite nella sua ultima raccolta, *Rime e ritmi* (1899). Qui i testi in metrica tradizionale (rime) si alternano a quelli in metrica "barbara" (ritmi), mentre alla produzione retorica e celebrativa fanno da contraltare componimenti più intimi, dominati dalla riflessione sulla morte.
I crescenti problemi di salute lo spingono ad abbandonare, nel 1904, l'insegnamento universitario e lui

stesso sceglie come suo successore un altro grande poeta, Giovanni Pascoli. Negli ultimi anni di vita si dedica all'edizione complessiva delle sue *Opere*, pubblicate in venti volumi dall'editore Zanichelli (1889-1906) e la sua fama viene definitivamente consacrata dal **premio Nobel per la letteratura** (1906) il primo assegnato a uno scrittore italiano. Muore a Bologna il 16 febbraio **1907**.

○ Sosta di verifica

- Che eventi luttuosi segnano la vita di Carducci?
- Quali sono i temi della raccolta *Levia gravia*?
- Spiega la parabola ideologica di Carducci da ribelle a poeta-vate dell'Italia umbertina.
- Quali sono le caratteristiche della raccolta *Giambi ed epodi*?
- Che cosa contraddistingue le *Odi barbare*?
- Quale premio fu assegnato a Carducci nel 1906?

Il pensiero e la poetica

Una poesia "civile" Pur nel modificarsi delle sue posizioni politiche, Carducci mantiene sempre una **concezione della poesia e del ruolo del poeta orientata in senso civile**, strettamente legata all'analisi critica della situazione politica contemporanea. Cresciuto nel culto dei valori risorgimentali, il poeta rimane profondamente deluso dal trasformismo e dal governo della Destra storica e matura, in gioventù, un violento **ribellismo repubblicano e anticlericale**, espresso attraverso una dura **polemica contro la corruzione**, a cui egli oppone tanto la «sanità» pagana e classica, quanto i valori del progresso e della scienza moderna. Negli anni della maturità le sue idee si fanno più moderate, fino a divenire conservatrici e filomonarchiche, ma non è corretto parlare di un repentino voltafaccia: come per buona parte della sua generazione, si tratta di un'involuzione politica scaturita dalla delusione postrisorgimentale e culminata nella svolta autoritaria della politica di Crispi.

Sia la polemica contro la decadenza del presente che l'esaltazione nazionalistica dell'Italia nascono dal **confronto con il passato classico**, visto come un'epoca di vigore morale e pienezza artistica. Fin dall'età giovanile, Carducci si proclama «scudiero dei classici», in aperta contrapposizione al sentimentalismo della poesia romantica, e anche il ruolo di **«poeta-vate» della nazione** rientra in questa dimensione civile della letteratura di cui egli ritrova l'origine nella poesia greca e latina.

Tra classicismo e modernità Il recupero dei classici – soprattutto Orazio – è testimoniato sia dalle raffinate scelte linguistiche sia dalla continua ricerca metrica. Nelle *Odi barbare* Carducci sperimenta una soluzione originale e innovativa: la trasposizione, nelle forme della metrica accentuativa italia-

Telemaco Signorini, *Pascoli a Castiglioncello*, 1861.

Plinio Nomellini, *Il fienaiolo*, 1888.

mi nuovi che, liberati dalla presenza di rime fisse (abolite perché inesistenti nella poesia greca e latina), **aprono la strada al verso libero** della poesia di inizio Novecento.

Una sensibilità decadente Accanto all'ammirazione per i classici, la critica più recente ha messo in luce, soprattutto nelle raccolte carducciane della maturità, una **sensibilità inquieta e tormentata**, che si ispira a esperienze del Romanticismo europeo e al tempo stesso anticipa **temi tipici del Decadentismo**. Oltre ai testi storico-celebrativi, molto apprezzati dai contemporanei, ma giudicati oggi eccessivamente retorici, Carducci è autore di liriche intime e personali, da cui emergono i nuclei tematici centrali della sua produzione (La parola alla critica): il **sentimento della natura** – particolarmente evidente nella descrizione del **paesaggio maremmano** della sua giovinezza, che appare come una sorta di mitico Eden perduto – il contrasto fra la pienezza vitale e l'ombra della morte, la percezione dello **scorrere inesorabile del tempo**, la **nostalgia per il mondo classico** irrimediabilmente perduto, in cui sembra sublimarsi il contrasto tipicamente romantico tra ideale e reale.

na, di **schemi ritmici che imitano gli antichi metri latini**, basati sulla quantità delle sillabe. In realtà, la metrica "barbara" non nasce soltanto dalla volontà di riprodurre il ritmo melodico dei classici, ma anche dall'esigenza di una **versificazione nuova**, che sappia andare oltre la metrica tradizionale della lirica italiana. In questo senso, pur rispondendo a istanze classiciste, l'operazione di Carducci dimostra una notevole modernità, poiché crea **rit-**

Sosta di verifica

- In che cosa consiste il classicismo di Carducci?
- Che cos'è la metrica "barbara"?
- Quali sono gli aspetti decadenti della poetica di Carducci?
- Perché, nonostante il recupero di forme classiche, Carducci può essere considerato un poeta moderno?

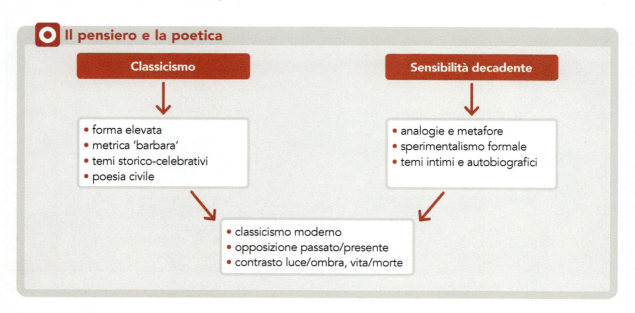

Rime nuove

Pubblicate nel **1887**, le *Rime nuove* comprendono **105 componimenti** redatti a partire dal 1861 e divisi in **nove sezioni** (libri), preceduti da un "intermezzo" costituito da una serie di rime che, nelle intenzioni del poeta, dovevano «segnare il passaggio dai *Giambi ed epodi* alle *Rime nuove* e alle *Odi barbare*».
Nella raccolta in cui si alternano testi di ispirazione storica e altri più propriamente lirici; segnano l'approdo a un **classicismo composto e misurato**, in cui si esprime la prima stagione della maturità poetica carducciana. La polemica contro il degrado dell'Italia non è più diretta e risentita, ma è condotta attraverso una nostalgica **rievocazione di epoche passate** le cui virtù civili risaltano in opposizione alla meschinità del presente: il Medioevo comunale, la Grecia classica, la Francia rivoluzionaria cantata nei sonetti del ciclo *Ça ira*. Più moderne e intimiste sono invece le **liriche autobiografiche**, ispirate all'amore per Carolina Piva, al dolore per la morte del figlio Dante (*Pianto antico*), alla nostalgica rievocazione del paesaggio maremmano (*Traversando la Maremma toscana*; *Idillio maremmano*).

Giovanni Fattori, *Due donne in un giardino di Castiglioncello*, 1865.

La parola alla critica

Walter Binni, *Il tema centrale dell'opera di Carducci*

Secondo Walter Binni la tematica fondamentale della poesia di Carducci si esprime nella ricorrente contrapposizione fra riflessione sulla morte e spunti vitalistici, che si concretizza a livello simbolico nel contrasto luce/ombra, caldo/freddo, passione/tedio.

A me pare appunto che sotto la varietà dei temi e dei toni del pittore di paesaggio, del creatore di leggende epico-storiche, dell'innografo polemico, viva nel Carducci un fondamentale tema centrale, un modo centrale di atteggiarsi della sua sensibilità, un sentimento più profondo della sua esperienza vitale. Ed anche guardando allo stesso svolgimento dell'uomo e del poeta, al modulo di contrasto con cui egli visse la sua esperienza, mi è sembrato che si possa individuare una forma più intima e sua di contrasto e di compresenza di due essenziali poli di tensione, a cui corrispondono quegli stessi nodi di contrasto più psicologico di odio e amore, ira e pianto, amore e disamore della vita, entusiasmo e tedio [...], e gli stessi contrasti fra classicismo e romanticismo, fra passato eroico e sereno e presente corrotto e attediato, fra ideali e realtà inferiore, fra poesia e prosaico utilitarismo. Tale tema centrale è appunto l'essenziale sentimento carducciano dell'esistenza, nel radicale incontro e contrasto di un sentimento della vita nella sua pienezza e di un ugualmente energico sentimento della morte come totale e fisica privazione di vita, con relative componenti di orrore e di fascino, entro le varie situazioni dell'esperienza e dell'ispirazione.
Poeta del contrasto dell'esistenza terrena, il Carducci ha espresso più direttamente questo tema in quelle poesie che, sollecitate da occasioni più intime e dolorose, risolvono più energicamente l'incontro dei sentimenti della vitalità e della morte, tradotti nei loro simboli più compendiosi e assoluti, realisticamente concreti e fantasticamente suggestivi: luce e buio, sole e ombra, suono e silenzio, calore e freddo, terra verde nel suo rigoglio primaverile e terra nera nel suo significato sepolcrale. Insomma il contrasto tematico e formale di *Pianto antico*.

W. Binni, *Linee e momenti della poesia carducciana*, in *Carducci e altri saggi*, Torino, Einaudi, 1957

T1 Pianto antico

Rime nuove

Ascolta la poesia e fai l'analisi interattiva

La lirica fu scritta nel giugno 1871, per ricordare l'improvvisa scomparsa del figlio Dante, morto a soli tre anni, nel novembre dell'anno precedente, per una meningite. L'evento scosse profondamente Carducci, come testimoniano queste parole scritte al fratello Valfredo il giorno dopo la disgrazia: «Il mio povero bambino mi è morto; morto di un versamento al cervello. [...] Povero il mio caro Dante! E avevo riposto su quel capo tutte le mie speranze, tutto il mio avvenire! E mi ero avviticchiato a lui con quanto amore mi restava nell'anima! Oh che strappo del cuore e della vita! È inutile parlare di consolazione: il tempo potrà rammarginare un po' la ferita; ma guarirla, non mai».

All'interno di una sapiente architettura formale, Carducci proietta il proprio strazio individuale su un piano universale, dando voce a un «pianto» primordiale, antico quanto l'umanità, in cui si rinnova il dolore di ogni padre di fronte all'innaturale perdita del proprio figlio.

Metrica Ode anacreontica, resa attraverso strofe di quattro settenari, dei quali il primo non rimato, il secondo e il terzo a rima baciata e il quarto, tronco, in rima con l'ultimo delle altre strofe. Schema: abbx.

Il silenzio dell'orto si contrappone alle immagini vitali delle prime due strofe preparando l'analogia tra la morte del bambino e la vita della natura che rifiorisce con l'arrivo della primavera.

L'albero a cui tendevi
la pargoletta[1] mano,
il verde melograno
4   da' bei vermigli[2] fior,

nel muto orto solingo[3]
rinverdì tutto or ora[4],
e giugno lo ristora[5]
8   di luce e di calor.

Tu fior de la mia pianta
percossa e inaridita,
tu de l'inutil vita
12   estremo[6] unico fior,

Attraverso le anafore il poeta ricorda in modo martellante il tragico destino del figlio.

sei ne la terra fredda,
sei ne la terra negra[7];
né il sol più ti rallegra
16   né ti risveglia amor.

---

1. **pargoletta:** *piccolina, di bambino* (latinismo).
2. **vermigli:** *rossi.*
3. **muto orto solingo:** l'orto è silenzioso («muto») e solitario («solingo») perché non più animato dalle grida giocose del bambino.
4. **rinverdì... or ora:** *ora tutto è tornato a ricoprirsi di nuove foglie*, per l'arrivo della primavera.
5. **giugno lo ristora:** *la primavera* («giugno», per metonimia) *gli infonde nuova vita.*
6. **estremo:** *ultimo*. Dante era l'ultimo figlio di Carducci.
7. **negra:** *nera, scura.*

→ Analisi del testo

COMPRENSIONE

Pianto antico ruota intorno all'**opposizione vita-morte**, che percorre in modo simmetrico tutto il componimento: alle immagini luminose e vitali delle **prime due strofe** («verde melograno»; «bei vermigli fior»; «luce e calor») si contrappongono quelle cupe e desolate delle **ultime due** («percossa e inaridita»; «terra fredda»; «terra negra»).

ANALISI E INTERPRETAZIONE

L'antitesi strutturale e tematica La lirica si apre con l'**equivalenza metaforica tra il fiore** del melograno **e il piccolo Dante**, ultimo frutto della vita di Carducci: ma mentre il primo rifiorisce con l'arrivo della primavera, nessun calore potrà risvegliare il bambino. Questa drammatica opposizione è condotta attraverso il **parallelismo antitetico tra le prime due strofe**, che descrivono la rinascita della natura, **e le ultime due**, che insistono sull'eterna immobilità della morte. La contrapposizione è evidente anche sul piano formale nel lessico, nella sintassi e nel ritmo.

Una finta semplicità Dietro l'apparente semplicità del componimento si nasconde una fittissima **rete di richiami ritmici e fonici**. All'andamento quasi cantilenante delle prime strofe subentra un ritmo martellante, spezzato dalle numerose anafore che rendono l'**ultima strofa simile a un epitaffio**. Nell'ambito dell'antitesi vita-morte rientra anche il contrasto tra il verbo di movimento iniziale («tendevi») e quello di estrema fissità che caratterizza l'ultima strofa («sei»).

A livello fonico domina l'**allitterazione della r** che, tuttavia, dà luogo a esiti opposti: nelle prime strofe la ripetizione di suoni liquidi crea immagini vivaci e brillanti («vermigli», «rinverdì»), mentre nelle ultime è usata per ottenere suoni duri e aspri («fredda», «negra»).

● Lavoriamo sul testo

COMPRENSIONE

1. Riassumi con parole tue, in un testo di circa 8 righe, il contenuto della lirica.
2. La lirica era in origine anepigrafa (ossia priva di titolo) e solo nel 1887 Carducci scelse il titolo attuale. Quale significato ha, a tuo parere, l'accostamento dei due termini? Il «pianto» del poeta è detto «antico» perché Dante è ormai morto da anni o per altri motivi?
3. Perché la «pianta» del v. 9 è detta «percossa e inaridita»? Che cosa vuole sottolineare il poeta con questa immagine metaforica?

ANALISI E INTERPRETAZIONE

4. Quale termine può essere considerato la parola-chiave della lirica?
5. Nell'edizione originaria, il testo era preceduto da due versi del poeta greco Mosco (II sec. a.C.), che piangeva la morte del suo maestro: «le piante... rivivranno ancora e in altra stagione rigermoglieranno... / e tu, sepolto dentro la terra, silenzioso starai». Qual è il legame tra questi versi e la lirica di Carducci?
6. La poesia, in apparenza semplice e di facile lettura, è in realtà ricca di riferimenti letterari che rimandano a Tasso (per la «pargoletta mano» del v. 2), a Leopardi (per l'immagine del v. 12) e ad altri autori della tradizione. Qual è, a tuo parere, la funzione di queste riprese colte? Ti sembra che esse tolgano sincerità al testo?

SCRITTURA E APPROFONDIMENTI

7. L'opposizione tra vita e morte, ombra e luce, è ricorrente nella poesia carducciana. Individuala in altri testi presenti nell'antologia e spiegane l'origine profonda, facendo riferimento alla poetica dell'autore, in un breve testo argomentativo.

T2 Traversando la Maremma toscana

Rime nuove

Datato 21 aprile 1885, questo sonetto è ispirato a un viaggio in treno da Livorno a Roma, durante il quale Carducci ebbe occasione di passare per Castagneto, paese dove aveva trascorso l'infanzia e l'adolescenza e a cui rimase sempre legato.

La lirica si incentra sull'emozione del ritorno, che porta con sé il riaffiorare dei sogni giovanili e, al tempo stesso, la consapevolezza della caduta di quelle speranze e il presentimento della morte. Ma infine a prevalere è la suggestione del paesaggio maremmano, che infonde nell'animo del poeta una serena sensazione di pace.

Metrica Sonetto a rime alternate nelle quartine (ABAB ABAB) e nelle terzine (CDC DCD).

> Evidenziamo tre riferimenti letterari presenti nel sonetto.
> a) «sdegnoso» richiama Dante («alma sdegnosa», *Inferno* VIII, 44).

> c) «l'orme» sembra invece ispirato al sonetto *Alla sera* di Foscolo («vagar mi fai co' miei pensier su l'orme / che vanno al nulla eterno», vv. 9-10).

> b) «usate forme» è una citazione di un verso di Petrarca («Ben riconosco in voi l'usate forme», *Canzoniere* CCCI, v. 9, riferito ai luoghi del suo amore per Laura).

Dolce paese, onde portai conforme
l'abito fiero e lo sdegnoso canto
e il petto ov'odio e amor mai non s'addorme[1],
4 pur ti riveggo[2], e il cuor mi balza in tanto[3].

Ben riconosco in te le usate forme[4]
con gli occhi incerti tra 'l sorriso e il pianto,
e in quelle seguo de' miei sogni l'orme
8 erranti dietro il giovenile incanto[5].

Oh, quel che amai, quel che sognai, fu invano;
e sempre corsi, e mai non giunsi il fine[6];
11 e dimani cadrò[7]. Ma di lontano

pace dicono[8] al cuor le tue colline
con le nebbie sfumanti[9] e il verde piano
14 ridente ne le pioggie mattutine.

---

1. onde portai... s'addorme: *dal quale ho derivato del tutto uguale («conforme», cioè, corrispondente al carattere dei luoghi) la fierezza del mio carattere («abito fiero»), il tono satirico e infervorato della mia poesia («canto») e il mio animo («petto») passionale, in cui l'odio e l'amore non si placano mai.*

2. pur ti riveggo: *finalmente ti rivedo.*
3. in tanto: *nello stesso momento.*
4. le usate forme: *gli aspetti familiari (del paesaggio).*
5. e in quelle... incanto: *e in quei luoghi (le «usate forme» del v. 5) ritrovo il ricordo («l'orme») dei miei sogni di un tempo,* che inseguivano le illusioni della gioventù.

6. non... fine: *non raggiunsi la meta.*
7. dimani cadrò: *presto morirò.*
8. dicono: il verbo è retto sintatticamente da «le tue colline» e «il verde piano».
9. sfumanti: *che evaporano.*

---

292 *Rime nuove*

Analisi guidata

Fierezza e inquietudine

Nella prima strofa, Carducci sottolinea l'**affinità tra l'apparente asprezza del paesaggio maremmano e la propria indole**, di cui evidenzia la fierezza e la passionalità, in una sorta di **ideale autoritratto** non privo di retorica.
Nel seguito della lirica il poeta riscopre una più autentica e inquieta sensibilità, nel contrasto fra la **nostalgia della giovinezza** e l'amarezza per la **fine delle illusioni giovanili** (tema tipicamente leopardiano, che qui viene però declinato in maniera più intima), cui si aggiunge il **presentimento della morte** imminente.

 ### Competenze di comprensione e analisi

- A quali caratteristiche della poesia di Carducci si riferisce l'espressione «sdegnoso canto»?
- Per quale motivo il poeta afferma di contemplare il paesaggio della sua giovinezza «con gli occhi incerti tra 'l sorriso e il pianto» (v. 6)?

Un paesaggio rasserenante

Protagonista della lirica è il **paesaggio maremmano**, che suscita nel poeta alterni **sentimenti, di malinconia e di serenità**. La terzina finale, con il richiamo alla «pace» trasmessa dalle colline, risolve la descrizione in un quadro pacato e rasserenante, che fa dei luoghi della giovinezza il simbolo mitico di un passato felice.

 ### Competenze di comprensione e analisi

- Quali sono gli elementi che caratterizzano la descrizione del paesaggio? Ti sembra che si tratti di una rappresentazione realistica o, invece, idealizzata? Rispondi in un breve testo scritto.

Un sonetto "letterario"

Nonostante un linguaggio apparentemente semplice, il sonetto è fitto di **rimandi letterari** (Dante e Petrarca, ma anche Foscolo e Leopardi), che rimarcano il carattere colto e classicistico della poesia carducciana.
Sul piano formale, la **sintassi piana e scorrevole** asseconda la scansione metrica, ma il fluire del discorso poetico è attraversato da varie **antitesi** («odio e amor», v. 3; «sorriso... pianto», v. 6; «sempre... mai», v. 10), che ribadiscono il **contrasto fra illusione e delusione**.

 ### Competenze di comprensione e analisi

- Quali tematiche tipiche della poesia leopardiana sono presenti in questo testo?
- Nella lirica la fine del periodo corrisponde in genere alla fine della strofa, tranne che al v. 11. Quali effetti ha voluto ottenere il poeta spezzando così nettamente il verso in due parti?

T3 Idillio maremmano

Rime nuove

*Composta nell'aprile del 1867, la lirica fu però pubblicata solo nel 1872 e l'anno successivo inserita nelle Rime nuove.
Si tratta di un testo particolare all'interno della rac-* *colta, sia per la scelta del metro (la terzina dantesca, abbastanza inusuale nella produzione), sia per la donna che vi compare, che non è Carolina Cristofori Piva ("Lidia"), ma una non meglio identificata Maria.*

Metrica Terzine dantesche a rima incatenata (ABA BCB CDC…).

> Il ricordo giovanile di Maria è evocato da un raggio di sole che penetra improvvisamente nella casa bolognese del poeta.

Co'l raggio de l'april nuovo che inonda
roseo la stanza tu sorridi ancora
3 improvvisa al mio cuore, o Maria bionda;

e il cuor che t'obliò[1], dopo tant'ora
di tumulti ozïosi[2] in te riposa,
6 o amor mio primo, o d'amor dolce aurora[3].

Ove sei? senza nozze e sospirosa
non passasti già tu[4]: certo il natio
9 borgo[5] ti accoglie lieta madre e sposa;

ché il fianco baldanzoso ed il restio
seno a i freni del vel promettean troppa
12 gioia d'amplessi al marital desio[6].

Forti figli pendean da la tua poppa[7]
certo, ed or baldi[8] un tuo sguardo cercando
15 al mal domo[9] caval saltano in groppa.

> La descrizione della giovane Maria evoca la «donzelletta» che «vien dalla campagna … e reca in mano / un mazzolin di rose e di viole» (Leopardi, *Il sabato del villaggio*).

Com'eri bella, o giovinetta, quando
tra l'ondeggiar de' lunghi solchi[10] uscivi
18 un tuo serto[11] di fiori in man recando,

alta e ridente, e sotto i cigli vivi
di selvatico fuoco lampeggiante[12]
21 grande e profondo l'occhio azzurro aprivi!

> **Apri il vocabolario**
>
> Il verbo "riposare" (che deriva dal latino tardo *repausare*) è qui usato con il significato originale di "sostare, fermarsi di nuovo", da cui deriva il valore figurato, che è oggi prevalente nella lingua italiana, di "prendere una pausa da qualcosa di faticoso".

---

1. t'obliò: *ti dimenticò.*
2. dopo … ozïosi: *dopo un lungo periodo di agitazioni inutili* («oziosi»); Carducci si riferisce alle polemiche politiche che lo avevano impegnato negli anni precedenti.
3. d'amor dolce aurora: con questa metafora ("prima manifestazione dell'amore") Carducci ribadisce che Maria è stata il suo primo amore.
4. senza nozze… già tu: *sicuramente non*

trascorresti la tua giovinezza («non passasti») *zitella e sospirando per un amore non corrisposto.*
5. il natio borgo: *il paese natale*; nel verso è certo presente il ricordo del «natio borgo selvaggio» delle *Ricordanze* leopardiane.
6. ché… desio: *poiché il tuo aspetto vitale e prorompente* («il restio seno a i freni del vel», "il seno che non riusciva a essere nascosto dal velo") *assicurava una vita coniugale*

felice («troppa gioia d'amplessi») *all'uomo che avresti sposato* («al marital desio», "al desiderio del marito").
7. poppa: *seno.*
8. baldi: *fieri, arditi.*
9. mal domo: *che rifiuta di essere domato.*
10. de' lunghi solchi: *i campi di grano.*
11. serto: *mazzolino.*
12. di selvatico … lampeggiante: *per un fuoco selvaggio che arde negli occhi.*

Come 'l ciano seren tra 'l biondeggiante
òr de le spiche, tra la chioma flava
24 fioria quell'occhio azzurro[13]; e a te d'avante

la grande estate, e intorno, fiammeggiava[14];
sparso tra' verdi rami il sol ridea
27 del melogran[15], che rosso scintillava.

Al tuo passar, siccome a la sua dea[16],
il bel pavon l'occhiuta coda[17] apria
30 guardando, e un rauco grido a te mettea[18].

> La rievocazione della giovinezza raggiunge il suo apice nella consapevolezza (più letteraria che reale) di aver sprecato la vita negli studi.

Oh come fredda indi[19] la vita mia,
come oscura e incresciosa[20] è trapassata!
33 Meglio era sposar te, bionda Maria!

Meglio ir tracciando per la sconsolata
boscaglia al piano il bufolo disperso[21],
36 che salta fra la macchia e sosta e guata[22],

> Il verso è 'piccolo' così come l'attività letteraria era stata definita «tumulti oziösi»: si tratta di una dichiarazione di modestia pienamente letteraria, che non mette affatto in discussione il valore della propria produzione.

che sudar dietro al piccioletto verso!
Meglio oprando oblïar[23], senza indagarlo,
39 questo enorme mister de l'universo[24]!

Or freddo, assiduo, del pensiero il tarlo[25]
mi trafora il cervello, ond'io dolente[26]
42 misere cose scrivo e tristi parlo.

Guasti[27] i muscoli e il cuor da la rea[28] mente,
corrose l'ossa dal malor civile[29],
45 mi divincolo in van rabbiosamente.

Oh lunghe al vento sussurranti file
de' pioppi! oh a le bell'ombre in su 'l sacrato
48 ne i dí solenni rustico sedile[30],

---

13. Come 'l ciano ... azzurro: *quell'occhio azzurro spiccava* («fioria», "fioriva") *tra i capelli biondi* («chioma flava»), *come il fiordaliso* («ciano») *in mezzo al colore dorato delle spighe di grano.*
14. fiammeggiava: *risplendeva.*
15. ridea del melogran: *brillava sui melograni,* cioè si rifletteva sulla superficie lucida dei frutti.
16. la sua dea: Giunone, di cui il pavone era, insieme alla vacca, un animale sacro.
17. l'occhiuta coda: *la coda ornata da disegni simili a occhi.*
18. a te mettea: *indirizzava verso di te.*
19. indi: *da quell'epoca giovanile.*

20. incresciosa: *sgradita, fastidiosa.*
21. Meglio ... disperso: *meglio seguire le tracce* («ir tracciando») *del bufalo smarrito in mezzo alla macchia desolata.* Viene qua citata un'occupazione tipica dei butteri maremmani, figure a metà tra allevatori e cowboy.
22. guata: *si guarda intorno,* così come fa un animale smarrito.
23. Meglio oprando oblïar: *meglio fingere di non conoscere* («oblïar», "dimenticare"), *svolgendo un lavoro manuale* («oprando»).
24. questo ... universo: l'ansia esistenziale che tormenta l'essere umano.
25. del pensiero il tarlo: *il pensiero continuo e assillante* («tarlo») *delle domande esi-*

stenziali («pensier»).
26. ond'io dolente: *e per questo, addolorato.*
27. Guasti: *indeboliti, fiaccati.*
28. rea: *colpevole,* perché distoglie il poeta con dubbi esistenziali.
29. malor civile: le polemiche politiche e civili.
30. oh a le bell'ombre ... sedile: *luogo semplice in cui sedersi* («rustico sedile»; sono gli spiazzi erbosi sotto i pioppi del v. 47) *all'ombra, nei giorni festivi* («solenni»), *fuori dalla chiesa* («sacrato», "sagrato", la parte antistante alla chiesa).

Idillio maremmano

onde[31] bruno si mira il piano arato
e verdi quindi[32] i colli e quindi il mare
51 sparso di vele, e il campo santo[33] è a lato!

Oh dolce tra gli eguali il novellare
su 'l quïeto meriggio[34], e a le rigenti[35]
54 sere accogliersi[36] intorno al focolare!

Oh miglior gloria, a i figliuoletti intenti[37]
narrar le forti prove e le sudate
57 cacce ed i perigliosi avvolgimenti

ed a dito segnar le profondate
oblique piaghe nel cignal supino[38],
60 che perseguir con frottole rimate

i vigliacchi d'Italia e Trissottino[39].

> Proseguendo nello svilimento dell'attività poetica presente fin dall'inizio del componimento, i versi finali contrappongono polemicamente il racconto delle imprese di caccia al cinghiale alla gloria derivante dalle polemiche letterarie.

---

31. onde: *da cui.*
32. quindi; *da qui;* si tratta di un'altra eco leopardiana, questa volta da *A Silvia* («Mirava il ciel sereno, / le vie dorate e gli orti, e quinci il mar da lungi, e quindi il monte»)
33. il campo santo: *il cimitero.*
34. tra gli eguali... meriggio: *il conversare* («novellare», "raccontare storie") *in mezzo ai coetanei* («eguali») *nella calma del pomeriggio.*
35. rigenti: *rigide, fredde.*
36. accogliersi: *riunirsi, radunarsi.*

37. intenti: *attenti;* è un latinismo ricalcato sul celebre inizio del II libro dell'*Eneide* virgiliana («Conticuere omnes intentique ora tenebant», "Tacquero tutti e tenevano fissi i loro sguardi").
38. narrar le forti prove... cignal supino: *raccontare gli atti di coraggio* («forti prove»), *le battute di caccia faticose* («sudate cacce», in cui è evidente il riferimento alle «sudate carte» leopardiane»), *gli inseguimenti pericolosi* («perigliosi avvolgimenti») *e indicare col dito le ferite* («piaghe») *profonde su tutto il corpo del cinghiale abbattuto* («supino»).
39. che perseguir ... Trissottino: *che combattere con poesie di nessuna importanza* («frottole rimate», dove «frottola» ha il senso di "cosa di poco valore") *gli ipocriti e gli adulatori.* «Trissottino» è il personaggio di una commedia di Molière che qui rappresenta, come scrisse lo stesso Carducci, «i letterati di consorteria e di cricca».

● Analisi guidata

La rievocazione della giovinezza

Come appare chiaro fin dal titolo, il componimento ricorda la **giovinezza trascorsa in Maremma** con toni nostalgici e commossi. In questo caso, tuttavia, più che il paesaggio naturale, **la rievocazione è incentrata su una figura femminile**, la «bionda Maria» che fu il primo amore del poeta. Ripensando alla ragazza, Carducci non può fare a meno di chiedersi cosa la vita le abbia riservato e di contrapporre l'esistenza serena del paese maremmano alla sua triste realtà presente, che egli definisce «vita… oscura e incresciosa» (vv. 31-32).

● Competenze di comprensione e analisi

- In che punti del componimento il paesaggio maremmano viene idealizzato e in quali altri appare invece nella sua reale dimensione di luogo inospitale?
- Quali versi rievocano malinconicamente la giovinezza trascorsa in campagna?

Rime Nuove

Una donna idealizzata

Come hanno osservato molti critici, **la figura di Maria è più letteraria che reale** e presenta numerose analogie con il personaggio di un frammento di **Giovita Scalvini** (1791-1843) – eclettico letterato romantico in rapporti con Foscolo e con il gruppo della «Biblioteca Italiana», nonché traduttore del *Faust* di Goethe, di cui Carducci aveva apprezzato gli scritti – che rimpiange di non aver sposato il suo primo amore di nome Maria e di non aver continuato la vita contadina dei suoi avi. Ma al di là dei debiti più o meno evidenti con altri autori, è chiaro che **Maria rappresenta la serena esistenza del mondo contadino in opposizione al grigiore della vita cittadina** (evocata fin dall'inizio della lirica attraverso l'immagine del raggio di sole che penetra nella casa bolognese del poeta), la quotidianità fatta di lavoro e abitudini secolari che si contrappone allo *spleen* che assale il poeta, preda di angosce e dubbi esistenziali.

◯ Competenze di comprensione e analisi

- Sulla base delle indicazioni presenti nel testo delinea un ritratto fisico di Maria.

- In quali occupazioni è rappresentata la donna? Ti sembrano azioni che fanno parte della quotidianità contadina oppure ritieni che Carducci abbia voluto idealizzare la vita rurale?

Il rifiuto dell'attività letteraria

Il risultato di questa contrapposizione tra campagna e città è il **rifiuto della propria attività letteraria**, considerata una cosa di nessuna importanza che ha impedito al poeta di vivere una vita felice e libera dal continuo «tarlo» della riflessione intellettuale. Sebbene molti studiosi abbiano interpretato questi versi come un accenno alla 'crisi' poetica che prelude alla svolta della poetica carducciana, è comunque opportuno ricordare che si tratta di un tema tipico della letteratura, che si inserisce all'interno di un testo ricchissimo di citazioni e rimandi intertestuali.

◯ Competenze di comprensione e analisi

- Individua tutte le espressioni che connotano negativamente l'attività poetica.
- Di che cosa è metafora il «pensiero» del v. 40?

Un componimento "leopardiano"

La lirica è ricchissima di **riferimenti a Leopardi**. Oltre alle citazioni segnalate nelle note, si ispirano al poeta recanatese sia l'evento che dà origine al componimento (l'inaspettato arrivo di un raggio di sole che è all'origine della **"rimembranza" poetica**), sia l'opposizione tra la vita serena di chi è occupato in lavori materiali e l'**inquietudine del letterato**: ma mentre in Leopardi questa contrapposizione assume i contorni drammatici di un pessimismo esistenziale che attanaglia il poeta fin dalla giovinezza, in Carducci gli aspetti letterari finiscono per prevalere sull'autenticità dei sentimenti descritti.

◯ Competenze di comprensione e analisi

- Rintraccia gli echi e le citazioni leopardiane presenti nel testo e, in un breve testo scritto, metti a confronto la descrizione della vita campestre fatta da Carducci e quella che emerge da testi come *Il sabato del villaggio* o *La quiete dopo la tempesta*.

Idillio maremmano

Odi barbare

In gran parte contemporanee alle *Rime nuove* sono le 50 liriche riunite nelle *Odi barbare*, la cui **edizione definitiva**, derivata dall'assemblaggio dei testi delle tre edizioni precedenti, risale però al **1893**. Il titolo della raccolta rinvia allo **sperimentalismo metrico** di questi componimenti, in cui **Carducci trasferisce gli schemi metrici e ritmici dei versi greci e latini** (basati sulla distinzione quantitativa tra sillabe «lunghe» e «brevi») **nella lingua italiana**. Ne nascono componimenti definiti «barbari» (ossia "rozzi"), poiché, come spiega lo stesso Carducci, «tali sonerebbero agli orecchi e al giudizio dei greci e dei romani, se bene volute comporre nelle forme metriche della loro lirica, e perché tali soneranno purtroppo a moltissimi italiani, se bene composte e armonizzate in versi italiani».

Sul piano tematico, anche nelle *Odi barbare* viene concesso ampio spazio alle **rievocazioni celebrative della romanità o del periodo medievale** (in testi come *Dinanzi alle Terme di Caracalla* o *Nella piazza di San Petronio*) e a memorie storiche, letterarie e mitologiche, spesso però appesantite da un eccesso di enfasi retorica.
Più riuscite sono invece le liriche in cui prevalgono i **motivi del ricordo**, della **meditazione sulla morte** (*Nevicata*) e dell'**amore** (*Alla stazione in una mattina d'autunno*). Nel gioco chiaroscurale che caratterizza la raccolta, e spesso anche nelle singole liriche, alla pienezza solare dell'esistenza si contrappone l'ombra inquietante della vecchiaia e della morte, da cui ha origine una sorta di **tedio esistenziale**.

T4 Alla stazione in una mattina d'autunno

Fai l'analisi interattiva

Lo spunto autobiografico da cui nasce questo componimento, scritto fra il giugno 1875 e il dicembre 1876 e pubblicato nella prima edizione delle *Odi barbare*, è offerto dalla partenza di Carolina Cristofori Piva (Lidia), la donna amata dal poeta, che lascia Bologna in treno in una grigia giornata autunnale.

Nella lirica, sospesa tra precisione realistica e trasfigurazione simbolica, la malinconia per il distacco dalla donna amata si amplia in un desolante senso di oppressione esistenziale, che sembra annullare nel poeta anche il ricordo delle gioie d'amore passate.

Metrica Ode alcaica (dal nome del poeta greco Alceo) composta di strofe di quattro versi ciascuna. I primi due versi sono costituiti dall'unione di un quinario piano e un quinario sdrucciolo; il terzo è un novenario; il quarto è un decasillabo.

Oh quei fanali[1] come s'inseguono
accidïosi[2] là dietro gli alberi,
tra i rami stillanti di pioggia[3]
sbadigliando la luce su 'l fango[4]!

---

1. quei fanali: i lampioni del viale che porta alla stazione di Bologna.
2. accidïosi: lenti, pigri.
3. stillanti di pioggia: da cui cadono gocce di pioggia.
4. sbadigliando... fango: lasciando cadere sul fango la loro luce fioca.

Odi barbare

> I vagoni sono «fóschi», cioè, "scuri", per il loro colore, ma soprattutto per l'atmosfera autunnale e per lo stato d'animo triste del poeta.

5 Flebile, acuta, stridula fischia
   la vaporiera da presso[5]. Plumbeo
   il cielo e il mattino d'autunno
   come un grande fantasma n'è intorno[6].

   Dove e a che move questa, che affretti
10 a' carri fóschi, ravvolta e tacita
   gente?[7] a che[8] ignoti dolori
   o tormenti di speme lontana[9]?

> La foratura del biglietto diventa il simbolo del distacco di Lidia dalla giovinezza e dall'amore.

   Tu pur pensosa, Lidia, la tessera
   al secco taglio dài de la guardia[10],
15 e al tempo incalzante i begli anni
   dài, gl'istanti gioiti e i ricordi[11].

   Van lungo il nero convoglio e vengono
   incappucciati di nero i vigili[12],
   com'ombre; una fioca lanterna
20 hanno, e mazze di ferro: ed i ferrei

   freni tentati rendono un lugubre
   rintocco lungo[13]: di fondo a l'anima
   un'eco di tedio risponde
   doloroso[14], che spasimo pare.

25 E gli sportelli sbattuti al chiudere
   paion oltraggi[15]: scherno par l'ultimo
   appello che rapido suona[16]:
   grossa scroscia su' vetri la pioggia.

   Già il mostro, conscio di sua metallica
30 anima, sbuffa, crolla, ansa, i fiammei
   occhi sbarra[17]; immane[18] pe 'l buio
   gitta il fischio che sfida lo spazio.

Apri il vocabolario

Con il termine "mostro" oggi si indica un essere, reale o immaginario, dalle caratteristiche fisiche tali da incutere paura in chi lo guarda. In origine, tuttavia, la parola aveva un significato ben diverso. In latino *monstrum* significa "prodigio" ed è riferito alle manifestazioni con cui gli dèi indicano i loro voleri; da qui deriva il senso di "cosa soprannaturale" che è all'origine dell'accezione moderna.

---

5. la vaporiera da presso: la locomotiva ormai vicina.

6. n'è intorno: *è attorno a noi, ci avvolge.* Il verbo, concordato a senso al singolare, si riferisce a «il cielo e il mattino d'autunno», nuvolosi e grigi («plumbeo»).

7. Dove... gente?: *verso quale meta e con quale scopo* («a che») *si muove questa gente, avvolta nei mantelli* («ravvolta») *e silenziosa, che si affretta verso le carrozze del treno?*

8. a che: a quali; il relativo è retto sintatticamente da «dove e a che move» del v. 9.

9. speme lontana?: *speranza che tarda a realizzarsi.*

10. la tessera... guardia: *porgi il biglietto ferroviario* («tessera») *al controllore* («guardia») *che lo taglia con un gesto deciso* («secco taglio»).

11. al tempo... ricordi: *al tempo che corre via consegni gli anni della giovinezza, i momenti felici* («gl'istanti gioiti») *e i ricordi.*

12. i vigili: gli uomini addetti al controllo dei freni (che indossano impermeabili neri con cappuccio per proteggersi dalla pioggia).

13. i ferrei freni... lungo: *i freni di ferro del treno, percossi* («tentati» dai «vigili», che li battono con «mazze di ferro» per controllarne il funzionamento), *emettono un rumore cupo e prolungato.*

14. di fondo... doloroso: *dal profondo dell'anima risponde* (al «rintocco» emesso dai freni del treno) *come un'eco una dolorosa tristezza* («tedio»): cupa tristezza.

15. E gli sportelli... oltraggi: *e lo sbattere degli sportelli che vengono chiusi* («al chiuder») *risuona come un'offesa* (per la violenza con cui sono sbattuti).

16. scherno... suona: *l'ultima veloce chiamata* («appello») *prima della partenza sembra una beffa crudele* («scherno»).

17. conscio... sbarra: (la locomotiva) *quasi consapevole della sua anima di metallo, lancia sbuffi di vapore, si scuote* («crolla»), *ansima, spalanca i suoi occhi fiammeggianti,* cioè accende i suoi fanali.

18. immane: *lungo e lacerante* (riferito a «fischio»).

Alla stazione in una mattina d'autunno 299

> La locomotiva che porta via Lidia diventa, nella fantasia del poeta, un mostro crudele.

Va l'empio mostro; con traino orribile
sbattendo l'ale gli amor miei portasi[19].
35 Ahi, la bianca faccia e 'l bel velo[20]
salutando scompar ne la tenebra.

O viso dolce di pallor roseo[21],
o stellanti[22] occhi di pace, o candida
tra' floridi ricci inchinata
40 pura fronte con atto soave[23]!

> Nei vv. 41-48 al ricordo del distacco si sovrappone la rievocazione di un incontro gioioso con la donna, avvenuto nel mese di giugno.

Fremea la vita nel tepid'aere,
fremea l'estate quando mi arrisero[24]:
e il giovine sole di giugno
si piacea di baciar luminoso

45 in tra i riflessi del crin castanei
la molle guancia[25]: come un'aureola
più belli del sole i miei sogni
ricingean la persona gentile[26].

> Dopo la partenza di Lidia, il poeta sembra sprofondare in uno stato di totale annientamento.

Sotto la pioggia, tra la caligine[27]
50 torno ora, e ad esse vorrei confondermi;
barcollo com'ebro[28], e mi tocco,
non anch'io fossi dunque un fantasma[29].

Oh qual caduta di foglie, gelida,
continua, muta, greve[30], su l'anima!
55 io credo che solo, che eterno,
che per tutto nel mondo è novembre[31].

Meglio a chi 'l senso smarrì de l'essere,
meglio quest'ombra, questa caligine[32]:
io voglio io voglio adagiarmi
60 in un tedio che duri infinito.

Dalle *Odi barbare* puoi leggere anche la poesia *Fantasia*

---

19. Va... portasi: il mostro crudele («empio») parte; in mezzo a un rumore («traino») orribile porta via («portasi») la donna amata («gli amor miei», al plurale; è un latinismo) con il movimento ritmico cha fa muovere i vagoni («sbattendo l'ale»; l'azione degli stantuffi viene paragonata a una mostruosa creatura alata).
20. la bianca faccia e 'l bel velo: di Lidia.
21. roseo: rosato.
22. stellanti: brillanti, lucenti come stelle.
23. candida... soave: fronte bianca e pura che si piega («inchinata») fra i folti capelli («floridi ricci») in un gesto aggraziato («atto soave»).
24. Fremea... arrisero: quando quel viso, quegli occhi, quella fronte mi sorrisero, palpitava («fremea») la vita nell'aria tiepida, palpitava l'estate.
25. il giovine... guancia: il giovane (tiepido perché ancora primaverile) *sole di giugno si compiaceva di baciare, fra i riflessi castanei dei capelli* («del crin»), *la tenera guancia.*
26. ricingean... gentile: avvolgevano la figura delicata (di Lidia).
27. caligine: nebbia densa e scura.
28. ebro: ubriaco, stordito.
29. non anch'io... un fantasma: come per accertarmi di non essere io stesso un fantasma; viene qui richiamata l'immagine del fantasma già presente al v. 8.
30. greve: pesante.
31. per tutto... novembre: dappertutto nel mondo è autunno.
32. Meglio... caligine: questa ombra, questa nebbia meglio si adattano a chi ha perduto ogni ragione di esistere.

Analisi del testo

COMPRENSIONE

La lirica rievoca con efficace realismo il momento del **distacco dalla donna amata**, cantata con lo pseudonimo oraziano di **Lidia**.
Nell'**atmosfera autunnale** che avvolge la stazione, la folla dei viaggiatori e il treno stesso assumono contorni inquietanti e spettrali, ricchi di valenze simboliche. Alla partenza della locomotiva, «empio mostro» che strappa Lidia all'affetto del poeta, si contrappone per un attimo il ricordo solare dell'estate appena trascorsa, con le sue gioie d'amore. Ma il brusco ritorno al presente sprofonda l'autore in un **tedio esistenziale** che pare coinvolgere tutto il mondo, immerso in un eterno novembre.

ANALISI E INTERPRETAZIONE
Una struttura circolare

La lirica presenta una **struttura circolare**. La descrizione della **partenza di Lidia dalla stazione**, immersa in un'atmosfera grigia e malinconica, occupa la **prima parte** del testo (vv. 1-36) ed è a sua volta scandita in diversi momenti: l'arrivo alla stazione, il gesto della donna che porge al controllore il biglietto (vv. 13-16), la cupa descrizione del treno (vv. 17-28) e la partenza della locomotiva. Nella **parte centrale** del testo (vv. 37-48) la visione del «viso dolce» dell'amata che saluta dal finestrino porta con sé il **ricordo dell'estate ormai trascorsa**, trasfigurata idealmente come una stagione solare in cui i sogni d'amore erano ancora possibili. Infine, l'**ultima parte** della lirica (vv. 49-60) segna un **brusco ritorno al presente** («Sotto la pioggia ... torno ora»). Tra le foglie che cadono meste, il poeta si allontana dalla stazione, immerso in un «tedio» che si amplia fino a coinvolgere ogni tempo e ogni luogo.

L'opposizione tra presente e passato

Carducci sceglie di ambientare la lirica in una **stazione**, un luogo di per sé impoetico che, evocato con ricchezza di dettagli, cela un chiaro **valore simbolico**. Il **treno** si fa infatti **emblema della modernità**, connotata in senso totalmente negativo. Il **viaggio** che Lidia si appresta a compiere diviene **implicita metafora della morte** (vv. 9-12), mentre le «ombre» ammantate di nero che si muovono lungo i binari sembrano alludere a una dimensione infernale, che si incarna appieno nella 'mostruosa' locomotiva. Attraverso la **demonizzazione del treno** (che rovescia l'esaltazione dell'*Inno a Satana*), il poeta denuncia lo **squallore del presente e della modernità**, fonte del suo opprimente *spleen* esistenziale. Ma come spesso avviene nei testi carducciani, al polo negativo si contrappone un **polo vitalistico**, positivo e solare, che coincide con il **ricordo idealizzato dell'amore estivo**. Alla prosaicità del presente Carducci oppone quindi ancora una volta il **vagheggiamento di un sogno legato all'interiorità**, all'amore e al passato.

Le scelte formali

La lirica esprime compiutamente lo **sperimentalismo formale** di Carducci, sempre rivolto a un classicismo moderno, evidente anche nella metrica "barbara". Nel testo ricorrono con insistenza **termini volutamente prosaici** («fanali», v. 1; «mazze di ferro», v. 20; «sportelli sbattuti», v. 25), accostati però a **vocaboli e costrutti aulici**, tipici della tradizione letteraria («accidïosi», v. 2; «stillanti», v. 3; «n'è intorno», v. 8; oltre a vari latinismi).

Lavoriamo sul testo

COMPRENSIONE

1. Suddividi il testo in sequenze narrative e attribuisci a ciascuna di esse un titolo.
2. Chi sono e a quali attività sono intenti i «vigili» del v. 18?
3. A chi appartiene la «bianca faccia» del v. 35 e perché si dice che essa «scompar ne la tenebra» (v. 36)?
4. A quale diverso momento della vita di Lidia e del poeta riportano i vv. 37-48? Quali sentimenti comunicano al lettore?
5. «per tutto nel mondo è novembre» (v. 56): che cosa significa?

ANALISI E INTERPRETAZIONE

6. Individua i principali campi semantici della lirica e per ognuno trascrivi i termini e le espressioni che gli si riferiscono.
7. Carducci attribuisce un significato simbolico a uno scenario apparentemente realistico. Di che cosa è emblema il viaggio di Lidia e che cosa significa metaforicamente l'obliterazione del biglietto da parte del ferroviere?
8. Quali figure sintattiche ricorrono con maggiore frequenza nel testo?

SCRITTURA E APPROFONDIMENTI

9. Confronta lo stato d'animo espresso nella poesia letta con quello che emerge da un altro componimento legato al tema del distacco, *Pianto antico* (p. 290), analizzando analogie e differenze in un breve testo scritto.

Alla stazione in una mattina d'autunno

T5 Nevicata

Odi barbare

La lirica, penultima delle Odi barbare, fu composta da Carducci nei primi mesi del 1881, in un periodo in cui all'avvicinarsi della vecchiaia si sommava il dolore per la perdita dell'amata Carolina Piva, morta nel febbraio di quell'anno.

Dietro l'apparente descrizione di un paesaggio invernale, il componimento propone una malinconica riflessione sulla morte imminente, attesa dal poeta come conclusione dei tormenti dell'esistenza, con accenti quasi foscoliani.

Metrica Distici elegiaci costituiti da un esametro e un pentametro. Con alcune eccezioni, l'esametro è reso mediante l'abbinamento di un settenario con un novenario; il pentametro mediante l'abbinamento di un settenario tronco con un ottonario tronco. I versi non sono rimati.

> L'incipit della lirica è cantilenante e malinconico e propone fin dai primi versi la meditazione sulla morte.

Lenta fiocca la neve pe 'l cielo cinerëo[1]: gridi,
suoni di vita più non salgon da la città,

non d'erbaiola[2] il grido o corrente[3] rumore di carro,
non d'amor la canzon ilare[4] e di gioventù.

5 Da la torre di piazza roche per l'aere le ore
gemon[5], come sospir d'un mondo lungi dal dì[6].

Picchiano uccelli raminghi[7] a' vetri appannati: gli amici
spiriti reduci son[8], guardano e chiamano a me[9].

> Il poeta, ormai anziano, sembra voler placare l'ansia vitalistica del suo animo.

In breve[10], o cari, in breve – tu càlmati, indomito[11] cuore –
10 giù al silenzio verrò, ne l'ombra[12] riposerò.

---

1. Lenta fiocca... cinerëo: *dal cielo grigio la neve cade lentamente* (poiché i fiocchi di neve non cadono immediatamente al suolo, ma sembrano volteggiare per l'aria).
2. erbaiola: *venditrice di verdure.* Il termine sembra alludere alla *Quiete dopo la tempesta* leopardiana: «E l'erbaiuol rinnova / di sentiero in sentiero / il grido giornaliero» (vv. 16-18).
3. corrente: può riferirsi a «carro», ma può

intendersi anche come «rumore» che attraversa la città.
4. ilare: *lieta.*
5. Da la torre... gemon: *dalla torre del palazzo comunale* (in piazza Maggiore, a Bologna) *i rintocchi delle ore si spandono per l'aria con un suono attutito* («roche»), *come lamentandosi* («gemon»).
6. lungi dal dì: *lontano nel tempo.*

7. raminghi: *sperduti, senza meta.*
8. spiriti reduci son: *sono tornati come fantasmi;* si tratta ovviamente degli amici scomparsi.
9. a me: *proprio me.*
10. In breve: *tra poco.*
11. indomito: *fiero, mai domo.*
12. ne l'ombra: *nell'ombra della tomba, nella morte.*

→ Analisi del testo

COMPRENSIONE
La lirica si apre con la descrizione di un **paesaggio invernale**: la città è immersa in una fitta nevicata, in un silenzio sospeso in cui i suoni si smorzano fino ad annullarsi. Al poeta sembra che gli uccelli, che urtano disorientati contro le sue finestre, siano le anime degli amici morti, che lo cercano e lo chiamano a sé. Ed egli, pacatamente, risponde che presto verrà a raggiungerli.

ANALISI E INTERPRETAZIONE
La struttura: due momenti simmetrici
Pur nella sua scorrevole unitarietà, il componimento può essere scandito in due diversi momenti tra

302 *Odi barbare*

loro perfettamente simmetrici:
– i **primi due distici** (vv. 1-4), ambientati nello **spazio esterno della città**, hanno **carattere descrittivo**;
– i **due distici finali** (vv. 7-10) riportano allo **spazio chiuso** dello studio da cui il poeta osserva la nevicata e segnano il passaggio alla **riflessione autobiografica sul tema della morte**.

Il passaggio tra la prima e la seconda parte è mediato dai due versi centrali (vv. 5-6), incentrati sulla notazione acustica dei rintocchi dell'orologio, reali e simbolici al tempo stesso.

Morte e malinconia con accenti sinceri

Il motivo centrale della lirica è la **percezione malinconica della morte**. Già nella descrizione del paesaggio sia le notazioni visive (l'aggettivo «cinerëo», v. 1) sia l'assenza di dati acustici (vv. 2-4), rimarcata dall'anafora «non», trasportano il lettore in un'atmosfera sospesa. Attraverso il richiamo alle «roche ... ore» (v. 5), l'immagine inquietante degli uccelli diviene esplicitamente simbolo degli amici defunti e del loro richiamo. Il tema della morte è qui svolto con un'assoluta sincerità di accenti, senza che a esso si contrappongano le consuete immagini vitalistiche che in altre liriche lo controbilanciano (anche se il richiamo all'«indomito cuore» del v. 9 sembra alludere proprio a un mai spento desiderio di vita).

Sul piano espressivo, Carducci evita ogni enfasi retorica, costruendo la lirica su una serie di **immagini** (il fioccare silenzioso della neve, il battere delle ore, l'urto degli «uccelli raminghi») al tempo stesso **realistiche e metaforiche**, legate da sottili corrispondenze interne. Anche l'aggettivazione misurata ribadisce l'insistenza sul **tema elegiaco della morte**, richiamato anche dalla scelta di un metro, il distico elegiaco, anticamente utilizzato per i lamenti funebri.

Lavoriamo sul testo

COMPRENSIONE

1 Come è caratterizzato il paesaggio nei vv. 1-4? Quali dati visivi e uditivi dominano la scena?

2 A che cosa allude il poeta con l'espressione «come sospir d'un mondo lungi dal dì» (v. 6)?

3 Nel distico finale il poeta si rivolge contemporaneamente a due diversi interlocutori: quali?

ANALISI E INTERPRETAZIONE

4 Gli aggettivi presenti nella lirica rinviano spesso a un significato che va oltre il loro valore puramente descrittivo. Spiega in che cosa consiste il valore simbolico di «cinerëo» (v. 1), «roche» (v. 5) e «raminghi» (v. 7).

5 La nevicata avviene in un contesto cittadino, come indica il riferimento alla «piazza» del v. 5. Per quale motivo il poeta, in genere tanto attento all'identificazione puntuale dei luoghi descritti, non offre alcuna ulteriore precisazione geografica?

6 Pensi che la ripetizione del sintagma «in breve» (v. 9) sia dovuta a esigenze metriche o, invece, che essa conferisca una particolare sfumatura alla conclusione del componimento?

7 Nella poesia classica in distici elegiaci in genere ogni coppia di versi costituisce un'unità autonoma non solo sul piano metrico, ma anche dal punto di vista sintattico e concettuale. Il poeta segue qui questo uso? All'interno di ogni distico sono presenti *enjambement*?

SCRITTURA E APPROFONDIMENTI

8 Il tema della morte è centrale anche nella poesia di Foscolo, cui sembra in certo senso rinviare l'accenno di Carducci al proprio «indomito cuore». Scrivi un breve testo argomentativo ponendo a confronto questa lirica di Carducci con il sonetto *Alla sera* di Foscolo e paragonando, più in generale, la visione che i due autori hanno di questa tematica.

9 L'attacco di *Nevicata* fu ripreso a distanza di alcuni anni da Giovanni Pascoli per una particolare ninna-nanna, dal titolo *Orfano*; dopo aver letto la poesia di Pascoli prova a spiegare se, oltre all'incipit, rintracci altre somiglianze tra i due testi.

Orfano

Lenta la neve fiocca, fiocca, fiocca.
Senti: una zana[1] dondola piano piano.
Un bimbo piange, il piccolo dito in bocca;
Canta una vecchia, il mento sulla mano.
La vecchia canta: intorno al tuo lettino
C'è rose e gigli, tutto un bel giardino.
Nel bel giardino il bimbo si addormenta
La neve fiocca lenta, lenta, lenta.

1. zana: *culla.*

Nevicata **303**

LABORATORIO DELLE COMPETENZE

- Lettura
- Comprensione
- Analisi
- Interpretazione
- Produzione scritta

Testo laboratorio
T6 Nella piazza di San Petronio

Odi barbare

Scritto nel febbraio 1877 e inserito nella raccolta Odi barbare, il componimento era in origine intitolato Natura, arte, storia, in riferimento ai tre elementi centrali della lirica: la bellezza di un tramonto nella piazza bolognese di San Petronio si unisce al fascino degli edi- *fici storici della città, rievocandone il glorioso passato. Dietro l'apparente gusto descrittivo, la lirica sfuma in una fantasia poetica che trasporta l'autore all'indietro nel tempo (è «l'anima de i secoli» del v. 14), in quell'età comunale da lui spesso celebrata nei suoi versi.*

Metrica Distici elegiaci costituiti da un esametro e un pentametro. Con una certa libertà, l'esametro è reso con un settenario o un quinario seguiti da un novenario; il pentametro mediante l'abbinamento di un quinario o di un settenario con un settenario. I versi non sono rimati.

> Surge[1] nel chiaro inverno la fosca turrita[2] Bologna,
> e il colle sopra[3] bianco di neve ride[4].
>
> È l'ora soave che il sol morituro saluta
> le torri e 'l tempio, divo Petronio, tuo[5];
>
> 5 le torri i cui merli tant'ala di secolo lambe[6],
> e del solenne tempio la solitaria cima[7].
>
> Il cielo in freddo fulgore adamàntino[8] brilla;
> e l'aër come velo d'argento giace
>
> su 'l foro[9], lieve sfumando a torno le moli
> 10 che levò cupe il braccio clipeato de gli avi[10].
>
> Su gli alti fastigi[11] s'indugia il sole guardando
> con un sorriso languido di vïola[12],
>
> che ne la bigia pietra nel fosco vermiglio mattone
> par che risvegli l'anima de i secoli[13],

---

1. Surge: *s'innalza* (latinismo).
2. fosca turrita: *scura* («fosca») per il colore rosso scuro dei suoi edifici e *piena di torri* («turrita»).
3. il colle sopra: *il colle in alto*; è il colle di San Michele in Bosco, che domina Bologna.
4. ride: *splende*.
5. È l'ora... tuo: *è l'ora piacevole in cui* («che») *il sole al tramonto* («morituro», "che sta per morire"; è un latinismo) *saluta le torri e la chiesa* («tempio») *a te consacrata, san* («divo») *Petronio*.

6. i cui merli... lambe: *le cui merlature un tempo così lungo* («tant'ala di secolo», "l'ala di tanti secoli") *sfiora* («lambe»). L'immagine metaforica del tempo alato sottolinea l'antichità dei luoghi.
7. solitaria cima: *la torre del campanile*, anch'essa "salutata" dal sole come le torri e la chiesa.
8. adamàntino: *limpido come un diamante*; l'aggettivo è riferito a «cielo».
9. e l'aër... foro: *e l'aria (che passa dall'ultima luce del tramonto all'imbrunire) si stende*

come un velo argenteo sulla piazza («foro»).
10. lieve... avi: *velando dolcemente tutt'intorno* («a torno») *gli edifici minacciosi* («le moli... cupe») *che il braccio armato di scudo* («clipeato») *degli antenati costruì* («levò», "innalzò").
11. fastigi: *cime*.
12. con un sorriso... vïola: *con la sua luce violacea*.
13. che... de i secoli: *che sembra risvegliare nella pietra grigia* («bigia»), *nel rosso cupo dei mattoni, lo spirito dei secoli passati*.

304 Laboratorio delle competenze

15 | e un desio mesto pe 'l rigido aëre sveglia
di rossi maggi, di calde aulenti sere[14],

quando le donne gentili danzavano in piazza
e co' i re vinti i consoli[15] tornavano.

Tale la musa ride fuggente al verso in cui trema
20 | un desiderio vano de la bellezza antica[16].

---

14. e un desio... sere: *e suscita* («sveglia») *nell'aria fredda* («rigido aëre») *un malinconico desiderio* («desio») *di rossi tramonti primaverili* («maggi»), *di calde sere profu-* *mate* («aulenti»).

15. i consoli: i magistrati dei comuni medievali.

16. Tale... antica: *con la stessa malinconi-* *ca dolcezza del tramonto* («tale») *la musa* (cioè l'ispirazione poetica) *sorride fugge-* *vole ai miei versi, in cui vibra* («trema») *un inutile rimpianto della bellezza del passato.*

COMPRENSIONE

1 Fai la parafrasi della poesia, aiutandoti con le note e consultando un dizionario.

2 Che cosa sono le «moli… cupe» dei v. 9-10?

3 La rievocazione del passato è affidata soprattutto ai vv. 16-18: quali elementi caratterizzano il sogno del poeta?

4 Quale similitudine implicita viene introdotta dall'avverbio «Tale» (v. 19)?

ANALISI E INTERPRETAZIONE

5 Individua tutti i termini aulici della lirica e scrivi di ognuno il significato attuale.

6 Quali termini all'interno della lirica sottolineano la mestizia malinconica dell'autore? Commenta in particolare, nel verso finale, la presenza dell'aggettivo «vano».

7 La sintassi, segnata da frequenti iperbati (inversioni dell'ordine naturale delle parole), è molto elaborata. Analizza il periodo che occupa i vv. 11-18 ed evidenziane la struttura.

⊙ Oltre il testo   Confrontare e analizzare

Come *Nevicata* (p. 302) anche questo componimento utilizza come metro il distico elegiaco. In quale dei due componimenti la sintassi segue maggiormente l'andamento della metrica? Quali effetti stilistici genera la presenza di *enjambement*?

8 Con quale metafora viene evocata la primavera?

9 Che cosa significa l'espressione «par che risvegli l'anima de i secoli» (v. 14): che valore assume questa frase all'interno della lirica?

SCRITTURA E APPROFONDIMENTO

10 In un breve testo scritto spiega quali elementi della poetica carducciana sono presenti in questo componimento.

⊙ Oltre il testo   Confrontare e analizzare

Prova a confrontare questo testo con *Alla stazione in una mattina d'autunno* (p. 298): quali punti in comune puoi trovare tra i due componimenti? Rispondi in un testo espositivo di massimo 20 righe.

11 Che cosa evoca l'immagine delle «donne gentili»? Rispondi in un testo scritto tenendo presente il contesto medievale immaginato dal poeta.

Laboratorio delle competenze

LABORATORIO DELLE COMPETENZE

Guida alla verifica orale

DOMANDA N. 1 Quali sono gli elementi caratteristici della poesia carducciana?

LA RISPOSTA IN SINTESI

Carducci considera la poesia come espressione dei valori civili collettivi. Molti testi sono incentrati sulla celebrazione dei valori del passato, visto come un'epoca perduta di bellezza e virtù. Al tempo stesso molte sue liriche trattano argomenti intimi e autobiografici e si incentrano sul tema della morte e sulla malinconia per il trascorrere rapido del tempo.

LA RISPOSTA NEI TESTI

T1 La lirica ha un contenuto drammaticamente autobiografico, legato alla morte del piccolo Dante, che diviene però emblema di un dolore universale.

T2 Il ritorno nei luoghi della giovinezza suscita nel poeta emozioni contrastanti: la consapevolezza del passato ormai perso per sempre, l'avvicinarsi della morte, la bellezza dolce e rasserenante del paesaggio.

T3 La rievocazione della giovinezza maremmana si contrappone alla tristezza della vita presente, che porta il poeta a rifiutare la sua poesia e a rimpiangere, letterariamente, il suo primo amore giovanile.

T4 Il motivo autobiografico (il distacco dall'amata Lidia) si fonde con il motivo del contrasto fra lo squallore della modernità e la bellezza del passato.

T5 La meditazione sulla morte è evocata dalla contemplazione di una nevicata invernale.

DOMANDA N. 2 Quali caratteristiche presenta il linguaggio poetico utilizzato da Carducci?

LA RISPOSTA IN SINTESI

In linea con la sua poetica classicistica, Carducci ricorre spesso a un lessico aulico e latineggiante, di grande eleganza formale. In alcuni testi, tuttavia, il realismo delle immagini nasconde valenze simboliche evocate attraverso il ricorso a immagini polisemiche, a metafore e sinestesie di gusto simbolista.

LA RISPOSTA NEI TESTI

T4 Per sottolineare il contrasto tra passato e presente, forme linguistiche elevate e auliche si accompagnano a termini volutamente bassi e antipoetici.

T5 Il tema personale porta con sé un linguaggio evocativo, in cui la descrizione del paesaggio invernale evoca simbolicamente la morte imminente.

DOMANDA N. 3 In che modo Carducci anticipa alcune esperienze della lirica novecentesca?

LA RISPOSTA IN SINTESI

Carducci è un poeta che è stato osannato in vita ma fortemente ridimensionato dalla critica novecentesca. È però innegabile che egli abbia sviluppato una ricerca originale in ambito metrico, grazie all'adozione della metrica «barbara». In ambito linguistico, ha introdotto nella poesia italiana una serie di termini realistici tradizionalmente esclusi perché considerati impoetici; in ambito tematico, nella rappresentazione della natura, ha anticipato alcuni motivi che saranno poi tipici di Pascoli e di D'Annunzio, come il simbolismo e il panismo (cioè, il sentimento della natura come una forza creatrice potentissima, che causa meraviglia e spavento).

LA RISPOSTA NEI TESTI

T4 Carducci elimina le rime e utilizza versi molto lontani per musicalità e ritmo da quelli della tradizione poetica italiana; inserisce inoltre elementi tratti dalla realtà contemporanea come il treno, il biglietto, i lavoratori delle ferrovie.

T5 La lirica utilizza un metro tipico della poesia latina (il distico elegiaco), ma descrive il paesaggio con accenti simbolici ed evocativi, grazie all'accostamento di immagini realistiche e metaforiche.

Baudelaire e i simbolisti

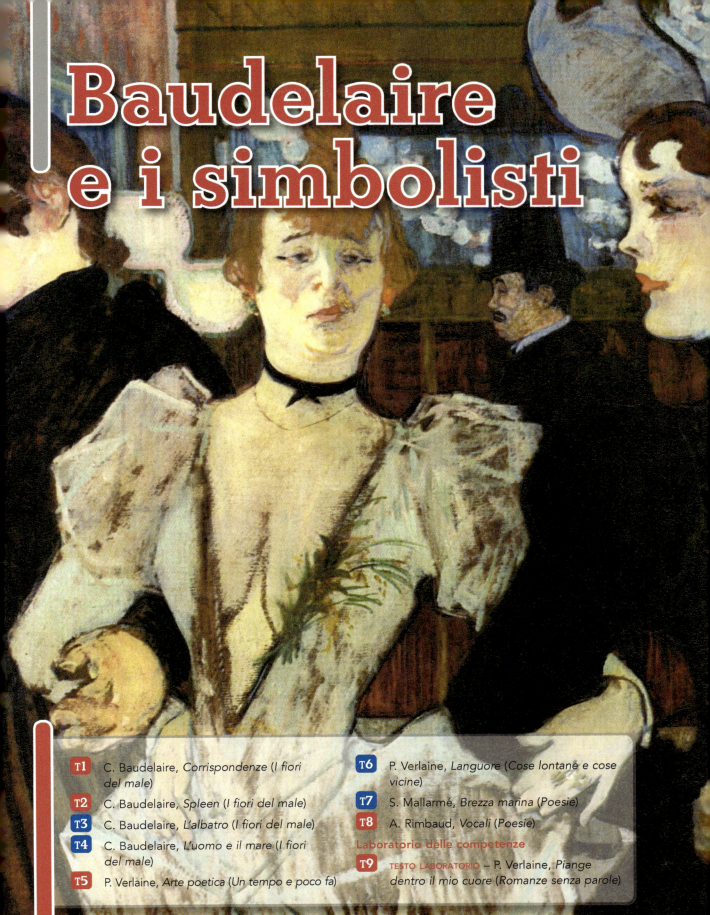

- **T1** C. Baudelaire, *Corrispondenze* (*I fiori del male*)
- **T2** C. Baudelaire, *Spleen* (*I fiori del male*)
- **T3** C. Baudelaire, *L'albatro* (*I fiori del male*)
- **T4** C. Baudelaire, *L'uomo e il mare* (*I fiori del male*)
- **T5** P. Verlaine, *Arte poetica* (*Un tempo e poco fa*)
- **T6** P. Verlaine, *Languore* (*Cose lontane e cose vicine*)
- **T7** S. Mallarmé, *Brezza marina* (*Poesie*)
- **T8** A. Rimbaud, *Vocali* (*Poesie*)

Laboratorio delle competenze

- **T9** TESTO LABORATORIO – P. Verlaine, *Piange dentro il mio cuore* (*Romanze senza parole*)

Baudelaire e i simbolisti

Étienne Carjat, *Ritratto di Charles Baudelaire*, 1862 circa.

La poesia del Decadentismo in Francia

Simbolismo e Decadentismo Negli stessi anni in cui in ambito narrativo si afferma il Naturalismo, anche la poesia vive un profondo rinnovamento tematico e formale grazie al Simbolismo, un movimento poetico nato in Francia negli anni Settanta dell'Ottocento, che ben presto estende la sua influenza anche alla pittura, alla musica e ad altri campi artistici.

Mentre i romanzieri naturalisti rappresentano in modo oggettivo e impersonale la realtà sociale, i poeti simbolisti rivolgono la loro attenzione al **mistero** che si cela *dietro* la realtà, cercando di riprodurne l'essenza nascosta attraverso **valori soggettivi** – quali l'intuizione, l'interiorità dell'artista e il suo genio creativo – e utilizzando un linguaggio permeato di **analogie** e di **musicalità**.

Mentre rifiuta l'oggettività e la ragione positiviste, il Simbolismo esprime il disagio dell'artista nei confronti della società borghese; per questo è considerato dalla critica un'anticipazione o una fase iniziale del Decadentismo.

La poesia simbolista e il modello di Baudelaire
All'origine della poesia simbolista vi sono **Charles Baudelaire** e la sua raccolta *I fiori del male* (1857), che inaugura una nuova stagione della poesia europea e fa del suo autore – per molti aspetti nutrito di una sensibilità ancora romantica – un **modello indiscusso** per le generazioni successive. Nell'opera di Baudelaire infatti compaiono molti elementi che caratterizzeranno la successiva poesia simbolista: la frattura tra l'artista e la società, il contrasto tra aspirazioni ideali e squallore della realtà, il **tedio esistenziale** (*spleen*) che attanaglia l'animo del poeta, e, soprattutto, l'elaborazione di un nuovo **linguaggio poetico visionario** fondato sull'analogia e sul simbolo.

L'esperienza del *Parnasse*
Un'altra esperienza che contribuisce alla nascita del movimento simbolista è quella del **Parnassianesimo**, una corrente che deve il suo nome all'antologia poetica *Il Parnaso contemporaneo* (1866; il Parnaso era, nella mitologia greca, il monte sacro alle Muse). Ammiratori di Baudelaire, i "parnassiani" sostengono un ritorno a **forme poetiche classicheggianti**, caratterizzate da un'estrema cura formale e dal rifiuto del soggettivismo romantico. Al loro principale esponente, **Théophile Gautier**, si deve la prima formulazione del principio dell'"**arte per l'arte**", in base al quale la poesia non deve proporsi alcuno scopo di utilità sociale o morale, ma deve imporsi soltanto per la sua gratuita bellezza e per i suoi pregi estetici.

Simbolisti e "decadenti"
Il movimento simbolista ha origine da una frattura del gruppo parnassiano e la sua ideale data di nascita può essere considerata la pubblicazione del poemetto di **Stéphane Mallarmé** *Il pomeriggio di un fauno* (1876). Nei primi anni, tuttavia, non esiste ancora una precisa consapevolezza critica della specificità di questa poesia e i simbolisti sono genericamente etichettati come "decadenti", termine che la critica usa con una connotazione fortemente negativa, ma nel quale autori come Verlaine e Rimbaud si riconoscono invece con orgoglio. È solo nel 1886 che le due "anime" del movimento si definiscono da un punto di vista teorico, con la fondazione della rivista «Le Décadent» e con il *Manifesto del Simbolismo* del critico Jean Moréas, apparso sulla rivista parigina «Le Figaro».

Baudelaire e la nascita della poesia moderna

Una vita da bohémien Charles Baudelaire nasce a Parigi nel 1821. Dopo la morte del padre, la madre si risposa con un militare severo e intransigente, con cui Charles avrà sempre rapporti difficili. Dopo gli studi, nel 1841 Baudelaire compie un lungo viaggio in India e l'anno seguente, raggiunta la maggiore età ed entrato in possesso dell'eredità paterna, si abbandona a una vita sregolata e anticonformista. Dà scandalo ostentando la libera relazione con l'attrice mulatta Jeanne Duval, frequenta i fumatori di hashish e si indebita, finché la madre non lo fa dichiarare incapace di gestire i propri beni. Inizia intanto a pubblicare versi e testi di critica letteraria e a frequentare gli ambienti letterari parigini. Nel 1857 esce il suo capolavoro, la raccolta poetica *I fiori del male*, che viene subito sequestrata per ordine della censura. Autore ed editore vengono processati per oltraggio alla morale e il volume, rivisto, viene ripubblicato nel 1861. Nel 1860 appaiono i poemetti in prosa *I paradisi artificiali*, dedicati al rapporto tra arte e stupefacenti; nel 1864 escono le prose che compongono *Lo spleen di Parigi*. Lo stesso anno, stanco e malato, Baudelaire lascia la Francia e si trasferisce in Belgio. Colpito nel 1866 da un attacco di paralisi e di afasia, viene ricoverato a Bruxelles e poi a Parigi, dove muore nell'agosto del 1867.

I fiori del male La prima edizione dei *Fiori del male* (1857) comprende un centinaio di testi, scritti a partire dal 1841. La seconda edizione, del 1861, esclude le sei poesie condannate per immoralità, ma aggiunge nuovi componimenti, per un totale di 126 liriche. Il volume non è una semplice raccolta di poesie, ma un vero e proprio **canzoniere**, articolato **in sei sezioni**: *Spleen e ideale*, *Quadri parigini*, *Il vino*, *I fiori del male*, *Rivolta* e *La morte*. Secondo un preciso progetto compositivo, le diverse sezioni segnano altrettante tappe dell'**itinerario spirituale** del poeta che, sospeso tra desiderio di elevazione spirituale e noia esistenziale, ricerca la bellezza nell'abiezione della città moderna, nel sesso, nell'alcol e nell'oppio, fino alla ribellione contro Dio e all'approdo finale alla morte. Una terza edizione con altre liriche (*I relitti*) viene curata dagli amici del poeta e vede la luce postuma nel 1868.

Un titolo significativo Il carattere volutamente ambiguo della poesia baudelairiana risalta fin dal titolo, che colpisce il lettore per l'insolito e stridente accostamento tra un elemento positivo, legato all'idea della bellezza letteraria («i fiori») e un elemento negativo, che rinvia al degrado e alla corruzione («il male»). Il complesso stato d'animo del poeta è del resto riassunto in questo ossimoro, che si ripropone e si chiarisce meglio nel titolo della prima e più ampia sezione della raccolta: **Spleen e ideale**. Il poeta è dominato dal tedio e dalla noia (lo *spleen*, descritto nella lirica omonima), dal profondo **disagio esistenziale** di chi, dotato di una superiore sensibilità, percepisce la banalità e il grigiore della vita moderna. Al tempo stesso, egli aspira senza sosta a ritrovare una sorta di perduta e armoniosa bellezza ideale, destinata però a restare più un'aspirazione che una conquista. Questo contrasto – in cui si ripropone la tensione romantica tra realtà e illusione – porta a una soluzione apparentemente paradossale, che spiega anche il titolo della raccolta: la **bellezza** viene **ricercata** non attraverso l'ascesi spirituale, bensì **attraverso la degradazione** dell'alcol e della droga o, ancor più, immergendosi nel paesaggio della modernità, al di là del quale è possibile forse ritrovare il senso profondo della realtà.

I temi della raccolta Le liriche dei *Fiori del male* comprendono molte tematiche, tutte in qualche modo riconducibili al contrasto tra «spleen e ideale». Un motivo ricorrente è la rappresentazione di **Parigi**, vista come il prototipo della città moderna e descritta soprattutto nei suoi ambienti più degradati, popolati da emarginati, accattoni e prostitute, nei quali il poeta ritrova, enfatizzata, la propria condizione di estranei-

Ramon Casas i Carbò, *Al Moulin de la Galette*, 1892.

Baudelaire e la nascita della poesia moderna 309

tà alla società borghese. Nel caos cittadino si affaccia talvolta il miraggio di un sentimento puro, che resta però irraggiungibile.

Alla condizione dell'artista nel mondo moderno e al suo **contrasto con la mentalità borghese** Baudelaire dedica molte liriche, tra cui il sonetto *L'albatro*. In una società perbenista fondata sulla logica del profitto, il poeta sente che la sua poesia visionaria e provocatrice non gli può dare un prestigio sociale, che il suo valore intellettuale non viene riconosciuto e reagisce al declassamento sottolineando in forme esasperate la propria diversità, il privilegio e la dannazione di comprendere la vera essenza della realtà moderna. Da questo senso di estraneità derivano gli atteggiamenti volutamente "maledetti" di Baudelaire, che vanno dall'esaltazione delle droghe e dell'alcol, a forme di satanismo blasfemo, alla rappresentazione dell'amore in modi spregiudicatamente sensuali e "scandalosi".

La poetica delle "corrispondenze" Per Baudelaire l'arte è un mezzo di conoscenza profonda: ritiene infatti che il poeta sia dotato di una sensibilità superiore, che gli permette di **cogliere** – con i modi dell'analogia e dell'intuizione – **il mistero che si cela oltre le apparenze**. Riprendendo spunti di derivazione romantica, Baudelaire vede nella natura una fitta rete di **simboli**, legati tra loro da profonde e nasco-

ste «**corrispondenze**» – così egli le chiama nell'omonimo sonetto – che collegano i diversi aspetti della realtà alla soggettività del poeta. Solo cogliendo queste misteriose rispondenze tra profumi, suoni e colori, il poeta può riprodurre nei suoi versi il senso profondo del reale.

La poesia dei *Fiori del male* si basa quindi su un costante ricorso al simbolo e all'**analogia**, come pure a frequenti **sinestesie**, indispensabili per evocare il segreto della realtà. Il linguaggio, più che narrare in modo organico, **procede suggerendo ed evocando**. Non manca tuttavia un'attenta cura formale, che deriva dal Parnassianesimo, grazie alla quale temi bassi e degradati vengono espressi con uno stile elevato e marcatamente letterario.

⬤ Sosta di verifica

- Da che cosa ha origine il Simbolismo? Che cosa lo differenzia dal Naturalismo?
- Quali ideali artistici sono rivendicati dai poeti parnassiani?
- Come è strutturata la raccolta *I fiori del male*?
- Quali sono le tematiche ricorrenti nella poesia di Baudelaire?
- Che cosa sono le «corrispondenze»?

La parola all'autore

La perdita dell'aureola

In questo poemetto in prosa, contenuto nella raccolta *Lo spleen di Parigi*, Baudelaire immagina un dialogo tra un passante e un poeta, la cui «aureola» (il cerchio luminoso simile a quello dei santi) simbolo della sua funzione quasi sacrale, è caduta nel fango delle vie cittadine. Non senza ironia, egli accetta però l'accaduto, considerandolo paradossalmente un'opportunità di maggiore libertà.

«Come, voi qui, mio caro? In un bordello voi, il bevitor di quintessenza, voi, il mangiator d'ambrosia[1]! Veramente c'è di che stupire.»

«Mio caro, sapete quanto temo i cavalli e le carrozze. Poco fa nell'attraversare il Boulevard, in gran fretta, mentre saltellavo nel fango tra quel caos dove la morte giunge al galoppo da tutte le parti tutt'in una volta, la mia aureola è scivolata, a causa d'un brusco movimento, giù dal capo nel fango del macadam[2]. Non ebbi il coraggio di raccattarla, e mi parve meno spiacevole perder le insegne, che non farmi romper l'ossa. E poi, ho pensato, non tutto il male vien per nuocere. Ora posso passeggiare in incognito, commetter bassezze, buttarmi alla crapula[3] come il semplice mortale. Eccomi qua, proprio simile a voi, come vedete!»

«Per lo meno dovreste mettere un avviso per chi trovi quest'aureola; farla richiedere alla polizia urbana.»

«No, in fede mia! Sto bene qui. Mi avete riconosciuto solo voi. D'altronde la dignità mi annoia, e inoltre penso con gioia che qualche poetastro la prenderà e se ne incappellerà[4] impudentemente. Fare la felicità del prossimo, che gioia! E specialmente d'un prossimo che mi farà ridere! Pensate a X..., o a Z...! Eh? che bellezza!»

C. Baudelaire, *Lo spleen di Parigi*, in *Poesie e prose*, a cura di G. Raboni, Milano, Mondadori, 1973

1. ambrosia: l'ambrosia era il cibo degli dèi e indica qui il ruolo quasi sacrale del poeta.

2. macadam: è un tipo di pavimentazione stradale formata da materiali terrosi.

3. buttarmi alla crapula: darmi alla bella vita.

4. se ne incappellerà: se la metterà in testa.

Baudelaire e i simbolisti

T1 Charles Baudelaire
Corrispondenze

I fiori del male

La lirica, posta al quarto posto della sezione Spleen e ideale *che apre la raccolta, è un vero e proprio manifesto della poetica decadente e simbolista, e ha influenzato molti autori delle generazioni successive.*

Secondo Baudelaire la realtà è costituita da simboli misteriosi, «corrispondenze» che collegano tra loro i diversi aspetti della natura e che solo il poeta è in grado di svelare.

> La Natura viene presentata come un luogo sacro e misterioso.

È un Tempio la Natura dove a volte parole
escono confuse[1] da viventi pilastri[2]
e che l'uomo attraversa tra foreste di simboli
che gli lanciano occhiate familiari.

> I simboli che esprimono le misteriose «corrispondenze» appaiono familiari all'uomo, ma solo il poeta è in grado di penetrarne il mistero.

5 Come echi che a lungo e da lontano
tendono a un'unità profonda e oscura,
vasta come le tenebre o la luce,
i profumi, i colori e i suoni si rispondono[3]

> Il linguaggio visionario di Baudelaire si esprime soprattutto attraverso le sinestesie, che collegano percezioni sensoriali diverse.

Profumi freschi[4] come la carne d'un bambino,
10 dolci come l'oboe[5], verdi come i prati
— e altri d'una corrotta[6], trionfante ricchezza,

con tutta l'espansione delle cose infinite[7],
l'ambra e il muschio, l'incenso e il benzoino[8],
che cantano i trasporti della mente e dei sensi.

C. Baudelaire, *I fiori del male e altre poesie*,
trad. di G. Raboni,
Torino, Einaudi, 1992

Dai *Fiori del male* puoi leggere anche la poesia *I gatti*

---

1. confuse: perché non appartengono al linguaggio umano.
2. viventi pilastri: l'immagine indica gli alberi, ma resta volutamente allusiva e indeterminata.
3. si rispondono: *si corrispondono*.
4. Profumi freschi: sottinteso "ci sono".
5. dolci come l'oboe: dolci come il suono emesso dall'oboe (strumento musicale a fiato).
6. corrotta: *decadente*.
7. con tutta ... cose infinite: che portano dentro di loro (il soggetto sono i «Profumi freschi» del v. 9) tutti i profumi infiniti che esistono in natura.
8. benzoino: resina profumata ricavata da una pianta orientale.

Charles Baudelaire 311

Analisi del testo

TEORIA E PRATICA DELLA NUOVA POESIA

Il testo ha una struttura bipartita. Alle quartine è affidata l'enunciazione dei principi teorici della nuova poetica, fondata su un'idea quasi mistica della natura, vista come luogo sacro animato di vita divina, all'interno del quale i diversi elementi si richiamano tra loro attraverso «corrispondenze» analogiche. Poiché Baudelaire è convinto che solo il poeta possa coglierne il senso, nelle terzine fornisce alcuni esempi concreti della nuova poesia, collegando dati sensoriali appartenenti ad ambiti diversi.

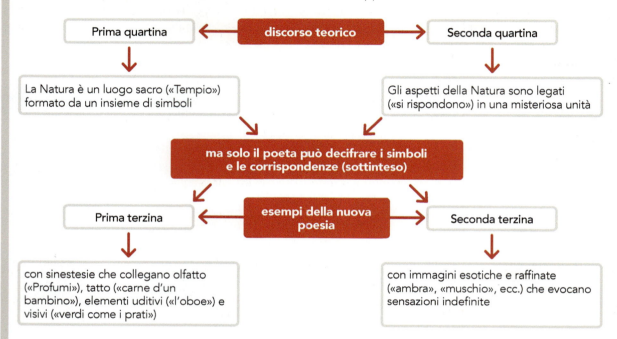

Lavoriamo sul testo

COMPRENSIONE

1. Nella prima quartina, il poeta dice che i simboli che pervadono la realtà si manifestano con parole confuse e «lanciano occhiate familiari» all'uomo, poiché anch'esso è parte della Natura. Per i singoli individui è quindi possibile comprendere il significato profondo della realtà?

2. Che cosa vuol dire Baudelaire affermando che «i profumi, i colori e i suoni si rispondono» (v. 8)? Quale legame c'è tra questo verso e il titolo della lirica?

3. A che cosa sono paragonati i «profumi» nelle due terzine conclusive?

4. Sottolinea sostantivi e aggettivi che rimandano ai quattro sensi e spiega il significato che assumono nella poesia.

ANALISI E INTERPRETAZIONE

5. Nella lirica è del tutto assente l'"io" autobiografico del poeta. Per quale motivo, a tuo parere, Baudelaire esprime questi importanti concetti in una forma impersonale e oggettiva?

6. Nel testo ricorrono numerose sinestesie: illustrale, spiegando anche la loro funzione in rapporto alla particolare concezione della poesia espressa qui dall'autore.

7. La struttura bipartita del sonetto è evidenziata anche sul piano dello stile: quali differenze sintattiche riscontri tra le due quartine e le due terzine?

SCRITTURA E APPROFONDIMENTI

8. L'idea della Natura come un tutto organico, pervaso di una vita divina e in profonda comunicazione con l'io del poeta, è tipica anche del Romanticismo. In un breve testo, metti a confronto questa lirica di Baudelaire con altri testi ottocenteschi in cui sia presente una visione simile, evidenziando analogie e differenze.

T2 Charles Baudelaire
Spleen

I fiori del male

La lirica è l'ultima dei quattro componimenti consecutivi intitolati Spleen che compaiono nella sezione Spleen e ideale, a testimonianza della particolare importanza che Baudelaire attribuisce a questo stato d'animo. Attraverso immagini metaforiche di particolare crudezza, viene evocata la sensazione di spleen che attanaglia l'animo del poeta. Si tratta di una profonda noia esistenziale che, opprimendo i sensi e la mente, rende impossibile lo slancio verso l'«ideale» e conduce a una cupa disperazione.

> Il senso di angoscia e tedio esistenziale è reso più acuto anche dall'ambiente circostante, descritto con immagini scure e opprimenti.

Quando, come un coperchio, il cielo basso e greve[1]
schiaccia l'anima che geme nel suo tedio[2] infinito,
e in un unico cerchio stringendo l'orizzonte[3]
fa del giorno una tristezza più nera della notte;

5 quando la terra si muta in un'umida segreta[4]
dove la Speranza, timido pipistrello,
sbatte le ali nei muri e dà la testa
nel soffitto marcito;

quando le strisce[5] immense della pioggia
10 sembrano le inferriate d'una vasta prigione
e muto, ripugnante un popolo di ragni
dentro i nostri cervelli dispone le sue reti[6],

furiose a un tratto esplodono campane
e un urlo tremendo lanciano verso il cielo
15 che fa pensare al gemere ostinato
d'anime senza pace né dimora.

> La maiuscola personifica i due opposti stati d'animo e li rende simili a due divinità che regnano nell'animo del poeta.

— Senza tamburi, senza musica, sfilano funerali
a lungo, lentamente nel mio cuore: Speranza
piange disfatta[7] e Angoscia, dispotica e sinistra[8],
20 va a piantarmi sul cranio la sua bandiera nera[9].

C. Baudelaire, *I fiori del male e altre poesie*, cit.

---

1. **greve**: *pesante*.
2. **tedio**: *noia*, spleen.
3. **in un unico … l'orizzonte**: *stringendo come in una morsa tutto il mondo*.
4. **segreta**: *prigione*.
5. **le strisce**: *le righe che le gocce di pioggia disegnano cadendo*.
6. **reti**: *ragnatele*.
7. **disfatta**: *sconfitta*.
8. **sinistra**: *lugubre, funesta*.
9. **bandiera nera**: *simbolo della sua totale vittoria*.

→ Analisi del testo

COMPRENSIONE

Il testo descrive il senso di angoscia che si impadronisce dell'animo del poeta nei momenti di *spleen* (una sorta di **noia esistenziale**), quando il cielo sembra schiacciare il cuore, la terra si riduce a una cella malsana e umida e anche la speranza stessa sembra perdersi, simile a un pipistrello prigioniero che sbattendo inutilmente le ali urta contro il soffitto. La pioggia, con i suoi filamenti, evoca le sbarre di un'angusta prigione, mentre la mente si popola di cattivi pensieri, che si insinuano nell'anima come dei ragni. Il crescendo opprimente culmina nell'immagine desolata dell'Angoscia che, personificata, impone il proprio dominio sulla mente del poeta.

ANALISI E INTERPRETAZIONE

La struttura   Il testo, formato da cinque quartine di versi liberi (nell'originale francese si tratta di versi alessandrini a rima alternata), ha una **struttura attentamente calibrata**. Il primo lungo periodo occupa per intero le prime quattro strofe; in particolare le prime tre, subordinate temporali legate dall'anafora dell'avverbio «quando», danno luogo a un climax ascendente di sensazioni negative, che culmina nella frase principale dei vv. 13-16, con l'«urlo tremendo» delle campane. La quinta strofa, attraverso un periodo più breve e segnato da un ritmo grave e cadenzato, mostra la definitiva sconfitta della Speranza e il simbolico trionfo dell'Angoscia.

***Spleen*: stato d'animo e stile**   Lo *spleen* – termine inglese derivato dal greco *splén* ("bile"; secondo gli antichi causa dell'umore malinconico) – indica uno stato di profondo tedio esistenziale, derivato da un'acuta **percezione della banalità del vivere** e del suo scorrere senza scopo. Tale sensazione, tipica dell'artista moderno, provoca un senso di soffocante **oppressione**, che paralizza la mente e la rende incapace di slanci, annullando ogni aspirazione e ogni speranza.

Per descrivere il proprio stato d'animo, Baudelaire ricorre a una fitta serie di **metafore e similitudini violente** e impressionistiche: il cielo diventa un «coperchio» (v. 1), la terra «un'umida segreta» (v. 5), i pensieri negativi si mutano in «un popolo di ragni» (v. 11). Ne derivano immagini forti e perturbanti, che evocano una sensazione di assoluta disperazione, trasmessa però attraverso figure di estrema precisione. Anche nel lessico, il poeta sceglie **termini "bassi"** («coperchio», v. 1; «pipistrello», v. 6; «cranio», v. 20), che non appartengono alla tradizione lirica e si segnalano per la loro innovativa crudezza.

● Lavoriamo sul testo

COMPRENSIONE

1 Spiega il significato referenziale e simbolico del v. 4: «il cielo... fa del giorno una tristezza più nera della notte».

2 Che tipo di sensazione vuole evocare l'«urlo tremendo» delle campane nella quarta strofa?

3 Che cosa significa, fuori di metafora, l'immagine finale dell'Angoscia che pianta sul cranio del poeta «la sua bandiera nera»?

4 Dei *Fiori del male* il poeta Attilio Bertolucci ha fatto una traduzione in prosa: prova anche tu a trasformare in prosa i versi della poesia proposta.

ANALISI E INTERPRETAZIONE

5 Analizza le numerose metafore e similitudini contenute nella lirica e spiegane il significato simbolico.

6 Osserva questi termini: «coperchio» (v. 1), «schiaccia» (v. 2), «stringendo» (v. 3), «prigione» (v. 10): quale sensazione complessiva intendono comunicare?

7 Ricostruisci l'analisi sintattica della poesia, evidenziando le principali differenze tra la prima parte (vv. 1-16) e l'ultima strofa.

8 Dopo l'esplosione sonora del v. 14, in cui culmina l'angoscia del poeta, l'ultima strofa sembra caratterizzata da una scena più pacata, avvolta da un tetro silenzio. Per quale motivo l'autore crea questo mutamento nel ritmo della lirica? Che cosa vuole sottolineare?

SCRITTURA E APPROFONDIMENTI

9 Lo *spleen* baudelairiano può essere paragonato alla noia di cui parla spesso Leopardi, sia nello *Zibaldone* sia nel *Canto notturno di un pastore errante dell'Asia*. Confronta gli stati d'animo espressi dai due poeti e metti in luce analogie e differenze.

314   Baudelaire e i simbolisti

Il film del mese
Poeti dall'inferno

REGIA	Agnieszka Holland
ANNO	1995
DURATA	111 min.
CAST	Leonardo DiCaprio (Arthur Rimbaud), David Thewlis (Paul Verlaine), Romane Bohringer (Mathilde Maute), Dominique Blanc (Isabelle Rimbaud), Nita Klein (madre di Rimbaud).

Scopri altri materiali sul film

TRE BUONI MOTIVI PER VEDERLO

1. Porta sul grande schermo la vita di due dei maggiori poeti dell'età moderna, senza nascondere i loro comportamenti violenti e irascibili.
2. Affronta senza ipocrisie l'amore omosessuale tra Verlaine e Rimbaud, accusati all'epoca di immoralità e blasfemia.
3. Mostra agli spettatori il contesto socio-culturale da cui ha avuto origine la poesia simbolista.

L'AUTORE E L'OPERA

La regista e sceneggiatrice polacca Agnieszka Holland (1948) ha esordito alla regia con *Attori di Provincia* (1978) e negli anni successivi ha ottenuto due candidature all'Oscar, nel 1985 per il miglior film straniero con *Raccolto Amaro*, e nel 1990 per la miglior sceneggiatura non originale con *Europa Europa*. Tra i suoi film più recenti ricordiamo *Io e Beethoven* (2006) e *In Darkness* (2011). *Poeti dall'Inferno* (1995) racconta la scandalosa e turbolenta amicizia tra i poeti francesi Arthur Rimbaud (1854-1891) e Paul Verlaine (1844-1896). Nonostante le grandi attese che ne accompagnarono l'uscita, il film è stato accusato da molti critici di banalizzare le biografie di Verlaine e Rimbaud, riducendo il loro rapporto a una semplice passione sentimentale e non dando il giusto spazio al legame tra vicende biografiche ed esperienza poetica.

LA TRAMA

La vicenda ha inizio nel 1871 quando Verlaine decide di accogliere nella propria casa di Parigi il giovane Rimbaud, un aspirante poeta che da tempo gli invia i propri versi. Ben presto il rapporto tra i due passa dall'amicizia a una vera e propria relazione amorosa; deluso dalla propria vita, il più anziano Verlaine viene sedotto dalle idee e dalla spregiudicatezza di Rimbaud e abbandona moglie e figlio per fuggire insieme a lui a Londra. Ma la vita in Inghilterra diventa ben presto insostenibile: i soldi scarseggiano e le tensioni aumentano e al culmine di una lite Verlaine ferisce l'amico con un colpo di pistola. Da questo momento il rapporto tra i due si spezza: Rimbaud parte per l'Africa e Verlaine viene arrestato con l'accusa di sodomia. Soltanto alcuni anni più tardi, nel 1891, il poeta riceve la visita di Isabelle, sorella di Rimbaud, che lo informa della morte di quest'ultimo e lo invita a disfarsi dei componimenti scritti dal fratello durante la loro relazione.

T3 Charles Baudelaire
L'albatro

I fiori del male

La lirica fa parte dei Fiori del male *solo dalla secon-da edizione del 1861, ma Baudelaire la inserisce in un posto di rilievo: diventa infatti il secondo testo del-la raccolta, nella sezione* Spleen e ideale.

Il poeta si paragona a un albatro, magnifico uccello marino che solca il cielo con le sue «grandi ali bian-che» ma che, quando viene catturato dai marinai e co-stretto a terra, diviene «comico e brutto».

Spesso, per divertirsi, i marinai
catturano degli albatri[1], grandi uccelli dei mari,
indolenti[2] compagni di viaggio delle navi
in lieve corsa sugli abissi amari[3].

5   L'hanno appena posato sulla tolda[4]
e già il re dell'azzurro, maldestro e vergognoso,
pietosamente accanto a sé strascina
come fossero remi le grandi ali bianche.

Com'è fiacco e sinistro[5] il viaggiatore alato!
10   E comico e brutto, lui prima così bello!
Chi gli mette una pipa sotto il becco,
chi imita, zoppicando, lo storpio che volava!

Il Poeta è come lui, principe delle nubi
che sta con l'uragano e ride degli arcieri[6];
15   esule in terra fra gli scherni[7], impediscono
che cammini le sue ali di gigante.

C. Baudelaire, *I fiori del male e altre poesie*, cit.

> Il poeta è simile all'albatro, poiché il suo genio gli permette di raggiungere altezze precluse ai comuni mortali, ma lo fa apparire inadeguato alle regole della morale borghese.

---

1. albatri: l'albatro è un uccello oceanico dalla grande apertura alare.

2. indolenti: *pigri*, poiché sembra che gli albatri nel loro volo si lascino portare dal vento.

3. abissi amari: *abissi del mare*, detti «ama-

ri» nel senso di "salati" ma anche di "oscuri", "infidi" perché capaci di inghiottire chi vi si affida.

4. tolda: *ponte della nave.*

5. sinistro: *goffo, impacciato.*

6. ride degli arcieri: *non teme le frecce*, che

non possono raggiungerlo perché vola troppo in alto; la metafora significa che il poeta non si preoccupa dei giudizi e dei commenti della gente.

7. scherni: *derisioni, umiliazioni.*

Baudelaire e i simbolisti

Analisi guidata

La struttura

La lirica è divisa in due parti:
- le **prime tre strofe**, di tipo narrativo-descrittivo, sono dedicate all'albatro che, maestoso nel suo volo, una volta a terra appare goffo e impacciato;
- la **quartina** finale istituisce un paragone tra l'albatro e il poeta.

 Competenze di comprensione e analisi

- Già nella prima parte del testo, l'albatro viene descritto con caratteristiche antropomorfe: attraverso quali espressioni?
- Che cosa simboleggiano le «ali di gigante» dell'albatro e per quale motivo gli sono d'impaccio sulla terra?

Il contrasto tra il poeta e la società

Attraverso il paragone tra l'albatro e il poeta, la lirica propone una riflessione sul **ruolo del poeta nella società moderna**. Come l'uccello è capace di volare in mezzo alle tempeste senza apparente sforzo, il poeta appare superiore agli altri uomini per la sua nobiltà spirituale e la sensibilità; ma **non riesce ad adattarsi** alle regole di una società che fa dei beni materiali e del profitto i suoi unici valori ed è la sua stessa grandezza (le «ali di gigante») a impedirgli di vivere un'esistenza normale. Il poeta, dunque, non ha più un suo ruolo sociale e, come un angelo caduto, è «**esule**» in mezzo agli uomini, costretto perennemente a oscillare tra la tensione verso l'ideale (a cui può giungere grazie alle sue «ali») e lo squallore della vita quotidiana.

 Competenze di comprensione e analisi

- Baudelaire dice che il poeta è «esule in terra» (v. 15): che cosa significa questa espressione?
- Come vengono caratterizzati i marinai, simbolo della gente comune?
- Che cosa rappresentano a livello simbolico le «ali di gigante»?

Lo stile, tra sublime e comico

A livello stilistico, il testo è giocato sulla compresenza di espressioni elevate e auliche («abissi amari», v. 4; «re dell'azzurro», v. 6) e immagini di tono grottesco e comico, usate per descrivere il comportamento dei marinai.

 Competenze di comprensione e analisi

- Individua le espressioni di stile basso presenti nel testo.
- Che cosa vuole sottolineare a tuo parere il poeta attraverso l'accostamento di questi due diversi registri?

Charles Baudelaire

T4 Charles Baudelaire
L'uomo e il mare

Testo laboratorio

I fiori del male

Quattordicesimo testo della sezione Spleen e ideale, *questa lirica è uno dei testi più famosi di Baudelaire,* *poiché paragona le profondità dell'animo umano con quelle degli abissi marini.*

Uomo libero, sempre ti sarà
diletto[1] il mare – tua anima, specchio dove guardi
la tua anima scorrere infinita
come le onde. Non meno amaro abisso è il tuo cuore.

5 In questa che è la tua immagine ti immergi
con voluttà[2], con gli occhi, con le braccia l'afferri e dal rumore
di te stesso ti liberi se ascolti
la sua voce indomabile e selvaggia.

Tenebrosi tutt'e due, e discreti: fino in fondo
10 ai tuoi abissi nessuno è sceso mai,
uomo, né c'è del mare chi conosca
i riposti[3] tesori: così li difendete, gelosi.

Eppure, da tempi immemorabili ciascuno
di voi con quell'altro combatte – e non ha pietà, non rimorso,
15 da tanto che amate la carneficina e la morte
in una lotta eterna, implacabili, avvinti!

C. Baudelaire, *I fiori del male e altre poesie*, cit.

---

1. ti sarà diletto: *avrai caro, amerai.*   **2. voluttà:** *piacere, desiderio.*   **3. riposti:** *nascosti.*

COMPRENSIONE
1 La lirica può essere divisa in due parti: individuale e riassumine il contenuto. Poi assegna a ciascuna della due parti un titolo a tua scelta.
2 Che cosa accomuna l'uomo e il mare?

ANALISI E INTERPRETAZIONE
3 Che cosa significa l'espressione «dal rumore / di te stesso ti liberi se ascolti / la sua voce indomabile e selvaggia»? Rispondi in un breve testo scritto.
4 Perché l'animo umano è definito un «amaro abisso»?

5 Più che le singole parole, è il mare stesso a farsi "simbolo" e a svelare la fitta rete di "corrispondenze" che lo mette in comunicazione con la sensibilità del poeta: individua nel componimento tutti i termini che possono riferirsi sia al mare sia all'uomo.

SCRITTURA E APPROFONDIMENTI
6 Metti a confronto questa lirica con *Corrispondenze*; ti sembra che anche in questo caso la natura sia presentata con le stesse caratteristiche? Rispondi in un breve testo argomentativo.

Baudelaire e i simbolisti

La poetica del Simbolismo

Il rifiuto del razionalismo   In un'epoca dominata dal Positivismo, i poeti simbolisti rifiutano la ragione come strumento di indagine della realtà e promuovono un'idea dell'**arte** (e, più in particolare, la poesia) come **unica possibile forma di conoscenza**. Mentre la scienza si limita a registrare e descrivere i fenomeni visibili, l'arte permette di andare oltre le apparenze e scandagliare le profondità della psiche, sede degli istinti e delle emozioni. La poetica simbolista anticipa dunque molti aspetti della cultura decadente, poiché pone l'accento su elementi irrazionalistici, come l'**intuizione** e l'**interiorità** dell'artista, e sulla necessità di far "deragliare i sensi" attraverso stati alterati come l'ebbrezza, il sogno o l'allucinazione.

Simbolo e "corrispondenze": un nuovo linguaggio   Agli occhi dei simbolisti la realtà non si esaurisce nella sua apparenza fenomenica (ovvero quello che si può cogliere attraverso i sensi), ma cela un significato profondo e nascosto, simbolico appunto. Tale concezione si richiama in modo evidente alla poetica delle «corrispondenze» di Baudelaire, secondo cui il mondo appare come una «foresta di **simboli**» **legati** tra loro **da rapporti di analogia**. Compito del poeta è quello di **decifrare** i simboli che compongono la realtà, svelandone il senso più profondo. Ne deriva una nuova idea del linguaggio poetico, inteso non più come semplice imitazione (mimesi) della realtà e strumento per descrivere oggettivamente

il mondo, ma come "**formula magica**" per accedere, grazie all'intuizione e al potere evocativo della parola, a un universo di connessioni sconosciute tra le cose. In linea con questa poetica irrazionalistica, al linguaggio oggettivo e referenziale si sostituiscono le **analogie**, ossia le relazioni puramente emotive e intuitive che il poeta stabilisce tra le cose. Lo **stile** si fa **allusivo** e suggestivo, particolarmente ricco di metafore e sinestesie, che accostano percezioni provenienti da sensi diversi. Fondamentale è anche la ricerca di una nuova musicalità del verso, che diventa libero dalle cadenze obbligate della rima e strumento per comunicare sensazioni indefinite. Il risultato di queste innovazioni formali è una **poesia nuova** e moderna, ma anche volutamente **oscura ed elitaria**, che si rivolge a un pubblico di pochi eletti.

I "poeti maledetti"   Queste idee vengono riprese dai "poeti maledetti", un gruppo di giovani artisti che rifiutano le convenzioni della società borghese e si distinguono per i comportamenti scandalosi e immorali, il cui nome deriva da un'antologia poetica pubblicata nel 1884 e comprendente testi di **Verlaine**, **Rimbaud** e **Mallarmé**. La loro poesia è caratterizzata da un linguaggio analogico (in cui parole e immagini sono associate al di fuori dei normali nessi logici) e musicale, nel quale le parole sono come dei simboli che nascondono frammenti di verità sconosciute: compito dell'artista è quello di farsi "**veggente**" e riuscire a interpretare questi messaggi con il «disordine di tutti i sensi», come afferma Rimbaud nella *Lettera del veggente*.

La parola all'autore

Rimbaud poeta veggente

In una lettera all'amico Paul Demey del 15 maggio 1871, Arthur Rimbaud esprime con toni enfatici alcuni punti essenziali della poetica simbolista. Il poeta è visto come un 'veggente' che, attraverso lo scandaglio della sua anima e il disordine dei sensi, raggiunge le zone più profonde della psiche, per rivelare nella sua opera, come un nuovo Prometeo, il segreto della realtà.

Io dico che bisogna esser *veggente*, farsi *veggente*.
Il poeta si fa veggente mediante un lungo, immenso e ragionato *disordine di tutti i sensi*. Tutte le forme d'amore, di sofferenza, di pazzia; egli cerca se stesso, esaurisce in sé tutti i veleni, per non conservarne che la quintessenza. Ineffabile tortura nella quale ha bisogno di tutta la fede, di tutta la forza sovrumana, nella quale diventa il grande infermo, il grande criminale, il grande maledetto, – e il sommo Sapiente! – Egli giunge infatti all'ignoto! Poiché ha coltivato la sua anima, già ricca, più di qualsiasi altro! Egli giunge all'ignoto, e quand'anche, smarrito, finisse col perdere l'intelligenza delle proprie visioni, le avrà pur viste! [...]
Dunque il poeta è veramente un ladro di fuoco.
Ha l'incarico dell'umanità, degli *animali* addirittura; dovrà far sentire, palpare, ascoltare le sue invenzioni; se ciò che riporta di laggiù ha forma, egli dà forma; se è informe, egli dà l'informe.

A. Rimbaud, *Opere*, Milano, Feltrinelli, 1964

I maestri del Simbolismo francese

Paul Verlaine Erede ideale di Baudelaire, Paul Verlaine (1844-1896) è il primo dei "poeti maledetti" francesi e quello che più viene riconosciuto come ideale maestro della generazione simbolista. La sua opposizione alle regole della morale borghese è testimoniata dalla sua vita anticonformista e sregolata, dedita all'alcol fin dalla giovinezza e segnata dallo "scandaloso" legame omosessuale con Arthur Rimbaud, degenerato con il tempo in un rapporto morboso e conflittuale, in cui Verlaine cercò addirittura di uccidere il giovane amante.

La poesia di Verlaine, segnata dall'irrequietudine e dalla malinconia, vive soprattutto di **impressioni e suggestioni**, create attraverso legami analogici e simbolici. Centrale nella sua poetica è la ricerca di una particolare **musicalità del verso**, capace di evocare emozioni e sensazioni in una forma sempre raffinatissima. Tra le sue raccolte più note si ricordano i *Poemi saturnini* (1869) e *Romanze senza parole* (1874), oltre all'antologia *I poeti maledetti* (1884) da lui curata.

Arthur Rimbaud Breve ma intensa è la parabola poetica di Arthur Rimbaud (1854-1891), che si dedicò alla poesia fin da giovanissimo e soltanto per quattro anni, tra il 1871 e il 1875. Inquieto e ribelle, è ancora adolescente quando scrive testi come *Il battello ebbro* (1871) e *Una stagione all'inferno* (1873). Intimo amico di Verlaine, dopo la rottura inizia i poemetti in prosa *Illuminazioni*, che saranno pubblicati solo nel 1886, quando Rimbaud aveva ormai abbandonato l'attività poetica. Nel seguito della sua turbolenta esistenza, Rimbaud soggiorna a lungo anche in Africa, dedicandosi al contrabbando e al traffico d'armi e di schiavi, fino alla morte prematura avvenuta a Marsiglia. Per Rimbaud **il poeta è una figura sacra**, in grado di svelare l'ignoto attraverso esperienze estreme e capace di comunicarlo attraverso un linguaggio poetico rinnovato, in grado di esprimere l'ineffabile, come egli afferma nella *Lettera del veggente*. Il legame con il Simbolismo è evidente anche nella frequenza delle metafore e nella fiducia nel potere assoluto della parola.

Stéphane Mallarmé Schiva e appartata è invece l'esistenza di Stéphane Mallarmé (1842-1898), segnata da difficoltà economiche che lo inducono a intraprendere l'insegnamento. Giunto a Parigi nel 1870, egli diviene l'animatore della corrente del Simbolismo, riunendo nei suoi "martedì letterari" poeti come Jean Moréas, Paul Valéry e André Gide. Nel 1876 vede la

Gustave Moreau, *Poeta morto sostenuto da un centauro*, 1890.

luce il poemetto *Il pomeriggio di un fauno*, mentre la prima edizione completa delle *Poesie* esce nel 1887. Portando all'estremo la funzione conoscitiva della poesia già teorizzata da Baudelaire, Mallarmé si caratterizza per l'uso di un **linguaggio poetico oscuro** e quasi ermetico, fitto di analogie e simboli tesi a cogliere un Assoluto che resta però sempre sfuggente. La parola poetica viene sfruttata in tutte le sue valenze evocative anche attraverso l'uso del verso libero, la decostruzione della sintassi e la cura per l'aspetto grafico della pagina, particolarmente evidente nel poemetto d'avanguardia *Un colpo di dadi non abolirà mai il caso* (1897).

L'eredità del Simbolismo Nell'ambito della lirica, la rivoluzione di temi e forme introdotta dalla corrente simbolista influenza gran parte della poesia novecentesca europea, contribuendo tra l'altro alla diffusione del verso libero. I debiti con il Simbolismo sono evidenti nella poesia in lingua tedesca di Rilke, George e Trakl, nella seconda generazione simbolista di cui fanno parte autori come i belgi Maeterlinck e Rodenbach e il russo Alexandr Blok, nella poesia decadente italiana di Pascoli, D'Annunzio e Campana e nell'esperienza di poeti novecenteschi come Ungaretti, Eliot e Yeats.

⭕ Sosta di verifica

- Quali sono i principali elementi che caratterizzano la poetica simbolista?
- Da che cosa prendono il nome i "poeti maledetti"?
- In quale opera Rimbaud definisce la sua idea del poeta?
- Su quali autori è particolarmente evidente l'influenza dei poeti simbolisti?

T5

Paul Verlaine
Arte poetica

Un tempo e poco fa

La lirica, composta nel 1873 mentre Verlaine si trovava in prigione in Belgio, viene pubblicata su rivista nel 1882 e due anni dopo nella raccolta Un tempo e poco fa. *Il titolo richiama in modo esplicito l'Ars poetica del poeta latino Orazio, considerata una delle più compiute sintesi della poetica del mondo classico, a cui Verlaine si contrappone, proponendo una nuova concezione di poesia, fondata sulla musicalità del verso e sul potere evocativo della parola.*

> *TANTE SFUMATURE x MISTERO*
> *RIFIUTO SENTIMENTI ESTREMI*
> *LINGUAGGIO SOBRIO E SEMPLICE*

> Alla base della nuova poesia vi è la musicalità del verso.

La musica, prima di ogni altra cosa:
e per questo preferisci l'impari[1],
più vago e solubile nell'aria,
senza nulla in sé che pesi e posi[2].

5 È necessario poi che tu non scelga
le tue parole senza qualche errore:
nulla è più caro della canzone grigia[3]
in cui l'incerto si unisca al preciso.

> Fondamentale, per Verlaine, è la capacità evocativa dei singoli vocaboli.

Sono[4] occhi deliziosi dietro veli,
10 è la grande luce tremula del mezzogiorno,
è – in un cielo tiepido d'autunno –
l'azzurro brulichìo[5] di chiare stelle!

Perché vogliamo ancora la sfumatura,
non colore, ma solo sfumatura!
15 Oh, solo essa accoppia il sogno
al sogno e il flauto al corno[6]!

Va più lontano possibile dall'assassina arguzia[7],
dal crudele spirito e dall'impuro riso,
che fanno piangere gli occhi dell'azzurro[8]
20 e tutto quell'aglio di bassa cucina[9]!

Prendi l'eloquenza e torcile il collo[10]!
E farai bene, in vena d'energia,
a moderare un poco anche la rima.
Fin dove andrà, se non la tieni d'occhio?

---

1. l'impari: *il verso imparisillabo (cioè con un numero dispari di sillabe), meno frequente nella poesia francese e più vario nel ritmo.*
2. senza nulla ... posi: *senza una cadenza ritmica troppo marcata o enfatica.*
3. canzone grigia: *poesia indefinita.*
4. Sono: *un esempio di questa poesia sono.*

5. brulichìo: *confusa moltitudine.*
6. accoppia ... al corno: *ossia unisce sensazioni diverse e distanti, come nelle «corrispondenze» baudelairiane.*
7. assassina arguzia: *battuta pungente che uccide la poesia.*
8. fanno ... azzurro: *fanno violenza alla po-*

esia ideale e pura; gli «occhi dell'azzurro» personificano in un'immagine fisica la nuova idea di poesia di Verlaine.
9. aglio di bassa cucina: *metafora per indicare contenuti grossolani e volgari.*
10. Prendi ... collo: *evita i toni enfatici e retorici.*

Paul Verlaine

Di Paul Verlaine puoi leggere anche *Canzone d'autunno*

25 Oh, chi dirà i torti della rima?
Quale bambino sordo o negro pazzo
ci ha plasmato questo gioiello da un soldo[11],
che sotto la lima[12] suona vuoto e falso?

La musica, ancora e sempre!
30 Il tuo verso sia la cosa che va via,
che si sente fuggire da un'anima in cammino
verso altri cieli e altri amori[13].

Il tuo verso sia l'avventura buona
sparsa al vento increspato del mattino
35 che va sfiorando la menta ed il timo[14]...
E tutto il resto è letteratura[15].

P. Verlaine, *Poesie*, trad. di R. Minore, Roma, Newton Compton, 1973

> In chiusura viene ribadito ancora una volta l'aspetto centrale della poetica di Verlaine.

---

11. gioiello da un soldo: *artificio senza valore.*
12. lima: allusione al lavoro di rifinitura formale della poesia, che i classici indicavano con l'espressione *labor limae* ("lavoro di limatura").
13. altri cieli ... amori: *nuove sensazioni ed esperienze.*
14. timo: *piccola pianta aromatica dal profumo intenso, contrapposta all'«aglio di bassa cucina» del v. 20.*
15. letteratura: *semplice costruzione intellettuale, non vera poesia.*

→ Analisi del testo

COMPRENSIONE
Nella lirica – concepita in forma di allocuzione diretta a un "tu" generico, che si identifica con il pubblico ristretto della nuova arte simbolista – Verlaine esprime la propria **concezione della poesia**, contrapponendola polemicamente alla tradizione lirica precedente. Egli sottolinea l'importanza della musicalità del verso e la scelta di immagini suggestive e vaghe, in grado di evocare sensazioni indefinite. Solo una poesia di questo tipo può essere una forma d'arte rivelatrice della realtà, e non una «letteratura» (v. 36) intesa come semplice esercizio accademico.

ANALISI E INTERPRETAZIONE
La struttura Il testo ha una **struttura circolare** attentamente calibrata: le prime quattro strofe (vv. 1-16) contengono una serie di indicazioni sulle caratteristiche della nuova poesia, mentre le tre quartine seguenti (vv. 17-28) evidenziano gli aspetti della tradizione poetica precedente che devono essere rifiutati. Le due strofe finali si ricollegano all'affermazione iniziale riaffermando l'importanza della musicalità del verso («La musica, prima di ogni altra cosa») e descrivendo il tipo di ispirazione che il poeta deve seguire.

Temi indefiniti e stile musicale I principi della poetica simbolista espressi da Verlaine interessano sia gli aspetti formali sia quelli contenutistici.
Sul piano dello **stile**, egli sottolinea l'importanza della **musicalità del verso**, che si raggiunge attraverso la predilezione per i versi meno consueti e più cantabili (vv. 2-4) e con un uso più limitato della rima (vv. 23-28), considerata un elemento abusato dalla tradizione.
Sul piano dei **contenuti**, Verlaine afferma la predilezione per una **poesia indefinita e suggestiva** (vv. 5-8), che comunque non può prescindere da un'attenta scelta dei termini («in cui l'incerto si unisca al preciso», v. 8). Devono invece essere rifiutate la poesia enfatica e declamatoria o, al contrario, quella dai contenuti bassi e sarcastici (vv. 16-22).
Nell'enunciare i fondamenti della nuova poetica, Verlaine ne offre anche alcuni significativi esempi. Sul piano metrico, pur nell'adozione di una struttura tradizionale (nell'originale, quartine di novenari a rima incrociata), l'autore crea una serie di fitti richiami fonici, con allitterazioni e consonanze. Alcune strofe (vv. 9-12; vv. 33-36) contengono immagini indefinite e vaghe, che traducono in pratica poetica gli aspetti teorici espressi nel testo.

Lavoriamo sul testo

COMPRENSIONE

1 A chi si rivolge Verlaine nella lirica?
2 Spiega il senso dell'espressione «nulla è più caro della canzone grigia / in cui l'incerto si unisca al preciso» (vv. 7-8).
3 Che cosa intende dire il poeta quando afferma che l'artificio della rima «suona vuoto e falso» (v. 28)? Da che cosa deve essere sostituito a suo parere il sistema metrico tradizionale?
4 Che cosa significa, fuori di metafora, il proposito di «torcere il collo» all'eloquenza (v. 21)?
5 Spiega il significato dell'ultima strofa del componimento.

ANALISI E INTERPRETAZIONE

6 Nella dichiarazione di poetica contenuta nel testo, distingui le affermazioni costruttive da quelle polemiche nei confronti della tradizione.
7 Individua quali elementi della poesia classica e quali tipici della poesia romantica Verlaine intende abolire.
8 Quali esempi della nuova poesia indica l'autore nel suo testo?
9 Per quale motivo, pur affermando che la rima è un artificio falso, Verlaine costruisce comunque il suo testo secondo uno schema di rime tradizionale?

SCRITTURA E APPROFONDIMENTI

10 Dopo aver letto i testi di Rimbaud e Mallarmé, spiega in un breve testo se e in quale modo questi principi di poetica teorizzati da Verlaine trovano concreta applicazione nell'opera degli autori simbolisti.

Henri Fantin-Latour, *Le coin de table*, 1872. I primi due personaggi seduti a sinistra sono Verlaine e Rimbaud.

Paul Verlaine 323

T6 Paul Verlaine
Languore

Cose lontane e cose vicine

Pubblicata nel 1883 sulla rivista parigina «Le chat noir», la lirica costituisce un manifesto della poesia dei décadents, *che confluirà poi nella corrente simbolista. Ai molti critici letterari che disprezzavano la nuova poesia, considerandola il segno di una decaden-za delle arti, Verlaine risponde accettando l'identificazione dello stato d'animo suo e della sua generazione di poeti con il senso di estenuato languore, di incapacità ad agire e di tedio che caratterizza la fine di un'epoca.*

> *Questo verso dà il nome al movimento del Decadentismo e riassume il senso dell'intera poesia.*

Sono l'Impero alla fine della decadenza[1],
che guarda passare i grandi Barbari bianchi[2]
componendo acrostici indolenti[3] dove danza
il languore del sole in uno stile d'oro[4].

5 Soletta l'anima soffre di noia densa al cuore.
Laggiù[5], si dice, infuriano lunghe battaglie cruente.
O non potervi, debole e così lento nei propositi,
e non volervi far fiorire un po' quest'esistenza[6]!

O non potervi, o non volervi un po' morire!
10 Ah! Tutto è bevuto! Non ridi più, Batillo[7]?
Tutto è bevuto, tutto è mangiato[8]! Niente più da dire!

Solo, un poema un po' fatuo[9] che si getta alle fiamme,
solo, uno schiavo un po' frivolo che vi dimentica,
solo, un tedio d'un non so che[10] attaccato all'anima!

> P. Verlaine, *Poesie*, trad. di L. Frezza,
> Milano, Rizzoli, 1986

---

1. l'Impero ... decadenza: *l'Impero romano nelle ultime fasi del suo declino.*
2. i grandi ... bianchi: *gli invasori germanici, alti e di carnagione chiara.*
3. acrostici indolenti: *pigri giochi di parole.* L'acrostico è propriamente un testo poetico le cui iniziali di verso, lette in verticale, formano una parola o una frase, e indica qui una poesia di vuota eleganza formale.
4. danza ... d'oro: *nei quali si esprime* («dove danza») *un senso di malinconia* («il languore del sole») *in uno stile prezioso e raffinato* («stile d'oro» è una sinestesia).
5. Laggiù: *cioè ai confini dell'Impero, dove premono i Barbari.*
6. O non potervi ... esistenza: il poeta esprime tristezza per l'incapacità di opporsi ai Barbari che priva della possibilità di dare un senso alla propria vita.
7. Batillo: è un famoso mimo e attore vissuto nella Roma del I secolo a.C. e caro a Mecenate, protettore di Virgilio e Orazio. La citazione evoca un tempo ormai trascorso in cui l'arte aveva ben altro valore.
8. Tutto ... mangiato: *tutto è già stato sperimentato.*
9. fatuo: *sciocco, inutile.*
10. un tedio ... che: *una noia esistenziale profonda e indefinibile.*

Baudelaire e i simbolisti

Analisi guidata

Noia esistenziale e inutilità della poesia

Identificandosi con la proverbiale decadenza della tarda antichità, l'io lirico descrive uno stato d'animo di **totale passività** e di **estenuazione**, consapevole che tutto è già stato sperimentato ed è quindi impossibile fare nuove esperienze. Verlaine si abbandona con **compiacimento** a questo tedio esistenziale, tipico dell'artista moderno, e ne fa una cifra ideologica della sua concezione della poesia. Il *Languore* del titolo allude quindi a un **rifiuto di qualsiasi impegno** politico o civile da parte del poeta, che si limita a osservare la società senza prendere parte attiva ai mutamenti che la contraddistinguono («Laggiù … O non potervi, o non volervi un po' morire», vv. 6-9)

Nella percezione della decadenza che caratterizza l'età moderna, anche la poesia perde il suo valore, riducendosi a un raffinato **esercizio formale** («acrostici indolenti», v. 3; «poema un po' fatuo», v. 12), incapace di incidere sulla realtà.

Competenze di comprensione e analisi

- A tuo parere, che cosa possono rappresentare metaforicamente i «Barbari» del v. 2?

- Individua e spiega le immagini attraverso le quali il poeta esprime il proprio stato d'animo.

- Ti sembra che ci siano analogie tra il «languore» di questa lirica e lo *spleen* dell'omonima lirica di Baudelaire (p. 313)?

- L'insistenza del poeta sull'inutilità dell'arte può avere qualche rapporto con la condizione dell'artista e dell'intellettuale alla fine dell'Ottocento? Rispondi in un breve testo scritto.

Uno stile evocativo

Verlaine utilizza la forma classica e tradizionale del sonetto, rinnovandola dall'interno attraverso l'utilizzo di immagini metaforiche indefinite di grande suggestione.

Nella seconda parte del testo la frequenza delle **esclamazioni** sembra tradurre in forma poetica il senso di languido sfinimento che domina la lirica, accentuato anche dalle **raffinate metafore**.

Competenze di comprensione e analisi

- Il testo è caratterizzato da frequenti ripetizioni e anafore. Individuale e spiega quale tipo di musicalità contribuiscono a creare.

- Illustra e spiega qualcuna delle metafore più significative.

T7 Stéphane Mallarmé
Brezza marina

Poesie

Di Mallarmé puoi leggere anche la poesia *Risveglio*

La lirica, composta nella primavera del 1865 e pubblicata nella prima raccolta del Parnaso contemporaneo, è un testo giovanile, in cui sono però già presenti gli aspetti caratteristici della poesia di Mallarmé.

Il poeta, pervaso da un senso di tedio e ormai privo di stimoli, si abbandona al desiderio di evadere dalla realtà quotidiana per intraprendere un viaggio verso terre ignote.

> Il famosissimo *incipit* di questa lirica segnala l'esaurirsi di ogni passione sensuale e intellettuale.

La carne è triste, ahimè! e ho letto tutti i libri.
Fuggire! laggiù, fuggire! Io sento uccelli ebbri[1]
d'essere tra l'ignota schiuma[2] e i cieli!
Niente[3], né antichi giardini riflessi dagli occhi[4]
5 terrà questo cuore che già si bagna nel mare
o notti! né il cerchio deserto[5] della mia lampada
sul vuoto foglio difeso dal suo candore[6]
né giovane donna che allatta il suo bambino[7].
Io partirò! Vascello che dondoli l'alberatura
10 l'àncora sciogli per una natura straniera[8]!

> La «Noia» (o *ennui* o *spleen*) simboleggia il tedio opprimente che prende l'animo dei poeti simbolisti e decadenti.

E crede una Noia, tradita da speranze crudeli
ancora nell'ultimo addio dei fazzoletti[9]!
E gli alberi[10] forse, richiamo dei temporali[11]
son quelli che un vento inclina sopra i naufragi
15 sperduti[12], né antenne, né antenne, né verdi isolotti[13]...
Ma ascolta, o mio cuore, il canto dei marinai!

S. Mallarmé, *Poesie*, trad. di L. Frezza,
Milano, Feltrinelli, 1991

---

1. ebbri: *inebriati, come ubriachi.*
2. l'ignota schiuma: *la schiuma del mare.*
3. Niente: *soggetto di «terrà questo cuore» (v. 5): nulla potrà trattenere l'animo del poeta, già pronto alla partenza («già si bagna nel mare»).*
4. antichi ... occhi: *l'immagine dei giardini, rimasta impressa negli occhi che li hanno contemplati.*
5. cerchio deserto: *solitario alone di luce.*
6. sul vuoto ... candore: *sulla pagina che resta ostinatamente bianca, simbolo dell'incapacità del poeta di tradurre nei suoi versi la complessità della vita.*
7. giovane ... bambino: *la moglie di Mallarmé aveva appena avuto un bambino.*
8. l'àncora ... straniera: *salpa l'àncora e parti verso terre ancora lontane, ancora sconosciute.*
9. E crede ... fazzoletti: *e la noia, sebbene provata da esperienze negative, ancora si commuove davanti ai fazzoletti sventolati in segno di saluto per la partenza.*
10. gli alberi: *l'alberatura della nave.*
11. richiamo dei temporali: *che attirano le tempeste.*
12. son ... sperduti: *il poeta immagina che il viaggio per mare potrebbe risolversi in un misero naufragio.*
13. né antenne ... isolotti: *potrebbero non esserci navi di soccorso («antenne» è metonimia per "imbarcazioni"), né luoghi dove approdare.*

Analisi guidata

L'evasione e il viaggio
Il tema centrale della lirica è dato dall'intenso **desiderio di fuga** del poeta che, esaurita ogni esperienza sensuale («La carne è triste», v. 1) e intellettuale («ho letto tutti i libri», v. 1), avverte il contrasto tra il grigiore dell'esistenza e le sue aspirazioni a una dimensione diversa, di avventurosa scoperta dell'ignoto e di ricerca di una perduta innocenza e armonia.
Il viaggio per mare è quindi simbolo di un profondo desiderio di rigenerazione interiore.

Competenze di comprensione e analisi

- La «Noia» (v. 11) e il senso di sazietà che si esprimono al v. 1 ricordano sia lo «*spleen*» di Baudelaire sia il sonetto *Languore* di Verlaine: individua analogie e differenze.

- La metafora del viaggio per mare come simbolo di avventura ricorre spesso in letteratura: in quali altri testi l'hai già incontrata? Come viene qui caratterizzato il paesaggio marino?

La pagina bianca
L'immagine del «vuoto foglio difeso dal suo candore» (v. 7) esprime in modo suggestivo la concezione della poesia tipica di Mallarmé. Egli avverte infatti con forza la **difficoltà di esprimere il mistero della realtà** e, nel tentativo di dar voce all'indicibile, si impegna in una strenua ricerca di perfezione formale. La lirica, lontana dalla violenza espressionistica di Rimbaud, è caratterizzata dal succedersi di immagini sospese e come incompiute, che emergono dal silenzio della pagina per evocare sensazioni indefinite. Anche la sintassi, involuta e rotta, contribuisce a creare un **testo volutamente oscuro**, che il lettore è chiamato a decifrare intuitivamente più che attraverso gli strumenti razionali della logica.

Competenze di comprensione e analisi

- A tuo parere l'immagine dei vv. 6-7 è positiva o negativa? Indica la sterilità poetica o la necessità di un'attenta cura formale?

- Nei vv. 4-8, quali elementi della realtà quotidiana evoca il poeta per sottolineare che essi non lo tratterranno dal suo viaggio?

- Analizza la struttura sintattica della lirica, evidenziando le caratteristiche dei periodi. Si tratta di frasi brevi o ampie, involute o chiare?

- Nel testo sono particolarmente frequenti le negazioni, spesso ribadite in anafora. Individuale e spiegane la funzione.

T8 Arthur Rimbaud
Vocali

Poesie

Di Rimbaud puoi leggere anche la poesia *Sensazione* e la *Lettera del veggente*

Scritto nell'estate del 1871 dal poeta appena diciassettenne, il sonetto fu spedito a Verlaine, che ne comprese subito il valore e lo incluse successivamente nella sua antologia dei Poeti maledetti (1884).
Rimbaud attribuisce a ogni vocale un diverso colore e, su questa base, costruisce la lirica su una fitta rete di imprevedibili richiami analogici e sinestesie, che si succedono per semplice accostamento, in una sequenza di grande suggestione poetica.

> *L'esordio della poesia ricorda una semplice filastrocca infantile, ma subito il testo si sviluppa in una raffinata e complessa successione di analogie.*

A nera, E bianca, I rossa, U verde, O blu: vocali,
io dirò un giorno i vostri ascosi nascimenti[1]:
A, nero vello[2] al corpo delle mosche lucenti
che ronzano al di sopra dei crudeli fetori[3],

5   golfi d'ombra[4]; E, candori di vapori e di tende,
lance di ghiaccio, brividi di umbelle[5], bianchi re;
I, porpore, rigurgito di sangue, labbra belle
che ridono di collera, di ebbrezza penitente[6];

U, cicli, vibrazioni sacre dei mari viridi[7],
10 quiete di bestie al pascolo, quiete dell'ampie rughe
che alle fronti studiose imprime l'alchimia[8];

O, la suprema Tuba[9] piena di stridi strani,
silenzi attraversati dagli Angeli e dai Mondi:
— O, l'Omega[10] ed il raggio violetto dei Suoi Occhi[11]!

A. Rimbaud, Opere, trad. di I. Margoni, Milano, Feltrinelli, 1969

---

1. **ascosi nascimenti:** origini nascoste.
2. **nero vello:** scura peluria.
3. **crudeli fetori:** ripugnanti corpi in putrefazione.
4. **golfi d'ombra:** conche oscure, che l'immagine della A evoca nel cuore del poeta.
5. **umbelle:** infiorescenze, fiori a forma di ombrello (termine botanico).
6. **di ebbrezza penitente:** di penitenze che fanno provare una sorta di piacere nell'espiazione.
7. **viridi:** verdi.
8. **che ... l'alchimia:** che lo studio imprime nella fronte dei sapienti. L'alchimia era l'antica arte che aveva legami con la magia e cercava di ottenere la trasformazione delle sostanze, e in particolare di trasformare gli altri metalli in oro.
9. **suprema Tuba:** l'ultima tromba, forse quella del Giudizio universale che annuncia la fine del mondo.
10. **l'Omega:** è l'ultima lettera dell'alfabeto greco, simbolo della fine di ogni cosa e, forse, della morte.
11. **Suoi Occhi:** gli occhi di Dio o, forse, della morte.

Analisi del testo

COMPRENSIONE

L'autore – fedele al principio delle «corrispondenze» espresso da Baudelaire – si propone di rivelare la misteriosa natura delle vocali. Prendendo spunto dalla loro forma e dal loro suono, accosta a ciascuna di esse un colore e una serie di immagini che, in modo del tutto soggettivo, si richiamano grazie al potere evocativo della parola poetica. **A ogni vocale è collegata una sensazione precisa**: la A rimanda alla ripugnanza e alla corruzione, la E alla purezza, la I alla passione e al peccato, la U alla tranquillità e la O alla fine di ogni cosa, alla divinità e alla morte.

ANALISI E INTERPRETAZIONE

La struttura La lirica, apparentemente costituita da un'anarchica successione di immagini slegate, ha in realtà una **precisa struttura**. Dopo i due versi iniziali, in cui Rimbaud esprime il suo proposito («vocali, / io dirò … i vostri ascosi nascimenti»), ogni gruppo di due o tre versi è dedicato alle immagini che nascono da ogni singola vocale. Rispetto all'ordine consueto, l'inversione (presente già al v. 1) tra la U e la O, permette al poeta di collocare quest'ultima vocale in posizione finale, dando vita a una struttura circolare del sonetto, chiuso tra l'*alpha* e l'*omega*, simboli rispettivamente dell'inizio e della fine di ogni cosa.

La prevalenza della forma Il componimento è apparentemente privo di un tema portante e risulta costruito – come gran parte della lirica simbolista – su una netta prevalenza della forma rispetto al significato. Tuttavia il vero nucleo tematico riguarda proprio la **funzione attribuita** da Rimbaud **al linguaggio poetico**, visto come uno strumento quasi magico in grado di rivelare il vero senso della realtà e dei suoi elementi. Addirittura, rinunciando alla tradizionale funzione di riprodurre la realtà, la parola poetica si assume qui il compito di **creare una realtà nuova**, rispondente alla sensibilità dell'artista.
Il testo ruota intorno alla serie di **sinestesie** che collegano al v. 1 una sequenza di dati uditivi (il suono delle vocali) e dati visivi (i colori). Di qui derivano le immagini poetiche attribuite a ogni vocale-colore, spesso basate su ardite analogie, semplicemente accostate l'una all'altra attraverso l'asindeto. Sul piano del ritmo, l'andamento rapido e incalzante delle quartine lascia il posto, nelle terzine, a strutture sintattiche più ampie e distese, accompagnate da un ritmo più cadenzato.

Lavoriamo sul testo

COMPRENSIONE

1 Quale scopo si propone l'autore con questa lirica, in apparenza tanto stravagante?
2 Sintetizza il contenuto della lirica in una tabella, indicando per ogni lettera il colore e le immagini che il poeta vi associa.
3 Per quale motivo vengono accostate immagini in apparenza antitetiche, come il «rigurgito di sangue» e le «labbra belle / che ridono» (vv. 7-8)? Quale sensazione vuole comunicare l'autore?

ANALISI E INTERPRETAZIONE

4 Individua tutte le sinestesie presenti nella lirica. Per quale motivo Rimbaud ricorre così frequentemente a questa figura retorica?
5 Nell'ambito di ogni singola vocale, le diverse immagini sono slegate tra loro o si collegano per analogia o espansione? Che legame c'è, in particolare, tra i «mari viridi» (v. 9), le «bestie al pascolo» (v. 10) e le rughe che solcano la fronte degli studiosi?
6 Anche nella traduzione italiana puoi notare che ricorrono molte figure di suono. Individua nel testo allitterazioni e consonanze e spiegane la funzione.

SCRITTURA E APPROFONDIMENTI

7 Prendendo spunto dai numeri, oppure dai giorni della settimana, prova a scrivere anche tu un testo simbolista, associando a ogni elemento colori, immagini e sensazioni soggettive.
8 Metti a confronto *Vocali* con *Corrispondenze* di Baudelaire (p. 311) ed evidenzia le principali analogie e differenze relative alla concezione poetica espressa dai due testi.

LABORATORIO DELLE COMPETENZE

- Lettura
- Comprensione
- Analisi
- Interpretazione
- Produzione scritta

Testo laboratorio
T9 Paul Verlaine
Piange dentro il mio cuore

Romanze senza parole

Inserita nella raccolta Romanze senza parole *(1874), la lirica esprime il languido e malinconico senso di abbandono tipico della poesia simbolista e decadente.*

Come accade nella poesia di Verlaine, il testo è ricco di richiami fonici che esaltano la musicalità e l'allusività delle parole.

Piange dentro il mio cuore
come piove sulla città.
Che cos'è questo languore
che penetrando mi sta?

5   O pioggia dolce rumore
a terra e sui tetti, o canto
della pioggia per un cuore
che così tanto si annoia!

Piange senza ragione
10   in questa nausea del cuore.
Che! qualche cosa va male?
È un lutto senza ragione.

Ed è la pena peggiore
il non sapere perché
15   senza né odio né amore
il cuore fa così male.

P. Verlaine, *Poesie*, cit.

330   Laboratorio delle competenze

COMPRENSIONE

1 A che cosa è paragonato dal poeta il pianto del suo cuore?

2 Da che cosa nasce la «nausea del cuore» di cui si parla al v. 10?

3 Perché alla fine il poeta dice che il suo cuore piange «senza né odio né amore»?

ANALISI E INTERPRETAZIONE

4 La lirica ruota intorno al pianto e al malessere esistenziale; individua tutti i termini che si riferiscono a questi due campi semantici.

5 Il testo è ricco di allitterazioni; individuale e spiega quale effetto stilistico generano.

6 Che cos'è il «languore» di cui Verlaine parla al v. 3?

▶ Oltre il testo   Confrontare e analizzare

- Metti a confronto il «languore» di questo componimento con lo *spleen* di Baudelaire (p. 313): come viene reso dai due poeti un sentimento per molti versi identico?

7 Quali aspetti del testo servono a esprimere la musicalità tipica della poesia di Verlaine?

▶ Oltre il testo   Confrontare e analizzare

- Rileggi *Arte poetica* di Verlaine (p. 321): ti sembra che i principi lì enunciati siano presenti in questo componimento? Rispondi in un testo scritto con precisi riferimenti ai due testi.

SCRITTURA E APPROFONDIMENTI

8 «Preoccupato soprattutto che nessuna incidenza venga a spezzare il legame musicale dei suoi incantesimi, Verlaine riduce quanto più gli è possibile la rima ad una semplice assonanza, la cui comparsa non provoca che una pausa quasi insensibile nella successione obbligatoria dei versi delle sue poesie» (A.M. Schmidt, *La letteratura simbolista*). Dopo aver letto il testo originale della poesia scrivi un breve testo a commento del passo riportato, sottolineando se sei d'accordo o meno con il giudizio espresso dal critico.

Il pleure dans mon coeur
Comme il pleut sur la ville;
Quelle est cette langueur
Qui pénètre mon coeur?

Ô bruit doux de la pluie
Par terre et sur les toits!
Pour un coeur qui s'ennuie,
Ô le chant de la pluie!

Il pleure sans raison
Dans ce coeur qui s'écoeure.
Quoi! nulle trahison?...
Ce deuil est sans raison.

C'est bien la pire peine
De ne savoir pourquoi
Sans amour et sans haine
Mon coeur a tant de peine!

Laboratorio delle competenze

LABORATORIO DELLE COMPETENZE

Guida alla verifica orale

DOMANDA N. 1 Quali sono gli elementi più innovativi dei *Fiori del male* di Charles Baudelaire?

LA RISPOSTA IN SINTESI

Nella sua raccolta, Baudelaire elabora una nuova poetica, fondata su una visione simbolica della realtà, che solo la parola poetica può svelare. Sul piano dei contenuti, egli esprime il disagio dell'artista e il senso di tedio suscitato dalla modernità, cui si contrappone la ricerca di una ideale bellezza, inseguita attraverso esperienze estreme.

LA RISPOSTA NEI TESTI

- **T1** La lirica esprime la visione della realtà come un tutto organico e animato, percorso da misteriose «corrispondenze» che la poesia ha il compito di rivelare.
- **T2** Baudelaire rappresenta in forme impressionistiche la sensazione di *spleen* e di angoscia che si impadronisce del suo animo.
- **T3** Attraverso l'immagine-simbolo dell'albatro, capace di volare in mezzo alle tempeste ma inadatto a stare sulla terra, l'autore esprime la condizione del poeta moderno.

DOMANDA N. 2 Quale visione dell'arte e della vita accomuna i poeti simbolisti?

LA RISPOSTA IN SINTESI

I "poeti maledetti" – Verlaine, Rimbaud e Mallarmé – sono accomunati da un'esistenza irrequieta e irregolare, polemicamente ostile alle convenzioni borghesi. Ammiratori di Baudelaire, ne riprendono la poetica, nella convinzione che la realtà si possa comprendere soltanto attraverso la sensibilità e l'intuizione. La loro poesia è quindi innovativa e suggestiva, ricca di analogie, metafore ardite e sinestesie, funzionali a trasmettere emozioni indefinite.

LA RISPOSTA NEI TESTI

- **T4** Il testo è un manifesto della poetica simbolista, in cui Verlaine sottolinea l'importanza di una poesia musicale ed evocativa, che rifiuta molti elementi formali della tradizione.
- **T8** La lirica è un esempio emblematico dell'uso esasperato di immagini analogiche, utilizzate allo scopo di rivelare il vero significato degli elementi della realtà.

DOMANDA N. 3 In che modo la figura del poeta inaugurata da Baudelaire e dai simbolisti si colloca nel contesto sociale e culturale dell'epoca?

LA RISPOSTA IN SINTESI

Baudelaire e i simbolisti sottolineano l'eccezionalità del poeta, contrapponendolo alla massa degli uomini privi di sensibilità e di intuizione creativa. Si configura così la rottura di quel legame fra il poeta e il pubblico che aveva caratterizzato la poesia romantica, e che i simbolisti accentuano con l'esaltazione di comportamenti irregolari e "maledetti" e con il rifiuto della morale borghese.

LA RISPOSTA NEI TESTI

- **T2** **T6** Il poeta simbolista si sente «escluso» dal mondo a lui contemporaneo perché non accetta le trionfalistiche asserzioni della scienza positivista: di fronte alla pace ottimistica della gente comune sceglie di cantare la noia e il disagio.
- **T4** Baudelaire vede l'uomo come un insieme di pulsioni profonde e inconoscibili, che non possono essere ingabbiate dalle regole della società borghese.
- **T2** **T5** **T8** Il poeta simbolista si ritiene l'unico interprete e messaggero di quella dimensione imperscrutabile del vivere che solo l'intuizione e l'estasi permettono di comprendere.

Il romanzo decadente

- **T1** J.-K. Huysmans, *La realtà artificiale di Des Esseintes* (*Controcorrente*)
- **T2** O. Wilde, *La bellezza come unico valore* (*Il ritratto di Dorian Gray*)
- **T3** A. Fogazzaro, *Marina all'Orrido* (*Malombra*)
- **T4** G. Deledda, *La malattia di Efix* (*Canne al vento*)

Laboratorio delle competenze

- **T5** TESTO LABORATORIO – J.-K. Huysmans, *Il pranzo a lutto* (*Controcorrente*)

Il romanzo decadente

Il Decadentismo
La trasgressione

Giovanni Boldini, *La tenda rossa*, 1904.

La letteratura del Decadentismo

Dalla narrativa realista al nuovo romanzo
Nell'ultimo ventennio dell'Ottocento la crisi del razionalismo positivista, il disagio legato all'affermarsi di una società sempre più dominata dal capitalismo e dalla logica del profitto e il mutamento del rapporto tra artista e società determinano radicali innovazioni in ambito culturale e letterario, che favoriscono il passaggio dal Naturalismo al Decadentismo. Nella narrativa il romanzo di impianto realistico viene gradualmente abbandonato, perché considerato insufficiente a esprimere le problematiche psicologiche dell'uomo contemporaneo. Al suo posto si affermano opere nuove, in cui alla rappresentazione oggettiva della realtà sociale si sostituisce l'attenzione sull'interiorità di singoli personaggi e l'analisi della loro psicologia complessa e tormentata. Dal rifiuto del pensiero positivista e dalla fiducia nella scienza ha così origine «un addentrarsi negli strati più profondi dell'irrazionale, un dare spazio alle pulsioni di distruzione e autodistruzione, evidenziando in termini sproporzionati e patologici erotismo, religiosità, aggressività, bisogni estetici. Si tratta di una crisi di valori ma anche e soprattutto di un diverso modo di collocarli, infrangendo in modo che intende essere definitivo le barriere tra le varie sfere dell'attività spirituale» (Anco Marzio Mutterle). Sulla scia del grande successo di opere come *Controcorrente* (1884) di Joris-Karl Huysmans e *Il ritratto di Dorian Gray* (1890) di Oscar Wilde, anche in Italia si afferma, tra il 1880 e il 1900, il romanzo decadente. Ma come accade per tutti i fenomeni letterari non si tratta di una svolta netta e radicale: basti pensare che nello stesso anno in cui D'Annunzio pubblica *Il piacere* (1889) vede la luce un capolavoro della narrativa verista come *Mastro-don Gesualdo* di Verga.

L'Estetismo Il romanzo decadente presenta alcune caratteristiche e tematiche ricorrenti, come la volontà di concentrare la narrazione sull'interiorità dei personaggi, o la scelta di protagonisti aristocratici, spesso preda di nevrosi che talora sconfinano nella follia, o la presenza di rapporti sentimentali perturbanti con donne fatali di intensa sensualità. Uno dei motivi comuni alla letteratura decadente di fine Ottocento è l'Estetismo, ossia l'esaltazione della bellezza come valore supremo della vita, svincolato dai principi della morale borghese. La celebrazione dell'arte come valore assoluto non è un semplice capriccio intellettuale, ma risponde alla perdita di centralità degli artisti in un'epoca dominata dalla produttività e dalle leggi del mercato: il letterato reagisce alla propria emarginazione rivendicando polemicamente l'importanza dei valori estetici di un'arte fine a se stessa, che la massa non può comprendere né apprezzare. I protagonisti dei romanzi di Huysmans, Wilde e D'Annunzio incarnano appunto la figura dell'esteta, del dandy raffinato e anticonformista che si isola dalla società per rifugiarsi in un solitario sogno di bellezza, lontano dalla volgarità e dalle ipocrite convenzioni del perbenismo borghese, circondato da oggetti preziosi e alla perenne ricerca di sensazioni languide e raffinate, secondo la precisa volontà di «fare la propria vita come si fa un'opera d'arte».

Dall'esteta all'inetto È significativo che la parabola esistenziale di questi personaggi si risolva in genere in una totale sconfitta, a conferma dell'impossibilità di risolvere la frattura che separa ormai l'artista dalla società. Già nelle pagine di Fogazzaro l'esteta lascia il posto all'«inetto», all'intellettuale tormentato e incapace di aderire alla vita. Quella "diversità" che era presentata come superiore privilegio dell'artista si trasforma così in una condanna pagata con l'alienazione e la solitudine.

334 Il romanzo decadente

⬤ Le caratteristiche formali del romanzo decadente

- La narrazione si concentra su un singolo personaggio.

- Lo spazio assume una valenza simbolica e diventa specchio degli stati d'animo del protagonista.

- Il tempo narrativo non è più lineare ma segue il fluire dei pensieri del protagonista.

- La vicenda è narrata dal punto di vista soggettivo del protagonista.

Le novità formali Il romanzo decadente presenta importanti novità anche dal punto di vista delle tecniche narrative. Con la maggiore importanza riservata all'analisi psicologica l'intreccio perde importanza, poiché la narrazione dei fatti è sostituita dalla registrazione di impressioni, moti interiori e stati d'animo spesso contraddittori. L'attenzione si concentra in genere su un **singolo personaggio**, la cui vita interiore viene analizzata senza tener conto del contesto sociale in cui questi agisce. Anche lo **spazio** in cui si svolge la vicenda assume spesso una **valenza simbolica**, diventando uno specchio dello stato d'animo del protagonista. Analogamente, **il tempo narrativo non procede in modo lineare**, ma segue il libero vagare dei pensieri del personaggio, e l'intera vicenda viene narrata secondo il **punto di vista soggettivo**

del protagonista, abbandonando l'uso del narratore onnisciente.

Sul piano stilistico, il romanzo decadente privilegia una **forma espressiva ricercata e letteraria**, finalizzata non più alla precisione dell'analisi sociale ma all'evocazione, in modi lirici e simbolici, del mistero che si cela oltre la realtà sensibile.

⬤ Sosta di verifica

1 In quale periodo e con quali autori si sviluppa in Italia e in Europa il romanzo decadente?

2 In che cosa consiste l'Estetismo?

3 Quali sono le principali novità del romanzo decadente?

La parola alla critica

Mario Morasso, *Perché nasce il Decadentismo?*

Il critico e giornalista Mario Morasso (1871-1938) ha indagato il fenomeno del Decadentismo fin dalla sua comparsa. In questo brano, tratto dal saggio *L'imperialismo artistico* (1903), egli individua la genesi del Decadentismo nell'insufficienza dell'approccio scientifico alla realtà che aveva fino ad allora caratterizzato la narrativa del Naturalismo. L'artista decadente vuole infatti scavare nel profondo della realtà per svelarne aspetti ancora non conosciuti, e per far questo si serve di ogni mezzo formale, anche il più eccentrico o artificioso.

E i poeti cercarono da prima realtà non ancora palesate[1] e nella realtà vollero penetrare più addentro, fino dove altri non si era ancora insinuato; affannosamente andarono in traccia di aspetti nuovi della natura, valendosi di ogni mezzo, della più strana ipotesi scientifica, della immagine più ardita per designare un men noto rapporto fra le cose, col proposito superbo di rivelar tutta la realtà, di palesar tutta la verità, di trarne in luce le profondità inesplorate, le sottigliezze impalpabili. Incitava sempre la speranza che dall'assiduo scrutare si potesse trarre l'appagamento dei nuovi desideri[2], si potesse finalmente rinvenire l'espressione artistica di quella tale realtà, diversa dalla solita, di cui ormai tutte le anime andavano in traccia dopo che se ne era sentita la misteriosa promessa. E la ricerca diventò una ossessione; ogni via battuta, ogni cosa nota furono lasciate in disparte, ancora si restava nel campo del reale, ma si voleva pervenire a quello cui niun[3] senso umano era giunto e solo quello si riteneva degno di comporsi nel verso[4]. E l'eccezione e la rarità divennero le mète unanimi.

M. Morasso, *L'imperialismo artistico*, Torino, Bocca, 1903

1. palesate: *manifestate, conosciute.*
2. nuovi desideri: cioè quelli di conoscere e descrivere le profondità dell'animo umano,

le realtà ulteriori che si nascondono dietro a quella visibile.
3. niun: *nessuno.*

4. degno ... verso: *degno di essere trattato dalla letteratura.*

La letteratura del Decadentismo · **335**

Alle origini: Joris-Karl Huysmans

Dal Naturalismo alla conversione Il romanzo che segna la nascita del Decadentismo in Francia è *Controcorrente*, pubblicato nel **1884** da **Joris-Karl Huysmans**. Nato a Parigi nel **1848** e rimasto orfano di padre da bambino, dopo aver compiuto studi irregolari Huysmans viene assunto a soli diciott'anni al Ministero degli Interni, dove lavorerà a lungo, conducendo un'esistenza grigia e ben lontana dal raffinato estetismo del protagonista del suo romanzo. Dopo aver conosciuto **Zola**, nel 1867 Huysmans entra nei circoli letterari parigini ed esordisce come narratore, con **romanzi naturalisti** come *Le sorelle Vatard* e *In famiglia*, ambientati nei quartieri popolari di Parigi. La pubblicazione di *Controcorrente* segna una frattura nell'opera e nella vita dell'autore, che si avvicina agli **artisti decadenti** e ai pittori impressionisti e simbolisti, ma anche a maghi e occultisti (come testimonia il romanzo esoterico *Là-bas* del 1891). Negli anni seguenti, dopo una profonda crisi spirituale, Huysmans approda alla **conversione al cattolicesimo**, che lo induce nel 1898 a entrare nell'abbazia benedettina di Ligugé. Gli ultimi romanzi (*In cammino*, *La cattedrale* e *L'oblato*, composti tra il 1895 e il 1903) sono di argomento religioso ed edificante. Tornato a Parigi, Huysmans muore nel **1907**.

***Controcorrente* e il mito dell'esteta** Protagonista di *Controcorrente* (*À rebours*, tradotto in italiano anche con il titolo di *A ritroso*) è il trentenne **Jean Des Esseintes**, ultimo discendente di una famiglia aristocratica decaduta. Disgustato dalla vita borghese e da un mondo dominato dal denaro, egli decide di autorecludersi in provincia, in una casa che trasforma in un vero e proprio "tempio" della bellezza. Circondato da oggetti, piante e profumi ricercati e da opere d'arte di estenuata raffinatezza, Des Esseintes conduce un'**esistenza consacrata al culto dei valori estetici**, in una scelta consapevolmente opposta («controcorrente», appunto) rispetto alla morale corrente. L'isolamento e l'artificiosità di questa vita accentuano però la sua **nevrosi**, tanto che il medico gli suggerisce, per ritrovare l'equilibrio, di tornare in società, accettando di reinserirsi in quella mediocre normalità da cui aveva tentato di sfuggire. Il finale non chiarisce la scelta del protagonista, ma si conclude con una sconsolata riflessione su un mondo vile e gretto, dominato dalla volgarità e dalla logica del profitto.

John Singer Sargent, *Nonchaloir (Riposo)*, 1911.

Considerato fin dal suo apparire l'atto di nascita dell'**Estetismo decadente** (*La parola all'autore*) il romanzo di Huysmans si incentra sul tentativo di un uomo eccentrico e fuori dagli schemi di sostituire alla meschinità della vita quotidiana i **valori del Bello e dell'Arte**. I capitoli del libro scandiscono le tappe di questa **ricerca di perfezione estetica** che si applica, di volta in volta, a diverse categorie di oggetti (pietre, fiori, mobili, essenze, libri antichi e dipinti), tutti rari, preziosi e bizzarri. Manca quindi nel romanzo una trama vera e propria, sostituita dalla **registrazione delle sensazioni e delle inquietudini del protagonista**. Sul piano formale la narrazione, condotta in terza persona, è svolta interamente in **prospettiva soggettiva**, in uno stile che alterna elaborate sequenze descrittive a brani introspettivi e a riflessioni di gusto quasi saggistico, in una parziale dissoluzione degli schemi del romanzo tradizionale.

Sosta di verifica

1 In quale ambito letterario esordisce Huysmans?
2 Spiega il significato del titolo del romanzo, *Controcorrente*.
3 In che senso Des Esseintes rappresenta il modello dell'esteta?

La parola all'autore

Controcorrente, un romanzo di "rottura"

Controcorrente (1884) di Joris-Karl Huysmans (1848-1907) è considerato il manifesto dell'Estetismo e, più in generale, l'opera che inaugura la narrativa "novecentesca", in cui l'attenzione dell'autore si concentra sull'interiorità del personaggio piuttosto che sul contesto storico e sociale in cui egli agisce. Nella seconda prefazione al romanzo, scritta nel 1904, Huysmans, che aveva esordito come scrittore naturalista, ricorda il disappunto e la delusione con cui Zola accolse *Controcorrente*.

Quel che in ogni caso è certo è che *À Rebours* rompeva con le opere precedenti. [...] Zola lo capì alla prima. Ricordo che, dopo la comparsa di *À Rebours* andai a passare qualche giorno a Médan[1]. Un pomeriggio si passeggiava insieme per la campagna quando lui si fermò netto, e, accigliandosi, mi rinfacciò il libro. Mi disse che esso assestava un tremendo colpo al Naturalismo; che tradivo con esso la scuola; che d'altronde con un simile romanzo mi sbarravo la strada perché nessuna letteratura era possibile in un genere che s'esauriva in un solo volume. E amichevolmente – perché era un gran bravo uomo – mi esortò a rientrare nella strada percorsa sin allora insieme, a sobbarcarmi ad uno studio di costumi.

Ascoltandolo pensavo ch'egli aveva ragione e torto al tempo stesso: ragione, quando m'accusava di scalzare il naturalismo e di chiudermi ogni via; torto, nel senso che il romanzo quale egli lo concepiva era, ai miei occhi, agonizzante, logorato dal suo ripetersi, privo per me, volesse o no, d'interesse. [...]

L'ambizione che mi spronava, soprattutto in quel tempo, era di sopprimere nel romanzo l'intreccio tradizionale, anzi addirittura la passione, la donna; di concentrare tutta la luce su un unico personaggio, di fare ad ogni costo del nuovo. A questi argomenti coi quali cercavo di convincerlo, Zola non rispondeva; testardo, egli ripeteva il suo assioma: "Non ammetto che si cambi di opinione e di metodo; non ammetto che si bruci ciò che prima si è adorato". [...]

È giocoforza confessarlo: nessuno capiva l'anima meno dei naturalisti che pure si arrogavano il compito di studiarla. Essi vedevano l'esistenza come qualche cosa di uniforme; non l'accettavano che quando apparisse in ogni suo elemento verosimile; mentre a me l'esperienza ha in seguito insegnato che non sempre l'inverosimile rappresenta nella vita l'eccezione. [...] Ma l'idea che Des Esseintes[2] potesse essere non meno reale dei suoi personaggi, sconcertava Zola, lo mandava quasi in bestia.

J.K. Huysmans, *Controcorrente*, trad. di C. Sbarbaro, Milano, Garzanti, 1975

---

1. Médan: nella villa di campagna di Zola si riunivano periodicamente gli scrittori naturalisti; questi incontri, ricordati da Zola come fonte di ispirazione e di stimoli creativi, presero il nome di "serate di Médan".

2. Des Esseintes: il protagonista del romanzo, un ricco eccentrico che conduce una vita stravagante e ama circondarsi di piaceri raffinati e bizzarri.

Alle origini: Joris-Karl Huysmans

T1 Joris-Karl Huysmans
La realtà artificiale di Des Esseintes

Controcorrente, cap. II

Il brano, tratto dal secondo capitolo del romanzo Controcorrente, *descrive la vita condotta da Des Esseintes dopo la sua scelta di vendere il castello di famiglia e lasciare Parigi per ritirarsi in una isolata casa della provincia parigina, a Fontenay-aux-Roses.*
Nella prima parte il narratore descrive con estrema cura l'eccentrica e ricercata sala da pranzo di Des Esseintes, realizzata a imitazione della cabina di una nave. Secondo il protagonista, infatti, attraverso l'artificio è possibile creare una sorta di realtà sostitutiva, ben più raffinata e appagante di quella naturale.

Dal romanzo *Controcorrente* puoi leggere anche *La Chimera e la Sfinge*

> L'eccentricità di Des Esseintes appare già dalla stravagante architettura della sua sala da pranzo.

Prendeva i suoi pasti[1] – che ad ogni inizio di stagione venivano fissati una volta per sempre in tutti i loro particolari – ad un tavolo al centro di una stanzetta, separata dallo studio da un corridoio imbottito, a chiusura ermetica, che non lasciava filtrare né rumori né odori in nessuno dei due ambienti cui serviva di passaggio.
5 Questa stanza da pranzo aveva l'aspetto d'una cabina di nave, col suo soffitto a volta munito di travi a semicerchio, con gli assiti[2] e il pavimento d'abete d'America, la finestrella che si apriva nel rivestimento di legno come un oblò in un sabordo[3]. A somiglianza di quelle scatole giapponesi che rientrano le une nelle altre, questa stanza era compresa in una più grande: la stanza da pranzo propriamente detta,
10 nel progetto dell'architetto. In questa, due finestre s'aprivano; una – ora invisibile – nascosta da un assito ribaltabile a volontà per dar aria all'una come all'altra stanza da pranzo; l'altra, visibile (trovandosi giusto in faccia all'oblò aperto nel legno), condannata[4]; infatti il grande *aquarium* occupava tutto lo spazio compreso tra questo oblò e la vera finestra aperta nel vero muro. La luce traversava
15 quindi, per arrivare alla cabina, la finestra – i cui vetri erano stati sostituiti da una grande specchiera –, l'acqua e finalmente il vetro fisso del sabordo.
D'autunno, quando il bricco del tè fumava sulla tavola, nel momento che il sole stava per sparire, l'acqua dell'acquario, lungo tutta la mattina vitrea[5] e torbida, s'arrossava e filtrava sulle bionde paratie[6] riflessi di brace.

> Tutta la ricerca estetica di Des Esseintes ha come obiettivo quello di ricreare una natura "artificiale", da poter godere senza bisogno di vivere in mezzo alla gente.

20 A volte, nel pomeriggio, se per caso era sveglio e in piedi, Des Esseintes faceva agire il congegno di condotti e tubi di scarico che svuotavano l'acquario e vi rinnovava l'acqua. Nell'acqua limpida faceva versare una, due gocce d'essenze colorate; si godeva così, senza scomodarsi, i toni verdi o salmastri, opalini[7] od argentati che assumono i fiumi in natura a seconda del colore del cielo, del sole più o
25 meno vivo, della minaccia di pioggia più o meno imminente; a seconda insomma della stagione e dello stato dell'aria.
S'immaginava allora d'essere su un brigantino[8], sottocoperta; e incuriosito osservava dei meravigliosi pesci meccanici, caricati come orologi, passare davanti al vetro del sabordo, impigliarsi in finte erbe; oppure, respirando l'odor di catrame
30 immesso nella stanza prima che lui entrasse, esaminava delle stampe a colori ap-

---

1. Prendeva ... pasti: il soggetto è Jean Des Esseintes, protagonista del romanzo.
2. assiti: assi di legno che formano le pareti della stanza.
3. sabordo: è il portello che si apre nella fiancata di una nave.
4. condannata: da cui cioè non può filtrare la luce.
5. vitrea: color del vetro.
6. paratie: le pareti che suddividono i locali della nave; sono dette «bionde» perché fatte di legno chiaro.
7. salmastri, opalini: del colore dell'acqua di mare o dell'opale, una pietra azzurrognola.
8. brigantino: piccolo veliero.

pese al muro, quali se ne vedono nelle agenzie dei piroscafi e dei Lloyd[9], rappresentanti dei vapori in rotta per Valparaiso o per la Plata[10] [...].

Quand'era stanco di questo passatempo, riposava gli occhi sui cronometri e le bussole, i sestanti[11] ed i compassi, i binocoli e le carte sparpagliate su un tavolo.

35 Sopra il tavolo, un solo libro, rilegato in pelle di foca: *Le avventure di Arthur Gordon Pym*[12], in esemplare stampato appositamente per lui, su carta vergata puro filo, scelta foglio per foglio, con un gabbiano in filigrana[13].

Né mancavano canne da pesca, reti scurite dalla concia[14], rotoli di vele rosse, una minuscola ancora di sughero, intonacata[15] di nero: il tutto gettato alla rinfusa pres-

40 so la porta che comunicava con la cucina per un corridoio, imbottito anche questo e che come l'altro smaltiva in sé odori e rumori.

Così, senza muoversi di dov'era, senza fare un passo, Des Esseintes compendiava[16] in un minuto, in meno ancora, le sensazioni che gli avrebbe dato un lungo viaggio di mare. Il piacere di spostarsi, questo piacere che non esiste insomma

45 che grazie al ricordo e quasi mai nel presente, nell'atto del viaggio, egli lo godeva in pieno, a suo agio, senza fatica, senza arrabattamenti[17], in quella cabina dal disordine voluto, dall'arredamento provvisorio, posticcio[18] quasi, che si accordava benissimo col poco tempo che vi restava, il tempo dei pasti; e che era invece in contrasto con lo studio: un ambiente, questo, definitivo, ordinato, stabile, forni-

50 to del necessario per viverci a lungo in pantofole.

> Des Esseintes rifiuta l'idea di muoversi e viaggiare in quanto si tratta di un'occupazione «plebea», ovvero alla portata di chiunque: si tratta, come è ovvio, di un atteggiamento snobistico ed elitario.

Muoversi gli pareva del resto inutile se la fantasia può, come stimava, facilmente supplire alla plebea realtà dei fatti.

A suo avviso, era possibile appagare i desideri ritenuti nella vita normale più difficili ad esaudire; e ciò grazie ad un piccolo sotterfugio: falsificando d'un niente

55 l'oggetto del desiderio.

Nei ristoranti rinomati per le loro cantine il buongustaio, ad esempio, non si estasia centellinandosi[19] vini di marca, ottenuti con vinelli qualunque trattati col procedimento di Pasteur[20]? Ora, questo vino sofisticato ha lo stesso aroma, lo stesso colore, la stessa fragranza dell'autentico; e di conseguenza il piacere che si prova

60 gustandolo, nulla ha da invidiare a quello che si proverebbe bevendo il vino ch'esso imita e che neanche a prezzo d'oro sarebbe possibile procurarsi.

Applichiamo questo capzioso scarto[21], questa sottile menzogna alle cose dell'intelletto. Nessun dubbio che si possa altrettanto facilmente godere chimeriche[22] gioie, simili in tutto alle vere. [...]

65 Tutto sta saper fare, saper concentrare l'attenzione su un unico punto; sapersi astrarre abbastanza da produrre l'allucinazione e da sostituire alla realtà reale la realtà fantasticata.

> Questa massima riassume la concezione estetica di Des Esseintes.

L'artificio del resto Des Esseintes lo considerava il segno distintivo del genio. Per dirla con le sue parole, la natura ha fatto il suo tempo: essa ha per sempre stanca-

---

9. Lloyd: famosa compagnia di assicurazione inglese, nata per assicurare le navi mercantili.

10. Valparaiso... la Plata: Valparaiso è il maggiore porto commerciale del Cile; la Plata è un porto argentino alla foce del fiume Rio della Plata.

11. sestanti: strumenti nautici.

12. Le avventure di Arthur Gordon Pym: è un romanzo fantastico di Edgar Allan Poe (1809-1849), il cui protagonista compie un avventuroso viaggio per mare.

13. filigrana: la filigrana è un disegno o una marca tipografica impressa all'interno della carta e visibile in trasparenza.

14. concia: procedimento con cui si trasformano le pelli animali in cuoio.

15. intonacata: *dipinta*.

16. compendiava: *riassumeva*.

17. arrabattamenti: *disagi, scomodità*.

18. posticcio: *finto, artefatto*.

19. centellinandosi: *bevendo lentamente a piccoli sorsi*.

20. procedimento di Pasteur: la pastorizzazione, metodo per conservare gli alimenti che prende nome dal suo inventore, il chimico Louis Pasteur (1822-1895).

21. capzioso scarto: *ingannevole differenza*.

22. chimeriche: *artificiali*; la chimera era un mostro mitologico con la testa di leone, il corpo di una capra e la coda di un drago.

Joris-Karl Huysmans

70   to con la stucchevole[23] monotonia dei suoi paesaggi e cieli la pazienza e l'aspettativa dei raffinati.
    A ben pensarci, che trivialità[24] d'operaia specializzata, la sua! d'operaia che non vede al di là di ciò che sa fare! che grettezza di piccola bottegaia, che tiene un solo articolo ad esclusione di tutti gli altri! Il suo, che monotono emporio[25] di alberi
75 e prati! che banale spaccio di mari e montagne!
    Non c'è d'altronde una sola delle sue trovate – e prendi pure la più sottile o la più imponente – che il genio dell'uomo non possa emulare; nessuna foresta di Fontainebleau, nessun chiaro di luna che scenari inondati da fasci di luce elettrica non creino; nessuna cascata che l'idraulica non sappia imitare da farla scambiare
80 per vera; nessuna roccia che la cartapesta non rifaccia; nessun fiore che un po' di cartavelina a colori e la delicatezza di certi taffettà[26] non imitino alla perfezione. Non c'è dubbio: questa sempiterna barbogia[27] ha ormai stancato la sempliciotta ammirazione dei veri artisti; e il tempo è venuto di soppiantarla, sin dove si potrà, con l'artificio.

J.K. Huysmans, *Controcorrente*, trad. di C. Sbarbaro, Milano, Rusconi, 1972

---

23. stucchevole: *fastidiosa.*
24. trivialità: *volgarità.*
25. emporio: *magazzino.*
26. taffettà: *tessuti leggeri di seta.*
27. sempiterna barbogia: *eterna vecchia noiosa;* la perifrasi indica la natura.

 ## Analisi guidata

Natura e artificio

Nel suo totale **disprezzo della meschinità della vita reale**, Des Esseintes vive in un assoluto isolamento, sostituendo «la plebea realtà dei fatti» con la «fantasia» e l'artificio. Nella sua dimora, ogni ambiente riproduce con maniacale precisione un aspetto della realtà, impreziosita e resa più varia da un gusto bizzarro e ricercato.
Il suo Estetismo decadente si fonda sul rovesciamento del rapporto tradizionale tra vita e arte, sostenendo la **superiorità dell'artificio e della finzione sulla monotona ripetitività della natura** («una piccola bottegaia, che tiene un solo articolo ad esclusione di tutti gli altri»). La sostituzione della realtà naturale con la realtà fantastica, tuttavia, è soltanto una sofisticata «allucinazione», frutto di un morboso compiacimento che finirà per spingere il protagonista fino alle soglie della follia.

Competenze di comprensione e analisi

- Da quali elementi del testo emerge la volontà del protagonista di allontanarsi dalla dimensione della realtà quotidiana?

- Nella descrizione della sala da pranzo, rintraccia i termini e le espressioni afferenti all'ambito semantico della finzione e dell'artificio.

- «L'artificio del resto Des Esseintes lo considerava il segno distintivo del genio» (r. 68): in che senso questa affermazione è una sorta di manifesto dell'Estetismo decadente?

- In che modo il protagonista etichetta la natura? Dopo aver individuato il passo, spiegane il significato.

Un romanzo senza trama

Nel brano risulta evidente la particolare tecnica narrativa adottata da Huysmans. In assenza di eventi esteriori, **l'intreccio tradizionale viene meno**, sostituito ora da **sequenze descrittive** minuziose e accurate – che assumono la forma del catalogo – ora da **parti riflessive**, in cui vengono riportati i pensieri del protagonista.
La narrazione, svolta in terza persona, rispecchia il **punto di vista esclusivo di Des Esseintes**, inducendo il lettore a identificarsi con le sue allucinate fantasie e con il suo mondo artefatto e maniacale, evocato dalle scelte espressive letterarie e ricercate.

Competenze di comprensione e analisi

- Il brano può essere suddiviso in due sequenze principali, una descrittiva e una riflessiva: individuale nel testo.
- La sala da pranzo di Des Esseintes è satura di oggetti e particolari: quali? Perché a tuo parere il narratore insiste su una descrizione tanto accurata?
- In quali punti del testo viene utilizzato il discorso indiretto libero? A che scopo?
- Nella critica verso la natura che conclude il brano è ravvisabile una presa di posizione polemica nei confronti del Naturalismo: in che senso?

In Inghilterra: Oscar Wilde

L'Estetismo in Inghilterra Alla fine del XIX secolo, la nuova cultura decadente affermatasi in Francia si sviluppa pienamente in Inghilterra, dove gli effetti dirompenti dell'industrializzazione acuiscono ancora di più il **divario tra intellettuale e società**. La polemica nei confronti dell'imperialismo coloniale e dell'ipocrita perbenismo dell'età vittoriana (corrispondente al lungo regno della regina Vittoria, in carica dal 1837 al 1901) si sviluppa inizialmente con il movimento artistico dei **Preraffaelliti** – a cui aderiscono il pittore Dante Gabriel Rossetti e il critico d'arte John Ruskin – e poi, in ambito letterario, con i romanzi di Robert Louis **Stevenson** (*Lo strano caso del dottor Jekyll e del signor Hyde*, 1886) e di Joseph **Conrad** (*Cuore di tenebra*, 1902).
Le teorie dell'**Estetismo**, inteso come **culto della bellezza e dell'arte**, vengono però anticipate da Walter **Pater** (1839-1894), sia a livello teorico – nei suoi *Studi sul Rinascimento* viene sostenuto per la prima volta il principio dell'«arte per l'arte» – sia nel romanzo *Mario l'Epicureo* (1885), ambientato nella Roma imperiale e incentrato sulle raffinate esperienze di un giovane esteta ascetico e solitario.

Il *dandy* Oscar Wilde L'Estetismo decadente trova la sua più compiuta espressione non solo nell'opera ma nella figura stessa di **Oscar Wilde**, che con i suoi **comportamenti provocatori ed eccentrici** costituisce l'incarnazione vivente del *dandy*, del raffinato artista che si oppone in modo polemico al grigiore delle convenzioni borghesi.
Oscar Wilde nasce a **Dublino** nel **1856** da una famiglia della ricca borghesia intellettuale. Dopo essersi laureato a pieni voti a Oxford, grazie al suo ingegno brillante si mette presto in luce sia come letterato (nel 1881 pubblica un volume di *Poesie*) sia nei salotti mondani, suscitando scandalo con il suo **anticonformismo**. Nel

Oscar Wilde fotografato da Napoleon Sarony nel 1882.

1882 si reca negli Stati Uniti, dove tiene un ciclo di conferenze sull'Estetismo. Tra il 1887 e il 1889 pubblica alcuni dei suoi migliori racconti, come *Il fantasma di Canterville* e *Il delitto di Lord Arthur Savile*. Il romanzo **Il ritratto di Dorian Gray** (1890) è salutato da uno straordinario successo di pubblico, incrementato dalle **polemiche sull'immoralità del protagonista**, un "alter ego" dell'autore. In seguito Wilde conquista anche il successo teatrale, con commedie come *Salomè* (1891) e *L'importanza di chiamarsi Ernesto* (1895). Nello stesso anno l'autore – che era sposato con Constance Lloyd e padre di due figli – intreccia una relazione omosessuale con il giovane e bellissimo Alfred Douglas. Imputato per sodomia (all'epoca l'omosessualità era un reato penale), viene condannato a due anni di **lavori forzati**. In carcere Wilde scrive il *De profundis*, una lunga lettera all'amante edita postuma, e *La ballata del carcere di Reading*. Uscito di prigione nel 1897, abbandonato da tutti e isolato dalla società, si reca in volontario esilio a **Parigi** dove, colpito da meningite, muore nel **1900**.

Il ritratto di Dorian Gray

Il romanzo più noto di Wilde – pubblicato su rivista nel 1890 e l'anno seguente in volume, in una versione molto ampliata – ha come protagonista il **giovane e avvenente Dorian Gray**, ritratto dall'amico **pittore Basil Hallward** in un dipinto straordinariamente fedele. Di fronte al quadro, Dorian esprime l'augurio di poter rimanere per sempre giovane e bello e che a invecchiare al suo posto sia il dipinto. Per una sorta di magia demoniaca il desiderio si realizza. Influenzato da **Lord Henry Wotton** e dalle sue spregiudicate teorie sul godere appieno i piaceri della giovinezza senza porsi scrupoli morali, Dorian inizia una **vita di eccessi e perver-**

sione. Seduce e abbandona la giovane attrice Sybil Vane, che si suicida, e uccide Basil Hallward, che lo ha rimproverato per la sua immoralità. Gli effetti di queste azioni non lasciano traccia sul volto di Dorian, ancora giovane e bello, ma si imprimono sul ritratto, sempre più orribile e deforme e ormai specchio segreto della coscienza del protagonista. Esasperato e oppresso dai rimorsi, un giorno **Dorian fa a pezzi la tela, uccidendo in realtà se stesso**.

Il finale rende esplicito il significato profondo dell'opera: **soltanto l'arte può sfidare il tempo** e trionfare sulle brutture della vita, mentre l'uomo è legato irrimediabilmente a un triste destino di decadimento.

Il legame tra arte e vita

Nel romanzo – in cui è evidente il debito verso l'opera di Huysmans – Wilde esprime i **principi fondamentali dell'Estetismo**: il desiderio di condurre un'esistenza eccezionale, dedita alla **ricerca della bellezza e del piacere**; il **rifiuto delle convenzioni sociali e del moralismo**; il valore dell'arte in quanto espressione della Bellezza e, soprattutto, il **legame indissolubile tra arte e vita**. Come in *Controcorrente*, tuttavia, il sogno del protagonista si risolve in una sconfitta: mentre l'arte può sottrarsi alle leggi della morale, vivendo solo in ragione della propria bellezza, per l'uomo è impossibile condurre un'esistenza fondata unicamente sulla ricerca della perfezione estetica.

Dal punto di vista narrativo, *Il ritratto di Dorian Gray* utilizza elementi tipici della **narrativa fantastica** per analizzare la complessa **psicologia del protagonista**. Tra i più importanti vi sono il **tema del "doppio"**, affrontato negli stessi anni anche da Stevenson (*Lo strano caso del dottor Jekyll e del signor Hyde*) e destinato a grande fortuna nella narrativa del Novecento, e il motivo del **patto con il diavolo** (Dorian riesce a ottenere l'eterna giovinezza perdendo la propria anima).

L'interesse psicologico determina, sul piano strutturale, l'adozione di un **narratore esterno**, che assume costantemente il **punto di vista soggettivo del protagonista**. Lo stile, raffinato e aulico, procede spesso per **aforismi e paradossi**, che hanno come obiettivo polemico i luoghi comuni della morale corrente.

◉ I principi dell'Estetismo

- "Arte per l'arte": l'arte è un valore assoluto libero dai vincoli della società e della morale.

- Desiderio di vivere una vita eccezionale, dedita alla ricerca del bello e del piacere (*dandy*).

- Culto della bellezza.

- Atteggiamento snobistico ed elitario verso la massa delle persone comuni.

- Legame indissolubile tra arte e vita: la vita va vissuta come se fosse un'opera d'arte.

◎ Sosta di verifica

1 Quali scelte di vita portarono Oscar Wilde a scontrarsi con la società del suo tempo?

2 A quale genere letterario appartiene *Il ritratto di Dorian Gray*?

3 Per quale motivo i protagonisti dei romanzi di Huysmans e di Wilde sono destinati alla sconfitta?

Il libro del mese
Gli indifferenti

AUTORE Alberto Moravia
ANNO DI PUBBLICAZIONE 1929
CASA EDITRICE Bompiani

TRE BUONI MOTIVI PER LEGGERLO

1. È uno dei migliori romanzi della narrativa italiana del Novecento.
2. Contiene una critica spietata dell'ipocrisia della borghesia italiana dell'epoca fascista.
3. Mette a nudo l'apatia e il vuoto esistenziale che spesso caratterizzano gli anni della giovinezza.

L'AUTORE E IL ROMANZO Romanziere, giornalista, saggista, Alberto Moravia (1907-1990) è uno degli autori più influenti del Novecento italiano, autore di capolavori come *Gli indifferenti* (1929), *Agostino* (1944), *La ciociara* (1957), *La noia* (1960). Fin dai suoi esordi Moravia si è distinto come un attento osservatore della società e nella sua produzione ha proposto un'impietosa indagine dei rapporti umani e sociali del nostro tempo.
Tutti questi temi sono già presenti nel romanzo d'esordio, *Gli indifferenti*, a cui lo scrittore lavorò mentre si trovava in un sanatorio per curare una grave malattia delle ossa. Bersaglio della sua analisi è la ricca borghesia romana degli anni Venti, che dietro una facciata rispettabile rivela un vuoto di valori e ideali che è all'origine dell'affermazione del fascismo.

L'INCIPIT Entrò Carla; aveva indossato un vestitino di lanetta marrone con la gonna così corta, che bastò quel movimento di chiudere l'uscio per fargliela salire di un buon palmo sopra le pieghe lente che le facevano le calze intorno alle gambe; ma ella non se ne accorse e si avanzò con precauzione guardando misteriosamente davanti a sé, dinoccolata e malsicura; una sola lampada era accesa e illuminava le ginocchia di Leo seduto sul divano; un'oscurità grigia avvolgeva il resto del salotto.
«Mamma sta vestendosi», ella disse avvicinandosi «e verrà giù tra poco».
«L'aspetteremo insieme», disse l'uomo curvandosi in avanti; «vieni qui Carla, mettiti qui».
Ma Carla non accettò questa offerta; in piedi presso il tavolino della lampada, cogli occhi rivolti verso quel cerchio di luce del paralume nel quale i gingilli e gli altri oggetti, a differenza dei loro compagni morti e inconsistenti sparsi nell'ombra del salotto, rivelavano tutti i loro colori e la loro solidità.

LA TRAMA I fratelli Michele e Carla Ardengo abitano insieme alla madre Mariagrazia in una bella villa nel centro di Roma. I due ragazzi, entrambi ventenni, trascorrono una vita noiosa e abitudinaria, priva di veri sentimenti e passioni. Quando Michele viene a sapere che Leo Merumeci, uomo d'affari senza scrupoli e amante di Mariagrazia, ha intenzione di sedurre la sorella, lo affronta per vendicarsi ma la sua "inettitudine" gli impedirà di portare a termine il suo proposito. Nel frattempo Carla decide di cedere alle lusinghe di Leo, non per amore ma soltanto per vincere la noia e l'indifferenza della sua quotidianità.

TRE PISTE DI LETTURA

1. Ti sembra che i sentimenti dei due giovani protagonisti del libro siano ancora oggi attuali tra i giovani? Rispondi in un testo scritto sulla base delle tue conoscenze personali.
2. *Gli indifferenti* è considerato un romanzo psicologico; rintraccia nel testo gli aspetti caratteristici di questo genere e spiega se sei d'accordo o meno con questa definizione.
3. Il romanzo fu concepito da Moravia come la trasposizione romanzesca di una tragedia e di questo genere conserva alcuni tratti specifici, come la predominanza di scene ambientate in interno. Ti sembra che i protagonisti del libro possono essere considerati a tutti gli effetti soggetti tragici?

Il libro del mese 343

T2 Oscar Wilde
La bellezza come unico valore

Il ritratto di Dorian Gray, cap. II

Dal *Ritratto di Dorian Gray* puoi leggere anche *Dorian Gray e Des Esseintes*

Nel secondo capitolo del romanzo Dorian Gray si trova nello studio dell'amico pittore Basil Hallward, quando compare l'aristocratico Lord Henry. Inutilmente Basil invita quest'ultimo a non esercitare sul giovane la sua nefasta influenza.
Il cinico dandy esorta il protagonista a vivere intensamente la propria giovinezza, seducendolo con la prospettiva di una vita fondata sull'edonismo, sul godimento dei sensi e sul culto della bellezza e della giovinezza come valori supremi. Le sue parole turbano profondamente Dorian, che perderà ben presto la sua serena innocenza.

Entrando, videro Dorian Gray. Stava seduto di spalle al pianoforte e sfogliava uno spartito delle *Scene del bosco* di Schumann[1]. «Me le devi prestare, Basil», esclamò, «voglio studiarle. Sono assolutamente stupende.»
«Dipende da come poserai[2] oggi, Dorian.»
5 «Oh, sono stanco di posare, e non voglio un mio ritratto a grandezza naturale», rispose il ragazzo, girandosi sullo sgabello, con tono caparbio e petulante. Quando si accorse di Lord Henry, un leggero rossore gli coprì le guance per un istante e si alzò in piedi. «Ti chiedo scusa, Basil, ma non sapevo che avessi un ospite.»
«Ti presento Lord Henry Wotton, Dorian, un mio vecchio amico di Oxford. Gli
10 stavo giusto dicendo che sei un ottimo modello, e adesso hai rovinato tutto.»
«Ma non ha rovinato il mio piacere d'incontrarla, signor Gray», disse Lord Henry, facendosi avanti e tendendogli la mano. «Mia zia mi ha parlato spesso di lei. È uno dei suoi favoriti e, temo, una delle sue vittime.»
«In questo momento sono nel libro nero di Lady Agatha», rispose Dorian con una
15 divertente aria afflitta. «Avevo promesso di accompagnarla in un club di Whitechapel[3] martedì scorso, e me ne sono completamente dimenticato. Dovevamo suonare un pezzo a quattro mani... tre pezzi, mi sembra. Chissà cosa pensa di me. Non ho il coraggio di andarla a trovare.»
«Oh, le farò far pace con mia zia. Le vuole molto bene. E poi non credo che la
20 sua assenza abbia avuto molta importanza. Il pubblico avrà pensato che era un quattro mani. Quando zia Agatha si siede al piano fa abbastanza rumore per due.»
«È davvero ingiusto verso di lei e poco gentile verso di me», rispose Dorian ridendo. Lord Henry lo guardò. Sì, era veramente bello, con quelle labbra rosse dalla forma elegante, quei limpidi occhi azzurri, quei capelli biondi e ricci. C'era qualcosa
25 nella sua faccia che ispirava una immediata fiducia. C'erano tutto il candore e la purezza appassionata della giovinezza. Si sentiva che non si era lasciato corrompere dal mondo. Nessuna meraviglia che Basil Hallward lo adorasse.
«Lei è troppo affascinante per darsi alla filantropia[4], signor Gray, davvero troppo.»
E Lord Henry si lasciò cadere sul divano e aprì il portasigarette.
30 Il pittore era affaccendato a mescolare i colori e a preparare i pennelli. Aveva l'aria

> La bellezza innocente e giovanile di Dorian Gray diventa il simbolo della bellezza artistica incontaminata dai legami con la società e con la morale.

---

1. Schumann: il celebre compositore e pianista tedesco Robert Schumann (1810-1856).
2. Dipende ... oggi: Basil Hallward ha iniziato a ritrarre Dorian Gray e sta procedendo nella realizzazione del dipinto.
3. Whitechapel: quartiere dell'East End londinese, famoso per la vita notturna e in cui, alla fine dell'Ottocento, si verificarono i delitti attribuiti a Jack lo Squartatore.
4. filantropia: alla lettera significa "amore per il prossimo", ma qui il termine è usato ironicamente per indicare l'atteggiamento benevolo di Dorian Gray nei confronti dell'anziana zia Agatha.

preoccupata, e quando sentì le ultime parole di Lord Henry gli lanciò un'occhiata, esitò un attimo, e poi disse: «Harry, vorrei finire questo quadro oggi stesso. Te la prendi molto se ti chiedo di andartene?»

Lord Henry sorrise e guardò Dorian Gray. «Vuole che me ne vada, signor Gray?» domandò.

«Oh no, la prego, Lord Henry. Basil ha uno dei suoi attacchi di malumore; e quando è così non lo sopporto. Inoltre voglio che mi dica perché non dovrei dedicarmi alla filantropia.»

«Non so se glielo dirò, signor Gray. È un argomento così noioso che richiederebbe un discorso serio. Ma di sicuro non me ne vado, ora che mi ha chiesto di rimanere. A te non importa, vero, Basil? Mi hai detto tante volte che ti faceva piacere che i tuoi modelli avessero qualcuno con cui chiacchierare.»

> Viene qui rapidamente delineato l'atteggiamento eccentrico del vero *dandy*.

Hallward si morse le labbra. «Se Dorian lo desidera, rimani pure. I capricci di Dorian sono legge per tutti, tranne che per lui.»

Lord Henry prese guanti e cappello. «Apprezzo la tua insistenza, Basil, ma devo andare. Ho promesso di vedere una persona all'Orleans. Arrivederci, signor Gray. Venga a trovarmi un pomeriggio in Curzon Street. Sono quasi sempre a casa verso le cinque. Ma mi avverta prima di venire: mi dispiacerebbe non esserci.»

«Basil», esclamò Dorian Gray, «se Lord Henry Wotton se ne va, me ne vado anch'io. Tu non apri mai bocca mentre dipingi, e non immagini com'è noioso stare in piedi su una pedana cercando di avere una espressione amabile. Chiedigli di rimanere. Insisto.»

«Rimani, Harry, per far piacere a Dorian e a me», disse Hallward senza levare gli occhi dal suo quadro. «È proprio vero, quando lavoro non parlo mai e non sto ad ascoltare. Per quei poveretti che posano per me deve essere una noia mortale. Ti prego di rimanere.»

«E il mio appuntamento all'Orleans?»

Il pittore scoppiò a ridere. «Non credo che sia un problema. Torna a sederti, Harry. E tu, Dorian, adesso sali sulla pedana, non muoverti troppo e non fare caso a quello che dice Lord Henry. Ha una pessima influenza su tutti i suoi amici, tranne me.»

Dorian Gray salì sulla pedana con l'aria di un giovane martire greco, e fece una piccola *moue*[5] di disappunto a Lord Henry che aveva preso in simpatia. Era così diverso da Basil. Facevano un bel contrasto. E aveva una voce splendida. Dopo qualche istante gli disse: «Lei ha davvero un'influenza così cattiva, Lord Henry, come dice Basil?»

«Non esistono buone influenze, Gray. Le influenze sono tutte immorali... da un punto di vista scientifico.»

«Perché?»

> Uno dei principi dell'Estetismo è appunto quello di realizzare pienamente le proprie aspirazioni artistiche.

«Perché influenzare qualcuno significa dargli la propria anima. Non pensa pensieri suoi e non brucia delle sue passioni. Le sue virtù non sono reali. I suoi peccati, ammesso che i peccati esistano, sono presi a prestito. Diventa l'eco della musica di un altro, l'attore di una parte non scritta per lui. Lo scopo della vita è lo sviluppo del proprio io. Realizzare perfettamente la nostra natura: ecco perché ognuno di noi è qui. Al giorno d'oggi gli uomini hanno paura di se stessi. Hanno dimenticato il più nobile di tutti i doveri, il dovere che ognuno ha verso di sé. Naturalmente sono caritatevoli. Danno da mangiare agli affamati e vestono gli ignudi. Ma la loro anima è affamata e ignuda. La nostra razza non ha più coraggio. Forse

---

5. *moue*: smorfia, in francese.

Oscar Wilde · **345**

80 non l'ha mai avuto veramente. Il terrore della società, che è la base della morale, e il terrore di Dio, che è il segreto della religione; sono queste le due cose che ci governano. Eppure...»

«Gira la testa un po' più a destra, Dorian, da bravo», disse il pittore, che assorto nel suo lavoro si era accorto solo che sul volto del giovane era apparsa un'espressione che non aveva mai visto prima.

[...]

85 Dorian Gray aggrottò le sopracciglia e distolse il viso: non poteva fare a meno di subire il fascino del giovane alto e aggraziato che gli stava accanto[6]. Lo interessavano il suo romantico viso olivastro e l'espressione esausta. La sua voce bassa e languida aveva qualcosa di assolutamente affascinante. Anche le mani, bianche e fresche come fiori, possedevano uno strano fascino: quando Lord Henry par-

90 lava, si muovevano come una musica e parevano esprimersi in una loro lingua. Ma Dorian aveva paura di lui e si vergognava di aver paura. Perché era stato uno sconosciuto a rivelarlo a se stesso? Conosceva da mesi Basil Hallward, ma l'amicizia che c'era tra loro non lo aveva mai turbato. Improvvisamente, nella sua vita era apparso qualcuno che pareva avergli rivelato i misteri della vita. E, comun-

95 que, di che cosa doveva aver paura? Non era né uno scolaretto né una ragazzina. La sua paura era assurda.

«Andiamo a sederci all'ombra», disse Lord Henry. «Parker[7] ha portato fuori le bibite e se lei rimane ancora sotto questo riverbero si sciuperà e Basil non le farà più ritratti. Davvero, non deve lasciare che il sole l'abbronzi. Non le si addice.»

100 «Che importanza ha?» esclamò Dorian Gray ridendo, mentre sedeva sulla panchina in fondo al giardino.

«Per lei dovrebbe significare tutto, signor Gray.»

«Perché?»

«Perché lei ha una giovinezza meravigliosa e la giovinezza è l'unica cosa che va-

105 le la pena di avere.»

«Non mi sembra, Lord Henry.»

«No, non le sembra adesso. Un giorno, quando sarà vecchio, rugoso, brutto, quando il pensiero avrà segnato di rughe la sua fronte e quando la passione avrà marcato le sue labbra del suo orrendo fuoco, le sembrerà, le sembrerà terribilmente. Ora,

110 dovunque vada, lei affascina il mondo. Sarà sempre così?... Ha un viso meraviglioso, signor Gray. Non si accigli: lo ha. E la bellezza è una manifestazione del genio. In realtà è più elevata del genio, perché non ha bisogno di spiegazioni. È una delle grandi cose del mondo, come la luce del sole o la primavera, o come il riflesso nell'acqua cupa di quella conchiglia argentea che chiamiamo luna. Non può venire

115 contestata. Regna per diritto divino e rende principi coloro che la possiedono. Lei sorride? Ah! quando l'avrà perduta non sorriderà più... a volte la gente dice che la bellezza è solo superficiale. Può darsi. Ma perlomeno non è superficiale quanto il pensiero. Per me, la bellezza è la meraviglia delle meraviglie. Solo la gente mediocre non giudica dalle apparenze. Il vero mistero del mondo è ciò che si vede, non

120 l'invisibile... Sì, signor Gray, gli dei le sono stati propizi. Ma ciò che gli dei danno, lo tolgono in fretta. Lei ha solo pochi anni da vivere realmente, perfettamente e pienamente. Quando la sua giovinezza se ne sarà andata, la sua bellezza la seguirà e allora improvvisamente si renderà conto che non ci saranno più trionfi per lei, oppure dovrà accontentarsi di quei mediocri trionfi che il ricordo del passato ren-

---

Per l'Estetismo la bellezza è il valore che supera tutti gli altri e, per un artista, è la più alta manifestazione del suo spirito e del suo genio.

Viene riaffermato ancora una volta il culto della bellezza come valore unico e assoluto.

---

6. giovane ... accanto: si tratta di Lord Henry.   **7. Parker:** è il maggiordomo di Basil Hallward.

346   Il romanzo decadente

125 derà amari più di sconfitte. Ogni mese che passa la avvicina a qualcosa di tremendo. Il tempo è geloso di lei e combatte contro i suoi gigli e le sue rose[8]. Il suo colorito si spegnerà, le guance si incaveranno, gli occhi perderanno luminosità. Soffrirà, orrendamente... Ah! approfitti della giovinezza finché la possiede. Non sprechi l'oro dei suoi giorni ascoltando gente noiosa, cercando di migliorare un fallimento
130 senza speranza o gettando la sua vita agli ignoranti, alla gente mediocre, ai malvagi. Questi sono gli obiettivi malsani, i falsi ideali della nostra società. Deve vivere! Vivere la vita meravigliosa che è in lei! Non lasci perdere nulla! Cerchi sempre sensazioni nuove. Non abbia paura di nulla... Un nuovo edonismo[9]... ecco che cosa vuole il nostro secolo. Lei potrebbe esserne il simbolo palese. Con la sua persona-
135 lità non c'è nulla che lei non possa fare. Il mondo le appartiene per una stagione... Quando l'ho conosciuta ho capito che lei non si rende conto di chi in realtà è, o di chi in realtà potrebbe essere. Così tante cose mi hanno affascinato in lei, che ho sentito di doverle comunicare qualcosa sul suo conto. Ho pensato quale tragedia sarebbe se lei sprecasse la sua vita. Perché la sua giovinezza sarà così breve... così
140 breve. I semplici fiori di campo appassiscono, ma ritornano a fiorire. Il prossimo giugno l'avorio sarà giallo come ora. Tra un mese questa clematide[10] sarà ricoperta di stelle purpuree e un anno dopo l'altro la verde notte delle sue foglie racchiuderà altre stelle purpuree. Ma la nostra giovinezza, non ritorna mai, i palpiti di gioia che battono dentro di noi a vent'anni si fanno confusi, le nostre membra si inde-
145 boliscono, i sensi si corrompono. Degeneriamo in ripugnanti fantocci, nell'ossessione del ricordo di passioni che abbiamo troppo temuto e di squisite tentazioni cui non abbiamo avuto il coraggio di abbandonarci. Giovinezza! Giovinezza! Non c'è assolutamente nulla al mondo, fuorché la giovinezza!»
Dorian Gray lo ascoltava meravigliato, a occhi spalancati. Dalle sue mani il ramo
150 di lillà cadde sulla ghiaia; giunse un'ape vellutata, ronzò per un attimo intorno al grappolo, poi cominciò ad arrampicarsi sul globo ovale, stellato di piccoli fiori. La osservò con quello strano interesse per le cose prive di importanza che cerchiamo di sviluppare quando le cose importanti ci fanno paura, quando ci agita un'emozione nuova che non sappiamo esprimere, o quando un pensiero terroriz-
155 zante d'improvviso ci assedia la mente chiedendo la nostra resa. Dopo un poco l'ape volò via. La vide infilarsi nella tromba screziata di un convolvolo di Tiro[11]. Il fiore parve rabbrividire, poi prese a oscillare dolcemente.

O. Wilde, *Il ritratto di Dorian Gray*, trad. di M. Amante, Milano, Garzanti, 1991

8. combatte ... rose: perché contribuisce a spegnere la freschezza del suo viso bianco e roseo.

9. edonismo: dottrina filosofica che individua nel piacere il fine ultimo dell'uomo.
10. clematide: pianta rampicante caratte-

rizzata dai ricchi fiori colorati.
11. convolvolo di Tiro: pianta rampicante, con fiori grandi a forma di campanula.

● Analisi guidata

«Un nuovo edonismo»

Lord Henry è il **personaggio-portavoce delle teorie dell'autore**. Egli esalta la bellezza come «una manifestazione del genio» e invita il protagonista a godere dei piaceri dei sensi, approfittando della sua «giovinezza meravigliosa» prima che il tempo la faccia sfiorire. Nelle sue parole, i **principi dell'Esteti-smo** si fondono con la ripresa del motivo di derivazione classica del *carpe diem*, ossia con l'esortazione edonistica a vivere appieno il presente, nella consapevolezza dell'incombere della vecchiaia e della morte. Tipicamente decadente è però la **sensibilità languida ed estenuata** che emana dalla figura di Lord Henry e che si riflette anche nella natura circostante.

Oscar Wilde

Competenze di comprensione e analisi

- Nel brano si fronteggiano tre personaggi: fai una descrizione di ciascuno e spiega i rapporti e i sentimenti che li legano gli uni agli altri.

- Riassumi il discorso di Lord Henry, evidenziando i punti centrali della sua argomentazione.

- In quali punti del testo è evidente l'esortazione a godere della giovinezza prima che sia sfiorita?

- Che cosa intende Lord Henry affermando che Dorian potrebbe essere il simbolo vivente del «nuovo edonismo» (r. 133) cui la sua epoca aspira?

La seduzione ambigua della bellezza

Lord Henry si propone come una sorta di **moderno Mefistofele**, un demone tentatore che, approfittando del proprio ambiguo fascino («l'espressione esausta», «la sua voce bassa e languida», le mani che si muovono «come una musica»), insidia l'ingenuità del protagonista, facendogli prendere coscienza delle sue **pulsioni inconsce** e delle sue potenzialità. Superati i timori iniziali Dorian, che ha vissuto finora in una sorta di quieta inconsapevolezza, sceglierà di infrangere la morale corrente e di dedicare la sua vita al **culto della bellezza e del piacere**, finendo con il perdersi.

Competenze di comprensione e analisi

- Sulla base degli elementi presenti nel brano, traccia un ritratto fisico e psicologico di Lord Henry.

- Su quali basi è possibile affermare che Lord Henry costituisce in certa misura un "alter ego" di Wildé stesso?

- Quali sono le reazioni di Dorian alle parole di Lord Henry? Per quale motivo egli è al tempo stesso affascinato e impaurito dalle sue parole?

Uno stile evocativo

Nel dialogo – che si risolve in una sorta di monologo di Lord Henry – le scelte stilistiche si adeguano ai contenuti estetizzanti. Il **linguaggio** è **letterario e ricercato**, sia nel lessico sia sul piano retorico, con frequenti e suggestive **metafore** riferite soprattutto al paesaggio naturale (la luna è una «conchiglia argentea», il lillà è «stellato di piccoli fiori»).
Frequente è anche il ricorso a espressioni sintetiche e ad **aforismi apparentemente paradossali**, con cui l'autore esprime il voluto rovesciamento dei luoghi comuni della morale corrente («Solo la gente mediocre non giudica dalle apparenze»).

Competenze di comprensione e analisi

- Individua nel brano i termini e le espressioni che più contribuiscono a creare un'atmosfera di languido sfinimento, tipicamente decadente.

- Nel riferire i pensieri di Dorian, il narratore ricorre in parte al discorso indiretto libero. In quali punti del testo? Quale effetto intende creare?

- Il discorso di Lord Henry diviene a tratti enfatico e incalzante. In quali punti del testo ciò è più evidente?

348 Il romanzo decadente

Il romanzo decadente in Italia: Fogazzaro e Deledda

La narrativa decadente in Italia Una parziale anticipazione del gusto decadente e della sua sensibilità turbata e inquieta si ritrova in alcuni romanzi della **Scapigliatura**, come *Fosca* (1869) di Igino Ugo Tarchetti, incentrato sulla passione morbosa del protagonista per una donna malata e nevrotica. Ma l'esempio migliore di romanzo decadente è **Il piacere** (1889) di Gabriele **D'Annunzio**, il cui protagonista, il raffinato *dandy* Andrea Sperelli, incarna i principi dell'**Estetismo** e, sul modello di *Controcorrente* di Huysmans, esalta il vano tentativo del protagonista di «fare la propria vita come si fa un'opera d'arte», inseguendo un ideale di aristocratica bellezza. Nella narrativa italiana del secondo Ottocento, dominata da un lato dal tardo Romanticismo patetico e sentimentale, dall'altro, dall'opera di Verga e degli scrittori regionalisti, non mancano però autori, come Antonio **Fogazzaro** e Grazia **Deledda**, che riprendono suggestioni decadenti, favorendo quel rinnovamento degli schemi narrativi tradizionali che porterà nel primo Novecento alla fioritura del nuovo romanzo psicologico di Pirandello e Svevo.

Antonio Fogazzaro Antonio **Fogazzaro** nasce a Vicenza nel **1842**, da una famiglia della ricca borghesia cattolica e patriottica. Dopo gli studi di legge si trasferisce a **Milano**, dove esercita l'avvocatura, avvicinandosi però anche agli ambienti della Scapigliatura. Tornato a Vicenza sceglie di dedicarsi alla letteratura, ma il primo successo giunge solo nel **1881** con il romanzo *Malombra*, seguito da *Piccolo mondo antico* (1895), ambientato nel periodo risorgimentale e incentrato sulle tormentate vicende di una coppia di sposi, divisa tra la spiritualità idealista dell'uomo e l'energico vitalismo della protagonista femminile. Tornato alla religione cattolica dopo un periodo di crisi, Fogazzaro si avvicina al movimento del "**modernismo**", impegnandosi nel tentativo di conciliare la posizione della Chiesa con la cultura moderna e con le teorie scientifiche del darwinismo.
Le tematiche religiose sono al centro dei romanzi *Piccolo mondo moderno* (1901) e *Il Santo* (1905), che però viene messo all'Indice da papa Pio X per le posizioni troppo avanzate sostenute dall'autore. Fogazzaro muore nel **1911**, poco dopo aver composto il romanzo *Leila* (1910).

Federico Zandomeneghi, *La conversazione*, 1895.

I romanzi di Fogazzaro – accolti all'epoca da un grande successo di pubblico ma oggi in parte ridimensionati dalla critica – delineano un cammino artistico per certi aspetti esemplare, che risente delle **diverse tendenze culturali** operanti in Italia nell'ultimo quarto dell'Ottocento: dal Positivismo alla Scapigliatura, dalle **suggestioni decadenti** allo **spiritualismo cattolico**. Rifiutando fin dagli esordi il romanzo di impianto realistico, Fogazzaro riprende già in *Malombra* alcuni elementi tipici del **gusto romantico e scapigliato** (la follia, il mistero, la suggestione del paesaggio), manifestando però un interesse nuovo e moderno per l'**analisi psicologica dei personaggi** e delle loro inquietudini. *Piccolo mondo antico* si riallaccia invece alla tradizione del romanzo storico e cristiano di derivazione manzoniana, ma è soprattutto nelle ultime opere che Fogazzaro manifesta una **scrittura** marcatamente **simbolica**, in cui l'impegno ideologico è bilanciato dalle suggestioni decadenti.

Malombra L'interesse per i misteri della psiche e per l'intreccio un po' morboso di **spiritualismo e sensualità** fanno di *Malombra* il primo romanzo 'decadente' della letteratura italiana. L'opera narra la vicenda di Marina di Malombra, un'orfana cresciuta dallo zio Corrado in una vecchia villa sul lago. Quando ritrova le lettere di Cecilia, una sua antenata che era stata rinchiusa a vita dal marito per espiare un tradimento, Marina si convince di essere la reincarnazione della donna. Nello zio Corrado rivive ai suoi occhi il crudele marito di Cecilia, mentre in Corrado Silla, un giovane scrittore con cui intreccia una storia d'amore, essa vede la reincarnazione dell'amante della propria antenata. In un'**atmosfera allucinata**, mentre Corrado cerca di sfuggire alla passione morbosa di Cecilia rivolgendo il suo amore a Edith, una giovane pura e ingenua, la situazione precipita: Marina seduce Corrado e lo uccide, prima di gettarsi a sua volta nelle acque del lago.

Al di là del **dramma di amore e morte di gusto tardoromantico**, la modernità di *Malombra* è data dalla suggestiva compenetrazione tra una **dimensione simbolica e spirituale** e la realtà oggettiva in cui è ambientata la vicenda, e nell'attenzione all'**interiorità dei personaggi**, creature eccezionali dalla **sensibilità torbida ed esasperata**. **Marina** rappresenta l'incarnazione della *femme fatale*, la donna diabolica e tentatrice – cui si contrappone invano la purezza di Edith – mentre **Corrado**, nelle sue continue incertezze, rappresenta la naturale evoluzione della figura dell'esteta, ormai divenuto «inetto a vivere» a causa del suo stesso intellettualismo. L'atmosfera onirica del romanzo è favorita anche dalle **descrizioni paesaggistiche** spesso tenebrose e dal ricorso a uno stile raffinato che tende al **lirismo**.

Grazia Deledda

La sensibilità decadente influenza in modo significativo anche l'opera di Grazia **Deledda** (1871-1936), autrice che per molti aspetti resta però legata a una narrativa di matrice verista e regionalista. Nata a **Nuoro** da una famiglia di piccoli proprietari terrieri, la Deledda cresce nell'isolamento di una **Sardegna patriarcale e "primitiva"**, appassionandosi alle sue **tradizioni folcloriche** e ai suoi valori ancestrali. Stabilitasi a **Roma** nel 1900, dopo il matrimonio pubblica romanzi come *Elias Portolu* (1903), *Cenere* (1904) – che avrà una trasposizione cinematografica interpretata dalla celebre attrice Eleonora Duse – *Canne al vento* (1913), e *La madre* (1920), ottenendo un successo internazionale che culmina nel conferimento del **premio Nobel per la letteratura** (1926), primo e unico finora assegnato a una scrittrice italiana.

Anche se i suoi romanzi, espressione di un profondo interesse verso la **cultura popolare sarda**, sono stati spesso avvicinati al Verismo, manca in essi un intento realistico di analisi sociale. La realtà della Sardegna, ricostruita in **modi mitici e simbolici**, diviene lo spunto per la rappresentazione di vicende che assumono un valore esemplare. Sullo sfondo di un **paesaggio aspro e popolato da misteriose presenze**, la Deledda costruisce storie incentrate sul tema ricorrente della **colpa** e dell'**espiazione** (in parte ripreso da Tolstoj e Dostoevskij) e dominate dall'incombere di una **fatalità inesorabile**, che travolge i personaggi e le loro passioni.

Canne al vento

Pubblicato nel 1913, *Canne al vento* narra la vicenda delle **tre sorelle Pintor** (Ester, Ruth e Noemi), ultime superstiti di una nobile famiglia sarda decaduta. Loro unico sostegno è il **vecchio servitore Efix**, che nasconde però un terribile segreto. Anni prima, egli ha infatti aiutato una quarta sorella, Lia, a fuggire di casa, causando involontariamente la morte del padre di lei. Tormentato dal **rimorso** e dal **senso di colpa**, egli dedica quindi la sua vita a proteggerne le figlie. All'inizio del romanzo giunge a casa Pintor il figlio di Lia, Giacinto, un giovane che, con la sua condotta dissoluta, conduce alla rovina le sorelle, costringendole a vendere il loro podere a don Predu. Disperato, Efix si allontana dal paese ma, al termine di una serie di vicissitudini, ritorna in tempo per assistere al matrimonio di don Predu con Noemi, che risolleva le sorti della famiglia. Efix può così ritrovare la pace e morire sereno. Più che al realismo degli ambienti, la Deledda è interessata all'**analisi psicologica dei personaggi**, in particolare Efix, tormentato dal desiderio di espiare una colpa peraltro involontaria. Un altro elemento che si richiama al Decadentismo è anche il **senso di mistero che anima il paesaggio naturale**, pittoresco e suggestivo, legato in modi arcani ai personaggi che lo abitano.

L'assenza di riferimenti cronologici precisi e l'adozione di un **punto di vista interno al protagonista** favoriscono una **narrazione intimistica**, a cui contribuisce anche il linguaggio, che riproduce nella struttura sintattica e nel ricorrere dei proverbi i modi del **parlato sardo**, pur con grande attenzione agli aspetti musicali ed evocativi.

Sosta di verifica

1 Quali elementi tipicamente decadenti sono presenti in *Malombra* di Fogazzaro?

2 Come furono accolti dal pubblico i romanzi di Fogazzaro?

3 Quali sono le tematiche ricorrenti nell'opera di Grazia Deledda?

4 Perché l'opera della Deledda può leggersi alla luce del Decadentismo?

T3 Antonio Fogazzaro
Marina all'Orrido

Malombra, parte II, cap. 6

Questo brano, tratto da uno dei più famosi capitoli di Malombra, racconta una gita fatta da Marina e da un suo spasimante all'Orrido di Osteno (sul lago di Lugano), una gola profonda scavata nella montagna dal corso impetuoso di un torrente.

In uno scenario naturale tenebroso e affascinante, specchio dell'animo lacerato della protagonista e delle sue inquietanti contraddizioni, Marina cerca di respingere le avances di Nepo.

L'Orrido sta a poche centinaia di passi dal paese. Il fiume di C... nasce qualche chilometro più in su, si raccoglie lì tra le caverne immani in cui scendono a congiungersi due opposte montagne, corre per breve tratto in piano, all'aperto, poi trabocca[1] sotto il paese di rapida in rapida, di cascata in cascata sino in fondo della valle, per morire ignobilmente nel lago, là dove approdò la brigata del Palazzo[2]. Uscendo da C... si trova presto un ponticello di legno che gitta[3] la sua ombra sopra una luce di sparse spume, di acque verdi, di ghiaiottoli[4] candidi. Non si passa il ponticello; si piglia invece a sinistra pel letto del fiume. Colà le acque blande[5] ridono e chiacchierano correndo via tra la gaia innocenza dei boschi con certi brividi memori di passate paure. [...] Presto si giunge a un gomito del fiume. Non più sole, non più verde, non più riso d'acque: immani fauci di pietra vi si spalancano in viso e vi fermano con il ruggito sordo che n'esce, con il freddo alito umido che annera[6] là in fondo la gola mostruosa. Il ruggito vien su dalle viscere profonde; l'acqua passa per la bocca degli scogli, grossa, cupa, ma silenziosa. Una sdrucita[7] barchetta è lì incatenata a un anello infisso nella rupe. Porta due persone oltre il barcaiuolo. Si risale la corrente con quella barchetta che pare non voler saperne, torce il muso ora a destra ora a sinistra e scapperebbe indietro senza la pertica di Caronte[8]. Il fragore cresce; la luce manca. Si passa tra due rupi nere, qua rigonfie come strane vegetazioni, gemme enormi della pietra, là cave e stillanti come coppe capovolte; tutte rigate ad intervalli eguali, scolpite a gengive su gengive[9] dal fondo alla cima. In alto, il cielo si restringe via via tra scoglio e scoglio, e scompare. La barchetta salta in una fessura buia, piena d'urla[10], si dibatte, urta a destra, urta a sinistra, folle di spavento, sotto gli archi echeggianti della pietra che, morsa nelle viscere dal flutto veloce, si slancia in alto, si contorce. [...] Da quell'andito[11] si entra nella "sala del trono", rotondo tempio infernale con un macigno nel mezzo, un deforme ambone[12] per la messa nera[13], ritto fra due fasce enormi di spuma che gli cingono i fianchi e gli spandono davanti in una gora[14] larga, tutta bollimenti e spume vagabonde, levando il fracasso di due

> La descrizione del burrone è un perfetto esempio della scrittura lirica e preziosa di Fogazzaro.

---

1. trabocca: *sbocca.*
2. la brigata del Palazzo: il gruppo di persone provenienti dal palazzo del conte Cesare, che si recano in gita all'Orrido.
3. gitta: *getta, proietta.*
4. ghiaiottoli: *sassolini di fiume.*
5. blande: *placide, calme.*

6. annera: *fa diventare scura, tenebrosa.*
7. sdrucita: *logora, malconcia.*
8. Caronte: è l'inquietante soprannome che l'autore dà al barcaiolo dell'Orrido, con riferimento al personaggio dantesco che trasporta le anime dei dannati agli Inferi.
9. a gengive su gengive: *a gradoni.*

10. piena d'urla: *che riecheggia del fragore delle acque.*
11. andito: *passaggio.*
12. ambone: altare rialzato presente in molte chiese.
13. messa nera: rituale satanico.
14. gora: *stagno.*

Antonio Fogazzaro 351

treni senza fine che divorino a paro[15] una galleria. È da quel masso che viene alla caverna il nome di «sala del trono». Si pensa ad un re delle ombre, meditabondo
30 su quel trono, fisi gli sguardi[16] nelle acque profonde, piene di gemiti e di guai[17], piene di spiriti dolenti. Per una spaccatura dietro al trono sprizza nella caverna un getto di luce chiara.

Caronte staccò la barchetta dall'anello e con un urto poderoso la fe' scorrere dal-
35 la ghiaia nell'acqua. [...] La barchetta si accostava all'andito tenebroso che precede la «sala del trono». La figura del vecchio ritto sulla prora pigliava, tra gli scogli lucidi e neri, un colore sempre più fosco, i colpi della pertica ferrata spariva-
no nel fragore assordante delle cascate interne. Non ci si vedeva quasi più. Nepo
si chinò verso Marina, le prese una mano.

40 «Ah!» diss'ella, come offesa; ma non ritrasse la mano. Nepo la strinse fra le sue,
felice; non sapeva che dire; gli pareva tutto fosse detto; stringeva a più riprese
quella mano fredda, inerte, come se volesse spremerne un concetto, una frase,
una parola. Ebbe un'idea. Tenne con la sinistra la mano di Marina e le cinse la vita col braccio destro. Marina si strinse in sé e si slanciò avanti.

45 «Fermo, Cristo!» urlò il barcaiuolo. Non ci si udiva, non ci si vedeva più. Il fragore uniforme metteva nella fronte e nel petto una contrazione penosa.

Nepo rallentò la sua stretta. Non comprendeva quel guizzo di Marina. Parlò. Gli

> Il gesto di Nepo esprime la sua passione torbida e sensuale per Marina.

era come[18] parlare con la testa tuffata nella corrente; ma egli, sbalordito, parlava
egualmente. E sentì la vita di Marina ribattere indietro al suo braccio. Trasalì di
50 piacere, allargò avidamente la mano che le cingeva il busto, come una branca[19]
di bestia immonda, fatta audace dalle tenebre; allargò le dita nella cupidigia di
avvinghiare tutta la voluttuosa persona, di trapassar le vesti e profondarsi nella
morbidezza viva. Marina s'era ricacciata indietro con la cieca bramosìa[20] di stri-
tolare quel braccio che la irritava come una sferza[21] e s'era volta a insultar Nepo,
55 non udita e non vista. L'acqua, il vento, le pietre stesse urlavano cento volte più
forte, sempre più forte. Schiacciavano con la loro collera, con la loro angoscia co-
lossale, la piccina collera, le spregevoli angoscie umane. Schiacciavano, buttavano

> I suoni orrendi e tormentati della natura diventano specchio dello stato d'animo di Marina.

via sottosopra le parole come polvere. La brutale natura prepotente voleva parlar sola. Nepo sentiva il caldo busto di Marina stringersi e dilatarsi ansante sotto
60 la sua mano; gli pareva di discernere[22], nel frastuono, una fioca voce umana; immaginava parole d'amore e porgeva le labbra in cerca delle labbra di lei, fiutando
le tenebre, aspirando un tepore profumato, pieno di vertigini.

Allora un vigoroso colpo di pertica fece che la barca girasse l'ultima svolta dell'andito buio saltando in un diffuso chiarore verdognolo che pareva ascendere[23] dall'ac-
65 qua trasparente. Nepo non ebbe tempo di veder Marina in viso. Il barcaiuolo ritto sulla prora si era voltato verso di loro. Nepo lasciò prontamente Marina e finse
di guardare in alto. Il vecchio barcaiuolo aveva addossato lo schifo[24] allo scoglio
puntando la sua pertica alla parete opposta, e, con il braccio libero, trinciava[25] di
gran gesti, mostrava la cavità, le gobbe mostruose della pietra.
70 «Bellissimo!» gridò Nepo.

---

15. a paro: *in parallelo.*
16. fisi gli sguardi: *con lo sguardo fisso.*
17. guai: *lamenti.* L'espressione, insieme al successivo «spiriti dolenti», richiama esplicitamente la Commedia dantesca («vedrai li antichi spiriti dolenti», *Inf.* I, 116; «Quivi so-

spiri, pianti et alti guai», *Inf.* III, 22), come il precedente riferimento a Caronte.
18. Gli era come: *gli sembrava di.*
19. branca: *zampa munita di artigli.*
20. bramosìa: *desiderio.*
21. sferza: *frusta.*

22. discernere: *distinguere.*
23. ascendere: *salire.*
24. schifo: *piccola barca a remi.*
25. trinciava: *tracciava in aria.*

352 Il romanzo decadente

Caronte si toccò l'orecchio e fe' con l'indice un segno negativo: indi agitò in su e in giù la mano distesa, accennando in pari tempo del capo come per promettere qualche cosa di più bello, e ricominciò a lavorar di pertica.

Marina, pallida, serrate le labbra, chiusa nello scialle bianco che le stringeva le spalle, pareva un'anima peccatrice, fuggita nello sdegno alle ombre dei fiumi infernali, mezz'irritata, mezzo stupefatta.

La «sala del trono» si spalancò a prora come una visione verde dorata con la sua gran cupola informe. Il macigno nero nel mezzo, i tonanti fiotti di spuma e i bollimenti dell'acqua lungo le pareti gibbose[26]; ma la barchetta, invece di entrarvi, scivolò a destra in un seno cieco[27] di acqua tranquilla e si arenò. Una gigantesca cortina di pietra cadeva dall'alto a formar quella cala, schermandola in parte dal fragore dell'acqua. Colà, parlando forte, si poteva farsi intendere. Il barcaiuolo domandò a Marina se l'Orrido le piacesse, e soggiunse, sorridendo con cert'aria di benigno compatimento, che piaceva a tutti i signori. Quanto a lui non ci trovava di buono che le trote. Diceva che in quel posto lì eran frequenti, e volle che Nepo e Marina si voltassero a guardar nell'acqua, promettendo ne avrebbero visto balenar qualcuna sul fondo.

Nepo, voltandosi, venne a sfiorar la guancia di Marina. «Non mi toccate» diss'ella duramente, senza guardarlo.

---

26. gibbose: *piene di sporgenze irregolari.*   **27.** un seno cieco: *un'insenatura protetta.*

Cesare Laurenti, *Volto femminile reclinato*, 1903.

Analisi guidata

Un paesaggio simbolico

Il brano si apre con una lunga sequenza descrittiva dedicata al **paesaggio naturale**, che risulta il vero protagonista dell'episodio. L'Orrido è presentato come un luogo cupo e terrificante, pervaso da un **senso di mistero e di morte**. La simbologia negativa è accentuata dal ricorrere del colore nero e dal nome del traghettatore Caronte, che conduce i due personaggi in una **simbolica discesa agli Inferi**.

La cornice naturale, che ricorda l'atmosfera del romanzo gotico, non è però fine a se stessa: secondo un procedimento tipicamente decadente, il **paesaggio si fa emblema dello stato d'animo dei personaggi**, riflettendo nel suo turbamento le **contraddizioni che attraversano la psiche di Marina**, preda di sentimenti contrastanti e prossima a un'oscura follia.

Antonio Fogazzaro

Competenze di comprensione e analisi

- Suddividi il brano in sequenze, assegnando a ciascuna un titolo che ne riassuma il contenuto.
- Analizza la descrizione del paesaggio: quali elementi contribuiscono a creare l'impressione di un ambiente terrificante e orroroso?
- Quali espressioni presenti nella descrizione connotano l'Orrido come una sorta di luogo infernale? Quale significato simbolico assume in particolare la «sala del trono»?
- Che tipo di legame si stabilisce tra la figura di Marina e la natura circostante?

La figura di Marina

Sullo sfondo di una natura incombente, che sembra quasi impedire la comunicazione tra i personaggi («Non ci si udiva, non ci si vedeva più», r. 45; «La brutale natura prepotente voleva parlar sola», rr. 58-59), si svolge l'equivoco approccio di Nepo: l'uomo crede che Marina accetti il suo corteggiamento, mentre la donna, dopo un'iniziale condiscendenza, si ritrae stizzita. **Marina** incarna il **'tipo' decadente della donna fatale**, misteriosa e inquieta, nevrotica e sensuale, capace di portare alla perdizione con il suo oscuro fascino gli uomini che la amano.

Competenze di comprensione e analisi

- Quali gesti di Marina vengono erroneamente interpretati da Nepo mentre i due si trovano in barca?
- Quali sentimenti prova Nepo nei confronti di Marina? Riesce a comprendere i motivi del suo comportamento?
- Da quali particolari del testo emergono l'ambiguità e la sensualità di Marina e il suo tormento interiore?

Uno stile prezioso

Le scelte stilistiche di Fogazzaro, pur senza giungere al virtuosismo estremo della prosa dannunziana, sono particolarmente elevate e letterarie, caratterizzate da un **lessico prezioso** e da **periodi ampi e articolati**, ricchi di subordinate. Nella sequenza iniziale è particolarmente curata l'aggettivazione, che insiste sulla ferinità selvaggia dell'ambiente naturale, i cui elementi vengono spesso umanizzati, a volte in modo inquietante (le acque «ridono e chiacchierano»; gli alberi «agitano le braccia distese, plaudendo»; la gola spalanca le sue «immani fauci» ecc.).

Competenze di comprensione e analisi

- Individua nella prima parte del brano tutti gli aggettivi e le espressioni che contribuiscono all'antropomorfizzazione del paesaggio naturale.
- Rintraccia nel brano i termini appartenenti al linguaggio letterario e aulico.
- Quali differenze riscontri sul piano dello stile e della tecnica narrativa tra la prosa di Fogazzaro e quella di Verga e dei veristi? Rispondi in un testo espositivo di massimo 20 righe.

Il romanzo decadente

T4 Grazia Deledda
La malattia di Efix

Canne al vento, cap. XVII

Da *Canne al vento* puoi leggere anche *Il delitto di Efix*

Il brano è tratto dal capitolo finale del romanzo, in cui la situazione delle sorelle Pintor si avvia a soluzione: Giacinto, figlio di Lia, sposerà la giovane Grixenda, mentre Noemi, che si era invaghita del nipote, accetterà di diventare moglie di don Predu, riscattando così il podere di famiglia.

Ormai gravemente malato, Efix continua a lavorare per le sorelle Pintor, fino a quando la sua estrema debolezza non lo costringe a cercare rifugio nella loro casa. Oppresso dal senso di colpa, egli è però deciso a non rivelare il suo terribile segreto neppure in punto di morte.

Efix era di nuovo laggiù, al poderetto. Terminata la buona stagione, raccolte le frutta, Zuannantoni[1], a cui il padrone aveva dato l'incarico di pascolare un branco di pecore nelle giuncaie[2] intorno al paesetto, se n'era andato di buon grado. Ed ecco dunque Efix di nuovo seduto al solito posto davanti alla capanna, sotto
5 il ciglione glauco[3] di canne. Il cielo è rosso, in alto sopra la collina bianca; passa il vento e le canne tremano e bisbigliano.

> Dal paesaggio naturale sembrano giungere le voci che ricordano a Efix la sua colpa passata.

«Efix rammenti, Efix rammenti? Sei andato, sei tornato, sei di nuovo in mezzo a noi[4] come uno della nostra famiglia. Chi si piega e chi si spezza, chi resiste oggi ma si piegherà domani e posdomani[5] si spezzerà. Efix rammenti, Efix rammenti?»
10 Egli intrecciava una stuoia e pregava. Di tanto in tanto un acuto dolore al fianco lo faceva balzare dritto, rigido come se qualcuno gli infilasse un palo di ferro nelle reni; si ripiegava di nuovo su se stesso, livido e tremante, proprio come una canna al vento; ma dopo lo spasimo provava una gran debolezza, una grave dolcezza, perché sperava di morire presto. La sua giornata era finita.
15 Finché poté resistere rimase laggiù accanto alla terra che aveva succhiato tutta la sua forza e tutte le sue lagrime.

> Come nel brano di Fogazzaro, anche qui il paesaggio sembra animarsi e diventare il protagonista della storia.

L'autunno s'inoltrava coi giorni dolci di ottobre, coi primi freddi di novembre; le montagne davanti e in fondo alla valle parevano vulcani; nuvole di fumo solcate da pallide fiamme e poi getti di lava azzurrognola e colonne di fuoco salivano laggiù dal mare.
20 Verso sera il cielo si schiariva, tutto l'argento delle miniere del mondo s'ammucchiava a blocchi, a cataste sull'orizzonte; operai invisibili lo lavoravano, costruivano case, edifizi, intere città, e subito dopo le distruggevano e rovine e rovine biancheggiavano allora nel crepuscolo, coperte di erbe dorate, di cespugli rosei; passavano torme di cavalli grigi e neri, un punto giallo brillava dietro un castello
25 smantellato e pareva il fuoco di un eremita o di un bandito rifugiatosi lassù: era la luna che spuntava.
Piano piano la sua luce illuminava tutto il paesaggio misterioso e come al tocco di un dito magico tutto spariva; un lago azzurro inondava l'orizzonte, la notte d'autunno limpida e fredda, con grandi stelle nel cielo e fuochi lontani sulla ter-
30 ra, stendevasi dai monti al mare. Nel silenzio il torrente palpitava come il sangue

---

1. Zuannantoni: è il giovane aiutante di Efix.
2. giuncaie: luoghi paludosi, dove crescono i giunchi, piante erbacee usate per fare stuoie e panieri.
3. ciglione glauco: *tettoia grigio-verde.* Efix vive in una semplice capanna con il tetto fatto di canne.
4. Sei andato ... a noi: Efix si era in precedenza allontanato dalle sorelle Pintor, ritenendo di essere la causa delle loro disgrazie.
5. posdomani: *dopodomani.*

> Le figure soprannaturali del folclore sardo popolano la narrativa della Deledda, entrando in una sorta di comunione spirituale con i personaggi.

della valle addormentata. Ed Efix sentiva avvicinarsi la morte, piano piano, come salisse tacita dal sentiero accompagnata da un corteggio[6] di spiriti erranti, dal batter dei panni delle *panas*[7] giù al fiume, dal lieve svolazzare delle anime innocenti tramutate in foglie, in fiori...

Una notte stava assopito nella capanna quando si svegliò di soprassalto come se qualcuno lo scuotesse.

Gli parve che un essere misterioso gli piombasse sopra, frugandogli le viscere con un coltello: e che tutto il sangue gli sgorgasse dal corpo lacerato, inondando la stuoia, bagnandogli i capelli, il viso, le mani.

Cominciò a gridare come se lo uccidessero davvero, ma nella notte solo il mormorio dell'acqua rispondeva.

Allora ebbe paura e pensò di tornarsene in paese; ma per lunga ora della notte non poté muoversi, debole, come dissanguato: un sudore mortale gli bagnava tutta la persona.

All'alba si mosse. Addio, questa volta partiva davvero e mise tutto in ordine dentro la capanna: gli arnesi agricoli in fondo, la stuoia arrotolata accanto, la pentola capovolta sull'asse, il fascio di giunchi nell'angolo, il focolare scopato[8]: tutto in ordine, come il buon servo che se ne va e tiene al giudizio favorevole di chi deve sostituirlo.

Portò via la bisaccia, colse un gelsomino dalla siepe e si volse in giro a guardare: e tutta la valle gli parve bianca e dolce come il gelsomino.

E tutto era silenzio: i fantasmi s'erano ritirati dietro il velo dell'alba e anche l'acqua mormorava più lieve come per lasciar meglio risonare il passo di Efix giù per il sentiero; solo le foglie delle canne si movevano sopra il ciglione, dritte rigide come spade che s'arrotavano sul metallo del cielo.

«Efix, addio, Efix addio.»

Ritornò dalle sue padrone e si coricò sulla stuoia.

«Hai fatto bene a venir qui», disse donna Ester coprendolo con un panno; e Noemi[9] si curvò anche lei, gli tastò il polso, gli afferrò il braccio cercando di convincerlo a mettersi a letto.

«Mi lasci qui, donna Noemi mia», egli gemeva sorridendo ma con gli occhi vaghi[10] come quelli del cieco, coperti già dal velo della morte. «Questo è il mio posto.»

Più tardi un nuovo accesso del male lo contorse, lo annerì; e mentre le padrone mandavano a chiamare il dottore egli cominciò a delirare.

La cucina si empiva[11] di fantasmi, e l'essere terribile che non cessava di colpirlo gli gridò all'orecchio:

«Confessati! Confessati!».

Anche donna Ester si inginocchiò davanti alla stuoia mormorando:

«Efix, anima mia, vuoi che chiamiamo prete Paskale? Ti leggerà il Vangelo e questo ti solleverà...».

Ma Efix la guardava fisso, con gli occhi vitrei nel viso nero brillante di gocce di sudore; il terrore della fine lo soffocava, aveva paura che l'anima gli sfuggisse d'improvviso dal corpo, come era fuggito lui dalla casa dei suoi padroni, e scacciata dal mondo dei giusti si mettesse a vagabondare inquieta e dannata coi fantasmi della valle; eppure rispose di no, di no. Non voleva il prete: più che della morte e della sua dannazione aveva paura di rivelare il suo segreto.

---

6. corteggio: *corteo.*
7. panas: nel folclore sardo, sono le anime delle donne morte di parto, che di notte si ritrovano al fiume a lavare i panni servendosi di ossa umane.
8. scopato: *spazzato.*
9. Ester ... Noemi: sono due delle sorelle Pintor.
10. vaghi: *annebbiati, erranti.*
11. si empiva: *si riempiva.*

Il romanzo decadente

Analisi guidata

La magia della natura

Nel brano – come in gran parte del romanzo – il paesaggio naturale svolge un ruolo primario. La campagna, osservata attraverso lo sguardo del protagonista, sembra perdere ogni connotazione realistica per sfumare in un'**atmosfera indistinta e fantastica**, animandosi di vita propria e popolandosi degli **spiriti** di una arcaica cultura contadina. Ben lontana dai bozzetti realistici della narrativa regionalista, la Sardegna evocata dalla Deledda si risolve in un **paesaggio di valore simbolico**, di cui Efix stesso è parte integrante. In una sorta di intima sintonia spirituale, egli dialoga con gli elementi naturali che, al pari di esseri animati, al momento della sua partenza si accomiatano da lui con dolcezza.

 Competenze di comprensione e analisi

- Il paesaggio descritto è realistico o simbolico? Motiva la tua risposta con riferimenti al testo.
- In quali punti del brano la natura, umanizzata, si rivolge a Efix e gli parla?
- Il titolo del romanzo, *Canne al vento*, allude alla precarietà dell'esistenza umana, simile a una canna sottile in balia del vento del destino. In quali punti del testo la scrittrice fa riferimento a questa immagine?

La colpa di Efix

Nel paesaggio naturale sembra riflettersi anche il **dramma interiore di Efix** che, tormentato da un oscuro senso di colpa, si ritiene responsabile delle disgrazie delle sorelle Pintor. Fedele al suo compito fino alla fine e animato da un'intensa **religiosità** («Egli intrecciava una stuoia e pregava»), solo quando è allo stremo delle forze si rifugia a casa di donna Ester. Ma, anche allora, rifiuta ostinatamente di coricarsi in un letto, accontentandosi di una semplice stuoia («Questo è il mio posto»), quasi a rimarcare il suo **ruolo di umile servitore** e accingendosi a espiare il suo involontario delitto.

 Competenze di comprensione e analisi

- Qual è la colpa che angoscia Efix?
- Che tipo di rapporto si stabilisce tra il protagonista e il paesaggio naturale?
- Per quale motivo Efix, prima di lasciare il podere, mette tutto a posto?
- Il personaggio è osservato secondo la «tecnica dell'impersonalità» verista?

Una prosa lirica

Soprattutto nella descrizione del paesaggio, l'autrice adotta uno **stile ricco di risonanze simboliche**, rinunciando a notazioni minutamente realistiche per evocare un'atmosfera sospesa e suggestiva, quasi onirica. I periodi, ampi ma per lo più paratattici, accostano notazioni coloristiche di grande efficacia («getti di lava azzurrognola»; «erbe dorate»; «cespugli rosei») e immagini metaforiche («un lago azzurro inondava l'orizzonte»). Il **lirismo** dello stile caratterizza anche le sequenze dedicate a Efix, in cui i sentimenti e lo stato d'animo del protagonista vengono riportati talvolta nella forma immediata del **discorso indiretto libero**.

 Competenze di comprensione e analisi

- Analizza la descrizione del paesaggio e rintraccia nel testo tutte le espressioni e le immagini che contribuiscono a umanizzare gli elementi naturali.
- Individua le metafore e le similitudini presenti nel testo. Quale impressione complessiva intendono trasmettere al lettore?
- Individua nel testo almeno un esempio di discorso indiretto libero.

LABORATORIO DELLE COMPETENZE

- Lettura
- Comprensione
- Analisi
- Interpretazione
- Produzione scritta

Testo laboratorio
T5 Joris-Karl Huysmans
Il pranzo a lutto

Controcorrente, cap. I

In questo brano, tratto dal primo capitolo del roman- zo, viene descritto un eccentrico e stravagante banchet- *to organizzato da Des Esseintes, il raffinato esteta pro- tagonista di Controcorrente.*

Des Esseintes aveva progettato e fatto eseguire degli arredamenti d'una fastosa[1] stravaganza, dividendo, ad esempio, il salotto in tante nicchie variamente tappez- zate, ognuna delle quali per sottili analogie, vaghe rispondenze di tinte festose o cupe, delicate o barbariche, s'accordava con questo o quel genere di opere – la- 5 tine o francesi – che amava. A seconda dell'opera alla quale il capriccio del mo- mento gli guidava la mano, sceglieva per leggerla la nicchia che meglio a suo av- viso rispondeva, pel modo ch'era decorata, al carattere dell'opera.

Infine, una grande sala, fatta preparare a questo scopo, l'aveva destinata a riceve- re i fornitori; e, come questi avevano ordinatamente preso posto in stalli di chie- 10 sa[2], egli saliva su una cattedra donde teneva un sermone[3] sulla perfetta eleganza; intimando ai sarti ed ai calzolai d'attenersi, in materia di taglio, ai suoi "brevi" nel modo più rigoroso; e minacciandoli di scomunica pecuniaria[4] se non eseguivano alla lettera le norme illustrate nei suoi monitorii[5] e nelle sue bolle.

La reputazione che s'acquistò di eccentrico, la corroborò[6] vestendosi di velluto 15 bianco, sfoggiando panciotti ricamati come piviali[7], inserendo a mo' di cravatta nello scollo della camicia un mazzo di violette di Parma, imbandendo[8] ai lettera- ti pranzi che suscitavano larga eco[9]. Rinnovando tra l'altro una stramberia[10] regi- strata nelle cronache del diciottesimo secolo, inscenò un pranzo a lutto per com- memorare il più futile[11] degli infortuni.

20 Nella sala da pranzo addobbata di nero, che dava sul giardino trasformato per l'oc- casione – polvere di carbone cospargeva ora i viali; la piccola vasca, chiusa ades- so da un orlo di basalto[12], ondeggiava di inchiostro[13]: pini e cipressi maschera- vano i boschetti – il pranzo era stato imbandito su una tovaglia nera, guarnita di cestelli di viole e di scabbiose[14], rischiarata da candelabri lingueggianti di fiam- 25 me[15] verdi e da lucerne[16] in cui ardevano ceri.

> Nel linguaggio ec- clesiastico sono do- cumenti con cui ven- gono date disposi- zione per affari ordi- nari (mentre le "bol- le" citate poco più avanti riguardano questioni spirituali e pastorali). Il ter- mine "brevi" prose- gue la metafora litur- gica, che paragona Des Esseintes a una sorta di "sacerdote" della vita raffinata.

---

1. fastosa: *lussuosa.*
2. stalli di chiesa: sedili di legno simili a quel- li usati nei cori delle chiese.
3. sermone: *discorso.*
4. scomunica pecuniaria: la scomunica era l'atto con cui venivano colpiti gli eretici e coloro che non si sottomettevano al vole- re della Chiesa; in questo caso la punizione minacciata da Des Esseintes è quella di non pagare i fornitori.

5. monitorii: *ammonimenti.*
6. corroborò: *rinforzò, rinvigorì.*
7. piviali: mantelli usati dai sacerdoti nelle celebrazioni liturgiche.
8. imbandendo: *servendo, organizzando.*
9. che suscitavano larga eco: *che aveva- no una grande risonanza, di cui si parla- va molto.*
10. stramberia: *bizzarria, stranezza.*
11. futile: *di nessuna importanza.*

12. basalto: roccia di colore nero.
13. ondeggiava di inchiostro: *era riempita fino all'orlo da inchiostro nero, che il vento faceva muovere creando delle piccole onde.*
14. scabbiose: piante dai fiori di colore blu- violetto.
15. lingueggianti di fiamme: *da cui si leva- vano fiamme simili a lingue di fuoco.*
16. lucerne: grosse lampade.

358 Laboratorio delle competenze

Mentre un'orchestra invisibile faceva udire marce funebri, servivano in tavola negre ignude coi piedi in babbucce di foggia sacra[17], calzate di tessuto d'argento cosparso di lagrime.

In piatti orlati di nero, era stata servita zuppa di testuggine; con pane di segala[18] russa, olive mature di Turchia, caviale, bottarga di muggine[19], s'eran poi avvicendate[20] salsicce affumicate di Francoforte, caccia[21] in salsa color tra di liquorizia e di lucido da scarpe, un passato di tartufi, quindi creme ambrate[22] di cioccolato, budino all'inglese, pesche, noci, sapa[23], more e ciliege acquaiole[24]. In bicchieri scuri s'eran bevuti vini della Limagne e del Roussillon; del Tenedo, del Val Peñas e del Porto; gustato, dopo il caffè e l'acquavite di mallo[25], del *kwas*, del *porter* e dello *stout*[26].

La cerimonia commemorava una panne di virilità[27]; e le lettere d'invito somigliavano tipograficamente a partecipazioni di morte.

Ma di queste stravaganze, di cui un tempo menava vanto[28], s'era presto ristuccato[29]. Adesso disprezzava quelle ostentazioni puerili e sorpassate, quegli scarti nel vestire, quel momentaneo compiacersi in cornici stravaganti.

Ormai aspirava semplicemente a crearsi – pel proprio piacere, non più per sbalordire altrui – un interno provvisto d'ogni comodità, eppure messo in modo non comune; a formarsi un nido singolare e tranquillo, adatto ai bisogni della futura solitudine.

J.K. Huysmans, *Controcorrente*, cit.

---

17. babbucce di foggia sacra: calzature basse simili a quelle usate dai religiosi.
18. pane di segala: *pane di segale*, di colore più scuro di quello fatto con il grano.
19. bottarga di muggine: uova di muggine.
20. s'eran poi avvicendate: *erano state servite successivamente*.
21. caccia: *cacciagione, selvaggina*.

22. ambrate: *con sfumature giallo-scure simili all'ambra* (una resina fossile).
23. sapa: mosto cotto e bollito, usato come condimento.
24. ciliege acquaiole: varietà di ciliegie di piccola dimensione e dal gusto non particolarmente dolce.
25. mallo: involucro che racchiude la pol-

pa della noce.
26. kwas … stout: liquori e vini liquorosi.
27. una panne di virilità: *un fallimento in campo sessuale*.
28. menava vanto: *si vantava*.
29. ristuccato: *stancato*.

COMPRENSIONE

1 Per quale motivo Des Esseintes decide di organizzare un pranzo «a lutto»?

2 Da quali portate è composto il pranzo imbandito da Des Esseintes?

ANALISI E INTERPRETAZIONE

3 Rintraccia nel testo tutti i termini e le espressioni appartenenti al linguaggio liturgico ed ecclesiastico. Per quale motivo, secondo te, l'autore utilizza questo tipo di metafore?

4 Ti sembra che tra l'inizio e la fine del passo letto il personaggio di Des Esseintes si evolva?

➡ **Oltre il testo** Confrontare e collegare

- Metti a confronto la prosa di Huysmans e quella di Fogazzaro (p. 351): ti sembra che ci siano dei punti in comune tra i due autori o che invece prevalgano le differenze?

SCRITTURA E APPROFONDIMENTO

5 Quali elementi tipici del Decadentismo e dell'Estetismo sono presenti in questo brano?

6 Prova a immaginare un menu particolare per un pranzo speciale che vorresti organizzare per i tuoi amici/familiari ecc. e descrivine i piatti e l'ambientazione in un testo che non superi le 30 righe.

Laboratorio delle competenze | 359

LABORATORIO DELLE COMPETENZE

Guida alla verifica orale

DOMANDA N. 1 In che cosa consiste l'Estetismo e in quali romanzi trova espressione?

LA RISPOSTA IN SINTESI

L'Estetismo è una componente del Decadentismo e consiste nel culto della bellezza e dei valori estetici, ritenuti valori prioritari anche rispetto alla morale, in una stretta compenetrazione tra arte e vita. Esso trova espressione nel romanzo *Controcorrente* di Huysmans, ne *Il ritratto di Dorian Gray* di Oscar Wilde e, in ambito italiano, ne *Il piacere* di D'Annunzio.

LA RISPOSTA NEI TESTI

T1 T5 Nel romanzo di Huysmans, il protagonista Des Esseintes incarna la figura dell'esteta. Per sfuggire alla volgarità del mondo borghese, egli si rifugia in un mondo artificiale di ricercata bellezza, che tuttavia finirà con l'accentuare le sue inquietudini.

T2 Nelle parole che Lord Henry rivolge a Dorian Gray, protagonista del romanzo di Wilde, risuona un'appassionata difesa della bellezza e della giovinezza, unita all'invito all'edonismo e al godimento dei piaceri sensuali, unica vera gioia della vita.

DOMANDA N. 2 Quali sono le principali novità strutturali e formali del romanzo decadente rispetto alla narrativa realistica di matrice ottocentesca?

LA RISPOSTA IN SINTESI

Il romanzo decadente rinuncia alla rappresentazione realistica della società contemporanea per privilegiare l'analisi psicologica dei personaggi. Di conseguenza la trama degli eventi è molto ridotta, mentre viene dato ampio spazio alle contraddizioni interiori dei protagonisti. Lo spazio ha spesso un valore simbolico e la narrazione è condotta attraverso il punto di vista del protagonista. Lo stile è in genere raffinato e letterario.

LA RISPOSTA NEI TESTI

T1 T5 *Controcorrente* è un tipico "romanzo senza trama", in cui gli avvenimenti dell'intreccio sono marginali rispetto all'analisi psicologica del protagonista e prevalgono sequenze introspettive, saggistiche o raffinate descrizioni degli ambienti in cui il protagonista conduce la sua ricerca di perfezione estetica.

T3 Nel testo di Fogazzaro il paesaggio dell'Orrido ha un chiaro valore simbolico e richiama l'inferno interiore dell'animo di Marina, divisa tra opposti sentimenti.

T4 Anche in *Canne al vento* la psicologia di Efix si rispecchia nella natura, misteriosa e suggestiva, pervasa da oscure presenze e quasi antropomorfizzata.

DOMANDA N. 3 Quali sono i caratteri del Decadentismo italiano?

LA RISPOSTA IN SINTESI

Alcuni romanzi della Scapigliatura, come *Fosca* (1869) di Tarchetti, eleggono a tema centrale la malattia e il tormento interiore, anticipando così la corrente del Decadentismo, che avrà poi il suo romanzo-manifesto ne *Il piacere* (1889) di Gabriele D'Annunzio. Nella narrativa italiana di fine Ottocento e inizio Novecento autori come Antonio Fogazzaro e Grazia Deledda riprendono suggestioni decadenti, favorendo un rinnovamento degli schemi narrativi tradizionali.

LA RISPOSTA NEI TESTI

T3 Con *Malombra*, Antonio Fogazzaro realizza quello che può considerarsi il primo romanzo 'decadente' della letteratura italiana: una storia d'amore vissuta con una morbosa passionalità, che ha come protagonista una donna fatale.

T4 In *Canne al vento*, Grazia Deledda recupera il tema universale della colpa e dell'espiazione, dando vita a un personaggio tormentato e afflitto da una malattia dell'anima.

Gabriele D'Annunzio

I capolavori in prosa

T1 Andrea Sperelli (Il piacere)

T2 L'asta (Il piacere)

T3 Il programma politico del Superuomo
(Le vergini delle rocce)

T4 «Scrivo nell'oscurità» (Notturno)

Canto novo e Poema paradisiaco

T5 O falce di luna calante (Canto novo)

T6 Consolazione (Poema paradisiaco)

Alcyone

T7 La sera fiesolana

T8 La pioggia nel pineto

T9 Le stirpi canore

Laboratorio delle competenze

T10 TESTO LABORATORIO – I pastori (Alcyone)

T11 ANALISI DEL TESTO – La sabbia del tempo
(Alcyone)

Gabriele D'Annunzio

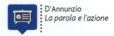

D'Annunzio
La parola e l'azione

Gabriele D'Annunzio in una fotografia del primo Novecento.

La vita e le opere

La vita come «opera d'arte» Fin dagli anni giovanili Gabriele D'Annunzio è animato dalla convinzione che sia necessario «*fare* la propria vita, come si fa un'opera d'arte». Egli, quindi, costruisce il proprio personaggio in base a precisi criteri estetici, attraverso la costante ricerca del «bel gesto» e di quella «vita inimitabile» che, attentamente pubblicizzata, fa di lui un vero e proprio mito per tutta una generazione. Protagonista in campo sentimentale, intellettuale e politico, D'Annunzio vive all'insegna dello scandalo, influenzando la società italiana con il suo "dannunzianesimo", così descritto dal critico Enrico Ghidetti: «un fenomeno di costume culturale di inedita portata, incentrato sul culto della personalità di uno scrittore cui aveva arriso un contrastato successo di pubblico, da sempre censurato per ragioni moralistiche e giudicato dalla critica con un'ombra di sospetto, anche quando si trattasse di un franco riconoscimento all'opera sua».

La formazione Nato a Pescara il 12 marzo 1863 da famiglia borghese, Gabriele Rapagnetta modifica presto il proprio cognome in quello di D'Annunzio, che il padre ha acquisito da un facoltoso zio adottivo. Vivace e precocissimo, compie i primi studi a Pescara e nel 1874 entra al collegio Cicognini di Prato, una delle più prestigiose scuole italiane del tempo, dove, nonostante la condotta a tratti indisciplinata, consegue la maturità classica nel 1881. La lettura delle *Odi barbare* di Carducci e il desiderio di fama letteraria lo spingono, appena sedicenne, a comporre e pubblicare a spese del padre la prima raccolta di versi, *Primo vere* (1879), accolta con favore dalla critica anche grazie a uno spregiudicato lancio pubblicitario: nei giorni dell'uscita del libro, D'Annunzio fa infatti diffondere sui giornali la falsa notizia della propria morte in seguito a una caduta da cavallo, incrementando notevolmente le vendite del volumetto.

Il periodo romano: vita mondana ed estetismo Nel 1881 D'Annunzio si trasferisce a Roma per frequentare l'università. Si iscrive alla facoltà di lettere ma non terminerà mai gli studi, preferendo frequentare i salotti e l'ambiente letterario della capitale, dove si fa conoscere con liriche, cronache mondane e resoconti di esposizioni d'arte apparse su giornali come «Cronaca Bizantina», «Fanfulla della Domenica», «Capitan Fracassa» e la «Tribuna», di cui dal 1884 diviene redattore stabile. Grazie all'editore Angelo Sommaruga, nel 1882 pubblica *Canto novo*, raccolta poetica in cui la lezione carducciana si unisce alla ripresa dei classici per esprimere temi legati alla sensualità e alla compenetrazione con la natura; e *Terra vergine*, novelle ambientate nel mondo contadino abruzzese, descritto come un universo arcaico, dominato da istinti primitivi e violenti. Nel 1883, dopo averla "compromessa", sposa la giovane duchessa Maria Hardouin di Gallese, da cui avrà tre figli. Nei primi anni di matrimonio pubblica *Intermezzo di rime* (1884) e *Isaotta Guttadàuro* (1886), raccolte che inaugurano la fase dell'estetismo decadente, fatta di atmosfere erotiche e torbide, all'epoca considerate scandalose per la materia audacemente sensuale.

Al successo letterario si accompagna quello mondano, raggiunto attraverso una vita di lusso sfrenato, scandali, duelli e amori. Dall'aprile del 1887 D'Annunzio si lega a Barbara Leoni, destinata a restare «il più grande amore», anche dopo la fine della loro storia, durata un quinquennio. Barbara è per il poeta una vera e propria musa: grazie a lei, riprende l'attività creativa e accumula materiali in vista dei prossimi lavori (a Barbara è esplicitamente ispirata Ippolita Sanzio, la protagonista femminile de *Il trionfo della morte*). Nel 1888, da luglio a dicembre, D'Annunzio si ritira in Abruzzo per scrivere il suo primo romanzo, *Il piacere*, pubblicato nel 1889 a Milano dall'editore Treves (che successivamente stampa anche le raccolte poetiche *Isottèo – La Chimera*, ricavate dal precedente *Isaotta Guttadàuro*). Il successo de *Il piacere*, opera manifesto dell'estetismo dannunziano e compiaciuta rappresentazione della Roma di fine Ottocento, è tale da mettere in ombra quello di *Mastro-don Gesualdo*, il grande romanzo di Verga pubblicato sempre da Treves quello stesso anno.

Al periodo romano appartengono anche le *Elegie romane* (1892), in cui il poeta ricostruisce la storia d'amore con la Leoni e l'estetismo decadente lascia spazio a uno stile più misurato e classicheggiante.

Il biennio napoletano: la fase della "bontà"

Assediato dai creditori, nel 1891 D'Annunzio si trasferisce a Napoli, dove collabora a «Il Mattino», giornale fondato da Matilde Serao ed Edoardo Scarfoglio. Mutando completamente orizzonte culturale e ideologico, abbandona le atmosfere languide ed estetizzanti del periodo romano per confrontarsi con temi più intimistici legati al recupero dell'innocenza e della purezza. Sia il racconto lungo *Giovanni Episcopo* – pubblicato nel 1891 sulla rivista «La Nuova Antologia» con il titolo *Dramatis personae* – sia il romanzo *L'innocente* (1892) sono incentrati sul motivo del castigo e della colpa e si rifanno al modello di scrittori russi come Tolstoj e Dostoevskij. Il nuovo metodo di scrittura è dichiarato nella dedica di *Giovanni Episcopo* («Bisogna studiare gli uomini e le cose DIRETTAMENTE, senza trasposizione alcuna») e applicato rigorosamente nell'*Innocente*. Qui, la lunga e tormentata confessione del protagonista, Tullio Hermil, colpevole dell'omicidio del figlio illegittimo della moglie Giuliana, viene alternata alla descrizione quasi naturalistica del delitto, in una perfetta compresenza di analisi psicologica e realismo. Nonostante l'iniziale scetticismo (Treves rifiuta di pubblicare il romanzo, che appare a puntate sul «Corriere di Napoli»), *L'innocente* ottiene un grande successo sia in Italia sia all'estero.

Sul versante poetico, nel 1893 D'Annunzio dà alle stampe il *Poema paradisiaco*, in cui l'io lirico compie, all'interno di una struttura quasi narrativa, un ideale cammino a ritroso verso la sua infanzia e il recupero della semplicità degli affetti familiari.

Nel frattempo, nonostante le precarie condizioni economiche, il poeta avvia una nuova relazione con Maria Gravina Cruyllas, già madre di quattro figli: immerso nello scandalo per adulterio, ha tuttavia due figli dalla donna, Renata (che lo assisterà nella scrittura del *Notturno*) e Gabriele.

Il ritorno in Abruzzo e i romanzi del «superuomo»

Le difficoltà seguite alla morte del padre (1893) inducono il poeta a ritornare in Abruzzo, dove compone i romanzi *Il trionfo della morte* (1894) e *Le vergini delle rocce* (1895), scritto durante il ritiro nel villino Mammarella, a Francavilla. Entrambe le opere sono ispirate alla teoria del «superuomo» del filosofo tedesco Friedrich Nietzsche e hanno come protagonisti individui eccezionali, proiettati verso la piena realizzazione della propria volontà di potenza. Ma mentre Giorgio Aurispa, protagonista de *Il trionfo della morte*, è condotto al fallimento esistenziale dall'amore per la sensuale e conturbante Ippolita Sanzio, non sappiamo quale doveva essere la conclusione de *Le vergini delle rocce*, primo capitolo di una trilogia mai realizzata: il progetto di Claudio Cantelmo (generare un figlio capace di riscattare l'Italia dalla miseria e dal declino) si interrompe infatti prima che questi abbia scelto la sua futura moglie.

Nell'estate del 1895 D'Annunzio intraprende, insieme ad alcuni amici, un viaggio in nave in Grecia: tale esperienza ispira alcune poesie per il dramma *La città morta* ma, soprattutto, verrà rievocata a distanza di alcuni anni nel poema *Maia*.

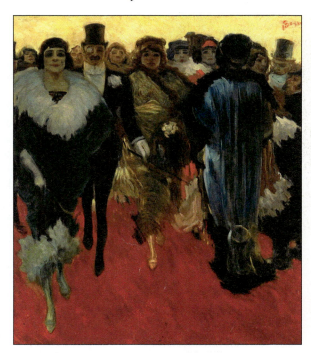

Aroldo Bonzagni, *Mondanità*, 1910.

La parola all'autore

La «gran fiera di ideali a buon mercato»

Nel 1895 il ventiquattrenne Ugo Ojetti, già promettente giornalista, pubblica *Alla scoperta dei letterati*, in cui raccoglie una serie di interviste ai più famosi scrittori italiani dell'epoca. D'Annunzio, incontrato nel suo *buen retiro* di Francavilla, gli appare «ancora biondo e fresco e vigoroso e speranzoso come ai venti anni». Durante la lunga conversazione, con «voce acuta, precisa, lenta che si compiace di accompagnare le care parole lettera per lettera fino all'ultima vocale», il poeta analizza lucidamente le leggi che regolano il mercato editoriale.

L'Europa è inondata di quella letteratura che si suol chiamare amena[1]. [...] Il commercio della prosa narrativa non era mai giunto a un tal grado d'attività. L'appetito sentimentale della moltitudine non era mai giunto a un così rapido consumo di alimenti letterarii. Tutte le varietà e tutti i miscugli sono offerti al gusto dei compratori in questa gran fiera di ideali a buon mercato. [...] Ma tra il romanzo sottile e appassionato e perverso, che la dama assapora con lentezza voluttuosa nella malinconia del suo salotto, e il romanzo di avventure sanguinarie, che la plebea divora seduta al banco della sua bottega, c'è soltanto una differenza di valore. Ambedue i volumi servono ad appagare un medesimo bisogno, un medesimo appetito: il bisogno del sogno, l'appetito sentimentale. Ambedue in diverso modo ingannano un'inquieta aspirazione ad escir[2] fuori dalla realtà[3] mediocre, un desiderio vago di trascendere l'angustia[4] della vita comune, una smania quasi incosciente di vivere una vita più fervida e più complessa. [...] La folla conserva pur sempre, e conserverà fino alla fine dei secoli, la tendenza ad elevarsi, per mezzo della finzione, fuori del cerchio angusto in cui s'agita e soffre. L'arte dunque, che nelle sue forme supreme rimane godimento dei pochi, risponde in realtà a un bisogno diffuso.

1. amena: *leggera, di puro intrattenimento.*
2. escir: *uscire.*
3. realtà: *vita di tutti i giorni, realtà.*
4. angustia: *ristrettezza.*

Il periodo fiorentino e l'approdo al teatro

Nel settembre del 1895 D'Annunzio incontra a Venezia la famosa attrice teatrale Eleonora Duse, con la quale inizia una relazione tormentata, destinata a durare un decennio. Dopo aver viaggiato in diverse città italiane, nel **1898** i due si stabiliscono a Settignano, sulle colline intorno a **Firenze**, nella villa «La Capponcina», dove conducono una vita estremamente lussuosa, incuranti dei debiti.
La vicinanza della Duse e la volontà di veicolare il messaggio superomistico a un pubblico più ampio spingono D'Annunzio a cimentarsi nella **produzione teatrale**. Nel 1898 viene rappresentata a Parigi *La città morta*, ambientata presso le rovine di Micene: nonostante l'interpretazione della celebre attrice Sarah Bernhardt (che il poeta ha alla fine preferito alla Duse) il dramma ottiene però un limitato successo. Nei mesi successivi D'Annunzio accompagna la Duse nel suo tour dall'Egitto alla Grecia e compone altri lavori, per lo più imbevuti di temi nazionalistici (*La gloria*, 1899; *La Gioconda*, 1899; *Francesca da Rimini*, 1901) che vengono scarsamente considerati da pubblico e critica. Il successo teatrale arriva solo con *La figlia di Iorio* (1903), dramma in versi ambientato in un **Abruzzo arcaico** e dominato da **passioni violente**, che racconta la torbida vicenda dei promessi sposi Mila e Aligi e del suocero Lazzaro, mosso da un'insana passione per la fanciulla, che spingerà Aligi al parricidio.

L'impegno politico

La crescente fama letteraria e il desiderio di tradurre in azione le proprie aspirazioni ideologiche spingono D'Annunzio a impegnarsi in **politica**: nel 1897, in seguito alla caduta del governo Crispi, viene eletto **deputato della destra** nel collegio di Ortona. Anche in questo ambito D'Annunzio si segnala per l'**atteggiamento spregiudicato** e per i gesti spettacolari, che lo portano a passare teatralmente nel marzo del **1900** nelle file della **sinistra** al grido di «vado verso la vita». Alle elezioni dell'anno seguente, D'Annunzio si presenta nelle liste socialiste, ma non viene eletto e conclude così la sua esperienza parlamentare, dedicandosi interamente al progetto delle *Laudi*. Nel frattempo, completa il romanzo *Il fuoco* (1900), ancora appartenente alla produzione superomistica. Il protagonista, Stelio Effrena, ambisce a diventare un **nuovo Wagner**, realizzando un'opera d'arte totale di superiore bellezza, ma il suo progetto fallisce a causa del tormentato amore per Foscarina (personaggio ispirato alla Duse), che ha come sfondo una **Venezia** intrisa di presagi di morte e disfacimento.

Il progetto delle *Laudi*

Gli anni a cavallo tra i due secoli vedono D'Annunzio impegnato in una feb-

Gabriele D'Annunzio

brile attività letteraria, il cui vertice è rappresentato dalle *Laudi*, raccolta poetica caratterizzata dall'originale **fusione fra superomismo e simbiosi con la natura (panismo)**. Il progetto originario dell'opera (dal roboante titolo *Laudi del cielo, del mare, della terra e degli eroi*) prevedeva **sette libri** (uno per ogni stella delle Pleiadi), ma solo **cinque furono realizzati**: i primi tre libri (*Maia*, *Elettra*, *Alcyone*) costituiscono un **insieme unitario**, anche dal punto di vista compositivo. *Maia* (scritto dopo gli altri due ma pubblicato per primo, nel 1903) è un lungo poema in versi liberi – la *Laus vitae* – in cui si rievocano le tappe di un **viaggio ideale** che ha il suo centro nella **Grecia antica** e si risolve in un inno di **lode alla vita nella sua sensualità dionisiaca**. In *Elettra* (pubblicata assieme ad *Alcyone* nel 1904) predomina l'**ideologia nazionalistica e celebrativa**: la raccolta riunisce infatti componimenti dedicati a eroi del passato (da Verdi a Dante), cui seguono le liriche della *Città del silenzio*, in cui si evoca lo splendore malinconico di alcune città della provincia italiana (Ferrara, Rimini, Perugia e altre).
Il frutto più maturo della poesia delle *Laudi* è però *Alcyone*, una sorta di **diario poetico** di una lunga **vacanza estiva** trascorsa sulle coste della Versilia. Nelle liriche di *Alcyone* la poesia dannunziana si libera da sovrastrutture retoriche e intenti celebrativi, lasciando ampio spazio alla **fusione panica con la natura**, alla rivisitazione dei **miti classici** e alla **musicalità** di una parola poetica che asseconda il fluire di immagini di grande sensualità e suggestione evocativa. Gli ultimi due libri della raccolta testimoniano invece il progressivo **isterilirsi dell'ispirazione** dannunziana, ormai rivolta verso toni nazionalistici e retorici. *Merope* (1912) comprende le dieci *Canzoni delle gesta d'oltremare*, dedicate all'impresa coloniale in Libia, mentre una parziale realizzazione di *Asterope* si ritrova nei *Canti della guerra latina* (1933), che riunisce testi composti durante la prima guerra mondiale.

L'esilio in Francia
Intorno al 1904, la relazione con la Duse volge ormai al termine e il poeta si lega ad altre donne. Forte del successo della *Figlia di Iorio*, D'Annunzio **intensifica la produzione teatrale**, scrivendo quasi una tragedia all'anno: *La fiaccola sotto il moggio* (1905), *Più che l'amore* (1906), *La nave* (1907) e *Fedra* (1909). Quest'ultima presenta il tema dell'incesto, affine al coevo romanzo *Forse che sì forse che no* (1910), in cui il superuomo assume le sembianze di Paolo Tarsis, un aviatore che riesce a liberarsi dalla passione distruttiva e morbosa per Isabella e a realizzare inaspettatamente la trasvolata dal continente alla Sardegna.
Intanto la **situazione economica** di D'Annunzio è sempre più **drammatica** e nel 1910 il poeta è costretto a recarsi in «volontario esilio» in **Francia** per sfuggire ai creditori. Resta oltralpe per cinque anni, prima a Parigi e poi in una villa sull'Atlantico, e nel 1911 compone, in francese, per la danzatrice Ida Rubinstein, *Le martyre de Saint Sébastien*, musicato da Claude Debussy. In questa fase, che lui stesso definirà «la mia terza giovinezza», D'Annunzio sperimenta nuovi temi e forme. Nella produzione narrativa prevalgono **prose brevi di contenuto spesso autobiografico**, dal tono pensoso e malinconico. Nella *Contemplazione della morte* (1912), che riunisce testi scritti per la morte di Pascoli e dell'amico francese Adolphe Bermond, D'Annunzio si abbandona al libero fluire dei ricordi e delle riflessioni intimistiche. Un intento analogo anima anche le **prose di carattere frammentario e diaristico** inviate al «Corriere della Sera» tra il 1911 e il 1914, e raccolte in volume nel 1924, con il titolo *Le faville del maglio*. Nel 1914 D'Annunzio si cimenta anche nel **cinema**, firmando la sceneggiatura di *Cabiria*, dramma di ispirazione classica diretto da Giovanni Pastrone. Non sembra però felice di questa impresa, se non per l'aspetto puramente economico; l'8 aprile 1914 scrive infatti a Emilio Treves: «ho guadagnato in tre o quattro ore cinquantamila lire, come in una bisca qualunque pel favore della fortuna guercia e lercia».

Il «poeta-soldato» e l'impresa di Fiume
Tornato in Italia nel 1915, D'Annunzio si distingue per l'**acceso interventismo**. I suoi violenti discor-

Gabriele D'Annunzio durante una manifestazione interventista nel 1915 a Roma, ritratto sulla prima pagina de «La Domenica del Corriere».

La parola all'autore

L'impresa di Fiume secondo D'Annunzio

Quando D'Annunzio decide di occupare Fiume non incontra resistenza da parte dell'esercito italiano. Ma dopo alcuni giorni, il governo, presieduto da Francesco Saverio Nitti (1868-1953), intima ai legionari di abbandonare la città. D'Annunzio risponde con una polemica lettera inviata al «Popolo d'Italia», quotidiano politico di area socialista, diretto all'epoca da Benito Mussolini. La missiva viene pubblicata il 20 settembre, priva però di tutte quelle parti che chiamavano direttamente in causa Mussolini e i nazionalisti (in corsivo nel testo riportato sotto), accusati di scarso impegno e di non riuscire a trovare finanziamenti per l'impresa.

Mio caro Mussolini, *mi stupisco di voi e del popolo italiano*. Io ho rischiato tutto, ho fatto tutto, ho avuto tutto. Sono padrone di Fiume, del territorio, d'una parte della linea d'armistizio[1], delle navi; e dei soldati che non vogliono obbedire se non a me. Nessuno può togliermi di qui. Ho Fiume; tengo Fiume finché vivo, inoppugnabilmente[2]. *E voi tremate di paura! Voi vi lasciate mettere sul collo il piede porcino del più abbietto truffatore che abbia mai illustrato la storia del canagliume universale*[3]. *Qualunque altro paese – anche la Lapponia – avrebbe rovesciato quell'uomo, quegli uomini. E voi state lì a cianciare, mentre* noi lottiamo d'attimo in attimo, con un'energia che fa di quest'impresa la più bella dopo la dipartita dei Mille. *Dove sono i combattenti, gli arditi, i volontari, i futuristi*[4]? Io ho tutti soldati qui, tutti soldati in uniforme, di tutte le armi. È un'impresa di regolari. *E non ci aiutate neppure con sottoscrizioni e collette.* Dobbiamo fare tutto da noi, con la nostra povertà. *Svegliatevi! E vergognatevi anche.* Se almeno mezza Italia somigliasse ai Fiumani, avremmo il dominio del mondo. Ma Fiume non è se non una cima solitaria dell'eroismo, dove sarà dolce morire ricevendo un ultimo sorso della sua acqua. *Non c'è proprio nulla da sperare? E le vostre promesse? Bucate almeno la pancia che vi opprime, e sgonfiatela. Altrimenti verrò io quando avrò consolidato qui il mio potere. Ma non vi guarderò in faccia.* Su! Scuotetevi, *pigri nell'eterna siesta!* Io non dormo da sei notti; e la febbre mi divora. Ma sto in piedi. E domandate come, a chi m'ha visto. Alalà[5]

1. linea d'armistizio: una linea di confine sorvegliata dall'esercito italiano, che andava da Ronchi a Fiume.

2. inoppugnabilmente: *senza alcun dubbio*.

3. il piede … universale: si riferisce al presidente del consiglio Nitti.

4. i combattenti … i futuristi: D'Annunzio cita quei gruppi e quelle associazioni che, a parole, avevano manifestato il loro entusiastico appoggio all'impresa di Fiume, contrapponendoli ai soldati dell'esercito regolare che formano la sua "legione".

5. Alalà: esclamazione di esultanza (di origine greca) che D'Annunzio riprese per celebrare la Beffa di Buccari.

---

si a favore dell'entrata in guerra conquistano le folle e contribuiscono a mobilitare l'opinione pubblica. Nonostante l'età già avanzata, si arruola volontario nell'esercito. Ferito all'occhio destro in un incidente di volo e costretto a una temporanea cecità, a partire dal 1916 scrive il *Notturno* (pubblicato solo nel 1921). Composto durante la lunga convalescenza, anche grazie all'aiuto della figlia Renata, questo «comentario delle tenebre» rappresenta un vero e proprio taccuino spirituale, che procede per frammenti di ineguagliabile perfezione stilistica.

Una volta guarito, nel 1918 si rende protagonista di due episodi di grandissima rilevanza internazionale: in febbraio, guida tre motoscafi al siluramento di una corazzata austriaca all'interno di una baia della costa dalmata (è la cosiddetta beffa di Buccari), mentre in agosto sorvola Vienna lanciando sulla città manifesti tricolori.

Alla fine della guerra, deluso dalle mancate concessioni del Trattato di Versailles, D'Annunzio agita lo spettro della «vittoria mutilata», rivendicando per l'Italia il possesso delle terre di Fiume e della Dalmazia, passate alla Jugoslavia. L'11 settembre 1919 il poeta parte da Ronchi, in Friuli, con un piccolo esercito d'irredentisti (detti "legionari"), e il giorno seguente occupa la città di Fiume in nome del popolo italiano, proclamando uno Stato indipendente, la Reggenza Italiana del Carnaro. L'impresa di Fiume è acclamata dai nazionalisti italiani, ma rischia di far precipitare l'Europa in un nuovo conflitto: nel novembre del 1920 il governo Giolitti firma il Trattato di Rapallo, che riconosce a Fiume lo statuto di città libera. D'Annunzio rifiuta di riconoscere l'accordo e nel dicembre del 1920 le truppe italiane assediano la città e dopo quattro giorni di combattimenti (il "Natale di sangue") costringono i legionari ad abbandonare la città.

Il ritiro al Vittoriale Conclusa l'impresa fiumana, nel 1921 il poeta decide di ritirarsi in una sorta di volontaria clausura nella villa di Gardone Riviera (poi ribattezzata «il Vittoriale degli Italiani»), lussuosamente arredata con i finanziamenti dello Stato, che riceverà la villa in eredità alla morte del poeta. In questa sorta di museo delle sue gesta, accudito dall'aman-

Gabriele D'Annunzio

te Luisa Bàccara, egli vive appartato, controllato dalle spie di Benito Mussolini, che ufficialmente lo esalta come vate della patria ma in realtà ne teme il carisma. L'**atteggiamento** di D'Annunzio **verso il fascismo** è **ambiguo**: celebra con scritti d'occasione l'impresa di Etiopia (1935-1936), ma non si schiera apertamente a favore del Duce, cui riserva nelle conversazioni private un acre disprezzo. Tuttavia, il consenso ufficiale al fascismo gli assicura il sostegno finanziario del regime, liberandolo finalmente dalle preoccupazioni economiche, e gli procura numerose onorificenze, come la nomina a principe di Montenevoso, voluta da Mussolini nel 1924, dopo l'annessione di Fiume.

Tra il 1927 e il 1936, D'Annunzio ordina i suoi scritti nei 49 volumi dell'*Opera Omnia* e nel 1935 pubblica il **Libro segreto**, testo autobiografico in cui ripercorre, con uno **stile frammentario e intimo**, i momenti salienti della sua esistenza. Ormai avviato verso la decadenza fisica e intellettuale, trascorre gli ultimi anni in un crescente isolamento e il **1° marzo del 1938 muore** per un'emorragia cerebrale.

⬤ Sosta di verifica

1 Come si intitola la prima raccolta di D'Annunzio? Di quale originale stratagemma si serve il poeta per pubblicizzarla?

2 Da quali temi è caratterizzata la produzione nel periodo della "bontà"?

3 Quali romanzi dannunziani fanno parte della produzione superomistica?

4 Con quale opera teatrale D'Annunzio raggiunge il successo? Dove è ambientata e quale è la vicenda rappresentata?

5 Come si chiamano i primi tre libri delle *Laudi* e quando vengono pubblicati?

6 Quali sono i tratti distintivi dell'ultima produzione narrativa di D'Annunzio? Con quale termine viene definita?

7 Che cos'è la Reggenza Italiana del Carnaro?

8 Come si caratterizza l'atteggiamento di D'Annunzio verso il regime fascista?

⬤ La vita e le opere

1879-1882 **Gli esordi**	• studia al collegio Cicognini di Prato • pubblica la prima raccolta poetica *Primo vere* (1879), seguita da *Canto novo* (1882) • pubblica il primo volume di novelle, *Terra vergine* (1882)
1883-1892 **Il periodo romano:** **l'estetismo**	• si iscrive all'università di Roma (lettere), ma non terminerà gli studi • comincia a leggere l'opera di Nietzsche • scrive alcune raccolte poetiche: *Intermezzo di rime* (1884), *Isaotta Guttadàuro* (1886), *Elegie romane* (1892) • pubblica il primo romanzo, *Il piacere* (1889)
1892-1893 **Il biennio della** **"bontà"**	• nel 1892 pubblica in volume il racconto lungo *Giovanni Episcopo* e il romanzo *L'innocente* • pubblica la raccolta poetica *Poema paradisiaco* (1893)
1894-1909 **La fase** **del superomismo**	• pubblica il romanzo *Il trionfo della morte* (1894) • pubblica il romanzo *Le vergini delle rocce* (1895) • pubblica il romanzo *Il fuoco* (1900) • si dedica alla scrittura delle raccolte poetiche del ciclo delle *Laudi*: *Maia* (1903), *Alcyone* (1904), *Elettra* (1904)
1910-1921 **L'ultimo** **D'Annunzio**	• nel 1910-1915 si esilia in Francia • nel 1915-1916 partecipa alla prima guerra mondiale • impresa di Fiume e Reggenza italiana del Carnaro (1919-1920) • nel 1921 si ritira a Gardone Riviera, nella villa del «Vittoriale degli Italiani» • esce il *Notturno* (1921)

La vita e le opere

Il pensiero e la poetica

Una produzione eterogenea L'opera dannunziana è costituita da numerosissimi testi, caratterizzati da un'estrema **varietà di forme, temi e generi**: poesie, novelle, romanzi, prose d'arte e autobiografiche, testi teatrali in versi e in prosa. Questa **continua sperimentazione**, frutto di una curiosità onnivora che spinge l'autore a reinterpretare i modelli più diversi – da Carducci a Verga ai simbolisti francesi – convive però con un'intima unità. Pur nei suoi esiti così differenti, l'arte di D'Annunzio si fonda su **due elementi costanti**: sul piano formale, la **ricerca di uno stile elevato e letterario** espresso attraverso un vero e proprio 'culto della parola'; sul piano dei contenuti, una visione del mondo dominata da un'**accesa sensualità**, che lo spinge a possedere la vita in tutti i suoi aspetti.

Cesare Laurenti, *Visione antica*, 1901.

L'Estetismo Nella prima fase della ricerca artistica dannunziana, tali atteggiamenti trovano espressione nell'Estetismo, tendenza che si inserisce nella più vasta corrente del **Decadentismo**. In una stretta **compenetrazione tra arte e vita**, D'Annunzio rivolge la propria esistenza e la propria opera verso la ricerca di sensazioni raffinate ed esaltanti, all'insegna del **culto della Bellezza** intesa come valore unico e assoluto. Nella sua produzione estetizzante vengono quindi esaltati la ricerca del bello e il principio dell'**«arte per l'arte»**, secondo cui l'opera d'arte ha in primo luogo un valore estetico ed è libera da ogni vincolo etico e morale.

Il superomismo Negli anni Ottanta D'Annunzio scopre, attraverso la musica di Richard **Wagner** (1813-1883), il pensiero di Friedrich **Nietzsche** (1844-1900). Reinterpretando con grande libertà – e non senza alcune banalizzazioni – le teorie del filosofo tedesco, egli fa propria la teoria del **«superuomo»** (*Übermensch*), inteso come individuo dalla **sensibilità eccezionale e superiore alla mas-**

La parola alla critica

Ezio Raimondi, *L'Estetismo come risposta alla «volgarità del mondo moderno»*

In un saggio sull'estetismo dannunziano, il critico Ezio Raimondi mette in relazione il disprezzo di D'Annunzio per la società borghese con la necessità di dare al pubblico dei suoi lettori un nuovo modello di artista, rendendo la propria stessa vita inimitabile come un'opera d'arte.

La volgarità del mondo moderno fa sempre da retroscena o da cornice all'estetismo dannunziano, e ne rappresenta alla fine il polo negativo, il contrappunto dialettico. Viene alla memoria l'esordio del *Piacere*, dove si spiega, con una correlazione quanto mai sintomatica e scopertamente ideologica, che «sotto il grigio diluvio democratico odierno, che molte belle cose e rare sommerge miseramente, va anche a poco a poco scomparendo quella special classe di antica nobiltà italica, in cui era tanto viva di generazione in generazione una certa tradizione familiare d'alta cultura, d'eleganza e di arte». [...] L'idea della bellezza (di cui D'Annunzio si fa portavoce) comporta una protesta informe contro il mondo borghese delle cose grigie, disumane, disperse, e con la promessa di «continuare» la natura in un ciclo infinito di esaltanti epifanie[1] esige un'identificazione di arte e vita, che alla lunga si traduce, per la letteratura, nella necessità di trascendere di continuo se stessa, di farsi gesto, evento mistico di un'esistenza totale. Assunta così quale principio unico di verità, la religione della bellezza diventa però nello stesso tempo un mezzo per blandire il pubblico.

E. Raimondi, *Una vita come un'opera d'arte*, in *I sentieri del lettore*, Bologna, Il Mulino, 1994

1. epifanie: *rivelazioni*.

La parola alla critica

Carlo Salinari, *D'Annunzio e l'ideale del superuomo*

In un famoso saggio sul Decadentismo italiano, il critico Carlo Salinari analizza la figura del superuomo tratteggiata nei romanzi di D'Annunzio, riassumendone gli elementi salienti.

Il superuomo dannunziano, al suo primo apparire, presenta alcune caratteristiche che potrebbero così riassumersi: culto dell'energia dominatrice sia che si manifesti come forza (e violenza) o come capacità di godimento o come bellezza; ricerca della propria tradizione storica nella civiltà pagana, greco-romana, e in quella rinascimentale; concezione aristocratica del mondo e conseguente disprezzo della massa, della plebe e del regime parlamentare che su di essa è fondato; l'idea di una missione di potenza e di grandezza della nazione italiana da realizzarsi soprattutto attraverso la gloria militare; giudizio totalmente negativo sull'Italia postunitaria e necessità di energie nuove che la sollevino dal fango; concetto naturalistico, basato sul sangue e sulla stirpe ed altri elementi fisici, sia della nazione che del superuomo destinato a incarnarla e a guidarla.

C. Salinari, *Miti e coscienza del Decadentismo italiano*, Milano, Feltrinelli, 1976

---

sa, chiamato a opporsi alle convenzioni borghesi e legittimato a imporre la propria **volontà di potenza** sul mondo. Questo individuo straordinario, dotato di un'energia creatrice che lo pone al di là delle regole morali, si identifica nella visione dannunziana con l'**artista**. Rispetto alla scelta dell'esteta, che si appartava dalle masse per sottolineare la propria eccezionalità, il superuomo si pone alla guida del popolo, trasformandosi in «**poeta-vate**» e assumendo **atteggiamenti aggressivi e antidemocratici**, come accade al protagonista de *Le vergini delle rocce* (1895).

Alla luce dell'ideologia superomistica si comprendono quindi anche le scelte politiche di D'Annunzio, decisamente ostili al «grigio diluvio democratico» e favorevoli a **prese di posizione spettacolari e autoritarie**, che vanno dall'acceso interventismo prebellico all'impresa di Fiume. In realtà, anche in politica D'Annunzio cerca soprattutto un'affermazione personale, una sorta di palcoscenico ideale da cui guidare le masse verso mete che interpretano le **pulsioni nazionalistiche** del suo tempo. In questo modo, sottolineando la propria funzione di «vate», egli reagisce anche, in modo più o meno consapevole, alla perdita di importanza dell'intellettuale nella società moderna, riaffermando la missione del poeta come **guida civile e morale** della collettività.

Il panismo Ai nostri occhi di lettori moderni, i testi dannunziani più significativi sono quelli in cui il superuomo cerca la propria affermazione non nella storia contingente, ma nel **contatto profondo con la natura**. Nelle liriche di *Alcyone* la sensualità tipica della poesia dannunziana diviene aspirazione alla **fusione dell'io con il cosmo**, ebbrezza dell'immersione totale nella natura, secondo il principio del **panismo** (da Pan, dio greco della natura e dei boschi). Questo sentimento naturalistico e paganeggiante, di chiara matrice decadente, si accompagna spesso alla ripresa dei **miti della Grecia classica**, simbolo di un'esistenza libera, a contatto con la natura e con l'origine stessa dell'ispirazione poetica, che si contrappone al grigiore della moderna società industriale.

Il potere della parola poetica Strumento privilegiato per la fusione tra io e natura e per il raggiungimento della Bellezza è, per D'Annunzio, la **parola poetica**, sfruttata in tutte le sue potenzialità espressive ed evocative. La ricerca di un **linguaggio elitario e iperletterario** rifugge dai termini banali e consueti e sembra avvolgere la pagina di un'aura suggestiva e musicale, attraverso scelte lessicali inconsuete e spesso arcaizzanti. Fondamentale è, secondo la **lezione dei simbolisti** e in particolare di **Verlaine**, la **musicalità del verso**, ottenuta con il rifiuto di schemi metrici precostituiti e l'approdo al **verso libero**, ricco di risonanze foniche interne e sfondo privilegiato per il fluire delle immagini, legate spesso da una sottile **trama di analogie**, con frequenti sinestesie ispirate ai versi di Baudelaire.

◖ Sosta di verifica

1 Che cosa si intende per "poetica dell'estetismo"?

2 Quali sono i tratti distintivi del superuomo dannunziano?

3 Che cosa è il panismo? In quali opere di D'Annunzio si manifesta in modo compiuto?

4 A quale corrente si ispira D'Annunzio nella sua ricerca di musicalità e potere evocativo della parola poetica?

Il pensiero e la poetica

Approfondimento

D'Annunzio e l'arte della comunicazione

Un grande comunicatore D'Annunzio è stato uno dei primi intellettuali a intuire le enormi potenzialità insite nell'uso dei mass-media a scopo pubblicitario e autopromozionale; non a caso, fin da giovanissimo utilizza sempre la stampa per dare risalto alle sue imprese, siano amorose, militari, o strettamente letterarie. Il successo della comunicazione dannunziana risiede nell'ampia accessibilità della sua parola, destinata a stimolare l'immaginario della massa attraverso altisonanti combinazioni verbali, che però si radicano astutamente nel patrimonio dei sentimenti collettivi. Nell'articolo *Preambolo*, apparso su «La Tribuna» del 7 giugno 1893, lo scrittore afferma: «Conviene dunque all'artista moderno immergersi di tratto in tratto nelle medie correnti vitali e mettere la propria anima in contatto con l'anima collettiva per sentire la tendenza oscura ma incessante e inarrestabile – se egli aspira a divenire l'interprete e il messaggero del suo tempo». Tale aspirazione è pienamente appagata grazie al suo impegno letterario e culturale, che si misura di volta in volta nel campo della pubblicità, nella creazione di slogan propagandistici e nello svecchiamento della lingua nazionale.

La pubblicità Negli anni della maturità, D'Annunzio lavora anche come creatore di campagne pubblicitarie, collaborando in qualità di *copywriter* per i più grossi nomi della cartellonistica italiana, come Marcello Dudovich e Leonetto Cappiello. Suo è, per esempio, il suggestivo nome «La Rinascente», usato per rilanciare i grandi magazzini di Milano che, nel 1917, erano stati completamente distrutti da un incendio, così come quello di «Saiwa» (acronimo di Società Accomandita Industria Wafer e Affini) per l'omonima azienda di biscotti. Con un atteggiamento da pubblicitario consumato D'Annunzio non si fa scrupoli a sfruttare commercialmente persino la drammatica vicenda di Fiume, accettando di chiamare «I profumi del Carnaro» una linea di sei essenze – tra cui figura anche la colonia «Acqua di Fiume» – prodotte da un'industria veronese. L'elaborazione artistica di questa campagna pubblicitaria è affidata al pittore Adolfo De Carolis (1874-1928), stimatissimo da D'Annunzio.

Il motto Con l'intento di incitare gli italiani all'amore della patria, alla guerra e alle imprese di conquista, ma anche al culto dell'arte e della vita intellettuale, D'Annunzio conia numerosi motti, ricavandoli spesso da antiche frasi latine o vecchi stemmi rinascimentali: dal famoso «*Memento audere semper*» («Ricordati di osare sempre»), che risale al 1918 e resta uno dei preferiti dallo stesso poeta, al brutale «Me ne frego!» (fatto cucire sul gagliardetto dei legionari di Fiume) o al grido di guerra «Colpire, ferire, abbattere», fino al più raffinato «Io ho quel che ho donato», che figura su un frontone d'ingresso al Vittoriale ed è anche riprodotto sui volumi dell'edizione nazionale di tutte le sue opere. Alcuni motti sono accompagnati da incisioni del pittore De Carolis, cui D'Annunzio dedica il detto «*Dant vulnera formam*» («Le ferite imprimono la forma»), per ringraziarlo di avere illustrato la prima edizione del *Notturno*. Più di un motto dannunziano verrà in seguito ereditato dalla retorica del regime fascista.

I neologismi Frequenti sono anche i neologismi che D'Annunzio introduce nella lingua italiana, come pure le espressioni entrate poi nella retorica del fascismo: termini come «velivolo», «alalà» (il grido di esultanza fascista, ripreso in realtà dal poeta greco Pindaro) e la stessa espressione «superuomo» (che traduce l'*Übermensch* di Nietzsche) sono creazioni dannunziane. Allo scrittore si deve anche l'attribuzione del genere femminile al sostantivo «automobile», in origine maschile. In una lettera a Giovanni Agnelli, egli scrive: «L'Automobile è femminile. Questa ha la grazia, la snellezza, la vivacità di una seduttrice; ha inoltre una virtù ignota alle donne: la perfetta obbedienza».

Manifesto pubblicitario dei grandi magazzini La Rinascente a Milano, realizzato da Marcello Dudovich.

I capolavori in prosa

***Il piacere*, manifesto dell'estetismo** Dopo le novelle giovanili di *Terra vergine*, influenzate dal Verismo ma dominate da atmosfere torbide e violente, D'Annunzio approda al romanzo nel **1889**, anno in cui viene pubblicato *Il piacere*. L'opera riscuote un grande successo, ma suscita anche **scandalo e polemiche** per l'evidente **immoralità del protagonista**, primo "alter ego" letterario dell'autore. D'Annunzio, che pure era partito dal proposito – di matrice naturalista – di illustrare «la miseria del piacere», ossia gli effetti negativi di una vita eccessivamente dedita alla sensualità, si concentra sul personaggio di Andrea Sperelli, nobile raffinato cresciuto nel culto della bellezza, educato dal padre a «*fare* la propria vita, come anni si fa un'opera d'arte». Il romanzo è uno dei manifesti dell'**estetismo decadente**, che negli stessi si afferma a livello europeo con *Controcorrente* di Joris-Karl **Huysmans** e *Il ritratto di Dorian Gray* di Oscar **Wilde**.

Romaine Brooks, *Gabriele D'Annunzio in esilio*, 1912.

La **trama** dell'opera, articolata in quattro libri, è quanto mai **esile**. Dopo la fine della sua appassionata relazione con la sensuale Elena Muti (che lo ha abbandonato per sposare il ricco lord Heathfield), il conte **Andrea Sperelli** vive diverse avventure galanti. Ferito in un duello, durante la convalescenza in campagna conosce Maria Ferres, una donna sposata dal carattere dolce e spirituale, che finisce con il cedere alle sue lusinghe. Incapace di scegliere tra Elena e Maria, durante il primo incontro amoroso con quest'ultima, Sperelli si lascia sfuggire incautamente il nome di Elena, provocando la fuga della donna e la fine dei suoi sogni di rigenerazione morale.
Dietro l'apparente semplicità della vicenda si cela in realtà una **struttura narrativa complessa**, poiché

La parola all'autore

«Il verso è tutto»

Nel romanzo *Il piacere* il protagonista Andrea Sperelli, raffinato esteta e "alter ego" dell'autore, pronuncia questo appassionato elogio della poesia, esaltata come superiore mezzo di conoscenza e come valore estetico assoluto, secondo i principi della poetica decadente.

Il verso è tutto. Nella imitazione della Natura nessuno strumento d'arte è più vivo, agile, acuto, vario, multiforme, plastico, obbediente, sensibile, fedele. Più compatto del marmo, più malleabile della cera, più sottile d'un fluido, più vibrante d'una corda, più luminoso d'una gemma, più fragrante d'un fiore, più tagliente d'una spada, più flessibile d'un virgulto[1], più carezzevole d'un murmure[2], più terribile d'un tuono, il verso è tutto e può tutto. Può rendere i minimi moti del sentimento e i minimi moti della sensazione; può definire l'indefinibile e dire l'ineffabile[3]; può abbracciare l'illimitato e penetrare l'abisso; può avere dimensioni d'eternità; può rappresentare il sopraumano, il soprannaturale, l'oltramirabile[4]; può inebriare come un vino, rapire come un'estasi; può nel tempo medesimo possedere il nostro intelletto, il nostro spirito, il nostro corpo; può, infine, raggiungere l'Assoluto.

1. **virgulto**: *germoglio*.
2. **murmure**: *sussurro*.
3. **l'ineffabile**: *ciò che non si può esprimere a parole*.
4. **l'oltramirabile**: *ciò che suscita straordinaria ammirazione*.

la storia inizia con Andrea che attende di rincontrare Elena e rievoca la relazione appena conclusa in un ampio *flashback*. Più che gli eventi esteriori, il romanzo si concentra sui **pensieri e le ambizioni del protagonista**, di cui vengono ambiguamente messi in luce l'amore per l'arte e il bello ma anche l'egoismo e la profonda debolezza morale, che causa infine il **fallimento** del suo superficiale progetto di vita.
Lo **stile è prezioso e letterario** e, attraverso virtuosismi e raffinate descrizioni si adegua alla vita artificiosa del protagonista e alle particolari situazioni in cui questi si trova ad agire.

Il "Superuomo": *Le vergini delle rocce*

Le vergini delle rocce (1895) è il romanzo in cui trova piena espressione la concezione nietzscheana del «superuomo». Ormai lontano dalle suggestioni estetizzanti, D'Annunzio dà voce a una violenta **polemica contro la società contemporanea**, firmando una sorta di manifesto del **superomismo «politico»**, un ideale ostile a ogni visione democratica e fondato sulla **supremazia di pochi individui eletti** destinati a guidare le masse; secondo il protagonista dell'opera, infatti, «il mondo è la rappresentazione della sensibilità e del pensiero di pochi uomini superiori, i quali lo hanno creato e quindi ampliato e ornato nel corso del tempo».
Nonostante le implicazioni politiche e sociali che prefigurano scenari destinati ad avverarsi nel giro di pochi decenni, si tratta di una visione ancora legata alla temperie culturale del **Decadentismo**, poiché porta all'estremo elementi come il **disprezzo per la morale borghese** e l'**eccezionalità della figura dell'artista** (che, nell'ideologia dannunziana, ha il ruolo di poeta-vate, guida e ispiratore della collettività che «indica una meta certa e guida i seguaci a quella»).
Il romanzo, concepito come prima parte di una **trilogia mai realizzata** (*I romanzi del giglio*), racconta la vicenda di **Claudio Cantelmo**, discendente di una delle più illustri famiglie italiane. Dopo una tumultuosa giovinezza, egli decide di trovare una donna sua pari con cui **generare un erede** che sappia, come un vero **superuomo**, guidare il paese verso il destino glorioso che lo attende. Trasferitosi in una remota località del meridione, Claudio conosce la nobile famiglia Capece-Montaga: attratto dalle **tre figlie del principe**, Violante, Massimilla e Anatolia (che incarnano rispettivamente la sensualità, la purezza e l'attaccamento alla famiglia), non riesce però a decidere quale deve essere la prescelta. Alla fine si dichiara ad Anatolia, ma questa rifiuta per prendersi cura della famiglia e del fratello Antonello, psichicamente instabile. La ragazza suggerisce però a Claudio di rivolgere le sue attenzioni a Violante e su questo episodio il romanzo si conclude, lasciando il lettore in attesa del seguito

Ettore Tito, *Pagine d'amore*, 1907.

(«Qui finisce il libro delle vergini e incomincia il libro della Grazia»).
Come negli altri romanzi superomistici, anche nelle *Vergini delle rocce* l'analisi della **psicologia dei personaggi** prende il sopravvento sulle vicende della trama. Spesso le parti propriamente narrative si alternano a spunti saggistici e ideologici, fino a una progressiva **dissoluzione delle forme tradizionali**. Costante è invece la ricerca di uno **stile prezioso ed elevato**, che si riflette anche nella scelta di un **impianto simbolico**.

L'innovazione della prosa: *Notturno*

La critica recente ha rivalutato le ultime prove narrative di D'Annunzio, in cui, abbandonata l'enfasi retorica, l'autore approda a **soluzioni espressive innovative e moderne**. In particolare il *Notturno*, pubblicato nel **1921**, presenta elementi di grande originalità sia nei **temi**, più **intimistici e soggettivi**, sia nella forma, dovuta alle particolari modalità di scrittura.

In seguito a un incidente aereo, D'Annunzio subisce il distacco della retina dell'occhio destro ed è costretto a trascorrere alcuni mesi con gli **occhi bendati**, nella sua casa veneziana sul Canal Grande (la famosa Casetta Rossa, che in precedenza aveva ospitato anche Antonio Canova e il poeta Rainer Maria Rilke). Durante la convalescenza (febbraio-aprile 1916), egli continua a comporre con l'aiuto della figlia Renata, adoperando **sottili striscioline di carta** che gli permettono di scrivere una sola riga per volta. Il **silenzio** e l'**oscurità** diventano così i due estremi di una nuova poetica, che non teme di affrontare i dubbi e le difficoltà della creazione letteraria: «Mentre scrivo nel buio, il pensiero mi si rompe e la mano si arresta. / Allora la lista che ho voltata si rialza e ricade sopra le mie dita, senza rumore. / Ho un brivido di spavento. E rimango immobile, con tutto il corpo rigido, non osando più tracciare un solo segno nelle tenebre». Privato temporaneamente della vista, D'Annunzio acuisce l'uso degli altri sensi, abbandonandosi al **fluire dei ricordi** e alla fantasia, utilizzando un linguaggio basato sulla **frantumazione della sintassi** e sull'uso di **frasi brevi ed essenziali**. In questo modo di comporre, come ha scritto il critico Giorgio Luti, «l'artista si abbandona ad una completa libertà alternando e quasi contrapponendo la propria abilità di "artefice" della parola e dell'immagine al gusto della semplicità evocativa. Proprio in questo spazio intimo e sorvegliato la prosa del *Notturno* si apre ad ogni possibile soluzione, in un intreccio di motivi che non può non ricordare la felicità espressiva dell'*Alcyone*».

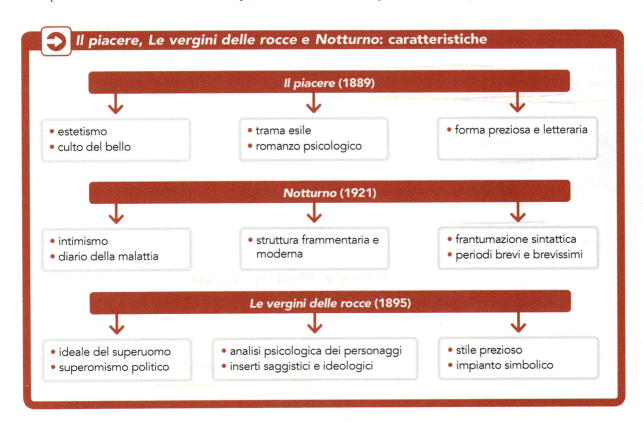

Il piacere, Le vergini delle rocce e Notturno: caratteristiche

Il piacere (1889)
- estetismo
- culto del bello

- trama esile
- romanzo psicologico

- forma preziosa e letteraria

Notturno (1921)
- intimismo
- diario della malattia

- struttura frammentaria e moderna

- frantumazione sintattica
- periodi brevi e brevissimi

Le vergini delle rocce (1895)
- ideale del superuomo
- superomismo politico

- analisi psicologica dei personaggi
- inserti saggistici e ideologici

- stile prezioso
- impianto simbolico

T1 Andrea Sperelli
Il piacere I, 2

Dopo l'inizio del romanzo, in cui Andrea Sperelli rievoca la relazione con Elena Muti e il successivo distacco, il secondo capitolo presenta il protagonista e descrive la sua educazione.

Andrea Sperelli incarna la figura dell'esteta decadente, «tutto impregnato di arte» e dedito al culto della bellezza, libero da ogni preoccupazione di natura morale.

> La raffinatezza e la nobiltà della famiglia Sperelli vengono polemicamente contrapposte al grigiore della società contemporanea.

Sotto il grigio diluvio democratico odierno, che molte belle cose e rare sommerge miseramente, va anche a poco a poco scomparendo quella special classe di antica nobiltà italica, in cui era tenuta viva di generazione in generazione una certa tradizion familiare d'eletta cultura, d'eleganza e di arte.
A questa classe, ch'io chiamerei arcadica[1] perché rese appunto il suo più alto splendore nell'amabile vita del XVIII secolo, appartenevano gli Sperelli. [...]
Il conte Andrea Sperelli-Fieschi d'Ugenta, unico erede, proseguiva la tradizion familiare. Egli era, in verità, l'ideal tipo del giovine signore italiano del XIX secolo, il legittimo campione[2] d'una stirpe di gentiluomini e di artisti eleganti, ultimo discendente d'una razza intellettuale.

> **Apri il vocabolario**
> La parola è qui usata nel suo significato etimologico di "conoscenza". Il termine deriva infatti dal participio presente del verbo latino *sciens* ("colui che sa"). Dal Seicento indica il complesso di discipline e nozioni fondate sull'osservazione e la ricerca sperimentale.

Egli era, per così dire, tutto impregnato di arte[3]. La sua adolescenza, nutrita di studii varii e profondi, parve prodigiosa. Egli alternò, fino a vent'anni, le lunghe letture coi lunghi viaggi in compagnia del padre e poté compiere la sua straordinaria educazione estetica sotto la cura paterna, senza restrizioni e constrizioni di pedagoghi[4]. Dal padre appunto ebbe il gusto delle cose d'arte, il culto passionato[5] della bellezza, il paradossale disprezzo de' pregiudizii, l'avidità del piacere. Questo padre, cresciuto in mezzo agli estremi splendori della corte borbonica[6], sapeva largamente vivere; aveva una scienza profonda della vita voluttuaria[7] e insieme una certa inclinazione byroniana[8] al romanticismo fantastico. Lo stesso suo matrimonio era avvenuto in circostanze quasi tragiche, dopo una furiosa passione. Quindi egli aveva turbata e travagliata[9] in tutti i modi la pace coniugale. Finalmente s'era diviso dalla moglie ed aveva sempre tenuto seco[10] il figliuolo, viaggiando con lui per tutta l'Europa.

> Allo sviluppo della personalità raffinata di Andrea corrisponde il venir meno dei vincoli morali.

L'educazione d'Andrea era dunque, per così dire, viva, cioè fatta non tanto su i libri quanto in conspetto delle realtà umane[11]. Lo spirito di lui non era soltanto corrotto[12] dall'alta cultura ma anche dall'esperimento[13]; e in lui la curiosità diveniva più acuta come più si allargava la conoscenza. Fin dal principio egli fu prodigo di sé[14]; poiché la grande forza sensitiva, ond'egli era dotato, non si stancava mai di fornire tesori alle sue prodigalità[15]. Ma l'espansion di quella sua forza era la distruzion in lui di un'altra forza, della *forza morale*[16] che il padre stesso non aveva ritegno a deprimere. Ed egli non si accorgeva che la sua vita era la riduzion

---

1. arcadica: l'aggettivo deriva dall'Arcadia (mitica regione della Grecia antica abitata da pastori), accademia letteraria attiva in Italia durante il XVIII secolo che diede vita a una poesia raffinata ed elegante, ma povera di contenuti.
2. campione: rappresentante.
3. impregnato di arte: votato, dedito all'arte.
4. pedagoghi: insegnanti, precettori.
5. passionato: appassionato.
6. corte borbonica: i Borboni regnarono sull'Italia meridionale fino al 1860.
7. voluttuaria: dedita al piacere.
8. byroniana: fuori dagli schemi, al di sopra di quella delle persone comuni. Il termine ha origine dal poeta inglese George Gordon Byron (1788-1824), esponente di spicco del movimento romantico e celebre per la sua vita avventurosa.
9. travagliata: complicato, reso difficile.
10. seco: con sé.
11. in conspetto ... umane: guardando dal vero la realtà.
12. corrotto: alterato, modificato.
13. esperimento: l'esperienza diretta.
14. prodigo di sé: disposto a provare sempre nuove esperienze, senza mai risparmiarsi.
15. la grande forza ... prodigalità: la grande sensibilità («forza sensitiva») di cui era dotato dava continuamente nuovi stimoli alla sua disposizione d'animo aperta a nuove esperienze («prodigalità»).
16. forza morale: i valori etici e morali.

progressiva delle sue facoltà, delle sue speranze, del suo piacere, quasi una progressiva rinunzia; e che il circolo gli si restringeva sempre più d'intorno, inesorabilmente sebben con lentezza.

35 Il padre gli aveva dato, tra le altre, questa massima fondamentale: «Bisogna *fare* la propria vita, come si fa un'opera d'arte. Bisogna che la vita d'un uomo d'intelletto sia opera di lui. La superiorità vera è tutta qui».

Anche, il padre ammoniva: «Bisogna conservare ad ogni costo intiera la libertà, fin nell'ebrezza[17]. La regola dell'uomo d'intelletto, eccola: - Habere, non haberi[18]».

40 Anche, diceva: «Il rimpianto è il vano pascolo[19] d'uno spirito disoccupato. Bisogna sopra tutto evitare il rimpianto occupando sempre lo spirito con nuove sensazioni e con nuove imaginazioni[20]».

Ma queste massime *volontarie*, che per l'ambiguità loro potevano anche essere interpretate come alti criteri morali, cadevano appunto in una natura *involontaria*[21],
45 in un uomo, cioè, la cui potenza volitiva[22] era debolissima.

Un altro seme paterno aveva perfidamente fruttificato nell'animo di Andrea: il seme del sofisma[23]. «Il sofisma» diceva quell'incauto educatore «è in fondo ad ogni piacere e ad ogni dolore umano. Acuire[24] e moltiplicare i sofismi equivale dunque ad acuire e moltiplicare il proprio piacere o il proprio dolore. Forse, la scien-
50 za della vita sta nell'oscurare la verità. La parola è una cosa profonda, in cui per l'uomo d'intelletto son nascoste inesauribili ricchezze. I Greci, artefici della parola, sono infatti i più squisiti goditori dell'antichità. I sofismi fioriscono in maggior numero al secolo di Pericle[25], al secolo gaudioso».

Un tal seme trovò nell'ingegno malsano del giovine un terreno propizio. A poco
55 a poco, in Andrea la menzogna non tanto verso gli altri quanto verso sé stesso divenne un abito[26] così aderente alla conscienza ch'egli giunse a non poter mai essere interamente sincero e a non poter mai riprendere su sé stesso il libero dominio.

> Il fine edonistico che muove l'esteta deve essere libero dai vincoli morali.

---

17. fin nell'ebrezza: anche in uno stato di esaltazione.
18. Habere, non haberi: *possedere, non essere posseduti.*
19. il vano pascolo: l'occupazione inutile.
20. imaginazioni: fantasie.
21. involontaria: *priva di volontà.*
22. potenza volitiva: *forza di volontà.*
23. sofisma: ragionamento che mira a persuadere l'ascoltatore con la forza della retorica più che con la veridicità degli argomenti.
24. Acuire: *rendere più acuti, più sottili.*
25. Pericle: uomo politico ateniese vissuto nel V secolo a.C.
26. abito: abitudine, atteggiamento.

Analisi del testo

COMPRENSIONE
Il brano descrive sommariamente l'**educazione di Andrea Sperelli**, protagonista del romanzo. Unico erede di una **prestigiosa famiglia**, egli viene presentato come il «campione» di una dinastia di artisti e letterati (la «razza intellettuale»). Nello sviluppo della sua personalità, fondamentale è il ruolo del **padre**, che lo porta con sé in giro per l'Europa e fa in modo che la sua formazione sia il risultato di **nozioni teoriche** ed **esperienze pratiche**. Grazie a una eccezionale **sensibilità** e a una grande curiosità intellettuale, il ragazzo si mostra aperto a tutte le forme di conoscenza, ma il cinismo del padre trascura volutamente le implicazioni etiche legate alla sua crescita. **Libero da preoccupazioni morali**, Andrea si abitua così a una vita di menzogne che, nel prosieguo del romanzo, lo porterà al fallimento.

ANALISI E INTERPRETAZIONE
La vita come opera d'arte Nella presentazione della personalità di Andrea Sperelli l'autore insiste in modo particolare sul suo **rapporto con l'arte**: egli è «tutto impregnato di arte» ed eredita dal padre la passione per l'arte e per la bellezza. È ancora una massima paterna a riassumere tutto

l'estetismo dannunziano: «Bisogna *fare* la propria vita, come si fa un'opera d'arte» (rr. 34-35). Con queste parole si afferma con decisione l'eccezionalità dell'esperienza estetica, fondata sul culto della bellezza e superiore all'esistenza delle persone comuni (il «grigio diluvio democratico» con cui si apre il brano) e, naturalmente, libera da ogni implicazione etica e morale.

Due personalità a confronto Pur senza farle agire direttamente, il brano mette a confronto la personalità aperta e curiosa di Andrea e quella cinica e disincantata del padre. I suoi insegnamenti plasmano il figlio, rendendolo privo di una volontà propria, come sembra indicare il riferimento esplicito al **contrasto tra le «massime *volontarie*» e la «natura *involontaria*»**. Il personaggio di Andrea sembra dunque condannato fin dalla giovinezza all'esistenza che vivrà da adulto: diversamente da Des Esseintes o Dorian Gray, che scelgono consapevolmente la loro condotta eccentrica e amorale, **Andrea Sperelli pare non avere alcuna possibilità di scelta.**

Il valore della libertà Al primo posto nella scala di valori che il padre trasmette ad Andrea c'è il totale **godimento della libertà**, valore supremo al quale deve conformarsi l'esistenza, espresso attraverso la massima latina *Habere, non haberi*. Eppure, nonostante questa ostentata dichiarazione, l'uomo instilla nel figlio una serie di valori che lo rendono 'schiavo' delle sue perverse abitudini e gli impediscono per sempre di poter riprendere il controllo della sua vita.

Lo stile La raffinatezza del protagonista trova un preciso corrispettivo nella **preziosità dello stile**, elevato e letterario nella sintassi e nel lessico. Come in tutta la prosa dannunziana, è frequente il ricorso a termini rari e ricercati, che spesso utilizzano i **significati etimologici delle parole** per conferire al testo una patina arcaizzante.

Lavoriamo sul testo

COMPRENSIONE

1 Riassumi brevemente i tratti salienti dell'educazione di Andrea Sperelli.

2 Quali sono, secondo il padre di Andrea, i valori più importanti dell'esistenza umana?

3 In quali frasi è evidente il contrasto tra la personalità di Andrea e quella del padre?

4 In quale contesto vengono citati gli antichi Greci?

LINGUA E LESSICO

5 Rintraccia nel testo tutti gli esempi di parole auliche e ricercate.

6 In alcuni casi D'Annunzio utilizza le parole nel loro significato etimologico: individua tutte le occorrenze presenti nel brano.

7 Ricerca l'etimologia delle seguenti parole e per ognuna di esse scrivi almeno un sinonimo e un contrario: campione – voluttuosa – ebbrezza – volitiva – acuire.

ANALISI E INTERPRETAZIONE

8 Da che tipo di narratore è raccontata la vicenda?

9 Perché la frase «Bisogna fare la propria vita, come si fa un'opera d'arte» può essere assunta come un manifesto dell'estetismo dannunziano?

10 Perché l'autore afferma che Andrea Sperelli «non si accorgeva che la sua vita era la riduzion progressiva delle sue facoltà, delle sue speranze, del suo piacere, quasi una progressiva rinunzia» (rr. 30-32)?

SCRITTURA E APPROFONDIMENTI

11 Metti a confronto il personaggio di Andrea Sperelli con Jean Des Esseintes di *Controcorrente* o con Dorian Gray del romanzo di Oscar Wilde, evidenziando analogie e differenze tra i personaggi in un breve testo scritto.

Il piacere

T2 L'asta
Il piacere, IV, 3

Il brano riportato è l'ultimo capitolo del romanzo e descrive l'asta pubblica che si svolge a casa di Maria Ferres, dopo che il marito di lei è andato incontro al totale fallimento a causa di alcuni debiti di gioco.

Andrea Sperelli, recatosi all'asta con l'intenzione di acquistare come ricordo qualche oggetto che le era appartenuto, è costretto a confrontarsi con una folla di mercanti d'arte, sopraggiunti nella speranza di concludere qualche buon affare.

La mattina del 20 giugno, lunedì, alle dieci, incominciò la pubblica vendita delle tappezzerie e dei mobili appartenuti a S.E.[1] il Ministro plenipotenziario del Guatemala[2].

Era una mattina ardente. Già l'estate fiammeggiava su Roma. Per la via Nazionale correvano su e giù, di continuo, i tramways, tirati da cavalli che portavano certi strani cappucci bianchi contro il sole. Lunghe file di carri carichi ingombravano la linea delle rotaie. Nella luce cruda, tra le mura coperte d'avvisi multicolori come d'una lebbra, gli squilli delle cornette si mescevano[3] allo schiocco delle fruste, agli urli dei carrettieri.

> *L'ambiente esterno è descritto con caratteristiche fastidiose e sgradevoli.*

Andrea, prima di risolversi[4] a varcare la soglia di quella casa, vagò pe' marciapiedi, alla ventura[5], lungo tempo, provando una orribile stanchezza, una stanchezza così vacua e disperata che quasi pareva un bisogno fisico di morire.

Quando vide uscir dalla porta su la strada un facchino con un mobile su le spalle, si risolse. Entrò, salì le scale rapidamente; udì, dal pianerottolo, la voce del perito[6].

«Si delibera[7]!»

Il banco dell'incanto[8] era nella stanza più ampia, nella stanza del Buddha[9]. Intorno, s'affollavano i compratori. Erano, per la maggior parte, negozianti, rivenditori di mobili usati, rigattieri: gente bassa[10]. Poiché d'estate mancavano gli amatori, i rigattieri accorrevano, sicuri d'ottenere oggetti preziosi a prezzo vile[11]. Un cattivo odore si spandeva nell'aria calda, emanato da quegli uomini impuri.

«Si delibera!»

Andrea soffocava. Girò per le altre stanze, ove restavano soltanto le tappezzerie su le pareti e le tende e le portiere[12], essendo quasi tutte le suppellettili radunate nel luogo dell'asta. Sebbene premesse[13] un denso tappeto, egli udiva risonare il suo passo, distintamente, come se le volte fossero piene di echi.

> *La scena è rappresentata dal punto di vista alterato di Andrea, che soffre per l'irruzione di una massa di persone volgari nella casa di Maria.*

Trovò una camera semicircolare. Le mura erano d'un rosso profondo, nel quale brillavano disseminati alcuni guizzi d'oro; e davano imagine d'un tempio e d'un sepolcro; davano imagine d'un rifugio triste e mistico, fatto per pregare e per morire. Dalle finestre aperte entrava la luce cruda, come una violazione[14]; apparivano gli alberi della Villa Aldobrandini[15].

Egli ritornò nella sala del perito. Sentì di nuovo il lezzo[16]. Volgendosi, vide in un

---

1. **S.E.**: *Sua Eccellenza.*
2. **il Ministro ... Guatemala**: è il marito di Maria Ferres.
3. **si mescevano**: *si mescolavano.*
4. **risolversi**: *decidersi.*
5. **alla ventura**: *a caso.*
6. **perito**: *banditore dell'asta.*
7. **si delibera**: *si assegna, si aggiudica.*
8. **dell'incanto**: *della vendita all'asta.*
9. **del Buddha**: in cui si trovava una statua di Buddha.
10. **bassa**: *di umile estrazione sociale.*
11. **a prezzo vile**: *a un prezzo basso.*
12. **portiere**: tendaggi ornamentali appesi davanti alle porte.
13. **premesse**: *calpestasse.*
14. **come una violazione**: come qualcosa che violasse l'intimità della casa.
15. **Villa Aldobrandini**: è una villa nobiliare di Roma.
16. **il lezzo**: *la puzza.*

angolo la principessa di Ferentino con Barbarella Viti[17]. Le salutò, avvicinandosi.

«Ebbene, Ugenta[18], che avete comprato?»

«Nulla».

35 «Nulla? Io credevo, invece, che voi aveste comprato tutto».

«Perché mai?»

«Era una mia idea… romantica[19]».

La principessa si mise a ridere. Barbarella la imitò.

«Noi ce ne andiamo. Non è possibile rimaner qui, con questo profumo[20]. Addio,

40 Ugenta. Consolatevi».

Andrea s'accostò al banco. Il perito lo riconobbe.

«Desidera qualche cosa il signor conte?»

Egli rispose:

«Vedrò».

45 La vendita procedeva rapidamente. Egli guardava intorno a sé le facce dei rigattieri, si sentiva toccare da quei gomiti, da quei piedi; si sentiva sfiorare da quegli aliti. La nausea gli chiuse la gola.

«Uno! Due! Tre!»

Il colpo di martello gli sonava sul cuore, gli dava un urto doloroso alle tempie.

50 Egli comprò il Buddha, un grande armario[21], qualche maiolica, qualche stoffa. A un certo punto udì come un suono di voci e di risa feminili, un fruscio di vesti feminili, verso l'uscio. Si volse. Vide entrare Galeazzo Secìnaro[22] con la marchesa di Mount Edgcumbe, e poi la contessa di Lùcoli, Gino Bommìnaco, Giovanella Daddi. Quei gentiluomini e quelle dame parlavano e ridevano forte.

55 Egli cercò di nascondersi, di rimpicciolirsi, tra la folla che assediava il banco. Tremava, al pensiero d'essere scoperto. Le voci, le risa gli giungevano di sopra le fronti sudate della folla, nel calor soffocante. Per ventura[23], dopo alcuni minuti, i gai visitatori se ne andarono.

Egli si aprì un varco tra i corpi agglomerati[24], vincendo il ribrezzo, facendo uno

60 sforzo enorme per non venir meno[25]. Aveva la sensazione, in bocca, come d'un sapore indicibilmente amaro e nauseoso[26] che gli montasse su dal dissolvimento del suo cuore. Gli pareva d'escire[27], dai contatti di tutti quegli sconosciuti, come infetto di mali oscuri e immedicabili. La tortura fisica e l'angoscia morale si mescolavano.

65 Quando egli fu nella strada, alla luce cruda, ebbe un po' di vertigine. Con un passo malsicuro, si mise in cerca d'una carrozza. La trovò su la piazza del Quirinale; si fece condurre al palazzo Zuccari[28].

Ma, verso sera, una invincibile smania l'invase, di rivedere le stanze disabitate. Salì, di nuovo, quelle scale; entrò col pretesto di chiedere se gli avevano i facchi-

70 ni portato i mobili al palazzo.

Un uomo rispose:

«Li portano proprio in questo momento. Ella dovrebbe averli incontrati, signor conte».

Nelle stanze non rimaneva quasi più nulla. Dalle finestre prive di tende entrava

---

Il malessere del protagonista è dovuto alla sua insofferenza verso la grossolanità dei mercanti e alla percezione del proprio fallimento esistenziale.

---

17. la principessa … Viti: nobildonne romane.
18. Ugenta: è il nome della casata di Andrea Sperelli, conte d'Ugenta.
19. Era … romantica: la donna crede che Andrea Sperelli voglia comprare tutto ciò che gli ricorda Maria.

20. profumo: *puzza* (ironico).
21. armario: *armadio.*
22. Galeazzo Secìnaro: il nuovo amante di Elena Muti.
23. Per ventura: *per fortuna.*
24. agglomerati: *come avviluppati in una*

massa informe.
25. venir meno: *svenire, perdere i sensi.*
26. nauseoso: *nauseante.*
27. escire: *uscire.*
28. palazzo Zuccari: l'abitazione di Andrea Sperelli.

378 *Il piacere*

75 lo splendore rossastro del tramonto, entravano tutti gli strepiti della via sottoposta[29]. Alcuni uomini staccavano ancora qualche tappezzeria dalle pareti, scoprendo il parato[30] di carta a fiorami volgari, su cui erano visibili qua e là i buchi e gli strappi. Alcuni altri toglievano i tappeti e li arrotolavano, suscitando un polverio denso che riluceva ne' raggi. Un di costoro canticchiava una canzone impudica[31].

80 E il polverio misto al fumo delle pipe si levava sino al soffitto.

Andrea fuggì.

Nella piazza del Quirinale, d'innanzi alla reggia, sonava una fanfara. Le larghe onde di quella musica metallica si propagavano per l'incendio dell'aria[32]. L'obelisco, la fontana, i colossi grandeggiavano in mezzo al rossore e si imporporavano[33] come penetrati d'una fiamma impalpabile. Roma immensa, dominata da una battaglia di nuvoli, pareva illuminare il cielo.

85 Andrea fuggì, quasi folle. Prese la via del Quirinale, discese per le Quattro Fontane, rasentò i cancelli del palazzo Barberini che mandava dalle vetrate baleni[34]; giunse al palazzo Zuccari.

90 I facchini scaricavano i mobili da un carretto, vociando. Alcuni di costoro portavano già l'armario su per la scala, faticosamente.

Egli entrò. Come[35] l'armario occupava tutta la larghezza, egli non poté passare oltre. Seguì[36], piano piano, di gradino in gradino, fin dentro la casa.

> La fuga di Andrea, incapace di guardare gli operai che smontano l'appartamento di Maria, simboleggia il suo fallimento esistenziale.

Apri il vocabolario

La parola "fanfara" deriva dalla voce onomatopeica francese *fanfare* e indica un complesso di strumenti musicali che suona in occasioni pubbliche (soprattutto militari) e, per inclusione, anche il tipo di musica a fiato eseguita dalla banda durante tali cerimonie.

29. gli strepiti ... sottoposta: *i rumori della strada sottostante.*
30. il parato: *la carta da parati.*
31. impudica: *volgare.*

32. per l'incendio dell'aria: *attraverso l'aria calda.*
33. si imporporavano: *diventavano di colore rosso.*

34. baleni: *guizzi di luce.*
35. Come: *poiché.*
36. Seguì: *proseguì.*

Analisi guidata

Il fallimento dell'esteta

La conclusione del romanzo segna l'**amaro epilogo della vicenda di Andrea Sperelli**. Appassionato cultore del bello e dell'arte, egli è costretto a constatare il clamoroso **fallimento del suo ideale di vita**: la casa di Maria, simbolo di una vita aristocratica e lussuosa, è qui brutalmente invasa da «gente bassa», da borghesi interessati solo al guadagno in una realtà in cui i valori estetici non hanno più alcun senso. La fuga finale del protagonista segna sì la **sconfitta dell'esteta**, ma sancisce anche con amarezza il **declassamento dell'intellettuale nella moderna società dei consumi**.

Competenze di comprensione e analisi

- In quali punti del testo è particolarmente evidente la contrapposizione tra Sperelli e i mercanti che si affollano all'asta?

- Qual è invece l'atteggiamento del protagonista nei confronti dei personaggi aristocratici? Essi sembrano apprezzare i valori estetici di cui si fa portavoce Andrea?

- Che cosa fanno gli operai al lavoro in casa di Maria? Da quali comportamenti traspare la loro rozza indifferenza?

L'asta **379**

La casa di Maria Ferres, da «tempio» a «sepolcro»

Secondo un procedimento ricorrente nel romanzo, la descrizione della casa di Maria Ferres invasa di curiosi indugia su particolari che assumono una **valenza simbolica**. La «luce cruda, come una violazione», unita al cattivo odore e al vociare sguaiato dei presenti provoca in Andrea una reazione di ribrezzo crescente, che si concretizza prima in una sensazione di soffocamento, poi di nausea e infine di vertigine.

Numerose sono le **immagini funebri e mortuarie**, come la stanza semicircolare che appare come «un tempio» e «un sepolcro», un rifugio «fatto per pregare e per morire». Nella casa di Maria, simile a un tempio profanato dalla volgarità della massa, si celebra per Andrea, simbolicamente, il **funerale dei sogni da esteta**, cui pare alludere anche la sagoma minacciosa dell'armadio, simile a una bara, issato a fatica nell'appartamento del protagonista.

⬤ Competenze di comprensione e analisi

- Individua e commenta i particolari negativi messi in luce dal narratore, spiegandone la valenza simbolica.

- Perché il protagonista prova «una orribile stanchezza, una stanchezza così vacua e disperata che quasi pareva un bisogno fisico di morire» (rr. 11-12)?

- Rileggi questo passo: «Aveva la sensazione, in bocca, come d'un sapore indicibilmente amaro e nauseoso che gli montasse su dal dissolvimento del suo cuore. Gli pareva d'escire, dai contatti di tutti quegli sconosciuti, come infetto di mali oscuri e immedicabili». A quale campo semantico rimandano i termini scelti dal narratore per descrivere lo stato d'animo di Andrea?

Le scelte espressive

Anche lo stile si adatta alla crudezza della scena, privilegiando i **periodi brevi e secchi** e l'alternanza rapida delle battute di dialogo. L'insistenza sulle caratteristiche sgradevoli delle persone che circondano il protagonista sembra riflettere, in un'ottica espressionistica, lo **sguardo straniato di Andrea**, che si sente circondato da «uomini impuri» e da un «calor soffocante». Le sensazioni del protagonista sono anch'esse registrate in toni secchi, per annotazioni brevissime disposte in **climax crescente** («Andrea soffocava»; «La nausea gli chiuse la gola»), fino alla disperata fuga finale.

⬤ Competenze di comprensione e analisi

- Analizza la sintassi del brano: prevale la coordinazione o la subordinazione? I periodi sono ampi o brevi? Per quale motivo?

- Quali aggettivi connotano negativamente i personaggi presenti all'asta?

- Il lessico utilizzato ti sembra prezioso e ricercato o abbastanza semplice? Quali sono i motivi di questa scelta stilistica da parte dell'autore?

- In quali punti del brano vengono registrate le reazioni di Andrea di fronte all'asta? Quali sensazioni prova?

L'asta

Approfondimento

Tre ritratti per il *dandy*: Huysmans, D'Annunzio, Wilde

Una figura emblematica Raffinato cultore del bello e dell'arte, amante del lusso e della moda, il *dandy* è un simbolo della crisi della cultura positivista della seconda metà dell'Ottocento: alla società industriale di massa egli preferisce la solitudine o un aristocratico isolamento; alla funzione civile del letterato ottocentesco sostituisce piuttosto un'assenza di ruolo, eleggendo l'arte a valore assoluto e libero dai condizionamenti sociali e morali. Da Baudelaire a Huysmans, da D'Annunzio a Wilde, il *dandy* diviene così rappresentativo di un nuovo tipo di artista: come afferma il sociologo Domenico Secondulfo, «l'intellettuale progressista di formazione positivista, orientato soprattutto al terreno storico e sociale, lascia il posto all'intellettuale in qualche modo intimista, sicuramente narcisista, sradicato e ripiegato su se stesso».

Des Esseintes o dell'isolamento Des Esseintes, protagonista del romanzo *Controcorrente* (1884) di Joris-Karl Huysmans (1848-1907), incarna l'aspetto più cupo e malinconico del *dandy*: è, fin dal richiamo del titolo (altre volte tradotto come *A ritroso*, a sottolineare una sorta di involuzione nel percorso esistenziale del personaggio, sempre più morbosamente ritirato in se stesso e isolato dal mondo), una figura che vive «controcorrente» rispetto alla realtà del suo tempo. Ipocondriaco, «deluso di tutto», affetto da fobia sociale, Des Esseintes «odiava con tutte le sue forze le nuove generazioni, figliate di ignobili tangheri che hanno il bisogno di parlare e di ridere forte nei ristoranti e nei caffè», mentre «sentiva una sincera simpatia per le persone chiuse nei monasteri, perseguitate da una società piena di odio che non perdona loro né il giusto disprezzo che hanno per essa, né la decisa volontà di riscattare, di espiare con un lungo silenzio, la vergogna sempre crescente delle sue conversazioni ridicole o sceme». La sua vita è improntata alla più radicale esigenza di isolamento: «Viveva di se stesso, si nutriva della sua propria sostanza, al pari di quegli animali intorpiditi, rannicchiati in un buco durante l'inverno. La solitudine aveva agito sul suo cervello come un narcotico». Così, in volontaria reclusione, trascorre le proprie giornate dedicandosi all'eccentrico arredamento della sua villa o alla lettura dell'amato *Satyricon* di Petronio, il romanzo più «barocco» della letteratura latina.

Andrea Sperelli o della raffinatezza Al giovane protagonista del romanzo *Il piacere* (1889) di Gabriele D'Annunzio è stata impartita dal padre una massima fondamentale per la sua educazione: «Bisogna *fare* la propria vita, come si fa un'opera d'arte. Bisogna che la vita d'un uomo d'intelletto sia opera di lui. La superiorità vera è tutta qui». Consacratosi a questo principio, il conte Andrea Sperelli-Fieschi d'Ugenta approda così a uno stile di vita raffinatissimo, fino a diventare il perfetto modello dell'esteta: «Egli era, in verità, l'ideal tipo del giovine signore italiano del XIX secolo, il legittimo campione d'una stirpe di gentiluomini e di artisti eleganti, ultimo discendente d'una razza intellettuale. Egli era, per così dire, tutto impregnato di arte». Ma, come accade a Des Esseintes, anche Andrea Sperelli è preda di una malattia dello spirito, che gli impedisce di realizzare le sue grandi aspirazioni, e non riesce a evitare un'amara sconfitta esistenziale: incapace di amare la donna che ha sacrificato la sua vita per lui, egli si ritrova solo e impossibilitato a comunicare sia con gli aristocratici suoi pari, sia con la «gente bassa», interessata unicamente al denaro e al guadagno.

Dorian Gray o della bellezza Nella lettera memoriale *De profundis*, Oscar Wilde (1854-1900) ricorda di aver condotto, in gioventù, una vita all'insegna dell'estetismo: «Mi lasciai allettare da lunghi periodi di stupido e sensuale riposo. Mi divertii a essere un *flâneur*, un *dandy*, un uomo di mondo. Mi circondai delle nature più meschine e delle menti più ignobili». Gli effetti negativi di questa esistenza si riversano anche sul protagonista del suo celebre romanzo, *Il ritratto di Dorian Gray* (1890). Dorian è un giovane bellissimo che fa di questa sua qualità un'idea fissa, fino a stipulare una sorta di patto col diavolo per garantirsi l'eternità della propria bellezza. Ma è anzitutto il suo cinico maestro Lord Henry a instillare in lui il germe dell'ossessione: «Lei ha un viso straordinariamente bello, Gray. Non si turbi, è così. E la Bellezza è una espressione del Genio; anzi, è superiore al Genio perché non richiede spiegazioni. È una delle grandi realtà del mondo, come la luce del sole, o la primavera, o il riflesso sull'acqua nell'oscurità di quella conchiglia d'argento che chiamiamo luna. Non se ne può dubitare. Ha il diritto divino alla sovranità».

Il piacere 381

T3 Il programma politico del Superuomo
Le vergini delle rocce

Fai l'analisi interattiva del brano

Il brano, tratto dalla parte centrale del I libro delle Vergini delle rocce *(1895), è uno dei più famosi dell'intero romanzo, perché vi è esposto l'ideale politico del superuomo.*
In precedenza il protagonista, Claudio Cantelmo, ha descritto l'atteggiamento perplesso di nobili e intellettuali di fronte al diffondersi dei principi democratici: alcuni di essi si sono perfino domandati se non sia opportuno celebrare la democrazia nei loro scritti.

Apri il vocabolario
Il verbo "attendere" viene oggi usato principalmente nell'accezione di "aspettare", ma nell'italiano antico prevalevano il significato etimologico ("rivolgere l'animo a qualcosa", dal latino *attendere*) e quello intransitivo ("dedicarsi a qualcosa").

D'Annunzio immagina un futuro a tinte fosche, in cui le masse distruggeranno le opere dell'ingegno e della cultura, come schiavi che si ribellano ai loro padroni.

Ma nessuno tra loro, più generoso e più ardente, si levava a rispondere: «Difendete la Bellezza! È questo il vostro unico officio[1]. Difendete il sogno che è in voi! Poiché oggi non più i mortali tributano onore e riverenza ai cantori alunni della Musa che li predilige, come diceva Odisseo[2], difendetevi con tutte le armi, e pur
5   con le beffe se queste valgano meglio delle invettive[3]. Attendete ad inacerbire con i più acri veleni le punte del vostro scherno[4]. Fate che i vostri sarcasmi abbiano tal virtù corrosiva che giungano sino alla midolla e la distruggano. Bollate voi sino all'osso[5] le stupide fronti di coloro che vorrebbero mettere su ciascuna anima un marchio esatto come su un utensile sociale e fare le teste umane tutte simili
10 come le teste dei chiodi sotto la percussione dei chiodaiuoli[6]. Le vostre risa frenetiche salgano fino al cielo, quando udite gli stallieri della Gran Bestia[7] vociferare nell'assemblea. Proclamate e dimostrate per la gloria dell'Intelligenza che le loro dicerie non sono men basse di quei suoni sconci[8] con cui il villano manda fuori per la bocca il vento dal suo stomaco rimpinzato di legumi. Proclamate e dimo-
15 strate che le loro mani, a cui il vostro padre Dante darebbe l'epiteto medesimo ch'egli diede alle unghie di Taide[9], sono atte a raccattar lo stabbio[10] ma non degne di levarsi per sancire[11] una legge nell'assemblea. Difendete il Pensiero ch'essi minacciano, la Bellezza ch'essi oltraggiano! Verrà un giorno in cui essi tenteranno di ardere i libri, di spezzare le statue, di lacerare le tele. Difendete l'antica li-
20 berale opera dei vostri maestri e quella futura dei vostri discepoli, contro la rabbia degli schiavi ubriachi. Non disperate, essendo pochi. Voi possedete la suprema scienza e la suprema forza del mondo: il Verbo[12]. Un ordine di parole può vincere d'efficacia micidiale una formula chimica. Opponete risolutamente la distruzione alla distruzione!» E i patrizii[13], spogliati d'autorità in nome dell'ugua-
25 glianza, considerati come ombre d'un mondo scomparso per sempre, infedeli i più alla loro stirpe[14] e ignari o immemori delle arti di dominio professate dai loro avi, anche chiedevano: «Qual può essere oggi il nostro officio? Dobbiamo noi

---

1. officio: compito.
2. ai cantori ... Odisseo: ai poeti, allievi prediletti della Musa, come dice Ulisse; D'Annunzio si riferisce a un passo dell'*Odissea* (VIII, 479-481), in cui il protagonista, parlando all'aedo Demodoco, dice: «per tutti gli uomini sulla terra i cantori / son degni d'onore e rispetto, perché la Musa / insegnò loro i canti; ella ama i cantori».
3. invettive: offese.
4. Attendete ... scherno: preparatevi («Attendete») *a rendere ancora più letali le armi del vostro sarcasmo;* D'Annunzio utilizza una metafora in cui paragona il potere della parola alle frecce imbevute di veleno usate dai popoli primitivi.
5. Bollate ... osso: marchiate in profondità; l'espressione è quella usata per la marchiatura a fuoco che viene fatta sui capi di bestiame.
6. chiodaiuoli: fabbricanti di chiodi.
7. gli stallieri della Gran Bestia: i rappresentanti del popolo, qui indicato con disprezzo con un epiteto a volte riferito anche al demonio, quasi a sottolinearne la natura empia e malvagia.
8. suoni sconci: i rutti.
9. Dante ... Taide: cortigiana latina che nell'*Inferno* è punita tra gli adulatori ed è descritta da Dante come una «sozza e scapigliata fante / che là si graffia con l'unghie merdose» (*Inf.* XVIII, 131-132).
10. atte a raccattar lo stabbio: adatte per pulire il recinto degli animali.
11. sancire: approvare, stabilire.
12. il Verbo: la parola, ma anche, in senso mistico-religioso, la parola creatrice della poesia e della letteratura.
13. patrizii: nobili, aristocratici.
14. infedeli ... stirpe: perché, diversamente dai loro antenati, non riescono a guidare il popolo.

I principi democratici della Rivoluzione francese vengono presentati come una minaccia e un fattore di imbarbarimento della società.

ingannare il tempo e noi stessi cercando di alimentare tra le memorie appassite qualche gracile speranza, sotto le volte istoriate di sanguigna mitologia[15], troppo
30 ampie pel nostro diminuito respiro? O dobbiamo noi riconoscere il gran dogma dell'Ottantanove[16], aprire i portici dei nostri cortili all'aura popolare[17], coronar di lumi i nostri balconi di travertino[18] nelle feste dello Stato, diventar soci dei banchieri ebrei, esercitar la nostra piccola parte di sovranità riempiendo la scheda del voto coi nomi dei nostri mezzani[19], dei nostri sarti, dei nostri cappellai, dei
35 nostri calzolai, dei nostri usurai e dei nostri avvocati?»
Qualcuno tra loro – mal disposto alle rinunzie pacifiche, ai tedii eleganti[20] e alle sterili ironie – rispondeva: «Disciplinate voi stessi come i vostri cavalli da corsa, aspettando l'evento. Apprendete il metodo per affermare e afforzare[21] la vostra

I consigli di Claudio Cantelmo riguardano la disciplina, il controllo delle proprie passioni e, soprattutto, la consapevolezza della propria forza e della necessità di usarla.

persona come avete appreso quello per vincere nell'ippodromo. Costringete con
40 la vostra volontà alla linea retta e allo scopo fermo tutte le vostre energie, e pur le vostre passioni più tumultuose e i vostri vizii più torbidi. Siate convinti che l'essenza della persona supera in valore tutti gli attributi accessorii e che la sovranità interiore è il principal segno dell'aristòcrate[22]. Non credete se non nella forza temprata dalla lunga disciplina. La forza è la prima legge della natura, indistrutti-
45 bile, inabolibile. La disciplina è la superior virtù dell'uomo libero. Il mondo non può essere constituito se non su la forza, tanto nei secoli di civiltà quanto nelle epoche di barbarie. Se fossero distrutte da un altro diluvio deucalionico tutte le razze terrestri e sorgessero nuove generazioni dalle pietre, come nell'antica favola[23], gli uomini si batterebbero tra loro appena espressi dalla Terra generatrice[24],

Mentre in precedenza la polemica antidemocratica è stata condotta con discorsi retorici ed enfatici, in questo passo vengono evidenziati i concetti chiave dell'ideologia superomistica.

50 finché uno, il più valido, non riuscisse ad imperar[25] su gli altri. Aspettate dunque e preparate l'evento. Per fortuna lo Stato eretto su le basi del suffragio popolare e dell'uguaglianza, cementato dalla paura, non è soltanto una costruzione ignobile ma è anche precaria. Lo Stato non deve essere se non un instituto perfettamente adatto a favorire la graduale elevazione d'una classe privilegiata verso un'ideal for-
55 ma di esistenza. Su l'uguaglianza economica e politica, a cui aspira la democrazia, voi andrete dunque formando una oligarchia nuova, un nuovo reame della forza; e riuscirete in pochi, o prima o poi, a riprendere le redini per domar le moltitudini a vostro profitto. Non vi sarà troppo difficile, in vero, ricondurre il gregge all'obbedienza. Le plebi restano sempre schiave, avendo un nativo bisogno di ten-
60 dere i polsi ai vincoli[26]. Esse non avranno dentro di loro giammai, fino al termine dei secoli, il sentimento della libertà. Non vi lasciate ingannare dalle loro vociferazioni e dalle loro contorsioni sconce[27]; ma ricordatevi sempre che l'anima della Folla è in balia del Pànico[28]. Vi converrà dunque, all'occasione, provvedere fruste sibilanti, assumere un aspetto imperioso, ingegnar qualche allegro stratagemma.

---

15. le volte ... mitologia: *i soffitti dei palazzi, affrescati («istoriate») con scene mitologiche che esaltano la gioia di vivere («sanguigna»).*

16. il gran dogma dell'Ottantanove: i principi democratici sanciti dalla Rivoluzione francese del 1789.

17. all'aura popolare: *alle parole del popolo, cioè alla folla.*

18. travertino: tipo di marmo usato per i rivestimenti.

19. mezzani: *rappresentanti,* ma il termine ha un valore dispregiativo perché in origine indica le persone che combinavano matrimoni e incontri amorosi.

20. tedii eleganti: le noiose occupazioni mondane.

21. afforzare: *rafforzare.*

22. aristòcrate: *aristocratico,* nobile, ma qui il termine ha anche una valenza etica e spirituale. Nella massima sembra di leggere un eco delle parole del padre di Andrea Sperelli: «Bisogna che la vita d'un uomo d'intelletto sia opera di lui. La superiorità vera è tutta qui».

23. Se fossero distrutte ... favola: secondo la mitologia greca gli unici sopravvissuti al diluvio furono Deucalione e la moglie Pirra: essi ripopolarono la terra gettando dietro di loro pietre che si trasformarono in esseri umani. Il mito è raccontato dal poeta latino Ovi-

dio (I sec. a.C.) nel libro delle *Metamorfosi.*

24. gli uomini ... terra generatrice: D'Annunzio si richiama a un altro mito greco, quello di uomini armati che nascono dalla terra seminata, presente con alcune varianti sia nella leggenda di Giasone sia nelle *Leggi* di Platone.

25. imperar: *dominare, comandare.*

26. un nativo bisogno ... vincoli: *un bisogno innato di essere governate* (i «vincoli» sono le "catene").

27. vociferazioni ... sconce: *chiacchiere e atteggiamenti ridicoli.*

28. Pànico: la paura irrazionale che, secondo gli antichi, era provocata dalla presenza di Pan, il dio dei boschi e della natura.

Analisi guidata

La polemica antidemocratica

Tema centrale del brano è la **violenta polemica antidemocratica**. In nome dei valori dell'arte e della bellezza, condivisi da una stirpe eletta di intellettuali, il protagonista invita i suoi ascoltatori a **ribellarsi ai principi ugualitari della democrazia**, mostrando di disprezzare profondamente il «dogma dell'Ottantanove», che dà la possibilità a chiunque di rappresentare il popolo. Il suo discorso si carica di **toni profetici**, quando mette in guardia dai pericoli di un futuro dominio delle masse, che metterà a repentaglio l'esistenza stessa dell'arte e della cultura. Per contrastare il ruolo sempre più preponderante della massa egli non esita a raccomandare l'uso della **forza** e della **violenza**, nella convinzione che **il popolo è nato per obbedire e per essere comandato** («Le plebi restano sempre schiave, avendo un nativo bisogno di tendere i polsi ai vincoli», rr. 69-70).

Competenze di comprensione e analisi

- Come vengono descritti gli ascoltatori del discorso di Claudio? Ti sembra che l'opinione che l'autore ha di loro sia positiva o negativa?
- Rintraccia nel brano i punti in cui viene dato un giudizio estremamente negativo della democrazia.
- A quale famoso passo della letteratura italiana si ispira l'attacco della 'profezia' di Claudio?
- Quale dev'essere, per Claudio Cantelmo, il compito dello Stato?

Il superuomo

Claudio Cantelmo incarna l'**ideale dannunziano del superuomo**, un personaggio colto, affascinante e carismatico. In lui, gli **atteggiamenti estetizzanti**, che lo spingono a combattere in nome della «Bellezza» e a proclamare il valore superiore del «Verbo», si fondono con le **pulsioni autoritarie e antidemocratiche**, evidenti nel richiamo al **valore della forza e della disciplina** e nell'invito finale a provvedersi di «fruste sibilanti» per tenere a bada il popolo.
Il suo discorso si configura come un vero e proprio **programma politico del superuomo**, ma anche come un **tentativo di superare l'incapacità ad agire** tipica dei personaggi del decadentismo estetizzante. All'inizio del romanzo Claudio è ancora un'esteta, ma cerca con tutte le sue forze di trasformarsi in uomo d'azione, portando così a compimento quella parabola che lo stesso D'Annunzio, in quegli anni, aveva sperimentato in prima persona, passando da uomo di mondo e di lettere ad agitatore politico. Siamo dunque di fronte a un **punto di svolta dell'estetismo dannunziano**: l'artista non deve più limitarsi a «*fare* la propria vita», ma **deve assumere un ruolo di guida civile** nel difficile passaggio verso la modernità, salvaguardando quei valori di bellezza e armonia che hanno contraddistinto la cultura classica e occidentale e che, in questo particolare momento storico, sembrano messi in pericolo dall'avanzare dell'industria e della società di massa.

Competenze di comprensione e analisi

- Perché, secondo il protagonista, il popolo non è in grado di apprezzare i valori di cui egli si fa portavoce?
- Quali sono, oltre alle masse popolari, gli altri bersagli dell'invettiva di Claudio?
- Metti a confronto Claudio Cantelmo e Andrea Sperelli, protagonista de *Il piacere*; ti sembra che tra i due personaggi esistano delle analogie? Rispondi in un testo scritto con riferimenti ai testi citati.
- Riassumi in un testo di massimo 10 righe il programma politico di Claudio Cantelmo ed esponi le tue considerazioni in proposito.

Uno stile 'aristocratico'

Dal momento che la superiorità del superuomo deve apparire anche dal suo modo di parlare, Claudio Cantelmo utilizza uno **stile** volutamente **aristocratico**. Egli si rivolge al gruppo di nobili e intellettuali con un **tono tipico dell'oratoria** (come dimostra l'uso frequente del modo imperativo: «Difendete», «Fate», «Proclamate»), impreziosendo il suo discorso con citazioni, **riferimenti alla mitologia classica** e termini aulici, metafore e paragoni, interrogazioni retoriche, esclamazioni.

Competenze di comprensione e analisi

- Rintraccia e spiega tutti i riferimenti alla cultura classica presenti nel brano.

- Individua tutti gli esempi di linguaggio basso e volgare usato per caratterizzare il popolo.

- Con quali metafore, nella parte inziale del brano, viene evidenziato il potere della parola?

- Leggi il seguente passo critico di Carlo Salinari sul superuomo dannunziano e commentalo in un testo di massimo 15 righe facendo riferimento al brano letto.

  Il tratto distintivo del superuomo (e dell'opera dannunziana) appare il velleitarismo. Un velleitarismo alimentato nelle cose dal contrasto fra un'illusione storica propria di vasti gruppi d'intellettuali e la realtà italiana. [...]
  In lui si determina quel fenomeno che Lukàs [*famoso critico letterario del Nocecento*] considera caratteristico della letteratura decadente: lo smarrimento della differenziazione fra possibilità astratta e concreta. [...]
  [Il superuomo è] contro la plebe, ma anche – e soprattutto – contro la nuova borghesia dell'industria e del commercio e contro i principi di libertà e di uguaglianza da essa promulgati con la rivoluzione.

Il libro del mese
La pelle

AUTORE Curzio Malaparte
ANNO DI PUBBLICAZIONE 1949
CASA EDITRICE Mondadori

TRE BUONI MOTIVI PER LEGGERLO

1. Colpisce il lettore per la crudezza delle vicende rappresentate.
2. Racconta avvenimenti e fatti poco noti della Seconda guerra mondiale.
3. Mostra quali erano le miserevoli condizioni di vita del popolo napoletano in tempo di guerra.

L'AUTORE E IL ROMANZO

Scrittore, saggista, poeta, giornalista e regista, dopo la Prima guerra mondiale Curzio Malaparte (pseudonimo di Kurt Erich Suckert, 1898-1957) criticò apertamente i comandi militari nel romanzo *Viva Caporetto* (1921), sequestrato dalla censura e ripubblicato col titolo *La rivolta dei santi maledetti*. Sostenitore di Mussolini fin dalla marcia su Roma, ripudiò il fascismo in seguito ai molti crimini del regime e nel 1933 fu spedito al confino a Lipari. Dopo l'8 settembre 1943 ricoprì l'incarico di ufficiale di collegamento tra l'esercito italiano e le truppe alleate, documentando lo sbarco americano nell'Italia meridionale; da questa esperienza nacquero due dei suoi romanzi più famosi *Kaputt* (1944) e *La pelle* (1949). In quest'ultima opera Malaparte descrive, con una prosa cinica e disincantata, l'incontro tra i liberatori americani e gli italiani sconfitti nella Napoli occupata. La vita quotidiana del protagonista scorre in mezzo a violenze e situazioni di estremo degrado morale e materiale, che coinvolgono tanto i poveri quanto gli appartenenti alle classi sociali più elevate.

L'INCIPIT

Erano i giorni della «peste» di Napoli. Ogni pomeriggio alle cinque, dopo mezz'ora di *punching-ball* e una doccia calda nella palestra della P.B.S., Peninsular Base Section, il Colonnello Jack Hamilton ed io scendevamo a piedi verso San Ferdinando, aprendoci il varco a gomitate nella folla che, dall'alba all'ora del coprifuoco, si accalcava tumultuando in via Toledo.
Eravamo puliti, lavati, ben nutriti, Jack ed io, in mezzo alla terribile folla napoletana squallida, sporca, affamata, vestita di stracci, che torme di soldati degli eserciti liberatori, composti di tutte le razze della terra, urtavano e ingiuriavano in tutte le lingue e in tutti i dialetti del mondo.

LA TRAMA

Quando nell'ottobre 1943 l'esercito alleato entra a Napoli, trova una città in ginocchio, preda della fame e di una malattia morale che colpisce indistintamente tutta la cittadinanza. Dalla sua posizione privilegiata di ufficiale, l'autore assiste a scene abiette e degradanti: la ragazza che per un dollaro permette ai soldati di verificare la sua verginità; i bambini terrorizzati che donne senza scrupoli vendono ai militari marocchini; un elegante banchetto in cui ai commensali viene servito un pesce che ha l'aspetto di una bambina bollita. In mezzo a questa miseria l'io narrante registra i fatti con uno sguardo apparentemente estraneo ma con una profonda pietà per la sorte dei napoletani.

TRE PISTE DI LETTURA

1. La critica tende generalmente a considerare *La pelle* un romanzo storico, scritto però con un linguaggio lirico e visionario che poco ha a che fare con il rigore della documentazione storica. Dopo aver individuato nell'opera gli elementi caratteristici di questo genere, spiega se questa classificazione ti sembra o meno pertinente.
2. Lo scrittore ceco Milan Kundera ha affermato: «[Malaparte] con le sue parole fa male a se stesso e agli altri; chi parla è un uomo che soffre. Non uno scrittore impegnato. Un poeta». Condividi questo giudizio? Rispondi in un testo scritto di massimo due pagine.
3. Nel 1981 dal romanzo di Malaparte è stato tratto il film omonimo, diretto da Liliana Cavani. Dopo aver visto il film esponi in un testo scritto le principali differenze con il libro.

T4 «Scrivo nell'oscurità»

Notturno

Iniziato nel 1916 e pubblicato nel 1921, il Notturno ottenne uno straordinario successo di pubblico. Il testo si divide in tre Offerte e una Annotazione, che hanno come filo conduttore il diario della malattia del poeta, costretto alla temporanea cecità da un incidente aereo.

Riportiamo qui l'inizio del libro, in cui si descrive l'ingegnosa invenzione escogitata da D'Annunzio per poter continuare a scrivere nel buio più completo, e alcuni altri frammenti che danno un'idea dello stile franto, analogico e originalissimo da lui adottato.

Aegri somnia[1]

Ho gli occhi bendati.

Sto supino nel letto, col torso immobile, col capo riverso, un poco più basso dei piedi.

5 Sollevo leggermente le ginocchia per dare inclinazione alla tavoletta che v'è posata.

Scrivo sopra una stretta lista[2] di carta che contiene una riga. Ho tra le dita un lapis scorrevole[3]. Il pollice e il medio della mano destra, poggiati su gli orli della lista, la fanno scorrere via via che la parola è scritta.

Sento con l'ultima falange del mignolo destro l'orlo di sotto e me ne servo come 10 d'una guida per conservare la dirittura[4].

I gomiti sono fermi contro i miei fianchi. Cerco di dare al movimento delle mani una estrema leggerezza in modo che il loro giuoco non oltrepassi l'articolazione del polso, che nessun tremito si trasmetta al capo fasciato.

Sento in tutta la mia attitudine la rigidità di uno scriba egizio scolpito nel basalte[5].

15 La stanza è muta d'ogni luce[6]. Scrivo nell'oscurità. Traccio i miei segni nella notte che è solida contro l'una e l'altra coscia come un'asse inchiodata.

Imparo un'arte nuova.

Quando la dura sentenza del medico[7] mi rovesciò nel buio, m'assegnò nel buio lo stretto spazio che il mio corpo occuperà nel sepolcro, quando il vento dell'azio-
20 ne si freddò sul mio volto quasi cancellandolo e i fantasmi della battaglia furono d'un tratto esclusi dalla soglia nera[8], quando il silenzio fu fatto in me e intorno a me, quando ebbi abbandonata la mia carne e ritrovato il mio spirito, dalla prima ansia confusa risorse il bisogno di esprimere, di significare. E quasi sùbito mi misi a cercare un modo ingegnoso di eludere il rigore della cura e d'ingannare il
25 medico severo senza trasgredire i suoi comandamenti.

M'era vietato il discorrere e in ispecie[9] il discorrere scolpito[10]; né m'era possibile vincere l'antica ripugnanza alla dettatura e il pudore segreto dell'arte che non vuole intermediarii o testimonii fra la materia e colui che la tratta. L'esperienza

---

Note a margine:

Ben cinque periodi iniziano con un verbo alla prima persona dell'indicativo presente, con un'allitterazione che collega quattro termini.

La condizione del poeta, immobile e sprofondato nell'oscurità, evoca l'idea della morte.

Per D'Annunzio la creazione artistica è un atto individuale; per questo gli sembra impossibile dettare o servirsi di un aiuto.

---

1. Aegri somnia: l'espressione latina, posta come epigrafe all'opera, significa "sogni di malato".
2. lista: *striscia.*
3. lapis scorrevole: una matita a punta morbida, che scorre facilmente sulla carta.
4. per ... dirittura: *per continuare a scrivere dritto.*

5. Sento ... basalte: l'immobile rigidità del suo corpo ricorda al poeta una statuina di scriba egizio, scolpita nel basalto, pietra dura di colore grigio scuro.
6. muta d'ogni luce: del tutto priva di luce. La sinestesia è ripresa da un verso di Dante: «Io venni in loco d'ogne luce muto» (*Inf.* V, 28).

7. la dura ... medico: la diagnosi che gli imponeva due mesi di buio e d'immobilità assoluta.
8. soglia nera: la soglia della cecità.
9. in ispecie: *soprattutto.*
10. il discorrere scolpito: *il parlare pronunciando le parole in modo forte e scandito.*

«Scrivo nell'oscurità» 387

Secondo la tradizione, le sacerdotesse di Apollo scrivevano i loro responsi oracolari su foglie che poi disperdevano al vento. Con questo riferimento colto l'autore assimila implicitamente la sua prosa a una sorta di responso ispirato da una divinità.

mi dissuadeva dal tentare a occhi chiusi la pagina. La difficoltà non è nella prima riga, ma nella seconda e nelle seguenti.

Allora mi venne nella memoria la maniera delle Sibille che scrivevano la sentenza breve su le foglie disperse al vento del fato.

Sorrisi d'un sorriso che nessuno vide nell'ombra quando udii il suono della carta che la Sirenetta[11] tagliava in liste per me, stesa sul tappeto della stanza attigua, al lume d'una lampada bassa. [...]

Quando la Sirenetta s'accosta al mio capezzale col suo passo cauto e mi porta il primo fascio di liste eguali, tolgo pianamente le mie mani che da tempo riposavano lungo le mie anche. Sento che sono divenute più sensibili, con nelle ultime falangi qualcosa d'insolito, che somiglia a un chiarore affluito.

Tutto è buio. Sono in fondo a un ipogeo[12].

Ricorre qui, come già prima con il riferimento alla «cassa di legno dipinta», l'immagine del poeta come cadavere. La sua salma è ora metaforicamente resa oggetto della più antica ritualità sacra, quella della mummificazione.

Sono nella mia cassa di legno dipinto[13], stretta e adatta al mio corpo come una guaina.

Agli altri morti i familiari hanno portato frutti e focacce. A me scriba la pietosa[14] reca gli strumenti dell'officio[15] mio.

Se mi levassi, il mio capo non urterebbe il coperchio dov'è dipinta all'esterno la mia immagine di prima[16] coi grandi e limpidi occhi aperti verso la bellezza e l'orrore della vita?

Il mio capo resta immobile, stretto nelle sue bende. Dalle anche alla nuca una volontà d'inerzia mi rende fisso come se veramente l'imbalsamatore avesse compiuta su me la sua opera.

Sùbito le mie mani trovano i gesti, con quell'istinto infallibile che è nelle membrane delle nottole[17] quando sfiorano le asperità delle caverne tenebrose.

Prendo una lista[18], la palpo, la misuro. Riconosco la qualità della carta dal lieve suono.

Non è quella consueta che mi fabbricavano a mano pagina per pagina gli artieri[19] di Fabriano ponendovi la filigrana della mia impresa che ora mi sembra tremenda come un supplizio perpetuo. È liscia, un poco dura, tagliente ai margini e agli spigoli. È simile a un cartiglio[20] non arrotolato, simile a uno di quei cartigli sacri che i pittori mettevano nelle loro tavole.

V'è un che di religioso nelle mie mani che lo tengono. Un sentimento vergine rinnova in me il mistero della scrittura, del segno scritto.

Apri il vocabolario

La "filigrana" è il marchio di fabbrica che ogni cartiera imprime sulla propria carta ed è visibile guardando la pagina controluce. Si tratta in genere di un disegno, una lettera o un emblema, da cui è possibile risalire ai produttori della carta; per questo motivo è un elemento molto importante per datare i manoscritti antichi.

---

11. Sirenetta: è il nome poetico dato da D'Annunzio alla figlia Renata, che lo assiste nella convalescenza.
12. ipogeo: costruzione sotterranea, spesso adibita a sepolcro.
13. cassa di legno dipinto: è il letto di D'Annunzio, che aveva in effetti una forma concava, simile a quella di un sarcofago.

14. la pietosa: altro epiteto per indicare la figlia del poeta.
15. officio: *ufficio*, cioè il mestiere, e la missione, di scrittore.
16. prima: cioè prima dell'incidente che lo ha reso quasi cieco.
17. nottole: *pipistrelli*.
18. lista: la striscia di carta portatagli dal-

la figlia Renata.
19. artieri: artigiani.
20. cartiglio: raffigurazione dipinta o scolpita di un rotolo cartaceo in cui gli artisti inserivano una frase (che poteva contenere una sentenza biblica ma anche notizie sull'artista stesso o sul committente dell'opera).

Notturno

Odo crepitare il cartiglio fra le mie dita che tremano. Sembra che la mia ansia soffi sul tizzo ardente che ho in fondo all'occhio. Vampe e faville s'involano nel fondo dell'anima.

Sento su le mie ginocchia la mano della pietosa. Le sollevo leggermente per ricevere la tavoletta. È, per me oscurato[21], come una tavoletta votiva. La lista v'è distesa. Fra il pollice, l'indice e il medio prendo il cannello[22]. Il medio ha tuttora il solco del lavoro ostinato[23]. *Nulla die sine linea*[24]. [...]

Non scrivo su la sabbia, scrivo su l'acqua.
Ogni parola tracciata si dilegua, come nella rapina[25] d'una corrente scura.
A traverso la punta dell'indice e del medio mi sembra di vedere la forma della sillaba che incido.
È un attimo, accompagnato da un luccicore come di fosforescenza.
La sillaba si spegne, si cancella, si perde nella fluida notte.

Il pensiero sembra correre sopra un ponte che dietro lui precipiti. L'arco poggiato alla riva è distrutto, sùbito crolla l'arco mediano. L'ansia raggiunge la riva opposta con uno sgomento di scampo[26], mentre il terzo arco cede e sparisce.

> La similitudine paragona l'atto della scrittura a un'immersione negli abissi marini, simbolo della propria misteriosa interiorità.

Scrivo come chi caluma[27] l'àncora, e la gomena[28] scorre sempre più rapida, e il mare sembra senza fondo, e la marra[29] non giunge mai a mordere né la gomena a tesarsi[30].

Come il rapimento di una melodia che sorge improvvisa da un'orchestra profonda; come la rivelazione d'un verso che sveglia il suono segreto dell'anima; come il messaggio del vento che è la rapidità dell'infinito in cammino; con uno spirito senza riva, con un corpo senza forma, con un gaudio che sembra terrore, io sento l'idealità del mondo[31].

Gaetano Previati, *Notturno*, 1909.

---

21. oscurato: *reso cieco.*
22. cannello: *la penna.*
23. il solco del lavoro ostinato: *il callo di chi scrive tanto.*
24. Nulla die sine linea: «Nessun giorno (passa) senza (che io scriva) un rigo».
25. come nella rapina: *come se fosse trascinata via.*
26. con uno sgomento di scampo: *con l'angoscia di chi cerca disperatamente di salvarsi.*
27. caluma: *fa calare.*
28. gomena: *grosso cavo di canapa usato sulle navi.*
29. marra: *è l'estremità di ogni uncino dell'àncora.*
30. tesarsi: *tendersi.*
31. sento ... mondo: *percepisco la realtà nella sua dimensione immateriale.*

Analisi guidata

Il poeta bendato

La ferita all'occhio e la lunga convalescenza costringono D'Annunzio in una condizione di **debolezza** e **forzata immobilità**. L'esperienza della cecità assume a tratti caratterizzazioni funebri, ma non spegne nel poeta la volontà di scrivere, inducendolo a ideare un ingegnoso stratagemma.
Ne nasce «un'**arte nuova**», non solo nella tecnica ma anche nella sostanza, in cui l'autore si abbandona al **fluire analogico delle sensazioni**, in un attento ascolto della propria interiorità che rende queste pagine sorprendentemente moderne.

Competenze di comprensione e analisi

- Qual è la condizione del poeta e quale mezzo escogita per riuscire a scrivere? Per quale motivo non sceglie di dettare i suoi testi alla figlia?
- In tutta la prima parte del brano, D'Annunzio descrive accuratamente la posizione del suo corpo e i propri minimi movimenti e sensazioni. Quale effetto produce nel lettore questa esasperata sensibilità?
- Quali immagini analogiche sono presenti nel testo? Individuale e spiegane il significato.

Romanzo in forma di diario

Nel *Notturno* D'Annunzio parla in **prima persona**, sottolineando così il **carattere autobiografico del testo**. Questo si configura come un **diario**, un testo scritto giorno per giorno, in cui sono riportati eventi e sensazioni in presa diretta, come sottolinea anche l'uso costante del **tempo presente**. Tuttavia l'autore non rinuncia a filtrare le sue esperienze soggettive attraverso un'attenta elaborazione artistica, né a dare un ritratto di sé in qualche misura artefatto e nobilitante.

Competenze di comprensione e analisi

- Solo una parte del brano proposto ha i tempi verbali al passato: quale e per quale motivo?
- Quali sensazioni prova D'Annunzio nella sua condizione di malato?
- Da quali elementi presenti nel testo puoi desumere che l'autore non rinuncia completamente ad alcune 'pose' letterarie?

Uno stile frammentato

La novità principale della prosa «notturna» è di natura formale e va ricercata nell'uso di una **sintassi frammentata**. Ai periodi ampi e complessi dei romanzi precedenti si sostituisce un **periodare articolato su frasi brevi e brevissime**, con frequenza di pause e spazi bianchi e prevalenza della **coordinazione**. Anche il ritmo del periodo muta e ottiene effetti inediti, grazie a ripetizioni, parallelismi e frequenti **giochi fonici e allitterazioni** («Scrivo sopra una stretta lista di carta», dove il ricorrere della «s» sembra riprodurre il rumore della matita, detta non a caso «lapis scorrevole»).

Competenze di comprensione e analisi

- Per quale motivo, a tuo parere, D'Annunzio ricorre alla frantumazione della sintassi? Si tratta solo di una necessità legata alle modalità di scrittura?
- Individua nel testo le assonanze, le onomatopee e gli effetti fonici: quale tipo di musicalità creano?

Canto novo e Poema paradisiaco

Varietà e unità La poesia dannunziana è caratterizzata da un incessante **sperimentalismo** di temi e scelte stilistiche, in un continuo **variare di modelli** che si riflette in raccolte molto diverse tra loro. A tale varietà fa però da contraltare la presenza di elementi costanti, come la profonda **sensualità** e la ricerca di un'intensa **musicalità**.

Canto novo Questi elementi sono presenti già nella seconda raccolta dannunziana, *Canto novo*, pubblicata nel **1882** e riedita, in una versione profondamente rivista, nel 1896. Al di là della ripresa della metrica "barbara" di matrice carducciana, nell'opera si manifestano già i temi che saranno tipici della maturità: la **fusione tra il soggetto e gli elementi naturali**, l'esaltazione dell'erotismo e un intenso **vitalismo**.
Suddiviso in due sezioni (*Canto del sole* e *Canto dell'ospite*), *Canto novo* è la **cronaca in versi di un'estate trascorsa in compagnia della donna amata** (Elda Zucconi), secondo una struttura che sarà poi ripresa anche in *Alcyone*.

Poema paradisiaco Un decennio più tardi, nel pieno della "**stagione della bontà**", D'Annunzio abbandona le tematiche erotiche ed estetizzanti per sperimentare una poesia diversa, incentrata sui **temi intimistici del ricordo e dell'innocenza**, in uno **stile più prosastico e dimesso**, ispirato alla poesia dei simbolisti belgi (Maeterlinck, Rodenbach), che, unito al **tono sentimentale e malinconico**, avvicinano la raccolta a **Pascoli**, anticipando in parte gli esiti della poesia crepuscolare.
Il *Poema paradisiaco* (1893) ha una **struttura vagamente narrativa**, in cui si delinea il simbolico **itinerario di rigenerazione morale** del poeta che, passando attraverso tre *horti* (alla latina, «giardini»), corrispondenti ad altrettante sezioni della raccolta, approda al distacco dall'amore sensuale e al recupero della **purezza degli affetti familiari**. Il *Poema paradisiaco* costituisce anche il primo tentativo dannunziano di costruzione di un «canzoniere» ideale: «Compatto, il testo suggerisce l'idea di un canzoniere organico nelle sue misure e nei suoi toni», afferma il critico Luciano Anceschi, «e nella sua compattezza e organicità, appunto, esso sembra costantemente riprender temi che han percorso il territorio di D'Annunzio fin dalle sue origini: dalla morte dell'arte a quello della "morte nella vita", dal "ritorno alla casa paterna", ai giochi complessi e delusi dell'eros e dell'amore portato al massimo della tensione e accresciuto di *topoi* tratti dalle letture più recenti del poeta, in una voluta accentazione di toni penitenziali, di morte, di cimiteri, di lugubri silenzi, di vanità delle vanità».

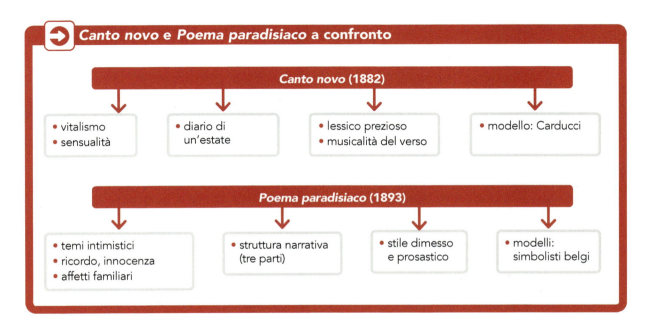

T5 O falce di luna calante

Canto novo

La lirica è il settimo testo del Canto dell'ospite *(seconda sezione della raccolta) ed è famosa anche per essere stata musicata dal compositore abruzzese Francesco Paolo Tosti, amico del poeta.*
La breve ode descrive una notte serena, con l'ultimo quarto di luna che illumina il mare. Uomini, animali e piante, come spossati dal piacere del giorno appena trascorso, riposano in un incantato silenzio, immersi nella suggestione sensuale del paesaggio.

Metrica Tre strofe di quattro versi non rimati. Ogni quartina è formata da due novenari e due dodecasillabi, l'ultimo dei quali è sempre tronco.

> O falce di luna calante
> che brilli su l'acque deserte[1],
> o falce d'argento, qual mèsse di sogni[2]
> ondeggia al tuo mite chiarore qua giù!
>
> 5   Aneliti brevi di foglie[3]
> sospiri di fiori dal bosco
> esalano[4] al mare: non canto, non grido,
> non suono pe 'l vasto silenzio va.
>
> Oppresso[5] d'amor, di piacere,
> 10 il popol de' vivi s'addorme[6]...
> O falce calante, qual mèsse di sogni
> ondeggia a 'l tuo mite chiarore qua giù!

La struttura circolare della lirica (l'immagine conclusiva è uguale a quella iniziale) sembra alludere alla ripetitiva circolarità del moto lunare.

---

1. **su l'acque deserte:** *sulla distesa solitaria del mare.* L'aggettivo «deserte» indica che non vi sono imbarcazioni.
2. **mèsse di sogni:** i sogni degli uomini appaiono come un campo di grano da mietere («mèsse»).
3. **Aneliti ... di foglie:** il fruscio delle foglie diviene un respiro trepidante.
4. **esalano:** *si effondono, si protendono.*
5. **Oppresso:** *sfinito.*
6. **il popol ... s'addorme:** *tutte le creature viventi si abbandonano al sonno.*

● Analisi guidata

La sensualità della natura

In questa lirica, che reinterpreta in forme originali il *topos* classico e leopardiano del paesaggio notturno illuminato dalla luce lunare, compaiono alcuni dei temi tipici del D'Annunzio estetizzante degli anni Ottanta, come la **languida sensualità della natura** e il **senso di estenuazione che si accompagna al piacere**. Il poeta tralascia le notazioni descrittive per dare spazio al **libero fluire delle immagini**, analogiche e suggestive. La metafora iniziale della «falce di luna» (ribadita al v. 3 e al v. 11) porta con sé l'analogia che assimila i sogni degli uomini a un campo di grano («mèsse di sogni», v. 2). Nella seconda strofa, incentrata su **sensazioni acustiche**, gli **elementi naturali** appaiono **umanizzati**, in una sorta di anticipazione del panismo che caratterizzerà la poesia di *Alcyone*: i fruscii delle foglie diventano «aneliti brevi» di desiderio, mentre dai fiori esalano «sospiri» di estenuato piacere, a cui non è estranea una nota decadente di sfinimento («Oppresso d'amor, di piacere», v. 9).

Competenze di comprensione e analisi

- Rivolgendosi direttamente alla luna, il poeta osserva la sua luce argentea che illumina il mare, la natura e i sogni stessi degli uomini, immersi nella magia della notte. Prova a sintetizzare il contenuto della lirica, distinguendo le varie strofe.

- Perché la luna viene detta «falce d'argento» (v. 3)? A quale tipo di attività umana è indirizzato il rimando contenuto in questa espressione?

- L'immagine della luna come «falce» contiene in sé una velata minaccia che pare incombere sul domani: a che cosa allude il poeta? Perché non rende esplicita la sua riflessione?

Musicalità e colorismo

Più che descrivere il paesaggio, la lirica evoca le **sensazioni** che esso suscita nell'animo del poeta, trasmettendole al lettore attraverso uno **stile ricercato** e pervaso di profonda **musicalità**. L'assenza di rime è compensata dal tessuto degli echi fonici e delle *allitterazioni* (della «l» nei due versi iniziali e, ai vv. 5-9, della «s» e della «f», in funzione onomatopeica).

L'adozione di un ritmo disteso si accompagna inoltre alla **ripetizione** variata di interi sintagmi (vv. 1, 3, 11), secondo una tecnica a eco. Particolarmente vistosa è la ripresa dei vv. 11-12, che condensano il v. 1 e 3-4, conferendo alla lirica una **struttura circolare**, in cui la fine riprende l'inizio in una sorta di variazione melodica.

Ma oltre alla componente musicale, anche quella estetica ha una funzione preminente nella poesia. Come ha notato il critico Anco Marzio Mutterle, nel «generale processo metamorfico» di *Canto novo*, «i più diversi oggetti della natura sono pervasi da brividi e ignoti presentimenti, spesso umanizzati, e percorsi da un turbamento che rispecchia quello di un mondo travolto nell'amore dei sensi: basta pensare, per questo, a una lirica come *O falce di luna calante*. Lo scenario naturale è spesso pervaso da uno splendido quanto misterioso colorismo, che suggerisce, ma senza provocare disagio, la presenza di una forza o un'entità misteriosa e inafferrabile».

Competenze di comprensione e analisi

- Individua nel testo le espressioni da cui traspare maggiormente la sensualità del paesaggio.

- Quale significato ha la triplice anafora della negazione ai vv. 7-8? Esiste un legame tra l'assoluto silenzio della scena e l'immagine delle «acque deserte» (v. 2)?

- Individua nel testo le allitterazioni, le consonanze e i giochi fonici che contribuiscono a creare la musicalità della lirica.

- Il tema del 'notturno lunare' è ricorrente in Leopardi. Confronta questa lirica con *La sera del dì di festa*, individuando analogie e differenze tematiche e stilistiche.

- Rileggendo la poesia, spiega come si esplica qui lo «splendido quanto misterioso colorismo» di cui parla il critico Mutterle.

- Recensendo *Canto Novo*, Luigi Capuana affermava che nella raccolta poetica vi è «l'immediata sensazione dell'organo visivo, senz'ombra d'emozione». Ti sembra che questa affermazione possa valere anche per *O falce di luna calante*?

O falce di luna calante

T6 Consolazione

Poema paradisiaco

Composto nel gennaio 1891, il testo fa parte della terza sezione del Poema paradisiaco ed esprime, nel tono malinconico e nelle tematiche, i tratti tipici della "stagione della bontà" dannunziana, in cui all'esaltazione del piacere e del godimento subentra il desiderio di rigenerazione interiore.

Il poeta immagina di tornare, dopo una lunga assenza, alla casa dell'infanzia e, rivolgendosi alla madre anziana, la invita a passeggiare con lui nel giardino abbandonato immerso nella bruma autunnale. Con estenuata dolcezza, egli la esorta a ritrovare nel ricordo le gioie semplici del passato e tenta di consolarla con la sua poesia.

Metrica   Quartine di endecasillabi, con rima ABBA.

> Le anafore danno alla lirica una musicalità cantilenante e malinconica.

Non pianger più. Torna il diletto[1] figlio
a la tua casa. È stanco di mentire.
Vieni; usciamo. Tempo è di rifiorire[2].
Troppo sei bianca[3]: il volto è quasi un giglio.

5 Vieni; usciamo. Il giardino abbandonato
serba[4] ancora per noi qualche sentiero.
Ti dirò come sia dolce il mistero
che vela certe cose del passato.

Ancora qualche rosa è ne' rosai,
10 ancora qualche timida erba odora[5].
Ne l'abbandono il caro luogo ancora
sorriderà[6], se tu sorriderai.

Ti dirò come sia dolce il sorriso
di certe cose che l'oblìo afflisse[7].
15 Che proveresti tu se ti fiorisse
la terra sotto i piedi, all'improvviso?

Tanto accadrà, ben che non sia d'aprile[8].
Usciamo. Non coprirti il capo. È un lento[9]
sol di settembre; e ancor non vedo argento
20 su 'l tuo capo, e la riga è ancor sottile[10].

Perché ti neghi[11] con lo sguardo stanco?
La madre fa quel che il buon figlio vuole.
Bisogna che tu prenda un po' di sole,
un po' di sole su quel viso bianco.

---

1. diletto: *amato, caro.*
2. rifiorire: *rinascere.*
3. bianca: *pallida.*
4. serba: *conserva.*
5. odora: *profuma.*

6. sorriderà: *rifiorirà.*
7. di certe cose ... afflisse: *degli eventi passati, che sono stati dimenticati.*
8. Tanto ... d'aprile: *tutto questo* («Tanto») *avverrà, sebbene non sia primavera.*

9. lento: *pallido, debole.*
10. non vedo argento ... sottile: *non vedo capelli grigi e la scriminatura dei capelli è sottile, quindi i capelli sono ancora folti e non diradati.*
11. ti neghi: *rifiuti, fai cenno di no.*

> 25 Bisogna che tu sia forte; bisogna
> che tu non pensi a le cattive cose[12]…
> Se noi andiamo verso quelle rose,
> io parlo piano, l'anima tua sogna.
>
> 30 Sogna, sogna, mia cara anima[13]! Tutto,
> tutto sarà come al tempo lontano.
> Io metterò ne la tua pura mano
> tutto il mio cuore. Nulla è ancor distrutto.
>
> Sogna, sogna! Io vivrò de la tua vita.
> In una vita semplice e profonda
> 35 io rivivrò. La lieve ostia che monda
> io la riceverò da le tue dita[14].
>
> Sogna, ché il tempo di sognare è giunto.
> Io parlo. Di': l'anima tua m'intende?
> Vedi? Ne l'aria fluttua e s'accende
> 40 quasi il fantasma d'un april defunto[15].
>
> Settembre (di': l'anima tua m'ascolta?)
> ha ne l'odore suo, nel suo pallore,
> non so, quasi l'odore ed il pallore
> di qualche primavera dissepolta[16].
>
> 45 Sogniamo, poi ch'è tempo di sognare.
> Sorridiamo. È la nostra primavera,
> questa. A casa, più tardi, verso sera,
> vo' riaprire il cembalo[17] e sonare.
>
> Quanto ha dormito, il cembalo! Mancava,
> 50 allora[18], qualche corda; qualche corda
> ancora manca. E l'ebano ricorda
> le lunghe dita ceree de l'ava[19].
>
> Mentre che fra le tende scolorate
> vagherà qualche odore delicato,
> 55 (m'odi tu?) qualche cosa come un fiato
> debole di viole un po' passate[20],

Il poeta desidera recuperare, attraverso l'affetto della madre, la purezza e l'innocenza dell'infanzia.

---

12. **a le cattive cose:** *ai brutti ricordi.*
13. **mia cara anima:** il poeta si rivolge ancora alla madre.
14. **La lieve … dita:** *riceverò dalle tue mani l'ostia sottile che purifica*, in una sorta di rituale religioso in cui la madre assume un ruolo sacro.
15. **fluttua … defunto:** *ondeggia e si rin-*

nova il sentore di una primavera ormai trascorsa.
16. **dissepolta:** *morta e riportata alla luce.*
17. **cembalo:** *il clavicembalo*, uno strumento a tastiera simile al pianoforte, ma con le corde pizzicate anziché percosse.
18. **allora:** *in passato*, quando il poeta era

bambino. Nota la rima interna con «ancora» (v. 51).
19. **E l'ebano … de l'ava:** *e i tasti di legno scuro («ebano») ancora ricordano il tocco delle dita affusolate e pallide della nonna.*
20. **un fiato … passate:** *un profumo sottile di viole appassite.*

Consolazione 395

sonerò qualche vecchia aria di danza,
assai vecchia, assai nobile, anche un poco
triste; e il suono sarà velato, fioco,
60 quasi venisse da quell'altra stanza.

Poi per te sola io vo' comporre un canto
che ti raccolga come in una cuna[21],
sopra un antico metro, ma con una
grazia che sia vaga e negletta alquanto[22].

65 Tutto sarà come al tempo lontano.
L'anima sarà semplice com'era;
e a te verrà, quando vorrai, leggera
come vien l'acqua al cavo de la mano.

> È una vera e propria dichiarazione di poetica, in cui l'autore esprime il desiderio di comporre un testo dolce e malinconico, in uno stile dimesso.

---

21. **cuna:** *culla.*
22. **vaga e negletta alquanto:** *indeterminata e dimessa*, frutto quindi di un'apparente semplicità.

Analisi del testo

COMPRENSIONE

Il componimento si presenta come un'**allocuzione diretta** che il poeta, ritornato dopo molti anni alla casa natale, rivolge **alla madre**. Nella prima parte (vv. 1-44) l'io lirico invita ripetutamente la madre, pallida e triste, a passeggiare con lui nel **giardino abbandonato** e a ritrovare nella dolcezza dei ricordi un piacere semplice e puro. Il **recupero dell'innocenza** potrà avvenire soltanto attraverso una sorta di miracolo, capace di riportare la primavera nel giardino e nell'animo della madre («Che proveresti tu se ti fiorisse / la terra sotto i piedi, all'improvviso?», vv. 15-16). Nel seguito del testo (vv. 45-68) la scena si sposta all'**interno della casa**, anch'essa velata dalla tristezza dell'oblio. Ma il canto del poeta, composto su un vecchio clavicembalo, farà rinascere il passato, permettendo alla propria anima di tornare «semplice com'era» (v. 66).

ANALISI E INTERPRETAZIONE

Tra innocenza e artificio La lirica è incentrata sul desiderio del poeta che ricerca una **condizione di purezza infantile**. Nonostante la stagione autunnale e l'abbandono dei luoghi portino con sé un'**atmosfera funebre** («quasi il fantasma d'un april defunto», v. 40), egli invita la madre a ritrovare le gioie dei ricordi e a «sognare» (vv. 28-30), facendosi così strumento della propria **rigenerazione morale**. Il compiacimento con cui D'Annunzio presenta se stesso come una sorta di 'figliol prodigo' e l'ostentazione dei buoni sentimenti fanno però pensare più a un esperimento letterario che a una genuina disposizione interiore.

«Un canto... sopra un antico metro» In linea con il **contenuto intimistico** e con il **tono di languida tristezza**, la lirica adotta uno **stile dimesso e colloquiale**, quasi prosastico. La scelta di una forma metrica chiusa e tradizionale si accompagna all'uso frequente degli *enjambement*, delle interrogative e di una **punteggiatura che pare frammentare gli endecasillabi in brevi unità sintattiche**, imitando le forme del parlato. Le frequentissime ripetizioni («Vieni, usciamo», vv. 3, 5, 18; «ancora», vv. 6, 9, 10, 11; «sogna», «Sogna, sogna», vv. 28, 29, 33, 37) creano una fitta rete di **richiami fonici interni**, che conferisce al testo una **musicalità malinconica**. L'apparente semplicità è quindi frutto di una raffinata ricerca formale, di cui D'Annunzio si mostra pienamente consapevole quando afferma (vv. 57-64) di voler comporre per la madre, sul vecchio clavicembalo della casa, una «vecchia aria di danza», triste e «negletta».

Lavoriamo sul testo

COMPRENSIONE

1. Come è caratterizzata la madre sul piano fisico e psicologico? Quale atteggiamento ha verso di lei il poeta?
2. Quali elementi nella descrizione del giardino evocano un'atmosfera mesta e mortuaria?
3. Perché il poeta afferma che, pur nella stagione autunnale, potrà rinascere come per incanto una «primavera dissepolta» (v. 44)?
4. Quale rapporto si stabilisce tra il paesaggio naturale e lo stato d'animo del poeta?
5. Il poeta invita la madre a «sognare»: questa esortazione si rivolge verso il futuro o verso il passato?

LINGUA E LESSICO

6. Individua nella lirica tutti i termini che si riferiscono ai campi semantici della vita e della morte.
7. Rintraccia nel testo tutte le espressioni appartenenti a un linguaggio colloquiale e quotidiano.
8. Analizza lo stile della lirica sul piano sintattico: prevalgono frasi brevi o lunghe? Quale ruolo svolge la punteggiatura?

ANALISI E INTERPRETAZIONE

9. Individua nel testo i termini e le espressioni che fanno riferimento al desiderio di innocenza, purezza e rigenerazione morale da parte del poeta.
10. Commenta i vv. 33-36: a che cosa allude la frase «La lieve ostia che monda / io la riceverò da le tue dita»?
11. Quali elementi formali contribuiscono a creare uno stile apparentemente semplice e prosastico?
12. Individua le ripetizioni lessicali presenti nel testo. Quale funzione complessiva svolgono?

SCRITTURA E APPROFONDIMENTO

13. Analizza i vv. 57-64, in cui D'Annunzio enuncia la propria poetica e spiega, in un breve testo scritto, le seguenti espressioni: «un canto [...] sopra un antico metro»; «con una / grazia che sia vaga e negletta alquanto».

Vincent van Gogh, *Paesaggio autunnale con quattro alberi*, 1885.

Consolazione

La grande poesia di Alcyone

Il diario di un'estate Terzo libro delle *Laudi*, pubblicato nel dicembre 1903, *Alcyone* è formato da 88 liriche composte tra il 1899 e il 1903. La raccolta rappresenta, secondo il parere concorde della critica, il vertice della produzione poetica dannunziana, poiché il poeta abbandona la retorica superomistica per una celebrazione della natura in cui si fondono poesia e sensualità.
Alcyone si apre con un testo intitolato *La tregua*, espressione del desiderio di trovare un momento di riposo dalla tensione eroico-civile per rigenerarsi attraverso il contatto diretto con la natura. Filo conduttore della raccolta è la cronaca dei diversi momenti di una lunga vacanza estiva in Versilia, trascorsa in compagnia dell'amata Eleonora Duse (idealizzata nella figura di Ermione). L'opera è strutturata in cinque sezioni, separate tra loro da inni in onore di Dioniso, dio dell'ebbrezza e del vitalismo, che seguono le fasi del dispiegarsi dell'estate, descritta dalla tarda primavera fino al sopraggiungere malinconico dell'autunno. La lirica conclusiva, *Il commiato*, dedica la raccolta a Giovanni Pascoli.

Il metamorfismo panico In questa esile cornice narrativa, il tema centrale è l'aspirazione del poeta-superuomo a fondersi con la natura circostante, annullando la propria individualità per assumere su di sé la potenza e la forza dell'ambiente naturale. Il motivo del panismo, ovvero la fusione dell'io con la natura, si accompagna al ricorrere del tema della metamorfosi, in un continuo scambio tra elementi umani e naturali. Questi ultimi tendono infatti a essere umanizzati, mentre il poeta e la donna amata si trasfigurano in creature vegetali, parte di una natura che assume tratti mitici, come ne *La pioggia nel pineto*. In questa reciproca metamorfosi, la natura si anima di una intensa sensualità, spesso sottolineata attraverso il richiamo ai miti classici.

Uno stile evocativo La possibilità di attingere la forza vitale della natura è comunque garantita al poeta, secondo una visione tipicamente decadente, dalla potenza evocativa della sua poesia, unico strumento in grado di penetrare e svelare il segreto della realtà (*Le stirpi canore*). Le liriche di *Alcyone* – si pensi per esempio a *La sera fiesolana* – sono infatti caratterizzate da una notevole abilità nell'evocare sensazioni e stati d'animo attraverso uno stile in cui la parola si carica di suggestioni analogiche e di una intensa ricerca di musicalità, ottenuta con la sapien-

William Merritt Chase, *Sulla spiaggia*, 1892.

te disposizione delle rime e con un ricco tessuto di **richiami fonici**.

Verso libero e strofe variabili Dopo aver sperimentato la metrica «barbara» di Carducci e le forme poetiche della tradizione italiana, in *Alcyone* D'Annunzio recepisce appieno la lezione dei poeti simbolisti, approdando al **verso libero**, con esiti che si spingono fino alla **successione di versi brevi** e talora coincidenti con una sola parola. Occorre comunque ricordare che i versi brevi usati da D'Annunzio derivano quasi sempre dalla **scomposizione di versi più lunghi** (come l'endecasillabo, spesso distinto in ternario + ottonario).
Ma la novità dello **sperimentalismo** dannunziano, di fondamentale importanza per la poesia italiana del Novecento, non si limita alla scelta dei versi. Il poeta utilizza infatti **strofe variabili**, come quella impiegata ne *La pioggia nel pineto* (formata da quattro strofe di trentadue versi ciascuna, con rime liberamente disposte), che egli stesso definì «strofa lunga». L'assenza di rime fisse si accompagna comunque a una grande **attenzione per gli aspetti ritmici**, ricercati in modo consapevole tramite assonanze, consonanze, quasi-rime e rime al mezzo.

Theo van Rysselberghe, *All'ombra dei pini*, particolare, 1905.

La parola alla critica

Walter Binni, *Una poesia «purificata»*

L'autorevole critico Walter Binni individua la peculiarità di *Alcyone* non in una variazione della poetica di D'Annunzio, ma nell'eliminazione di ogni elemento retorico ed enfatico e nell'emergere di un genuino amore per la parola e la sua musicalità.

Dopo lo sfogo della *Laus vitae* (e in tono minore dell'*Elettra*), la poetica dannunziana trova il suo centro naturale nell'*Alcyone*, in cui l'artefice sa qual è il canto della sua anima, e libera il suo accento di religiosità indiscriminata da ogni altro pretesto che non sia la creazione del proprio paesaggio. Si noterà subito che l'*Alcyone* è purissimo, contrariamente alle altre opere dannunziane, da elementi extraestetici, volitivi[1], e che non v'è argomento se non la sensazione, la musica. Perciò nessun libro realizza così compiutamente la poetica decadente, come per nessun libro quanto per questo D'Annunzio può stare vicino ai nostri grandi poeti. [...]
Dov'è il discrimine fra la poetica dell'*Alcyone* e quella delle opere precedenti? Nella mancanza appunto di scopi pratici, di intrusioni volitive, psicologiche. Gli elementi essenziali della poetica non cambiano, ma il poeta s'abolisce come retore[2]. Non c'è perciò una poetica nuova dell'*Alcyone*: c'è la sintesi superiore che elimina l'accento pratico dell'estetismo.
L'*Alcyone* [...] non sfugge, ma invera finalmente in arte[3] le intenzioni di tutto un programma. [...]
Anzi la poetica dell'*Alcyone* è libera, purificata, quella stessa che sta in fondo alla più retorica e sviata opera dannunziana, come la ricerca di una musica verbale e sensuale, non musica del mistero o dell'ineffabile, ma musica che emana dalle parole amate, gustate, e che a sua volta trascina e provoca fiotti di nuove parole.

W. Binni, *La poetica del decadentismo*, Firenze, Sansoni, 1988

1. **elementi extraestetici, volitivi:** elementi estranei ai valori estetici e legati alla volontà di esprimere messaggi ideologici.
2. **s'abolisce come retore:** evita la retorica.
3. **invera ... in arte:** realizza, trasformandole in opera d'arte.

T7 La sera fiesolana

Alcyone

La lirica, la prima in ordine di composizione della raccolta, fu scritta il 17 giugno 1899 a Settignano, vicino a Firenze, dove il poeta all'epoca abitava insieme a Eleonora Duse. Nei Taccuini D'Annunzio registra le impressioni suscitate in lui da una visita ad Assisi in compagnia della Duse: «Si scende ad Assisi per una valle che corre tra i campi fertili, rinfrescati dalla pioggia che continua a cadere pianamente, mollemente, con un crepitio lieve […] sulla collina di Assisi un albore vago annunzia la natività della luna. La valle si addormenta con una calma perfetta; il cielo si sgombra, lavato dalla pioggia recente. […] Le colline in certe ore si colorano d'un azzurro intenso e profondo […]. Laudato si', mi signore, per nostra madre terra!».

In una tranquilla serata estiva, dai colli di Fiesole, il poeta contempla il paesaggio naturale in compagnia della donna amata. In un silenzio carico di mistero, mentre la campagna ancora umida di pioggia attende il sorgere della luna, egli registra le sensazioni suscitate in lui dalla visione del paesaggio, trasferendole in un testo poetico di suggestiva intensità.

Metrica Tre strofe di quattordici versi di varia lunghezza (con prevalenza di endecasillabi) con rime libere. Ogni strofa è seguita da una 'lauda' di tre versi, ciascuno dei quali rima con un verso della strofa precedente.

Il poeta si rivolge alla donna amata, presenza evanescente e solo accennata.

    Fresche le mie parole ne la sera
    ti sien[1] come il fruscìo che fan le foglie
    del gelso ne la man di chi le coglie
    silenzioso e ancor s'attarda a l'opra lenta[2]
5 su l'alta scala che s'annera
    contro il fusto che s'inargenta[3]
    con le sue rame[4] spoglie
    mentre la Luna è prossima a le soglie
    cerule[5] e par che innanzi a sé distenda un velo[6]
10 ove il nostro sogno si giace[7]
    e par che la campagna già si senta
    da lei[8] sommersa nel notturno gelo[9]
    e da lei beva la sperata pace
    senza vederla[10].

La personificazione della Sera si accompagna a un elogio che riprende la formula del Cantico delle creature di san Francesco.

15 Laudata sii pel tuo viso di perla,
    o Sera, e pe' tuoi grandi umidi occhi[11] ove si tace[12]
    l'acqua del cielo!

---

1. Fresche ... ti sien: le mie parole nella sera siano per te fresche.
2. e ancor ... lenta: e ancora indugia nel suo lento lavoro.
3. su l'alta scala ... s'inargenta: la scala, nel buio della sera, diventa scura, mentre il tronco dell'albero di gelso, colpito dalla luce della luna, si fa argenteo.
4. rame: rami.
5. è prossima ... cerule: si avvicina alla linea dell'orizzonte, di color azzurro pallido («cerule»), ossia sta per sorgere.
6. e par che ... un velo: il chiarore della luna sembra velare il paesaggio e i sogni d'amore del poeta.
7. si giace: trova riposo.
8. da lei: cioè dalla luna.
9. nel notturno gelo: nella frescura della sera.
10. e da lei beva ... vederla: e che assorba dalla luna la quiete a lungo attesa, anche se questa non è ancora apparsa nel cielo.
11. grandi ... occhi: l'espressione rinvia metaforicamente alla rugiada, o forse alle pozzanghere d'acqua piovana che si sono formate durante il giorno.
12. si tace: si raccoglie immobile (sinestesia).

Alcyone

> L'attacco della seconda strofa riprende con lieve variazione il verso iniziale.

Dolci le mie parole ne la sera
ti sien come la pioggia che bruiva[13]
tepida e fuggitiva[14],
20 commiato lacrimoso de la primavera[15],
su i gelsi e su gli olmi e su le viti
e su i pini dai novelli rosei diti[16]
che giocano con l'aura che si perde,
25 e su 'l grano che non è biondo ancóra
e non è verde[17],
e su 'l fieno che già patì la falce[18]
e trascolora[19],
e su gli olivi, su i fratelli olivi
30 che fan di santità pallidi i clivi
e sorridenti[20].

Laudata sii per le tue vesti aulenti[21],
o Sera, e pel cinto che ti cinge come il salce
il fien che odora[22]!

35 Io ti dirò verso quali reami
d'amor ci chiami il fiume[23], le cui fonti
eterne a l'ombra de gli antichi rami
parlano nel mistero sacro dei monti;
e ti dirò per qual segreto[24]

> Il profilo delle colline sembra disegnare quello di labbra sensuali, impossibilitate a rivelare il loro misterioso segreto.

40 le colline su i limpidi orizzonti
s'incùrvino come labbra che un divieto
chiuda, e perché la volontà di dire
le faccia belle
oltre ogni uman desire[25]
45 e nel silenzio lor sempre novelle
consolatrici[26], sì che pare
che ogni sera l'anima le possa amare
d'amor più forte.

Laudata sii per la tua pura morte[27],
50 o Sera, e per l'attesa[28] che in te fa palpitare
le prime stelle!

---

13. bruiva: *crepitava* (francesismo, in funzione onomatopeica).

14. tepida e fuggitiva: *tepida e di breve durata.*

15. commiato ... primavera: simile a un addio dato piangendo dalla primavera (con la pioggia), prima di svanire nell'estate piena.

16. novelli rosei diti: i germogli delle piante aghiformi, di colore rosato, vengono assimilati a dita infantili.

17. non è biondo ... e non è verde: *non è ancora giallo e maturo, ma non è più verde e del tutto acerbo.*

18. patì la falce: *è stato falciato,* ma l'uso del verbo «patire» ("soffrire") umanizza l'elemento naturale.

19. trascolora: *impallidisce* (seccandosi).

20. che fan ... sorridenti: le foglie degli ulivi hanno la parte inferiore delle foglie verde pallido, di un colore che fa pensare a quello dei santi penitenti, e quella superiore verde scura, cosicché, agitate dal vento, producono sui colli («clivi») una variazione luminosa simile a un sorriso.

21. aulenti: *profumate* (latinismo).

22. pel cinto ... odora: *per la cintura che ti cinge come il ramo di salice usato per legare i profumati fasci di fieno.* Il «cinto» della sera è forse la linea dell'orizzonte.

23. il fiume: l'Arno, che scorre presso Fiesole.

24. per qual segreto: *per nascondere quale segreto.*

25. la volontà ... desire: *il loro desiderio di parlare le renda belle al di là di ogni umano desiderio.*

26. sempre novelle consolatrici: *sempre pronte a dare nuovo conforto e sollievo agli uomini.*

27. pura morte: *per il tuo lento trascolorare nella notte.* Anche il *Cantico* di san Francesco si conclude con l'elogio a «sora nostra morte corporale».

28. l'attesa: *l'attesa del buio della notte.*

La sera fiesolana 401

La parola alla critica

Anco Marzio Mutterle, *La circolarità de «La sera fiesolana»*

Il critico Anco Marzio Mutterle illustra le caratteristiche principali de *La sera fiesolana*: una circolarità di temi e motivi e un succedersi misurato di analogie che mirano a restituire il senso di fusione dell'uomo con la natura.

La caratteristica di un testo come *La sera fiesolana* consiste nella circolarità, con cui in maniera pressoché spontanea il mondo naturale prende connotati umani o, all'inverso, suggerisce i propri al mondo degli uomini: la Sera diventa una persona, circondata di vesti aulenti, e il suo cinto (l'orizzonte), a sua volta, è come il vincastro che cinge il fieno odoroso. […] Si noteranno poi i nessi lievissimi e precari, affidati quasi esclusivamente alla congiunzione «e», tra i vari membri dell'elencazione (vv. 22-31); si tratta di un aspetto del linguaggio dannunziano, qui particolarmente accentuato perché deve sostenere il succedersi ininterrotto di analogie tra sfere diverse, ma presente in maniera costante in tutta la produzione, che da sempre ha fornito un agevole argomento a quei critici che, orientati negativamente nei confronti di D'Annunzio, si sono affrettati a sottolineare la superficialità, la povertà inventiva e sintattica di quel linguaggio. L'obiezione non è priva di fondamento; si dovrà però puntualizzare che, nell'ambito dell'esperienza alcionica, il fenomeno rilevato non è soltanto tollerabile, appare addirittura necessario, in quanto pertinente alla sfera intensamente metamorfica e al bisogno di sintesi che la dimensione mitica comporta.

A. M. Mutterle, Gabriele D'Annunzio, Firenze, Le Monnier, 1980

Analisi del testo

COMPRENSIONE

Rivolgendosi alla donna amata, il poeta articola il testo in **tre strofe in parte autonome**, ciascuna delle quali, nell'edizione originaria, era accompagnata da un breve titoletto esplicativo.

Nella **prima strofa**, dedicata al **sorgere della luna**, le immagini si concentrano sull'idea della **frescura** portata dal calare del giorno e dall'imminente apparire della luna, che stende sulla campagna un velo di luce madreperlacea e ristoratrice.

La **seconda** evoca la **dolcezza della pioggia** che durante il giorno è caduta lieve sulla vegetazione, in una sorta di commosso **saluto della primavera morente**.

Nell'ultima, incentrata sulle **colline**, il poeta ribadisce il desiderio di svelare alla donna amata il **misterioso messaggio che la natura nasconde in sé**, come un arcano segreto. La lirica si conclude sul lento trascolorare della sera nel buio della notte e in un'ultima 'lode' alla Sera personificata.

ANALISI E INTERPRETAZIONE

Immagini e percezioni poetiche *La sera fiesolana*, priva di un vero centro logico e narrativo, registra in un **libero fluire di immagini** le sensazioni suscitate nel poeta dalla contemplazione della sera, personificata in figura femminile. Nella rappresentazione del paesaggio naturale, la **presenza umana** è **ridotta al minimo**: le uniche figure presenti sono il poeta e la donna amata, appena evocata («ti sien», vv. 2 e 19; «ti dirò», vv. 35 e 39). La scena è interamente dominata dagli **elementi naturali**, dotati di una vibrante vitalità e quasi **antropomorfizzati** attraverso il linguaggio («i pini dai novelli rosei diti», v. 23; il fieno «che già patì la falce / e trascolora», vv. 27-28). La **Sera** stessa viene rappresentata come una **languida figura femminile**, che nel suo «viso di perla» (v. 15) e nelle «vesti aulenti» (v. 32) trasfigura in chiave umana le caratteristiche del paesaggio. L'utilizzo del modulo «Laudata sii», derivato dal *Cantico delle creature* di san Francesco, connota la Sera in **termini quasi religiosi**, secondo il gusto decadente, senza escludere però una conturbante **sensualità**.

«Io ti dirò»: il messaggio della lirica Oltre alla fitta rete di legami analogici, l'elemento che più contribuisce a dare unitarietà al testo è la «**volontà di dire**» (v. 42) manifestata dal poeta. Fin dall'esordio, egli si rivolge infatti alla donna amata preannunciandole un **messaggio** e augurandosi che le sue «parole» siano in grado di suscitare in lei le stesse sensazioni di 'frescura' e 'dolcezza' trasmesse dalla sera. La tensione si accentua nella strofa conclusiva («Io ti dirò», v. 35; «e ti dirò», v. 39), in cui il **contrasto tra il desiderio di comunicare il segreto della natura e l'enigmatico «divieto»** che rende impossibile lo svelamento del mistero sembra comunicarsi al paesaggio stesso, alle colline rappresentate come labbra suggellate nel silenzio. Apparentemente, il messaggio a lungo promesso resta taciuto. Eppure, a ben vedere, questo coincide con le **sensazioni evocate dalla lirica**: attraverso la suggestione della parola poetica, l'autore ha in effetti trasmesso, alla donna e al lettore, il segreto ultimo della natura, trasformandolo nel magico incanto di versi misteriosi ed evocativi.

Le tecniche espressive Sul piano strutturale, il testo è articolato in **tre strofe**, ciascuna delle quali è costituita da un **unico, ampio periodo sintattico**, in cui le immagini si succedono per libera associazione analogica, nascendo l'una dall'altra grazie alle numerose **metafore** e **sinestesie** («si tace / l'acqua del cielo», vv. 16-17), volte a sottolineare le **'corrispondenze' tra i diversi aspetti della natura**. Di particolare efficacia sono soprattutto le metafore con le quali gli elementi del paesaggio concorrono a delineare l'immagine della Sera personificata: la luce lunare diviene così il suo «viso di perla» (v. 15), la rugiada si trasforma in «grandi umidi occhi» (v. 16) e i profumi della sera in «vesti aulenti» (v. 32). Anche il **lessico**, **prezioso e raffinato**, contribuisce ad antropomorfizzare gli elementi naturali. L'aspetto più tipico della lirica è però l'intensa **musicalità** che la percorre, ottenuta grazie a una **fitta rete di rime e assonanze** liberamente disposte, oltre ad **allitterazioni onomatopeiche** («il fruscìo che fan le foglie», v. 2) e richiami fonici.

Lavoriamo sul testo

COMPRENSIONE

1. A chi si rivolge il poeta nella lirica? Qual è la funzione del destinatario nel testo?
2. In ogni strofa il poeta mostra un diverso aspetto della sera. Sintetizza il contenuto di ciascuna strofa.
3. Quali caratteristiche ha la personificazione della Sera che ricorre nel testo?
4. Nella terza strofa, a che cosa vengono paragonate le colline?

LINGUA E LESSICO

5. Individua nel testo i termini e le espressioni che contribuiscono all'antropomorfizzazione degli elementi naturali.
6. Rintraccia nel testo tutti i termini appartenenti a un lessico arcaico e per ognuno di essi scrivi accanto un sinonimo.
7. Osserva la struttura sintattica della prima e della seconda strofa: in quale delle due parti ti sembra prevalere la paratassi e in quale la subordinazione? Quali diversi effetti ottiene il poeta con questi usi sintattici?

ANALISI E INTERPRETAZIONE

8. L'elogio della Sera riprende un modulo espressivo della poesia di san Francesco, di cui era noto l'amore per la natura e le sue creature. Quale significato assume qui questo riferimento religioso?
9. Spiega attraverso quali metafore il poeta 'costruisce' la personificazione della Sera e quale legame esiste tra essa e la natura circostante.
10. Che effetto producono i numerosi *enjambement* presenti nella lirica? Ritieni che il loro uso sia legato anche al contesto tematico o sia invece esclusivamente stilistico?
11. Qual è il messaggio della lirica? Che cosa intende comunicare il poeta alla donna e al lettore?

SCRITTURA E APPROFONDIMENTO

12. La sera, momento sospeso tra il dì e la notte, forse per la sua stessa indefinitezza è particolarmente amata dai poeti decadenti. Confronta in un breve testo *La sera fiesolana* con *L'assiuolo* (p. 439) e *La mia sera* (p. 467) di Giovanni Pascoli, rilevandone analogie e differenze tematiche e stilistiche.

Dall'*Alcyone* puoi leggere anche *Lungo l'Affrico nella sera di giugno*

La sera fiesolana **403**

T8 La pioggia nel pineto

Alcyone

La lirica, una delle più famose dell'intera produzione dannunziana, fu composta probabilmente nell'estate del 1902. Le prime impressioni, poi trasposte nel testo, sono annotate da D'Annunzio nei Taccuini: «La Pineta è selvaggia, tutta chiusa da cespugli fitti, da mirti, da tamerici. Qua e là ginestre fiorite risplendono con i loro gialli fiori. La pioggia discende su la verdura con un crepitio che varia secondo la densità del fogliame. [...] Le cicale, che cantavano ancora sotto il cielo cinereo, a poco a poco ammutoliscono. Il loro canto si fa sordo sotto la pioggia, poi si allenta; poi si spegne. [...] E su tutta la foresta si spande il suono della pioggia tiepida, un suono infinitamente dolce e persuasivo».

Il componimento si basa su un esile spunto narrativo. Il poeta e la donna che l'accompagna, Ermione (figura dietro la quale si cela Eleonora Duse), stanno passeggiando in una pineta in riva al mare quando vengono sorpresi dallo scoppio di un temporale estivo. I due si inoltrano nel folto del bosco e, in una sorta di magica metamorfosi, si trasformano essi stessi in elementi vegetali, parte della natura che li circonda.

Metrica Quattro "strofe lunghe" di trentadue versi ciascuna, variamente rimati e assonanzati, di lunghezza variabile fra tre e nove sillabe, con una prevalenza del senario.

Il poeta invita la donna al silenzio e ad ascoltare la voce misteriosa della natura.

Taci. Su le soglie[1]
del bosco non odo
parole che dici
umane; ma odo
5   parole più nuove
che parlano gocciole e foglie
lontane[2].
Ascolta. Piove
dalle nuvole sparse.
10 Piove su le tamerici[3]
salmastre ed arse[4],
piove sui pini
scagliosi ed irti[5],
piove su i mirti
15 divini[6],
su le ginestre fulgenti
di fiori accolti[7],
su i ginepri folti
di coccole aulenti[8],

I volti del poeta e della donna iniziano a trasfigurarsi e ad assumere i tratti della natura circostante: è il primo accenno alla metamorfosi.

20 piove su i nostri volti
silvani[9],
piove su le nostre mani
ignude,

---

1. Su le soglie: all'ingresso.
2. che parlano ... lontane: pronunciate in lontananza dalle gocce di pioggia e dalle foglie. Il verbo "parlare" è qui usato transitivamente e ha come soggetto «gocciole e foglie».
3. tamerici: arbusti sempreverdi; sono le myricae che danno il nome alla prima raccolta di poesie di Pascoli.
4. salmastre ed arse: impregnate di salsedine e bruciate dal sole.
5. scagliosi ed irti: con la corteccia fatta a scaglie e le foglie aghiformi.
6. divini: il mirto è pianta sacra a Venere, dea dell'amore.
7. fulgenti ... accolti: splendenti di fiori raccolti in grappoli.
8. coccole aulenti: bacche profumate («aulenti» è un latinismo).
9. silvani: boschivi.

Alcyone

> La «favola bella» è probabilmente l'amore, ma potrebbe alludere anche alla poesia e all'arte in generale, di cui viene sottolineata la natura assoluta, in grado di distogliere l'uomo da tutto il resto.

25 su i nostri vestimenti
leggeri,
su i freschi pensieri
che l'anima schiude[10]
novella[11],
su la favola bella[12]
30 che ieri
t'illuse, che oggi m'illude,
o Ermione[13].

Odi? La pioggia cade
su la solitaria
35 verdura[14]
con un crepitìo che dura
e varia nell'aria
secondo le fronde
più rade, men rade[15].
40 Ascolta. Risponde
al pianto[16] il canto
delle cicale
che il pianto australe
non impaura[17],
45 né il ciel cinerino[18].

> Gli elementi vegetali diventano strumenti della musica della natura, in un concerto eseguito dalle "dita" della pioggia.

E il pino
ha un suono, e il mirto
altro suono, e il ginepro
altro ancora, stromenti
50 diversi
sotto innumerevoli dita.

> La coppia, immersa nella natura, sta diventando parte di essa grazie alla fusione panica.

E immersi
noi siam nello spirto
silvestre[19],
55 d'arborea vita viventi[20];
e il tuo volto ebro[21]
è molle[22] di pioggia

> Il processo metamorfico viene reso ancora più evidente dalle similitudini vegetali (il volto come una foglia, i capelli come ginestre).

come una foglia,
e le tue chiome
60 auliscono[23] come
le chiare ginestre,
o creatura terrestre[24]

---

10. schiude: *concepisce, fa sbocciare.*
11. novella: *rinnovata, come purificata.*
12. favola bella: *i sogni d'amore, le speranze illusorie di felicità.*
13. Ermione: alla donna amata il poeta dà il nome mitologico di Ermione, la bellissima figlia di Elena e Menelao.
14. su la ... verdura: *sulla vegetazione della pineta deserta.*

15. che dura ... rade: *che non s'interrompe mai e produce un suono variabile, cadendo su piante più o meno folte.*
16. al pianto: *al cadere della pioggia.*
17. che il pianto... impaura: *che la pioggia portata dal vento che viene da sud (austro) non spaventa («impaura»).*
18. cinerino: *grigio, color della cenere.*
19. nello spirto silvestre: *nello spirito del*

bosco, nella sua sostanza più profonda.
20. d'arborea ... viventi: *animati dalla stessa vita che nutre gli alberi.*
21. ebro: *inebriato, come trasfigurato dall'estasi.*
22. molle: *intriso, bagnato.*
23. auliscono: *profumano.*
24. terrestre: *nata dalla terra,* come gli elementi della natura circostante.

La pioggia nel pineto **405**

che hai nome
Ermione.

> **Il verbo si ricollega all'incipit della lirica («Taci»), invitando ancora una volta la donna ad ascoltare la voce della natura.**

65 Ascolta, Ascolta. L'accordo
delle aeree[25] cicale
a poco a poco
più sordo
si fa[26] sotto il pianto[27]
70 che cresce;
ma un canto vi si mesce[28]
più roco
che di laggiù sale,
dall'umida ombra remota.
75 Più sordo e più fioco
s'allenta[29], si spegne.
Sola una nota
ancor trema, si spegne,
risorge, trema, si spegne.

> **Anche il silenzio del mare rientra nella partitura musicale orchestrata dalla natura.**

80 Non s'ode voce del mare.
Or s'ode su tutta la fronda
crosciare[30]
l'argentea pioggia
che monda[31],
85 il croscio che varia
secondo la fronda
più folta, men folta.
Ascolta.
La figlia dell'aria[32]
90 è muta: ma la figlia
del limo[33] lontana,
la rana,

> **Le notazioni spaziali sono volutamente indeterminate, per suggerire un'atmosfera rarefatta e misteriosa.**

canta nell'ombra più fonda,
chi sa dove, chi sa dove!
95 E piove su le tue ciglia,
Ermione.

Piove su le tue ciglia nere
sì che par tu pianga

> **L'immagine della donna che come una ninfa sembra uscire dalla corteccia di un albero, completa la metamorfosi.**

100 ma di piacere; non bianca
ma quasi fatta virente[34],
par da scorza tu esca[35].
E tutta la vita è in noi fresca
aulente,

---

25. aeree: *che stanno in alto sui rami, nell'aria.*
26. più sordo si fa: *si fa più smorzato, si attutisce.*
27. pianto: *rumore della pioggia.*
28. vi si mesce: *si unisce a esso.*

29. s'allenta: *si indebolisce.*
30. crosciare: *scrosciare* (verbo onomatopeico).
31. che monda: *che purifica.*
32. La figlia dell'aria: *la cicala* (perifrasi).
33. la figlia del limo: *la figlia del fango,* cioè

la rana (v. 92).
34. fatta virente: *divenuta verdeggiante,* come una pianta.
35. par ... esca: *sembra che tu nasca dalla corteccia di un albero.*

Alcyone

> *Ancora similitudini vegetali: il cuore è una pesca, gli occhi piccole sorgenti d'acqua, i denti mandorle.*

il cuor nel petto è come pesca
intatta,
105 tra le palpebre gli occhi
son come polle[36] tra l'erbe,
i denti negli alvèoli[37]
son come mandorle acerbe.
E andiam di fratta[38] in fratta,
110 or congiunti or disciolti[39]
(e il verde vigor rude[40]
ci allaccia i malleoli[41]
c'intrica[42] i ginocchi)
chi sa dove, chi sa dove!
115 E piove su i nostri volti
silvani,
piove su le nostre mani
ignude,
su i nostri vestimenti
120 leggeri,
su i freschi pensieri
che l'anima schiude
novella,
su la favola bella
125 che ieri
m'illuse, che oggi t'illude,
o Ermione.

> *La ripresa dei versi che concludono la prima strofa (con una lieve variazione) sottolinea la struttura circolare della lirica.*

36. **polle:** *sorgenti, specchi d'acqua.*
37. **alvèoli:** *le cavità delle gengive in cui hanno sede i denti.*
38. **fratta:** *cespuglio.*
39. **or... disciolti:** *ora abbracciati, ora separati.*
40. **il verde... rude:** *la vegetazione fitta del sottobosco,* che ostacola il cammino della coppia.
41. **malleoli:** *caviglie.*
42. **c'intrica:** *ci lega, ci ostacola.*

Henri-Edmond Cross, *Sotto i pini*, 1907.

La pioggia nel pineto

→ Analisi del testo

COMPRENSIONE

Anche in questa poesia ritroviamo il doppio movimento di **umanizzazione** e **naturalizzazione** già visto nella *Sera fiesolana* (p. 400). Da un lato, infatti, la pioggia non produce rumori, ma fin dal primo momento parole, poi pianto e musica; parallelamente, **Ermione e il poeta divengono sempre più simili alla natura che li circonda**. In loro si realizza una sorta di **metamorfosi** che progressivamente li rende uguali alle piante: a cominciare dai volti «silvani» e dai pensieri che si «schiudono» come fiori, per passare alle chiome di Ermione profumate come ginestre, fino a quando tutta la figura femminile viene ricostruita attraverso una serie di comparazioni vegetali (vv. 100-109), mentre la pineta abbraccia e lega i protagonisti, nello stesso modo in cui essi stessi si stringono e si tengono per mano.

ANALISI E INTERPRETAZIONE

La trasfigurazione mitica della realtà Più che in altre poesie di *Alcyone*, nella *Pioggia nel pineto* lo spunto narrativo (un acquazzone estivo durante una passeggiata a due in una pineta della Versilia) viene trasfigurato in una **dimensione mitica**, in cui sono assenti le determinazioni spaziali e temporali. Anche il consueto descrittivismo dannunziano viene completamente assorbito nell'intensità della **fusione panica**, che si compie attraverso una vera e propria **metamorfosi**: addentrandosi sempre di più nella pineta, il poeta e la donna, in una sorta di climax, si trasformano in creature «silvane», fino a divenire un tutt'uno con la vita vegetale che li circonda. La forza della trasformazione è ribadita dal **carattere purificatore della pioggia**, che quasi lava i protagonisti dalle ultime scorie di civiltà e di storia.

In questa poesia non c'è però soltanto il tema dell'estasi panica. Come ha scritto Gianfranco Contini, *La pioggia nel pineto* è anche una specie di «"danza" o "fuga" vigilatissima sul motivo dell'amore-illusione, dell'amore-gioco»: basti pensare all'elegante e sottile variazione sulla «favola bella», che dà a questo componimento una **struttura circolare**, sottolineando il carattere sempre cangiante e mutevole della vita e dell'amore, riflessi nell'arte come in un libero gioco.

Una metapoesia La fusione è resa poi possibile dalla capacità di D'Annunzio di trasporre nella **mu-**sicalità dei suoi versi la voce della natura, in una **ricchissima partitura fonico-timbrica**: il gioco di rime, quasi-rime, rime interne, assonanze, consonanze e allitterazioni, i fonosimbolismi, e in genere i richiami di suono e di significato, le variazioni di motivi simili raggiungono qui il massimo di concentrazione e di intensità, tanto che diventa pressoché impossibile registrare in maniera esaustiva i diversi procedimenti messi in atto dal poeta. **La parola poetica non solo imita la pioggia, ma la ricrea**, con effetti di grande suggestione sonora. In questa specie di gara tra il poeta e la natura, D'Annunzio finisce per cantare contemporaneamente l'evento naturale e la propria stessa poesia, che, nel suo svolgersi, si propone come un evento pari, per intensità e musicalità, alla stessa pioggia di cui parla. La poesia, in altri termini, parla anche di se stessa, è una **metapoesia**, in cui D'Annunzio celebra la forza della propria arte.

L'innovazione dell'architettura metrica La partitura metrica de *La pioggia nel pineto* è assai varia e selezionata con **virtuosa abilità tecnica**, al fine di rendere un'idea viva dei fenomeni e degli elementi naturali evocati nella lirica. «Tale complessità metrica», afferma il critico e studioso dannunziano Giorgio Bàrberi Squarotti, «vuole rilevare in modo particolarmente profondo la creazione poetica che D'Annunzio attua trasfigurando le parole nuove che sorgono e sono musicalmente e suasivamente create da foglie e pioggia, del tutto alternative rispetto a quelle della tradizione lirica. I metri stessi sono inventati in forme del tutto originali in tale quantità e strutturazione rispetto alla tradizione metrica e anche rispetto alle creazioni non canoniche che già Pascoli ha moltiplicato in *Myricae* e nei *Canti di Castelvecchio*, ma con molto più limitata avventurosità e variazione, pur essendo senza dubbio il punto di partenza metrico per la ricchezza infinitamente più varia di *Alcyone*. D'Annunzio tocca il momento migliore della nuova parola che ode nella pioggia nel pineto. Così crea il nuovo metro e il nuovo ritmo, ma soprattutto sublima in inaudita e mai prima conosciuta poesia i suggerimenti della natura nell'estate iniziale, quando alberi, venti, animali, pioggia possono esprimersi appieno. Allora la "favola bella" si può trasformare in poesia d'amore, ma in quanto contemporaneamente si trasfigura nella nuova parola degli alberi e della pioggia».

Alcyone

Lavoriamo sul testo

COMPRENSIONE

1 Sintetizza il contenuto della poesia letta, suddividendolo nelle diverse strofe.
2 Chi è Ermione? Dove si trova il poeta e in che stagione dell'anno siamo?
3 Che cosa è il «panismo»? Dove emerge in maniera particolarmente evidente questo tema?
4 Perché *La pioggia nel pineto* può essere letta come una metapoesia?

LINGUA E LESSICO

5 Rintraccia tutti i nomi di specie vegetali presenti nella lirica e dai una breve descrizione di ciascuna di esse.
6 Trova l'etimologia delle seguenti parole e per ognuna scrivi almeno un sinonimo: salmastre – accolti – aulenti – australe – monda – novella.

ANALISI E INTERPRETAZIONE

7 Analizza la prima strofa della poesia individuando alcune allitterazioni, assonanze e ripetizioni.
8 Quali osservazioni è possibile fare sulla sintassi del testo letto? Rispondi facendo le necessarie citazioni e tenendo presenti i seguenti argomenti:
– presenza di periodi lunghi o brevi;
– presenza di proposizioni subordinate o coordinate;
– coincidenza o non coincidenza tra frase e verso, tra periodo e strofa.

SCRITTURA E APPROFONDIMENTO

9 Istituisci un confronto tra la diversa concezione della natura in Pascoli e D'Annunzio, approfondendo l'argomento in un saggio breve che sfrutti, oltre ai testi di D'Annunzio (in particolare la lirica letta e *La sera fiesolana*, p. 400) anche quelli di Pascoli presenti nel capitolo dedicato all'autore (in particolare ti suggeriamo *Novembre*, p. 437, *Il gelsomino notturno*, p. 463 e *Alèxandros*, p. 474).
10 *La pioggia nel pineto* è stata oggetto anche di alcune divertenti parodie; si possono citare in particolare *Pioggia sul cappello* di Luciano Folgore (1888-1963) e *Piove* di Eugenio Montale (1896-1981); procurati il testo di queste due poesie e in un testo scritto prova a spiegare in che modo il testo di D'Annunzio viene "preso in giro".

Benvenuto Benvenuti, *Estate, mattino*, 1904.

Approfondimento

Una lettura "scolastica" de *La pioggia nel pineto*

Nel romanzo *Esche vive* (2011) di Fabio Genovesi (1974) viene proposta una divertente lettura della *Pioggia nel pineto*. Dopo aver letto i temi scolastici di Mirco Colonna, il ragazzino quindicenne protagonista del romanzo, Tiziana si addormenta e, in sogno, si ritrova immersa nello scenario della lirica dannunziana.

Fa caldo, molto caldo, ma qua è ombra, le teste dei pini lassù coprono il cielo e frusciano appena alla brezza che aumenta. E il sole che a tratti passava tra le fronde adesso sparisce, il cielo è nuvolo e l'aria cambia odore.
«Temo che stia per piovere» sussurra lei. Indossa un velo candido che ondeggia sinuoso seguendo i suoi passi nudi.
«Ma no, mia cara, non devi temere. Solo una nuvola che passa e presto non la vedremo più. Andiamo, non indugiare».
Il fruscìo dei pini sale, continuo e vasto, come un tappeto sonoro presto punteggiato da singoli tocchi bagnati di pioggia.
«Ecco, Vate… non oso contraddirvi, ma ho sentito una goccia».
«Oh, non sono che poche gemme mandate dal cielo per rinfrescarti, o Ermione».
«Sarà come dite voi. Però, vi prego, non addentriamoci oltre, i piedi scalzi non sono stati una grande idea, mi sono punta già due volte».
«Non devi temere, mia cara, la natura tutta risuona per celebrare il tuo passaggio. Non odi? Ti salutano le tamerici, i mirti, i ginepri, le ginestre…»
«Ahi!»
«Che accade, o divina?»
«Mi sono bucata ancora. Una spina».
«Lascia ch'io te la tolga, ti prego».
«No, no, è molto meglio se ce ne andiamo». La donna si ferma, la chioma morbida le carezza le spalle mentre le gocce più fitte inumidiscono la guancia. Il cuore batte impetuoso nel petto.
«Andarcene? Mi pare follia. Non odi le cicale cosa cantano?»
«No.»
«Cantano di gioia a vederti qua, o loro dea, dea dei boschi, una ninfa sei tu.»
«Io?»
«Oh sì, credimi, sei proprio una ninfa. Da quando il Fato generoso mi concesse per la prima volta di vederti, subito fu chiaro.» […]
«Mi lusingate, ma questi rumori… temo di incontrarvi serpenti, ragni, funghi…»
«Ma no, non odi dal limo cantare? Si aggiungono le rane ad esprimerti tutto il…»
«Rane? O mio dio, che schifo! Meglio avremmo fatto a restare al cascinale».
«E volentieri, o ninfa, ma al cascinale c'era vostro marito». …

T9 Le stirpi canore

Alcyone

Dall'*Alcyone* puoi ascoltare *Meriggio*

Scritto probabilmente nell'estate del 1902, la poesia fa parte della seconda sezione di Alcyone, quella dedicata alle poesie composte tra «l'estremo giugno» e l'otto luglio (come La pioggia nel pineto).
D'Annunzio celebra la varietà di suoni della propria scrittura, la sua capacità di aderire all'infinita molteplicità della vita, in un'autocelebrazione in cui l'ideologia superomistica si fonde con il panismo. Egli ricorre in modo sistematico a immagini naturali, dalle quali deriva la forza della sua poesia e il potere creativo delle parole.

Metrica Un'unica 'strofe lunga', di trentasette versi, di lunghezza variabile fra le tre e le nove sillabe, disposti liberamente.

410 *Alcyone*

I miei carmi son prole[1]
delle foreste,
altri dell'onde,
altri delle arene[2],
5   altri del Sole,
altri del vento Argeste[3].
Le mie parole
sono profonde
come le radici
10   terrene,
altre serene
come i firmamenti,
fervide[4] come le vene
degli adolescenti,
15   ispide come i dumi[5],
confuse[6] come i fumi
confusi,
nette[7] come i cristalli
del monte,
20   tremule come le fronde
del pioppo,
tumide[8] come le narici
dei cavalli
a galoppo,
25   labili come i profumi
diffusi,
vergini[9] come i calici[10]
appena schiusi,
notturne come le rugiade
30   dei cieli,
funebri come gli asfodeli
dell'Ade[11],
pieghevoli come i salici
dello stagno,
35   tenui[12] come i teli
che fra due steli
tesse il ragno[13].

> **L'anafora iniziale lega la poesia a tutti gli aspetti del mondo naturale, sviluppati in modo dettagliato nel prosieguo della lirica.**

> **Per D'Annunzio questo attributo è essenzialmente positivo, e costituisce anzi una caratteristica del suo linguaggio poetico.**

> **Il susseguirsi di sensazioni tattili, olfattive e visive sembra richiamare *Corrispondenze* di Baudelaire.**

---

1. prole: *figli.*
2. arene: *spiagge, sabbie.*
3. vento Argeste: nome greco di un forte vento proveniente da ovest, che di solito porta il bel tempo.
4. fervide: *calde, ardenti.*
5. dumi: *rovi.*

6. confuse: *vaghe, indefinite.*
7. nette: *limpide, precise.*
8. tumide: *gonfie, turgide.*
9. vergini: *intatte.*
10. calici: *le corolle dei fiori.*
11. funebri ... dell'Ade: *tristi come gli asfodeli che si trovano nel regno dei morti.* Per

i Greci e i Romani gli asfodeli (piccoli fiori di colore bianco) erano sacri ai defunti.
12. tenui: *sottili.*
13. i teli che ... tesse il ragno: *perifrasi per indicare le ragnatele.*

Le stirpi canore   **411**

Analisi guidata

Un elenco di similitudini

Il primo periodo (vv. 1-6) della lirica descrive l'**origine delle parole utilizzate dal poeta**, riconducendole ai diversi **aspetti della realtà naturale** («foreste», «onde», «arene», «Sole», «vento»); il secondo (vv. 7-37) enuncia invece le **caratteristiche delle parole**, ed è infatti basato su una serie di quattordici attributi che il poeta considera propri delle parole da lui usate («profonde», «serene», «fervide», «ispide», «confuse», «nette», «tremule», «tumide», «labili», «vergini», «notturne», «funebri», «pieghevoli», «tenui»), ciascuno dei quali è affiancato da una breve similitudine («come...») con un elemento della natura.

Competenze di comprensione e analisi

- Qual è il tema di fondo della poesia? Che cosa afferma il poeta nel primo periodo? Che cosa afferma invece nel secondo?
- Perché D'Annunzio afferma che le sue poesie sono figlie della natura nei suoi vari aspetti?
- Spiega perché nella seconda parte della poesia il rapporto tra linguaggio e realtà sembra capovolgersi.
- Per quale motivo, a tuo parere, l'aggettivo possessivo è ripetuto due volte («miei carmi», «mie parole»)?

Una riflessione sul linguaggio poetico

L'apparente semplicità della poesia non deve trarre in inganno, poiché D'Annunzio sviluppa qui uno dei temi cardine della sua opera, e cioè l'**esaltazione delle facoltà creative del poeta**. Egli celebra innanzitutto la propria **abilità linguistica**, la propria capacità di riprodurre sulla pagina (cioè di far entrare nella poesia) tutti i diversi aspetti della realtà. Per questo, all'inizio del testo, egli afferma che le sue poesie («carmi») sono figlie («prole») della natura, nei suoi vari aspetti. Ma le parole non sono, per D'Annunzio, dei semplici strumenti di descrizione: attraverso il linguaggio, infatti, **il poeta crea una realtà diversa da quella naturale**, più bella, più ricca di significati, capace di cogliere aspetti particolari e più profondi della realtà.
La **poetica delle "corrispondenze" di Baudelaire** si fonde quindi con la **concezione superomistica**, che offre un'immagine quasi divina del poeta, e con la **poetica simbolista**, fondata essenzialmente sul **potere creatore della parola**, a cui è dedicata la seconda parte della lirica.

Competenze di comprensione e analisi

- Il parallelismo costituisce una delle figure retoriche più frequenti della poesia. Individua i parallelismi presenti e spiegane la funzione espressiva.
- Quali altre figure retoriche vengono utilizzate spesso da D'Annunzio in questo testo? Dopo averle rintracciate spiega la loro funzione.
- Individua i termini che conferiscono al componimento un carattere aulico e letterario.
- Nel suo *Libro segreto* (1935), pagine di appunti autobiografici scritte nella vecchiaia, D'Annunzio dichiara: «L'espressione è il mio unico modo di vivere. Esprimermi è vivere». In che modo questa dichiarazione esistenziale può servire a interpretare correttamente *Le stirpi canore*? Rispondi con puntuali riferimenti al testo.

LABORATORIO DELLE COMPETENZE

Testo laboratorio
T10 I pastori

Alcyone

Fai l'analisi interattiva della poesia

- Lettura
- Comprensione
- Analisi
- Interpretazione
- Produzione scritta

Il testo fa parte della sezione conclusiva di Alcyone, *intitolata* Sogni di terre lontane. *L'estate volge al termine e con essa si dissolve il momento della comunione panica tra il poeta e la natura. L'arrivo di settembre porta con sé sentimenti malinconici, che assumono tratti onirici, spingendo l'autore a desiderare la fuga in luoghi remoti o, come in questo caso, nel mondo arcaico del nativo Abruzzo.*

L'autunno imminente suscita nel poeta il desiderio di ricongiungersi con la vita semplice dei pastori abruzzesi, che nel mese di settembre rinnovano l'usanza antica della transumanza, guidando i greggi dai pascoli di montagna verso le rive della Puglia. Con una viva nostalgia per la terra dei suoi padri, l'autore descrive i loro gesti arcaici e quasi rituali, che paiono riportare a una comunione con la natura che si ripete ciclicamente a ogni generazione.

Metrica Quattro strofe di cinque endecasillabi, più un endecasillabo finale. In ogni strofa sono presenti due versi che rimano tra loro; inoltre il verso finale di ogni strofa rima con il primo della strofa successiva.

Il colore verde accomuna quasi in un'unica immagine il mare e i pascoli montani.

Settembre, andiamo[1]. È tempo di migrare.
Ora in terra d'Abruzzi i miei[2] pastori
lascian gli stazzi[3] e vanno verso il mare:
scendono all'Adriatico selvaggio[4]
5   che verde è come i pascoli dei monti.

Han bevuto profondamente[5] ai fonti
alpestri, che[6] sapor d'acqua natìa[7]
rimanga ne' cuori esuli a conforto,
che lungo illuda la lor sete in via[8].
10 Rinnovato hanno verga d'avellano[9].

Il cammino dei pastori rinnova una tradizione ciclica, in una sorta di rituale arcaico e immutabile.

E vanno pel tratturo[10] antico al piano,
quasi per un erbal fiume silente[11],
su le vestigia[12] degli antichi padri.
O voce di colui che primamente
15 conosce il tremolar della marina![13]

---

1. **Settembre, andiamo:** si può intendere «Settembre» come un'invocazione al mese, personificato e invitato a partire, oppure come una constatazione ellittica del verbo («È settembre, andiamo»).
2. **miei:** l'aggettivo possessivo esprime il legame del poeta con la sua terra.
3. **stazzi:** *recinti per il bestiame.*
4. **selvaggio:** perché spesso agitato da venti tempestosi.
5. **profondamente:** *intensamente, a lungo.*
6. **che:** *affinché.*
7. **acqua natìa:** *l'acqua attinta nei luoghi d'origine.*
8. **lungo ... via:** *tenga a lungo lontana la sete durante il cammino.*
9. **Rinnovato ... d'avellano:** *hanno costruito un nuovo bastone di nocciolo* («avellano»; è un latinismo), *per guidare le greggi e sostenersi lungo la via.*
10. **tratturo:** *cammino, sentiero ampio.*
11. **quasi ... silente:** *quasi attraverso un silenzioso fiume d'erba* (analogia).
12. **vestigia:** *orme.*
13. **O voce ... marina!:** *come risuona gradita la voce del primo pastore che da lontano riconosce il palpitare del mare!* L'espressione è dantesca: «di lontano / conobbi il tremolar della marina» (Purg. I, 116-117).

LABORATORIO DELLE COMPETENZE

> Ora lungh'esso il litoral[14] cammina
> la greggia. Senza mutamento è l'aria[15].
> Il sole imbionda sì la viva lana
> che quasi dalla sabbia non divaria[16].
> 20 Isciacquìo[17], calpestìo, dolci romori.
>
> Ah perché non son io co' miei pastori?

La domanda retorica esprime la nostalgia che il poeta prova per la vita semplice degli abitanti della sua terra.

14. lungh'esso il litoral: *lungo la riva.*
15. Senza ... l'aria: *l'aria è immobile e silenziosa.* È ancora una citazione dantesca: «Un'aura dolce, sanza mutamento» (Purg. XXVIII, 7).

16. Il sole ... divaria: *il sole illumina con i suoi riflessi dorati la lana delle pecore tanto che essa quasi non è diversa* («non divaria») *dal colore della sabbia.*

17. Isciacquìo: *sciabordìo, rumore delle onde sulla riva* (voce onomatopeica e neologismo dannunziano).

COMPRENSIONE

1 Qual è lo stato d'animo del poeta nel declinare dell'estate?

2 Perché D'Annunzio dice i «miei pastori»?

3 Quali azioni compiono i pastori per prepararsi al viaggio verso il mare?

4 In quale punto del testo il poeta manifesta apertamente la sua nostalgia per la propria terra?

5 Nella terza strofa, quale sensazione sembra dominare la scena? I pastori sono felici di essere giunti al mare o prevale invece la malinconia?

LINGUA E LESSICO

6 Rintraccia tutti i latinismi presenti nella lirica e scrivi accanto a ognuno un termine equivalente tratto dal linguaggio quotidiano.

7 Quali termini ed espressioni sottolineano il carattere arcaico e rituale delle azioni dei pastori, che ripetono le tradizioni degli antenati?

ANALISI E INTERPRETAZIONE

8 Spiega il significato dell'espressione «cuori esuli» (v. 8) riferita ai pastori.

9 Nella prima parte della lirica dominano le immagini visive, mentre nella seconda sono registrate soprattutto notazioni acustiche: individuale nel testo.

10 Per quale motivo nelle ultime due strofe prevalgono frasi brevi spezzate da una frequente interpunzione? Quale sensazione vuole trasmettere il poeta?

11 Analizza le rime presenti nel componimento: come sono disposte? Che tipo di musicalità ne deriva?

12 Nella lirica sono presenti tre analogie tra le montagne e il mare: individuale e spiegale.

SCRITTURA E APPROFONDIMENTO

13 Confronta *I pastori* con un'altra lirica dannunziana a tua scelta: il linguaggio ti sembra più complesso o più semplice? Rispondi in un testo scritto con precisi riferimenti ai testi.

14 Nei *Pastori* torna il motivo dell'attaccamento alla terra natale, già parzialmente accennato in *Consolazione* (p. 394): come viene svolto questo tema nelle due liriche? Rispondi in un testo scritto, evidenziando analogie e differenze.

414 Laboratorio delle competenze

Guida alla verifica orale

Verifica le tue conoscenze

DOMANDA N. 1 Che cos'è l'Estetismo e in quali opere di D'Annunzio è presente questa concezione?

LA RISPOSTA IN SINTESI

L'Estetismo è una corrente nata nell'ambito del Decadentismo europeo secondo cui l'artista, in una compenetrazione continua di arte e vita, deve condurre la propria esistenza secondo principi estetici e non etici, incentrati sul culto della Bellezza e sulla ricerca di piaceri raffinati. Questa visione, presente anche in Huysmans e Wilde, è espressa da D'Annunzio nel romanzo *Il piacere*.

LA RISPOSTA NEI TESTI

T1 Nella descrizione dell'educazione di Andrea Sperelli, protagonista de *Il piacere*, risalta il gusto per la bellezza e per l'arte che caratterizza il protagonista.

T2 Nel finale del romanzo, il protagonista constata amaramente il fallimento del suo progetto di vita, destinato a venir meno di fronte alla volgarità e alla meschinità della gente comune.

DOMANDA N. 2 Quali sono le tematiche principali della poesia dannunziana?

LA RISPOSTA IN SINTESI

La poesia di D'Annunzio, e in particolare *Alcyone*, esalta in genere il vitalismo, la sensualità e la possibilità per l'individuo di fondersi con la natura (panismo), attingendo da essa nuove energie. In alcune liriche sono però presenti anche temi più intimistici, che fanno emergere sentimenti legati al pensiero della morte e del trascorrere del tempo.

LA RISPOSTA NEI TESTI

T5 *O falce di luna calante* presenta già alcuni aspetti tipici della poesia dannunziana, come la sensualità della natura e il senso di estenuazione che si accompagna al piacere.

T6 In *Consolazione* le immagini di morte e la rievocazione dei luoghi dell'infanzia si accompagnano a un desiderio di rigenerazione morale.

T7 *La sera fiesolana* esprime con accenti di profonda sensualità il mistero della realtà naturale, che solo la parola poetica è in grado di cogliere e rivelare.

T8 Ne *La pioggia nel pineto* il poeta e la donna amata, sorpresi da un temporale estivo, si inoltrano in un bosco e, intenti nell'ascolto del rumore della pioggia, si trasformano gradualmente in elementi del paesaggio naturale, fondendosi con esso in una sorta di estasi panica.

T9 *Le stirpi canore* esalta l'origine "naturale" della poesia e il potere creativo della parola.

T10 *I pastori* è ambientata alla fine dell'estate: il mese di settembre suscita nel poeta il desiderio di riunirsi con i pastori abruzzesi, che nella loro semplice esistenza assecondano i ritmi stagionali della natura.

DOMANDA N. 3 Quali elementi della poetica decadente sono presenti nella poesia dannunziana?

LA RISPOSTA IN SINTESI

Dalla poesia simbolista D'Annunzio riprende l'idea dell'arte come creazione soggettiva e rivelazione irrazionale del mistero delle cose, come pure la tendenza a costruire le proprie liriche sull'evocazione di sensazioni e stati d'animo, attraverso l'uso frequente di analogie, sinestesie, metafore e di un linguaggio musicale e suggestivo.

LA RISPOSTA NEI TESTI

T6 In *Consolazione* D'Annunzio sperimenta uno stile differente, più dimesso e prosastico, vicino a quello dei simbolisti belgi, soffuso di una musicalità malinconica.

T7 La rappresentazione della sera estiva si basa sul libero fluire di immagini apparentemente tra loro slegate, ma fortemente evocative e analogiche.

T8 Particolarmente evidente nella lirica è la ricerca della musicalità del verso, ottenuta attraverso una fitta rete di richiami fonici, assonanze e consonanze libere che ricreano, in funzione onomatopeica, la musicalità della pioggia.

Laboratorio delle competenze 415

VERSO L'ESAME DI STATO

Verifica delle conoscenze

Quesiti a risposta chiusa

1 La produzione letteraria di D'Annunzio si basa:
- ☐ su modelli classici, soprattutto latini
- ☐ sui grandi autori del Romanticismo tedesco
- ☐ su una pluralità di modelli
- ☐ su una ricerca personale e originale

2 Tra i generi letterari coltivati da D'Annunzio figurano:
- ☐ il poema allegorico e il romanzo
- ☐ la lirica, il romanzo e gli scritti giornalistici
- ☐ la lirica, il teatro e i libretti per l'opera
- ☐ il teatro, la poesia didascalica e il romanzo

3 Il protagonista de *Il piacere* è:
- ☐ un esteta raffinato ma di carattere debole
- ☐ un nobile decaduto che nel finale si suicida
- ☐ un artista innamorato di un'attrice di teatro
- ☐ un intellettuale privo di fascino e un po' goffo

4 Dal punto di vista politico D'Annunzio:
- ☐ fu un fervente interventista
- ☐ sostenne sempre Mussolini
- ☐ fu schierato su posizioni socialiste
- ☐ non si interessò alla politica

5 *Alcyone* è strutturato in:
- ☐ un unico inno di elogio alla vita
- ☐ sette libri di liriche dedicati alle Pleiadi
- ☐ cinque sezioni, divise da inni a Dioniso
- ☐ un poema che narra l'estate del poeta

Quesiti a risposta aperta
(massimo 8 righe per ogni risposta)

1 Indica le caratteristiche strutturali e tematiche del romanzo *Il piacere*.

2 Chiarisci che cosa si intende con 'stagione della bontà' e indica quali opere rientrano in questa fase della produzione dannunziana.

3 Spiega le novità strutturali e tematiche del *Notturno*.

4 Illustra i motivi che fanno di *Alcyone* il punto più alto della poesia di D'Annunzio.

5 Chiarisci che cosa si intende con "panismo" e in quali testi è presente questa concezione.

6 Spiega con quali effetti D'Annunzio conferisce musicalità ai suoi testi letterari.

7 Illustra in che cosa consiste la teoria del "superuomo" e da quale filosofo viene ripresa, spiegando e commentando la seguente affermazione di Carlo Salinari: «Il Superuomo è dunque il punto di arrivo della personalità dannunziana. [...] La caratteristica fondamentale dell'opera dannunziana consiste nella sproporzione, tipica del Superuomo, fra gli obiettivi e le forze per raggiungerli, fra il desiderio e la realtà, fra la tensione spasmodica della volontà e la sua capacità di concretarsi e autolimitarsi. Il tratto distintivo del Superuomo (e dell'opera dannunziana) apparirà, così, il velleitarismo».

Trattazione sintetica di argomenti
(massimo 20 righe per ogni risposta)

1 Analizza secondo quali modalità e con quali risultati la figura di D'Annunzio è caratterizzata da una costante sovrapposizione tra arte e vita e per quali aspetti questo suo atteggiamento può essere considerato moderno.

2 Sintetizza in un breve testo gli aspetti tematici e formali più rilevanti della raccolta poetica *Alcyone*, spiegando e commentando quanto scrive lo stesso D'Annunzio il 7 luglio del 1899 a Emilio Treves: «Ho passato questi giorni in una quiete profonda, disteso in una barca al sole. Tu non conosci questi luoghi: sono divini. La foce dell'Arno ha una soavità così pura che non so paragonarle nessuna bocca di donna amata. Avevo bisogno di questo riposo e di questo bagno nel silenzio delle cose naturali. [...] Vorrei rimanere qui, e cantare. Ho una volontà di cantare così veemente che i versi nascono spontanei dalla mia anima come le schiume delle onde. In questi giorni, in fondo alla mia barca, ho composto alcune *Laudi* che sembrano veramente figlie delle acque e dei raggi, tutte penetrate di aria e di salsedine».

Analisi del testo
La sabbia del tempo

T11

Alcyone

La lirica fu composta probabilmente tra il settembre e l'ottobre del 1903 e fa parte della sezione Madrigali d'estate. *Tema centrale è lo scorrere inesorabile del tempo, che si lega al rimpianto per la fine della stagione estiva.*

Metrica Madrigale di due terzine e una quartina; i versi sono endecasillabi rimati secondo lo schema ABA, CBC,
DEDE.

Come[1] scorrea la calda sabbia lieve
per entro il cavo della mano in ozio[2],
il cor sentì che il giorno era più breve.

E un'ansia repentina il cor m'assalse[3]
5   per l'appressar dell'umido equinozio[4]
che offusca l'oro delle piagge salse[5].

Alla sabbia del Tempo[6] urna[7] la mano
era, clessidra il cor mio palpitante[8],
l'ombra crescente d'ogni stelo vano
10   quasi ombra d'ago in tacito quadrante[9].

---

1. Come: *mentre.*
2. per entro ... in ozio: *attraverso il cavo della mano intenta a giocare con la sabbia* («in ozio»).
3. m'assalse: *mi prese, mi assalì.*
4. per l'appressar ... equinozio: *per l'avvicinarsi dell'equinozio autunnale* (il 21 settembre); *l'equinozio è detto «umido» per-*
ché settembre è il mese delle prime piogge.
5. che offusca ... salse: *che rende meno luminoso il colore dorato delle spiagge piene di sale.*
6. sabbia del Tempo: *la sabbia che cade dalla mano sembra misurare lo scorrere del tempo, come avviene nella clessidra.*
7. urna: *la parola evoca la morte.*

8. palpitante: *angosciato.*
9. l'ombra... quadrante: *l'ombra degli arbusti spogli diviene il simbolo dell'ago che scandisce il tempo nel quadrante della meridiana* («tacito» *perché l'arrivo dell'ora non è indicato da rintocchi ma dall'avanzare dell'ombra*).

COMPRENSIONE

1   In quale periodo dell'anno è ambientata la lirica?

2   Che cosa sta facendo il poeta quando è improvvisamente colpito dalla rivelazione del tempo che scorre inesorabile?

3   Perché la sabbia è definita «sabbia del Tempo»?

4   Su quale immagine si chiude la lirica?

LINGUA E LESSICO

5   Individua nella lirica tutti i termini e le espressioni legate alla misurazione del tempo.

6   Quale dei seguenti termini non può essere sostituito a «repentina» (v. 4)?
   a. improvvisa
   b. rapida
   c. dolorosa
   d. fulminea

Verso l'Esame di Stato

VERSO L'ESAME DI STATO

ANALISI E INTERPRETAZIONE

7 Quale parola è ripetuta in ogni strofa? Qual è, a tuo avviso, il motivo di questa ripetizione?

> **Oltre il testo**   Confrontare e analizzare
>
> - La ripetizione di termini e sintagmi è un fenomeno tipico della poesia dannunziana ed è presente in testi come *La sera fiesolana* (p. 400) e *La pioggia nel pineto* (p. 404). Che relazione c'è tra questo accorgimento stilistico e la concezione della poesia espressa in queste liriche? Rispondi in un breve testo scritto.

8 Individua le metafore presenti nel componimento: a quale tema generale possono essere ricondotte?

9 Come definiresti il ritmo della lirica?

10 Dove si trova l'unico *enjambement* della poesia? Quale effetto produce a livello stilistico e tematico?

SCRITTURA E APPROFONDIMENTO

11 Il tema della fuga del tempo è tipico della poesia barocca, dove spesso si lega alla descrizione degli orologi e di strumenti per la misurazione del tempo. Leggi il sonetto di Ciro di Pers (1559-1663) *Orologio da rote* e mettilo a confronto con *La sabbia del tempo*: quali ti sembrano le differenze più significative?

> Mobile ordigno di dentate rote
> lacera il giorno e lo divide in ore,
> ed ha scritto di fuor con fosche note
> a chi legger le sa: SEMPRE SI MORE.
>
> 5   Mentre il metallo concavo percuote,
> voce funesta mi risuona al core;
> né del fato spiegar meglio si puote
> che con voce di bronzo il rio tenore[1].
>
> Perch'io non speri mai riposo o pace,
> 10   questo che sembra in un[2] timpano[3] e tromba,
> mi sfida ognor[4] contro l'età vorace.
>
> E con que' colpi onde 'l metal rimbomba,
> affretta il corso al secolo fugace[5],
> e perché s'apra ognor picchia a la tomba.

1. né del fato ... rio tenore: *la voce cupa («rio tenore»)* del destino non si può spiegare meglio che con il battere dell'orologio.
2. in un: *insieme, allo stesso tempo.*
3. timpano: *un tipo di tamburo.*
4. ognor: *sempre.*
5. affretta ... fugace: *accelera la corsa del nostro mondo fuggitivo.*

12 Scrivi un testo sul tuo rapporto con il tempo che passa, facendo riferimento alla tua esperienza personale.

Saggio breve

ARGOMENTO La metamorfosi: premio, punizione, allegoria

DOCUMENTI

1 Si fermarono nell'atrio della dea trecce belle,
e Circe dentro cantare con bella voce sentivano,
tela tessendo grande e immortale [...].
Subito lei, uscita fuori, aperse le porte splendenti
e li invitava; e tutti stoltamente le tennero dietro.
Ma Euriloco restò fuori, ché temeva un inganno.
Li condusse a sedere sopra troni e divani
e per loro del cacio, della farina d'orzo e del miele
nel vino di Pramno mischiò: ma univa nel vaso
farmachi tristi, perché del tutto scordassero la terra paterna.
E appena ne diede loro e ne bevvero, ecco che subito,
con la bacchetta battendoli, nei porcili li chiuse.
Essi di porci avevano testa, e setole e voce
e corpo: solo la mente era sempre quella di prima.
Così quelli piangenti furono chiusi; e a loro Circe
ghiande di leccio e di quercia gettava e corniole
a mangiare, come mangiano i porci che a terra si voltolano.

Omero, *Odissea*, X, vv. 220-243, Torino, Einaudi, 1989.

2 Allor porsi la mano un poco avante,
e colsi un ramicel da un gran pruno;
e 'l tronco suo gridò: "Perché mi schiante?".
Da che fu fatto poi di sangue bruno,
ricominciò a dir: "Perché mi scerpi?
Non hai tu spirto di pietade alcuno?
Uomini fummo, e or siam fatti sterpi:
ben dovrebb'esser la tua man più pia,
se state fossimo anime di serpi".
Come d'un stizzo verde ch'arso sia
da l'un de' capi, che da l'altro geme
e cigola per vento che va via,
sì de la scheggia rotta usciva insieme
parole e sangue; ond'io lasciai la cima
cadere, e stetti come l'uom che teme.

Dante, *Divina commedia*, *Inferno* XIII, vv. 31-44

3 Intanto era già cinque mesi che durava questa bella cuccagna di baloccarsi e di divertirsi le giornate intere, senza mai vedere in faccia né un libro, né una scuola, quando una mattina Pinocchio, svegliandosi, ebbe, come si suol dire, una gran brutta sorpresa che lo messe proprio di malumore.
E questa sorpresa quale fu?
Ve lo dirò io, miei cari e piccoli lettori: la sorpresa fu che Pinocchio, svegliandosi, gli venne fatto naturalmente di grattarsi il capo; e nel grattarsi il capo si accorse…
Indovinate un po' di che cosa si accorse?
Si accorse con sua grandissima meraviglia che gli orecchi gli erano cresciuti più d'un palmo.
Voi sapete che il burattino, fin dalla nascita, aveva gli orecchi piccini piccini, tanto piccini che, a occhio nudo, non si vedevano neppure. Immaginatevi dunque come restò, quando si potè accorgere che i suoi orecchi, durante la notte, erano così allungati che parevano due spazzole di padule.
Andò subito in cerca di uno specchio, per potersi vedere; ma non trovando uno specchio, empì d'acqua la catinella del lavamano e, specchiandovisi dentro, vide quel che non avrebbe mai voluto vedere: vide, cioè, la sua immagine abbellita di un magnifico paio di orecchi asinini.
Lascio pensare a voi il dolore, la vergogna e la disperazione del povero Pinocchio.
Cominciò a piangere, a strillare, a battere la testa nel muro; ma quanto più si disperava, e più i suoi orecchi crescevano crescevano crescevano e diventavano pelosi verso la cima.

C. Collodi, *Le avventure di Pinocchio*, 1883

4 Dopo qualche tempo Dorian chiamò una carrozza e si fece portare a casa. [...] Mentre girava la maniglia della porta il suo sguardo cadde sul proprio ritratto che Basil Hallward aveva dipinto. Arretrò come colto da sorpresa. Dopo che ebbe sbottonato la giacca, sembrò esitare. Infine tornò indietro, andò verso il ritratto, e lo esaminò. Nella scarsa luce fissa che filtrava attraverso le cortine di seta color crema, il viso gli parve un poco cambiato. La sua espressione sembrava diversa.

Verso l'Esame di Stato **419**

VERSO L'ESAME DI STATO

Si sarebbe detto che ci fosse un tocco di crudeltà sulla bocca. Era davvero strano.
Si voltò e, dirigendosi alla finestra, sollevò la tenda. La luce dell'alba inondò la stanza e spazzò via le ombre fantastiche in angoli polverosi, dove giacquero tremolando, ma la strana espressione che aveva notato sul viso del ritratto sembrava indugiarvi, e anzi intensificarsi. […]
Si sfregò gli occhi e, accostatosi al quadro, lo esaminò di nuovo. Non c'erano segni di cambiamento nel dipinto, eppure era chiaro che l'espressione d'insieme era alterata. Non era una sua fantasia. La cosa era orrendamente evidente.
Si gettò su una poltrona e cominciò a riflettere. Improvvisamente gli tornò in mente quello che aveva detto nello studio di Basil Hallward il giorno in cui il ritratto era stato ultimato. Sì, aveva espresso il folle desiderio di rimanere giovane mentre il ritratto sarebbe invecchiato; e di conservare intatta la sua bellezza mentre il volto sulla tela avrebbe mostrato il peso della sua passione e dei suoi peccati, e che l'immagine dipinta fosse segnata dalle rughe della sofferenza e del pensiero, mentre egli avrebbe conservato il fiore delicato e la grazia della giovinezza di cui era allora appena consapevole. Certo il suo desiderio non era stato esaudito! Queste sono cose impossibili, e sarebbe mostruoso soltanto il pensarle. Eppure aveva di fronte il suo ritratto, con quel tocco di crudeltà sulla bocca.

O. Wilde, *Il ritratto di Dorian Gray*, 1890

5 G. D'Annunzio, *La pioggia nel pineto*, p. 404

6 Un mattino, al risveglio da sogni inquieti, Gregor Samsa si trovò trasformato in un enorme insetto. Sdraiato nel letto sulla schiena dura come una corazza, bastava che alzasse un po' la testa per vedersi il ventre convesso, bruniccio, spartito da solchi arcuati; in cima al ventre la coperta, sul punto di scivolare per terra, si reggeva a malapena. Davanti agli occhi gli si agitavano le gambe, molto più numerose di prima, ma di una sottigliezza desolante. «Che cosa mi è capitato?» pensò. Non stava sognando. La sua camera, una normale camera d'abitazione, anche se un po' piccola, gli appariva in luce quieta, fra le quattro ben note pareti. […] Gregor girò gli occhi verso la finestra, e al vedere il brutto tempo – si udivano le gocce di pioggia battere sulla lamiera del davanzale – si sentì invadere dalla malinconia. «E se cercassi di dimenticare queste stravaganze facendo un'altra dormitina?» pensò, ma non poté mandare ad effetto il suo proposito: era abituato a dormire sul fianco destro, e nello stato attuale gli era impossibile assumere tale posizione.

F. Kafka, *La metamorfosi*, Milano, Garzanti, 1966.

7 F. Kahlo, *La cerva ferita*, 1946.

8 G.L. Bernini, *Apollo e Dafne*, 1622-1625.

420 Verso l'Esame di Stato

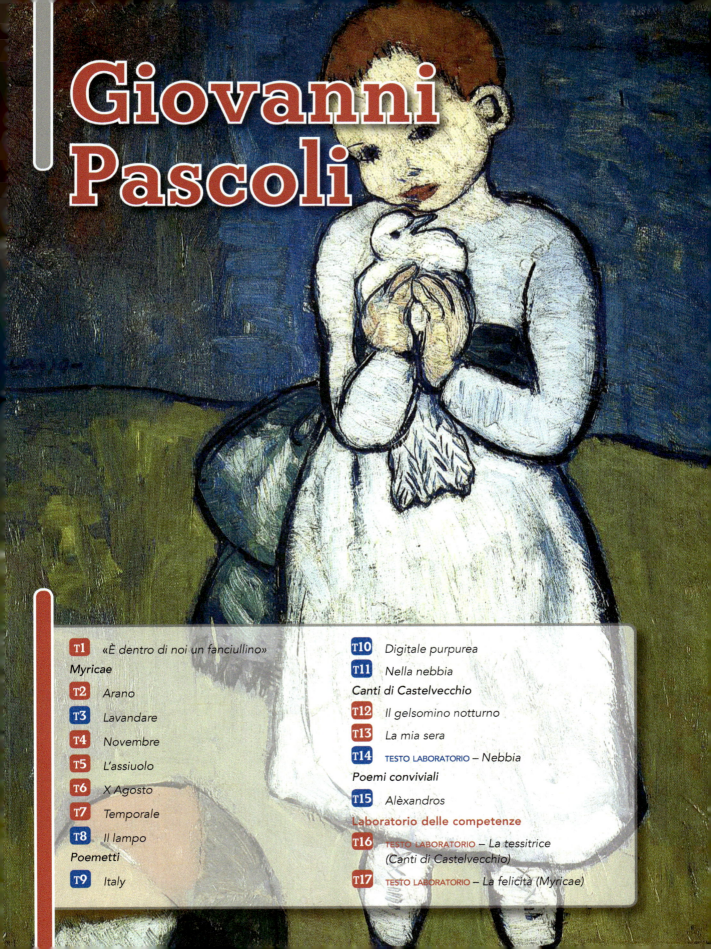

Giovanni Pascoli

- **T1** «È dentro di noi un fanciullino»

Myricae
- **T2** Arano
- **T3** Lavandare
- **T4** Novembre
- **T5** L'assiuolo
- **T6** X Agosto
- **T7** Temporale
- **T8** Il lampo

Poemetti
- **T9** Italy

- **T10** Digitale purpurea
- **T11** Nella nebbia

Canti di Castelvecchio
- **T12** Il gelsomino notturno
- **T13** La mia sera
- **T14** TESTO LABORATORIO – Nebbia

Poemi conviviali
- **T15** Alèxandros

Laboratorio delle competenze
- **T16** TESTO LABORATORIO – La tessitrice (Canti di Castelvecchio)
- **T17** TESTO LABORATORIO – La felicità (Myricae)

Giovanni Pascoli

FINE 800

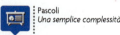
Pascoli
Una semplice complessità

Il poeta Giovanni Pascoli
in una fotografia di fine Ottocento.

La vita e le opere

Un'infanzia traumatica Giovanni Pascoli nasce il 31 dicembre **1855** a **San Mauro di Romagna** (oggi San Mauro Pascoli), in provincia di Forlì. Quarto di dieci figli, trascorre l'infanzia in campagna, nella **tenuta "La Torre"**, di cui il padre Ruggero è amministratore per conto dei principi Torlonia. A sette anni inizia gli studi nel collegio dei Padri scolopi, a **Urbino**, dove rimane fino al 1871. Ma il **10 agosto 1867** una tragedia sconvolge la famiglia: mentre torna in calesse da Cesena, Ruggero Pascoli viene ucciso con un colpo di fucile. L'**assassinio del padre**, destinato a rimanere impunito, ritornerà ossessivamente nelle liriche di Pascoli, assurgendo a simbolo di un mondo ingiusto e minaccioso, capace di distruggere senza motivo quel «nido» familiare che egli non smetterà di rimpiangere. «Due volte soltanto vidi quel viso oscurarsi», ricorderà Vittorio Cian, uomo di lettere e amico del poeta, «quell'occhio lampeggiare torvo e minaccioso, quasi per ira e per odio represso, e fu quando il discorso cadde sulla tragedia che aveva schiantata la sua casa. Allora il suo labbro pareva bruciare, sussurrandomi un nome infame». A questo evento drammatico seguono nel giro di pochi anni **altri gravi lutti**: nel 1868 muoiono la sorella maggiore Margherita e la madre, nel 1871 e nel 1876 i fratelli Luigi e Giacomo.

Gli studi universitari a Bologna Terminati gli studi liceali, nel 1873 Pascoli vince una borsa di studio all'**Università di Bologna** e può così iscriversi, nonostante le difficoltà economiche, alla **facoltà di lettere**. Negli anni universitari entra in contatto con gli **ambienti anarchici** e viene privato della sovvenzione per aver partecipato a una manifestazione studentesca contro il Ministro dell'Istruzione. Spinto da una viva esigenza di giustizia sociale, si avvicina al socialista Andrea Costa e al movimento internazionalista. Arrestato durante una manifestazione in favore dell'anarchico Giovanni Passannante, che aveva attentato alla vita del re Umberto I, nel 1879 Pascoli trascorre **tre mesi in carcere**. Liberato e assolto dall'accusa di sovversione (grazie anche all'intervento di Carducci), abbandona la politica e riprende gli studi, laureandosi con lode nel 1882. Nominato **professore di latino e greco** al liceo classico di Matera, due anni dopo ottiene il trasferimento a Massa e nel 1887 a **Livorno**; qui prende in affitto una casa dove **abita con le sorelle Ida e Maria** nel tentativo di ricostituire il «nido» familiare.

Myricae Nel **1891** Pascoli pubblica la sua prima raccolta poetica,  («tamerici», un tipo di arbusto della macchia mediterranea). Le recensioni favorevoli della critica, compresa quella di D'Annunzio, lo spingono a rimettere mano all'opera (composta da sole 22 liriche), tanto che **tra il 1892 e il 1900** escono **altre quattro edizioni**, che portano il totale dei componimenti a 156. Già dal titolo (ripreso da un verso della quarta bucolica di Virgilio) trapela l'intenzione di dedicarsi a una **poesia apparentemente umile e dimessa**, incentrata sulle **«piccole cose» della natura**. Le liriche, infatti, sono in genere brevi quadri di vita campestre, che tuttavia non si esauriscono nella semplice descrizione paesaggistica, ma alludono simbolicamente alla **vita segreta e misteriosa della natura**. Frequenti, inoltre, sono le allusioni ai temi che caratterizzeranno anche la produzione successiva: il rimpianto per il «nido» familiare, il ricordo dell'infanzia, la presenza costante dei «cari defunti».

Il trasferimento a Castelvecchio Nel 1892 partecipa per la prima volta al concorso internazionale di **poesia latina** di Amsterdam, ottenendo il primo premio. Lo vincerà per altre dodici volte e la sua fama di latinista gli permetterà di lasciare l'insegnamento liceale per quello universitario. Nell'autunno del **1895** – profondamente turbato dal **matrimonio della sorella Ida**, vissuto come un nuovo doloroso abbandono – Pascoli prende in affitto una casa a **Castelvecchio di Barga** (riuscirà ad acquistarla solo nel 1902 con il ricavato delle medaglie d'oro vinte ai concorsi di poesia latina), in Garfagnana, dove si trasferisce con la sorella Maria, che gli resterà sempre accanto in un rapporto a tratti quasi morboso. Nello stesso anno, in aprile, conosce a Roma Gabriele D'Annunzio, che ricorda: «Trovandosi in Roma, egli certo desiderava di vedermi; ma, nel momento di porre ad effetto il suo proposito, la timidezza lo arrestava; né i nostri amici riuscivano a persuaderlo, né io riesco a scovarlo in alcun luogo».

La carriera accademica e i *Poemetti*
Nel 1897 Pascoli è nominato professore **ordinario di letteratura latina a Messina**, dove resta in carica fino al 1903, quando ottiene la cattedra all'Università di **Pisa**. Continua intanto la sua produzione letteraria. Nel **1897** escono *Il fanciullino*, saggio teorico in cui Pascoli espone in forma organica i principi ispiratori della sua poetica, e la prima edizione dei *Poemetti*, editi nuovamente nel 1900 e in seguito ampliati e divisi in due raccolte: *Primi poemetti* (1904) e *Nuovi poemetti* (1909). Il tema centrale della raccolta è ancora la **vita di campagna**, ma i componimenti si differenziano da *Myricae* per l'utilizzo della **terzina dantesca**, le **dimensioni più ampie** e la **struttura narrativa**, in cui viene delineata la storia di una famiglia di contadini toscani, seguiti nelle loro attività quotidiane scandite dal succedersi ciclico delle stagioni. Sul piano espressivo risalta la **sperimentazione linguistica**, che si spinge fino alla mescolanza di lingue diverse, dall'inglese degli emigranti di *Italy* all'uso di termini ed espressioni del dialetto garfagnino di Castelvecchio.

I *Canti di Castelvecchio*
Nel **1903**, lo stesso anno dell'*Alcyone* di D'Annunzio, appare la prima edizione dei *Canti di Castelvecchio*, titolo che allude in modo esplicito al paese di Castelvecchio di Barga, in cui Pascoli tentò di ricreare insieme alla sorella Maria il perduto «nido» familiare. I testi della raccolta segnano un **ritorno alle tematiche e alle forme di *Myricae***, ricche di analogie e di una suggestiva musicalità, ma se ne allontanano per un più maturo **simbolismo**. All'osservazione della natura e del suo mistero si accompagna in modi sempre più ricorrenti il tema dei **lutti familiari**, che induce il poeta ad accentuare la propria chiusura nei confronti del mondo esterno, una **visione turbata e morbosa della sessualità** e l'insistenza sulla presenza della **morte**.

La parola all'autore

Pascoli e le sorelle: un rapporto tormentato

Pascoli mantiene per tutta la vita un rapporto molto stretto con le sorelle Ida e Maria (Mariù). Dopo aver appreso la notizia del matrimonio imminente di Ida, il 19 giugno 1895 indirizza a Maria una lettera (che la sorella renderà pubblica solo nelle sue memorie, *Lungo la vita di Giovanni Pascoli*, pubblicate nel 1961), in cui esprime tutto il suo dolore e si dichiara incapace di farsi una famiglia propria.

No, mia dolce Mariù, non sono sereno. Questo è l'anno terribile, dell'anno terribile questo è il mese più terribile. Non sono sereno: sono disperato. Io amo disperatamente angosciosamente la mia famigliola che da tredici anni, virtualmente, mi sono fatta e che ora si disfà, per sempre. Io resto attaccato a voi, a voi due, a tutte e due: a volte sono preso da accessi furiosi d'ira, nel pensare che l'una freddamente se ne va, come se fosse la cosa più naturale del mondo, se ne va strappandomi il cuore! [...] E pensando che l'altra approva tutto ciò, trova tutto ciò naturale, trova che io ho torto. Oh! non tutto! Maria! Oh! non capisci che a restituirmi la pace è necessario, non che io prenda moglie – belle forze! – ma che io m'innamori? e come si fa, quando il cuore è tutto occupato da voi due? [...] Vedi che è ben necessario che io cerchi di farmi un'altra famigliola. [...]
Mi alzo piangendo, trovando subito la disperazione al capezzale: vado a letto, piangendo, quasi sempre con la testa piena di cognac. Non ne posso più. Oh! io sì, che amo! La cosa orribile è che l'Ida ha cercato di essere amata così straordinariamente per lasciarmi, per potermi dire con una finta aria di saggezza: «Cosa vuoi! quello è il mio sposo; quello è il mio marito!» [...] Capisci che è impossibile che noi ci rassegniamo? Dunque bisogna crearsi questa famiglia, ed è urgente far presto. Ebbene io trovo un'enorme difficoltà, non in altri, ma in me. Io non avrei cambiato mai! io non cambierei mai!

La vita e le opere

Pascoli «poeta-vate» Nel 1904 Pascoli è all'apice della sua maturità letteraria e pubblica i **Poemi conviviali**, ispirati al **mondo classico** e così chiamati perché concepiti come testi slegati da pubblicare sulla rivista «Il Convito». La raccolta riunisce venti raffinati **poemetti su personaggi del mito e della storia antica** (tra cui Odisseo e Alessandro Magno), sui quali Pascoli proietta le inquietudini tipiche della crisi di fine secolo e le ansie dell'uomo di fronte ai grandi interrogativi esistenziali.

Nel frattempo affianca all'attività poetica quella saggistica, pubblicando tre volumi dedicati all'allegoria nella *Commedia* dantesca e scritti su Leopardi e Manzoni. Nel **1905**, a coronamento della carriera accademica, **Pascoli subentra a Carducci** nella prestigiosa cattedra di letteratura italiana all'**Università di Bologna**, città per lui ricca di ricordi e suggestioni: «E la mia vecchia Bologna mi parlò al cuore e mi parve che dicesse: "Non vedi? Sono Bologna. Non ricordi? La tua giovinezza è qui. La tua povera giovinezza che tu non vivesti, io te l'ho serbata"».

Nel 1907, alla morte di Carducci, Pascoli scrive un elogio funebre per il «Resto del Carlino», senza pe-

---

La parola all'autore

La grande Proletaria si è mossa

Riportiamo qui la parte iniziale del discorso *La grande proletaria si è mossa*, tenuto a Barga nel novembre del 1911 per sostenere l'impresa militare italiana in Libia. Mosso da motivazioni umanitaristiche e nazionalistiche, Pascoli rivendica il diritto degli stati meno ricchi («proletari», come appunto l'Italia) di partecipare all'avventura coloniale, allo scopo di conquistare nuove terre in cui i concittadini possano emigrare restando all'interno dei confini nazionali.

La grande proletaria[1] si è mossa.
Prima ella mandava altrove i suoi lavoratori che in patria erano troppi e dovevano lavorare per troppo poco. Li mandava oltre alpi e oltre mare a tagliare istmi, a forare monti, ad alzar terrapieni, a gettar moli, a scavar carbone, a scentar[2] selve, a dissodare campi, a iniziare culture, a erigere edifizi, ad animare officine, a raccoglier sale, a scalpellar pietre; a fare tutto ciò che è più difficile e faticoso, e tutto ciò che è più umile e perciò più difficile ancora: ad aprire vie nell'inaccessibile, a costruire città, dove era la selva vergine, a piantar pometi[3], agrumeti, vigneti, dove era il deserto; e a pulire scarpe al canto della strada.
Il mondo li aveva presi a opra[4], i lavoratori d'Italia; e più ne aveva bisogno, meno mostrava di averne, e li pagava poco e li trattava male. [...] Lontani o vicini alla loro patria, alla patria nobilissima su tutte le altre, che aveva dato i più potenti conquistatori, i più sapienti civilizzatori, i più profondi pensatori, i più ispirati poeti, i più meravigliosi artisti, i più benefici indagatori, scopritori, inventori, del mondo, lontani o vicini che fossero, queste *opre*[5] erano costrette a mutar patria, a rinnegare la nazione, a non essere più d'Italia. [...]
Ma la grande Proletaria ha trovato luogo per loro: una vasta regione bagnata dal nostro mare, verso la quale guardano, come sentinelle avanzate, piccole isole nostre; verso la quale si protende impaziente la nostra isola grande[6]; una vasta regione che già per opera dei nostri progenitori[7] fu abbondevole d'acque e di messi, e verdeggiante d'alberi e giardini; e ora, da un pezzo, per l'inerzia di popolazioni nomadi e neghittose[8], è per gran parte un deserto.
Là i lavoratori saranno, non l'*opre*, mal pagate mal pregiate mal nomate[9], degli stranieri, ma, nel senso più alto e forte delle parole, agricoltori sul suo, sul terreno della patria; non dovranno, il nome della patria, a forza, abiurarlo[10], ma apriranno vie, colteranno[11] terre, deriveranno acque, costruiranno case, faranno porti, sempre vedendo in alto agitato dall'immenso palpito del mare nostro il nostro tricolore.

G. Pascoli, *La grande Proletaria si è mossa*, in G. Rochat, *Il colonialismo italiano*, Torino, Loescher, 1973

1. **La grande proletaria:** l'Italia, personificata.
2. **scentar:** *estirpare.*
3. **pometi:** *piantagioni di meli.*
4. **presi a opra:** *assunti come lavoratori a giornata.*
5. **opre:** *operai.*
6. **la nostra isola grande:** la Sicilia.
7. **già ... progenitori:** allusione al dominio dell'Impero Romano sulle coste dell'Africa settentrionale.
8. **neghittose:** *negligenti, pigre.*
9. **l'opre ... mal nomate:** *i braccianti maltrattati e offesi.*
10. **abiurarlo:** *rinnegarlo.*
11. **colteranno:** *coltiveranno.*

Giovanni Pascoli

rò riuscire a terminarlo per la disperazione seguita alla scomparsa dell'amico e maestro: «In questa orrenda notte non posso scrivere, non posso continuare. Guardi l'ultima parola del mio frammento. Ma è morto? Morto davvero? Morto Carducci?». Ormai poeta di successo e autore di fortunate antologie scolastiche, Pascoli viene sempre più spesso coinvolto in **avvenimenti ufficiali**, che influenzano anche la sua poesia, accentuandone i caratteri enfatici e retorici. Il 26 novembre 1911, nel suo ultimo discorso pubblico dal titolo *La grande Proletaria si è mossa* (*La parola all'autore*), Pascoli plaude all'impresa militare in Libia, vista come unica via per risolvere il dramma dell'emigrazione e garantire nuove opportunità ai ceti meno abbienti.

Le ultime raccolte – *Odi e inni* (1906), *Le canzoni di re Enzio* (incompiute, del 1908-1909), i *Poemi italici* (1911) e i *Poemi del Risorgimento* (1913, postumi) – mostrano una decisa involuzione verso **temi nazionalistici**, volti a celebrare le glorie e i personaggi della storia d'Italia e i valori morali e civili della "civiltà italica". Questa produzione, vicina ai **toni da «poeta-vate»** di Carducci o D'Annunzio, è oggi poco considerata dalla critica, soprattutto a causa dello stile spesso pesantemente artificioso.

Malato di cancro al fegato, Pascoli muore a **Bologna** nell'aprile del **1912**. Nel 1915 appaiono i suoi *Carmina*, raccolta di poesie latine che testimoniano la predilezione per gli umili e gli oppressi, unita alla condanna della schiavitù e al fascino del messaggio cristiano.

Sosta di verifica

1. Quale evento traumatico segna in profondità l'infanzia di Pascoli?
2. Quali posizioni politiche assume Pascoli nell'età giovanile?
3. Quali sono i temi della raccolta *Myricae*?
4. Dove si ritirò a vivere Pascoli nel 1895? Con quali aspettative?
5. Per quali aspetti i *Poemetti* si differenziano da *Myricae*?
6. Da cosa ha origine il titolo *Poemi conviviali*?
7. Quali caratteristiche presenta l'ultima fase dell'opera pascoliana?

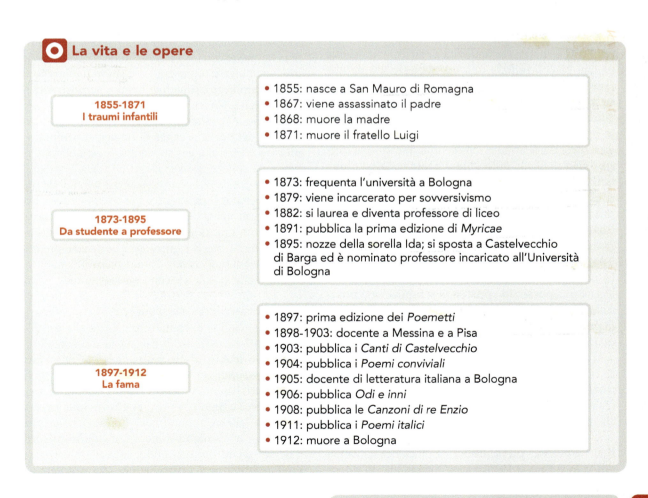

La vita e le opere

1855-1871 – I traumi infantili
- 1855: nasce a San Mauro di Romagna
- 1867: viene assassinato il padre
- 1868: muore la madre
- 1871: muore il fratello Luigi

1873-1895 – Da studente a professore
- 1873: frequenta l'università a Bologna
- 1879: viene incarcerato per sovversivismo
- 1882: si laurea e diventa professore di liceo
- 1891: pubblica la prima edizione di *Myricae*
- 1895: nozze della sorella Ida; si sposta a Castelvecchio di Barga ed è nominato professore incaricato all'Università di Bologna

1897-1912 – La fama
- 1897: prima edizione dei *Poemetti*
- 1898-1903: docente a Messina e a Pisa
- 1903: pubblica i *Canti di Castelvecchio*
- 1904: pubblica i *Poemi conviviali*
- 1905: docente di letteratura italiana a Bologna
- 1906: pubblica *Odi e inni*
- 1908: pubblica le *Canzoni di re Enzio*
- 1911: pubblica i *Poemi italici*
- 1912: muore a Bologna

Il pensiero e la poetica

Una ricerca incessante Le raccolte poetiche di Pascoli vengono **ripubblicate più volte a distanza di anni,** arricchendosi di testi e modificando nel tempo la loro struttura originaria, con risultati spesso molto distanti dall'originale (emblematico, in tal senso, è il caso di *Myricae,* che passa da 22 a 156 componimenti nel giro di nove anni). All'interno della produzione pascoliana non va infatti ricercata una vera e propria evoluzione di forme e temi legata alla successione cronologica, ma piuttosto l'incessante **variazione di strutture e motivi**, in un costante **sperimentalismo** che spinge l'autore a cimentarsi in ambiti e generi differenti, passando con disinvoltura dall'italiano al latino. Sia pure in questa **compresenza di tendenze diverse**, è comunque possibile individuare la fase più significativa della poesia di Pascoli nelle prime tre raccolte, pubblicate a distanza di pochi anni tra la fine del XIX secolo e i primi anni del Novecento: *Myricae,* i *Poemetti* e i *Canti di Castelvecchio.*

Il fanciullino: una poetica decadente Il punto di partenza per l'analisi della poetica pascoliana è *Il fanciullino,* prosa teorica pubblicata in parte già nel 1897 e in seguito ampliata e riveduta. In queste pagine Pascoli utilizza una metafora ripresa da Platone per affermare che **nell'animo di ogni uomo vive un «fanciullino»,** un bambino capace di provare emozioni intense e ingenue e di scoprire le misteriose relazioni tra gli elementi naturali. Mentre la maggior parte degli uomini, crescendo, abbandona questa dimensione infantile, **solo il poeta resta bambino nell'animo**: egli è dunque l'unico capace di **guardare il mondo con stupita meraviglia** e dar voce alle proprie emozioni attraverso la parola poetica. Come i **poeti simbolisti**, Pascoli considera la poesia una forma di **sapere prelogico e intuitivo**, che rifiuta ogni fiducia nella ragione come strumento di conoscenza. La prospettiva del «poeta-fanciullo» lo induce a privilegiare una **poesia in apparenza semplice**, incentrata sulle **«piccole cose»** della natura, che si caricano però di **profonde valenze simboliche** e diventano specchio di una sensibilità inquieta. Si tratta di un punto di vista solo apparentemente ingenuo, poiché, in realtà, implica l'idea che soltanto il poeta è in grado di attuare quel rovesciamento di prospettiva (il fanciullino «impiccolisce per poter vedere, ingrandisce per poter ammirare») che permette di comprendere il mistero dell'esistenza.

Il simbolismo pascoliano L'ottica del «fanciullino» spinge Pascoli a soffermarsi con grande attenzione sui **particolari più minuti della realtà naturale**, descrivendo con esattezza e precisione lessicale gli alberi, gli uccelli e i suoni della natura. Tuttavia, questa attenzione per i dettagli non risponde a un'esigenza meramente realistica; al contrario, restituire alle singole cose il loro aspetto più autentico significa per Pascoli connotarle di un **valore simbolico** specifico, che ha origine dalle misteriose **«corrispondenze» che legano gli aspetti della realtà** (come già aveva teorizzato Baudelaire) e che solo il poeta può cogliere. Dal momento che il mondo esterno viene interpretato in **chiave soggettiva,** i suoi diversi elementi alludono a **verità più profonde**, legate in genere all'**esperienza biografica del poeta**. Le liriche pascoliane, talora interpretate a torto come bozzetti realistico-descrittivi, sono fitte di immagini simboliche, attraverso le quali la realtà naturale rimanda ai traumi del poeta e ai suoi turbamenti. La voce degli uccelli (per esempio ne *L'assiuolo*) si carica di richiami misteriosi e allusivi, che sembrano evocare la possibilità di una comunicazione tra i vivi e i defunti, mentre i fenomeni atmosferici (come in *Temporale, Il lampo* e *Il tuono*) alludono al male che sconvolge il mondo. Si comprende così pienamente l'importanza, nella poesia di Pascoli, del tema della natura e del **vagheggiamento della semplicità della vita campestre**, cadenzata dal trascorrere ciclico delle stagioni. In questo mondo protetto ricorrono con frequenza le immagini della «siepe», della «nebbia» e soprattutto del «nido», **simbolo del nucleo familiare irrimediabilmente perduto** ma sempre ricercato. Ma anche il mondo naturale non è sempre sereno. Al contrario, facendosi specchio dello stato d'animo del poeta, si carica di un **senso profondo di mistero**, dietro al quale si cela una realtà dolorosa, che rinvia alle sofferenze biografiche del poeta. Fondamentale nella poesia pascoliana è infatti il **tema della morte**, che pervade il paesaggio e i pensieri dell'autore con una valenza ambigua. Da un lato essa è vista come una minaccia incombente che si cela dietro gli aspetti della natura, ma talvolta la regressione a uno stadio prenatale di non-vita si profila come l'unica via per ricongiungersi, finalmente pacificato, con i «cari defunti».

Una dimensione regressiva La metafora del «poeta-fanciullo» è strettamente legata alla complessa dimensione psicologica dell'autore e risente del suo **desiderio di fuga dalla realtà "adulta"**, vista come inospitale e minacciosa. Traumatizzato dai precoci lutti familiari, Pascoli rifiuta la violenza del mondo esterno e ricerca costantemente una **dimensione protetta e chiusa** (quella, appunto, del «nido») che lo spinge a vagheggiare la **regressione a uno stadio infantile**. Tale atteggiamento è riconducibile alla più generale **crisi delle certezze positivistiche** che caratterizza gli intellettuali di fine Ottocento, costretti a confrontarsi con l'affermarsi del nazionalismo, con le difficoltà della nuova civiltà industriale e con la perdita di importanza del ruolo dell'artista nella società. A questa crisi, che per lui è allo stesso tempo storica e individuale, Pascoli reagisce con un **ripiegamento intimistico** che individua l'unico rifugio dal male nel mondo nella campagna e nel rimpianto del nucleo familiare.

Le novità formali La visione del mondo di Pascoli si traduce in una poesia profondamente innovativa sul piano delle strutture, del lessico e del metro, in una **rivoluzione formale** che apre la strada alla poesia del Novecento. In linea con l'ottica prelogica del «fanciullino», nelle sue liriche Pascoli rinuncia alla costruzione di un tessuto logico a vantaggio del **libero accostamento di immagini e suggestioni**, espressione di una visione intuitiva del mondo. La sintassi abbandona le strutture articolate e predilige le **frasi brevi**, spezzate da un uso insistito dei segni di interpunzione, talora ellittiche del verbo e coordinate fra loro o, a volte, semplicemente accostate per asindeto. Sul piano retorico, è molto frequente l'uso di **metafore**, **analogie** e **sinestesie**, che legano ambiti sensoriali diversi portando allo scoperto le misteriose «corrispondenze» che animano la realtà. Il **lessico** amplia decisamente il vocabolario poetico

della tradizione, mescolando fra loro **registri diversi**. Vocaboli aulici e latineggianti coesistono con parole quotidiane e talora vicine al parlato, cui si alternano **termini tecnici** dell'ambito agreste e botanico, di grande precisione descrittiva. Una particolare **musicalità** è ottenuta attraverso frequenti **onomatopee e allitterazioni**, volte a riprodurre i suoni della natura, ma anche a suggerire particolari sensazioni tramite **effetti fonosimbolici**. Anche nella metrica le soluzioni di Pascoli sono innovative. Egli utilizza in genere schemi metrici tradizionali, sovrapponendo però a queste strutture una nuova musicalità, creata attraverso **giochi fonici**, rime interne e frequenti *enjambement*.

⭕ Sosta di verifica

1. In quale testo è esposta la poetica pascoliana? In quale anno viene pubblicato?

2. Per quale motivo Pascoli paragona il poeta a un bambino?

3. Che legame c'è tra il «poeta-fanciullo» e la crisi delle certezze positivistiche?

4. In che cosa consiste il simbolismo della poesia pascoliana?

5. Quali sono le principali caratteristiche formali delle liriche pascoliane?

La parola alla critica

Giorgio Bàrberi Squarotti, *L'immagine del nido nelle poesie familiari*

Sulla fondamentale importanza dell'immagine del nido nella poesia di Pascoli la critica insiste da tempo. Simbolo di un desiderio ansioso di protezione, emblema di una perduta e sempre ricercata sicurezza infantile, il nido porta con sé una serie di elementi tematici e lessicali che tornano in modo quasi ossessivo in *Myricae* e nei *Canti di Castelvecchio*. Su questo cruciale argomento proponiamo un brano del critico Giorgio Bàrberi Squarotti.

L'immagine che ritorna più frequentemente entro la poesia familiare del Pascoli è quella della casa come «nido», caldo, chiuso, segreto, raccolto in una sua esistenza senza rapporti con l'esterno, ma brulicante di complici intimità, di istinti e affetti viscerali, sotto il segno di quasi tribali miti, di un linguaggio privato, esclusivo. [...] Nella società ridotta al nucleo isolato e incomunicante della famiglia, gelosamente chiusa in sé, vivono soltanto i legami irrevocabili, rigidi, non eludibili del sangue: la madre che domina con la sua presenza continua ne costituisce il centro, insieme con le sorelle, che pretendono su di sé tutta la possibile capacità di affetto, impediscono ogni rapporto al di fuori del «nido»; e se una nostalgia di altro amore è presente, a tratti, nella poesia pascoliana, essa si configura sempre come calore di un nuovo nido segreto e chiuso («Oh! Se rondini, rondini, anch'io... / io li avessi quattro rondinotti / dentro questo nido mio di sassi!»[1]), allo stesso modo che ossessivamente ritornano, in Pascoli, le immagini del luogo limitato, serrato all'esterno, sia nel simbolo della siepe («E tu pur, siepe, immobile al confine, / tu parli; breve parli tu, ché, fuori, / dici un divieto acuto come spine; // dentro, un assenso bello come fiori; / siepe forte ad altrui, siepe a me pia»[2]), in cui il senso di esclusione da ogni rapporto sociale è fortemente sottolineato, nell'incomunicabilità dura, rigorosa, gelosa del «nido» con l'esterno; sia nell'insistenza sul chiuso «nido» dei morti, il cimitero, le cui immagini tendono a circonscrivere anche qui la labile sussistenza dei defunti in un cerchio ben delimitato e serrato, disegnando una cerchia senza altri rapporti che non siano i vincoli del sangue, della discendenza.

G. Bàrberi Squarotti, *Simboli e strutture della poesia del Pascoli*, Firenze-Messina, D'Anna, 1966

1. **«Oh! Se rondini ... di sassi»:** da G. Pascoli, *Addio! (Canti di Castelvecchio)*.
2. **«E tu pur ... a me pia»:** da G. Pascoli, *La siepe (Primi poemetti)*.

Il pensiero e la poetica   **427**

Il fanciullino

Ferdinand Hodler, *Madre e figlio*, 1889.

I primi tre capitoli del *Fanciullino* furono pubblicati sulla rivista «Il Marzocco» nel 1897 con il titolo *Pensieri sull'arte poetica*. In seguito, Pascoli ampliò le sue riflessioni, fino alla definitiva stesura in venti paragrafi, inserita nel volume *Pensieri e discorsi* (1907). Secondo Pascoli, **nell'animo di ogni uomo vive un «fanciullino»**, capace di osservare il mondo con ingenua meraviglia e di emozionarsi per gli aspetti più minuti della realtà quotidiana, scoprendo in essi somiglianze e relazioni nascoste. Mentre gli altri individui perdono questa capacità con l'età adulta, **il poeta è appunto colui che riesce a mantenere viva la voce del «fanciullino»** e a far nascere un'arte che riscopre nelle cose «il loro sorriso e la loro lacrima». Reinterpretando in modi originali spunti di derivazione romantica (in parte già presenti anche in Leopardi, che assegna un ruolo determinante all'immaginazione infantile), Pascoli elabora quindi una **poetica tipicamente decadente**, fondata sull'idea dell'**arte come mezzo di conoscenza di tipo intuitivo** e rivolta soprattutto alle «piccole cose». Nella seconda parte del saggio, Pascoli sostiene inoltre il **principio dell'"arte per l'arte"**, secondo cui il poeta non deve proporsi intenti oratori o celebrativi (con una evidente polemica nei confronti di Carducci e della figura del «poeta-vate»), ma cantare «solo ciò che il fanciullo detta dentro». Tuttavia, se il poeta è veramente tale, pur senza ricercare scopi pratici, egli diverrà naturalmente «ispiratore di buoni e civili costumi, d'amor patrio e familiare e umano».

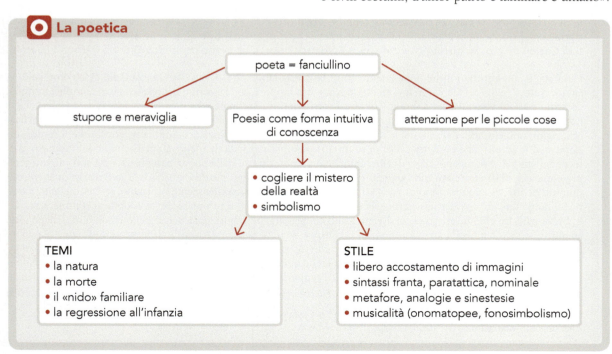

La poetica

- poeta = fanciullino
  - stupore e meraviglia
  - Poesia come forma intuitiva di conoscenza
    - cogliere il mistero della realtà
    - simbolismo
  - attenzione per le piccole cose

TEMI
- la natura
- la morte
- il «nido» familiare
- la regressione all'infanzia

STILE
- libero accostamento di immagini
- sintassi franta, paratattica, nominale
- metafore, analogie e sinestesie
- musicalità (onomatopee, fonosimbolismo)

Giovanni Pascoli

T1 «È dentro di noi un fanciullino»

Il fanciullino

Il passo seguente, tratto dai capitoli 1 e 3, evidenzia alcuni caratteri fondamentali del «fanciullino». Sempre presente in ognuno di noi, anche quando non lo vogliamo ascoltare, il fanciullino è un vitale interlocutore del nostro io più visibile, in quanto conserva la preziosa capacità di stupirsi e di fantasticare, di commuoversi e di nominare le cose in una maniera insolita e rivelatrice, cogliendone i nessi nascosti e invisibili alle persone comuni.

È dentro di noi un fanciullino che non solo ha brividi, come credeva Cebes Tebano[1] che primo in sé lo scoperse, ma lagrime ancora e tripudi[2] suoi. Quando la nostra età è tuttavia[3] tenera, egli confonde la sua voce con la nostra, e dei due fanciulli che ruzzano e contendono[4] tra loro, e, insieme sempre, temono sperano godono piangono, si sente un palpito solo, uno strillare e un guaire solo. Ma quindi noi cresciamo, ed egli resta piccolo; noi accendiamo negli occhi un nuovo desiderare, ed egli vi tiene fissa la sua antica serena maraviglia; noi ingrossiamo e arrugginiamo la voce, ed egli fa sentire tuttavia e sempre il suo tinnulo[5] squillo come di campanello. Il quale tintinnio segreto noi non udiamo distinto nell'età giovanile forse così come nella più matura, perché in quella occupati a litigare e perorare la causa della nostra vita, meno badiamo a quell'angolo d'anima d'onde[6] esso risuona. E anche, egli, l'invisibile fanciullo, si perita[7] vicino al giovane più che accanto all'uomo fatto e al vecchio, ché più dissimile a sé vede quello che questi. [...] Ma è veramente in tutti il fanciullo musico? [...]

In alcuni non pare che egli sia; alcuni non credono che sia in loro; e forse è apparenza e credenza falsa. Forse gli uomini aspettano da lui chi sa quali mirabili dimostrazioni e operazioni; e perché non le vedono, o in altri o in sé, giudicano che egli non ci sia. Ma i segni della sua presenza e gli atti della sua vita sono semplici e umili. Egli è quello, dunque, che ha paura al buio, perché al buio vede o crede di vedere; quello che alla luce sogna o sembra sognare, ricordando cose non vedute mai; quello che parla alle bestie, agli alberi, ai sassi, alle nuvole, alle stelle: che popola l'ombra di fantasmi e il cielo di dei[8]. Egli è quello che piange e ride senza perché, di cose che sfuggono ai nostri sensi e alla nostra ragione. Egli è quello che nella morte degli esseri amati esce a dire quel particolare puerile che ci fa sciogliere in lacrime, e ci salva. Egli è quello che nella gioia pazza pronunzia, senza pensarci, la parola grave che ci frena. Egli rende tollerabile la felicità e la sventura, temperandole d'amaro e di dolce, e facendone due cose ugualmente soavi al ricordo. [...] Egli ci fa perdere il tempo, quando noi andiamo per i fatti nostri, ché ora vuol vedere la cinciallegra che canta, ora vuol cogliere il fiore che odora, ora vuol toccare la selce[9] che riluce. E ciarla[10] intanto, senza chetarsi mai; e, senza lui, non solo non ve-

> L'allitterazione evoca il suono cristallino della voce del «fanciullino», ma allude anche all'importanza del fonosimbolismo nella poesia pascoliana.

> Il «fanciullino» prova stupore di fronte alle piccole cose, a cui si ispira gran parte della poesia di Pascoli.

---

1. **Cebes Tebano**: personaggio che, nel *Fedro* di Platone, rivolgendosi a Socrate che sta per bere il veleno con cui intende suicidarsi, afferma: «Forse c'è anche dentro di noi un fanciullino che ha paura di queste cose: proviamo dunque a persuadere costui a non aver paura della morte».
2. **tripudi**: *gioie, esaltazioni.*
3. **tuttavia**: *ancora.*
4. **ruzzano e contendono**: *giocano e litigano.*
5. **tinnulo**: *tintinnante* (latinismo).
6. **d'onde**: *da cui.*
7. **si perita**: *esita intimidito.*
8. **popola ... dei**: annota così l'autore: «Augusto Conti narra di una sua bambina: "Quando mirava la luna o le stelle, metteva voci di gioia, e me le additava, e chiamavale come cose viventi; offrendo loro quel che avesse in mano, anche le vesti". Rivado col pensiero a tutte le poesie che ho lette: non ne trovo una più poesia di questa!». Augusto Conti (1822-1905) era un filosofo, autore fra l'altro di *L'armonia delle cose*.
9. **selce**: *roccia, pietra.*
10. **ciarla**: *chiacchiera, parla.*

«È dentro di noi un fanciullino» 429

> L'affermazione ricorda le misteriose «corrispondenze» dell'omonimo sonetto di Baudelaire.

dremmo tante cose a cui non badiamo per solito, ma non potremmo nemmeno pensarle e ridirle, perché egli è l'Adamo che mette il nome a tutto ciò che vede e sente[11]. Egli scopre nelle cose le somiglianze e relazioni più ingegnose. Egli adatta il nome della cosa più grande alla più piccola, e al contrario. E a ciò lo spinge meglio stupore che ignoranza, e curiosità meglio che loquacità: impicciolisce per poter vedere, ingrandisce per poter ammirare. Né il suo linguaggio è imperfetto come di chi non dica la cosa se non a mezzo, ma prodigo anzi, come di chi due pensieri dia per una parola[12]. E a ogni modo dà un segno, un suono, un colore, a cui riconoscere sempre ciò che vide una volta.

11. l'Adamo ... sente: nel racconto biblico della *Genesi* (2, 19) è Adamo a dare il nome a tutte le creature del mondo.

12. due pensieri ... parola: «allude alla dimensione sovrasensoriale, inerente per definizione a ogni messaggio autenticamente poetico» (M. Perugi).

Analisi del testo

COMPRENSIONE
Nel primo capitolo del saggio Pascoli afferma che **in tutti gli individui è presente un «fanciullino»**, la cui «voce», ben distinguibile nell'età infantile, viene poi accantonata dai più nell'età adulta, in seguito al prevalere della razionalità. Il «fanciullino» è in grado di guardare ogni aspetto della realtà con stupore e meraviglia, di accostarsi agli aspetti più minuti della natura («a cui noi non badiamo per solito»), di riscoprirne il senso, esprimendolo attraverso un linguaggio rinnovato. Il «**fanciullino**», dunque, si identifica con l'**ispirazione poetica**, legata non alla razionalità ma all'intuizione e all'emozione.

ANALISI E INTERPRETAZIONE
La "riscoperta" della realtà Attraverso la metafora del «fanciullino», Pascoli esprime la sua idea della poesia. Essa ha origine da un'ingenua e semplice **curiosità nei confronti del mondo**, che induce il poeta a osservare le cose con sguardo vergine e a coglierne il vero e profondo significato, non attraverso la ragione ma tramite gli strumenti irrazionali dell'**intuizione** e dell'**immaginazione**. Grazie alla sua capacità di guardare la realtà da un'ottica diversa, il poeta-fanciullino «scopre nelle cose le somiglianze e le relazioni più ingegnose» (le «corrispondenze» di Baudelaire) e sa 'vedere' oltre le apparenze. Egli si concentra sulle **piccole cose quotidiane**, sugli oggetti più comuni («la cinciallegra che canta ... il fiore che odora ... la selce che riluce»), illuminati da uno **sguardo rinnovato e straniante**, capace di andare al di là delle apparenze. La prospettiva del «fanciullino» permette inoltre al poeta di servirsi di un **linguaggio nuovo**: dal momento che egli è «l'Adamo che mette il nome a tutto ciò che vede e sente», ricorrerà a modi espressivi inconsueti, con abbondanza di **analogie e collegamenti inconsueti** («Egli adatta il nome della cosa più grande alla più piccola, e al contrario»), come pure di **onomatopee e giochi fonici**, tipici appunto del linguaggio infantile.

Una prosa poetica Dal punto di vista delle scelte formali, colpisce la scelta di evitare il ricorso a una strutturazione logico-argomentativa del discorso, quale ci si potrebbe aspettare in un saggio di poetica. Mantenendosi fedele ai principi espressi nel testo, Pascoli preferisce, per così dire, lasciare la parola al «fanciullino», esprimendo la propria visione della poesia attraverso un'**ottica apparentemente ingenua e infantile**. Oltre a fondare l'intero ragionamento sulla metafora centrale che assimila il poeta al fanciullo, egli utilizza infatti un **linguaggio ricco di similitudini e analogie**. Frequenti sono anche le **figure di suono**, tipiche della poesia pascoliana («il suo tinnulo squillo come di campanello»; «tintinnio segreto» ecc.), come pure le **anafore** («Egli è quello ... Egli ... Egli...»), che conferiscono al periodo una cadenza di particolare musicalità.

Il fanciullino

Lavoriamo sul testo

COMPRENSIONE

1 Quale fonte letteraria è citata come origine della concezione del «fanciullino»?

2 Per quale motivo la maggior parte degli uomini, una volta divenuti adulti, non sentono più la «voce» del «fanciullino»? Chi invece mantiene vivo il dialogo con lui?

3 Che cosa intende dire Pascoli affermando che il fanciullino «è l'Adamo che mette il nome a tutto ciò che vede e sente» (r. 33-34)?

LINGUA E LESSICO

4 Rintraccia nel testo tutti i termini che afferiscono al campo semantico dell'infanzia.

5 Nella sua descrizione del «fanciullino» Pascoli utilizza una sintassi semplice e prevalentemente paratattica; riporta almeno tre esempi di questo tipo di costruzione.

ANALISI E INTERPRETAZIONE

6 Quali sono le caratteristiche del «fanciullino»? Quale funzione hanno in lui l'istinto e i sentimenti? E la ragione?

7 Per quale motivo Pascoli si mostra convinto che il «fanciullino» sia presente in tutti gli uomini?

8 Che cosa intende indicare Pascoli con la metafora del «fanciullino»?

9 Individua nel testo le immagini poetiche e le figure di suono utilizzate da Pascoli per dare un esempio pratico della sua visione della poesia.

SCRITTURA E APPROFONDIMENTO

10 Metti a confronto la poetica del «fanciullino» pascoliano con quella del «superuomo» dannunziano, individuando in un testo scritto analogie e differenze tra le due concezioni.

Myricae

Una raccolta composita   La prima raccolta di Pascoli è frutto di una **lunga gestazione**, che si protrae per **oltre vent'anni**. La prima edizione, comprendente solo 22 liriche, vede la luce nel **1891** in occasione delle nozze di un amico. Negli anni seguenti, il numero di testi aumenta progressivamente articolato fino a un totale di 156 liriche, attraverso ben **nove edizioni**; la struttura definitiva è però fissata nella quinta edizione, del 1900. La raccolta comprende **15 sezioni** intervallate da altrettanti componimenti isolati. Le sezioni si richiamano tra loro sul piano tematico, spesso per opposizione (*Le pene del poeta / Le gioie del poeta*; *Dolcezze / Tristezze*), ma il raggruppamento delle liriche segue per lo più un **criterio metrico**. Prevalgono i **testi di breve estensione**, talora ai limiti del frammento.

Il titolo   Il titolo *Myricae* (parola latina che significa "tamerici", piccoli arbusti tipici della macchia mediterranea), viene dal secondo verso della **quarta bucolica di Virgilio** che accingendosi ad affrontare un tema più elevato rispetto a quelli trattati in precedenza, afferma: *Non omnes iuvant arbusta humilesque myricae* («Non a tutti piacciono gli arbusti e le umili tamerici»). Eliminando la negazione (l'epigrafe posta all'inizio della raccolta recita infatti: *Arbusta iuvant humilesque myricae*), Pascoli rovescia dunque

consapevolmente il senso del verso, per sottolineare il **carattere apparentemente umile e semplice della sua poesia**, incentrata sulle piccole cose della campagna. Al tempo stesso, tuttavia, il richiamo a Virgilio colloca il testo nel solco della grande tradizione classica, rivelando una precisa volontà di ricercatezza espressiva.

La morte e la natura   *Myricae* si presenta come una sorta di **diario di impressioni** suscitate nel poeta dalla vista del paesaggio agreste e, al tempo stesso, come un "romanzo" autobiografico. Nell'ispirazione della raccolta è centrale il doloroso **ricordo della morte del padre** e dei tanti lutti familiari, come indica il testo di apertura della raccolta, significativamente intitolato *Il giorno dei morti*. La perdita dei propri cari – e in particolare l'assassinio invendicato del padre – diventano agli occhi del poeta l'**emblema** della malvagità e della **violenza degli uomini**, da cui Pascoli tende a rifuggire cercando rifugio nella dimensione protettiva di una **natura consolatoria**. Tuttavia, anche il paesaggio naturale assume nelle liriche di *Myricae* una **connotazione ambivalente**: i quadri campestri, talora sereni, spesso nascondono inquietanti richiami funebri, che alludono alla **presenza ossessiva dei «cari defunti» familiari**. Il rapporto con la natura, quindi, si risolve spesso in un desiderio di **regressione**, nel **vano tentativo di recuperare un contatto con il «nido» familiare** per sempre perdu-

Myricae **431**

to, con i propri morti il cui richiamo non cessa di attrarre il poeta.

La maggior parte dei testi di *Myricae* sono scenette campestri in apparenza descrittive, rappresentate con grande nitore e precisione lessicale. Ma al di là dell'intento realistico, Pascoli intende trasmettere le **impressioni suscitate dal paesaggio naturale**, che si carica spesso di **significati simbolici e allusivi** legati alla biografia del poeta. Fedele alla **poetica decadente del «fanciullino»**, Pascoli evoca la realtà naturale nei suoi particolari più minuti per trascenderla, per scoprire il mistero che si nasconde oltre la dimensione sensoriale e le segrete **corrispondenze che** la animano. Questo procedimento, tipico della poesia pascoliana, conduce a **esiti impressionistici** di grande efficacia, che sfociano spesso in aperti riferimenti simbolici.

Fra tradizione e sperimentalismo Sul piano formale, la raccolta presenta **importanti innovazioni stilistiche**, controbilanciate però da una sostanziale fedeltà alle forme della tradizione letteraria. Nella metrica, Pascoli sperimenta una grande varietà di forme e strutture (madrigali, ballate, quartine di vario tipo), privilegiando il **novenario**, un verso poco usato nella lirica italiana. La scelta di **forme metriche chiuse** si accompagna però a una continua **tensione fra metro e sintassi**, che si esprime attraverso la frequenza degli *enjambement* e un uso insistito della punteggiatura, che tende a spezzare il verso in unità minori, creando un **ritmo franto e diseguale**. Inoltre, Pascoli ricorre spesso a una **sintassi nominale**, affiancando immagini tra loro apparentemente slegate tramite **ellissi** del verbo e **coordinazione paratattica**, con un uso frequente dell'**asindeto**. La coerenza del testo è garantita non dall'impianto logico-sintattico, ma dalla frequenza delle **metafore**, delle **analogie** e delle **sinestesie**, che creano **collegamenti analogici** fra le diverse immagini e sensazioni. Fondamentale è anche l'attenzione alle **figure di suono**, in cui abbondano **onomatopee**, **allitterazioni** e **procedimenti fonosimbolici** volti a evocare particolari sensazioni e stati d'animo.

Anche nel lessico Pascoli innova in modo deciso la tradizione, spaziando con estrema libertà dai vocaboli letterari a **termini specialistici** dell'ambito botanico e zoologico.

La parola all'autore

La *Prefazione* alla terza edizione di *Myricae*

Fin dalla seconda edizione (1892) Pascoli dedica *Myricae* alla memoria del padre e, nella terza edizione (1894) inserisce la *Prefazione* che qui riproduciamo. In essa appare con chiarezza la centralità del tema funebre, a cui si accompagna tuttavia la volontà di ricercare nella natura, come nel grembo di una madre benevola, una rassicurazione contro il male e la violenza degli uomini.

Rimangano questi canti su la tomba di mio padre!... Sono frulli d'uccelli, stormire di cipressi, lontano cantare di campane: non disdicono a un camposanto. Di qualche lagrima, di qualche singulto, spero trovar perdono, poiché qui meno che altrove il lettore potrà o vorrà dire: Che me ne importa del dolor tuo?

Uomo che leggi, furono uomini che apersero quella tomba. E in quella finì tutta una fiorente famiglia. E la tomba (ricordo un'usanza africana) non spicca nel deserto per i candidi sassi della vendetta: è greggia[1], tetra, nera.

Ma l'uomo che da quel nero ha oscurato la vita, ti chiama a benedire la vita, che è bella; cioè sarebbe; se noi non la guastassimo a noi e a gli altri. Bella sarebbe; anche nel pianto che fosse però rugiada di sereno, non scroscio di tempesta; anche nel momento ultimo, quando gli occhi stanchi di contemplare si chiudono come a raccogliere e riporre nell'anima la visione, per sempre. Ma gli uomini amarono più le tenebre che la luce[2], e più il male altrui che il proprio bene. E del male volontario dànno, a torto, biasimo alla natura, madre dolcissima, che anche nello spengerci sembra ci culli e addormenti. Oh! lasciamo fare a lei, che sa quello che fa, e ci vuol bene.

Questa è la parola che dico ora con voce non ancor ben sicura e chiara, e che ripeterò meglio col tempo; le dia ora qualche soavità il pensiero che questa parola potrebbe esser di odio, e è d'amore.

Livorno, marzo del 1894

---

1. greggia: *grezza, non rifinita.*
2. Ma gli uomini ... la luce: è una citazione dal *Vangelo* di Giovanni (III, 19), utilizzata anche da Leopardi come epigrafe della *Ginestra*.

432   Giovanni Pascoli

T2 Arano

Myricae

Composta nel 1885, questa poesia è tra le più antiche di Myricae e compare già nella prima edizione della raccolta (1891), come apertura della sezione L'ultima passeggiata, in cui il poeta, alla fine dell'estate, immagina di passeggiare per i campi un'ultima volta prima di tornare in città e riporta nei suoi versi le scene di vita agreste che osserva.

Arano è un quadro campestre autunnale. Nel campo immerso nella nebbia mattutina, l'occhio del poeta si rivolge alle operazioni di aratura. Mentre i contadini lavorano pazienti, i loro gesti sono osservati dagli uccelli, che già si preparano a beccare i semi appena gettati.

Metrica Madrigale, composto da due terzine e una quartina di endecasillabi, rimate secondo lo schema ABA CBC DEDE.

> Al campo, dove roggio¹ nel filare
> qualche pampano² brilla, e dalle fratte³
> sembra la nebbia mattinal fumare⁴,
>
> arano: a lente grida, uno le lente
> 5   vacche spinge; altri semina; un ribatte
> le porche⁵ con sua marra paziënte⁶;
>
> ché⁷ il passero saputo⁸ in cor già gode⁹,
> e il tutto spia dai rami irti del moro¹⁰;
> e il pettirosso: nelle siepi s'ode
> 10 il suo sottil tintinno¹¹ come d'oro.

*Il verbo che dà il titolo alla lirica è isolato dall'*enjambement *per farne risaltare il valore tematico.*

Gli effetti fonici dati dall'onomatopea e dalle allitterazioni riproducono il canto degli uccellini e chiudono il testo su una nota gioiosa.

---

1. **roggio:** *rosso, purpureo.*
2. **pampano:** *o «pampino», è la foglia della vite.*
3. **fratte:** *cespugli.*
4. **sembra ... fumare:** *la foschia del mattino sembra levarsi.*
5. **ribatte le porche:** *rincalza le zolle di terra, per coprire i semi.*
6. **con sua ... paziënte:** *pazientemente con la sua zappa. L'aggettivo «paziënte», che connota un'azione del contadino, è riferito grammaticalmente a «marra» ("zappa") con una ipallage.*
7. **ché:** *poiché.*
8. **saputo:** *esperto, perché sa che presto potrà beccare i semi.*
9. **gode:** *si rallegra.*
10. **moro:** *albero di gelso.*
11. **sottil tintinno:** *canto sottile e acuto.*

Analisi del testo

COMPRENSIONE

Le tre strofe della lirica corrispondono a **tre diversi aspetti della scena campestre** osservata dal poeta. Nella prima strofa viene descritto il **paesaggio** nei suoi elementi fondamentali, attraverso una serie di **notazioni visive**: un campo, il rosso delle foglie di vite, il grigiore della nebbia. Nella seconda l'attenzione si sposta sui **contadini** impegnati nell'aratura e nella semina. I loro gesti, lenti e misurati, trasmettono una sensazione di ritualità solenne e operosa. Nell'ultima strofa, la scena viene osservata dal **punto di vista di un passero e di un pettirosso** che, in disparte, spiano il lavoro dei contadini pregustando allegramente il cibo che ricaveranno dai semi sparsi sul terreno.

ANALISI E INTERPRETAZIONE

Un quadretto suggestivo   Come spesso accade nelle liriche di *Myricae*, la poesia non si esaurisce nella descrizione analitica e ricca di particolari ma, filtrando la scena attraverso una **visione soggettiva**, intende trasmettere le sensazioni e le emozioni che il paesaggio suscita nell'animo del poeta. La realtà agreste appare serena, dominata dall'uomo che, stagione dopo stagione, conduce con pazienza il suo lavoro. La rappresentazione si gioca soprattutto sul **contrasto fra la quiete** immobile dei campi **e i gesti lenti** e cadenzati dei contadini, che occupano le prime due strofe, e **l'inatteso mutamento di prospettiva** che interviene ai vv. 7-10, chiudendo la poesia in modo allegro e vivace.

Espressionismo e musicalità   Sul piano stilistico, sono evidenti nel testo alcune caratteristiche del linguaggio pascoliano. Attento alle **«piccole cose» della campagna**, il poeta dà rilievo a particolari più minuti come le note cromatiche (il rosso dei «pampani» nella nebbia, che richiama circolarmente il «pettirosso» del v. 9) e utilizza una terminologia specifica per indicare gli elementi della realtà rurale («filare», v. 1; «pampano», v. 2; «porche» e «marra», v. 6).
Dal punto di vista sintattico, la lirica è costituita da un **unico lungo periodo** le cui parti non corrispondono alla scansione metrica: un **forte *enjambement*** colloca all'inizio della seconda strofa il verbo «arano», privo di soggetto e volutamente indeterminato. Le frasi, per lo più coordinate per **asindeto**, si succedono per semplice accostamento, marcate da un **uso insistito della punteggiatura** che, soprattutto nella seconda strofa, spezza il fluire del verso con pause che evocano la fatica dei contadini. Ne deriva una musicalità insolita, cui si sovrappone un fitto gioco di **allitterazioni** e **consonanze**, che culmina nell'onomatopea finale («suo sottil tintinno come d'oro»).

Lavoriamo sul testo

COMPRENSIONE

1. In quale stagione si svolge la scena descritta? Da quali elementi del testo lo desumi?
2. Quali sono le tre diverse operazioni compiute dai contadini e descritte nella seconda strofa?
3. Perché il poeta dice che il passero «in cor già gode»?

> **LINGUA E LESSICO**
> 4. Che tipo di proposizione è introdotta da «ché», al v. 7?
>   a. relativa
>   b. finale
>   c. causale
>   d. consecutiva
> 5. Individua i termini letterari ed elevati e quelli tecnici dell'ambito rurale.

ANALISI E INTERPRETAZIONE

6. Sia pur nel quadro positivo della campagna, alcuni termini suggeriscono un'idea di malinconica immobilità: quali?
7. Quale effetto crea la posposizione del verbo reggente «arano», privo di soggetto, collocato in forte *enjambement* al v. 4?
8. Che cosa vuole sottolineare Pascoli con la ripetizione dell'aggettivo «lente» (v. 4)?
9. Nell'ultimo verso della lirica, il canto del pettirosso viene paragonato all'«oro»: per quale motivo? Di quale figura retorica si tratta?

SCRITTURA E APPROFONDIMENTO

10. In che senso e per quali aspetti si può dire che in *Arano* trovino già applicazione i principi di poetica che pochi anni dopo Pascoli esporrà nel saggio *Il fanciullino*?

Myricae

T3 Lavandare
Myricae

Il componimento, che fa parte come il precedente della sezione L'ultima passeggiata, *fu inserito in* Myricae *solo a partire dalla terza edizione (1894).*

Mentre i campi sono avvolti dalla nebbia, il poeta sente in lontananza i suoni provenienti dal lavatoio, dove le donne accompagnano il loro lavoro con un canto malinconico.

Metrica Madrigale, composto da due terzine e una quartina di endecasillabi, rimati secondo lo schema ABA CBC DEDE. Ai vv. 7 e 9 la rima è sostituita da un'assonanza.

> La lirica si apre e si chiude sull'immagine-simbolo dell'aratro abbandonato, malinconico emblema di solitudine.

Nel campo mezzo grigio e mezzo nero[1]
resta un aratro senza buoi, che pare
dimenticato, tra il vapor leggiero[2].

E cadenzato dalla gora viene
5 lo sciabordare[3] delle lavandare[4]
con tonfi spessi e lunghe cantilene:

Il vento soffia e nevica la frasca[5],
e tu non torni ancora al tuo paese!
quando partisti, come son rimasta!
10 come l'aratro in mezzo alla maggese[6].

Apri il vocabolario
Forse derivato dal latino *gaura*, il termine "gora" indica i canali usati per portare l'acqua ai mulini e, in senso più generale, una zona di acqua stagnante.

1. **mezzo... nero:** la parte più scura del campo è quella dove la terra è stata arata, mentre il grigio indica il terreno non ancora smosso.
2. **vapor leggiero:** nebbia sottile.
3. **sciabordare:** termine onomatopeico che indica il rumore dei panni tuffati nell'acqua.
4. **lavandare:** lavandaie.
5. **nevica la frasca:** il ramo lascia cadere le foglie come fossero fiocchi di neve. Il verbo «nevicare» è usato qui in senso transitivo.
6. **maggese:** è il campo lasciato a riposo perché possa recuperare la sua fertilità.

● Analisi guidata

Un quadro di vita agreste

La lirica ha una struttura analoga ad *Arano*, cui rimandano sia il tema sia il metro. Nella prima strofa (in cui dominano colori spenti come il «grigio» e il «nero») viene descritto un **campo immerso nella nebbia**, in cui spicca un **aratro abbandonato**. Nella seconda (dove invece prevalgono i dati uditivi) entra in scena la presenza umana delle **lavandaie**, che il poeta percepisce grazie al rumore dei panni tuffati nell'acqua. Nella strofa finale, introdotto dai due punti del v. 6, viene riportata la **canzone delle lavandaie**, in cui si parla di una giovane donna abbandonata dall'innamorato e rimasta sola «come l'aratro in mezzo alla maggese» (v. 10).

● Competenze di comprensione e analisi

- Nella prima strofa quale sensazione suscita l'immagine dell'aratro abbandonato?
- Quale funzione ha l'*enjambement* tra i vv. 2 e 3? Quale termine pone in rilievo?
- Che tipo di suoni vengono evocati nella seconda strofa? Trasmettono un senso di allegria o di tristezza?
- Da chi si immagina che sia pronunciata l'ultima strofa? Quale paragone viene stabilito al suo interno?

Tra descrizione e simbolo

La scena, apparentemente descrittiva, è in realtà pervasa da simboli e **corrispondenze interne** che intendono trasmettere una **sensazione di malinconia e di abbandono**. Già l'immagine dell'aratro «dimenticato» nella nebbia suscita un senso di profonda tristezza, come pure i **suoni cadenzati** della seconda strofa. Il quadro di desolazione culmina nel canto delle lavandaie (tratto dai versi di una canzone popolare marchigiana), che evoca una **corrispondenza tra il paesaggio e lo stato d'animo di una giovane donna abbandonata dal fidanzato**. Il paragone fra l'innamorata infelice e l'aratro chiude la lirica in una **struttura circolare**, richiamando l'immagine iniziale e sottolineando il **valore simbolico del paesaggio**.

Alla luce dei versi finali, il testo assume quindi un chiaro valore soggettivo e rinvia al senso di **solitudine del poeta** stesso, rimasto orfano del padre e dei suoi cari e «abbandonato» nel mondo.

Competenze di comprensione e analisi

- Quali dati visivi presenti nella lirica contribuiscono a trasmettere una sensazione di malinconia?

- Quale figura retorica è presente al v. 6? Qual è la sua funzione in rapporto al contenuto del testo?

- La ripresa quasi letterale di un canto popolare regionale fa pensare all'interesse dei veristi per le tradizioni folcloriche locali. A tuo parere, qual è l'intento che spinge Pascoli a riportarlo?

- In che senso si può dire che la lirica ha una struttura circolare?

Una mesta musicalità

Il passaggio dal piano descrittivo e realistico al piano soggettivo e simbolico è favorito anche dalla ricerca di un **ritmo lento e pausato**, ottenuto attraverso **allitterazioni** («tu non torni»; «in mezzo alla maggese»), **rime interne con valore onomatopeico** («sciabordare/lavandare») e ripetizioni lessicali.

Particolarmente efficace è poi il **tono cantilenante** dell'ultima strofa, in cui l'uso del «tu» e l'utilizzo di una rima imperfetta («frasca/rimasta») sembrano voler riprodurre la semplicità delle canzoni popolari.

Competenze di comprensione e analisi

- Individua nel testo le allitterazioni, le assonanze e le onomatopee. Noterai che i suoni sono usati in funzione al tempo stesso realistica e fonosimbolica, cioè per riprodurre suoni concreti e per suggerire stati d'animo. Che tipo di sensazioni evoca nel complesso il ritmo della lirica?

- Che tipo di musicalità crea la struttura circolare del testo, con la ripresa dell'immagine dell'aratro e la ripetizione di «mezzo» (v. 1 e v. 10)?

Myricae

T4 Novembre

Myricae

Pubblicata nel 1891 sulla rivista «Vita nuova», Novembre viene inserita nella prima edizione di Myricae, a chiusura della sezione In campagna, *dedicata alla descrizione di scene rurali.*
Il poeta descrive una giornata limpida e luminosa che fa pensare alla primavera imminente. Ma il testo è giocato sul contrasto tra il clima temperato che, secondo la tradizione, caratterizza la cosiddetta "estate di san Martino" (festeggiata l'11 novembre) e la ricorrenza del giorno dei morti (il 2 novembre).

 Ascolta la poesia

Metrica Tre strofe saffiche, composte da tre endecasillabi e un quinario, rimati secondo lo schema ABAb.

La lirica si apre su immagini di luce, limpidezza e vitalità.

Gèmmea[1] l'aria, il sole così chiaro
che tu ricerchi[2] gli albicocchi in fiore,
e del prunalbo l'odorino amaro
senti nel cuore[3]...

L'avversativa segna il passaggio alla seconda parte del testo, sottolineando l'antitesi tra illusione e realtà.

5 Ma secco è il pruno, e le stecchite piante
di nere trame segnano il sereno[4],
e vuoto il cielo, e cavo al piè sonante[5]
sembra il terreno.

L'affermazione paradossale, marcata dall'ossimoro, sintetizza il contrasto tra la serenità iniziale e le immagini luttuose del finale.

Silenzio, intorno: solo, alle ventate,
10 odi lontano, da giardini ed orti,
di foglie un cader fragile. È l'estate,
fredda, dei morti.

Apri il vocabolario

Il sostantivo "trame" definisce propriamente l'insieme dei fili che, nel processo di tessitura, vengono fatti passare ad angolo retto nell'ordito e, in senso più generale, la struttura di un tessuto (a trama larga, a trama stretta). Da qui deriva il senso metaforico con cui si indica l'insieme delle vicende che formano l'intreccio di un romanzo o di un film e, più in generale, un intrigo, un imbroglio.

---

1. Gèmmea: *limpida, splendente e cristallina come una gemma.* È sottinteso il verbo 'essere' (come anche al v. 9).
2. tu ricerchi: il poeta (come anche al v. 10) si rivolge a un interlocutore generico.
3. e del prunalbo ... cuore: *e sembra di sentire il profumo amarognolo del biancospino («prunalbo»).*
4. di nere ... sereno: *si stagliano nel cielo disegnando con i loro rami spogli scuri disegni («nere trame»).*
5. cavo al piè sonante: *che risuona vuoto sotto il piede,* camminandoci sopra.

➡ Analisi del testo

COMPRENSIONE

La **struttura** della lirica è nettamente **bipartita**. Nella prima strofa il poeta evoca un **paesaggio sereno e quasi primaverile**, attraverso una serie di notazioni sia visive (l'aria tersa e limpida, la luce del sole) sia olfattive (l'odore del biancospino).

La forte avversativa («Ma») del v. 5 segnala il passaggio alla seconda parte del componimento, che spezza l'illusione e riporta il lettore alla **dura realtà dell'inverno**. Una serie di indizi (le piante secche, il cielo senza uccelli e il gelo del terreno) chiariscono che, nonostante il clima mite, siamo in realtà di fronte a un paesaggio autunnale.

Nell'ultima strofa, il fruscio delle foglie secche accentua la **sensazione di precarietà e di morte** che grava sul paesaggio. Come preannunciato dal titolo siamo in novembre, il mese che si apre con la ricorrenza dei defunti: l'apparente vitalità della natura è quindi solo un inganno dei sensi.

ANALISI E INTERPRETAZIONE

Illusione e realtà   La struttura della lirica è funzionale a trasmettere il **contrasto tra l'illusione della primavera e la realtà dell'inverno**, cui si sovrappone l'**antitesi** tra l'impressione del **rinascere della vita** e la constatazione dell'inesorabile **incombere della morte**.

Traendo spunto ancora una volta dalla descrizione di un paesaggio naturale, Pascoli si spinge oltre le apparenze e ritrova nella natura una serie di **simboli**, che gli comunicano che dietro l'apparente vitalismo della natura si nasconde un **messaggio funebre**, riflesso del proprio dramma psicologico e di una visione pessimistica della realtà.

La morte come tema dominante   Il passaggio dal piano dell'illusione vitalistica (prima strofa) a quello della cupa realtà (seconda e terza strofa) è segnalato chiaramente dalle scelte lessicali. I vv. 1-4 sono infatti ricchi di **termini positivi**, che rinviano alla luce e alla vita («Gèmmea», «il sole così chiaro», v. 1; «gli albicocchi in fiore», v. 2). Al contrario, nel seguito del testo si succedono in **climax crescente** una serie di **termini che rinviano alla morte** («secco», v. 5; «nere trame», v. 6; «vuoto», v. 7). Al tema della morte alludono sia l'immagine delle piante «stecchite» (v. 5), sia il cielo privo di uccelli e il risuonare del terreno gelato, che sembra «cavo» (v. 7) come una tomba. Queste sensazioni negative si precisano nella strofa finale: il «cader fragile» delle foglie (v. 11) allude alla precarietà dell'esistenza e prepara la conclusione paradossale, in cui l'**ossimoro** «estate, fredda, dei morti» sintetizza il significato profondo del testo.

Frantumazione della sintassi   Dal punto di vista metrico-ritmico, mentre nella prima strofa la serenità del paesaggio si fonde con una musicalità dolce e piuttosto cantabile, **a partire dal v. 5** il poeta opera una vera e propria **frantumazione del verso**. Il ricorso alla **sintassi nominale** e a frasi ellittiche del verbo (vv. 1 e 9) e l'accostamento di **periodi brevi coordinati per polisindeto** (vv. 5-8) si accompagna a continue pause ritmiche ottenute attraverso l'uso di virgole e altri segni di interpunzione che annullano la musicalità dei versi. Questo procedimento, evidente soprattutto nella strofa finale («Silenzio, intorno: solo, alle ventate», v. 9; «fredda, dei morti», v. 12), contribuisce a creare un **ritmo franto e dissonante**, che traduce sul piano formale la negatività dei contenuti.

⬤ Lavoriamo sul testo

COMPRENSIONE

1 Sintetizza in una breve frase il contenuto di ciascuna delle tre strofe.

2 Il paesaggio descritto è primaverile o autunnale?

3 Novembre è il mese in cui cadono sia la ricorrenza dei morti (il 2) sia la cosiddetta 'estate di san Martino' (l'11). Spiega quale legame si stabilisce tra queste due ricorrenze e la frase che conclude il testo («È l'estate, / fredda, dei morti», vv. 11-12).

LINGUA E LESSICO

4 Individua i termini aulici e letterari e le parole più "quotidiane" usate nella lirica. Sono presenti anche due termini botanici: quali? Perché, a tuo parere, Pascoli usa vocaboli così specifici?

5 Che tipo di proposizione è introdotta da «che» al v. 2?
  a. finale   **c.** consecutiva
  b. relativa   **d.** causale

6 Quali caratteristiche presenta la sintassi? Prevale la coordinazione o la subordinazione? Rispondi con esempi tratti dal testo.

Myricae

ANALISI E INTERPRETAZIONE

7 Per descrivere il paesaggio Pascoli ricorre a varie immagini, che rinviano ad ambiti sensoriali diversi. Individuale e fanne un elenco, completando la tabella.

Sensazioni visive (colori)
Sensazioni uditive (suoni)
Sensazioni olfattive (profumi)

8 Le immagini positive della prima strofa vengono riproposte nella seconda, ma rovesciate in immagini di segno negativo. Individua queste corrispondenze e spiegane la funzione.

9 C'è corrispondenza tra sintassi e metro o sono presenti *enjambement* e fratture del verso?

10 Individua le allitterazioni presenti nella lirica e illustrane la funzione.

11 Nell'espressione «di foglie un cader fragile» sono presenti sia un'allitterazione sia un'ipallage. In che cosa consistono queste figure retoriche e quale funzione svolgono in questo contesto?

SCRITTURA E APPROFONDIMENTO

12 Analizza in un breve testo argomentativo l'atteggiamento di Pascoli nei confronti della natura, confrontando questa lirica con *Lavandare* e *Arano* e individuando analogie e differenze fra i tre testi.

T5 L'assiuolo

Myricae

[annotazione manoscritta: la natura sembra quasi umana]

Il componimento, frutto di una lunga elaborazione formale, fu pubblicato per la prima volta sulla rivista «Il Marzocco» nel gennaio del 1897 e inserito nella quarta edizione di Myricae, all'interno della sezione In campagna. In un paesaggio notturno, illuminato dal chiarore lunare, risuona incessante il grido dell'assiuolo (piccolo uccello rapace notturno, simile al gufo), considerato dalla tradizione popolare un segno di malaugurio. Il ripetersi ossessivo di questo cupo lamento, unito al vibrare di misteriose presenze che animano il paesaggio, evoca un sentimento di crescente inquietudine. Ancora una volta, la natura si carica di significati simbolici e luttuosi, che si accordano con i dolorosi ricordi del poeta e rinviano al mistero insondabile della morte.

Metrica Strofe formate da sette novenari e dal ritornello «chiù» che chiude ogni strofa e rima con il sesto novenario, secondo lo schema ABABCDCd.

> La domanda iniziale apre la lirica con una sensazione di sospensione e di indeterminata attesa.

Dov'era la luna? ché[1] il cielo
notava in un'alba di perla[2],
ed ergersi il mandorlo e il melo
parevano a meglio vederla[3].
5 Venivano soffi di lampi[4]
da un nero di nubi[5] laggiù;
veniva una voce dai campi:
chiù…

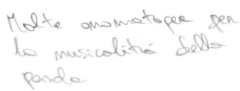
[annotazione manoscritta: Molte onomatopee per la musicalità della poesia]

---

1. ché: *poiché*. La luna sta per spuntare, come indica il chiarore bianco del cielo.
2. notava … di perla: era come immerso in un chiarore perlaceo, simile a quello dell'alba.
3. ed ergersi … vederla: e gli alberi sembravano tendersi verso l'alto per vederla meglio.
4. soffi di lampi: lampi guizzanti, silenziosi come soffi (sinestesia).
5. da un nero di nubi: *da nubi nere*.

L'assiuolo **439**

T5

> **L'anafora del verbo stabilisce una corrispondenza tra i suoni della natura e le sensazioni del poeta.**

Le stelle lucevano rare
10 tra mezzo alla nebbia di latte[6]:
sentivo il cullare del mare,
sentivo un fru fru tra le fratte[7];
sentivo nel cuore un sussulto,
com'eco d'un grido che fu[8].
15 Sonava lontano il singulto[9]:
chiù…

Su tutte le lucide vette[10]
tremava un sospiro di vento;
squassavano le cavallette

> **L'inciso sottolinea la tensione del poeta, che cerca di penetrare il mistero della natura e il segreto della vita e della morte.**

20 finissimi sistri d'argento[11]
(tintinni a invisibili porte
che forse non s'aprono più[12]?…);
e c'era quel pianto di morte…
chiù…

---

6. tra mezzo… latte: *in un chiarore bianco e lattiginoso come nebbia*; è una sinestesia che definisce la luce lunare.
7. un fru … fratte: *un fruscìo tra i cespugli*, di qualche uccello o animale selvatico.
8. com'eco… fu: *come l'eco lontano di un antico grido di dolore.*

9. singulto: *singhiozzo.*
10. le lucide vette: *le cime dei monti illuminate dalla luna.*
11. squassavano … d'argento: *le cavallette scuotevano le zampe, producendo un suono simile a quello dei sistri*, antichi strumenti musicali formati da sottili lamine metalliche,

usati dai seguaci di Iside, dea della morte e della resurrezione, e anche nella cabala ebraica, dove si credeva che avessero il potere di evocare gli angeli.
12. tintinni … più: *il frinire delle cavallette sembra risuonare di fronte alle porte dell'aldilà, del regno dei morti.*

→ Analisi del testo

COMPRENSIONE

Il componimento, apparentemente descrittivo, evoca un paesaggio notturno. Nella prima strofa, un chiarore diffuso annuncia l'imminente sorgere della luna, in un'**atmosfera di incantata sospensione** incrinata soltanto dalla «voce» dell'assiuolo, che risuona in lontananza. La seconda strofa si incentra su notazioni acustiche: al rumore delle onde del mare e al frusciare degli alberi mossi dal vento corrisponde la crescente **inquietudine del poeta**, turbato dall'insistente richiamo dell'assiuolo, che gli ricorda i propri lutti familiari («com'eco d'un grido che fu», v. 14). Nella strofa finale, il crescendo di inquietudine tocca il culmine, con il parallelismo tra il frinire delle cavallette e il suono dei «sistri», strumenti musicali utilizzati per aprire un contatto con dimensioni ultraterrene. Il poeta si chiede dunque se i misteriosi suoni della natura possano permettere di **varcare le «invisibili porte»** che separano il mondo dei vivi da quello dei defunti. Ma di fronte alla morte ogni possibile consolazione sembra preclusa e la lirica si chiude sul desolato «pianto di morte» dell'assiuolo.

ANALISI E INTERPRETAZIONE

Il mistero della natura   Il componimento è apparentemente costruito su una serie di immagini tra loro slegate, accostate senza un preciso ordine logico ma soltanto sulla base di **corrispondenze analogiche**: il cielo rischiarato dalla luna, i lampi di calore, la voce dell'assiuolo, il frusciare delle fronde. In realtà, a una più attenta analisi, si nota che la lirica è strutturata in modo da suggerire un **crescendo di angoscia**. Tutte e tre le **strofe** sono infatti **bipartite**: i primi quattro versi trasmettono **immagini serene e vitalistiche**, legate alla luce e al cielo (la luna che sta per sorgere, le stelle che brillano, i monti illuminati), che nei quattro versi finali vengono negate da **immagini di inquietudine e turbamento** (i lampi del temporale, il sussulto e il grido doloroso, le porte inaccessibili del regno dei morti), in un costante oscillare tra il fascino e l'angoscia.
A questa struttura si sovrappone poi il **ripetersi**, alla fine di ogni strofa, **del verso dell'assiuolo** («*chiù*»), che viene definito, in un **climax al negativo**, prima come «una voce», poi come «singulto» e infine «pianto di morte». Gradualmente le sensazioni ne-

440 *Myricae*

gative prendono il sopravvento e sembrano suggerire che, al di là delle apparenze serene, **la natura cela in sé un segreto luttuoso**, legato alla morte e all'inevitabile perdita degli affetti.

«Quel pianto di morte» In linea con la **poetica delle «corrispondenze» baudelairiane**, gli elementi della natura vengono collegati non solo fra loro ma anche, in modi analogici, all'**interiorità del soggetto**. Nella seconda strofa, attraverso l'anafora di «sentivo» (vv. 11-13), il frusciare dei rami evoca nell'animo del poeta il ricordo angoscioso di un grido di dolore, simbolo della sofferenza per la perdita del padre e dei familiari. Nella strofa finale, con un accostamento suggestivo, il rumore delle cavallette viene assimilato al suono dei sistri e allude sia al tentativo di **penetrare il segreto della natura** sia alla volontà di **superare l'invisibile barriera che separa i vivi e i morti**. Tramite una fitta rete di richiami interni e corrispondenze analogiche, la voce dell'assiuolo si carica quindi di **valenze simboliche** che rimandano al **mistero della vita e della morte**, che il poeta può solo sfiorare senza riuscire a svelarlo. L'immagine delle porte «che forse non s'aprono più» (v. 22) suggerisce infatti che, di fronte alla morte, ogni tentativo di trovare una risposta consolatoria è destinato a restare senza risposta.

Metafore, analogie e giochi fonici Il fascino della poesia va ricercato, più che nel suo messaggio concettuale, nell'**atmosfera indefinita e sospesa** che Pascoli crea grazie a precise scelte stilistiche. L'inquieto vibrare della natura è reso in modi suggestivi, attraverso una **sintassi volutamente disgregata**, che rinuncia a stabilire collegamenti logici rigorosi e si limita ad accostare, per coordinazione, immagini diverse. Il collegamento tra le parti del testo e tra i vari aspetti del paesaggio naturale è invece affidato a una serie di raffinate **analogie** e **sinestesie** («un'alba di perla», v. 2; «soffi di lampi», v. 5; «nebbia di latte», v. 10), che culmina nell'equivalenza tra il frinire delle cavallette e i «finissimi sistri d'argento» (v. 20), a loro volta interpretati come «tintinni a invisibili porte» (v. 21). L'impressione di indeterminatezza è rafforzata anche dall'uso di metonimie («un nero di nubi», v. 6), indicazioni di luogo indefinite («laggiù», v. 6) e dai puntini di sospensione che chiudono le strofe.
Fondamentale è poi la ricerca fonica, che riproduce le misteriose corrispondenze del mondo naturale attraverso un **fitto tessuto di richiami interni**: l'onomatopea *«chiù»* che chiude ogni strofa, le **allitterazioni fonosimboliche** («sentivo un fru fru tra le fratte», v. 12), la rima interna «il cullare del mare» (v. 11) e l'insistenza onomatopeica sulla «i» nei vv. 20-21.

Lavoriamo sul testo

COMPRENSIONE

1 Riassumi il contenuto di ognuna delle tre strofe della lirica.

2 Che cosa significa il monosillabo «chiù» che conclude ogni strofa?

3 Spiega il significato delle espressioni «un'alba di perla» (v. 2) e «nebbia di latte» (v. 10).

4 Che cosa sono i «sistri» (v. 20) e perché vengono associati al suono prodotto dalle cavallette e al tema della morte?

LINGUA E LESSICO

5 Che tipo di proposizione è «a meglio vederla» (v. 4)?
   a. finale   **c.** oggettiva
   b. concessiva   **d.** causale

6 Quali tra i seguenti termini non può essere usato come sinonimo di «sussulto» (v. 13)?
   a. sobbalzo   **c.** dolore
   b. scossone   **d.** trasalimento

ANALISI E INTERPRETAZIONE

7 All'interno di ogni strofa è possibile individuare un passaggio da immagini positive a impressioni negative e, parallelamente, un movimento dall'alto verso il basso. Verifica questa affermazione nel testo.

8 Quali elementi, nel finale delle tre strofe, creano un climax crescente di angoscia?

9 Che cosa suscita nel poeta un «sussulto» d'angoscia (v. 13) e a quali ricordi si riferisce l'espressione del v. 14?

10 Individua e spiega le analogie e le sinestesie presenti nel testo e illustrane la funzione.

11 Analizza la lirica sul piano fonico, individuando assonanze, allitterazioni, voci onomatopeiche e rime interne.

SCRITTURA E APPROFONDIMENTO

12 Scrivi un breve commento del componimento, spiegando in che senso *L'assiuolo* porta a compimento la poetica simbolista del «fanciullino», sia nei contenuti sia nelle scelte formali.

13 Procurati il testo della poesia *Il corvo* di Edgar Allan Poe e dopo averla letta mettila a confronto con *L'assiuolo*, evidenziando in un testo scritto le principali analogie tra le due liriche.

L'assiuolo

T6 X Agosto

Myricae

Il titolo della poesia si riferisce alla morte del padre di Pascoli, assassinato da ignoti il 10 agosto 1867, mentre tornava in calesse dalla fiera di Cesena. A distanza di quasi trent'anni da quel lutto, il 9 agosto 1896 il poeta pubblica sulla rivista «Il Marzocco» questa lirica, inserita l'anno successivo nella quarta edizione di Myricae *nella sezione* Elegie.
Nel testo Pascoli rievoca la drammatica uccisione del padre, avvenuta appunto il 10 agosto quando, nella "notte di san Lorenzo", il cielo è attraversato dalle stelle cadenti. Il poeta, dopo aver affermato di conoscere la causa del «pianto» del cielo, racconta una sorta di apologo, in cui mette a confronto l'uccisione di una rondine che tornava al suo nido con l'assassinio di un uomo innocente, colto di sorpresa sulla via del ritorno a casa.

Metrica Sei quartine di decasillabi e novenari a rima alternata (AbAb, CdCd…)

> Il fenomeno delle stelle cadenti viene interpretato come un pianto del cielo formato da lacrime luminose.

San Lorenzo[1], io lo so perché tanto
di stelle[2] per l'aria tranquilla
arde e cade[3], perché sì gran pianto[4]
nel concavo[5] cielo sfavilla.

> Il poeta istituisce un parallelismo tra la vicenda della rondine e quella dell'uomo, entrambi vittime innocenti.

5 Ritornava una rondine al tetto[6]:
l'uccisero: cadde tra spini[7];
ella aveva nel becco un insetto:
la cena dei suoi rondinini.

10 Ora è là, come in croce[8], che tende
quel verme a quel cielo lontano;
e il suo nido è nell'ombra, che attende,
che pigola sempre più piano.

Anche un uomo tornava al suo nido[9]:
l'uccisero: disse: Perdono;
15 e restò negli aperti occhi un grido[10]:
portava due bambole in dono.

Ora là, nella casa romita[11],
lo aspettano, aspettano in vano:
egli immobile, attonito, addita[12]
20 le bambole al cielo lontano.

> Il finale sintetizza il pessimismo del poeta: la Terra è un luogo oscuro, dominato dalla violenza e dall'ingiustizia.

E tu, Cielo, dall'alto dei mondi
sereni, infinito, immortale,
oh! d'un pianto di stelle lo inondi
quest'atomo opaco del Male[13]!

Apri il vocabolario

L'aggettivo "attonito", derivato dal latino *attonitus*, significa etimologicamente "stordito dal rumore del tuono" ed è quindi sinonimo di "sbalordito", "sbigottito" e anche «incredulo».

---

1. San Lorenzo: si può intendere come un vocativo, come se il poeta si rivolgesse a san Lorenzo (la cui ricorrenza cade il 10 agosto) oppure come una determinazione temporale («oggi è san Lorenzo»).
2. tanto di stelle: *tante stelle;* il costrutto partitivo è un latinismo.
3. arde e cade: *brillano nel cielo e cadono sulla terra.*

4. sì gran pianto: *un pianto di stelle tanto grande.*
5. concavo: *cavo,* nel senso che sembra rivolgersi verso lo sguardo degli esseri umani.
6. al tetto: *al suo nido.*
7. tra spini: *tra i cespugli.*
8. come in croce: *con le ali aperte,* come a formare una croce.

9. al suo nido: *alla sua casa.*
10. e restò … grido: nello sguardo dell'uomo resta un'espressione stupita, quasi un grido di dolore.
11. romita: *solitaria* (per la morte del padre).
12. addita: *rivolge, protende.*
13. quest'atomo … Male: *questo oscuro frammento pervaso dalla malvagità,* cioè la Terra.

→ Analisi del testo

COMPRENSIONE

Nelle strofe centrali sono presenti **riferimenti indiretti al sacrificio di Cristo**: la rondine che cade «tra spini» (v. 6) evoca la corona di spine; il «Perdono» (v. 14) dell'uomo innocente ai suoi assassini ricorda le ultime parole di Cristo, vittima innocente per eccellenza della malvagità umana. Tuttavia, mentre la morte di Gesù ha avuto, nell'ottica cristiana, la funzione di riscattare l'umanità dal peccato originale, secondo Pascoli **la violenza del mondo resta priva di riscatto e di conforto**: il Cielo, simbolo della trascendenza, compiange la sofferenza degli uomini, ma resta irrimediabilmente «lontano» (vv. 10 e 20), indifferente e sereno.

ANALISI E INTERPRETAZIONE

Una struttura simmetrica Il testo è strutturato su una serie di **precise simmetrie**. La prima e l'ultima strofa, collegate fra loro, incorniciano il testo in una **struttura circolare**. Al centro, la seconda e la terza strofa, riferite alla rondine, sono richiamate in modo speculare dalla terza e dalla quarta, dedicate all'assassinio dell'uomo. Tra l'animale e l'uomo – la cui identità resta volutamente indeterminata – si stabiliscono una serie di precisi richiami lessicali, volti a sottolineare come la violenza cieca colpisca indifferentemente animali e persone, ugualmente innocenti.

○ Lavoriamo sul testo

COMPRENSIONE

1 Riassumi in un breve testo il contenuto della lirica.

2 Nella prima strofa, il poeta afferma di conoscere il motivo del "pianto" del cielo. A suo parere, a che cosa è dovuto questo fenomeno? Da quale parte del testo è possibile ricavare questa informazione?

3 Per quale motivo il nido in cui sono contenuti i rondinotti «pigola sempre più piano» (v. 12)?

> **LINGUA E LESSICO**
>
> 5 Individua nel componimento tutti gli aggettivi che si riferiscono al cielo.
>
> 6 Quale dei seguenti termini non può sostituire l'aggettivo «romita» (v. 17)?
> **a.** solitaria
> **b.** isolata
> **c.** abbandonata
> **d.** desolata

ANALISI E INTERPRETAZIONE

6 Individua i parallelismi e le ripetizioni lessicali che intercorrono tra la seconda e la quarta strofa e tra la terza e la quinta. Che cosa intendono sottolineare?

7 Quali elementi del testo rinviano alla morte di Cristo? Che funzione svolgono nel contesto?

8 Nel testo ricorre due volte il termine «nido», prima in senso denotativo (v. 11) e poi come metafora per «casa» (v. 13). Di che cosa è simbolo il «nido» in questa lirica e, più in generale, nella poesia pascoliana?

9 Per quale motivo «Cielo» (v. 21) è scritto con l'iniziale maiuscola? Perché esso è definito due volte «lontano»?

10 Analizza il componimento sul piano stilistico, osservando gli usi sintattici, le scelte lessicali e retoriche e le figure di suono.

SCRITTURA E APPROFONDIMENTO

11 Questa lirica presenta una struttura molto rigida, che la differenzia dagli altri testi di Pascoli che hai letto, costruiti in genere sulla libera successione di immagini analogiche. Spiega per quale motivo il poeta ha operato questa scelta e dà un tuo giudizio di valore sul testo, argomentandolo.

X agosto

Approfondimento

Un delitto misterioso

L'assassinio L'assassinio di Ruggero Pascoli, avvenuto il 10 agosto 1867, costituì un evento gravemente traumatico per il futuro poeta, che lo avrebbe rievocato in numerose occasioni. A turbare Pascoli fu non solo la morte improvvisa del padre, ma anche il fatto che i responsabili non furono mai individuati e puniti: ciò contribuì a far crescere nell'autore un vivo pessimismo sulla possibilità di ottenere giustizia in un mondo dominato da un Male insensato e cieco.
Le circostanze in cui avvenne l'omicidio di Ruggero furono realmente inquietanti. Il 10 agosto 1867 Ruggero, che amministrava provvisoriamente la tenuta "La Torre" per conto dei principi romani Torlonia, si recò alla stazione di Cesena per accogliere un certo ingegner Petri, incaricato di nominare l'amministratore definitivo del podere. L'incontro, però, non ebbe luogo e Ruggero, dopo essersi fermato alla fiera di San Lorenzo per comprare due bambole per le figlie Ida e Maria, si avviò in calesse sulla strada di casa. Ma, nei pressi di Savignano al Rubicone, una fucilata in fronte pose fine improvvisamente alla sua vita. La cavalla che trainava il calesse, priva di guida, continuò la sua corsa finché due uomini, vedendo il carretto e accortisi dell'accaduto, fecero portare Ruggero già morto all'ospedale.

Le indagini Le indagini, condotte in gran fretta, portarono il 27 agosto all'arresto di due anarchici. La Prefettura sostenne infatti la tesi dell'omicidio politico, compiuto da frange di repubblicani estremisti che, ostili alla reggenza sabauda, avrebbero sfogato il loro risentimento su Ruggero, che si era avvicinato agli ambienti liberal-monarchici. I due presunti colpevoli furono però scagionati e, nonostante ben tre processi, i colpevoli non vennero mai individuati.
Accanto ad altre ipotesi (un delitto per gelosia o la rappresaglia di alcuni contrabbandieri) prese forma nell'opinione pubblica l'idea che il mandante del delitto fosse stato in realtà un certo Pietro Cacciaguerra, spinto dal desiderio di subentrare a Ruggero nella carica di amministratore dei Torlonia, come in effetti accadde. Questa era anche l'idea della famiglia Pascoli e del poeta stesso, che allude a questa ipotesi nella famosa lirica *La cavalla storna*, in cui immagina che la madre in lutto si rivolga alla cavalla, unica testimone del delitto:

> O cavallina, cavallina storna,
> portavi a casa sua chi non ritorna!
> a me, chi non ritornerà più mai!
> Tu fosti buona... Ma parlar non sai!
> Tu non sai, poverina; altri non osa.
> Oh! ma tu devi dirmi una una cosa!
> Tu l'hai veduto l'uomo che l'uccise:
> esso t'è qui nelle pupille fise.
> Chi fu? Chi è? Ti voglio dire un nome.
> E tu fa cenno. [...]
> Mia madre alzò nel gran silenzio un dito:
> disse un nome... Sonò alto un nitrito.

Anche Maria, nel suo libro di memorie *Lungo la vita di Giovanni Pascoli*, allude alla volontà di tener nascosto il movente del delitto, forse per motivi politici:

> Le ricerche per scoprire l'autore o gli autori dell'assassinio erano condotte con tanta rilassatezza e lentezza, seguendo vie tortuose e false, da far proprio credere che non si volesse scoprire niente. La via diritta, che dovevano prendere subito, non fu mai presa. La mamma s'accorgeva di quelle manovre e soffriva indicibilmente. Essa aveva un suo intimo sospetto (per non dire certezza) ma non poteva palesarlo. Sapeva che a San Mauro si discorreva a voce bassa e si faceva anche il nome del vile autore del delitto; ma nessuno parlava forte, sia per paura, sia per essere interessato a tacere: sicché non era possibile avere alcun appoggio, alcuna prova. [...] Le causali del delitto, chi voleva vederle nella politica, chi nel cercare di reclutare contadini per l'esercito, chi in altre cause tutte false, per nascondere la vera, l'unica, ossia la smania di succedere nel posto che occupava, e che avrebbe definitivamente occupato, la povera santa vittima. Oh! quella si guardavano bene di accennarla!

Giovanni Pascoli, che si trovava in collegio quando Ruggero fu ucciso, per tutta la vita non smise mai di cercare gli assassini del padre, senza però riuscire nel suo scopo. In occasione dell'ultimo processo, in cui Cacciaguerra venne scagionato, invitato a stringergli la mano, il poeta si rifiutò di farlo, abbassando lo sguardo e dicendo: «Non posso, non posso, io credo alla cavallina storna, credo a mia madre». Negli anni seguenti, ogni 10 agosto, Pascoli inviava al presunto colpevole un suo biglietto da visita listato a lutto. Non ottenne mai risposta.

Giovanni Fattori, *Uomo a cavallo*, 1868-1870.

T7 Temporale
Myricae

Concepita nel 1892, Temporale *fu inserita nella terza edizione di* Myricae *(1894), nella sezione* In campagna, *forse quella più densa di sperimentazioni formali.*

In pochi versi, con rapide notazioni di colore giustapposte fra loro, il poeta descrive un evento atmosferico, caricandolo di inquietanti valenze simboliche.

Metrica Ballata minima di settenari con schema A BCBCCA.

> Il verso, isolato e come sospeso, evoca per onomatopea il rombo cupo del tuono, seguito dal silenzio.

Un bubbolìo[1] lontano…

Rosseggia l'orizzonte,
come affocato[2], a mare;
nero di pece, a monte,
5   stracci di nubi chiare[3]:
tra il nero un casolare:
un'ala di gabbiano.

> Per analogia, il colore bianco della casa che spicca nel buio ricorda al poeta l'ala di un uccello marino.

---

1. bubbolìo: *brontolio del tuono.* Il termine deriva dal verbo onomatopeico «bubbolare», che in toscano significa appunto "tuonare".

2. affocato: *infuocato,* perché è l'ora del tramonto.

3. stracci … chiare: *sprazzi di nuvole chiare, simili a stracci nel buio.*

→ Analisi del testo

COMPRENSIONE
Il temporale viene descritto dapprima attraverso un **dato acustico isolato** («Un bubbolìo lontano», v. 1), cui segue una pausa che evoca il silenzio successivo al tuono. Nei versi seguenti, il poeta coglie gli elementi del paesaggio attraverso **notazioni cromatiche contrapposte**, simili a pennellate di colore sulla tela: il rosso del cielo infuocato dal tramonto, il nero minaccioso del temporale, le macchie più chiare delle nuvole. Nel paesaggio cupo e sconvolto risalta il bianco di una casa, che per libera analogia viene associato a «un'ala di gabbiano».

ANALISI E INTERPRETAZIONE
Tra Impressionismo e Simbolismo La tecnica compositiva utilizzata nella lirica spinge all'estremo la tendenza alla **rappresentazione impressionistica della realtà naturale**, ottenuta attraverso **suggestioni analogiche**. Il poeta rinuncia a descrivere analiticamente la natura per trasmettere invece l'impressione complessiva di un **paesaggio sconvolto**, che assume tratti inquietanti e minacciosi. Ciò che conta, ancora una volta, non è quindi la scena in sé, ma le sensazioni che essa suscita nell'io poetico e, di riflesso, nel lettore.

La lirica assume di conseguenza un **valore simbolico** e la rappresentazione di un fenomeno naturale diventa emblema di un **mondo dominato dalle forze oscure del male**. L'immagine finale, tuttavia, fa balenare una luce di speranza: il «casolare» che resiste alla violenza del temporale rappresenta forse il «nido» familiare, visto come unica possibile salvezza dalla violenza del mondo. L'**analogia** che si stabilisce tra il colore bianco della casa e l'ala del gabbiano conferma questo valore positivo, rinviando al mondo degli uccelli, spesso utilizzato da Pascoli in relazione alla metafora del «nido».

La dissoluzione della sintassi La particolare suggestione del testo è ottenuta rinunciando a una strutturazione articolata del periodo sintattico. La poesia, infatti, accosta e giustappone note di colore attraverso l'**asindeto** e il ricorso

alla **sintassi nominale**. L'allusività è inoltre accentuata dall'uso di **metafore** («nero di pece», v. 4; «stracci di nubi», v. 5) e dalla suggestiva analogia finale.
Sul piano ritmico, la consueta presenza di un'interpunzione frequente e marcata spezza il libero fluire del verso, frantumando le unità metriche e accrescendo l'impressione di **frammentarietà** del testo, quasi a suggerire l'immagine drammatica di una **realtà disgregata e sconvolta**.

Lavoriamo sul testo

COMPRENSIONE

1. Sulla base delle informazioni contenute nel testo, descrivi brevemente il paesaggio evocato nella lirica.
2. Per quale motivo il cielo è «affocato» (v. 3)?
3. Spiega l'analogia contenuta nei versi finali del componimento: quale passaggio logico permette il paragone tra il «casolare» e l'«ala di gabbiano»?

LINGUA E LESSICO
4. Qual è l'unico verbo presente nella lirica?
5. Quale funzione grammaticale ha «affocato» (v. 2)?

ANALISI E INTERPRETAZIONE

6. Che tipo di sensazione suscita nel lettore la descrizione del «temporale»? Attraverso quali elementi viene ottenuto questo effetto?
7. Nel testo hanno particolare rilievo le notazioni cromatiche. Individuale e spiegane la funzione.
8. Quale interpretazione simbolica si può dare della lirica, alla luce della biografia del poeta?
9. Analizza il testo sul piano ritmico e fonico, osservando allitterazioni, onomatopee, assonanze e rime. Che tipo di musicalità viene ricercata da Pascoli?

SCRITTURA E APPROFONDIMENTO

10. *Temporale* costituisce un tipico esempio dell'impressionismo pascoliano. Illustra questa affermazione spiegando attraverso quali accorgimenti formali il poeta raggiunge questo effetto complessivo.

Da *Myricae* leggi anche *Il tuono*

Martin Johnson Heade, *L'arrivo della tempesta*, 1859.

T8 Il lampo
Myricae

TEMA DELLA MORTE E DEL MALE NEL MONDO

Composto nel 1892-1893 e inserito nella terza edizione di Myricae *(nella sezione* Tristezze*),* Il lampo *è incentrato, come* Temporale*, sulla descrizione di un fenomeno naturale, anche se, secondo il critico Giuseppe Nava, fu in realtà concepito «come metafora degli ultimi momenti del padre agonizzante». In una prosa risalente a quegli anni Pascoli, cercando di immaginare gli ultimi pensieri del padre morente, scrive infatti: «Il momento fu rapido... ma i pensieri non furono brevi e pochi. Quale intensità di passione! Come un lampo in una notte buia: dura un attimo e rivela tutto un cielo pezzato, lastricato, squarciato, affannato, tragico; una terra irta piena d'alberi neri che si inchinano e si svincolano, e case e croci».*

Il poeta evoca con rapidi tratti il brevissimo istante in cui, durante un temporale, la luce abbagliante del lampo illumina il paesaggio sconvolto dalla furia degli elementi. Il bozzetto impressionistico ha però anche un valore simbolico: il lampo diviene emblema dell'improvvisa e cruda rivelazione della vera essenza della realtà, intrisa di violenza e di morte.

Metrica Ballata minima di endecasillabi con schema A BCBCCA.

> E cielo e terra si mostrò qual era[1]:
>
> la terra ansante, livida, in sussulto[2];
> il cielo ingombro[3], tragico, disfatto:
> bianca bianca nel tacito tumulto[4]
> 5   una casa apparì sparì d'un tratto;
> come un occhio, che, largo, esterrefatto[5],
> s'aprì si chiuse, nella notte nera.

Verso singolo e esuriondo

> Le due sequenze di aggettivi, legati per asindeto e disposti in climax ascendente, enfatizzano lo sconvolgimento naturale e lo umanizzano.

> Il paragone analogico stabilisce un legame tra la casa e l'ultimo sguardo del padre morente.

1. **si mostrò qual era:** si mostrarono nella loro vera essenza.
2. **ansante ... in sussulto:** affannata, cupa, scossa da una violenta agitazione.
3. **ingombro:** pieno di nuvole.
4. **bianca ... tumulto:** bianchissima nel silenzioso sconvolgimento della natura.
5. **esterrefatto:** stupito, attonito.

Analisi guidata

La rivelazione del male

La poesia si presta a una lettura stratificata. A un livello più immediato, si tratta di un **quadretto impressionistico** in cui è raffigurato un paesaggio tempestoso. Se invece si considera il riferimento alla morte del padre del poeta, il testo assume invece **valore simbolico**: la tempesta rappresenta la violenza della morte e la casa rimanda al «nido» abbandonato, ultimo pensiero dell'uomo agonizzante. Più in generale, dunque, la lirica esprime una **visione pessimistica**, in cui il lampo diviene metafora della **rivelazione del dolore** che permea tutta l'esistenza, in cui gli affetti familiari sono l'unico possibile rifugio contro l'incombere del male.

Competenze di comprensione e analisi

- Quale tipo di sensazioni trasmette la lettura del testo? Quali elementi contribuiscono a suscitare questa particolare sensazione?

- In quale altro testo l'immagine del temporale viene scelta da Pascoli come simbolo del male del mondo? Che ruolo vi svolge l'immagine della casa?

- Quale significato ha la precisazione «bianca bianca» in rapporto al contenuto?

Le tecniche del Simbolismo

Il passaggio dal piano descrittivo a quello simbolico è facilitato dalla tecnica compositiva utilizzata dal poeta. Già il primo verso enuncia il tema centrale della lirica: la **rivelazione del mistero della vita**, che si nasconde dietro l'apparenza dei fenomeni. Nei versi successivi, il valore simbolico della scena è suggerito dalla **umanizzazione degli elementi naturali**, ottenuta utilizzando aggettivi che connotano stati d'animo psicologici come «ansante» (v. 2), «tragico» e «disfatto» (v. 3).

Anche l'apparizione della casa bianca viene umanizzata attraverso il **paragone analogico con lo sguardo «esterrefatto»** che si spalanca per subito richiudersi.

> ### ● Competenze di comprensione e analisi
>
> - Perché a tuo parere nel verso iniziale il poeta sceglie due termini generici e ampi come «cielo» e «terra» per indicare il paesaggio? E per quale motivo concorda il verbo al singolare?
>
> - Analizza le due serie di aggettivi accostati per asindeto dei vv. 2-3, spiegandone il valore referenziale e simbolico.
>
> - A quale vicenda della vita di Pascoli rimanda l'«occhio» del v. 6? Si può dire che esso simboleggi anche lo sguardo dell'uomo in generale?

L'immediatezza dello stile

Attraverso la consueta **frantumazione sintattica**, unita alla **sintassi nominale** e alle frequenti pause create dai segni di interpunzione, il poeta evoca con grande efficacia l'immediatezza e la **rapidità** della scena. Contribuiscono a creare questo effetto anche le coppie di verbi accostati per asindeto ai vv. 5 e 7 («apparì sparì», con paronomasia, e «s'aprì si chiuse»).

Grande attenzione è dedicata anche agli effetti fonici, per esempio attraverso l'**allitterazione** «tacito tumulto» (v. 4) **con effetto fonosimbolico**. Sul piano metrico, inoltre, le rime creano una **struttura circolare**, in cui l'ultimo verso si ricollega al primo («qual era/nera»).

> ### ● Competenze di comprensione e analisi
>
> - Analizza la lirica sul piano sintattico, descrivendo la struttura dell'unico ampio periodo che la compone.
>
> - I vv. 2 e 3 sono costruiti in parallelo, come pure i vv. 4 e 7. In che modo il poeta ottiene questo effetto?
>
> - Oltre all'allitterazione, quale figura retorica è presente nell'espressione «tacito tumulto» (v. 4)?
>
> - La rima «qual era/nera», che collega i vv. 1 e 7, ti sembra significativa sul piano del contenuto? Perché?

Myricae

Poemetti

La struttura narrativa La prima edizione dei *Poemetti* esce nel **1897** (lo stesso anno della quarta edizione di *Myricae* e della prosa *Il fanciullino*), con dedica alla sorella Maria. Una seconda edizione, accresciuta, viene pubblicata nel 1900, mentre in seguito **Pascoli dividerà la raccolta in *Primi poemetti* (1904) e *Nuovi poemetti* (1909)**.
Come indicano sia il titolo sia l'epigrafe virgiliana *Paulo maiora* («Un po' più in alto»), nei *Poemetti* Pascoli intende **innalzare i contenuti e la forma** espressiva della sua poesia, abbandonando in parte la poetica delle piccole cose tipica di *Myricae* per costruire **testi più ampi**, caratterizzati da un **andamento narrativo** e dall'impiego delle **terzine dantesche**. Nei *Poemetti* viene infatti raccontata la storia di una **famiglia di contadini della campagna lucchese**, la cui esistenza semplice e schietta è scandita dal ritmo delle stagioni e dei lavori agresti, in un'atmosfera operosa e serena.

Tra ideologia e turbamenti Nella raccolta è evidente un intento ideologico di **celebrazione della piccola proprietà terriera e del ceto medio rurale**, in cui Pascoli proietta il proprio desiderio psicologico di **regressione** e di aperta **ostilità nei confronti della società industriale**. Nel mondo semplice e idealizzato della campagna, egli vede realizzato un sogno – del tutto anacronistico, sul piano storico – di bontà e di concordia tra le classi sociali, unico baluardo contro la violenza che domina il mondo e la storia.
Accanto a queste tematiche di tipo sociale, tuttavia, soprattutto nei *Nuovi poemetti* trovano spazio anche liriche più turbate e inquiete, in cui riaffiorano i consueti fantasmi della psicologia del poeta: la presenza della **morte** e il **ricordo dei propri cari** (*Il chiù*), una **sensualità morbosa** e problematica (*Digitale purpurea*)

Vincent van Gogh, *Ritratto di un giovane contadino*, 1889.

e la visione degli spazi cosmici, in cui l'uomo appare come sperduto e privo di ogni certezza (*La vertigine*).

Lo sperimentalismo linguistico Sul piano formale, nei *Poemetti* Pascoli porta avanti la sua ricerca espressiva, che tende però in questo caso non alla concentrazione lirica e alla suggestione delle immagini analogiche quanto piuttosto al **recupero di una dimensione narrativa**. Ne deriva la scelta di una **sintassi più articolata** e il ricorso al **dialogo in versi**, che evoca i modi del parlato senza rinunciare a una patina linguistica elevata e talora classicheggiante.
Lo **sperimentalismo linguistico** tocca il suo apice nel poemetto *Italy*, in cui è narrata la vicenda di una famiglia di contadini toscani emigrati in America, di cui Pascoli riproduce il linguaggio ibrido attraverso una originalissima commistione di voci dialettali lucchesi, di inglese e di italiano 'americanizzato', con risultati di grande efficacia espressiva.

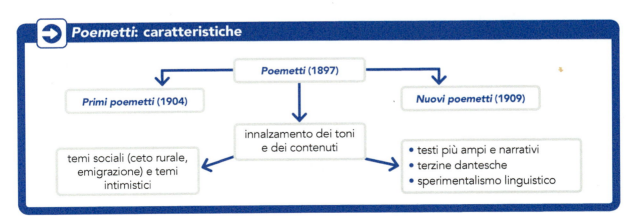

T9 Italy

Primi poemetti

Inserito già nella prima edizione dei Poemetti *(1897) e completato poi nel 1904 in* Primi poemetti, Italy *è un ampio poemetto (450 versi divisi in due canti) sulla storia di una famiglia toscana emigrata in America. Ghita e suo fratello Beppe – figure ispirate a personaggi reali – tornano da Cincinnati nel paese natale, in provincia di Lucca, per far visita all'anziana madre e per curare la nipotina Molly, una bimba di otto anni malata di tubercolosi. Solo dopo un lungo soggiorno, Molly*

si sentirà parte di quell'Italia che sembrava rifiutare. Nella parte del poemetto qui riportata (vv. 91-150) Maria-Molly, scontenta di trovarsi lontana dall'America, si confronta con l'anziana nonna, ma la comunicazione, ostacolata dalle difficoltà linguistiche, risulta impossibile. Dopo pranzo, si assiste all'incontro di Ghita e Beppe (chiamato all'americana «Joe» – ma Pascoli usa la grafia «Ioe») con i compaesani, molti dei quali sono stati a loro volta emigranti.

Metrica   Terzine di endecasillabi a rima incatenata (schema ABA BCB CDC ecc.), con un verso isolato alla fine di ogni sezione.

> Maria guardava. Due rosette rosse[1]
> aveva, aveva lagrime lontane[2]
> 3   negli occhi, un colpo ad or ad or[3] di tosse.
>
> La nonna intanto ripetea: "Stamane
> fa freddo!" Un bianco borracciol consunto
> 6   mettea sul desco[4] ed affettava il pane.
>
> Pane di casa e latte appena munto.
> Dicea: "Bimbina, state al fuoco: nieva[5]!
> 9   Nieva!" E qui Beppe soggiungea compunto[6]:
>
> "*Poor Molly!*[7] Qui non trovi il pai con fleva[8]!"
>
> V
> Oh! No: non c'era lì né *pie* né *flavour*
> 12   né tutto il resto. Ruppe[9] in un gran pianto:
> "*Ioe, what means* nieva? *Never?*[10] *Never? Never?*"
>
> Oh! No: starebbe in Italy sin tanto
> 15   ch'ella guarisse: *one month or two*[11], *poor Molly!*
> E Ioe godrebbe questo po' di scianto[12].

> L'equivoco tra «nieva» ("nevica") e «never» ("mai") fa sì che Molly creda di non poter tornare mai più (never) in America.

---

1. rosette rosse: sono gli zigomi, arrossati a causa della febbre.
2. lagrime lontane: Molly ha pianto di nostalgia la sera prima.
3. ad or ad or: ogni tanto.
4. Un bianco ... desco: metteva sulla tavola un

canovaccio bianco consumato («borracciol»).
5. nieva: *nevica*, in dialetto lucchese.
6. compunto: imbarazzato.
7. Poor Molly!: povera Molly!
8. il pai con fleva: ossia, in inglese, il *pie with flavour*, "la torta con gli aromi".

9. Ruppe: *scoppiò* (il soggetto è Molly).
10. Ioe ... Never?: Joe, cosa vuol dire "nieva"? Vuol dire "mai"?
11. one ... two: un mese o due.
12. scianto: *riposo, tempo libero* (termine lucchese).

450   *Primi Poemetti*

> Mugliava[13] il vento che scendea dai colli
> bianchi di neve. Ella mangiò, poi muta
18 fissò la fiamma con gli occhioni molli[14].
>
> Venne, sapendo della lor venuta,
21 gente[15], e qualcosa rispondeva a tutti
> Ioe, grave[16]: "*Oh yes*, è fiero[17]... vi saluta...
>
> molti bisini[18], *oh yes*... No, tiene un frutti-
24 stendo[19]... *Oh yes*, vende checche, candi, scrima[20]...
> Conta moneta! Può campar coi frutti[21]...
>
> Il baschetto[22] non rende come prima...
27 *Yes*, un salone, che ci ha tanti bordi[23]...
> *Yes*, l'ho rivisto nel pigliar la stima[24]..."
>
> Il tramontano[25] discendea con sordi
30 brontoli. Ognuno si godeva i cari
> ricordi, cari ma perché ricordi:
>
> quando sbarcati dagli ignoti mari
33 scorrean[26] le terre ignote con un grido
> straniero in bocca[27], a guadagnar danari
>
> per farsi un campo, per rifarsi un nido...
>
36 **VI**
> Un campettino da vangare, un nido
> da riposare[28]: riposare, e ancora
39 gettare in sogno quel lontano grido:
>
> *Will you buy*[29]... per Chicago Baltimora.
> *Buy images*[30]... per Troy, Memphis, Atlanta,
42 con una voce che te stesso accora[31]:
>
> *cheap!*[32] Nella notte, solo in mezzo a tanta
> gente; *cheap! cheap!* tra un urlerìo che opprime;
45 *cheap!*... Finalmente un altro odi, che canta...

Side notes:

In una lingua mista italo-inglese, Joe risponde alle domande dei compaesani, dando notizia degli altri emigrati.

Molti uomini in paese sono stati emigranti e ricordano con nostalgia la propria esperienza, ma solo perché infine hanno potuto far ritorno in patria.

L'incontro con un altro emigrante fa sentire meno soli: il paesaggio come per incanto diventa quello del paese natale, con i colori e i suoni della campagna.

---

13. Mugliava: *mugghiava.*

14. molli: *ancora umidi di pianto.*

15. Venne ... gente: saputo dell'arrivo di Ghita e Joe, alcuni compaesani vanno a far loro visita.

16. grave: *serio.*

17. è fiero: *è contento, sta bene.*

18. molti bisini: *molti affari* (in inglese, *business*).

19. tiene... frutti-stendo: *ha un banchetto di frutta* (*fruitstand*).

20. checche ... scrima: *dolci, canditi, gelati* (*cakes, candies, ice cream*).

21. Conta ... frutti: *conta il denaro* (*money*): *può vivere con quel che guadagna.*

22. baschetto: *l'attività di venditore ambulante* (*basket*, lett. "canestro, paniere").

23. un salone... bordi: *un bar* (*saloon*), che ha tanti tavoli (*boards*).

24. nel pigliar la stima: *mentre prendevo la nave a vapore* (*steamer*).

25. tramontano: *vento freddo che viene dal nord* (*tramontana*).

26. scorrean: *percorrevano.*

27. con ... bocca: *urlando in inglese* («straniero») *il richiamo del venditore ambulante* («grido»).

28. da riposare: *dove riposare.*

29. Will you buy: *volete comprare?*

30. Buy images: *comprare figurine.* Gli emigrati lucchesi vendevano soprattutto statuine di gesso.

31. che ... accora: *che rattrista anche te.*

32. cheap!: *a poco prezzo!*

Italy 451

    Tu non sai come, intorno a te le cime
    sono dell'Alpi, in cui si arrossa il cielo:
48 chi canta, è il gallo sopra il tuo concime.

    "La mi' Mèrica[33]! Quando entra quel gelo,
    ch'uno ritrova quella stufa roggia
51 per il gran *coke*[34], e si rià, *poor fellow* [35]!

    O va per via, battuto dalla pioggia.
    Trova un *farm*. *You want buy?* Mostra il baschetto[36].
54 Un uomo compra tutto. Anche, l'alloggia[37]!"

    Diceva alcuno; ed assentiano al detto[38]
    gli altri seduti entro la casa nera,
57 più nera sotto il bianco orlo del tetto[39].

    Uno guardò la piccola straniera,
    prima non vista, muta, che tossì.
60 "*You like this country...*[40]" Ella negò severa:

    "*Oh no! Bad Italy! Bad Italy* [41]!"

---

33. La mi' Mèrica: *la mia America*. Parla ora un nuovo personaggio venuto a trovare Ghita e Joe, che ricorda la sua passata esperienza di emigrante.
34. roggia ... coke: *rossa, incandescente per la grande quantità di carbone (coke) che vi brucia.*
35. e si rià, poor fellow!: *e si riprende un po', povero diavolo!*
36. Trova ... baschetto: *trova una fattoria (*farm*). «Volete comprare?» E mostra il paniere da ambulante.*
37. Anche, l'alloggia: *gli offre anche alloggio e ospitalità.*
38. assentiano al detto: *annuivano alle sue parole.*
39. più nera ... tetto: *la casa sembra ancora più scura perché il tetto è cosparso di neve candida.*
40. You ... country...: *ti piace questo paese?*
41. Bad Italy!: *brutta Italia!*

Una famiglia di emigranti italiani a Ellis Island (New York), fotografata da Lewis Hine nel 1900.

Primi Poemetti

Analisi guidata

Una struttura narrativa

A differenza dei testi di *Myricae*, *Italy* ha una **struttura decisamente narrativa**. Una prima sequenza si incentra sul confronto e sull'**impossibile dialogo tra Molly**, nata e cresciuta in America, **e la vecchia nonna**, che ha sempre vissuto in paese. La seconda parte del testo è dedicata all'**incontro tra Joe e i suoi compaesani**. Ai vv. 22-28 Pascoli riporta, in una sorta di discorso indiretto libero, le sue risposte alle tante domande degli amici. Nella sezione finale viene rievocata, tra nostalgia e inquietudine, l'avventura di molti che, come Joe, in passato sono **emigrati in America** e ricordano le loro difficoltà, ma anche la generosità di quella terra.

 Competenze di comprensione e analisi

- Individua nel poemetto le tre sequenze in cui si articola il testo riportato.
- Al v. 8 la nonna si rivolge a Molly dandole del «voi»: che tipo di sentimento cela questo uso linguistico?
- Perché Molly è spaventata dall'idea di dover restare sempre in Italia e mostra quasi odio verso la terra delle sue origini?
- Nel testo sono inserite alcune battute di dialogo. Si tratta della riproduzione di un dialogo ordinato e lineare? In che modo Pascoli imita gli usi sintattici del parlato?

Il dramma dell'emigrazione

Particolarmente sensibile al **dramma dell'emigrazione** oltreoceano di tanti italiani a cavallo tra XIX e XX secolo, Pascoli affronta anche questa tematica secondo la sua peculiare sensibilità. Nel forzato allontanamento dalla patria egli vede soprattutto il **dolore legato all'abbandono del «nido»**, dei luoghi conosciuti e amati, e la necessità di vagare per «terre ignote» (v. 33) spinti dal bisogno. Il poeta individua la spinta all'emigrazione nel desiderio di «rifarsi un nido» in patria (v. 35), di poter costruire «un campettino da vangare» (v. 36) in cui vivere sereni. I contadini che, dopo aver migliorato le loro condizioni economiche, sono tornati in patria, possono guardare all'America con velata nostalgia, mentre Molly sembra non riconoscere più le sue radici e la sua origine.

 Competenze di comprensione e analisi

- In quali punti del componimento risalta in modo più evidente la dimensione di sofferenza legata all'emigrazione?
- Che cosa significa la frase «Ognuno si godeva i cari / ricordi, cari ma perché ricordi» (vv. 30-31)?
- Nel racconto dei compaesani di Joe che sono stati in America, quali elementi positivi risaltano? Che cosa essi ricordano con piacere?
- Confronta *Italy* con *La grande Proletaria si è mossa* (*La parola all'autore*, p. 424): ti sembra che nel componimento siano già ravvisabili i principi di umanitarismo nazionalista alla base del discorso?

Italy 453

Lo sperimentalismo linguistico

La **condizione di sradicamento che caratterizza Molly** si evidenzia nell'**incomprensione linguistica** tra la bambina e l'anziana nonna. L'equivoco che si genera ai vv. 12-13 ne è un chiaro segnale, come pure il fatto che Molly si esprima solo in inglese. Nel poemetto, del resto, Pascoli spinge all'estremo il suo **sperimentalismo linguistico**, mescolando **diversi linguaggi**: l'italiano, l'inglese, il dialetto lucchese e, soprattutto, la lingua italo-inglese parlata dagli emigranti, riprodotta con fedeltà nel lessico («il pai con fleva», v. 10; «checche, candi, scrima», v. 24, ecc.). In una nota posta alla raccolta scriveva lo stesso Pascoli: «Il lettore non ha certo bisogno dei miei lumi per leggere e interpretare il povero inglese de' miei personaggi. Gioverà tuttavia ricordare la pronunzia netta in *a* o *aa* che hanno, nella bocca dei nostri reduci di Mèrica, le parole come *flavour* (pr. fléva), *never* (pr. néva), *steamer* (pr. stima) e simili. Il grido dei figurinai, *Buy images* (= comprate figure); suona, in bocca loro, *bai imigis*. E *cheap* (pr. cip) vale: a buon mercato. Molte parole inglesi sono da loro accomodate a italiane: bisini (per *business*) = affari; fruttistendo (per *fruitstand*) = bottega di fruttaiolo; checche (per *cakes*) = paste, pasticci; candi (da *candy*) = canditi; scrima (per *ice cream*) = gelato di crema; baschetto (per *basquet*) = paniere per metterci le figure; salone (per *saloon*) = trattoria, bettola; bordi (da *board*) = pensioni, abbonati; stima (per *steamer*) = piroscafo; ticchetta (per *ticket*) = biglietto; cianza (per *chance*) = sorte; occasione. Barco dicono per bastimento. *Molly* è vezzeggiativo casereccio per Mary o Maria; *doll* significa bambola, ed è anche vezzeggiativo di Dorothy».

Questo originale **pastiche linguistico** non è un puro espediente formale, ma serve a sottolineare, anche attraverso la forma espressiva, la condizione ambigua dell'emigrato, che tende a dimenticare le proprie origini e la propria lingua ma non ha ancora assimilato appieno la cultura del nuovo Paese.

◯ Competenze di comprensione e analisi

- Spiega in che cosa consiste l'equivoco linguistico tra Molly e la nonna nella prima parte del testo.

- Individua nel componimento tutti i termini appartenenti alla lingua mista italo-inglese degli emigranti.

- Che tipo di rima ricorre ai vv. 15-19?

- Partendo dall'annotazione linguistica dello stesso Pascoli, rintraccia il termine originario inglese di tutti gli adattamenti italiani.

- La nota di Pascoli si conclude con questa precisazione: «*Sweet* (pr. suìt) vale dolce, ed è, per dir così, consacrato a *home*. Casa mia! Casa mia!». Quale significato ti sembra che abbia una simile affermazione all'interno della produzione e della poetica dell'autore?

Inserire dida

T10 Digitale purpurea
Poemetti

Ascolta la poesia

Pubblicata per la prima volta nel 1898 sulla rivista «Il Marzocco», la poesia fu poi inserita due anni dopo nei Poemetti. Maria Pascoli ha lasciato una testimonianza sull'origine di Digitale purpurea: «Un giorno, dopo la merenda e la ricreazione fatte all'aperto, noi educande con la nostra Madre Maestra c'incamminammo per un sentiero che aveva ai lati due giardini, uno cinto dal bussolo e l'altro senza veruna siepe. In questo scorgemmo una pianta nuova che non avevamo mai veduta [...]. Era una pianta dal lungo stelo rivestito di foglie, con in cima una bella spiga di fiori rosei a campanelle, punteggiati di macchioline color rosso cupo: la digitale purpurea». Le ragazze avrebbero voluto avvicinarsi a quel fiore, ma la Madre Maestra ordinò loro di non farlo, perché emanava «un profumo venefico e così penetrante che faceva morire. Indietreggiammo impaurite [...]. Questo puerile e insignificante mio racconto ispirò a Giovannino il poemetto. Il dialogo tra le due ex compagne di convento, Maria e Rachele (in cui è la sostanza del lavoro), è di sua immaginazione. In Maria ha voluto raffigurare me, ma Rachele l'ha creata lui».

Strutturata come un breve racconto in versi, la poesia narra l'incontro di due amiche che ricordano gli anni passati in convento e rievocano la scoperta di uno strano fiore, «fior… di morte»: la digitale purpurea.

Metrica Terzine dantesche a rime incatenate con schema ABA BCB CDC ecc.

Fin dall'inizio si manifesta la contrapposizione tra le due protagoniste, una bionda e una bruna, ma subito il poeta caratterizza la seconda in modo enigmatico («l'altra…»), accennando in modo allusivo alla sua sensualità (gli occhi «ch'ardono»).

I

Siedono. L'una guarda l'altra. L'una
3   esile e bionda, semplice di vesti
e di sguardi; ma l'altra, esile e bruna,

l'altra… I due occhi semplici e modesti
6   fissano gli altri due ch'ardono. «E mai
non ci tornasti?»[1] «Mai!» «Non le vedesti

più?» «Non più, cara.» «Io sì: ci ritornai;
9   e le rividi le mie bianche suore,
e li rivissi i dolci anni che sai;

quei piccoli[2] anni così dolci al cuore…»
12   L'altra sorrise. «E di': non lo ricordi
quell'orto chiuso? i rovi con le more?

i ginepri tra cui zirlano[3] i tordi?
15   i bussi[4] amari? quel segreto canto

---

1. **«E mai …tornasti?»**: è Maria che parla, chiedendo alla compagna se è mai tornata nel convento di Sogliano al Rubicone (Forlì) dove avevano studiato insieme.
2. **piccoli**: per la loro giovanissima età.
3. **zirlano**: lo «zirlare» è il fischio, appunto, del tordo.
4. **bussi**: *bossi*, arbusti sempreverdi, le cui foglie hanno un sapore amaro.

Digitale purpurea 455

> La digitale purpurea appare come un fiore dal fascino sensuale ma «crudele», pur essendo subito definito un «fior di morte».

misterioso, con quel fiore, fior di…?»

«morte[5]: sì, cara.» «Ed era vero? Tanto
io ci credeva che non mai, Rachele,
sarei passata al triste fiore accanto.
Ché si diceva: il fiore ha come un miele[6]
che inebria l'aria; un suo vapor che bagna
l'anima d'un oblìo dolce e crudele[7].

Oh! quel convento in mezzo alla montagna
cerulea[8]!» Maria parla: una mano
posa su quella della sua compagna;

e l'una e l'altra guardano lontano.

II
Vedono[9]. Sorge nell'azzurro intenso
del ciel di maggio il loro monastero,
pieno di litanie, pieno d'incenso.

Vedono; e si profuma il lor pensiero
d'odor di rose e di viole a ciocche[10],
di sentor[11] d'innocenza e di mistero.

E negli orecchi ronzano, alle bocche
salgono melodie, dimenticate,
là, da tastiere appena appena tocche[12]…
Oh! quale[13] vi sorrise oggi[14], alle grate,
ospite caro? onde più rosse e liete
tornaste alle sonanti[15] camerate

oggi: ed oggi, più alto, Ave, ripete,
Ave Maria, la vostra voce in coro;
e poi d'un tratto (perché mai?) piangete…

Piangono, un poco, nel tramonto d'oro,
senza perché. Quante fanciulle sono
nell'orto, bianco qua e là di loro[16]!

Bianco e ciarliero[17]. Ad or ad or, col suono
di vele al vento[18], vengono. Rimane
qualcuna, e legge in un suo libro buono[19].

Apri il vocabolario

Le "litanie" sono le formule religiose pronunciate dal sacerdote e ripetute ritmicamente dai fedeli nelle celebrazioni liturgiche. Da qui deriva il senso figurato che allude alla lunghezza di un qualcosa che viene detto.

Apri il vocabolario

L'aggettivo deriva dal verbo *ciarlare* che, è voce onomatopeica, e riproduce appunto il rumore del "parlare" fittamente. Ciarliero significa quindi "chiacchierone", mentre ciarlatano (con etimo analogo) indica l'"imbroglione", colui che con abili parole inganna l'interlocutore.

---

5. fior di … morte: la digitale purpurea.
6. un miele: *un dolce aroma.*
7. oblìo dolce e crudele: *una sensazione che ammalia e colpisce, facendo dimenticare tutto il resto.*
8. cerulea: *del colore azzurro del cielo.*
9. Vedono: come in una visione, il passato si materializza e ritorna davanti ai loro occhi come se lo vedessero.

10. viole a ciocche: violacciocche; è un tipo di fiore.
11. sentor: *odore, profumo.*
12. tocche: toccate.
13. quale: riferito a «ospite caro» (v. 36).
14. oggi: il passato si materializza davanti agli occhi delle due ragazze in una sorta di flash back.
15. sonanti: *rumorose,* per le voci delle edu-

cande che parlano delle visite che hanno ricevuto o che aspettano.
16. di loro: delle vesti candide delle fanciulle.
17. ciarliero: perché risuona delle loro voci.
18. vele al vento: le vesti delle educande producono un rumore simile a quello delle vele al vento.
19. libro buono: libro di devozioni, di preghiere.

Poemetti

> La digitale purpurea viene umanizzata per enfatizzare il suo pericoloso potere seduttivo.

In disparte da loro agili e sane,
una spiga di fiori, anzi di dita
51 spruzzolate di sangue, dita umane[20],

l'alito ignoto[21] spande di sua vita.

III
54 «Maria!» «Rachele!» Un poco più le mani
si premono. In quell'ora hanno veduto
la fanciullezza, i cari anni lontani.

57 Memorie (l'una sa dell'altra al muto
premere[22]) dolci, come è tristo e pio[23]
il lontanar d'un ultimo saluto[24]!

60 «Maria!» «Rachele!» Questa piange, «Addio!»
dice tra sé, poi volta la parola
grave a Maria, ma i neri occhi no: «Io,»

63 mormora, «sì: sentii quel fiore. Sola
ero con le cetonie[25] verdi. Il vento
portava odor di rose e di viole a

> Il fascino della digitale si è insinuato nel cuore di Rachele come un sogno peccaminoso, di cui al risveglio restano solo vaghi ricordi, sufficienti però a turbare la ragazza.

66 ciocche. Nel cuore, il languido fermento[26]
d'un sogno che notturno arse e che s'era
all'alba, nell'ignara anima[27], spento.

69 Maria, ricordo quella grave sera.
L'aria soffiava luce di baleni[28]
silenzïosi. M'inoltrai leggera,

72 cauta, su per i molli terrapieni
erbosi. I piedi mi tenea[29] la folta
erba. Sorridi? E dirmi sentia: Vieni!

> La conclusione della lirica sembra alludere a una colpa che continua a gravare sul cuore di Rachele anche a distanza di molti anni.

75 Vieni! E fu molta la dolcezza! molta!
tanta, che, vedi… (l'altra lo stupore
alza degli occhi, e vede[30] ora, ed ascolta

78 con un suo lungo brivido…) si muore!»

---

20. una spiga … umane: la digitale purpurea, i cui fiori sembrano dita umane macchiate di sangue.
21. alito ignoto: il profumo mai sentito (dalle educande, che non gli si avvicinano, per la proibizione della Madre Maestra, e per la leggenda secondo la quale chi lo conosce ne muore).
22. l'una … premere: dalla lieve stretta della mano capiscono, reciprocamente, il loro stato d'animo.

23. pio: *di amichevole devozione*. Il sintagma «tristo e pio» è una citazione del celebre episodio dantesco di Francesca da Rimini («Francesca i tuoi martiri / a lagrimar mi fanno tristo e pio», *Inf.* V, 116-117).
24. il lontanar … saluto: *l'allontanarsi, il separarsi in un addio.*
25. cetonie: insetti coleotteri.
26. languido fermento: *vaga, oscura sensazione di inquietudine.*

27. ignara anima: che non conosce il senso di quel sogno, la cui intensità si è smorzata nel risveglio, lasciando però il residuo incerto di un «languido fermento».
28. L'aria … baleni: nel cielo c'erano lampi.
29. tenea: *tratteneva.*
30. vede: *capisce.*

Digitale purpurea

Analisi guidata

Un racconto in versi

Digitale purpurea è un **poemetto narrativo** diviso in **tre parti**. Nella prima Maria e Rachele, divenute donne, si ritrovano e rievocano il passato, quando studiavano nel monastero. Torna alla loro memoria quello strano, «triste fiore», quel «fior di morte», il cui vapore «bagna / l'anima d'un oblìo dolce e crudele». La seconda, senza battute dialogiche, è dedicata alla descrizione del convento, con le sue «litanie», «pieno d'incenso», in un'atmosfera «d'innocenza e di mistero», fino a quando, alla fine compare nuovamente la digitale, i cui fiori sembrano «dita / spruzzolate di sangue». Nella terza, Rachele confessa all'amica di avere sfidato il profumo dolce e mortale del fiore, divenuto ormai apertamente **simbolo della pulsione erotica** che può portare alla perdizione e alla «morte».

 ### Competenze di e analisi interpretazione

- Trasforma la poesia in un breve racconto, dividilo in sequenze e assegna a ognuna un titolo eloquente di tua invenzione.
- Raccogli in uno schema tutti gli elementi che caratterizzano la figura di Maria e quella di Rachele e rintraccia i riferimenti a situazioni di innocenza e di peccato.
- Spiega quale significato ha il verso isolato che chiude ognuna delle tre parti in cui il testo si articola.

L'atmosfera «decadente»

L'atmosfera e certe situazioni di *Digitale purpurea* possono essere facilmente ricondotte alla **sensibilità decadente**, per una certa **sensualità** diffusa e inquieta, per il tema stesso delle suore e della vita conventuale, per la languida **dolcezza venata** sempre **di malinconia** che percorre buona parte del testo; basti citare, dalla seconda strofa, il passo: «Piangono, un poco, nel tramonto d'oro, / senza perché» (vv. 41-42). L'atmosfera estremamente sensuale del componimento è realizzata attraverso un riferimento costante alle **impressioni visive**, e in particolare **cromatiche**, a quelle uditive, tattili e soprattutto **olfattive**, tanto che il profumo del fiore è lo strumento che porta alla morte, come dice Rachele nel finale. Tale effetto è poi moltiplicato dall'**alternanza di presente e passato**, in un continuo spostamento dei piani temporali della narrazione che aumenta la **sensazione di mistero e di ambiguità**.

 ### Competenze di analisi e interpretazione

- Dopo avere rintracciato nella poesia gli attributi del fiore, esamina in un breve testo scritto le sue caratteristiche oggettive e il suo valore simbolico. Per aiutarti puoi riportare prima in una tabella, come quella che ti presentiamo qui sotto, i diversi elementi che concorrono a caratterizzare il fiore in modo ambiguo.

Digitale purpurea: dati oggettivi	«Fior di morte»: valori simbolici
....	....
....	....
....	....
....	....

Poemetti

La frantumazione del verso e della sintassi

Nell'elaborazione minuziosa di ogni dettaglio Pascoli rivela grande sapienza formale: il **verso** è spesso internamente **franto**, quasi regolarmente a causa dei frequenti **enjambement**. Si notino poi il gioco allitterativo e iterativo già nel primo verso («L'una... l'altra. L'una»); la ripresa e il contrasto tra «esile e bionda» ed «esile e bruna»; il richiamo tra «guarda» e «sguardi»; l'iterazione, fra prima e seconda strofa, con reticenza che crea sospensione e attesa («l'altra... l'altra...»). *Digitale purpurea* si configura, dunque, sia per il clima e i temi del racconto in versi, sia per le soluzioni espressive, come un testo straordinariamente innovativo e moderno.

Competenze di analisi e interpretazione

- Rileggi il componimento sottolineando anafore, allitterazioni, sinestesie, antitesi e spiegandone la funzione nel testo.

- Come nel *Gelsomino notturno* (p. 463) dei *Canti di Castelvecchio*, anche in *Digitale purpurea* Pascoli sceglie un fiore per affrontare il tema della sessualità, altrimenti mai presente nelle sue liriche. Approfondisci questo spunto, confrontando i due testi e ricorrendo a precise citazioni testuali. In particolare fai attenzione al significato simbolico del fiore, all'ambientazione, alla presenza di figure umane, alla vicenda descritta.

La parola alla critica

Cesare Garboli, *Inattualità di un poeta "senza desiderio"*

Secondo Cesare Garboli (1928-2004) le ragioni della mancata popolarità delle poesie di Pascoli sta nella mancanza di quel desiderio pulsionale che, nei versi di Pascoli, è del tutto taciuto a vantaggio di un immaginario idilliaco, familiare, astratto

Chi sono, quanti sono, oggi, nel nostro paese, i lettori delle poesie di Giovanni Pascoli? Quanti parlanti nella nostra lingua, la sera, prima di spegnere la Tv, prendono da uno scaffale le *Myricae* o vanno a rileggersi la *Cetra di Achille*? [...] Esiste uno stereotipo del Pascoli che si è fissato nella memoria nazionale, una foto, sempre la stessa, che ritrae il poeta infagottato in abiti da cerimonia, sotto un pesante mantello che gli casca addosso bordato d'ermellino: volto stanco e malato; occhio pazzo; capelli bianchi e rassegnatamente lisci, sfioriti i riccioli della gioventù (aveva un volto d'angelo, i biondi capelli gli scendevano inanellati sulle spalle). Il grande interesse rivolto al tecnicismo e ai fatti formali dell'opera pascoliana non ha modificato quest'immagine [...] Che sia venuto il momento di riaprire gli incartamenti? Di andare a rileggersi tutto il fascicolo e trovare nuove fotografie? Nella poesia pascoliana manca il desiderio. È una delle ragioni per le quali l'opera del Pascoli ci sembra così lontana. Accettata con perfetta naturalezza, la censura del desiderio non è però del tutto pacifica, sottintende al contrario un mistero di cui soprattutto il laboratorio pre-myriceo, giovanile e "famigliare", ci ha conservato più di una traccia. La vacanza del desiderio, il gesto che ne zittisce il richiamo viene sentito, paradossalmente, come un gesto virile, mentre nasce dalla fantasia semplicetta e spensierata di un giovane poeta senza i piedi per terra. Il misterioso decreto di un super-io, un obbligo familiare e morale, un imperativo che esalta il sentimento di paternità tiene il Pascoli ancorato al suo secolo, ai valori dell'Ottocento. È ormai un'abitudine associare la censura del desiderio alla strana configurazione insieme coniugale e casta che il poeta volle dare alla sua intimità familiare con due sorelle nel fiore degli anni: due sorelle padrone di casa, madri, spose e figlie di un giovane fratello sotto la trentina. La costruzione del "nido" [...] va annoverata come uno dei miti più sorprendenti che abbia inventato la poesia moderna: un sogno, una fantasia così italiana, così romagnola e cattolica, che difficilmente potrebbe trovare riscontro in qualunque altro luogo della terra. Nella realizzazione di questa fantasia, la castità ha un posto rilevante. Ma non era una scelta. Era un gesto, che presupponeva un'autocastrazione ma escludeva l'impotenza o l'incapacità di amare. La rinuncia al desiderio fu vissuta lietamente, come espressione di un sentimento che nasceva dalla carne ma andava oltre la carne; tagliava metà del mondo ma riconsacrava i legami familiari d'origine e restituiva una tana ai resti della tribù. La mistica familiare, l'appartenenza allo stesso sangue surrogavano il bisogno selvaggio e animale del possesso reciproco

C. Garboli, *Pascoli*, «La Repubblica», 21 maggio 2000.

T11 Nella nebbia

Poemetti

Prima di essere inserita nei Poemetti, Nella nebbia fu pubblicata alla fine del 1897 sulla rivista «Il Marzocco». La nebbia è una presenza ricorrente nell'opera pascoliana, in quanto spesso assume una dimensione simbolica, creando «un'atmosfera irreale, percorsa da apparizioni e gridi sinistri, che si decifra come un equivalente metaforico della vita, viaggio senza posa e senza luce tra una foresta di segni inquietanti» (G. Nava). Qui *il poeta apre il suo sguardo sull'esterno, sulla valle, e tutto è come indistinto, appianato, «unito». Sente appena qualche rumore: gli uccelli, un cane che si lamenta, un misterioso rumore di passi. Vede forme strane, parvenze di alberi come scheletri, e «sogni di rovine». Vede un'ombra incerta, qualcuno che cammina portando sul «capo un largo fascio»: una figura che forse rappresenta l'uomo nel suo andare errante per la vita.*

Metrica   Terzine dantesche a rime incatenate con schema ABA BCB CDC ecc.

> *Come nell'incipit de Il tuono, la lirica si apre su uno scenario in cui la realtà sembra annullarsi.*

E guardai nella valle: era sparito
tutto! sommerso[1]! Era un gran mare piano,
3 grigio, senz'onde, senza lidi, unito.

E c'era appena, qua e là, lo strano
vocìo di gridi piccoli e selvaggi:
6 uccelli spersi per quel mondo vano[2].

> *Le rovine sembrano parvenze bizzarre, oniriche, quasi dovute a uno stato di allucinazione.*

E alto, in cielo, scheletri di faggi,
come sospesi[3], e sogni di rovine
9 e di silenzïosi eremitaggi.

Ed un cane uggiolava senza fine,
né seppi donde, forse a certe péste[4]
12 che sentii, né lontane né vicine;

> *In questa atmosfera misteriosa e sospesa, gli echi di passi lontani sembrano non finire mai e l'immagine diviene metafora del cammino incessante e senza meta dell'uomo.*

eco di péste né tarde né preste[5],
alterne, eterne. E io laggiù guardai:
15 nulla ancora e nessuno, occhi, vedeste.

Chiesero i sogni di rovine: «Mai
non giungerà[6]?». Gli scheletri di piante
18 chiesero: «E tu[7] chi sei, che sempre vai?».

> *Anche questa incerta figura può essere interpretata metaforicamente come quella dell'uomo che va per il mondo.*

Io, forse, un'ombra vidi[8], un'ombra errante
con sopra il capo un largo fascio[9]. Vidi,
21 e più non vidi, nello stesso istante[10].

---

1. sommerso: dalla nebbia.

2. vano: *apparentemente irreale.*

3. come sospesi: perché la nebbia ne nasconde il tronco, lasciando visibili solo i rami della parte superiore.

4. péste: *rumori di passi.*

5. né ... preste: *né lente né veloci.*

6. giungerà: alla propria meta; si tratta dell'uomo, del viandante di cui si sentono i passi.

7. tu: riferito sempre al misterioso viandante.

8. un'ombra vidi: pur non avendo visto nulla, ma solo udito quell'«eco di péste», chi osserva ha l'impressione di vedere qualcosa che, «forse», altro non è che «un'ombra».

9. largo fascio: *grande fardello*, verosimil-

mente quello della vita stessa; è possibile un riferimento al leopardiano «vecchierel» (*Canto notturno di un pastore errante dell'Asia*) che «corre» portando un «gravissimo fascio in su le spalle».

10. Vidi... istante: l'immagine, così come era apparsa, subito svanisce e il poeta non riesce a capire se si è trattato solo di un'illusione.

460   *Poemetti*

Sentii soltanto gl'inquïeti gridi
d'uccelli spersi, l'uggiolar del cane,
24 e, per il mar senz'onde e senza lidi,

le péste né vicine né lontane.

Analisi guidata

Una visione inquietante

In questa lirica, come in molte altre di Pascoli, il poeta si serve dei diversi sensi (ma soprattutto della vista e dell'udito) per creare un'atmosfera che muove da dati realistici e acquisisce ben presto un **carattere simbolico**.

Nella **prima strofa** l'**elemento realistico** è ancora dominante, nonostante la similitudine tra la pianura piena di nebbia e il mare; nella **seconda** l'elemento realistico (gli uccelli) diventa invece marginale rispetto alla sensazione del poeta (affidata agli aggettivi: «strano», «piccoli», «selvaggi»), che sottolinea il **carattere inquietante dell'esperienza**. Nella **terza**, finalmente, le metafore prendono decisamente il sopravvento e i «faggi scheletrici» (evidentemente è autunno) diventano «scheletri di faggi», «come sospesi» in mezzo a «sogni di rovine»: **la nebbia ha annullato la realtà sensibile** e il poeta dà libero corso alla sua immaginazione.

⬤ Competenze di comprensione e analisi

- Sulla base delle indicazioni presenti nel testo, ricostruisci gli elementi oggettivi del paesaggio; poi mostra in che modo il poeta interviene su ciascun elemento per trasfigurarlo.

- Qual è il tema di fondo della poesia?

- Perché, nel complesso, il testo ha un carattere inquietante?

- Che cosa intendeva esprimere Pascoli descrivendo un paesaggio nebbioso animato da misteriose presenze umane e animali?

Una struttura ricca di simmetrie

Dal punto di vista strutturale la poesia appare divisa piuttosto nettamente in **due parti**. La **prima**, che si conclude a metà del v. 14, è basata su un **elenco di sensazioni**, tutte introdotte dalla congiunzione «E» (vv. 1, 4, 7, 10), e distribuite lungo le quattro strofe secondo un **procedimento simmetrico** tipico di Pascoli (sensazioni visive nella prima e nella terza; uditive nella seconda e nella quarta). Nella **seconda parte** compare invece una figura umana, un **misterioso viandante** a cui il poeta si rivolge.

Il gusto per la simmetria si manifesta anche nelle numerose **ripetizioni** che collegano le due parti del testo («guardai», vv. 1 e 14; «mare», vv. 2 e 24; «gridi», vv. 5 e 22; «scheletri», vv. 7 e 17; «cane», vv. 10 e 23; «péste», vv. 11, 13 e 25).

⬤ Competenze di comprensione e analisi

- Si è detto che la poesia è ricca di simmetrie: sviluppa questa osservazione con esempi tratti dal testo, spiegando perché, secondo te, alcuni termini ed espressioni ricorrono più volte.

- In questa poesia Pascoli ricorre spesso agli *enjambement*. Verifica questa affermazione con alcuni esempi e spiega le ragioni di questa scelta.

- Analizza le sensazioni relative alla vista e all'udito che compaiono nel testo: in che modo vengono descritte? Con quali scelte lessicali? A quale stato d'animo puoi ricondurle?

Nella nebbia

Canti di Castelvecchio

«Myricae autunnali»   La prima edizione dei *Canti di Castelvecchio* appare nel **1903**: in seguito ne verranno pubblicate altre cinque, riviste e rielaborate, l'ultima delle quali uscita postuma nel 1912. Pascoli stesso definisce questa nuova raccolta come un insieme di «*myricae* autunnali», e in effetti i *Canti* segnano una distanza dai *Poemetti*, riprendendo i **temi della prima raccolta**, come le tragiche vicende familiari e la **rappresentazione della natura**, colta nel succedersi delle stagioni. Tuttavia, come ha osservato Giuseppe Nava, «se Pascoli amava definire nei suoi progetti di lavoro e nelle sue lettere i futuri *Canti* come la "seconda serie" di *Myricae*, è anche vero che questa definizione va intesa soprattutto come un'indicazione di "genere", un "genere" più propriamente lirico rispetto ai *Poemetti* e ai *Conviviali*, piuttosto che come una dichiarazione di continuità. [...] Il titolo stesso, *Canti*, indica un'ambizione di poesia più complessa e distesa delle giovanili "tamerici"».
Rispetto a *Myricae*, i *Canti* sono infatti segnati da una **maggiore complessità**, evidente già nell'estensione dei singoli testi, più complessa e articolata e vicina all'esperienza dei *Canti* leopardiani. Anche sul piano tematico, accanto ai motivi consueti si affacciano nuovi motivi, come la **memoria**, l'eros e la **sessualità negata** (*Il gelsomino notturno*). Parallelamente si fa sempre più insistente la chiusura di fronte alla realtà (*Nebbia*) e un desiderio di **regressione** che sfocia nel **vagheggiamento della morte**, unica via per ricongiungersi ai «cari defunti» (*La mia sera*).

Il simbolismo della maturità   Sebbene la raccolta sia stata anche criticata per l'oscurità della lingua poetica, determinata dall'uso di un **linguaggio sperimentale** che abbonda di termini dialettali e agresti, anche sul piano delle scelte formali i *Canti di Castelvecchio* segnano l'approdo di Pascoli a una piena **maturità poetica**. Dal punto di vista metrico, Pascoli prosegue nello sperimentalismo, abbandonando sempre più spesso la misura tradizionale dell'endecasillabo e costruendo testi più lunghi ed elaborati, con una grande **varietà di metri e strofe**. Nella struttura, il latente descrittivismo presente in alcune *myricae* viene definitivamente abbandonato a favore di un più **pieno simbolismo**, che porta il **paesaggio naturale** a farsi **emblema** e riflesso **degli stati d'animo del poeta**. Rimangono alcuni elementi tipici della produzione pascoliana, come la **sintassi paratattica**, la frequenza di suggestive **analogie e sinestesie** e la ricerca di una **musicalità** ottenuta attraverso **onomatopee** e **richiami fonici**. Il simbolismo dei *Canti*, per di più, è tematicamente legato alla dimensione del **sogno**, del presagio, dell'istinto, in accordo alla formula costitutiva del Simbolismo.

La parola alla critica

Gianfranco Contini, *Pascoli e le «eccezioni alla norma»*

Il critico e filologo Gianfranco Contini (1912-1990) ha studiato a lungo gli apporti innovativi della poesia pascoliana e la sua specificità. In questo brano egli mette in rapporto lo sperimentalismo linguistico di Pascoli con la sua visione del mondo problematica e inquieta.

Riconosciamo anzitutto la presenza di onomatopee, *videvitt*, *scilp*, *trr trr trr terit tirit*, presenza dunque di un linguaggio fonosimbolico. Questo linguaggio non ha niente a che vedere in quanto tale con la grammatica; è un linguaggio agrammaticale o pregrammaticale, estraneo alla lingua come istituto. D'altro canto incontriamo in copia termini tecnici, tecnicismi che qualche volta sono in funzione espressiva, qualche altra si presentano sotto un aspetto più nomenclatorio [...] E se si sceverano, esaminandoli più da vicino, questi campioni di lingue speciali, si constaterà che talvolta il poeta vuol riprodurre il color locale: questo in modo particolarissimo nelle poesie ispirate alla vita di Castelvecchio e sature di termini garfagnini. [...] Ma a sua volta questo color locale può comporsi talora di più ingredienti: vedete l'emigrante che, tornato in Lucchesia dagli Stati Uniti, parla un linguaggio impastato di italiano e di americano, in cui il toscano incastona o, più spesso, assorbe, adattati alla sua fonetica e forniti di connessioni mnemoniche in tutto nuove, i vocaboli stranieri. È una variante del color locale. [...] Tutto quello che abbiamo reperito fin qui costituisce una serie di eccezioni alla norma. Come si può interpretare un simile dato di fatto? Quando si usa un linguaggio normale, vuol dire che dell'universo si ha un'idea sicura e precisa, che si crede in un mondo certo, ontologicamente molto ben determinato, in un mondo gerarchizzato dove i rapporti stessi tra l'io e il non-io, tra l'uomo e il cosmo sono determinati, hanno dei limiti esatti, delle frontiere precognite. Le eccezioni alla norma significheranno allora che il rapporto fra l'io e il mondo in Pascoli è un rapporto critico, non è un rapporto tradizionale.

G. Contini, *Varianti e altra linguistica*, Torino, Einaudi, 1970

T12 Il gelsomino notturno
Canti di Castelvecchio

I primi abbozzi del *Gelsomino notturno* risalgono al 1897-1898, all'epoca del matrimonio della sorella Ida, ma la lirica fu pubblicata soltanto nel 1901, in occasione delle nozze dell'amico Gabriele Briganti, e successivamente inserita nei *Canti di Castelvecchio*. Il fiore che dà il titolo al componimento – detto anche «bella di notte» perché si apre al tramonto e si richiude all'alba – fornisce a Pascoli lo spunto per costruire una fitta rete di richiami simbolici e allusivi. In un paesaggio notturno e silenzioso si compiono, parallelamente e come rispecchiandosi, la fecondazione del fiore e, all'interno di una casa, l'atto d'amore coniugale che porterà alla nascita di una nuova vita. Scrive infatti Pascoli a proposito di questa poesia: «E a me pensi Gabriele Briganti risentendo l'odor del fiore che olezza nell'ombra e nel silenzio: l'odore del gelsomino notturno. In quelle ore sbocciò un fiorellino [...]: voglio dire, gli nacque Dante Gabriele Giovanni».

Metrica Quartine di novenari a rima alternata (ABAB). I primi due versi hanno gli accenti sulla seconda e quinta sillaba, gli altri due sulla terza e quinta o sesta sillaba.

> E s'aprono i fiori notturni[1],
> nell'ora che penso a' miei cari[2].
> Sono apparse in mezzo ai viburni[3]
> le farfalle crepuscolari[4].
>
> 5 Da un pezzo si tacquero i gridi[5]:
> là sola una casa bisbiglia.
> Sotto l'ali dormono i nidi[6],
> come gli occhi sotto le ciglia.
>
> Dai calici aperti si esala
> 10 l'odore di fragole rosse[7].
> Splende un lume là nella sala.
> Nasce l'erba sopra le fosse[8].
>
> Un'ape tardiva sussurra
> trovando già prese[9] le celle.
> 15 La Chioccetta[10] per l'aia azzurra[11]
> va col suo pigolìo di stelle[12].
>
> Per tutta la notte s'esala
> l'odore che passa col vento[13].
> Passa il lume su per la scala;
> 20 brilla al primo piano: s'è spento...

L'attacco sulla congiunzione «e» sembra collegare la lirica a una riflessione precedente, che resta però sottintesa.

La sinestesia comunica una forte carica sensuale, preparando l'identificazione finale tra il gelsomino e il grembo femminile.

La metafora della «Chioccetta» prepara l'analogia tra le stelle e i pulcini, mentre la luce intermittente degli astri ricorda, per sinestesia, il pigolare dei piccoli.

---

1. **i fiori notturni:** *i gelsomini.*
2. **nell'ora ... cari:** *cioè al tramonto, quando il poeta ripensa ai suoi familiari ormai morti.*
3. **viburni:** *sono arbusti con grandi fiori bianchi.*
4. **farfalle crepuscolari:** *falene, farfalle notturne.*
5. **i gridi:** *degli uccelli.*
6. **i nidi:** *gli uccellini* (metonimia).
7. **Dai calici... rosse:** *dalle corolle aperte dei gelsomini si diffonde un profumo simile a quello delle fragole mature* (sinestesia).
8. **fosse:** *tombe.*
9. **prese:** *occupate, piene.*
10. **Chioccetta:** *è il nome popolare della costellazione delle Pleiadi.*
11. **l'aia azzurra:** *il cielo.*
12. **col suo... stelle:** *con il suo seguito di stelle luccicanti.*
13. **che passa col vento:** *trasportato dal vento.*

L'allusione al nascere di una nuova vita esplicita l'analogia tra il gelsomino e la donna.

> È l'alba: si chiudono i petali
> un poco gualciti[14]; si cova,
> dentro l'urna molle e segreta[15],
> non so che felicità nuova[16].

ESTRANIAMENTO

14. gualciti: *sciupati.*
15. dentro ... segreta: *nell'ovario del fiore* (ma anche nel ventre della sposa), *simile a un'urna umida e nascosta.*
16. non so... nuova: *il mistero di una nuova vita.*

Analisi del testo

COMPRENSIONE

Il componimento evoca, in modi indiretti e con particolare delicatezza, il **concepimento di un bimbo** da parte di una coppia di sposi durante la loro prima notte di nozze. Il poeta concentra però la sua attenzione sul giardino della casa nuziale, cogliendo il vibrare di vita che anima la natura.
La corolla del **gelsomino**, che si apre al tramonto ed emana il suo richiamo olfattivo, si fa **simbolo**, per allusione, **del grembo della donna** e della sua disponibilità all'amore. Tra il piano naturale e quello umano si stabilisce così una serie di precise corrispondenze, attraverso l'alternanza di versi dedicati al fiore e versi che registrano i movimenti che animano la casa in lontananza, secondo una sorta di 'montaggio alternato' particolarmente evidente nella prima, terza e quinta strofa. I puntini di sospensione che chiudono il v. 20 trasportano infine il lettore, con una pudica **ellissi temporale**, all'«alba» del giorno seguente. Compiuta la fecondazione, i petali del gelsomino si richiudono, gravidi, come il ventre femminile, di una nuova vita.

ANALISI E INTERPRETAZIONE

Un rituale di fecondazione Il nucleo centrale del testo è dato dallo svolgersi parallelo di **due rituali di fecondazione**: come il gelsomino notturno viene impollinato durante la notte, così nella casa degli sposi si intuisce lo svolgersi di un atto sessuale destinato a portare una nuova vita. Le immagini naturali e quelle umane si succedono in parallelo, ma l'attenzione del poeta si sofferma soprattutto sull'immagine del gelsomino, circondato da una natura vibrante di sensualità. L'**equivalenza tra la vicenda naturale e quella umana** non viene stabilita in modo esplicito, ma solo suggerita con pudore da Pascoli, che sembra voler proteggere il mistero che avvolge il concepimento.
In questo scenario, caratterizzato da una profonda armonia e serenità, il **poeta** si colloca in una posizione di sostanziale **esclusione**. Egli osserva la scena dall'esterno («là sola una casa bisbiglia», v. 6), quasi spiando, non senza un profondo turbamento, un atto d'amore a lui precluso.

L'eros e il richiamo della morte L'inquieta sensibilità di Pascoli e la sua vicenda biografica permettono di comprendere il ricorrere, accanto a immagini vitalistiche, di **notazioni funebri e mortuarie**. Già nei versi iniziali, al movimento di apertura del gelsomino corrisponde nell'animo del poeta il **ricordo dei familiari defunti** («nell'ora che penso a' miei cari», v. 2), che controbilancia con un moto di ripiegamento intimistico lo slancio della natura. Al v. 12, l'attenzione si sposta sull'impercettibile germogliare dell'erba sulle «fosse», ossia sulle tombe. Questa **compenetrazione di vita e morte** culmina nell'immagine finale in cui l'ovario del fiore, simbolo del grembo materno fecondato, viene ambiguamente definito «urna», termine che dà una connotazione sacrale e funebre al tempo stesso. Alla duplice vicenda di fecondazione (del gelsomino e della donna) si sovrappone quindi una continua **oscillazione tra spinte vitalistiche e richiami regressivi**, chiaro indizio dell'incapacità del poeta di abbandonarsi alle gioie dell'amore e della sessualità, trattenuto dalla nostalgia della famiglia d'origine e dal legame con il «nido» per sempre perduto.

Una poesia moderna Dal punto di vista formale, *Il gelsomino notturno* è un vero capolavoro del **simbolismo pascoliano**, in cui trova piena applicazione la **poetica del «fanciullino»**, secondo la quale solo attraverso un **linguaggio analogico** è possibile cogliere il mistero della realtà.
Rinunciando a una struttura narrativa e logicamente organizzata, la lirica procede per **libero accostamento di impressioni**, con una **sintassi**

piana e paratattica. La successione dei particolari non è però casuale; al contrario, il poeta stabilisce una serie fittissima di **corrispondenze tra il mondo naturale e il mondo umano** (la casa «bisbiglia», l'ape «sussurra»; il profumo «passa col vento» come il lume «passa su per la scala», e così via). La rispondenza tra i diversi elementi del paesaggio è poi favorita dalle **sinestesie** («l'odore di fragole rosse», v. 10; il «pigolìo di stelle», v. 16) che suggeriscono una fusione tra i diversi ambiti sensoriali.

Il **ritmo** del componimento è segnato da una sostanziale **coincidenza tra pausa metrica e pausa grammaticale**, che isola i versi a coppie. L'uso dell'*enjambement* è ridottissimo e si limita a due nessi identici («s'esala / l'odore», vv. 9-10 e 17-18), non a caso coincidenti con uno dei momenti di massima sensualità della lirica.

⬤ Lavoriamo sul testo

COMPRENSIONE

1 Per quale motivo Pascoli sceglie proprio il «gelsomino notturno» come 'protagonista' della sua lirica?

2 Spiega l'immagine presente ai vv. 15-16.

3 A che cosa allude in modo indiretto la strofa finale?

LINGUA E LESSICO

4 La lirica è ricca di termini polisemici: rintracciali e spiegane le diverse sfumature di significato.

5 Che tipo di proposizione è «trovando già prese le celle»?
  a. temporale
  b. causale
  c. consecutiva
  d. finale

ANALISI E INTERPRETAZIONE

6 Individua nel testo i versi che si riferiscono al «gelsomino notturno» e quelli che invece indicano ciò che accade nella casa, completando la tabella:

Il fiore	La casa
«E s'aprono i fiori notturni» (v. 1)	«là sola una casa bisbiglia» (v. 6)
«Dai calici aperti si esala / l'odore di fragole rosse» (vv. 9-10)	

7 Quale significato simbolico assume l'insistenza sul profumo penetrante del gelsomino?

8 Individua nel testo tutti i riferimenti alla morte e all'ambito funebre. Quale funzione svolgono e che cosa intendono sottolineare?

9 Analizza le figure retoriche presenti nel testo e illustrane la funzione.

SCRITTURA E APPROFONDIMENTO

10 Il critico Giacomo Debenedetti ha affermato che questa lirica è «una grande poesia di 'corrispondenze'», alludendo a Baudelaire e ai simbolisti francesi. Spiega il significato di questa affermazione e illustrala con riferimenti concreti al testo.

Canti di Castelvecchio

Il libro del mese
Sorelle Materassi

AUTORE Aldo Palazzeschi
ANNO DI PUBBLICAZIONE 1934
CASA EDITRICE Mondadori

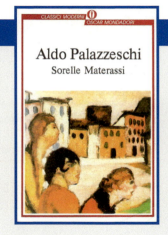

TRE BUONI MOTIVI PER LEGGERLO

1. Mette in scena una situazione familiare ancora estremamente attuale.
2. Racconta in modo ironico vizi e virtù della borghesia fiorentina dei primi del Novecento.
3. Spinge il lettore a riflettere sulla precarietà delle illusioni.

L'AUTORE E IL ROMANZO Aldo Palazzeschi (1885-1974) è stato uno dei maggiori poeti italiani del Novecento. Dopo gli esordi giovanili ispirati al Crepuscolarismo, grazie all'amicizia con Filippo Tommaso Marinetti si avvicina al movimento futurista, dal quale si distacca però allo scoppio della Prima guerra mondiale, in polemica con l'interventismo del gruppo. Oltre a celebri raccolte di versi come *L'incendiario* (1910), caratterizzate da un tono giocoso e divertito e da una rilettura ironica del ruolo del poeta, Palazzeschi scrive anche numerose opere in prosa, come il romanzo fantastico *Il codice di Perelà* (1911), surreale allegoria della passione di Cristo attraverso le vicende di un omino di fumo, e il volume autobiografico *Due imperi... mancati* (1920), in cui espone la sua concezione pacifista e critica gli intellettuali schierati a favore della guerra. In *Sorelle Materassi* (1934), probabilmente il suo romanzo più celebre, Palazzeschi mette in scena la tranquilla esistenza borghese di tre anziane sorelle, stravolta dall'arrivo di un giovane e bellissimo nipote. Rispetto alle opere precedenti, il libro si rifà apertamente ai modelli della narrativa ottocentesca e, nonostante, una certa vena malinconica, l'ironia e il gusto per la satira tipici di Palazzeschi fanno di questa storia una sorta di moderna fiaba "alla rovescia".

L'INCIPIT Per coloro che non conoscono Firenze o la conoscono poco, alla sfuggita e di passaggio, dirò com'ella sia una città molto graziosa e bella circondata strettamente da colline armoniosissime. Questo strettamente non lasci supporre che il povero cittadino debba rizzare il naso per vedere il cielo come di fondo a un pozzo, bene il contrario, e vi aggiungerò un dolcemente che mi pare tanto appropriato, giacché le colline vi scendono digradando, dalle più alte che si chiamano monti addirittura e si avvicinano ai mille metri d'altezza, fino a quelle lievi e bizzarre di cento metri o cinquanta. Dirò anzi che da un lato soltanto e per un tratto breve, la collina rasentando la città la sovrasta a picco, formandoci un verone al quale con impareggiabile gusto ci possiamo affacciare.

LA TRAMA Nella Firenze dei primi anni del Novecento le sorelle Teresa e Carolina, nubili e di mezza età, si guadagnano da vivere ricamando corredi nuziali e biancheria di lusso per l'alta borghesia cittadina. Con loro vanno ad abitare anche una terza sorella, Giselda (abbandonata dal marito e per questo delusa e malinconica), e la saggia domestica Niobe, decisa a trascorrere gli ultimi anni in compagnia delle padrone. La vita trascorre serenamente e senza emozioni fino a quando nella loro quotidianità non fa irruzione il nipote Remo, giovane, bello e spiritoso, che subito attira su di sé le attenzioni delle quattro donne.

TRE PISTE DI LETTURA

1. Per le molte somiglianze nella trama, il romanzo di Palazzeschi è stato spesso considerato una riscrittura parodica di *Canne al vento* (1913) di Grazia Deledda. Dopo aver letto questo romanzo, evidenzia in un testo espositivo analogie e differenze tra le due opere, soprattutto per quanto riguarda lo stile.
2. Il romanzo è caratterizzato da ampie parti narrative ma anche da lunghe descrizioni, come quella che dà avvio alla vicenda. Trovi che queste rappresentazioni di paesaggi, ambienti e personaggi siano funzionali allo sviluppo della trama o, invece, le ritieni superflue? Motiva la tua risposta.
3. Perché a tuo avviso Palazzeschi ha deciso di ambientare il suo romanzo proprio nella campagna fiorentina? Ritieni ci sia un legame tra la realtà che fa da sfondo alla storia e il messaggio che lo scrittore vuole trasmettere? Esponi le tue opinioni in un testo scritto.

T13 La mia sera
Canti di Castelvecchio

Fai l'analisi interattiva

La mia sera *fu composta nell'ottobre del 1900 e immediatamente pubblicata sulla rivista «Il Marzocco», prima di essere inserita nei* Canti di Castelvecchio *(1903). La presenza nel titolo dell'aggettivo possessivo («mia») suggerisce al lettore l'interpretazione del testo in chiave simbolica: la sera che il poeta descrive allude infatti alla sua maturità. Dopo un violento temporale il paesaggio si rasserena nella quiete della sera e anche il poeta si sente finalmente libero dalle sofferenze, quasi pregustando la pace della morte, vista come una sorta di ritorno al grembo materno.*

Metrica Strofe di sette novenari e un senario che rimano secondo lo schema ABABCDCd; ogni strofa termina con la parola «sera». I vv. 19 e 34 sono sdruccioli e la loro sillaba finale viene conteggiata come parte del verso seguente.

> Il giorno fu pieno di lampi;
> ma ora verranno le stelle,
> le tacite stelle. Nei campi
> c'è un breve *gre gre* di ranelle[1].
> 5   Le tremule foglie dei pioppi
> trascorre una gioia leggiera[2].
> Nel giorno, che lampi! che scoppi!
> Che pace, la sera!
>
> Si devono aprire le stelle[3]
> 10   nel cielo sì tenero e vivo.
> Là, presso le allegre ranelle,
> singhiozza monotono un rivo[4].
> Di tutto quel cupo tumulto,
> di tutta quell'aspra bufera,
> 15   non resta che un dolce singulto[5]
> nell'umida sera.
>
> È, quella infinita[6] tempesta,
> finita in un rivo canoro[7].
> Dei fulmini fragili restano
> 20   cirri di porpora e d'oro[8].
> O stanco dolore, riposa!
> La nube nel giorno più nera
> fu quella che vedo più rosa
> nell'ultima sera.

La lirica si fonda sulla contrapposizione tra la violenta tempesta del giorno e la pace rasserenante della sera.

Le scelte lessicali attribuiscono agli elementi della natura sentimenti umani, secondo un procedimento tipico della poesia di Pascoli.

Come le nubi più minacciose diventano inoffensive nella pace serale, così anche il poeta, giunto alla maturità, contempla con pacatezza le sofferenze passate.

Apri il vocabolario

L'aggettivo "aspro" (dal latino *asper*, che indica l'azione del pungere) ha una grande varietà di significati. A seconda del contesto può riferirsi a sapori ("agro, acidulo, pungente" come la frutta poco matura), a suoni ("stridulo, stridente" come il rumore del gesso sulla lavagna), a un terreno o a un luogo ("scosceso, impervio, accidentato"). Spesso, inoltre, è usato in senso figurato, con il significato di "duro, brusco, severo".

---

1. un breve ... ranelle: *un intermittente gracidio di rane;* «gre gre» *è un'onomatopea.*
2. Le tremule ... leggiera: *una lieve e piacevole brezza* («una gioia leggiera», *metafora e soggetto della frase*) *attraversa le fronde vibranti degli alberi.*
3. Si devono ... stelle: *le stelle stanno per apparire; il verbo* «aprire» *collega per analogia l'accendersi delle stelle e lo sbocciare dei fiori.*
4. singhiozza ... rivo: *scorre un ruscello, con un rumore sempre uguale e simile a un pianto.*
5. dolce singulto: *dolce singhiozzare (ossimoro), cioè il rumore del ruscello.*
6. infinita: *che sembrava non dovesse mai finire, in antitesi rispetto a* «è... finita» *al verso seguente.*
7. rivo canoro: *ruscello canterino, cioè nel rumore dell'acqua che scorre nel ruscello.*
8. cirri ... d'oro: *grandi nuvole rosse e dorate, illuminate dai colori del tramonto.*

La mia sera   467

25 Che voli di rondini intorno!
che gridi[9] nell'aria serena!
La fame del povero giorno
prolunga la garrula cena[10].
La parte[11], sì piccola, i nidi[12]
30 nel giorno non l'ebbero intera.
Né io... e che voli, che gridi,
mia limpida sera!

Don... don... E mi dicono, Dormi!
mi cantano, Dormi! sussurrano,
35 Dormi! bisbigliano, Dormi!
là, voci di tenebra azzurra[13]...
Mi sembrano canti di culla,
che fanno ch'io torni com'era...
sentivo mia madre... poi nulla...
40 sul far della sera.

> Il suono delle campane si fonde con il ricordo dei canti della madre e spinge il poeta a un sonno in cui il ritorno all'infanzia coincide con l'oblio della morte.

---

9. gridi: sono i richiami degli uccelli.
10. La fame ... garrula cena: la fame sofferta dai rondinotti durante la triste («mesta», perché povera di cibo) giornata rende ancora più lunga la cena festosa.
11. La parte: la loro porzione di cibo.
12. i nidi: i rondinotti (sineddoche: il contenitore per ciò che vi è contenuto).
13. voci ... azzurra: richiami che provengono dalla notte limpida: sono i rintocchi delle campane.

 ## Analisi del testo

COMPRENSIONE
Dopo il violento temporale del giorno, nei campi cala la sera con la sua pace. I rumori dei tuoni si sono spenti e nel silenzio risuona solo il gracidare delle rane e lo scorrere di un ruscello, mentre nel cielo si inseguono le rondini. Nella tranquillità della sera, preludio di una serena notte stellata, il poeta riflette sulla sua vita e stabilisce una corrispondenza tra la pace serale e la pace finalmente raggiunta della maturità, dopo i lutti e le sofferenze del passato. Cullato dal suono delle campane, che si confondono con il ricordo delle ninne-nanne cantate da sua madre, egli si abbandona a un sonno che allude alla morte ma anche al recupero di una innocente dimensione infantile.

ANALISI E INTERPRETAZIONE
La sera, la morte e il desiderio di regressione La **prima parte** del componimento, coincidente con le prime tre strofe (vv. 1-24), è prevalentemente **descrittiva** e si basa sulla **contrapposizione tra il giorno e la sera**: l'uno «pieno di lampi», di «tumulto» e di «aspra bufera», l'altra invece serena e perfettamente tranquilla. Gradualmente, attraverso l'esclamazione del v. 21 («O stanco dolore, riposa!») e il riferimento soggettivo del v. 31 («Né io...»), nelle due **strofe finali** emerge chiaramente l'**analogia che collega il giorno tempestoso alla vita del poeta e la sera alla sua piena maturità**, che precede la morte.
L'equivalenza tra la sera e la vecchiaia, non nuova nella tradizione letteraria (basti pensare al sonetto *Alla sera* di Foscolo), non è però occasione per pensieri malinconici. Al contrario Pascoli, finalmente pacificato, può contemplare con serenità anche le proprie passate sofferenze (vv. 22-24). Nella strofa finale il **rintocco delle campane si fonde con il ricordo del canto materno**, e il richiamo misterioso delle «voci di tenebra azzurra» (v. 36) attrae il poeta verso l'annullamento di sé, verso un sonno in cui **l'idea della morte si salda con il desiderio di regressione all'infanzia**, una condizione beata di non-esistenza, protetta dalla figura materna.

La natura e il poeta L'analogia giorno-vita del poeta e sera-maturità non viene sviluppata in termini logici e razionali ma, come di consueto, attraverso **allusioni indirette e velate**. Tutta la lirica si fonda sulla contrapposizione tra il «**giorno**», connotato negativamente come **momento di violenza**, e la «sera» (termine-chiave del componimento, che ritorna alla fine di ogni strofa), a cui si legano **immagini di pace e serenità**.

Il **paesaggio**, animato da numerose presenze naturali (il cielo stellato, le rane, gli alberi, il rivo, le rondini), viene **umanizzato** e dotato di sentimenti positivi (i pioppi fremono di «gioia leggiera», v. 6; il cielo è «tenero e vivo», v. 10; le rane sono «allegre», v. 11), in modo da facilitare il passaggio analogico alla vicenda interiore del poeta. Inoltre, la presenza di una natura rassicurante e amica crea un'atmosfera di serenità, in cui si attua, con estrema dolcezza, l'annullamento finale del poeta.

Un pezzo di bravura Il componimento presenta molte delle caratteristiche formali tipiche dello stile pascoliano. La sintassi, basata sull'**allineamento pa**ratattico di frasi brevi, coglie singoli particolari del paesaggio, collegati tra loro da una serie di **ripetizioni lessicali** («ranelle», vv. 4 e 11; «rivo», vv. 12 e 18, oltre naturalmente a «sera»). La scelta dei novenari a rima alternata crea un **ritmo cantabile**, in cui risaltano le onomatopee come «*gre gre*» (v. 4) e «*Don... don...*» (v. 33), quest'ultima dilatata dall'eco interna di «Dormi», ripetuto in anafora e accompagnato dal **climax discendente** «dicono... cantano... sussurrano». Numerose sono anche le **allitterazioni** e le assonanze in funzione fonosimbolica, dall'insistenza sulla «r» ai vv. 5-6 ai suoni cupi dei vv. 13-14. Tra le figure di significato, accanto alle metafore («si devono aprire le stelle», v. 9; «fulmini fragili», v. 19), spicca la **sinestesia ossimorica** «voci di tenebra azzurra» (v. 36), che sembra sintetizzare il richiamo potente e arcano che il passato e la natura esercitano sull'animo del poeta.

Lavoriamo sul testo

COMPRENSIONE

1 Sintetizza brevemente il contenuto di ciascuna strofa della poesia.

2 Quale fenomeno atmosferico ha caratterizzato il giorno appena trascorso? Qual è invece la situazione a sera?

3 Quali rumori percepisce il poeta nella pace della sera?

4 Spiega il significato letterale e simbolico dei vv. 22-24.

5 Spiega il titolo della lirica, con particolare riferimento al possessivo «mia».

LINGUA E LESSICO

6 Per ognuno dei seguenti termini rintraccia l'etimologia e indica il significato che ha nel testo.

	Etimologia	Significato
tacite (v. 1)		
tremule (v. 5)		
trascorre (v. 6)		
monotono (v. 12)		
fragili (v. 19)		
garrula (v. 28)		

7 Che tipo di proposizione è «Si devono aprire le stelle»?
- **a.** Esortativa
- **b.** Desiderativa
- **c.** Impersonale
- **d.** Oggettiva

ANALISI E INTERPRETAZIONE

8 Il testo è attraversato dalla contrapposizione tra il giorno e la sera. Individua quali termini e quali espressioni sono collegati all'uno e all'altra.

9 Su quale analogia di fondo si basa la lirica? In quali versi essa diviene più evidente?

10 Individua le principali figure retoriche di significato presenti nel testo, spiegandone la funzione all'interno del componimento.

11 La lirica presenta molte onomatopee, allitterazioni e consonanze: individuale e spiegane la funzione.

12 Quale funzione svolgono, a tuo parere, i puntini di sospensione che ricorrono in particolare nell'ultima strofa? Che cosa intendono evocare?

SCRITTURA E APPROFONDIMENTO

13 Nelle liriche pascoliane vi sono frequentemente richiami a immagini di morte; scrivi un breve testo espositivo sul tema della morte in Pascoli, basandoti sui testi che hai letto nell'Unità e corredando la tua esposizione con precisi riferimenti alle liriche.

14 Il tema della sera è particolarmente ricorrente nella poesia ottocentesca. Scrivi un breve testo in cui poni a confronto questa lirica con *Alla sera* di Foscolo e con *La sera fiesolana* di D'Annunzio (p. 400), individuando analogie e differenze contenutistiche e formali.

La mia sera **469**

T14 Nebbia

Canti di Castelvecchio

Testo laboratorio

Pubblicata sulla rivista napoletana «Flegrea» nel 1899 e poi inserita nei Canti di Castelvecchio, *questa lirica affronta un tema che Pascoli aveva già trattato in forma diversa nel testo* Nella nebbia *(Primi poemetti).*

Rivolgendosi alla nebbia, il poeta chiede che essa lo separi dal mondo esterno, tenendo lontane le sofferenze e i richiami seduttivi del mondo, permettendogli così di vivere in uno spazio protetto, da cui uscirà solo nel momento inevitabile della morte.

Metrica Cinque strofe di sei versi ciascuna, in prevalenza novenari, con un ternario in quarta sede e un senario finale. Il primo verso di ogni strofa è sempre uguale, come identica è la rima finale di ogni strofa, secondo lo schema ABCbCa.

> *Nella prima strofa la nebbia viene presentata come il fumo che resta dopo un temporale notturno, eco di un misterioso sconvolgimento cosmico.*

Nascondi le cose lontane,
tu nebbia impalpabile e scialba,
tu fumo che ancora rampolli,
su l'alba[1],
5 da' lampi notturni e da' crolli
d'aeree frane[2]!

Nascondi le cose lontane,
nascondimi quello ch'è morto!
Ch'io veda[3] soltanto la siepe
10 dell'orto,
la mura[4] ch'ha piene le crepe
di valeriane[5].

> *Il «miele» che addolcisce il pane nero è forse simbolo della poesia che conforta la vita dolorosa del poeta.*

Nascondi le cose lontane:
le cose son ebbre di pianto!
15 Ch'io veda i due peschi, i due meli,
soltanto,
che dànno i soavi lor mieli[6]
pel nero mio pane[7].

> *L'unica possibile fuga dalla sofferenza e dal difficile confronto con il mondo è rappresentata dalla morte.*

Nascondi le cose lontane
20 che vogliono ch'ami e che vada[8]!
Ch'io veda là solo quel bianco
di strada[9],
che un giorno ho da fare[10] tra stanco
don don di campane...

---

1. rampolli, su l'alba: *scaturisci all'alba.*
2. crolli d'aeree frane: *allude ai tuoni, che fanno nell'aria un fragore potente come quello di frane.*
3. Ch'io veda: *fa' in modo che io veda.*
4. la mura: *il muro di cinta.*
5. valeriane: *piante dalle proprietà calmanti e sedative.*
6. mieli: *succhi, condimenti dolci e profumati.*
7. nero mio pane: *il pane «nero» è quello fatto con la segale, povero e non raffinato.*
8. ch'ami e che vada: *che io sia attivo e che esca dal mio isolamento.*
9. quel bianco di strada: *quella strada bianca; è la strada che porta al cimitero.*
10. ho da fare: *dovrò percorrere.*

| 25 | Nascondi le cose lontane,
nascondile, involale[11] al volo
del cuore! Ch'io veda il cipresso
là, solo,
qui, solo quest'orto, cui presso[12]
| 30 | sonnecchia il mio cane.

> **11.** involale: *sottraile.*
> **12.** cui presso: *vicino al quale.*

COMPRENSIONE

1 Come viene descritta la nebbia nella prima strofa? È presentata come un fenomeno naturale realistico?

2 Nello spazio protetto dalla nebbia il poeta individua con estrema precisione terminologica alcuni particolari naturali: quali?

3 Spiega il significato del v. 8: «nascondimi quello ch'è morto!».

4 Perché Pascoli afferma che «le cose son ebbre di pianto» (v. 14)?

5 Quali immagine evoca l'idea della morte?

➜ Oltre il testo — Confrontare e collegare

- L'immagine del pipistrello compare anche in *Spleen* di Baudelaire (p. 313): «quando la terra si muta in un'umida segreta / dove la Speranza, timido pipistrello, / sbatte le ali nei muri e dà la testa / nel soffitto marcito» (vv. 5-8). Pensi che ci sia un collegamento tra queste due occorrenze? Rispondi in un testo scritto dando la tua opinione personale.

ANALISI E INTERPRETAZIONE

6 Al cerchio chiuso della nebbia corrisponde lo spazio dell'«orto», circondato da un muro e da una siepe. Su quale concetto insiste Pascoli con queste immagini?

➜ Oltre il testo — Confrontare e collegare

- Mentre in Nebbia vi è una contrapposizione tra spazio aperto e spazio chiuso, *Nella nebbia* (p. 460) presenta un paesaggio unico; quale funzione ha la nebbia nei due componimenti? Rispondi in un testo scritto in cui analizzi i due testi evidenziandone analogie e differenze.

7 Quale significato assume nell'ultima strofa la contrapposizione tra gli avverbi «là» (v. 28) e «qui» (v. 29)? Essi indicano una relazione di spazio o di tempo?

8 Che cosa indica il fatto che l'invito rivolto alla nebbia sia ripetuto così insistentemente?

9 La rima che collega il primo e l'ultimo verso di ogni strofa crea la ripetizione di una struttura circolare. Con quale funzione?

➜ Oltre il testo — Confrontare e analizzare

- In molte liriche di Pascoli si riscontra una struttura circolare che lega l'inizio e la fine del componimento. Scegli almeno un esempio a tua scelta tra i testi letti e spiega qual è la funzione di questo particolare procedimento compositivo.

10 Per quale motivo l'invito rivolto alla nebbia è per lo più espresso in forma esclamativa?

SCRITTURA E APPROFONDIMENTI

11 La «siepe» del v. 9 ricorda l'immagine de *L'infinito* di Leopardi («questa siepe che da tanta parte / dell'ultimo orizzonte il guardo esclude», vv. 2-3). In entrambi i casi essa indica un limite, ma nei due testi la funzione di questo elemento è profondamente diversa: in che senso?

Nebbia **471**

Approfondimento

Onomatopee e fonosimbolismo in Pascoli

Una poesia fatta di suoni   Tra le caratteristiche più evidenti della poesia pascoliana figura senza dubbio la particolare attenzione ai dati uditivi, evocati attraverso numerose e frequenti figure di suono. Ne è un chiaro esempio *La mia sera*, caratterizzata dalla presenza di numerose onomatopee («gre gre», v. 4; «Don... don...», v. 33), allitterazioni («Le tremule foglie dei pioppi / trascorre una gioia leggiera», vv. 5-6) e assonanze («Di tutto quel cupo tumulto», v. 13). Il frequente ricorso al fonosimbolismo (ossia la scelta di parole per il significato che suggerisce il loro suono) svolge nei versi di Pascoli una funzione evocativa, volta a suggerire non solo la varietà dei suoni della natura, ma soprattutto sensazioni e stati d'animo. Come nel lessico, quindi, anche in questo ambito la precisione descrittiva ha in realtà lo scopo di raggiungere effetti di suggestione analogica.

Gli elementi 'pregrammaticali'   In un suo importante saggio sul linguaggio di Pascoli, il critico Gianfranco Contini ha osservato che il poeta, forzando i limiti tradizionali della lingua, si avvale spesso di un linguaggio «pregrammaticale», che è cioè estraneo alla lingua come insieme organizzato e che la precede, fondandosi appunto su semplici suoni. Anche Gian Luigi Beccaria, nel suo studio *L'autonomia del significante*, analizza alcuni esempi di liriche pascoliane in cui il testo si fonda in modo quasi esclusivo sulla valenza evocativa delle onomatopee e del fonosimbolismo. A ben guardare, del resto, tale tendenza si accorda pienamente alla poetica del «fanciullino» e all'idea che il poeta sia in grado di cogliere il senso più profondo della realtà in modo intuitivo e alogico.

Un esempio famoso   Un esempio estremo dell'attenzione di Pascoli per i suoni è costituito dal componimento *L'uccellino del freddo* (*Canti di Castelvecchio*). In questa lirica, molto amata dall'autore e da lui considerata un «capolavoro», Pascoli si rivolge a uno scricciolo e, attraverso una fitta rete di giochi fonici, evoca lo stretto legame tra il verso dell'uccellino e i suoni duri e secchi dell'inverno. Ecco le prime tre strofe del testo:

> Viene il freddo. Giri per dirlo
> tu, sgricciolo, intorno le siepi;
> e sentire fai nel tuo zirlo
> lo strido di gelo che crepi.
> 5   Il tuo trillo sembra la brina
> che sgrigiola, il vetro che incrina...
> *trr trr trr terit tirit...*
>
> Viene il verno. Nella tua voce
> c'è il verno tutt'arido e tecco.
> 10   Tu somigli un guscio di noce,
> che ruzzola con rumor secco.

> T'ha insegnato il breve tuo trillo
> con l'elitre tremule il grillo...
> *trr trr trr terit tirit...*
>
> 15   Nel tuo verso suona scrio scrio,
> con piccoli crepiti e stiocchi,
> il segreto scricchiolettio
> di quella catasta di ciocchi.
> Uno scricchiolettio ti parve
> 20   d'udirvi cercando le larve...
> *trr trr trr terit tirit...*

Il testo della lirica si svolge come una partitura musicale, che ha il suo centro nell'onomatopea posta a chiusura di ogni strofa, che riproduce il richiamo acuto e stridulo dell'uccellino. I suoni che vi compaiono (il nesso «tr» e l'insistenza sulla vocale «i») percorrono tutta la lirica, in cui ricorrono una serie di termini onomatopeici («zirlo», ossia "trillo", v. 3; «sgrigiola», cioè "scricchiola", v. 6; «scricchiolettio», v. 17, ecc.) e di vocaboli scelti più per il loro suono che non per il loro significato e spesso tratti dal parlato toscano («tecco», che significa "intirizzito", v. 9; «scrio scrio», espressione che vuol dire "puro e semplice", v. 15; «stiocchi», ossia "sciocchi", v. 16). In questo modo, Pascoli accosta il verso dello scricciolo ai suoni più tipici dell'inverno (il vetro incrinato dal gelo, il ruzzolare di un guscio di noce, il crepitare di una fascina di legno).

Quello che può sembrare uno sfoggio di virtuosismo formale non è però fine a se stesso. Come spesso accade nella poesia pascoliana, nell'immagine dell'«uccellino del freddo» il poeta rappresenta in forma simbolica soprattutto se stesso e la propria condizione di gelo interiore, un'aridità psicologica non mitigata dal calore degli affetti familiari che viene resa esplicita attraverso la suggestione dei suoni.

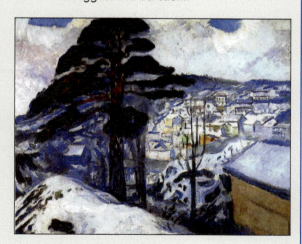

Edvard Munch, *Inverno, Kragerø*, 1912.

Canti di Castelvecchio

Poemi conviviali

Herbert James Draper, *Ulisse e le sirene*, 1909.

Il classicismo estetizzante Nel 1904 escono in volume i *Poemi conviviali*, venti **poemetti** che Pascoli aveva in precedenza pubblicato sulla rivista romana «Il Convito», fondata da Adolfo De Bosis e improntata a un elegante **estetismo decadente**. Il titolo della raccolta si collega all'originaria destinazione di questi testi, ma richiama anche l'idea del «convito» (ossia al «banchetto») come momento centrale della civiltà classica. Protagonisti dei *Poemi conviviali* sono infatti **personaggi storici o mitologici del mondo antico**, soprattutto greco (da Omero ad Alessandro Magno, da Elena di Troia a Odisseo), con qualche riferimento a Roma e al Cristianesimo. Pascoli dà qui un saggio della sua profonda conoscenza del mondo classico, innalzando lo stile attraverso una sintassi elaborata e il ricorso a un **lessico erudito e latineggiante** e abbandonando la poesia delle «piccole cose».

Classicità e inquietudini moderne Nelle figure del passato il poeta proietta con grande originalità i sentimenti e le **inquietudini proprie dell'uomo del suo tempo**, riflettendo sui *limiti della conoscenza* e sull'impossibilità, per l'uomo, di raggiungere verità certe e stabili. Le figure della storia e del mito vengono reinterpretate da Pascoli come **archetipi universali**, come ideali modelli umani in cui si incarnano **problematiche esistenziali** sempre attuali. Così in *Alèxandros* il grande condottiero macedone diviene l'emblema dell'inutilità della scoperta e della conquista, mentre nel poemetto *L'ultimo viaggio* Odisseo incarna l'incessante e vana ricerca del senso della vita.

La parola alla critica

Giuseppe Petronio, *Cercando il favore del pubblico*

In questa pagina il critico Giuseppe Petronio chiarisce come, nel nuovo contesto culturale degli anni a cavallo del Novecento, Pascoli si dedichi, con i *Poemi conviviali*, a una lirica di matrice classicheggiante, per andare incontro ai gusti della parte più colta e raffinata del suo pubblico.

E intanto, su un diverso registro, perseguiva tutto un altro filone di lirica: quello dei *Poemi conviviali*, raccolti nel 1904 ma composti dal '95 in poi. Anche questo filone aveva la sua matrice in Carducci: quello soprattutto delle tre *Primavere elleniche*, lavorate anch'esse, come lavorava Orazio, su motivi di poeti greci, nel vagheggiamento di un mondo felice di armoniosa bellezza e di pace. Così anche Pascoli rifà temi e motivi ellenici, e il mondo vivo dell'oggi è assente, e, se vi entra, è attraversato da tanti filtri ad allontanarlo e farlo dimenticare.
Così, a cominciare da quegli anni Novanta, una svolta nella nostra storia civile e letteraria, Pascoli lavorò contemporaneamente su vari registri, e ancora una volta l'esempio lo aveva dato Carducci, e lo ridava ora, con abilità assai più scaltra, D'Annunzio. Questa varietà di motivi e di toni era il piegarsi, più o meno consio, al nascente mercato letterario borghese, cioè alla presenza di un pubblico borghese – ma cominciava già a essere piccolo borghese – che imponeva agli artisti le proprie esigenze: la sua mentalità, la sua cultura, il suo gusto e obbligava a una scelta difficile: piegarsi, e così ottenere successo, non piegarsi, e così restare fedeli a se stessi ma perdere il contatto con il pubblico vasto: il mostro, lo diceva D'Annunzio, dalle mille teste. Una scelta che da allora ogni artista ha dovuto compiere, in condizioni ogni volta diverse.
Pascoli, ne avesse o non ne avesse coscienza, la compì, e la sua scelta – la ricerca di un successo largo e intanto la fedeltà alle proprie convinzioni di estetica – ebbe effetti determinanti sul suo lavoro poetico, in quanto lo indusse a tentare più corde, e ognuna doveva interessare questa o quella fetta di lettori, di quei concreti lettori che l'Italia del tempo gli offriva. I *Poemi conviviali* erano, lo riconobbe lui stesso nella premessa al volume, per un pubblico ristretto e privilegiato, educato alla lettura dei classici, in grado di muoversi a suo agio in quella selva di miti e di storie del mondo greco e latino, e capace di riconoscere e apprezzare il lavoro sottile di intarsio con cui il poeta si appropriava di una poesia lontana e la faceva sua, e, come nel Quattrocento aveva detto di sé Poliziano, da mille fiori secerneva, quasi un'ape, il suo miele.

G. Petronio, *Presentazione a Giovanni Pascoli*, a cura di S. Onofri, «l'Unità», 1993

T15 Alèxandros

Poemi conviviali

Alèxandros è uno dei primi testi di ispirazione classica scritti da Pascoli. Fu infatti pubblicato nel 1895 sulla rivista «Il Convito» e successivamente inserito nei Poemi conviviali.

Protagonista di questo componimento è il condottiero macedone Alessandro Magno, raffigurato nel momento di massimo splendore del suo impero. Il poeta immagina che Alessandro, dopo aver conquistato gran parte dell'Asia, giunga ai confini del mondo conosciuto e qui si abbandoni a una malinconica meditazione sull'inutilità delle sue conquiste e sulla precarietà che caratterizza la condizione umana.

Metrica Sei strofe di dieci versi endecasillabi, in terzine dantesche a rime incatenate con schema (ABA BCB CDC E). Le singole strofe non sono legate tra loro dalla rima.

> Il protagonista è posto di fronte a un limite invalicabile, che lo spinge a guardarsi indietro, ripensando alla sua esistenza.

I

Giungemmo: è il Fine[1]. O sacro Araldo, squilla[2]!
Non altra terra se non là, nell'aria,
quella che in mezzo del brocchier vi brilla[3],

o Pezetèri[4]: errante e solitaria
5 terra, inaccessa[5]. Dall'ultima sponda
vedete là, mistofori di Caria[6],

l'ultimo fiume Oceano senz'onda[7].
O venuti dall'Haemo e dal Carmelo[8],
ecco, la terra sfuma e si profonda[9]

10 dentro la notte fulgida[10] del cielo.

II

Fiumane[11] che passai! voi la foresta
immota nella chiara acqua portate[12],
portate il cupo mormorìo, che resta[13].

Montagne che varcai! dopo varcate,
15 sì grande spazio di su voi[14] non pare,
che maggior prima non lo invidïate[15].

---

1. Giungemmo: è il Fine: Alessandro ha raggiunto le rive dell'Oceano Indiano e immagina di essere giunto ai confini del mondo conosciuto.

2. squilla: *suona la tromba.*

3. quella ... vi brilla: *quella che si riflette* («brilla») *in mezzo al vostro scudo* («brocchier»). Alessandro si sta riferendo alla luna, che brilla nel cielo e con i suoi raggi illumina le armi dei soldati.

4. Pezetèri: *soldati*; i Pezetèri erano il corpo di fanteria pesante che formava il cuore della falange macedone.

5. inaccessa: *inaccessibile.*

6. mistofori di Caria: *mercenari della Caria* (regione dell'Asia minore).

7. l'ultimo ... senz'onda: secondo la cosmografia antica la terra era circondata dall'oceano, ritenuto un fiume; l'espressione «senz'onda» serve ad accentuare l'immensità della distesa d'acqua.

8. dall'Haemo e dal Carmelo: *dalla Macedonia* («Haemo» indica una catena montuosa della Tracia) *e dalla Palestina* (il Carmelo è un monte della Terrasanta, nei pressi di Haifa).

9. si profonda: *si inabissa.*

10. fulgida: *splendente, serena.*

11. Fiumane: *fiumi.*

12. la foresta ... portate: *riflettete nella vostra acqua limpida la foresta immobile.*

13. resta: *non cessa mai*; è riferito al sordo brontolio della corrente.

14. di su voi: *dalle vostre cime.*

15. che maggior ... invidïate: *rispetto a quello che prima* (con la vostra mole imponente) *ci precludete* («invidïate»; è un latinismo).

Poemi conviviali

> Questo famosissimo verso sintetizza il tema centrale di questa prima parte: solo in sogno l'uomo è veramente libero dai limiti che la vita gli impone.

Azzurri, come il cielo, come il mare,
o monti! o fiumi! era miglior pensiero
ristare[16], non guardare oltre, sognare:

20   il sogno è l'infinita ombra del Vero.

III

> Alessandro ripensa a quando sognava sfide e imprese da compiere e il suo futuro doveva ancora compiersi e rievoca alcune tappe fondamentali della sua vita.

Oh! più felice, quanto più cammino
m'era d'innanzi; quanto più cimenti[17],
quanto più dubbi, quanto più destino!

Ad Isso[18], quando divampava[19] ai vènti
25   notturno il campo, con le mille schiere,
e i carri oscuri e gl'infiniti armenti[20].

A Pella[21]! quando nelle lunghe sere
inseguivamo, o mio Capo di toro[22],
il sole; il sole che tra selve nere,

30   sempre più lungi[23], ardea come un tesoro.

IV

Figlio d'Amynta[24]! io non sapea di meta
allor che mossi[25]. Un nomo[26] di tra le are[27]
intonava Timotheo, l'auleta[28]:

> Il canto di Timotheo sembra ad Alessandro un incitamento a realizzare il viaggio che il destino («fatale», cioè voluto dal fato) ha voluto per lui e che lo renderà immortale.

soffio possente d'un fatale andare[29],
35   oltre la morte; e m'è nel cuor, presente
come in conchiglia murmure[30] di mare.

O squillo acuto, o spirito possente,
che passi in alto e gridi, che ti segua[31]!
ma questo è il Fine, è l'Oceano, il Niente...

> Dopo aver dato spazio al monologo di Alessandro, il poeta riprende a narrare la vicenda in terza persona.

40   e il canto passa ed oltre noi dilegua[32]. —

V

E così, piange, poi che giunse anelo[33]:

---

16. ristare: *fermarsi.*
17. cimenti: *prove, imprese.*
18. Isso: località dell'Anatolia meridionale dove, nel 333 a.C., Alessandro Magno sconfisse l'esercito persiano di Dario III.
19. divampava: *era illuminato dai fuochi* (che rischiaravano la notte).
20. armenti: *cavalli* (ma letteralmente significa "bestiame").
21. Pella: la capitale del regno macedone, in cui Alessandro era cresciuto.
22. Capo di toro: il cavallo di Alessandro;

«capo di toro» è la traduzione del nome greco Bucefalo.
23. lungi: *lontano.*
24. Figlio d'Amynta: Filippo il Macedone, padre di Alessandro.
25. non sapea ... mossi: *non sapevo quale sarebbe stata la mia meta* (cioè fin dove sarei giunto) *quando partii* (cioè quando lasciai la Macedonia).
26. nomo: *canto sacro.*
27. are: *altari.*
28. l'auleta: letteralmente è "colui che suo-

na l'aulos", uno strumento musicale a fiato simile a un flauto.
29. fatale andare: si tratta di una citazione dantesca: «Non impedir lo suo fatale andare» (*Inf.* V, 22).
30. murmure: *rumore;* quel «soffio possente» è radicato nell'animo di Alessandro come il rumore del mare in una conchiglia.
31. che ti segua: *possa io seguirti.*
32. dilegua: *svanisce.*
33. anelo: *angosciato.*

Alèxandros

> piange dall'occhio nero come morte;
> piange dall'occhio azzurro come cielo[34].

> **La leggenda dei due occhi di colore diverso diventa il simbolo della scissione psicologica di Alessandro, diviso tra speranza e desiderio.**

45
> Ché[35] si fa[36] sempre (tale è la sua sorte)
> nell'occhio nero lo sperar, più vano;
> nell'occhio azzurro il desiar, più forte.

> Egli ode belve fremere lontano,
> egli ode forze incognite[37], incessanti,
> passargli a fronte nell'immenso piano[38],

50
> come trotto[39] di mandre d'elefanti.

> VI
> In tanto nell'Epiro[40] aspra e montana
> filano le sue vergini sorelle
> pel dolce Assente[41] la milesia[42] lana.

> **L'accenno conclusivo a Olympiàs, la madre di Alessandro, crea una sorta di contrapposizione tra la dimensione chiusa e protettiva della casa e l'ansia di infinito che caratterizza il protagonista.**

55
> A tarda notte, tra le industri[43] ancelle,
> torcono[44] il fuso con le ceree[45] dita;
> e il vento passa e passano le stelle.

> Olympiàs in un sogno smarrita
> ascolta il lungo favellìo d'un fonte[46],
> ascolta nella cava ombra infinita[47]

60
> le grandi quercie bisbigliar sul monte.

---

34. piange ... cielo: secondo la tradizione Alessandro aveva gli occhi di due colori diversi, uno nero e l'altro azzurro.
35. Ché: *perché* (sottinteso "piange").
36. si fa: *diventa*; i soggetti della forma impersonale sono «lo sperar» e «il desiar» (il desiderare).
37. incognite: *sconosciute*.
38. immenso piano: la distesa sconfinata dell'Oceano.
39. trotto: il rumore degli elefanti che corrono.
40. Epiro: regione della Grecia settentrionale.
41. Assente: Alessandro.
42. milesia: di Mileto, città dell'Asia Minore famosa per la qualità della sua lana.
43. industri: *operose* (latinismo).
44. torcono: *fanno girare*.
45. ceree: *bianche come la cera*.
46. favellìo d'un fonte: *il rumore di un ruscello*, che sembra mormorare parole umane («favellìo»).
47. cava ombra infinita: il vuoto infinito della notte.

● Analisi guidata

La struttura

Il componimento è strutturato in **tre parti** distinte. La **prima** e più lunga (vv. 1-40) è **narrata in prima persona da Alessandro** che, una volta constatata l'impossibilità di proseguire il suo cammino, rievoca alcuni momenti fondamentali della sua vita e si interroga sulla precarietà della condizione umana. La **seconda** (vv. 41-50) è ancora concentrata su **Alessandro**, ma adesso è il poeta a rappresentarlo **assorto nelle sue meditazioni**, di fronte all'immensa distesa dell'Oceano. La **terza** infine, si sposta in modo improvviso nel palazzo di Alessandro, in Epiro, e con un breve quadro descrittivo mostra le **sorelle** intente a filare la lana e la **madre** Olimpia che dorme.

Poemi conviviali

Competenze di comprensione e analisi

- A che cosa si rivolge lo sguardo del protagonista nella prima strofa?
- Quali momenti della vita di Alessandro vengono rievocati nel componimento?
- Di che cosa diventa simbolo la particolarità degli occhi del protagonista?
- Perché il personaggio di Olimpia è antitetico a quello di Alessandro?

Un inno alla classicità

Come gli altri *Poemi conviviali*, anche *Aléxandros* si distacca in modo evidente dal resto della produzione pascoliana. Il poeta abbandona la poesia delle piccole cose per raccontare le vicende di grandi personaggi del mondo classico, popolando la narrazione anche di numerosi riferimenti a figure e a fatti secondari. Anche lo **stile** diventa **aulico e raffinato**; il testo è infatti ricchissimo di **latinismi** e termini appartenenti alla lingua letteraria e anche la **sintassi** diviene estremamente **elaborata**, con un'abbondanza di iperbati e anastrofi che rendono difficoltosa la comprensione.

Competenze di comprensione e analisi

- Rintraccia nel testo tutti i latinismi e le espressioni auliche e ricercate.
- Il testo è ricco di anafore; individuale e spiega quali effetti producono a livello stilistico e tematico.
- Spiega le metafore dei vv. 11-13 e 34-36.
- Gianfranco Contini ha definito la lingua usata da Pascoli nei *Poemi conviviali* «linguaggio antiquario»; concordi con il parere del critico? Rispondi in un testo scritto suffragando la tua opinione con esempi tratti dal testo.

Un eroe romantico e decadente

Alessandro presenta alcuni **tratti tipici dell'eroe romantico**, come il desiderio di gloria e immortalità che lo anima, l'anelito all'infinito e la profonda malinconia che lo assale quando percepisce la limitatezza del mondo e, di riflesso, della condizione umana in generale, comprendendo che le sue ambizioni sono destinate a infrangersi contro la dura realtà del «Vero». Ma indubbiamente egli è anche un **personaggio decadente**, poiché in lui si realizza quel conflitto tra reale e ideale che è all'origine del crollo delle certezze positivistiche e dell'affermazione dell'irrazionalismo di inizio Novecento. Da questo punto di vista, Alessandro ricorda i protagonisti dei romanzi superomistici di D'Annunzio: nonostante la sua grandezza morale e spirituale, anch'egli non riesce a realizzare i suoi obiettivi e cerca rifugio in una contemplazione estetica dei suoi trionfi e delle sue glorie passate.

Competenze di comprensione e analisi

- Quali tratti della personalità di Alessandro lo rendono un simbolo della crisi culturale e ideologica che segna il passaggio tra XIX e XX secolo?
- A tuo parere, è possibile istituire un confronto tra il «Vero» di questa lirica e il «vero» di cui parla Leopardi in *A Silvia* («All'apparir del vero / tu, misera, cadesti»)? Rispondi in un testo scritto suffragando la tua idea con precisi riferimenti alla poetica e all'ideologia dei due autori.

Alèxandros

LABORATORIO DELLE COMPETENZE

Testo laboratorio

T16 La tessitrice

Canti di Castelvecchio

Composta nel marzo del 1897 come omaggio per le nozze della figlia del sindaco di San Mauro, la lirica fu poi pubblicata sulla rivista «Il Marzocco» e in seguito inserita nei Canti di Castelvecchio.
Si tratta di un testo fortemente autobiografico, in cui

il poeta immagina di rivedere una ragazza conosciuta in gioventù: ma la visione finisce quando la figura femminile rivela di essere morta da tempo e si connota a livello simbolico come emblema dell'amore perduto per sempre.

Metrica   Strofe di quattro versi (tre quinari doppi e uno semplice) e tre versi (quinari doppi) secondo lo schema ABAa CBC.

Mi son seduto su la panchetta[1]
come una volta... quanti anni fa?
Ella, come una volta, s'è stretta
su la panchetta.

5   E non il suono d'una parola;
solo un sorriso tutto pietà.
La bianca mano lascia la spola[2].

Piango, e le dico: Come ho potuto,
dolce mio bene, partir da te?
10   Piange, e mi dice d'un cenno muto:
Come hai potuto?

Con un sospiro quindi la cassa[3]
tira del muto pettine a sé.
Muta la spola passa e ripassa.

15   Piango, e le chiedo: Perché non suona
dunque l'arguto[4] pettine più?
Ella mi fissa timida e buona:
Perché non suona?

E piange, piange – Mio dolce amore,
20   non t'hanno detto? non lo sai tu?
Io non son viva che nel tuo cuore.

Morta! Sì, morta! Se tesso, tesso
per te soltanto; come, non so:
in questa tela[5], sotto il cipresso,
25   accanto alfine ti dormirò.

---

1. panchetta: la panca del telaio.
2. spola: il cilindro intorno al quale è arrotolato il filo.

3. cassa: la parte mobile del telaio in cui è contenuto il pettine, dalle cui fessure viene fatto passare il filo dell'ordito.

4. arguto: *che produce suono, che fa rumore*; è un latinismo.
5. tela: *lenzuolo funebre*.

Laboratorio delle competenze

COMPRENSIONE

1. Che cosa dice il poeta alla "tessitrice"?
2. Perché al v. 13 il pettine è definito «muto»?
3. Come si conclude la lirica?

ANALISI E INTERPRETAZIONE

4. Individua tutti i termini tecnici del gergo della filatura; per quale motivo, secondo te, il poeta sceglie vocaboli così precisi?
5. Identifica l'iperbato presente ai vv. 12-13 e ricostruisci la frase in modo sintatticamente corretto.
6. Anche se Pascoli è stato spesso definito un poeta "sonoro", questa lirica si caratterizza per la totale assenza di suoni e rumori (non a caso il termine «muto» è ripetuto due volte); qual è, a tuo parere, il motivo di tale scelta da parte del poeta?
7. Nella lirica vengono ripetuti più volte i verbi «piange» e «Piango»; che cosa vuole esprimere il poeta con questa scelta?

> **Oltre il testo**   **Confrontare e analizzare**
>
> - Il verbo «piangere» viene ripetuto due volte anche nel poemetto *Digitale purpurea* (p. 455): «e poi d'un tratto (perché mai?) piangete… / Piango, un poco, nel tramonto d'oro, / senza perché…» (vv. 40-42). Ti sembra una coincidenza che questa ripetizione sia in entrambi i casi associata alla presenza di figure femminili?

8. Identifica le allitterazioni presenti nella lirica. Quali suoni predominano e che effetto producono?
9. Pensi che sia giusto identificare la tessitrice in un simbolo dell'amore mai vissuto?

> **Oltre il testo**   **Confrontare e analizzare**
>
> - L'amore è un sentimento poco presente nella poesia pascoliana, come riconosceva anche Maria Pascoli: «la poesia d'amore nell'opera di Giovannino, intendo d'amore personale, non si trova. Egli non ne scriveva per principio». Muovendo da questa dichiarazione metti a confronto questa lirica con *Digitale purpurea* (p. 455) e *Il gelsomino notturno* (p. 463): quale concezione dell'eros emerge?

SCRITTURA E APPROFONDIMENTO

10. L'evocazione di una giovane morta impegnata a tessere la tela richiama alla memoria *A Silvia* di Leopardi; è possibile, secondo te, istituire un parallelismo tra i due componimenti? Rispondi in un testo scritto in cui evidenzi analogie e differenze.

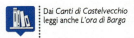

Dai *Canti di Castelvecchio* leggi anche *L'ora di Barga*

Laboratorio delle competenze   **479**

LABORATORIO DELLE COMPETENZE

Guida alla verifica orale

DOMANDA N. 1 Quale immagine della natura emerge dai versi del poeta?

LA RISPOSTA IN SINTESI

Soprattutto nella raccolta *Myricae* sono presenti molti componimenti apparentemente descrittivi, che evocano quadri campestri con grande precisione lessicale. L'intento di Pascoli non è però realistico, in quanto gli aspetti della natura si caricano di significati simbolici che rinviano allo stato d'animo del soggetto.

LA RISPOSTA NEI TESTI

- **T3** Il paesaggio di *Lavandare* appare spoglio e desolato come l'animo della donna abbandonata, di cui parla la canzone delle lavandaie, e come quello del poeta, privato degli affetti più cari.

- **T4** In questa lirica l'aspetto apparentemente primaverile del paesaggio si rivela un inganno dei sensi e nasconde un richiamo alla morte e alla precarietà dell'esistenza.

- **T5** Ne *L'assiuolo* il simbolismo pascoliano diventa più esplicito: attraverso una serie di immagini suggestive e analogiche, la natura si anima, lasciando intravedere una possibilità di comunicazione con l'aldilà.

DOMANDA N. 2 Quali eventi biografici influenzano la produzione poetica di Pascoli?

LA RISPOSTA IN SINTESI

La morte del padre di Pascoli, rimasta impunita, costituisce per il poeta un grave trauma, cui si sommano presto altri lutti familiari. Al «nido» familiare per sempre distrutto il poeta guarderà con grande nostalgia, individuando nella famiglia l'unico possibile rifugio dal male del mondo.

LA RISPOSTA NEI TESTI

- **T3** La sensazione di malinconia e di abbandono che domina la lirica e che è sintetizzata nell'immagine dell'aratro dimenticato, che allude al trauma del poeta, abbandonato dagli affetti più cari.

- **T5** Nella voce dell'assiuolo il poeta crede di percepire l'eco del richiamo dei suoi cari defunti.

- **T6** *X Agosto* rievoca la morte del padre, interpretando il fenomeno delle stelle cadenti come espressione di un dolore cosmico.

- **T8** *Il lampo* diventa emblema della rivelazione del male che domina il mondo e, in particolare, della tragica morte del padre.

- **T14** Giunto ormai nel pieno della maturità, Pascoli guarda con serenità alla morte, unica via per ricongiungersi, in una sorta di ideale regressione all'infanzia, con la propria famiglia perduta.

DOMANDA N. 3 Quali aspetti della poesia di Pascoli ne fanno un autore tipicamente decadente?

LA RISPOSTA IN SINTESI

Attraverso l'elaborazione della poetica del «fanciullino», Pascoli mostra di intendere la poesia come una creazione intuitiva e prerazionale, proprio come i poeti simbolisti.

LA RISPOSTA NEI TESTI

- **T1** Ne *Il Fanciullino* il poeta teorizza una concezione della poesia che si rifà alla poetica delle corrispondenze di Baudelaire al Simbolismo.

- **T13** *Il gelsomino notturno* porta all'estremo la tendenza a costruire il testo per quadri separati, attraverso l'utilizzo di suggestive analogie e sinestesie, che evocano stati d'animo e trasmettono il mistero della vita.

- **T15** Il protagonista di *Alèxandros* presenta molti tratti tipici degli eroi decadenti, come la perdita di certezze di fronte al mistero dell'esistenza.

480 Verso l'Esame di Stato

VERSO L'ESAME DI STATO

Verifica delle conoscenze

Quesiti a risposta chiusa

1 Pascoli afferma che il poeta è come un «fanciullino» perché:
- [ ] è particolarmente legato agli affetti familiari
- [ ] è profondamente ingenuo e portato al bene
- [ ] sa guardare la realtà con stupita meraviglia
- [ ] sa far dimenticare agli uomini le sofferenze

2 I temi principali delle liriche di *Myricae* sono:
- [ ] l'amore e le piccole cose
- [ ] la natura e i «cari defunti»
- [ ] il «nido» e l'amicizia
- [ ] la memoria e il sogno

3 Rispetto a *Myricae*, i *Poemetti* sono caratterizzati da:
- [ ] una più accentuata dimensione narrativa
- [ ] una minore cura stilistico-formale
- [ ] un più evidente e marcato simbolismo
- [ ] una maggiore serenità nella visione del mondo

4 I *Poemi conviviali* comprendono testi:
- [ ] legati ai problemi sociali e politici contemporanei
- [ ] legati a figure storiche o mitologiche della classicità
- [ ] dedicati ad amici, poeti e letterati
- [ ] dedicati ai propri genitori ormai morti

5 Le figure retoriche più usate da Pascoli sono:
- [ ] la similitudine e la metafora
- [ ] il chiasmo e l'antitesi
- [ ] il polisindeto e l'anafora
- [ ] l'analogia e la sinestesia

6 Sul piano metrico, Pascoli usa soprattutto:
- [ ] il verso libero
- [ ] sonetti e canzoni
- [ ] diversi schemi strofici
- [ ] la terzina dantesca

Quesiti a risposta aperta
(massimo 8 righe per ciascuno)

1 Chiarisci il significato del titolo della prima raccolta pascoliana, in relazione ai temi che vi sono contenuti, tenendo presente che deriva da un verso delle *Bucoliche* del poeta latino Virgilio (*Non omnes arbusta iuvant humilesque myricae*) che significa: «Non a tutti piacciono gli arbusti e le umili tamerici».

2 Spiega qual è secondo Pascoli lo scopo e la funzione della poesia.

3 In che senso e in riferimento a quali liriche si può parlare di 'impressionismo' della poesia pascoliana?

4 Indica le principali analogie e differenze tra *Myricae* e i *Canti di Castelvecchio*, sul piano contenutistico e formale.

5 Che cosa rappresenta per Pascoli l'immagine del «nido» e in quali testi è presente?

6 Illustra le caratteristiche della lingua e dello stile pascoliano sul piano lessicale e sintattico.

7 Quali figure di suono sono più usate da Pascoli e con quale funzione?

8 Quale immagine del mondo classico offre il poeta nelle sue liriche?

Trattazione sintetica di argomenti
(massimo 20 righe per ogni risposta)

1 Molti critici hanno osservato che il «fanciullino» pascoliano e il «superuomo» di D'Annunzio, al di là dell'apparente contrapposizione, non sono in realtà molto diversi tra loro, in quanto entrambi condividono una grande fiducia nell'arte come mezzo superiore di conoscenza. Prendendo spunto dalle letture svolte, confronta la poetica dei due autori individuando differenze e analogie.

2 Pascoli è considerato al tempo stesso l'ultimo grande poeta dell'Ottocento e il primo autore del Novecento. Nella sua poesia, sul piano formale, coesistono infatti elementi tradizionali e altri profondamente innovativi. Qual è la tua opinione in proposito? Argomenta la tua tesi con opportuni riferimenti ai testi analizzati.

Verso l'Esame di Stato 481

VERSO L'ESAME DI STATO

Analisi del testo
T17 La felicità

Myricae

Dopo sei anni di guerra in Terrasanta, Goffredo di Buglione riceve dall'arcangelo Gabriele l'ordine di riprendere le operazioni belliche per la conquista di Gerusalemme, difesa dal re Aladino. Il primo canto del poema dedica ampio spazio alla rassegna dell'esercito cristiano compiuta da Goffredo di Buglione, eletto capo supremo. Tra i guerrieri spicca il valoroso e malinconico Tancredi.

Metrica   Ottave di endecasillabi con schema ABABABCC.

Quando, all'alba, dall'ombra s'affaccia,
discende le lucide scale
e vanisce[1]; ecco, dietro la traccia
d'un fievole[2] sibilo d'ale,

5   io la inseguo per monti, per piani,
nel mare, nel cielo: già in cuore
io la vedo, già tendo le mani,
già tengo la gloria e l'amore...

Ahi! ma solo al tramonto m'appare,
10   su l'orlo dell'ombra, lontano,
e mi sembra in silenzio accennare
lontano, lontano, lontano.

La via fatta, il trascorso dolore
m'accenna col tacito dito:
15   improvvisa, con lieve stridore[3],
discende al silenzio infinito.

---

1. vanisce: *svanisce;* il soggetto è la felicità.   **2. fievole:** *debole.*   **3. stridore:** *rumore stridente.*

COMPRENSIONE

1 Sintetizza in un breve testo il contenuto della lirica.

ANALISI E INTERPRETAZIONE

2 Descrivi la struttura del componimento e spiega in che modo sono distribuiti i temi.

3 Pensi che sia possibile affermare che in *La felicità* è descritto una sorta di itinerario esistenziale? Rispondi con riferimenti al testo.

4 Di che cosa è simbolo il «lieve stridore» del v. 15? A quale rumore si contrappone?

5 Ricostruisci lo schema metrico della lirica, identificando le due consonanze.

6 Rintraccia gli effetti fonosimbolici presenti nel testo; che cosa evocano?

7 Individua gli *enjambement* e spiegane la funzione a livello stilistico e tematico.

8 Che figura retorica riconosci nell'espressione «tacito dito» (v. 14)?

SCRITTURA E APPROFONDIMENTO

9 L'immagine del tramonto come momento in cui il poeta riflette sulla morte è al centro anche della lirica *La mia sera*: in quale modo viene trattato questo tema nei due componimenti?

10 Confronta il testo di Pascoli con *Felicità raggiunta* di Eugenio Montale, evidenziando analogie e differenze in un testo scritto.

Felicità raggiunta, si cammina
per te sul fil di lama.
Agli occhi sei barlume che vacilla,
al piede, teso ghiaccio che s'incrina;
5   e dunque non ti tocchi chi più t'ama.

Se giungi sulle anime invase
di tristezza e le schiari, il tuo mattino
è dolce e turbatore come i nidi delle cimase
[*la parte sporgente dei cornicioni*].
10   Ma nulla paga il pianto del bambino
a cui fugge il pallone tra le case.

Saggio breve

ARGOMENTO Il poeta-bambino: un'immagine ricorrente

DOCUMENTI

1 Imperocché quello che furono gli antichi, siamo stati noi tutti, e quello che fu il mondo per qualche secolo, siamo stati noi per qualche anno, dico fanciulli e partecipi di quella ignoranza e di quei timori e di quei diletti e di quelle credenze e di quella sterminata operazione della fantasia; [...] quando i colori delle cose quando la luce quando le stelle quando il fuoco quando il volo degl'insetti quando il canto degli uccelli quando la chiarezza delle fonti tutto ci era nuovo o disusato, né trascuravamo nessun accidente come ordinario, né sapevamo il perché di nessuna cosa, e ce lo fingevamo a talento nostro, e a talento nostro l'abbellivamo; quando le lagrime erano giornaliere, e le passioni indomite e svegliatissime, né si reprimevano forzatamente e prorompevano arditamente.

G. Leopardi, *Discorso di un Italiano intorno alla poesia romantica*, 1818

2 G. Pascoli, *«È dentro di noi un fanciullino»*, p. 429.

3 Dobbiamo provare a cercare le prime tracce dell'attività poetica già nel bambino? L'occupazione preferita e più intensa del bambino è il giuoco. Forse si può dire che ogni bambino impegnato nel giuoco si comporta come un poeta: in quanto si costruisce un suo proprio mondo, o meglio, dà a suo piacere un nuovo assetto alle cose del mondo. Avremmo torto se pensassimo che il bambino non prenda sul serio un tale mondo; egli prende anzi molto sul serio il suo giuoco e vi impegna notevoli ammontari affettivi, distingue assai bene il mondo dei suoi giuochi dalla realtà e appoggia volentieri gli oggetti e le situazioni da lui immaginati alle cose visibili e tangibili del mondo reale. Questo appoggio e null'altro distingue il "giocare" del bambino dal "fantasticare". Anche il poeta fa quello che fa il bambino giocando; egli crea un mondo di fantasia, che prende molto sul serio; che, cioè, carica di grossi ammontari affettivi, pur distinguendolo nettamente dalla realtà.

S. Freud, *Il poeta e la fantasia*, 1907

4 Per fare, come per comprendere, l'arte, una cosa, è prima di ogni altra, necessaria: avere conservata in noi la nostra infanzia; che tutto il processo della vita, d'altra parte, tende a distruggere. Il poeta è un bambino che si meraviglia delle cose che accadono a lui stesso, diventato adulto. Ma fino a che punto adulto?
Tocchiamo qui una delle differenze che corrono fra la piccola e la grande poesia. Solo là dove il bambino e l'uomo coesistono, in forme il più possibile estreme, nella stessa persona, nasce – molte altre circostanze aiutando – il miracolo: nasce Dante. Dante è un piccolo bambino, continuamente stupito di quello che avviene a un uomo grandissimo; sono veramente «due in uno». [...] Se l'uomo prevale troppo sul bambino [...] il poeta (in quanto poeta) ci lascia freddi. Se quasi solo il bambino esiste, se sul suo stelo si è formato appena un embrione d'uomo, abbiamo «il poeta puer» (Pascoli); ne proviamo insoddisfazione e un po' di vergogna.

U. Saba, *Scorciatoie e raccontini*, 1945

5 Nella ricerca dell'autenticità, nell'attenzione all'essere, alle regioni profonde della sensibilità, il Decadentismo arriva presto alla scoperta dell'infanzia come dimensione privilegiata di decisive esperienze. [...] L'infanzia attrae l'artista decadente perché appare simbolo per eccellenza dell'essere, magari in contrasto con la vita adulta, che diventa luogo [...] dell'anonimato alienante dell'agire e del fare. Siamo esattamente nella parabola che ha portato al rifiuto di ogni tipo di razionalismo: la ragione nel senso classico è prerogativa dell'uomo adulto, consapevole, colto: le età classiche non hanno conosciuto per niente l'infanzia, le sue risorse, la sua ricchezza. [...] Con l'insurrezione dell'inconscio, comincia la progressiva valorizzazione dell'infanzia e la considerazione di essa come stagione autonoma, autosufficiente [...]. Già il Pascoli è ben consapevole, nelle pagine del *Fanciullino*, del ruolo che gioca nella poesia la condizione infantile.

E. Gioanola, *Il Decadentismo*, Roma, Edizioni Studium, 1972

Verso l'Esame di Stato   **483**

SCUOLA DI SCRITTURA

Facciamo la Parafrasi

Ricorderai il procedimento da seguire per parafrasare al meglio una poesia (vedi volume 1). Ricordiamo adesso i passaggi fondamentali:

- **ricostruire la sintassi** della frase secondo l'ordine standard;
- **"normalizzare" il lessico**, sostituendo le parole "difficili" con altre più usuali;
- **interpretare le figure retoriche** e i vari elementi del linguaggio figurato.

Ci sono perciò tre momenti distinti che corrispondono ad altrettante operazioni da svolgere:

a. metti in ordine la frase;
b. apri il vocabolario;
c. sciogli il linguaggio figurato.

Ci concentreremo adesso proprio sul punto **c.**

Lavoriamo sul linguaggio figurato

Le figure retoriche sono forme espressive che creano uno scarto dal linguaggio comune, rendendo così il messaggio più ricco di significato, attraverso suggestioni foniche, ritmiche, visive. Esse non sono usate solo in poesia, ma talvolta anche in espressioni di uso comune come *Il mio fratellino è un terremoto*; *Chiudi l'acqua*; *Capisce fischi per fiaschi* ecc. Si distinguono tre categorie di figure retoriche:

- **figure di suono**, che insistono sul suono delle parole, giocando sugli aspetti fonici e ritmici;
- **figure sintattiche**, che riguardano l'ordine della frase, operando una deviazione dalla norma;
- **figure di significato**, che interessano particolari significati assunti da vocaboli ed espressioni.

L'operazione di "sciogliere" il linguaggio figurato, che talvolta priva la poesia della sua bellezza, nello stesso tempo può permettere di interpretarla, per elaborare poi un riassunto e commento, in cui potranno essere inseriti anche eventuali collegamenti con altri testi di nostra conoscenza.

ADESSO PROVA TU

Leggi la seguente poesia di Corrado Govoni: vedrai che potrai facilmente affrontare i primi due punti della parafrasi (**a.** *metti in ordine la frase*; **b.** *apri il vocabolario*).

Corrado Govoni
La pioggia è il tuo vestito

da *Govonigiotto*

La pioggia è il tuo vestito.
Il fango è le tue scarpe.
La tua pezzuola è il vento.
Ma il sole è il tuo sorriso e la tua bocca
e la notte dei fieni i tuoi capelli.
Ma il tuo sorriso e la tua calda pelle
è il fuoco della terra e delle stelle.

Da questo testo puoi ricavare facilmente una caratteristica della poesia di Govoni: il flusso continuo di immagini, associate in modo immediato e spesso inaspettato.

La poesia che hai appena letto è infatti interamente giocata sull'uso di una figura retorica: l'**analogia**, che consiste proprio nell'associazione tra immagini apparentemente distanti e con poche cose in comune.

La figura femminile viene evocata dal poeta attraverso i particolari del corpo associati ad altrettante immagini della natura: prova ora a "sciogliere" queste figure retoriche, spiegando le ardite analogie:

«la pioggia è il tuo vestito» (v. 1) significa che l'abbigliamento della donna è ....
....

«il fango è le tue scarpe» (v. 2) significa che la donna adora camminare ....

«la tua pezzuola è il vento» (v. 3) significa che la donna lascia i capelli ....

---

484   Scuola di scrittura

Le altre analogie che puoi rintracciare nei versi sono quelle tra:

sorriso e bocca / .... per indicare → ....

capelli / .... per indicare → ....

sorriso e calda pelle / .... per indicare → ....

Sei adesso pronto a stendere un **riassunto e commento della poesia**, spiegando com'è tratteggiata nel testo la figura femminile attraverso l'interpretazione del linguaggio delle analogie. Nel tuo commento prova anche a fare dei **collegamenti con un'altra poesia** che gioca anch'essa, in modo diverso, sull'associazione tra immagine femminile ed elementi della natura: *La pioggia nel pineto* di Gabriele D'Annunzio (p. 404).

RICORDA!

Analogia: «tra il nero di un casolare: / un'ala di gabbiano» (Giovanni Pascoli, *Temporale*)
È un'associazione alogica tra due immagini che non hanno alcun nesso evidente ma che, attraverso questo collegamento, instaurano rapporti di somiglianza.
L'analogia non è l'unica figura retorica che mette a confronto e associa due immagini: esistono anche la similitudine e la metafora, che però paragonano elementi sulla base di alcune caratteristiche comuni.

Similitudine: «Tu sei come una giovane, / una bianca pollastra» (Umberto Saba, *A mia moglie*)
→ *moglie/pollastra*
Consiste nel paragonare due elementi tra cui si rintracciano somiglianze, utilizzando nessi di raccordo: *come, simile a, tale… quale…*

Metafora: «Così tra questa / immensità s'annega il pensier mio: / e il naufragar m'è dolce in questo mare» (Giacomo Leopardi, *L'infinito*)
→ *perdersi tra i propri pensieri come naufragare nel mare*
Si tratta di una similitudine "abbreviata", in quanto priva di nessi di raccordo, pertanto più difficile da individuare e interpretare.

A proposito di poesia e metafore ti suggeriamo di seguire la spiegazione che, nel film *Il postino* (1994), il poeta Pablo Neruda (interpretato da Philippe Noiret) dà al giovane Mario, interpretato da Massimo Troisi. Puoi vedere la sequenza su Youtube: https://www.youtube.com/watch?v=FEwWhoERAyg

---

Facciamo il riassunto

Conosciamo l'importanza del **riassunto**, quale testo sintetico che raccoglie le informazioni principali di un testo più ampio. Riepiloghiamo le operazioni principali per riassumere:

- **leggere integralmente** il testo di partenza, per comprendere bene il significato globale e il messaggio che vuole trasmettere;
- **dividere in sequenze,** evidenziando le parole chiave;
- **sintetizzare** ogni sequenza, assegnando a ciascuna un titolo e tralasciando le informazioni superflue;
- **collegare** i riassunti delle varie sequenze curando i collegamenti attraverso l'uso dei **connettivi;**

- **eliminare** discorsi diretti, **uniformare** i tempi verbali, utilizzare proprie parole **senza ricopiare** frasi del testo di partenza.

Diversi scopi, diversi destinatari, altrettanti riassunti

È importante, prima di riassumere, chiedersi anche quali sono lo **scopo** e il **destinatario** del nostro riassunto: da questo dipenderà la lunghezza della sintesi, il linguaggio da utilizzare, i dettagli che dovranno essere inseriti o tralasciati. Ovviamente sarà essenziale innanzitutto riconoscere la tipologia del testo di partenza (narrativo, descrittivo, informativo, argomentativo, ecc.).

Scuola di scrittura · 485

> **ADESSO PROVA TU**
> Proviamo a stendere il riassunto del testo seguente immaginando diversi scopi e destinatari:
>
> **1.** Riassumi il testo per **prepararti a un'interrogazione** in cui dovrai raccontare la novella mettendo in luce gli aspetti caratteristici della narrativa verghiana.
> **2.** Riassumi e adatta il testo in modo che possa essere facilmente letto da **ragazzi di una scuola primaria** a cui immagini di dover preparare una lezione.
>
> Troverai il testo già suddiviso in sequenze. Segui inoltre le indicazioni relative alle parti evidenziate che, nei due diversi riassunti, dovranno essere tenute in considerazione. Sulla base di quelle indicazioni individua altri passaggi del testo da adattare nei due diversi riassunti.

Giovanni Verga, Cos'è il Re

da *Novelle Rusticane*

I sequenza: *Compare Cosimo e le sue mule*

Compare Cosimo il lettighiere aveva governato le sue mule, allungate un po' le cavezze per la notte, steso un po' di strame sotto i piedi della baia, la quale era sdrucciolata due volte sui ciottoli umidi delle viottole di Grammichele, dal gran piovere che aveva fatto, e poi era andato a mettersi sulla porta dello stallatico, colle mani in tasca, a sbadigliare in faccia alla gente che era venuta per vedere il Re, e c'era tal via vai quella volta per le strade di Caltagirone che pareva la festa di San Giacomo; però stava coll'orecchio teso, e non perdeva d'occhio le sue bestie, le quali si rosicavano l'orzo adagio adagio, perché non glielo rubassero.

I seguenti testi in arancione si riferiscono alle varie parti evidenziate:

- **Riassunto 1:** evidenzia l'ambientazione della novella, caratteristica della narrativa di Verga.
- **Riassunto 2:** sostituisci e spiega la parola "lettighiere".

II sequenza: *Il re vuole noleggiare la lettiga di compare Cosimo*

Giusto in quel momento vennero a dirgli che il Re voleva parlargli. Veramente non era il Re che voleva parlargli, perché il Re non parla con nessuno, ma uno di coloro per bocca dei quali parla il Re, quando ha da dire qualche cosa; e gli disse che Sua Maestà desiderava la sua lettiga, l'indomani all'alba, per andare a Catania, e non voleva restare obbligato né al vescovo, né al sottointendente, ma preferiva pagar di sua tasca, come uno qualunque.

III sequenza: *Cosimo non è affatto contento di dover portare il re sulla sua lettiga*

Compare Cosimo avrebbe dovuto esserne contento, perché il suo mestiere era di fare il lettighiere, e proprio allora stava aspettando che venisse qualcuno a noleggiare la sua lettiga, e il Re non è di quelli che stanno a lesinare per un tarì dippiù o di meno, come tanti altri. Ma avrebbe preferito tornarsene a Grammichele colla lettiga vuota, tanto gli faceva specie di dovervi portare il Re nella lettiga, che la festa gli si cambiò tutta in veleno soltanto a pensarci, e non si godette più la luminaria, né la banda che suonava in piazza, né il carro trionfale che girava per le vie, col ritratto del Re e della Regina, né la chiesa di San Giacomo tutta illuminata, che sputava fiamme, e ove c'era il Santissimo esposto, e si suonavano le campane pel Re.

- **Riassunto 1:** far notare l'insistenza sulla parola "Re", mettendo in evidenza quello che la gente pensa.
- **Riassunto 2:** sostituire la parola "tarì"; spiegare i motivi per cui Cosimo non vuole trasportare il re.

IV sequenza: *Cosimo non riesce a dormire, tanto è preoccupato del viaggio*

Anzi più grande era la festa e più gli cresceva in corpo la paura di doverci avere il Re proprio

Scuola di scrittura

nella sua lettiga, e tutti quei razzi, quella folla, quella luminaria e quello scampanìo se li sentiva sullo stomaco, e non gli fecero chiudere occhio tutta la notte, che la passò a visitare i ferri della baia, a strigliar le mule e a rimpinzarle d'orzo sino alla gola, per metterle in vigore, come se il Re pesasse il doppio di tutti gli altri. Lo stallatico era pieno di soldati di cavalleria, con tanto di speroni ai piedi, che non se li levavano neppure per buttarsi a dormire sulle panchette, e a tutti i chiodi dei pilastri erano appese sciabole e pistole che il povero zio Cosimo pareva gli dovessero tagliare la testa con quelle, se per disgrazia una mula avesse a scivolare sui ciottoli umidi della viottola mentre portava il Re; e giusto era venuta tanta acqua dal cielo in quei giorni che la gente doveva avere addosso la rabbia di vedere il Re per mettersi in viaggio sino a Caltagirone con quel tempaccio. Per conto suo, com'è vero Dio, in quel momento avrebbe preferito trovarsi nella sua casuccia, dove le mule ci stavano strette nella stalla, ma si sentivano a rosicar l'orzo dal capezzale del letto, e avrebbe pagato quelle due onze che doveva buscarsi dal Re per trovarsi nel suo letto, coll'uscio chiuso, e stare a vedere col naso sotto le coperte, sua moglie affaccendarsi col lume in mano, a rassettare ogni cosa per la notte.

- • **Riassunto 2:** far notare che Cosimo ha paura che una mula cada per strada mentre la lettiga trasporta il re.

V sequenza: *La folla in attesa del re*
All'alba lo fece saltar su da quel dormiveglia la tromba dei soldati che suonava come un gallo che sappia le ore, e metteva in rivoluzione tutto lo stallatico. I carrettieri rizzavano la testa dal basto messo per guanciale, i cani abbaiavano, e l'ostessa si affacciava dal fienile tutta sonnacchiosa, grattandosi la testa. Ancora era buio come a mezzanotte, ma la gente andava e veniva per le strade quasi fosse la notte di Natale, e i trecconi accanto al fuoco, coi lampioncini di carta dinanzi, battevano coltellacci sulle panchette per vendere il torrone. Ah, come doveva godersi la festa tutta quella gente che comprava il torrone, e si strascinava stanca e sonnacchiosa per le vie ad aspettare il Re, e come vedeva passare la lettiga colle sonagliere e le nappine di lana, spalancava

gli occhi, e invidiava compare Cosimo, il quale avrebbe visto il Re sul mostaccio, mentre sino allora nessuno aveva potuto avere quella sorte, da quarantot'ore che la folla stava nelle strade notte e giorno, coll'acqua che veniva giù come Dio la mandava. La chiesa di San Giacomo sputava ancora fuoco e fiamme, in cima alla scalinata che non finiva più, aspettando il Re, per dargli il buon viaggio, e suonava con tutte le sue campane per dirgli che era ora di andarsene. Che non li spegnevano mai quei lumi? e che aveva il braccio di ferro quel sagrestano per suonare a distesa notte e giorno? Intanto nel piano di San Giacomo spuntava appena l'alba cenerognola, e la valle era tutta un mare di nebbia; eppure la folla era fitta come le mosche, col naso nel cappotto, e appena vide arrivare la lettiga voleva soffocare compare Cosimo e le sue mule, che credeva ci fosse dentro il Re.

Ma il Re si fece aspettare un bel pezzo; a quell'ora forse si infilava i calzoni, o beveva il suo bicchierino d'acquavite, per risciacquarsi la gola, che compare Cosimo non ci aveva pensato nemmeno quella mattina, tanto si sentiva la gola stretta. Un'ora dopo arrivò la cavalleria, colle sciabole sfoderate, e fece far largo. Dietro la cavalleria si rovesciò un'altra ondata di gente, e poi la banda, e poi ancora dei galantuomini, e delle signore col cappellino, e il naso rosso dal freddo; e accorrevano persino i trecconi, colle panchette in testa, a piantar bottega per cercar di vendere un altro po' di torrone; tanto che nella gran piazza non ci sarebbe entrato più uno spillo, e le mule non avrebbero nemmeno potuto scacciarsi le mosche, se non fosse stata la cavalleria a far fare largo, e per giunta la cavalleria portava un nugolo di mosche cavalline, di quelle che fanno imbizzarrire le mule di una lettiga, talché compare Cosimo si raccomandava a Dio e alle anime del Purgatorio ad ognuna che ne acchiappava sotto la pancia delle sue bestie.

- • **Riassunto 1:** far notare espressioni popolari, discorsi indiretti liberi, che però non dovranno comparire nella sintesi.

VI sequenza: *L'arrivo del re*
Finalmente si udì raddoppiare lo scampanìo, quasi le campane fossero impazzate, e i mortaletti che sparavano al Re, e arrivò correndo

Scuola di scrittura 487

un'altra fiumana di gente, e si vide spuntare la carrozza del Re, la quale in mezzo la folla pareva galleggiasse sulle teste. Allora suonarono le trombe e i tamburi, e ricominciarono a sparare i mortaletti, che le mule, Dio liberi, volevano romper i finimenti e ogni cosa sparando calci; i soldati tirarono fuori le sciabole, giacché le avevano messe nel fodero un'altra volta, e la folla gridava: – La regina, la regina! È quella piccolina lì, accanto a suo marito che non par vero! – Il Re invece era un bel pezzo duomo, grande e grosso, coi calzoni rossi e la sciabola appesa alla pancia; e si tirava dietro il vescovo, il sindaco, il sottointendente, e un altro sciame di galantuomini coi guanti e il fazzoletto da collo bianco, e vestiti di nero che dovevano averci la tarantola nelle ossa con quel po' di tramontana che spazzava la nebbia dal piano di San Giacomo. Il Re stavolta, prima di montare a cavallo, mentre sua moglie entrava nella lettiga, parlava con questo e con quello come se non fosse stato fatto suo, e accostandosi a compare Cosimo gli batté anche colla mano sulla spalla, e gli disse tale e quale, col suo parlare napoletano: – Bada che porti la tua regina! – che compare Cosimo si sentì rientrare le gambe nel ventre, tanto più che in quel momento si udì un grido da disperati, la folla ondeggiò come un mare di spighe, e si vide una giovinetta, vestita ancora da monaca, e pallida pallida, buttarsi ai piedi del Re, e gridare: – Grazia! – Chiedeva la grazia per suo padre, il quale si era dato le mani attorno per buttare il Re giù di sella, ed era stato condannato ad aver tagliata la testa. Il Re disse una parola ad uno che gli era vicino, e bastò perché non tagliassero la testa al padre della ragazza. Così ella se ne andò tutta contenta, che dovettero portarla via svenuta dalla consolazione.

Vuol dire che il Re con una sua parola poteva far tagliare la testa a chi gli fosse piaciuto, anche a compare Cosimo se una mula della lettiga metteva un piede in fallo, e gli buttava giù la moglie, così piccina com'era.

- **Riassunto 1:** non tralasciamo l'episodio della giovinetta, che sarà ripreso nel finale.
- **Riassunto 2:** evidenziare lo stato d'animo di Cosimo, parafrasando alcune espressioni («si sentì rientrare le gambe nel ventre»).

VII sequenza: *Le paure di Cosimo durante il viaggio*

Il povero compare Cosimo aveva tutto ciò davanti agli occhi, mentre andava accanto alla baia colla mano sulla stanga, e l'abito della Madonna fra le labbra, che si raccomandava a Dio, come fosse in punto di morte, mentre tutta la carovana, col Re, la Regina e i soldati, si era messa in viaggio in mezzo alle grida e allo scampanìo, e allo sparare dei mortaletti che si udivano ancora dalla pianura; talché quando furono arrivati giù nella valle, in cima al monte si vedeva ancora la folla nera brulicare al sole come se ci fosse stata la fiera del bestiame nel piano di San Giacomo. A che gli giovava il sole e la bella giornata a compare Cosimo? se ci aveva il cuore più nero del nuvolo, e non si arrischiava di levare gli occhi dai ciottoli su cui le mule posavano le zampe come se camminassero sulle uova; né stava a guardare come venissero i seminati, né a rallegrarsi nel veder pendere i grappoli delle ulive, lungo le siepi, né pensava al gran bene che avea fatto tutta quella pioggia della settimana, ché gli batteva il cuore come un martello soltanto al pensare che il torrente poteva essere ingrossato, e dovevano passarlo a guado! Non si arrischiava a mettersi a cavalcioni sulle stanghe, come soleva fare quando non portava la sua regina, e lasciarsi cadere la testa sul petto a schiacciare un sonnellino, sotto quel bel sole e colla strada piana che le mule l'avrebbero fatta ad occhi chiusi; mentre le mule che non avevano giudizio, e non sapevano quel che portassero, si godevano la strada piana ed asciutta, il sole tiepido e la campagna verde, scondizolavano e scuotevano allegramente le sonagliere, che per poco non si mettevano a trottare, e compare Cosimo si sentiva saltare lo stomaco alla gola dalla paura soltanto al vedere mettere in brio le sue bestie, senza un pensiero al mondo né della Regina, né di nulla. La Regina, lei, badava a chiacchierare con un'altra signora che le avevano messo in lettiga per ingannare il tempo, in un linguaggio che nessuno ci capiva una maledetta; guardava la campagna cogli occhi azzurri come il fiore del lino e appoggiava allo sportello una mano così piccina che pareva fatta apposta per non aver nulla da fare; che non valeva la pena di

488 Scuola di scrittura

riempire d'orzo le mule per portare quella miseria, regina tal quale era! Ma ella poteva far tagliare il collo alla gente con una sola parola, così piccola com'era, e le mule che non avevano giudizio con quel carico leggiero, e tutto quell'orzo che avevano nella pancia, provavano una gran tentazione di mettersi a saltare e ballare per la strada, e di far tagliare la testa a compare Cosimo.

- **Riassunto 1:** sottolineare il modo in cui una persona semplice come Cosimo vede la regina.
- **Riassunto 2:** mettere in evidenza lo stato d'animo di Cosimo, parafrasando alcune espressioni («aveva il cuore più nero del nuvolo»).

VIII sequenza: *Finalmente Cosimo torna a casa*

Sicché il poveraccio per tutta la strada non fece che recitare fra i denti paternostri e avemarie, e raccomandarsi ai suoi morti, quelli che conosceva e quelli che non conosceva, fin quando arrivarono alla Zia Lisa, che era accorsa una gran folla a vedere il Re, e davanti ad ogni bettola c'era il suo pezzo di maiale appeso e scuoiato per la festa. Come arrivò a casa sua, dopo aver consegnata la regina sana e salva, non gli pareva vero, e baciò la sponda della mangiatoia legandovi le mule; poi si mise in letto senza mangiare e senza bere, ché non voleva vedere nemmeno i danari della regina, e li avrebbe lasciati nella tasca del giubbone chissà quanto tempo, se non fosse stato per sua moglie che andò a metterli in fondo alla calza sotto il pagliericcio.

Gli amici e i conoscenti, che erano curiosi di sapere come erano fatti il Re e la Regina, venivano a domandargli del viaggio, col pretesto d'informarsi se aveva acchiappato la malaria. Egli non voleva dir nulla, che gli tornava la febbre soltanto a parlarne, e il medico veniva mattina e sera, e si prese circa la metà di quei danari della regina.

- **Riassunto 1:** evidenziare il particolare dei denari: da quel viaggio Cosimo non ha guadagnato quasi nulla.
- **Riassunto 2:** sottolineare il senso di sollievo che Cosimo prova al termine del viaggio.

IX sequenza: *Anni dopo, in nome del re, Cosimo perde tutti i suoi averi*

Solamente molti anni dopo, quando vennero a pignorargli le mule in nome del Re, perché non aveva potuto pagare il debito, compare Cosimo non si dava pace pensando che pure quelle erano le mule che gli avevano portato la moglie sana e salva, al Re, povere bestie; e allora non c'erano le strade carrozzabili, ché la Regina si sarebbe rotto il collo, se non fosse stato per la sua lettiga, e la gente diceva che il Re e la Regina erano venuti apposta in Sicilia per fare le strade, che non ce n'erano ancora, ed era una porcheria. Ma allora campavano i lettighieri, e compare Cosimo avrebbe potuto pagare il debito, e non gli avrebbero pignorato le mule, se non veniva il Re e la Regina a far le strade carrozzabili.

E più tardi, quando gli presero il suo Orazio, che lo chiamavano Turco, tanto era nero e forte, per farlo artigliere, e quella povera vecchia di sua moglie piangeva come una fontana, gli tornò in mente quella ragazza ch'era venuta a buttarsi a' piedi del Re gridando – grazia! – e il Re con una parola l'aveva mandata via contenta. Né voleva capire che il Re d'adesso era un altro, e quello vecchio l'avevano buttato giù di sella. Diceva che se fosse stato lì il Re, li avrebbe mandati via contenti, lui e sua moglie, proprio sul mostaccio, coi calzoni rossi, e la sciabola appesa alla pancia, e con una parola poteva far tagliare il collo alla gente, e mandare puranco a pignorare le mule, se uno non pagava il debito, e pigliarsi i figliuoli per soldati, come gli piaceva.

- **Riassunto 1:** far notare in che modo la povera gente come Cosimo vive l'arrivo del re in Sicilia, aspetto indagato da Verga anche in altri suoi testi.
- **Riassunto 2:** sostituisci e spiega l'espressione «pignorare le mule in nome del Re».

- Proviamo infine a stendere un'ultima sintesi del testo: in un *tweet* (140 caratteri) riassumi con ironia la trama della novella.

Scuola di scrittura

PERCORSI VISIVI

Realtà e denuncia: combattere con le immagini
Ritratti di affamati nell'Italia postunitaria

Nel corso del XIX secolo lo sviluppo economico compie un'accelerazione che incide profondamente sulla struttura e l'organizzazione della società, riconfigurandone la composizione sociale. Nelle novelle della raccolta *Per le vie* (1883), Giovanni Verga mette in scena il popolo di Milano. La pena che domina questi destini umani non è più dovuta alla crudeltà di un mondo arcaico, come nei *Malavoglia*, bensì alle differenze tra le classi. Ciò che emerge è infatti la totale esclusione dei ceti meno abbienti dal mondo del lusso e del progresso, come si legge nella novella *Al veglione*, ambientata durante una serata di carnevale al teatro alla Scala vista attraverso gli occhi del povero Pinella, cameriere improvvisato.

> C'era andato a portare un paniere di bottiglie, di quelle col collo inargentato, nel palco della contessa, e s'era fermato col pretesto di aspettare che le vuotassero; tanto in cinque com'erano nel palchetto, non potevano asciugarle tutte, e qualcosa sarebbe rimasta anche in fondo ai piatti. Sicché alle sue donne aveva detto: «aspettatemi alla porta del teatro, in mezzo alla gente che sta a veder passare i signori».

Emilio Longoni, *Riflessioni di un affamato*, 1894.

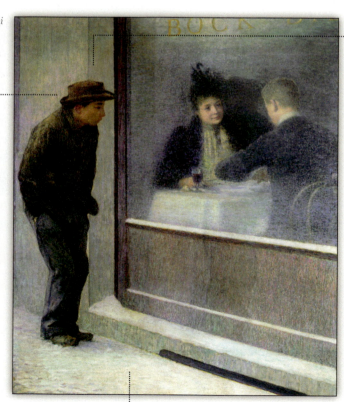

Il passante è isolato dal mondo del lusso tramite il vetro del ristorante: lo spettacolo a cui assiste è quello della vita delle classi agiate.

- Quali sono, secondo te, gli aspetti presenti nel racconto e nel dipinto da cui emerge un senso di tristezza e di esclusione? Quali sono gli elementi che evidenziano il contrasto tra le classi sociali?

Lo sguardo ammirato e stupito del protagonista del racconto di Verga sembra lo stesso del passante ritratto da Longoni.

Il quadro qui proposto, riprodotto sul foglio socialista «La lotta di classe del 1° maggio», costò a Longoni la denuncia per istigazione all'odio di classe.

- A tuo avviso dal dipinto emerge una reale possibilità di riscatto o aleggia un pessimismo di stampo verghiano?

Giovanni Verga fotografo della realtà

Nella seconda metà dell'Ottocento la fotografia influenza i linguaggi espressivi e creativi tradizionali, e anche scrittori come Verga se ne appassionano. In una lettera del 1880 lo scrittore siciliano, che spesso fotografa scenari e persone destinati a entrare nelle novelle e nei romanzi, definisce la sua passione come una mania: «No, non sono sfuggito al contagio fotografico e vi confesso che questa della camera nera è una mia segreta mania». Nel 1966 nell'abitazione di Verga a Catania, vennero ritrovati 448 negativi fotografici – 327 lastre in vetro e 121 fotogrammi in celluloide – impressi dallo scrittore a partire dal 1878.

Nelle foto di Verga troviamo i soggetti del suo mondo: la famiglia, il paese, gli amici, i contadini siciliani. Il linguaggio fotografico, in sintonia coi soggetti prescelti, è ridotto all'essenzialità.

- Secondo te, vi sono delle analogie tra la tecnica dell'impersonalità e la ricerca dell'oggettività tipiche del discorso letterario verghiano e la fotografia?

La foto ritrae un contadino in sella al suo mulo in una via di Licodia Eubea, un comune in provincia di Catania, nel 1897. Verga ha ambientato molte novelle a Licodia, citando il campanile della chiesa madre di S. Margherita e la festa patronale.

Leggi, confronta, rifletti, organizza e realizza

Nella seconda metà del XIX secolo numerosi artisti avvertono la necessità di riprodurre le condizioni di vita delle classi subalterne, seguendo l'insegnamento di Gustave Courbet, e rivendicando la libertà di rappresentare persone comuni nelle fatiche di tutti i giorni. Fai una ricerca in internet sulla pittura realista ed esegui una presentazione con Powerpoint corredata di immagini e didascalie. Per cominciare può esserti di aiuto seguire la scaletta che ti proponiamo:
- La funzione sociale dell'arte: analisi dell'opera *Il vagone di terza classe* di Honoré Daumier (1862)
- L'arretratezza del mondo rurale nell'Italia postunitaria: analisi dell'opera *Il riposo* di Giovanni Fattori (1887)
- Il riscatto del quarto stato: analisi dell'opera *Fiumana* di Giuseppe Pellizza da Volpedo (1895-1896)

Realtà e denuncia: combattere con le immagini

PERCORSI VISIVI

La fotografia come strumento di indagine sociale in Europa

In Inghilterra le fotografie scattate da Peter Henry Emerson (1856-1936) testimoniano un mondo rurale di persone cresciute «in mezzo al fango e alla polvere», come i personaggi delle novelle e dei romanzi verghiani. Emerson ritiene che il metodo scientifico abbinato alla tecnica fotografica sia l'unico strumento adatto a conoscere la realtà. Nell'opera *La fotografia naturalistica* (1889), teorizza, in accordo con la poetica dell'impersonalità di Verga, che l'arte non deve essere un'espressione personale ed emotiva bensì deve essere una testimonianza fedele della realtà.

Il protagonista della fotografia di Emerson è un contadino, immortalato mentre è intento ad arare un campo con tecniche rudimentali nel 1887.

- Confronta gli scatti di Emerson con la fotografia di Verga: ci sono delle analogie nei soggetti scelti e nella tecnica adottata?

La foto scattata nel 1887 ritrae un pescatore e sua moglie nel cortile della loro abitazione.

Emerson afferma che la fotografia deve mostrare «ciò che vede l'occhio umano», contando solo sulla specificità riproduttiva del mezzo fotografico ed eludendo ogni tipo di manipolazione pittorica.

- Seconde te, la testimonianza fotografica delle condizioni di vita dei lavoratori rurali si allontana dalle rappresentazioni figurative arcadiche e idilliache della campagna? Motiva la tua risposta.

Percorsi visivi

...E in America

Negli Stati Uniti il sociologo e fotografo Lewis Hine (1874-1940) utilizza la macchina fotografica come strumento per promuovere riforme sociali, in particolare nell'ambito del lavoro minorile. Tra il 1906 e il 1908, Hine lavora per la rivista «The Survey», impegnata nella promozione di riforme sociali. Nel 1907 Hine abbraccia la campagna del National Child Labour Committe per porre fine allo sfruttamento del lavoro minorile negli Stati Uniti e inizia a documentare la crudeltà delle condizioni a cui sono sottoposti i bambini costretti a vendere giornali per le strade, a lavorare nelle miniere, nelle fabbriche di cotone, nelle vetrerie e nelle piantagioni di tabacco.

La foto ritrae due bambine a lavoro in una fabbrica di cotone a Lancaster, nella Carolina del Sud, nel 1908.

La foto ritrae un gruppo di piccoli scavatori impiegati in una miniera di carbone a Pittston, in Pennsylvania, 1911.

Bambini e adolescenti venivano impiegati per rimuovere a mani nude sassi e altri detriti provenienti dalla miniera, costretti quotidianamente a respirare una polvere nera e densa che gli oscurava il volto e penetrava nei loro polmoni.

- È possibile, a tuo parere, individuare il sentimento che il fotografo prova nei confronti dei soggetti ritratti (compassione, indignazione, partecipazione umana)? Motiva la tua risposta.

Ricerca, rifletti, organizza e realizza

Con la rivoluzione industriale inizia lo sfruttamento disumano e indiscriminato del lavoro minorile nelle fabbriche e nelle miniere dei paesi industrializzati. Sotto la spinta dei riformatori sociali, in Inghilterra nel 1833 viene approvata una legge che riduce a otto ore la giornata lavorativa dei bambini al di sotto dei 13 anni, vieta il lavoro dei bambini con meno di 9 anni e introduce l'obbligo dell'istruzione; l'esempio è seguito dalla Germania, dal Belgio e dall'Italia nella seconda metà del secolo. Esegui una ricerca sulla storia del lavoro minorile ed esegui una presentazione con power-point corredata di immagini e didascalie. Per cominciare può esserti di aiuto la scaletta che ti proponiamo:

- Nel Novecento si afferma l'idea del bambino come persona che gode a pieno titolo dei diritti universali. Analizza la *Dichiarazione dei diritti del fanciullo*, formulata nel 1924 dalla Lega delle nazioni, la *Dichiarazione dei diritti del bambino* approvata nel 1959 dall'Assemblea generale delle Nazioni Unite e la *Convenzione internazionale sui diritti* dell'infanzia del 1989.
- Fai una ricerca sul fenomeno minorile nel mondo contemporaneo. In quali aree del mondo è più diffuso? Quali forme di sfruttamento vengono perpetrate?

PERCORSI VISIVI

I luoghi della cura

In ospedale

Malattie, malati, medici, luoghi e terapie di cura a partire dalla diffusione del Positivismo popolano con sempre maggior frequenza la narrativa, che registra le nuove conquiste della scienza e le moderne invenzioni della tecnica. Nella novella *La mano del malato povero* di Pirandello, il protagonista, ricoverato in ospedale, descrive il luogo illustrando una nuova e più confortevole istituzione sanitaria.

> *Figuratevi che quest'ospedale di cui vi parlo, aveva la squisita attenzione verso i suoi ricoverati d'impedire che l'uno vedesse la faccia dell'altro, mediante uno scaraventino a una sola banda, o piuttosto, un telaio a cui con puntine si fissava ai quattro angoli una tendina di mussola cambiata ogni settimana, lavata, stirata e sempre candida. Certi giorni, tra tutto quel bianco, pareva di stare in una nuvola, e, con la benefica illusione della febbre, di veleggiare nell'azzurro ch'entrava dalle vetrate dei finestroni. Ogni lettino, nella lunga corsia luminosa, aerata, aveva accanto, a destra, il riparo d'un di quei telai, che non arrivava oltre l'altezza del guanciale. Sicché io del malato che mi stava a sinistra veramente non potevo veder altro che la mano, quand'egli tirava il braccio fuori dalle coperte e l'abbandonava sul lettino...*

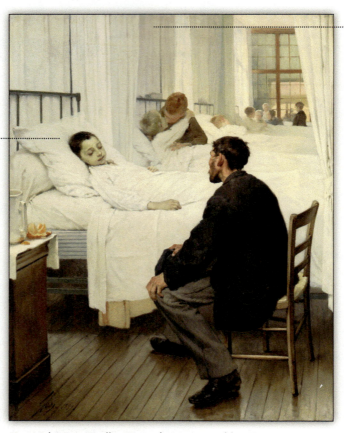

La scena è ambientata all'interno di una corsia ospedaliera, ampia e luminosa. La figura del padre, in abiti scuri, contrasta con il pallore anemico del figlio.

Siamo all'interno di un padiglione pediatrico: nel XIX secolo inizia a farsi strada la concezione della separazione dei pazienti per malattia o per sesso, e gli ospedali vengono dotati anche di un sistema di areazione, di illuminazione e in alcuni casi di verande e soggiorni.

Henri-Jules-Jean Geoffry, *Giorno di visita in ospedale*, 1889

Percorsi visivi

Il teatro anatomico: lo spettacolo della scienza medica

Molti dipinti degli ultimi decenni del XIX secolo documentano l'opera di medici e chirurgi illustri, raffigurati come maestri nei gabinetti d'analisi, nelle corsie ospedaliere o nelle sale operatorie. Vengono introdotti i disinfettanti e gli anestetici, come l'etere e il più efficace cloroformio, che permettono interventi di lunga durata. L'osservazione diretta dell'operazione è una costante in questi dipinti documentaristi e celebrativi della moderna scienza medica: è attraverso la conoscenza pratica che la medicina compie grandi progressi tra il XIX e il XX secolo.

Un gruppo di studenti assiste all'operazione mentre il chirurgo tiene una prolusione esplicativa relativa all'operazione in corso.

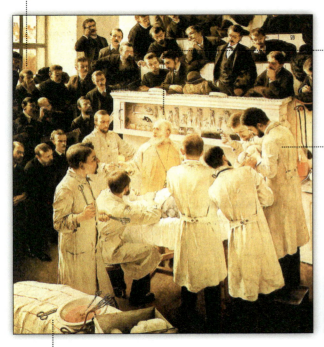

Adelbert F. Seligmann, *Theodor Billroth mentre opera alla Surgical Clinic II*, 1890 circa.

La scena è ambientata nell'auditorium dell'ospedale generale di Vienna, dove il chirurgo Theodor Billroth, pioniere della chirurgia addominale, sta eseguendo un intervento.

Sebbene i medici indossino i camici, non hanno guanti e il pubblico invade la sala operatoria.

L'illuminazione è concentrata sul tavolo operatorio, dove è in corso un'operazione resa con toni realistici.

Il tavolino in primo piano mostra la pompetta con l'etere utilizzata per fare l'anestesia, le forbici messe a sterilizzare in una bacinella di acqua calda e le garze nuove, come insegnano le regole antisepsi.

La donna che si copre il volto potrebbe essere la madre del paziente: durante gli interventi eseguiti gratuitamente per carità in molti ospedali statunitensi, un membro della famiglia poteva assistere all'operazione.

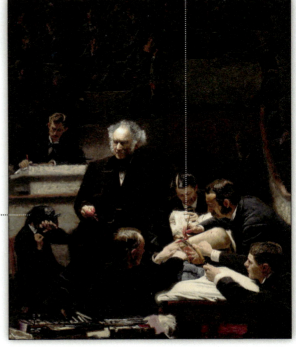

Thomas Eakins, *Ritratto del professor Gross*, 1875

I luoghi della cura

PERCORSI VISIVI

Prevenzione e vaccinazione

La nascita della batteriologia e l'invenzione di nuovi strumenti diagnostici, permettono per la prima volta di identificare con precisione le malattie infettive. Il microscopio consente di scoprire che le malattie infettive non sono provocate da miasmi, come si credeva fino ad allora, ma dall'azione di microrganismi. Così Louis Pasteur ottiene il primo vaccino della storia per debellare il vaiolo, diffondendo anche la prassi della vaccinazione.

Ramon Casas y Carbo, *La tubercolosi minaccia la strada e la ricchezza della Catalogna*, 1922

Nel 1882 Robert Koch scopre il bacillo della tubercolosi e del colera, rendendone possibile la diagnosi e la cura.

Il mezzo di comunicazione più diffuso all'inizio del Novecento, il manifesto pubblicitario, viene utilizzato anche per sensibilizzare l'opinione pubblica sulle malattie infettive.

Ramon Casas y Carbo, *Sifilide*, 1900

La prevenzione diventa un elemento dei programmi sanitari statali nel XIX secolo: i primi provvedimenti di arginare la diffusione di malattie infettive sono l'isolamento e la quarantena. A questo seguono provvedimenti igenico-sanitari su larga scala, la diffusione dei vaccini e un'educazione sanitaria della popolazione.

La sifilide è conosciuta dal XV secolo ma si deve aspettare l'inizio del XX secolo per conoscerne la diagnosi e la cura. Grazie a un composto a base di arsenico utilizzato dal 1910 e successivamente con la penicillina, la malattia inizia a regredire.

- In molti romanzi si trovano riferimenti alle epidemie: te ne viene in mente qualcuno?

496 Percorsi visivi

La Salpêtrière e l'emarginazione nei manicomi

Nel corso dell'Ottocento il disturbo mentale inizia ad essere considerato come una malattia da curare: si afferma la psichiatria, la disciplina medica che studia le malattie della psiche e i relativi rimedi, e cominciano a diffondersi i manicomi.

André Brouillet, *Una lezione clinica alla Salpêtrière*, 1887.

Protagonista della scena è il neuropatologo francese Jean-Martin Charcot (1825-1893), che si dedicò allo studio dell'isteria e dei fenomeni ipnotici.

La paziente è una giovane donne isterica, posta in stato d'ipnosi. I casi clinici sono oggetto di istruzione per gli studenti di medicina che iniziano quotidianamente a fare il giro dei malati, prendendo appunti sulla cura e sullo stato di salute dei pazienti.

Il quadro documenta una delle lezioni che Charcot teneva ogni martedì, rivolte a studenti e colleghi, all'ospedale della Salpêtrière a Parigi.

Il soggetto rappresenta un reparto psichiatrico femminile dell'ospedale Bonifacio di Firenze, attivo fino al 1924, dove sono recluse «le ultime degli ultimi»: ancora nel XIX secolo le misure adottate nei confronti dei malati di mente non differivano da quelle riservate ai delinquenti comuni.

Telemaco Signorini, *La sala delle agitate al San Bonifazio di Firenze*, 1865.

La drammaticità della scena è resa dal forte contrasto chiaroscurale. Le malate, nell'ombra, restano indifferenti alla luce che proviene dall'esterno che si infrange sulla parete vuota.

🔵 Ricerca, rifletti, organizza e realizza

Fai una ricerca sulla figura del folle nell'arte e nella letteratura, dall'antichità fino al Novecento; poi esegui una presentazione in power point corredata di immagini e didascalie. Per cominciare può esserti di aiuto seguire la scaletta che ti proponiamo:
- Nel Medioevo la figura del matto è assimilata a quella dell'indemoniato e del criminale comune
- Le rappresentazioni della follia nella pittura del XV e del XVI secolo
- Il malato di mente come emarginato da isolare e da allontanare dalla comunità civile: rappresentazioni del manicomio nella pittura del XVIII e del XIX secolo

Quali erano le condizioni reali dei degenti nei manicomi? In molti casi i degenti vivevano in uno stato deplorevole di abbandono, spesso incatenati o immobilizzati in camicie di forza. Tra le cure più praticate, oltre alla somministrazione di sedativi, all'inizio del Novecento si afferma la pratica dell'elettroshock. A partire dagli anni Sessanta dello scorso secolo, in Italia, lo psichiatra Franco Basaglia formula un approccio terapeutico basato sul recupero del malato psichiatrico tramite il suo reinserimento nella società. Esegui una ricerca sull'attività di Basaglia e sulla riforma psichiatrica del 1978 che ha portato alla chiusura dei manicomi e scrivi un saggio breve sull'argomento.

I luoghi della cura

Il primo Novecento

Consulta la linea del tempo interattiva

Tra Ottocento e Novecento
La Belle Époque

I rappresentanti dei Paesi protagonisti della Conferenza di pace di Parigi iniziata il 18 gennaio 1919.

Boris Kustodiev, *Il bolscevico*, 1920.

L'Europa alla fine della Prima guerra mondiale

Belle époque

Negli anni a cavallo tra Ottocento e Novecento l'Europa attraversa un periodo di pace e prosperità, noto come Belle époque ("epoca bella"). Un periodo caratterizzato da un'impetuosa crescita economica, da progressi tecnologici, dal miglioramento delle condizioni di vita e da un clima di ottimismo e fiducia nel futuro, ma in cui si avvertono già i segnali della crisi che dopo pochi anni porterà alla Prima guerra mondiale.

Irrazionalismo

Alla fine dell'Ottocento le certezze positivistiche e la fiducia nella scienza sono messe in crisi da alcune importanti scoperte scientifiche e dall'affermarsi di nuove forme di conoscenza fondate sulla dimensione soggettiva dell'individuo. Tali teorie irrazionalistiche sono all'origine di nuove tendenze culturali in parte derivate dal Decadentismo, in parte sviluppate dai romanzieri della "crisi" e dagli esponenti delle Avanguardie.

L'assassinio a Sarajevo dell'arciduca Francesco Ferdinando e di sua moglie nel 1914. Illustrazione di Achille Beltrame per «La Domenica del Corriere».

Albert Einstein fotografato da Ferdinand Schmutzer nel 1921.

Sigmund Freud pubblica *L'interpretazione dei sogni*; Max Planck elabora la teoria dei quanti	1900
A Dresda nasce il Movimento espressionista	1900-1905
Manifesto del Futurismo di Filippo Tommaso Marinetti	1909
L'Italia dichiara guerra alla Turchia e occupa la Libia	1911
In Italia viene introdotto il suffragio universale maschile	1912
Inizia la Prima guerra mondiale	1914
L'Italia entra in guerra a fianco di Francia e Inghilterra	1915
Albert Einstein pubblica la teoria della relatività generale	1916
In ottobre inizia la Rivoluzione russa	1917
Finisce la Prima guerra mondiale con la resa di Austria e Germania	1918
Trattati di Parigi	1919
Manifesto del Surrealismo di André Breton	1924

Psicanalisi

Tra la fine dell'Ottocento e i primi del Novecento, il neurologo austriaco Sigmund Freud, impegnato nella ricerca di una cura per i disturbi mentali, "scopre" l'inconscio, una zona della psiche umana non soggetta al controllo della ragione e dominata da pulsioni istintuali. La psicanalisi è la disciplina che Freud mette a punto per liberare i pazienti da traumi profondi, facendo emergere la dimensione inconscia attraverso il dialogo con il terapeuta.

Avanguardie

Le Avanguardie storiche (Espressionismo, Futurismo, Dadaismo e Surrealismo) sono movimenti interdisciplinari e collettivi che si distinguono per l'atteggiamento di violenta rottura verso la tradizione culturale del passato e promuovono un'arte nuova con l'intento di scandalizzare il pubblico. Gli esponenti delle Avanguardie rifiutano la cultura di massa e sono animati da uno spirito di ribellione, che li porta di volta in volta a esaltare il dinamismo della moderna civiltà industriale, l'alienazione causata dalla società di massa, le pulsioni profonde e irrazionali dell'inconscio.

499

COORDINATE STORICHE

Dall'età giolittiana alla Prima guerra mondiale

Manifesto pubblicitario della FIAT realizzato da Giovanni Carpanetto nel 1899.

Luci e ombre della Belle époque

Un apparente benessere Gli anni a cavallo tra Ottocento e Novecento sono caratterizzati in tutta Europa da una situazione di apparente prosperità. La **crescita economica** conseguente alla **seconda rivoluzione industriale** determina l'avvento di una **società capitalistica di massa** guidata dalla borghesia, che guarda al futuro con ottimismo e fiducia nel progresso. Parallelamente, i miglioramenti tecnologici sono all'origine di un notevole **incremento demografico** e di un effettivo **miglioramento** delle condizioni di vita **dei ceti medi**: molte malattie vengono debellate, nelle città si diffonde l'illuminazione elettrica, nelle strade compaiono le prime automobili, nascono il cinema e il cabaret. Tutto ciò contribuisce a creare il clima di **ottimismo** e spensieratezza tipico della cosiddetta **Belle époque** («epoca bella»). Tuttavia, dietro questo benessere – favorito anche da un trentennio privo di guerre – si celano non pochi **elementi di crisi**. Lo **sviluppo** industriale è **disomogeneo** sia sul piano geografico (basta pensare all'Italia, dove al decollo industriale del Nord si contrappongono le persistenti difficoltà del Meridione) sia nei suoi risvolti sociali: mentre migliorano le condizioni di vita della borghesia, aumentano infatti i disagi del proletariato e le **crescenti tensioni sociali** sfociano in insurrezioni duramente represse dai governi. In politica estera, i governi europei tendono ad assumere **atteggiamenti nazionalistici**, che sfociano in un clima di aggressività reciproca (testimoniata da una produzione massiccia di armamenti su commissione statale) e nella corsa al **colonialismo**: il dominio diretto di territori (colonie) o il controllo di aree di influenza è infatti funzionale all'approvvigionamento di materie prime, all'allargamento dei propri mercati, e allo stesso tempo risponde a scelte strategico-militari e ad ambizioni di prestigio politico internazionale. Inoltre, sempre più Stati fanno ricorso a **misure protezionistiche** per tutelare la produzione nazionale a scapito della concorrenza estera.

Due schieramenti opposti Anche se questa situazione di «**pace armata**» viene garantita fino ai

Il primo Novecento • Coordinate storiche

La parola ai protagonisti

Otto von Bismarck, *La politica estera della Germania*

In questo discorso, pronunciato nel gennaio del 1887 davanti al Parlamento, il cancelliere Otto von Bismarck spiega le motivazioni della politica estera tedesca: egli afferma di non volere la guerra, ma è consapevole che la pace è legata a un delicato equilibrio di alleanze tra le varie potenze.

Non abbiamo nessun bisogno di guerra: siamo di quelli che il vecchio principe di Metternich[1] chiamava «Stati saturi»; non sentiamo nessun bisogno che debba essere soddisfatto colla spada, e quand'anche ne fosse il caso, considerate l'azione pacifica della politica imperiale durante gli ultimi sedici anni. In primo luogo ci siamo proposti il compito di riconciliarci per quanto fosse possibile con quegli Stati con cui avevamo fatto la guerra. Questo ci è riuscito pienamente coll'Austria. [...] Ma la riconciliazione coll'Austria non era il solo scopo verso cui tendesse la nostra politica di pace. Ci siamo ricordati che l'amicizia delle tre grandi potenze orientali in Europa[2], pur avendo potuto avere conseguenze che sono spiaciute alla pubblica opinione e anche ad altri Stati, ha pur sempre assicurato per trent'anni la pace all'Europa, pace di un'epoca in cui sono scaturite quelle fonti che hanno fecondato e fatto progredire la prosperità pubblica, lo slancio economico e tutto l'insieme dello svolgimento scientifico, tecnico e materiale dell'Europa. Quelle fonti si sono formate nel periodo durante il quale la Santa Alleanza[3] tanto diffamata ci ha conservato la pace. [...] Non meno sinceri né meno grandi sono stati i nostri sforzi, dopo la guerra francese[4], per giungere alla riconciliazione colla Francia; ch'essi siano stati altrettanto fortunati, come verso l'Oriente, non so dirlo. [...] Non c'è mestieri di passare in rassegna tutte le altre potenze d'Europa: dell'Inghilterra e dell'Italia non parlo, non c'è nessuna ragione perché noi non abbiamo verso quei due Governi, come essi verso di noi, la massima benevolenza. Con l'una come con l'altra le nostre relazioni sono di tal natura ch'io non le metto in conto per aumentare la nostra forza militare – si tratta di relazioni di assoluta amicizia.

1. **Metternich:** il primo ministro austriaco che organizzò nel 1814 il Congresso di Vienna, tra le potenze che avevano sconfitto Napoleone.
2. **tre ... Europa:** Germania, Austria e Russia.
3. **Santa Alleanza:** l'alleanza tra le tre potenze sopra citate contro ogni forma di rivoluzione democratica e antimonarchica.
4. **la guerra francese:** la guerra franco-prussiana del 1870-1871.

primi anni del Novecento dalla **politica di equilibrio internazionale** del cancelliere tedesco Otto von **Bismarck** (1815-1898), le tensioni tra le potenze si fanno sempre più forti e nell'opinione pubblica inizia a farsi strada l'idea che una guerra sia prima o poi inevitabile.
In questo contesto, l'Europa vede contrapporsi due schieramenti: la **Triplice Alleanza** (1882) siglata da Germania, Austria e Italia, e la **Triplice Intesa** (1907) che riunisce Francia, Inghilterra e Russia. L'aggressività della Germania, lo scontro austro-russo per il predominio sui Balcani e altri fattori di contrasto internazionale trovano così il loro sbocco naturale nel primo conflitto mondiale, con il quale si conclude tragicamente il periodo della *Belle époque*.

◯ Sosta di verifica

1. Che cosa si intende per *"Belle époque"*?
2. Quali sono i motivi alla base del colonialismo?
3. Quali sono i due schieramenti che vengono a delinearsi in Europa agli inizi del Novecento?

Soldati austro-ungarici salutano mogli e fidanzate alla stazione di Vienna prima di partire per il fronte nel 1914.

Dall'età giolittiana alla Prima guerra mondiale

L'Italia nell'età giolittiana

Riformismo e conciliazione sociale Tra il **1903** e il **1914** la politica italiana è dominata dalla figura di Giovanni **Giolitti** (1842-1928), a capo di tre governi che si succedono quasi ininterrottamente, tanto da far sì che questo periodo, caratterizzato dallo **sviluppo industriale del Nord** e dal **rafforzamento dello Stato liberale**, sia comunemente denominato "età giolittiana".
Nella gestione dei contrasti che oppongono operai e industriali, Giolitti abbandona gli atteggiamenti autoritari e repressivi dei governi precedenti e realizza un'articolata **strategia di integrazione sociale**, volta a risolvere il conflitto tra le classi nell'ambito della mediazione politica e delle istituzioni parlamentari.
In quest'ottica si collocano una serie di **importanti riforme**: la campagna contro l'analfabetismo, coronata nel 1911 dalla **Legge sull'istruzione**, che affida le scuole elementari alla gestione dello Stato, sottraendole ai comuni; la legislazione sociale a **tutela del lavoro minorile e femminile**; la garanzia del diritto di sciopero; le leggi speciali per il Meridione; infine, l'istituzione del **suffragio universale maschile** (1912), che porta il corpo elettorale da tre a oltre nove milioni di individui.

Contraddizioni e declino della politica giolittiana L'azione di Giolitti, di fatto, mantiene saldamente il controllo politico nelle mani dei grandi imprenditori borghesi, cercando al tempo stesso di gestire il malcontento sociale attraverso **aperture all'ala socialista moderata**.
Non mancano però palesi **contraddizioni**, destinate a influenzare la politica italiana anche nei decenni successivi. Allo sviluppo industriale delle aree settentrionali corrisponde infatti l'accrescersi dello **squilibrio tra Nord e Sud** e l'aggravarsi della questione meridionale. Al tempo stesso, gli elementi di apertura democratica convivono con una **pratica politica spesso spregiudicata**, che si traduce frequentemente in corruzione e clientelismo. Inoltre, il desiderio di favorire le mire espansionistiche sostenute dalla borghesia e di allineare l'Italia alle altre potenze europee nell'avventura coloniale, induce Giolitti nel **1911** a dichiarare guerra alla Turchia e a intraprendere la **spedizione in Libia**, dove il governo italiano finanzia la costruzione di aeroporti, strade, ferrovie, porti, scuole e ospedali: l'impresa coloniale, tuttavia, non porta i benefici sperati e non riesce a risolvere la piaga dell'emigrazione oltreoceano.
Alla vigilia delle **elezioni del 1913**, le prime a suffragio universale, l'ascesa del socialismo radicale induce Giolitti a stipulare il cosiddetto **Patto Gentiloni**, un accordo tra liberali e cattolici, con cui questi ultimi si presentano per la prima volta alle elezioni dopo il *Non expedit*, la disposizione con cui Pio IX, nel 1874, aveva intimato alle forze cattoliche di non partecipare alla vita politica del Paese. Ma proprio il **successo elettorale dei cattolici**, unito al rafforzarsi dell'ala socialista, suscita tensioni all'interno dello schieramento liberale e induce Giolitti a dimettersi nel 1914, consapevole che la linea politica moderata è ormai insufficiente per governare il Paese, su cui si addensano i presagi di guerra.

> **Sosta di verifica**
> 1 Che tipo di riforme attua Giolitti durante i suoi tre governi?
> 2 Quali sono le contraddizioni della politica nell'età giolittiana?
> 3 Come si presenta il quadro politico italiano alla vigilia delle dimissioni di Giolitti?

La Prima guerra mondiale

Lo scoppio della guerra   Il **28 luglio 1914** a **Sarajevo** un giovane nazionalista serbo pugnala a morte l'**arciduca Francesco Ferdinando**, erede al trono asburgico: si tratta della scintilla che fa divampare la **Prima guerra mondiale**. Nella speranza di riaffermare il proprio dominio sui Balcani l'Austria dichiara guerra alla Serbia, mentre la Germania attacca la Russia e la Francia. L'invasione tedesca del Belgio spinge l'Inghilterra a entrare nel conflitto, appoggiata dal Giappone. Poco dopo, la Turchia scende in campo a fianco degli imperi centrali. Nonostante la convinzione che la guerra debba essere di breve durata, la rete delle alleanze amplia enormemente lo scenario bellico, trasformando il conflitto in una lunga e logorante **guerra di trincea** di dimensioni mondiali, che causa 22 milioni di morti e assorbe completamente l'economia dei paesi coinvolti. Per la prima volta nella storia, la guerra assume una dimensione totale, non solo sul piano geografico ma anche per le **nuove tecniche di combattimento** (carri armati, aerei), coinvolgendo in maniera massiccia anche le popolazioni civili.

L'estrema violenza della guerra è dettata anche da fattori ideologici: la martellante **propaganda** instilla nei soldati sentimenti di odio nazionalistico e mira alla completa distruzione del nemico. La guerra è percepita, anche da molti intellettuali dell'epoca, come uno **scontro fra due civiltà**, quella germanica da un lato e quella occidentale dall'altro.

L'ingresso in guerra dell'Italia   Allo scoppio del conflitto, l'Italia mantiene inizialmente una **posizione di neutralità**, in quanto il trattato con la Triplice Alleanza ha un carattere esclusivamente difensivo. La maggioranza della popolazione è del resto contraria al conflitto, mentre un vasto fronte di **intellettuali**, dai futuristi a Gabriele D'Annunzio, fino a Benito Mussolini (allora giornalista), si schiera **a favore della guerra**, in cui vede un'**occasione di riscatto nazionale**. Tra le forze politiche sono numerosi gli interventisti: i nazionalisti, gli irredentisti e i liberali di destra, oltre alle gerarchie militari e alla borghesia imprenditoriale cui fa capo l'industria bellica. In questo clima i neutralisti, tra cui molti cattolici, socialisti e liberali giolittiani, vengono travolti dall'aggressività del governo presieduto da Antonio **Salandra**, che stipula in segreto il **Patto di Londra** (col quale l'Italia si impegna a schierarsi contro la Triplice Alleanza) e il **24 maggio 1915 entra in guerra a fianco della Triplice Intesa**, in cambio della promessa di riottenere Trento e l'Istria.

La parola ai protagonisti

«Amiamo la guerra»: l'imperativo di Giovanni Papini

Il 1° ottobre 1914, sulle pagine della rivista «Lacerba», Giovanni Papini pubblica un articolo intitolato *Amiamo la guerra*, in cui si schiera apertamente a favore del conflitto, presentandolo come un'occasione per rivitalizzare la società, eliminando i deboli e gli inetti. Nei toni enfatici e nell'ostentato cinismo, egli interpreta una posizione largamente diffusa fra gli intellettuali italiani, che contribuiranno con la loro superficiale retorica a spingere il governo all'intervento.

Ci voleva, alla fine, un caldo bagno di sangue nero dopo tanti umidicci e tiepidumi di latte materno e di lacrime fraterne. Ci voleva una bella innaffiatura di sangue per l'arsura dell'agosto; e una rossa svinatura per le vendemmie di settembre. È finita la siesta della vigliaccheria, della diplomazia, dell'ipocrisia e della pacioseria[1]. I fratelli son sempre buoni ad ammazzare i fratelli, i civili son pronti a tornar selvaggi; gli uomini non rinnegano le madri belve. Non si contentano più dell'omicidio al minuto[2]. Siamo troppi. La guerra è un'operazione malthusiana[3]. C'è un di troppo di qua e un di troppo di là che si premono. La guerra rimette in pari le partite. Fa il vuoto perché si respiri meglio. Lascia meno bocche intorno alla stessa tavola. E leva di torno un'infinità di uomini che vivevano perché erano nati; che mangiavano per vivere, che lavoravano per mangiare e maledicevano il lavoro senza il coraggio di rifiutar la vita. [...]
La guerra, infine, giova all'agricoltura e alla modernità. I campi di battaglia rendono, per molti anni, assai più di prima senz'altra spesa di concio[4]. Che bei cavoli mangeranno i francesi dove s'ammucchiarono i fanti tedeschi e che grasse patate si caveranno in Galizia quest'anno! [...]
Amiamo la guerra ed assaporiamola da buongustai finché dura. La guerra è spaventosa – e appunto perché spaventosa e tremenda e terribile e distruggitrice dobbiamo amarla con tutto il nostro cuore di maschi.

1. pacioseria: *atteggiamento tranquillo, pacifico.*
2. al minuto: *in piccole quantità.*
3. La guerra ... malthusiana: l'economista Thomas Malthus (1766-1834) sosteneva la necessità di una limitazione delle nascite per controbilanciare lo squilibrio tra la popolazione e i mezzi di sussistenza. La guerra, diminuendo le bocche da sfamare, garantirebbe la prosperità di chi resta.
4. concio: *concimazione.* L'immagine della terra fertilizzata dai cadaveri dei caduti è volutamente provocatoria e violenta.

Dall'età giolittiana alla Prima guerra mondiale

La rivoluzione russa Mentre nel 1917 anche gli Stati Uniti entrano in guerra a fianco dell'Intesa, la Russia, stremata dal conflitto, si avvia a una profonda trasformazione. Nonostante le parziali aperture realizzate dallo zar Alessandro II, il paese è caratterizzato da una condizione di **arretratezza economica e sociale** e dalla presenza di un **forte movimento socialista** organizzato (che già nel 1905 aveva tentato senza fortuna di rovesciare il regime zarista).
Nel **febbraio 1917** un'ondata di scioperi scoppiata a Pietrogrado porta rapidamente a un colpo di stato: lo zar **Nicola II abdica**, segnando la fine della secolare dinastia dei Romanov, mentre si forma un governo provvisorio di orientamento moderato. In seguito, grazie anche al **rientro di Lenin** dalla Svizzera, prevalgono le tesi dei **bolscevichi** (socialisti radicali, ostili alla prosecuzione del conflitto) e il **25 ottobre 1918** i bolscevichi assaltano il **Palazzo d'Inverno**, sede del governo, instaurando il primo governo socialista della storia.

La fine del conflitto Nel **1918** la **Russia**, ormai governata dai socialrivoluzionari, firma con la Germania una **pace separata**, a cui segue un periodo di conflitti interni tra l'ala oltranzista e quella moderata dei rivoluzionari. Dopo la sconfitta di **Caporetto** (1917), nel 1918 l'Italia lancia l'attacco decisivo che la porterà a conquistare le regioni nord-orientali: il Trentino fino al Brennero, il Friuli e la Venezia Giulia. Gli imperi centrali resistono ancora per qualche mese, ma l'**offensiva statunitense** induce la Germania a ripiegare, seguita dalla Turchia e infine dall'Austria, sconfitta dall'Italia a Vittorio Veneto. Il **4 novembre 1918** l'**Austria** firma l'**armistizio**, seguita pochi giorni dopo dalla **Germania**.
Al termine della Prima guerra mondiale i **trattati di Parigi** (1919) stabiliscono le condizioni di pace tra gli Stati vincitori (Francia, Inghilterra, Italia e Stati Uniti) e quelli sconfitti (l'Impero austro-ungarico, la Germania e l'Impero ottomano), imponendo durissime sanzioni alla Germania. Con la fine della guerra l'assetto politico dell'Europa centro-orientale risulta sconvolto. **Scompaiono l'Impero austro-ungarico e l'Impero ottomano**, sostituiti da nuovi Stati nazionali, mentre la Russia zarista, in seguito alla rivoluzione bolscevica, si trasforma nell'**Unione Sovietica**. Cresce invece il ruolo degli **Stati Uniti**, che si affermano come la prima grande potenza extraeuropea in grado di intervenire negli affari del continente e di condizionarne la politica.

Sosta di verifica

1 Qual è la novità storica della Grande Guerra?
2 Come era divisa l'opinione pubblica italiana riguardo all'entrata in guerra?
3 Quali sono le conseguenze più immediate della rivoluzione in Russia?

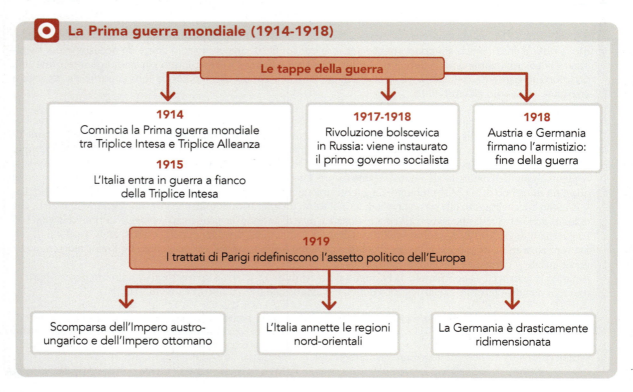

La Prima guerra mondiale (1914-1918)

Le tappe della guerra

1914 Comincia la Prima guerra mondiale tra Triplice Intesa e Triplice Alleanza
1915 L'Italia entra in guerra a fianco della Triplice Intesa

1917-1918 Rivoluzione bolscevica in Russia: viene instaurato il primo governo socialista

1918 Austria e Germania firmano l'armistizio: fine della guerra

1919 I trattati di Parigi ridefiniscono l'assetto politico dell'Europa

- Scomparsa dell'Impero austro-ungarico e dell'Impero ottomano
- L'Italia annette le regioni nord-orientali
- La Germania è drasticamente ridimensionata

Il film del mese
Tempi moderni

- **REGIA** Charlie Chaplin
- **ANNO** 1936
- **DURATA** 87 min.
- **CAST** Charlie Chaplin (l'operaio), Paulette Goddard (la monella), Stanley J. Sanford (Big Bill), Henry Bergman (proprietario del ristorante), Chester Conklin (il meccanico).

Scopri altri materiali sul film

TRE BUONI MOTIVI PER VEDERLO

1 Dà un'interpretazione simbolica della nuova società industriale, in cui l'individuo finisce per essere "stritolato" dagli ingranaggi del sistema produttivo.
2 Rappresenta lucidamente i rischi a cui sono esposti i più "deboli", costretti a sopravvivere grazie a espedienti e alla reciproca solidarietà, ma privati della prospettiva di una vita stabile.
3 Riflette ironicamente sulla presenza sempre più ingombrante delle macchine nella vita dell'uomo.

L'AUTORE E L'OPERA Charlie Chaplin (1899-1977) è uno dei più grandi attori e registi della storia del cinema. Conosciuto anche come Charlot, dal nome di un suo celebre personaggio (il vagabondo con pantaloni larghi, scarpe lunghe, bombetta e bastone da passeggio), i suoi film, tra cui ricordiamo almeno *Il monello* (1921), *La febbre dell'oro* (1925), *Luci della città* (1931) e *Il grande dittatore* (1940), affrontano i grandi temi della contemporaneità con una leggerezza e uno stile recitativo che coniuga con estrema naturalezza comicità, poesia e sentimento.
Come molti altri capolavori, *Tempi Moderni* (1936) è una pellicola ancora oggi attuale, che anticipa molte tematiche della nostra epoca. Nel raccontare il difficile (se non impossibile) tentativo di ribellione dell'uomo moderno agli ingranaggi della società industriale, Chaplin descrive infatti i rischi di una presenza sempre più invasiva e oppressiva delle macchine, esprimendo tutta la sua avversione al capitalismo, che gli procurò non poche critiche negli Stati Uniti.

LA TRAMA Charlot è impiegato come addetto alla catena di montaggio in un gigantesco complesso industriale, fino a quando, a causa del lavoro ripetitivo e alienante, impazzisce e viene ricoverato in una clinica. Una volta guarito, finisce per trovarsi suo malgrado in mezzo a una serie di malintesi e imprevisti che lo porteranno a vivere bizzarre disavventure, in cui viene scambiato per un leader sindacale, finisce in carcere e riesce involontariamente a sventare una rivolta dei detenuti, riguadagnando la libertà.
Fuori dalla prigione Charlot incontra una ragazza che cerca in ogni modo di sfamare le proprie sorelle. Da questo momento i loro destini si intrecciano attraverso numerose vicissitudini, in cui la ricerca di un lavoro e di stabilità dovrà fare i conti con le rigide regole della società e con il desiderio di libertà dei due protagonisti.

COORDINATE CULTURALI

L'età dell'irrazionalismo

Le novità scientifiche

La fine delle certezze   Il Novecento si apre con una serie di importanti **scoperte scientifiche** che rivoluzionano i principi della matematica e della fisica classiche, mettendo in crisi l'idea di una conoscenza oggettiva della realtà e dei suoi fenomeni. Nell'epoca del trionfo della tecnologia e della modernità, la scienza si interroga sui suoi fondamenti e, reinterpretando i concetti stessi di materia, spazio e tempo, elabora teorie che sottolineano il **carattere relativo di ogni esperienza**. Queste scoperte non rimangono confinate in ambiti specialistici, ma vengono recepite anche dagli strati più colti della società, contribuendo a incrinare la fiducia nel progresso e nella scienza e diffondendo incertezza e smarrimento.

La teoria dei quanti e il probabilismo   Nel 1900 il fisico tedesco **Max Planck** (1858-1947) elabora la **teoria dei quanti**, secondo la quale gli scambi di energia in natura non avvengono in modo continuo e uniforme, come sosteneva la meccanica classica, ma in forma discontinua, in quantità definite dette appunto "quanti". Questa nuova concezione, che **Niels Bohr** applica agli studi sull'atomo, porta a una **nuova concezione della materia** e soprattutto a interpretare i fenomeni fisici non più in modo deterministico, ma esclusivamente in termini di probabilità. Tali spunti troveranno la loro più compiuta formulazione nel **principio di indeterminazione** di **Werner Heisenberg** (1927), ma già Planck affermava: «Non è possibile prevedere con certezza un evento fisico. E questa è una scomoda ma inevitabile verità».

Einstein e la relatività   La scoperta scientifica che più influenza la sensibilità e la cultura del primo Novecento è però la **teoria della relatività**, formulata da **Albert Einstein** (1879-1955) nel 1905 (relatività ristretta) e rielaborata nel 1916 (relatività generale). Essa pone l'energia in relazione con la massa dei corpi e con la velocità della luce, considerata costante in ogni campo di osservazione. In conseguenza di questa teoria i **concetti di spazio e tempo** cessano di essere valori assoluti – com'erano nella fisica classica e nell'esperienza quotidiana – per diventare **fenomeni relativi e dipendenti dallo stato dell'osservatore**. Alle tre dimensioni della fisica classica se ne aggiunge dunque una quarta, lo spaziotempo, una dimensione dinamica in cui ogni elemento varia in base al modificarsi del sistema di riferimento. Queste rivoluzionarie scoperte influenzano anche la cultura e le arti, portando per esempio allo spazio poliprospettico di Pablo Picasso e dei cubisti e, in letteratura, alla particolare gestione del tempo narrativo nei romanzi di Marcel Proust, James Joyce e Virginia Woolf.

Lo spazio e il tempo della modernità   La percezione dello spazio e del tempo muta anche nell'esperienza concreta grazie a **innovazioni tecnologiche** come il **radiotelegrafo** (inaugurato nel 1895 da Guglielmo Marconi), la radio e il **telefono**, che permettono di comunicare in tempo reale; anche il **montaggio cinematografico** e la moviola sembrano annullare, almeno nella finzione, il principio della irreversibilità del tempo. Anche lo spazio si modifica: lo sviluppo della rete ferroviaria, i **primi voli** dei fratelli Wright e le prime **automobili** trasformano radicalmente la percezione della distanza, rendendo il mondo "più piccolo". Nasce così il nuovo **mito del dinamismo e della velocità**, mentre l'atteggiamento degli artisti verso le macchine oscilla tra lo scetticismo e l'entusiasmo (come per l'avanguardia futurista).

⭘ Sosta di verifica

1 Quali importanti scoperte scientifiche vengono realizzate all'inizio del Novecento?

2 Quali conseguenze implica la teoria della relatività di Einstein?

3 In che modo le innovazioni tecnologiche contribuiscono a modificare la percezione tradizionale dello spazio e del tempo?

L'irrazionalismo

La filosofia del primo Novecento Già negli ultimi decenni dell'Ottocento la crisi del Positivismo aveva portato alla valorizzazione della **soggettività e alla rivalutazione di forme di conoscenza irrazionalistiche e intuitive**. In ambito filosofico questa tendenza si era espressa nella riflessione di filosofi come **Nietzsche** e il francese **Henri Bergson** (1859-1941), che elabora una **nuova concezione del tempo**, inteso non come successione lineare di momenti isolati ma come **dimensione interiore**, percepita dal soggetto come «durata pura». Al tempo oggettivo si affianca così un **tempo soggettivo**, proprio dell'io, simile a un flusso ininterrotto in cui il passato, attraverso la memoria, coincide con il presente. Tali teorie avranno un notevole influsso anche sulla narrativa primo-novecentesca, da Marcel Proust a Italo Svevo.

Freud e la scoperta dell'inconscio La valorizzazione degli elementi istintuali è alla base delle rivoluzionarie teorie dell'austriaco **Sigmund Freud** (1856-1939), esposte in numerosi saggi tra cui *L'interpretazione dei sogni* (1900).
In seguito a una serie di studi condotti sull'isteria, Freud si convince che il disagio psichico non sia riconducibile a cause fisiche, ma che l'**origine delle nevrosi**, come pure di molti comportamenti "normali", vada ricercata nell'**inconscio**, una zona della psiche umana non sottoposta al controllo della ragione e della coscienza, in cui si scontrano pulsioni istintuali profonde che condizionano il comportamento del soggetto in modo inconsapevole. In particolare, secondo Freud, la vita psichica di ogni uomo è travagliata dal tentativo di conciliare la soddisfazione delle **pulsioni sessuali inconsce** (che rispondono al «principio di piacere») e le **esigenze di autocontrollo** e autocensura imposte dalla vita associata («principio di realtà»).

La frantumazione dell'Io La scoperta dell'inconscio non solo rende assai più labile e sfumato il confine tra malattia e sanità, ma mette **in crisi l'idea stessa della personalità individuale**, del soggetto inteso come unità armonica e coerente. L'Io non si identifica più con la coscienza e la razionalità, ma appare come un'entità complessa, teatro di **tensioni contrastanti** di cui l'individuo non è pienamente cosciente e che, quindi, non è in grado di dominare. Si definisce così una **stratificazione della psiche**, in cui interagiscono in modo dinamico **tre entità distinte**: l'**Es**, il nucleo istintuale profondo, sede delle pulsioni primarie; l'**Io**, il nucleo della personali-

---

La parola ai protagonisti

Sigmund Freud: «L'Io non è padrone in casa propria»

Nel suo saggio *Una difficoltà della psicanalisi* (1916), Freud paragona la psicanalisi ad altre teorie scientifiche come l'eliocentrismo di Copernico e l'evoluzionismo di Charles Darwin, che già in passato avevano «umiliato» l'uomo ridimensionandone il naturale narcisismo. In particolare, le teorie di Freud dimostrano a ciascuno di noi che «l'Io non è padrone in casa propria», nel senso che non è cosciente delle pulsioni profonde della sua psiche.

L'uomo, anche se degradato al di fuori, si sente sovrano nella propria psiche. Ha creato in qualche luogo, nel nucleo stesso del suo Io, un organo ispettivo[1] che sorveglia i suoi impulsi e i suoi atti, per controllare se corrispondono alle sue esigenze. Se ciò non accade, tali atti e impulsi vengono inesorabilmente inibiti[2] e trattenuti. [...] In determinate malattie, e specialmente nelle nevrosi che noi abbiamo studiato, le cose vanno diversamente. L'Io si sente a disagio, incontra limitazioni nella sua stessa casa, nella psiche. Appaiono improvvisamente pensieri di cui non si sa donde provengano; e non si può far nulla per scacciarli. Questi ospiti stranieri sembrano addirittura più potenti dei pensieri sottomessi all'Io [...]. La psicanalisi si propone di spiegare queste inquietanti forme morbose, [...] e può alla fine dire all'Io: «Nulla di estraneo è penetrato in te, ma una parte della tua volontà si è sottratta alla tua conoscenza e al dominio della tua volontà. [...] Rientra in te, nel tuo profondo[3], se prima impari a conoscerti, capirai perché ti accade di doverti ammalare; e forse riuscirai a evitare di ammalarti». Così la psicanalisi voleva istruire l'Io. Ma le spiegazioni [...] equivalgono all'asserzione che l'Io non è padrone in casa propria. Esse costituiscono la terza umiliazione inferta all'amor proprio umano, quella che chiamerei psicologica. Non c'è quindi da meravigliarsi se l'Io non concede la propria benevolenza alla psicanalisi e continua ostinatamente a non crederle.

S. Freud, *Una difficoltà della psicanalisi*, in *Opere*, a cura di C.L. Musatti, vol. 8, Torino, Bollati Boringhieri, 1989

1. un organo ispettivo: il *Super-io,* che controlla le pulsioni.
2. inibiti: *repressi.*

3. nel tuo profondo: *nell'inconscio.*

L'età dell'irrazionalismo   507

tà individuale, che si definisce nella faticosa ricerca di una mediazione tra le altre due entità; e infine il *Super-io*, l'insieme delle regole morali e sociali che l'individuo ha introiettato e che intervengono a censurare i desideri dell'*Es*.

Psicanalisi e letteratura Secondo Freud la nevrosi affonda le sue radici nell'inconscio e ha origine dalla repressione delle pulsioni sessuali della *libido* o dalla rimozione di eventi traumatici dalla sfera della coscienza. Nel tentativo di elaborare una cura per questi disturbi, Freud fonda la **psicanalisi**, una nuova disciplina in cui il terapeuta tenta di liberare il paziente dal suo disagio facendo emergere la dimensione inconscia attraverso il **dialogo** e le libere **associazioni mentali**. La tecnica psicanalitica verrà in seguito modificata, anche grazie all'apporto fondamentale di Karl Gustav **Jung** e delle sue teorie sull'«**inconscio collettivo**», ma l'influsso delle teorie freudiane sarà fondamentale nell'arte e nella letteratura del Novecento, dalle opere di Italo Svevo fino alla poesia di Umberto Saba.

◯ Sosta di verifica

1 Quali caratteristiche comuni presentano le filosofie europee di fine secolo?
2 Secondo Freud, quali sono i livelli in cui si articola la vita psichica?
3 Che cos'è la psicanalisi?

La società di massa e la crisi degli intellettuali

L'avvento della società di massa Nei primi anni del Novecento, in conseguenza dell'**industrializzazione** e dello sviluppo del **capitalismo**, si assiste alla nascita della moderna società di massa. La produzione industriale si standardizza grazie alle innovazioni tecnologiche e al taylorismo, le strutture pubbliche e il terziario privato si ampliano e la popolazione si concentra nei grandi centri urbani. Ne derivano **importanti vantaggi sociali**: il proletariato acquisisce una maggiore coscienza di classe, l'ampliamento del diritto di voto permette una più larga partecipazione alla vita politica, migliorano le condizioni di vita e il livello di scolarizzazione. La società, in apparenza, diviene più democratica e si riducono le differenze tra i diversi ceti sociali. Ma se questi mutamenti determinano una progressiva **omogeneizzazione socio-culturale**, tendono anche a sminuire il peso del singolo individuo, che si scopre parte di un insieme più complesso e anonimo, di una «massa» indifferenziata e omogenea guidata dalle regole del profitto e del consumo.

Alienazione e «disagio della civiltà» Mentre il ceto operaio si batte per l'acquisizione dei propri diritti, soprattutto nella **media borghesia** si diffondono sentimenti di **insoddisfazione**, che si riflettono an-

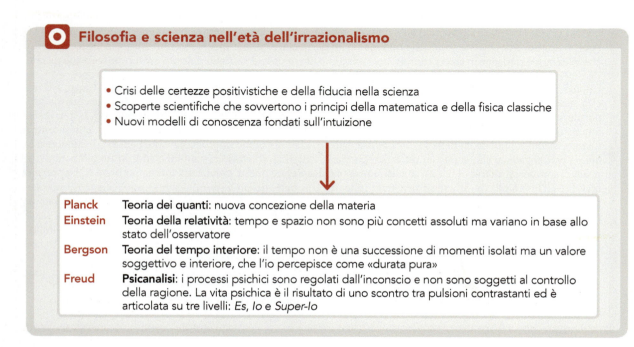

◯ **Filosofia e scienza nell'età dell'irrazionalismo**

- Crisi delle certezze positivistiche e della fiducia nella scienza
- Scoperte scientifiche che sovvertono i principi della matematica e della fisica classiche
- Nuovi modelli di conoscenza fondati sull'intuizione

⬇

Planck	**Teoria dei quanti**: nuova concezione della materia
Einstein	**Teoria della relatività**: tempo e spazio non sono più concetti assoluti ma variano in base allo stato dell'osservatore
Bergson	**Teoria del tempo interiore**: il tempo non è una successione di momenti isolati ma un valore soggettivo e interiore, che l'io percepisce come «durata pura»
Freud	**Psicanalisi**: i processi psichici sono regolati dall'inconscio e non sono soggetti al controllo della ragione. La vita psichica è il risultato di uno scontro tra pulsioni contrastanti ed è articolata su tre livelli: *Es*, *Io* e *Super-Io*

La parola ai protagonisti

Renato Serra, *L'illusione della guerra*

Nonostante le sue posizioni neutraliste Renato Serra (1884-1915) decise di arruolarsi volontario, nella convinzione che gli intellettuali non potessero esimersi dal partecipare in prima persona al conflitto. Ucciso dopo soli due mesi di combattimenti, Serra affidò le sue riflessioni all'*Esame di coscienza di un letterato*, una riflessione scritta poco prima di partire per il fronte e pubblicata postuma nel 1916. Nel brano che riportiamo egli polemizza con quanti, come Papini e i futuristi, vedono nella guerra un'esperienza in grado di rigenerare l'uomo.

La guerra... Son otto mesi, poco più poco meno, ch'io mi domando sotto quale pretesto mi son potuta concedere questa licenza[1] di metter da parte tutte le altre cose e di pensare solo a quella. I giorni passano, e il peso di questo conto da liquidare colla mia coscienza mi annoia e mi attira. [...]

Ora è certo che non può esser permesso a nessuno di [...] fare tutti questi preparativi, con aggiunta di raccoglimento e di ansia e di attesa, prender l'atteggiamento della partenza; e alla fine, non muoversi; non far nulla; stare alla finestra a guardare. Che cosa? Davanti a me non c'è altro che la mia ombra immobile, come una caricatura. Sono otto mesi che la guardo; e faccio cenno colla mano a tutte le altre cure[2] di stare indietro, perché non ho tempo da badarci; serio, con l'aria di un uomo preoccupato. [...] Ma è inutile che io mi diverta adesso a farci sopra dell'ironia, che sarebbe facile. Del resto, questa storia della nostra «partecipazione personale alla guerra» nei mesi che son passati, con tutti i suoi equivoci di illusione e di ingenuità e con le sue sfumature di ridicolo, ognuno se la può rivedere per conto proprio, volendo; e la mia non interessa più che quella degli altri. [...]

La guerra non mi riguarda. La guerra che altri fanno, la guerra che avremmo potuto fare... Se c'è uno che lo sappia sono io, prima di tutti. È una vecchia lezione! La guerra è un fatto, come tanti altri in questo mondo; è enorme, ma è quello solo; accanto agli altri, che sono stati e che saranno: non vi aggiunge; non vi toglie nulla. Non cambia nulla, assolutamente, nel mondo; neanche la letteratura. [...] È inutile aspettare delle trasformazioni o dei rinnovamenti dalla guerra, che è un'altra cosa: come è inutile sperare che i letterati ritornino cambiati, migliorati, ispirati dalla guerra. Essa li può prendere come uomini, in ciò che ognuno ha di più elementare e più semplice. Ma, per il resto, ognuno rimane quello che era. Ognuno ritorna – di quelli che tornano – al lavoro che aveva lasciato; stanco forse, commosso, assorbito, come emergendo da una fiumana: ma con l'animo, coi modi, con le facoltà e le qualità che aveva prima.

1. licenza: *libertà.*

2. cure: *preoccupazioni.*

---

che nella produzione letteraria. La figura dell'impiegato, del "colletto bianco" costretto a svolgere mansioni noiose e ripetitive, con il suo carico di malessere e frustrazione, ricorre con frequenza nelle opere di Italo Svevo, Luigi Pirandello e Franz Kafka. Al tempo stesso, la diffusione della catena di montaggio e la logica del **consumismo** sono all'origine di uno stato di **alienazione**, ossia di estraneità ai propri compiti e a se stessi, unito all'impressione di un'**esistenza inautentica**, in cui il singolo perde la propria unicità fino a confondersi con la merce che consuma. La modernità porta quindi con sé un diffuso senso di **malessere esistenziale**, messo in luce anche da Freud nel suo saggio *Il disagio della civiltà* (1929).

Cultura popolare e cultura d'élite

La crescita economica e l'articolarsi dell'apparato burocratico, uniti alla diffusione della scuola, dei giornali e dei periodici, determinano un significativo **amplia-** mento del pubblico e della produzione culturale. Parallelamente, nasce una piccola borghesia intellettuale, formata da insegnanti, giornalisti e operatori culturali che possono contare su uno stipendio fisso e vivere del proprio lavoro.

Ma questi nuovi letterati, che devono fare i conti con le logiche del mercato editoriale e con le esigenze del consumo di massa, assumono spesso atteggiamenti di violenta **polemica** contro la società borghese (di cui, peraltro, fanno parte), animandosi di un **ribellismo** che rivela, nella sua ambiguità, la **crisi degli intellettuali**, alla ricerca di un nuovo ruolo nella società moderna.

Le Avanguardie storiche

Come reazione a questa situazione – che vede da un lato il trionfo di una cultura piccolo borghese fondata su modelli ormai logori e dall'altro la crescente insoddisfazione di gruppi di intellettuali che rifiutano di omologarsi al-

L'età dell'irrazionalismo **509**

le logiche del mercato e del profitto – agli inizi del Novecento nascono in Europa le Avanguardie storiche, **movimenti artistici** che si distinguono per l'atteggiamento di **violenta rottura verso la tradizione** culturale del passato e per il desiderio di proporre un'**arte** nuova e **volutamente provocatoria**. Nella convinzione che l'arte debba parlare a tutta la società, queste esperienze si caratterizzano per la **dimensione collettiva e interdisciplinare**, in cui trovano spazio le arti figurative, la musica e la letteratura, ma anche le forme di comunicazione più moderne come il cinema, la pubblicità e i **manifesti**, brevi scritti (spesso pubblicati sui giornali) in cui vengono enunciati i punti salienti dei programmi culturali e artistici delle Avanguardie.

Le più importanti Avanguardie del primo Novecento sono:
– l'**Espressionismo**, che si sviluppa in Germania tra il 1905 e gli anni Trenta e, in Italia, influenza in parte Luigi Pirandello e i poeti "vociani"; questo movimento rifiuta la rappresentazione armoniosa della realtà e privilegia gli **effetti esasperati**, allo scopo di «esprimere» appieno l'**angoscia** della modernità in **forme violente** e talora grottesche;
– il **Futurismo**, che si afferma in Francia, in Italia e in Russia (nella forma del «Cubofuturismo») a partire dal 1909 fino agli anni Trenta, e ha il suo caposcuola nel poeta italiano Filippo Tommaso **Marinetti**; il Futurismo è caratterizzato dalla **polemica verso il passato** e la tradizione, cui contrappone l'**esaltazione della velocità, del dinamismo, della modernità e dell'aggressività**;
– il **Dadaismo**, nato con Tristan **Tzara** a Zurigo nel 1916, che si contrappone non solo all'arte tradizionale ma anche alle altre Avanguardie e promuove una concezione dell'**arte come creazione irrazionale**, in un'esasperata e primitiva spontaneità;
– il **Surrealismo**, fondato dallo scrittore francese André **Breton** nel 1924, che prende spunto dalle teorie freudiane per esplorare le zone oscure della **dimensione inconscia**, del sogno e dell'allucinazione.

La Grande Guerra: illusione e demistificazione

Ma il desiderio di sfuggire alla massificazione induce anche molti uomini di cultura a esaltare in modo irragionevole la **guerra**, vista come una paradossale **occasione di riscatto esistenziale**. I toni retoricamente enfatici dei giovani interventisti e l'entusiasmo con cui un'intera generazione scelse l'arruolamento volontario testimoniano il miraggio di un'occasione storica per riaffermare – in linea con le filosofie irrazionalistiche di inizio secolo – la propria capacità di incidere sugli eventi, di ridare vigore alla propria individualità repressa attraverso l'azione concreta, anche violenta. Mossi da questa illusione di gloria e riscatto individuale, molti intellettuali inneggiano alla guerra e vi partecipano in prima persona, come Gabriele D'Annunzio, Giuseppe Ungaretti, Filippo Tommaso Marinetti e Giovanni Papini. La realtà fu, però, drammaticamente diversa dai velleitari sogni di gloria e nella partecipazione al conflitto molti esponenti delle nuove generazioni ritrovarono le medesime condizioni di massificazione e anonimato della società da cui tentavano di fuggire.

◯ Sosta di verifica

1 Quali fattori determinano l'avvento della moderna società di massa?
2 Che cosa si intende per "alienazione" e "disagio della civiltà"?
3 Quali sono e che cosa propongono le Avanguardie storiche?
4 Per quali motivi molti intellettuali aderirono entusiasticamente alla prima guerra mondiale?

Ernst Ludwig Kirchner, manifesto pubblicitario per la mostra della Brücke alla Galleria Arnold di Dresda nel 1910.

Il libro del mese
La chiave a stella

AUTORE Primo Levi
ANNO DI PUBBLICAZIONE 1978
CASA EDITRICE Einaudi

TRE BUONI MOTIVI PER LEGGERLO

1. È una delle opere simbolo della cosiddetta "etteratura industriale".
2. Propone una concezione positiva del lavoro, visto come attività capace di nobilitare l'uomo.
3. Mostra l'orgoglio dei lavoratori italiani all'estero in un'epoca in cui l'Italia viveva una fase di sviluppo.

L'AUTORE E IL ROMANZO Di famiglia ebraica e torinese, Primo Levi (1919-1987) si laurea in chimica ma nell'inverno 1943 viene catturato dai nazifascisti e l'anno successivo è deportato ad Auschwitz, dove resta fino alla liberazione del campo avvenuta il 27 gennaio 1945. La durezza della prigionia, la perdita della dignità umana e il tragico destino dei prigionieri sono raccontati in *Se questo è un uomo* (1947), una delle opere di narrativa più famose al mondo per la sua sconvolgente drammaticità, mentre *La tregua* (1963) narra il lunghissimo viaggio a piedi compiuto da Levi per raggiungere Torino, *La chiave a stella* (1978) si inserisce nella cosiddetta "letteratura industriale", un filone nato negli anni Sessanta in cui si descrive la vita della fabbrica, esaltando la dignità del lavoro ma mettendo anche in luce l'alienazione che deriva da un impiego meccanico e ripetitivo, oltre ai conflitti di classe che oppongono i padroni agli operai. Nel caso di Levi, che dopo la guerra lavorò per anni in un'azienda che produceva vernici, il lavoro industriale è visto come una forza positiva capace di migliorare sia l'esistenza del singolo sia quella dell'intero Paese.

L'INCIPIT «Eh no: tutto non le posso dire. O che le dico il paese, o che le racconto il fatto: io però, se fossi in lei, sceglierei il fatto, perché è un bel fatto. Lei poi, se proprio lo vuole raccontare ci lavora sopra, lo rettifica, lo smeriglia, toglie le bavature, gli dà un po' di *bombè* e tira fuori una storia; e di storie, ben che sono più giovane di lei, me ne sono capitate diverse. Il paese magari lo indovina, così non ci rimette niente; ma se glielo dico io, il paese, finisce che vado nelle grane, perché quelli sono brava gente ma un po' permalosa».

LA TRAMA Il romanzo riporta la storia di Tino Faussone, un giovane operaio piemontese che, dopo aver abbandonato la catena di montaggio della Lancia, ha deciso di girare il mondo per montare gru, ponti sospesi, strutture metalliche e impianti petroliferi. Faussone è mosso da un amore sincero per il suo lavoro e racconta alla voce narrante (un chimico incontrato in una fabbrica russa) le vicende che gli sono accadute nel corso dei suoi molteplici impieghi.

TRE PISTE DI LETTURA

1. Il tema del lavoro come attività che dà dignità all'essere umano è trattato, da una prospettiva molto diversa, in *Se questo è un uomo*. Metti a confronto queste due diverse concezioni evidenziando le principali analogie e differenze.
2. Ritieni che l'idea del lavoro proposta da Levi sia ancora attuale in un periodo di profonda crisi occupazionale? Esponi le tue opinioni in un testo scritto.
3. La prosa di Levi è stata spesso definita "scientifica", per la sua capacità di mettere in evidenza i nessi causali e per la sua tendenza a costruire i periodi con l'intento di arrivare a dimostrare una tesi. Dopo aver letto il romanzo riporta alcuni esempi di questo particolare tipo di scrittura.

Le tendenze artistiche del primo Novecento

Verso le Avanguardie: i fauves Agli inizi del XX secolo le arti figurative sono interessate da un profondo **rinnovamento formale**, che si esprime nelle Avanguardie storiche: l'**Espressionismo**, il **Cubismo**, il **Futurismo**, il **Dadaismo**. Questi movimenti stravolgono i canoni figurativi tradizionali e creano **nuovi linguaggi espressivi**, abbandonando progressivamente l'idea dell'arte come semplice imitazione della realtà. Un importante momento di passaggio è costituito dai "**fauves**" (belve), un gruppo sviluppatosi in Francia tra il 1905 e il 1906 intorno a **Henri Matisse** (1869-1954), gruppo così chiamato per sottolineare in senso spregiativo l'apparente rozzezza e i violenti contrasti cromatici delle loro opere.

L'Espressionismo L'Espressionismo nasce con *Die Brücke* ("Il ponte"), fondato a Dresda nel **1905** da quattro studenti di architettura – tra i quali **Ernst Ludwig Kirchner** (1880-1938) – che intendono gettare un "ponte" tra la pittura ottocentesca e la nuova arte moderna. Essi intendono esprimere una **soggettività inquieta** e tormentata attraverso **colori accesi** e spesso violentemente contrastanti e **immagini deformate**, ispirate al celebre dipinto *L'urlo* (1893) del norvegese **Edvard Munch** (1863-1944). Trasferitosi a Berlino, il gruppo espressionista trova nella grande città lo spunto per la rappresentazione di ambienti urbani dinamici e inquietanti, dominati spesso da singolari figure femminili, come in *Donne per strada* (1913) di Kirchner. *Die Brücke* si scioglierà nel 1913, aprendo la via a nuove sperimentazioni e influenzando in particolare gli austriaci **Egon Schiele** (1890-1918) e **Oscar Kokoschka** (1886-1980).

Paul Cézanne, verso il Cubismo L'esperienza artistica del francese **Paul Cézanne** (1839-1906), cronologicamente contemporanea a quella degli impressionisti, si indirizza verso una progressiva **astrazione delle forme** che anticipa molti aspetti dell'avanguardia cubista. Alla base della ricerca di Cézanne vi è una progressiva **geometrizzazione degli elementi** che compongono la tela, resa ancora più evidente da un magistrale uso del colore. Generalmente incompreso dai contemporanei, solo pochi e lungimiranti critici come Georges Rivière seppero riconoscere la sua genialità: «Cézanne è un pittore e un grande pittore. Coloro che non hanno mai tenuto in mano una pennellessa o una matita hanno detto che non sa disegnare, e gli hanno rimproverato delle imperfezioni che non sono che un raffinamento ottenuto attraverso un'enorme scienza».

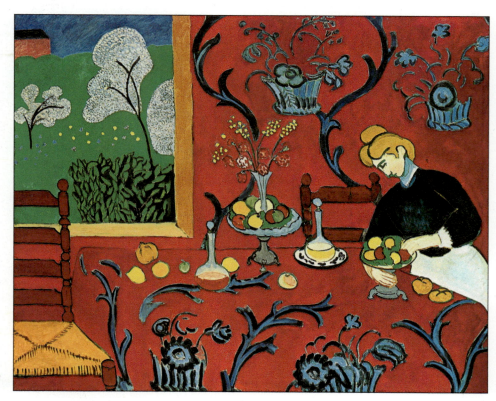

Henri Matisse, *La stanza rossa*, 1908-1909.

512 Il primo Novecento • Coordinate culturali

Paul Cézanne, *I giocatori di carte*, 1890-1892.

Il Cubismo Dall'esperienza dell'Espressionismo e dalle ricerche sulle linee e le forme portate avanti da Cézanne, si sviluppa in **Francia**, tra il 1907 e il 1920, grazie a **Pablo Picasso** (1881-1973) e **Georges Braque** (1882-1963), il Cubismo.

Nella sua prima fase (Cubismo "**analitico**") la pittura cubista tende a **scomporre l'immagine** rappresentata, semplificando i volumi per ricondurli a **strutture geometriche**, come accade in *Les demoiselles d'Avignon* (1907) di Picasso. Al tempo stesso, l'adozione di una **pluralità di punti di vista** trasferisce in campo artistico il **relativismo conoscitivo**, dando vita a una pittura che si trasforma in una sorta di riflessione sul linguaggio pittorico. In un secondo momento (Cubismo "**sintetico**") i pittori cubisti passano a un vero e proprio smontaggio della realtà, che pare dissolversi nei ritratti e nelle nature morte, e sperimentano anche l'**utilizzo di materiali atipici** (pezzi di stoffa, ritagli di giornale), secondo la tecnica mista del *collage*, con cui Picasso realizza *La chitarra* (1913).

Il Futurismo Di origine italiana è invece la corrente del **Futurismo**, che interessa sia la letteratura sia l'arte. Il movimento – a cui aderiscono artisti come **Umberto Boccioni** (1882-1916), **Giacomo Balla** (1871-1958) e **Carlo Carrà** (1881-1966) – esprime i suoi principi teorici nel *Manifesto dei pittori futuristi* (1910) e nel successivo *Manifesto tecnico della pittura futurista* che, in aperta polemica con il passato, affermano la volontà di rappresentare in forme artistiche gli stimoli provenienti dalla vita moderna come il **dinamismo**

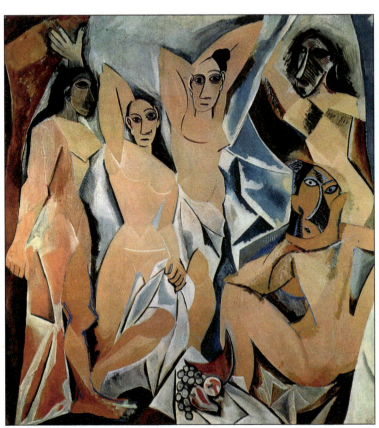

Pablo Picasso, *Les demoiselles d'Avignon*, 1907.

L'età dell'irrazionalismo

Umberto Boccioni, *La città che sale*, 1910-1911.

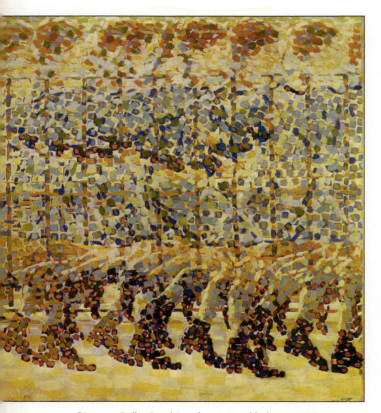

Giacomo Balla, *Bambina che corre sul balcone*, 1912.

e la **velocità**. I futuristi incentrano la loro ricerca sulla **rappresentazione del movimento**, evocato attraverso la tensione delle linee e l'uso del colore dispiegato in vorticose spirali, come nel capolavoro di Boccioni, *La città che sale* (1910-1911) o in *Bambina che corre sul balcone* (1912) di Balla, in cui la corsa della bambina è rappresentata affiancando immagini ripetute del soggetto, come in una successione di piccoli fotogrammi.

Il Dadaismo Questa corrente, nata tra il 1916 e il 1918 per iniziativa del poeta rumeno **Tristan Tzara**, è la più rivoluzionaria delle Avanguardie in quanto si fonda sulla **negazione dell'arte in tutte le sue forme**. Un'opera dada, infatti, è tale perché nasce da un **non-senso** (la stessa parola "dada" non ha un vero significato) e gioca sul **paradosso**, togliendo significato a simboli e oggetti. Spesso, anzi, questi ultimi vengono decontestualizzati attraverso la pratica del *ready-made*, per cui un oggetto viene privato della sua consueta funzione e investito di un nuovo, anche se improbabile, significato artistico, come nella *Ruota di bicicletta* (1914) del francese **Marcel Duchamp** (1887-1968).

L'Astrattismo Radicale è anche la ricerca che prende corpo nell'**Astrattismo**, che fa capo al pittore russo **Vasilij Kandinskij** (1866-1944), fondatore del grup-

Vasilij Kandinskij, *Primo acquerello astratto*, 1910.

po *Der Blaue Reiter* ("Il cavaliere azzurro"), nato a Monaco nel 1911 e attivo fino alla Prima guerra mondiale. Alla base di questa corrente vi è la **negazione di ogni intento di rappresentazione realistica** e l'idea che la pittura, come la musica, nasca dalla **libera combinazione di colori e segni in grado di evocare sensazioni** legate all'interiorità dell'artista. Nel saggio *Lo spirituale nell'arte* (1909) Kandinskij dichiara infatti: «La vera opera d'arte nasce in modo misterioso, enigmatico, mistico "dall'artista". Separatosi da lui, acquista una vita autonoma, una personalità, diventa un soggetto indipendente, che ha un proprio respiro naturale e che conduce anche una vita materiale reale, un essere». Frutto di queste dichiarazioni teoriche sono i primi esempi pittorici di arte astratta, come il *Primo acquerello astratto* (1910). Si caratterizza invece per una **estrema semplificazione geometrica** la pittura dell'olandese **Piet Mondrian** (1872-1944), che in opere come *Quadro I* (1921) sperimenta un'astrazione basata unicamente sulle linee e i colori.

⬤ Sosta di verifica

1. Che cosa differenzia il Cubismo analitico dal Cubismo sintetico?
2. Quali aspetti celebra l'arte futurista?
3. Perché il Dadaismo è la più rivoluzionaria delle Avanguardie storiche?
4. Chi è il fondatore dell'Astrattismo?
5. Quali sono le caratteristiche della pittura espressionista?

Piet Mondrian, *Quadro I*, 1921.

L'età dell'irrazionalismo

LA LINGUA: STORIA E LESSICO

Verso l'italiano

I passi verso un italiano standard   Rispetto alla situazione postunitaria, all'inizio del Novecento le polemiche tra manzoniani e antimanzoniani si sono ormai placate, lasciando il posto a una **tendenza all'omogeneizzazione linguistica** dei vari dialetti locali che divengono sempre più varianti regionali di un italiano standardizzato, modellato sul fiorentino. L'unificazione linguistica è ormai più vicina, anche grazie all'aumento decisivo della scolarizzazione, con il graduale abbassamento dell'analfabetismo, la diffusione di giornali e altri mezzi di informazione (come la radio), nonché le migrazioni interne alla penisola. Tutti questi fattori, insieme anche all'esperienza della guerra in trincea, favoriscono gli **scambi tra persone di diverse parti della penisola**, con la conseguente diminuzione delle differenze linguistiche.

Anche la **lingua letteraria** si modifica, aprendosi alla realtà circostante e quotidiana e abbandonando i preziosismi ottocenteschi: attraverso le sperimentazioni dell'avanguardia futurista i **nuovi termini** provenienti dal mondo **della tecnologia e dell'industria** entreranno nel linguaggio letterario, mentre con la nuova narrativa di Pirandello e Svevo la lingua letteraria assumerà **toni più vicini al parlato quotidiano**, anche con anacoluti ed espressioni espressamente basse e colloquiali. Anche per questi motivi si rimprovera agli autori una certa trascuratezza e grigiore formale che altro non è se non un progressivo distacco della lingua letteraria da toni freddi e formali per avvicinarsi invece ai modi espressivi della realtà.

I termini della modernità   Tra le nuove parole nate in ambito culturale-letterario non possiamo dimenticare il termine **alienazione**, che deriva dall'aggettivo latino *alienus*, "di un altro": indica pertanto il concetto di "rendere estraneo", allontanando da sé un proprio bene, se non la propria stessa identità.

In ambito filosofico il termine "alienazione" assunse un significato particolare: **Ludwig Feuerbach** mise in relazione il concetto di alienazione con la **religione**, per indicare il fatto che l'uomo tende a proiettare le proprie qualità migliori in un'entità divina esterna, rispetto alla quale si sente inferiore.

Karl Marx riprese il termine applicandolo invece all'ambito economico, per sottolineare la condizione di **frustrazione materiale e psicologica** del proletario che vede il proprio lavoro trasformato in merce, con il solo scopo di incrementare il profitto dei capitalisti. Nel corso del Novecento il termine verrà utilizzato in senso più ampio per indicare lo stato d'animo di **estraniazione rispetto a se stessi**, come inevitabile conseguenza di una routine quotidiana fatta di lavori ripetitivi e impersonali (come sarà nel nuovo sistema di fabbrica) tipica dell'uomo moderno, pervaso da una sensazione di inutilità e di profondo **disagio esistenziale**.

Altri nuovi termini testimoniano i processi politici, sociali, economici e artistici in atto.

- Le lotte sociali portano alla nascita o nuovo significato di parole come *sciopero*, *lega operaia*, *sabotare*;
- Le vicende di politica estera daranno luogo a parole come *triplicisti* e *antitriplicisti* (per indicare i favorevoli e i contrari alla Triplice Alleanza), con le guerre africane si diffondono *guerrafondaio*, *negus*, *retrovie*, mentre in ambito italiano, con la Grande Guerra si comincia a parlare di **irredentismo**.
- Molte parole indicano le novità introdotte nel mondo dei motori (**macchinario**, *montaggio*), dei trasporti (**tram**, **bicicletta**, **automobili**, *aeroplani*, che D'Annunzio preferiva chiamare *velivoli*), delle scienze applicate e in particolare dell'elettricità (*dinamo*, **volt**, *trasformatore*, *accumulatore*).
- Oltre ai nuovi termini indicanti le principali correnti figurative (*impressionisti*, *macchiaioli*, *divisionisti*) si diffondono le parole che definiscono le nuove arti: in particolare il *cinematografo* (o anche **cinema**), mentre nella fotografia si comincia a parlare di *istantanea*.
- Con la diffusione dei mezzi di informazione nel mondo del giornalismo si distingue tra *elzeviro*, *terza pagina*, **intervista** per indicare le diverse tipologie di articoli.
- Un riflesso dei cambiamenti sociali e culturali in atto sono anche i molti nuovi sostantivi femminili, che indicano attività e professioni prima riservate solo agli uomini, come *avvocatessa*, **studentessa**, *professoressa*.
- Dal dialetto veneto si diffonde a livello nazionale un saluto destinato a larghissima diffusione: *ciao*.

516   La lingua

LABORATORIO DELLE COMPETENZE

Guida alla verifica orale

DOMANDA N. 1 In quale modo lo sviluppo delle scienze influenza la mentalità degli intellettuali di inizio Novecento?

LA RISPOSTA IN SINTESI

Alcune importanti scoperte scientifiche come la teoria quantistica di Planck e la teoria della relatività di Einstein contribuiscono a sovvertire i fondamenti tradizionali della matematica e della fisica, mostrando che anche le scienze esatte non si basano su certezze ma su probabilità e ipotesi. Di conseguenza negli intellettuali viene meno la fiducia nel metodo scientifico come unico strumento di conoscenza della realtà e si diffonde un sentimento di relativismo e di inquietudine.

DOMANDA N. 2 In che cosa consiste la novità delle teorie psicanalitiche di Sigmund Freud e in quale modo esse influenzano l'arte e la letteratura?

LA RISPOSTA IN SINTESI

Freud scopre che la personalità dell'individuo non si identifica nella razionalità e nell'autocoscienza, ma nell'inconscio, una zona della psiche che non raggiunge il livello della coscienza e in cui si scontrano pulsioni contrastanti e non sempre consapevoli. Quindi, come afferma Freud stesso, «l'Io non è più padrone in casa propria» e il soggetto ha la sensazione di perdere la propria organicità e la propria stessa identità.

DOMANDA N. 3 Come si modificano il pubblico e la fruizione della cultura nei primi decenni del secolo?

LA RISPOSTA IN SINTESI

Grazie all'ampliamento del sistema scolastico, alla diffusione dei giornali e all'aumento dell'alfabetizzazione, nel primo Novecento il pubblico delle opere letterarie si allarga e si differenzia, determinando la nascita di una cultura di massa accanto alla tradizionale cultura d'élite. Gli scrittori devono tenere conto di questi nuovi lettori, i cui gusti influenzano anche il mercato editoriale.

DOMANDA N. 4 Che cosa sono le Avanguardie storiche e quali sono gli elementi fondamentali della loro poetica?

LA RISPOSTA IN SINTESI

Le Avanguardie storiche sono movimenti interdisciplinari e collettivi che, in aperta polemica con ogni forma di arte tradizionale, promuovono un'idea di arte nuova, identificata ora con il dinamismo della moderna civiltà industriale ora con le pulsioni più profonde e irrazionali dell'inconscio. Le principali Avanguardie europee sono l'Espressionismo, il Futurismo – l'unica che interessa l'Italia – e, dopo la guerra, il Dadaismo e il Surrealismo.

DOMANDA N. 5 Quali sono le principali caratteristiche che accomunano le esperienze artistiche del primo Novecento?

LA RISPOSTA IN SINTESI

L'atteggiamento di insofferenza e di rottura nei confronti dell'arte tradizionale, il desiderio di trovare nuovi linguaggi espressivi, la provocazione e la rivendicazione provocatoria dell'autonomia e della libertà dell'arte e degli artisti, sono le comuni premesse teoriche di movimenti che poi si sviluppano in direzioni anche molto diverse tra loro, raggiungendo risultati difficilmente assimilabili.

Laboratorio delle competenze | 517

VERSO L'ESAME DI STATO

Saggio breve

ARGOMENTO La società di massa

DOCUMENTI

1 Al momento attuale non è facile dire che cosa potrà nascere un giorno da quest'epoca piuttosto caotica. Su quali idee saranno fondate le società che succederanno alla nostra? Ancora lo ignoriamo, e tuttavia fin d'ora possiamo prevedere che, nella loro organizzazione, queste società dovranno fare i conti con una potenza nuova, la più recente sovrana dell'età moderna: la potenza delle folle. Sulle rovine di tante idee, ritenute vere un tempo e oggi defunte, e di tanti poteri successivamente infranti dalle rivoluzioni, tale potenza è la sola che continui a crescere e che paia destinata ad assorbire le altre. Mentre le antiche credenze barcollano e spariscono, e le vetuste colonne delle società si schiantano a una a una, la potenza delle folle è la sola che non subisca minacce e che veda crescere di continuo il prestigio. L'età che inizia sarà veramente l'*era delle folle*.

G. Le Bon, *La psicologia delle folle* (1895),
trad. di G. Villa, Milano, Longanesi, 1980.

2 Il concetto di moltitudine è quantitativo e visivo. Traduciamolo, senza alterarlo, nella terminologia sociologica. Allora troviamo l'idea della massa sociale. La società è sempre una unità dinamica di due fattori: minoranza e masse. Le minoranze sono individui o gruppi d'individui particolarmente qualificati. La massa è l'insieme di persone non particolarmente qualificate. Non s'intenda, però, per massa soltanto, né principalmente «le masse operaie». Massa è l'uomo medio. In questo modo si converte ciò che era mera quantità – la moltitudine – in una determinazione qualitativa: è la qualità comune, è il campione sociale, è l'uomo in quanto non si differenzia dagli altri uomini, ma ripete in se stesso un tipo generico.

J. Ortega y Gasset,
La ribellione delle masse (1930),
Bologna, il Mulino, 1984.

3 Un fotogramma tratto dal film di Charlie Chaplin *Tempi moderni* (1936) che raffigura gli operai alla catena di montaggio.

4 Monumenti nazionali e feste pubbliche offrirono i miti e i simboli che confluirono in una liturgia nazionale adatta all'autorappresentazione della nazione. Essi tuttavia non rimasero isolati, ma per tutto il secolo XIX e ben avanti nel XX l'attività di diverse organizzazioni si dimostrò essenziale per conservare e arricchire la nuova religione laica. In un'epoca in cui la vita politica della Germania era dominata dal particolarismo gli uomini sentirono il bisogno di unirsi con il fine di mantenere vivo l'amore per la patria.

G. L. Mosse, *La nazionalizzazione delle masse.
Simbolismo politico e movimenti di massa in
Germania (1815-1933)* (1975), Bologna, Il Mulino, 1984.

5 All'angoscia da sradicamento dell'uomo moderno il secolo delle catastrofi, il Novecento, ha risposto con una copiosa offerta di maestose identità collettive. Si chiamino Razza, Nazione, Proletariato e, da ultimo, Civiltà, queste identità collettive tendono tutte a riprodurre in scala ingigantita il *piccolo* universo pre-moderno, il tepore della comunità chiusa, la protezione del villaggio, insomma quel mondo agevole e compatto, con un incontestato dio unico, ben piantato nel cielo e nella società, in cui l'uomo poteva orizzontarsi facilmente.

G. Rampoldi, *L'innocenza del Male*, Roma-Bari, Laterza, 2004.

Futurismo e Avanguardie

- **T1** F.T. Marinetti, *Il primo Manifesto del Futurismo* (*Fondazione e Manifesto del Futurismo*)
- **T2** F.T. Marinetti, *Manifesto tecnico della letteratura futurista* (*I poeti futuristi*)
- **T3** F.T. Marinetti, *Il bombardamento di Adrianopoli* (*Zang Tumb Tumb*)
- **T4** A. Palazzeschi, *E lasciatemi divertire!* (*L'incendiario*)
- **T5** TESTO LABORATORIO – C. Govoni, *Il giardino*
- **T6** V. Majakovskij, *La guerra è dichiarata* (*Io*)
- **T7** S. A. Esenin, *Confessioni di un teppista* (*Confessioni di un teppista*)
- **T8** G. Apollinaire, *Piove* (*Calligrammi*)

Laboratorio delle competenze

- **T9** TESTO LABORATORIO – A. Palazzeschi, *Chi sono?* (*Poesie*)

Futurismo e Avanguardie

Il Crepuscolarismo e il Futurismo
L'alba del Novecento

Carlo Carrà, *Ritratto di Filippo Tommaso Marinetti*, 1910.

Il Futurismo

Un movimento d'avanguardia Sulla scia della **esigenza di rinnovamento formale** che all'inizio del Novecento interessa tutta la cultura europea, anche in Italia si sviluppano correnti letterarie che, contrapponendosi alla poesia retorica e magniloquente di Carducci e D'Annunzio, si esprimono in modi nuovi e moderni. L'avanguardia che maggiormente interessa il nostro paese è il **Futurismo**, un movimento culturale che coinvolge tutte le arti (dalla pittura alla musica al teatro) e influenza in profondità la politica, la moda, il gusto dell'epoca.

Il Futurismo nasce ufficialmente il 20 febbraio **1909**, quando **Filippo Tommaso Marinetti** pubblica, sul quotidiano francese «Le Figaro», il *Manifesto del Futurismo*: proprio la risonanza assicurata da uno dei più prestigiosi quotidiani d'Europa assicura al movimento un'eco notevole anche in Italia. L'avanguardia futurista, che agisce inizialmente a **Milano**, dove abita e opera Marinetti, si sviluppa poi soprattutto a **Firenze** intorno alla **rivista «Lacerba»**, fondata nel 1913 da **Giovanni Papini** e **Ardengo Soffici**, fino a esaurire la sua stagione più originale e creativa nei primi anni Venti. Tra i suoi esponenti più significativi figurano, oltre a Marinetti, Paolo Buzzi, Enrico Cavacchioli e Luciano Folgore, ma al Futurismo aderiscono anche poeti provenienti dall'esperienza crepuscolare, come **Corrado Govoni** e **Aldo Palazzeschi**.

L'esaltazione della modernità Come tutti i movimenti di avanguardia, il Futurismo polemizza in modo violento contro la tradizione e si contrappone all'arte del passato, considerata il simbolo di un anacronistico immobilismo culturale. Proiettati verso il futuro e animati da un enfatico ribellismo, i futuristi si ispirano alla realtà contemporanea e celebrano nelle loro opere i valori e i **simboli della modernità e del progresso**. La **velocità**, il **dinamismo**, le **macchine** (dall'automobile all'aereo) e le grandi metropoli sono lo scenario su cui si esercita una nuova estetica, volta a esaltare l'energica **affermazione dell'uomo moderno** e della sua «volontà di potenza». Il loro **vitalismo**, spesso **aggressivo** e violento, si connota politicamente in senso nazionalistico, spingendosi fino all'entusiastica **esaltazione della guerra**, elogiata da Marinetti come «sola igiene del mondo».

Questa concezione della realtà viene portata avanti dai futuristi in forme nuove e provocatorie, con numerosi **«manifesti» programmatici** pubblicati su riviste come «Poesia» e «Lacerba», ma anche attraverso il cinema, gli spettacoli teatrali e le famose **«serate futuriste»**, incontri letterari che degeneravano spesso in furibonde zuffe. Lo scopo principale del movimento è infatti quello di **stupire e scuotere il pubblico**, anche non specialistico, dando scandalo e opponendosi – almeno in apparenza – alle convenzioni borghesi.

Un nuovo linguaggio Dal punto di vista letterario, il Futurismo elabora una **poetica** decisamente innovativa rispetto alla tradizione, esposta da Marinetti nel *Manifesto tecnico della letteratura futurista* (1912) e, l'anno seguente, in *Distruzione della sintassi. Immaginazione senza fili. Parole in libertà*. Lo strumento privilegiato per descrivere la nuova società di massa viene individuato nella tecnica delle **«parole in libertà»**, ossia nell'**accostamento libero e intuitivo di termini** che servono a "tradurre" sulla pagina il dinamismo e la frenesia della vita moderna. In un acceso **sperimentalismo**, i futuristi teorizzano quindi la **rinuncia alle regole della sintassi**, l'**abolizione della punteggiatura** (sostituita da simboli mate-

La parola ai protagonisti

Il Futurismo conquista l'arte

A un anno dalla sua fondazione, il Futurismo si estende anche all'ambito dell'arte grazie all'intraprendenza di Marinetti, che riesce a coinvolgere nel movimento da lui inventato alcuni tra i giovani pittori italiani più promettenti. Ecco come ricorda l'evento il poeta Aldo Palazzeschi in questa memoria del 1968.

Quando nella primavera del 1909 stringemmo la nostra amicizia, Marinetti scriveva in francese[1], non si sentiva ancora sicuro della lingua italiana e si parlava esclusivamente del mondo letterario e di poesia, ma nel gennaio del 1910, in un altro pomeriggio e alla medesima ora, eravamo soli in quel salotto dove mi accorgevo essere Marinetti anche più movimentato del solito, impaziente, inquieto come chi aspetta qualcheduno che ritarda; e ogni tanto fissandomi rideva sotto i baffi sul punto di volermi dire qualcosa fino a quando venne suonato il campanello [...] e comparvero uno dopo l'altro silenziosi come ombre quattro uomini vestiti di nero dall'aspetto misterioso e quasi in uniforme. [...] Non appena entrati Marinetti disse toccandomi il braccio: «aspettami qui, torno subito».
Durante quattro ore nel salotto vicino si era stabilita una vera e propria orchestra, voci altissime e disparatissime si alternavano, intersecavano, accavallavano, esplodevano con alti e bassi senza un attimo di pausa. [...] Quella discussione era durata dalle tre alle nove senza perdere di quota e Marinetti, giungendo al Savini[2] quella sera, aveva un aspetto come mai gli avevo visto, invece di essere un riflettore, condizione che gli era connaturale, appariva lui col viso illuminato da una vivissima luce, finché dopo avermi fissato ripetutamente con quell'aria di promessa, disse stringendomi una mano: «è nato il Futurismo anche in pittura», meravigliato più di quanto avrei supposto. [...] Le quattro ombre vedute sfilare nell'oscurità del corridoio erano Boccioni, Russolo, Carrà[3]... e un quarto che per difetto di coraggio, molto probabilmente, si dileguò subito dopo.

A. Palazzeschi, *Marinetti e il Futurismo*, in F.T. Marinetti, *Teoria e invenzione futurista*, Milano, Mondadori, 1968

1. **Marinetti ... francese:** Marinetti era nato ad Alessandria d'Egitto e aveva vissuto prevalentemente a Parigi.
2. **Savini:** storico ristorante di Milano.
3. **Boccioni, Russolo, Carrà:** Umberto Boccioni, Luigi Russolo e Carlo Carrà sono, insieme a Giacomo Balla e Gino Severini, i maggiori pittori del Futurismo.

---

matici) e l'eliminazione di aggettivi, avverbi e parti accessorie del linguaggio, in modo da far risaltare i singoli termini nella loro evocativa materialità. Anche i tradizionali nessi logici vengono sostituiti da **ardite analogie**, suggerite dal libero gioco dell'«immaginazione senza fili» e volte a stupire il lettore.
L'intento di creare un'**arte globale**, che possa essere fruita simultaneamente con tutti i sensi, comporta inoltre una particolare attenzione alla componente **grafica e visiva** (attraverso l'uso di caratteri tipografici insoliti) e a quella sonora, con un uso massiccio di **onomatopee** e figure di suono. Anche se in campo letterario il Futurismo non produce risultati artisticamente significativi, la sua riflessione teorica contribuisce in modo decisivo al **rinnovamento delle forme poetiche** tradizionali, con suggestioni che saranno riprese nei decenni successivi da molti esponenti della poesia italiana ed europea.

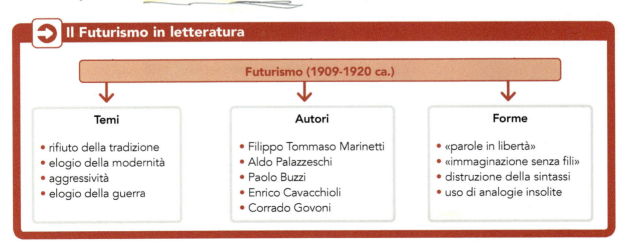

➡ Il Futurismo in letteratura

Futurismo (1909-1920 ca.)

Temi	Autori	Forme
• rifiuto della tradizione • elogio della modernità • aggressività • elogio della guerra	• Filippo Tommaso Marinetti • Aldo Palazzeschi • Paolo Buzzi • Enrico Cavacchioli • Corrado Govoni	• «parole in libertà» • «immaginazione senza fili» • distruzione della sintassi • uso di analogie insolite

Il Futurismo

Le ambiguità del Futurismo Lo spirito sovversivo che anima il Futurismo attira inizialmente le simpatie di quanti vi vedono una **corrente rivoluzionaria**, in grado di guidare un reale processo di rinnovamento culturale e politico contro il conformismo delle convenzioni borghesi. Ma il Futurismo rivela da subito anche le proprie **componenti più intolleranti e violente** che, sul piano politico, sfoceranno in un aggressivo **interventismo** e, dopo la guerra, in un generico **approdo all'ideologia fascista**. La spinta innovativa del Futurismo, circoscrivibile al primo decennio della sua attività, si esaurisce quindi nel clima d'involuzione politica degli anni Venti, anche se il movimento continuerà comunque a operare, in forme sempre meno incisive, fino agli anni Quaranta. Tuttavia, gli stessi presupposti teorici del Futurismo non possono farne l'emblema di arte ufficiale del fascismo. «La violenza culturale, l'assalto ai valori dominanti, sia culturali sia morali, furono una caratteristica non solo del Futurismo, ma anche di Dada, dell'arte russa prerivoluzionaria e, più tardi, del Surrealismo. [...] Possiamo deplorare sia l'etica della macchina del Futurismo sia il fatto che gli scontri di piazza dei futuristi siano stati diretti antecedenti delle tattiche punitive fasciste, ma dobbiamo ricordare che la spaccatura ideologica decisiva tra i due movimenti avvenne nel 1929, quando le richieste idealiste e radicali di Marinetti si dimostrarono troppo audaci per la strategia pragmatista di conciliazione con la Chiesa e la monarchia voluta da Mussolini» (Caroline Tisdall – Angelo Bozzolla).

◗ Sosta di verifica

1 Quando e da chi viene fondato il Futurismo?
2 Quali sono le principali novità formali del Futurismo?
3 Il Futurismo non è un movimento soltanto letterario. A quali altri ambiti si estende?
4 Come si evolve il Futurismo dopo gli anni Venti?

Filippo Tommaso Marinetti

La «caffeina d'Europa» Marinetti nasce nel **1876** ad Alessandria d'Egitto da genitori italiani. Conclusi gli studi secondari presso i gesuiti, si trasferisce diciottenne a **Parigi**, dove entra in contatto con gli ambienti dell'avanguardia francese post-simbolista. Rientrato in Italia agli inizi del Novecento, fonda a Milano nel 1905 la rivista «Poesia», che si impegna per la diffusione del verso libero. Il 20 febbraio **1909** pubblica su «Le Figaro», il *Manifesto del Futurismo*, atto di

nascita del movimento al quale dedica tutte le proprie energie di intellettuale e organizzatore culturale (tanto da meritarsi l'appellativo di «caffeina d'Europa»). Nel 1910 pubblica il romanzo *Mafarka il futurista*, in origine scritto in francese. Favorevole alla **guerra in Libia**, assiste come cronista alla battaglia di Adrianopoli ed esalta la violenza del conflitto sia nelle prose giornalistiche *La battaglia di Tripoli* (1912) sia nel poemetto *Zang Tumb Tumb* (1914). Dopo un viaggio in Russia, Marinetti appoggia con decisione l'intervento dell'Italia nella Prima guerra mondiale e parte volontario per il fronte. Nel dopoguerra aderisce al fascismo e diviene intimo amico di Mussolini, che nel 1929 lo nomina accademico d'Italia. Convinto sostenitore del regime fascista, negli anni Trenta si avvicina anche al Surrealismo. Dopo l'armistizio dell'8 settembre 1943 aderisce alla Repubblica di Salò, ma muore nel **1944** a Bellagio, sul lago di Como.

La poetica: «parole in libertà» Fondatore e principale animatore del movimento futurista, Marinetti applica nelle sue opere i principi espressi nei numerosi manifesti teorici da lui stesso redatti, esaltando la **modernità**, il **dinamismo** e, soprattutto, l'**ambigua "bellezza" della guerra**, intesa come spettacolare occasione di sfogo di un esasperato vitalismo e celebrazione della nuova potenza industriale. In *Zang Tumb Tumb* (1914) Marinetti celebra in toni entusiastici le fasi culminanti del conflitto bulgaro-turco del 1912, a cui assistette come corrispondente. La raccolta ha la forma di un **poemetto in prosa «parolibera»**, in cui la disposizione dei termini nella pagina risponde al desiderio di **trasmettere simultaneamente sensazioni visive e acustiche**, attraverso un'attenta cura dell'**aspetto grafico**. L'assenza di punteggiatura, la **destrutturazione della sintassi** e la fitta rete di analogie sono accompagnate dal ricorso a caratteri tipografici insoliti ed **effetti fonosimbolici**, particolarmente evidenti nel *Bombardamento di Adrianopoli*. Agli occhi del lettore moderno l'ostentazione di originalità tipica della poesia di Marinetti risulta per certi aspetti stucchevole e gratuita, così come può infastidire l'aggressiva celebrazione del militarismo. Ma al di là del tono enfatico, questi testi costituirono per l'epoca una dirompente – e per certi aspetti salutare – **novità stilistica**.

◗ Sosta di verifica

1 Perché Marinetti fu definito «la caffeina d'Europa»?
2 Quali innovazioni formali utilizza Marinetti nella sua poesia?
3 Quale posizione assume Marinetti verso la Prima guerra mondiale e il fascismo?
4 Indica l'argomento del poemetto *Zang Tumb Tumb*.

522 Futurismo e Avanguardie

Filippo Tommaso Marinetti
Il primo Manifesto del Futurismo

Fondazione e Manifesto del Futurismo

Il Manifesto del Futurismo *fu scritto da Marinetti e pubblicato per la prima volta il 20 febbraio 1909 sul quotidiano parigino «Le Figaro» e, nell'aprile dello stesso anno, in traduzione italiana sulla rivista «Poesia». Riportiamo la parte inziale e quella centrale del testo, in cui Marinetti espone in toni enfatici le basi ideologiche del movimento: il totale rifiuto della cultura del passato, l'esaltazione della macchina, della velocità e degli emblemi del mondo moderno e un vitalismo audace e aggressivo, che non esclude la violenza.*

> In un abile gioco di trasfigurazione, Marinetti rappresenta il proprio salotto milanese, arredato all'orientale, come il luogo mistico in cui nasce l'idea «sacra» del Futurismo.

Avevamo vegliato tutta la notte – i miei amici ed io – sotto lampade di moschea dalle cupole di ottone traforato, stellate come le nostre anime, perché come queste irradiate dal chiuso fulgore di un cuore elettrico. Avevamo lungamente cal-
5 pestata su opulenti tappeti orientali la nostra atavica accidia[1], discutendo davanti ai confini estremi della logica ed annerendo molta carta di frenetiche scritture. Un immenso orgoglio gonfiava i nostri petti, poiché ci sentivamo soli, in quell'ora, ad esser desti e ritti, come fari superbi o come sentinelle avanzate, di fronte all'esercito delle stelle nemiche, occhieggianti dai loro celesti accampamenti. Soli coi fuo-
10 chisti che s'agitano davanti ai forni infernali delle grandi navi, soli coi neri fantasmi che frugano nelle pance arroventate delle locomotive lanciate a pazza corsa, soli cogli ubriachi annaspanti, con un incerto batter d'ali, lungo i muri della città. [...]
«Andiamo,» diss'io, «andiamo, amici! Partiamo! Finalmente, la mitologia e l'ideale mistico sono superati. Noi stiamo per assistere alla nascita del Centauro e presto

> La nascita del movimento viene connotata in termini mitici e religiosi.

15 vedremo volare i primi Angeli!... Bisognerà scuotere le porte della vita per provarne i cardini e i chiavistelli!... Partiamo! Ecco, sulla terra, la primissima aurora! Non v'è cosa che agguagli lo splendore della rossa spada del sole che schermeggia[2] per la prima volta nelle nostre tenebre millenarie!...» [...]
Allora, col volto coperto della buona melma delle officine – impasto di scorie metalliche, di sudori inutili, di fuliggini celesti – noi, contusi e fasciate le braccia
20 ma impavidi, dettammo le nostre prime volontà a tutti gli uomini vivi della terra:

Manifesto del Futurismo

> **Apri il vocabolario**
>
> Nella lingua del primo Novecento il sostantivo "automobile" era usato al maschile. Nel 1920 fu il poeta Gabriele D'Annunzio a trasformarne il genere in femminile, in una famosa lettera indirizzata a Giovanni Agnelli, fondatore della FIAT.

1. Noi vogliamo cantare l'amor del pericolo, l'abitudine all'energia e alla temerità[3].
2. Il coraggio, l'audacia, la ribellione, saranno elementi essenziali della nostra poesia.
25 **3.** La letteratura esaltò fino ad oggi l'immobilità pensosa, l'estasi e il sonno. Noi vogliamo esaltare il movimento aggressivo, l'insonnia febbrile, il passo di corsa, il salto mortale, lo schiaffo ed il pugno.
4. Noi affermiamo che la magnificenza del mondo si è arricchita di una bellezza nuova: la bellezza della velocità. Un automobile da corsa col suo cofano adorno

---

1. atavica accidia: l'accidia, cioè la *noia* e l'indolenza, è definita qui «atavica», ovvero *originaria, intrinseca alla personalità*.

2. schermeggia: il verbo (che letteralmente significa *tirare di scherma*) prosegue la metafora della «spada del sole», con cui Marinetti identifica la nuova ideologia futurista.
3. temerità: *avventatezza, audacia sfrontata.*

Filippo Tommaso Marinetti

Il paragone, volutamente paradossale, sottolinea l'imporsi di nuovi e rivoluzionari canoni estetici.	**30** di grossi tubi simili a serpenti dall'alito esplosivo... un automobile ruggente, che sembra correre sulla mitraglia, è più bello della *Vittoria di Samotracia*[4].

5. Noi vogliamo inneggiare all'uomo[5] che tiene il volante, la cui asta ideale attraversa la Terra, lanciata a corsa, essa pure, sul circuito della sua orbita[6].

L'immagine del poeta che deve "rigenerare" il mondo esprime appieno la volontà creatrice del movimento futurista.

35 6. Bisogna che il poeta si prodighi[7], con ardore, sfarzo e munificenza[8], per aumentare l'entusiastico fervore degli elementi primordiali.

7. Non v'è più bellezza, se non nella lotta. Nessuna opera che non abbia un carattere aggressivo può essere un capolavoro. La poesia deve essere concepita come un violento assalto contro le forze ignote, per ridurle a prostrarsi davanti all'uomo.

8. Noi siamo sul promontorio estremo dei secoli[9]!... Perché dovremmo guardarci **40** alle spalle, se vogliamo sfondare le misteriose porte dell'Impossibile? Il Tempo e lo Spazio morirono ieri. Noi viviamo già nell'assoluto, poiché abbiamo già creata l'eterna velocità onnipresente.

Marinetti e i suoi seguaci, accesi interventisti, vedono la guerra come un'occasione per esprimere il proprio violento ribellismo.

9. Noi vogliamo glorificare la guerra – sola igiene del mondo – il militarismo, il patriottismo, il gesto distruttore dei libertari, le belle idee per cui si muore e il **45** disprezzo della donna.

10. Noi vogliamo distruggere i musei, le biblioteche, le accademie d'ogni specie, e combattere contro il moralismo, il femminismo e contro ogni viltà opportunistica o utilitaria.

11. Noi canteremo le grandi folle agitate dal lavoro, dal piacere o dalla sommos- **50** sa: canteremo le maree multicolori o polifoniche[10] delle rivoluzioni nelle capitali moderne; canteremo il vibrante fervore notturno degli arsenali e dei cantieri incendiati da violente lune elettriche[11]; le stazioni ingorde, divoratrici di serpi che fumano[12]; le officine appese alle nuvole pei[13] contorti fili dei loro fumi; i ponti simili a ginnasti giganti che scavalcano i fiumi, balenanti al sole con un luccichìo **55** di coltelli; i piroscafi avventurosi che fiutano l'orizzonte, le locomotive dall'ampio petto, che scalpitano sulle rotaie, come enormi cavalli d'acciaio imbrigliati di tubi, e il volo scivolante degli aeroplani, la cui elica garrisce[14] al vento come una bandiera e sembra applaudire come una folla entusiasta.

I musei sono visti come l'emblema di un'arte ormai morta e sorpassata di cui i futuristi si augurano la scomparsa («Noi vogliamo distruggere i musei, le biblioteche, le accademie d'ogni specie», r. 46).

È dall'Italia, che noi lanciamo pel mondo questo nostro manifesto di violenza tra- **60** volgente e incendiaria, col quale fondiamo oggi il «Futurismo», perché vogliamo liberare questo paese dalla sua fetida cancrena[15] di professori, d'archeologhi, di ciceroni e d'antiquarii.

Già per troppo tempo l'Italia è stata un mercato di rigattieri. Noi vogliamo liberarla dagl'innumerevoli musei che la coprono tutta di cimiteri innumerevoli.

65 Musei: cimiteri!... Identici, veramente, per la sinistra promiscuità[16] di tanti corpi

> **Apri il vocabolario**
>
> Il termine deriva dal nome del grande oratore e filosofo latino Marco Tullio Cicerone (106-43 a.C.) e significava in origine "persona eloquente, molto colta". Oggi la parola indica invece le guide che accompagnano i visitatori nei musei, nelle mostre, ecc.

---

4. Vittoria di Samotracia: famosa statua greca (II secolo a.C.), conservata al Louvre di Parigi e considerata uno dei capolavori dell'arte classica.
5. inneggiare all'uomo: *esaltare, celebrare l'uomo.*
6. la cui asta ... orbita: la potente metafora paragona la macchina che corre alla Ter-

ra che ruota a folle velocità sulla sua orbita.
7. si prodighi: *si adoperi.*
8. munificenza: *generoso dispendio di energie.*
9. sul promontorio ... secoli: cioè protesi verso il futuro.
10. polifoniche: *dalle voci e dai suoni molteplici.*

11. lune elettriche: le luci elettriche di lampade e fari (è una metafora).
12. serpi che fumano: i treni (metafora).
13. pei: *attraverso i, per i.*
14. garrisce: *si agita.*
15. cancrena: *piaga, infezione.*
16. promiscuità: *mescolanza di cose diverse.*

524 Futurismo e Avanguardie

che non si conoscono. Musei: dormitori pubblici in cui si riposa per sempre accanto ad esseri odiati o ignoti! Musei: assurdi macelli di pittori e scultori che vanno trucidandosi ferocemente a colpi di colori e di linee, lungo le pareti contese!

Che ci si vada in pellegrinaggio, una volta all'anno, come si va al camposanto nel giorno dei morti... ve lo concedo. Che una volta l'anno sia deposto un mazzo di fiori davanti alla *Gioconda*[17], ve lo concedo... Ma non ammetto che si conducano quotidianamente a passeggio per i musei le nostre tristezze, il nostro fragile coraggio, la nostra morbosa inquietudine. Perché volersi avvelenare? Perché volersi imputridire? [...]

Ammirare un quadro antico equivale a versare la nostra sensibilità in un'urna funeraria, invece di proiettarla lontano, in violenti getti di creazione e di azione.

Volete dunque sprecare tutte le vostre forze migliori, in questa eterna ed inutile ammirazione del passato, da cui uscite fatalmente esausti, diminuiti e calpesti[18]? Per i moribondi, per gli infermi, pei prigionieri, sia pure: – l'ammirabile passato è forse un balsamo[19] ai loro mali poiché per essi l'avvenire è sbarrato... Ma noi non vogliamo più saperne, del passato, noi, giovani e forti futuristi!

E vengano dunque, gli allegri incendiarii dalle dita carbonizzate! Eccoli! Eccoli!... Suvvia! date fuoco agli scaffali delle biblioteche!... Sviate il corso dei canali, per inondare i musei!... Oh, la gioia di veder galleggiare alla deriva, lacere e stinte su quelle acque, le vecchie tele gloriose!.. impugnate i picconi, le scuri, i martelli e demolite senza pietà le città venerate!

F.T. Marinetti, *Teoria e invenzione futurista*,
a cura di L. De Maria, Milano, Mondadori, 1983

> L'esortazione a distruggere i simboli più alti della tradizione umanistica conclude in crescendo la parte centrale del Manifesto.

---

17. Gioconda: il celebre quadro di Leonardo, conservato al Louvre ed emblema della sacralità dell'arte del passato. La *Gioconda* fu oggetto anche della satira dadaista del pittore Marchel Duchamp, che la riprodusse con l'aggiunta di un paio di baffi.

18. calpesti: *calpestati, schiacciati.*

19. balsamo: *consolazione, sollievo.*

→ Analisi del testo

COMPRENSIONE

Dopo un'introduzione che ricrea il contesto immaginoso e poetico in cui nasce il Futurismo, il *Manifesto del Futurismo* si articola in undici tesi, che chiariscono le basi ideologiche ed estetiche del movimento. In tono declamatorio, il gruppo dei nuovi poeti («Noi») esorta alla distruzione di ogni residuo culturale del passato e della tradizione ed esalta con aggressivo vitalismo i nuovi miti della modernità: la velocità e la macchina. L'appello è rivolto non a un'élite aristocratica, ma a tutti i giovani forti e audaci, invitati a costruire un mondo nuovo, edificato sulle ceneri (non troppo metaforiche) del vecchio.

ANALISI E INTERPRETAZIONE

Il rifiuto della tradizione Il testo centrale del *Manifesto* è la netta contrapposizione tra passato e futuro. Marinetti sostiene vigorosamente che l'arte tradizionale è ormai superata e inadatta a esprimere la realtà del mondo moderno, in cui lo sviluppo tecnologico ha provocato cambiamenti di portata rivoluzionaria. Assume quindi grande rilievo la violenta polemica nei confronti del passato, condotta in modi volutamente esasperati («un'automobile ruggente... è più bello della *Vittoria di Samotracia*», rr. 30-31). La ribellione verso i valori della tradizione si enfatizza, in *climax*, nella parte finale del brano, in cui i «giovani e forti futuristi» (r. 81) vengono esortati a incendiare le biblioteche e distruggere i musei, simbolo di un passato inutile e di un'arte sorpassata.

L'esaltazione della modernità Al rifiuto del passato si accompagna l'esortazione a elaborare una nuova arte, adatta alla sensibilità dell'uomo moderno e al suo violento vitalismo. L'esaltazione dell'audacia, della ribellione, del «movimento aggressivo» sfocia così in una celebrazione superficiale e acritica della modernità, rappresentata nei suoi aspetti più spettacolari ed effimeri, con particolare riferimento alla «bellezza della velocità». L'ultimo punto del *Manifesto* fornisce una sorta di ideale campionario dei nuovi temi della poesia futurista: automobili da

Filippo Tommaso Marinetti 525

corsa, metropoli moderne e paesaggi industriali, locomotive e aeroplani. All'ammirazione per i simboli della modernità si accompagna però anche l'**esaltazione della forza e della violenza**, dello «schiaffo» e del «pugno», fino ad approdare a un ambiguo e **pericoloso elogio della guerra** e del militarismo.

L'enfasi stilistica All'aggressività dei contenuti si accompagna la **violenza espressiva**. Lo stile è secco e perentorio, scandito dall'anafora del «Noi» e dalla frequenza degli **imperativi** e dei **verbi assertivi** («Noi vogliamo», «Noi affermiamo»). L'uso di **sequenze asindetiche in *climax* crescente** («Il coraggio, l'audacia, la ribellione», r. 26; «il movimento aggressivo, l'insonnia febbrile, il passo di corsa, il salto mortale, lo schiaffo ed il pugno», rr. 26-27) accentuano la concitazione espressiva. La ricerca di un linguaggio moderno e innovativo appare anche nel ricorso ad **analogie insolite e originali**, volte a sottolineare la bellezza della modernità e dei suoi simboli, spesso antropomorfizzati (le locomotive sono «serpi che fumano», i ponti «ginnasti giganti che scavalcano i fiumi», ecc.).

Lavoriamo sul testo

COMPRENSIONE

1. In quale contesto agiscono il poeta e i suoi «amici», intenti a redigere il *Manifesto*?
2. Quale significato assume nel testo il paragone tra l'automobile e la *Vittoria di Samotracia*?
3. Che cosa significa l'affermazione «Il Tempo e lo Spazio morirono ieri» (rr. 42-43)?
4. A quali azioni vengono invitati i «giovani futuristi» nella parte finale del brano?

LINGUA E LESSICO

5. Individua nel testo tutti i termini e le espressioni relative al campo semantico del movimento; quali effetti producono a livello stilistico e tematico?
6. Che cosa significa il termine «contese» nell'espressione «vanno trucidandosi ferocemente a colpi di colori e di linee, lungo le pareti contese»?

ANALISI E INTERPRETAZIONE

7. Individua nel testo i punti in cui Marinetti insiste sulla polemica verso il passato e l'arte tradizionale.
8. La velocità è uno dei miti centrali della poesia futurista. In quali parti del brano viene esaltata?
9. Individua e spiega le immagini metaforiche e le similitudini presenti nel testo.
10. Per quale motivo, a tuo parere, Marinetti espone le sue idee in un elenco di punti ordinati numericamente? Si tratta di una scelta stilistica consueta o insolita?

SCRITTURA E APPROFONDIMENTO

11. Quale atteggiamento assumono Marinetti e il Futurismo verso la guerra? Documentati ed elabora un testo scritto di una pagina sull'argomento.

Luigi Russolo, *La rivolta*, 1911.

T2 Filippo Tommaso Marinetti
Manifesto tecnico della letteratura futurista

I poeti futuristi

Il Manifesto tecnico della letteratura futurista, datato 11 maggio 1912, fu pubblicato nello stesso anno come introduzione all'antologia I poeti futuristi. Il brano che presentiamo è inserito in una cornice introduttiva, in cui si immagina che l'autore esponga le regole per la redazione di una poesia futurista dall'alto di un aeroplano in volo nel cielo di Milano.

Marinetti espone i principi della rivoluzione poetica futurista, con particolare attenzione agli aspetti formali ("tecnici", appunto). In linea con le basi ideologiche del movimento, egli teorizza una forma espressiva innovativa e originale, fondata sullo scardinamento della sintassi tradizionale e sulla teoria delle «parole in libertà».

La rinuncia alla strutturazione logica del discorso è il presupposto del nuovo stile futurista.

1 — BISOGNA DISTRUGGERE LA SINTASSI, DISPONENDO I SOSTANTIVI A CASO COME NASCONO.
2 — SI DEVE USARE IL VERBO ALL'INFINITO, perché si adatti elasticamente al sostantivo e non lo sottoponga all'io dello scrittore che osserva e immagina. Il verbo all'infinito può, solo, dare il senso della continuità della vita e l'elasticità dell'intuizione che la percepisce.

Marinetti mira a esprimere il dinamismo e la velocità che caratterizzano l'ideologia futurista.

3 — SI DEVE ABOLIRE L'AGGETTIVO perché il sostantivo nudo conservi il suo colore essenziale. L'aggettivo avendo in sé un carattere di sfumatura, è incompatibile con la nostra visione dinamica, perché suppone una sosta, una meditazione.
4 — SI DEVE ABOLIRE L'AVVERBIO, vecchia fibbia che tiene unite l'una all'altra le parole. L'avverbio conserva alla frase una fastidiosa unità di tono.
5 — OGNI SOSTANTIVO DEVE AVERE IL SUO DOPPIO, cioè il sostantivo deve essere seguito, senza congiunzione, dal sostantivo a cui è legato per analogia. Esempio: uomo-torpediniera[1], donna-golfo, folla-risacca, piazza-imbuto, porta-rubinetto...

I futuristi vogliono contaminare i diversi linguaggi, per rendere con maggiore immediatezza la materialità del reale.

6 — ABOLIRE ANCHE LA PUNTEGGIATURA. Essendo soppressi gli aggettivi, gli avverbi e le congiunzioni, la punteggiatura è naturalmente annullata, nella continuità varia di uno stile vivo, che si crea da sé, senza le soste assurde delle virgole e dei punti. Per accentuare certi movimenti e indicare le loro direzioni s'impiegheranno i segni della matematica: $+ - \times : = > <$, e i segni musicali.
7 — Gli scrittori si sono abbandonati finora all'analogia immediata. Hanno paragonato, per esempio, l'animale all'uomo o ad un altro animale, il che equivale ancora, press'a poco, a una specie di fotografia. Hanno paragonato, per esempio, un foxterrier[2] a un piccolissimo purosangue[3]. Altri, più avanzati, potrebbero paragonare quello stesso foxterrier trepidante, a una piccola macchina Morse[4]. Io lo paragono, invece, a un'acqua ribollente. V'è in ciò una GRADAZIONE DI ANALOGIE SEMPRE PIÙ VASTE, vi sono dei rapporti sempre più profondi e solidi, quantunque lontanissimi. L'analogia non è altro che l'amore profondo che collega le cose distanti, apparentemente diverse ed ostili. Solo per mezzo di analogie vastissime uno stile orchestrale, ad un tempo policromo, polifonico e polimorfo[5] può abbracciare la vita della materia...

Anche se Marinetti si oppone alla poesia simbolista, incentra la sua poetica sull'analogia, richiamandosi implicitamente alla teoria baudelairiana delle «corrispondenze».

---

1. **torpediniera**: piccola nave da guerra.
2. **foxterrier**: razza di cane di piccola taglia e pelo ispido.
3. **purosangue**: cavallo di razza.
4. **macchina Morse**: macchina del telegrafo, dal nome del suo inventore, lo statunitense Samuel Morse (1791-1872).
5. **policromo ... polimorfo**: ricco di colori, di suoni e di forme diverse.

30 8 – Non vi sono categorie d'immagini, nobili o grossolane, eleganti o volgari, eccentriche o naturali. L'intuizione che le percepisce non ha né preferenze né partiti-presi[6]. Lo stile analogico è dunque padrone assoluto di tutta la materia e della sua intensa vita.

9 – Per dare i movimenti successivi d'un oggetto bisogna dare la *catena delle ana-* **35** *logie* che esso evoca, ognuna condensata, raccolta in una parola essenziale...
Per avviluppare e cogliere tutto ciò che vi è di più fuggevole e di più inafferrabile nella materia, bisogna formare delle STRETTE RETI DI IMMAGINI O ANALOGIE, che verranno lanciate nel mare misterioso dei fenomeni. [...]

10 – Siccome ogni specie di ordine è fatalmente un prodotto dell'intelligenza cau- **40** ta o guardinga, bisogna orchestrare le immagini disponendole secondo un MAXI-MUM[7] DI DISORDINE.

> Il Futurismo si oppone alla soggettività dell'autore e all'espressione di sentimenti lirici e riflessioni esistenziali.

11 – Distruggere nella letteratura l'«io», cioè tutta la psicologia. L'uomo completamente avariato[8] dalla biblioteca e dal numero, sottoposto a una logica e ad **45** una saggezza spaventose, non offre assolutamente più interesse alcuno. Dunque, dobbiamo abolirlo nella letteratura, e sostituirlo finalmente colla materia, di cui si deve afferrare l'essenza a colpi di intuizione, la qual cosa non potranno mai fare i fisici né i chimici.

> Scopo primario della poesia futurista è la rappresentazione della realtà moderna nella sua concretezza.

Sorprendere attraverso gli oggetti in libertà e i motori capricciosi, la respirazione, la sensibilità e gli istinti dei metalli, delle pietre, del legno, ecc. Sostituire la **50** psicologia dell'uomo, ormai esaurita, con L'OSSESSIONE LIRICA DELLA MATERIA. [...]
Bisogna introdurre nella letteratura tre elementi che furono finora trascurati:
1. IL RUMORE (manifestazione del dinamismo degli oggetti);
2. IL PESO (facoltà di volo degli oggetti);
3. L'ODORE (facoltà di sparpagliamento degli oggetti).
55 Sforzarsi di rendere per esempio il paesaggio di odori che percepisce un cane. Ascoltare i motori e riprodurre i loro discorsi. [...]
Noi inventeremo insieme ciò che io chiamo L'IMMAGINAZIONE SENZA FILI. Giungeremo un giorno ad un'arte ancor più essenziale, quando oseremo sopprimere tutti i primi termini delle nostre analogie per non dare più altro che il seguito ininter-

> Come tutte le Avanguardie, anche i futuristi non si preoccupano della comprensibilità della loro opera, che vuole anzitutto stupire e scandalizzare.

60 rotto dei secondi termini. Bisognerà, per questo, rinunciare ad essere compresi. Esser compresi, non è necessario. Noi ne abbiamo fatto a meno, d'altronde, quando esprimevamo frammenti della sensibilità futurista mediante la sintassi tradizionale e intellettiva[9]. [...]
Ci gridano: «La vostra letteratura non sarà bella! Non avremo più la sinfonia verbale, dagli armoniosi dondolii, e dalle cadenze tranquillizzanti!» Ciò è bene inte- **65** so! E che fortuna! Noi utilizziamo, invece, tutti i suoni brutali, tutti i gridi espressivi della vita violenta che ci circonda. FACCIAMO CORAGGIOSAMENTE IL «BRUTTO» IN

> Marinetti contrappone all'idea tradizionale della sacralità dell'arte un tono violentemente dissacratore.

LETTERATURA, E UCCIDIAMO DOVUNQUE LA SOLENNITÀ. Via! non prendete di quest'arie da grandi sacerdoti, nell'ascoltarmi! Bisogna sputare ogni giorno sull'*Altare dell'Arte*! **70** Noi entriamo nei dominii sconfinati della libera intuizione. Dopo il verso libero, ecco finalmente LE PAROLE IN LIBERTÀ!

---

6. partiti-presi: *opinioni preconcette, pre-* | **7. MAXIMUM:** *livello massimo.* | **9. intellettiva:** *basata sulla logica razio-*
giudizi. | **8. avariato:** *guastato.* | *nale.*

Futurismo e Avanguardie

◉ Analisi guidata

Un nuovo linguaggio

Marinetti usa la forma dell'elenco numerato per indicare le **tecniche della scrittura futurista**. Nei **primi sei punti** vengono fornite regole esplicite di composizione, in gran parte polemiche rispetto all'uso tradizionale. La destrutturazione della sintassi, l'abolizione dell'aggettivo e dell'avverbio e l'uso del verbo all'infinito mirano a **far risaltare i singoli termini** nella loro pregnanza espressiva e nella loro materialità, mentre la rinuncia alla punteggiatura risponde a un'**esigenza di rapidità e immediatezza**. Questi principi sono necessari per eliminare completamente la soggettività dell'artista («distruggere la letteratura dell'"io"»), sostituita dall'«ossessione lirica della materia», e per esprimere una **concezione meccanica** dell'uomo e della realtà.

◉ Competenze di comprensione e analisi

- Quali elementi del linguaggio tradizionale, secondo Marinetti, devono essere aboliti? Per quale motivo?
- Quale rapporto c'è tra l'uso del verbo all'infinito e la messa al bando della soggettività nell'opera d'arte?
- Attraverso quali espedienti formali Marinetti suggerisce di rendere l'idea della velocità?

"Paroliberismo" e immaginazione senza fili

A partire dal punto 7, Marinetti sottolinea l'importanza dell'uso delle **analogie**, il più possibile insolite e ardite, collegate tra loro in catene e gradazioni libere dalla logica consueta, cui deve sostituirsi la **libera intuizione**. Il ricorso alle analogie e alle sinestesie, unito alla distruzione della sintassi, porta alla creazione di un **linguaggio** del tutto **nuovo e immediato**, fondato sul principio delle «parole in libertà», la cui collocazione nella pagina deve rispondere solo all'«immaginazione senza fili».

Questa nuova arte, volta a rendere percepibile in modo immediato la materialità del reale, si contrappone polemicamente ai canoni estetici tradizionali, spingendosi consapevolmente fino al non-senso e al «brutto».

◉ Competenze di comprensione e analisi

- Che cosa intende dire Marinetti quando afferma che «ogni sostantivo deve avere il suo doppio» (r. 11)?
- Spiega in che cosa consiste e quale scopo ha la teoria del "paroliberismo".
- In quale punto del testo e perché Marinetti afferma che sarà necessario creare un'arte "brutta"?

Le tecniche espressive

Come già nel *Manifesto del Futurismo* del 1909, anche nell'esporre i principi della scrittura futurista Marinetti adotta la forma del **manifesto**, ossia dello **scritto teorico programmatico** rivolto a un vasto pubblico e particolarmente **studiato nell'aspetto grafico**.

Il ricorso all'**elenco** numerato e a **caratteri tipografici differenti** evidenzia con chiarezza i punti centrali del testo, redatto in uno stile **perentorio e imperativo**, reso evidente dall'anafora di forme verbali come «Bisogna» o «Si deve». I periodi sono brevi e scanditi, mentre nell'ultima parte prevale un tono più enfatico.

◉ Competenze di comprensione e analisi

- Per quale motivo l'autore scrive alcune parti del testo in carattere tipografico maiuscoletto?
- Individua le analogie stilistiche e formali che accomunano questo testo al *Manifesto del Futurismo*.

Filippo Tommaso Marinetti

T3 Filippo Tommaso Marinetti
Il bombardamento di Adrianopoli

Zang Tumb Tumb

Il brano è tratto dal «poema» Zang Tumb Tumb (1914), in cui Marinetti racconta la guerra combattuta nel 1912-1913 da Grecia, Bulgaria e Serbia contro l'Impero ottomano, alla quale egli partecipò come cronista. Il passo riportato si riferisce al bombardamento della città turca di Adrianopoli (oggi Edirne), assediata dai bulgari nella fase finale del conflitto.

Marinetti usa le parole in libertà e applica i principi della scrittura futurista, affidandosi a soluzioni espressive di ardita originalità per rendere l'immediatezza della battaglia. La riproduzione dei suoni dei cannoni e dei mitragliatori, unita alla particolare configurazione grafica del testo, sembra collocare il lettore nel centro dello scontro, descritto con toni enfatici e compiaciuti.

> *I verbi, non coniugati, sono usati all'infinito.*

ogni 5 secondi cannoni da assedio sventrare
spazio con un accordo **tam-tuuumb**
ammutinamento di 500 echi per azzannarlo
sminuzzarlo sparpagliarlo all'infinito
5   nel centro di quei **tam-tuumb**
spiaccicati (ampiezza 50 chilometri quadrati)

> *L'accostamento per asindeto e l'accumulo di termini sottolineano la concitazione della battaglia.*

balzare scoppi tagli pungi batterie tiro
rapido Violenza ferocia regolarità questo
basso grave scandere[1] gli strani folli agita-
10   tissimi acuti della battaglia Furia affanno
                orecchie   occhi
                narici   aperti attenti
forza che gioia vedere udire fiutare tutto
tutto **taratatatata** delle mitragliatrici strillare
15   a perdifiato sotto morsi schiaffi **traak-**
traack frustare **pic-pac-pum-tumb** bizz-
zzarie salti altezza 200 m. della fucileria
Giù giù in fondo all'orchestra stagni
          diguazzare[2]   buoi bufali
20   pungoli[3] carri pluff plaff   inpen-
narsi di cavalli flic flac **zing zing sciaaack**
lari nitriti **iiiiii**….. scalpiccii tintinnii 3
battaglioni bulgari in marcia **croooc-craac**
(LENTO DUE TEMPI) Sciumi Marita
25   o Karvavena[4] croooc craaac grida degli
ufficiali sbatacccccchiare come piattttti d'otttttone
pan di qua **paack** di là cing **buuum**
cing ciack (PRESTO) **ciaciaciaciaciaak**
su giù là là intorno in alto attenzione
30   sulla testa **ciaack** bello   Vampe

> *I singoli termini vengono scomposti con bruschi "a capo", contro ogni regola metrica.*

> *L'indicazione ritmica assimila il testo a una partitura musicale.*

> *Le onomatopee, frequenti ed evidenziate dal neretto, si uniscono a giochi fonici e consonanze.*

---

1. **scandere:** *scandire.*
2. **diguazzare:** *agitarsi nell'acqua.*
3. **pungoli:** bastoni usati per spingere gli animali al lavoro.

4. **Sciumi … Karkavena:** si tratta delle prime parole del vecchio inno bulgaro, in vigore dal 1886 al 1944, *Shumi Maritsa* ("Scorre la Mariza insanguinata"; la Mari-za è un fiume al confine tra Grecia e Bulgaria) che Marinetti sente cantare dai soldati bulgari.

                    vampe

    vampe   *vampe*

    vampe   *vampe*

        vampe   ribalta dei forti die-

35   *vampe*

                  vampe

tro quel fumo Sciukri Pascià[5] comunica tele-
fonicamente con 27 forti in turco in tedesco allò **Ibrahim Rudolf allò allò**

40 attori ruoli   echi suggeritori
              scenari di fumo foreste
applausi odore di fieno fango sterco non
sento più i miei piedi gelati odore di salnitro[6] odore di marcio   Timmmpani[7]

45 flauti clarini dovunque basso alto uccelli
cinguettare beatitudine ombrie[8] cip-cip-cip brezza
verde mandre[9] don-dan-don-din-bééé **tam-tumb-**
tumb tumb tumb-tumb-tumb
-tumb Orchestra   pazzi ba-

50 stonare professori d'orchestra questi bastona-
tissimi suooooonare suooooonare Graaaaandi
fragori non cancellare precisare rittttagliandoli
rumori più piccoli minutisssssimi rottami
di echi nel teatro ampiezza 300 chilometri

55 quadrati   Fiumi Maritza
Tungia sdraiati   Monti Ròdopi[10] ritti   alture palchi log-
gione 2000 shrapnels[11] sbracciarsi ed esplodere
fazzoletti bianchissimi pieni d'oro **Tum-**

60 **tumb**   2000 granate
protese strappare con schianti capigliature
tenebre **zang-tumb-zang-tuuum-**
tuuumb orchestra dei rumori di guerra
gonfiarsi sotto una nota di silenzio

65   tenuta nell'alto cielo pal-
-lone sferico[12] dorato sorvegliare tiri parco
aerostatico Kadi-Keuy[13].

> Le onomatopee in corpo tipografico minore indicano la debolezza dei suoni della natura, schiacciati dal frastuono della battaglia.

F.T. Marinetti, *Teoria e invenzione futurista*,
a cura di L. De Maria, Milano, Mondadori, 1983

---

5. Sciukri Pascià: è il comandante dei soldati turchi.

6. salnitro: nitrato di potassio, utilizzato per la preparazione di esplosivi.

7. Timmmpani: *timpani* (strumenti musicali a percussione).

8. ombrie: *luoghi ombrosi.*

9. mandre: *mandrie.*

10. Monti Ròdopi: catena montuosa che divide Grecia e Bulgaria.

11. shrapnels: proiettili d'artiglieria, così chiamati dal nome del loro inventore, Henry Shrapnel (1761-1842).

12. pallone sferico: *aerostato.*

13. Kady-Keuy: una città vicino a Istanbul.

Filippo Tommaso Marinetti

Analisi guidata

Parole in libertà

In linea con i principi esposti nel *Manifesto tecnico della letteratura futurista*, Marinetti evoca il bombardamento di Adrianopoli attraverso l'accostamento analogico di notazioni sonore e visive. Allo scopo di rendere la concretezza della battaglia e la simultaneità delle sensazioni che essa provoca, i **termini** vengono **disposti** nella pagina in piena libertà e **senza apparente nesso logico**, con un effetto di accumulo evidenziato dall'assenza della punteggiatura e dalla rinuncia alle regole sintattiche, secondo la tecnica futurista del "paroliberismo". Come indica l'uso del verbo all'infinito, scompare inoltre ogni riferimento alla soggettività dell'autore, travolta dalla concitazione e dal **dinamismo** delle **macchine**.

Competenze di comprensione e analisi

- Scrivi un breve riassunto in prosa della lirica, in un massimo di sei righe.
- Nel brano prevalgono le notazioni acustiche: individua onomatopee, allitterazioni, assonanze e figure di suono e spiegane la funzione complessiva.

Gli aspetti grafici

Nel testo assumono particolare rilievo gli elementi grafici, sfruttati per sottolineare anche visivamente i rumori assordanti della battaglia. I **termini onomatopeici** sono evidenziati in neretto, mentre gli **spazi** bianchi creano delle pause di silenzio e l'uso di **caratteri tipografici** in corpo minore per termini disposti liberamente nella pagina (come «*vampe*» ai vv. 31-36) crea una sorta di "**poesia visiva**" che enfatizza la simultaneità e l'immediatezza della scena. Le parole in maiuscoletto tra parentesi («LENTO DUE TEMPI», v. 24; «PRESTO», v. 28) indicano infine, come in una partitura musicale, il ritmo delle azioni e dei suoni, che nel loro insieme vengono per analogia assimilati a un'«orchestra» (vv. 18, 49, 63).

Competenze di comprensione e analisi

- Quale funzione hanno gli spazi bianchi ai vv. 11-12?
- Che cosa intende evocare il poeta disponendo la parola «*vampe*» in modo libero nella pagina e in corpo minore (vv. 31-36)?
- Quale significato ha l'analogia tra il bombardamento e l'«orchestra»?

La guerra come spettacolo

Marinetti non intende soffermarsi sulle cause della guerra o sulle sofferenze che a essa si accompagnano. Acceso interventista, egli guarda al combattimento con un **interesse puramente estetico**, come a una sorta di grandioso spettacolo da riprodurre e trasmettere in una forma efficace e originale. Nel testo non mancano anzi esclamazioni di vero e proprio **entusiasmo**, da cui traspare l'**esaltazione dell'energia aggressiva delle macchine belliche**.

Competenze di comprensione e analisi

- Da quali termini emerge l'assimilazione della battaglia a uno spettacolo teatrale?
- In quale modo viene rappresentato nel testo il paesaggio naturale?
- Da quali espressioni e immagini emerge l'ammirazione del poeta per la guerra?

Futurismo e Avanguardie

Govoni e Palazzeschi

Tra Crepuscolarismo e Futurismo Il desiderio di innovazione formale caratterizza la maggior parte dei poeti del primo Novecento, mossi, in primo luogo, dalla **volontà di differenziarsi** sia dalla poesia "ufficiale" di Carducci e Pascoli, sia dalla tradizione simbolista. Si spiega così il particolare itinerario di alcuni autori che, come Corrado Govoni e Aldo Palazzeschi, esordiscono nell'ambito del Crepuscolarismo, per poi approdare al Futurismo, salvo poi allontanarsene in polemica con l'acceso e violento interventismo del gruppo.

Anche se il movimento crepuscolare e quello futurista presentano in apparenza caratteristiche opposte – più intimistiche e dimesse l'uno, decisamente aggressive e avanguardistiche l'altro – essi condividono il vivace **sperimentalismo** e la **riflessione sulla crisi degli intellettuali** nella società del primo Novecento.

Corrado Govoni L'opera del ferrarese Corrado Govoni attraversa tutte le principali poetiche novecentesche, pur mantenendo una sua personale originalità. Nato nel **1884** a Tamara, presso **Ferrara**, in una famiglia di agricoltori, abbandona prematuramente gli studi per dedicarsi all'azienda paterna. Esordisce nel 1903 con due raccolte poetiche, *Le fiale* e **Armonia in grigio et in silenzio**, che fanno di lui uno dei primi esponenti del Crepuscolarismo. La sua naturale **esuberanza espressiva** lo porta presto ad avvicinarsi al **Futurismo**, a cui si legano le tre raccolte successive: *Poesie elettriche* (1911), *L'inaugurazione della primavera* (1915) e *Rarefazioni e parole in libertà* (1915), in cui realizza alcune delle più famose "**poesie visive**" futuriste, come *Autoritratto* e *Il palombaro*. Divenuto collaboratore delle riviste «Lacerba» e «La Voce» nel 1914 si trasferisce a **Milano**, ma le difficoltà economiche lo costringono a tornare a Ferrara e in seguito a spostarsi a **Roma**. Durante la guerra perde il figlio Aladino, trucidato nel massacro delle Fosse Ardeatine, e a questo tragico evento dedica la raccolta di liriche *Aladino* (1946). Muore a Roma nel **1965**.

Pur in mezzo a una grande varietà di esperienze, la poesia di Govoni è segnata dal ricorrere di tematiche legate alla **campagna** e al **paesaggio naturale**, ritratto con un vivace cromatismo e con un'ingenua tendenza all'accumulo di immagini liberamente collegate fra loro.

Aldo Palazzeschi Aldo Palazzeschi (pseudonimo di Aldo Giurlani) nasce a Firenze nel **1885** da una famiglia di commercianti e, diplomatosi ragioniere, si appassiona dapprima alla recitazione e al teatro e in seguito alla poesia, legandosi in particolare a Marino Moretti. Le sue prime raccolte poetiche (*I cavalli bianchi*, del 1905, cui seguono *Lanterna* e *Poesie*) si avvicinano al **gusto crepuscolare** per i temi semplici e il tono ingenuo, evitando tuttavia le atmosfere troppo cupe e malinconiche. Nei primi anni Dieci il poeta soggiorna a **Parigi**, dove frequenta Marinetti e **si avvicina al Futurismo**, scrivendo su «Lacerba» e pubblicando la raccolta di liriche *L'incendiario* (1910) e il romanzo fantastico-allegorico *Perelà uomo di fumo* (1911).

Corrado Govoni, *Il palombaro*, 1915.

La parola all'autore

Aldo Palazzeschi, *La risata: un dono divino*

Nello scritto teorico *Il controdolore*, pubblicato nel 1914 su «Lacerba», Palazzeschi esprime i principi della sua poetica, tessendo un vero e proprio elogio della gioia e del riso, considerati attributi di Dio e tratti caratterizzanti dell'essere umano. La profondità, secondo l'autore, non si identifica con la sofferenza, ma con la superiore capacità di ridere anche del proprio dolore.

«Dio non à né corpo, né mani, né piedi, è un puro e semplicissimo spirito». [...] Se io me lo figuro uomo, non lo vedo né più grande né più piccino di me. Un omettino di sempre media statura, di sempre media età, di sempre medie proporzioni, che mi stupisce per una cosa soltanto: che mentre io lo considero titubante e spaventato, egli mi guarda ridendo a crepapelle. La sua faccettina rotonda divinamente ride come incendiata da una risata infinita ed eterna, e la sua pancina tremola, tremola in quella gioia. Perché dovrebbe questo spirito essere la perfezione della serietà e non quella dell'allegria? Secondo me, nella sua bocca divina si accentra l'universo in una eterna motrice risata. Egli non à creato no, rassicuratevi, per un tragico, o malinconico, o nostalgico fine; à creato perché ciò lo divertiva. [...] Uomini, non siete creati, no, per soffrire; nulla fu fatto nell'ora di tristezza e per la tristezza; tutto fu fatto per il gaudio eterno. Il dolore è transitorio (voi soli ne eternate l'esistenza con la vostra paura); la gioia è eterna. Ecco il vero peccato originale, ecco il solo fonte battesimale. Vili! Paurosi! Poltroni! Incerti! Ritardatari! Passate la macchia! Se credete che sia profondo ciò che comunemente s'intende per serio siete dei superficiali. La superiorità dell'uomo su tutti gli animali è che ad esso solo fu dato il privilegio divino del riso, essi non potranno mai comunicare con Dio. Un piccolo e misero topo, può farci udire il suo pianto, i suoi lamenti; nessun animale ci à fatto ancora udire una calda sonora risata. [...] Bisogna abituarsi a ridere di tutto quello di cui abitualmente si piange, sviluppando la nostra profondità. L'uomo non può essere considerato seriamente che quando ride.

A. Palazzeschi, *Il controdolore*, in *Tutti i romanzi*, vol. I, a cura di G. Tellini, Milano, Mondadori, 2004

Della corrente futurista Palazzeschi apprezza l'originalità e la carica innovativa, ma in polemica con l'acceso interventismo di Marinetti **nel 1914 abbandona il movimento**, esprimendo il proprio disaccordo sul conflitto nelle prose *Due imperi... mancati* (1920).

Durante il fascismo Palazzeschi non partecipa alla vita pubblica e conduce un'esistenza appartata, dedicandosi alla narrativa tradizionale di stampo ottocentesco. Nel 1934 pubblica il romanzo *Sorelle Materassi*, ironica storia della decadenza fisica e materiale di due modeste zitelle, rovinate da un nipote giovane, bello e dissipato. Gli anni Sessanta segnano il ritorno alla poesia di tono giocoso e paradossale e l'avvicinamento agli esponenti della **Neoavanguardia**, che lo considerano un loro precursore. Palazzeschi muore a Roma nel **1974**.

Il poeta come clown   Pur nel suo incessante sperimentalismo, l'opera di Palazzeschi mantiene comunque una profonda coerenza, segnata da una costante **carica ironica e giocosa** che, evidente già nella fase crepuscolare, si manifesta appieno con l'adesione al Futurismo. L'esaltazione della risata e dell'ingenuità infantile come chiave di lettura del mondo diviene così un sottile **strumento per irridere il perbenismo**

borghese e le sue ipocrite convenzioni. Nei suoi versi domina un'atmosfera ludica e canzonatoria, espressa tramite una poesia che tende al **gioco verbale**, al non-senso e alla frantumazione delle strutture metriche tradizionali a favore del **verso libero**.

Nella poesia di Palazzeschi è ricorrente anche la riflessione sul **ruolo del poeta** nella moderna società capitalistica. Nelle liriche *E lasciatemi divertire!* e *Chi sono?*, alla svalutazione dell'arte Palazzeschi contrappone, con eversiva autoironia, la **consapevolezza dell'inutilità dell'artista**, rappresentato come «saltimbanco» o come clown, dotato soltanto dell'arma lieve ma potente della risata e dello sberleffo al buon senso comune.

⭕ Sosta di verifica

1 Quali sono le raccolte di ispirazione futurista di Govoni?

2 Nell'ambito di quale corrente poetica esordisce Palazzeschi?

3 Qual è la principale raccolta poetica di gusto futurista di Palazzeschi?

4 Quali aspetti del Futurismo condivide Palazzeschi? A quali invece si oppone?

Futurismo e Avanguardie

T4 Aldo Palazzeschi
E lasciatemi divertire! (Canzonetta)

L'incendiario

Questa poesia, pubblicata nel 1910 nella raccolta di ispirazione futurista L'incendiario, venne poi inserita nelle Poesie (1904-1914) del 1925 e riedita più volte, con alcune varianti, fino agli anni Settanta. Qui la riportiamo nella veste della prima edizione.
Nel testo, che costituisce un manifesto programmatico della poetica di Palazzeschi, l'autore esprime una visione della poesia come semplice divertimento e libero gioco ai limiti del non-senso, lasciando però trasparire una sottile polemica verso la perdita d'importanza subita dall'arte nella società contemporanea.

Ascolta la poesia e fai l'analisi interattiva

Metrica Strofe di versi liberi.

> Tri tri tri,
> fru fru fru,
> ihu ihu ihu
> uhi uhi uhi!
> 5 Il poeta si diverte,
> pazzamente,
> smisuratamente!
> Non lo state a insolentire[1],
> lasciatelo divertire
> 10 poveretto,
> queste piccole corbellerie[2]
> sono il suo diletto.
> Cucù rurù,
> rurù cucù,
> 15 cuccuccurucù!
> Cosa sono queste indecenze,
> queste strofe bisbetiche[3]?
> Licenze, licenze,
> licenze poetiche[4]!
> 20 Sono la mia passione.
>
> Farafarafarafa,
> Tarataratarata,
> Paraparaparapa,
> Laralaralarala!
> 25 Sapete cosa sono?
> Sono robe avanzate,
> non sono grullerie[5],
> sono la spazzatura
> delle altre poesie.

La reazione del pubblico è dapprima bonaria, di indulgente compatimento per le stranezze dell'artista.

---

1. insolentire: *offendere.*
2. corbellerie: *sciocchezze, stupidaggini.*
3. bisbetiche: *capricciose, irregolari.*
4. licenze poetiche: *deviazioni dalla norma consentite e accettate all'interno di componimenti in versi.*
5. grullerie: *sciocchezze* (espressione toscana).

Aldo Palazzeschi 535

> 30   Bubububu,
>   Fufufufu,
>   Friu!
>   Friù!

Di fronte all'apparente stramberia dei versi, il tono del pubblico si fa più sprezzante e risentito.

>   Ma se d'un qualunque nesso[6]
> 35   son prive,
>   perché le scrive
>   quel fesso?
>
>   Bilobilobilobilobilo,
>   blum!
> 40   Filofilofilofilofilo,
>   flum!
>   Bilolù. Filolù.
>   U.

Palazzeschi rivendica l'estrema soggettività della creazione poetica e la sua totale libertà, che non deve tenere conto dei gusti del pubblico.

>   Non è vero che non voglion dire,
> 45   Vogliono dire qualcosa.
>   Voglion dire...
>   come quando uno
>   si mette a cantare
>   senza saper le parole.
> 50   Una cosa molto volgare[7].
>   Ebbene, così mi piace di fare.
>
>   Aaaaa!
>   Eeeee!
>   Iiiii!
> 55   Ooooo!
>   Uuuuu!
>   A! E! I! O! U!
>   Ma giovinotto,
>   ditemi un poco una cosa,

Il lettore borghese fa riferimento alla concezione tradizionale della sacralità dell'arte, che il poeta si diverte a sbeffeggiare.

> 60   non è la vostra una posa[8],
>   di voler con così poco
>   tenere alimentato
>   un sì gran foco[9]?
>
>   Huisc... Huiusc...

La poesia assume volutamente la forma del non-senso, tanto da essere paragonata alla lingua giapponese.

> 65   Sciu sciu sciu,
>   koku koku koku.
>   Ma come si deve fare a capire?
>   Avete delle belle pretese,
>   sembra ormai che scriviate in giapponese.
>
> 70   Abì, alì, alarì.
>   Ririri!
>   Ri.

---

6. nesso: *collegamento logico.*
7. volgare: *comune.*

8. una posa: *un atteggiamento studiato, un esibizionismo.*

9. gran foco: cioè il fuoco dell'ispirazione poetica.

Futurismo e Avanguardie

Lasciate pure che si sbizzarrisca,
anzi è bene che non la finisca[10].
75 Il divertimento gli costerà caro,
gli daranno del somaro.

Labala
Falala
Falala
80 eppoi lala
Lalala lalala.
Certo è un azzardo un po' forte,
scrivere delle cose così,
che ci son professori[11] oggidì
85 a tutte le porte.

Ahahahahahahah
Ahahahahahahah
Ahahahahahahah.
Infine io ò pienamente ragione,
90 i tempi sono molto cambiati,
gli uomini non dimandano
più nulla dai poeti,
e lasciatemi divertire!

> Di fronte alla perdita d'importanza della poesia, l'unica soluzione è il suo ridursi a semplice divertimento fine a se stesso.

A. Palazzeschi, *Tutte le poesie*, a cura di A. Dei, Milano, Mondadori, 2002

10. **che ... finisca:** *che non smetta.*
11. **professori:** *esperti, sostenitori della poesia tradizionale.*

→ Analisi del testo

COMPRENSIONE

La lirica si basa sull'alternanza di brevi strofe, formate quasi esclusivamente da estrosi giochi onomatopeici, che si immaginano pronunciate dal poeta, e di strofe più articolate, in cui si riportano le reazioni del pubblico alla clownesca esibizione dell'artista. All'ostentazione di un'arte intesa come libero gioco trasgressivo si contrappongono i commenti dell'immaginario pubblico borghese, dapprima paternalistici e bonari («lasciatelo divertire / poveretto», vv. 9-10) ma via via più aspri e risentiti («quel fesso», v. 37; «gli daranno del somaro», v. 76). Nel finale, in tono più serio, Palazzeschi dichiara apertamente il venir meno del prestigio e della funzione dell'artista nella società moderna e la conseguente riduzione della poesia a puro divertimento («i tempi sono

molto cambiati, / gli uomini non dimandano / più nulla dai poeti, / e lasciatemi divertire!», vv. 90-94).

ANALISI E INTERPRETAZIONE

La poesia come gioco Nella struttura quasi teatrale del componimento, attraverso le onomatopee e i vocalizzi di un anonimo poeta – identificabile con l'autore stesso – Palazzeschi esprime appieno la propria idea dell'**arte come puro piacere e gioco linguistico** fine a se stesso, in cui si cela tuttavia il gusto della demolizione delle regole letterarie e sociali. La **distruzione della sintassi**, l'adozione del **verso libero** e la regressione del linguaggio poetico a **suoni privi di senso** si contrappongono infatti a ogni concezione elevata e tradizionale della letteratura e, d'altro canto, risuonano come uno sberlef-

Aldo Palazzeschi 537

fo alle norme e alle convenzioni borghesi. In modo apparentemente ludico e disimpegnato, Palazzeschi dà voce quindi a una **provocatoria polemica** sia verso le forme della **poesia tradizionale** sia verso l'ipocrisia di una **società** che riduce l'arte a merce, senza riconoscerle più alcun valore reale. Alla crisi dell'intellettuale moderno – già denunciata da Baudelaire, da Corazzini e da Gozzano – Palazzeschi reagisce originalmente con la riduzione della poesia a puro gioco infantile, alternativo a un mondo "adulto" repressivo e inautentico.

Tra Futurismo e gusto crepuscolare Il testo rientra appieno nella fase futurista della poesia di Palazzeschi, come risulta evidente dal **tono canzonatorio e irriverente** e dall'uso ostentato di onomatopee prive di un preciso significato referenziale. Al gusto futurista riporta anche la rappresentazione del **poeta come clown o saltimbanco**, che volutamente si contrappone al perbenismo borghese.

Alla sensibilità crepuscolare rimandano invece i numerosi accenni a un **ruolo "ridotto" della poesia** (i versi del poeta sono definiti «robe avanzate ... spazzatura / delle altre poesie», vv. 26-29), la cadenza colloquiale e dialogica dei versi e l'**ironia** che pervade il testo. Ma Palazzeschi si differenzia in realtà da entrambe le correnti, ritrovando la sua ispirazione più autentica in una forma scanzonata e gioiosa, che non esclude la riflessione critica sul ruolo dell'artista nel mondo moderno.

Lavoriamo sul testo

COMPRENSIONE

1 Indica quali strofe della lirica si immaginano pronunciate dal poeta e quali invece sono da attribuire alla voce del pubblico.

2 Che cosa intende dire il poeta sostenendo che i suoi versi «sono la spazzatura / delle altre poesie» (vv. 28-29)?

3 Per quale motivo il pubblico afferma che il poeta finirà per essere considerato un «somaro» (v. 76)? Chi sono i «professori» del v. 84?

LINGUA E LESSICO

4 Nella lirica ricorrono molte espressioni tipiche del parlato (per esempio «Voglion dire… / come quando uno / si mette a canta-re», vv. 46-48). Individuane qualche esempio e spiegane la funzione.

ANALISI E INTERPRETAZIONE

5 Analizza le reazioni del pubblico all'esibizione del poeta. Per quale motivo l'atteggiamento degli ipotetici lettori diviene sempre più astioso e polemico?

6 In quale punto del testo si allude alla difficoltà del pubblico di comprendere la nuova poesia?

7 La lirica è scritta in versi liberi, ma le rime sono particolarmente frequenti. Quali di esse hanno una funzione chiaramente ironica sul piano del contenuto?

SCRITTURA E APPROFONDIMENTO

8 Alcune tra le onomatopee del testo (per esempio «Tri tri tri, / fru fru fru», vv. 1-2) sembrano ricordare la poesia di Pascoli. Ti sembra che l'uso che ne fa Palazzeschi sia simile? Rispondi in un testo scritto facendo riferimento alle poesie di Pascoli che hai studiato.

Di Palazzeschi puoi leggere anche *Ave, Mara, Amara* da *I cavalli bianchi*

T5 Corrado Govoni
Il giardino

L'inaugurazione della primavera

La lirica, inserita nella raccolta L'inaugurazione della primavera (1915), *descrive attraverso una serie di ardite analogie l'atmosfera di un giardino fiorito in una sera primaverile.*
Il ricorso a collegamenti analogici inconsueti e suggestive si-

nestesie, al pari di alcune immagini caratteristiche (il «fulmine», il «taboga», i «piccoli lampi di magnesio» della «fotografia») avvicina il testo al gusto futurista, ma la tematica quotidiana e la sottile malinconia delle immagini ricordano piuttosto il tardo-simbolismo e la corrente crepuscolare.

Metrica   Versi liberi.

> una sera divina
> della primavera fondente
> come una caramella di menta glaciale
> che si succhia si succhia
> 5   finché non resta più niente
> salvo una sensazione di verdi e freschi prati
> che dura nella bocca lungamente.
> L'ultimo fulmine, laggiù,
> come un pagliaccio infarinato
> 10   su una scoppiettante bicicletta
> ha percorso
> il taboga[1] di vetro dell'arcobaleno
> che ora precipita in frantumi sonorissimi
> da un capo all'altro dell'orizzonte
> 15   sul cammino d'un treno in corsa
> verso una città grigia
> dalle case straccione
> sotto i vecchi ombrelli
> fradici dei suoi tetti.
> 20   La brezza mi modella
> la viva maschera del volto
> e mi rende sensibili e freschi come l'erba
> sulla fronte i capelli.
> S'arrampicano i convolvoli[2] pel muro
> 25   come fonografi di profumo in ascolto[3].
> E va da rosa a rosa in un'aiuola
> un filo della vergine[4]
> come una sottilissima corda di seta

Il fulmine è paragonato al clown per il suo volto bianco e lucente; la bicicletta; «scoppiettante» evoca il brontolio del tuono.

L'analogia tra le gocce di pioggia e il «vetro» viene resa con un effetto sonoro che dà origine a una serie di immagini sinestetiche.

----

1. taboga: *slitta.*
2. convolvoli: fiori a forma di campanula.
3. come ... in ascolto: la forma dei «convolvoli» ricorda quella di un grammofono («fonografo»).
4. un filo della vergine: «un sottile ramo dell'erba-vergine» (Gioanola).

Il profumo delle rose viene personificato nell'immagine di una ballerina in equilibrio su un alito di brezza.	su cui una ballerina d'odore
30	sta in equilibrio
	sopra una gamba tremula di vento.
	Una chiocciola allunga i cannocchiali dei suoi occhi
	dal suo labirinto
	verso l'astro infuocato d'una zinnia[5]
35	e li chiude.
	Un pipistrello si stacca da un tegolo[6] umido
	s'alza e s'abbassa
	rasenta va e viene
	con l'ala funebre[7] che ha il brivido
40	della falce nera
	della morte che invisibile passa.
	Presto tutto il giardino formicolerà di lucciole
L'analogia tra le lucciole e i «lampi di magnesio», utilizzati per fotografare al buio, è di gusto tipicamente futurista.	piccoli lampi di magnesio per fare la fotografia
	sui volti ipnotici e medianici dei fiori[8].
45	È notte: fa fresco: cadono le prime gocce di stelle;
	si rientra.

C. Govoni, *L'inaugurazione della primavera*,
in P.V. Mengaldo, *Poeti italiani del Novecento*, Mondadori, Milano, 1978

---

5. l'astro ... zinnia: la zinnia è un grande fiore di colore rosso, che ricorda il sole («l'astro infuocato»).
6. un tegolo: *una tegola.*

7. l'ala funebre: il pipistrello, animale notturno, evoca il pensiero della morte.
8. volti ... dei fiori: i fiori, personificati, appaiono come visi capaci di ipnotizzare e

creare una comunicazione tra vivi e morti (come fa appunto il medium).

COMPRENSIONE

1 Quale insolita similitudine apre il testo? Perché è possibile dire che essa contiene anche un riferimento sinestetico?

2 A che proposito viene ricordato il volo del pipistrello?

3 Quali elementi della natura sono presenti nella lirica? Le immagini sono descrittive o suggestive? Per quale motivo?

⟳ Oltre il testo Confrontare e collegare

• L'immagine del pipistrello compare anche in *Spleen* di Baudelaire: «quando la terra si muta in un'umida segreta / dove la Speranza, timido pipistrello, / sbatte le ali nei muri e dà la testa / nel soffitto marcito» (vv. 5-8). Pensi che ci sia un collegamento tra queste due occorrenze? Rispondi in un testo scritto dando la tua opinione personale.

Futurismo e Avanguardie

LINGUA E LESSICO

4 Per ognuno dei termini elencati scrivi una frase in cui li utilizzi in modo appropriato.

taboga: ....

fonografi: ....

formicolerà: ....

medianici: ....

ANALISI E INTERPRETAZIONE

5 Spiega il senso delle seguenti analogie: «il taboga di vetro dell'arcobaleno» (v. 12); «i vecchi ombrelli / fradici dei... tetti» (vv. 18-19); «gocce di stelle» (v. 45).

6 Individua le numerose similitudini presenti nella lirica e spiegane il significato.

7 Quali immagini tipiche dell'immaginario futurista ricorrono nel testo?

> **Oltre il testo** Confrontare e collegare
>
> • Quali temi e accorgimenti stilistici elencati da Marinetti nel *Manifesto tecnico della letteratura futurista* sono presenti in questa lirica?
>
> • Metti a confronto la lirica di Govoni con *Il bombardamento di Adrianopoli* di Marinetti (p. 530) e con *E lasciatemi divertire!* di Palazzeschi (p. 535); dove si realizza maggiormente il "paroliberismo" futurista? Rispondi evidenziando le differenze fra i tre testi.

8 Come definiresti l'atmosfera evocata dalla lirica? Motiva la tua risposta con riferimenti al testo.

9 Nel componimento le note coloristiche svolgono un ruolo centrale: individuale e spiegane la funzione complessiva.

SCRITTURA E APPROFONDIMENTO

10 A proposito dell'opera di Govoni, il critico Pier Vincenzo Mengaldo ha scritto che il poeta «è soprattutto attratto dalla superficie colorata del mondo, dalla varietà infinita dei suoi fenomeni, che registra con golosità inappagata e fanciullesca, quasi in una volontà di continua identificazione col mondo esterno». A partire dal testo, commenta questa affermazione, illustrando in particolare i limiti dell'adesione di Govoni al Futurismo.

11 Prova a descrivere un paesaggio a tua scelta utilizzando la tecnica futurista delle «parole in libertà».

Di Govoni leggi anche *Il sole* da *Brindisi alla notte*

Le Avanguardie poetiche in Europa

Un panorama variegato L'esigenza di modernità e di rottura rispetto alla tradizione si manifesta, in forme e tempi diversi, in tutta l'arte europea del primo Novecento, esprimendosi soprattutto nell'ambito delle cosiddette **Avanguardie storiche**. L'**Espressionismo** in Germania, il **Futurismo** in Italia e in Russia e, nel periodo tra le due guerre, il **Dadaismo** e il **Surrealismo** in Francia sono accomunati da una vivace **polemica nei confronti dell'arte del passato** e dal desiderio di dar vita a forme artistiche nuove e originali, in grado di esprimere lo stato d'animo della modernità.

Il Cubofuturismo russo In questo contesto, il Futurismo è l'unico movimento d'avanguardia nato e sviluppatosi in Italia. Grazie ai contatti internazionali e ai **viaggi compiuti da Marinetti**, questa corrente artistica e letteraria si diffonde a partire dal 1912 anche in **Russia**, favorendo il rinnovamento delle forme poetiche e il progressivo distacco dalla tradizione tardo-ottocentesca.
Pur condividendo con i futuristi italiani il gusto per le forme espressive ardite e originali, il Futurismo russo – detto anche «Cubofuturismo» per il suo legame con la pittura cubista – se ne distacca in modo netto dal punto di vista ideologico. Mentre i futuristi italiani assumono atteggiamenti nazionalistici che li inducono, dopo la guerra, ad aderire al fascismo, gli esponenti del Futurismo russo vedono invece nella rivoluzione formale un mezzo per esprimere **richieste di giustizia sociale** legate alle esigenze del proletariato e appoggiano con entusiasmo la **rivoluzione bolscevica del 1917**.

Majakovskij L'impegno a favore della collettività spicca in particolare nell'opera di **Vladimir Majakovskij**, in cui le innovazioni espressive divengono strumento per propagandare e diffondere gli **ideali rivoluzionari**. Nato nel **1894** in Georgia, Majakovskij si impegna presto in politica, iscrivendosi al Partito bolscevico (allora illegale in Russia). Aderisce al movimento futurista e già nelle sue prime raccolte e nel manifesto collettivo *Schiaffo al gusto corrente* (1912) **polemizza contro l'arte del passato**. Nel 1917 aderisce alla **rivoluzione d'ottobre**: fonda e dirige la rivista «LEF» («Fronte di Sinistra delle Arti») e si dedica a opere politicamente impegnate, come il testo teatrale *Mistero buffo* (1918), *150.000.000* (1920) e un poema celebrativo su Lenin (1924). Ma l'avvento di Stalin e la progressiva involuzione dell'esperienza ri-

voluzionaria lo deludono profondamente, ispirandogli la feroce satira della commedia *La cimice* (1928). Sempre più isolato e attaccato dagli scrittori di regime **si suicida** nell'aprile **1930**.
Nei suoi testi teatrali e poetici la **volontà di scuotere le masse proletarie**, rendendole protagoniste della storia e del proprio riscatto, si unisce all'**esaltazione del popolo** come forza genuina e positiva. Le scelte formali, decisamente innovative, ampliano il lessico letterario tradizionale senza però rinunciare a un'esigenza primaria di **immediatezza comunicativa**, con esiti talora espressionistici, come nella lirica *La guerra è dichiarata*.

Esenin Anche **Sergej Esenin** appoggia in modo entusiastico la rivoluzione ma nella sua opera rimane vivo il **legame con il mondo contadino**, che egli vede come la più genuina espressione del sentimento russo. Nato nel **1895** in un piccolo centro a sud di Mosca, trascorre l'infanzia con i nonni materni. Trasferitosi nella capitale inizia a farsi conoscere come poeta con la raccolta *Radunitsa* (1916). A partire dal luglio 1917 partecipa attivamente all'**esperienza rivoluzionaria**, ma la sua domanda di iscrizione ai bolscevichi viene rifiutata, a causa dei comportamenti eccentrici e di una personalità difficilmente inquadrabile nei rigidi schemi del partito. Tra il 1920 e il 1921 compie una serie di viaggi attraverso la Russia, leggendo i suoi versi in serate pubbliche e rendendosi protagonista di **scandali e gesti provocatori**. Dopo la pubblicazione della sua raccolta più celebre, *Confessioni di un teppista* (1921), sposa la famosa ballerina americana **Isadora Duncan**. La loro relazione si interrompe però a causa delle crisi depressive del poeta e del suo abuso di alcool. Tornato a Mosca, le sue condizioni fisiche e mentali peggiorano progressivamente: il 28 dicembre del **1925** Esenin viene trovato morto in un albergo di Leningrado, in apparenza suicida ma secondo alcuni assassinato dai servizi segreti sovietici per le frequenti critiche rivolte al regime.
Dopo l'iniziale **adesione agli ideali rivoluzionari**, esaltati attraverso la **figura del poeta contadino**, anche Esenin rimane ben presto deluso dalla svolta autoritaria e repressiva del governo bolscevico. Decide così di aderire all'**Immaginismo**, una corrente letteraria fondata sulla libera associazione di immagini e metafore e sulla volontà di contestare e scandalizzare, poetica dichiarata con orgoglio nella lirica *Confessioni di un teppista*.

Apollinaire e la poesia visiva Al Futurismo si ricollega in parte anche l'opera del francese Guillame **Apollinaire** (1880-1918, vero nome Wilhelm Albert Vladimir Apollinaris Kostrowitzky), che nel 1913 conosce Marinetti e pubblica il manifesto *L'antitradizio-*

542 Futurismo e Avanguardie

La parola ai protagonisti

Tristan Tzara, *Per fare una poesia dadaista*

Un esempio dell'estremismo delle sperimentazioni formali dadaiste si può ricavare dalle indicazioni offerte da Tristan Tzara nel testo intitolato *Per fare una poesia dadaista*, contenuto nel *Manifesto sull'amore debole e l'amore amaro* (1920).

Prendete un giornale.
Prendete le forbici.
Scegliete nel giornale un articolo che abbia la lunghezza che desiderate per la vostra poesia.
Ritagliate l'articolo.
Tagliate poi accuratamente ognuna delle parole che compongono l'articolo e mettetele in un sacco.
Agitate delicatamente.
Tirate poi fuori un ritaglio dopo l'altro disponendoli nell'ordine in cui sono usciti dal sacco.
Copiate scrupolosamente.
La poesia vi somiglierà.
Ed eccovi divenuto uno scrittore infinitamente originale e di squisita sensibilità, benché incompresa dal volgo.

In M. De Micheli, *Le Avanguardie artistiche del Novecento*, Milano, Feltrinelli, 1966

---

ne futurista, collaborando anche alla rivista fiorentina «Lacerba». Autore delle raccolte poetiche *Alcools* (1913) e *Calligrammi* (1918), Apollinaire anticipa in parte gli esiti del Dadaismo e del Surrealismo.
Egli dà spazio a **temi soggettivi** come lo scorrere del tempo e il rimpianto per il passato ormai trascorso, ricorrendo tuttavia a uno **stile** spesso **provocatoriamente basso e colloquiale**. In testi come *Piove* e altre liriche dei *Calligrammi*, Apollinaire costruisce vere e proprie **poesie visive**, riproducendo, attraverso la disposizione delle parole nella pagina, **immagini evocative del contenuto** del testo, in una sorta di sintesi tra poesia e pittura.

Dadaismo e Surrealismo Il *Manifesto DADA* redatto nel **1918** dal poeta di origine rumena **Tristan Tzara (1896-1963)** dà origine in Francia, nell'immediato dopoguerra, alla corrente del **Dadaismo**. Ispirandosi alla poetica futurista, Tzara ne esaspera lo sperimentalismo giungendo a teorizzare l'**assoluto nonsenso dell'arte**, intesa come espressione della totale **spontaneità del poeta**, che non ricerca la comunicazione di un messaggio ma soltanto la **distruzione delle forme tradizionali**, a cui non sostituisce alcun progetto alternativo.
Lo scarso successo di pubblico e il carattere sostanzialmente provocatorio del movimento sono all'origine del suo rapido esaurimento e della sua confluenza nel più ampio movimento del **Surrealismo** che, superando la polemica fine a se stessa, si propone di **liberare** attraverso l'arte **le pulsioni inconsce dell'individuo**, ricollegandosi alle teorie di Freud.

Sosta di verifica

1. Che cosa accomuna Majakovskij ed Esenin?
2. Qual è la particolarità delle "poesie visive" di Apollinaire?
3. Che tipo di arte propone il movimento dadaista?

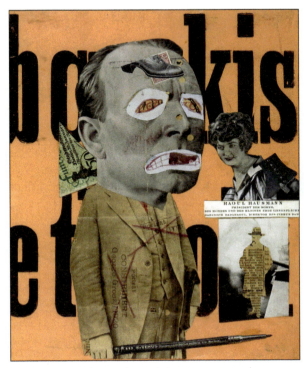

Raoul Hausmann, *Il critico d'arte*, 1919.

Le Avanguardie poetiche in Europa

T6 Vladimir Majakovskij
La guerra è dichiarata

Io

Questa lirica è stata scritta da Majakovskij il 20 luglio 1914, alla notizia dell'ingresso della Russia nella Prima guerra mondiale. Declamata a Mosca durante un comizio e pubblicata su rivista (con scarso successo), è entrata poi a far parte della raccolta La guerra e l'universo *(1917).*

Il poeta immagina una piazza cittadina in cui risuonano le grida degli strilloni che annunciano la mobilitazione generale e cresce l'onda dell'eccitazione popolare, infiammata dalla prospettiva di un'imminente e facile vittoria. Nella concitazione generale, si colgono però i cupi presagi di un insensato bagno di sangue.

> **Le ombre della sera sembrano segnare luttuosamente la piazza e ricordano una celebrazione funeraria.**

«Edizione della sera! Della sera! Della sera!
Italia! Germania! Austria![1]».
E sulla piazza, lugubremente listata di nero,
si effuse un rigagnolo di sangue purpureo[2]!

> **La violenza dei dimostranti si esprime in selvagge grida di gioia.**

5 Un caffè infranse il proprio muso a sangue,
imporporato da un grido ferino[3]:
«Il veleno del sangue nei giuochi[4] del Reno!
I tuoni degli obici[5] sui marmi[6] di Roma!».

Dal cielo lacerato contro gli aculei delle baionette
10 gocciolavano lacrime di stelle come farina in uno staccio[7],
e la pietà, schiacciata dalle suole, strillava:
«Ah, lasciatemi, lasciatemi, lasciatemi!».

I generali di bronzo sullo zoccolo a faccette[8]
supplicavano: «Sferrateci[9], e noi andremo!».
15 Scalpitavano i baci della cavalleria che prendeva commiato[10],
e i fanti desideravano la vittoria-assassina.

Alla città accatastata[11] giunse mostruosa nel sogno
la voce di basso[12] del cannone sghignazzante,
mentre da occidente[13] cadeva rossa neve
20 in brandelli succosi di carne umana.

---

1. Italia … Austria!: sono gli Stati appartenenti alla Triplice Alleanza, contro cui la Russia è entrata in guerra; in realtà l'Italia entra in guerra solo l'anno successivo, a fianco della Triplice Intesa.
2. si effuse … purpureo: *si riversò un rivolo di sangue rosso.* L'immagine allude alle luci elettriche che si accendono, colorando di rosso la piazza.
3. Un caffè … ferino: *la vetrina di un caffè è*

stata infranta e sembra sanguinare, colpita da un urlo bestiale.
4. giuochi: *giochi d'acqua,* per indicare il corso irregolare del fiume.
5. obici: *cannoni.*
6. marmi: *monumenti* (metonimia).
7. staccio: *setaccio.*
8. I generali … a faccette: *le statue di bronzo dei generali sui piedistalli cesellati* («a faccette», cioè "sfaccettati").

9. Sferrateci: *liberateci dal metallo.*
10. Scalpitavano … commiato: *i cavalieri in partenza per la guerra passavano sui loro cavalli scalpitanti, mandando baci d'addio.*
11. accatastata: *come chiusa in se stessa.*
12. la voce di basso: *il suono cupo e profondo, come quello di un basso.*
13. da occidente: *ossia dalla parte del fronte di guerra.*

544 Futurismo e Avanguardie

> La piazza si gonfiava[14], una compagnia dopo l'altra,
> sulla sua fronte stizzita si gonfiavano le vene.
> «Aspettate, noi asciugheremo le sciabole
> sulla seta delle *cocottes*[15] nei viali di Vienna!».
> 25 Gli strilloni si sgolavano: «Edizione della sera!
> Italia! Germania! Austria!».
> E dalla notte, lugubremente listata di nero,
> scorreva, scorreva un rigagnolo di sangue purpureo.

La piazza piena di soldati è come una fronte corrugata per l'ira, su cui si gonfiano le vene.

Poesia straniera del Novecento, a cura di A. M. Ripellino, Milano, Garzanti, 1961

Apri il vocabolario

Il termine "strillone" significa letteralmente "chi grida a voce molto alta" e da qui, per antonomasia, era entrato nell'uso comune per indicare i venditori ambulanti di giornali che gridavano per attirare l'attenzione dei passanti sulle ultime notizie.

14. **si gonfiava:** *si riempiva.*
15. ***cocottes:*** *prostitute* (francese).

● Analisi guidata

Il dolore della guerra

La lirica ricrea l'atmosfera di eccitazione e fervore che si diffonde in città all'annuncio dello scoppio della guerra, ma a differenza dei futuristi italiani, che come Marinetti celebravano la guerra come «sola igiene del mondo», **Majakovskij giudica negativamente il conflitto**, nella consapevolezza che esso porterà morte e sofferenza. All'esaltazione selvaggia che sembra impadronirsi di chi già preannuncia future vittorie, il poeta contrappone infausti **presagi di distruzione**, che si proiettano in un **paesaggio dai tratti espressionistici e allucinati**, ricco di immagini volutamente raccapriccianti («cadeva rossa neve / in brandelli succosi di carne umana», vv. 19-20).

○ Competenze di comprensione e analisi

- Quale significato allegorico assume l'immagine della piazza «lugubremente listata di nero», che compare all'inizio e alla fine del componimento (vv. 3 e 27)?

- Nel testo è presente la personificazione di un'entità astratta: quale? Con quale funzione?

- Individua le immagini particolarmente violente, che evocano l'orrore della guerra che sta per scatenarsi.

- Nel testo emerge anche il punto di vista di chi è favorevole al conflitto: in quali versi?

Vladimir Majakovskij

La forza del linguaggio analogico

Sul piano formale la lirica, pur non presentando le ostentate novità tipiche del Futurismo italiano, adotta uno **stile potentemente evocativo**, grazie soprattutto alla forza delle numerose e audaci **analogie** («Dal cielo lacerato contro gli aculei delle baionette / gocciolavano lacrime di stelle», vv. 9-10). La **personificazione degli elementi del paesaggio urbano** (il «caffè» del v. 5, i «generali di bronzo» del v. 13, la «piazza» stessa, al v. 21) e i **contrasti cromatici** (giocati sull'opposizione tra il «nero» e il «rosso» del sangue) accentuano il *pathos* della scena, percorsa dal clamore delle notazioni acustiche.
L'enfasi si ricompone in parte nel finale, grazie alla ripetizione della quartina d'esordio che chiude il testo in una composta **struttura circolare**.

Competenze di comprensione e analisi

- Individua le numerose analogie presenti nella lirica e spiegane il significato.
- La costruzione sintattica dei periodi è regolare o subisce alterazioni?
- Facendo riferimento al *Manifesto tecnico della letteratura futurista* di Marinetti, indica quali aspetti formali del Futurismo italiano il poeta riprende e quali invece rifiuta.
- Quali espedienti stilistici e lessicali usa il poeta per raffigurare la concitazione che anima la scena?

T7 Sergej Esenin — Confessioni di un teppista

Confessioni di un teppista

Scritta nel 1920, la poesia, che dà il titolo all'omonima raccolta pubblicata nel 1921, è una esplicita dichiarazione di poetica. Rivolgendosi a un immaginario pubblico, il poeta oscilla tra il desiderio di scandalizzare con gesti provocatori e la nostalgia per la sua infanzia contadina, consapevole della difficoltà di conciliare un'arte ispirata a valori semplici con le esigenze della nuova società rivoluzionaria.

> Non a tutti è dato cantare,
> e non tutti possono cadere come una mela
> sui piedi degli altri.
>
> Questa è la più grande confessione,
> 5 che mai teppista possa rivelarvi.
>
> Io porto a bella posta[1] la testa spettinata,
> lume a petrolio sopra le mie spalle.
> Mi piace illuminare nelle tenebre
> l'autunno spoglio delle vostre anime.
> 10 E mi piace quando una sassaiola di insulti

La lirica si presenta come una confessione in cui il poeta esprime a cuore aperto i suoi sentimenti.

La testa (metafora che indica la propria poesia, appunto «spettinata», irriverente e in apparenza trasandata) è paragonata a una luce con cui il poeta illumina i suoi lettori.

---

1. **a bella posta**: *intenzionalmente*.

mi vola contro, come grandine di rutilante[2] bufera,
solo allora stringo più forte tra le mani
la bolla tremula[3] dei miei capelli.

È così dolce allora ricordare

15 lo stagno erboso e il suono rauco dell'ontano[4],
che[5] da qualche parte vivono per me padre e madre,
che se ne fregano di tutti i miei versi,
e che a loro sono caro come il campo e la carne[6],
come la pioggia fina che rende morbido il grano verde a primavera.

20 Con le loro forche verrebbero a infilzarvi
per ogni vostro grido scagliato contro di me.

Miei poveri, poveri contadini!
Voi, di sicuro, siete diventati brutti,
e temete ancora Dio e le viscere[7] delle paludi.

25 O, almeno se poteste comprendere,
che vostro figlio in Russia
è il più grande tra i poeti!
Non vi si raggelava il cuore per lui,
quando le gambe nude

30 immergeva nelle pozzanghere autunnali?
Ora egli porta il cilindro
e calza scarpe di vernice[8].
Ma vive in lui ancora la bramosia[9]
del monello di campagna.

35 Ad ogni mucca sull'insegna di macelleria[10]
da lontano fa un inchino.
E incontrando i cocchieri in piazza,
ricorda l'odore del letame dei campi nativi,
ed è pronto a reggere la coda d'ogni cavallo,

40 come fosse uno strascico nuziale.

Amo la patria!
Amo molto la patria!
Anche con la sua tristezza di salice rugginoso.
Adoro i grugni infangati dei maiali

45 e nel silenzio della notte, la voce limpida dei rospi.
Sono teneramente malato di ricordi infantili,
sogno delle sere d'aprile la nebbia e l'umido.
Come per scaldarsi alle fiamme del tramonto
s'è accoccolato[11] il nostro acero.

50 Ah, salendo sui suoi rami quante uova,
dai nidi ho rubato alle cornacchie!

> Oltre all'ansia di ribellione l'altro motivo ispiratore della poesia è rappresentato dalle origini contadine del poeta.

> Nonostante la delusione per la svolta autoritaria della rivoluzione il poeta dichiara di amare sinceramente la patria.

---

2. rutilante: *splendente.*
3. bolla tremula: *massa informe.*
4. ontano: albero della famiglia delle betulle.
5. che: da riferirsi a «ricordare» (v. 14).
6. il campo e la carne: ciò che è veramente

prezioso per una famiglia contadina come quella da cui proviene Esenin.
7. viscere: *profondità* (metafora).
8. il cilindro ... scarpe di vernice: i capi di abbigliamento eleganti indicano il presti-

gio sociale raggiunto da Esenin.
9. bramosia: *desiderio ardente.*
10. mucca ... macelleria: *le mucche disegnate sulle insegne delle macellerie.*
11. accoccolato: *piegato su se stesso.*

Sergej Esenin **547**

È lo stesso d'un tempo, con la verde cima?
È sempre forte la sua corteccia come prima?

E tu, mio amato,
55 mio fedele cane pezzato?!
La vecchiaia ti ha reso rauco e cieco
vai per il cortile trascinando la coda penzolante,
e non senti più a fiuto dove sono portone e stalla.
O come mi è cara quella birichinata,
60 quando si rubava una crosta di pane alla mamma,
e a turno la mordevamo senza disgusto alcuno.

Io sono sempre lo stesso.
Con lo stesso cuore.
Simili a fiordalisi nella segale[12] fioriscono gli occhi nel viso.
65 Srotolando stuoie d'oro di versi,
vorrei dirvi qualcosa di tenero.

Buona notte!
A voi tutti buona notte!
Più non tintinna nell'erba la falce dell'aurora…[13]
70 Oggi avrei una gran voglia di pisciare
dalla mia finestra sulla luna.
Una luce blu, una luce così blu!
In così tanto blu anche morire non dispiace.
Non m'importa, se ho l'aria d'un cinico
75 che si è appeso una lanterna al sedere[14]!
Mio buon vecchio e sfinito Pegaso,
M'occorre davvero il tuo trotto morbido[15]?
Io sono venuto come un maestro severo,
a cantare e celebrare i topi.
80 Come un agosto[16], la mia testa,
versa vino di capelli in tempesta.

Voglio essere una vela gialla
verso il paese per cui navighiamo.

Trad. di M. Rossi, dal sito www.massimo-rossi.com

Improvvisamente il tono si fa elevato e compaiono analogie che ricordano la poesia simbolista.

All'immagine classica di Pegaso il poeta oppone subito dopo la bassa materialità dei topi, per sottolineare la natura della sua poesia.

Come nei versi iniziali, la testa e i capelli simboleggiano l'ispirazione poetica spontanea, non ingabbiabile né a livello formale né di contenuti.

---

12. segale: cereale molto diffuso con cui si fa un pane povero, il pane "nero".

13. Più non tintinna … dell'aurora: l'immagine allude sia alla luna visibile poco prima dell'alba («la falce dell'aurora») che non illumina più i campi, sia al rumore fatto dalla falce nel tagliare l'erba.

14. un cinico … sedere: i versi si riferiscono al filosofo greco Diogene (vissuto nel V-IV sec. a.C.), fondatore della scuola cinica, che era solito portare anche di giorno una lanterna accesa che utilizzava per «cercare l'uomo».

15. Mio buon … morbido: Pegaso è il cavallo alato che, secondo il mito, aveva fatto sgorgare sul monte Elicona (sacro alle Muse) la fonte Ippocrene, dalle cui acque derivava l'ispirazione poetica; qui Esenin lo utilizza come simbolo della poesia alta e ispirata alla tradizione.

16. come un agosto: *con la stessa luce che c'è in agosto;* l'immagine si ricollega a quella iniziale del «lume a petrolio» (v. 7).

Futurismo e Avanguardie

Analisi guidata

Tra avanguardia e nostalgia del mondo contadino

La poetica di Esenin oscilla tra la **volontà di scandalizzare** tipica delle Avanguardie, a cui si ricollega l'immagine del "teppista" che ama provocare il pubblico, e il **rapporto viscerale con le sue origine contadine**. L'amore per la **dimensione semplice del mondo rurale** viene più volte sottolineato rievocando in toni commossi l'infanzia trascorsa in un piccolo paese. A questa sorta di mitico eden perduto si contrappone la vita cittadina (richiamata dall'immagine del «cilindro» e delle «scarpe di vernice»), che testimonia l'orgoglio per il successo e la fama raggiunti, ma esprime anche il difficile adattamento a un'esistenza che Esenin non riesce a sentire autentica come quella della campagna.

 Competenze di comprensione e analisi

- Quali erano le occupazioni preferite dal poeta da bambino?
- Come vengono rappresentate le figure dei genitori?
- Come interpreti l'affermazione finale «Voglio essere una vela gialla / verso il paese per cui navighiamo»?

Una poesia "libera"

Centrale nella lirica è il **tema dell'ispirazione poetica**, affrontato con immagini efficaci (in particolare la metafora della testa «spettinata», simbolo di una poesia irriverente e incurante delle convenzioni borghesi). Esenin rivendica l'**assoluta libertà della sua arte**, corroborando le sue posizioni con espressioni realistiche di grande impatto («avrei una gran voglia di pisciare / dalla mia finestra sulla luna», vv. 69-70). Ma la sua vena polemica e provocatoria non si esaurisce, come accadeva ai futuristi, in un acritico rifiuto dei modelli del passato. Alla poesia della tradizione e a quella ufficiale della rivoluzione, egli oppone una **vena lirica e soggettiva**, incentrata su **temi umili e quotidiani** e su un autentico rapporto di **empatia con la natura**.

 Competenze di comprensione e analisi

- Perché Esenin afferma che i contadini sono diventati «brutti»?
- Metti a confronto la concezione del ruolo del poeta esposta in questa lirica con quella di *E lasciatemi divertire!* di Palazzeschi (p. 535); quali sono le principali differenze?

Uno stile analogico

Nei versi si avverte il tormento e il disagio di una personalità inquieta e, nonostante una certa aura da "poeta maledetto" non vi è traccia di atteggiamenti intellettualistici e snob (come, per esempio, nelle poesie di Palazzeschi e Gozzano). Le immagini e lo stile sembrano evocare un'idea di **spontaneità**; il discorso procede infatti per accostamenti fulminei di **immagini analogiche**. Ma in mezzo a questa apparente "ingenuità", trovano comunque spazio riferimenti colti e raffinati (per esempio Pegaso, che viene però connotato di due aggettivi "impoetici" come «vecchio e sfinito») e improvvisi accostamenti sinestetici (la falce-luna del v. 69).

 Competenze di comprensione e analisi

- Rintraccia nel testo tutte le espressioni colloquiali e tipiche di uno stile "basso".
- Ti sembra che sia corretto usare l'espressione "poeta maledetto" a proposito di Esenin? Motiva la tua risposta con riferimenti al testo.

T8 Guillaume Apollinaire, Piove
Calligrammi

Il componimento fa parte della raccolta Calligrammi *(1918); il termine – che significa letteralmente «belle lettere» – indica un tipo di poesia visiva in cui le parole del testo formano un'immagine che si riferisce al contenuto del testo stesso.*

In questo caso la forma grafica suggerisce una pioggia sottile ma persistente, che viene collegata allo scorrere dei ricordi nella mente del poeta. Il testo segue pertanto una disposizione obliqua e verticale.

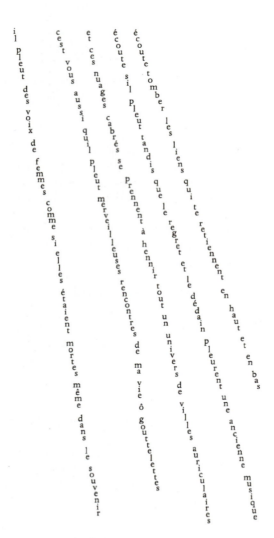

Piovono voci di donne come se fossero morte perfino nel ricordo
Anche voi piovete meravigliosi incontri della mia vita o goccioline
E quelle nubi impennate cominciano a nitrire tutto un universo di città auricolari
Ascolta se piove mentre il rimpianto e lo sdegno piangono un'antica musica
Ascolta cadere i legami che ti trattengono in alto e in basso.

G. Apollinaire, *Calligrammi*, trad. di S. Zoppi, Milano, Mondadori, 1990

Analisi guidata

Una poesia visiva

Come tutti i calligrammi, *Piove* è una lirica che va osservata, prima che letta. La particolare disposizione delle lettere nello spazio bianco della pagina crea infatti quattro **versi collocati in verticale**, così da suggerire ciascuno la **traiettoria di una goccia di pioggia**.

Per ottenere questo particolare effetto, il poeta rinuncia sia alla punteggiatura sia all'uso delle maiuscole, dando la priorità all'aspetto visivo, legato comunque al contenuto della lirica.

Competenze di comprensione e analisi

- Per quale motivo, a tuo parere, la disposizione verticale dei versi non segue una linea regolare e uniforme?

- Che cosa rappresenta sul piano visivo ognuna delle lettere che compongono le parole del verso?

La pioggia, il pianto e il ricordo

Il legame tra l'aspetto grafico del testo e il suo contenuto si basa sull'**analogia** che assimila la **pioggia** al fluire tenue ma insistente dei **ricordi nella mente del poeta**. A sua volta, l'immagine della pioggia evoca il pianto e conferisce al testo un **tono elegiaco e malinconico**, che ben si adatta alla rievocazione degli amori ormai trascorsi.

Fatta eccezione per alcune metafore (le «nubi» che nitriscono, i «legami» che cadono come gocce di pioggia) il linguaggio è comunque piano e colloquiale.

Competenze di comprensione e analisi

- In quale punto del testo il poeta fa riferimento al mescolarsi del rumore della pioggia con altri suoni provenienti dalla città?

- Quali termini conferiscono alla lirica un andamento elegiaco e malinconico?

- Dal punto di vista tematico ti sembra che il testo sia simile ai componimenti dei futuristi italiani?

Approfondimento

Calligrammi e poesia visiva

Una tecnica antica La mescolanza di scrittura e disegno nella forma della poesia visiva ha origini molto antiche. Si afferma però soprattutto in epoca ellenistica (IV-III secolo a.C.), con autori come Simmia di Rodi, Dosiada e Teocrito, che con la disposizione dei versi di una sua lirica 'disegnò' la siringa, il flauto del dio Pan. Analoghe sperimentazioni si diffusero anche in ambito latino e poi soprattutto nel tardo impero e nella poesia medievale di argomento cristiano, con i cosiddetti *carmina figurata* di Optaziano Porfirio (IV secolo d.C.), Venanzio Fortunato (VI secolo d.C.) e Rabano Mauro (IX secolo d.C.), che compone testi che raffigurano l'imperatore, Cristo o gli angeli e in cui il contenuto rispecchia l'immagine che si forma nella pagina.

Govoni e Apollinaire Coltivata anche in età barocca, quando i poeti avevano già intuito l'importanza della fisicità grafica della parola, la tecnica del calligramma torna prepotentemente in auge all'inizio del Novecento, nell'ambito delle Avanguardie storiche, grazie alla loro tendenza sperimentale e all'aspirazione alla fusione tra arti diverse. L'importanza attribuita all'aspetto grafico della pagina è evidente anche nelle liriche di Marinetti e dei futuristi italiani. Peculiare è il caso di alcune opere di Corrado Govoni (1884-1965), un poeta che, dopo esordi crepuscolari, si avvicina a Marinetti e al Futurismo e, rielaborando la tecnica del "paroliberismo", costruisce tavole in cui veri e propri disegni a mano libera si accompagnano a didascalie poetiche. Per esempio *Il Palombaro* (contenuto nella raccolta del 1915 *Rarefazioni e parole in libertà*) viene definito ironicamente «Burattino per il teatro muto dei pesci, acrobata profondo, spaurachio, becchino mascherato che ruba cadaveri d'annegati, uomo pneumatico, assassino ermetico», armato di un'accetta che è un «boia sottomarino». Ancora per analogia, il cavo che lo collega alla superficie, fornendogli aria e quindi vita, si trasforma sia in «cordone ombelicale» sia in «lenza», mentre le ostriche sono «cofani di sputi e di perle». In area francese, invece, Guillaume Apollinaire (1880-1918), poeta vicino ai movimenti d'avanguardia parigini e al Futurismo, colpisce per la sua capacità di giocare con le parole fino a creare veri e propri testi visivi, come sono appunto i *Calligrammi* (1918). Il termine, che dà il titolo alla raccolta, viene coniato dallo stesso Apollinaire per indicare un significato intermedio tra calligrafia (bella scrittura) e ideogramma (simbolo grafico che rappresenta un'immagine o un'idea). In effetti il poeta impiega la struttura grafica come elemento determinante per definire e completare il significato del testo poetico. Il calligramma rimanda ai disegni (per esempio una pipa, un getto d'acqua…) che si creano con una particolare disposizione dei caratteri tipografici.

Da Ungaretti alla "poesia visuale" La lezione delle Avanguardie sarà ripresa in forma meno rivoluzionaria da Giuseppe Ungaretti che, soprattutto nella raccolta *L'allegria* (1931), pur senza costruire veri e propri calligrammi, attribuisce grande importanza alla funzione degli spazi bianchi nella pagina, che servono a far risaltare i versi e le singole parole, affioranti dalla pagina come da un abisso in tutta la loro potenza evocativa.
Esperimenti più insoliti sono stati invece compiuti negli anni Sessanta e Settanta del Novecento nell'ambito delle cosiddette "neoavanguardie" con la "poesia visuale", nata a Firenze all'interno del Gruppo 70, con Eugenio Miccini e Lamberto Pignotti. Con l'intento di riavvicinare all'arte un pubblico più vasto, questi artisti prendono spunto dal linguaggio dei mass-media per costruire grandi collage in cui riutilizzano e scompongono liberamente testi giornalistici e fotografie. Una nuova frontiera dell'arte visiva è inoltre costituita, ai giorni nostri, dalle possibilità offerte dalla videoarte e dall'uso di strumenti informatici e multimediali.

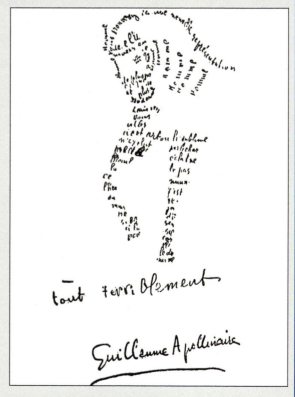

Guillaume Apollinaire, *Il cavallo*, 1918.

Futurismo e Avanguardie

LABORATORIO DELLE COMPETENZE

Testo laboratorio
T9 Aldo Palazzeschi
Chi sono?

- Lettura
- Comprensione
- Analisi
- Interpretazione
- Produzione scritta

Inserita nella raccolta Poesie *(1909),* Chi sono? *è un'originale riflessione sul ruolo del poeta nella società del primo Novecento.*
Palazzeschi risponde alla domanda in modo ironico e dissacrante, paragonando il poeta a un «saltimbanco»: nella sua figura non c'è più nulla di quell'aura sacra e civile che aveva animato autori come Carducci e D'Annunzio, ma solo la divertita consapevolezza delle ormai minime possibilità di esprimere liricamente i propri sentimenti.

Metrica   Versi liberi.

Son forse un poeta?
No, certo.
Non scrive che una parola, ben strana,
la penna dell'anima mia:
5 "follia".
Son dunque un pittore?
Neanche.
Non ha che un colore
la tavolozza dell'anima mia:
10 "malinconia".
Un musico, allora?
Nemmeno.
Non c'è che una nota
nella tastiera dell'anima mia:
15 "nostalgia".
Son dunque... che cosa?
Io metto una lente
davanti al mio cuore
per farlo vedere alla gente.
20 Chi sono?
Il saltimbanco dell'anima mia.

LABORATORIO DELLE COMPETENZE

COMPRENSIONE

1 Che cosa "non è" il poeta secondo Palazzeschi?

2 Quali parole esprimono i sentimenti dominanti nell'animo del poeta?

3 Per quale motivo il poeta mette una «lente» davanti al suo cuore?

ANALISI E INTERPRETAZIONE

4 Individua gli endecasillabi e le rime presenti nel componimento.

5 Come definiresti la sintassi della lirica? Ti sembra che vi siano analogie con le innovazioni proposte dai futuristi?

6 Quale concezione del ruolo del poeta emerge da questa lirica di Palazzeschi?

7 Individua gli avverbi di negazione presenti nella lirica.

8 Che cosa è a livello grammaticale l'espressione «ben strana» (v. 3)?

> **◯ Oltre il testo** **Confrontare e collegare**
>
> • Metti a confronto *Chi sono?* con *Io non ho nulla da dire* di Marino Moretti (p. 582) ; quali sono le principali analogie tra i due testi?

9 Perché, secondo te, Palazzeschi si definisce un «saltimbanco»?

> **◯ Oltre il testo** **Confrontare e collegare**
>
> • L'immagine del poeta come acrobata è già presente nella letteratura ottocentesca, tanto che nel 1879 il poeta parnassiano Théodore de Banville (1823-1891) scriveva: «Ma tutto ciò che il poeta fa solo figurativamente, con l'aiuto dei suoi ritmi balzanti presi al volo, l'acrobata lo realizza letteralmente». Commenta questa frase in un testo scritto proponendo un accostamento con la poesia di Palazzeschi.

10 Quali aspetti della lirica mettono in evidenza la dimensione ludica della poesia sostenuta da Palazzeschi?

> **◯ Oltre il testo** **Confrontare e collegare**
>
> • Confronta *Chi sono?* con *E lasciatemi divertire!* di Palazzeschi (p. 535); ti sembra che vi siano delle somiglianze tra le due poesie? Rispondi in un testo scritto con precisi riferimenti alle due liriche.

SCRITTURA E APPROFONDIMENTO

11 *Chi sono?* è anche un testo sulla definizione della propria identità: prova anche tu a descriverti in una poesia, mettendo in rilievo gli aspetti più caratteristici della tua personalità.

12 La figura del clown/saltimbanco/acrobata è molto presente nell'arte del Novecento, dal famoso dipinto *L'acrobata* (1914) di Marc Chagall (1887-1985) a romanzi come *Opinioni di un clown* (1963) di Heinrich Böll (1917-1985) fino a una recente poesia di Wisława Szymborska, intitolata appunto *L'acrobata*. Fai una ricerca sull'argomento realizzando una presentazione multimediale da mostrare in classe.

Guida alla verifica orale

Verifica le tue conoscenze

DOMANDA N. 1 Quali sono le tematiche prevalenti del Futurismo?

LA RISPOSTA IN SINTESI

I futuristi italiani, in aperta polemica verso la tradizione e l'arte del passato e mossi dalla volontà di provocare e scandalizzare il pubblico, esaltano nelle loro opere i simboli della modernità: la velocità, le macchine, gli scenari metropolitani, con un vitalismo energico e talora violento. Il Cubofuturismo russo appoggia invece gli ideali collettivi della rivoluzione bolscevica.

LA RISPOSTA NEI TESTI

T1 L'ideologia del movimento viene esposta in forma organica e programmatica nel *Manifesto del Futurismo* di Marinetti (1909).

T3 Nel *Bombardamento di Adrianopoli* Marinetti descrive con entusiasmo lo spettacolo violento della guerra turco-bulgara, vista come occasione per il dispiegarsi dell'energia delle macchine belliche e della volontà di potenza dell'uomo.

T6 Majakovskij descrive le reazioni eccitate e violente della folla all'ingresso della Russia nel conflitto mondiale, prevedendo i lutti e le sofferenze che esso porterà al popolo.

DOMANDA N. 2 Qual è l'elemento centrale della poetica di Palazzeschi?

LA RISPOSTA IN SINTESI

Dopo un esordio come crepuscolare, Palazzeschi aderisce al movimento futurista, di cui condivide lo sperimentalismo formale ma non l'acceso militarismo. Al centro della sua poesia sta un atteggiamento gioioso e scanzonato e la concezione della poesia come libero divertimento fine a se stesso.

LA RISPOSTA NEI TESTI

T4 In *E lasciatemi divertire!* Palazzeschi sostiene l'idea dell'arte come gioco e come scanzonata irrisione dei modelli tradizionali e delle convenzioni borghesi, riflettendo anche sulla perdita di importanza del poeta nella società moderna.

DOMANDA N. 3 In che modo il Futurismo influenza gli altri Paesi europei?

LA RISPOSTA IN SINTESI

In Russia il Futurismo incontra il favore degli artisti e degli intellettuali che ne accolgono il rinnovamento ardito delle forme espressive. Diverso però rimane il punto di vista ideologico che anima gli autori russi, decisi a utilizzare l'arte per far trionfare ideali di giustizia sociale. In Francia si avvicina al Futurismo il poeta Guillaume Apollinaire, che però, aperto a ogni tipo di innovazione, mantiene contatti anche con i pittori cubisti e anticipa alcuni aspetti del Surrealismo e del Dadaismo.

LA RISPOSTA NEI TESTI

T6 Majakovskij utilizza un linguaggio innovativo e analogico, per esprimere però contenuti pacifisti, ben diversi dall'interventismo militarista di Marinetti e dei suoi seguaci.

T7 Esenin condivide con i futuristi il desiderio di scandalizzare con atteggiamenti provocatori.

T8 Nei suoi *Calligrammi* Apollinaire porta all'estremo la tecnica futurista delle «parole in libertà», elaborando una vera e propria poesia visiva.

Laboratorio delle competenze   555

SCUOLA DI GRAMMATICA

Il treno del futuro?
Velocissimo e sottovuoto

Competenze linguistiche
- Costruzione del periodo
- Uso della punteggiatura

Un nuovo progetto di treno superveloce promette di rivoluzionare il mondo dei trasporti. Ecco come potrebbe funzionare. Ma sarà anche superpuntuale?

Il nome di Elon Musk è sinonimo di innovazione, tecnologia e grandi imprese. L'imprenditore sudafricano, co-fondatore di PayPal, fondatore e amministratore delegato di Tesla Motor e Space X, ha recentemente deciso di dedicarsi … al trasporto pubblico locale, ovviamente a modo suo. Qualche giorno fa ha infatti annunciato di voler collegare Los Angeles a San Francisco
5 con un treno ad alta velocità di nuova concezione in grado di coprire i 560 km di distanza che separano le due città in soli 30 minuti.

Ma che treno è?
I dettagli del progetto verranno svelati nel giro di un mese: per ora Musk si è limitato a dire che il suo treno sarà a basso attrito e consumerà così poca corrente da poter essere alimentato
10 esclusivamente dai pannelli solari installati sul tetto.
In realtà, più che un treno, il rivoluzionario mezzo di trasporto assomiglierà più a una cabinovia o a un ascensore orizzontale: al posto di lunghi convogli ci saranno infatti piccoli gusci che partiranno ogni volta che uno o più passeggeri saliranno a bordo.
Queste informazioni hanno scatenato l'immaginazione degli esperti, secondo i quali il treno si
15 muoverà su un percorso ad anello: probabilmente si tratterà di un tubo sigillato ermeticamente all'interno del quale ci sarà il vuoto: in questo modo si potrebbe ridurre quasi a zero l'attrito di capsule a levitazione magnetica.
"Creando il vuoto all'interno del condotto si potrebbe, almeno teoricamente, spingere i vagoncini a velocità altissime, ben superiori agli attuali 500 km/h dei più veloci treni a levitazione magne-
20 tica" spiega Jim Powell, direttore di Maglev 3000 e progettista del treno più veloce del mondo.

Come ti accelero il passeggero
I problemi di un progetto come questo sono notevoli, primo tra tutti le curve. Il supertreno dovrebbe infatti viaggiare a più di 1000 km/h e a velocità simili ogni piccolo cambiamento di traiettoria sottopone i passeggeri ad accelerazioni di decine di g. La soluzione? Studiare un
25 percorso il più possibile rettilineo, il che significa dover fare i conti con centri abitati e inse-diamenti industriali.
Una possibile alternativa sarebbe quella proposta da ET3, una società americana che ha già costruito diversi prototipi di "metropolitane sottovuoto". Il loro progetto prevede dei tubi montati su pilastri di cemento armato alti qualche metro e larghi due.
30 Insomma, i dubbi irrisolti su quella che potrebbe essere la più grande rivoluzione nei trasporti dopo l'aereo sono molti, e per saperne qualcosa di più occorrerà attendere la fine di agosto. Che sia una bufala? Potrebbe essere, anche se Musk ha dalla sua una lunga serie di successi imprenditoriali che fanno ben sperare.

(da www.focus.it)

Verso l'INVALSI

1 Quale valore hanno i puntini di sospensione nella frase «ha recentemente deciso di dedicarsi ... al trasporto pubblico locale» (riga 3)?
a lasciare in sospeso un elenco
b creare suspense prima di un'informazione inattesa
c tralasciare cose meno importanti
d isolare un inciso

2 Indica l'articolazione gerarchica del seguente periodo del testo:
«per ora Musk si è limitato a dire che il suo treno sarà a basso attrito e consumerà così poca corrente da poter essere alimentato esclusivamente dai pannelli solari installati sul tetto» (righe 8-10):

	Principale	Coordinata (specificare a che cosa)	Subordinata (specificare il grado)
Musk si è limitato a dire			
che il suo treno sarà a basso attrito			
e consumerà così poca corrente			
da poter essere alimentato esclusivamente da pannelli			

3 Perché il treno sarà a «basso attrito»?
....

c si tratta di un'espressione usata in senso figurato
d è il nome proprio del mezzo di trasporto

4 Nella frase «In realtà, più che un treno, il rivoluzionario mezzo di trasporto assomiglierà più a una cabinovia o a un ascensore orizzontale: al posto di lunghi convogli ci saranno infatti piccoli gusci che partiranno ogni volta che uno o più passeggeri saliranno a bordo» (righe 11-13), che valore hanno i due punti?
a introducono una conseguenza del ragionamento
b introducono un elenco
c riportano un discorso indiretto
d introducono la chiarificazione del perché il treno assomiglierà a una cabinovia

5 Che tipo di percorso dovrebbe seguire il treno progettato da Musk?
....

6 Nella frase «"Creando il vuoto all'interno del condotto si potrebbe, almeno teoricamente, spingere i vagoncini a velocità altissime, ben superiori agli attuali 500 km/h dei più veloci treni a levitazione magnetica" spiega Jim Powell» (righe 18-20) a che cosa servono le virgolette?
....

7 Perché nell'espressione "metropolitane sottovuoto" (riga 28) si usano le virgolette?
a si riportano le parole di altri
b è una citazione

8 Nella frase «Insomma, i dubbi irrisolti su quella che potrebbe essere la più grande rivoluzione nei trasporti dopo l'aereo sono molti» (righe 30-31), quale valore ha il connettivo insomma?
a introdurre la conclusione del ragionamento
b indicare una causa
c indicare una contrapposizione nel discorso
d fare un'ipotesi

9 Nella frase «i dubbi [...] sono molti, e per saperne di più occorrerà aspettare la fine di agosto» (righe 30-31) evidenzia una coordinazione che devia dalla norma generale: quale?
....

10 Nella frase «anche se Musk ha dalla sua una lunga serie di successi imprenditoriali» (riga 32-33) la congiunzione anche se ha valore:
a consecutivo
b avversativo
c concessivo
d causale

11 I progetti passati di Musk, secondo quanto puoi desumere dall'articolo, hanno avuto successo?
....

12 Il testo che hai appena letto è destinato a:
a una rivista divulgativa
b una rivista specialistica di nuove tecnologie
c un saggio sulla trasformazione dei trasporti
d una relazione aziendale

Scuola di grammatica 557

Ripassiamo insieme – Sintassi

Costruire il periodo: usiamo la punteggiatura!
La punteggiatura può essere un prezioso **strumento per la sintassi e la costruzione del periodo**: infatti punti, virgole, punti e virgole, ecc. non solo segnalano pause, ma evidenziano anche i rapporti sintattici tra le parti della frase o del periodo, contribuendo pertanto a comunicare aspetti del significato. Vediamo ora i principali **valori sintattici dei segni di punteggiatura**.

La virgola

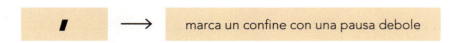

L'uso o meno della virgola **può cambiare il significato della frase**:

Il giudice non ha indagato come tutti si aspettavano = tutti si aspettavano che il giudice indagasse meglio di quanto ha fatto
Il giudice non ha indagato, come tutti si aspettavano = tutti si aspettavano che il giudice non indagasse e così è stato

Proposizioni subordinate: virgola sì o no?
Subordinate relative

- **precedute dalla virgola** se hanno funzione **appositiva o esplicativa** (cioè aggiungono una nuova informazione) → *Ho comprato un nuovo divano, che è molto comodo*;
- **non precedute dalla virgola** se hanno funzione **limitativa o restrittiva** (cioè completano l'informazione del nucleo principale) → *Ho letto il libro che mi avevi consigliato*;
- se la relativa è all'interno della reggente la presenza di **virgole che la racchiudono** la rende **incidentale**, mentre l'**assenza** conferisce un valore **limitativo**:

Ai ragazzi, che partecipano alla gara, viene data una medaglia = La medaglia viene data a tutti i ragazzi, perché partecipano alla gara
Ai ragazzi che partecipano alla gara, viene data una medaglia = La medaglia viene data solo ai ragazzi che partecipano alla gara

Subordinate complementari indirette (finali, consecutive, causali, temporali, concessive, ecc.)
- **precedute dalla virgola**:
– quando precedono la reggente, a meno che la dipendente non sia molto breve o legata strettamente alla reggente → *Dal momento che è stato annunciato uno sciopero, il mio volo potrebbe essere cancellato*; *Se venite vi divertirete*;
– quando la dipendente segue la principale, che contiene l'idea più importante → *Andremo in vacanza in giugno, quando finiscono le scuole*.

Usiamo la virgola:
- **per isolare gli incisi** → *Leggete, dico solo questo, almeno un libro al mese!*
- **per separare i componenti di elenchi e serie di coordinate per asindeto** → *Mangio di tutto: verdura, carne, pesce e cereali*; *Abbiamo fatto le valigie, siamo andati in stazione, abbiamo preso il treno e finalmente siamo da voi!*

Come puoi notare gli ultimi due elementi sono uniti dalla congiunzione *e*;
- **davanti ad apposizioni, congiunzioni avversative** *ma, tuttavia, però, anzi, eppure*, ecc.

La virgola separa infatti la principale o reggente dalla subordinata, concentrando l'attenzione sulla parte della frase che la precede → *Avrei voluto parlare con Giuliana, ma non c'è stato tempo*.

Il *ma* non è preceduto dalla virgola quando collega due parole della stessa frase: in tal caso l'attenzione è focalizzata sulla parte finale della frase → *Poveri ma belli.*

Non usiamo la virgola:
- quando l'informazione più importante è contenuta nella subordinata → *Stavo leggendo un libro quando bussarono prepotentemente alla porta;*
- tra soggetto e verbo e tra **verbo e complemento oggetto**;
- davanti alle congiunzioni *e, o.*

Il punto e virgola

 → Segnala una discontinuità nel testo con una pausa più marcata rispetto alla virgola

Si usa:
- **per scandire le componenti di liste complesse** → *Inizieremo studiando gli elementi fondamentali della fonetica della lingua; poi ci occuperemo della morfologia; infine, affronteremo le questioni di sintassi;*
- **per distinguere coordinate complesse** e membri di periodo, anche istituendo una gerarchia → *Il testo deve essere predisposto tenendo conto delle tecniche argomentative, così come sono state esposte; inoltre deve essere espresso in un italiano di buon livello;*
- in particolare, **quando tra due coordinate cambia il soggetto** o il tema, oppure interviene un **connettivo forte** (come *dunque, pertanto, quindi, insomma* con valore conclusivo; *infatti* con valore esplicativo) → *L'esame ci ha riservato una piacevole sorpresa; infatti il tema proposto era facile facile.*

Ma si usa ancora il punto e virgola?

Il punto e virgola pertanto **segnala una pausa intermedia** tra quella del punto e della virgola: indica che tra le frasi non c'è una lieve pausa (virgola) ma nemmeno un taglio netto (punto), stabilendo così una **gerarchia** tra le frasi e un collegamento tra i contenuti.
Ecco come spiega il punto e virgola Beppe Severgnini (*L'italiano. Lezioni semiserie*, Rizzoli, 2007):

> [Il punto e virgola] è un avvertimento al lettore: «Ehi, guarda che cambio discorso; ma potrei riprenderlo, se mi va. Quindi, attento a non dimenticare quello che ho appena scritto!».

Ma anche altri scrittori e giornalisti si sono mobilitati in difesa di questo segno d'interpunzione:

> **Elogio del punto e virgola**
> Come dice il titolo di un articolo di Pietro Citati su «La Repubblica» […], *Non uccidete l'eleganza del punto e virgola*. Tra tutte le cose che vengono uccise ogni giorno, l'idea di uccidere anche il vecchio e caro punto e virgola era l'ultima che ci doveva venire in testa. Il discorso è questo: la lingua va verso la semplificazione, dunque cominciamo a semplificare la punteggiatura. Per esempio, uccidiamo il punto e virgola, che non si sa bene che cosa sia e che cosa ci faccia in mezzo al periodo, visto che, se si deve segnare una pausa, c'è uno strumento per segnarne una più piccola (la virgola), una più grande (il punto fermo), perfino uno per una pausa dello stesso peso (i due punti). Anzi, è proprio perché ci sono i due punti che non si capisce che cosa ci stia a fare il punto e virgola. Definizione del dizionario (questa è del *Grande dizionario della lingua italiana del Battaglia*): «Indica una pausa maggiore della virgola e serve a staccare due o più frasi che, pur se sintatticamente compiute, fanno parte dello stesso periodo». Bella definizione, ma manca l'indicazione fondamentale, quella che, secondo i cultori del puntovirgolismo, connota specificamente il punto e virgola: e cioè l'elencazione di una serie di oggetti o anche di concetti, messi uno in fila dietro l'altro e separati, appunto, dal punto e virgola.
> Nel suo *L'italiano. Lezioni semiserie* […] Beppe Severgnini dice che il punto e virgola non solo è indispensabile ma è anche comodo, filosoficamente utile e politicamente interessante. Il punto fermo è autoritario, perentorio e conclusivo, il punto e virgola è democratico, promette una continuazione del discorso, apre al dialogo. Secondo T. W. Adorno (ricorda Severgnini) è «il simbolo stesso della dialettica».

A difendere il punto e virgola si sono levati in tanti. Se mi avessero interpellato, anch'io avrei firmato un appello in favore del punto e virgola: che è altra cosa dai due punti, con i quali spesso lo si confonde, perché i due punti promettono una spiegazione di quello che si è detto prima, il punto e virgola al massimo una continuazione o, se si vuole, un complemento d'informazione. […]

(da www.ricerca.gelocal.it)

Il punto

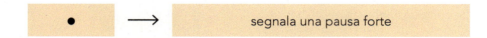

segnala una pausa forte

Si usa:
- **per concludere** un periodo, una frase, un testo, segnalando una discontinuità;
- **nelle abbreviazioni** (*cit., ecc.*) e nei (tre) puntini di sospensione (…).

Confronta le seguenti frasi, individuando il valore del punto fermo:

Non cambierò idea per nessun motivo.
Non cambierò idea. Per nessun motivo. → il secondo concetto viene rafforzato dalla forte pausa che lo precede.

I due punti

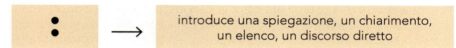

introduce una spiegazione, un chiarimento, un elenco, un discorso diretto

Si usano per:
- **introdurre un elenco** di componenti → *Ecco l'orario di oggi: matematica, scienze, italiano, inglese*;
- **introdurre un chiarimento o una spiegazione** → *Chiara ha fatto tutto il possibile: ha lavorato sodo, ha chiesto molti consigli, ha rivisto i suoi errori*;
- **introdurre una conclusione** logica del ragionamento → *È tempo di esami: ora dobbiamo mettere alla prova noi stessi*;
- **introdurre la battuta di un discorso diretto** → *Gianluca esclamò: «Finalmente potrò realizzare il mio sogno!»*

Le virgolette e altri segni d'interpunzione

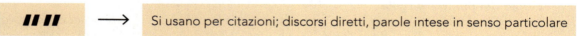

Si usano per citazioni; discorsi diretti, parole intese in senso particolare

A seconda degli usi si distinguono vari tipi di virgolette:

«virgolette basse» (o caporali) "virgolette alte" (o all'inglese)	→	citazioni di parole di altri, discorsi diretti
'virgolette semplici' (o apici)	→	parole da intendere in un senso particolare, metaforico o allusivo
punto interrogativo ?	→	nelle domande dirette
punto esclamativo !	→	nelle esclamazioni
parentesi ( ) e trattini	→	isolare aggiunte, precisazioni, parti accessorie

Osserviamo come i segni di punteggiatura modificano il senso delle frasi:

Giulia ha fatto la torta di mele	→	**Constatazione:** prendo atto che è stata Giulia a fare la torta.
Giulia ha fatto la torta di mele?	→	**Domanda:** chiedo se Giulia ha fatto la torta.
Giulia ha fatto la torta di mele!	→	**Esclamazione:** manifesto stupore di fronte al fatto che Giulia abbia fatto la torta.
Giulia ha fatto la torta di mele?!	→	**Sorpresa:** non posso credere che sia stata proprio Giulia a fare la torta.

Crepuscolari e vociani

T1 G. Gozzano, *La signorina Felicita ovvero la Felicità* (*I colloqui*)

T2 G. Gozzano, *Totò Merùmeni* (*I colloqui*)

T3 S. Corazzini, *Desolazione del povero poeta sentimentale* (*Piccolo libro inutile*)

T4 M. Moretti, *Io non ho nulla da dire* (*Io non ho nulla da dire*)

T5 TESTO LABORATORIO – M. Moretti, *A Cesena* (*Il giardino dei frutti*)

T6 C. Rebora, *Viatico* (*Poeie sparse*)

T7 C. Sbarbaro, *Taci, anima stanca di godere* (*Pianissimo*)

T8 D. Campana, *La Chimera* (*Canti orfici*)

Laboratorio delle competenze

T9 TESTO LABORATORIO – C. Sbarbaro, *Talor mentre cammino per le strade* (*Pianissimo*)

Crepuscolari e vociani

Il Crepuscolarismo e il Futurismo
L'alba del Novecento

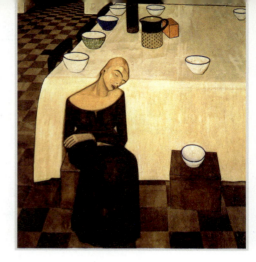
Felice Casorati, *L'attesa*, 1918.

La corrente crepuscolare

Una poesia dimessa L'esigenza di rinnovamento che caratterizza la poesia italiana del primo Novecento si esprime non solo nelle forme enfatiche e aggressive del Futurismo, ma anche nella **corrente crepuscolare**, che si sviluppa nel **primo quindicennio del XX secolo** con Guido Gozzano, Sergio Corazzini e Marino Moretti. In aperta **polemica con il modello dannunziano**, i crepuscolari rifiutano la poesia elevata e magniloquente, come pure le pose estetizzanti e superomistiche, rivendicando un atteggiamento di **malinconico ripiegamento su se stessi** e disillusa stanchezza del vivere, nutrita ora di compiaciuto vittimismo ora di più disincantata **autoironia**.
Le loro liriche cantano **situazioni volutamente quotidiane e banali**: gli ambienti provinciali, i solai abbandonati, le corsie d'ospedale e le stazioncine di paese, popolate da personaggi solitari e un po' squallidi e da oggetti polverosi e inutili. Attraverso queste «buone cose di pessimo gusto» – secondo la definizione di Gozzano – essi evocano con languore un'**esistenza grigia**, fatta di azioni ripetitive e monotone, vista come emblema della **fragilità di una società ormai priva di ideali**. Al centro della loro opera vi è soprattutto il **mondo borghese**, osservato con un'adesione sentimentale che rivela una **critica contro** la sua **ipocrisia** e il suo **conformismo**. Motivi ricorrenti sono anche l'idealizzazione del passato e le memorie dell'infanzia, la rinuncia e la solitudine, come pure la **riflessione sulla perdita di importanza della poesia e dell'arte** in generale, ridotta dalla società moderna a merce priva di valore.

Il significato della parola «crepuscolare» L'aggettivo "crepuscolare" – ossia relativo al crepuscolo, alla sera – viene utilizzato per la prima volta in **senso spregiativo** dal critico Giuseppe Antonio Borgese (1882-1952) in un articolo comparso sul quotidiano «La Stampa» il 1° settembre 1910. Nel recensire l'opera di alcuni giovani poeti (Carlo Chiaves, Fausto Maria Martini e Marino Moretti), Borgese afferma infatti che i loro versi sono espressione di «una voce crepuscolare, la voce di una grande poesia che si spegne in un mite e lunghissimo crepuscolo», contrapponendo questa **decadenza** alla grande stagione della lirica dannunziana e carducciana. Il termine venne in seguito fatto proprio dai poeti di questa corrente che vi colsero, al di là del giudizio negativo, l'essenza stessa della loro poetica, incentrata su una **visione malinconica e dolente dell'esistenza**, espressa in forme quotidiane e prosastiche.

Le novità formali Nella loro poesia i crepuscolari utilizzano una **scrittura prosastica e di basso profilo**, sia nel lessico sia nel metro, senza però rinunciare a una **consapevole rielaborazione letteraria**. Il linguaggio, basato su una sintassi semplice e paratattica, vicina al parlato, privilegia i termini di uso comune, talora alternati a espressioni più colte ed elevate. Sul piano metrico, i crepuscolari adottano in genere **versi lunghi** (endecasillabi o doppi settenari), sia all'interno di strutture strofiche predefinite, sia nella forma innovativa del **verso libero**. L'inserzione di **parti dialogiche**, la frequenza di *enjambement* e la cadenza dei versi creano nel complesso un **ritmo lento** e pausato, quasi cantilenante, che evoca in modo efficace l'idea di una conversazione.
Nei temi come nelle forme, i crepuscolari si ispirano all'opera di **Pascoli**, agli esponenti della seconda generazione simbolista come il belga Maurice **Maeterlinck** e, in parte, alla **stagione dannunziana della «bontà»** (soprattutto il *Poema paradisiaco*).

I centri e i poeti A differenza dei futuristi i crepuscolari non costituiscono una vera e propria "scuola" poetica, né formulano manifesti programmatici. La comune poetica e i rapporti di amicizia permettono comunque di ricondurli a un **gruppo organico, anche se geograficamente eterogeneo**. La figura più importante della corrente crepuscolare è Guido **Gozzano** (1883-1916), attivo a **Torino** in una cerchia che comprende anche Carlo Chiaves, Guido Giannelli e Amalia Guglielminetti. Il **gruppo romano**, caratterizzato da una poetica più immediata e sentimentale e meno incline all'ironia, fa capo a Sergio **Corazzini** (1886-1907) e Fausto Maria Martini, mentre più isolato rimane l'emiliano Marino **Moretti** (1885-1979) Al Crepuscolarismo è riconducibile anche la prima fase poetica di Aldo **Palazzeschi** e Corrado **Govoni**, che nei primi anni Dieci aderiranno al Futurismo.

Una rivoluzione silenziosa Anche se in apparenza i temi e i modi della poesia crepuscolare, dimessa e quotidiana, non sembrano produrre nel panorama letterario del tempo innovazioni paragonabili a quelle delle avanguardie, animate da una radicale polemica nei confronti della tradizione, il loro influsso sulla poesia novecentesca è, nei fatti, molto più significativo e profondo, seppur meno immediatamente percepibile. La riflessione sul ruolo dell'artista, la **demistificazione del poeta** come profeta del suo tempo e la **solitudine esistenziale** sono infatti tematiche destinate a ritornare in modo continuativo nella lirica italiana del Novecento.

Sul piano formale, inoltre, la scoperta di una dimensione domestica e quotidiana, come pure la scelta di uno **stile prosastico** e l'adozione del verso libero verranno riprese da autori come Saba e, in parte, Montale, che riconoscerà a Gozzano il merito di aver «attraversato D'Annunzio», aprendo alla poesia nuovi e più moderni orizzonti espressivi.

Sosta di verifica

1. Quali sono le tematiche dominanti del movimento crepuscolare?
2. Quale concezione della poesia accomuna i crepuscolari?
3. Quale autore e perché è il bersaglio polemico della poesia crepuscolare?
4. Quali novità caratterizzano le liriche dei crepuscolari sul piano formale?
5. Indica i centri di sviluppo del Crepuscolarismo e i suoi principali esponenti.

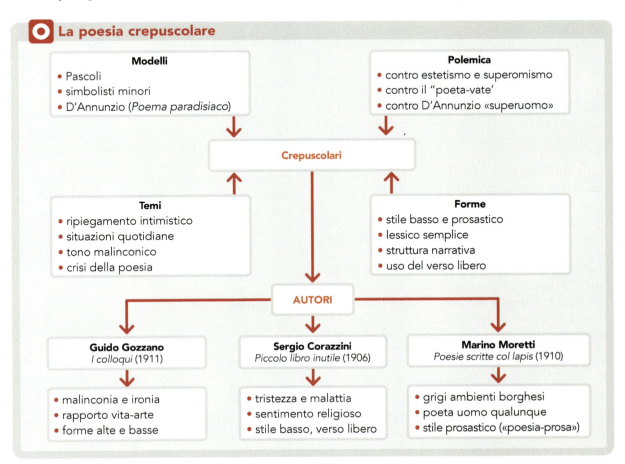

Guido Gozzano

Nel segno della malattia L'esistenza di Guido Gozzano, schiva e minata dalla tubercolosi – che lo porterà alla morte poco più che trentenne – costituisce il punto di partenza per comprendere i toni malinconici e, al tempo stesso, autoironici della sua poesia, espressione di un intenso vitalismo frustrato dalla vita ma sublimato nell'arte.

Nato nel **1883** a **Torino** in una famiglia benestante, dopo gli studi classici si iscrive alla facoltà di giurisprudenza ma, senza concludere gli studi, passa a lettere e in questi anni arricchisce enormemente il suo bagaglio di letture, affiancando D'Annunzio, Nietzsche e i simbolisti francesi ai classici latini e greci e ai grandi autori della tradizione italiana. Colpito dalla tubercolosi a poco più di vent'anni, conduce un'**esistenza appartata**, pubblicando nel 1907 la sua prima raccolta poetica, *La via del rifugio*, seguita nel 1911 dai *Colloqui*, che ottengono numerosi riconoscimenti critici. Legato da un rapporto tormentato alla poetessa Amalia Guglielminetti, alterna all'attività di poeta quella di giornalista per il quotidiano «La Stampa». Nel tentativo di migliorare le proprie condizioni di salute, nel **1912** intraprende un **lungo viaggio in India**, di cui resta testimonianza nei racconti e nelle prose della raccolta *Verso la cuna del mondo* (apparsa postuma nel 1917). Trascorre i suoi ultimi anni tra Torino e la Liguria, pubblicando altri volumi di prose (tra cui *I tre talismani* e *L'ultima traccia*). Muore a Torino nel **1916**, a trentatré anni, lasciando incompiuto un poemetto didascalico intitolato *Le farfalle*.

Una malinconica ironia Gozzano è senza dubbio il rappresentante più significativo della corrente crepuscolare, ma anche l'autore in cui la poetica del gruppo si esprime nelle forme più originali e insolite. Alla predilezione per le **tematiche quotidiane** e per le **atmosfere malinconiche** egli accompagna infatti una marcata **componente ironica e autoironica**. Nelle sue liriche rappresenta **ambienti e personaggi borghesi e mediocri**, mostrando nei confronti di questo mondo "grigio" un atteggiamento ambiguo, sospeso tra l'affetto e la sottile derisione. Animato da un vivo spirito antidannunziano, ironizza sui miti dell'estetismo decadente (il "poeta-vate', il vitalismo, la sensualità), a cui contrappone una realtà tutt'altro che sublime, fatta di «buone cose di pessimo gusto» e dell'apparente semplicità del mondo di provincia. Ma consapevole dei suoi limiti e della sua "meschinità", Gozzano non si identifica in questa realtà, limitandosi a evocarla come possibile rifugio esistenziale, vagheggiato e respinto a un tempo, come avviene per esempio nel famoso poemetto *La signorina Felicita*.

Il tema centrale della sua poesia resta in realtà il **difficile rapporto tra vita e arte**. Il suo intellettualismo, intriso di letteratura e incapace di aderire alla vita in modo pieno, lo induce infatti a cercare nella poesia una compensazione a un'esistenza appena sfiorata e a una sostanziale aridità emotiva. Il vitalismo si rovescia così in ironica **chiusura al mondo e agli affetti**, cristallizzandosi, per esempio, in quella sorta di disincantato alter ego dell'autore che è *Totò Merùmeni*.

Tradizione e innovazione La consapevolezza del carattere artificiale della letteratura, unita alla riflessione sulla **crisi del poeta nella società moderna**, influenzano il rapporto con la tradizione poetica. Se pure Gozzano adotta uno **stile nuovo, prosastico, colloquiale** e volutamente desublimato, resta però vivo nella sua opera il riferimento ai **modelli del passato**, ripresi con funzione ironica e parodica attraverso una fitta rete di richiami e citazioni letterarie spesso ben dissimulate. Accostando in modi insoliti termini appartenenti a registri diversi (alto e basso, quotidiano e aulico) egli riesce – secondo la felice definizione di Montale – a «dare scintille, facendo cozzare l'aulico col prosastico», aprendo la via a gran parte delle sperimentazioni formali novecentesche.

La stessa mescolanza di **quotidianità e letterarietà** si ritrova **anche nella metrica**: Gozzano utilizza schemi metrici chiusi che però spesso stravolge dall'interno, ricercando effetti inconsueti dall'accostamento tra termini dissonanti, come nella famosa rima tra «camicie» e «Nietzsche» (*La signorina Felicita*, vv. 115-118). Nel complesso Gozzano predilige comunque **strutture di tipo narrativo**, spesso ampi poemetti in cui trovano posto anche vere e proprie sequenze dialogiche.

Sosta di verifica

1 Qual è il dato biografico più significativo della vita di Gozzano?

2 In che cosa consiste l'ironia tipica della sua poesia?

3 Qual è il suo rapporto con il modello dannunziano?

4 Che cosa significa il giudizio di Montale secondo cui Gozzano fa «cozzare l'aulico col prosastico»?

T1 Guido Gozzano
La signorina Felicita ovvero la felicità
I colloqui

Pubblicato nel marzo 1909 sulla rivista «Nuova Antologia», questo lunghissimo poemetto (434 versi) fu poi inserito nella seconda sezione della raccolta I colloqui *(1911), intitolata* Alle soglie.
Il poeta rievoca un amore vagheggiato con una semplice ragazza di provincia (la «signorina Felicita») conosciuta durante un soggiorno in campagna e, pur nell'estrema letterarietà del componimento, esprime il desiderio di una vita diversa e di sentimenti più autentici.

Metrica Poemetto in otto strofe, formate da sestine di endecasillabi rimate secondo lo schema ABABBA, con possibile variazione ABBAAB.

Fai l'analisi interattiva

> *Osservando sul calendario il ricorrere della festa di santa Felicita, il poeta ricorda con dolcezza il periodo trascorso a villa Amarena e la sua mancata storia d'amore.*

10 luglio: Santa Felicita.

I.
Signorina Felicita, a quest'ora
scende la sera nel giardino antico
della tua casa. Nel mio cuore amico
scende il ricordo. E ti rivedo ancora,
5   e Ivrea rivedo e la cerulea Dora[1]
e quel dolce paese che non dico[2].

> *La ripetizione del verbo "pensare" e il gioco dei pronomi personali stabiliscono un legame ideale, pur nella lontananza, tra il poeta e la donna.*

Signorina Felicita, è il tuo giorno[3]!
A quest'ora che fai? Tosti il caffè:
e il buon aroma si diffonde intorno?
10 O cuci i lini e canti e pensi a me,
all'avvocato[4] che non fa ritorno?
E l'avvocato è qui: che pensa a te.

Pensa i bei giorni d'un autunno addietro,
Vill'Amarena a sommo dell'ascesa[5]
15 coi suoi ciliegi e con la sua Marchesa
dannata[6], e l'orto dal profumo tetro
di busso[7] e i cocci innumeri di vetro
sulla cinta vetusta, alla difesa[8]...

Vill'Amarena! Dolce la tua casa
20 in quella grande pace settembrina!

---

1. cerulea Dora: *celeste Dora*, cioè la Dora Baltea. L'espressione riprende un verso della lirica *Piemonte* di Carducci, trasfigurando il paesaggio attraverso la citazione letteraria.
2. quel ... dico: probabilmente Agliè, un paese del Canavese dove Gozzano soggiornò spesso. La reticenza sottolinea il carattere indefinito del paesaggio.
3. il tuo giorno: il giorno del tuo onomastico.
4. avvocato: così Felicita si rivolgeva al poeta, che in realtà non terminò mai gli studi di legge.
5. a sommo dell'ascesa: *in cima alla salita*.
6. Marchesa dannata: secondo gli abitanti del paese la villa era abitata dal fantasma di una nobildonna, sua antica proprietaria.
7. busso: il bosso è una pianta sempreverde usata nei cimiteri; per questo il suo profumo è detto «tetro», cioè *lugubre*.
8. i cocci ... alla difesa: *le innumerevoli schegge di vetro conficcate sull'antico muro di cinta, come difesa*. I frammenti di vetro servivano a scoraggiare i malintenzionati che volevano penetrare nella villa.

> La preziosa similitudine allude alla passata grandezza della villa, trasfigurata dal trascorrere del tempo.

La tua casa che veste una cortina
di granoturco fino alla cimasa[9]:
come una dama secentista, invasa
dal Tempo, che vestì da contadina[10].

25 Bell'edificio triste inabitato!
Grate panciute, logore, contorte[11]!
Silenzio! Fuga dalle stanze morte!
Odore d'ombra! Odore di passato!
Odore d'abbandono desolato!
30 Fiabe defunte delle sovrapporte[12]!

Ercole furibondo ed il Centauro,
le gesta dell'eroe navigatore[13],
Fetonte e il Po[14], lo sventurato amore
d'Arianna, Minosse, il Minotauro,
35 Dafne rincorsa, trasmutata in lauro
tra le braccia del Nume ghermitore[15]...

> Il ricordo, velato di rimpianto e di tristezza, evoca sensazioni legate all'idea di un tempo ormai perduto per sempre.

Penso l'arredo – che malinconia! –
penso l'arredo squallido e severo,
antico e nuovo: la pirografia[16]
40 sui divani corinzi dell'Impero[17],
la cartolina della Bella Otero[18]
alle specchiere... Che malinconia!

> La «semplicità» sembra al poeta l'unica via di fuga dal suo artificioso intellettualismo, che gli impedisce un'adesione sincera alla vita.

Antica suppellettile forbita[19]!
Armadi immensi pieni di lenzuola
45 che tu rammendi paziente... Avita[20]
semplicità che l'anima consola,
semplicità dove tu vivi sola
con tuo padre la tua semplice vita!

[...]

III.
Sei quasi brutta, priva di lusinga[21]
50 nelle tue vesti quasi campagnole,
ma la tua faccia buona e casalinga,

Apri il vocabolario

Il termine «forbita» deriva dalla voce germanica *furbjan* e alla lettera significa *pulita, lucida*; da qui ha origine il senso figurato che prevale nell'italiano moderno, cioè *elegante, raffinato*.

---

9. che veste ... cimasa: la facciata della villa è coperta fino alla cornice del tetto («cimasa») da un rivestimento di pannocchie di granoturco, stese a essiccare al Sole.
10. come ... contadina: *come una nobildonna del Seicento, sciupata («invasa») dal passare del tempo, che l'ha travestita da contadina.*
11. Grate ... contorte: *inferriate bombate, consumate e contorte.*
12. Fiabe ... sovrapporte: sono le scene mitologiche affrescate sopra le porte, descrit-

te nei versi successivi.
13. eroe navigatore: Ulisse.
14. Fetonte ... Po: secondo il mito, Fetonte, guidando il carro del Sole, si avvicinò troppo alla Terra e fu fulminato da Zeus, precipitando nel Po.
15. Nume ghermitore: Apollo, raffigurato nell'atto di afferrare ("ghermire") la ninfa Dafne mentre questa si trasforma in alloro.
16. pirografia: incisione eseguita su legno o velluto con una punta incandescente.

17. divani ... Impero: *divani in stile Impero, ornati con capitelli corinzi.* È il gusto neoclassico, tipico del primo Novecento.
18. Bella Otero: Carolina Otero, famosa ballerina di inizio secolo.
19. Antica ... forbita: *vecchio arredamento tirato a lucido,* e quindi ancor più pretensioso e brutto.
20. Avita: *antica, patriarcale* (propriamente "ereditata dagli avi").
21. priva di lusinga: *senza fascino.*

ma i bei capelli di color di sole,
attorti in minutissime trecciuole[22],
ti fanno un tipo di beltà fiamminga[23]...

> Il ritratto di Felicita, mette in evidenza particolari di una bellezza quotidiana, che si contrappongono al fascino sensuale delle donne dannunziane.

55 E rivedo la tua bocca vermiglia[24]
così larga nel ridere e nel bere,
e il volto quadro, senza sopracciglia,
tutto sparso d'efelidi leggiere[25]
e gli occhi fermi, l'iridi sincere
60 azzurre d'un azzurro di stoviglia...

Tu m'hai amato. Nei begli occhi fermi
rideva una blandizie femminina[26].
Tu civettavi con sottili schermi[27],
tu volevi piacermi, Signorina:
65 e più d'ogni conquista cittadina
mi lusingò[28] quel tuo voler piacermi!

Ogni giorno salivo alla tua volta[29]
pel soleggiato ripido sentiero.
Il farmacista non pensò davvero
70 un'amicizia così bene accolta,
quando ti presentò la prima volta
l'ignoto villeggiante forestiero[30].

Talora – già la mensa era imbandita –
mi trattenevi a cena. Era una cena
75 d'altri tempi, col gatto e la falena[31]
e la stoviglia semplice e fiorita
e il commento dei cibi e Maddalena
decrepita[32], e la siesta e la partita[33]...

Per la partita, verso ventun'ore
80 giungeva tutto l'inclito collegio
politico locale[34]: il molto Regio
Notaio, il signor Sindaco, il Dottore;
ma – poiché trasognato giocatore[35] –
quei signori m'avevano in dispregio...

---

22. attorti ... trecciuole: *intrecciati in piccolissime trecce.*

23. ti fanno ... fiamminga: *fanno di te una bellezza di tipo fiammingo*, cioè simile alle minuziose e composte figure femminili ritratte dai pittori fiamminghi del XVI secolo.

24. vermiglia: *di un rosso intenso.*

25. efelidi leggiere: *piccole lentiggini.*

26. blandizie femminina: *civetteria tipicamente femminile.*

27. schermi: *schermaglie, scherzi affettuosi.*

28. mi lusingò: *mi piacque.*

29. alla tua volta: *per venire alla tua casa.*

30. l'ignoto ... forestiero: è il poeta stesso, che è stato presentato a Felicita e a suo padre dal farmacista del paese.

31. falena: *farfalla notturna.*

32. Maddalena decrepita: la vecchia domestica della villa.

33. la siesta... partita: *il riposo dopo il pasto e la partita a carte.*

34. l'inclito ... locale: *l'illustre* («inclito», latinismo) *gruppo dei notabili del paese*; la solennità dell'espressione è ironica.

35. poiché ... giocatore: *dal momento che ero un giocatore distratto* («trasognato»).

Guido Gozzano

85 M'era più dolce starmene in cucina
tra le stoviglie a vividi colori:
tu tacevi, tacevo, Signorina:
godevo quel silenzio e quegli odori
tanto tanto per me consolatori,
90 di basilico d'aglio di cedrina[36]...

Maddalena con sordo brontolio
disponeva gli arredi ben detersi[37],
rigovernava lentamente ed io,
già smarrito nei sogni più diversi,
95 accordavo le sillabe dei versi
sul ritmo eguale dell'acciottolio[38].

In una sorta di dichiarazione di poetica, Gozzano paragona il ritmo dei suoi versi ai rumori quotidiani della cucina.

[...]

VI.
Tu m'hai amato. Nei begli occhi fermi
luceva una blandizie femminina;
tu civettavi con sottili schermi,
100 tu volevi piacermi, Signorina;
e più d'ogni conquista cittadina
mi lusingò quel tuo voler piacermi[39]!

Unire la mia sorte alla tua sorte
per sempre, nella casa centenaria!
105 Ah! Con te, forse, piccola consorte
vivace, trasparente come l'aria,
rinnegherei la fede letteraria[40]
che fa la vita simile alla morte...

La "vergogna" della poesia nasce dalla consapevolezza che la letteratura è solo un artificio «che fa la vita simile alla morte» (v. 108), un tentativo di compensare l'incapacità di vivere in modo pieno e autentico.

Oh! questa vita sterile, di sogno!
110 Meglio la vita ruvida concreta
del buon mercante inteso alla moneta[41],
meglio andare sferzati dal bisogno[42],
ma vivere di vita! Io mi vergogno,
sì, mi vergogno d'essere un poeta!

115 Tu non fai versi[43]. Tagli le camicie
per tuo padre. Hai fatta la seconda
classe, t'han detto che la Terra è tonda,
ma tu non credi... E non mediti Nietzsche[44]...
Mi piaci. Mi faresti più felice
120 d'un'intellettuale gemebonda[45]...

Fonte, G. Gozzano, *Poesie*, Milano, Rizzoli, 1977

---

36. **cedrina:** un arbusto il cui profumo ricorda quello del cedro.
37. **disponeva ... detersi:** *riponeva le stoviglie («arredi») ben lavate.*
38. **acciottolio:** alla lettera è il rumore prodotto dai sassi che urtano l'uno contro l'altro, ma qui evoca lo sbattere delle stoviglie.

39. **Tu m'hai ... piacermi:** la strofa ripete, con minime varianti, i vv. 61-66.
40. **rinnegherei ... letteraria:** *abbandonerei il mio amore per la letteratura.*
41. **del buon ... moneta:** *del borghese tutto dedito («inteso») al guadagno.*
42. **sferzati dal bisogno:** *spronati dalle ne-*

cessità, dalle ristrettezze.
43. **non fai versi:** *non scrivi poesie.*
44. **non mediti Nietzsche:** non ti perdi in riflessioni filosofiche. Friedrich Nietzsche (1844-1900) è il filosofo tedesco della teoria del superuomo, ripresa in letteratura da D'Annunzio.
45. **gemebonda:** *lamentosa.*

568 Crepuscolari e vociani

> Gozzano si riferisce non tanto alla sua reale malattia fisica (la tubercolosi), quanto all'intellettualismo che affligge tutti i letterati.

Tu ignori questo male che s'apprende[46]
in noi. Tu vivi i tuoi giorni modesti,
tutta beata nelle tue faccende.
Mi piaci. Penso che leggendo questi
125 miei versi tuoi[47], non mi comprenderesti,
ed a me piace chi non mi comprende.

Ed io non voglio più essere io!
Non più l'esteta gelido, il sofista[48],
ma vivere nel tuo borgo natio[49],
130 ma vivere alla piccola conquista
mercanteggiando placido, in oblio[50]
come tuo padre, come il farmacista...
Ed io non voglio più essere io!

[...]

VIII.
Nel mestissimo giorno degli addii
135 mi piacque rivedere la tua villa.
La morte dell'estate era tranquilla
in quel mattino chiaro che salii
tra i vigneti già spogli, tra i pendii
già trapunti[51] da bei colchici lilla[52].

140 Forse vedendo il bel fiore malvagio
che i fiori uccide e semina le brume[53],
le rondini addestravano[54] le piume
al primo volo, timido, randagio;
e a me randagio[55] parve buon presagio
145 accompagnarmi loro nel costume[56].

"Vïaggio con le rondini stamane..."
"Dove andrà?" – "Dove andrò? Non so... Vïaggio,
vïaggio per fuggire altro vïaggio[57]...
Oltre Marocco, ad isolette strane,
150 ricche in essenze[58], in datteri, in banane,
perdute nell'Atlantico selvaggio..."

---

46. s'apprende: *si insinua e si radica.*
47. questi ... tuoi: *questi versi scritti da me che tu hai ispirato.*
48. l'esteta ... sofista: *il freddo amante della bellezza, il pedante ragionatore («sofista»).*
49. borgo natio: *paese natale; l'espressione ricorda il leopardiano «natio borgo selvaggio» (Le ricordanze, v. 30).*
50. alla piccola... oblio: *delle piccole conquiste quotidiane, facendo tranquillamen-* te («placido») *il commerciante, dimentico di me stesso* («in oblio», *che può avere anche il senso di "dimenticato dal mondo").*
51. trapunti: *costellati, cosparsi.*
52. colchici lilla: *fiori di color rosa intenso* («lilla»), *velenosi* («malvagio», v. 140) *e che spuntano in autunno* («semina le brume», v. 141).
53. che ... brume: *che uccide gli altri fiori e diffonde le nebbie* («brume»).
54. addestravano: *preparavano.*
55. randagio: *vagabondo.*
56. accompagnarmi ... costume: *seguire il loro stesso comportamento: anche il poeta, come le rondini, si appresta a partire.*
57. per fuggire altro vïaggio: *per evitare un altro viaggio,* cioè quello estremo della morte. Il poeta allude alla tubercolosi, la malattia che lo insidia e a un viaggio in luoghi caldi ed esotici (che poi effettivamente compì nel 1912, in India e Ceylon).
58. in essenze: *di profumi.*

Guido Gozzano

Signorina, s'io torni d'oltremare,
non sarà d'altri già[59]? Sono sicuro
di ritrovarla ancora? Questo puro
155 amore nostro salirà l'altare?"
E vidi la tua bocca sillabare
a poco a poco le sillabe: giuro.

Giurasti e disegnasti una ghirlanda
sul muro, di viole e di saette[60],
160 coi nomi e con la data memoranda[61]:
trenta settembre novecentosette...
Io non sorrisi. L'animo godette
quel romantico gesto d'educanda[62].

Le rondini garrivano assordanti,
165 garrivano garrivano parole
d'addio, guizzando ratte come spole[63],
incitando le piccole migranti[64]...
Tu seguivi gli stormi lontananti
ad uno ad uno per le vie del sole[65]...

170 "Un altro stormo s'alza!..." – "Ecco s'avvia!"
"Sono partite..." – "E non le salutò!..."
"Lei devo salutare, quelle no:
quelle terranno la mia stessa via[66]:
in un palmeto della Barberia[67]
175 tra pochi giorni le ritroverò..."

Giunse il distacco, amaro senza fine,
e fu il distacco d'altri tempi, quando
le amate in bande lisce e in crinoline[68],
protese da un giardino venerando[69],
180 singhiozzavano forte, salutando
diligenze che andavano al confine[70]...

M'apparisti così come in un cantico
del Prati[71], lacrimante l'abbandono[72]
per l'isole perdute nell'Atlantico;
185 ed io fui l'uomo d'altri tempi, un buono
sentimentale giovine romantico...
Quello che fingo d'essere e non sono!

> Di fronte alla sincerità di Felicita, il poeta resta turbato, incapace di ironizzare sulle ingenue speranze della donna.

> Il poeta è consapevole di aver concepito un sogno irrealizzabile, che può vivere solo nell'ambigua ironia della finzione letteraria.

---

59. s'io ... già?: *se io tornassi da quei luoghi lontani* («d'oltremare»), *lei non sarà già promessa a un altro uomo?*

60. saette: *frecce,* di Cupido, dio dell'amore.

61. memoranda: *da ricordare* (latinismo).

62. educanda: è la ragazza educata in collegio, che il poeta associa all'atteggiamento ingenuo e romantico di Felicita.

63. ratte come spole: *veloci* («ratte») *come le rocche di filo,* che ruotano vorticosamente sui telai.

64. le piccole migranti: sono le rondini più giovani, alla loro prima migrazione.

65. lontananti ... sole: *che si allontanavano uno dopo l'altro verso sud.*

66. terranno ... via: *faranno il mio stesso cammino.*

67. Barberia: regione dell'Africa del Nord.

68. in bande ... crinoline: *con i capelli lisci divisi in due dalla scriminatura e vestite con gonne rigide e rigonfie* («crinoline»), secondo la moda ottocentesca.

69. protese ... venerando: *affacciate da un nobile* («venerando») *giardino.*

70. diligenze ... confine: quelle che portavano i patrioti del Risorgimento alla guerra o all'esilio.

71. in un cantico del Prati: un personaggio di una poesia romantica. Giovanni Prati (1814-1884) è un poeta del tardo Romanticismo, autore di struggenti liriche sentimentali.

72. lacrimante l'abbandono: *mentre piangevi perché io ti lasciavo.*

570 Crepuscolari e vociani

Analisi del testo

COMPRENSIONE

La struttura narrativa del poemetto è simile a una **novella in versi**, suddivisa in quadri distinti dalla **partizione in strofe**. Nella prima strofa il poeta-narratore, ispirato dall'onomastico di Felicita, si rivolge direttamente alla donna, dando avvio al recupero memoriale e descrivendo la sua abitazione, l'antica villa Amarena, con immagini di oggetti mesti e polverosi. La terza strofa introduce la figura di Felicita e il suo contesto familiare, mentre nella sesta il poeta riflette sulla possibilità di una vita diversa, condotta assieme alla donna nella serenità quotidiana. L'ultima strofa è infine dedicata al «mestissimo giorno degli addii»: dopo la promessa di eterno amore fatta da Felicita, il protagonista si allontana dalla villa, congedandosi definitivamente dal proprio sogno di semplicità.

ANALISI E INTERPRETAZIONE
Tra nostalgia e ironia

Nel poemetto Gozzano evoca, attraverso il filtro della memoria, un **ambiente borghese quotidiano**, velato di malinconia ma anche simbolo di una possibilità di vita semplice e serena. Anche la figura di Felicita, con la sua «faccia buona e casalinga» (v. 51), incapace di civetteria e disposta ad aprirsi a un amore senza riserve, rappresenta un **ideale femminile dimesso**, che si contrappone alle donne fatali della letteratura decadente e dannunziana.

Al mondo che prende vita nei suoi versi Gozzano guarda con un **atteggiamento ambivalente**, sospeso tra **nostalgia** e **ironia**. Da un lato, si illude di poter ritrovare, in questa «semplicità che l'anima consola» (v. 46), la **genuina concretezza della vita di provincia**. Ma l'artista che è in lui non può fare a meno di cogliere i **limiti estetici e morali di quella realtà**, testimoniati dal mobilio di cattivo gusto, dalla mancanza di grazia di Felicita e dalla meschinità dell'etica borghese. Proprio da questo contrasto nasce il tono caratteristico della lirica, giocata su un delicato equilibrio tra desiderio affettuoso di una vita semplice e rifiuto infastidito della sua banalità.

Vita e letteratura: un confine incerto

Anche verso «l'avvocato» protagonista del poemetto, evidente proiezione autobiografica, Gozzano esercita una marcata **autoironia**. Nella sesta strofa egli esprime infatti il desiderio di unirsi a Felicita, abbandonando le pose intellettualistiche e rinnegando la letteratura («che fa la vita simile alla morte», v. 108) per vivere una vita piena e nutrita di affetti concreti. Si tratta però di un **sogno irrealizzabile**, della cui impraticabilità l'avvocato-Gozzano è pienamente consapevole. Non solo questo mondo risulta in parte insoddisfacente ma, a livello più profondo, è esso stesso una semplice fantasia poetica, una finzione compensatoria costruita attraverso l'artificio della poesia. L'idillio con Felicita – e l'ipotesi di una genuina «Felicità» – è costruito infatti attraverso **schemi letterari**, come dimostra la scena finale, in cui l'addio tra i due si svolge nei modi della più banale poesia tardoromantica («come in un cantico / del Prati», vv. 182-183). Il rapporto tra vita e letteratura viene quindi doppiamente rovesciato: il poeta sostiene l'inutilità della letteratura («mi vergogno d'essere un poeta», v. 114) e finge di aspirare a un ideale di vita semplice, ma può rappresentare questo desiderio solo nella forma fittizia di un sogno letterario: quasi a sottolineare che, in un'epoca di falsità, **solo attraverso l'artificio dell'arte è possibile esprimere sentimenti autentici**.

Lo stile: tra aulico e prosastico

L'ambivalenza tra nostalgia e ironia e la **compenetrazione tra vita e arte** che caratterizzano il testo trovano un preciso corrispettivo nelle scelte formali. Il poemetto è infatti abilmente sospeso – come tutta la poesia di Gozzano – tra un **tono apparentemente colloquiale** e dimesso e una forte **componente di consapevole letterarietà**. Il tessuto lessicale presenta una costante tensione tra **espressioni quotidiane** e vicine al parlato («Tosti il caffè», v. 8; «Sei quasi brutta», v. 49, ecc.) e **termini elevati e letterari** («la cerulea Dora», v. 5; «innumeri», v. 17; «vetusta», v. 18 ecc.). Talvolta l'accostamento tra vocaboli appartenenti a registri stilistici diversi (come le «iridi sincere / azzurre d'un azzurro di stoviglia», v. 59-60) crea un effetto di voluto **straniamento**, come nella rima «camicie / Nietzsche» (vv. 115-118). L'intera struttura del poemetto è del resto giocata sull'alternanza tra le parti lirico-evocative e il **tono prosastico e narrativo**, accentuato dalla presenza di battute dialogiche, ripetizioni lessicali e frequenti *enjambement*.

Lavoriamo sul testo

COMPRENSIONE

1. Da quale spunto occasionale ha origine la lirica?
2. Come viene descritta nella prima strofa Villa Amarena?
3. Quale tipo di rapporto si stabilisce tra Felicita e il poeta?
4. Il poemetto si conclude con un addio: dove è diretto il protagonista?

LINGUA E LESSICO

5. Individua nel testo tutte le espressioni e i termini che appartengono al linguaggio colloquiale; quale effetto vuole ottenere Gozzano con queste scelte stilistiche?
6. Rintraccia la frase nominale presente ai vv. 19-24.

ANALISI E INTERPRETAZIONE

7. Nella descrizione della villa (prima strofa) tornano con insistenza i riferimenti all'antichità della casa e alla tristezza che da essa emana. Individuali nel testo e spiegane il significato.
8. Chiarisci le caratteristiche fisiche e psichiche del personaggio di Felicita. In che senso si può parlare di ironica parodia dell'immagine femminile tipica della poesia lirica e decadente?
9. Qual è il significato profondo del gioco di parole tra «Felicita» e «Felicità» presente nel titolo?
10. Che cosa significa l'esclamazione «Ed io non voglio più essere io!» (v. 133)?
11. Rintraccia nel testo le espressioni in cui risulta più evidente la volontà di Gozzano di creare effetti dissonanti attraverso la compresenza di un registro basso e di uno stile elevato e letterario.

SCRITTURA E APPROFONDIMENTI

12. Stendi un breve testo argomentativo in cui, a partire da questo brano, analizzi il rapporto tra arte e vita nella poesia di Gozzano e la funzione dell'ironia nella sua opera.

Federico Zandomeneghi, *Ritratto di fanciulla con fiore*, 1914.

T2 Guido Gozzano, Totò Merùmeni

I colloqui

Ascolta la poesia

La lirica apre la sezione I reduci, l'ultima della raccolta I colloqui (1911). Il titolo, che coincide con il nome del protagonista, deriva dalla traduzione, volutamente goffa e imprecisa, della commedia del poeta latino Terenzio Heautontimorumenos (in greco, "Il punitore di se stesso"), che già Baudelaire aveva ripreso in una lirica dei Fiori del male.

In toni dimessi e autoironici, Gozzano offre una sorta di «ritratto d'artista» costruito in antitesi polemica al mito del superuomo dannunziano. Totò, con la sua esistenza banale e un po' grottesca, rifugge infatti consapevolmente dalla "vita inimitabile" dell'esteta per chiudersi in una dimensione passiva e rinunciataria, compensata solo in parte dalla vocazione poetica.

Metrica Quartine di doppi settenari, con rima per lo più alternata (ABAB, CDCD).

> *Attraverso il riferimento alla villa descritta ne La signorina Felicita, Gozzano denuncia ironicamente il carattere fittizio e letterario dell'ambiente.*

I.
Col suo giardino incolto, le sale vaste, i bei
balconi secentisti[1] guarniti di verzura[2],
la villa sembra tolta da certi versi miei,
sembra la villa-tipo, del Libro di Lettura...

5 Pensa migliori giorni la villa triste, pensa
gaie brigate[3] sotto gli alberi centenari,
banchetti illustri nella sala da pranzo immensa
e danze nel salone spoglio da gli antiquari[4].

Ma dove in altri tempi giungeva Casa Ansaldo,
10 Casa Rattazzi, Casa d'Azeglio, Casa Oddone[5],
s'arresta un automobile[6] fremendo e sobbalzando,
villosi forestieri picchiano la gorgòne[7].

> *Totò è circondato da personaggi senili e grigi, ben diversi dai protagonisti affascinanti e "inimitabili" della letteratura decadente.*

S'ode un latrato e un passo, si schiude cautamente
la porta... In quel silenzio di chiostro e di caserma
15 vive Totò Merùmeni con una madre inferma[8],
una prozia canuta[9] ed uno zio demente.

II.
Totò ha venticinque anni, tempra sdegnosa[10],
molta cultura e gusto in opere d'inchiostro[11],
scarso cervello, scarsa morale, spaventosa
20 chiaroveggenza: è il vero figlio del tempo nostro.

Apri il vocabolario

Il sostantivo «tempra» è ricavato dal verbo "temprare" (variante di "temperare", dalla stessa radice del latino *tempus*, tempo) e indica la qualità della voce o di un suono; in un secondo momento si è affermato il significato figurato "indole", "insieme delle qualità di una persona".

---

1. **secentisti:** *seicenteschi*, di stile barocco.
2. **guarniti di verzura:** *ornati di piante e fiori* («verzura»).
3. **gaie brigate:** *allegre compagnie di giovani.*
4. **spoglio ... antiquari:** *svuotato dagli antiquari*: i mobili sono stati venduti all'asta per far fronte ai debiti.
5. **Casa Ansaldo ... Casa Oddone:** sono i nomi delle nobili famiglie che in passato frequentavano la villa.
6. **un automobile:** nei testi del primo Novecento, il nome è di genere maschile.
7. **villosi ... la gorgòne:** forestieri impellicciati («villosi», che significa propriamente "pelosi", allude anche alla rozzezza dei nuovi ricchi) *picchiano al battaglio della porta, scolpito in forma di testa di Medusa* («Gorgòne») secondo il gusto Liberty del tempo.
8. **inferma:** *malata.*
9. **canuta:** *con i capelli bianchi, anziana.*
10. **tempra sdegnosa:** *carattere fiero.*
11. **opere d'inchiostro:** *scritti letterari*; è una citazione dal proemio dell'*Orlando furioso* di Ariosto (I 3, v. 6).

> In una società che non riconosce valore all'attività intellettuale (mentre invita espressamente l'artista a trovare un mestiere con cui sostentarsi), il poeta non può che scegliere una vita appartata, in segno di silenziosa protesta.

Non ricco, giunta l'ora di "vender parolette [12]"
(il suo Petrarca!...) e farsi baratto o gazzettiere[13],
Totò scelse l'esilio. E in libertà riflette
ai suoi trascorsi che sarà bello tacere[14].

25 Non è cattivo. Manda soccorso di danaro
al povero, all'amico un cesto di primizie;
non è cattivo. A lui ricorre lo scolaro
pel tema, l'emigrante per le commendatizie[15].

> Nietzsche, il filosofo del superomismo, considerava la bontà un segno di debolezza e inettitudine.

Gelido[16], consapevole di sé e dei suoi torti,
30 non è cattivo. È il buono che derideva il Nietzsche
"...in verità derido l'inetto che si dice
buono, perché non ha l'ugne abbastanza forti [17]..."

Dopo lo studio grave[18], scende in giardino, gioca
coi suoi dolci compagni sull'erba che l'invita;
35 i suoi compagni sono: una ghiandaia rôca[19],
un micio, una bertuccia che ha nome Makakita...

III.
La Vita si ritolse[20] tutte le sue promesse.
Egli sognò per anni l'Amore che non venne,
sognò pel suo martirio[21] attrici e principesse
40 ed oggi ha per amante la cuoca diciottenne.

Quando la casa dorme, la giovinetta scalza,
fresca come una prugna al gelo mattutino,
giunge nella sua stanza, lo bacia in bocca, balza
su lui che la possiede, beato e resupino[22]...

IV.
45 Totò non può sentire[23]. Un lento male indomo[24]
inaridì le fonti prime del sentimento;
l'analisi e il sofisma[25] fecero di quest'uomo
ciò che le fiamme fanno d'un edificio al vento.
Ma come le ruine che già seppero il fuoco[26]

> La poesia sostituisce la vita ed è l'unica compensazione di una profonda aridità emotiva.

50 esprimono[27] i giaggioli dai bei vividi fiori,
quell'anima riarsa esprime a poco a poco
una fiorita[28] d'esili versi consolatori...

---

12. "vender parolette": *esercitare la professione di avvocato*; è una citazione petrarchesca (*Canzoniere* CCCLX, 81).
13. baratto o gazzettiere: *commerciante o giornalista.*
14. ai suoi trascorsi ... tacere: *sulle sue esperienze passate che è meglio non ricordare.* La preterizione riprende la formula dantesca «parlando cose che 'l tacere è bello» (*Inferno* IV, 104).

15. commendatizie: *lettere di raccomandazione.*
16. Gelido: *freddo, distaccato.*
17. "...in verità ... forti": citazione tratta dall'opera di Nietzsche *Così parlò Zarathustra* (1883-1885); «ugne» significa *unghie.*
18. grave: *faticoso.*
19. una ghiandaia rôca: *una ghiandaia* (uccello simile al corvo) *dalla voce rauca.*
20. si ritolse: *si riprese.*

21. pel suo martirio: *per poter sperimentare le sofferenze della passione.*
22. resupino: *supino, sdraiato sulla schiena.*
23. non può sentire: *è incapace di provare emozioni.*
24. indomo: *indomabile, inguaribile.*
25. sofisma: *ragionamento sottile e cavilloso.*
26. le ruine... fuoco: *le rovine che hanno sperimentato* («già seppero») *la forza di un incendio.*
27. esprimono: *fanno sbocciare.*
28. fiorita: *fioritura.*

Crepuscolari e vociani

IV
Così Totò Merùmeni, dopo tristi vicende,
quasi è felice. Alterna l'indagine e la rima[29].
55 Chiuso in se stesso, medita, s'accresce[30], esplora, intende
la vita dello Spirito che non intese prima.

Perché la voce è poca, e l'arte prediletta
immensa[31], perché il Tempo – mentre ch'io parlo! – va[32],
Totò opra[33] in disparte, sorride, e meglio aspetta[34].
60 E vive. Un giorno è nato. Un giorno morirà.

G. Gozzano, *Poesie*, cit.

La poesia si chiude con tre sentenze quasi epigrafiche; le ultime due sono una citazione dal poeta francese Francis Jammes.

29. l'indagine e la rima: *la riflessione filosofica e la pratica poetica.*
30. s'accresce: *migliora la propria conoscenza, sviluppa la propria personalità.*
31. la voce... immensa: *ripresa della sentenza di Ippocrate, famoso medico dell'antichità greca: «Breve è la vita, lunga è l'arte».*
32. il Tempo... va: *nuova citazione da Petrarca («ora mentre ch'io parlo, il tempo fugge»,* Canzoniere *LVI, 3)*
33. opra: *opera, cioè lavora, scrive.*
34. meglio aspetta: *aspetta tempi migliori.*

 Di Gozzano puoi leggere anche *L'amica di nonna Speranza*

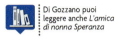

Un ironico autoritratto

Totò Merùmeni è una controfigura di Gozzano stesso, che in modi autoironici si rappresenta come una straniata **parodia dell'esteta e del superuomo decadente**. Sebbene dotato di una vasta cultura, di gusto letterario e di sensibilità (vv. 17-20), Totò ha infatti abdicato al ruolo attivo del "poeta-vate" per chiudersi in un «esilio» (v. 23) quasi grottesco. In una sorta di **volontà autopunitiva** – che richiama il titolo della lirica – egli vive in una villa abbandonata, in compagnia di personaggi vecchi e folli (vv. 15-16) e, abbandonato il sogno di passioni brucianti, si accontenta dell'amore di una «cuoca diciottenne» (v. 40). Nella sua figura Gozzano esprime quindi appieno una vivace **polemica antidannunziana**, unita a una visione dimessa ma ironica di se stesso e della funzione della poesia nella società moderna.

 Competenze di comprensione e analisi

- Individua nel testo tutti i comportamenti che fanno di Totò l'antitesi dell'esteta dannunziano.
- Quale significato assume nel testo il riferimento a Nietzsche (vv. 30-32)?
- Commenta i vv. 17-20. In che senso il protagonista «è il vero figlio del tempo nostro» (v. 20)?
- Osserva la descrizione della villa in cui abita Totò (vv. 1-12): quali caratteristiche presenta? È un luogo reale o immaginario?
- Perché il protagonista sceglie di vivere in solitudine, rinunciando a fare "commercio" della sua arte?

La consapevolezza dell'"inetto"

Nella lirica Gozzano esprime anche il ritratto di un uomo logorato da una profonda **aridità interiore**, che nasce dall'incapacità di aderire in modo diretto e immediato a una vita che lo ha deluso («La Vita si ritolse tutte le sue promesse», v. 37). In questo senso, Totò-Gozzano rappresenta una nuova incarnazione della **figura dell'"inetto"** tipica dei romanzi di Svevo e Pirandello: un personaggio che non sa vivere perché si guarda vivere, come raggelato dall'eccesso di riflessione («l'analisi e il sofisma», v. 47).

L'unica vera consolazione per questa «anima riarsa» (v. 51) è offerta dall'arte, da una **poesia sommessa** («una fiorita d'esili versi consolatori», v. 52) che si propone come compensazione di una vita non vissuta. Il binomio arte-vita di matrice dannunziana si ripropone quindi in modo nuovo, rovesciato e ironico ma non meno intellettualistico.

Competenze di comprensione e analisi

- Evidenzia nel testo tutte le espressioni e gli aggettivi che fanno riferimento all'incapacità del protagonista di provare emozioni e sentimenti autentici.
- La terza parte del testo è dedicata agli amori del protagonista. Qual è l'unico rapporto affettivo di Totò e che significato ha?
- Totò «non è cattivo» (vv. 25 e 27). Questa sua caratteristica a tuo parere è frutto di reale altruismo o segno della sua inettitudine?
- Commenta la similitudine dei vv. 45-48 e spiega la funzione che hanno la cultura e la poesia nella vita di Totò-Gozzano.
- Nel v. 54 si dice che Totò «quasi è felice». È credibile questa affermazione?

L'originalità espressiva

La consapevole autoironia che attraversa il testo investe anche le scelte stilistiche. Alla sottile derisione dei valori «sublimi» (la «Vita», l'«Amore», lo «Spirito», enfaticamente indicati con la maiuscola) corrisponde infatti un **uso straniante della lingua**, che porta Gozzano ad alternare e mescolare espressioni appartenenti a **registri linguistici opposti**. Come in molti altri suoi testi, **termini elevati e letterari** (con citazioni da Dante, Petrarca e altri autori della tradizione) si mescolano a **vocaboli bassi** («gazzettiere», v. 22; «bertuccia», v. 36, ecc.) e a situazioni quotidiane e prosaiche. Anche per questa via Gozzano conferma la sua originalità e il contrasto tra i propri sogni frustrati e la realtà.

Competenze di comprensione e analisi

- Con l'aiuto delle note, rintraccia i riferimenti letterari presenti nel testo. Quale funzione complessiva svolgono?
- Nella sintassi prevale la coordinazione o la subordinazione? Il tono complessivo del testo è lirico o prosastico?
- Evidenzia nel testo le espressioni in cui è più evidente l'intento del poeta di creare un contrasto tra registro elevato e stile basso.
- Osserva le rime, evidenziando quelle che ti sembrano più insolite o significative sul piano del contenuto.

Corazzini e Moretti

Corazzini, un «fanciullo che piange» I toni dolenti più tipici del Crepuscolarismo contraddistinguono **Sergio Corazzini**, la cui esistenza si svolge all'insegna della **sofferenza fisica e morale**. Nato a Roma nel **1886**, Corazzini deve interrompere gli studi ginnasiali a causa del tracollo finanziario della famiglia ed è costretto a impiegarsi presso una compagnia di assicurazioni. Ancora adolescente, riunisce attorno a sé un nutrito gruppo di giovani poeti, tra cui Marino Moretti e Aldo Palazzeschi; colpito dalla **tubercolosi**, muore nel **1907**, a soli ventun anni. Nonostante la brevissima parabola artistica, Corazzini riesce a pubblicare ben tre raccolte poetiche: *L'amaro calice* (1905), **Piccolo libro inutile** e *Libro per la sera della domenica* (entrambe del 1906). L'opera di Corazzini, segnata dall'esperienza della **malattia**, ruota intorno a tematiche soggettive, espressione di un profondo **disagio esistenziale** in cui non c'è spazio per l'ironia. I motivi della solitudine e della **tristezza**, le atmosfere malinconiche e un vago **sentimento religioso** appaiono nel suo testo più famoso, *Desolazione del povero poeta sentimentale*. Qui l'autore, rifiutando l'appellativo di «poeta», si presenta in tono sommesso come un «**piccolo fanciullo che piange**». Ai toni dolenti e talora vittimistici si accompagnano infatti una velata critica alla mercificazione dell'arte nella società contemporanea, e la ricorrente **polemica antidannunziana**. Nello stile, Corazzini predilige **toni bassi e prosastici**. La scelta del **verso libero** contribuisce alla dissoluzione degli schemi metrici tradizionali, creando un **ritmo franto e spezzato** volto a riprodurre l'andamento colloquiale del discorso.

Moretti e la quotidianità borghese Soluzioni analoghe caratterizzano la poesia di **Marino Moretti**, nato a **Cesenatico** nel **1885**. Amico di Palazzeschi, che lo presenta a Corazzini e ai poeti del gruppo romano, esordisce con liriche ispirate ai modelli dannunziani e pascoliani. Più significativa è la raccolta *Poesie scritte col lapis* (1910) che il critico Giuseppe Antonio Borgese indica come **inizio della stagione crepuscolare**. Dopo *Poesie di tutti i giorni* (1911) e *Il giardino dei frutti* (1916), Moretti abbandona la poesia per dedicarsi a romanzi e novelle di ambiente borghese, ma torna a comporre versi negli anni Sessanta, con raccolte originali come *L'ultima estate* (1969) e *Diario a due voci* (1973). Muore nel **1979**. L'opera giovanile di Moretti si iscrive a pieno titolo nella corrente crepuscolare. Le tematiche ricorrenti sono legate alla rappresentazione quotidiana di **ambienti borghesi squallidi e tristi** (come in *A Cesena*) e alla **demitizzazione della figura del poeta**, visto come un uomo comune privo di qualsiasi ruolo sociale (*Io non ho nulla da dire*). Anche nello stile Moretti adotta un **linguaggio medio e colloquiale**, che rinuncia ai riferimenti letterari a vantaggio di una sintassi paratattica. Rispetto agli altri poeti crepuscolari, è però evidente nella sua opera un'**attenta cura formale** e metrica, che dissimula l'artificio attraverso la ricerca di quella che egli stesso definisce «**poesia-prosa**».

Sosta di verifica

1. Quali sono le raccolte poetiche più significative di Corazzini?
2. Qual è la differenza principale tra l'opera di Gozzano e quella di Corazzini?
3. Quali tematiche tipicamente crepuscolari sono comuni a Corazzini e Moretti?
4. Che cosa intende Moretti indicando le sue opere come «poesia-prosa»?

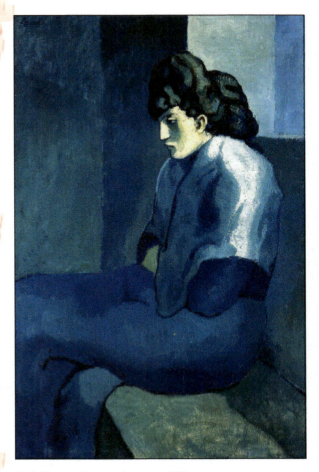

Pablo Picasso, *Donna melanconica*, 1902.

T3 Sergio Corazzini, Desolazione del povero poeta sentimentale
Piccolo libro inutile

Il componimento apre la raccolta Piccolo libro inutile (1906), che comprende otto liriche di Corazzini e testi dell'amico Alberto Tarchiani, e allude fin dal titolo all'inutilità della poesia nella società moderna. Per sottolineare l'impossibilità di ridurre l'arte a semplice merce, i due poeti misero in vendita il volume senza prezzo. Nella quarta di copertina si leggeva: «I due poveri autori non hanno osato dichiarare il prezzo di questo libro inutile perché, immaginandolo tale, hanno pensato che nessuno avrebbe mai voluto comprarlo».

La lirica è una esplicita dichiarazione di poetica, anche se espressa nei modi malinconici e colloquiali tipici del Crepuscolarismo. Rifiutando l'appellativo di "poeta", Corazzini si presenta come un bambino sofferente e malato, capace di offrire al lettore soltanto le proprie lacrime, nutrite di sentimenti semplici e di un desiderio di morte che si acquieta solo nel pensiero di Dio.

Metrica Otto strofe di varia lunghezza di versi liberi e senza rime.

> [Fin dall'esordio la lirica è impostata come un dialogo tra il poeta e un ipotetico interlocutore.]
>
> I
> Perché tu mi dici: poeta?
> Io non sono un poeta.
> Io non sono che un piccolo fanciullo che piange.
> Vedi: non ho che lagrime da offrire al Silenzio[1].
> 5 Perché tu mi dici: poeta?
>
> II
> Le mie tristezze sono povere tristezze comuni.
> Le mie gioie furon semplici,
> semplici così, che se io dovessi confessarle a te arrossirei[2].
> Oggi io penso a morire.
>
> [Gli angeli istoriati sulle vetrate delle chiese evocano nel poeta il pensiero della morte ma anche una sorta di estasi mistica.]
>
> III
> 10 Io voglio morire, solamente, perché sono stanco;
> solamente perché i grandi angioli
> su le vetrate delle cattedrali
> mi fanno tremare d'amore e di angoscia;
> solamente perché, io sono, oramai,
> 15 rassegnato come uno specchio,
> come un povero specchio melanconico.
> Vedi che io non sono un poeta:
> sono un fanciullo triste che ha voglia di morire.
>
> [L'immagine dello specchio, che si limita a riflettere la realtà esterna, allude alla passiva inerzia del poeta.]
>
> IV
> Oh, non maravigliarti della mia tristezza!
> 20 E non domandarmi;
> io non saprei dirti che parole così vane[3],

---

1. Silenzio: il silenzio è qui emblema di Dio e della vita ultraterrena.

2. arrossirei: *mi vergognerei* (per la banalità delle «gioie»).

3. vane: *inutili, insufficienti*.

Crepuscolari e vociani

> Le espressioni, allusive e tipiche del linguaggio religioso, introducono il motivo della ricerca di Dio.

Dio mio, così vane,
che mi verrebbe di piangere, come se fossi per morire.
Le mie lagrime avrebbero l'aria
25 di sgranare un rosario di tristezza[4]
davanti alla mia anima sette volte dolente[5]
ma io non sarei un poeta;
sarei, semplicemente, un dolce e pensoso fanciullo
cui avvenisse di pregare, così, come canta e come dorme.

V

30 Io mi comunico del silenzio[6], cotidianamente, come di Gesù.
E i sacerdoti del silenzio sono i romori[7],
poi che senza di essi io non avrei cercato e trovato il Dio.

> Come altre immagini precedenti, anche questa è in bilico tra la dimensione religiosa e l'idea della morte.

VI

Questa notte ho dormito con le mani in croce.
Mi sembrò di essere un piccolo e dolce fanciullo
35 dimenticato da tutti gli umani,
povera tenera preda del primo venuto;

> Il poeta si abbandona con compiacimento a una fantasia masochistica, che sembra consentirgli di sfogare il suo dolore.

e desiderai di essere venduto,
di essere battuto[8],
di essere costretto a digiunare
40 per potermi mettere a piangere tutto solo,
disperatamente triste,
in un angolo oscuro.

VII

Io amo la vita semplice delle cose.
Quante passioni vidi sfogliarsi[9], a poco a poco,

> L'ipotetico lettore attribuisce la sofferenza del poeta alle sue condizioni di salute o forse a una posa letteraria.

45 per ogni cosa che se ne andava!
Ma tu non mi comprendi e sorridi.
E pensi ch'io sia malato.

VIII

Oh, io sono veramente malato!
E muoio un poco ogni giorno.
50 Vedi: come le cose.
Non sono, dunque, un poeta:
io so che per esser detto: poeta, conviene[10]
viver ben altra vita!
Io non so, Dio mio, che morire.
55 Amen.

S. Corazzini, *Poesie*, Milano, Rizzoli, 1999

---

4. avrebbero ... tristezza: *sembrerebbero recitare un rosario di tristezza*. Come nella recitazione del rosario a ogni grano corrisponde una preghiera, così ogni lacrima del poeta esprime tristezza.
5. sette volte dolente: il riferimento al nu-mero sette evoca le sette piaghe nel cuore della Vergine.
6. mi comunico del silenzio: *mi nutro del silenzio*; il verbo allude in modo esplicito al sacramento dell'Eucaristia.
7. i sacerdoti... romori: perché i rumori per-mettono, per contrasto, di cogliere e apprezzare il silenzio.
8. battuto: *percosso, picchiato*.
9. sfogliarsi: *appassire, sfiorire*.
10. conviene: *bisogna, è necessario*.

Analisi del testo

COMPRENSIONE

Rivolgendosi a un «tu» imprecisato – identificabile con un ipotetico lettore – Corazzini imposta la lirica nella forma di un **colloquio intimo e dimesso**. Rifiutando di essere considerato un «poeta» (vv. 1-2), egli si identifica con «**un piccolo fanciullo che piange**» (v. 3), animato da emozioni semplici e comuni e da un intenso **desiderio di morte**. La malinconia dell'autore nasce da una profonda stanchezza esistenziale e trova parziale conforto solo nel **sentimento religioso** (vv. 24-26 e 30-33) e nel lamento, che si spinge fino a una sorta di fantasia penitenziale («desiderai di essere venduto, / di essere battuto», vv. 37-38) in cui dare sfogo alla propria sofferenza. Di fronte all'**incomprensione dell'interlocutore** («Ma tu non mi comprendi e sorridi», v. 46) Corazzini ribadisce infine la propria **malattia fisica e morale** che, allontanandolo dalla poesia, lo spinge a desiderare soltanto la morte, destino comune di ogni creatura.

ANALISI E INTERPRETAZIONE
«Io non sono un poeta»

In una consapevole dichiarazione di poetica, Corazzini nega di essere un poeta, o meglio **rifiuta la definizione aulica di "poeta"** che l'immaginario lettore sembra volergli attribuire. Questa presa di posizione, più volte ribadita nel testo, denota una **polemica contro l'immagine del "poeta-vate"**, che si fa esplicita nei versi finali, in cui l'autore, dopo aver ribadito il suo amore per «la vita semplice delle cose», afferma che «per esser detto: poeta, conviene / viver ben altra vita!» (vv. 52-53), riferendosi alla "vita inimitabile" dell'ideale dannunziano.

In realtà, Corazzini approda alla formulazione di un nuovo ideale poetico, programmaticamente più umile e moderno e del tutto in linea con la poetica crepuscolare. Alle esperienze eccezionali del superuomo egli contrappone **emozioni e sentimenti semplici e quasi banali** (vv. 6-8); al vitalismo e al mito della forza oppone la propria **debolezza**, mentre il culto della "Parola" lascia il posto al «Silenzio» (v. 4) e alle lacrime.

La malattia e il desiderio di morte

Come è preannunciato già dal titolo, il componimento insiste in modi quasi ossessivi sui temi della **tristezza**, della **malattia** e della **morte**, che risultano ancora più vivi se si tiene conto dell'esperienza biografica di Corazzini, malato di tubercolosi e morto in giovanissima età. Rispetto alle fittizie pose vitalistiche dell'estetismo dannunziano, la reale sofferenza di Corazzini («Io sono veramente malato!», v. 48) si propone come garanzia di una **poesia genuina e autentica**, che tuttavia non si risolve nella trascrizione di uno stato d'animo soggettivo, ma diventa un'**allegoria del disagio esistenziale** e della fragilità di un'intera generazione.

L'inerzia, la passività e il grigiore di un'esistenza dolente trovano espressione nell'**immagine regressiva del «fanciullo»** e in un lamento a tratti compiaciuto, che non esclude la letterarietà. Solo nella seconda parte del testo, attraverso immagini vaghe e suggestive («un rosario di tristezza», v. 25; «anima sette volte dolente», v. 26; «Io mi comunico del silenzio...», vv. 30-33) la malinconia sembra trovare un parziale conforto nel **sentimento religioso**, visto come possibile soluzione del mistero della vita e del dolore.

Una dolente preghiera

Sul piano formale la lirica si caratterizza per uno **stile dimesso** e per il ricorso a una **lingua semplice e colloquiale**. La forma del dialogo fittizio – in realtà una sorta di monologo – accentua il **tono discorsivo e prosastico** del componimento («Perché tu mi dici...», v. 1; «Vedi che io...», v. 17; «Ma tu non mi comprendi...», v. 46), evidenziato a livello metrico dalla **prevalenza di versi lunghi**, in alcuni casi coincidenti con il periodo sintattico. A differenza di Gozzano, Corazzini opta per un **verso libero moderno**, in cui le poche rime presenti sono funzionali a sottolineare soprattutto legami di significato («poeta», vv. 1-2-5; «venduto»: «battuto», vv. 37-38, ecc.), mentre le frequenti **ripetizioni** («poeta», «specchio», «tristezza», «fanciullo» ecc.) conferiscono al testo un **tono cantilenante** che, grazie ai riferimenti religiosi, sembra simulare una sorta di **preghiera**, suggellata dall'«Amen» finale (v. 55).

Lavoriamo sul testo

COMPRENSIONE

1 A chi si rivolge il poeta nella lirica?
2 Perché l'autore desidera morire?
3 Quali sono i sentimenti prevalenti nell'animo dell'autore?
4 Per quale motivo Corazzini non accetta di essere definito «poeta»?

LINGUA E LESSICO

5 Rintraccia nel testo tutti i termini e le espressioni che si riferiscono alla tristezza, alla malinconia, alla morte e al silenzio. Perché questi temi sono così ricorrenti?
6 Che tipo di proposizione è introdotta da «che» al v. 23?

Crepuscolari e vociani

ANALISI E INTERPRETAZIONE

7 Nella lirica sono presenti vari riferimenti polemici alla figura del "poeta-vate" dannunziano. Individuali e chiarisci in che modo Corazzini si contrappone a questa concezione dell'arte.

8 In quali punti del componimento si fa riferimento a Dio? Quale funzione svolge la religione nella vita del poeta? Spiega il significato dei vv. 30-33.

9 Analizza il testo dal punto di vista stilistico, evidenziando le scelte lessicali, sintattiche e metriche che contribuiscono a creare un tono quotidiano e prosastico.

10 Nei vv. 47-48 si fa riferimento al tema della malattia. In che cosa consiste in questo caso? Si tratta di un male morale o fisico?

SCRITTURA E APPROFONDIMENTI

11 Confronta in un testo scritto la lirica di Corazzini con *Totò Merùmeni* di Gozzano (p. 573), evidenziando analogie e differenze tematiche e stilistiche tra i due testi, entrambi dedicati a una sorta di autoritratto del poeta.

Di Corazzini puoi leggere anche *Il mio cuore*

La parola alla critica

Aldo Vallone, Corazzini, *arte e vita*

La malattia, la morte precoce, un'esistenza breve segnata dalla tubercolosi sono gli elementi biografici che stanno alla base della poesia di Corazzini. In questo poeta crepuscolare, secondo Aldo Vallone, si ha «la identità più assoluta... tra arte e vita». Non a caso nelle lettere più intime e accorate scritte agli amici tornano con dolorosa coerenza, come parafrasati, alcuni versi delle sue poesie.

Dall'equivoco di un'arte che in tutto e per tutto rispecchiasse la vita, la dolorosa esperienza umana, il Gozzano per più motivi si salva, non ultimo quello della sua complessa formazione o della sua complessità di poeta; ma Corazzini, no, di certo. La identità più assoluta, forse l'unico e più coerente esempio di tutta la nostra storia letteraria, tra arte e vita ci è data proprio da Sergio Corazzini. Così è che la testimonianza (e tante se ne hanno, per cui noi stessi abbiamo voluto portarne le più significative) prende il posto del documento, l'annotazione biografica quello dell'esame esegetico, il riferimento o l'accidente umano quello dell'appunto critico. Sarebbe interessante sotto questo aspetto giungere ad una lettura concordata, mai in altri così corrispondente, di poesie e lettere: quelle, ad esempio, indirizzate ad Aldo Palazzeschi: «Aldo, il crepuscolo è il mio regno di tristezza. Il letto bianco e triste che mi accoglie da venti giorni è divenuto il mio trono di questo mondo. Non ho però pianto mai. Ho sognato di essere morto. Tetro risveglio: tu comprendi. Potrò partire a marzo per la campagna? Prega per il tuo Sergio malato, nella più povera chiesa fiorentina. Non ti ho mai pensato intensamente come ora. Il crepuscolo si veste di nero e suona le sue campane. La sua stola viola s'è perduta, ma domani ne avrà una più bella. Mi è tanto dolce scriverti, poggiando la testa sui guanciali, illudendomi che tu sia là, nell'ombra d'un piccolo angolo, nel gesto di udire! è l'ombra che mi vieta la vista delle dolci cose. Allora scorgo le più care sorelle, ma fugge l'ora ed io tornerò ad essere il prigioniero singhiozzante, e le cose, le povere sepolte vive nel convento della camera».

A. Vallone, *I crepuscolari*, Palermo, Palumbo, 1973

T4 Marino Moretti, Io non ho nulla da dire

Poesie di tutti i giorni

La lirica, una delle più famose della produzione di Moretti, fu pubblicata nel 1911, nella raccolta Poesie di tutti i giorni. *Si tratta di una vera e propria dichiarazione di poetica in cui Moretti prende le distanze dalla figura autorevole del "poeta-vate". Secondo l'autore, il poeta non ha niente di speciale da dire: di fronte alle domande della società può solo tacere e rivolgersi al pensiero degli affetti familiari e delle cose semplici.*

Metrica Quartine di novenari a rima incrociata con schema ABBA.

> Fin dalle prime battute Moretti dichiara la sua impossibilità di dire qualcosa che possa interessare il pubblico dei lettori.

Aver qualche cosa da dire
nel mondo a se stessi, alla gente.
Che cosa? Non so veramente
perché io non ho nulla da dire.

> Il bersaglio polemico dell'autore è D'Annunzio e la sua concezione del poeta-vate.

5   Che cosa? Io non so veramente.
Ma ci son quelli che sanno.
Io no – lo confesso a mio danno
non ho da dir nulla ossia niente.

10   Perché continuare a mentire,
cercare d'illudersi? Adesso
ch'io parlo a me mi confesso:
io non ho niente da dire.

Eppure fra tante persone,
fra tanti culti[1] colleghi
15   io sfido a trovar chi mi neghi
d'aver questa o quella opinione,

e forse mia madre, la sola
che veda ora in me fino in fondo,
è certa che anch'io venni al mondo
20   per dire una grande parola[2].

> L'atteggiamento schivo e remissivo del poeta potrebbe essere interpretato come un'attestazione di snobistica superiorità.

Gli amici discutono d'arte,
di Dio, di politica, d'altro:
e c'è chi mi crede il più scaltro
perché mi fo un poco in disparte:

25   qualcuno vorrebbe sentire
da me qualche cosa di più.
«Hai nulla da aggiungere tu?»
«Io, no, non ho niente da dire.»

---

1. culti: *colti.*   **2. una grande parola:** *qualcosa d'importante.*

È triste. Credetelo, in fondo,
è triste. Non essere niente.
Sfuggire così facilmente
a tutte le noie del mondo.

Sentirsi nell'anima il vuoto
quando altri[3] più parla e ragiona.
Veder quella brava persona
imporsi un gran compito ignoto[4].

E quelli che chiedono a un tratto:
«Che avresti tu detto al mio posto?»
«Io….Non avrei forse risposto….
Io….mi sarei finto distratto…»

Non aver nulla, né mire[5],
né bei sopraccapi[6], né vizi;
osar fino[7] in mezzo ai comizi:
«No, sa? Non ho niente da dire».

Ed esser creduto un insonne,
un uomo che veglia sui libri,
un'anima ardita che vibri
da[8] tutto uno stuolo di donne.

«Mi dica, sua madre che dice?
Io so dai suoi libri che adora
sua madre. Nevvero[9] signora ?
nevvero che è tanto felice ?

Un figlio! Vederlo salire[10],
seguirne il pensiero profondo…»
ed io son l'unico al mondo
che non ha niente da dire.

La posizione di Moretti è espressione di un disagio esistenziale e di un'incapacità di vivere che fa di lui quasi un "inetto".

I «comizi» rappresentano metaforicamente la dimensione pubblica del poeta.

Torna ancora una volta l'ironica polemica contro il mito dannunziano del poeta superuomo.

M. Moretti, *In verso e in prosa*, Milano, Mondadori, 1979

3. altri: *qualcun altro.*
4. un gran compito ignoto: quello di divulgare attraverso la poesia la propria concezione della vita e della società.

5. mire: *ambizioni.*
6. sopraccapi: *fastidi, seccature.*
7. fino: *perfino.*

8. da: da intendere come un complemento di causa (grazie a, a causa di).
9. Nevvero: *non è vero.*
10. salire: *crescere.*

Analisi guidata

Una poetica della negazione

Per parlare del **ruolo del poeta nella società del primo Novecento**, Moretti sceglie una **poetica negativa**. Egli non dice cosa il poeta deve essere o deve fare, ma si limita a comunicare la sua **impossibilità a dare le risposte e le opinioni che gli vengono richieste**. Riallacciandosi a un tema già affrontato da **Corazzini** in *Desolazione del povero poeta sentimentale* e da **Palazzeschi** in *Chi sono?* Moretti porta alle estreme conseguenze la riflessione dei suoi predecessori, rifiutando di esprimere la propria posizione e preparando la strada a una visione ancora più negativa, che pochi anni dopo sarà fatta propria da **Montale** in *Non chiederci la parola*.

Competenze di comprensione e analisi

- Perché Moretti afferma di non avere «nulla da dire»?
- Che cosa chiedono al poeta gli amici?
- In che senso si può affermare che quella di Moretti è una poetica negativa?
- Confronta *Io non ho nulla da dire* con *Desolazione del povero poeta sentimentale* (p. 578) di Corazzini e con *Chi sono?* di Palazzeschi (p. 553): quale concezione del poeta emerge dai tre testi?

La polemica antidannunziana

Come in tutta la lirica crepuscolare, anche per Moretti il **bersaglio polemico** è il **poeta-vate**, il **superuomo/esteta della lirica dannunziana**, a cui si allude più volte nel corso del componimento. Non si tratta soltanto della preferenza personale per un certo modo di fare poesia, ma del **rifiuto di una cultura vitalistica e aggressiva**, messa in discussione negli stessi anni da un'intera generazione di intellettuali, che avvertiva acutamente la crisi di una società che, di lì a poco, sarebbe stata spazzata via dalla Prima guerra mondiale.

Competenze di comprensione e analisi

- Rintraccia nel testo i riferimenti alla concezione del poeta-vate di D'Annunzio e spiega quale connotazione assumono.
- Metti a confronto *Io non ho nulla da dire* con *La signorina Felicita* di Gozzano (p. 565); quali aspetti del dannunzianesimo vengono messi in evidenza nei due componimenti?

Tra ironia e «inettitudine»

Lontano dalla cupa angoscia esistenziale di Corazzini, ma anche dal divertito disimpegno di Palazzeschi, Moretti fa dell'**autoironia** la sua cifra stilistica. Per tutto il componimento egli ripropone l'affermazione iniziale con moduli e declinazioni appena variate, in cui la posizione del poeta viene esplicitata attraverso **frammenti di dialoghi con amici e altri immaginari interlocutori**.
Diversamente dal tono ironico di Gozzano, che afferma comunque la superiorità dell'artista nei confronti della società borghese, Moretti preferisce un **isolamento** lontano da ogni forma di snobismo, in cui il poeta può condurre la sua tranquilla esistenza senza sogni di gloria e preoccupazioni materiali. Si tratta a ben vedere di un'ideale di vita simile a quello di alcuni celebri "**inetti**" della letteratura italiana come Zeno Cosini e Mattia Pascal, protagonisti dei romanzi eponimi di Svevo e Pirandello.
L'unica parziale eccezione a questo disimpegno intellettuale e sociale è rappresentata dalla **madre**, l'unica figura per la quale il poeta sembra nutrire sentimenti sinceri, anche se nei versi si affaccia la consapevolezza di potere deludere le sue aspettative.

Competenze di comprensione e analisi

- Da quali versi emerge il vuoto interiore che caratterizza il poeta?
- In quale punto del testo Moretti afferma esplicitamente di voler vivere senza alcuna ambizione?
- Quale rapporto c'è tra il poeta e la madre? Da quali allusioni lo si può ricavare?

Lo stile

Lo stile del componimento è volutamente **antilirico**. Attraverso il continuo ripetersi di espressioni tipiche della **lingua colloquiale**, Moretti dà vita a una sorta di **monologo in versi**, in cui la parola poetica sembra fluire spontanea, senza la mediazione stilistica dell'autore, anche grazie alle numerose **ripetizioni** e alla **sintassi frammentata** dalle numerose interrogative e dai punti fermi. Ma il testo presenta anche molte **ricercatezze tipiche della tradizione poetica**: i versi coincidono quasi sempre con il periodo sintattico e le strofe si legano tra loro tramite una fittissima rete di rimandi ed echi fonici che ruotano intorno ai termini «no», «nulla», «niente».

Competenze di comprensione e analisi

- Rintraccia le parole tipiche della lingua parlata; quale obiettivo si propone il poeta con l'uso di questi vocaboli?
- Individua gli *enjambement* presenti nella lirica: in quali punti sono collocati? Ritieni che ci sia anche un motivo tematico nella loro disposizione?
- Moretti sceglie come forma metrica la quartina di novenari; quale grande autore della poesia italiana tra Ottocento e Novecento fa uso della stessa strofa?

Edvard Munch, *Melanconia*, 1892.

T5 Marino Moretti, A Cesena

Il giardino dei frutti

Testo laboratorio

A Cesena *fa parte della terza sezione della raccolta* Il giardino dei frutti *(1916), vicina per la scelta del metro e di situazioni domestiche ai* Poemetti *di Pascoli. Il titolo del volume allude metaforicamente ai risultati dell'ispirazione poetica dell'autore, in cui il «fiore» della lirica si accompagna al «frutto» di una poesia di intonazione prosastica.*
La lirica racconta in tono discorsivo e colloquiale una visita fatta dal poeta alla sorella che, sposata da pochi mesi, si è trasferita a Cesena. Sullo sfondo di una grigia giornata di pioggia, si svolge tra i due un dialogo che dimostra quanto la giovane donna sia cambiata: la bambina d'un tempo si è trasformata in una signora borghese disillusa e calcolatrice, di fronte alla quale il poeta non può che provare un sentimento di estraneità e di profonda tristezza.*

Metrica   Terzine di endecasillabi rimate con schema ABA, CBC, DED ecc.

L'attacco della lirica, in apparenza cronachistico, riprende un verso del simbolista belga Georges Rodenbach («Tristezza; sono solo; è domenica; pioviggina»), ma rinvia anche all'incipit de La pioggia nel pineto *di D'Annunzio, con un chiaro intento parodico.*

Piove. È mercoledì. Sono a Cesena,
ospite della mia sorella sposa,
3   sposa da sei, da sette mesi appena.

Batte la pioggia il grigio borgo[1], lava
la faccia della casa senza posa[2],
6   schiuma a piè delle gronde[3] come bava.

Tu mi sorridi. Io sono triste. E forse
triste è per te la pioggia cittadina,
9   il nuovo amore che non ti soccorse[4],

il sogno che non ti avvizzì[5], sorella
che guardi me con occhio che s'ostina
12   a dirmi bella la tua vita, bella,

Il climax dei vocativi sottolinea il rapido passaggio della donna dall'infanzia alla sua nuova condizione di moglie.

bella! Oh bambina, o sorellina, o nuora,
o sposa, lo vedo tuo marito, sento,
15   oggi, a chi dici mamma, a una signora[6];

so che quell'uomo è il suocero dabbene[7]
che dopo il lauto[8] pasto è sonnolento,
18   il babbo che ti vuole un po' di bene.

«Mamma!» tu chiami, e le sorridi e vuoi
ch'io sia gentile, vuoi ch'io le sorrida,
21   che le parli dei miei viaggi, poi...

Ascolta la poesia

---

1. Batte ... borgo: *la pioggia cade («Batte») sulla cittadina grigia.*
2. senza posa: *incessantemente.*
3. schiuma ... gronde: *crea pozze alla base delle grondaie; il verbo «schiuma» si collega* alla «bava», dando una connotazione ancora più squallida all'ambiente.
4. non ti soccorse: *non ti ha aiutato,* cioè non ha cambiato la tua vita come speravi.
5. non ti avvizzì: *non ti fece sfiorire.*
6. a una signora: *alla suocera.*
7. dabbene: *per bene, onesto.*
8. lauto: *abbondante.*

Crepuscolari e vociani

> L'affollarsi degli avverbi evoca il fitto chiacchiericcio della donna, tutta intenta a riferire le sue beghe familiari.

poi quando siamo soli (oh come piove!)
mi dici rauca[9] di non so che sfida
24 corsa tra voi[10]; e dici, dici dove,

quando, come, perché; ripeti ancora
quando, come, perché; chiedi consiglio
27 con un sorriso non più tuo, di nuora.

Parli d'una cognata quasi avara
che viene spesso per casa col figlio
30 e non sai se temerla o averla cara;

parli del nonno ch'è quasi al tramonto[11],
il nonno ricco del tuo Dino[12], e dici:
33 «Vedrai, vedrai se lo terrò di conto[13]»;

parli della città, delle signore
che già conosci, di giorni felici,
36 di libertà, d'amor proprio, d'amore.

Piove. È mercoledì. Sono a Cesena,
sono a Cesena e mia sorella è qui,
39 tutta d'un uomo ch'io conosco appena,

> Il poeta percepisce la sorella come un'estranea, che ormai appartiene a una realtà diversa dalla sua.

tra nuova gente, nuove cure[14], nuove
tristezze, e a me parla... così,
42 senza dolcezza, mentre piove o spiove[15]:

«La mamma nostra t'avrà detto che...
E poi si vede, ora si vede, e come!
45 sì, sono incinta... Troppo presto, ahimè!

Sai che non voglio balia? che ho speranza
d'allattarlo da me? Cerchiamo un nome...
48 Ho fortuna, è una buona gravidanza...»

Ancora parli, ancora parli, e guardi
le cose intorno. Piove. S'avvicina

> La lirica si chiude su un'esclamazione mesta e quasi incredula, piena di rimpianto.

51 l'ombra grigiastra[16]. Suona l'ora. È tardi.

E l'anno scorso eri così bambina!

M. Moretti, *Il giardino dei frutti*, Napoli, Ricciardi, 1916

---

9. **rauca:** *con voce bassa e roca, turbata.*
10. **di non so ... voi:** *di un qualche litigio* («sfida») *scoppiato tra di voi.*
11. **al tramonto:** *alla fine della sua vita* (si tratta di una metafora).
12. **Dino:** è il nome del marito.
13. **lo terrò di conto:** *lo tratterò bene* (per essere ricordata nel suo testamento).
14. **cure:** *preoccupazioni* (latinismo).
15. **spiove:** *smette di piovere.*
16. **l'ombra grigiastra:** *la sera.*

COMPRENSIONE

1 La conversazione tra i due protagonisti sembra sbilanciata, visto che a parlare è soprattutto la sorella del poeta. Perché a tuo parere la donna cerca di evitare il silenzio?

2 Quali versi della poesia alludono alla gelosia del fratello per la sorella ormai lontana?

3 Quali caratteristiche hanno i membri della nuova famiglia della donna? Che tipo di rapporti essa intrattiene con loro?

Oltre il testo   Confrontare e analizzare

- Quali altri poeti crepuscolari fanno largo uso di termini della sfera quotidiana? Rispondi facendo riferimento ai testi da te studiati.

ANALISI E INTERPRETAZIONE

4 Che significato assume nel contesto la notazione «È tardi» (v. 51)? Si riferisce solo al sopraggiungere della sera?

5 Che tipo di ambiente è quello rappresentato nella lirica? Quali sensazioni prevalgono?

Oltre il testo   Confrontare e analizzare

- Ti sembra che esistano delle analogie tra l'ambiente borghese rappresentato da Moretti e quello in cui è ambientata *La signorina Felicita* (p. 565) di Gozzano? Rispondi in un testo scritto.

6 La tristezza del poeta si riflette in parte anche sulla sorella. A tuo parere la donna è felice o delusa dalla sua nuova condizione? Motiva la tua posizione con riferimenti diretti al testo.

7 Nel componimento sono presenti numerosi *enjambement*: individuali e spiegane la funzione.

8 Per quale motivo il v. 1 si ripete identico nel v. 37? Quali altre ripetizioni sono presenti nella lirica?

9 Quali espedienti stilistici contribuiscono a riprodurre la cadenza tipica del parlato?

10 Rintraccia nel testo tutti i termini e le espressioni che fanno riferimento alla monotonia e alla tristezza.

11 Individua nella lirica tutti i termini appartenenti al linguaggio quotidiano e familiare. Perché il poeta adotta un registro così semplice?

Oltre il testo   Confrontare e analizzare

- Confronta la lirica con *Io non ho nulla da dire* (p. 582); quali sono le principali differenze stilistiche tra i due componimenti?

SCRITTURA E APPROFONDIMENTI

12 Riscrivi la lirica come se fosse la sceneggiatura di un film, adattando i dialoghi e inserendo le indicazioni degli ambienti e dei personaggi che compaiono nelle varie scene.

13 Scrivi un breve testo in cui spieghi le caratteristiche tematiche e stilistiche della poesia crepuscolare, facendo riferimento ai testi da te studiati.

588   Crepuscolari e vociani

I poeti vociani: Rebora, Sbarbaro, Campana

«La Voce» Nell'ambito della produzione lirica del primo Novecento particolarmente importante è l'esperienza di alcuni poeti legati alla **rivista fiorentina «La Voce»**, fondata da Giuseppe **Prezzolini** e pubblicata **tra il 1908 e il 1916**. Nata con un dichiarato intento di **impegno civile e morale** e la volontà di occuparsi di problemi concreti della società (la scuola, l'educazione, il suffragio femminile), la rivista si orientò in seguito, soprattutto sotto la direzione di Giuseppe **De Robertis** (1914-1916), verso interessi propriamente letterari, affiancando alla **divulgazione di autori stranieri** (Mallarmé, Gide, Ibsen) la diffusione di una **nuova poetica espressionistica**, che predilige l'uso del «frammento», una forma poetica breve e di estrema concentrazione lirica. All'ambiente de «La Voce» si ricollegano prosatori come Scipio Slataper, Piero Jahier e Renato Serra e poeti quali Arturo Onofri, Clemente Rebora, Camillo Sbarbaro e Dino Campana.

L'espressionismo "vociano" Ciò che accomuna le opere dei cosiddetti «vociani» è in primo luogo la comune adesione a una poetica di tipo espressionista. Anche se in Italia non è presente, come in Germania, una vera e propria avanguardia espressionista, è però viva in molti poeti dell'epoca la tendenza a **stravolgere e "deformare" il linguaggio lirico** tradizionale per esprimere una visione del mondo complessa e conflittuale, incentrata sui temi dell'alienazione, del degrado e della **crisi dell'uomo moderno**. Nei poeti vociani questa **concezione sofferta della vita** si accompagna a una decisa **tensione conoscitiva e morale** e si traduce sul piano formale in un **linguaggio estremo e violento**, pur con le dovute differenze tra i vari autori. Rebora, per esempio, si segnala per le vistose trasgressioni a livello lessicale, per gli accostamenti arditi e le metafore, mentre Campana tende a innovare soprattutto sul piano sintattico e retorico, con un uso ossessivo delle figure di ripetizione e delle analogie. Più dimesso e colloquiale è invece lo stile di Sbarbaro, il cui espressionismo si esprime soprattutto nella scelta dei temi.

I modelli e le forme Rispetto alla tradizione i poeti vociani si pongono in un rapporto che è al tempo stesso di continuità e di frattura. Nei loro versi si avverte l'eco dei simbolisti francesi e belgi (da Rimbaud a Maeterlinck), come pure di Pascoli e dell'ultimo D'Annunzio (in particolare il *Notturno*), ma è netto il **rifiuto della poesia altisonante** di matrice carducciana, come pure della figura del poeta-vate. Le tematiche predilette ruotano intorno a **motivi quotidiani e comuni**, espressi nella forma del «frammento» poetico in versi liberi o, talvolta, della **prosa lirica** o «poema in prosa».

I vociani anticipano alcune importanti tendenze letterarie del Novecento come la poetica della "parola pura", che sarà tipica dell'**Ermetismo**, e la **prosa d'arte** che si svilupperà negli anni Venti in seno alla rivista «La Ronda». Proponendosi di innovare la tradizione senza stravolgerla, questi autori realizzano un cambiamento profondo del linguaggio poetico italiano, determinante per l'opera dei poeti del Novecento, a cominciare da Montale.

Clemente Rebora, un poeta espressionista L'influsso della **poetica espressionista** è particolarmente evidente nell'opera di Rebora, segnata da una profonda dimensione etica che sfocerà negli ultimi anni nell'adesione alla fede cristiana. Nato a Milano nel **1885** da una famiglia borghese di origine ligure, **Clemente Rèbora** riceve un'educazione totalmente laica. Compiuti gli studi classici, dopo la laurea in lettere insegna alle scuole tecniche e serali e collabora a varie riviste, tra cui «La Voce». Nel 1913 pubblica per le Edizioni della Voce la sua raccolta poetica più importante, i *Frammenti lirici*. Partecipa alla **Prima guerra mondiale** – di cui dà una drammatica testimonianza nelle *Poesie sparse* (1947) – ma nel 1915 viene esonerato dal servizio militare per il **trauma nervoso** causato dallo scoppio ravvicinato di una bomba. Nel dopoguerra all'attività di insegnante e di traduttore (soprattutto dal russo) si affianca la stesura di nuove liriche, pubblicate nel 1922 nella raccolta *Canti anonimi*. La sua sofferta **inquietudine esistenziale** lo porta nel 1928 a convertirsi alla **fede cattolica** e a intraprendere un percorso religioso che si conclude con l'**ordinazione a sacerdote** (1936). Gli impegni pastorali lo inducono ad abbandonare la poesia, a cui ritornerà con i *Canti dell'infermità*, scritti durante la malattia che lo porta alla morte nel 1956.

L'elemento che più colpisce delle liriche di Rebora è senza dubbio la **forza estrema delle scelte formali**, che piegano il linguaggio a una **musicalità volutamente dissonante**. La violenza espressiva serve a rendere una concezione della vita scissa tra l'amara consapevolezza del caos che regola l'esistenza e la costante **ricerca di un superiore principio d'ordine**. Il contrasto tra degradazione e aspirazione all'assoluto si traduce spesso in **immagini allegoriche** o nella rappresentazione di **aspetti e ambienti della mo-**

dernità – come la città o il treno – elevati a simbolo di una condizione esistenziale soffocata e alienante. A questa apparente assenza di significato della realtà il poeta oppone una tensione morale titanica, destinata a placarsi in parte solo nella fede e nella poesia religiosa degli ultimi anni.

Camillo Sbarbaro: l'alienazione della modernità

I toni dimessi e prosastici delle liriche di **Camillo Sbàrbaro** trovano un corrispettivo nella **vita schiva e solitaria** del poeta che, nato a Santa Margherita Ligure nel **1888**, non si allontanerà quasi mai dalla **Liguria**. Dapprima impiegato presso industrie siderurgiche, Sbarbaro si dedica poi all'insegnamento del greco e del latino. Dopo aver esordito molto giovane con la raccolta *Resine* (1911), conquista una certa notorietà con *Pianissimo* (1914), mentre dopo la guerra escono le prose lirico-narrative di *Trucioli* (1920). Nel primo decennio del Novecento Sbarbaro collabora con «La Voce» e «Lacerba», ma durante il Fascismo è costretto a lasciare l'insegnamento per aver rifiutato di aderire al partito, e si chiude in un totale silenzio letterario. Nel secondo dopoguerra pubblica nuovi volumetti di prose e si dedica all'attività di **traduttore dal francese**. Dal 1951 si ritira a Spotorno, dove vive in compagnia della sorella fino alla morte (**1967**).

La maggior parte delle liriche di Sbarbaro presenta motivi autobiografici che vertono su uno stato d'animo dominato da un senso di **aridità** e **passività**. L'io lirico, alienato e solitario, si rappresenta spesso perduto nella massa anonima della **città**, rappresentata in modi caricaturali e deformati in senso espressionistico, come **luogo di inautenticità e degrado**. Al poeta, privato di ogni energia vitale e ridotto a «fantoccio», resta solo il triste privilegio di **guardarsi vivere dall'esterno**, constatando dolorosamente la frattura tra il soggetto e una società spersonalizzante.

Queste tematiche particolarmente moderne sono affrontate con uno **stile quotidiano e dimesso**, che evita ogni sperimentalismo linguistico e predilige un **lessico semplice e quasi banale**.

Dino Campana, un "poeta maledetto"?

L'opera di **Dino Campana**, isolata nel panorama letterario del primo Novecento, è stata variamente valutata dai critici, che vi hanno visto ora una poesia profondamente innovativa e quasi d'avanguardia, ora invece una ripresa di forme di matrice dannunziana.

Sul piano biografico, la vita del poeta, segnata dalla **follia** e dal **disagio psichico**, si svolge all'insegna di una **consapevole marginalità**, che ricorda gli atteggiamenti "maledetti" di Baudelaire e Rimbaud. Nato nel **1885** a Marradi, nell'Appennino

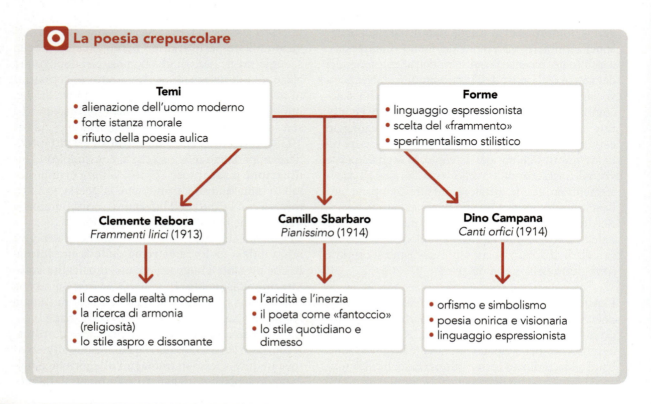

tosco-romagnolo, già intorno ai quindici anni Dino Campana manifesta i primi segni di squilibrio mentale che, aggravandosi rapidamente, lo porteranno nel 1906 a un primo ricovero nel **manicomio di Imola**. Dimesso per volere del padre e contro il parere dei medici, comincia a viaggiare, giungendo fino in Argentina e facendo i mestieri più svariati: suonatore di piano, arrotino, pompiere e fuochista. In varie occasioni, viene rinchiuso in carcere o in manicomio per brevi periodi. Nel **1913**, dopo aver pubblicato alcune poesie su «Lacerba», consegna la sua raccolta di liriche, intitolata *Il più lungo giorno*, ai due direttori della rivista, Ardengo **Soffici** e Giovanni **Papini**, ma il **manoscritto** va inspiegabilmente **perduto** (sarà rinvenuto solo nel 1971 tra le carte di Soffici). Con l'aiuto dei suoi appunti, **Campana riscrive l'opera**, ampliandola, e la pubblica a proprie spese nel 1914, con il titolo *Canti orfici*. Nel 1916 incontra la scrittrice **Sibilla Aleramo**, con la quale ha una breve ma intensa storia d'amore. Dopo la fine della relazione con la Aleramo le sue condizioni psichiche peggiorano e nel 1918 viene internato nel manicomio di Castelpulci, presso Firenze, dove morirà nel **1932**.

I *Canti orfici*

I *Canti orfici* sono un'opera organica in cui **si alternano testi lirici in versi e poemetti in prosa** di ampiezza variabile, secondo una struttura che ricorda le opere di Baudelaire e di Rimbaud. Il titolo rinvia da un lato ai *Canti* **leopardiani** e dall'altro alla figura di Orfeo, mitico poeta greco capace, con la forza della sua poesia, di dominare la natura e vincere persino la morte, riportando in vita dagli inferi l'amata Euridice. Il riferimento all'orfismo indica quindi una **concezione elevata della poesia**, una fede profonda nella sacralità dell'arte intesa come **rivelazione del mistero della vita** e dell'armonia dell'universo, intuita dal poeta attraverso folgoranti "illuminazioni".

A questa visione di matrice simbolista si unisce però una sensibilità inquieta e turbata, un **senso di esclusione e di disarmonia** che gli impedisce di trovare nella realtà un principio di ordine e di equilibrio. Da questo contrasto irrisolto nasce una **poesia visionaria**, dominata da atmosfere oniriche, in cui l'**esperienza personale si trasfigura in immagini mitiche**. Le tematiche più ricorrenti sono quelle del **viaggio**, della irrisolta ricerca esistenziale e del rapporto conflittuale con la modernità e i suoi emblemi, primo fra tutti la città, di cui viene messo in evidenza il degrado morale ma anche il fascino. Dal punto di vista stilistico il **linguaggio** si deforma in senso violentemente **espressionistico**, con forti inversioni e **alterazioni sintattiche**, unite a un uso quasi ossessivo delle **ripetizioni** lessicali. La **dissonanza dello stile** non esclude però la ricerca di una trasognata musicalità, che prende forma attraverso immagini collegate da **ardite analogie**.

Sosta di verifica

1. Che cosa si intende per «espressionismo vociano»?
2. Quali tratti dell'opera di Rebora spiegano in parte la sua tarda conversione alla fede cattolica?
3. Quali sono le tematiche ricorrenti nell'opera di Sbarbaro?
4. Per quali motivi la vita di Campana ha alimentato una sorta di "mito maledetto"?

Ernst Ludwig Kirchner, *Scena di strada davanti a un barbiere*, 1926.

T6 # Clemente Rebora, Viatico

Poesie sparse

Il componimento, fu incluso nelle Poesie sparse (1947), che riuniscono testi legati alla drammatica esperienza della Prima guerra mondiale. Il «viatico» è l'Eucaristia somministrata al fedele in punto di morte, ma il termine assume qui il senso più ampio di conforto rivolto a chi sta per morire.

L'esplosione di una bomba ha ferito gravemente un soldato che, ridotto a un tronco agonizzante, non smette di invocare aiuto. Il poeta, straziato, che può solo pregarlo di affrettare la sua morte, per far cessare il suo e il proprio dolore.

Metrica   Versi liberi, con rime occasionali.

> Il vocativo iniziale imposta la lirica come una sorta di preghiera rivolta al compagno morente.

O ferito laggiù nel valloncello[1],
tanto invocasti
se tre compagni interi
cadder per te che quasi più non eri[2].
5   Tra melma e sangue

> La sintassi franta accosta in drammatico climax immagini crude e realistiche, di forte impatto emotivo.

tronco senza gambe[3]
e il tuo lamento ancora,
pietà di noi rimasti
a rantolarci[4] e non ha fine l'ora[5],
10   affretta l'agonia,

tu puoi finire[6],
e conforto ti sia
nella demenza che non sa impazzire,
mentre sosta il momento
15   il sonno sul cervello[7],
lasciaci in silenzio –
grazie, fratello.

C. Rebora, *Le poesie (1913-1957)*,
Milano, Garzanti, 1988

> Nella pacata esortazione finale il desiderio di pace fa tutt'uno con la profonda compassione verso il compagno caduto.

1. nel valloncello: *sul fondo di uno stretto vallone.*
2. tanto ... non eri: *le tue invocazioni sono state davvero disperate se hanno spinto tre compagni incolumi («interi») a morire nel tentativo di salvare te che ormai eri quasi morto («quasi più non eri»).*
3. tronco senza gambe: *il soldato è stato mutilato dall'esplosione, che lo ha privato delle gambe e delle braccia.*

4. pietà ... rantolarci: *abbi pietà di noi che siamo rimasti qui a soffrire. L'uso insolito del riflessivo «rantolarci» sottolinea l'identità della sofferenza fisica del soldato e del tormento interiore dei suoi compagni.*
5. non ha fine l'ora: *l'espressione non significa solo che il tempo sembra non passare mai, ma anche che, per chi sopravvive, la vita e il dolore non cessano.*
6. tu puoi finire: *a te è concessa la morte.*

7. e conforto ... cervello: *e ti possa essere di conforto, nel dolore che ti sconvolge senza portarti il sollievo dell'inconsapevolezza («nella demenza che non sa impazzire»), mentre il tempo sembra immobile, l'annebbiamento della mente («il sonno sul cervello»). Il poeta augura al moribondo che la perdita dei sensi lenisca il suo dolore.*

● Analisi guidata

Un episodio emblematico

La lirica evoca un episodio drammaticamente frequente nella guerra di trincea e lo fa assurgere a **simbolo concreto dell'orrore di ogni conflitto**.
Un soldato, ferito e atrocemente mutilato, giace agonizzante in fondo a un vallone. Già tre compagni sono morti nell'inutile tentativo di trarlo in salvo, ma il suo atroce lamento continua a straziare i sopravvissuti, ormai incapaci di portargli aiuto.
Di fronte alla sofferenza fisica e morale che tormenta tanto il ferito quanto i suoi impotenti commilitoni, l'unico paradossale conforto («viatico», appunto) che il poeta può offrire è l'**esortazione ad accelerare la morte** («affretta l'agonia», v. 10). Soltanto il «silenzio» (v. 16) può infatti far scendere un po' di pace sia sullo strazio dei superstiti sia sul ferito, per il quale il poeta invoca almeno il beneficio ambiguo dell'inconsapevolezza («il sonno sul cervello», v. 15).

Crepuscolari e vociani

Competenze di comprensione e analisi

- Quale significato assume la rima che ai vv. 3-4 contrappone i «compagni interi» a «te che quasi più non eri»?

- Che rapporto si stabilisce tra il soldato morente e i compagni superstiti? Quali espressioni del testo sottolineano il dolore che, in modo diverso, unisce l'uno e gli altri?

- Spiega il significato dell'espressione «demenza che non sa impazzire» (v. 13): a che cosa allude il poeta?

- Rispetto al resto della lirica, quale cadenza assumono i due versi finali? Più incalzante o più pacata? Per quale motivo?

L'orrore e la pietà

L'accorato invito rivolto dal poeta al soldato morente è dettato soprattutto dal desiderio di **far cessare il proprio strazio** («pietà di noi rimasti / a rantolarci», vv. 8-9) e risuona in apparenza come un segno dell'abbrutimento causato dalla guerra, che pare annullare ogni sentimento di umana solidarietà. Ma in realtà, nell'assurda equivalenza creata dalla guerra tra chi cade e chi resta, entrambi accomunati dalla sofferenza, l'esortazione assume gli accenti di una **profonda pietà sia per il «fratello»** (v. 17), che solo la morte può liberare dal dolore, **sia per i superstiti**, che invocano una tregua al proprio tormento.
In questa stretta **commistione di egoismo e solidarietà**, crudezza e compassione, Rebora sintetizza con piena sincerità di accenti l'esperienza estrema e insensata della guerra.

Competenze di comprensione e analisi

- Quali elementi del testo chiariscono che, al di là dell'apparente egoismo dell'invito rivolto dal poeta al compagno morente, il sentimento dominante è comunque la pietà per la comune sofferenza?

- Che cosa augura il poeta al soldato agonizzante per rendere meno drammatica la sua morte?

- In che cosa consiste a tuo parere il «viatico» che dà il titolo alla lirica? Chi può dare questo estremo conforto in punto di morte e chi ne usufruisce?

L'espressionismo dello stile

Rebora sceglie di rievocare l'episodio attraverso una **forma espressiva cruda e violenta**. Il linguaggio insiste sui **particolari raccapriccianti** («Tra melma e sangue / tronco senza gambe», vv. 5-6), deformandosi in costrutti aspri e inusuali («pietà di noi rimasti / a rantolarci», vv. 8-9). La sintassi, specie nel secondo periodo, rinuncia all'ordinata costruzione logica per esprimere, attraverso un susseguirsi di **espressioni nominali**, ellittiche del verbo, la drammaticità crescente della situazione. All'estrema **concentrazione** del testo contribuisce anche la metrica, con la frequenza di versi brevi marcati da forti *enjambement* e da una fitta rete di rime e assonanze interne.

Competenze di comprensione e analisi

- Individua le espressioni e le immagini particolarmente realistiche e crude e spiegane la funzione in rapporto al messaggio del testo.

- Individua nel secondo periodo (vv. 5-16) le infrazioni all'ordine sintattico. Per quale motivo il poeta utilizza una forma così inconsueta?

- Rintraccia le rime e le assonanze presenti nel testo, chiarendo il loro significato concettuale.

Clemente Rebora

Il libro del mese
La notte della cometa

AUTORE Sebastiano Vassalli
ANNO DI PUBBLICAZIONE 1984
CASA EDITRICE Einaudi

TRE BUONI MOTIVI PER LEGGERLO

1. Racconta la vita avventurosa e drammatica di un grande poeta.
2. È una descrizione, più che mai attuale, della difficile vita degli emarginati.
3. Fornisce un'utile chiave interpretativa per accostarsi all'opera di Dino Campana.

L'AUTORE E IL ROMANZO

Sebastiano Vassalli (1941) ha partecipato negli anni Sessanta all'esperienza della Neoavanguardia e del Gruppo 63. Dopo studi che lo hanno avvicinato alla psicanalisi freudiana e opere segnate da un acceso sperimentalismo (*Narcisso*, 1968) negli anni Ottanta è approdato alla narrativa segnalandosi come uno dei migliori autori di romanzi storici del panorama italiano (*La chimera*, 1990; *Il cigno*, 1993; *Stella avvelenata*, 2003): la ricerca di fatti e personaggi lontani nel tempo non è un semplice espediente narrativo, ma serve a Vassalli per guidare il lettore alla scoperta delle proprie inquietudini contemporanee.

Scritto dopo quattordici anni di ricerche, *La notte della cometa* (1984) è una biografia di Dino Campana autore dei *Canti orfici* (1914). Vassalli descrive la solitudine e le tensioni interiori di una personalità anarchica come Campana, alle prese con una società gretta e conformista e con un clima culturale diffidente nei confronti di un personaggio stravagante e difficilmente inquadrabile.

L'INCIPIT

Marradi, settembre 1983. Il *dépliant* del Ristorante Albergo Lamone, dove alloggio da una settimana, dice: "Albergo modernamente attrezzato. Cucina tradizionale e genuina. Specialità gastronomiche tosco-romagnole. Servizio accurato per matrimoni, banchetti, comitive ecc. Cacciagione, trote, funghi, percorino marradese, torta di marroni. Vini tipici tosco-romagnoli". Le camere, distribuite su due piani, affacciano da un lato sullo scalo della stazione ferroviaria e dall'altro su un viale di ippocastani intitolato a un tale Baccarini ma denominato, nell'uso, "viale della stazione". In una di queste camere il poeta Dino Campana e la scrittrice Sibilla Aleramo trascorsero la notte di Natale del 1916: forse in questa stessa dove io ora mi trovo, forse in un'altra.

LA TRAMA

Dino Campana nasce nel 1885 a Marradi, un piccolo paese del pistoiese. Respinto dalla madre e incompreso dal padre, il ragazzo cresce in collegio, dove il suo delicato stato mentale è messo a dura prova dall'ambiente rigido e repressivo. Tornato a casa, in lui si manifestano i primi segni della follia: perennemente insofferente, Campana alterna stati euforici a crisi depressive e il padre lo fa ricoverare in manicomio. Di fronte alla prospettiva di un internamento a vita, però, sceglie di liberare il figlio e lo convince a lasciare Marradi. Dopo lunghi viaggi che lo portano fino in Argentina, nel 1916 Campana incontra Sibilla Aleramo, affascinante scrittrice con cui intreccia una tormentata relazione amorosa, destinata ad aggravare ulteriormente il suo già fragile equilibrio psichico.

TRE PISTE DI LETTURA

1. La storia d'amore tra Dino Campana e Sibilla Aleramo è stata raccontata nel film *Un viaggio chiamato amore* (2002), diretto da Michele Placido e interpretato da Stefano Accorsi e Laura Morante. Quali sono le principali differenze tra la ricostruzione proposta da Vassalli e quella cinematografica?
2. Alle luce della biografia del poeta che emerge dal romanzo di Vassalli, prova a leggere alcuni tra i *Canti orfici* (ti proponiamo, per esempio, *Sogno di prigione*, *Viaggio a Montevideo* e spiega in che modo le conoscenze acquisite ti hanno permesso di comprendere meglio le liriche di Campana.
3. La figura di Campana è spesso accostata a quella del poeta "maledetto" Arthur Rimbaud (1854-1891). Dopo aver letto il libro di Vassalli ed esserti documentato sulla vita del grande poeta francese, spiega in un testo scritto se condividi questo paragone e perché.

T7 Camillo Sbarbaro
Taci, anima stanca di godere

Pianissimo

 Ascolta la poesia

La lirica, pubblicata nel 1913 sulla rivista letteraria «Riviera ligure», viene inserita l'anno seguente nella raccolta *Pianissimo* come testo di apertura, con un chiaro valore programmatico sia nei temi sia nelle forme.

Il componimento, di contenuto autobiografico, dà voce in tono pacato alla profonda sensazione di estraneità e alienazione del poeta. Di fronte a un mondo percepito come un «deserto» insensato, egli approda a una sorta di apatico nichilismo.

Metrica Versi liberi, con prevalenza di endecasillabi e settenari.

> *Il verbo iniziale non è un imperativo ma un indicativo, che denota una rassegnata constatazione.*

Taci, anima stanca di godere
e di soffrire (all'uno e all'altro vai
rassegnata[1]).
Nessuna voce tua odo se ascolto:
5 non di rimpianto per la miserabile[2]
giovinezza, non d'ira o di speranza,
e neppure di tedio[3].
　　　　　Giaci come
il corpo, ammutolita[4], tutta piena
d'una rassegnazione disperata.

> *Nemmeno l'ipotesi di una morte improvvisa scuote l'anima del poeta, la cui vita è già simile a una sorta di limbo.*

10 Noi non ci stupiremo
non è vero, mia anima, se il cuore
si fermasse, sospeso se ci fosse
il fiato[5]...
　　　　　Invece camminiamo.
Camminiamo io e te come sonnambuli.
15 E gli alberi son alberi, le case
sono case, le donne
che passano son donne, e tutto è quello
che è, soltanto quel che è.
La vicenda di gioia e di dolore
20 non ci tocca[6]. Perduta ha la sua voce
la sirena del mondo[7], e il mondo è un grande
deserto.

> *La parola chiave del testo risalta, isolata e ripetuta in anafora al verso seguente.*

　　　　　Nel deserto
io guardo con asciutti occhi[8] me stesso.

C. Sbarbaro, *Pianissimo*, Venezia, Marsilio, 2001

---

1. all'uno ... rassegnata: *ti avvii rassegnata sia al piacere sia alla sofferenza.*
2. miserabile: *infelice, triste.*
3. tedio: *noia.*
4. Giaci ... ammutolita: *stai immobile e inerte («giaci») come il corpo, priva di voce.*
5. sospeso ... fiato: *se ci fosse fermato il respiro.*
6. La vicenda ... tocca: *l'alternarsi della gioia e della sofferenza non ci turba.*
7. Perduta ... mondo: *la bellezza («sirena», per metafora) del mondo ha perso il suo incanto.*
8. con asciutti occhi: *senza piangere.*

Analisi guidata

Il silenzio dell'anima

La lirica, strutturata come un sommesso **dialogo del poeta con la propria anima**, mette in luce il sentimento di inerzia e **passività del soggetto**, ormai incapace di provare sentimenti, positivi o negativi («non di rimpianto... / non d'ira o di speranza / e neppure di tedio», vv. 5-7). Chiuso in questa «rassegnazione disperata» (v. 9), in cui la vita diventa simile alla morte, il poeta si aggira come un "**sonnambulo**" (v. 14) in una **realtà inaridita**: «il mondo è un grande / deserto» (vv. 21-22) e i suoi elementi, animati e inanimati, appaiono estranei e privi di significato. L'immagine finale si concentra sullo sguardo del poeta che, privo di emozioni («con asciutti occhi», v. 23) contempla disilluso il mondo e se stesso.

Competenze di comprensione e analisi

- Individua termini ed espressioni che rinviano al motivo del «silenzio» e spiega quale significato assume questo tema.
- Chiarisci il significato dei vv. 10-13: quale reazione suscita nel poeta l'idea della morte?
- Spiega il senso dell'ossimoro «rassegnazione disperata» (v. 9).
- Come appare la realtà esterna agli occhi del poeta? Perché è assimilata a un «deserto» (v. 22)?

L'alienazione della modernità

Il testo sviluppa una **tematica tipicamente espressionistica**: il **senso di alienazione dell'uomo moderno**, privato di sentimenti autentici e ridotto a **cosa tra le cose**, in un'esistenza senza scopo e senza vitalità.
La lucida contemplazione dell'insensatezza della vita ricorda la poesia dell'ultimo **Leopardi**, mentre il motivo del poeta che vagabonda, simile a un automa, per le vie cittadine riporta alle liriche dei *Fiori del male* di Baudelaire (*Baudelaire e i simbolisti*, p. 309). Mentre però nei poeti simbolisti persisteva la speranza in un senso riposto della realtà, nei versi di Sbarbaro sembra rispecchiarsi con una lucidità nuova e implicitamente polemica la **riduzione dell'individuo a elemento di una massa indistinta e anonima**.

Competenze di comprensione e analisi

- Per quale motivo il poeta, invece di utilizzare la prima persona singolare per esprimere il proprio stato d'animo, ricorre alla finzione del dialogo con la propria anima?
- Quale immagine della città moderna emerge dal testo? Si tratta di una rappresentazione serena o desolata?
- Che cosa intende dire il poeta quando afferma che «tutto è quello / che è, soltanto quel che è» (vv. 17-18)?

Un tono prosastico

Sul piano formale la lirica – molto distante dallo sperimentalismo degli altri vociani – adotta uno **stile sommesso e quasi prosastico**. Le scelte lessicali sono quotidiane e semplici, sottolineate dalla frequenza delle **ripetizioni** («camminiamo. / Camminiamo», vv. 13-14; «deserto. / Nel deserto», vv. 22-23), che imprimono al testo un ritmo lento e pausato. Le figure retoriche sono rare e strettamente funzionali: le

tautologie («gli alberi son alberi», v. 15) sottolineano in particolare l'assenza di senso della realtà. Anche la metrica resta in parte tradizionale, basata sull'alternanza di endecasillabi e settenari legati da poche rime, mentre sono frequenti gli *enjambement*. Nel complesso, il tono pacato e discorsivo sembra adattarsi all'inerzia e alla rassegnazione senza speranza del soggetto.

Competenze di comprensione e analisi

- Quale relazione esiste, a tuo parere, tra lo stile della lirica e il titolo della raccolta, *Pianissimo*?
- Nel testo sono particolarmente insistite le negazioni. Individuale e spiegane la funzione in rapporto al contenuto.
- Con l'aiuto del dizionario, chiarisci in che cosa consiste la figura retorica della tautologia e spiega perché essa è particolarmente insistente nei vv. 15-18.
- Individua alcuni dei numerosi *enjambement* presenti nel testo. Quale effetto producono sul ritmo del componimento?

 Di Sbarbaro puoi leggere anche *Taci, anima mia*

Ernst Ludwig Kirchner, *Autoritratto da malato*, 1918.

T8 Dino Campana, La Chimera

Canti orfici

Scritta nel 1912 e inserita nell'edizione del 1914 dei Canti orfici, La Chimera è uno dei testi più antichi di Campana e più di altri conserva tracce di linguaggio letterario e dannunziano. Lucido critico di se stesso, il poeta l'inviò infatti a Prezzolini commentando: «Scelgo per inviarle la più vecchia la più ingenua delle mie poesie, vecchia di immagini, ancora involuta di forme; ma lei sentirà l'anima che si libera».

Ispirandosi alla figura mitologica della chimera, il poeta delinea un'immagine femminile simbolica, volutamente ambigua e sfuggente. Nella sensualità del suo sorriso, che ricorda quello enigmatico delle donne ritratte da Leonardo da Vinci, e nella musicalità che da essa si riflette nell'armonia del paesaggio naturale si incarna probabilmente l'emblema sfuggente della poesia, invocata ma mai pienamente raggiunta.

Metrica Versi di lunghezza variabile fra le sette e le diciotto sillabe, con prevalenza di settenari, ottonari, novenari ed endecasillabi. Quasi tutti i versi sono collegati fra loro da un fitto intreccio di rime, quasi rime e assonanze, senza però uno schema regolare.

> La *Gioconda* è il celebre dipinto di Leonardo da Vinci famoso per il suo sorriso enigmatico, simile a quello della donna qui evocata.

Non so se tra rocce il tuo pallido
viso m'apparve, o sorriso
di lontananze ignote
fosti, la china eburnea
5   fronte fulgente o giovine
suora de la Gioconda[1]:
o delle primavere
spente, per i tuoi mitici pallori
o Regina o Regina adolescente[2]:

> La commistione di piacere e dolore è un'ambivalenza tipica non solo della poesia di Campana ma di tutta la cultura decadente.

10   ma per il tuo ignoto poema
di voluttà e di dolore
musica fanciulla esangue,
segnato di linea di sangue
nel cerchio delle labbra sinuose,
15   regina de la melodia:
ma per il vergine capo
reclino, io poeta notturno
vegliai le stelle vivide nei pelaghi del cielo[3],
io per il tuo dolce mistero
20   io per il tuo divenir taciturno[4].
Non so se la fiamma pallida

---

1. Non so ... Gioconda: non so se il tuo volto pallido mi apparve tra le rocce o se fosti un sorriso che proviene da lontananze sconosciute, o giovane sorella («suora») della Gioconda, dalla fronte reclinata, splendente («fulgente») e bianca come l'avorio («eburnea»).

2. o delle primavere ... adolescente: o Regina, giovane Regina delle primavere or-

mai trascorse («spente») in virtù dei tuoi mitici pallori. «o» è qui una interiezione vocativa, a differenza della congiunzione avversativa del v. 2.

3. ma ... cielo: il periodo è complesso: le due avversative dei vv. 10 e 16 pospongono al v. 17 il soggetto «io poeta notturno». *Ma per ascoltare la tua poesia piena di piacere e di dolore, o musicale («musica», aggettivo) pal-

lida fanciulla, o regina della melodia, che tu racchiudi nel cerchio delle tue labbra sinuose segnate da una linea rosso sangue, e per il tuo giovane capo reclinato, io, poeta della notte, ho contemplato nella notte («vegliai») le stelle splendenti nei mari («pelaghi») del cielo.*

4. io ... taciturno: io ho vegliato per il tuo dolce mistero, per il tuo silenzioso trasformarti.

fu dei capelli il vivente
segno del suo pallore[5],
non so se fu un dolce vapore[6],
25 dolce sul mio dolore,
sorriso di un volto notturno:
guardo le bianche rocce le mute fonti dei venti[7]
e l'immobilità dei firmamenti
e i gonfi rivi che vanno piangenti[8]
30 e l'ombre del lavoro umano curve là sui poggi algenti[9]
e ancora per teneri cieli lontane chiare ombre correnti
e ancora ti chiamo ti chiamo Chimera.

Il polisindeto collega le immagini naturali in cui il poeta ricerca un riflesso del fascino misterioso della donna.

Solo nell'invocazione finale la Chimera, oggetto di una tensione sempre inappagata, viene chiamata per nome.

5. Non so ... pallore: *non so se se il biondo chiaro* («la fiamma pallida») *dei suoi capelli fu il segno concreto* («vivente») *del suo pallore.* Il poeta parla ora della donna alla terza persona.
6. non so ... vapore: *non so se fu un dolce spirito* («vapore»).
7. le mute ... venti: *le cime dei monti silenziose, da cui nascono i venti.*
8. i gonfi ... piangenti: *i dolci ruscelli che scorrono come piangendo.*
9. l'ombre ... algenti: *le ombre degli uomini chini nel lavoro sulle colline gelide* («algenti»).

Analisi del testo

COMPRENSIONE
La Chimera è uno dei testi più complessi della poesia italiana del Novecento, teso a evocare una **figura femminile mitica e indistinta**, il cui fascino risiede nella sua stessa indeterminatezza. La lirica si struttura in due tempi, corrispondenti ai **due lunghi periodi** che compongono il testo.
Nel primo periodo (vv. 1-20) il poeta si rivolge in forma dubitativa («Non so», v. 1) a una misteriosa fanciulla dall'enigmatico sorriso, invocandola come una sorta di divinità («o Regina o Regina adolescente», v. 9) e attraverso due avversative («ma», vv. 10 e 16) afferma di avere tentato di cogliere l'essenza del suo fascino, che sembra coincidere con il mistero stesso della poesia («ma per il tuo ignoto poema ... ma per il vergine capo / reclino, io poeta notturno / vegliai»). Nel secondo periodo (introdotto ancora da «Non so», ripetuto ai vv. 21 e 24), il poeta parla della donna in terza persona, tentando dapprima (vv. 21-26) di elencare gli elementi che la caratterizzano (la «fiamma pallida» dei capelli, il volto bianco, il sorriso) e poi ricercando il senso della sua bellezza nell'armonia della natura circostante, attraverso una serie di immagini evanescenti (vv. 27-31) che culminano in un'accorata invocazione («e ancora ti chiamo ti chiamo Chimera», v. 32).

ANALISI E INTERPRETAZIONE
Una figura polivalente
Nella mitologia classica la Chimera era un mostro favoloso, con il corpo di leone cui si mescolavano parti di altri animali e talvolta anche un volto femminile. In seguito il termine «chimera» passò nell'uso comune per indicare un **sogno inconsistente**, mentre la cultura decadente ne riprese l'immagine caratterizzandola come simbolo di una sessualità torbida e distruttiva.
Campana riprende la simbologia decadente ma, accantonando le connotazioni negative, insiste piuttosto sulla **sensuale femminilità** di questa creatura mitica e sulla sua **irraggiungibilità**. La donna evocata nella lirica (che potrebbe anche ispirarsi a una figura reale) assomma in sé molteplici rimandi simbolici. Essa rappresenta infatti un ideale femminile carico di eros ma rinvia anche, in senso più profondo, al desiderio del poeta di svelare il senso nascosto della realtà. In questo senso, **la Chimera tende a identificarsi con la poesia** e con l'arte in genere, presenza-assenza vagheggiata e sempre inafferrabile.

L'armonia e il dolore
Numerosi elementi presenti nel testo favoriscono l'identificazione della Chimera con la poesia, intesa secondo la particolare concezione di Campana. In primo luogo è fondamentale il rimando alla **musicalità** (la donna è definita «musica», ossia «musicale» nel v. 12 e, nel v. 15, «regina de la melodia»), che l'autore considera una componente essenziale del testo lirico e che convive con il **silenzio** («per il tuo divenir taciturno», v. 20).
Numerosi sono anche i termini che rinviano all'idea della **purezza** (il ribadito «pallore» della donna e la

prevalenza del colore bianco), dell'armonia e della **dolcezza**, controbilanciati però da immagini che insistono in antitesi sul **dolore** e la **sofferenza** («i gonfi rivi ... piangenti», v. 29).

Il gioco di luci e ombre su cui è intessuta la figura della Chimera percorre tutta la lirica e si fa evidente nell'ambivalenza del «poema / di voluttà e di dolore» (vv. 10-11) di cui essa è depositaria. Il poeta costruisce così una **figura ambigua e polimorfa**, in cui sintetizza la propria idea della poesia come intuizione del mistero della vita, **in cui convivono il dolore e l'estasi**.

L'ambiguità dello stile

Il carattere sfuggente della Chimera trova piena corrispondenza nell'**allusività dello stile**, evocativo e volutamente arduo. La sintassi ricorre a **periodi ampi e involuti**, segnati da numerose inversioni, che in genere pospongono il soggetto creando un'atmosfera di attesa. Le scelte lessicali, letterarie e di gusto dannunziano («eburnea», v. 4; «fulgente», v. 5; «esangue», v. 12 ecc.), si fanno ancora più preziose grazie alla catena di **analogie**, **metafore** («pelaghi del cielo», v. 18; «mute fonti dei venti», v. 27) e **ossimori** («fiamma pallida», v. 21), che sembrano preannunciare l'allusività oscura della poesia ermetica. Particolarmente accurata è la ricerca di una **musicalità languida e come incantata**, che risulta sia dal gioco delle rime e delle assonanze sia dall'abbondanza di ripetizioni, a volte molto ravvicinate ed evidenti, a volte più distanziate, che creano echi e rispondenze lontane («Non so se...», vv. 1-21-24; «o Regina o Regina», v. 9).

Lavoriamo sul testo

COMPRENSIONE

1. Nei vv. 1-9, con quali appellativi il poeta invoca la Chimera?
2. Che cosa spinge il poeta a "vegliare le stelle" (v. 18)?
3. Quali caratteristiche della donna vengono elencate nei vv. 21-26?
4. Quali aspetti della natura vengono evocati nei versi finali e per quale motivo?

LINGUA E LESSICO

5. Scrivi il significato dei seguenti termini:
   a. «eburnea» (v. 4): ……………..
   b. «sinuose» (v. 14): ……………..
   c. «algenti» (v. 30): ……………..
6. Che tipo di complemento è, a tuo parere, «per i tuoi mitici pallori» (v. 8)? Come può cambiare l'interpretazione della frase in base al valore di questo sintagma?
7. Individua tutte le espressioni riferite alla Chimera che rinviano al bianco e al pallore. Quale funzione complessiva svolgono nella lirica?

ANALISI E INTERPRETAZIONE

8. Quali espressioni permettono di identificare la Chimera con la poesia?
9. Nella lirica sono presenti molte metafore e immagini metaforiche. Individuane e spiegane almeno tre a tua scelta.
10. Osserva le rime presenti nel testo. In quale punto divengono particolarmente frequenti e per quale motivo?
11. Rintraccia le ripetizioni lessicali. Quale funzione svolgono e quale effetto producono sul ritmo?

SCRITTURA E APPROFONDIMENTI

12. Confronta questa lirica con *Taci, anima stanca di godere* di Sbarbaro (p. 595). Quali vistose differenze stilistiche sono presenti tra i due testi? Mettile in evidenza in un breve testo scritto.

Dai *Canti orfici* puoi leggere anche *Viaggio a Montevideo*

LABORATORIO DELLE COMPETENZE

- Lettura
- Comprensione
- Analisi
- Interpretazione
- Produzione scritta

Testo laboratorio
T9 ## Camillo Sbarbaro
Talor mentre cammino per le strade

Pianissimo

Inserita nella raccolta Pianissimo *(1914), la lirica mostra il poeta mentre osserva la vita che scorre intorno a lui nelle strade della città. Alla conferma del disagio esistenziale si aggiunge però una sorta di rivelazione – che sembra anticipare le future «epifanie» di Montale – con cui l'io lirico percepisce la natura dolorosa della vita, una «condanna d'esistere» di cui la maggior parte degli uomini non si rende conto se non per brevissimi istanti.*

Metrica   Versi liberi, con larga prevalenza di endecasillabi.

> Talor, mentre cammino per le strade
> della città tumultuosa[1] solo,
> mi dimentico il mio destino d'essere
> uomo tra gli altri, e, come smemorato,
> 5   anzi tratto fuor di me stesso, guardo
> la gente con aperti estranei occhi.
>
> M'occupa allora un puerile, un vago
> senso di sofferenza e d'ansietà
> come per mano che mi opprima il cuore.
> 10   Fronti calve di vecchi, inconsapevoli
> occhi di bimbi, facce consuete
> di nati a faticare e a riprodursi,
> facce volpine stupide beate,
> facce ambigue di preti, pitturate[2]
> 15   facce di meretrici[3], entro il cervello
> mi s'imprimono dolorosamente.
> E conosco l'inganno pel qual vivono,
> il dolore che mise quella piega
> sul loro labbro, le speranze sempre
> 20   deluse,
> e l'inutilità della lor vita
> amara e il lor destino ultimo, il buio[4].
>
> Ché ciascuno di loro porta seco[5]
> la condanna d'esistere: ma vanno

---

1. tumultuosa: *frenetica, chiassosa.*
2. pitturate: *dipinte, truccate.*
3. meretrici: *prostitute.*
4. il buio: *la morte, l'annullamento.*
5. seco: *con sé.*

Laboratorio delle competenze   **601**

LABORATORIO DELLE COMPETENZE

25 dimentichi di ciò e di tutto, ognuno
occupato dall'attimo che passa,
distratto dal suo vizio prediletto.
Provo un disagio simile a chi veda
inseguire farfalle lungo l'orlo
30 d'un precipizio, od una compagnia
di strani condannati sorridenti.
E se poco ciò dura, io veramente
in quell'attimo dentro m'impauro[6]
a vedere che gli uomini son tanti.

---

6. m'impauro: *mi spavento*; questo raro verbo è una citazione dannunziana dalla *Pioggia nel pineto*: «il canto / delle cicale / che il pianto australe / non impaura» (vv. 41.44)

COMPRENSIONE

1 In quale contesto si trova l'io lirico? Quali figure incontra nel suo cammino?

2 Quali riflessioni occupano l'animo del poeta?

3 A che cosa è paragonato il suo disagio?

ANALISI E INTERPRETAZIONE

4 Nella prima strofa, quale rapporto si stabilisce tra il poeta e il mondo esterno? Rispondi riflettendo sul significato delle espressioni «smemorato» (v. 4) e «con aperti estranei occhi» (v. 6).

5 Individua nel testo le espressioni che fanno riferimento alla sofferenza del poeta. Quale visione della realtà le determina?

→ **Oltre il testo** **Confrontare e analizzare**

- Quale ruolo svolgono le riflessioni etiche ed esistenziali nelle liriche dei poeti vociani? Rispondi facendo riferimento ad altri testi da te studiati.

6 Spiega che cosa intende Sbarbaro con le espressioni «l'inganno pel qual vivono» (v. 17) e «la condanna d'esistere» (v. 24).

7 Analizza la lirica sul piano stilistico e formale. Il linguaggio è semplice o elaborato? Quali caratteristiche presenta la sintassi? Sono presenti figure retoriche?

→ **Oltre il testo** **Confrontare e analizzare**

- Confronta questo componimento con *Taci, anima stanca di godere* (p. 595): quali sono le principali analogie e differenze tra i due testi?

8 Osserva la struttura metrica del testo, individua gli *enjambement* e illustrane la funzione in rapporto al contenuto.

9 Che tipo di complemento è «per mano» (v. 9)?
  a. di mezzo
  b. di causa
  c. d'agente
  d. di modo

10 Che tipo di proposizione è introdotta da «Ché» (v. 23)?
  a. causale
  b. finale
  c. consecutiva
  d. relativa

11 Individua tutti i termini e le espressioni che esprimono il disagio esistenziale del poeta.

Oltre il testo — Confrontare e analizzare

- Metti a confronto la lirica con gli altri testi vociani di questa unità; quali sono le principali differenze metriche e stilistiche?

SCRITTURA E APPROFONDIMENTI

12 Confronta le scelte tematiche espressioniste della lirica di Sbarbaro con quelle di Corazzini e Moretti, individuando le principali analogie e differenze tra la posizione del poeta ligure e quella dei crepuscolari.

13 Osserva il dipinto di Eduard Munch e in un breve testo prova a individuare somiglianze e differenze tra l'opera del pittore norvegese e la poesia di Sbarbaro che hai analizzato.

Edvard Munch, *Sera sul viale Karl Johan*, 1892.

LABORATORIO DELLE COMPETENZE

Guida alla verifica orale

DOMANDA N. 1 — Quali sono le tematiche e le scelte formali che caratterizzano la corrente crepuscolare?

LA RISPOSTA IN SINTESI

Le liriche dei crepuscolari privilegiano tematiche intimistiche e malinconiche, legate alla rappresentazione di situazioni e ambienti quotidiani e banali, emblema dell'assenza di valori della società contemporanea. Anche lo stile è semplice e prosastico.

LA RISPOSTA NEI TESTI

- **T1** Ne *La signorina Felicita* Gozzano rappresenta il proprio soggiorno in un'antica villa del Canavese e il suo idillio romantico con Felicita, una donna scialba e ingenua che avrebbe forse potuto garantirgli un'esistenza semplice e serena.

- **T3** Corazzini trasferisce nei suoi versi la dolorosa esperienza della malattia e della sofferenza, presentandosi come un «fanciullo che piange», molto diverso dal superuomo decadente.

- **T5** In *A Cesena* Moretti descrive con stile colloquiale e semplice e in toni malinconici il grigio ambiente borghese di cui la sorella, dopo il matrimonio, è entrata a far parte.

DOMANDA N. 2 — Quali sono i tratti più tipici della poesia di Gozzano?

LA RISPOSTA IN SINTESI

Rispetto agli altri poeti crepuscolari, Gozzano si segnala per il tono ironico e autoironico delle sue liriche, sospese tra affettuosa adesione sentimentale alla realtà descritta e sorridente distacco. Nel suo stile convivono forme letterarie e termini bassi e colloquiali.

LA RISPOSTA NEI TESTI

- **T1** La rappresentazione di Felicita e del suo ambiente si svolge in modi ambigui: il vagheggiamento di una vita semplice si accompagna alla consapevolezza che questo desiderio è in realtà soltanto una posa letteraria.

- **T2** In *Totò Merùmeni* Gozzano fornisce un ironico autoritratto, giocato sulla contrapposizione alla figura del "poeta-vate" di tipo dannunziano.

DOMANDA N. 3 — In che cosa consiste e come si esprime l'espressionismo che accomuna i poeti vociani?

LA RISPOSTA IN SINTESI

I poeti legati a «La Voce» sono caratterizzati dalla tendenza a stravolgere e deformare il linguaggio della tradizione, per esprimere in forma dissonante l'alienazione e il disagio esistenziale dell'uomo moderno.

LA RISPOSTA NEI TESTI

- **T6** In *Viatico* Rebora ricorre a uno stile estremo, ottenuto attraverso l'insistenza su particolari macabri e realistici, sulla forzatura della sintassi e su un ritmo franto e spezzato.

- **T7** Nella poesia di Sbarbaro l'espressionismo non riguarda lo stile, semplice e piano, ma i temi, legati al senso di inerzia e passività del poeta, incapace di agire e ridotto a guardarsi vivere dall'esterno.

- **T8** La deformazione espressionistica del linguaggio è evidente nella *Chimera* di Dino Campana: le ripetizioni e le ardite analogie creano un'atmosfera visionaria e onirica in cui si esprime una profonda tensione tra l'armonia del mondo e il disagio del soggetto.

Luigi Pirandello

- **T1** L'arte umoristica

Novelle per un anno
- **T2** La patente
- **T3** Il treno ha fischiato...
- **T4** La morte addosso

Il fu Mattia Pascal
- **T5** Prima e seconda premessa
- **T6** La nascita di Adriano Meis (cap. VIII)

Uno, nessuno e centomila
- **T7** Un piccolo difetto (libro I, cap. I)

- **T8** Un paradossale lieto fine (libro VIII, cap. IV)

I capolavori teatrali
- **T9** La voce della Verità (Così è (se vi pare))
- **T10** L'ingresso in scena dei sei personaggi (Sei personaggi in cerca d'autore)
- **T11** Enrico IV per sempre (Enrico IV)

Laboratorio delle competenze
- **T12** TESTO LABORATORIO – «Io e l'ombra mia» (Il fu Mattia Pascal)
- **T13** ANALISI DEL TESTO – Personaggi contro Attori (Sei personaggi in cerca d'autore)

Luigi Pirandello

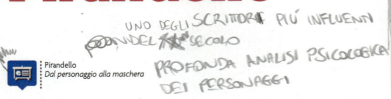

Pirandello
Dal personaggio alla maschera

Luigi Pirandello negli anni Venti.

La vita e le opere

La formazione Luigi Pirandello nasce il 28 giugno **1867** ad **Agrigento** (allora chiamata Girgenti) in un'agiata famiglia borghese. Educato nel culto dei valori risorgimentali, svolge in casa i primi studi, mostrando un precoce interesse per il teatro. Il padre Stefano, che dirige alcune miniere di zolfo, vorrebbe avviarlo agli studi tecnici, ma Luigi ottiene di frequentare il liceo classico e, nel 1886, **si iscrive alla facoltà di Lettere a Roma**. Grazie al conterraneo Luigi Capuana entra in contatto con l'ambiente letterario e pubblica il suo primo libro di poesie, *Mal giocondo* (1889).

Gli anni in Germania In seguito a un contrasto con il rettore dell'università romana, Pirandello è costretto ad abbandonarla e **sceglie di concludere gli studi in Germania**. Trascorre tre anni a **Bonn**, dove approfondisce la conoscenza del tedesco, legge le opere di Schopenhauer e Nietzsche e nel 1891 si laurea con una tesi sul dialetto di Girgenti. Durante il soggiorno in Germania compone le *Elegie renane* (esplicitamente ispirate alle *Elegie romane* di Goethe) e ha una relazione con Jenny Schulz-Lander, alla quale dedica il volume di poesie *Pasqua di Gea* (1891).

Il ritorno a Roma: il matrimonio e la crisi Tornato a Roma, nel 1893 Pirandello scrive il suo primo romanzo, *Marta Ajala* (pubblicato solo nel 1901 con il titolo *L'esclusa*). La paradossale vicenda di una giovane sospettata di tradimento e ripudiata dal marito – che alla fine la perdona dopo che la donna, trasferitasi a Palermo, lo ha realmente tradito – è usata per affrontare alcune tematiche tipiche della sua futura produzione, come l'esclusione sociale, la **famiglia come "trappola"**, lo scarto tra realtà e apparenza. Nel **1894 sposa Maria Antonietta Portulano**, figlia di un socio in affari del padre, da cui avrà tre figli. La famiglia si stabilisce a **Roma**, dove Pirandello diviene insegnante di lingua italiana presso l'Istituto Superiore di Magistero. In questi anni intensifica la sua attività letteraria e scrive **novelle** che appaiono su riviste e quotidiani, ma continua a privilegiare l'insegnamento, poco convinto di intraprendere una carriera letteraria, anche dopo il modesto riscontro del romanzo *Il turno* (1902).

La crisi del 1903 e *Il fu Mattia Pascal* Il **1903** segna una **svolta tragica** nella vita di Pirandello. In seguito a una frana che devasta la miniera di zolfo in cui il padre aveva investito i propri averi e la dote di Antonietta, la famiglia subisce un **grave tracollo finanziario**. Alle difficoltà economiche si aggiunge la **malattia mentale della moglie** che, già sofferente di disturbi nervosi, è preda di una violenta crisi che la tiene a letto per mesi e mina definitivamente il suo equilibrio psichico. In questi mesi di preoccupazioni e ansie, spinto anche dal desiderio di guadagnare qualcosa, Pirandello scrive *Il fu Mattia Pascal* che, pubblicato nel **1904** dall'editore Treves, ottiene un notevole e inaspettato successo. Si tratta di un **romanzo innovativo**, in cui il tempo della narrazione e il punto di vista mutano più volte nel corso della storia, dando vita a un 'antiromanzo' in cui la struttura e il finale aperto si contrappongono alle forme tradizionali del romanzo ottocentesco. Ma l'opera è anche uno **specchio della crisi filosofico-scientifica di inizio secolo**: l'inutile tentativo di Mattia Pascal di sfuggire alla "trappola" della famiglia e della società approfittando della propria presunta morte, diventa infatti una lucida **critica al concetto di identità**.

La poetica dell'umorismo e la stagione dei romanzi   Negli anni seguenti Pirandello elabora la sua poetica dell'umorismo, esposta nel saggio *L'umorismo* (1908), e compone numerose novelle, spesso pubblicate sul «Corriere della Sera». Ma le condizioni di salute della moglie si aggravano e la sua vita privata resta difficile. Ciò lo spinge a dedicarsi con sempre maggior impegno alla narrativa e nel **1913** pubblica *I vecchi e i giovani* (1913), **romanzo a sfondo storico-sociale** ambientato nell'Italia postrisorgimentale che, seguendo le vicende di una nobile famiglia siciliana, mostra il fallimento del processo unitario e l'incapacità di agire contro l'**insensatezza** **che governa la storia**, che accomuna i "vecchi" e i "giovani". Alla narrativa realista si ricollega *Suo marito* (scritto nel 1911 ma pubblicato postumo con il titolo *Giustino Roncella nato Boggiòlo*), storia del difficile rapporto tra una scrittrice (ispirata alla figura di Grazia Deledda) e il marito, che intende sfruttarne economicamente le doti artistiche.

Nel **1915** appare in una rivista il testo più significativo di questi anni, il romanzo *Si gira...* (riedito nel **1925** con il titolo *Quaderni di Serafino Gubbio operatore*). Protagonista e io narrante – in una **forma diaristica**, che dissolve la linearità della *fabula* tra digressioni e appelli al lettore – è Serafino, un *cameraman* che, dopo aver casualmente filmato un tragico incidente durante le riprese di un film (un at-

Felice Casorati, *Maschere*, 1921.

tore sbranato da una tigre), resta muto per il trauma subito. Nella sua figura, ridotta a passiva appendice della macchina da presa e simbolo dell'**alienazione dell'uomo moderno**, si rispecchia il **pessimismo** di Pirandello sul destino dell'uomo e dell'artista nell'era della tecnica.

La parola all'autore

«Una mano che gira la manovella»

Nel romanzo *Quaderni di Serafino Gubbio operatore* (1925) il protagonista riflette sulla sua professione, che consiste nel limitarsi a registrare passivamente la realtà. Tanto che forse, in un futuro non lontano, il suo ruolo – come ogni altra forma di lavoro – potrebbe essere svolto anch'esso da una macchina…

Un signore, venuto a curiosare, una volta mi domandò: «Scusi, non si è trovato ancor modo di far girare la macchinetta da sé?»
Vedo ancora la faccia di questo signore: gracile, pallida, – con radi capelli biondi; occhi cilestri[1], arguti; barbetta a punta, gialliccia, sotto la quale si nascondeva un sorrisetto, che voleva parer timido e cortese, ma era malizioso. Perché con quella domanda voleva dirmi: «Siete proprio necessario voi? Che cosa siete voi? *Una mano che gira la manovella*. Non si potrebbe fare a meno di questa mano? Non potreste esser soppresso, sostituito da un qualche meccanismo?»
Sorrisi e risposi: «Forse col tempo, signore. A dir vero, la qualità precipua[2] che si richiede in uno che faccia la mia professione è l'impassibilità di fronte all'azione che si svolge davanti alla macchina. Un meccanismo, per questo riguardo, sarebbe senza dubbio più adatto e da preferire a un uomo. Ma la difficoltà più grave, per ora, è questa: trovare un meccanismo, che possa regolare il movimento secondo l'azione che si svolge davanti alla macchina. Giacché io, caro signore, non giro sempre allo stesso modo la manovella, ma ora più presto ora più piano, secondo il bisogno. Non dubito, però, che col tempo – sissignore – si arriverà a sopprimermi. La macchinetta – anche questa macchinetta, come tante altre macchinette – girerà da sé. Ma che cosa poi farà l'uomo quando tutte le macchinette gireranno da sé, questo, caro signore, resta ancora da vedere».

1. cilestri: *celeste pallido.*   **2.** precipua: *più importante, principale.*

L'approdo al teatro Nel 1910, grazie all'appoggio del drammaturgo catanese Nino Martoglio, Pirandello rappresenta a Roma **due atti unici in dialetto siciliano** (*La morsa* e *Lumìe di Sicilia*), a cui seguono, **tra il 1915 e il 1916**, alcune **commedie dialettali** (poi tradotte in italiano) tra cui ***Pensaci, Giacomino*** e ***Liolà***. In questa fase Pirandello si muove ancora nell'ambito del teatro verista, anche se già emerge il contrasto tra l'istintualità della vita e le «forme» che intrappolano l'individuo. A livello familiare sono anni molto difficili per lo scrittore. Il figlio Stefano viene fatto prigioniero durante la Prima guerra mondiale; nel 1915 muore la madre e il continuo **peggioramento della moglie** lo induce a farla internare in una clinica psichiatrica, dalla quale non uscirà più.

Il teatro del grottesco A partire dal 1915 gli interessi di Pirandello si orientano in modo deciso verso la produzione teatrale. **Tra il 1916 e il 1918** mette in scena tre opere del cosiddetto **«teatro del grottesco»**, in cui schemi e situazioni del **dramma borghese** vengono portati alle estreme conseguenze per mostrare le contraddizioni e **la falsità delle convenzioni sociali**. Questo procedimento straniante e corrosivo è particolarmente evidente ne *Il piacere dell'onestà* (1917), in cui Baldovino accetta per denaro di sposare Agata per dare un padre legale al figlio che la donna aspetta e salvare così la sua onorabilità. Una volta calato nel suo ruolo, tuttavia, egli lo recita con tanta convinzione da pretendere che esso diventi realtà, in un beffardo rovesciamento tra finzione e vita reale. In *Così è (se vi pare)* (1917) Pirandello applica invece al teatro la poetica umoristica, guardando con compassione il dramma dei personaggi, incapaci di stabilire una verità univoca nel **relativismo delle interpretazioni soggettive**.

La rivoluzione teatrale di *Sei personaggi* Il 10 maggio 1921 la prima rappresentazione romana di *Sei personaggi in cerca d'autore* divide pubblico e critica, ma il 27 settembre, al teatro Manzoni di Milano, l'opera ottiene un vero trionfo. *Sei personaggi* si configura come un esempio di **«teatro nel teatro»** (o **metateatro**), ossia un dramma che **riflette sui meccanismi e i limiti dell'arte teatrale**. Infrangendo i canoni della finzione rappresentativa, Pirandello immagina che, mentre si svolgono le prove di una sua commedia, sei personaggi irrompano sulla scena, chiedendo al regista e agli attori di interpretare il dramma di cui essi sono portatori ma che il loro autore ha lasciato incompiuto. Ne deriva una situazione paradossale, che rivela la sostanziale **incapacità della finzione teatrale di riprodurre la vita**.

Edward Hopper, *Due commedianti*, 1965.

Luigi Pirandello

Nel febbraio 1922 *Sei personaggi* va in scena a Londra, due mesi dopo a New York: la **fama** di Pirandello acquista una dimensione **mondiale**, destinata a durare nel tempo.

Il 24 febbraio **1922** viene rappresentato a Milano *Enrico IV*, che ottiene un nuovo grande successo. La trama ruota intorno alla **follia** di un uomo che si è convinto di essere l'imperatore Enrico IV e che, anche quando rinsavisce, prosegue la sua recita nel tentativo di sottrarsi alle "trappole" della vita, fino al drammatico epilogo in cui uccide l'amante della sua vecchia fiamma.

Gli anni del successo

Ormai all'apice della fama Pirandello **abbandona l'insegnamento** e si dedica esclusivamente al teatro. Negli anni Venti trascorre **moltissimo tempo all'estero**, seguendo le compagnie che rappresentano i suoi testi in Europa e in America. Decide anche di riunire la sua vastissima produzione novellistica, progettando le *Novelle per un anno*, raccolta che comprende 365 testi (ma il progetto si interruppe a 225), mentre a partire dal 1918 (e fino a pochi mesi prima della morte) escono i volumi di *Maschere nude*, che raccolgono le sue opere teatrali.

Tra il **1925** e il **1926** esce a puntate su rivista l'ultimo capolavoro della narrativa pirandelliana, il romanzo *Uno, nessuno e centomila* (iniziato addirittura nel 1909). La narrazione, strutturata come un lungo monologo rivolto al lettore, è affidata al protagonista **Vitangelo Moscarda**, che adotta comportamenti insoliti e bizzarri nel tentativo di liberarsi delle false immagini che gli altri hanno di lui. Alla fine sceglie di privarsi di tutti i suoi averi e si ritira in un manicomio in mezzo alla natura, finalmente ricongiunto al libero fluire della vita.

I rapporti con il Fascismo

Nel 1924, all'indomani del delitto Matteotti, **Pirandello si schiera pubblicamente con Mussolini**, aderendo al Partito fascista. Questa sua sorprendente scelta di campo, molto discussa dalla critica, ha in realtà diverse spiegazioni: da un lato la sua educazione politicamente conservatrice può aver indotto Pirandello a vedere nel Fascismo una **garanzia di ordine**, ma è possibile che del movimento fascista egli abbia apprezzato soprattutto l'iniziale richiamo ai **principi anarchico-socialisti**, interpretandolo come una forma di affermazione vitalistica. Non è escluso, infine, che alla base della scelta vi fossero anche **motivazioni opportunistiche**: nel 1925 l'appoggio di Mussolini permette a Pirandello di diventare **direttore del Teatro d'Arte di Roma**: per tre anni gestisce la compagnia teatrale

e in questo periodo conosce la giovane attrice **Marta Abba**, alla quale si lega sentimentalmente. Ben presto però i suoi entusiasmi politici si raffreddano, lasciando il posto a un atteggiamento di crescente insofferenza verso il regime. Pirandello soggiorna sempre più spesso all'estero (tra la fine del 1928 e l'inizio del 1930 vive quasi esclusivamente a Berlino) e quando, nel 1929, viene ammesso alla Regia Accademia d'Italia, l'istituzione culturale di maggior prestigio dell'Italia fascista, la definisce in privato «una parata di scheletri».

I «miti» teatrali

Negli anni Venti Pirandello termina la **trilogia metateatrale** iniziata con *Sei personaggi* pubblicando anche *Ciascuno a suo modo* (1924) e *Questa sera si recita a soggetto* (1930). Contemporaneamente elabora una **poetica per certi aspetti nuova** e influenzata dal **Surrealismo**, che si esprime in alcune novelle e in una trilogia dedicata ai **«miti» teatrali**, che comprende *La nuova colonia* (1928), *Lazzaro* (1929) e *I giganti della montagna* (iniziato nel 1931 e rimasto incompiuto). Pirandello colloca le vicende di queste opere in luoghi mitici, al di fuori della realtà e della storia, nel tentativo di recuperare, attraverso l'abbandono alle forze irrazionali dell'inconscio, una sorta di **paradossale utopia positiva**. Così, per esempio, in *La nuova colonia* la Madre Terra suscita un terremoto violentissimo per punire coloro che si sono allontanati dalla natura e dai suoi valori, mentre in *Lazzaro* un sacerdote, grazie alla fede, riesce nel miracolo di far camminare la sorella paralizzata da tempo. Particolarmente interessante è *I giganti della montagna*, suggestivo apologo sul valore dell'arte e sulla sua **difficoltà di resistere alla violenza della storia e del potere**, in cui è forse da ravvisare una polemica verso il Fascismo.

Il premio Nobel per la letteratura

Il pieno riconoscimento della fama internazionale di Pirandello arriva nel 1934, quando gli viene conferito il **premio Nobel per la letteratura**. Interessato anche al cinema, lavora alla trasposizione del romanzo *Il fu Mattia Pascal* in collaborazione con il regista francese Pierre Chenal ma, mentre assiste alle riprese, si ammala gravemente di polmonite e muore il 10 dicembre **1936**. Il funerale rispecchia le precise disposizioni dell'autore che, in uno scarno documento intitolato *Mie ultime volontà da rispettare*, così dettava: «I. Sia lasciata passare in silenzio la mia morte. Agli amici, ai nemici preghiera, non che di parlarne sui giornali, ma di non farne pur cenno. Né annunzii né partecipazioni. II. Morto, non mi si vesta. Mi s'avvolga, nudo, in un lenzuolo. E niente fiori sul

La vita e le opere **609**

letto e nessun cero acceso. III. Carro d'infima classe, quello dei poveri. Nudo. E nessuno m'accompagni, né parenti né amici. Il carro, il cavallo, il cocchiere e basta. IV. Bruciatemi. E il mio corpo, appena arso, sia lasciato disperdere; perché niente, neppure la cenere, vorrei avanzasse di me. Ma se questo non si può fare sia l'urna cineraria portata in Sicilia e murata in qualche rozza pietra nella campagna di Girgenti, dove nacqui».

La fedeltà dell'autore a un atteggiamento esistenziale ostile a ogni facile retorica e incline al nichilismo impone quindi un **funerale povero e silenzioso**, creando non poco imbarazzo al regime fascista, che avrebbe gradito una solenne cerimonia di Stato.

Sosta di verifica

1. Dove completa gli studi Pirandello e perché?
2. Quali drammatici eventi investono la sua famiglia nel 1903?
3. Quando viene scritto *Il fu Mattia Pascal*?
4. Che cos'è il «teatro del grottesco»?
5. In quale fase della sua vita l'autore si dedica soprattutto al teatro?
6. Qual è la tematica centrale dei *Quaderni di Serafino Gubbio operatore*?
7. Qual è la posizione di Pirandello verso il fascismo?
8. Quali sono i capolavori del «teatro nel teatro»?

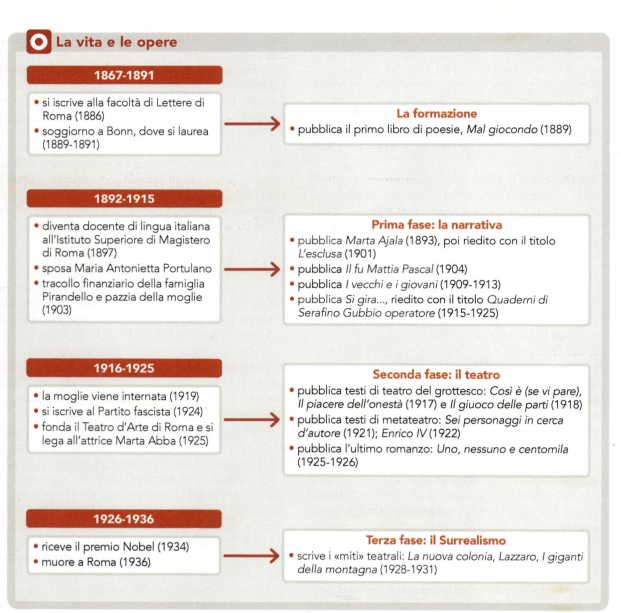

La vita e le opere

1867-1891
- si iscrive alla facoltà di Lettere di Roma (1886)
- soggiorno a Bonn, dove si laurea (1889-1891)

→ **La formazione**
- pubblica il primo libro di poesie, *Mal giocondo* (1889)

1892-1915
- diventa docente di lingua italiana all'Istituto Superiore di Magistero di Roma (1897)
- sposa Maria Antonietta Portulano
- tracollo finanziario della famiglia Pirandello e pazzia della moglie (1903)

→ **Prima fase: la narrativa**
- pubblica *Marta Ajala* (1893), poi riedito con il titolo *L'esclusa* (1901)
- pubblica *Il fu Mattia Pascal* (1904)
- pubblica *I vecchi e i giovani* (1909-1913)
- pubblica *Si gira...*, riedito con il titolo *Quaderni di Serafino Gubbio operatore* (1915-1925)

1916-1925
- la moglie viene internata (1919)
- si iscrive al Partito fascista (1924)
- fonda il Teatro d'Arte di Roma e si lega all'attrice Marta Abba (1925)

→ **Seconda fase: il teatro**
- pubblica testi di teatro del grottesco: *Così è (se vi pare)*, *Il piacere dell'onestà* (1917) e *Il giuoco delle parti* (1918)
- pubblica testi di metateatro: *Sei personaggi in cerca d'autore* (1921); *Enrico IV* (1922)
- pubblica l'ultimo romanzo: *Uno, nessuno e centomila* (1925-1926)

1926-1936
- riceve il premio Nobel (1934)
- muore a Roma (1936)

→ **Terza fase: il Surrealismo**
- scrive i «miti» teatrali: *La nuova colonia*, *Lazzaro*, *I giganti della montagna* (1928-1931)

Il pensiero

La coscienza della crisi Dalle opere letterarie di Pirandello e dai suoi scritti critici emerge una complessa visione della realtà, improntata a un **pessimismo** che rispecchia appieno il **senso di disorientamento e disagio esistenziale** tipici del primo Novecento. Pirandello vive infatti in un'epoca segnata, sul piano storico-politico, dal fallimento degli ideali risorgimentali e, in ambito culturale, dal tramonto dell'ottimismo positivistico. L'affermarsi della moderna società industriale sembra annullare l'individualità in una **massa anonima e spersonalizzata**, oppressa da ritmi produttivi alienanti, da una crescente incomunicabilità e, soprattutto in Italia, dal grigiore delle **convenzioni piccoloborghesi**. Parallelamente, la filosofia dei «maestri del sospetto» (Schopenhauer e Nietzsche) corrode dall'interno il razionalismo del tardo Ottocento, portando al crollo di certezze e valori secolari, sostituiti da un diffuso **atteggiamento di relativismo**. Questo particolare contesto storico-culturale si rispecchia in forme originali nel pensiero di Pirandello che, assumendo posizioni analoghe ai grandi autori europei suoi contemporanei (come per esempio Franz Kafka), **esprime in forme paradossali e talora grottesche il disagio della modernità**, giungendo a mettere in dubbio non solo l'esistenza di una realtà esterna univoca e oggettiva, ma anche l'identità del singolo individuo.

Così dichiara fin dal 1893 il giovane Pirandello nel suo saggio *Arte e coscienza d'oggi*: «Nei cervelli e nelle coscienze regna una straordinaria confusione. Crollate le vecchie norme, non ancora sorte o bene stabilite le nuove; è naturale che il concetto della relatività d'ogni cosa si sia talmente allargato in noi, da farci del tutto perdere l'estimativa [la capacità di comprendere la realtà]. [...] Nessuno più riesce a stabilirsi un punto di vista fermo e incrollabile. [...] A me la coscienza moderna dà l'immagine d'un sogno angoscioso attraversato da rapide larve [fantasmi], or tristi or minacciose, d'una battaglia notturna, d'una mischia disperata, in cui s'agitino per un momento e subito scompaiano, per riapparirne delle altre, mille bandiere, in cui le parti avversarie si sian confuse e mischiate, e ognuno lotti per sé, per la sua difesa, contro all'amico e contro al nemico. È in lei un continuo cozzo [scontro] di voci discordi, un'agitazione continua. Mi par che tutto in lei tremi e tentenni».

Il contrasto tra «vita» e «forma» Riprendendo in parte le teorie del filosofo francese Henri **Bergson**, Pirandello fonda il proprio pensiero su una concezione vitalistica del reale. Come afferma nel saggio *L'umorismo* (1908), la realtà è percorsa da un **flusso vitale inarrestabile**, in continua trasformazione e dominato dal caso. Anche l'uomo è parte di questo libero fluire ma, a differenza delle altre creature, sente il bisogno di ingabbiare la vita in **«forme» fittizie**, che coincidono con le **convenzioni sociali** e con le regole del vivere collettivo. Spinto dalla necessità di pensarsi e rappresentarsi come soggetto organico e coerente, **ogni individuo si costruisce una «forma»**, attribuendosi una personalità che è però solo una costruzione artificiale. Inoltre, nella dimensione sociale, in cui l'apparire prevale sull'essere, l'uomo assume in realtà **non una ma diverse «forme»**, che corrispondono ai **diversi ruoli che la società gli attribuisce**: il buon padre, l'onesto lavoratore, il marito fedele e via dicendo. Costretta all'interno di questa enorme «trappola», **la persona si riduce a «maschera»**, o meglio a un insieme di maschere, tutte diverse e tutte ugualmente inconsistenti.

Critica sociale e morte del soggetto Agli occhi di Pirandello tutta la vita associata si risolve in una sorta di «enorme **pupazzata**», in una grottesca recita all'interno della quale ognuno è costretto a impersonare contemporaneamente molti ruoli diversi, corrispondenti alle diverse immagini che gli altri hanno di lui. In questo modo **l'identità individuale si frantuma**, scomponendosi in una serie di maschere che ostacolano il fluire della vita vera. Di conseguenza il singolo individuo, che si crede «uno», in realtà si frammenta in «centomila» diverse immagini, tante quanti sono i soggetti che lo osservano, e si ritrova infine «nessuno». Pirandello giunge così a una conclusione inquietante: dietro le molte maschere dell'individuo, in realtà, si cela solo il nulla, o meglio il flusso indistinto e inafferrabile della vita. Il soggetto, inteso come unità organica e coerente, perde ogni consistenza: **la personalità non è altro che una forma tra tante**, frutto di un'illusione soggettiva, di un inganno della coscienza. In modi paradossali, Pirandello sancisce così la morte dell'individuo e la fine del soggetto, scomposto in una miriade di proiezioni che opprimono il fluire dello slancio vitale, annullato dalle apparenze e dalle convenzioni.

Senza via d'uscita Gran parte dell'opera di Pirandello ruota intorno all'**antitesi tra «vita» e «forma»**, che pone l'individuo in una situazione paradossale e drammatica, apparentemente senza scampo. Da un lato, infatti, ogni uomo soffre nel sentirsi **oppresso dalle tante maschere** che la società gli impone e aspira a ritrovare, al di là di esse, il **libero fluire della vita**. Al tempo stesso, tuttavia, ogni individuo ha bisogno, per vivere, di assumere una forma, per quanto fittizia e inconsistente, che gli permetta di credersi «uno» e di rapportarsi agli altri. La paradossale vicenda del romanzo *Il fu Mattia Pascal* dimostra proprio che **non è possibile vivere né all'interno delle forme sociali**, sentite come opprimenti, **né fuori di esse**.

Le diverse direzioni dell'arte pirandelliana si propongono in certa misura come una continua esplorazione delle possibili vie attraverso cui superare, almeno in parte, questo angoscioso dilemma, che sembra chiudere l'uomo tra l'oppressione delle convenzioni e l'aspirazione a recuperare un'esistenza libera e autentica. La **possibile soluzione** viene ricercata, nelle novelle e nelle opere teatrali, **nell'immaginazione e nell'evasione fantastica** o, talvolta, **nella follia, reale o simulata**, che permette al protagonista di assecondare le proprie contraddittorie **pulsioni vitalistiche senza** costringersi entro una forma cristallizzata e opprimente. Ma più spesso i personaggi pirandelliani, una volta comprese le contraddizioni dell'esistenza, si trasformano in quelle che egli stesso chiama «**maschere nude**»: consapevoli dell'insensatezza della vita e del carattere illusorio di ogni certezza, essi «hanno capito il giuoco», e osservano la propria stessa esistenza con distaccata ironia non priva di amarezza, come «forestieri della vita».

Il relativismo conoscitivo Nel pensiero di Pirandello, parallelamente alla denuncia dell'inconsistenza del soggetto e dell'idea stessa di personalità, trova espressione un atteggiamento – anch'esso tipicamente novecentesco – di totale **relativismo conoscitivo**. Se la vita quotidiana è una sorta di recita in cui le identità individuali sono labili e sfuggenti, ciò significa che **la realtà nel suo complesso resta inconoscibile** e inafferrabile. Nel contrasto tra apparenza e verità, tra ciò che gli uomini credono di vedere e la sostanza delle cose, ciò che ci appare sono soltanto forme fittizie, che vengono interpretate diversamente a seconda del soggetto che le osserva. **Non esiste più**, quindi, **una verità oggettiva e univoca, ma tante verità soggettive**, tutte ugualmente valide e, al tempo stesso, tutte ugualmente imperfette.

◯ Sosta di verifica

1. Quali sono secondo Pirandello i presupposti del venir meno delle certezze tradizionali?

2. In che cosa consiste il contrasto tra «vita» e «forma»?

3. Perché, secondo il pensiero pirandelliano, l'individuo è «uno», «nessuno» e «centomila»?

4. Che cosa si intende per "relativismo conoscitivo"?

La poetica

Tematiche ricorrenti e fasi della produzione
L'opera di Pirandello spazia in **diversi generi letterari** (poesie, romanzi, novelle, testi teatrali, articoli e saggi critici) ma al suo interno è possibile rintracciare un'unità profonda, evidente sia nel **ricorrere di alcune tematiche** di fondo (il rapporto tra «vita» e «forma», la contraddizione tra essere e apparire, il dramma dell'incomunicabilità) sia nell'adozione di un **linguaggio volutamente semplice** e antiretorico, capace di comunicare con un largo pubblico. Nel suo incessante sperimentalismo, che lo porta a rinnovare profondamente le strutture tradizionali della narrativa e del dramma borghese, Pirandello opera inoltre una continua **trasposizione di idee, personaggi e vicende da un testo all'altro**, al di là delle differenze di genere, come dimostrano per esempio i molti atti unici derivati da sue novelle. Pur senza voler fissare gabbie troppo rigide, nella sua produzione si possono individuare **tre fasi distinte**:

- una **prima fase** (1893-1915) dedicata soprattutto alla **narrativa** e al **romanzo**;
- una **seconda fase** (1916-1925) che coincide con la produzione dei **principali testi teatrali**;
- un **ultimo decennio** (1928-1936) che si concretizza nei «**miti**» **teatrali** e nelle **ultime novelle**.

L'arte delle contraddizioni
La concezione pirandelliana della realtà e degli scopi della letteratura viene espressa a livello teorico soprattutto nel saggio *L'umorismo* (1908), in cui l'autore sostiene che **il fine dell'arte moderna** non consiste più, come nel passato, nella costruzione di personaggi coerenti e vicende lineari, ma nell'**analisi impietosa delle contraddizioni dell'esistenza**. Se l'uomo moderno vive in una condizione di inautenticità e disorientamento, l'artista deve farsi interprete di questo disagio e riproporlo nelle sue opere, demistificando la **falsità delle convenzioni sociali** e smascherando gli autoinganni su cui si basa l'esistenza. In polemica con il filosofo Benedetto Croce, per il quale l'arte è frutto di un'ispirazione spontanea che esclude la razionalità, Pirandello sostiene che l'arte 'umoristica' deve fondarsi sull'analisi e sulla **riflessione**, per mettere in luce il **contrasto tra ciò che appare e ciò che è**.

Il «sentimento del contrario»: l'umorismo
Per Pirandello, l'artista moderno non deve limitarsi alla percezione di un contrasto tra l'appa-

renza e la realtà, ma **deve analizzare a fondo le ragioni della condotta dei personaggi**, comprendendo **le cause dei loro comportamenti** apparentemente paradossali. Solo assumendo il punto di vista del personaggio e osservandolo attraverso l'analisi e la riflessione si giunge al «**sentimento del contrario**», ossia all'umorismo. Ben **diverso dalla comicità** – che si arresta alle apparenze – **l'umorismo nasce dal ragionamento,** che, senza scadere mai nel patetico, porta l'artista a osservare la realtà con lucido distacco ma anche con profonda **partecipazione emotiva**. In tutta l'opera pirandelliana **senso critico e pietà** si compenetrano e il sorriso per i paradossi della vita non esclude mai la viva compassione per gli uomini e per la «pena di vivere così».

Forme aperte e disarmonia
Sulla base di questi presupposti si comprendono meglio molte caratteristiche dell'opera pirandelliana, **estremamente innovativa** anche sul piano della struttura e delle forme, che ricordano le coeve sperimentazioni dei grandi romanzieri europei del primo Novecen-

to. Nei suoi testi narrativi Pirandello non ricerca lo svolgimento di una trama lineare, ma si concentra piuttosto su **eventi apparentemente insignificanti e paradossali** che diventano emblematici dell'assurdità della vita e delle sue contraddizioni. Al centro delle sue opere si pongono **personaggi deboli e inetti**, contraddittori e incapaci di vera azione, tormentati da dubbi e inquietudini e da un **continuo ragionare su se stessi e sulla vita** che, in definitiva, non approda ad alcuna soluzione concreta. Anche sul piano stilistico, Pirandello rifiuta le forme auliche e letterarie di matrice dannunziana e opta per un **linguaggio vicino al parlato**, che aderisca il più possibile alla varietà mutevole e caotica di una realtà non dominabile e sfuggente.

Sosta di verifica

1. In che cosa consiste la poetica umoristica?

2. Che cos'è il «sentimento del contrario»?

3. Che tipo di linguaggio adotta Pirandello nelle sue opere? Perché?

La parola all'autore

Una vecchia signora imbellettata: dalla comicità all'umorismo

Nel saggio *L'umorismo* (1908), riflettendo sulle caratteristiche dell'arte 'umoristica', Pirandello sottolinea l'importanza della riflessione, intesa come analisi razionale ma anche come partecipazione emotiva agli eventi rappresentati. È la riflessione che permette di passare dalla percezione di un contrasto alla sua piena comprensione e quindi dalla comicità all'umorismo, come dimostra il caso della vecchia signora imbellettata, scelto a emblema dell'arte 'umoristica'.

Nella concezione di ogni opera umoristica, la riflessione non si nasconde, non resta invisibile, non resta cioè quasi una forma del sentimento, quasi uno specchio in cui il sentimento si rimira; ma gli si pone innanzi, da giudice; lo analizza, spassionandosene; ne scompone l'immagine; da questa analisi però, da questa scomposizione, un altro sentimento sorge o spira: quello che potrebbe chiamarsi, e che io difatti chiamo il sentimento del contrario. Vedo una vecchia signora, coi capelli ritinti, tutti unti non si sa di quale orribile manteca[1]; e poi tutta goffamente imbellettata e parata[2] d'abiti giovanili. Mi metto a ridere. Avverto[3] che quella vecchia signora è il contrario di ciò che una vecchia rispettabile signora dovrebbe essere. Posso così, a prima giunta[4] e superficialmente, arrestarmi a questa impressione comica. Il comico è appunto un avvertimento del contrario. Ma se ora interviene in me la riflessione, e mi suggerisce che quella vecchia signora non prova forse nessun piacere a pararsi così come un pappagallo, ma che forse ne soffre e lo fa soltanto perché pietosamente s'inganna che, parata così, nascondendo così le rughe e la canizie[5], riesca a trattenere a sé l'amore del marito molto più giovane di lei, ecco che io non posso più riderne come prima, perché appunto la riflessione, lavorando in me, mi ha fatto andar oltre a quel primo avvertimento, o piuttosto, più addentro: da quel primo avvertimento del contrario mi ha fatto passare a questo sentimento del contrario. Ed è tutta qui la differenza tra il comico e l'umoristico.

1. **manteca:** *crema, unguento.*

2. **parata:** *vestita.*

3. **Avverto:** *percepisco.*

4. **a prima giunta:** *in un primo momento.*

5. **la canizie:** *i capelli bianchi.*

La poetica 613

La poetica de L'umorismo

Il **testo teorico più significativo** per comprendere la poetica di Pirandello è senza dubbio *L'umorismo*, un saggio nato da una serie di lezioni tenute presso l'Istituto Superiore di Magistero a Roma e pubblicato nel **1908**, in occasione del concorso che permise allo scrittore di diventare professore ordinario. L'ideazione de *L'umorismo* avviene pressoché contemporaneamente alla scrittura del romanzo *Il fu Mattia Pascal* (1904) e il rapporto fra il romanzo e il saggio è reso esplicito dalla singolare dedica «Alla buon'anima di Mattia Pascal bibliotecario». «È in queste pagine teoriche», osserva Simona Costa, «che lo scrittore **mette a punto la tematica dell'inconoscibilità e molteplicità dell'io**: pluralità arginata da dighe di abitudini, affetti e doveri che c'incanalano in forme stabili, soggette tuttavia a subire catastrofi. Solo la riflessione umoristica può offrire dunque lo scandaglio adeguato a una realtà di "forme fittizie" per le quali necessiti l'arma della scomposizione, l'unica in grado di partorire quel *sentimento del contrario* (e non semplice *avvertimento*, grado del comico) esemplificato sul famoso aneddoto della vecchia signora dai capelli tinti, i goffi belletti e gli anacronistici abiti giovanili».

Il saggio si divide in **due parti**: una storico-letteraria e una più propriamente **teorica ed estetica**. Nella prima parte, suddivisa in sei capitoli, Pirandello espone la storia del termine «umorismo» e rintraccia nella storia della letteratura numerosi **esempi di arte "umoristica"**, per esempio nell'*Orlando furioso*, nel *Don Chisciotte* di Cervantes e nei *Promessi sposi*. Nella **seconda parte**, l'autore passa a definire la poetica umoristica. Essa nasce dal **«sentimento del contrario»**, cioè dalla **riflessione sul contrasto tra apparenza e realtà**, sulla contraddittorietà del reale e dell'esistenza, contemplata con **partecipazione emotiva** e al tempo stesso con critico distacco. Questa forma d'arte, ben diversa dal comico, dal satirico e dall'ironia, è per Pirandello tipica del Novecento e porta molti autori moderni a osservare analiticamente la realtà demistificandone le finzioni e a creare **personaggi incoerenti e contraddittori**, proprio per questo più verosimili degli anacronistici "eroi" della letteratura tradizionale.

T1 · L'arte umoristica

L'umorismo, parte seconda, cap. VI

Nella seconda parte del saggio L'umorismo, *intitolata* Essenza, caratteri e materia dell'umorismo, *Pirandello riassume i principi della sua poetica e le ragioni di un'arte che intende essere disarmonica, specchio di una realtà priva di logica e di senso.*

Riflettendo sul rapporto tra l'arte del passato («epica») e quella moderna («umoristica»), Pirandello afferma che l'artista moderno non può fare altro che rispecchiare nella sua opera, attraverso l'analisi e la riflessione, la contraddittorietà insita nella realtà.

L'arte in genere astrae e concentra, coglie cioè e rappresenta così degli individui come delle cose, l'idealità essenziale e caratteristica. Ora pare all'umorista che tutto ciò semplifichi troppo la natura e tenda a rendere troppo ragionevole o almeno troppo coerente la vita. Gli pare che delle cause, delle cause *vere* che
5 muovono spesso questa povera anima umana agli atti più inconsulti[1], assolutamente imprevedibili, l'arte in genere non tenga quel conto che secondo lui dovrebbe. Per l'umorista le cause, nella vita, non sono mai così logiche, così ordinate, come nelle nostre comuni opere d'arte, in cui tutto è, in fondo, combinato, ordinato ai fini che lo scrittore s'è proposto. L'ordine? la coerenza? Ma se noi

---

1. inconsulti: *avventati, impulsivi.*

10 abbiamo dentro quattro, cinque anime in lotta fra loro: l'anima istintiva, l'anima morale, l'anima affettiva, l'anima sociale[2]?E secondo che domina questa o quella, s'atteggia la nostra coscienza, e noi riteniamo valida e sincera quella interpretazione fittizia[3] di noi medesimi, del nostro essere interiore che ignoriamo, perché non si manifesta mai tutt'intero, ma ora in un modo ora in un altro, come

15 volgano[4] i casi della vita.

Sì, un poeta epico o drammatico può rappresentare un suo eroe, in cui si mostrino in lotta elementi opposti e repugnanti[5]; ma egli di questi elementi *comporrà* un carattere, e vorrà coglierlo coerente in ogni suo atto. Ebbene l'umorista fa proprio l'inverso: egli *scompone* il carattere nei suoi elementi; e mentre quegli cu-

20 ra[6] di coglierlo coerente in ogni atto, questi si diverte a rappresentarlo nelle sue incongruenze[7].

L'umorista non riconosce eroi; o meglio, lascia che li rappresentino gli altri, gli eroi […]. Il mondo, lui, se non propriamente nudo, lo vede, per così dire, in camicia: in camicia il re, che vi fa così bella impressione a vederlo composto nella mae-

25 stà d'un trono con lo scettro e la corona e il manto di porpora e d'ermellino […] La vita nuda, la natura senz'ordine almeno apparente, irta[8] di vere contraddizioni, pare all'umorista lontanissima dal congegno ideale delle comuni concezioni artistiche, in cui tutti gli elementi, visibilmente, si tengono a vicenda e a vicenda cooperano.

30 Nella realtà vera le azioni che mettono in rilievo un carattere si stagliano[9] su un fondo di vicende ordinarie, di particolari comuni. Ebbene, gli scrittori, in genere, non se n'avvalgono, o poco se ne curano, come se queste vicende, questi particolari non abbiano alcun valore e siano inutili e trascurabili. Ne fa tesoro invece l'umorista. L'oro, in natura, non si trova frammisto alla terra? Ebbene,

35 gli scrittori ordinariamente buttano via la terra e presentano l'oro in zecchini[10] nuovi, ben colato, ben fuso, ben pesato e con la loro marca e il loro stemma bene impressi. Ma l'umorista sa che le vicende ordinarie, i particolari comuni, la materialità della vita, insomma, così varia e complessa, contradicono poi aspramente quelle semplificazioni ideali, costringono ad azioni, ispirano pensieri e

40 sentimenti contrarii a tutta quella logica armoniosa dei fatti e dei caratteri concepiti dagli scrittori ordinarii. E l'impreveduto[11] che è nella vita? E l'abisso che è nelle anime? Non ci sentiamo guizzar dentro, spesso, pensieri strani, quasi lampi di follia, pensieri inconseguenti[12], inconfessabili finanche[13] a noi stessi, come sorti davvero da un'anima diversa da quella che normalmente riconosciamo? Di

40 qui, nell'umorismo, tutta quella ricerca dei particolari più intimi e minuti, che possono anche parer volgari e triviali se si raffrontano con le sintesi idealizzatrici dell'arte in genere, e quella ricerca dei contrasti e delle contraddizioni, su cui l'opera sua si fonda, in opposizione alla coerenza cercata dagli altri; di qui quel che di scomposto, di slegato, di capriccioso, tutte quelle digressioni che si nota-

40 no nell'opera umoristica, in opposizione al congegno ordinato, alla *composizione* dell'opera d'arte in genere.

Sono il frutto della riflessione che scompone.

Come il bambino che, nella favola I vestiti nuovi dell'imperatore, smaschera la nudità del re che si crede riccamente vestito, così l'umorista denuncia la falsità delle apparenze.

L'arte umoristica non ricerca l'idealizzazione e la coerenza, ma si fonda sulle contraddizioni della realtà quotidiana.

---

2. Ma se noi… sociale?: l'idea della presenza in ogni soggetto di diverse personalità contrastanti è ripresa dal pensiero dello psicologo francese Alfred Binet.
3. fittizia: *illusoria, finta.*
4. come volgano: *a seconda di come si presentano.*
5. repugnanti: *contrastanti.*
6. quegli cura: il poeta 'epico', tradizionale («quegli») si preoccupa.
7. incongruenze: *contraddizioni, incoerenze.*
8. irta: *piena.*
9. si stagliano: *spiccano, si segnalano.*
10. zecchini: *monete.*
11. l'impreveduto: *l'elemento imprevisto, l'imprevedibile.*
12. inconseguenti: *non coerenti fra loro.*
13. finanche: *persino.*

L'arte umoristica

→ Analisi del testo

COMPRENSIONE

In questo brano teorico Pirandello **definisce la propria poetica in antitesi rispetto all'arte tradizionale.** Mentre infatti l'artista tende in genere a idealizzare la realtà depurandola dai suoi contrasti, l'autore "umorista", al contrario, incentra la propria attenzione proprio sulle **contraddizioni dell'esistenza.** L'arte umoristica intende infatti riflettere la vita nella sua intrinseca complessità, «la vita nuda», mettendo in luce l'ipocrisia delle convenzioni e il **contrasto tra l'essere e l'apparire.** Verranno quindi privilegiati **personaggi incoerenti e situazioni quotidiane e paradossali,** riprodotte attraverso un'attenta analisi razionale.

ANALISI E INTERPRETAZIONE

L'arte umoristica «scompone» La prima caratteristica della poetica umoristica sottolineata dall'autore riguarda i personaggi. Nella letteratura tradizionale, l'artista tende a rappresentare personaggi unitari e coerenti, dotati di una personalità organica. Ma questa operazione appare falsa a Pirandello, convinto che essa «tenda a rendere troppo ragionevole o almeno troppo coerente la vita». Poiché infatti nella realtà **ogni singolo individuo è preda di pulsioni diverse e contrastanti** («noi abbiamo dentro quattro, cinque anime in lotta fra loro»), anche i personaggi letterari dovranno risultare non da un'artificiosa operazione di «composizione», ma piuttosto dalla **«scomposizione» del carattere** nei suoi diversi elementi. Protagonisti delle sue opere saranno quindi non improbabili «eroi», ma **personaggi incoerenti,** in cui le contraddizioni umane vengono enfatizzate per poter essere meglio comprese.

L'arte come denuncia dell'ipocrisia sociale Facendo propria la poetica dell'umorismo, Pirandello svolge una **funzione critica nei confronti delle apparenze e delle convenzioni** del vivere sociale. Il suo scopo consiste infatti nel denunciare ogni tentativo di idealizzazione della realtà, smascherando l'ipocrisia del perbenismo borghese e mostrando la **scomoda verità che si cela dietro le apparenze,** la "vita" che si cela oltre le "forme". Nasce da qui l'interesse per l'esistenza quotidiana, per «i particolari comuni» che costituiscono la varietà imprevedibile della vita, per «l'abisso che è nelle anime», alla ricerca degli **elementi dissonanti e paradossali** che, al di là di ogni fittizia armonia, costituiscono la materia dell'esistenza osservata nella sua genuina incoerenza.

Uno stile dissonante Nell'esprimere questi principi, Pirandello offre anche, sul piano delle scelte formali e stilistiche, un primo parziale esempio di arte "umoristica". Attribuendo un ruolo fondamentale alla «riflessione», ossia alla capacità analitica, egli procede infatti con un'**argomentazione lucida e consequenziale nella struttura ma paradossale nei contenuti,** servendosi della ragione per dimostrare l'intrinseca incoerenza della realtà e della personalità individuale. D'altro canto, nella sua prosa si inseriscono **frequenti interrogative retoriche** e **appelli diretti al lettore,** che contribuiscono a rendere più vivace la trattazione e a conferire a tratti alla pagina un andamento quasi teatrale.

● Lavoriamo sul testo

COMPRENSIONE

1 Per quale motivo secondo Pirandello l'arte tradizionale non offre una rappresentazione fedele della realtà?

2 Che cosa intende dire Pirandello affermando che l'autore umorista «vede il mondo, se non propriamente nudo, per così dire, in camicia»?

> **LINGUA E LESSICO**
>
> **3** Cerca sul dizionario almeno tre termini formati con il prefisso «con-» e tre con il prefisso «dis-», spiegane il significato e forma con ciascuno di essi una frase di senso compiuto.

ANALISI E INTERPRETAZIONE

4 Quale visione ha Pirandello della personalità individuale?

5 Spiega l'affermazione secondo cui l'artista tradizionale «compone» un carattere mentre l'artista che segue la poetica dell'umorismo lo «scompone».

SCRITTURA E APPROFONDIMENTI

6 Dopo aver letto una novella o un brano di un romanzo di Pirandello presenti nell'unità spiega come in quel testo trovi applicazione la poetica dell'umorismo, sul piano dei contenuti e della forma espressiva.

616 La poetica de *L'umorismo*

Le Novelle per un anno

Il corpus delle novelle Nel 1922 Pirandello progetta di riunire le numerose novelle scritte fino ad allora – già pubblicate su riviste e in volumi autonomi – in un'unica opera, intitolata *Novelle per un anno*. La raccolta avrebbe dovuto comprendere ventiquattro volumi, per un totale di 365 racconti, **uno per ogni giorno dell'anno**, ma a causa della morte dell'autore i volumi pubblicati furono **solo quindici** (di cui l'ultimo postumo), per un totale di **225 novelle**.
Anche se la struttura scelta da Pirandello richiama esplicitamente la distribuzione delle novelle in un preciso arco temporale, **non vi è un criterio prestabilito per la disposizione dei testi**, poiché la loro successione non risponde né a un principio tematico né all'ordine cronologico di composizione. All'interno di una **struttura in apparenza rigida** e organica, l'autore sembra proporre una serie di **racconti disposti alla rinfusa**, che formano un testo aperto, privo di una chiave interpretativa univoca. In questo modo, il contrasto fra ordine apparente e varietà dei contenuti sembra alludere allegoricamente alla **caoticità della vita stessa**, imprevedibile e varia e impossibile da interpretare in modo unitario.

Varietà di temi ed espressività stilistica
All'interno della raccolta è comunque possibile individuare una parziale **linea evolutiva** e una serie di tematiche ricorrenti.
In una prima fase lo scrittore compone prevalentemente **novelle di ambientazione siciliana**, in cui tuttavia si allontana nettamente dagli intenti veristi di analisi sociale, per indagare piuttosto il **sostrato mitico e folclorico** della terra d'origine (come in *Ciàula scopre la luna*) o per deformare i personaggi in senso espressionistico e grottesco.
Più numerose sono le **novelle di ambientazione cittadina**, spesso **romana**, che rappresentano soprattutto gli **ambienti della piccola borghesia impiegatizia**, scelta come emblema della condizione esistenziale dell'uomo moderno. In questi racconti ritornano con insistenza le **tematiche più tipiche dell'autore**: l'oppressione delle convenzioni sociali, la 'trappola' della famiglia, l'alienazione e la ricerca di una via di fuga, la follia (reale o presunta), il relativismo conoscitivo e la soggettività di ogni esperienza.
A parte si collocano infine i racconti scritti negli anni Trenta, in cui Pirandello abbandona la poetica umoristica per trattare **vicende fantastiche e surreali**, in cui la denuncia dell'insensatezza della vita si fonde con l'evocazione delle pulsioni inconsce e irrazionali.

La struttura e lo stile In molti casi le novelle presentano una struttura ricorrente, basata su un **attacco improvviso e spiazzante**, che cala subito il lettore nel pieno della vicenda per poi risalire a ritroso, attraverso la voce di un **narratore-testimone**, alla ricerca delle cause degli avvenimenti descritti, spesso paradossali e 'umoristici'. Ma se in alcuni casi la ricerca di senso permette di comprendere il comportamento dei personaggi (*Il treno ha fischiato...*), in altri non porta ad alcun risultato, limitandosi a constatare **l'impossibilità di stabilire verità certe**.
Dal punto di vista delle scelte formali, le novelle pirandelliane si basano sull'adozione di un **linguaggio medio**, fondato sull'imitazione del **parlato** e programmaticamente molto lontano dal preziosismo estetizzante della prosa dannunziana e decadente. La frequenza dei **tratti espressionistici e grotteschi**, dei **dialoghi** e del discorso indiretto libero, come pure degli appelli diretti al lettore, spiegano anche la frequente trasposizione di alcune novelle in opere teatrali.

T2 La patente

Novelle per un anno

Pubblicata per la prima volta il 9 agosto 1911 sul «Corriere della Sera», La patente *fu inserita nel 1922 nelle* Novelle per un anno, *all'interno del volume* La rallegrata. *Si tratta di una delle più famose novelle pirandelliane, anche per il tema trattato: gli iettatori, persone che, secondo la superstizione popolare, sarebbero in grado di portare sfortuna.*

Il presunto iettatore Chiàrchiaro ha denunciato due giovani per diffamazione. Ma alle domande del giudice D'Andrea, che vuole capire perché l'uomo ostenti senza alcun pudore la sua condizione, vestendosi e agendo come se fosse veramente uno iettatore, Chiàrchiaro oppone una singolare richiesta che rovescia completamente il punto di vista della vicenda.

Con quale inflessione di voce e quale atteggiamento d'occhi e di mani, curvandosi, come chi regge rassegnatamente su le spalle un peso insopportabile, il magro giudice D'Andrea soleva ripetere: «Ah, figlio caro!» a chiunque gli facesse qualche scherzosa osservazione per il suo strambo modo di vivere!

Non era ancor vecchio; poteva avere appena quarant'anni; ma cose stranissime e quasi inverosimili, mostruosi intrecci di razze, misteriosi travagli[1] di secoli bisognava immaginare per giungere a una qualche approssimativa spiegazione di quel prodotto umano che si chiamava il giudice D'Andrea.

E pareva ch'egli, oltre che della sua povera, umile, comunissima storia familiare, avesse notizia certa di quei mostruosi intrecci di razze, donde al suo smunto sparuto[2] viso di bianco eran potuti venire quei capelli crespi gremiti[3] da negro; e fosse consapevole di quei misteriosi infiniti travagli di secoli, che su la vasta fronte protuberante[4] gli avevano accumulato tutto quel groviglio di rughe e tolto quasi la vista ai piccoli occhi plumbei[5], e scontorto[6] tutta la magra, misera personcina. Così sbilenco, con una spalla più alta dell'altra, andava per via di traverso, come i cani. Nessuno però, moralmente, sapeva rigar più diritto di lui. Lo dicevano tutti. Vedere, non aveva potuto vedere molte cose, il giudice D'Andrea; ma certo moltissime ne aveva pensate, e quando il pensare è più triste, cioè di notte.

Il giudice D'Andrea non poteva dormire.

Passava quasi tutte le notti alla finestra a spazzolarsi una mano a quei duri gremiti suoi capelli da negro, con gli occhi alle stelle, placide e chiare le une come polle[7] di luce, guizzanti e pungenti le altre; e metteva le più vive in rapporti ideali di figure geometriche, di triangoli e di quadrati, e, socchiudendo le palpebre dietro le lenti, pigliava tra i peli delle ciglia la luce d'una di quelle stelle, e tra l'occhio e la stella stabiliva il legame d'un sottilissimo filo luminoso, e vi avviava l'anima a passeggiare come un ragnetto smarrito.

Il pensare così di notte non conferisce[8] molto alla salute. L'arcana[9] solennità che acquistano i pensieri produce quasi sempre, specie a certuni che hanno in sé una certezza su la quale non possono riposare, la certezza di non poter nulla sapere e nulla credere non sapendo[10], qualche seria costipazione[11]. Costipazione d'anima, s'intende.

Annotazioni a margine:

- *Alla descrizione fisica che insiste in modo espressionistico sui particolari sgradevoli dell'aspetto del giudice corrisponde il suo grande rigore morale.*
- *Il razionalismo del giudice si esprime anche attraverso il suo desiderio di trovare collegamenti geometrici nello spettacolo naturale del cielo stellato.*
- *In questa arzigogolata sentenza si intrecciano sia il relativismo conoscitivo sia la celebre massima di Socrate «so di non sapere».*

---

1. travagli: *sofferenze.*
2. smunto sparuto: *pallido e deperito.*
3. gremiti: *folti.*
4. protuberante: *sporgente.*
5. plumbei: *grigi.*
6. scontorto: *fatto diventare storta.*
7. polle: *sorgenti.*
8. non conferisce: *non fa bene.*
9. arcana: *misteriosa.*
10. non sapendo: *a causa dell'impossibilità di arrivare a un'unica verità.*
11. costipazione: *malattia.*

Novelle per un anno

E al giudice D'Andrea, quando si faceva giorno, pareva una cosa buffa e atroce nello stesso tempo, ch'egli dovesse recarsi al suo ufficio d'Istruzione ad amministrare – per quel tanto che a lui toccava – la giustizia ai piccoli poveri uomini feroci.

NON LASCIAVA LAVORI INCOMPIUTI

Come non dormiva lui, così sul suo tavolino nell'ufficio d'Istruzione[12] non lasciava mai dormire nessun incartamento, anche a costo di ritardare di due o tre ore il desinare[13] e di rinunziar la sera, prima di cena, alla solita passeggiata coi colleghi per il viale attorno alle mura del paese.

Questa puntualità, considerata da lui come dovere imprescindibile, gli accresceva terribilmente il supplizio. Non solo amministrare la giustizia gli toccava; ma d'amministrarla così, su due piedi.

Per poter essere meno frettolosamente puntuale, credeva d'ajutarsi meditando la notte. Ma, neanche a farlo apposta, la notte, spazzolando la mano a quei suoi capelli da negro e guardando le stelle, gli venivano tutti i pensieri contrarii a quelli che dovevano fare al caso per lui, data la sua qualità di giudice istruttore; così che, la mattina dopo, anziché aiutata, vedeva insidiata e ostacolata la sua puntualità da quei pensieri della notte e cresciuto enormemente lo stento di tenersi stretto a quell'odiosa sua qualità di giudice istruttore.

> Questa frase (dal sapore leopardiano ma con un eco dantesco da *Par.* XXII, 151: «l'aiuola che ci fa tanto feroci») esprime il giudizio negativo del narratore (e dell'autore) sull'egoismo che domina le relazioni umane.

Eppure, per la prima volta, da circa una settimana, dormiva un incartamento sul tavolino del giudice D'Andrea. E per quel processo che stava lì da tanti giorni in attesa, egli era in preda a una irritazione smaniosa, a una tetraggine[14] soffocante. Si sprofondava tanto in questa tetraggine, che gli occhi aggrottati[15], a un certo punto, gli si chiudevano. Con la penna in mano, dritto sul busto, il giudice D'Andrea si metteva allora a pisolare, prima raccorciandosi, poi attrappandosi[16] come un baco infratito[17] che non possa più fare il bozzolo.

Appena, o per qualche rumore o per un crollo più forte del capo, si ridestava e gli occhi gli andavano lì, a quell'angolo del tavolino dove giaceva l'incartamento, voltava la faccia e, serrando le labbra, tirava con le nari[18] fischianti aria aria aria e la mandava dentro, quanto più dentro poteva, ad allargar le viscere contratte dall'esasperazione, poi la ributtava via spalancando la bocca con un versaccio di nausea, e subito si portava una mano sul naso adunco[19] a regger le lenti che, per il sudore, gli scivolavano.

Era veramente iniquo[20] quel processo là: iniquo perché includeva una spietata ingiustizia contro alla quale un pover'uomo tentava disperatamente di ribellarsi senza alcuna probabilità di scampo. C'era in quel processo una vittima che non poteva prendersela con nessuno. Aveva voluto prendersela con due, lì in quel processo, coi primi due che gli erano capitati sotto mano, e – sissignori – la giustizia doveva dargli torto, torto, torto, senza remissione, ribadendo così, ferocemente, l'iniquità di cui quel pover'uomo era vittima.

> Non appena pronunciato il nome del fantomatico iettatore i colleghi reagiscono spaventati e cercano di allontanare la sfortuna: la loro credulità si oppone al rigoroso razionalismo del giudice.

A passeggio, tentava di parlarne coi colleghi; ma questi, appena egli faceva il nome del Chiàrchiaro, cioè di colui che aveva intentato il processo, si alteravano in viso e si ficcavano subito una mano in tasca a stringervi una chiave, o sotto sotto allungavano l'indice e il mignolo a far le corna, o s'afferravano sul panciotto i gobbetti d'argento, i chiodi, i corni di corallo pendenti dalla catena dell'orologio.

Qualcuno, più francamente, prorompeva:

---

12. ufficio d'Istruzione: l'ufficio in cui il giudice istruisce le pratiche, cioè prepara i processi.
13. il desinare: *l'ora del pranzo.*
14. tetraggine: *cupezza, inquietudine.*

15. aggrottati: *accigliati, pensierosi.*
16. raccorciandosi ... attrappandosi: *rannicchiandosi e rattrappendosi.*
17. infratito: *non trasferito per tempo*

sull'albero.
18. nari: *narici.*
19. adunco: *ricurvo, aquilino.*
20. iniquo: *ingiusto.*

La patente **619**

«Per la Madonna Santissima, ti vuoi star zitto?»

Ma non poteva starsi zitto il magro giudice D'Andrea. Se n'era fatta proprio una fissazione, di quel processo. Gira gira, ricascava per forza a parlarne. «Per avere un qualche lume dai colleghi» diceva «per discutere così in astratto il caso».

80 Perché, in verità, era un caso insolito e speciosissimo[21] quello d'un jettatore che si querelava[22] per diffamazione contro i primi due che gli erano caduti sotto gli occhi nell'atto di far gli scongiuri di rito al suo passaggio.

Diffamazione? Ma che diffamazione, povero disgraziato, se già da qualche anno era diffusissima in tutto il paese la sua fama di jettatore? se innumerevoli testimoni potevano venire in tribunale a giurare che egli in tante e tante occasioni aveva dato segno di conoscere quella sua fama, ribellandosi con proteste violente? Come condannare, in coscienza, quei due giovanotti quali diffamatori per aver fatto al passaggio di lui il gesto che da tempo solevano fare apertamente tutti gli altri, e primi fra tutti – eccoli là – gli stessi giudici?

90 E il D'Andrea si struggeva; si struggeva di più incontrando per via gli avvocati, nelle cui mani si erano messi quei due giovanotti, l'esile e patitissimo[23] avvocato Grigli, dal profilo di vecchio uccello di rapina, e il grasso Manin Baracca, il quale, portando in trionfo su la pancia un enorme corno comperato per l'occasione e ridendo con tutta la pallida carnaccia di biondo majale eloquente, prometteva ai concittadini che presto in tribunale sarebbe stata per tutti una magnifica festa.

Orbene, proprio per non dare al paese lo spettacolo di quella "magnifica festa" alle spalle d'un povero disgraziato, il giudice D'Andrea prese alla fine la risoluzione di mandare un usciere in casa del Chiàrchiaro per invitarlo a venire all'ufficio d'Istruzione. Anche a costo di pagar lui le spese, voleva indurlo a desistere dalla 100 querela, dimostrandogli in quattro e quattr'otto che quei due giovanotti non potevano essere condannati, secondo giustizia, e che dalla loro assoluzione inevitabile sarebbe venuto a lui certamente maggior danno, una più crudele persecuzione.

Ahimè, è proprio vero che è molto più facile fare il male che il bene, non solo perché il male si può fare a tutti e il bene solo a quelli che ne hanno bisogno; ma 105 anche, anzi sopra tutto, perché questo bisogno d'aver fatto il bene rende spesso così acerbi e irti[24] gli animi di coloro che si vorrebbero beneficare, che il beneficio diventa difficilissimo[25].

Se n'accorse bene quella volta il giudice D'Andrea, appena alzò gli occhi a guardare il Chiàrchiaro, che gli era entrato nella stanza, mentr'egli era intento a scri-110 vere. Ebbe uno scatto violentissimo e buttò all'aria le carte, balzando in piedi e gridandogli:

«Ma fatemi il piacere! Che storie son queste? Vergognatevi!»

Il Chiàrchiaro s'era combinata[26] una faccia da jettatore, ch'era una meraviglia a vedere. S'era lasciata crescere su le cave gote gialle una barbaccia ispida e cespu-115 gliuta; s'era insellato sul naso un pajo di grossi occhiali cerchiati d'osso, che gli davano l'aspetto d'un barbagianni[27]; aveva poi indossato un abito lustro, sorcigno, che gli sgonfiava da tutte le parti[28].

---

21. speciosissimo: *particolarissimo;* da notare che «specioso» è usato nel linguaggio giuridico per indicare un ragionamento che convince ma è privo di fondatezza.
22. si querelava: *si lamentava.*
23. patitissimo: *sofferentissimo.*

24. acerbi e irti: *sdegnati e polemici;* si tratta di una dittologia di sinonimi.
25. che il beneficio diventa difficilissimo: *tanto che.*
26. s'era combinata: *si era preparato.*
27. barbagianni: piccolo rapace notturno

con grossi cerchi bianchi intorno agli occhi.
28. lustro ... parti: *consumato* («lustro», "liso"), *grigiastro* («sorcigno», "color topo") e *troppo largo* (che quindi gli cascava addosso come una palandrana, un mantellone).

620 *Novelle per un anno*

Allo scatto del giudice non si scompose. Dilatò le nari, digrignò i denti gialli e disse sottovoce:

120 «Lei dunque non ci crede?»

«Ma fatemi il piacere!» ripeté il giudice D'Andrea. «Non facciamo scherzi, caro Chiàrchiaro! O siete impazzito? Via, via, sedete, sedete qua».

E gli s'accostò e fece per posargli una mano su la spalla. Subito il Chiàrchiaro sfagliò[29] come un mulo, fremendo:

125 «Signor giudice, non mi tocchi! Se ne guardi bene! O lei, com'è vero Dio, diventa cieco!»

Il D'Andrea stette a guardarlo freddamente, poi disse:

«Quando sarete comodo... Vi ho mandato a chiamare per il vostro bene. Là c'è una sedia, sedete».

130 Il Chiàrchiaro sedette e, facendo rotolar con le mani su le cosce la canna d'India[30] a mo' d'un matterello, si mise a tentennare il capo.

«Per il mio bene? Ah, lei si figura di fare il mio bene, signor giudice, dicendo di non credere alla jettatura?»

Il D'Andrea sedette anche lui e disse:

135 «Volete che vi dica che ci credo? E vi dirò che ci credo! Va bene così?»

«Nossignore», negò recisamente il Chiàrchiaro, col tono di chi non ammette scherzi. «Lei deve crederci sul serio, e deve anche dimostrarlo istruendo il processo!»

«Questo sarà un po' difficile», sorrise mestamente il D'Andrea. «Ma vediamo di intenderci, caro Chiàrchiaro. Voglio dimostrarvi che la via che avete preso non è 140 propriamente quella che possa condurvi a buon porto[31]».

«Via? porto? Che porto e che via?» domandò, aggrondato, il Chiàrchiaro.

«Né questa d'adesso», rispose il D'Andrea, «né quella là del processo. Già l'una e l'altra, scusate, son tra loro così».

E il giudice D'Andrea infrontò[32] gl'indici delle mani per significare che le due vie 145 gli parevano opposte.

Il Chiàrchiaro si chinò e tra i due indici così infrontati del giudice ne inserì uno suo, tozzo, peloso e non molto pulito.

«Non è vero niente, signor giudice!» disse, agitando quel dito.

«Come no?» esclamò il D'Andrea. «Là accusate come diffamatori due giovani per-150 ché vi credono jettatore, e ora qua voi stesso vi presentate innanzi a me in veste di jettatore e pretendete anzi ch'io creda alla vostra jettatura».

«Sissignore».

«E non vi pare che ci sia contraddizione?»

Il Chiàrchiaro scosse più volte il capo con la bocca aperta a un muto ghigno di 155 sdegnosa commiserazione[33].

«Mi pare piuttosto, signor giudice», poi disse, «che lei non capisca niente».

Il D'Andrea lo guardò un pezzo, imbalordito[34].

«Dite pure, dite pure, caro Chiàrchiaro. Forse è una verità sacrosanta questa che vi è scappata dalla bocca. Ma abbiate la bontà di spiegarmi perché non capisco 160 niente».

«Sissignore. Eccomi qua», disse il Chiàrchiaro, accostando la seggiola. «Non solo le farò vedere che lei non capisce niente; ma anche che lei è un mio mortale

---

> Il giudice D'Andrea appare visibilmente infastidito dall'atteggiamento di Chiàrchiaro ma non ne ha ancora compreso il reale motivo.

CAPOVOLGIMENTO DELLA VICENDA

---

29. sfagliò: *fece uno scatto improvviso.*
30. la canna d'India: *un bastone da passeggio.*

31. a buon porto: *a una soluzione positiva.*
32. infrontò: *mise uno davanti all'altro.*
33. ghigno di sdegnosa commiserazione:

un'espressione del viso che sembra compatire il giudice.
34. imbalordito: *sorpreso, stupito.*

La patente **621**

165

nemico. Lei, lei, sissignore. Lei che crede di fare il mio bene. Il mio più acerrimo nemico! Sa o non sa che i due imputati hanno chiesto il patrocinio[35] dell'avvocato Manin Baracca?»

«Sì. Questo lo so».

«Ebbene, all'avvocato Manin Baracca io, Rosario Chiàrchiaro, io stesso sono andato a fornire le prove del fatto: cioè, che non solo mi ero accorto da più d'un anno che tutti, vedendomi passare, facevano le corna, ma le prove anche, prove documentate e testimonianze irrepetibili dei fatti spaventosi su cui è edificata incrollabilmente, incrollabilmente, capisce, signor giudice? la mia fama di jettatore!»

170

«Voi? Dal Baracca?»

«Sissignore, io».

Il giudice lo guardò, più imbalordito che mai:

175

«Capisco anche meno di prima. Ma come? Per render più sicura l'assoluzione di quei giovanotti? E perché allora vi siete querelato?»

Il Chiàrchiaro ebbe un prorompimento di stizza per la durezza di mente del giudice D'Andrea; si levò in piedi, gridando con le braccia per aria:

180

«Ma perché io voglio, signor giudice, un riconoscimento ufficiale della mia potenza, non capisce ancora? Voglio che sia ufficialmente riconosciuta questa mia potenza spaventosa, che è ormai l'unico mio capitale!»

E ansimando, protese il braccio, batté forte sul pavimento la canna d'India e rimase un pezzo impostato in quell'atteggiamento grottescamente imperioso.

Il giudice D'Andrea si curvò, si prese la testa tra le mani, commosso, e ripeté:

185

«Povero caro Chiàrchiaro mio, povero caro Chiàrchiaro mio, bel capitale! E che te ne fai? che te ne fai?»

«Che me ne faccio?» rimbeccò pronto il Chiàrchiaro. «Lei, padrone mio, per esercitare codesta professione di giudice, anche così male come la esercita, mi dica un po', non ha dovuto prender la laurea?»

190

«La laurea, sì».

«Ebbene, voglio anch'io la mia patente, signor giudice! La patente di jettatore. Col bollo. Con tanto di bollo legale! Jettatore patentato dal regio tribunale».

«E poi?»

> Appare solo adesso il terribile pregiudizio di cui è vittima Chiàrchiaro, che fa di lui e della sua famiglia degli esclusi.

195

«E poi? Me lo metto come titolo nei biglietti da visita. Signor giudice, mi hanno assassinato. Lavoravo. Mi hanno fatto cacciar via dal banco dov'ero scritturale[36], con la scusa che, essendoci io, nessuno più veniva a far debiti e pegni; mi hanno buttato in mezzo a una strada, con la moglie paralitica da tre anni e due ragazze nubili, di cui nessuno vorrà più sapere, perché sono figlie mie; viviamo del soccorso che ci manda da Napoli un mio figliuolo, il quale ha famiglia anche lui,

200

quattro bambini, e non può fare a lungo questo sacrifizio per noi. Signor giudice, non mi resta altro che di mettermi a fare la professione del jettatore! Mi sono parato così, con questi occhiali, con quest'abito; mi sono lasciato crescere la barba; e ora aspetto la patente per entrare in campo! Lei mi domanda come? Me lo domanda perché, le ripeto, lei è un mio nemico!»

205

«Io?»

«Sissignore. Perché mostra di non credere alla mia potenza! Ma per fortuna ci credono gli altri, sa? Tutti, tutti ci credono! E ci son tante case da giuoco in questo paese! Basterà che io mi presenti; non ci sarà bisogno di dir nulla. Mi pagheranno per farmi andar via! Mi metterò a ronzare attorno a tutte le fabbriche; mi

---

35. **il patrocinio:** *di essere difesi.*
36. **dal banco ... scritturale:** *dalla banca dove lavoravo come copista.*

> Paradossalmente, il contrasto tra vita e forma che sembrava risolto in favore della forma, si riapre lasciando trapelare l'idea che ormai Chiàrchiaro abbia davvero in sé il potere negativo che gli viene attribuito.

210 pianterò innanzi a tutte le botteghe; e tutti, tutti mi pagheranno la tassa, lei dice dell'ignoranza? io dico la tassa della salute! Perché, signor giudice, ho accumulato tanta bile e tanto odio, io, contro tutta questa schifosa umanità, che veramente credo d'aver ormai in questi occhi la potenza di far crollare dalle fondamenta una intera città!»

215 Il giudice D'Andrea, ancora con la testa tra le mani, aspettò un pezzo che l'angoscia che gli serrava la gola desse adito alla voce. Ma la voce non volle venir fuori; e allora egli, socchiudendo dietro le lenti i piccoli occhi plumbei, stese le mani e abbracciò il Chiàrchiaro a lungo, forte forte, a lungo.
Questi lo lasciò fare.

220 «Mi vuol bene davvero?» gli domandò. «E allora istruisca subito il processo, e in modo da farmi avere al più presto quello che desidero».
«La patente?»
Il Chiàrchiaro protese di nuovo il braccio, batté la canna d'India sul pavimento e, portandosi l'altra mano al petto, ripeté con tragica solennità:

225 «La patente».

Analisi guidata

Due protagonisti

La novella può essere divisa idealmente in **due parti**, come testimonia anche lo spazio bianco che separa la fine del primo blocco da quello successivo. La **prima** si apre con una lunga **presentazione del giudice D'Andrea**, tanto che il lettore è indotto a pensare che sia lui il protagonista della storia. La seconda ha inizio quando il narratore allude a un misterioso «incartamento» che ormai da una settimana giace sul tavolo del giudice e lo inquieta in modo particolare. Solo a questo punto entra in scena il secondo protagonista, **Chiàrchiaro**, prima evocato solo attraverso le maldicenze della gente (che fanno crescere l'interesse verso questo personaggio ancora sconosciuto), e poi presentato in modo diretto con un'**apparizione di grande teatralità**.

Competenze di comprensione e analisi

- Dividi il brano in sequenze, riconoscine la natura (riflessiva, dialogica, descrittiva…) e assegna a ciascuna un titolo. Che tipo di sequenze prevalgono nella prima parte?
- Quali elementi fisici e psicologici del giudice D'Andrea vengono messi in evidenza nel testo?
- In quale punto del testo Chiàrchiaro viene presentato indirettamente?

Due mentalità a confronto

D'Andrea vorrebbe convincere Chiàrchiaro a non procedere ulteriormente con un processo che non può vincere, evitando così di sottoporsi all'ennesima umiliazione pubblica (la «magnifica festa» che il paese sembra aspettare con impazienza), ma deve scontrarsi in primo luogo con la superstizione dei suoi colleghi giudici, che non vogliono neppure sentire il nome dello iettatore. Al contrario, Chiàrchiaro è ben deciso ad andare avanti nella sua battaglia legale e provare la veridicità delle voci sul suo conto, per ricevere una «patente» di iettatore che per lui, rovinato dalle cattiverie e dalle maldicenze, rappresenta l'ultima possibilità di sfuggire alla rovina e all'emarginazione sociale. Per questo prega il giudice di avallare la sua denuncia e fargli ottenere la sospirata «patente».

In un mondo dominato dall'irrazionalità e dall'egoismo dei «poveri piccoli uomini feroci», il giudice **D'Andrea** si erge come un paladino della **razionalità** che si illude di poter governare l'esistenza, più che mai deciso ad aiutare Chiàrchiaro e a far trionfare i «lumi» illuministici della ragione, ma animato anche da una profonda **pietà umana** per la sorte dello sventurato iettatore. In **Chiarchiàro**, invece, si realizza l'amara accettazione dei **pregiudizi della società**, che lo condannano a una vita di sofferenza ed esclusione.

● Competenze di comprensione e analisi

- Perché viene detto che sul tavolo di D'Andrea nessun incartamento «dormiva»? C'è qualche legame, a tuo parere, con il fatto che anche il giudice non dorme quasi mai?

- Come è cambiata la vita di Chiàrchiaro da quando si sono diffuse le voci sul suo conto?

- Perché Chiàrchiaro vuole la «patente»?

- Ti sembra corretto parlare di atteggiamento illuministico a proposito del giudice D'Andrea? Rispondi in un breve testo scritto sostenendo la tua opinione con esempi tratti dal testo.

Il contrasto tra «vita» e «forma»

Entrambi i **personaggi** sono degli "esclusi", delle persone che non riescono a integrarsi fino in fondo nelle dinamiche della vita borghese, e in cui si esprime il **dissidio insanabile tra «vita» e «forma»**, tipico dei più famosi testi pirandelliani. Nonostante il suo «strambo modo di vivere» e le sue cupe riflessioni (che ricordano, per certi versi, alcuni passi leopardiani in cui è più acuta la percezione dell'infelicità del mondo), D'Andrea riesce a conciliare l'amara consapevolezza del vivere con il suo ruolo pubblico, condannandosi a una vita solitaria anche se infelice. Chiàrchiaro, invece, cerca di sfuggire alla prigione della «forma» rovesciando la situazione di partenza: se il mondo vuole che lui sia uno iettatore lui lo sarà per davvero, realizzando la **completa vittoria della «forma» a scapito della «vita»**.

Si tratta di una conclusione che soddisfa dal punto di vista umano (il povero Chiàrchiaro non può più sopravvivere senza una patente che certifichi il suo ruolo sociale), ma mostra delle crepe nella coerenza della poetica pirandelliana, in cui solitamente il contrasto tra vita e forma è risolto con situazioni di rottura come la follia (per esempio in *Il treno ha fischiato...*, p. 626) o la malattia. Nella *Patente* il personaggio in cui è più acuto questo dissidio è D'Andrea, ma alla fine il giudice si ritrova spettatore di un dramma più grande del suo. La **paradossale infrazione del normale ordine delle cose** – che lascia uno spiraglio al fluire della «vita» – andrà allora individuata nell'ultima rabbiosa affermazione di Chiàrchiaro («veramente credo d'aver ormai in questi occhi la potenza di far crollare dalle fondamenta una intera città», rr. 213-215), che in una sorta di lucida follia è ormai convinto di possedere quella negatività che tutti gli imputano.

● Competenze di comprensione e analisi

- Che tipo di riflessioni fa il giudice nella parte iniziale della novella? Come si conciliano questi suoi pensieri con il suo ruolo pubblico?

- Come si determina in questa novella il contrasto tra «vita» e «forma»?

- Nella novella non si dice quale sarà il verdetto del giudice (e l'esito del contrasto tra «vita» e «forma»). Perché secondo te l'autore sceglie di non dirlo ai lettori?

Novelle per un anno

La poetica dell'umorismo

La novella è un perfetto esempio della **poetica dell'umorismo** pirandelliana. L'apparizione dello iettatore, con particolari che ne evocano l'aria sporca e trasandata e invitano a ridere di questa figura grottesca, si trasforma infatti nel «**sentimento del contrario**», descritto nel saggio *L'umorismo* (*La parola all'autore*, p. 613), quando comprendiamo le ragioni che spingono Chiàrchiaro ad agghindarsi in quel modo. Al riso subentra così la **percezione del dramma dello iettatore**, che entra in scena come un personaggio comico e ne esce con la «tragica solennità» di un attore drammatico.

● Competenze di comprensione e analisi

- Quali particolari della descrizione fisica di Chiàrchiaro fanno inizialmente di lui un personaggio grottesco?
- Rintraccia nella seconda parte del brano tutti gli elementi che rendono drammatico il dialogo tra il giudice e lo iettatore.
- Perché si può dire che questo testo risponde appieno ai principi della poetica dell'umorismo? Rispondi in un testo scritto di massimo 20 righe.

Lo stile

Lo **stile** della novella **cambia bruscamente tra la prima e la seconda parte**. Mentre le riflessioni del **giudice D'Andrea** presentano **termini più ricercati e costruzioni sintattiche complesse** (valga per tutte l'elaborata sentenza «certuni che hanno in sé una certezza su la quale non possono riposare, la certezza di non poter nulla sapere e nulla credere non sapendo», rr. 28-29, in cui si fondono figure sintattiche, logiche e foniche), la parte con **Chiàrchiaro** ha un ritmo narrativo più veloce, grazie anche alla presenza dei dialoghi, e uno **stile più immediato e realistico** che si manifesta fin dalla descrizione dell'aspetto dello iettatore.

● Competenze di comprensione e analisi

- Perché il personaggio del giudice D'Andrea è presentato con uno stile più complesso rispetto a Chiàrchiaro? Rispondi in un testo scritto, dando la tua opinione personale.
- Individua nella novella alcuni esempi di linguaggio popolare; per quale motivo Pirandello sceglie espressioni di questo tipo?
- Nel 1917 Pirandello trasse da questa novella un atto unico, rappresentata per la prima volta a Torino il 23 marzo 1918; quali sono, secondo te, gli elementi teatrali già presenti in questa versione del testo?

Dalle *Novelle per un anno* puoi leggere anche *Lumie di Sicilia*

T3 Il treno ha fischiato...

Novelle per un anno

Ascolta la novella

Questa novella fu pubblicata per la prima volta sul «Corriere della Sera» il 22 febbraio 1914 e poi ripresa nella raccolta La trappola. Nel 1922, nell'ambito del progetto finale delle Novelle per un anno, venne inserita nel quarto volume, intitolato Un uomo solo. L'umile impiegato Belluca si è improvvisamente ribellato al suo capufficio pronunciando frasi prive di senso ed è stato per questo rinchiuso in manicomio. Sia i medici che i colleghi pensano che sia impazzito, ma la voce narrante, analizzando più a fondo la situazione di Belluca, spiegherà al lettore l'origine del suo comportamento, che è in fondo molto più naturale di quanto possa apparire...

Farneticava[1]. Principio di febbre cerebrale, avevano detto i medici; e lo ripetevano tutti i compagni d'ufficio, che ritornavano a due, a tre, dall'ospizio[2], ov'erano stati a visitarlo.

Pareva provassero un gusto particolare a darne l'annunzio coi termini scientifici, appresi or ora dai medici, a qualche collega ritardatario che incontravano per via:

«Frenesia, frenesia».

«Encefalite».

«Infiammazione della membrana».

«Febbre cerebrale[3]».

E volevan sembrare afflitti; ma erano in fondo così contenti, anche per quel dovere compiuto; nella pienezza della salute, usciti da quel triste ospizio al gajo azzurro della mattinata invernale.

«Morrà? Impazzirà?»

«Mah!»

«Morire, pare di no...»

«Ma che dice? che dice?»

«Sempre la stessa cosa. Farnetica...»

«Povero Belluca!»

E a nessuno passava per il capo che, date le specialissime condizioni in cui quell'infelice viveva da tant'anni, il suo caso poteva anche essere naturalissimo; e che tutto ciò che Belluca diceva e che pareva a tutti delirio, sintomo della frenesia, poteva anche essere la spiegazione più semplice di quel suo naturalissimo caso.

Veramente, il fatto che Belluca, la sera avanti, s'era fieramente ribellato al suo capo-ufficio, e che poi, all'aspra riprensione[4] di questo, per poco non gli s'era scagliato addosso, dava un serio argomento alla supposizione che si trattasse d'una vera e propria alienazione mentale[5].

Perché uomo più mansueto e sottomesso, più metodico e paziente di Belluca non si sarebbe potuto immaginare.

Circoscritto[6]... sì, chi l'aveva definito così? Uno dei suoi compagni d'ufficio. Circoscritto, povero Belluca, entro i limiti angustissimi della sua arida mansione di

---

1. **Farneticava**: delirava.
2. **ospizio**: ospedale, manicomio.
3. «**Frenesia ... Febbre cerebrale**»: per spiegare lo strano comportamento del protagonista si susseguono varie ipotesi: pazzia («frenesia»), infiammazione dell'encefalo e meningite («febbre cerebrale»).
4. **riprensione**: rimprovero.
5. **alienazione mentale**: pazzia.
6. **Circoscritto**: limitato.

> Il paragone tra Belluca e un vecchio asino da lavoro esprime in modo evidente il carattere del povero impiegato.

computista[7], senz'altra memoria che non fosse di partite aperte, di partite semplici o doppie o di storno, e di defalchi e prelevamenti e impostazioni; note, libri-mastri, partitarii, stracciafogli e via dicendo[8]. Casellario ambulante[9], o piuttosto, vecchio somaro, che tirava zitto zitto, sempre d'un passo, sempre per la stessa strada la carretta, con tanto di paraocchi.

Orbene, cento volte questo vecchio somaro era stato frustato, fustigato senza pietà, così per ridere, per il gusto di vedere se si riusciva a farlo imbizzire[10] un po', a fargli almeno drizzare un po' le orecchie abbattute, se non a dar segno che volesse levar un piede per sparar qualche calcio. Niente! S'era prese le frustate ingiuste e le crudeli punture[11] in santa pace, sempre, senza neppur fiatare, come se gli toccassero, o meglio, come se non le sentisse più, avvezzo[12] com'era da anni e anni alle continue solenni bastonature della sorte.

> È il primo *flashback* con cui il narratore ripercorre a ritroso la vicenda, alla ricerca di una spiegazione che giustifichi il comportamento di Belluca.

Inconcepibile, dunque, veramente, quella ribellione in lui, se non come effetto d'una improvvisa alienazione mentale.

Tanto più che, la sera avanti, proprio gli toccava la riprensione; proprio aveva il diritto di fargliela, il capo-ufficio. Già s'era presentato, la mattina, con un'aria insolita, nuova; e – cosa veramente enorme, paragonabile, che so? al crollo d'una montagna – era venuto con più di mezz'ora di ritardo.

Pareva che il viso, tutt'a un tratto, gli si fosse allargato. Pareva che i paraocchi gli fossero tutt'a un tratto caduti, e gli si fosse scoperto, spalancato d'improvviso all'intorno lo spettacolo della vita. Pareva che gli orecchi tutt'a un tratto gli si fossero sturati e percepissero per la prima volta voci, suoni non avvertiti mai. Così ilare[13], d'una ilarità vaga e piena di stordimento, s'era presentato all'ufficio. E, tutto il giorno, non aveva combinato niente.

La sera, il capo-ufficio, entrando nella stanza di lui, esaminati i registri, le carte: «E come mai? Che hai combinato tutt'oggi?».

Belluca lo aveva guardato sorridente, quasi con un'aria d'impudenza[14], aprendo le mani.

«Che significa?» aveva allora esclamato il capo-ufficio, accostandoglisi e prendendolo per una spalla e scrollandolo. «Ohé, Belluca!»

«Niente,» aveva risposto Belluca, sempre con quel sorriso tra d'impudenza e d'imbecillità su le labbra. «Il treno, signor Cavaliere».

«Il treno? Che treno?»

«Ha fischiato».

«Ma che diavolo dici?»

«Stanotte, signor Cavaliere. Ha fischiato. L'ho sentito fischiare…»

«Il treno?»

«Sissignore. E se sapesse dove sono arrivato! In Siberia… oppure oppure… nelle foreste del Congo… Si fa in un attimo, signor Cavaliere!»

Gli altri impiegati, alle grida del capo-ufficio imbestialito, erano entrati nella stanza e, sentendo parlare così Belluca, giù risate da pazzi.

Allora il capo-ufficio – che quella sera doveva essere di malumore – urtato da quelle risate, era montato su tutte le furie e aveva malmenato[15] la mansueta vittima di tanti suoi scherzi crudeli.

---

7. computista: *contabile.*

8. partite aperte… e via dicendo: *termini tecnici legati alle operazioni di contabilità amministrativa e ai moduli per registrarle.*

9. Casellario ambulante: *schedario umano.*

10. imbizzire: *arrabbiare, imbizzarrire proprio come un «somaro».*

11. punture: *punzecchiature.*

12. avvezzo: *abituato.*

13. ilare: *allegro.*

14. un'aria d'impudenza: *un atteggiamento impertinente.*

15. malmenato: *maltrattato.*

UMORISMO AVVERTIMENTO/SENTIMENTO CONTRARIO

Apri il vocabolario

Qui il termine è usato come sostantivo, con il significato etimologico di "lucentezza, luminosità" (dal latino *lustrare*, "illuminare"). In senso metaforico è spesso sinonimo di "prestigio, onore", da cui deriva l'aggettivo illustre ("famoso" o "che dà fama").

Belluca è stato finora «cieco e sordo alla vita», oppresso da un lavoro alienante e, come vedremo fra poco, da una drammatica situazione familiare.

Secondo la poetica dell'umorismo, per comprendere la realtà, anche quando sembra paradossale, è necessaria l'analisi razionale delle cause.

Se non che, questa volta, la vittima, con stupore e quasi con terrore di tutti, s'era ribellata, aveva inveito[16], gridando sempre quella stramberia del treno che aveva fischiato, e che, perdio, ora non più, ora ch'egli aveva sentito fischiare il treno, non poteva più, non voleva più esser trattato a quel modo.

80 Lo avevano a viva forza preso, imbracato[17] e trascinato all'ospizio dei matti. Seguitava[18] ancora, qua, a parlare di quel treno. Ne imitava il fischio. Oh, un fischio assai lamentoso, come lontano, nella notte; accorato. E, subito dopo, soggiungeva: «Si parte, si parte... Signori, per dove? per dove?».

E guardava tutti con occhi che non erano più i suoi. Quegli occhi, di solito cupi,
85 senza lustro, aggrottati[19], ora gli ridevano lucidissimi, come quelli d'un bambino o d'un uomo felice; e frasi senza costrutto[20] gli uscivano dalle labbra. Cose inaudite; espressioni poetiche, immaginose, bislacche[21], che tanto più stupivano, in quanto non si poteva in alcun modo spiegare come, per qual prodigio, fiorissero in bocca a lui, cioè a uno che finora non s'era mai occupato d'altro che di cifre e
90 registri e cataloghi, rimanendo come cieco e sordo alla vita: macchinetta di computisteria. Ora parlava di *azzurre fronti* di montagne nevose, levate al cielo; parlava di viscidi cetacei che, voluminosi, sul fondo dei mari, con la coda *facevan la virgola*[22]. Cose, ripeto, inaudite.

Chi venne a riferirmele insieme con la notizia dell'improvvisa alienazione men-
95 tale rimase però sconcertato, non notando in me, non che meraviglia, ma neppur una lieve sorpresa.

Difatti io accolsi in silenzio la notizia.

E il mio silenzio era pieno di dolore. Tentennai il capo, con gli angoli della bocca contratti in giù, amaramente, e dissi:
100 «Belluca, signori, non è impazzito. State sicuri che non è impazzito. Qualche cosa dev'essergli accaduta; ma naturalissima. Nessuno se la può spiegare, perché nessuno sa bene come quest'uomo ha vissuto finora. Io che lo so, son sicuro che mi spiegherò tutto naturalissimamente, appena l'avrò veduto e avrò parlato con lui».

105 Cammin facendo verso l'ospizio ove il poverino era stato ricoverato, seguitai a riflettere per conto mio:

«A un uomo che viva come Belluca finora ha vissuto, cioè una vita "impossibile", la cosa più ovvia, l'incidente più comune, un qualunque lievissimo inciampo impreveduto[23], che so io, d'un ciottolo per via, possono produrre effetti straordi-
110 narii, di cui nessuno si può dar la spiegazione, se non pensa appunto che la vita di quell'uomo è "impossibile". Bisogna condurre la spiegazione là, riattaccandola a quelle condizioni di vita impossibili, ed essa apparirà allora semplice e chiara. Chi veda soltanto una coda, facendo astrazione dal mostro a cui essa appartiene, potrà stimarla per se stessa mostruosa. Bisognerà riattaccarla al mostro; e allora
115 non sembrerà più tale; ma quale dev'essere, appartenendo a quel mostro[24]. Una coda naturalissima».

Non avevo veduto mai un uomo vivere come Belluca.

---

16. inveito: *imprecato.*

17. imbracato: *legato* (con la camicia di forza).

18. Seguitava: *continuava.*

19. aggrottati: *cupi, pensierosi.*

20. senza costrutto: *senza senso.*

21. bislacche: *bizzarre.*

22. viscidi ... virgola: Belluca parla delle balene che, negli abissi marini, muovono l'enorme coda a semicerchio.

23. impreveduto: *imprevisto.*

24. facendo ... mostro: *senza considerare la creatura mostruosa.* Chi cioè toglie l'evento dal contesto che l'ha generato non può comprenderne il senso.

Novelle per un anno

SITUAZIONE FAMILIARE DI BELLUCA

La situazione è grottesca ed esasperata, per sottolineare in modi umoristici la drammatica "trappola" della famiglia.

Ero suo vicino di casa, e non io soltanto, ma tutti gli altri inquilini della casa si domandavano con me come mai quell'uomo potesse resistere in quelle condizioni di vita.

Aveva con sé tre cieche, la moglie, la suocera e la sorella della suocera: queste due, vecchissime, per cataratta[25]; l'altra, la moglie, senza cataratta, cieca fissa; palpebre murate.

Tutt'e tre volevano esser servite. Strillavano dalla mattina alla sera perché nessuno le serviva. Le due figliuole vedove, raccolte in casa dopo la morte dei mariti, l'una con quattro, l'altra con tre figliuoli, non avevano mai né tempo né voglia da badare ad esse; se mai, porgevano qualche ajuto alla madre soltanto.

Con lo scarso provento[26] del suo impieguccio di computista poteva Belluca dar da mangiare a tutte quelle bocche? Si procurava altro lavoro per la sera, in casa: carte da ricopiare. E ricopiava tra gli strilli indiavolati di quelle cinque donne e di quei sette ragazzi finché essi, tutt'e dodici, non trovavan posto nei tre soli letti della casa.

Letti ampii, matrimoniali; ma tre.

Zuffe furibonde, inseguimenti, mobili rovesciati, stoviglie rotte, pianti, urli, tonfi, perché qualcuno dei ragazzi, al bujo, scappava e andava a cacciarsi fra le tre vecchie cieche, che dormivano in un letto a parte, e che ogni sera litigavano anch'esse tra loro, perché nessuna delle tre voleva stare in mezzo e si ribellava quando veniva la sua volta.

Alla fine, si faceva silenzio, e Belluca seguitava a ricopiare fino a tarda notte, finché la penna non gli cadeva di mano e gli occhi non gli si chiudevano da sé.

Andava allora a buttarsi, spesso vestito, su un divanaccio sgangherato, e subito sprofondava in un sonno di piombo, da cui ogni mattina si levava a stento, più intontito che mai.

Ebbene, signori: a Belluca, in queste condizioni, era accaduto un fatto naturalissimo.

Quando andai a trovarlo all'ospizio, me lo raccontò lui stesso, per filo e per segno. Era, sì, ancora esaltato un po', ma naturalissimamente, per ciò che gli era accaduto. Rideva dei medici e degli infermieri e di tutti i suoi colleghi, che lo credevano impazzito.

«Magari!» diceva. «Magari!»

Signori, Belluca, s'era dimenticato da tanti e tanti anni – ma proprio dimenticato – che il mondo esisteva.

Assorto nel continuo tormento di quella sua sciagurata esistenza, assorto tutto il giorno nei conti del suo ufficio, senza mai un momento di respiro, come una bestia bendata, aggiogata alla stanga d'una nòria[27] o d'un molino, sissignori, s'era dimenticato da anni e anni – ma proprio dimenticato – che il mondo esisteva.

Il fischio del treno è la rivelazione inattesa di un'altra dimensione esistenziale, libera dalle «forme».

Due sere avanti[28], buttandosi a dormire stremato su quel divanaccio, forse per l'eccessiva stanchezza, insolitamente, non gli era riuscito d'addormentarsi subito. E, d'improvviso, nel silenzio profondo della notte, aveva sentito, da lontano, fischiare un treno.

Gli era parso che gli orecchi, dopo tant'anni, chi sa come, d'improvviso gli si fossero sturati.

---

25. cataratta: malattia dell'occhio dovuta a un'alterazione del cristallino.

26. provento: *guadagno.*

27. nòria: meccanismo per sollevare l'acqua dai pozzi, che si collegava a un animale da traino.

28. avanti: *prima.*

Il treno ha fischiato... **629**

Apri il vocabolario

Derivato dall'aggettivo "angusto" (dal latino *angustus*, dallo stesso tema del verbo *angere*, "stringere"), il sostantivo "angustia" significa alla lettera "strettoia", ma anche, con valore figurato, "ristrettezze, angosce, meschinità".

La metafora dà l'idea della vita che improvvisamente torna a fluire dentro la «forma» ormai vuota.

Belluca rientra nelle «forme» della sua vita "impossibile", confortato però da una nuova consapevolezza.

COMPROMESSO

Il fischio di quel treno gli aveva squarciato e portato via d'un tratto la miseria di tutte quelle sue orribili angustie, e quasi da un sepolcro scoperchiato s'era ritro-
165 vato a spaziare anelante[29] nel vuoto arioso del mondo che gli si spalancava enorme tutt'intorno.

S'era tenuto instintivamente alle coperte che ogni sera si buttava addosso, ed era corso col pensiero dietro a quel treno che s'allontanava nella notte.

C'era, ah! c'era, fuori di quella casa orrenda, fuori di tutti i suoi tormenti, c'era il mondo, tanto, tanto mondo lontano, a cui quel treno s'avviava… Firenze, Bo-
170 logna, Torino, Venezia… tante città, in cui egli da giovine era stato e che ancora, certo, in quella notte sfavillavano di luci sulla terra. Sì, sapeva la vita che vi si viveva! La vita che un tempo vi aveva vissuto anche lui! E seguitava, quella vita; aveva sempre seguitato, mentr'egli qua, come una bestia bendata, girava la stanga del molino. Non ci aveva pensato più! Il mondo s'era chiuso per lui, nel tormen-
175 to della sua casa, nell'arida, ispida angustia della sua computisteria… Ma ora, ecco, gli rientrava, come per travaso violento, nello spirito. L'attimo, che scoccava per lui, qua, in questa sua prigione, scorreva come un brivido elettrico per tutto il mondo, e lui con l'immaginazione d'improvviso risvegliata poteva, ecco, poteva seguirlo per città note e ignote, lande[30], montagne, foreste, mari… Questo stes-
180 so brivido, questo stesso palpito del tempo. C'erano, mentr'egli qua viveva questa vita «impossibile», tanti e tanti milioni d'uomini sparsi su tutta la terra, che vivevano diversamente. Ora, nel medesimo attimo ch'egli qua soffriva, c'erano le montagne solitarie nevose che levavano al cielo notturno le *azzurre fronti*… Sì, sì,
185 le vedeva, le vedeva, le vedeva così… c'erano gli oceani… le foreste…

E, dunque, lui — ora che il mondo gli era rientrato nello spirito — poteva in qualche modo consolarsi! Sì, levandosi ogni tanto dal suo tormento, per prendere con l'immaginazione una boccata d'aria nel mondo.

Gli bastava!

190 Naturalmente, il primo giorno, aveva ecceduto. S'era ubriacato. Tutto il mondo, dentro d'un tratto: un cataclisma. A poco a poco, si sarebbe ricomposto. Era ancora ebro[31] della troppa aria, lo sentiva.

Sarebbe andato, appena ricomposto del tutto, a chiedere scusa al capo-ufficio, e avrebbe ripreso come prima la sua computisteria. Soltanto il capo-ufficio ormai
195 non doveva pretender troppo da lui come per il passato: doveva concedergli che di tanto in tanto, tra una partita e l'altra da registrare, egli facesse una capatina, sì, in Siberia… oppure oppure… nelle foreste del Congo:

«Si fa in un attimo, signor Cavaliere mio. Ora che il treno ha fischiato…».

---

29. anelante: *affannato, ansimante.*   **30. lande:** *vaste pianure.*   **31. ebro:** *ubriaco.*

630   *Novelle per un anno*

Analisi del testo

COMPRENSIONE

La novella racconta la vicenda di Belluca, un laborioso **impiegato**, umile e sottomesso ai superiori, che lavora giorno e notte per mantenere una famiglia numerosa e problematica. Una notte, nel dormiveglia, egli sente in lontananza il **fischio di un treno**. Questo richiamo provoca in lui un totale stravolgimento: improvvisamente egli percepisce l'esistenza di una **vita vera e libera da condizionamenti** e, al tempo stesso, si rende conto di quanto sia insensata e alienante la sua stessa esistenza. Questa rivelazione è all'origine di una **radicale ribellione**, che viene interpretata come pazzia e che lo fa finire al manicomio. La scoperta della verità non coincide però con una liberazione: Belluca rientrerà nel suo grigiore quotidiano, limitandosi a evaderne talvolta attraverso l'immaginazione.

ANALISI E INTERPRETAZIONE

La ricerca della verità La novella inizia *in medias res*, immettendo il lettore nel pieno svolgersi dell'azione e riportando le reazioni disorientate dei colleghi che fanno visita a Belluca in manicomio. Solo gradualmente **il narratore**, un vicino di casa del protagonista, **ricostruisce e spiega l'accaduto**, ripercorrendo gli eventi per mostrare come la reazione apparentemente incomprensibile di Belluca sia in realtà il risultato «naturalissimo» di una condizione di vita opprimente e insostenibile. Con una serie di *flashback* progressivi, il lettore viene guidato alla ricerca della verità, attraverso un'inchiesta che ricorda i **modi del romanzo poliziesco**: dal presente si risale alla sera precedente (rr. 46 ss.), poi si arresta ulteriormente per descrivere la vita familiare di Belluca (rr. 122 ss.) e infine, attraverso il racconto di Belluca, si risale all'origine della sua presunta follia (rr. 151 ss.). All'**alterazione del rapporto tra *fabula* e *intreccio*** si accompagna il continuo **alternarsi dei punti di vista**. La vicenda viene infatti osservata dapprima attraverso l'**ottica dei colleghi** di Belluca, che giudicano folle il suo comportamento, ma a essa subito si sovrappone il **punto di vista del narratore-testimone**, che insinua il dubbio che l'accaduto abbia in realtà una spiegazione razionale. Trova qui piena applicazione la poetica teorizzata da Pirandello nel saggio *L'umorismo*: occorre andare oltre il semplice «avvertimento del contrario» e ricercare le cause del comportamento paradossale dei soggetti, indagandone le motivazioni attraverso l'analisi.

Un'ambigua follia L'apparente follia di Belluca è scatenata da un **evento di per sé minimo** e insignificante (il fischio del treno), che tuttavia fa percepire con forza al protagonista la sua **profonda alienazione**. Belluca, come molti personaggi della narrativa primonovecentesca (si pensi alle opere di Franz Kafka, di Italo Svevo o di Federigo Tozzi), è un uomo qualunque, un **grigio impiegato che conduce un'esistenza apparentemente «normale» ma in realtà prigioniera degli obblighi morali e sociali**. La trappola delle consuetudini si manifesta sotto una duplice forma: un lavoro ripetitivo e una famiglia opprimente, il cui peso viene enfatizzato in modi caricaturali e grotteschi. In questa situazione, il fischio del treno diviene il simbolo di un'improvvisa e **inaspettata rivelazione**, della scoperta che, al di là della *routine* delle «forme», esiste una «vita» vera. L'aprirsi di questa nuova prospettiva sulle prime disorienta Belluca, ma l'autore suggerisce che in realtà la vera follia non è quella del protagonista, ma piuttosto quella di chi, come i colleghi di Belluca, accetta di lasciarsi imprigionare dalle convenzioni. Belluca accetterà di riprendere la sua vita grigia e monotona, ma potrà consolarsi con la fantasia e, di tanto in tanto, «prendere con l'immaginazione una boccata d'aria nel mondo».

Le scelte stilistiche In linea con una poetica che si propone di analizzare la realtà quotidiana, l'autore sceglie uno **stile semplice e immediato, vicino al parlato**, che nella frequenza delle **battute dialogiche** assume a tratti un andamento quasi teatrale. La voce narrante – la cui identità si rivela solo gradualmente – alterna sequenze riflessive e narrative, con periodi brevi e vivaci **appelli al lettore** («Ebbene, signori»; «Signori»). La contrapposizione tematica fra l'ottica angusta di un'esistenza alienante e la possibilità di una vita più libera trova inoltre riscontro nella compresenza di **due registri stilistici differenti**. La descrizione del protagonista viene svolta in **modi grotteschi**: nel lavoro Belluca è ridotto a «casellario ambulante», a «vecchio somaro» maltrattato, mentre in famiglia deve convivere con tre donne cieche e con «zuffe furibonde, inseguimenti, mobili rovesciati, stoviglie rotte, pianti, urli, tonfi». Dopo che il fischio del treno apre a Belluca una nuova prospettiva esistenziale, le sue parole si mutano invece in «espressioni poetiche, imaginose», che riflettono la logica di una dimensione altra, apparentemente folle ma liberatoria. In questo modo l'autore esprime il contrasto fra due dimensioni contrapposte: il grigiore delle «forme» e la liberatoria anarchia della «vita».

Lavoriamo sul testo

COMPRENSIONE

1. La novella inizia a vicenda conclusa: qual è la scena iniziale?
2. Quale motivo ha portato alla reclusione di Belluca in manicomio?
3. In quale condizione familiare ed economica è sempre vissuto il protagonista?
4. Perché la novella si intitola *Il treno ha fischiato…*?

LINGUA E LESSICO

5. All'interno del brano, è evidente la tendenza alla deformazione grottesca e caricaturale: sottolinea le parole o le espressioni attraverso le quali si realizza tale caratterizzazione stilistica.
6. Il narratore attribuisce a Belluca «un'alienazione mentale». Spiega il significato e l'origine del termine.

ANALISI E INTERPRETAZIONE

7. Ricostruisci l'ordine cronologico degli avvenimenti narrati, spiegando le ragioni per cui Pirandello decide di modificarne l'ordine nell'intreccio.
8. Quali caratteristiche presenta la figura di Belluca? Per quale motivo viene paragonato a un «vecchio somaro» e a un «casellario ambulante»?
9. Com'è caratterizzata la voce narrante? Si tratta di un narratore interno o esterno al racconto? Quando si palesa la sua identità?
10. Quale atteggiamento mostra il narratore nei confronti di Belluca? Perché il suo comportamento è contrapposto a quello dei colleghi d'ufficio?
11. Spiega quale significato simbolico assume nella novella il fischio del treno.
12. Confronta la figura di Belluca con quella di Chiàrchiaro, protagonista de *La patente* (p.618): quali sono a tuo parere le principali analogie tra questi due personaggi?

SCRITTURA E APPROFONDIMENTI

13. Spiega in un breve testo argomentativo in che modo nella novella trova piena applicazione la poetica pirandelliana dell'umorismo.

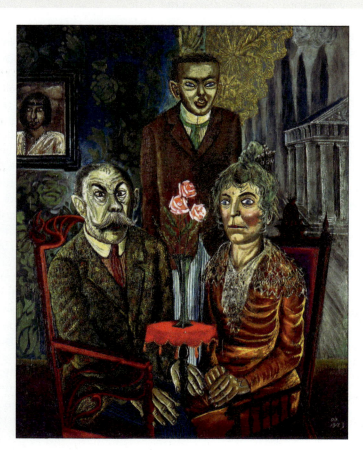

Otto Dix, *La famiglia del pittore Adalbert Trillhaase*, 1923.

T4 **La morte addosso**

Testo laboratorio

Novelle per un anno

La morte addosso *fu pubblicata per la prima volta nel 1918, con il titolo* Caffè notturno, *sulla rivista «Rassegna Italiana». Il titolo definitivo è del 1923, anno in cui Pirandello inserì la novella nel sesto volume delle* Novelle per un anno (In silenzio) *e ne trasse l'atto unico intitolato* L'uomo dal fiore in bocca.

La novella è interamente costituita dal dialogo fra due personaggi che una notte si incontrano casualmente nel caffè di una stazione ferroviaria. Uno è un tranquillo padre di famiglia che, recatosi in città per degli acquisti, ha perduto l'ultimo treno; l'altro è «l'uomo dal fiore in bocca», che solo alla fine svelerà l'origine della sua tragedia.

> La novella si apre su una situazione apparentemente normalissima, che non fa minimamente presagire l'esito drammatico della vicenda.

– Ah, lo volevo dire! Lei dunque un uomo pacifico è… Ha perduto il treno?

– Per un minuto, sa? Arrivo alla stazione, e me lo vedo scappare davanti.

– Poteva corrergli dietro!

5 – Già. È da ridere, lo so. Bastava, santo Dio, che non avessi tutti quegl'impicci di pacchi, pacchetti, pacchettini… Più carico d'un somaro! Ma le donne – commissioni… commissioni… – non la finiscono più! Tre minuti[1], creda, appena sceso dalla vettura, per dispormi i nodini di tutti quei pacchetti alle dita: due pacchetti per ogni dito.

– Doveva esser bello… Sa che avrei fatto io? Li avrei lasciati nella vettura[2].

10 – E mia moglie? Ah sì! E le mie figliuole? E tutte le loro amiche?

– Strillare! Mi ci sarei spassato[3] un mondo.

– Perché lei forse non sa che cosa diventano le donne in villeggiatura!

– Ma sì che lo so! Appunto perché lo so. Dicono tutte che non avranno bisogno di niente.

15 – Questo soltanto? Capaci anche di sostenere che ci vanno per risparmiare! Poi, appena arrivano in un paesello qua dei dintorni, più brutto è, più misero e lercio, e più imbizzariscono a pararlo[4] con tutte le loro galanterie più vistose! Eh, le donne, caro signore! Ma del resto, è la loro professione… – «Se tu facessi una capatina in città, caro! Avrei proprio bisogno di questo… di quest'altro… e potresti 20 anche, se non ti secca (caro, il se non ti secca)… e poi, giacché ci sei, passando di là…» – Ma come vuoi, cara mia, che in tre ore ti sbrighi tutte codeste faccende? – «Uh, ma che dici? Prendendo una vettura…» – Il guajo è, capisce?, che dovendo trattenermi tre ore sole, sono venuto senza le chiavi di casa[5].

– Oh bella! E perciò…

25 – Ho lasciato tutto quel monte di pacchi e pacchetti in deposito alla stazione; me ne sono andato a cenare in una trattoria, poi, per farmi svaporar la stizza[6], a teatro. Si crepava dal caldo. All'uscita, dico, che faccio? Andarmene a dormire in un albergo? Sono già le dodici; alle quattro prendo il primo treno; per tre orette di sonno, non vale la spesa[7]. E me ne sono venuto qua. Questo caffè non chiude, è vero?

30 – Non chiude, nossignore. E così, ha lasciato tutti quei pacchetti in deposito alla stazione?

– Perché? Non sono sicuri? Erano tutti ben legati…

---

1. Tre minuti: sottinteso "ci ho messo".
2. vettura: la carrozza con cui l'avventore è giunto alla stazione.
3. spassato: *divertito.*

4. pararlo: *addobbarlo, abbellirlo.*
5. le chiavi di casa: la casa di città in cui l'avventore risiede abitualmente (mentre in questi giorni è in villeggiatura).

6. svaporar la stizza: *passare l'arrabbiatura.*
7. la spesa: sottinteso «di un albergo».

La morte addosso **633**

35 – No no, non dico! Eh, ben legati, me l'immagino, con quell'arte speciale che mettono i giovani di negozio nell'involtare[8] la roba venduta… Che mani! Un bel foglio grande di carta doppia, rosea, levigata… ch'è per se stessa un piacere a vederla… così liscia, che uno ci metterebbe la faccia per sentirne la fresca carezza… La stendono sul banco e poi, con garbo disinvolto, vi collocano sù, in mezzo, la stoffa lieve, ben ripiegata. Levano prima da sotto, col dorso della mano, un lembo; poi, da sopra, vi abbassano l'altro e ci fanno anche, con svelta grazia, una rimboccaturina, come un di più, per amore dell'arte; poi ripiegano da un lato e dall'altro a triangolo e cacciano sotto le due punte, allungano una mano alla scatola dello spago; tirano per farne scorrere quanto basta a legar l'involto, e legano così rapidamente, che lei non ha neanche il tempo d'ammirar la loro bravura, che già si vede presentare il pacco col cappio pronto a introdurvi il dito.

45 – Eh, si vede che lei ha prestato molta attenzione ai giovani di negozio…

– Io? Caro signore, giornate intere ci passo. Sono capace di stare anche un'ora fermo a guardare dentro una bottega, attraverso la vetrina. Mi ci dimentico[9]. Mi sembra d'essere, vorrei essere veramente quella stoffa là di seta… quel bordatino[10]… quel nastro rosso o celeste che le giovani di merceria, dopo averlo misurato sul metro, ha visto come fanno? Se lo raccolgono a numero otto intorno al pollice e al mignolo della mano sinistra, prima d'incartarlo… Guardo il cliente o la cliente che escono dalla bottega con l'involto o appeso al dito o in mano o sotto il braccio… li seguo con gli occhi, finché non li perdo di vista… immaginando… – uh, quante cose immagino! Lei non può farsene un'idea. Ma mi serve. Mi serve questo.

– Le serve? Scusi… che cosa?

– Attaccarmi così, dico con l'immaginazione… attaccarmi alla vita, come un rampicante attorno alle sbarre d'una cancellata. Ah, non lasciarla mai posare[11] un momento l'immaginazione… aderire, aderire con essa, continuamente, alla vita degli altri… ma non della gente che conosco. No no. A quella non potrei! Ne provo un fastidio, se sapesse… una nausea… Alla vita degli estranei, intorno ai quali la mia immaginazione può lavorare liberamente, ma non a capriccio[12], anzi tenendo conto delle minime apparenze[13] scoperte in questo e in quello. E sapesse quanto e come lavora! Fino a quanto riesco ad addentrarmi! Vedo la casa di questo e di quello, ci vivo, ci respiro, fino ad avvertire… sa quel particolare alito[14] che cova in ogni casa? Nella sua nella mia… Ma nella nostra, noi, non l'avvertiamo più perché è l'alito stesso della nostra vita, mi spiego? Eh, vedo che lei dice di sì…

70 – Sì, perché… dico, dev'essere un bel piacere, questo che lei prova, immaginando tante cose…

– Piacere? Io?

– Già… mi figuro[15]…

– Ma che piacere! Mi dica un po'. È stato mai a consulto da qualche medico bravo?

75 – Io no, perché? Non sono mica malato!

– No no! Glielo domando per sapere se ha mai veduto in casa di questi medici bravi la sala dove i clienti stanno ad aspettare il loro turno per esser visitati.

L'insolita descrizione dell'«arte» di fare i nodi da parte dei commessi sorprende anche l'altro interlocutore, che commenta ironicamente l'acutezza di questa raffigurazione.

Pur senza conoscere ancora la situazione del protagonista, il suo desiderio di «attaccarsi alla vita» con l'immaginazione, fa supporre l'esistenza di una "trappola" alla quale egli vuole sfuggire.

La casa familiare appare qui come una prigione, che impedisce di percepire l'essenza della vita vera.

---

8. **involtare:** *incartare.*
9. **Mi ci dimentico:** *così facendo mi dimentico di me stesso.*
10. **bordatino:** *tessuto di cotone rigato.*
11. **posare:** *riposare, stare ferma.*
12. **a capriccio:** *a caso, sregolatamente.*
13. **apparenze:** *indizi.*
14. **alito:** *atmosfera.*
15. **mi figuro:** *mi immagino.*

Novelle per un anno

– Ah, sì… mi toccò una volta accompagnare una mia figliuola che soffriva di nervi.

– Bene. Non voglio sapere. Dico, quelle sale… Ci ha fatto attenzione? Quei di-
80 vani di stoffa scura, di foggia antica… quelle seggiole imbottite, spesso scompagne[16]… quelle poltroncine… È roba comprata di combinazione[17], roba di riven-
dita, messa lì per i clienti; non appartiene mica alla casa. Il signor dottore ha per
sé, per le amiche della sua signora, un ben altro salotto, ricco, splendido. Chi sa
come striderebbe qualche seggiola, qualche poltroncina di quel salotto portata
85 qua nella sala dei clienti, a cui basta quell'arredo così, alla buona. Vorrei sapere
se lei, quando andò per la sua figliuola, guardò attentamente la poltrona o la seggiola su cui stette seduto, aspettando.

– Io no, veramente…

– Eh già, perché lei non era malato… Ma neanche i malati spesso ci badano,
90 compresi come sono del loro male[18]. Eppure, quante volte certuni stan lì intenti a guardarsi il dito che fa segni vani[19] sul bracciuolo lustro[20] di quella poltrona
su cui stan seduti! Pensano e non vedono. Ma che effetto fa, quando poi si esce
dalla visita, riattraversando la sala, il riveder la seggiola su cui poc'anzi, in attesa
della sentenza sul nostro male ancora ignoto, stavamo seduti! Ritrovarla occupa-
95 ta da un altro cliente, anch'esso col suo male nascosto; o là, vuota, impassibile,
in attesa che un altro qualsiasi venga a occuparla… Ma che dicevamo? Ah, già…
il piacere dell'immaginazione… Chi sa perché, ho pensato subito a una seggiola
di queste sale di medici, dove i clienti stanno in attesa del consulto…

– Già… veramente…

100 – Non capisce? Neanche io. Ma è che certi richiami di immagini, tra loro lontane, sono così particolari a ciascuno di noi, e determinati da ragioni ed esperienze
così singolari, che l'uno non intenderebbe più l'altro se, parlando, non ci vietassi-
mo di farne uso. Niente di più illogico, spesso, di queste analogie. Ma la relazione, forse, può esser questa, guardi: – Avrebbero piacere quelle seggiole d'imma-
105 ginare chi sia il cliente che viene a seder su loro in attesa del consulto? Che male covi dentro? Dove andrà, che farà dopo la visita? – Nessun piacere. E così io:
nessuno! Vengono tanti clienti, ed esse sono là, povere seggiole, per essere occupate. Ebbene, è anche un'occupazione simile la mia. Ora mi occupa questo, ora
quello. In questo momento mi sta occupando lei, e creda che non provo nessun
110 piacere del treno che ha perduto, della famiglia che l'aspetta in villeggiatura, di
tutti i fastidii che posso supporre in lei…

– Uh, tanti, sa!

– Ringrazii Dio, se sono fastidii soltanto. C'è chi ha di peggio, caro signore. Io le
dico che ho bisogno d'attaccarmi con l'immaginazione alla vita altrui, ma così,
115 senza piacere, senza punto[21] interessarmene, anzi… anzi… per sentirne il fastidio, per giudicarla sciocca e vana, la vita, cosicché veramente non debba impor-
tare a nessuno di finirla. E questo è da dimostrare bene, sa? Con prove ed esem-
pii continui a noi stessi, implacabilmente. Perché, caro signore, non sappiamo
da che cosa sia fatto, ma c'è, c'è, ce lo sentiamo tutti qua, come un'angoscia nel-
120 la gola, il gusto della vita, che non si soddisfa mai, che non si può mai soddisfare, perché la vita, nell'atto stesso che la viviamo, è così sempre ingorda di sé stessa, che non si lascia assaporare. Il sapore è nel passato, che ci rimane vivo den-

---

Si allude qui al ruo-
lo fondamentale
dell'analogia nella
fantasia immagina-
tiva e, di conseguen-
za, anche nell'attivi-
tà letteraria.

La vita non può es-
sere racchiusa nel-
la forma che la so-
cietà ci impone ed
è quindi impossibi-
le goderla in tutta la
sua totalità.

---

16. scompagne: *scompagnate*, cioè diverse l'una dall'altra.

17. di combinazione: *a caso.*

18. compresi … del loro male: *concentrati
sulla loro malattia.*

19. vani: *privi di senso.*

20. lustro: *consumato.*

21. punto: *affatto.*

La morte addosso   635

tro. Il gusto della vita ci viene di là, dai ricordi che ci tengono legati. Ma legati a
che cosa? A questa sciocchezza qua… a queste noje… a tante stupide illusioni…
125 insulse occupazioni… Sì sì. Questa che ora qua è una sciocchezza… questa che
ora qua è una noja… e arrivo finanche a dire questa che ora è per noi una sventura, una vera sventura… sissignori, a distanza di quattro, cinque, dieci anni, chi
sa che sapore acquisterà… che gusto, queste lagrime… E la vita, perdio, al solo pensiero di perderla… specialmente quando si sa che è questione di giorni…
130 – Ecco… vede là? Dico là, a quel cantone[22]… vede quell'ombra malinconica di
donna? Ecco, s'è nascosta!
– Come? Chi… chi è che…?
– Non l'ha vista? S'è nascosta…
– Una donna?
135 – Mia moglie, già…
– Ah! La sua signora?
– Mi sorveglia da lontano. E mi verrebbe, creda, d'andarla a prendere a calci.
Ma sarebbe inutile. È come una di quelle cagne sperdute, ostinate, che più lei le
prende a calci, e più le si attaccano alle calcagna. Ciò che quella donna sta sof-
140 frendo per me, lei non se lo può immaginare. Non mangia, non dorme più… Mi
viene appresso, giorno e notte, così… a distanza… E si curasse almeno di spol-
verarsi quella ciabatta che tiene in capo[23], gli abiti… Non pare più una donna,
ma uno strofinaccio. Le si sono impolverati per sempre[24] anche i capelli, qua
sulle tempie; ed ha appena trentaquattro anni. Mi fa una stizza, che lei non può
145 credere. Le salto addosso, certe volte, le grido in faccia «Stupida!» scrollandola.
Si piglia tutto. Resta lì a guardarmi con certi occhi… con certi occhi che, le giuro, mi fa venire qua alle dita una selvaggia voglia di strozzarla. Niente. Aspetta
che mi allontani per rimettersi a seguirmi – Ecco, guardi… sporge di nuovo il
capo dal cantone…
150 – Povera signora…
– Ma che povera signora! Vorrebbe, capisce? ch'io me ne stessi a casa, mi mettessi
là fermo placido, come vuole lei, a prendermi tutte le sue più amorose e sviscera-
te cure… a goder dell'ordine perfetto di tutte le stanze, della lindura[25] di tutti
i mobili, di quel silenzio di specchio[26] che c'era prima in casa mia, misurato dal
155 tic-tac della pendola nel salotto da pranzo… Questo vorrebbe! Io domando ora
a lei, per farle intendere l'assurdità… ma no, che dico l'assurdità! la macabra ferocia di questa pretesa, le domando se crede possibile che le case d'Avezzano, le
case di Messina, sapendo del terremoto[27] che di lì a poco le avrebbe sconquassa-
te, avrebbero potuto starsene lì tranquille, sotto la luna, ordinate in fila lungo le
160 strade e le piazze, obbedienti al piano regolatore della commissione edilizia mu-
nicipale? Case, perdio, di pietra e travi, se ne sarebbero scappate! Immagini i cittadini d'Avezzano, i cittadini di Messina, spogliarsi tranquilli per mettersi a letto,
ripiegare gli abiti, metter le scarpe fuori dell'uscio, e cacciandosi sotto le coperte
godere del candor fresco delle lenzuola di bucato, con la coscienza che fra poche
165 ore sarebbero morti… Le sembra possibile?
– Ma forse la sua signora…

---

22. cantone: *angolo.*
23. quella ciabatta … capo: *il cappellino, ormai rovinato.*
24. impolverati per sempre: *ingrigiti.*

25. lindura: *pulizia.*
26. silenzio di specchio: *silenzio della casa perfettamente pulita ("tirata a specchio"), ma priva di vita.*

27. terremoto: Messina fu sconvolta nel 1908 da un violentissimo terremoto; Avezzano (presso L'Aquila) subì lo stesso destino nel 1915.

> Solo adesso si rivela il significato del titolo e si spiega la lunga riflessione sull'immaginazione e sui dettagli in apparenza più insignificanti del vivere.

– Mi lasci dire! Se la morte, signor mio, fosse come uno di quegl'insetti strani, schifosi, che qualcuno inopinatamente ci scopre addosso... Lei passa per via; un altro passante, all'improvviso, lo ferma e, cauto, con due dita protese, le dice: «Scusi, permette? Lei, egregio signore, ci ha la morte addosso». E con quelle due dita protese, gliela piglia e gliela butta via... Sarebbe magnifica! Ma la morte non è come uno di questi insetti schifosi. Tanti che passeggiano disinvolti e alieni[28], forse ce l'hanno addosso; nessuno la vede; ed essi pensano intanto tranquilli a ciò che faranno domani o doman l'altro. Ora io, caro signore, ecco... venga qua... qua, sotto questo lampione... venga... le faccio vedere una cosa... Guardi qua, sotto questo baffo... qua, vede che bel tubero[29] violaceo? Sa come si chiama questo? Ah, un nome dolcissimo... più dolce d'una caramella: Epitelioma[30], si chiama. Pronunzii, pronunzii... sentirà che dolcezza: epiteli-o-ma... La morte, capisce? È passata. M'ha ficcato questo fiore in bocca e m'ha detto: «Tientelo, caro: ripasserò fra otto o dieci mesi!». Ora mi dica lei, se, con questo fiore in bocca, io me ne posso stare a casa tranquillo e alieno, come quella disgraziata vorrebbe. Le grido: «Ah sì, e vuoi che ti baci?» – «Sì, baciami!» – Ma sa che ha fatto? Con uno spillo, l'altra settimana s'è fatto uno sgraffio qua, sul labbro, e poi m'ha preso la testa: mi voleva baciare... baciare in bocca... Perché dice che vuol morire con me[31]. È pazza. A casa io non ci sto. Ho bisogno di starmene dietro le vetrine delle botteghe, io, ad ammirare la bravura dei giovani di negozio. Perché, lei lo capisce, se mi si fa un momento di vuoto dentro... lei lo capisce, posso anche ammazzare come niente tutta la vita in uno che non conosco... cavare la rivoltella e ammazzare uno che, come lei, per disgrazia, abbia perduto il treno... No no, non tema, caro signore: io scherzo! – Me ne vado. Ammazzerei me, se mai... Ma ci sono, di questi giorni, certe buone albicocche... Come le mangia lei? Con tutta la buccia, è vero? Si spaccano a metà: si premono con due dita, per lungo, come due labbra succhiose[32]... Ah che delizia! – Mi ossequi la sua egregia signora e anche le sue figliuole in villeggiatura. Me le immagino vestite di bianco e celeste, in un bel prato verde in ombra... E mi faccia un piacere, domattina, quando arriverà. Mi figuro che il paesello disterà un poco dalla stazione... All'alba lei può far la strada a piedi. Il primo cespuglietto d'erba su la proda[33]. Ne conti i fili per me. Quanti fili saranno, tanti giorni ancora io vivrò. Ma lo scelga bello grosso, mi raccomando. Buona notte, caro signore.

René Magritte, *Il doppio segreto*, 1927.

---

28. alieni: *estranei* (all'idea della morte).
29. tubero: *gonfiore, escrescenza.*
30. Epitelioma: *tumore maligno della pelle.*
31. vuol morire con me: *il gesto della donna è del tutto irrazionale, poiché il tumore non è un male contagioso.*
32. succhiose: *carnose.*
33. su la proda: *al margine della strada.*

La morte addosso 637

COMPRENSIONE

1 Qual è la situazione di partenza da cui ha origine la novella?

2 Per quale motivo uno dei due interlocutori si sofferma a descrivere in modo estremamente dettagliato le azioni dei commessi che incartano i pacchi?

3 A che proposito viene ricordata nel testo la sala d'aspetto di un medico?

4 Che cos'è il «fiore in bocca» di cui parla il protagonista?

5 Perché la moglie del protagonista lo segue di continuo? Quali sono le sue reazioni?

ANALISI E INTERPRETAZIONE

6 Che tipo di proposizione è «che le case d'Avezzano, le case di Messina… avrebbero potuto starsene lì tranquille» (rr. 157-159)?
a. dichiarativa
b. oggettiva
c. consecutiva
d. relativa

7 Individua nel testo tutti i termini e le espressioni usate per descrivere le operazioni di incartamento. Perché, a tuo parere, Pirandello utilizza un linguaggio così preciso e minuzioso?

8 Come cambia la psicologia del protagonista dall'inizio alla fine della novella?

9 Quale valore viene attribuito da Pirandello all'«immaginazione»?

> ➜ **Oltre il testo** **Confrontare e analizzare**
>
> • Confronta *La morte addosso* con *Il treno ha fischiato* (p. 626): ti sembra che all'«immaginazione» sia riconosciuto lo stesso valore? Rispondi in un testo scritto con riferimenti puntuali ai due testi.

10 In che modo viene affrontato il tema della malattia? Si tratta di una condizione che annulla l'individuo o, al contrario, gli permette di vivere in maniera più piena?

> ➜ **Oltre il testo** **Confrontare e analizzare**
>
> • La malattia del protagonista è ovviamente molto diversa da quella di Belluca, protagonista de *Il treno ha fischiato...*; ritieni però che vi siano dei punti di contatto tra i due personaggi?

11 Anche da questa novella Pirandello ha tratto un atto unico. Quali sono, a tuo parere, gli elementi che già danno l'idea di un possibile adattamento teatrale?

SCRITTURA E APPROFONDIMENTO

12 Dopo aver letto anche le altre due novelle antologizzate analizza in un testo di massimo due pagine le principali caratteristiche tematiche e formali dei tre testi, evidenziando analogie e differenze.

Novelle per un anno

Il *fu* Mattia Pascal

Genesi e trama Scritto nel 1903, *Il fu Mattia Pascal* viene pubblicato l'anno seguente, prima a puntate sulla rivista «Nuova Antologia» e poi in volume, con notevole successo di pubblico. L'edizione definitiva – preceduta da un'*Avvertenza sugli scrupoli della fantasia* – risale al 1921.

L'omonimo protagonista del romanzo vive a Miragno, un immaginario paesino ligure. Alla morte del padre eredita una grossa fortuna ma, incapace e ingenuo, viene ridotto in miseria da un amministratore disonesto. Indotto a sposare la cugina Romilda, che aspetta un figlio da lui, Mattia si ritrova prigioniero di un matrimonio infelicissimo. Fugge allora a **Montecarlo**, dove vince una notevole somma di denaro. Ma sul treno che lo riporta a casa legge su un giornale che, proprio in quei giorni, è stato ritrovato un cadavere che sua moglie ha riconosciuto come... Mattia Pascal, morto suicida. Il protagonista **approfitta della propria "morte"** per crearsi una nuova vita, dietro l'**identità fittizia di Adriano Meis**. Dopo un periodo di viaggi si stabilisce a Roma, in casa di Anselmo Paleari, e si innamora di sua figlia Adriana. Ben presto si rende però conto che, privo di un'identità anagrafica, agli occhi della società egli non esiste. Dopo aver **inscenato il suicidio di Adriano Meis**, Mattia torna a Miragno, dove scopre che sua moglie, credendolo morto, si è risposata e che tutti lo hanno dimenticato. Ormai **privo di identità**, non può far altro che accettare di vivere in una sorta di limbo, come «il fu Mattia Pascal».

Una struttura anomala Nel romanzo, diviso in diciotto capitoli titolati, i **fatti** sono **narrati dal protagonista stesso**. Lo scardinamento totale della coincidenza tra *fabula* e intreccio fa sì che il romanzo abbia inizio a vicenda conclusa e che solo nel finale il tempo della storia si saldi con il presente della narrazione. Il testo assume quindi una **struttura circolare**, in quanto il racconto vero e proprio, in *flashback*, è incorniciato dai due capitoli iniziali e dal finale, le uniche parti **narrate al presente e a vicenda conclusa**. Protagonista di questa 'cornice' è il «**fu**» Mattia Pascal, che lavora nella biblioteca di Miragno e decide, su consiglio del parroco, di mettere per iscritto le sue memorie, che costituiscono il corpo centrale del romanzo. I primi due capitoli contengono due *Premesse*; i capp. **III-VI** narrano le vicende del **giovane Mattia Pascal**, dalla sua infanzia alla vincita al

⦿ La struttura del romanzo

capitoli	vicende	protagonista	tempo	spazio
I-II	Il protagonista dichiara di voler narrare le sue memorie	il «fu» Mattia Pascal	presente	Biblioteca di Miragno
III-VI	Infanzia e giovinezza; il matrimonio opprimente e la fuga a Montecarlo	Mattia Pascal	passato: gli anni della giovinezza	Miragno, Montecarlo
VII *capitolo di svolta*	La scoperta della propria 'prima morte'		passato: due giorni	Il treno
VIII-XVI	La nuova identità e l'amore per Adriana; la 'seconda morte'	Adriano Meis	passato: due anni e qualche mese	Viaggi, Milano, Roma
XVII-XVIII	Il ritorno a Miragno e la 'terza e definitiva morte'	Il «fu» Mattia Pascal	passato: sei mesi; ritorno al presente	Biblioteca di Miragno

Il fu Mattia Pascal **639**

gioco. Il cap. **VII** (intitolato *Cambio treno!*) segna la svolta della vicenda e apre la seconda parte del romanzo, che comprende i capp. **VIII-XVI** e ha come protagonista **Adriano Meis**.

Tutta la vicenda è filtrata attraverso il **punto di vista soggettivo del protagonista**, che rievoca gli eventi consapevole del loro esito. Tuttavia l'io narrante (il «fu» Mattia Pascal) **coincide solo in parte con l'io narrato**, scomposto in tre diverse identità: Mattia Pascal, Adriano Meis e il «fu» Mattia Pascal.

La morte dell'identità   Il tema centrale del romanzo è costituito dalla **perdita dell'identità** del protagonista, il cui tentativo di liberarsi dalla "trappola" delle convenzioni sociali si risolve in un totale fallimento. Soffocato dalle difficoltà economiche e familiari, Mattia Pascal **si illude di poter sfuggire**

al peso delle **«forme»** sfruttando l'occasione che il caso gli offre. Ma la sua trasformazione in Adriano Meis non gli permette di trovare una vera libertà; al contrario, lo intrappola in una **nuova «forma»**, che però **non ha alcuna consistenza** agli occhi della società. La **soluzione è totalmente negativa**: il protagonista diviene una sorta di sopravvissuto a se stesso e deve ammettere che **l'uomo non può vivere né all'interno della «forma»**, che lo opprime, **né al di fuori di essa**.

A questa tematica centrale si collegano numerosi temi secondari tipicamente pirandelliani, quali l'**inettitudine** del protagonista (un vero e proprio antieroe, al centro di una sorta di **romanzo di formazione rovesciato**, vedi *La parola alla critica*), l'importanza del **caso** e della sorte, e il motivo del "**doppio**", legato all'immagine ricorrente dello specchio.

La parola alla critica

Enrico Ghidetti, *Le illusioni di Mattia Pascal*

Enrico Ghidetti, studioso del Decadentismo italiano, rilegge il caso di Mattia Pascal alla luce della coscienza novecentesca della crisi e dell'impossibilità di salvezza per l'uomo moderno. Anche Mattia Pascal, aiutato dalla sorte a rinascere a nuova vita, dovrà fare i conti, al termine della propria vicenda, con una irreparabile delusione.

In treno, gli occhi fissi sul giornale che reca notizia della sua morte, Mattia intravede luminosa la possibilità di una rinascita al mondo, forte di una nuova personalità (di qui l'insistenza sulla necessità di una autoeducazione): d'ora innanzi *faber est suae quisque fortunae*[1]; è questa la scommessa su cui Pirandello invita il suo personaggio. [...] In realtà, Pirandello offre a Mattia solo una illusoria possibilità di riscatto ed è la scintilla che – scaturendo dall'attrito di avvenimenti imprevedibili, ma che ruotano tutti intorno alla morte – accende per breve tempo la speranza. Del resto il nuovo Adriano Meis[2], fin dal primo tentativo di cambiare, per motivi prudenziali, i connotati di Mattia, scopre un'immagine di se stesso dimenticata e sgradevole: quanto a dire che il tentativo di evadere dal grigiore del passato rivela subito la sua illusorietà di fronte allo specchio del barbiere, perché il nuovo Adriano ha le fattezze incresciose che per tanti anni il vecchio Mattia aveva cercato di correggere e occultare. [...] Il sogno di rinnovamento di Mattia Pascal fallisce perché dalla morte (la madre, la figlia, lo sconosciuto suicida: circostanze tutte che hanno determinato il suo straordinario caso) non può nascere la vita. Il caso ha solo momentaneamente deviato il corso dell'esistenza e, alla fine, Mattia si ritrova come all'inizio del romanzo, ma dopo aver subito un'irreparabile perdita: non quella della moglie, che è anzi liberazione, ma quella dell'identità («io non saprei proprio dire ch'io mi sia»). Ora abbandono e solitudine configurano una condizione quasi ascetica di distacco, scandita dal rito delle visite al cimitero, opera di misericordia e di preparazione: Mattia, morto due volte per gli altri, nel piccolo cimitero di Miragno fa ancora una 'prova generale' della morte, recita la propria morte, ancora e fino alla fine «forestiero» della vita.

E. Ghidetti, *Pirandello: il protagonista «disajutato»*, in *Malattia, coscienza e destino. Per una mitografia del Decadentismo*, Firenze, La Nuova Italia, 1993

1. faber est suae quisque fortunae: «ciascuno è artefice della propria sorte», motto latino che lo storico Sallustio attribuisce al console Appio Claudio Cieco.

2. Adriano Meis: è il nome fittizio che si attribuisce Mattia.

T5 Prima e seconda premessa

Il fu Mattia Pascal, capp. I-II

I primi due capitoli svolgono una funzione introduttiva a tutto il romanzo. Collocati nel presente – ossia quando la vicenda rievocata nel testo si è ormai conclusa – permettono al protagonista e io narrante Mattia Pascal di presentare se stesso e di spiegare le motivazioni che l'hanno spinto a scrivere la sua bizzarra autobiografia. In particolare, la «premessa seconda», definita ironicamente «filosofica», inquadra la vicenda narrata all'interno di una particolare visione relativistica e «umoristica» della realtà, tipicamente novecentesca.

Apri il vocabolario

Il termine "senno" deriva dal franco *sinn* ("sentimento, animo", con la stessa radice del latino *sensus*); indica la capacità di raziocinio, ed è sinonimo di "buonsenso, ragionevolezza". Ne derivano gli aggettivi *assennato* ("dotato di senno") e, in senso negativo, *forsennato* ("folle, agitato") e *dissennato* ("squilibrato, pazzo").

Fin dall'esordio, il narratore-protagonista pone l'accento sulla questione del nome, emblema dell'identità che ha perduto.

Premessa

Una delle poche cose, anzi forse la sola ch'io sapessi di certo era questa: che mi chiamavo Mattia Pascal. E me ne approfittavo. Ogni qual volta qualcuno de' miei amici o conoscenti dimostrava d'aver perduto il senno fino al punto di venire da
5 me per qualche consiglio o suggerimento, mi stringevo nelle spalle, socchiudevo gli occhi e gli rispondevo:
– Io mi chiamo Mattia Pascal.
– Grazie, caro. Questo lo so.
– E ti par poco?
10 Non pareva molto, per dir la verità, neanche a me. Ma ignoravo allora che cosa volesse dire il non sapere neppur questo, il non poter più rispondere, cioè, come prima, all'occorrenza:
- Io mi chiamo Mattia Pascal.
Qualcuno vorrà bene compiangermi (costa così poco), immaginando l'atroce cordoglio[1] d'un disgraziato, al quale avvenga di scoprire tutt'a un tratto che… sì, niente, insomma: né padre, né madre, né come fu o come non fu[2]; e vorrà pur bene indignarsi (costa anche meno) della corruzione dei costumi, e de' vizii, e della tristezza dei tempi, che di tanto male possono esser cagione[3] a un povero innocente. Ebbene, si accomodi. Ma è mio dovere avvertirlo che non si tratta propriamen-
20 te di questo.
Potrei qui esporre, di fatti, in un albero genealogico, l'origine e la discendenza della mia famiglia e dimostrare come qualmente[4] non solo ho conosciuto mio padre e mia madre, ma e gli antenati miei e le loro azioni, in un lungo decorso di tempo, non tutte veramente lodevoli.
25 E allora?
Ecco: il mio caso è assai più strano e diverso; tanto diverso e strano che mi faccio[5] a narrarlo.
Fui, per circa due anni, non so se più cacciatore di topi che guardiano di libri nella biblioteca che un monsignor Boccamazza, nel 1803, volle lasciar morendo al nostro
30 Comune[6]. È ben chiaro che questo Monsignore dovette conoscer poco l'indole e le abitudini de' suoi concittadini; o forse sperò che il suo lascito dovesse col tempo e con la comodità accendere nel loro animo l'amore per lo studio. Finora, ne posso rendere testimonianza, non si è acceso: e questo dico in lode de' miei concittadi-

1. l'atroce cordoglio: *il terribile dispiacere.*
2. che … non fu: Pascal finge di credere che il lettore colleghi l'imbarazzo relativo al nome a una nascita illegittima.
3. cagione: *causa.*
4. come qualmente: *in quale modo.*
5. mi faccio: *mi appresto.*
6. nostro Comune: si tratta di Miragno, immaginario paese della Liguria in cui il romanzo è ambientato.

Prima e seconda premessa **641**

35 ni. Del dono anzi il Comune si dimostrò così poco grato al Boccamazza, che non volle neppure erigergli un mezzo busto pur che fosse[7], e i libri lasciò per molti e molti anni accatastati in un vasto e umido magazzino, donde[8] poi li trasse, pensate voi in quale stato, per allogarli[9] nella chiesetta fuori mano di Santa Maria Liberale, non so per qual ragione sconsacrata. Qua li affidò, senz'alcun discernimento, a titolo di beneficio, e come sinecura[10], a qualche sfaccendato ben protetto il quale,

40 per due lire al giorno, stando a guardarli, o anche senza guardarli affatto, ne avesse sopportato per alcune ore il tanfo della muffa e del vecchiume.

Tal sorte toccò anche a me; e fin dal primo giorno io concepii così misera stima dei libri, sieno essi a stampa o manoscritti (come alcuni antichissimi della nostra biblioteca), che ora non mi sarei mai e poi mai messo a scrivere, se, come ho detto,

45 non stimassi davvero strano il mio caso e tale da poter servire d'ammaestramento a qualche curioso lettore, che per avventura, riducendosi finalmente a effetto[11] l'antica speranza della buon'anima di monsignor Boccamazza, capitasse in questa biblioteca, a cui io lascio questo mio manoscritto, con l'obbligo però che nessuno possa aprirlo se non cinquant'anni dopo la mia terza, ultima e definitiva morte.

50 Giacché, per il momento (e Dio sa quanto me ne duole), io sono morto, sì, già due volte, ma la prima per errore, e la seconda… sentirete.

Premessa seconda (filosofica) a mo' di scusa

L'idea o piuttosto, il consiglio di scrivere mi è venuto dal mio reverendo amico don Eligio Pellegrinotto, che al presente ha in custodia i libri della Boccamazza,

55 e al quale io affido il manoscritto appena sarà terminato, se mai sarà.

Lo scrivo qua, nella chiesetta sconsacrata, al lume che mi viene dalla lanterna lassù, della cupola; qua, nell'abside[12] riservata al bibliotecario e chiusa da una bassa cancellata di legno a pilastrini, mentre don Eligio sbuffa sotto l'incarico che si è eroicamente assunto di mettere un po' d'ordine in questa vera babilonia di libri.

60 Temo che non ne verrà mai a capo. […]

Molti libri curiosi e piacevolissimi don Eligio Pellegrinotto, arrampicato tutto il giorno su una scala da lampionajo[13], ha pescato negli scaffali della biblioteca, Ogni qual volta ne trova uno, lo lancia dall'alto, con garbo, sul tavolone che sta in mezzo; la chiesetta ne rintrona; un nugolo di polvere si leva, da cui due o tre

65 ragni scappano via spaventati: io accorro dall'abside, scavalcando la cancellata; do prima col libro stesso la caccia ai ragni su pe'l tavolone polveroso; poi apro il libro e mi metto a leggiucchiarlo.

Così, a poco a poco, ho fatto il gusto a siffatte letture. Ora don Eligio mi dice che il mio libro dovrebbe esser condotto[14] sul modello di questi ch'egli va scovando

70 nella biblioteca, aver cioè il loro particolar sapore. Io scrollo le spalle e gli rispondo che non è fatica per me.

E poi altro mi trattiene.

Tutto sudato e impolverato, don Eligio scende dalla scala e viene a prendere una boccata d'aria nell'orticello che ha trovato modo di far sorgere qui dietro l'abside,

---

Il romanzo viene presentato come un memoriale autobiografico scritto dallo stesso Mattia Pascal affinché il suo caso possa essere d'esempio a quanti lo leggeranno.

Le abili reticenze del narratore creano un clima di *suspense* che tiene viva la curiosità del lettore.

Apri il vocabolario

La città di Babilonia (o Babele) è citata nella Bibbia come luogo di corruzione e confusione, anche in seguito al tentativo dei suoi abitanti di sfidare Dio innalzando una torre altissima e alla punizione che ne derivò (la confusione delle lingue). Il termine "babilonia" è quindi diventato di uso comune per indicare "confusione" e "disordine".

---

7. un mezzo busto pur che fosse: *un monumento, qualunque esso fosse* (cioè anche di piccole dimensioni).
8. donde: *da dove.*
9. allogarli: *collocarli.*

10. sinecura: *senza obblighi o impegni particolari* (dal latino *sine cura*, letteralmente «senza preoccupazione»).
11. riducendosi … effetto: *realizzandosi infine.*

12. abside: è la zona che chiude la navata della chiesa, collocata dietro l'altare.
13. lampionajo: era l'addetto ad accendere e spegnere i lumi a olio nelle strade.
14. condotto: *scritto, compiuto.*

Il fu Mattia Pascal

75 riparato giro giro[15] da stecchi e spuntoni.

– Eh, mio reverendo amico, – gli dico io, seduto sul murello, col mento appoggiato al pomo del bastone, mentr'egli attende alle[16] sue lattughe. – Non mi par più tempo, questo, di scriver libri, neppure per ischerzo. In considerazione anche della letteratura, come per tutto il resto, io debbo ripetere il mio solito ritor-
80 nello: Maledetto sia Copernico!

– Oh oh oh, che c'entra Copernico! – esclama don Eligio, levandosi su la vita, col volto infocato[17] sotto il cappellaccio di paglia.

– C'entra, don Eligio. Perché, quando la Terra non girava…

– E dàlli! Ma se ha sempre girato!

85 – Non è vero. L'uomo non lo sapeva, e dunque era come se non girasse. Per tanti, anche adesso non gira. L'ho detto l'altro giorno a un vecchio contadino, e sapete come m'ha risposto? ch'era una buona scusa per gli ubriachi. Del resto, anche voi scusate, non potete mettere in dubbio che Giosuè fermò il Sole[18]. Ma lasciamo star questo. Io dico che quando la Terra non girava, e l'uomo, vestito da greco o da romano, vi faceva così bella figura e così altamente sentiva di sé[19] e tanto
90 si compiaceva della propria dignità, credo bene che potesse riuscire accetta[20] una narrazione minuta e piena d'oziosi particolari. Si legge o non si legge in Quintiliano[21], come voi m'avete insegnato, che la storia doveva esser fatta per raccontare e non per provare?

> È una velata e polemica allusione alla narrativa naturalista e verista.

95 – Non nego, – risponde don Eligio, – ma è vero altresì che non si sono mai scritti libri così minuti, anzi minuziosi in tutti i più riposti particolari, come dacché, a vostro dire, la Terra s'è messa a girare.

> In tono volutamente ironico, Pascal fa la parodia di alcuni possibili *incipit* di romanzi tradizionali.

– E va bene! *Il signor conte si levò per tempo, alle ore otto e mezzo precise… La signora contessa indossò un abito lilla con una ricca fioritura di merletti alla gola… Teresina si moriva di fame… Lucrezia spasimava d'amore…* Oh, santo Dio! e che vo-
100 lete che me n'importi?

Siamo o non siamo su un'invisibile trottolina, cui fa da ferza un fil di sole[22], su un granellino di sabbia impazzito che gira e gira e gira, senza saper perché, senza pervenir mai a destino[23], come se ci provasse gusto a girar così, per farci sentire ora un po' più di caldo, ora un po' più di freddo, e per farci morire - spes-
105 so con la coscienza d'aver commesso una sequela di piccole sciocchezze - dopo

> La teoria apparentemente bizzarra di Mattia Pascal esprime il relativismo conoscitivo di Pirandello: da quando Copernico ha dimostrato che la Terra non è più al centro del mondo l'uomo ha perso la possibilità di credere in valori assoluti.

cinquanta o sessanta giri[24]? Copernico, Copernico, don Eligio mio ha rovinato l'umanità, irrimediabilmente. Ormai noi tutti ci siamo a poco a poco adattati alla nuova concezione dell'infinita nostra piccolezza, a considerarci anzi men che
110 niente nell'Universo, con tutte le nostre belle scoperte e invenzioni e che valore dunque volete che abbiano le notizie, non dico delle nostre miserie particolari, ma anche delle generali calamità? Storie di vermucci ormai le nostre. Avete letto di quel piccolo disastro delle Antille[25]? Niente. La Terra, poverina, stanca di girare, come vuole quel canonico polacco[26], senza scopo, ha avuto un piccolo moto

---

15. giro giro: *tutto intorno.*
16. attende alle: *si occupa delle.*
17. infocato: *arrossato* (per la fatica).
18. Giosuè fermò il Sole: riferimento al noto passo biblico (*Giosuè* 10, 12-13) in cui si narra che Giosuè, successore di Mosè, per avere più tempo per combattere in una battaglia cruciale per il popolo ebraico, ingiunse al Sole di fermare il suo corso.
19. così altamente sentiva di sé: *aveva di sé*

una così alta opinione.
20. riuscire accetta: *risultare gradita.*
21. Quintiliano: famoso retore latino vissuto sotto i Flavi, autore di una *Institutio oratoria*.
22. cui … sole: *a cui il Sole dà l'impulso di girare* (la «ferza» è propriamente una frusta o un bastone usato per colpire gli animali da lavoro); il passo si riferisce alla rotazione terrestre intorno al Sole.
23. pervenir mai a destino: *giungere mai a*

destinazione.
24. giri: *anni.*
25. disastro delle Antille: allusione all'eruzione del vulcano La Pelée, che nel maggio 1902 causò oltre trentamila vittime nell'isola caraibica di Martinica.
26. quel canonico polacco: Copernico, che era un prete («canonico»).

Prima e seconda premessa **643**

Il tema delle «illusioni» create dalla natura per lenire l'infelicità umana è di derivazione leopardiana.

115 d'impazienza, e ha sbuffato un po' di fuoco per una delle tante sue bocche. Chi sa che cosa le aveva mosso quella specie di bile. Forse la stupidità degli uomini che non sono stati mai così nojosi come adesso. Basta. Parecchie migliaja di vermucci abbrustoliti. E tiriamo innanzi. Chi ne parla più?

120 Don Eligio Pellegrinotto mi fa però osservare che per quanti sforzi facciamo nel crudele intento di strappare, di distruggere le illusioni che la provvida[27] natura ci aveva create a fin di bene, non ci riusciamo. Per fortuna, l'uomo si distrae facilmente. Questo è vero. Il nostro Comune, in certe notti segnate nel calendario, non fa accendere i lampioni, e spesso - se è nuvolo - ci lascia al bujo.

125 Il che vuol dire, in fondo, che noi anche oggi crediamo che la luna non stia per altro nel cielo, che per farci lume di notte, come il sole di giorno, e le stelle per offrirci un magnifico spettacolo. Sicuro. E dimentichiamo spesso e volentieri di essere atomi infinitesimali per rispettarci e ammirarci a vicenda, e siamo capaci di azzuffarci per un pezzettino di terra o di dolerci di certe cose, che, ove fossimo veramente compenetrati[28] di quello che siamo, dovrebbero parerci miserie incalcolabili.

130 Ebbene, in grazia di questa distrazione provvidenziale, oltre che per la stranezza del mio caso, io parlerò di me, ma quanto più brevemente mi sarà possibile, dando cioè soltanto quelle notizie che stimerò necessarie.

Alcune di esse, certo, non mi faranno molto onore; ma io mi trovo ora in una condizione così eccezionale, che posso considerarmi come già fuori della vita, e

135 dunque senza obblighi e senza scrupoli di sorta.
Cominciamo.

---

27. provvida: *benevola*.   **28.** compenetrati: *consapevoli*.

Analisi del testo

COMPRENSIONE
Nella **prima Premessa Mattia Pascal si presenta** come aiuto bibliotecario del parroco di Miragno, don Eligio Pellegrinotto, e afferma di aver deciso di scrivere il «caso… strano e diverso» di cui è egli stesso stato protagonista, nella speranza che possa «servire d'ammaestramento a qualche curioso lettore» (rr. 45-46). Il suo manoscritto dovrà però essere letto non prima che siano passati cinquant'anni dalla sua «terza, ultima e definitiva» morte.

Dopo aver così suscitato la curiosità del lettore, nella «**Premessa seconda**» Pascal, protagonista e io narrante del romanzo, ricorda che il consiglio di mettere per iscritto le sue avventure gli venne proprio da don Eligio, durante una conversazione svoltasi nell'orto della canonica. In quell'occasione, egli aveva sostenuto gli **effetti negativi delle scoperte di Copernico** che, affossando l'idea della centralità della Terra nell'universo, avevano svelato «l'infinita piccolezza» dell'uomo, inducendolo a svalutare se stesso e le sue creazioni, compresa la letteratura. Ma visto che – come afferma don Eligio – gli uomini si «distraggono» volentieri da questa amara consapevolezza, Mattia si è **deciso a narrare le sue disavventure**; intende farlo «quanto più brevemente possibile» ma senza alcuno scrupolo eccessivo, dal momento che può considerarsi «come già fuori della vita».

ANALISI E INTERPRETAZIONE
Un esordio anomalo Le due «premesse» svolgono la duplice funzione di **presentare il protagonista-narratore** della vicenda e suscitare la curiosità del lettore, accentuando lo **straniamento** già evocato dall'anomalo «fu» del titolo. Con un *incipit* privo di qualsiasi spiegazione, Pascal dirige l'attenzione del lettore sul **problema del suo nome**, preannunciando così quella che sarà la tematica principale del romanzo: la **vana ricerca di un'identità individuale**. Nell'accennare al suo anomalo caso, Pascal lascia infatti intendere di essere «morto già due volte» e di aver perduto persino quella minima certezza di sé che ciascuno ripone nel suo nome, emblema dell'unitarietà del soggetto. L'attenzione del lettore è inoltre tenuta viva dalle molte **allusioni indirette all'eccezionalità della sua vicenda**, che viene **rievocata al passato**. Il luogo stesso in cui la narrazione ha inizio non è privo di significato: la polverosa biblioteca, collocata in una «chiesetta sconsacrata» e piena di libri che nessuno

desidera leggere, presenta una situazione in apparenza bloccata, non suscettibile di sviluppi narrativi ma del tutto adatta alla condizione di «forestiero della vita» a cui è infine approdato il «fu» Mattia Pascal.

«Maledetto sia Copernico!» Nella premessa «filosofica», Pascal non si limita a «scusare» e a motivare la propria decisione di scrivere, ma inquadra il suo racconto all'interno di una precisa visione della realtà, che verrà ribadita anche nel saggio *L'umorismo*. Per bocca di Mattia, Pirandello esprime con chiarezza il proprio **relativismo conoscitivo** e quella che considera la radice psicologica e storica del disagio dell'uomo moderno, la **perdita del pregiudizio antropocentrico**. Scalzando la Terra dal centro del cosmo, Copernico ha «rovinato l'umanità, irrimediabilmente» (rr. 107-108), riducendo le sue glorie e le sue disgrazie a «storie di vermucci», insignificanti e prive di valore. La crisi d'identità che investirà Pascal (e l'uomo moderno) è, appunto, l'esito ultimo di questo drammatico **venir meno di certezze secolari**, che peraltro Pirandello, secondo i presupposti dell'arte «umoristica», presenta in modi straniati e autoironici.

Gli scopi della scrittura La consapevolezza della scarsa importanza dell'uomo e delle sue vicende comporta come inevitabile conseguenza anche la **perdita** **di significato della letteratura tradizionale**. Di fronte alla constatazione della piccolezza dell'umanità, i romanzi realistici, fitti di particolari minuziosi e ricercati, non possono avere più alcun senso, motivo per cui Pascal afferma con decisione: «Non mi par più tempo, questo, di scriver libri, neppure per ischerzo» (rr. 77-78). L'oblio in cui giace la «babilonia di libri» donati al paese di Miragno, accatastati senz'ordine e nell'abbandono più totale, allude alla fine di un mondo e di una concezione della letteratura ormai non più attuali. Ciò nonostante, e sebbene manifesti una «ben misera stima» dei libri e della cultura, il protagonista decide ugualmente di seguire il consiglio di don Eligio e di lasciare una testimonianza di quanto gli è accaduto. La motivazione della sua decisione è in apparenza paradossale: egli scriverà grazie alla «distrazione provvidenziale» che induce ogni uomo ad illudersi di aver mantenuto intatta la propria importanza. A livello più profondo, tuttavia, la sua ostentata indifferenza nei confronti dei particolari e l'intento di dare «soltanto quelle notizie che stimerà necessarie», risponde al desiderio, espresso nel capitolo iniziale, che la **vicenda narrata** possa «servire **d'ammaestramento**» al lettore. Egli, dunque, non è mosso dall'intenzione letteraria di raccontare, ma da quella filosofica e ragionativa di «provare» (rr. 93-94), **dimostrare una tesi e una visione della realtà**.

Lavoriamo sul testo

COMPRENSIONE

1 In quale luogo si trova il protagonista della vicenda? Sono presenti indicazioni temporali?

2 Per quale motivo Pascal esclama, rivolto a don Eligio: «Maledetto sia Copernico!» (r. 80)?

3 Perché, pur non avendo alcuna considerazione della letteratura, il protagonista decide di scrivere le sue memorie?

> **LINGUA E LESSICO**
>
> **4** Scrivi il significato di ognuno dei seguenti termini:
> a. sfaccendato: ………………………………………
> b. sequela: ………………………………………
> c. calamità: ………………………………………
> d. bile: ………………………………………

ANALISI E INTERPRETAZIONE

5 A quale tema alludono le prime parole del romanzo?

6 Attraverso quali espedienti il narratore tiene vivi l'interesse e la curiosità del lettore?

7 Quali riflessioni svolge Pascal sui libri della biblioteca in cui lavora e, più in generale, sulla sorte della letteratura nell'età moderna? I suoi pensieri riflettono la posizione dell'autore?

8 In che senso secondo il narratore (e l'autore) Copernico «ha rovinato l'umanità»?

9 Individua i punti del testo in cui risulta più evidente l'ironia e l'autoironia del narratore.

10 Analizza i due capitoli sul piano stilistico. Prevale la paratassi o la ipotassi? Il linguaggio è semplice o elevato e letterario? Come si spiegano queste scelte dell'autore?

SCRITTURA E APPROFONDIMENTO

11 Nella seconda parte del saggio *L'umorismo*, Pirandello scrive: «Uno dei più grandi umoristi, senza saperlo, fu Copernico, che smontò non propriamente la macchina dell'universo, ma l'orgogliosa immagine che ce n'eravamo fatta». A partire da questa affermazione e dal brano letto, chiarisci quale relazione sussiste secondo Pirandello tra la caduta dell'antropocentrismo e l'arte «umoristica» come forma letteraria tipica della modernità.

Prima e seconda premessa **645**

T6 La nascita di Adriano Meis

Il fu Mattia Pascal, cap. VIII

 Ascolta il brano

Dopo un'inattesa vincita al gioco, Mattia Pascal decide di far ritorno a casa, convinto che l'improvvisa ricchezza gli permetterà di rendere meno infelice la sua vita. Durante il viaggio in treno, dalla lettura di un quotidiano apprende però con stupore che a Miragno è stato ritrovato il corpo di uno sconosciuto suicida, che sua moglie e sua suocera hanno riconosciuto come Mattia Pascal. Sceso dal treno, Mattia progetta quindi così di dare una svolta radicale alla sua vita.
Nel brano antologizzato, tratto dal capitolo intitolato Adriano Meis, il protagonista matura la decisione di lasciare che tutti credano alla morte di Mattia Pascal e di approfittare della situazione per cambiare identità. Partito per Torino, durante il viaggio in treno il protagonista costruisce con pazienza il suo nuovo «io»: Adriano Meis.

> *Il narratore allude ironicamente alla facilità con cui la moglie e la suocera si sono affrettate a riconoscere Mattia Pascal nelle fattezze dello sconosciuto suicida.*

Subito, non tanto per ingannare gli altri, che avevano voluto ingannarsi da sé, con una leggerezza non deplorabile[1] forse nel caso mio, ma certamente non degna d'encomio[2], quanto per obbedire alla Fortuna e soddisfare a un mio proprio bisogno, mi posi a far di me un altr'uomo.

5 Poco o nulla avevo da lodarmi di quel disgraziato che per forza avevano voluto far finire miseramente nella gora[3] d'un molino. Dopo tante sciocchezze commesse, egli non meritava forse sorte migliore.

Ora mi sarebbe piaciuto che, non solo esteriormente, ma anche nell'intimo, non rimanesse più in me alcuna traccia di lui.

10 Ero solo ormai, e più solo di com'ero non avrei potuto essere su la terra, sciolto nel presente d'ogni legame e d'ogni obbligo, libero, nuovo e assolutamente padrone di me, senza più il fardello[4] del mio passato, e con l'avvenire dinanzi, che avrei potuto foggiarmi[5] a piacer mio.

Ah, un pajo d'ali! Come mi sentivo leggero!

15 Il sentimento che le passate vicende mi avevano dato della vita non doveva aver più per me, ormai, ragion d'essere. Io dovevo acquistare un nuovo sentimento della vita, senza avvalermi neppur minimamente della sciagurata esperienza del fu Mattia Pascal.

> *Paradossalmente, la notizia della sua presunta morte offre al protagonista un'insperata occasione di rinascita.*

Stava a me: potevo e dovevo esser l'artefice del mio nuovo destino, nella misura 20 che la Fortuna aveva voluto concedermi.

«E innanzi tutto,» dicevo a me stesso, «avrò cura di questa mia libertà: me la condurrò a spasso per vie piane e sempre nuove, né le farò mai portare alcuna veste gravosa[6]. Chiuderò gli occhi e passerò oltre appena lo spettacolo della vita in qualche punto mi si presenterà sgradevole. Procurerò di farmela più tosto[7] con 25 le cose che si sogliono chiamare inanimate, e andrò in cerca di belle vedute[8], di ameni luoghi tranquilli. Mi darò a poco a poco una nuova educazione; mi trasformerò con amoroso e paziente studio, sicché, alla fine, io possa dire non solo di aver vissuto due vite, ma d'essere stato due uomini».

Già ad Alenga[9], per cominciare, ero entrato, poche ore prima di partire, da un 30 barbiere, per farmi accorciar la barba: avrei voluto levarmela tutta, lì stesso, in-

---

1. **deplorabile:** *condannabile.*
2. **d'encomio:** *di lode.*
3. **gora:** *stagno, fossato.*
4. **fardello:** *peso.*
5. **foggiarmi:** *crearmi, costruirmi.*
6. **gravosa:** *pesante.*
7. **Procurerò ... più tosto:** *farò in modo di avere a che fare preferibilmente.*
8. **belle vedute:** *piacevoli panorami.*
9. **Alenga:** *è l'immaginario paese della Liguria in cui Mattia ha sostato, invece di tornare a casa.*

sieme coi baffi; ma il timore di far nascere qualche sospetto in quel paesello mi aveva trattenuto.

Il barbiere era anche sartore[10], vecchio, con le reni quasi ingommate[11] dalla lunga abitudine di star curvo, sempre in una stessa positura[12], e portava gli occhiali su la punta del naso. Più che barbiere doveva esser sartore. Calò come un flagello di Dio su quella barbaccia che non m'apparteneva più, armato di certi forbicioni da maestro di lana[13], che avevan bisogno d'esser sorretti in punta con l'altra mano. Non m'arrischiai neppure a fiatare: chiusi gli occhi, e non li riaprii, se non quando mi sentii scuotere pian piano.

Il brav'uomo, tutto sudato, mi porgeva uno specchietto perché gli sapessi dire se era stato bravo.

Mi parve troppo!

– No, grazie, – mi schermii. – Lo riponga. Non vorrei fargli paura.

Sbarrò tanto d'occhi, e:

– A chi? – domandò.

– Ma a codesto specchietto. Bellino! Dev'essere antico…

Era tondo, col manico d'osso intarsiato: chi sa che storia aveva e donde[14] e come era capitato lì, in quella sarto-barbieria. Ma infine, per non dar dispiacere al padrone, che seguitava a guardarmi stupito, me lo posi sotto gli occhi.

Se era stato bravo!

Intravidi da quel primo scempio qual mostro fra breve sarebbe scappato fuori dalla necessaria e radicale alterazione dei connotati di Mattia Pascal! Ed ecco una nuova ragione d'odio per lui! Il mento piccolissimo, puntato e rientrato, ch'egli aveva nascosto per tanti e tanti anni sotto quel barbone, mi parve un tradimento. Ora avrei dovuto portarlo scoperto, quel cosino ridicolo! E che naso mi aveva lasciato in eredità! E quell'occhio[15]!

«Ah, quest'occhio,» pensai, «così in estasi[16] da un lato, rimarrà sempre suo[17] nella mia nuova faccia! Io non potrò far altro che nasconderlo alla meglio dietro un pajo d'occhiali colorati, che coopereranno, figuriamoci, a rendermi più amabile l'aspetto. Mi farò crescere i capelli e, con questa bella fronte spaziosa, con gli occhiali e tutto raso, sembrerò un filosofo tedesco. Finanziera[18] e cappellaccio a larghe tese.» Non c'era via di mezzo: filosofo dovevo essere per forza con quella razza d'aspetto. Ebbene, pazienza: mi sarei armato d'una discreta filosofia sorridente per passare in mezzo a questa povera umanità, la quale, per quanto avessi in animo di sforzarmi, mi pareva difficile che non dovesse più parermi un po' ridicola e meschina.

[Partito per Torino, in treno Mattia si libera della fede nuziale e, traendo spunto dalla conversazione dei compagni di viaggio, sceglie il suo nuovo nome: Adriano Meis]

Quindi, non tanto per distrarmi, quanto per cercar di dare una certa consistenza a quella mia nuova vita campata nel vuoto[19], mi misi a pensare ad Adriano Meis, a immaginargli un passato, a domandarmi chi fu mio padre, dov'ero nato, ecc. – posatamente[20] sforzandomi di vedere e di fissar bene tutto, nelle più minute particolarità.

In molti testi di Pirandello ricorre l'immagine dello specchio, emblema del difficile rapporto del soggetto con la propria immagine e del contrasto fra l'essere e l'apparire.

L'occhio strabico, simbolo della visione straniata del protagonista sulla realtà, è l'unico elemento del defunto Mattia che sopravvive nella nuova identità: Adriano Meis se ne libererà in seguito con un'operazione.

Ha inizio così, quasi per gioco, il difficile cammino verso la costruzione di una nuova identità, destinato però a risolversi in un totale fallimento.

---

10. sartore: *sarto.*

11. ingommate: *irrigidite, anchilosate.*

12. positura: *postura.*

13. maestro di lana: *capo della corporazione degli artigiani della lana.*

14. donde: *da dove.*

15. quell'occhio: Mattia Pascal ha un occhio strabico.

16. in estasi: *fisso, come in contemplazione estatica.*

17. suo: *di Mattia Pascal, ormai teoricamente morto.*

18. Finanziera: *lunga giacca a doppio petto.*

19. campata nel vuoto: *costruita sul vuoto, cioè ancora inconsistente.*

20. posatamente: *con calma e attenzione.*

La nascita di Adriano Meis

> **La riflessione, oltre a sottolineare la verosimiglianza della vicenda, costituisce un'anticipazione della sorte futura di Adriano Meis.**

75 Ero figlio unico: su questo mi pareva che non ci fosse da discutere. «Più unico di così… Eppure no! Chi sa quanti sono come me, nella mia stessa condizione, fratelli miei. Si lascia il cappello e la giacca, con una lettera in tasca, sul parapetto d'un ponte, su un fiume; e poi, invece di buttarsi giù, si va via tranquillamente, in America o altrove. Si pesca dopo alcuni giorni un cadavere irriconoscibile:
80 sarà quello de la lettera lasciata sul parapetto del ponte. E non se ne parla più! È vero che io non ci ho messo la mia volontà: né lettera, né giacca, né cappello… Ma son pure come loro, con questo di più: che posso godermi senza alcun rimorso la mia libertà. Han voluto regalarmela, e dunque…». Dunque diciamo figlio unico. Nato… – sarebbe prudente non precisare alcun luogo di nascita. Come si
85 fa? Non si può nascer mica su le nuvole […].

Su le nuvole, no; ma su un piroscafo, sì, per esempio, si può nascere. Ecco, benone! nato in viaggio. I miei genitori viaggiavano… per farmi nascere su un piroscafo. Via, via, sul serio! Una ragione plausibile per mettere in viaggio una donna incinta, prossima a partorire… O che fossero andati in America i miei genitori? Per-
90 ché no? Ci vanno tanti… Anche Mattia Pascal, poveretto, voleva andarci. E allora queste ottantadue mila lire[21] diciamo che le guadagnò mio padre, là in America? Ma che! Con ottantadue mila lire in tasca, avrebbe aspettato prima, che la moglie mettesse al mondo il figliuolo, comodamente, in terraferma. E poi, baje[22]!Ottantadue mila lire un emigrato non le guadagna più così facilmente in America. Mio
95 padre… – a proposito, come si chiamava? Paolo. Sì: Paolo Meis. Mio padre, Paolo Meis, s'era illuso, come tanti altri. Aveva stentato tre, quattr'anni; poi, avvilito, aveva scritto da Buenos-Aires una lettera al nonno… Ah, un nonno, un nonno io volevo proprio averlo conosciuto, un caro vecchietto, per esempio, come quello ch'era sceso testé[23] dal treno, studioso d'iconografia cristiana. Misteriosi capricci
100 della fantasia! Per quale inesplicabile bisogno e donde mi veniva d'immaginare in quel momento mio padre, quel Paolo Meis, come uno scavezzacollo[24]? Ecco, sì, egli aveva dato tanti dispiaceri al nonno: aveva sposato[25] contro la volontà di lui e se n'era scappato in America. […]

> **La nascita di Adriano Meis, frutto della fantasia del protagonista, avviene gradualmente e non senza molti ripensamenti.**

Ma perché proprio in viaggio dovevo esser nato io? Non sarebbe stato meglio na-
105 scere addirittura in America, nell'Argentina, pochi mesi prima del ritorno in patria de' miei genitori? Ma sì! Anzi il nonno s'era intenerito per il nipotino innocente; per me, unicamente per me aveva perdonato il figliuolo. Così io, piccino piccino, avevo traversato l'Oceano, e forse in terza classe, e durante il viaggio avevo preso una bronchite e per miracolo non ero morto. Benone! Me lo diceva sem-
110 pre il nonno. Io però non dovevo rimpiangere come comunemente si suol fare, di non esser morto, allora di pochi mesi. No: perché, in fondo, che dolori avevo sofferto io, in vita mia? Uno solo, per dire la verità: quello de la morte del povero nonno, col quale ero cresciuto. Mio padre, Paolo Meis, scapato e insofferente di giogo[26], era fuggito via di nuovo in America, dopo alcuni mesi, lasciando la mo-
115 glie e me col nonno; e là era morto di febbre gialla. A tre anni, io ero rimasto orfano anche di madre, e senza memoria perciò de' miei genitori; solo con queste scarse notizie di loro. Ma c'era di più! Non sapevo neppure con precisione il mio luogo di nascita. Nell'Argentina, va bene! Ma dove? Il nonno lo ignorava, perché

---

21. **ottantadue mila lire:** la cifra che Mattia Pascal ha vinto al casinò di Montecarlo.
22. **baje!:** *storie!, sciocchezze!*

23. **testé:** *proprio ora, adesso.*
24. **scavezzacollo:** *incosciente, irresponsabile.*

25. **aveva sposato:** *si era sposato.*
26. **scapato… giogo:** *scapestrato e insofferente di ogni responsabilità familiare.*

648 *Il fu Mattia Pascal*

Quasi senza rendersene conto, il protagonista si è costruito una nuova «forma», destinata a intrappolarlo e opprimerlo ancor più della precedente.

mio padre non gliel'aveva mai detto o perché se n'era dimenticato, e io non potevo certamente ricordarmelo.
Riassumendo:
a) figlio unico di Paolo Meis; – b) nato in America nell'Argentina, senz'altra designazione[27]; – c) venuto in Italia di pochi mesi (bronchite); – d) senza memoria né quasi notizia dei genitori; – e) cresciuto col nonno. Dove? Un po' da per tutto. Prima a Nizza. Memorie confuse: *Piazza Massena, la Promenade, Avenue de la Gare*[28]... Poi, a Torino. Ecco, ci andavo adesso, e mi proponevo tante cose: mi proponevo di scegliere una via e una casa, dove il nonno mi aveva lasciato fino all'età di dieci anni affidato alle cure di una famiglia che avrei immaginato lì sul posto, perché avesse tutti i caratteri del luogo; mi proponevo di vivere, o meglio d'inseguire con la fantasia, lì, su la realtà, la vita d'Adriano Meis piccino.

---

27. designazione: *precisazione*.   **28. Piazza Massena ... Avenue de la Gare:** sono luoghi di Nizza.

→ Analisi del testo

COMPRENSIONE
Dopo aver appreso la paradossale notizia della propria presunta morte, Mattia Pascal è invaso da una **crescente euforia** per la possibilità di sottrarsi a un'identità che lo opprime. Al senso di leggerezza («Ero solo ormai [...], libero, nuovo e assolutamente padrone di me») si accompagna subito l'intenzione di **crearsi una nuova identità**. La trasformazione inizia dall'**aspetto esteriore**, con una sosta dal barbiere, e continua poi attraverso la **costruzione del personaggio di Adriano Meis**, per il quale il protagonista, non senza esitazioni e difficoltà, immagina un passato verosimile.

ANALISI E INTERPRETAZIONE
Una falsa libertà Il caso offre a Mattia l'insperata possibilità di **liberarsi dei condizionamenti** legati alla sua precedente esistenza. Ma il protagonista, invece di approfittare pienamente della nuova libertà, compie un fatale errore: costruirsi una nuova identità, una nuova «forma» di cui finirà col restare prigioniero. I suoi propositi («avrò cura di questa mia libertà») vengono sopraffatti sul nascere dal desiderio di **creare un altro sé**, un «Adriano Meis piccino» che si rivelerà però quanto mai ingombrante. In quest'ottica, assume un particolare significato il desiderio di **voler assomigliare a un «filosofo tedesco»**, non solo nell'aspetto ma anche nell'indole. Mattia si propone infatti di attraversare la vita con il distacco che dovrebbe essere proprio di chi ha compreso il carattere fittizio delle convenzioni, anche se non giungerà mai a questa superiore e «umoristica» consapevolezza.

Una forma vuota In questo brano Pirandello sembra riproporre alcuni modi tipici del **romanzo di formazione** ottocentesco, in cui il protagonista, attraverso una serie di prove e di peripezie, approda gradualmente a una piena e matura identità. L'autore tuttavia **rovescia questa struttura narrativa dall'interno**: la nuova identità di Mattia è «campata nel vuoto» e gli sforzi del protagonista sono destinati al fallimento. Ne è un chiaro indizio l'occhio strabico di Mattia che, inesorabilmente, continua a vivere nel nuovo volto di Adriano («E che naso mi aveva lasciato in eredità! E quell'occhio!»), che infatti prova disagio nel guardarsi allo specchio. Adriano Meis, ancor più di Mattia Pascal, si rivelerà in realtà solo una forma vuota, sia perché secondo Pirandello **ogni identità è solo una maschera fittizia**, sia perché Adriano risulterà **privo di una sia pur minima consistenza anagrafica** e, di conseguenza, inesistente agli occhi della società. Nella visione di Pirandello, tipicamente novecentesca, l'«io» è insomma destinato a restare un'illusione.

Un doppio livello narrativo I romanzo ha la forma di un **memoriale**, una sorta di diario in cui si alternano punti di vista e piani temporali della narrazione: alla **voce narrante del «fu» Mattia Pascal**, che descrive gli eventi e talvolta li commenta a posteriori, si sovrappone qui il **punto di vista di Mattia Pascal**, intento a costruire la sua nuova identità. L'alternarsi dei due piani narrativi è reso evidente dal **gioco dei tempi verbali**: l'imperfetto («volevo», «mi veniva d'immaginare») segnala la prospettiva dell'io narrante che rievoca, mentre il trapassato prossimo («Ecco, sì, egli aveva dato … aveva sposato») evoca la vivacità delle riflessioni dell'io narrato, Mattia.

Tutto il brano è caratterizzato dal ricorso a uno **stile basso e ironico**, a tratti grottesco (per esempio nella descrizione del barbiere-sarto, «con le reni quasi ingommate» e «gli occhiali su la punta del naso»). Particolarmente efficace è anche il soliloquio finale di Mattia che, nella forma del **discorso indiretto libero**, evoca la vivacità del parlato, con continue interiezioni e autocorrezioni («Ecco, benone! Nato in viaggio … Via, via, sul serio! … Perché no?»).

Lavoriamo sul testo

COMPRENSIONE

1 La prima e la seconda parte del brano si svolgono in due luoghi diversi: quali?

2 Per quale motivo Mattia Pascal decide di farsi tagliare barba e baffi?

3 Perché il protagonista sente il bisogno di attribuire ad Adriano Meis un luogo di nascita, una storia e un passato?

4 Qual è infine la "carta d'identità" di Adriano Meis?

> **LINGUA E LESSICO**
>
> **5** Quale tipo di linguaggio adotta il narratore? In quali punti del testo è particolarmente evidente l'imitazione del parlato?
>
> **6** Nella parte finale, che riporta i pensieri di Mattia, quale funzione svolgono i frequenti puntini di sospensione?

ANALISI E INTERPRETAZIONE

7 L'opportunità di liberarsi della vecchia identità è frutto di una consapevole decisione del protagonista o del caso? Mattia ha un ruolo attivo o passivo nella vicenda?

8 Dopo la seduta dal barbiere Mattia si osserva allo specchio: qual è la sua reazione di fronte al suo nuovo aspetto? Perché prova un senso di disagio?

9 Quale significato assume nel contesto il proposito del protagonista di armarsi «d'una discreta filosofia sorridente per passare in mezzo a questa povera umanità»? Egli manterrà fede al suo proposito?

10 Analizza la parte del testo in cui Mattia si dedica alla costruzione della sua nuova identità. Per quale motivo si contraddice continuamente, modificando le sue intenzioni?

SCRITTURA E APPROFONDIMENTI

11 Immagina di essere protagonista di una vicenda analoga a quella di Mattia Pascal e che ti venga offerta la possibilità di crearti una nuova identità a tuo piacimento. Scrivi un breve testo in cui indichi quali caratteristiche vorresti per il tuo nuovo «io».

Il fu Mattia Pascal

Approfondimento

L'identità perduta e il tema del doppio

Alle origini del doppio Il tema del doppio nelle sue diverse varianti (l'ombra, il sosia, il riflesso), strettamente legato alla percezione dell'identità individuale, è presente in tutte le culture, fin dalle epoche più antiche. Nel mondo classico sono numerosi i miti legati al doppio (si pensi a Narciso), mentre in ambito letterario la somiglianza fra individui identici è utilizzata già nella commedia latina per creare equivoci di grande effetto comico. In epoche più recenti, il tema assume rilievo nell'Ottocento romantico, in conseguenza sia della riflessione sulla soggettività sia del gusto per gli elementi fantastici. Sul motivo della scissione della personalità come conseguenza di un intervento diabolico si incentrano opere come *La storia straordinaria di Peter Schlemihl* (1814) di Adalbert von Chamisso, mentre il tema del sosia ricorre per esempio nell'omonimo racconto di Fëdor Dostoevskij (1846). In entrambi i casi, quello che appare come un individuo in tutto simile al protagonista è in realtà solo il frutto di una personalità scissa e dominata dalla follia.

L'emergere delle pulsioni inconsce Negli ultimi decenni del XIX secolo, in conseguenza degli sviluppi della psicologia dinamica e di una serie di fattori storici che contribuiscono a mettere in crisi la fiducia nell'unitarietà dell'individuo, il tema dello sdoppiamento della personalità viene interpretato più chiaramente come contrasto fra l'immagine sociale del soggetto e i suoi istinti più nascosti e inconfessabili.

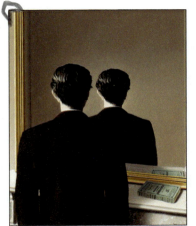

René Magritte, *La riproduzione vietata*, 1937.

L'esempio più noto è offerto dal romanzo *Lo strano caso del dottor Jekyll e del signor Hyde* (1886), in cui Robert Louis Stevenson narra l'esperimento «scientifico» con cui il protagonista fa emergere attraverso una pozione il proprio lato oscuro e represso.
Le due diverse personalità, l'una (il dottor Jekyll) virtuosa e rispettosa delle convenzioni sociali, l'altra (mister Hyde) malvagia e incline alle pulsioni più negative, risultano però incontrollabili e portano alla morte del protagonista. Analogamente, nel *Ritratto di Dorian Gray* (1891) di Oscar Wilde il dipinto che ritrae il protagonista si fa specchio della sua coscienza e assume su di sé il peso degli anni e delle atrocità compiute da Dorian che infine, distruggendolo, uccide se stesso.

Il doppio in Pirandello Il motivo dello sdoppiamento diviene centrale in Pirandello, che costruisce la propria visione della realtà intorno al contrasto fra la maschera (o meglio, le numerose maschere) che il soggetto adotta nel vivere sociale e la presenza nel suo intimo di una anarchica pulsione vitalistica. Ne *Il fu Mattia Pascal*, Adriano è chiaramente il doppio di Mattia ma, come dimostra il finale del romanzo, ognuna di queste proiezioni di sé è in realtà inconsistente. Molti elementi del testo rinviano all'idea dello sdoppiamento del soggetto: l'occhio strabico, il ricorrere dell'immagine dell'ombra, il rapporto conflittuale di Mattia/Adriano con il proprio aspetto fisico e il turbamento che lo coglie di fronte allo specchio.
Il motivo si approfondisce sia nella produzione teatrale – nel rapporto tra persona e personaggio – sia in *Uno, nessuno e centomila*, in cui lo scopo del protagonista non è più la ricostruzione di un'identità unitaria ma, in modi più radicali, l'annullamento di ogni identità che soffochi il libero fluire delle pulsioni vitali. Pirandello approda così alla dissoluzione del concetto di personalità, che si frantuma in una miriade di proiezioni soggettive e relative.

Due esiti moderni Nel corso del Novecento, dopo le scoperte di Sigmund Freud, la scissione della personalità ritorna in molte opere narrative. Nel romanzo *Il visconte dimezzato* (1952) Italo Calvino narra la vicenda surreale di un uomo che, colpito da una palla di cannone, si trova diviso in due metà speculari e antitetiche: il Buono e il Gramo. Solo una miracolosa operazione ricomporrà l'unità dell'individuo, dimostrando che solo nell'ambigua compresenza di bene e male può consistere un reale equilibrio.
Ai giorni nostri, in un'epoca in cui l'omologazione culturale e i progressi della scienza (si pensi alla clonazione o alla realtà virtuale) ripropongono il motivo del doppio in termini del tutto nuovi, il romanzo *L'uomo duplicato* (2002) del portoghese José Saramago riprende il tema del sosia, creando una sorta di lucido incubo. Un professore dalla vita grigia e insignificante noleggia, su consiglio di un amico, un film intitolato *Chi cerca trova* e, con grande sorpresa, scopre in un attore un suo sosia perfetto. Scopertane l'identità, si incontra con lui più volte, interrogandosi con inquietudine sulla propria identità, in un crescendo angosciante che culmina in un inatteso finale.

La nascita di Adriano Meis **651**

Il libro del mese
Il visconte dimezzato

AUTORE Italo Calvino
ANNO DI PUBBLICAZIONE 1952
CASA EDITRICE Mondadori

TRE BUONI MOTIVI PER LEGGERLO

1. Dietro il travestimento fantastico analizza un tema di grande attualità come l'alienazione dell'uomo contemporaneo.
2. È una raffigurazione simbolica delle diverse forze che agiscono nell'animo umano.
3. Nonostante i temi impegnati, è un divertente romanzo d'avventura, con situazioni divertenti e paradossali.

L'AUTORE E IL ROMANZO Italo Calvino (1923-1985) ha attraversato la letteratura italiana del secondo Novecento conservando sempre una scrittura in apparenza semplice e uno sguardo ironico e fiabesco con il quale raccontare le problematiche dell'uomo contemporaneo. Dopo aver esordito con il romanzo *Il sentiero dei nidi di ragno* (1947), avventurosa rivisitazione dei drammatici avvenimenti della lotta partigiana, Calvino ha affrontato temi fiabeschi (la *Trilogia dei nostri antenati*, 1952-1959), legati alla società contemporanea (*La giornata di uno scrutatore*, 1963), fantastici (*Le Cosmicomiche*, 1965), fino ad approdare a una letteratura "combinatoria", in cui la rielaborazione di materiali eterogenei diventa occasione per riflettere sui meccanismi che generano la letteratura stessa (*Le città invisibili*, 1972; *Se una notte d'inverno un viaggiatore*, 1979).
Il visconte dimezzato (1952) è il primo volume della *Trilogia dei nostri antenati*, romanzi di argomento fantastico ambientati rispettivamente all'epoca di Carlo Magno (*Il cavaliere inesistente*, 1959) e nel Settecento (*Il barone rampante*, 1957), in cui l'ambientazione storica e il travestimento fiabesco offrono a Calvino la possibilità di affrontare temi legati alla contemporaneità, come la perdita dell'identità, l'alienazione e il difficile ruolo degli intellettuali.

L'INCIPIT C'era una guerra contro i turchi. Il visconte Medardo di Terralba, mio zio, cavalcava per la pianura di Boemia diretto all'accampamento dei cristiani. Lo seguiva uno scudiero a nome Curzio. Le cicogne volavano basse, in bianchi stormi, traversando l'aria opaca e ferma.
«Perché tante cicogne?» chiese Medardo a Curzio, «dove volano?»

LA TRAMA Siamo a metà Settecento. Il visconte Medardo di Terralba si reca in Boemia insieme al suo scudiero per contrastare l'avanzata turca. Qui viene colpito da una palla di cannone che lo divide esattamente a metà. Perduta sul campo la parte sinistra, Medardo viene ricucito dai medici e torna a Terralba con il solo lato destro del corpo. Ma qualcosa in lui è cambiato: Medardo è divenuto malvagio e si dedica a nefandezze di ogni genere contro i suoi sudditi, che lo soprannominano "Il Gramo". Nel frattempo il nipote del nobile, che gira il mondo insieme al dottor Trelawney, si imbatte nella metà buona del visconte e inizia a pensare un modo per riunire le due parti.

TRE PISTE DI LETTURA

1. Parlando del romanzo Calvino ha detto: «volevo scrivere una storia divertente; avevo questa immagine di un uomo tagliato in due e ho pensato che questo tema dell'uomo dimezzato fosse significativo, avesse un significato contemporaneo: tutti ci sentiamo in qualche modo incompleti, tutti realizziamo una parte di noi stessi e non l'altra». Commenta questa affermazione in un testo scritto.
2. *Il visconte dimezzato* è incentrato sul tema del "doppio", un motivo che a partire dall'Ottocento ha avuto grande fortuna in letteratura ed è stato affrontato sia in chiave fantastica (per esempio *Lo strano caso del dottor Jekyll e del signor Hyde* di Robert Louis Stevenson o *Il Golem* di Gustav Meyrinck) sia in chiave filosofico-esistenziale (*Il sosia* di Dostoevskij, *Il fu Mattia Pascal* di Pirandello). Fai una ricerca su questo tema e presenta il risultato in un'esposizione multimediale.
3. Quali sono i tratti distintivi del romanzo rispetto agli altri due e quali, invece, i punti in comune? Rispondi in un testo espositivo di due pagine al massimo.

Uno, nessuno e centomila

La genesi del romanzo Il primo spunto per la stesura di *Uno, nessuno e centomila* risale al 1905 ed è contenuto nella novella *Stefano Giogli, uno e due*, in cui il protagonista non si riconosce nell'immagine che di lui ha la giovane moglie e diventa gelosissimo del "rivale", l'altro se stesso di cui la moglie è innamorata. Su tale spunto Pirandello lavora e riflette fino a concepire il romanzo come una sorta di **"summa"** della propria visione del mondo, tanto che nel 1922 afferma in proposito: «Avrebbe dovuto essere il proemio della mia produzione teatrale e ne sarà, invece, un epilogo». Quando già alcuni capitoli erano usciti su rivista (nel 1915), il testo subisce una laboriosa revisione: l'edizione definitiva è pubblicata solo **fra il 1925 e il 1926**, prima su «La Fiera Letteraria» e poi in volume.

I tormenti di Vitangelo Moscarda La vita frivola del giovane Vitangelo Moscarda viene sconvolta da una banale osservazione della moglie, che quasi per caso gli fa notare che il suo naso pende leggermente verso destra. Da quel momento il protagonista comincia a rendersi conto della **differenza fra l'idea che ci facciamo di noi stessi e le opinioni che gli altri hanno di noi**, a loro volta tutte diverse le une dalle altre. Moscarda capisce così di non essere realmente «uno», ma «centomila» persone, diverse a seconda di chi lo osserva e, quindi, di **non avere «nessuna» vera identità**. Ossessionato da questa idea, egli inizia allora a comportarsi in modo inconsueto e bizzarro, nel tentativo di **distruggere le «forme»** che gli altri gli hanno attribuito. Dopo aver disorientato la moglie e gli amici con le sue stranezze, Vitangelo dona tutti i suoi averi alla Chiesa e **si ritira in una sorta di ospizio**: qui, vivendo **a contatto con la natura**, trova finalmente pace.

Una nuova maturità Vitangelo ha molti **elementi in comune con Mattia Pascal**: come lui è un **inetto in conflitto con il padre** e come lui **si ribella alle «forme»** in cui gli altri e le convenzioni sociali lo intrappolano. Tuttavia, mentre Mattia ha un atteggiamento sostanzialmente passivo, la ribellione di Vitangelo è **più attiva e consapevole**. Egli rifiuta infatti le «forme» stereotipate che gli vengono attribuite, ma non tenta di costruirsi una nuova identità, consapevole che sarebbe solo un'altra illusione. Paradossalmente, solo accettando di non essere «nessuno» riesce a reimmettersi nel flusso della «vita», in una sorta di **comunione mistica con la natura**: solo annullandosi come individuo, **rinunciando alla civiltà e alla propria autocoscienza**, egli trova una soluzione utopica ma assurdamente positiva.

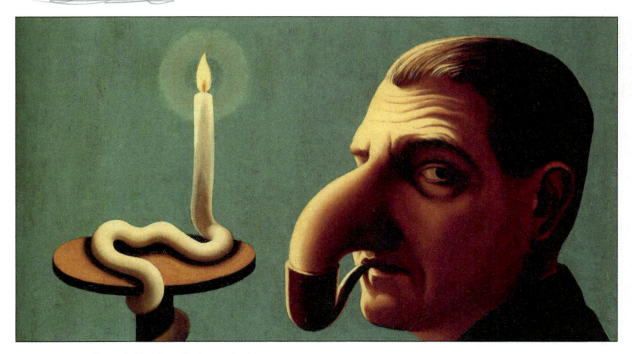

René Magritte, *La lampada filosofica*, 1936 (particolare).

Anche nella struttura, in questo nuovo romanzo Pirandello porta alle estreme conseguenze la sua opera di **destrutturazione delle forme narrative tradizionali**. Come *Il fu Mattia Pascal*, anche *Uno, nessuno e centomila* è raccontato a vicenda conclusa, da un **io narrante che coincide con il protagonista**. Tuttavia, mentre nell'opera precedente la narrazione aveva uno sviluppo articolato sul piano dell'intreccio, qui **gli eventi sono ridotti al minimo**, e a dominare è l'**ossessiva riflessione del protagonista** che si interroga e si autoanalizza, chiamando costantemente in causa il lettore in una sorta di **ininterrotto monologo interiore**, che riflette la **dissoluzione del personaggio** anche nella frammentazione della forma.

L'abolizione della coscienza e il lato positivo del pensiero pirandelliano

In un'intervista **Pirandello stesso dichiara**: «È il romanzo della scomposizione della personalità. Esso giunge alle conclusioni più estreme, alle conseguenze più lontane. Spero che apparirà in esso, più chiaro di quel che non sia apparso finora, **il lato positivo del mio pensiero** [...] **La realtà**, io dico, **siamo noi che la creiamo**: ed è indispensabile che sia così. Ma guai a fermarsi in una sola realtà: in essa si finisce per soffocare, per atrofizzarsi, per morire. Bisogna invece variarla, mutarla, continuamente, continuamente mutare e variare la nostra illusione».

Romanzo-saggio e **romanzo filosofico**, *Uno, nessuno e centomila* racconta come la presa di coscienza del protagonista conduca all'affermazione della **necessità di rinunciare alla coscienza**. Viene così radicalizzata l'opposizione, costante in Pirandello, fra la coscienza e l'esistenza, il pensare e il vivere. L'esito del libro sarà proprio l'abolizione del soggetto della conoscenza, che è anche il soggetto del linguaggio e della vita sociale. Annullando la propria coscienza Vitangelo può fondersi con la natura perché **vive senza sentirsi vivere**. È, se vogliamo, una specie di utopia, è quel «lato positivo» del pensiero pirandelliano di cui parla l'autore nell'intervista citata. Ma è un'utopia che può realizzarsi solo a un prezzo molto alto: la **rinuncia alla vita associata**, nella quale è impossibile fare a meno di qualche «forma», cioè di un'immagine di sé con la quale possiamo illuderci di conoscere noi stessi e di entrare in relazione con gli altri.

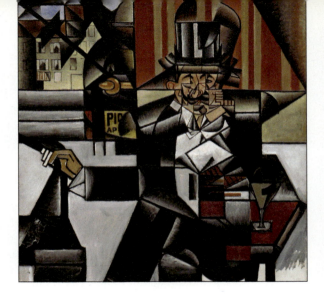

Juan Gris, *Uomo in un caffè*, 1912 (particolare).

La parola all'autore

«La vita non conclude»

Nel romanzo *Uno, nessuno e centomila* (1926), il protagonista Vitangelo Moscarda, rivolgendosi al lettore, riflette sulle molteplici identità che ciascuno di noi assume ogni giorno agli occhi di coloro che lo osservano, in una rete di inevitabili e continue finzioni che ingabbiano tutta la vita dell'uomo.

Conosco Tizio. Secondo la conoscenza che ne ho, gli do una realtà: per me. Ma Tizio lo conoscete anche voi, e certo quello che conoscete voi non è quello stesso che conosco io perché ciascuno di noi lo conosce a suo modo e gli dà a suo modo una realtà. Ora anche per se stesso Tizio ha tante realtà per quanti di noi conosce, perché in un modo si conosce con me e in un altro con voi e con un terzo, con un quarto e via dicendo. Il che vuol dire che Tizio è realmente uno con me, uno con voi, un altro con un terzo, un altro con un quarto e via dicendo, pur avendo l'illusione anche lui, anzi lui specialmente, d'esser uno per tutti. Il guajo è questo; o lo scherzo, se vi piace meglio chiamarlo così. [...]
Siamo molto superficiali, io e voi. Non andiamo ben addentro allo scherzo, che è più profondo e radicale, cari miei. E consiste in questo: che l'essere agisce necessariamente per forme, che sono le apparenze ch'esso si crea, e a cui noi diamo valore di realtà. [...] La facoltà d'illuderci che la realtà d'oggi sia la sola vera, se da un canto ci sostiene, dall'altro ci precipita in un vuoto senza fine, perché la realtà d'oggi è destinata a scoprire l'illusione domani. E la vita non conclude. Non può concludere. Se domani conclude, è finita.

T7 Un piccolo difetto

Testo laboratorio

Uno, nessuno e centomila, libro I, cap. I

Il brano qui riportato è il capitolo iniziale del romanzo e ha per titolo Mia moglie e il mio naso. *La scelta di porre proprio il naso al centro della paradossale vicenda del romanzo sembra riprendere un'osservazione già presente nel saggio* L'umorismo *a proposito dell'immagine che ciascuno ha di sé: «Che faccia ci hanno dato per rappresentare la parte del vivo? Un brutto naso? Che pena doversi portare a spasso un brutto naso per tutta la vita. Fortuna che, a lungo andare, non ce n'accorgiamo più. Se ne accorgono gli altri, è vero, quando noi siamo finanche arrivati a credere d'avere*

un bel naso; e allora non sappiamo più spiegarci perché gli altri ridano, guardandoci».

La vicenda di Vitangelo Moscarda ha inizio da una banale osservazione della moglie, che fa notare al protagonista che il suo naso non è del tutto dritto. Queste parole sono sufficienti per indurre un personaggio già di per sé incline all'eccesso di autoanalisi a perdersi in una serie di riflessioni che lo porteranno sull'orlo della follia, nella consapevolezza che ogni uomo si crede «uno» ed è in realtà «centomila» persone, diverse a seconda di chi lo osserva.

> Lo scambio di battute, apparentemente banale, introduce subito il lettore nell'azione.

«Che fai?» mia moglie mi domandò, vedendomi insolitamente indugiare davanti allo specchio.

«Niente,» le risposi, «mi guardo qua, dentro il naso, in questa narice. Premendo, avverto un certo dolorino».

5 Mia moglie sorrise e disse:

«Credevo ti guardassi da che parte ti pende».

Mi voltai come un cane a cui qualcuno avesse pestato la coda:

«Mi pende? A me? Il naso?»

E mia moglie, placidamente:

10 «Ma sì, caro. Guàrdatelo bene: ti pende verso destra».

Avevo ventotto anni e sempre fin allora ritenuto il mio naso, se non proprio bello, almeno molto decente, come insieme[1] tutte le altre parti della mia persona. Per cui m'era stato facile ammettere e sostenere quel che di solito ammettono e

15 sostengono tutti coloro che non hanno avuto la sciagura di sortire[2] un corpo deforme: che cioè sia da sciocchi invanire per le proprie fattezze[3]. La scoperta improvvisa e inattesa di quel difetto perciò mi stizzì[4] come un immeritato castigo. Vide forse mia moglie molto più addentro di me in quella mia stizza e aggiunse subito che, se riposavo nella certezza d'essere in tutto senza mende[5], me ne le-

20 vassi pure, perché, come il naso mi pendeva verso destra, così…

> L'alternanza tra il discorso diretto e l'indiretto libero e il segno grafico degli accenti circonflessi (che evocano l'aggrottarsi delle sopracciglia) rendono vivace lo stile.

«Che altro?»

Eh, altro! altro! Le mie sopracciglia parevano sugli occhi due accenti circonflessi, ^ ^, le mie orecchie erano attaccate male, una più sporgente dell'altra; e altri difetti…

«Ancora?»

25 Eh sì, ancora: nelle mani, al dito mignolo; e nelle gambe (no, storte no!), la destra, un pochino più arcuata dell'altra: verso il ginocchio, un pochino.

Dopo un attento esame dovetti riconoscere veri tutti questi difetti. E solo allora, scambiando certo per dolore e avvilimento, la maraviglia che ne provai subito dopo la stizza, mia moglie per consolarmi m'esortò a non affliggermene poi tan-

30 to, ché anche con essi, tutto sommato, rimanevo un bell'uomo.

---

1. insieme: *nel complesso.*
2. sortire: *avere in sorte.*
3. invanire … fattezze: *diventare vanitosi per il proprio aspetto.*
4. mi stizzì: *mi infastidì.*
5. mende: *difetti.*

Un piccolo difetto **655**

Sfido a non irritarsi, ricevendo come generosa concessione ciò che come diritto ci è stato prima negato. Schizzai un velenosissimo "grazie" e, sicuro di non aver motivo né d'addolorarmi né d'avvilirmi, non diedi alcuna importanza a quei lievi difetti, ma una grandissima e straordinaria al fatto che tant'anni ero vissuto senza mai cambiar di naso, sempre con quello, e con quelle sopracciglia e quelle orecchie, quelle mani e quelle gambe; e dovevo aspettare di prender moglie per aver conto[6] che li avevo difettosi.

> L'obiezione, pronunciata da un interlocutore immaginario, riflette il bonario buonsenso borghese.

«Uh che maraviglia! E non si sa, le mogli? Fatte apposta per scoprire i difetti del marito.»

Ecco, già – le mogli, non nego. Ma anch'io, se permettete, di quei tempi ero fatto per sprofondare, a ogni parola che mi fosse detta, o mosca che vedessi volare, in abissi di riflessioni e considerazioni che mi scavavano dentro e bucheravano giù per torto e su per traverso[7] lo spirito, come una tana di talpa; senza che di fuori ne paresse nulla.

«Si vede,» – voi dite, «che avevate molto tempo da perdere.»

No, ecco. Per l'animo in cui mi trovavo. Ma del resto sì, anche per l'ozio, non nego. Ricco, due fidati amici, Sebastiano Quantorzo e Stefano Firbo, badavano ai miei affari dopo la morte di mio padre[8]; il quale, per quanto ci si fosse adoperato con le buone e con le cattive, non era riuscito a farmi concludere mai nulla; tranne di prender moglie, questo sì, giovanissimo; forse con la speranza che almeno avessi presto un figliuolo che non mi somigliasse punto[9]; e, pover'uomo, neppur questo aveva potuto ottenere da me.

> Moscarda è un inetto e un debole, incapace di portare a termine i suoi propositi, come dimostra la brillante metafora del «sassolino» che gli impedisce di proseguire il suo cammino di vita.

E non già, badiamo, ch'io opponessi volontà a prendere la via per cui mio padre m'incamminava. Tutte le prendevo. Ma camminarci, non ci camminavo. Mi fermavo a ogni passo; mi mettevo prima alla lontana, poi sempre più da vicino a girare attorno a ogni sassolino che incontravo, e mi maravigliavo assai che gli altri potessero passarmi avanti senza fare alcun caso di quel sassolino che per me intanto aveva assunto le proporzioni d'una montagna insormontabile, anzi d'un mondo in cui avrei potuto senz'altro domiciliarmi[10].

Ero rimasto così, fermo ai primi passi di tante vie, con lo spirito pieno di mondi, o di sassolini, che fa lo stesso. Ma non mi pareva affatto che quelli che m'erano passati avanti e avevano percorso tutta la via, ne sapessero in sostanza più di me. M'erano passati avanti, non si mette in dubbio, e tutti braveggiando[11] come tanti cavallini; ma poi, in fondo alla via, avevano trovato un carro: il loro carro; vi erano stati attaccati con molta pazienza, e ora se lo tiravano dietro. Non tiravo nessun carro, io; e non avevo perciò né briglie né paraocchi; vedevo certamente più di loro; ma andare, non sapevo dove andare.

> A differenza di chi si è adattato alle convenzioni sociali, il protagonista "vede" più chiaramente, ma forse proprio per questo la sua vita è priva di uno scopo preciso.

Ora, ritornando alla scoperta di quei lievi difetti, sprofondai tutto, subito, nella riflessione che dunque possibile? non conoscevo bene neppure il mio stesso corpo, le cose mie che più intimamente m'appartenevano: il naso, le orecchie, le mani, le gambe. E tornavo a guardarmele per rifarne l'esame.

> Il narratore anticipa in forma di prolessi la paradossale conclusione del romanzo, giudicandola positivamente, come una «guarigione».

Cominciò da questo il mio male. Quel male che doveva ridurmi in breve in condizioni di spirito e di corpo così misere e disperate che certo ne sarei morto o impazzito, ove in esso medesimo non avessi trovato (come dirò) il rimedio che doveva guarirmene.

---

6. aver conto: *avere chiaro, apprendere.*
7. bucheravano ... traverso: *bucherellavano in ogni direzione.*
8. Ricco ... padre: il padre, alla sua mor-

te, ha nominato due tutori delle ricchezze di Moscarda.
9. punto: *per niente.*
10. domiciliarmi: *andare ad abitare.*

11. braveggiando: *facendo bravate, comportandosi in modo spavaldo.*

Uno, nessuno e centomila

COMPRENSIONE

1 Che cosa fa notare la moglie a Moscarda? Per quale motivo inizialmente la sua reazione è tanto stizzita?

2 La moglie di Moscarda passa poi a evidenziare altri difetti del protagonista: quali?

3 Nel finale del brano, a quale conclusione giunge Moscarda attraverso la riflessione?

4 In quale punto il protagonista anticipa parzialmente il finale del romanzo?

ANALISI E INTERPRETAZIONE

5 «Schizzai» (r. 32) è usato in forma transitiva o intransitiva? Dopo aver risposto scrivi due frasi in cui utilizzi il verbo in entrambe le forme.

6 La sintassi è complessa o colloquiale? Vi ritrovi modi tipici del parlato? Quali?

> ⊙ **Oltre il testo**   Confrontare e analizzare
>
> • Metti a confronto la sintassi di questo brano con quella delle novelle e de *Il fu Mattia Pascal*: quali caratteristiche comuni individui? Esponi le tue considerazioni in un testo scritto.

7 Individua nel testo tutte le informazioni che il narratore dà su se stesso e tracciane un breve ritratto.

8 In quali punti del testo il narratore sottolinea il proprio carattere inconcludente e portato all'ossessiva autoanalisi?

9 Che cosa intende dire Moscarda affermando che tutti i suoi conoscenti, alla fine, «avevano trovato un carro […] e ora se lo tiravano dietro»? Qual è invece il suo atteggiamento?

> ⊙ **Oltre il testo**   Confrontare e analizzare
>
> • Ti sembra che vi siano delle affinità tra Vitangelo Moscarda e Mattia Pascal? Rispondi facendo riferimento alla loro condizione di "inetti" e al loro difficile rapporto con la propria identità.

10 Individua nel brano le parti propriamente narrative e quelle riflessive. Quali predominano e per quale motivo?

11 L'ironia è un elemento fondamentale della narrativa pirandelliana: da quali punti del testo emerge maggiormente questa caratteristica?

> ⊙ **Oltre il testo**   Confrontare e analizzare
>
> • Come valuti l'ironia del brano alla luce delle considerazioni esposte da Pirandello nel saggio *L'umorismo*?

12 Individua nel brano le sequenze di discorso indiretto libero: quale funzione svolgono?

SCRITTURA E APPROFONDIMENTI

13 La "tragedia" del protagonista ha inizio guardandosi allo specchio: quale ruolo riveste questo oggetto nella narrativa pirandelliana? Fai una ricerca sull'argomento ed esponi i tuoi risultati in una tesina multimediale.

14 In un passo successivo del romanzo Vitangelo Moscarda afferma: «Il mio sforzo … deve consistere in questo: di non vedermi in me, ma d'essere veduto da me». Spiega come questa affermazione si collega al tema pirandelliano dell'identità.

Un piccolo difetto

T8 Un paradossale lieto fine

Uno, nessuno e centomila, libro VIII, cap. IV

Dopo aver cercato, con comportamenti incoerenti e contraddittori, di distruggere l'immagine stereotipata che la società aveva di lui, Moscarda ha ricevuto la visita di Anna Rosa, un'amica della moglie, inviata per cercare di ricondurlo alla ragione. Ma la donna, confusa dalle sue parole e preda di un inspiegabile raptus, gli ha sparato un colpo di pistola. Processata, viene assolta anche grazie alla deposizione di Moscarda, che ha donato tutti i suoi beni a un manicomio per poveri indigenti, in cui si è ritirato a vivere.

Nella pagina finale del romanzo il protagonista compare in tribunale vestito con la divisa del manicomio in cui si è fatto internare. Mentre tutti ridono di lui, considerandolo pazzo, Moscarda spiega che in realtà solo liberandosi dalle convenzioni sociali e rinunciando alla sua stessa identità ha trovato una paradossale forma di felicità, nell'adesione istintiva agli elementi della natura e nel ricongiungimento con il libero fluire della vita.

> Proprio con uno specchio era iniziata la vicenda di Moscarda, che ora però non è più interessato alla sua immagine e alla sua identità.

> Poiché il nome identifica per convenzione l'identità del soggetto, esso non si addice più a Moscarda, ormai libero da ogni «forma».

> La rinuncia al nome implica la rinuncia alle convenzioni sociali ma anche alla propria identità.

> La passeggiata all'alba permette a Moscarda di immergersi nel fluire della vita.

Anna Rosa[1] doveva essere assolta; ma io credo che in parte la sua assoluzione fu anche dovuta all'ilarità che si diffuse in tutta la sala del tribunale, allorché, chiamato a fare la mia deposizione, mi videro comparire col berretto, gli zoccoli e il camiciotto turchino dell'ospizio[2].

5 Non mi sono più guardato in uno specchio, e non mi passa neppure per il capo di voler sapere che cosa sia avvenuto della mia faccia e di tutto il mio aspetto. Quello che avevo per gli altri dovette apparir molto mutato e in un modo assai buffo, a giudicare dalla maraviglia e dalle risate con cui fui accolto. Eppure mi vollero tutti chiamare ancora Moscarda, benché il dire Moscarda avesse ormai

10 certo per ciascuno un significato così diverso da quello di prima, che avrebbero potuto risparmiare a quel povero svanito là, barbuto e sorridente, con gli zoccoli e il camiciotto turchino, la pena d'obbligarlo a voltarsi ancora a quel nome, come se realmente gli appartenesse.

Nessun nome. Nessun ricordo oggi del nome di jeri; del nome d'oggi, domani. Se

15 il nome è la cosa; se un nome è in noi il concetto d'ogni cosa posta fuori di noi; e senza nome non si ha il concetto, e la cosa resta in noi come cieca, non distinta e non definita[3]; ebbene, questo[4] che portai tra gli uomini ciascuno lo incida, epigrafe funeraria[5], sulla fronte di quella immagine con cui gli apparvi, e la lasci in pace e non ne parli più. Non è altro che questo, epigrafe funeraria, un nome.

20 Conviene[6] ai morti. A chi ha concluso. Io sono vivo e non concludo. La vita non conclude. E non sa di nomi[7], la vita. Quest'albero, respiro trèmulo di foglie nuove[8]. Sono quest'albero. Albero, nuvola; domani libro o vento: il libro che leggo, il vento che bevo. Tutto fuori, vagabondo.

L'ospizio sorge in campagna, in un luogo amenissimo. Io esco ogni mattina,

25 all'alba, perché ora voglio serbare[9] lo spirito così, fresco d'alba, con tutte le cose come appena si scoprono che sanno ancora del crudo della notte[10], prima

---

1. Anna Rosa: è l'amica della moglie del protagonista, processata perché, sconvolta dalle parole di Moscarda, gli ha sparato rischiando di ucciderlo.

2. col berretto ... dell'ospizio: è la divisa del manicomio in cui Moscarda si è fatto internare.

3. Se il nome ... definita: Moscarda ha compreso che dare un nome a cose e persone significa cristallizzarle in «forme» morte, attribuendo loro un'esistenza esterna al soggetto che è in realtà illusoria, perché tutto si fonde nel fluire della «vita».

4. questo: *questo nome.*

5. epigrafe funeraria: *come un'iscrizione sulla tomba.*

6. Conviene: *si addice.*

7. non sa di nomi: *non conosce nomi.*

8. Quest'albero ... nuove: (vedo) *quest'albero, che fa tremare nel vento le sue foglie appena spuntate.*

9. serbare: *conservare, mantenere.*

10. che sanno ... notte: *che mantengono ancora la freschezza genuina della notte.*

Uno, nessuno e centomila

che il sole ne secchi il respiro umido e le abbagli. Quelle nubi d'acqua là pese plumbee ammassate sui monti lividi, che fanno parere più larga e chiara nella grana d'ombra ancora notturna, quella verde plaga di cielo[11]. E qua questi fili d'erba, teneri d'acqua anch'essi, freschezza viva delle prode[12]. E quell'asinello rimasto al sereno[13] tutta la notte, che ora guarda con occhi appannati e sbruffa[14] in questo silenzio che gli è tanto vicino e a mano a mano pare gli s'allontani cominciando, ma senza stupore, a schiarirglisi attorno, con la luce che dilaga appena sulle campagne deserte e attonite. E queste carraje[15] qua, tra siepi nere e muricce screpolate[16], che su lo strazio dei loro solchi ancora stanno e non vanno[17]. E l'aria è nuova. E tutto, attimo per attimo, è com'è, che s'avviva per apparire[18]. Volto subito gli occhi per non vedere più nulla fermarsi nella sua apparenza e morire. Così soltanto io posso vivere, ormai. Rinascere attimo per attimo. Impedire che il pensiero si metta in me di nuovo a lavorare, e dentro mi rifaccia il vuoto delle vane costruzioni[19].

La città è lontana. Me ne giunge, a volte, nella calma del vespro[20], il suono delle campane. Ma ora quelle campane le odo non più dentro di me, ma fuori, per sé sonare[21], che forse ne fremono di gioia nella loro cavità ronzante, in un bel cielo azzurro pieno di sole caldo tra lo stridìo delle rondini o nel vento nuvoloso, pesanti e così alte sui campanili aerei[22]. Pensare alla morte, pregare. C'è pure chi ha ancora questo bisogno, e se ne fanno voce le campane[23]. Io non l'ho più questo bisogno, perché muoio ogni attimo, io, e rinasco nuovo e senza ricordi: vivo e intero, non più in me, ma in ogni cosa fuori.

In totale libertà, privo di bisogni e di interrogativi, Moscarda aderisce alla vita nel suo perenne mutamento, "fuori" da ogni forma e identità.

---

11. che fanno parere ... cielo: *che fanno sembrare più larga e più chiara, nella consistenza granulosa dell'ombra della notte, quella parte di cielo.* La striscia di cielo all'orizzonte, illuminata dal chiarore dell'alba, sembra più luminosa nel contrasto con il resto del cielo, ancora immerso nell'ombra della notte.
12. prode: *rive.*
13. al sereno: *all'aperto.*
14. sbruffa: *sbuffa.*
15. carraje: *strade di campagna,* percorribili solo dai carri.
16. muricce screpolate: *muriccioli segnati da crepe.*
17. che ... vanno: sui solchi impressi dalle ruote dei carri non c'è ancora nessun segno di movimento.
18. che s'avviva per apparire: *quando si rianima per apparire nella luce dell'alba.*
19. il vuoto ... costruzioni: *le elucubrazioni inutili e prive di consistenza.*
20. vespro: *l'ora del tramonto.*
21. per sé sonare: *che suonano libere, solo per se stesse.*
22. aerei: *così alti che sfiorano il cielo.*
23. se ne ... campane: le campane danno voce al bisogno di pregare.

➔ Analisi del testo

COMPRENSIONE
Moscarda compare nell'**aula di tribunale** in cui si svolge il processo ad Anna Rosa e, vestito con la divisa del manicomio in cui si è volontariamente rinchiuso, suscita l'ilarità della gente, che lo considera pazzo. In realtà egli ha scelto consapevolmente di annullare la propria identità personale e di **ritirarsi a vivere in campagna**, lontano dalle convenzioni sociali e a contatto con il fluire indistinto della vita. Nelle sue **passeggiate all'alba** fuori dall'ospizio può così assaporare la bellezza della natura e, senza più memoria di sé, identificarsi negli alberi, nelle nuvole e nel vento. Finalmente libero da ogni «forma», Moscarda rinasce e si rinnova ogni giorno, «vivo e intero, non più in sé, ma in ogni cosa fuori».

ANALISI E INTERPRETAZIONE
La rinuncia all'identità Al termine della sua lunga ricerca, Moscarda approda a una totale **rinuncia alla propria identità**. Dopo aver compreso che la società civile è soltanto un insieme di convenzioni fittizie e che l'identità stessa non è altro che un'illusione priva di consistenza, egli decide di **rifiutare ogni forma** e di immergersi nel **flusso indistinto della vita della natura**, dissolvendosi in essa. Questa decisione lo induce anche a **rifiutare il proprio nome**, che serve soltanto a fissare l'individuo in

Un paradossale lieto fine 659

una «forma» cristallizzata e morta («Nessun nome»; «Non è altro che questo, epigrafe funeraria, un nome») e ad **abbandonare la società** e la civiltà («La città è lontana»), ritirandosi a vivere in una fusione quasi mistica con la natura, simbolo di una vita in perenne e continuo divenire. L'identificazione con il flusso vitale si accompagna anche all'**abbandono del pensiero razionale** e della riflessione, sostituita dall'emergere delle emozioni e delle sensazioni, secondo una visione che avvicina Pirandello al Surrealismo e, più in generale, alle **tendenze irrazionalistiche** del primo Novecento.

Un messaggio positivo   La **conclusione** cui giunge il protagonista di *Uno, nessuno e centomila*, sebbene paradossale, è in realtà **positiva e vitalistica**. Attraverso l'estrema rinuncia al proprio «io» e alla propria autocoscienza Moscarda recupera infatti la possibilità di un'esistenza autentica: accettando di non essere «nessuno», egli trova una **paradossale serenità**.
Già **Mattia Pascal**, nel romanzo omonimo, aveva cercato di liberarsi dall'oppressione delle convenzioni, ma il suo tentativo si era risolto in un **totale fallimento** e lo aveva condotto a una sorta di morte civile. Con il personaggio di Moscarda, invece, Pirandello approda a una soluzione senza dubbio utopica, ma ben più **radicale e ottimistica**.

Il lirismo dello stile   L'originalità dei contenuti si accompagna all'adozione di una **forma espressiva nuova**, che **abbandona i modi "umoristici"** della precedente narrativa pirandelliana. Nel brano riportato non c'è infatti traccia di ironia, né del compiaciuto cerebralismo che pure anima tante pagine del romanzo. Soprattutto a partire dal terzo paragrafo, lo stile rinuncia ai modi riflessivi per assumere un **andamento lirico di grande suggestione**. La sintassi si basa su **periodi molto brevi** ed ellittici, ricchi di **immagini metaforiche** e di **aggettivi evocativi**, riferiti agli elementi di una natura quasi antropomorfizzata («respiro tremulo», «verde plaga di cielo», «fili d'erba teneri d'acqua»). Inoltre i periodi (molti dei quali iniziano con la congiunzione «e») risultano semplicemente **accostati l'uno all'altro**, senza nessi logici subordinanti, come se ai consueti rapporti di causa-effetto si sostituisse un semplice fluire di immagini. Anche la forma riflette quindi la volontà di **assecondare il libero dinamismo della realtà**, rinunciando a cristallizzarlo nelle forme del raziocinio e della logica.

Lavoriamo sul testo

1 Dove si reca Moscarda all'inizio del brano? Per quale motivo la sua presenza suscita le risate della gente?

2 In quale luogo si è ritirato a vivere il protagonista del romanzo?

3 Che cosa vede Moscarda durante le sue passeggiate mattutine nella natura?

LINGUA E LESSICO

4 Scrivi il significato dei seguenti termini:
a. svanito: ....
b. amenissimo: ....
c. plumbee: ....
d. dilaga: ....
e. attonite: ....
f. ronzante: ....

5 Che tipo di proposizione è «che s'avviva per apparire» (r. 36-37)?

6 Nel brano ricorrono molti avverbi e pronomi deittici («qua», «là», «questo», «quello»). Qual è a tuo parere la loro funzione?

ANALISI E INTERPRETAZIONE

7 Per quale motivo Moscarda non si riconosce più nel proprio nome e anzi afferma che ogni nome è soltanto una «epigrafe funeraria» che «conviene ai morti»?

8 In quale punto del testo è evidente la rinuncia al pensiero razionale e l'abbandono alle sensazioni da parte del protagonista?

9 Nella descrizione della natura, Pirandello usa uno stile lirico. Individua nel testo le ellissi del verbo, le metafore e gli aggettivi riferiti agli elementi naturali.

10 Nel finale si allude al bisogno di «pregare». Moscarda ha ancora bisogno della religione? Per quale motivo?

11 L'ironia è un elemento fondamentale della narrativa umoristica di Pirandello. In quali punti del testo emerge questa caratteristica?

SCRITTURA E APPROFONDIMENTI

12 Confronta la conclusione del romanzo *Il fu Mattia Pascal* con questo brano, individuando analogie e differenze tra i due protagonisti.

Uno, nessuno e centomila

I capolavori teatrali

Tre testi emblematici Il momento più fecondo della produzione teatrale di Pirandello coincide con la fine degli anni Dieci e i primi anni Venti, periodo in cui egli passa dal "teatro del grottesco" di *Così è (se vi pare)* alla trilogia del «teatro nel teatro», inaugurata da *Sei personaggi in cerca d'autore*, fino alla paradossale rappresentazione della follia di *Enrico IV*. In questi testi l'autore riflette in modo critico sulle caratteristiche e i limiti dell'arte drammatica, sottolineando l'incapacità del teatro tradizionale di rappresentare la complessità della vita e trasportando sulla scena i temi centrali della sua poetica: il rapporto tra realtà e finzione, tra persona e personaggio, tra follia e presunta sanità.

Anche grazie alla straordinaria novità delle soluzioni sceniche, i *Sei personaggi in cerca d'autore*, messi in scena nel 1921 e rivisti nel 1925, dopo un iniziale insuccesso garantiscono a Pirandello una fama internazionale, consolidata nel 1922 dalla prima rappresentazione di *Enrico IV*.

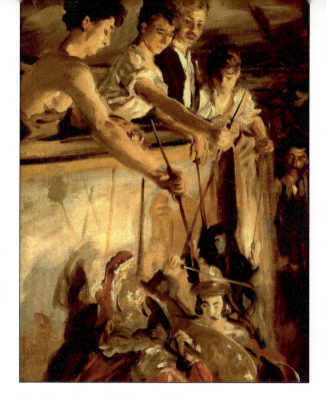

John Singer Sargent, *Marionette*, 1903.

Così è (se vi pare) Tratto dalla **novella *La signora Frola e il signor Ponza suo genero*** (1915), *Così è (se vi pare)* fu rappresentato per la prima volta il 18 giugno 1917. Pirandello sviluppa in questo dramma uno dei temi a lui più cari, ovvero l'**impossibilità di definire cosa sia veramente la realtà**. Portando all'estremo il proprio **relativismo conoscitivo** l'autore mette in scena una **situazione paradossale** (svelare chi sia veramente la misteriosa signora Ponza) che segna il passaggio da un teatro ancora per certi versi "tradizionale" a una nuova **produzione incentrata sulla dissoluzione del personaggio**, che sfocerà di lì a poco nell'approdo al metateatro.

Nonostante il tema dell'opera sia già segnalato in apertura dalle parole del personaggio portavoce delle idee dell'autore («Io sono realmente come mi vede lei. Ma ciò non toglie, cara signora mia, che io non sia anche realmente come mi vede suo marito, mia sorella, mia nipote e la signora qua»), **la vicenda inizia in modo apparentemente normalissimo**. Nel paesino di Valdana giunge un nuovo segretario di prefettura, il signor Ponza, assieme alla moglie e alla suocera, la signora Frola. La suocera prende alloggio in un appartamento sottostante a quello in cui abitano i due giovani sposi e le due donne comunicano tra loro solo grazie a dei biglietti, senza mai incontrarsi. In un primo momento la gente del paese crede che ciò sia dovuto ai cattivi rapporti tra suocera e genero, ma la **realtà** si rivela molto più **complessa e inafferrabile**. In una serie continua di colpi di scena, ognuno dei due protagonisti fornisce la propria versione ma, nella varietà inconciliabile dei punti di vista, **la verità è destinata a restare inconoscibile**.

I *Sei personaggi*: una «commedia da fare» Il dramma si svolge in un teatro in cui una compagnia sta provando una commedia di Pirandello, *Il giuoco delle parti*. Improvvisamente si presenta una strana famiglia: il Padre, la Madre, la Figliastra, il Figlio, il Giovinetto e la Bambina. Essi non sono persone, ma personaggi, **concepiti dalla mente di un autore che non ha mai finito di scrivere la sua opera**. I sei personaggi si rivolgono allora al capocomico per **chiedere che venga rappresentato il dramma che vive in loro**. La Madre, molti anni prima, ha abbandonato il marito e si è unita a un altro uomo, da cui ha avuto tre figli. Alla morte dell'amante, ridotta in miseria, induce la Figliastra a lavorare nella sartoria di Madama Pace, che è in realtà un bordello. Qui, senza riconoscerlo, la ragazza riceve il Padre come cliente, sfiorando l'incesto. Roso dai rimorsi, il Padre riaccoglie in casa tutta la famiglia, ma tra continui litigi si consuma la tragedia: la Bambina cade in una vasca del giardino e annega, mentre il Giovinetto, che ha assistito alla morte della sorella, si suicida. Questa è appunto la vicenda che i sei personaggi vorrebbero vedere rappresentata, ma di fronte al tentativo degli attori di interpretarla **i personaggi non si ricono-**

scono nella **messa in scena**, che appare loro falsa e diversa dal proprio vissuto. I sei personaggi tentano allora di sostituirsi agli attori e di rivivere essi stessi sulla scena la propria tragedia, fino al **finale aperto in cui realtà e fantasia sembrano fondersi**. Dopo la morte del Giovinetto, il capocomico spaventato ordina che si accendano le luci e si interrompa la finzione, mentre il Padre ribadisce: «Ma che finzione! Realtà, realtà, signori! realtà!».

Personaggi e metateatro Il dramma portato sulla scena non consiste nella dolorosa vicenda di cui sono protagonisti i «sei personaggi» – un tipico dramma "romantico" a tinte forti – ma nell'**impossibilità della sua scrittura e della sua rappresentazione** teatrale.

Nella visione pirandelliana, infatti, il **personaggio è molto più vero delle persone reali**: una volta concepito dalla fantasia dell'artista, diviene **autonomo e indipendente** ed è destinato a vivere in eterno, con una coerenza e un'unità che lo fissa per sempre in un carattere stabile. Per potersi realizzare appieno, però, il personaggio deve poter "agire" sulla scena il dramma che porta chiuso in sé, ma ciò è impossibile in quanto ogni rappresentazione teatrale si configura come un **travestimento grottesco** della tragedia dei personaggi, come un tradimento della loro essenza profonda. Nei *Sei personaggi in cerca d'autore* i personaggi non si riconoscono nella recitazione stereotipata degli attori perché ognuno vive la sua realtà in modo soggettivo. In questa **totale incomunicabilità** consiste appunto il nucleo concettuale dell'opera, che si propone come **riflessione del teatro su se stesso** (ossia come "**metateatro**", «teatro sul teatro») e sulla sua **incapacità di offrire una rappresentazione oggettiva della realtà**.

Le innovazioni strutturali In contrasto con la concezione tradizionale, il teatro non è più visto come il luogo in cui viene fornita allo spettatore un'illusione di realtà, ma come l'**occasione per mettere a nudo i contrasti della realtà**. Da questo presupposto derivano una serie di importanti **innovazioni sceniche e formali**, tanto inconsuete che, all'epoca della prima rappresentazione del testo, suscitarono nel pubblico un totale disorientamento. **Viene meno** ogni finzione scenica e **ogni tentativo di "messinscena" tradizionale**: manca la **divisione in atti e in scene**, manca il sipario, non esistono costumi e gli attori si muovono liberamente anche fuori dal palcoscenico, mescolandosi al pubblico. **Cade così la cosiddetta «quarta parete»**, ossia quella invisibile barriera che separa la platea (spazio della realtà) dal palcoscenico (spazio della finzione), e vengono **svelati i meccanismi teatrali**, ciò che accade "dietro le quinte": le prove, i dissapori tra gli attori e i problemi della recitazione e della regia. Ne nasce una sorta di **smascheramento della finzione scenica**, mostrata per quello che in realtà è secondo Pirandello: un inutile tentativo di ridurre a "forma" stereotipata la mutevolezza della "vita".

La finzione di *Enrico IV* Il dramma in tre atti *Enrico IV* (rappresentato nel 1922) propone una nuova riflessione sulla **dialettica tra apparenza e realtà, fra pazzia e sanità**. La vicenda si svolge in una **cornice da tragedia classica**, nel rispetto delle unità aristoteliche di tempo, di spazio e d'azione. Da vent'anni, in un castello nella campagna umbra, attorniato da uno stuolo di servitori e valletti, vive un uomo che, in seguito a una caduta da cavallo durante una festa in costume, **ha perso la memoria e si è identificato con Enrico IV** di Germania. In realtà, dopo dodici anni di reale follia, l'uomo ha ritrovato la ragione ma, volendo estraniarsi dal conformismo della società borghese, **ha continuato a fingersi pazzo** per poter godere di un'apparente libertà. Il dramma ha inizio quando la marchesa Matilde Spina, la donna amata un tempo da Enrico IV, giunge al castello con il suo nuovo amante Belcredi, la figlia Frida e il fidanzato di lei, Carlo Di

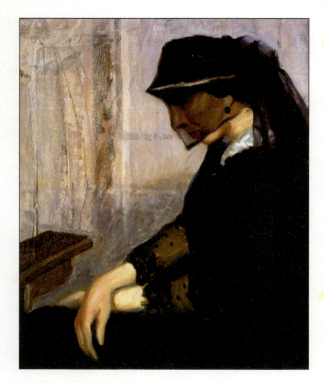

Mario Tozzi, *La madre*, 1916.

I capolavori teatrali

Nolli. Durante i loro colloqui con Enrico, essi intuiscono che l'uomo simula soltanto la sua pazzia e si beffa di loro e, con l'aiuto di un medico, escogitano uno stratagemma per farlo tornare in sé: Frida, che somiglia moltissimo a Matilde, si presenterà a lui mascherata come la madre il giorno dell'incidente. L'incontro suscita un trauma in Enrico, che **ammette la verità** ma, sconvolto, subito dopo colpisce a morte Belcredi, suo rivale in amore, e **rientra per sempre nella sua follia**, ora inevitabile per evitare il processo e l'arresto.

La pazzia e le maschere Al centro del dramma si pone il tema, particolarmente caro a Pirandello, della **follia (reale o presunta) come mezzo per sfuggire alle costrizioni della «forma» e alle convenzioni sociali**. Enrico IV, deluso dalla vita e frustrato nel suo amore per Matilde, accetta consapevolmente di apparire pazzo agli occhi degli altri, trovando nella fissità di questa forma un **rifugio dall'instabilità della vita**. In realtà, se l'esistenza di ciascuno si risolve in una sorta di recita teatrale, la differenza tra Enrico e le persone «sane di mente» è soltanto nella sua **maggiore consapevolezza**, nella capacità di riconoscere che la propria vita si risolve in una mascheratura. Il confine tra pazzia e sanità, tra finzione e realtà è quindi continuamente rovesciato, in un gioco di specchi potenziato dalla scelta di una forma teatrale che si pone come **allegoria della vita stessa**.

Al tempo stesso, con *Enrico IV* Pirandello porta avanti la sua critica alle forme drammatiche tradizionali, sottolineando l'**impossibilità della tragedia nel mondo moderno**. Enrico IV, personaggio di grande serietà e raziocinio, protagonista di una reale tragedia, può vivere il proprio dramma soltanto attraverso una grottesca finzione, in uno spazio e in un tempo assoggettati alle regole della sua presunta follia.

La parola alla critica

Giovanni Macchia, *Un teatro che "tortura" lo spettatore*

In un suo fondamentale saggio del 1969, Giovanni Macchia analizza alcune caratteristiche del teatro di Pirandello sostenendo che esso, per la sua problematicità e per la costante ricerca di una verità inafferrabile, si presenta come una sorta di «stanza della tortura». A differenza del dramma tradizionale, le opere pirandelliane non offrono soluzioni rassicuranti né l'occasione di una catarsi, ma suscitano volutamente nello spettatore un senso di disagio, ponendo interrogativi destinati a restare senza risposta.

Il teatro era un luogo di conoscenza. Si riusciva a capire a teatro ciò che la vita, chiusa nel suo mistero, non riesce a svelarci. Era una scuola di sentimenti, un tentativo di educazione dell'uomo attraverso le passioni. Nel teatro cosiddetto tradizionale la trama si svolge dinanzi a noi, avvengono fatti che lo spettatore può ben giudicare e non nutre dubbi in proposito. E tutta l'azione pesa sul personaggio di cui (grazie, come s'usava, ai monologhi e agli *a parte*[1]) finisce col saper tutto, quello che è e quello che appare, nel giuoco teatrale della dissimulazione. […] In Pirandello si giunge a volte col cancellare dalla scena addirittura il personaggio principale, come in *Così è (se vi pare)*, ove la donna che muove la vicenda risulta assente. Oppure assistiamo alla duplicazione del personaggio, al suo raddoppiamento, e un personaggio può smentire l'altro, pur essendo legati ambedue alla stessa catena per «non esistere». È tragico l'accanimento con cui viene scavata fino al parossismo[2], in un lavoro definito «tragedia», l'*Enrico IV*, l'infelicità del protagonista, le oscure ragioni di quella chiassosa mascherata allestita per un pazzo, il quale ritrova un'illusoria via di liberazione nel delitto. Ma, una volta commesso l'assassinio, l'azione resta per così dire sospesa. E lo spettatore, ritornato a casa, si domanda ancora una volta quale triste destino attenda quel pagliaccio sofferente e sofista[3], che non è riuscito a morire sulla scena come i grandi personaggi tragici. E allora non c'è che da dire addio ai grandi eroi […], tesi verso l'azione suprema come verso l'unica realtà. […]
L'enigma deve rimanere enigma. E l'autore ne sa meno dello spettatore. Anche lui, l'autore di *Così è (se vi pare)*, non riesce a capire la verità, la famosa verità, da che parte si trovi. Anche l'amministrazione della giustizia, in questo tribunale *sui generis*[4] che è il teatro, non chiude mai i battenti. Alla fine non ci sarà come nelle tragedie un punto fermo, ma un punto interrogativo.
Ecco perché Pirandello, come dicevo, non ci lascia mai andare a letto tranquilli.

G. Macchia, *Premessa* a L. Pirandello, *Maschere nude*, Milano, Mondadori, 1986

1. *a parte*: sono le battute pronunciate dai personaggi per dar voce ai loro pensieri, che per convenzione si fingeva non potessero essere udite dagli altri personaggi sulla scena.

2. **parossismo**: *eccesso.*

3. **sofista**: *cerebrale, cervellotico.*

4. **sui generis**: *di tipo particolare.*

I capolavori teatrali **663**

T9 La voce della Verità

Così è (se vi pare), atto III, scene 5-9

L'ultimo atto del dramma dovrebbe finalmente svelare quale sia la verità sulla signora Ponza: ella è davvero la figlia della signora Frola o è la donna che il signor Ponza ha risposato dopo la morte della prima moglie? In un crescendo drammatico in cui tutti i presenti sono ben decisi a scoprire la verità, la rivelazione finale sancisce l'assoluto relativismo conoscitivo di Pirandello.

La scena è ambientata nel salotto del consigliere Agazzi, superiore del signor Ponza da cui sono partite le prime perplessità che hanno portato all'apertura di un'indagine ufficiale: il signor Ponza impedisce alla moglie di vedere la madre, la signora Frola, o è la suocera a essere impazzita e a non rassegnarsi alla morte della figlia?

SCENA QUINTA
Il consigliere AGAZZI – IL PREFETTO – CENTURI *(il Commissario)* – *il* SIGNOR PONZA

CENTURI Permesso? – Ecco il signor Ponza.
IL PREFETTO Grazie, Centuri.
5 *Il signor Ponza si presenterà su la soglia.*
Venga, venga avanti, caro Ponza.
Il signor Ponza s'inchinerà.
AGAZZI S'accomodi, prego.
Il signor Ponza tornerà a inchinarsi e sederà.
10 IL PREFETTO Lei conosce i signori... – Sirelli...
Il signor Ponza si alzerà e s'inchinerà.
AGAZZI Sì, l'ho già presentato. Mio cognato Laudisi[1].
Il signor Ponza s'inchinerà.
IL PREFETTO L'ho fatto chiamare, caro Ponza, per dirle che qua, coi miei amici...
15 *S'interromperà, notando che il signor Ponza fin dalle sue prime parole avrà dato a vedere un gran turbamento e una viva agitazione.*
Ha da dire qualche cosa?
PONZA Sì. Che intendo, signor Prefetto, di domandare oggi stesso il mio trasferimento.
20 IL PREFETTO Ma perché? Scusi, poc'anzi, lei parlava con me, così remissivo...
PONZA Ma io sono fatto segno[2] qua, signor Prefetto, a una vessazione[3] inaudita!
IL PREFETTO Eh via! Non esageriamo adesso!
AGAZZI *(a Ponza)* Vessazione, scusi, – intende, da parte mia?
PONZA Di tutti! E perciò me ne vado! Me ne vado, signor Prefetto, perché non pos-
25 so tollerare quest'inquisizione[4] accanita, feroce sulla mia vita privata, che finirà di compromettere, guasterà irreparabilmente un'opera di carità che mi costa tanta pena e tanti sacrifizii! – Io venero più che una madre quella povera vecchia[5], e mi sono veduto costretto, qua jeri, a investirla con la più crudele violenza. Ora l'ho trovata di là, in tale stato d'avvilimento e d'agitazione –.
30 AGAZZI *(interrompendolo, calmo)* È strano! Perché la signora, con noi, ha parlato

> Quelle in corsivo sono le didascalie, ovvero le indicazioni sceniche date agli attori.

> Anche gli atteggiamenti del signor Ponza e della signora Frola sono opposti, così come la loro versione della verità.

---

1. Laudisi: è il personaggio portavoce dell'autore.
2. segno: oggetto.
3. vessazione: sopruso, prepotenza.
4. inquisizione: inchiesta; l'Inquisizione è l'organo creato dalla Chiesa cattolica per contrastare la diffusione delle eresie.
5. quella povera vecchia: la signora Frola, sua suocera.

Così è (se vi pare)

sempre calmissima. Tutta l'agitazione, al contrario, l'abbiamo finora notata in lei, signor Ponza; e anche adesso!

Ponza Perché loro non sanno quello che mi stanno facendo soffrire!

Il prefetto Via, via, si calmi, caro Ponza! Che cos'è? Ci sono qua io! E lei sa con
35 quale fiducia e quanto compatimento io abbia ascoltato le sue ragioni. Non è così?

Ponza Mi perdoni. Lei, sì. E gliene sono grato, signor Prefetto.

Il prefetto Dunque! Guardi: lei venera come una madre la sua povera suocera? Orbene, pensi che qua questi miei amici mostrano tanta curiosità di sapere, appunto perché vogliono bene alla signora anche loro.

40 Ponza Ma la uccidono, signor Prefetto! E l'ho già fatto notare più d'una volta!

Il prefetto Abbia pazienza. Vedrà che finiranno, appena sarà chiarito tutto. Ora stesso, guardi! Non ci vuol niente... Lei ha il mezzo più semplice e più sicuro di levare ogni dubbio a questi signori. Non a me, perché io non ne ho.

Ponza Ma se non vogliono credermi in nessun modo!

45 Agazzi Questo non è vero. – Quando lei venne qua, dopo la prima visita di sua suocera, a dichiararci ch'era pazza, noi tutti – con meraviglia, ma le abbiamo creduto.

Al Prefetto:

Ma subito dopo, capisci? tornò la signora...

Il prefetto ... sì, sì, lo so, me l'hai detto,

50 *seguiterà volgendosi al Ponza*

... a dare quelle ragioni, che lei stesso cerca di tener vive in sua suocera[6]. Bisogna che abbia pazienza, se un dubbio angoscioso nasce nell'animo di chi ascolta, dopo di lei, la povera signora. Di fronte a ciò che dice sua suocera, questi signori ecco, non credono di poter più con sicurezza prestar fede a ciò che dice lei,
55 caro Ponza. Dunque è chiaro. Lei e sua suocera – via! tiratevi in disparte per un momento! – Lei è sicuro di dire la verità, come ne sono sicuro io; non può aver nulla in contrario, certo, che sia ripetuta qua, ora, dall'unica persona che possa affermarla, oltre voi due.

Ponza E chi?

60 Il prefetto Ma la sua signora!

Ponza Mia moglie?

Con forza, con sdegno.

Ah, no! Mai, signor Prefetto!

Il prefetto E perché no, scusi?

65 Ponza Portare mia moglie qua a dare soddisfazione a chi non vuol credermi?

Il prefetto (*pronto*) A me! Scusi. – Può aver difficoltà?

Ponza Ma signor Prefetto... no! mia moglie, no! Lasciamo stare mia moglie! Si può ben credere a me!

Il prefetto Eh no, guardi, comincia a parere anche a me, allora, che lei voglia far
70 di tutto per non essere creduto!

Agazzi Tanto più che ha cercato anche d'impedire in tutti i modi – anche a costo d'un doppio sgarbo a mia moglie e alla mia figliuola – che la suocera venisse qua a parlare.

Ponza (*prorompendo, esasperato*) Ma che vogliono loro da me? In nome di Dio!
75 Non basta quella disgraziata[7]? vogliono qua anche mia moglie? Signor Prefetto, io non posso sopportare questa violenza! Mia moglie non esce di casa mai! Io non

---

Il desiderio morboso di conoscere la verità viene spacciato per un atto di umana pietà e di interesse per le sofferenze altrui.

Il signor Ponza rifiuta ostinatamente di portare la moglie per chiarire in modo definitivo la situazione; ma il suo comportamento dà ovviamente adito a dubbi da parte del consigliere e del prefetto.

---

6. a dare quelle ragioni ... sua suocera: a dimostrare che la moglie non è la figlia della signora Frola ma un'altra donna.

7. quella disgraziata: la suocera.

La voce della Verità **665**

la porto ai piedi di nessuno! Mi basta che mi creda lei! E del resto vado a far subito l'istanza[8] per andar via di qua!
Si alzerà.

80 Il prefetto (*battendo un pugno sulla scrivania*) Aspetti! Prima di tutto io non tollero, signor Ponza, che lei assuma codesto tono davanti a un suo superiore e a me, che le ho parlato finora con tanta cortesia e tanta deferenza[9]. In secondo luogo le ripeto che dà ormai da pensare anche a me codesta sua ostinazione nel rifiutare una prova che le domando io e non altri, nel suo stesso interesse, e in cui non

85 vedo nulla di male! – Possiamo bene, io e il mio collega, ricevere una signora…
– o anche, se lei vuole, venire a casa sua…
Ponza Lei dunque mi obbliga?
Il prefetto Le ripeto che glielo domando per il suo bene. Potrei anche pretenderlo come suo superiore!

90 Ponza Sta bene. Sta bene. Quand'è così, porterò qua mia moglie, pur di finirla! Ma chi mi garantisce che quella poveretta[10] non la veda?
Il prefetto Ah già… perché sta qui accanto…
Agazzi (*subito*) Potremmo andar noi in casa della signora.
Ponza Ma no! Io lo dico per loro. Che non mi si faccia un'altra sorpresa che avreb-

95 be conseguenze spaventevoli!
Agazzi Stia pur tranquillo, quanto a noi!
Il prefetto O se no, ecco, a suo comodo, potrebbe condurre la signora in Prefettura.
Ponza No, no – subito, qua… subito… Starò io, di là, a guardia di lei. Vado subito, signor Prefetto; e sarà finita, sarà finita!

100 *Uscirà sulle furie per l'uscio in fondo.*

[…]

SCENA SETTIMA
Detti[11], la signora Amalia (*la moglie del Consigliere Agazzi*)

> Solo l'arrivo della signora Frola può contribuire a svelare la verità senza più alcuna ombra di dubbio.

Amalia (*entrerà di furia, costernatissima, dall'uscio a sinistra, annunziando*) La signora Frola! La signora Frola è qua!
105 Agazzi No! Perdio, chi l'ha chiamata?
Amalia Nessuno! È venuta da sé!
Il prefetto No! Per carità! Ora, no! La faccia andar via, signora!
Agazzi Subito via! Non la fate entrare! Bisogna impedirglielo a ogni costo! Se la trovasse qua[12], gli sembrerebbe davvero un agguato!

110 ## SCENA OTTAVA
Detti, la signora Amalia, *tutti gli altri*

La signora Frola s'introdurrà tremante, piangente, supplicante, con un fazzoletto in mano, in mezzo alla ressa degli altri, tutti esagitati.

Signora Frola Signori miei, per pietà! per pietà! Lo dica lei a tutti, signor Con-
115 sigliere!

---

8. **l'istanza:** *la domanda.*
9. **deferenza:** *rispetto.*
10. **quella poveretta:** ancora la suocera.
11. *Detti:* gli stessi della scena precedente.
12. **Se la trovasse qua:** se il signor Ponza, che sta arrivando con la moglie, trovasse qui la signora Frola.

666 *Così è (se vi pare)*

AGAZZI (*facendosi avanti, irritatissimo*) Io le dico, signora, di ritirarsi subito! Perché lei, per ora, non può stare qua!

SIGNORA FROLA (*smarrita*) Perché? Perché?

Alla signora Amalia:

120 Mi rivolgo a lei, mia buona signora…

AMALIA Ma guardi… guardi, c'è lì il Prefetto…

SIGNORA FROLA Oh! lei, signor Prefetto! Per pietà! Volevo venire da lei!

IL PREFETTO No, abbia pazienza, signora! Per ora io non posso darle ascolto. Bisogna che lei se ne vada via subito di qua!

125 SIGNORA FROLA Sì, me n'andrò! Me n'andrò oggi stesso! Me ne partirò, signor Prefetto! per sempre me ne partirò!

AGAZZI Ma no, signora! Abbia la bontà di ritirarsi per un momento nel suo quartierino[13] qua accanto! Mi faccia questa grazia! Poi parlerà col signor Prefetto!

SIGNORA FROLA Ma perché? Che cos'è? Che cos'è?

130 AGAZZI (*perdendo la pazienza*) Sta per tornare qua suo genero: ecco! ha capito?

SIGNORA FROLA Ah! Sì? E allora, sì… sì, mi ritiro… mi ritiro subito! Volevo dir loro questo soltanto: che per pietà, la finiscano! Loro credono di farmi bene e mi fanno tanto male! Io sarò costretta ad andarmene, se loro seguiteranno a far così; a partirmene oggi stesso, perché lui[14] sia lasciato in pace! – Ma che vogliono, che

135 vogliono ora qua da lui? Che deve venire a fare qua lui? – Oh, signor Prefetto!

IL PREFETTO Niente, signora, stia tranquilla, stia tranquilla, e se ne vada, per piacere!

AMALIA Via, signora, sì! sia buona!

SIGNORA FROLA Ah Dio, signora mia, loro mi priveranno dell'unico bene, dell'unico conforto che mi restava: vederla almeno da lontano la mia figliuola!

140 *Si metterà a piangere.*

IL PREFETTO Ma chi glielo dice? Lei non ha bisogno di partirsene! La invitiamo a ritirarsi ora per un momento, stia tranquilla!

SIGNORA FROLA Ma io sono in pensiero per lui! per lui, signor Prefetto! Sono venuta qua a pregare tutti per lui; non per me!

145 IL PREFETTO Sì, va bene! E lei può star tranquilla anche per lui, gliel'assicuro io. Vedrà che ora si accomoderà ogni cosa.

SIGNORA FROLA E come? Li vedo qua tutti accaniti addosso a lui!

IL PREFETTO No, signora! Non è vero! ci sono qua io per lui! Stia tranquilla!

SIGNORA FROLA Ah! Grazie! Vuol dire che lei ha compreso…

150 IL PREFETTO Sì, sì, signora, io ho compreso…

SIGNORA FROLA L'ho ripetuto tante volte a tutti questi signori: è una disgrazia già superata, su cui non bisogna più ritornare.

IL PREFETTO Sì, va bene, signora… Se le dico che io ho compreso!

SIGNORA FROLA Siamo contente di vivere così; la mia figliuola è contenta. Dunque…

155 Ci pensi lei, ci pensi lei… perché, se no, non mi resta altro che andarmene, proprio! e non vederla più, neanche così da lontano… Lo lascino in pace, per carità!

A questo punto, tra la ressa si farà un movimento; tutti faranno cenni; alcuni guarderanno verso l'uscio; qualche voce repressa si farà sentire.

VOCI Oh Dio… Eccola, eccola!

160 SIGNORA FROLA (*notando lo sgomento, lo scompiglio, gemerà perplessa, tremante*) Che cos'è? Che cos'è?

> La signora Frola sembra avere a cuore la sorte del genero: ella infatti sostiene che l'uomo è impazzito ed è convinto di essersi risposato con un'altra donna.

---

13. quartierino: *stanza.*   **14. lui:** il signor Ponza.

La voce della Verità   **667**

SCENA NONA

Detti, la signora PONZA, *poi il signor* PONZA

Tutti si scosteranno da una parte e dall'altra per dar passo alla signora Ponza che si fa-
165 *rà avanti rigida, in gramaglie[15], col volto nascosto da un fitto velo nero, impenetrabile.*

SIGNORA FROLA (*cacciando un grido straziante, di frenetica gioja*) Ah! Lina… Lina… Lina…

E si precipiterà e s'avvinghierà alla donna velata, con l'arsura[16] d'una madre che da anni e anni non abbraccia più la sua figliuola. Ma contemporaneamente, dall'interno,
170 *si udranno le grida del signor Ponza che subito dopo si precipiterà sulla scena.*

PONZA Giulia!… Giulia!… Giulia!…

La signora Ponza, alle grida di lui, s'irrigidirà tra le braccia della signora Frola che la cingono. Il signor Ponza, sopravvenendo, s'accorgerà subito della suocera così perduta-mente abbracciata alla moglie e inveirà furente:

175 Ah! L'avevo detto io! Si sono approfittati così, vigliaccamente, della mia buona fede?

SIGNORA PONZA (*volgendo il capo velato, quasi con austera solennità*) Non temete! Non temete! Andate via!

PONZA (*piano, amorevolmente, alla signora Frola*) Andiamo, sì, andiamo…

SIGNORA FROLA (*che si sarà staccata da sé, tutta tremante, umile, dall'abbraccio, farà*
180 *eco subito, premurosa, a lui*) Sì, sì… andiamo, caro, andiamo…

E tutti e due abbracciati, carezzandosi a vicenda, tra due diversi pianti, si ritireran-no bisbigliandosi tra loro parole affettuose. Silenzio. Dopo aver seguito con gli occhi fi-no all'ultimo, i due, tutti si rivolgeranno, ora, sbigottiti e commossi, alla signora velata.

SIGNORA PONZA (*dopo averli guardati attraverso il velo, dirà con solennità cupa*) Che
185 altro possono volere da me, dopo questo, lor signori? Qui c'è una sventura, co-me vedono, che deve restar nascosta, perché solo così può valere il rimedio che la pietà le ha prestato.

IL PREFETTO (*commosso*) Ma noi vogliamo rispettare la pietà, signora. Vorremmo però che lei ci dicesse –

190 SIGNORA PONZA (*con un parlare lento e spiccato[17]*) – che cosa? la verità? È solo que-sta: che io sono, sì, la figlia della signora Frola –

TUTTI (*con un sospiro di soddisfazione*) – Ah!

SIGNORA PONZA (*subito c.s.[18]*) – e la seconda moglie del signor Ponza –

TUTTI (*stupiti e delusi, sommessamente*) – Oh! E come?

195 SIGNORA PONZA (*subito c.s.*) – sì; e per me nessuna! nessuna!

IL PREFETTO Ah no, per sé, lei, signora: sarà l'una o l'altra!

SIGNORA PONZA Nossignori. Per me, io sono colei che mi si crede.

Guarderà attraverso il velo, tutti, per un istante; e si ritirerà. Silenzio.

LAUDISI Ed ecco, signori, come parla la verità!

200 *Volgerà attorno uno sguardo di sfida derisoria.*
Siete contenti?
Scoppierà a ridere.
Ah! ah! ah! ah!
Tela[19]

La signora Frola e il signor Ponza chiama-no la donna con due nomi diversi: Lina è il nome del-la figlia della signora Frola, Giulia quello della nuova moglie del signor Ponza.

Dopo essersi rico-nosciuta in entram-be le identità, la si-gnora Ponza affer-ma di non averne nessuna, fino alla sconcertante dichia-razione finale.

---

15. *in gramaglie:* vestita a lutto.
16. *arsura:* desiderio bruciante.
17. *spiccato:* scandito.
18. *c.s.: come sopra,* cioè con le stesse in-dicazioni di recitazione.
19. *Tela:* giù il sipario.

Così è (se vi pare)

Analisi guidata

Un dramma "anomalo"

L'aspetto che emerge in modo più evidente dalla lettura del brano è che **il dramma si conclude senza un finale chiaro**. Nonostante i ripetuti **tentativi di appurare l'identità della signora Ponza**, la donna che appare in scena non risolve il mistero, poiché afferma di essere tutte e due le persone, per poi aggiungere beffardamente: «Io sono colei che mi si crede».
Si tratta per molti aspetti di una vera rivoluzione dei canoni teatrali dell'epoca, ancora largamente dominati dal tradizionale **dramma borghese**, ispirato a vicende realistiche e conflitti familiari. A questo genere sembrano alludere il **salotto** in cui è ambientata la scena e situazioni tipiche come la **curiosità morbosa dei presenti**, il rapporto gerarchico con i superiori (qui espresso dallo scambio di battute tra Ponza, il prefetto e il consigliere) e la volontà di non creare scandali (Ponza non vuole che la moglie esca di casa e tanto meno che i presenti si spostino a casa sua, come a un certo punto viene proposto). In questo senso, la **risata finale di Laudisi**, alter ego dell'autore, non solo conferma l'inutilità di cercare una verità unica e incontrovertibile, ma è anche uno **sberleffo alle ipocrite convenzioni che regolano la società borghese**.

Competenze di comprensione e analisi

- Che rapporto c'è tra il signor Ponza e il consigliere Agazzi?
- Come si configura l'atteggiamento delle persone che assistono al dramma del signor Ponza e della signora Frola? In quali passaggi del testo risulta più evidente?
- Che cosa viene detto alla signora Frola al momento del suo ingresso in scena? Con quale giustificazione?

Il gioco dei punti di vista

In *Così è (se vi pare)* Pirandello esprime uno dei concetti centrali del suo pensiero: il **relativismo di ogni conoscenza** e l'**impossibilità di giungere a una verità certa** e univoca. Questa posizione viene messa in evidenza dalla struttura stessa dell'azione teatrale che si sviluppa come un'**inchiesta**, lasciando la parola ora al signor Ponza ora alla signora Frola, che non si incontrano mai fino alla scena finale. In un **continuo rovesciamento di prospettive** ciascuno sostiene la propria verità soggettiva, altrettanto valida di quella dell'altro e razionalmente giustificabile. Di fronte a questa situazione paradossale, le altre persone riunite nel salotto del consigliere Agazzi rappresentano il punto di vista degli spettatori, sempre più stupiti e desiderosi di capire chi sia realmente la signora Ponza.

Competenze di comprensione e analisi

- Quali sono le due "verità" circa l'identità della signora Ponza?
- Perché, a un certo punto, i presenti sembrano non voler più credere al signor Ponza?
- Perché la signora Ponza si presenta in scena velata e vestita a lutto? Quale messaggio vuole trasmettere l'autore con questa scelta?
- Confronta il dramma con *La nascita di Adriano Meis* (p. 646) e *Un piccolo difetto* (p. 655), tratti rispettivamente dai romanzi *Il fu Mattia Pascal* e *Uno, nessuno e centomila*: come viene sviluppato in questi testi il tema dell'identità?

La voce della Verità

Verità, pazzia e compassione

Nonostante sostengano una tesi opposta e sembrino confliggere l'uno con l'altra, il rapporto tra i due personaggi principali è comunque permeato da un profondo senso di compassione, che si esplicita nella scena finale in cui il signor Ponza e la signora Frola si allontanano abbracciati, confortandosi a vicenda. Fedele alla **poetica dell'umorismo**, Pirandello sottolinea così che l'unica salvezza di fronte all'assurdità della vita sta nella **reciproca pietà**, nella capacità di comprendere a fondo il dramma altrui, che non è poi molto diverso dal proprio.

Competenze di comprensione e analisi

- Qual è la principale preoccupazione della signora Frola?
- Rintraccia nel testo i passaggi in cui due personaggi alludono l'uno all'altro. Come si definiscono a vicenda il signor Ponza e la signora Frola?
- Metti a confronto il finale del dramma con quello del romanzo *Uno, nessuno e centomila* (p. 658), mettendo in evidenza le principali differenze e le eventuali analogie.

Felice Casorati, *Anna Maria De Lisi*, 1919.

T10 L'ingresso in scena dei sei personaggi

Sei personaggi in cerca d'autore

*Il brano riportato è tratto dalla parte iniziale della rappresentazione.
Mentre gli Attori sono impegnati nelle prove per il Giuoco delle parti, una commedia di Pirandello, sopraggiungono dalla platea sei misteriosi Personaggi, con il volto coperto da maschere, che rivolgono al Regista un'insolita richiesta: vedere rappresentata sulla scena la tragedia che essi portano dentro di sé.*

Ascolta l'ingresso in scena dei sei personaggi

Fai l'analisi interattiva

L'uscere del teatro sarà intanto entrato nella sala, col berretto gallonato[1] in capo e, attraversato il corridojo fra le poltrone, si sarà appressato al palcoscenico per annunziare al Direttore-Capocomico l'arrivo dei Sei Personaggi, che, entrati anch'essi nella sala, si saranno messi a seguirlo, a una certa distanza, un po' smarriti e perplessi, guardandosi attorno.

Chi voglia tentare una traduzione scenica di questa commedia bisogna che s'adoperi[2] con ogni mezzo a ottenere tutto l'effetto che questi Sei Personaggi *non si confondano con gli Attori della Compagnia*. La disposizione degli uni e degli altri, indicata nelle didascalie, allorché quelli saliranno sul palcoscenico, gioverà senza dubbio; come una diversa colorazione luminosa per mezzo di appositi riflettori. Ma il mezzo più efficace e idoneo, che qui si suggerisce, sarà l'uso di speciali maschere per i personaggi [...]. S'interpreterà così anche il senso profondo della commedia. I Personaggi non dovranno infatti apparire come *fantasmi*, ma come *realtà create, costruzioni della fantasia immutabili*: e dunque più reali e consistenti della volubile naturalità degli Attori. Le maschere aiuteranno a dare l'impressione della figura costruita per arte e fissata ciascuna immutabilmente nell'espressione del proprio sentimento fondamentale, che è il *rimorso* per il Padre, la *vendetta* per la Figliastra, lo *sdegno* per il Figlio, il *dolore* per la Madre con fisse lagrime di cera nel livido delle occhiaie e lungo le gote, come si vedono nelle immagini scolpite e dipinte della Mater dolorosa[3] nelle chiese. [...]

Il Padre sarà sulla cinquantina: stempiato, ma non calvo, fulvo[4] di pelo, con baffetti folti quasi acchiocciolati[5] attorno alla bocca ancor fresca, aperta spesso a un sorriso incerto e vano. Pallido, segnatamente[6] nell'ampia fronte; occhi azzurri ovati[7], lucidissimi e arguti; vestirà calzoni chiari e giacca scura: a volte sarà mellifluo[8], a volte avrà scatti aspri e duri.

La Madre sarà come atterrita e schiacciata da un peso intollerabile di vergogna e d'avvilimento. Velata da un fitto crespo[9] vedovile, vestirà umilmente di nero, e quando solleverà il velo, mostrerà un viso non patito[10], ma come di cera, e terrà sempre gli occhi bassi.

La Figliastra, di diciotto anni, sarà spavalda, quasi impudente. Bellissima, vestirà a lutto anche lei, ma con vistosa eleganza. Mostrerà dispetto per l'aria timida, afflitta e quasi smarrita del fratellino, squallido Giovinetto di quattordici anni, vestito anch'egli di nero; e una vivace tenerezza, invece, per la sorellina, Bambina di circa quattro anni, vestita di bianco con una fascia di seta nera alla vita.

Il Figlio, di ventidue anni, alto, quasi irrigidito in un contenuto sdegno per il padre e in

> Pirandello utilizza le didascalie non solo per dare indicazioni sulla messa in scena, ma anche per esprimere importanti principi di poetica.

---

1. **gallonato**: *ornato di fregi che ne sottolineano la funzione.*
2. **s'adoperi**: *si sforzi, faccia in modo.*
3. **Mater dolorosa**: *è l'immagine della Madonna dolente ai piedi della croce.*
4. **fulvo**: *rosso.*
5. **acchiocciolati**: *arricciati.*
6. **segnatamente**: *soprattutto.*
7. **ovati**: *sporgenti.*
8. **mellifluo**: *insinuante, falsamente dolce.*
9. **crespo**: *velo.*
10. **patito**: *sofferente.*

35 *un'accigliata indifferenza per la madre, porterà un soprabito viola e una lunga fascia*
verde girata attorno al collo.

L'Uscere (*col berretto in mano*) Scusi, signor Commendatore.
Il Capocomico (*di scatto, sgarbato*) Che altro c'è?
L'Uscere (*timidamente*) Ci sono qua certi signori, che chiedono di lei.

40 *Il Capocomico e gli Attori si volteranno stupiti a guardare dal palcoscenico giù nella sala.*

Il Capocomico (*di nuovo sulle furie*) Ma io qua provo! E sapete bene che durante la prova non deve passar nessuno! (*Rivolgendosi in fondo*) Chi sono lor signori? Che cosa vogliono?
Il Padre (*facendosi avanti, seguito dagli altri, fino a una delle due scalette*) Siamo qua
45 in cerca d'un autore.
Il Capocomico (*fra stordito e irato*) D'un autore? Che autore?
Il Padre D'uno qualunque, signore.
Il Capocomico Ma qui non c'è nessun autore, perché non abbiamo in prova nessuna commedia nuova.
50 La Figliastra (*con gaja vivacità, salendo di furia la scaletta*) Tanto meglio, tanto meglio, allora, signore! Potremmo esser noi la loro commedia nuova.
Qualcuno degli Attori (*fra i vivaci commenti e le risate degli altri*) Oh, senti, senti!
Il Padre (*seguendo sul palcoscenico la figliastra*) Già, ma se non c'è l'autore! (*Al Capocomico*) Tranne che non voglia esser lei...

55 *La Madre con la Bambina per mano, e il Giovinetto saliranno i primi scalini della sca-*
letta e resteranno lì in attesa. Il Figlio resterà sotto, scontroso.

> Risalta subito il con-
> trasto fra lo scettici-
> smo dei teatranti e
> la dolente realtà dei
> Personaggi.

Il Capocomico Lor signori vogliono scherzare?
Il Padre No, che dice mai, signore! Le portiamo al contrario un dramma doloroso.
La Figliastra E potremmo essere la sua fortuna!
60 Il Capocomico Ma mi facciano il piacere d'andar via, che non abbiamo tempo da
perdere coi pazzi!
Il Padre (*ferito e mellifluo*) Oh, signore, lei sa bene che la vita è piena d'infinite
assurdità, le quali sfacciatamente non han neppure bisogno di parer verosimili;
perché sono vere.
65 Il Capocomico Ma che diavolo dice?
Il Padre Dico che può stimarsi[11] realmente una pazzia, sissignore, sforzarsi di fare il contrario; cioè, di crearne di verosimili, perché pajano vere. Ma mi permetta
di farle osservare che, se pazzia è, questa è pur l'unica ragione del loro mestiere.

Gli Attori si agiteranno, sdegnati.

> In un gioco metate-
> atrale, Pirandello si
> serve delle battute
> dei personaggi per
> riflettere sul teatro
> stesso, non senza au-
> toironia.

70 Il Capocomico (*alzandosi e squadrandolo*) Ah sì? Le sembra un mestiere da paz-
zi, il nostro?
Il Padre Eh, far parer vero quello che non è; senza bisogno, signore: per giuoco...
Non è loro ufficio[12] dar vita sulla scena a personaggi fantasticati[13]?
Il Capocomico (*subito facendosi voce dello sdegno crescente dei suoi Attori*) Ma io la

---

11. può stimarsi: *si può considerare.*   **12. ufficio:** *compito.*   **13. fantasticati:** *di fantasia, inventati.*

Sei personaggi in cerca di autore

> Allusione al teatro futurista, che metteva in scena marionette e manichini al posto dei personaggi umani.

75 prego di credere che la professione del comico, caro signore, è una nobilissima professione! Se oggi come oggi i signori commediografi nuovi ci danno da rappresentare stolide[14] commedie e fantocci invece di uomini, sappia che è nostro vanto aver dato vita – qua, su queste tavole – a opere immortali!

Gli Attori, soddisfatti, approveranno e applaudiranno il loro Capocomico.

80 IL PADRE (*interrompendo e incalzando con foga*) Ecco! benissimo! a esseri vivi, più vivi di quelli che respirano e vestono panni! Meno reali, forse; ma più veri! Siamo dello stessissimo parere!

Gli Attori si guardano tra loro, sbalorditi.

IL DIRETTORE Ma come! Se prima diceva…

85 IL PADRE No, scusi, per lei dicevo, signore, che ci ha gridato di non aver tempo da perdere coi pazzi, mentre nessuno meglio di lei può sapere che la natura si serve da strumento della fantasia umana per proseguire, più alta, la sua opera di creazione.
IL CAPOCOMICO Sta bene, sta bene. Ma che cosa vuol concludere con questo?
IL PADRE Niente, signore. Dimostrarle che si nasce alla vita in tanti modi, in tante
90 forme: albero o sasso, acqua o farfalla… o donna. E che si nasce anche personaggi!
IL CAPOCOMICO (*con finto ironico stupore*) E lei, con codesti signori attorno, è nato personaggio?
IL PADRE Appunto, signore. E vivi, come ci vede.

Il Capocomico e gli Attori scoppieranno a ridere, come per una burla.

95 IL PADRE (*ferito*) Mi dispiace che ridano così, perché portiamo in noi, ripeto, un dramma doloroso, come lor signori possono argomentare da questa donna velata di nero.
Così dicendo porgerà la mano alla Madre per aiutarla a salire gli ultimi scalini e, seguitando a tenerla per mano, la condurrà con una certa tragica solennità dall'altra parte
100 *del palcoscenico, che s'illuminerà subito di una fantastica luce. La Bambina e il Giovinetto seguiranno la Madre; poi il Figlio, che si terrà discosto, in fondo; poi la Figliastra, che s'apparterà anche lei sul davanti, appoggiata all'arcoscenico[15]. Gli Attori, prima stupefatti, poi ammirati di questa evoluzione, scoppieranno in applausi come per uno spettacolo che sia stato loro offerto.*
105 IL CAPOCOMICO (*prima sbalordito, poi sdegnato*) Ma via! Facciano silenzio! (*Poi, rivolgendosi ai Personaggi*) E loro si levino! Sgombrino di qua! (*Al Direttore di scena*) Perdio, faccia sgombrare!
IL DIRETTORE DI SCENA (*facendosi avanti, ma poi fermandosi, come trattenuto da uno strano sgomento*) Via! Via!
110 IL PADRE (*al Capocomico*) Ma no, veda, noi…
IL CAPOCOMICO (*gridando*) Insomma, noi qua dobbiamo lavorare!
IL PRIMO ATTORE Non è lecito farsi beffe così…
IL PADRE (*risoluto, facendosi avanti*) Io mi faccio maraviglia[16] della loro incredulità! Non sono forse abituati lor signori a vedere balzar vivi quassù, uno di fronte

---

14. stolide: *sciocche, insulse.*
15. arcoscenico: è l'arco che collega il pal-

coscenico alla platea.
16. mi faccio maraviglia: *mi stupisco.*

L'ingresso in scena dei sei personaggi **673**

115 all'altro, i personaggi creati da un autore? Forse perché non c'è là (*indicherà la buca del Suggeritore*) un copione che ci contenga?

LA FIGLIASTRA (*facendosi avanti al Capocomico, sorridente, lusingatrice*) Creda che siamo veramente sei personaggi, signore, interessantissimi! Quantunque, sperduti.

IL PADRE (*scartandola[17]*) Sì, sperduti, va bene! (*Al Capocomico subito*) Nel senso, veda, che l'autore che ci creò, vivi, non volle poi, o non poté materialmente, metterci al mondo dell'arte. E fu un vero delitto, signore, perché chi ha la ventura di nascere personaggio vivo, può ridersi anche della morte. Non muore più! Morrà l'uomo, lo scrittore, strumento della creazione; la creatura non muore più! E per vivere eterna non ha neanche bisogno di straordinarie doti o di compiere prodigi. Chi era Sancho Panza? Chi era don Abbondio[18]? Eppure vivono eterni, perché – vivi germi – ebbero la ventura di trovare una matrice feconda, una fantasia che li seppe allevare e nutrire, far vivere per l'eternità!

IL CAPOCOMICO Tutto questo va benissimo! Ma che cosa vogliono loro qua?

IL PADRE Vogliamo vivere, signore!

130 IL CAPOCOMICO (*ironico*) Per l'eternità?

IL PADRE No, signore: almeno per un momento, in loro.

UN ATTORE Oh, guarda, guarda!

LA PRIMA ATTRICE Vogliono vivere in noi!

L'ATTOR GIOVANE (*indicando la Figliastra*) Eh, per me volentieri, se mi toccasse quella lì[19]!

IL PADRE Guardino, guardino: la commedia è da fare; (*al Capocomico*) ma se lei vuole e i suoi attori vogliono, la concerteremo[20] subito tra noi!

IL CAPOCOMICO (*seccato*) Ma che vuol concertare! Qua non si fanno di questi concerti! Qua si recitano drammi e commedie!

140 IL PADRE E va bene! Siamo venuti appunto per questo qua da lei!

IL CAPOCOMICO E dov'è il copione?

IL PADRE È in noi, signore. (*Gli Attori rideranno.*) Il dramma è in noi; siamo noi; e siamo impazienti di rappresentarlo, così come dentro ci urge la passione!

> Viene qui teorizzata l'idea dell'autonomia del personaggio, sottolineata da Pirandello anche in alcune novelle.

> Continuano gli equivoci tra il Capocomico e i Personaggi: il primo fa riferimento alla finzione teatrale, i secondi alla propria reale vita interiore.

---

17. *scartandola:* allontanandola.
18. **Sancho Panza... don Abbondio:** il fedele scudiero di don Chisciotte creato dalla fantasia di Miguel de Cervantes e il personaggio manzoniano vengono citati da Pirandello anche nel saggio *L'umorismo*.

19. **Eh, per me ... quella lì:** la battuta sottolinea la volgarità dell'attore.
20. **la concerteremo:** *la organizzeremo.*

➡ Analisi del testo

COMPRENSIONE

Dopo un'**ampia didascalia** in cui l'autore fornisce una serie di consigli relativi al modo di rappresentare i Personaggi, l'usciere annuncia l'ingresso sulla scena di «certi signori» che intendono parlare con il Capocomico. Suscitando lo stupore del Regista e degli Attori, si fanno avanti i sei Personaggi, chiedendo di **vedere rappresentato il loro «dramma doloroso»**. Di fronte all'iniziale rifiuto del Capocomico, che vede il suo lavoro interrotto, i Personaggi sottolineano di essere vivi e reali, molto più delle vicende inverosimili che la compagnia si appresta a rappresentare, e insistono per vedere esaudito il loro desiderio.

ANALISI E INTERPRETAZIONE

I Personaggi, «meno reali, forse; ma più veri»
Fin dal loro primo apparire, i Personaggi si impongono subito come i **veri protagonisti** della vicenda, portando scompiglio sulla scena e suscitando lo sbalordimento non solo del Capocomico e degli Attori, ma anche del pubblico. Il loro aspetto, accuratamente descritto da Pirandello nella didascalia iniziale, è concreto: per volere dell'autore essi, fissati ciascuno nel proprio sentimento, devono apparire «più **reali e consistenti**» della volubile naturalità degli Attori». Attraverso le parole del Padre e della Figliastra emerge chiaramente l'idea tipicamente pirandelliana dell'**autonomia del personaggio**, fis-

---

674 *Sei personaggi in cerca di autore*

sato una volta per sempre dalla fantasia dell'artista e destinato a vivere «per l'eternità». Con insistenza, essi chiedono però la collaborazione degli Attori per rappresentare il loro dramma, per vivere attraverso di loro «almeno un momento» di vita vera. Condannati a rivivere continuamente dentro di sé la loro dolorosa vicenda, essi hanno infatti un'urgente necessità di **vederla in atto**, trasformata in realtà concreta. Ma la loro speranza resterà delusa.

L'inautenticità della finzione teatrale   Di fronte alla genuina vitalità dei Personaggi, risalta per contrasto il **carattere fittizio e artefatto dell'ambiente teatrale e dei suoi protagonisti**. Alle richieste dei nuovi venuti gli Attori rispondono con **sdegno e ilarità**, mentre il Capocomico reagisce «fra stordito e irato», ora cercando di farli scacciare dalla scena ora opponendo loro un acido sarcasmo. Il **carattere metateatrale del testo** emerge con evidenza nella discussione tra il Padre e il Capocomico a proposito della natura dell'opera teatrale, definita non senza autoironia «un mestiere da pazzi». Il compito del Regista e degli Attori consiste infatti nel **dare apparenza di realtà a situazioni fantastiche** ma, paradossalmente, essi non permettono che i Personaggi, che vivono di una vita vera e profonda, portino sulla scena la loro vicenda. Pirandello ripropone quindi il tema, centrale nella sua poetica, del **rapporto dialettico**

e ambiguo tra realtà e finzione, «vita» e «forma», decretando la **superiorità del personaggio sulla persona** ma anche l'**inadeguatezza del teatro tradizionale** a interpretare la mutevolezza della realtà.

La comunicazione impossibile   Nel brano antologizzato, sia i Personaggi sia gli Attori e il Capocomico utilizzano un **linguaggio medio-alto**, sostanzialmente uniforme e **caratterizzato in senso borghese**, come risulta evidente dal ricorso al "loro" come formula di cortesia («Chi sono lor signori?»; «Potremmo esser noi la loro commedia nuova»). Tuttavia, sebbene condividano un medesimo registro espressivo, **tra loro non esiste nessuna reale possibilità di comunicazione** in quanto, pur facendo entrambi riferimento al mondo del teatro, lo intendono in due modi opposti: quello che per gli Attori e il Regista è un «mestiere», con le sue fittizie convenzioni, per i Personaggi è realtà viva e concreta. Ne nascono una serie di **continui equivoci**: i Personaggi cercano un «autore», cioè un artista – che potrebbe essere il Capocomico stesso – che dia loro vita, mentre il Capocomico risponde che lì «non c'è nessun autore», perché non si sta provando nessuna commedia nuova. Anche nel seguito, a proposito della dignità dell'arte comica, l'equivoco si rinnova, suscitando nuova incomprensione e sottolineando così la distanza che separa la dimensione artefatta della «forma» teatrale dalla «vita» che anima i Personaggi.

Lavoriamo sul testo

COMPRENSIONE

1 Quale paradossale richiesta rivolgono i Personaggi al Capocomico?

2 Come reagiscono gli Attori all'irruzione in scena dei Personaggi?

> **LINGUA E LESSICO**
>
> **3** L'uso di un linguaggio medio-alto da parte di tutti personaggi crea equivoci e difficoltà di comunicazione. Individua nel brano i punti in cui ciò risulta più evidente.
>
> **4** Quali sono le parole, i verbi, le espressioni attraverso le quali Pirandello ci fa capire che per i Personaggi il palcoscenico e il teatro sono la vita vera? Evidenziali nel brano.

ANALISI E INTERPRETAZIONE

5 I sei Personaggi non hanno pari rilievo nel testo. Quale di essi assume il ruolo di guida? Quali invece restano più in secondo piano?

6 In quali parti del testo emerge più chiaramente il carattere metateatrale dell'opera?

7 Perché i sei Personaggi non hanno nomi propri ma sono indicati soltanto attraverso il loro ruolo («il Padre», «la Madre» ecc.), come se si trattasse di tipi fissi?

8 Nel dibattito sulla natura e il valore del «mestiere del teatro», il Padre e il Capocomico hanno posizioni diverse. Spiega quali.

9 Per quale motivo, secondo il Padre, i personaggi sono più vivi e più veri delle persone comuni?

10 Le didascalie hanno in Pirandello particolare ampiezza e rilievo. In quali punti, a tuo parere, le didascalie contengono osservazioni che vanno oltre il loro scopo pratico?

SCRITTURA E APPROFONDIMENTI

11 Illustra in un breve testo i motivi per cui a tuo parere i *Sei personaggi in cerca d'autore* suscitarono alla loro prima rappresentazione lo sconcerto e le reazioni indignate del pubblico. Ritieni che il pubblico di oggi avrebbe la stessa reazione?

L'ingresso in scena dei sei personaggi   **675**

T11 Enrico IV per sempre

Enrico IV, atto III

Nel terzo atto del dramma, su suggerimento di un dottore esperto in psichiatria, la contessa Matilde e il suo amante Belcredi decidono di provocare un trauma nel protagonista, per tentare di riportarlo alla realtà. La figlia di Matilde, Frida, si presenta a Enrico nelle vesti di Matilde di Canossa, con lo stesso costume che indossava sua madre al momento dell'incidente, mentre il fidanzato di lei, Di Nolli, si traveste da Enrico IV.

Il brano riportato costituisce l'epilogo del dramma. Dopo aver confessato la sua finzione, Enrico IV accusa con violenza Belcredi di aver provocato la sua caduta da cavallo e, rendendosi conto di aver sprecato la sua vita in un'assurda finzione, reclama per sé Frida. Di fronte alla reazione dei presenti, a Enrico non resta altra scelta che trafiggere a morte il rivale, precipitando così in una nuova e definitiva follia.

BELCREDI Ma dove vuoi[1]! Vorresti rimanere qua ancora, scusa, a perpetuare – solo – quello che fu lo scherzo disgraziato d'un giorno di carnevale? È veramente incredibile, incredibile come tu l'abbia potuto fare, liberato dalla disgrazia che t'era capitata!

5 ENRICO IV Già. Ma vedi? È che, cadendo da cavallo e battendo la testa, fui pazzo per davvero, io, non so per quanto tempo…

DOTTORE Ah, ecco, ecco! E durò a lungo?

ENRICO IV (*rapidissimo, al Dottore*) Sì, dottore, a lungo: circa dodici anni. (*E subito, tornando a parlare al Belcredi*) E non vedere più nulla, caro, di tutto ciò

10 che dopo quel giorno di carnevale avvenne, per voi e non per me; le cose, come si mutarono; gli amici, come mi tradirono; il posto preso da altri, per esempio… che so! Ma supponi nel cuore della donna che tu amavi[2]; e chi era morto; e chi era scomparso… tutto questo, sai? non è stata mica una burla per me, come a te pare!

> Quello che per gli altri era solo uno scherzo si è trasformato per Enrico in un'esistenza sofferta e dolorosa.

15 BELCREDI Ma no, io non dico questo, scusa! Io dico dopo!

ENRICO IV Ah sì? Dopo? Un giorno… (*Si arresta e si volge al Dottore*) Caso interessantissimo, dottore! Studiatemi, studiatemi bene! (*Vibra[3] tutto, parlando*) Da sé, chi sa come, un giorno, il guasto qua… (*si tocca la fronte*) che so… si sanò. Riapro gli occhi a poco a poco, e non so in prima se sia sonno o veglia,

20 ma sì, sono sveglio; tocco questa cosa e quella: torno a vedere chiaramente… Ah! – come lui dice – (*accenna a Belcredi*) via, via allora, quest'abito da mascherato! questo incubo! Apriamo le finestre: respiriamo la vita! Via, via, corriamo fuori! (*Arrestando d'un tratto la foga*) Dove? a far che cosa? a farmi mostrare a dito da tutti, di nascosto, come Enrico IV, non più così, ma a braccet-

> Per chi si è volutamente estraniato dalla vita, assumendo su di sé la maschera del pazzo, è impossibile rientrare nelle convenzioni sociali.

to con te, tra i cari amici della vita?

25 BELCREDI Ma no! Che dici? Perché?

DONNA MATILDE Chi potrebbe più…? Ma neanche a pensarlo! Se fu una disgrazia!

ENRICO IV Ma se già mi chiamavano pazzo, prima, tutti! (*A Belcredi*) E tu lo sai! Tu che più di tutti ti accanivi contro chi tentava di difendermi!

30 BELCREDI Oh, via, per ischerzo!

ENRICO IV E guardami qua i capelli! (*Gli mostra i capelli sulla nuca*).

---

1. Ma dove vuoi: All'inizio della scena, elcredi sta cercando di convincere Enrico a seguirlo e a riprendere la sua vita. **2. il posto … amavi:** Enrico allude al fatto che Belcredi è diventato l'amante di Matilde. **3. Vibra:** trema.

676 *Enrico IV*

BELCREDI Ma li ho grigi anch'io!

ENRICO IV Sì, con questa differenza: che li ho fatti grigi qua, io, da Enrico IV,
capisci? E non me n'ero mica accorto! Me n'accorsi in un giorno solo, tutt'a
35 un tratto, riaprendo gli occhi, e fu uno spavento, perché capii subito che non
solo i capelli, ma doveva esser diventato grigio tutto così, e tutto crollato, tutto finito: e che sarei arrivato con una fame da lupo a un banchetto già bell'e
sparecchiato[4].

BELCREDI Eh, ma gli altri, scusa…

40 ENRICO IV (*subito*) Lo so, non potevano stare ad aspettare ch'io guarissi, nemmeno quelli che, dietro a me, punsero a sangue il mio cavallo bardato…

DI NOLLI (*impressionato*) Come, come?

ENRICO IV Sì, a tradimento, per farlo springare[5] e farmi cadere!

DONNA MATILDE (*subito, con orrore*) Ma questo lo so adesso, io!

45 ENRICO IV Sarà stato anche questo per uno scherzo!

DONNA MATILDE Ma chi fu? Chi stava dietro alla nostra coppia?

> Continua la metafo-
> ra del «banchetto»,
> per indicare la vita
> che è trascorsa sen-
> za che Enrico se ne
> rendesse conto.

ENRICO IV Non importa saperlo[6]! Tutti quelli che seguitarono a banchettare e
che ormai mi avrebbero fatto trovare i loro avanzi, Marchesa, di magra o molle pietà[7], o nel piatto insudiciato qualche lisca di rimorso, attaccata. Grazie!
50 (*Voltandosi di scatto al Dottore*) E allora, dottore, vedete se il caso non è veramente nuovo negli annali della pazzia[8]! – preferii restar pazzo – trovando qua
tutto pronto e disposto per questa delizia di nuovo genere: viverla – con la più
lucida coscienza – la mia pazzia e vendicarmi così della brutalità d'un sasso
che m'aveva ammaccato la testa! La solitudine – questa – così squallida e vuo-
55 ta come m'apparve riaprendo gli occhi – rivestirmela subito, meglio, di tutti
i colori e gli splendori di quel lontano giorno di carnevale, quando voi (*guarda Donna Matilde e le indica Frida*) eccovi là, Marchesa, trionfaste! – e obbligar
tutti quelli che si presentavano a me, a seguitarla[9], perdio, per il mio spasso,
ora, quell'antica famosa mascherata che era stata – per voi e non per me – la
60 burla di un giorno! Fare che diventasse per sempre – non più una burla, no;
ma una realtà, la realtà di una vera pazzia: qua, tutti mascherati, e la sala del
trono, e questi quattro miei consiglieri segreti, e – s'intende – traditori[10]! (*Si
volta subito verso di loro*) Vorrei sapere che ci avete guadagnato, svelando che
ero guarito! – Se sono guarito, non c'è più bisogno di voi, e sarete licenziati!
65 – Confidarsi con qualcuno, questo sì, è veramente da pazzo! – Ah, ma vi ac-
cuso io, ora, a mia volta! – Sapete? – Credevano di potersi mettere a farla anche loro adesso la burla, con me, alle vostre spalle.

Scoppia a ridere. Ridono ma sconcertati, anche gli altri, meno Donna Matilde.

BELCREDI (*al Di Nolli*) Ah, senti… non c'è male…

70 DI NOLLI (*ai quattro giovani*) Voi?

ENRICO IV Bisogna perdonarli! Questo, (*si scuote l'abito addosso*) questo che è

> Agli occhi del pro-
> tagonista la propria
> finzione è un'allego-
> ria della più grande
> «mascherata» che è
> la vita, condotta dai
> sani con grande e in-
> consapevole serietà.

per me la caricatura, evidente e volontaria, di quest'altra mascherata, continua, d'ogni minuto, di cui siamo i pagliacci involontarii (*indica Belcredi*) quando senza saperlo ci mascheriamo di ciò che ci par d'essere – l'abito, il loro abi-
75 to, perdonateli, ancora non lo vedono come la loro stessa persona. (*Voltandosi*

---

4. a un banchetto … sparecchiato: per metafora, il «banchetto» che il protagonista non
ha potuto gustare è la vita stessa.
5. springare: *imbizzarrire.*
6. Non importa saperlo: in realtà il respon-

sabile dell'incidente è Belcredi.
7. di magra … pietà: *dettati da un senso
di compassione molto debole e insincero.*
8. negli annali della pazzia: *nella storia dei
casi psichiatrici.*

9. seguitarla: *continuarla, portarla avanti.*
10. questi quattro … traditori: sono i servitori a cui Enrico aveva confessato di essere rinsavito.

Enrico IV per sempre **677**

di nuovo a Belcredi) Sai? Ci si assuefà[11] facilmente. E si passeggia come niente, così, da tragico personaggio – (*eseguisce*) – in una sala come questa! – Guardate, dottore! – Ricordo un prete – certamente irlandese – bello – che dormiva al sole, un giorno di novembre, appoggiato col braccio alla spalliera del sedile, in un pubblico giardino: annegato nella dorata delizia di quel tepore, che per lui doveva essere quasi estivo. Si può star sicuri che in quel momento non sapeva più d'esser prete, né dove fosse. Sognava! E chi sa che sognava! – Passò un monello, che aveva strappato con tutto il gambo un fiore. Passando, lo vellicò[12], qua al collo. – Gli vidi aprir gli occhi ridenti; e tutta la bocca ridergli del riso beato del suo sogno; immemore[13]: ma subito vi so dire che si ricompose rigido nel suo abito da prete e che gli ritornò negli occhi la stessa serietà che voi avete già veduta nei miei; perché i preti irlandesi difendono la serietà della loro fede cattolica con lo stesso zelo con cui io i diritti sacrosanti della monarchia ereditaria. – Sono guarito, signori: perché so perfettamente di fare il pazzo, qua; e lo faccio, quieto! – Il guajo è per voi che la vivete agitatamente, senza saperla e senza vederla la vostra pazzia.

BELCREDI Siamo arrivati, guarda! alla conclusione, che i pazzi adesso siamo noi!

ENRICO IV (*con uno scatto che pur si sforza di contenere*[14]) Ma se non foste pazzi, tu e lei insieme, (*indica la Marchesa*) sareste venuti da me?

BELCREDI Io, veramente, sono venuto credendo che il pazzo fossi tu.

ENRICO IV (*subito forte, indicando la Marchesa*) E lei?

BELCREDI Ah lei, non so…Vedo che è come incantata da quello che tu dici… affascinata da codesta tua «cosciente» pazzia! (*Si volge a lei*) Parata[15] come già siete, dico, potreste anche restare qua a viverla, Marchesa…

DONNA MATILDE Voi siete un insolente!

ENRICO IV (*subito, placandola*) Non ve ne curate! Non ve ne curate! Seguita a cimentare[16]. Eppure il dottore glie l'ha avvertito, di non cimentare. (*Voltandosi a Belcredi*) Ma che vuoi che m'agiti più ciò che avvenne tra noi; la parte che avesti nelle mie disgrazie con lei (*indica la Marchesa e si rivolge ora a lei indicandole il Belcredi*) la parte che lui adesso ha per voi! – La mia vita è questa! Non è la vostra! – La vostra, in cui siete invecchiati, io non l'ho vissuta! – (*A Donna Matilde*) Mi volevate dir questo, dimostrar questo, con vostro sacrificio, parata così per consiglio del dottore? Oh, fatto benissimo, ve l'ho detto, dottore: – «Quelli che eravamo allora, eh? e come siamo adesso?» – Ma io non sono un pazzo a modo vostro, dottore! Io so bene che quello (*indica il Di Nolli*) non può esser me[17], perché Enrico IV sono io: io, qua, da venti anni, capite? Fisso in questa eternità di maschera! Li ha vissuti lei (*indica la Marchesa*), se li è goduti lei, questi venti anni, per diventare – eccola là – come io non posso riconoscerla più: perché io la conosco così (*indica Frida e le si accosta*) – per me, è questa sempre… Mi sembrate tanti bambini, che io possa spaventare. (*A Frida*) E ti sei spaventata davvero tu, bambina, dello scherzo che ti avevano persuaso a fare, senza intendere[18] che per me non poteva essere lo scherzo che loro credevano; ma questo terribile prodigio: il sogno che si fa vivo in te, più che mai! Eri lì un'immagine; ti hanno fatta persona viva – sei mia! sei mia! mia! di diritto mia!

Note a margine:

L'aneddoto del prete irlandese dimostra ancora una volta che la felicità può esistere solo al di fuori di ogni forma e di ogni ruolo precostituito.

L'unica differenza tra Enrico e gli altri uomini è che la sua follia è consapevole, mentre quella dei cosiddetti "sani" è convulsa e ignara di sé.

Enrico si è rifugiato nella fissità del suo personaggio tragico e folle, di cui è rimasto come prigioniero.

In Frida Enrico vede la possibilità di riabbracciare l'amata Matilde com'era un tempo, illudendosi di recuperare la vita e la giovinezza perdute.

---

11. Ci si assuefà: *ci si abitua.*
12. vellicò: *solleticò.*
13. immemore: *senza ricordare chi era.*
14. contenere: *trattenere.*

15. Parata: *addobbata;* Matilde indossa vesti medievali.
16. Seguita a cimentare: *continua a provocare.*

17. quello … me: *su consiglio del dottore Di Nolli si è travestito da Enrico IV.*
18. intendere: *capire.*

Enrico IV

120 *La cinge con le braccia, ridendo come un pazzo, mentre tutti gridano atterriti; ma come accorrono per strappargli Frida dalle braccia, si fa terribile, e grida ai suoi quattro giovani:* Tratteneteli! Tratteneteli! Vi ordino di trattenerli!
I quattro giovani, nello stordimento, quasi affascinati[19], si provano a trattenere automaticamente il Di Nolli, il Dottore, il Belcredi.

125 BELCREDI (*si libera subito e si avventa su Enrico IV*) Lasciala! Lasciala! Tu non sei pazzo!
ENRICO IV (*fulmineamente, cavando la spada dal fianco di Landolfo che gli sta presso*) Non sono pazzo? Eccoti!
E lo ferisce al ventre.
È un urlo d'orrore. Tutti accorrono a sorreggere il Belcredi, esclamando in tumulto.

130 DI NOLLI T'ha ferito?
BERTOLDO L'ha ferito! L'ha ferito!
DOTTORE Lo dicevo io!
FRIDA Oh Dio!
DI NOLLI Frida, qua!

135 DONNA MATILDE È pazzo! È pazzo!
DI NOLLI Tenetelo!
BELCREDI (*mentre lo trasportano di là, per l'uscio a sinistra protesta ferocemente*) No! Non sei pazzo! Non è pazzo! Non è pazzo!
Escono per l'uscio a sinistra, gridando, e seguitano di là a gridare finché sugli altri gridi
140 *se ne sente uno più acuto di Donna Matilde, a cui segue un silenzio.*
ENRICO IV (*rimasto sulla scena tra Landolfo, Arialdo e Ordulfo[20], con gli occhi sbarrati, esterrefatto dalla vita della sua stessa finzione che in un momento lo ha forzato al delitto*) Ora sì... per forza...
li chiama attorno a sé, come a ripararsi,
145 qua insieme, qua insieme... e per sempre!

Il protagonista stesso resta come stupito dal repentino trasformarsi in realtà della sua simulata pazzia, che sfocia nella violenza.

---

19. affascinati: imbambolati, storditi.   **20. Landolfo ... Ordulfo:** sono i nomi dei servitori.

Analisi guidata

La pazzia come rifugio e come prigione

Nelle sue lunghe battute, Enrico **riflette a fondo sulla sua pazzia**, prima reale e poi simulata, constatando con amarezza le conseguenze della sua scelta che, se da un lato **lo ha liberato dagli obblighi sociali**, dall'altro **lo ha estraniato dalla vita**, che ha continuato a scorrere mentre egli restava prigioniero, «fisso in questa eternità di maschera». Costretto a confessare la sua simulazione, Enrico si rende conto infatti che, nell'illusione di **liberarsi dalla «forma»**, dagli obblighi e dalle convenzioni sociali, **si è volontariamente precluso la vita vera**, di cui cerca di riappropriarsi attraverso Frida, miraggio di una giovinezza ormai trascorsa. La reazione di Belcredi («Lasciala! Tu non sei pazzo!») non gli lascia altra alternativa se non quella di compiere un **gesto realmente folle**, l'assassinio del rivale, che lo libera da ogni regola ma lo confina per sempre in una follia senza scampo («Ora sì ... per forza...»).

Competenze di comprensione e analisi

- Nel testo le battute di Enrico sono decisamente più ampie di quelle degli altri personaggi. Si può dire che esse si configurano come dei brevi monologhi, in cui il personaggio parla soprattutto a se stesso?
- Quali considerazioni porta con sé la constatazione che i capelli di Enrico si sono ingrigiti? A che cosa allude il protagonista con la metafora del «banchetto»?
- Per quale motivo Enrico cerca di abbracciare Frida? Nel compiere questo gesto, egli è sano o folle?
- A tuo parere, qual è il motivo che spinge infine Enrico a uccidere Belcredi? Si tratta solo di un delitto di gelosia?

Follia e finzione

In realtà, la differenza tra Enrico e i suoi interlocutori è più apparente che reale. Come egli stesso sottolinea, mentre la sua pazzia è «quieta» e **consapevole**, le persone ritenute sane di mente indossano esse pure, senza rendersene conto, una **maschera convenzionale** non meno insensata della sua.
All'ambiguità della condizione di Enrico, continuamente in bilico tra follia reale e simulazione, si sovrappone l'idea, tipicamente pirandelliana, della **vita come «enorme pupazzata»**, nella quale l'unica distinzione tra le persone considerate «normali» e gli eccentrici etichettati come «pazzi» consiste nella **consapevolezza dell'assurdo della vita.**

Competenze di comprensione e analisi

- «Sono guarito, signori: perché so perfettamente di fare il pazzo, qua.» Spiega questa paradossale affermazione di Enrico.
- Di fronte al lucido argomentare di Enrico, Belcredi afferma stizzito: «Siamo arrivati, guarda! alla conclusione, che i pazzi adesso siamo noi!». Questa battuta è ironica o contiene un fondo di verità?
- Per quale motivo, a tuo parere, nel corso del dramma non viene mai rivelato il vero nome di Enrico IV?

Un finale rapido e inatteso

Il brano è caratterizzato, nella parte finale, da una **brusca e inaspettata accelerazione del ritmo** dell'azione. Dopo un lungo scambio di battute fra Enrico e gli altri personaggi, inframezzato da **lunghe riflessioni** del protagonista, di fronte al «terribile prodigio» che sembra riportargli davanti agli occhi la propria amante d'un tempo, Enrico, come colto da un *raptus*, **passa all'azione** e trafigge Belcredi, tra lo sconcerto dei presenti. Il passaggio inatteso da una follia «quieta» all'esplosione della violenza si accompagna alla **brusca conclusione del dramma**, che lascia lo spettatore come sospeso, privo del conforto di un finale rassicurante. Anche per questa via, Pirandello sembra voler sottolineare l'imprevedibilità della vita e il **confine sottile che separa la sanità dalla pazzia.**

Competenze di comprensione e analisi

- Analizza i ragionamenti condotti da Enrico nel corso del brano. Il suo argomentare è irrazionale o raziocinante?
- Sul piano sintattico e lessicale, come si caratterizza il linguaggio usato dai personaggi?
- Qual è a tuo parere il momento in cui Enrico passa dalla sanità a una nuova e più grave follia?
- Prova a immaginare un diverso finale per il dramma: come potrebbe concludersi questa paradossale vicenda?

LABORATORIO DELLE COMPETENZE

Testo laboratorio

T12 ## «Io e l'ombra mia»

Il fu Mattia Pascal, cap. XV

- Lettura
- Comprensione
- Analisi
- Interpretazione
- Produzione scritta

Il brano è tratto dal capitolo XV del romanzo Il fu Mattia Pascal, *intitolato* Io e l'ombra mia.
Dopo essersi creato l'identità di Adriano Meis il protagonista si è trasferito a Roma e ha preso alloggio nella pensione di Anselmo Paleari. Qui ha conosciuto la giovane Adriana ma i suoi desideri di rifarsi una vita si scontrano con la sua condizione di persona inesistente. Dopo una seduta spiritica, Adriano si accorge che qualcuno lo ha derubato e anche se ha dei precisi sospetti sull'identità del colpevole, capisce che non può andare alla polizia a denunciarlo. Inizia così a riflettere sull'assurdità del suo caso.

Rimasi lì, solo, in mezzo alla camera, sbalordito, vuoto, annientato, come se tutto il mondo per me si fosse fatto vano. Quanto tempo passò prima ch'io mi riavessi? E come mi riebbi? Scemo… scemo!… Come uno scemo, andai a osservare lo sportello dello stipetto[1], per vedere se non ci fosse qualche traccia di violenza.

5 No: nessuna traccia: era stato aperto pulitamente, con un grimaldello, mentr'io custodivo con tanta cura in tasca la chiave.
«E non si sente lei», mi aveva domandato il Paleari alla fine dell'ultima seduta, «non si sente lei come se le avessero sottratto qualche cosa?»
Dodici mila lire!

10 Di nuovo il pensiero della mia assoluta impotenza, della mia nullità, mi assalì, mi schiacciò. Il caso che potessero rubarmi e che io fossi costretto a restar zitto, e finanche con la paura che il furto fosse scoperto, come se l'avessi commesso io e non un ladro a mio danno, non mi s'era davvero affacciato alla mente.
Dodici mila lire? Ma poche! poche! Possono rubarmi tutto, levarmi fin la camicia

15 di dosso; e io, zitto! Che diritto ho io di parlare? La prima cosa che mi domanderebbero, sarebbe questa: «E voi chi siete? Donde vi era venuto quel denaro?».
Ma senza denunziarlo… vediamo un po'! se questa sera io lo afferro per il collo e gli grido: «Qua subito il denaro che hai tolto di là, dallo stipetto, pezzo di ladro!». Egli strilla; nega; può forse dirmi: «Sissignore, eccolo qua, l'ho preso per

20 isbaglio…»? E allora? Ma c'è il caso che mi dia anche querela[2] per diffamazione.
Zitto, dunque, zitto! M'è sembrata una fortuna l'esser creduto morto? Ebbene, e sono morto davvero. Morto? Peggio che morto; me l'ha ricordato il signor Anselmo: i morti non debbono più morire, e io sì: io sono ancora vivo per la morte e morto per la vita. Che vita infatti può esser più la mia? La noia di prima, la soli-

25 tudine, la compagnia di me stesso?
Mi nascosi il viso con le mani; caddi a sedere su la poltrona.
Ah, fossi stato almeno un mascalzone! avrei potuto forse adattarmi a restar così, sospeso nell'incertezza della sorte, abbandonato al caso, esposto a un rischio con-

---

1. stipetto: *armadietto.*   **2. mi dia anche querela:** *mi denunci pure.*

Laboratorio delle competenze   **681**

LABORATORIO DELLE COMPETENZE

30 tinuo, senza base, senza consistenza. Ma io? Io, no. E che fare, dunque? Andarmene via? E dove? E Adriana[3]? Ma che potevo fare per lei? Nulla… nulla… Come andarmene però così, senz'alcuna spiegazione, dopo quanto era accaduto? Ella ne avrebbe cercato la causa di quel furto; avrebbe detto: «E perché ha voluto salvare il reo[4], e punir me innocente?» Ah no, no, povera Adriana! Ma, d'altra parte, non potendo far nulla, come sperare di rendere men trista la mia parte verso di lei?

35 Per forza dovevo dimostrarmi inconseguente[5] e crudele. L'inconseguenza, la crudeltà erano della mia stessa sorte, e io per il primo ne soffrivo. Fin Papiano[6], il ladro, commettendo il furto, era stato più conseguente e men crudele di quel che purtroppo avrei dovuto dimostrarmi io. [...]

Io mi vidi escluso per sempre dalla vita, senza possibilità di rientrarvi. Con quel
40 lutto nel cuore, con quell'esperienza fatta, me ne sarei andato via, ora, da quella casa, a cui mi ero già abituato, in cui avevo trovato un po' di requie[7], in cui mi ero fatto quasi il nido; e di nuovo per le strade, senza meta, senza scopo, nel vuoto. La paura di ricader nei lacci della vita, mi avrebbe fatto tenere più lontano che mai dagli uomini, solo, solo, affatto solo, diffidente, ombroso; e il supplizio
45 di Tantalo[8] si sarebbe rinnovato per me.

Uscii di casa, come un matto. Mi ritrovai dopo un pezzo per la via Flaminia, vicino a Ponte Molle. Che ero andato a far lì? Mi guardai attorno; poi gli occhi mi s'affissarono su l'ombra del mio corpo, e rimasi un tratto a contemplarla; infine alzai un piede rabbiosamente su essa. Ma io no, io non potevo calpestarla, l'ombra mia.
50 Chi era più ombra di noi due? io o lei?

Due ombre!

Là, là per terra; e ciascuno poteva passaci sopra: schiacciarmi la testa, schiacciarmi il cuore: e io, zitto; l'ombra, zitta.

L'ombra d'un morto: ecco la mia vita…

55 Passò un carro: rimasi lì fermo, apposta: prima il cavallo, con le quattro zampe, poi le ruote del carro.

«Là, così! forte, sul collo! Oh, oh, anche tu, cagnolino? Su, da bravo, sì; alza un'anca! alza un'anca!»

Scoppiai a ridere d'un maligno riso; il cagnolino scappò via, spaventato; il carret-
60 tiere si voltò a guardarmi. Allora mi mossi; e l'ombra, meco, dinanzi. Affrettai il passo per cacciarla sotto altri carri, sotto i piedi de' viandanti, voluttuosamente. Una smania mala[9] mi aveva preso, quasi adunghiandomi il ventre[10]; alla fine, non potei più vedermi davanti quella mia ombra; avrei voluto scuotermela dai piedi. Mi voltai; ma ecco; la avevo dietro, ora.

65 «E se mi metto a correre», pensai, «mi seguirà».

Mi stropicciai forte la fronte, per paura che stessi per ammattire, per farmene una fissazione. Ma sì! così era! il simbolo, lo spettro della mia vita era quell'ombra: ero io, là per terra, esposto alla mercé dei piedi altrui. Ecco quello che restava di Mattia Pascal, morto alla Stia[11]: la sua ombra per le vie di Roma.

---

3. Adriana: la figlia del proprietario della pensione, di cui il protagonista si è innamorato.
4. reo: *colpevole.*
5. inconseguente: *incoerente.*
6. Papiano: il cognato di Anselmo Paleari, che è rimasto vedovo e vuole sposare Adriana per non dover restituire al padre la dote della prima moglie. Adriano Meis sospetta che sia proprio Papiano l'autore del furto.
7. requie: *riposo.*
8. supplizio di Tantalo: secondo il mito greco Tantalo era stato condannato a vedere sempre davanti a lui un albero carico di frutti e dell'acqua, ma quando provava a toccarli questi si allontanavano magicamente, condannandolo a soffrire la fame e la sete; il senso della metafora è "una pena che si rinnova continuamente".
9. mala: *malvagia, cattiva.*
10. adunghiandomi il ventre: *prendendomi allo stomaco.*
11. la Stia: il luogo in cui era stato ritrovato il cadavere identificato come Mattia Pascal.

682 Laboratorio delle competenze

70 Ma aveva un cuore, quell'ombra, e non poteva amare; aveva denari, quell'ombra, e ciascuno poteva rubarglieli; aveva una testa, ma per pensare e comprendere ch'era la testa di un'ombra, e non l'ombra d'una testa. Proprio così!
Allora la sentii come cosa viva, e sentii dolore per essa, come se il cavallo e le ruote del carro e i piedi de' viandanti ne avessero veramente fatto strazio. E non volli
75 lasciarla più lì, esposta, per terra. Passò un tram, e vi montai.

COMPRENSIONE

1 Perché il protagonista capisce che non potrà denunciare il colpevole alla polizia?

2 Per quale motivo Adriano non vuole più vedere la sua ombra?

ANALISI E INTERPRETAZIONE

3 Chi è il narratore della vicenda? Quale punto di vista adotta?

Oltre il testo Confrontare e collegare

- Quali sono le principali caratteristiche narratologiche dei romanzi pirandelliani? Rispondi in un testo scritto di massimo due pagine.

4 Il protagonista si rende conto di essere ormai un escluso dalla vita; in quali punti del testo emerge più chiaramente questa sua consapevolezza?

5 Il brano si presenta come un lungo monologo del protagonista; quali sono le principali caratteristiche stilistiche di questa forma narrativa?

Oltre il testo Confrontare e collegare

- Confronta lo stile del brano con il capitolo finale di *Uno, nessuno e centomila* (p. 658): quali sono le differenze più evidenti? Ritieni che siano dovute anche a un differente esito della storia dei due personaggi? Rispondi in un testo scritto con precisi riferimenti ai due testi.

SCRITTURA E APPROFONDIMENTO

6 Scrivi un testo espositivo sul tema dell'identità in Pirandello basandoti sui testi letti all'interno dell'unità.

LABORATORIO DELLE COMPETENZE

Guida alla verifica orale

DOMANDA N. 1 Nella sua opera, quale atteggiamento assume Pirandello nei confronti della società borghese e delle sue convenzioni?

LA RISPOSTA IN SINTESI

Pirandello critica aspramente le convenzioni sociali, convinto che esse chiudano l'individuo all'interno di «forme» fittizie e inconsistenti, che reprimono le sue libere pulsioni vitalistiche e lo portano a uno stato di alienazione e infelicità.

LA RISPOSTA NEI TESTI

- **T2** Il protagonista de *La patente* è costretto dalle maldicenze della gente a tentare di farsi riconoscere la "patente" di iettatore
- **T3** Ne *Il treno ha fischiato* Belluca è oppresso sia dalla famiglia sia da un lavoro ripetitivo e alienante e solo nell'evasione fantastica trova una parziale e temporanea liberazione, che i conformisti considerano una forma di follia.
- **T8** Nell'ultima fase della sua produzione, Pirandello individua una soluzione paradossalmente positiva nell'abbandono della società e delle sue regole e nella rinuncia all'identità.

DOMANDA N. 2 In che cosa consiste la poetica dell'umorismo e quali conseguenze comporta nei contenuti e nelle forme espressive?

LA RISPOSTA IN SINTESI

L'umorismo secondo Pirandello consiste nel «sentimento del contrario», cioè nella capacità dell'artista di comprendere attraverso la riflessione le contraddizioni dell'esistenza. Ne deriva un atteggiamento di compassione verso i comportamenti degli uomini e l'adozione di strutture narrative dissonanti e paradossali.

LA RISPOSTA NEI TESTI

- **T1** Pirandello contrappone all'arte tradizionale, che si fonda su personaggi unitari e coerenti, l'arte umoristica, che riconosce l'assurdo della vita reale e tende alla "scomposizione" dei caratteri.
- **T7** La vicenda ha inizio da un evento insignificante che però, analizzato in modo ossessivo dal protagonista, porta a conseguenze drammatiche.
- **T9** I protagonisti di *Così è (se vi pare)*, pur sostenendo verità contrapposte, mostrano l'uno nei confronti dell'altro un atteggiamento di profonda compassione, consapevoli che anche i comportamenti più assurdi nascono da dolorose contraddizioni.

DOMANDA N. 3 Quali sono le tematiche più ricorrenti nell'opera pirandelliana?

LA RISPOSTA IN SINTESI

Dalla contrapposizione tra «vita» e «forma» deriva la constatazione dell'assurdità delle convenzioni ma anche la radicale critica al concetto di identità soggettiva, cui si affianca un totale relativismo conoscitivo. Altri temi ricorrenti sono la follia, spesso intesa come via di fuga, l'incomunicabilità e la riflessione sui limiti dell'arte.

LA RISPOSTA NEI TESTI

- **T3 T11** Nella novella *Il treno ha fischiato...* la presunta follia del protagonista è in realtà un rifugio dal grigiore quotidiano, mentre in *Enrico IV* essa è simulata dal protagonista per poter godere di una maggiore libertà di comportamento, ma nel finale diventa reale e pericolosa.
- **T9** *Così è (se vi pare)* muove dall'idea che non esistono certezze univoche, ma solo verità parziali e soggettive, fra le quali è impossibile scegliere.
- **T10** Nei *Sei personaggi in cerca d'autore* Pirandello riflette sui limiti dell'arte drammatica, incapace di rendere la complessità della vita, e al tempo stesso sul problema dell'incomunicabilità fra le persone.

VERSO L'ESAME DI STATO

Verifica delle conoscenze

Quesiti a risposta chiusa

1 Pirandello si dedica al teatro soprattutto:
- ☐ in età giovanile, tra il 1890 e il 1904
- ☐ nella maturità, tra il 1915 e il 1925
- ☐ negli ultimi anni della sua vita, dopo il 1928
- ☐ lungo l'arco di tutta la vita

2 Nei romanzi di Pirandello in genere il narratore è:
- ☐ onnisciente, a focalizzazione zero
- ☐ interno, coincidente con l'io narrante
- ☐ interno, testimone degli eventi narrati
- ☐ esterno, a focalizzazione esterna

3 Secondo Pirandello l'arte umoristica ha come scopo:
- ☐ il divertimento del lettore
- ☐ l'identificazione del lettore con il protagonista
- ☐ l'analisi critica sulle contraddizioni dell'esistenza
- ☐ l'educazione morale ed emotiva del lettore

4 Il protagonista di *Uno, nessuno e centomila* è:
- ☐ Vitangelo Moscarda
- ☐ Mattia Pascal
- ☐ Serafino Gubbio
- ☐ Adriano Meis

5 Il tema centrale dei *Sei personaggi in cerca d'autore* è:
- ☐ l'impossibilità di una comunicazione tra le persone
- ☐ l'alienazione causata dalla vita moderna
- ☐ il potere creatore dell'arte
- ☐ l'incapacità del teatro di rappresentare la vita

6 Lo stile di Pirandello è in genere:
- ☐ semplice e colloquiale, poco curato
- ☐ ricercato e raffinato, molto elevato
- ☐ surreale e pieno di neologismi
- ☐ denso di figure retoriche elaborate

Quesiti a risposta aperta
(massimo 8 righe per ciascuno)

1 Spiega in che cosa consiste secondo Pirandello la poetica dell'umorismo.

2 Illustra in sintesi la trama e il significato del romanzo *Il fu Mattia Pascal*.

3 Spiega analogie e differenze tra *Il fu Mattia Pascal* e *Uno, nessuno e centomila*.

4 Analizza le innovazioni formali della narrativa pirandelliana.

5 Illustra le diverse fasi della produzione teatrale di Pirandello.

6 Spiega che cos'è il metateatro e quali opere di Pirandello rientrano in questa definizione.

7 Illustra le tematiche più ricorrenti nelle novelle di Pirandello.

8 Indica le caratteristiche tipiche della produzione dell'ultimo Pirandello.

Trattazione sintetica di argomenti
(massimo 20 righe per ciascuno)

1 La visione del mondo e dell'uomo elaborata da Pirandello è basata sull'antitesi tra «vita» e «forma». Dopo aver indicato in che cosa consiste questa contrapposizione, chiarisci quali conseguenze comporta sul piano tematico e nelle strutture dell'opera pirandelliana, sia narrativa sia teatrale.

2 La follia è una tematica ricorrente nei testi di Pirandello. Facendo riferimento ai brani letti, spiega quali diversi significati e funzioni essa può assumere.

3 Commenta, con riferimenti ai testi letti, questa affermazione di Pirandello tratta dal saggio *L'umorismo*: «La vita è un flusso continuo che noi cerchiamo di arrestare, di fissare in forme stabili e determinate, dentro e fuori di noi […]. E per tutti può rappresentare talvolta una tortura, rispetto all'anima che si muove e si fonde, il nostro stesso corpo fissato per sempre in fattezze immutabili. Oh perché proprio dobbiamo essere così, noi? – ci domandiamo talvolta allo specchio, – con questa faccia, con questo corpo? Alziamo una mano, nell'incoscienza; e il gesto ci resta sospeso. Ci pare strano che l'abbiamo fatto noi. *Ci vediamo vivere*».

Verso l'Esame di Stato **685**

VERSO L'ESAME DI STATO

Analisi del testo

T13 Personaggi contro Attori

Sei personaggi in cerca d'autore

Dopo l'apparizione sulla scena dei Personaggi, il Capocomico decide di provare a mettere in scena il loro dramma e dà il via a una prova, servendosi degli Attori. Ma i Personaggi non si riconoscono in quanto viene rappresentato.

IL CAPOCOMICO (*seguitando, al Suggeritore*) Segua le scene, man mano che saranno rappresentate, e cerchi di fissare le battute, almeno le più importanti! (*Poi, rivolgendosi agli Attori*) Sgombrino, signori! Ecco, si mettano da questa parte (*indicherà la sinistra*) e stiano bene attenti!

5   LA PRIMA ATTRICE Ma, scusi, noi…

IL CAPOCOMICO (*prevenendola*) Non ci sarà da improvvisare, stia tranquilla!

IL PRIMO ATTORE E che dobbiamo fare?

IL CAPOCOMICO Niente! Stare a sentire e guardare per ora! Avrà ciascuno, poi, la sua parte scritta. Ora si farà, così alla meglio, una prova! La faranno loro! (*Indicherà i Personaggi*).

10   IL PADRE (*come cascato dalle nuvole, in mezzo alla confusione del palcoscenico*) Noi? Come sarebbe a dire, scusi, una prova?

IL CAPOCOMICO Una prova – una prova per loro! (*Indicherà gli Attori*).

IL PADRE Ma se i personaggi siamo noi…

15   IL CAPOCOMICO E va bene: «i personaggi»; ma qua, caro signore, non recitano i personaggi. Qua recitano gli attori. I personaggi stanno lì nel copione (*indicherà la buca del Suggeritore*) – quando c'è un copione!

IL PADRE Appunto! Poiché non c'è e lor signori hanno la fortuna d'averli qua vivi davanti, i personaggi…

20   IL CAPOCOMICO Oh bella! Vorrebbero far tutto da sé? recitare, presentarsi loro davanti al pubblico?

IL PADRE Eh già, per come siamo.

IL CAPOCOMICO Ah, le assicuro che offrirebbero un bellissimo spettacolo!

IL PRIMO ATTORE E che ci staremmo a fare nojaltri, qua, allora?

25   IL CAPOCOMICO Non s'immagineranno mica di saper recitare loro! Fanno ridere… (*Gli Attori, difatti, rideranno*) Ecco, vede, ridono! (*Sovvenendosi*) Ma già, a proposito! bisognerà assegnar le parti. Oh, è facile: sono già di per sé assegnate: (*alla Seconda Donna*) lei signora, la Madre. (*Al Padre*) Bisognerà trovarle un nome.

IL PADRE Amalia, signore.

30   IL CAPOCOMICO Ma questo è il nome della sua signora. Non vorremo mica chiamarla col suo vero nome!

IL PADRE E perché no, scusi? se si chiama così… Ma già, se dev'essere la signora… (*Accennerà appena con la mano alla Seconda Donna*) Io vedo questa (*accennerà alla Madre*) come Amalia, signore. Ma faccia lei… (*Si smarrirà sempre più*) Non so

35   più che dirle… Comincio già… non so, a sentir come false, con un altro suono, le mie stesse parole.

IL CAPOCOMICO Ma non se ne curi, non se ne curi, quanto a questo! Penseremo noi a trovare il tono giusto! E per il nome, se lei vuole «Amalia», sarà Amalia; o ne troveremo un altro. Per adesso designeremo i personaggi così: (all'Attor Giovane) lei Il Figlio; (alla Prima Attrice) lei, signorina, s'intende, La Figliastra.

LA FIGLIASTRA (esilarata) Come come? Io, quella lì? (Scoppierà a ridere).

IL CAPOCOMICO (irato) Che cos'ha da ridere?

LA PRIMA ATTRICE (indignata) Nessuno ha mai osato ridersi di me! Pretendo che mi si rispetti, o me ne vado!

LA FIGLIASTRA Ma no, scusi, io non rido di lei.

IL CAPOCOMICO (alla Figliastra) Dovrebbe sentirsi onorata d'esser rappresentata da…

LA PRIMA ATTRICE (subito, con sdegno) – «quella lì!»

LA FIGLIASTRA Ma non dicevo per lei, creda! dicevo per me, che non mi vedo affatto in lei, ecco. Non so, non… non m'assomiglia per nulla!

IL PADRE Già, è questo; veda, signore! La nostra espressione –

IL CAPOCOMICO – ma che loro espressione! Credono d'averla in sé, loro, l'espressione? Nient'affatto!

IL PADRE Come! Non abbiamo la nostra espressione?

IL CAPOCOMICO Nient'affatto! La loro espressione diventa materia qua, a cui dan corpo e figura, voce e gesto gli attori, i quali – per sua norma – han saputo dare espressione a ben più alta materia: dove la loro è così piccola, che se si reggerà sulla scena, il merito, creda pure, sarà tutto dei miei attori.

IL PADRE Non oso contraddirla, signore. Ma creda che è una sofferenza orribile per noi che siamo così come ci vede, con questo corpo, con questa figura –

IL CAPOCOMICO (troncando, spazientito) – ma si rimedia col trucco, si rimedia col trucco, caro signore, per ciò che riguarda la figura!

IL PADRE Già; ma la voce, il gesto –

IL CAPOCOMICO – oh, insomma! Qua lei, come lei, non può essere! Qua c'è l'attore che lo rappresenta; e basta!

COMPRENSIONE

1 Riassumi il contenuto del brano, spiegando che cosa vorrebbe fare il Capocomico e perché i Personaggi si oppongono al suo tentativo.

ANALISI E INTERPRETAZIONE

2 In quali punti del brano emerge con maggior chiarezza la contrapposizione tra Attori e Personaggi? Che cosa non riescono ad accettare i Personaggi?

3 La reciproca incomprensione fra Attori e Personaggi diventa evidente nel diverso significato che essi attribuiscono ad alcuni concetti e termini tipici del teatro, come «prova», «copione» e «recitazione». Illustra da che cosa nascono gli equivoci.

4 Il Padre e la Figliastra sono gli unici Personaggi che prendono la parola. Quale diverso atteggiamento assumono? Per quale motivo la Madre e il Figlio, pur presenti sulla scena, non parlano?

5 Le didascalie indicano che sia gli Attori sia la Figliastra a tratti «scoppiano a ridere». Da quali diverse cause nasce la loro reazione?

APPROFONDIMENTI

6 Facendo riferimento al brano letto, spiega in che cosa consiste il «metateatro» di Pirandello e in che modo si collega alla poetica dell'autore e al tema del contrasto tra «vita» e «forma».

Verso l'Esame di Stato **687**

VERSO L'ESAME DI STATO

Saggio breve
ARGOMENTO Ridere... è una cosa seria

DOCUMENTI

1 James Ensor, *Autoritratto con maschere*, 1899.

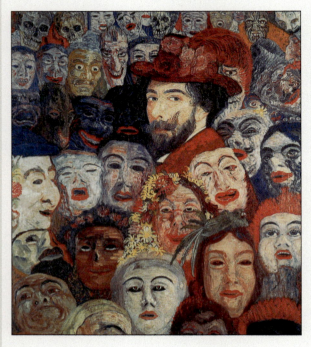

2 L. Pirandello, *Una vecchia signora imbellettata: dalla comicità all'umorismo*, p. 613)

3 L. Pirandello, *L'arte umoristica*, p. 614.

4 A. Palazzeschi, *E lasciatemi divertire!*, p. 535.

5 Zia Scolastica [...] andò a piantarsi di faccia alla vedova Pescatore. Questa, per non averla così dinanzi al petto, si tirò un passo indietro, minacciosa, come volesse brandire il mattarello; e allora zia Scolastica, preso a due mani dalla madia il grosso batuffolo della pasta, giel'appiastrò sul capo, glielo tirò giù sulla faccia e, a pugni chiusi, là, là, là, sul naso, sugli occhi, in bocca, dove coglieva coglieva. Quindi afferrò per un braccio mia madre e se la trascinò via. Quel che seguì fu per me solo. La vedova Pescatore, ruggendo dalla rabbia, si strappò la pasta dalla faccia, dai capelli tutti appiastricciati, e venne a buttarla in faccia a me, che ridevo di una specie di convulsione; m'afferrò la barba, mi sgraffiò tutto; poi, come impazzita, si buttò per terra [...]. Posso dire che da allora ho fatto il gusto di ridere di tutte le mie sciagure e d'ogni mio tormento. Mi vidi, in quell'istante, attore d'una tragedia che più buffa non si sarebbe potuta immaginare: mia madre, scappata via, così, con quella matta; mia moglie, di là, che... lasciamola stare!; Marianna Pescatore lì per terra; e io, io che non avevo più il pane, quel che si dice il pane, per il giorno appresso, io con la barba tutta impastocchiata, il viso graffiato, grondante non sapevo ancora se di sangue o di lagrime, per il troppo ridere. Andai ad accertarmene allo specchio. Erano lagrime; ma ero anche sgraffiato bene.

L. Pirandello, *Il fu Mattia Pascal*, 1904

6 Uomini, non siete creati, no, per soffrire; nulla fu fatto nell'ora di tristezza e per la tristezza; tutto fu fatto per il gaudio eterno. Il dolore è transitorio (voi soli ne eternate l'esistenza con la vostra paura); la gioia è eterna. Ecco il vero peccato originale, ecco il solo fonte battesimale. Vili! Paurosi! Poltroni! [...] Se credete che sia profondo ciò che comunemente s'intende per serio siete dei superficiali. La superiorità dell'uomo su tutti gli animali è che ad esso solo fu dato il privilegio divino del riso, Essi non potranno mai comunicare con Dio. Un piccolo e misero topo, può farci udire il suo pianto, i suoi lamenti; nessun animale ci à fatto ancora udire una calda sonora risata. Che il riso (gioia) è più profondo del pianto (dolore), ce lo dimostra il fatto che l'uomo, appena nato, quando è ancora incapace di tutto, è però abilissimo di lunghi interminabili piagnistei. Prima che possa pagarsi il lusso di una bella risata avrà dovuto seguire una buona maturazione. Bisogna abituarsi a ridere di tutto quello di cui abitualmente si piange, sviluppando la nostra profondità. L'uomo non può essere considerato seriamente che quando ride. [...] Maggior quantità di riso un uomo riuscirà a scoprire dentro il dolore, più egli sarà un uomo profondo. Non si può intimamente ridere se non dopo aver fatto un lavoro di scavo nel dolore umano.

A. Palazzeschi, *Il controdolore*, 1913

7 Iniziamo con la natura. Si ride di un cane tosato a metà, di un'aiuola di fiori colorata artificialmente, di un bosco i cui alberi siano ricoperti di manifesti elettorali, ecc. Cercatene la ragione, vedrete che si pensa a una mascherata. [...] Una natura truccata in modo meccanico, ecco un motivo veramente comico su cui la fantasia potrà eseguire variazioni con la certezza di suscitare, con successo, delle grosse risate. [...] Passiamo alla società. Vivendo in essa, vivendo per essa, non possiamo impedirci di trattarla come un essere vivente. Sarà dunque risibile l'immagine che ci suggerirà l'idea di una società che si maschera e, per così dire, di una mascherata sociale. Ora, quest'idea si forma non appena percepiamo qualcosa di inerte, di già pronto, o infine di confezionato, alla superficie della società vivente. È di nuovo la rigidità, che stride con l'agilità interiore della vita. Il lato cerimonioso della vita sociale racchiude dunque una comicità latente, la quale non aspetta altro che l'occasione per manifestarsi in piena luce. [...] Dall'idea derivata di un travestimento, bisognerà allora risalire all'idea primitiva, quella di un meccanismo sovrapposto alla vita. La forma compassata di ogni cerimoniale ci suggerirà un'immagine dello stesso genere. Non appena dimentichiamo il carattere grave di una solennità o di una cerimonia, coloro che vi prendono parte ci fanno l'effetto di muoversi come marionette.

H. Bergson, *Il riso. Saggio sul significato del comico* (1900), traduzione di F. Sossi, Milano, SE, 1990

8 L'umorismo è il più eminente meccanismo di difesa [...] e permette un risparmio di energie psichiche. Grazie al ridere evitiamo le emozioni messe in moto da qualche avvenimento spiacevole, con una battuta di spirito blocchiamo l'erompere di tali emozioni. [...] [L'umorismo] comprende un elemento liberatorio e denota il trionfo non solo dell'Io, ma anche del 'principio di piacere' che è abbastanza forte da imporsi, nonostante le sue sventure nella realtà.

S. Freud, *Il motto di spirito e la sua relazione con l'inconscio* (1905), traduzione di S. Daniele ed E. Sagittario, Torino, Bollati Boringhieri, 1975

9 La torta in faccia fa ridere perché si presuppone che, in una festa, le torte si mangino e non si scaglino sul viso altrui. [...] Proprio perché le regole, sia pure inconsciamente, sono accettate, la loro violazione senza ragioni diventa comica. [...]
Il comico pare popolare, liberatorio, eversivo perché dà licenza di violare la regola. Ma la dà proprio a chi questa regola ha talmente introiettato da presumerla come inviolabile. [...] Il comico carnevalesco, il momento della trasgressione, può darsi solo se esiste un fondo di osservanza indiscutibile. In questo senso il comico non sarebbe affatto liberatorio. Perché, per potersi manifestare come liberazione, richiederebbe (prima e dopo la propria apparizione) il trionfo dell'osservanza. E questo spiegherebbe come mai proprio l'universo dei mass-media sia al tempo stesso un universo di controllo e regolazione del consenso e un universo fondato sul commercio e sul consumo di schemi comici. Si permette di ridere proprio perché si è sicuri che prima e dopo la risata si è sicuri che si piangerà. Il comico non ha bisogno di reiterare la regola perché è sicuro che è nota, accettata e indiscussa, e ancor più lo rimarrà dopo che la licenza comica ha permesso – entro uno spazio dato e per maschera interposta – di giocare a violarla. «Comico» è tuttavia un termine-ombrello, come «gioco». Rimane da chiedersi se nelle varie sottospecie di questo genere così ambiguo non trovi spazio una forma di attività che gioca diversamente con le regole, tale da consentire anche esercizi negli interstizi del tragico [...].
Credo potremmo individuare questa categoria in ciò che Pirandello opponeva o articolava rispetto al comico, chiamandolo umorismo. Mentre il comico è la percezione dell'opposto, l'umorismo ne è il sentimento. [...] Se esempio di comico era una vecchia cadente che si imbellettava come una fanciulla, l'umorismo imporrebbe di chiedersi anche perché la vecchia agisce così. In questo movimento io non mi sento più superiore o distaccato rispetto al personaggio animalesco che agisce contro le buone regole, ma inizio ad identificarmi con lui, patisco il suo dramma, e la mia risata si trasforma in un sorriso.

U. Eco, *Il comico e la regola. Le molte specie del comico e dell'umorismo*, 1981, ora in *Sette anni di desiderio*, Milano, Bompiani, 1985

10 A. Donghi, *Carnevale*, 1923.

SCUOLA DI GRAMMATICA

Pirandello ai tempi della rete

Competenze linguistiche
- Coordinate e subordinate
- Congiunzioni coordinanti

Andrea Barchiesi, ingegnere elettronico, ha fondato a Milano nel 2004 una nuova società, la Reputation Manager, la prima in Italia a definire il concetto di Inge- *gneria Reputazionale. Nel brano proposto ci spiega di che cosa si tratta.*

Uno nessuno e centomila. L'identità ai tempi del web è un complesso e multiforme capitale sociale che richiede una costante e scrupolosa manutenzione. Chi siamo, cosa facciamo, cosa pensano gli altri di noi: la nostra reputazione è continuamente in gioco, sostenuta o minacciata dallo sviluppo di quelle applicazioni che consentono agli utenti di creare i
5 contenuti (blog, forum, chat, Youtube, Wikipedia, Facebook, Twitter, MySpace, etc…). La sopravvivenza nella rete richiede perciò posizionamento strategico, sviluppo, gestione e controllo della propria identità virtuale. Un compito fondamentale per tutti, un mestiere per qualcuno. Come per Andrea Barchiesi, ingegnere elettronico, fondatore della società milanese Reputation Manager.
10 Barchiesi rifiuta fieramente l'epiteto "mediatico" di "Spazzini del Web": "La definizione più esatta è quella di Ingegneri Reputazionali" – ci spiega – "noi offriamo ai nostri clienti una piattaforma digitale molto forte a partire dalla quale costruiamo Identità Digitali, ovvero la forma virtuale che ciascuno di noi assume sul web. Perciò non ci limitiamo a "spazzare" eventuali informazioni calunniose o infamanti che potrebbero rovinare la reputazione del
15 cliente. Il nostro lavoro è diverso: costruiamo un mosaico che riconsegni il quadro quanto più possibile completo ed esatto della identità di ciascuno". Il procedimento tecnico è la "reingegnerizzazione" dei motori di ricerca. Si inseriscono nel web una serie di notizie o immagini positive sul cliente che poi, attraverso una miscela di algoritmi e parole chiave, finiscono nelle prime schermate di Google. Un esempio? "Ci sono arrivate richieste da gruppi
20 religiosi – continua Barchiesi – che vogliono che i motori di ricerca associno il loro nome ad alcune opere realizzate con i contributi dell'otto per mille. La somma delle occorrenze risultanti da questa connessione semantica andrà a comporre quel quadro di cui parlavo". La costruzione della identità e la gestione della reputazione è tuttavia solo un aspetto del lavoro della Reputation Manager, lavoro che richiede competenze tecnico-informatiche, di
25 comunicazione, legali. "Offriamo anche servizi di tutela dei minori e dei dati personali. Per quel che riguarda invece la rimozione totale di materiale e contenuti "scomodi", la faccenda si fa più complicata. Si contatta il responsabile del contenuto per convincerlo a rimuoverlo o perlomeno ad integrarlo. In Italia la normativa esistente, un decreto legislativo del 2003, non obbliga gli internet provider a vigilare sulle informazioni che ospitano sui loro server.
30 Tuttavia devono rimuovere il contenuto illecito, una volta ricevuta notizia dello stesso. Ad ogni modo si valuta caso per caso. Solo in quelli più estremi – conclude Barchiesi – si fa partire una denuncia legale. Ma a causa dei tempi lunghi, si cerca sempre di evitarla". Giacché nel frattempo il destino virale della rete fa il suo corso: in tempi brevissimi la notizia sgradita prende irrecuperabilmente il largo e la e-reputation naufraga.

(da www.3dnews.it)

Verso l'INVALSI

1. Nella frase «Chi siamo, cosa facciamo, cosa pensano gli altri di noi» (rr. 2-3) le proposizioni sono:
   a. subordinate l'una all'altra
   b. coordinate per asindeto
   c. coordinate per polisindeto
   d. introdotte in un discorso diretto

2. Nella frase «La sopravvivenza nella rete richiede perciò posizionamento strategico» (r. 6) con quale connettivo potresti sostituire *perciò*?
   a. quindi
   b. infatti
   c. però
   d. cioè

3. La frase «Un compito fondamentale per tutti, un mestiere per qualcuno» (r. 6) è un esempio di:
   a. anacoluto
   b. stile nominale
   c. subordinazione implicita
   d. ipotassi

4. Che cosa significa «epiteto» (r. 10) in base a quanto puoi desumere dal testo?
   a. nickname
   b. appellativo
   c. cognome
   d. nome d'arte

5. Nella frase «– ci spiega –» (r. 11) le lineette servono per:
   a. introdurre il discorso diretto
   b. segnalare una pausa
   c. isolare un inciso
   d. collegare due parole

6. Nella frase «noi offriamo ai nostri clienti una piattaforma digitale molto forte a partire dalla quale costruiamo Identità Digitali, ovvero la forma virtuale che ciascuno di noi assume sul web» (rr. 11-13) il connettivo *ovvero* ha valore:
   a. avversativo
   b. disgiuntivo
   c. esplicativo
   d. copulativo

7. La frase «La costruzione della identità e la gestione della reputazione è tuttavia solo un aspetto del lavoro della Reputation Manager» (rr. 23-24) si pone rispetto al testo precedente in un rapporto di:
   a. causa-effetto
   b. parallelismo
   c. contrapposizione
   d. sintesi

8. Che lavoro svolge la società milanese Reputation Manager»?
   ....
   ....
   ....

9. Volgi alla forma esplicita la frase «una volta ricevuta notizia dello stesso»:
   ....
   ....
   ....

10. Per quale motivo si cerca di evitare la denuncia nel caso di contenuti illeciti?
    a. perché la legge non tutela i cittadini da questo rischio
    b. perché la legge è troppo vecchia e non prevede risarcimenti
    c. perché la società Reputation Manager non si occupa di questo
    d. perché i tempi giudiziari rischiano di essere troppo lunghi

11. Nella frase «Giacché nel frattempo il destino virale della rete fa il suo corso» (rr. 33-34) si ha una irregolarità sintattica: quale?
    ....
    ....
    ....

12. Cosa significa l'espressione *e-reputation* usata nel testo?
    ....
    ....
    ....

Scuola di grammatica 691

Ripassiamo insieme - sintassi

Coordinato, subordinato... a che cosa?
Nell'analizzare la struttura del periodo dovremo fare attenzione non solo a individuare i rapporti di coordinazione e subordinazione, ma anche a stabilire a quale proposizione una frase è coordinata o subordinata.

Coordinata... non solo alla principale!
In particolare teniamo presente che le proposizioni coordinate sono **proposizioni dello stesso tipo e sullo stesso piano**: quindi potremo avere frasi coordinate alla principale, come negli esempi precedenti:

→ *Sono molto stanco* (PRINCIPALE) *perciò andrò a letto presto* (COORDINATA ALLA PRINCIPALE)

→ *Stamani ho pulito la casa* (PRINCIPALE), *ho preparato il pranzo* (COORDINATA ALLA PRINCIPALE), *ho stirato le camicie* (COORDINATA ALLA PRINCIPALE)

Non dimentichiamo però che **anche due proposizioni subordinate** dello stesso tipo **possono essere tra loro coordinate**:

→ *Ho fatto le valigie* **perché** *devo partire* **e** *devo portare con me un sacco di cose*

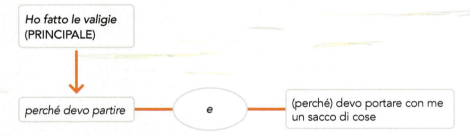

Congiunzioni coordinanti: quali?
Le congiunzioni coordinanti collegano due frasi mettendole sullo stesso piano e legandole attraverso un **preciso rapporto logico**. Vediamo quali sono:

FUNZIONE	CONGIUNZIONI COORDINANTI	ESEMPIO
Avversativa	Ma, però, tuttavia	Mi sono svegliato tardi **ma** sono riuscito a prendere il treno in tempo
Copulativa	E, pure, né, neppure, anche	Non ho mangiato **né** bevuto
Esplicativa	Cioè, infatti, vale a dire	Sono vegetariano **infatti** non mangio carne
Conclusiva	Perciò, dunque, pertanto, quindi	Andrò a trovare gli zii in Austria, **perciò** ho prenotato il volo
Disgiuntiva	O, oppure	Andiamo al cinema **o** restiamo a casa?
Correlativa	Sia ... sia..., così ... come..., tanto ... quanto...	**Tanto** abbiamo raccolto **quanto** abbiamo seminato

Scuola di grammatica

Italo Svevo

Una vita

T1   *Alfonso e Macario*

Senilità

T2   *Emilio e Angiolina (cap. I)*

La coscienza di Zeno

T3   *Prefazione e preambolo (capp. I e II)*

T4   *L'ultima sigaretta (cap. III)*

T5   *Lo schiaffo del padre (cap. IV)*

T6   TESTO LABORATORIO – *Il fidanzamento di Zeno (cap. V)*

T7   *L'esplosione finale (cap. VIII)*

Laboratorio delle competenze

T8   TESTO LABORATORIO – *Il funerale sbagliato (La coscienza di Zeno, cap. VII)*

T9   ANALISI DEL TESTO – *La seduta spiritica (La coscienza di Zeno, cap. V)*

Italo Svevo

Svevo
La vita come malattia,
la letteratura come terapia

Italo Svevo in una fotografia di fine Ottocento.

La vita e le opere

Un autore mitteleuropeo Italo Svevo (il cui vero nome è **Aron Hector Schmitz**) nasce nel **1861**, in un'agiata famiglia borghese di **Trieste**, città di confine all'epoca parte dell'Impero austro-ungarico (verrà annessa all'Italia solo dopo il 1918) e dell'Europa centrale, la cosiddetta **Mitteleuropa**, in cui confluiscono etnie e tendenze culturali molteplici. Consapevole delle sue **duplici radici**, Svevo scriverà nel suo *Profilo autobiografico* di aver scelto il suo pseudonimo quasi per «affratellare la razza italiana [Italo] e quella germanica [Svevo]». Il padre, un commerciante austriaco di origine ebraica, lo indirizza alla **carriera commerciale** e nel 1874 Svevo viene inviato nel collegio di Segnitz, in **Baviera**, allo scopo di perfezionare il tedesco; tornato a Trieste nel 1878, si iscrive all'istituto commerciale.

Le prime prove letterarie Nel 1880 il fallimento della ditta paterna costringe Svevo ad abbandonare gli studi e a trovare un impiego nella filiale triestina della Unionbank di Vienna. Il **lavoro di bancario** occupa l'autore per diciannove anni, durante i quali però matura anche interessi letterari, creandosi da **autodidatta** una vasta cultura. Frequentando la Biblioteca civica di Trieste legge i classici italiani e i naturalisti francesi ed estende i propri interessi anche alla filosofia e alla scienza. Inizia intanto a comporre testi teatrali e a collaborare al quotidiano «L'Indipendente», per cui scrive **articoli letterari e musicali** e dove appare il racconto *L'assassinio di via Belpoggio* (1890), un "giallo" psicologico di ambientazione triestina. Nel **1892** Svevo pubblica a sue spese il suo primo romanzo, *Una vita*, storia del fallimento esistenziale di un grigio impiegato di banca, Alfonso Nitti, i cui tentativi di affermazione sociale si risolvono nel suicidio. Il romanzo, che riscuote una scarsissima considerazione di critica e pubblico, nella struttura narrativa e nell'analisi dell'ambiente borghese riprende la tradizione del Naturalismo e si incentra soprattutto sulla complessa **psicologia del protagonista**, prima incarnazione del personaggio tipicamente sveviano dell'"**inetto**", incapace di approfittare delle occasioni che la vita gli offre e diviso tra aspirazioni di successo e debolezza della volontà.

Il matrimonio e l'addio alla scrittura Nel **1896** Svevo si sposa con la lontana cugina **Livia Veneziani**, figlia di un ricco industriale. Il matrimonio gli consente di abbandonare l'attività impiegatizia per entrare nella ditta del suocero, conquistando un certo **benessere economico** ed entrando a far parte dell'alta borghesia cittadina. Forte di questa nuova serenità interiore, Svevo si cimenta in un secondo romanzo e nel **1898** pubblica *Senilità*, accolto però da un **insuccesso** tale da convincerlo a **rinunciare alla scrittura**. Protagonista è Emilio Brentani, un trentacinquenne approdato anzitempo a una condizione di **vecchiaia spirituale**, che si accontenta di un'esistenza mediocre e in apparenza priva di ambizioni. L'occasione del riscatto gli viene offerta dall'incontro con Angiolina, una ragazza semplice e di dubbia moralità con la quale si illude di poter avere una facile avventura. Ma Emilio si innamora di Angiolina, andando incontro a una **dolorosa disillusione**, che coinvolgerà anche la sorella Amalia, preda di una tormentata passione per Stefano Balli, un disinvolto scultore amico di Emilio. Nel romanzo, che riprende e approfondisce le tematiche di *Una vita*, Svevo si concentra sull'**impietosa analisi delle contraddizioni interiori** del protagonista, che tenta invano di conciliare il proprio desi-

Italo Svevo

> ## La parola all'autore
>
> ### «Quella ridicola e dannosa cosa che si chiama letteratura»
>
> Profondamente deluso dall'insuccesso dei primi due romanzi, in questa pagina di diario Svevo afferma di voler abbandonare per sempre la letteratura. Alla scrittura, però, si affida ancora nel tentativo di comprendere meglio se stesso, rinviando il confronto diretto con l'azione e la vita.
>
> Dicembre 1902
> Noto[1] questo diario della mia vita di questi ultimi anni senza propormi assolutamente di pubblicarlo. Io, a quest'ora e definitivamente ho eliminata dalla mia vita quella ridicola e dannosa cosa che si chiama letteratura. Io voglio soltanto attraverso a queste pagine arrivare a capirmi meglio. L'abitudine mia e di tutti gl'impotenti[2] di non saper pensare che con la penna alla mano (come se il pensiero non fosse più utile e necessario al momento dell'azione) mi obbliga a questo sacrificio. Dunque ancora una volta, grezzo e rigido strumento, la penna m'aiuterà ad arrivare al fondo tanto complesso del mio essere. Poi la getterò per sempre e voglio saper abituarmi a pensare nell'attitudine stessa dell'azione: in corsa, fuggendo da un nemico o perseguitandolo, il pugno alzato per colpire o per parare.
>
> **1. Noto:** *scrivo.*
> **2. gl'impotenti:** *coloro che sono incapaci di vivere;* allude agli intellettuali.

derio di amore e pienezza vitale con la sua incapacità di gestire dei sentimenti autentici. La vicenda è in gran parte filtrata dal **punto di vista soggettivo** di Emilio e gli autoinganni consolatori del protagonista sono spesso smascherati dall'ironia e dagli interventi del narratore esterno, con una tecnica che preannuncia le novità strutturali del romanzo maggiore.

Il silenzio letterario «M'ero sposato, avevo una figlia e bisognava diventare seri» scrive Svevo in *Soggiorno londinese* (1926). Si apre così un periodo di apparente silenzio letterario che si protrae **dal 1898 al 1923**, anno della pubblicazione della *Coscienza di Zeno*. In questi anni Svevo è assorbito dalla sua attività di imprenditore e compie numerosi **viaggi d'affari all'estero**, in particolare in **Inghilterra**, dove la ditta di vernici navali del suocero aveva aperto una filiale. Proprio per migliorare la conoscenza dell'inglese nel 1906 prende lezioni private da **James Joyce**, che in quegli anni insegnava alla Berlitz School di Trieste. L'incontro favorisce la nascita di un'**amicizia** basata sui comuni interessi letterari e procura a Svevo gli apprezzamenti di Joyce, che si dichiara entusiasta di *Senilità*.
Dal 1910 Svevo comincia a interessarsi alla **psicanalisi**, grazie alla presenza a Trieste di Edoardo Weiss, allievo di Freud, e all'esperienza del cognato Bruno Veneziani, in cura a Vienna dallo stesso Freud. Negli anni della **Prima guerra mondiale**, Svevo si impegna a fondo come imprenditore, ricavando altissimi profitti, ma quando nel 1917 le autorità austriache requisiscono la fabbrica per motivi bellici, si trova temporaneamente libero da obblighi lavorativi e può **riprendere l'attività letteraria**, che del resto non aveva mai completamente abbandonato, continuando in segreto a scrivere commedie e racconti.

La coscienza di Zeno L'incontro con Joyce e con le teorie freudiane influenzano profondamente l'evoluzione della narrativa di Svevo, che **tra il 1919 e il 1922** compone il suo **romanzo più maturo**, *La coscienza di Zeno*. L'opera si presenta sotto forma di un **memoriale autobiografico** redatto dal protagonista e io narrante Zeno Cosini su suggerimento del dottor S., suo psicanalista, come preparazione alla terapia a cui intende sottoporsi per liberarsi dalle proprie nevrosi. Il testo – in cui gli eventi si succedono

Tullio Garbari, *Intellettuali al caffè*, 1916.

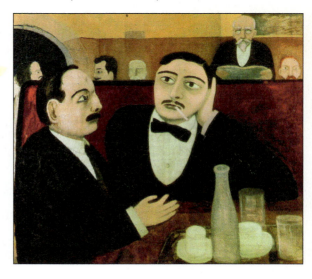

La vita e le opere 695

secondo un ordine non cronologico ma tematico – si incentra sull'**analisi della psiche** (la «coscienza», appunto) del protagonista, **indagata alla luce delle moderne teorie freudiane**. Ancora una volta Svevo pone al centro della sua opera **un «inetto»**, un individuo debole e velleitario che tuttavia acquista, rispetto ai protagonisti dei romanzi precedenti, **una superiore consapevolezza della propria condizione**. Zeno finirà infatti col rifiutare ogni cura, maturando la convinzione che la presunta «malattia» sia in realtà una manifestazione della propria capacità di osservare la realtà con ironia e senso critico. In questo modo il rapporto tra salute e malattia si capovolge e l'inetto si trasforma in **giudice impietoso della presunta normalità** borghese e del suo ottuso conformismo. Anche sul piano della struttura l'opera presenta soluzioni innovative, come lo scardinamento del rapporto lineare tra *fabula* e intreccio, un continuo intersecarsi dei **diversi piani temporali** e l'adozione di un **io narrante inattendibile**, che interpreta gli eventi in maniera distorta.

Il «caso Svevo» Pubblicato nel 1923, anche *La coscienza di Zeno* sembra inizialmente destinato a un nuovo insuccesso, ma il **giudizio positivo di Joyce** induce l'autore a inviarne una copia a due **critici francesi**, Valery Larbaud e Benjamin Crémieux che, entusiasti, nel febbraio 1926 dedicano al romanzo un intero numero dell'importante rivista letteraria «Navire d'argent». L'anno precedente, in Italia, il giovane poeta **Eugenio Montale** aveva scritto sulla rivista milanese «L'esame» un saggio dal titolo *Omaggio a Svevo*, che contribuisce ad attirare l'interesse della critica e del pubblico. Scoppia così il «caso Svevo» e lo scrittore, ormai sessantenne, conosce un'improvvisa notorietà. Il desiderio di sfruttare una fama tanto attesa lo spinge a iniziare la stesura di numerosi testi: commedie, racconti (*Corto viaggio sentimentale* e *La novella del buon vecchio e della bella fanciulla*, incentrati sui temi della vecchiaia, della scrittura e della malattia) e un quarto romanzo, **Il vecchione** o **Le confessioni del vegliardo**, concepito come una sorta di continuazione di *La coscienza di Zeno* (nei pochi **frammenti** rimasti uno Zeno ormai vecchio annota in forma di diario le proprie riflessioni, legate alla critica della società borghese e alla funzione della letteratura). Ma questi progetti vengono bruscamente interrotti dalla **morte improvvisa**, avvenuta nel **1928** in seguito a un incidente stradale.

Sosta di verifica

- A quale ambiente sociale appartiene Svevo?
- Qual è il motivo all'origine dello pseudonimo "Italo Svevo"?
- Come si conclude il romanzo *Una vita*?
- A che cosa allude il titolo *Senilità*?
- Perché Svevo decide di abbandonare la letteratura?
- Quali sono le principali novità di *La coscienza di Zeno* a livello di struttura narrativa?
- A quali intellettuali si deve la valorizzazione della narrativa sveviana?
- Qual è l'argomento dell'ultimo e incompiuto romanzo di Svevo?

La vita e le opere

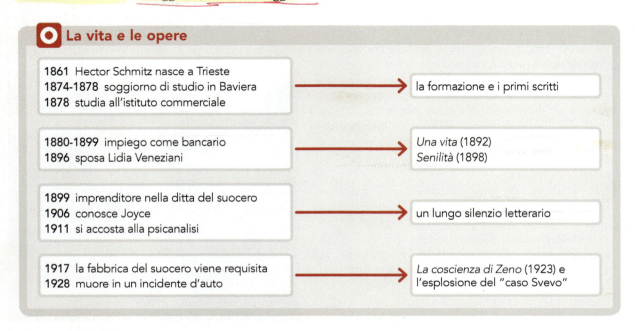

1861 Hector Schmitz nasce a Trieste 1874-1878 soggiorno di studio in Baviera 1878 studia all'istituto commerciale	la formazione e i primi scritti
1880-1899 impiego come bancario 1896 sposa Lidia Veneziani	*Una vita* (1892) *Senilità* (1898)
1899 imprenditore nella ditta del suocero 1906 conosce Joyce 1911 si accosta alla psicanalisi	un lungo silenzio letterario
1917 la fabbrica del suocero viene requisita 1928 muore in un incidente d'auto	*La coscienza di Zeno* (1923) e l'esplosione del "caso Svevo"

Il pensiero

Marginalità ed europeismo   Originale e moderno nelle tematiche, Svevo è un intellettuale nuovo anche dal punto di vista sociale, poiché è pienamente inserito in quel mondo borghese di cui pure intesse una lucida critica. Egli ha una formazione da autodidatta e coltiva i suoi **interessi letterari** come una sorta di **vizio nascosto**, che costituisce dapprima una compensazione al grigiore del lavoro bancario e, nella maturità, un'implicita **riaffermazione di autonomia** rispetto al conformismo della sua esistenza di uomo d'affari e rispettato padre di famiglia.

Per comprendere la straordinaria modernità dell'opera di Svevo non si può prescindere dalla sua origine triestina, che lo colloca in una posizione di evidente **marginalità rispetto ai grandi centri culturali italiani** ma, al tempo stesso, gli permette di recepire con notevole anticipo le novità provenienti dalla **dimensione mitteleuropea di Trieste**, città «posta al crocevia di più popoli» e aperta a influenze diverse. Grazie alla conoscenza del tedesco e agli studi condotti in Germania, Svevo si costruisce una **cultura ampia e varia**, in cui confluiscono spunti provenienti da correnti di pensiero talora contraddittorie (l'evoluzionismo positivista di **Darwin**, le teorie marxiste, il pen-

siero irrazionalista, le **teorie freudiane**), da cui ricava elementi critici che sottopone poi a una personale rielaborazione.

L'individuo e l'inconscio   Acuto interprete della «coscienza della crisi» dell'uomo moderno, Svevo è interessato alla **soggettività dell'individuo** e alla **complessità della psiche**. All'idea tradizionale dell'uomo come soggetto dotato di una personalità unitaria e organica, egli contrappone – al pari di Pirandello – l'analisi dei **contrasti interiori** che lacerano l'io, diviso fra aspirazioni coscienti e pulsioni inconsce e portato a costruirsi una serie di «autoinganni» per giustificare le proprie azioni e mascherare i propri fallimenti. Questa visione riprende spunti offerti dalla filosofia irrazionalistica di fine Ottocento. Da **Schopenhauer** – il cui influsso è evidente soprattutto nei primi romanzi – egli desume l'idea che la volontà del singolo non sia libera, ma rappresenti l'emanazione di una volontà superiore irrazionale, da cui deriva il «carattere effimero e inconsistente» dell'agire umano. Dalla filosofia di **Nietzsche** Svevo riprende soprattutto gli spunti polemici verso la società borghese e la teoria della pluralità dell'io, mentre contrasta l'interpretazione estetizzante e dannunziana della teoria del superuomo.

La parola all'autore

«Perché voler curare la nostra malattia?»

In una lettera del dicembre 1927 all'amico e letterato Valerio Jahier, che gli aveva espresso l'intenzione di intraprendere una cura psicanalitica, Svevo si mostra scettico circa le effettive possibilità terapeutiche della psicanalisi. L'autore si sofferma poi sul rapporto tra salute e malattia, chiedendosi se sia davvero opportuno «guarire» dalle proprie nevrosi.

Egregio Signore,
Non vorrei poi averli dato un consiglio che potrebbe attenuare la speranza ch'Ella ripone nella cura che vuole imprendere[1]. Dio me ne guardi. Certo è che ch'io non posso mentire e debbo confermarle che in un caso trattato dal Freud in persona non si ebbe alcun risultato[2]. Per esattezza debbo aggiungere che il Freud stesso, dopo anni di cure implicanti gravi spese, congedò il paziente dichiarandolo inguaribile. Anzi io ammiro il Freud, ma quel verdetto dopo tanta vita perduta mi lasciò un'impressione disgustosa. [...] *Letterariamente* Freud è certo più interessante. Magari avessi fatto io una cura con lui. Il mio romanzo sarebbe risultato più intero. E perché voler curare la nostra malattia? Davvero dobbiamo togliere all'umanità quello ch'essa ha di meglio? Io credo sicuramente che il vero successo che mi ha dato la pace è consistito in questa convinzion. Noi siamo una vivente protesta contro la ridicola concezione del superuomo come ci è stata gabellata[3].

---

1. imprendere: *intraprendere, iniziare.*
2. in un caso ... risultato: allude al cognato Bruno Veneziani, che seguì una lunga e inutile terapia psicanalitica.

3. la ridicola ... gabellata: Svevo si riferisce alla reinterpretazione dannunziana delle teorie di Nietzsche. Essere una «protesta» (cioè un'alternativa) al modello del superuo-

mo, vuol dire riconoscersi nel modello antitetico del nevrotico o dell'inetto e accettare, con esso, la realtà della propria «malattia».

Il pensiero   697

La parola alla critica

Giacomo Debenedetti, *L'inetto «consapevole» dei romanzi di Svevo*

Il critico e saggista Giacomo Debenedetti (1901-1967) osserva la fisionomia psicologica dell'«inetto» sveviano, di cui rileva una costante fondamentale: l'autocoscienza della propria incapacità di vivere che Svevo conferisce, in diversa misura, ai protagonisti dei suoi tre romanzi.

L'eroe di Svevo è generato dalla sensazione fondamentale di uno scompenso fra l'orientamento che l'individuo dà alla propria vita, e la curva che poi la vita descrive: incarna questo difetto, questo errore di calcolo e, colle sue vicende, viene a testimoniarlo e a patirlo tra il gioco delle sorti umane. Svevo rinchiude nel bozzolo trasparente e sensibile dei suoi eroi la crucciata esperienza di una tara[1]; la quale, come tutte le tare, è in parte congenita e irresponsabile; ma rimorde e fa soffrire esattamente come una colpa. Un difetto, ma tale che si espia come un fallo. Questi personaggi sono degli inetti consapevoli (*Un inetto* era il primo titolo di *Una vita*, e varrebbe anche per gli altri due romanzi): distrutti, prima ancora che dai risultati, dalla intima coscienza della loro inettitudine. Di mano in mano che quei personaggi giungono alla constatazione, più o meno confusa, ma sempre straziata, di questa incapacità nel loro intimo, di questo *fatum*[2] all'esterno, sembra si mettano loro stessi, e proprio quanto più si affannano per scongiurarla, a cooperare alla propria caduta. Anche quando hanno infilato[3] la strada giusta, vi sdrucciolano per difetto di destrezza, abbandonandosi agli scarti più meschini e insensati; oppure non la riconoscono perché, sfiduciati, non possono credere di averla saputa infilare; o infine la sfuggono di proposito, perché l'abitudine dell'infelicità è divenuta in loro un tetro e rassegnato gusto di sentirsi infelici.

G. Debenedetti, *Svevo e Schmitz*, in *Saggi critici*, Roma, Edizioni del Secolo, 1945

1. tara: *difetto, malattia.* **2. fatum:** *destino ineluttabile.* **3. infilato:** *imboccato.*

In seguito, attraverso la teorie di **Freud**, Svevo giunge alla **scoperta dell'inconscio** e all'analisi dei meccanismi psicologici attraverso i quali ogni individuo inconsapevolmente maschera e giustifica le sue pulsioni più profonde. Soprattutto nella *Coscienza di Zeno*, Svevo si richiama alle teorie freudiane e approda alla conclusione che la **nevrosi** non è una condizione del tutto negativa, in quanto **consente un'osservazione privilegiata della realtà**.

La polemica contro la società borghese In Svevo l'interesse per la complessa interiorità del singolo non rimane teorico e astratto, ma si accompagna all'**osservazione concreta del contesto sociale** e all'acuta percezione della **crisi dell'individuo di fronte all'avanzare della società moderna**. Anche in questo caso, elementi culturali eterogenei vengono reinterpretati e in certa misura rovesciati, per condurre a una corrosiva polemica contro il facile ottimismo della borghesia dell'epoca, le cui solide certezze sono in realtà il frutto di un atteggiamento miope e conformista.
Dalla **teoria evoluzionistica** di Charles **Darwin** Svevo riprende l'idea che il comportamento dei singoli sia il prodotto di leggi naturali non modificabili, prima fra tutte la «**lotta per la vita**», trasferita dal mondo naturale all'ambito sociale. La realtà dei rapporti umani appare dominata da una **spietata selezione natu-**rale, che contrappone individui forti e intraprendenti a soggetti apparentemente deboli e inadatti alla vita. Reinterpretando questa teoria, però, Svevo ne **respinge l'ottimismo di matrice positivistica**, sottolineando come l'evoluzione dell'uomo possa condurre a una totale prevaricazione della natura e a una sua totale distruzione, profetizzata nella conclusione de *La coscienza di Zeno*. La concezione della vita come lotta – presente anche in Schopenhauer – si accompagna alla consapevolezza del fattore economico e dei **conflitti di classe**, che Svevo riprende dal pensiero di **Marx**, del quale condivide soprattutto la condanna della società industriale che conduce gli individui all'alienazione (mentre ne respinge le prospettive strettamente politiche).

L'«inetto» e l'intellettuale Al centro dei romanzi di Svevo c'è la figura dell'«inetto», un **antieroe debole e incapace di agire** in modo costruttivo, rivolto alla continua analisi della propria psiche e delle nevrosi di cui è vittima ma, al tempo stesso, capace di comprendere a fondo la complessità del reale. Tuttavia, mentre nei primi due romanzi il protagonista va incontro a un totale fallimento esistenziale, ne *La coscienza di Zeno* matura una più piena consapevolezza del proprio stato e, attraverso la prospettiva straniata della nevrosi, si fa portavoce di un'acuta **critica della «perfetta sanità» del mondo borghese**, di cui smaschera le false certezze e l'ipocrisia.

Italo Svevo

In termini volutamente paradossali e ironici, egli **identifica l'inetto con l'intellettuale moderno**, in apparenza escluso da una società tutta tesa al profitto, ma in realtà capace di costituire la sua coscienza critica più profonda. In questo modo anche **il rapporto tra salute e malattia si rovescia**. L'inetto non appare più come l'unico "malato" nel contesto della «perfetta sanità» borghese, ma come colui che, grazie a una più vigile sensibilità, comprende le incongruenze del vivere e **smaschera il conformismo** di una società fondata su certezze illusorie.

Sosta di verifica

- Quale specificità culturale deriva a Svevo dalla sua nascita a Trieste?
- Quali elementi del pensiero di Schopenhauer e di Darwin vengono ripresi nelle opere sveviane?
- Come giudica Svevo le teorie di Freud e quali spunti ne desume?
- Quali caratteristiche presenta il personaggio dell'«inetto»?
- Quale atteggiamento assume l'autore nei confronti dei valori della società borghese?

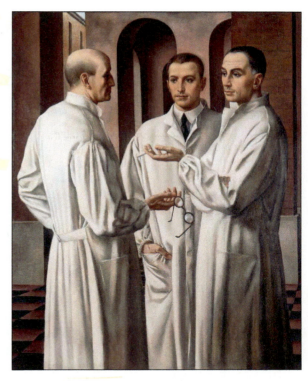

Ubaldo Oppi, *I chirurghi*, 1926.

La parola all'autore

«La vita sarà letteraturizzata»

All'inizio dell'ultimo, incompiuto romanzo di Svevo (*Le confessioni del vegliardo*), uno Zeno Cosini ormai anziano ritrova le memorie scritte anni prima per il «dottor S.» – ossia il nucleo de *La coscienza di Zeno* – e da esse trae spunto per una riflessione sulla funzione della letteratura.

Con questa data comincia per me un'era novella[1]. Di questi giorni scopersi nella mia vita qualcosa d'importante, anzi la sola cosa importante che mi sia avvenuta: la descrizione da me fatta di una sua parte. Certe descrizioni accatastate, messe in disparte per un medico che le prescrisse. La leggo e la rileggo e m'è facile di completarla di mettere tutte le cose al posto dove appartenevano e che la mia imperizia[2] non seppe trovare. Come è viva quella vita e come è definitivamente morta la parte che raccontai. Vado a cercarla talvolta con ansia sentendomi monco, ma non si ritrova. E so anche quella parte che raccontai non ne è la più importante. Si fece la più importante perché la fissai[3]. E ora che cosa sono io? Non colui che visse, ma colui che descrissi. Oh! L'unica parte importante della vita è il raccoglimento[4]. Quando tutti lo comprenderanno con la chiarezza ch'io ho tutti scriveranno. La vita sarà letteraturizzata[5]. Metà dell'umanità sarà dedicata a leggere e a studiare quello che l'altra metà avrà annotato. E il raccoglimento occuperà il massimo tempo che così sarà sottratto alla vita orrida vera. E se una parte dell'umanità si ribellerà e rifiuterà di leggere le elucubrazioni[6] dell'altra, tanto meglio. Ognuno leggerà se stesso. E la propria vita risulterà più chiara o più oscura, ma si ripeterà, si correggerà, si cristallizzerà. Almeno non resterà quale è priva di rilievo, sepolta non appena nata, con quei giorni che vanno via e s'accumulano uno eguale all'altro di fronte agli anni, i decenni, la vita tanto vuota, capace soltanto di figurare quale un numero di una tabella statistica del movimento demografico. Io voglio scrivere ancora.

1. **novella**: *nuova*.
2. **imperizia**: *incapacità*.
3. **Si fece ... fissai**: *diventò la parte più importante perché la fissai sulla pagina scritta*.
4. **il raccoglimento**: *la riflessione*.
5. **letteraturizzata**: *trasformata in letteratura*.
6. **elucubrazioni**: *pensieri, meditazioni*.

La poetica **699**

La poetica

La «letteraturizzazione» della vita Nei protagonisti dei romanzi di Svevo non è difficile riconoscere esperienze e vicende esistenziali che riportano al vissuto reale dell'autore, che sulle sue creazioni letterarie proietta le proprie aspirazioni e le proprie nevrosi. Questo stretto rapporto tra arte e vita, tuttavia, si pone in termini del tutto antitetici rispetto alle pose estetizzanti di un autore come D'Annunzio, che proprio in quegli anni otteneva i suoi maggiori successi di pubblico. Lontano da ogni atteggiamento superomistico, Svevo concepisce la letteratura come **strumento per salvaguardare l'esistenza dall'oblio e per tentare di chiarirne il senso** attraverso un'analisi accurata e quasi scientifica. Secondo la sua poetica, soltanto la «letteraturizzazione» della vita, cioè la sua **trasposizione nella pagina scritta attraverso il ricordo**, permette di sottrarre parzialmente l'esistenza allo scorrere del tempo e di «arrivare al fondo» del proprio essere. La scrittura appare così l'unico strumento capace di rendere il **soggetto pienamente consapevole** della propria esistenza e, privata di ogni funzione ideologica o estetica e ridotta a un fatto privato, è prerogativa che spetta soltanto all'intellettuale-inetto, incapace di vivere pienamente ma proprio per questo più sensibile alle incoerenze della vita.

Una pluralità di modelli Questa particolare poetica, che intende la letteratura come strumento di conoscenza critica del reale, si traduce in strutture narrative nuove, a cui Svevo giunge rielaborando modelli molto diversi. Inizialmente gli autori che più influenzano la sua produzione sono i **realisti francesi** dell'Ottocento (**Balzac**, **Stendhal** e **Flaubert**) a cui si unisce presto la conoscenza di **Zola** e dei naturalisti. Più che la ricostruzione del contesto sociale, a Svevo preme l'analisi della psicologia dei personaggi e in questo senso un apporto fondamentale gli viene dai **romanzieri russi** e in particolare da **Dostoevskij**, acuto indagatore dell'animo umano. L'atteggiamento spesso ironico del narratore dei romanzi sveviani deriva invece in larga parte da scrittori inglesi come **Swift e Sterne**, mentre l'amico **Joyce** lo influenza in parte sul piano delle scelte stilistiche, soprattutto nell'adozione del **monologo interiore**, per certi aspetti simile al «flusso di coscienza» joyciano.

Le novità strutturali e lo stile "impacciato" Grazie all'originale contaminazione di questi modelli Svevo approda a un profondo **rinnovamento delle strutture narrative**, paragonabile per la sua modernità a quello di grandi autori europei del primo Novecento quali Marcel Proust, Franz Kafka e James Joyce. Soprattutto ne *La coscienza di Zeno*, il rapporto tra *fabula* (tempo della storia) e intreccio (tempo della narrazione) è completamente stravolto e gli eventi si succedono nel racconto non più

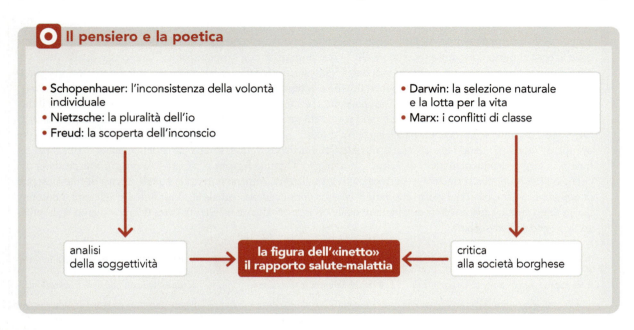

Tema dell'alienazione e solitudine dei personaggi dalla società — analisi psicologica e sguardo critico sulla società

Italo Svevo

Egon Schiele, *Autoritratto con physalis*, 1912.

te, **altera i fatti** e falsifica le loro motivazioni, lasciando al lettore il compito di distinguere la verità dagli autoinganni della coscienza.

Sul piano stilistico, a Svevo è stata spesso rimproverata una scarsa cura formale e una certa goffaggine espressiva, evidente sia nel lessico poco variato, sia in alcuni usi morfosintattici e ortografici sgrammaticati. In effetti, essendo di madrelingua tedesca, l'italiano fu per lui frutto di un'acquisizione in certa misura scolastica e non naturale. Ma è anche vero che Svevo non dedica alcuna cura particolare al «bello stile» e che nella sua opera **la forma risulta secondaria** e strettamente **funzionale al contenuto**. Per certi aspetti, anzi, il **linguaggio imperfetto** dei suoi personaggi è il **frutto di una scelta consapevole e volontaria**, che intende riprodurre attraverso l'impaccio stilistico il senso di inadeguatezza dell'inetto nei confronti della realtà.

secondo la loro successione cronologica, ma assecondando il **«tempo misto» della memoria** del protagonista, in una continua **alternanza di passato e presente**. La vicenda, inoltre, non è più presentata da un narratore oggettivo ed esterno, ma è totalmente filtrata dal **punto di vista soggettivo dell'io narrante** che, più o meno consapevolmen-

○ Sosta di verifica

- Che cosa intende Svevo con l'espressione «letteraturizzazione della vita»?
- Quali sono i modelli letterari di Svevo?
- Come viene gestito il rapporto tra tempo della storia e tempo della narrazione ne *La coscienza di Zeno*?
- Quali caratteristiche presentano sul piano stilistico e formale i romanzi di Svevo?

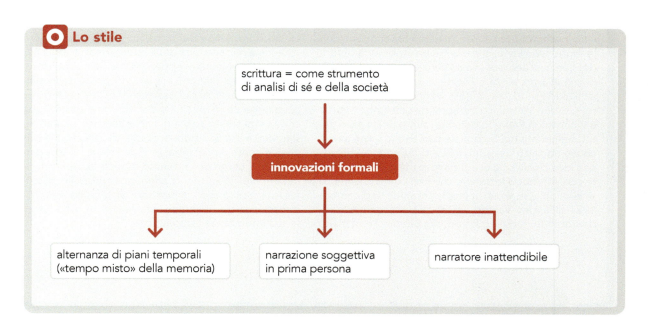

La poetica

Approfondimento

Svevo e la psicanalisi: un rapporto complesso

La coscienza di Zeno: una parodia della psicanalisi?

Ne *La coscienza di Zeno* la ripresa delle teorie di Freud svolge un ruolo centrale sia nella struttura sia sul piano tematico. Il protagonista è affetto da nevrosi e il nucleo centrale del romanzo si presenta come un memoriale scritto, su suggerimento del «dottor S.», come preparazione a una terapia psicanalitica. Tuttavia nel corso dell'opera l'io narrante assume nei confronti delle teorie freudiane un atteggiamento di progressiva insofferenza, che culmina nella decisione di abbandonare la cura. La diagnosi del terapeuta, che riconduce la sua nevrosi al complesso edipico – cioè a un irrisolto rapporto conflittuale con la figura paterna – suscita il rifiuto e la derisione di Zeno, che afferma: «Ma ora che sapevo tutto, cioè che non si trattava altro che di una sciocca illusione, un trucco buono per commuovere qualche vecchia donna isterica, come potevo sopportare la compagnia di quell'uomo ridicolo, con quel suo occhio che vuole essere scrutatore e quella sua presunzione che gli permette di aggrappare tutti i fenomeni di questo mondo intorno alla sua grande, nuova teoria?». Del resto, anche la terapia cui Zeno si sottopone nel romanzo risulta per molti aspetti anomala: il «dottor S.», che nella *Prefazione* mostra il suo rancore verso il proprio paziente, appare come uno psicanalista ben poco ortodosso, così come non rientra nella pratica freudiana l'uso di far redigere al paziente un diario autobiografico. L'opera, pur prendendo spunto dalla psicanalisi, sembra quindi dimostrarne l'inefficacia terapeutica, in una sorta di parodia.

Svevo e Freud

Se dal romanzo si passa a esaminare le affermazioni di Svevo autore nei confronti delle teorie freudiane, si riscontra un'ambiguità di fondo. Svevo si accosta alla psicanalisi intorno al 1910, grazie alla presenza a Trieste di Edoardo Weiss, un allievo di Freud. Negli stessi anni il cognato dell'autore, Bruno Veneziani, intraprende una lunga terapia a Vienna con Freud in persona, che si rivela però del tutto fallimentare. Su queste basi Svevo – che aveva anche tradotto il saggio di Freud *Sul sogno* – sviluppa l'idea che la psicanalisi sia in realtà più interessante come metodo letterario che non come strumento di cura della nevrosi. In una lettera del 10 dicembre 1927 all'amico Valerio Jahier Svevo scrive: «Grande uomo quel nostro Freud, ma più per i romanzieri che per gli ammalati». Nelle pagine autobiografiche del *Soggiorno londinese* (1926), egli sottolinea il debito della sua opera verso le teorie freudiane in modi ambigui: «In quanto alla *Coscienza di Zeno* io per lungo tempo credetti di doverla a Freud ma pare che mi sia ingannato. Adagio: vi sono due o tre idee nel romanzo che sono addirittura prese di peso dal Freud. L'uomo che per non assistere al funerale di colui che diceva suo amico e ch'era in realtà suo nemico [Zeno alla morte del rivale Guido Speier] si sbaglia di funerale è freudiana con un coraggio di cui mi vanto». Al tempo stesso, Svevo sottolinea la convinzione che, nella realtà, fosse «pericoloso spiegare a un uomo com'era fatto» e ribadisce di aver letto Freud «con fatica e con piena antipatia» per il suo stile asciutto.

La psicanalisi come metodo

L'ambivalenza di Svevo verso il pensiero di Freud trova pieno riscontro nel romanzo, in cui la terapia psicanalitica come strumento di cura viene parodiata e derisa da Zeno, ma l'influenza del metodo freudiano di analisi dell'inconscio agisce a più livelli. Da Freud infatti Svevo desume la fisionomia interiore del protagonista, marcata da continue contraddizioni e da un irrisolto contrasto tra impulsi inconsci e loro rimozione, così come la sua tendenza ad autoingannarsi costruendo alibi volti a dare una spiegazione rassicurante delle proprie azioni. I lapsus di Zeno, i suoi «atti mancati» (primo fra tutti l'errore che lo porta a seguire il funerale di uno sconosciuto invece di quello dell'odiato Guido) e la sua stessa resistenza alla diagnosi del dottor S. possono essere spiegati solo alla luce delle teorie freudiane, che Svevo per primo introduce in Italia. La struttura stessa del romanzo sembra riprendere la tecnica psicanalitica delle libere associazioni che, partendo da elementi apparentemente insignificanti – come il vizio del fumo –, permettono di risalire alle radici delle nevrosi del paziente. Anche la soluzione cui giunge Zeno nel finale del romanzo, ossia l'idea che la vita stessa è una malattia sempre incurabile, si avvicina alle posizioni espresse da Freud nelle sue ultime opere, in cui emerge l'idea della terapia psicanalitica come un processo virtualmente interminabile. Nel 1925 Freud afferma: «Probabilmente il futuro stabilirà che l'importanza della psicanalisi come scienza dell'inconscio oltrepassa di gran lunga la sua importanza terapeutica».

Una vita

Storia di un fallimento Composto **tra il 1887 e il 1892**, il primo romanzo di Svevo – **in origine intitolato** *Un inetto* – ha come protagonista il giovane provinciale **Alfonso Nitti** che, nutrito di ambizioni culturali e letterarie, si stabilisce a Trieste e trova lavoro nella banca Maller.

L'occasione di mostrare le sue qualità si presenta quando Alfonso è ammesso nel salotto di **casa Maller**, dove conosce **Annetta**, la figlia del padrone della banca, che gli offre di collaborare alla stesura di un romanzo. I rapporti fra i due si fanno più stretti e, nonostante la presenza del cugino Macario – un brillante pretendente di Annetta – Alfonso seduce la ragazza.

La possibilità di una rapida scalata sociale attraverso un matrimonio "riparatore" è però vanificata dall'atteggiamento rinunciatario del protagonista, che decide di allontanarsi dalla città per evitare uno scandalo. Tornato al paese natale, Alfonso assiste alla morte dell'anziana madre e quando, dopo una lunga malattia, ritorna a Trieste, trova Annetta ufficialmente fidanzata con Macario. Colto da una tardiva gelosia, chiede alla ragazza un ultimo colloquio, ma all'appuntamento si presenta il fratello di lei che lo sfida a duello. La notte prima della sfida Alfonso si suicida.

I riferimenti culturali La struttura del romanzo rivela legami sia con il **romanzo di formazione** ottocentesco sia con il **romanzo di analisi sociale naturalista**. Il protagonista è infatti un provinciale piccolo-borghese, che compensa il proprio senso di inferiorità sociale con le ambizioni artistiche. Secondo i principi del darwinismo sociale, egli è però un debole, destinato a essere "vinto" nel suo tentativo di ascesa sociale. L'originalità dell'opera consiste piuttosto nel fatto che il fallimento sociale di Alfonso fa tutt'uno con il suo fallimento amoroso ed esistenziale, determinato non da ostacoli oggettivi ma dalla sua incapacità di approfittare di una serie di circostanze favorevoli.

Il romanzo dedica ampio spazio allo **scavo analitico sul personaggio**, in cui coesistono atteggiamenti volitivi e insieme rinunciatari di natura nevrotica. Per giustificare la propria **inettitudine** Alfonso afferma infatti di voler «rinunciare» alla vita, adottando un **atteggiamento di superiore distacco** che rinvia alle teorie di Schopenhauer; in realtà appare chiaro che la sua fuga e il suo stesso suicidio non sono altro che il frutto della **paura di vivere** e di una profonda debolezza della volontà. Sul piano narrativo, il labirinto della coscienza di Alfonso viene esplorato da un **narratore esterno**, che assume talvolta la funzione di **voce giudicante**, smascherando gli autoinganni del protagonista.

T1 Alfonso e Macario

Una vita, cap. VIII

Alfonso ha iniziato a frequentare la casa del signor Maller, proprietario della banca in cui lavora, e lì ha conosciuto sua figlia Annetta e un giovane e brillante avvocato, Macario. Disinvolto e inserito nella vita sociale, Macario è l'ideale antagonista del protagonista, tanto che nel finale del romanzo riuscirà a sostituire Alfonso nel cuore di Annetta. Durante una gita in barca nel golfo di Trieste, che conferma l'indole timorosa di Alfonso e la spavalderia di Macario, l'osservazione del volo dei gabbiani offre al "rivale" l'occasione per riflettere sulla spietata lotta per la vita che anima il mondo animale e la società umana. La vittoria sarà sempre degli individui più forti e adatti, mentre i deboli e i sognatori, persi dietro le loro inutili fantasticherie, sono destinati a soccombere.

La sua[1] compagnia doveva piacere a Macario. La cercava di spesso[2]; qualche sera gli usò anche la gentilezza di andarlo a prendere all'ufficio.

---

1. sua: di Alfonso.

2. di spesso: *spesso, di frequente.*

Una vita 703

> Alfonso è consapevole che Macario ricerca la sua amicizia perché, nella sua debolezza, trova una conferma alla propria apparente sicurezza.

Ad Alfonso non sfuggì la causa di quest'affetto improvviso. Lo doveva alla sua docilità e, pensò, anche alla sua piccolezza. Era tanto piccolo e insignificante, che accanto a lui Macario si trovava bene. Non si compiacque meno di tale amicizia. Le cortesie, anche se comperate a caro prezzo, piacciono. Non disistimava Macario. Per certe qualità ammirava quel giovine tanto elegante, artista inconscio[3], intelligente anche quando parlava di cose che non sapeva.

Macario possedeva un piccolo *cutter*[4] e frequentemente invitò Alfonso a gite mattutine nel golfo. Nella sua vita triste, quelle gite furono per Alfonso vere feste. In barca gli era anche più facile di dare il suo assenso alle asserzioni[5] di Macario e in gran parte non le udiva. Si trovava ancora sempre alla conquista della solida salute che gli occorreva, riteneva, per sopportare la dura vita di lavoro a cui faceva proponimento di sottoporsi, e gli effluvi marini[6] dovevano aiutarlo a trovarla.

Una mattina soffiava un vento impetuoso e alla punta del molo, ove si trovavano per attendere la barca che doveva venirli a prendere, Alfonso propose a Macario di tralasciare per quella mattina la gita che gli sembrava pericolosa. Macario si mise a deriderlo e non ne volle sapere.

Il *cutter* si avvicinava. Piegato dalle vele bianche gonfiate dal vento, sembrava ad ogni istante di dover capovolgersi e di raddrizzarsi all'ultimo estremo sfuggendo al pericolo imminente. Alfonso da terra era colto da quei tremiti nervosi che si hanno al vedere delle persone in pericolo di cadere e fu solo per la paura delle ironie[7] di Macario che non seppe lasciarlo partir solo.

> La preoccupazione di Alfonso contrasta in modo evidente con la disinvoltura dell'amico.

Ferdinando, un facchino ch'era stato marinaio, dirigeva la barca. Lasciò il posto al timone a Macario il quale sedette dopo toltasi la giubba quasi per prepararsi a grandi fatiche:

– Ora fuoco alla macchina, – gridò a Ferdinando.

Ferdinando scese a terra e trascinò il *cutter* per l'albero di prora da un angolo del molo all'altro; poi, un piede puntellato[8] a terra, l'altro sul *cutter*, lo spinse al largo. Alfonso lo guardò tremando; temeva di vederlo piombare in acqua e, per quanto piccolo[9], l'imminenza di un pericolo lo faceva sussultare.

– Che agile! – disse a Ferdinando.

Gli pareva d'essere in mano sua e aveva il desiderio quasi inconscio d'amicarselo[10]. Ferdinando alzò il capo, giovanile ad onta del[11] grigio nella barba e della calvizie abbastanza inoltrata, e ringraziò. Non essendo suo il mestiere, ci teneva molto ad apparire abile. Comprese però male lo scopo della raccomandazione. Trasse con forza a sé la vela e la fissò, aiutando poscia[12] a tenderla con tutto il peso del suo corpo. Immediatamente il vento che pareva sorgesse allora la gonfiò e la barca si piegò con veemenza proprio dalla parte ove sedeva Alfonso.

S'era proposto di far mostra di grande sangue freddo, ma i propositi non bastarono all'improvviso spavento. Poté trattenersi dal gridare ma balzò in piedi e si gettò dall'altra parte sperando di raddrizzare la barca con il suo peso. Si tranquillò[13] alquanto sentendosi più lontano dall'acqua e sedette afferrandosi con le mani alla banchina[14].

Macario lo guardò con un leggero sorriso. Si sentiva bene nella sua calma accanto

---

3. inconscio: *inconsapevole.*
4. cutter: imbarcazione a vela a un solo albero.
5. asserzioni: *affermazioni.*
6. effluvi marini: *l'aria di mare.*

7. delle ironie: *delle prese in giro.*
8. puntellato: *appoggiato.*
9. per quanto piccolo: *per quanto piccolo fosse il pericolo.*
10. d'amicarselo: *di farselo amico.*

11. ad onta del: *nonostante il.*
12. poscia: *poi.*
13. tranquillò: *tranquillizzò.*
14. banchina: *sedile.*

ad Alfonso e per rendere più evidente il distacco tenne il *cutter* sotto la piena azione del vento. Alfonso vide il sorriso e volle prendere l'aspetto di persona calma. Segnalò a Macario all'orizzonte delle punte bianche di montagne di cui non si ve-
50 devano le basi.

Passando accanto al faro poté misurare la rapidità con la quale tagliavano l'acqua; diede un balzo sembrandogli che la barca andasse a sfracellarsi sui sassi che la contornavano.

– Sa nuotare? – gli chiese Macario con tranquillità. – Alla peggio ritorneremo a
55 casa a nuoto. Ma – e finse grande preoccupazione – anche se si sentisse andare a fondo non si aggrappi a me perché saremmo perduti in due. Penseremo a lei io e Nando. Nevvero, Nando?

Ridendo sgangheratamente, costui lo promise.

Coi suoi modi da pensatore, Macario si dilungò in considerazioni sugli effetti del-
60 la paura. Ogni dieci parole alzava la mano aristocratica, l'arrotondava e tutti i sottintesi che quel gesto segnava, cui nel vuoto della mano creava il posto, Alfonso lo sapeva, dovevano andare a colpire lui e la sua paura.

– Muore maggior numero di persone per paura che per coraggio. Per esempio in acqua, se vi cadono, muoiono tutti coloro che hanno l'abitudine di afferrarsi
65 a tutto quello che loro è vicino, – e fece una strizzatina d'occhio verso le mani di Alfonso che si chiudevano nervosamente sulla banchina.

E passarono accanto al verde Sant'Andrea[15] senza che Alfonso potesse padroneggiarsi[16]. Guardava, ma non godeva.

La città, quando al ritorno la rivide, gli parve triste. Sentiva un grande malessere,
70 una stanchezza come se molto tempo prima avesse fatto tanta via e che poi non lo si fosse lasciato riposare mai più. Doveva essere mal di mare e provocò l'ilarità di Macario dicendoglielo.

– Con questo mare!

Infatti il mare sferzato dal vento di terra non aveva onde. Vi erano larghe strisce
75 increspate, altre incavate, liscie liscie precisamente perché battute dal vento che sembrava averci tolto via la superficie. Nella diga c'era un romoreggiare allegro come quello prodotto da innumerevoli lavandaie che avessero mosso i loro panni in acqua corrente.

Alfonso era tanto pallido che Macario se ne impietosì e ordinò a Ferdinando di
80 accorciare le vele.

Si era in porto, ma per giungere al punto di partenza si dovette passarci dinanzi due volte.

Si udivano i piccoli gridi dei gabbiani. Macario per distrarlo volle che Alfonso osservasse il volo di quegli uccelli, così calmo e regolare come la salita su una via
85 costruita[17], e quelle cadute rapide come di oggetti di piombo. Si vedevano solitarii, ognuno volando per proprio conto, le grandi ali bianche tese, il corpicciuolo sproporzionatamente piccolo coperto da piume leggiere.

– Fatti proprio per pescare e per mangiare, – filosofeggiò Macario. – Quanto poco cervello occorre per pigliare pesce! Il corpo è piccolo. Che cosa sarà la testa e
90 che cosa sarà poi il cervello? Quantità da negligersi[18]! Quello ch'è la sventura del pesce che finisce in bocca del gabbiano sono quelle ali, quegli occhi, e lo stomaco, l'appetito formidabile per soddisfare il quale non è nulla quella caduta così

> Il narcisismo di Macario si esprime non solo nelle sue parole ma anche nella sua ricercata gestualità.

---

15. verde Sant'Andrea: località della periferia di Trieste che fronteggia il mare, ricca di alberi e giardini.
16. padroneggiarsi: *dominarsi.*
17. via costruita: *strada battuta.*
18. da negligersi: *trascurabile.*

Alfonso e Macario

> Secondo Macario le doti intellettuali e la cultura sono del tutto secondarie, anzi sono di per sé un segno di debolezza.

dall'alto. Ma il cervello! Che cosa ci ha da fare il cervello col pigliar pesci? E lei che studia, che passa ore intere a tavolino a nutrire un essere inutile[19]! Chi non ha le ali necessarie quando nasce non gli crescono mai più. Chi non sa per natura piombare a tempo debito sulla preda non lo imparerà giammai e inutilmente starà a guardare come fanno gli altri, non li saprà imitare. Si muore precisamente nello stato in cui si nasce, le mani organi per afferrare o anche inabili a tenere. Alfonso fu impressionato da questo discorso. Si sentiva molto misero nell'agitazione che lo aveva colto per cosa di sì piccola importanza.

— Ed io ho le ali? — chiese abbozzando un sorriso.

— Per fare dei voli poetici sì! — rispose Macario, e arrotondò la mano quantunque nella sua frase non ci fosse alcun sottinteso che abbisognasse[20] di quel cenno per venir compreso.

---

19. un essere inutile: cioè il cervello.   **20. abbisognasse:** avesse bisogno.

Analisi guidata

Due personaggi antitetici

L'episodio è costruito in modo da far risaltare la **contrapposizione tra il protagonista** Alfonso **e il suo antagonista** e rivale Macario. Durante la gita in barca Macario si sente infatti perfettamente a suo agio e fa sfoggio di un comportamento disinvolto, ironizzando sui timori di Alfonso, che tenta inutilmente di mascherare la preoccupazione per il mare grosso. I due **personaggi** sono del resto **complementari**: Alfonso si sente umiliato ma anche felice per le attenzioni di Macario, che dal canto suo ricerca la compagnia dell'amico per **vanità**, in quanto la sua goffaggine fa risaltare, per contrasto, la propria superiore sicurezza. Alfonso e Macario rappresentano quindi nella struttura del romanzo due figure emblematiche: uno è l'**«inetto»**, goffo e incapace di agire, mentre l'altro è l'individuo **«adatto»** alla vita, pienamente inserito nella realtà.

Competenze di comprensione e analisi

- Individua nel brano gli elementi che rendono più evidente l'insicurezza e i timori di Alfonso e, al contrario, la disinvoltura di Macario.
- La sicurezza di Macario si esprime anche attraverso la sua fisicità e il linguaggio del corpo. In quali passaggi è evidente questo aspetto?
- Quale ruolo svolge nell'episodio Ferdinando? A quale dei due personaggi assomiglia?
- La scena si svolge sul mare, durante una navigazione. Quale significato simbolico può avere, a tuo parere, questa particolare ambientazione?

L'apologo del gabbiano

Nel finale del brano l'osservazione del volo dei gabbiani offre a Macario lo spunto per una riflessione filosofica, in cui suggestioni di derivazione **darwiniana** si fondono con altre derivate dal pensiero di **Schopenhauer**. Le ali potenti del gabbiano e il suo «appetito formidabile» ne fanno un temibile predatore, un **simbolo di forza** e capacità di adattamento. Anche nella società umana, nella lotta per la vita **a trionfare sono i «lottatori»**, gli individui capaci di esprimersi nell'azione senza alcun bisogno di ricorrere a doti intellettuali (il «cervello»). Al contrario, chi come Alfonso «passa ore intere a tavolino» e coltiva la riflessione, è destinato a soccombere. In questa **visione deterministica** non c'è spazio per il mutamento. **Vincenti o perdenti si nasce** e non si diventa: come afferma Macario, «Chi non ha le ali necessarie quando nasce non gli crescono mai più».

Una vita

Competenze di comprensione e analisi

- Quali elementi del darwinismo sociale e del pensiero di Schopenhauer sono impliciti nel ragionamento di Macario?
- Che cosa intende dire Macario quando afferma che Alfonso ha le ali adatte soltanto «per fare dei voli poetici»?
- Svevo sceglie un gabbiano come figura chiave del suo apologo, mentre il poeta simbolista Charles Baudelaire aveva eletto l'albatro a emblema dell'artista in una sua celebre poesia, *L'albatro* (p. 316). Confronta le riflessioni dei personaggi con la lirica di Baudelaire. Quali analogie e quali differenze riscontri? In che senso si può affermare che entrambi i testi riflettono in modi diversi sul ruolo dell'artista nella moderna società borghese?

La posizione del narratore

Il brano è narrato **in terza persona**, con una focalizzazione prevalente sul personaggio di **Alfonso**, di cui vengono analizzati i timori e il tentativo di dissimularli. Sebbene Macario venga presentato come un personaggio arrogante e tutto sommato sgradevole, resta difficile stabilire se il narratore condivida o meno la sua visione deterministica dell'esistenza. Infatti, all'epoca della stesura del romanzo, Svevo sembra ancora attribuire all'«inetto» un **ruolo passivo**.

Competenze di comprensione e analisi

- Da quali elementi puoi desumere che il narratore adotta prevalentemente il punto di vista di Alfonso?
- Quali caratteristiche negative di Macario vengono sottolineate dal narratore?
- Analizza il linguaggio utilizzato da Svevo nel brano. Ti sembra elaborato e ricercato o medio e colloquiale?

Dal romanzo *Una vita* leggi anche *Il suicidio di Alfonso*

Félix Vallotton, *L'attesa*, 1899.

Senilità

Un romanzo psicologico Il secondo romanzo di Svevo – intitolato in un primo tempo *Il carnevale di Emilio* – viene pubblicato a puntate sul quotidiano «L'Indipendente» nel **1898** e, alla fine dello stesso anno, in volume a spese dell'autore, registrando un **insuccesso totale**. Il titolo, *Senilità*, allude alla condizione psicologica del protagonista **Emilio Brentani**, un impiegato ancora giovane che, dopo aver pubblicato un romanzo di scarso successo, vive al riparo dalle delusioni della vita, accudito amorevolmente dalla sorella **Amalia**, una zitella anch'essa precocemente invecchiata. La *routine* della sua **esistenza piccolo borghese** viene interrotta dall'incontro con la giovane e bella **Angiolina**, con cui Emilio inizia una relazione e di cui presto si innamora in modo romantico e passionale, idealizzando la ragazza, che è in realtà volubile e leggera. I continui tradimenti inducono il protagonista a troncare la relazione, proprio mentre scopre che Amalia, a sua volta innamorata dell'amico scultore **Balli**, ha iniziato a drogarsi con l'etere. Solo dopo la morte di Amalia, Emilio trova la forza di lasciare Angiolina (che diventa l'amante di Balli) e riprende la sua vita grigia e prevedibile, confortato dall'illusorio ricordo di un'Angiolina sempre giovane e bella, ma dotata delle qualità morali e della materna dolcezza della sorella morta.

La rielaborazione dell'«inetto» Emilio Brentani, che lo stesso Svevo definisce «fratello carnale» del protagonista di *Una vita*, è una **nuova incarnazione della figura dell'«inetto»**. Diversamente da Alfonso, tuttavia, egli non misura la propria inadeguatezza esistenziale nello scontro con la realtà, ma si presenta fin dall'esordio come **uno sconfitto**, che ha da tempo rinunciato ai rapporti umani, di cui teme le delusioni, rifugiandosi nella dimensione protetta della riflessione. Nel romanzo Svevo supera ogni intento di studio sociale per concentrarsi sulla complessa psicologia del protagonista, analizzato nel contrasto interiore fra **pulsioni vitalistiche e volontà di salvaguardare la propria sicurezza**, fra desiderio e timore di una vita a cui sente di essere inadeguato.

Il dissidio interiore di Emilio si riflette nei **rapporti tra i quattro personaggi principali**, posti al centro di un **sistema compatto e simmetrico**. Due di loro (Emilio e Amalia, simili persino nel nome) sono passivi e perdenti, mentre gli altri due (Angiolina e Balli) risultano disinvolti e vincenti. **I personaggi si contrappongono a coppie**, dando origine a relazioni complesse e spesso ambigue: Emilio desidera Angiolina e si appoggia alla forza apparente di Balli, da cui anche Amalia è attratta. Ma i più deboli sono destinati a perdere il loro equilibrio, mentre i personaggi più disincantati saranno infine inevitabilmente attratti l'uno dall'altra.

Sul piano narrativo, la voce narrante adotta ancora la **terza persona**, ma il suo **punto di vista** coincide prevalentemente con quello **soggettivo di Emilio**, che trasfigura la realtà in modo da renderla inoffensiva e rassicurante. Gli autoinganni di Emilio sono però sistematicamente smentiti dai **commenti ironici del narratore esterno**, che rivela al lettore l'inattendibilità del protagonista.

Edvard Munch, *Gelosia*, 1907 (particolare).

T2 Emilio e Angiolina

Senilità, cap. I

Il romanzo ha un esordio in medias res (colloca cioè il lettore "nel mezzo degli avvenimenti"), che già i primi ammiratori di Svevo, tra cui il poeta Eugenio Montale – che nel 1925 definiva il romanzo «un libro di veramente rara potenza» – apprezzarono per la sua «nervosa modernità».

Emilio Brentani incontra per caso la giovane Angiolina e, colpito dalla sua bellezza, spera di poter avere con lei un'avventura poco impegnativa. Emilio presume di avere di fronte una ragazza ingenua cui vorrebbe dettare le "regole del gioco". In realtà, come il narratore lascia intuire, Angiolina è molto meno ingenua di quanto appare.

> È il primo intervento diretto del narratore, che rovescia le affermazioni del protagonista mostrando i suoi veri sentimenti.

Subito, con le prime parole che le rivolse[1], volle avvisarla che non intendeva compromettersi in una relazione troppo seria. Parlò cioè a un dipresso[2] così: «T'amo molto e per il tuo bene desidero ci si metta d'accordo di andare molto cauti». La parola era tanto prudente ch'era difficile di crederla detta per amore

5 altrui e un po' più franca avrebbe dovuto suonare così: «Mi piaci molto, ma nella mia vita non potrai essere giammai più importante di un giocattolo. Ho altri doveri io, la mia carriera, la mia famiglia».

La sua famiglia? Una sola sorella[3], non ingombrante né fisicamente né moralmente, piccola e pallida, di qualche anno più giovane di lui, ma più vecchia per

10 carattere o forse per destino. Dei due, era lui l'egoista, il giovine; ella viveva per lui come una madre dimentica di se stessa, ma ciò non impediva a lui di parlarne come di un altro destino importante legato al suo e che pesava sul suo, e così, sentendosi le spalle gravate di tanta responsabilità, egli traversava la vita cauto, lasciando da parte tutti i pericoli ma anche il godimento, la felicità. A trenta-

> Emilio è combattuto fra il desiderio di godere i piaceri della vita e la paura di essere troppo debole per affrontarli.

15 cinque anni si ritrovava nell'anima la brama[4] insoddisfatta di piaceri e di amore, e già l'amarezza di non averne goduto, e nel cervello una grande paura di se stesso e della debolezza del proprio carattere, invero piuttosto sospettata che saputa per esperienza.

La carriera di Emilio Brentani era più complicata perché intanto si componeva di

20 due occupazioni e due scopi ben distinti. Da un impieguccio di poca importanza presso una società di assicurazioni egli traeva giusto il denaro di cui la famigliuola abbisognava. L'altra carriera era letteraria e, all'infuori di una reputazioncella[5] – soddisfazione di vanità più che di ambizione –, non gli rendeva nulla, ma lo affaticava ancor meno. Da molti anni, dopo di aver pubblicato un romanzo loda-

25 tissimo dalla stampa cittadina, egli non aveva fatto nulla, per inerzia, non per sfiducia. Il romanzo, stampato su carta cattiva, era ingiallito nei magazzini del libraio, ma mentre alla sua pubblicazione Emilio era stato detto[6] soltanto una grande speranza per l'avvenire, ora veniva considerato come una specie di rispettabilità letteraria che contava nel piccolo bilancio artistico della città. La prima sentenza[7]

30 non era stata riformata, s'era evoluta.

Per la chiarissima coscienza ch'egli aveva della nullità della propria opera, egli non si gloriava del passato, però, come nella vita così anche nell'arte, egli cre-

---

1. con le prime ... rivolse: è Emilio che si rivolge ad Angiolina, al loro primo incontro.
2. a un dipresso: *pressappoco.*

3. una sola sorella: Amalia
4. brama: *intenso desiderio.*
5. reputazioncella: *fama di poco valore.*

6. detto: *definito, considerato.*
7. sentenza: *opinione.*

Emilio e Angiolina **709**

> Non tentando neppure di scrivere un nuovo romanzo, Emilio può cullarsi nell'illusione di essere un grande scrittore, mantenendosi al riparo da ogni disillusione.

deva di trovarsi ancora sempre nel periodo di preparazione, riguardandosi nel suo più segreto interno come una potente macchina geniale in costruzione, non ancora in attività. Viveva sempre in un'aspettativa, non paziente, di qualche cosa che doveva venirgli dal cervello, l'arte, di qualche cosa che doveva venirgli di fuori, la fortuna, il successo, come se l'età delle belle energie per lui non fosse tramontata.

Angiolina, una bionda dagli occhi azzurri grandi, alta e forte, ma snella e flessuosa, il volto illuminato dalla vita, un color giallo di ambra soffuso di rosa da una bella salute, camminava accanto a lui, la testa china da un lato come piegata dal peso del tanto oro che la fasciava[8], guardando il suolo ch'ella ad ogni passo toccava con l'elegante ombrellino come se avesse voluto farne scaturire un commento alle parole che udiva. Quando credette di aver compreso disse:

«Strano» timidamente guardandolo sottecchi. «Nessuno mi ha mai parlato così». Non aveva compreso e si sentiva lusingata al vederlo assumere un ufficio[9] che a lui non spettava, di allontanare da lei il pericolo. L'affetto ch'egli le offriva ne ebbe l'aspetto di fraternamente dolce.

Fatte quelle premesse, l'altro si sentì tranquillo e ripigliò un tono più adatto alla circostanza. Fece piovere sulla bionda testa le dichiarazioni liriche che nei lunghi anni il suo desiderio aveva maturate e affinate, ma, facendole, egli stesso le sentiva rinnovellare e ringiovanire come se fossero nate in quell'istante, al calore dell'occhio azzurro di Angiolina. Ebbe il sentimento, che da tanti anni non aveva provato, di comporre, di trarre dal proprio intimo idee e parole: un sollievo che dava a quel momento della sua vita non lieta, un aspetto strano, indimenticabile, di pausa, di pace. La donna vi entrava! Raggiante di gioventù e bellezza ella doveva illuminarla tutta facendogli dimenticare il triste passato di desiderio e di solitudine e promettendogli la gioia per l'avvenire ch'ella, certo, non avrebbe compromesso.

> Il protagonista idealizza Angiolina, vedendo in lei la donna perfetta che lo guarirà dalla sua solitudine senza farlo soffrire.

Egli s'era avvicinato a lei con l'idea di trovare un'avventura facile e breve, di quelle che egli aveva sentito descrivere tanto spesso e che a lui non erano toccate mai o mai degne di essere ricordate. Questa s'era annunziata proprio facile e breve. L'ombrellino era caduto in tempo per fornirgli un pretesto di avvicinarsi ed anzi – sembrava malizia! – impigliatosi nella vita trinata[10] della fanciulla, non se n'era voluto staccare che dopo spinte visibilissime. Ma poi, dinanzi a quel profilo sorprendentemente puro, a quella bella salute – ai rétori[11], corruzione e salute sembrano inconciliabili – aveva allentato[12] il suo slancio, timoroso di sbagliare e infine s'incantò ad ammirare una faccia misteriosa dalle linee precise e dolci, già soddisfatto, già felice.

> Emilio non vuole riconoscere la realtà nella sua concretezza e preferisce nutrirsi di rassicuranti fantasticherie letterarie.

Ella gli aveva raccontato poco di sé e per quella volta, tutto compreso del[13] proprio sentimento, egli non udì neppure quel poco. Doveva essere povera, molto povera, ma per il momento – lo aveva dichiarato con una certa quale superbia – non aveva bisogno di lavorare per vivere. Ciò rendeva l'avventura anche più gradevole, perché la vicinanza della fame turba là dove ci si vuol divertire. Le indagini di Emilio non furono dunque molto profonde ma egli credette che le sue conclusioni logiche, anche poggiate su tali basi, dovessero bastare a rassicurarlo.

---

8. tanto oro che la fasciava: la massa dei capelli biondi.
9. un ufficio: un compito, un ruolo.
10. trinata: ornata di pizzi.
11. rétori: letterati.
12. allentato: rallentato.
13. compreso del: concentrato sul.

Senilità

> Se la fanciulla, come si sarebbe dovuto credere dal suo occhio limpido, era onesta, certo non sarebbe stato lui che si sarebbe esposto al pericolo di depravarla[14]; se invece il profilo e l'occhio mentivano, tanto meglio. C'era da divertirsi in ambedue i casi, da pericolare[15] in nessuno dei due.

80

---

14. depravarla: *corromperla*, facendone una mantenuta.

15. pericolare: *rischiare, correre dei pericoli.*

 Analisi del testo

COMPRENSIONE

Evitando qualsiasi inquadramento ambientale e senza fornire informazioni preliminari sui personaggi, la narrazione **presenta direttamente** (la prima parola del romanzo è «Subito») **i protagonisti in azione**, analizzandone il comportamento e la psicologia. La prima parte del brano si concentra su Emilio, riportando le parole che egli rivolge ad Angiolina e fornendo alcune indicazioni sulla sua indole e sulla sua condizione. Trentacinquenne, vive con la sorella Amalia, lavora come impiegato in una società di assicurazioni e nutre ambizioni letterarie. Nella seconda parte, l'attenzione si concentra invece su Angiolina, «una bionda dagli occhi azzurri grandi, alta e forte», che di fronte al discorso di Emilio resta stupita ma non turbata, consapevole del proprio fascino.

ANALISI E INTERPRETAZIONE

Senilità e giovinezza Il brano è costruito sulla **contrapposizione tra Emilio e Angiolina**. Il protagonista, pur essendo nel pieno della maturità, vive in realtà come un vecchio che ha già rinunciato ai piaceri della vita. La sua «senilità» nasce da una **profonda paura di vivere** e dal timore di provare passioni intense che possano scuotere il suo fragile equilibrio. Al tempo stesso, tuttavia, egli **desidera sperimentare la felicità** e crede di aver trovato in Angiolina l'occasione per soddisfare la sua «brama insoddisfatta di piaceri e di amore» senza correre il rischio di soffrirne.
Angiolina è, in apparenza, l'esatto contrario di Emilio. La sua **giovanile vitalità** («il volto illuminato dalla vita»; «Raggiante di gioventù e bellezza») e la sua «bella salute» sembrano poter costituire un **efficace antidoto** al grigiore affettivo e alla malattia del protagonista, portandovi la leggerezza di «un'avventura facile e breve».

Gli autoinganni di Emilio Per comprendere la vera natura dei due protagonisti è importante analizzare le **modalità narrative** con cui essi sono presentati. Ogni affermazione di Emilio viene smentita dal **narratore in terza persona**, che svolge la funzione di **smascherare l'immagine di sé che egli si è costruito**, svelandone gli autoinganni. Emilio dichiara di voler procedere con cautela «per il bene» della ragazza, ma il narratore chiarisce che il suo interesse è in realtà egoistico. La professione di Emilio viene ridotta dal narratore a un «impieguccio di poca importanza» e anche le sue velleità letterarie vengono ridimensionate. Il lettore è così trasportato all'interno della psicologia del protagonista e invitato a **distinguere l'apparenza dalla realtà**.
Anche la figura di Angiolina non è presentata in modo oggettivo, bensì attraverso lo sguardo di Emilio, che in lei desidera vedere una ragazza semplice e ingenua e non comprende, per esempio, che la ragazza ha fatto cadere il suo ombrellino proprio per attirare la sua attenzione («sembrava malizia!», commenta ironico il narratore). Emilio costruisce la figura di Angiolina come una **proiezione dei propri desideri**, senza rendersi conto della sua vera natura.

Letteratura, vita e malattia Emilio è presentato come un «inetto» incapace di immergersi nella vita reale, ostacolato da un eccesso di analisi e di introspezione. Egli è però anche un **intellettuale**, autore di un romanzo che gli ha fruttato una «reputazioncella» e alimenta le sue velleità artistiche. La **letteratura**, tuttavia, accentua la tendenza del protagonista a fraintendere se stesso e gli altri, in quanto lo risarcisce dell'**incapacità di agire nella vita reale**. Ai suoi occhi di ingenuo sognatore romantico, Angiolina appare come una sorta di musa ispiratrice per le sue dichiarazioni d'amore. La tendenza a **travestire la vita in termini letterari** è un ulteriore sintomo della malattia interiore di Emilio, incapace di misurarsi con la realtà e indotto dalle sue paure a frapporre tra sé e la vita lo schermo rassicurante della finzione.

Lavoriamo sul testo

COMPRENSIONE

1 Come avviene l'incontro tra Emilio e Angiolina? In quale punto del testo viene descritto?
2 Quali parole rivolge il protagonista ad Angiolina e a che tipo di comportamento la invita?
3 Quale effetto suscitano nella ragazza le parole di Emilio?
4 Che tipo di rapporto vorrebbe stabilire Emilio con Angiolina?

> **LINGUA E LESSICO**
>
> 5 Sottolinea nel testo gli aggettivi e le espressioni che caratterizzano il personaggio di Emilio come un «inetto».

ANALISI E INTERPRETAZIONE

6 Individua nel testo le informazioni che il narratore fornisce su Emilio e sintetizzale in un breve testo descrittivo.

7 Per quali aspetti il protagonista del romanzo si può considerare un personaggio autobiografico?
8 Individua nella prima parte del brano tutti i passaggi attraverso cui il narratore interviene a smentire le affermazioni del protagonista.
9 Come viene presentata Angiolina? Il protagonista la vede come è in realtà?
10 In quali punti del testo emerge la contrapposizione tra salute e malattia e che significato assume?

SCRITTURA E APPROFONDIMENTI

11 Prova a riscrivere l'incontro tra i due protagonisti assumendo il punto di vista di Angiolina.

La parola alla critica

Geno Pampaloni, *Una coppia narrativamente riuscita*

In questa pagina, tratta dalla monografia dedicata a Svevo, Geno Pampaloni individua nella figura di Angiolina il personaggio necessario a dar risalto narrativo al protagonista: è grazie a lei che l'inetto di Senilità 'funziona' e acquista spessore.

Emilio Brentani appare dunque come uno dei veri capostipiti del romanzo moderno. E tuttavia potrebbe rimanere privo del necessario rilievo senza la stupenda invenzione del personaggio di Angiolina. Come tutti i personaggi veramente vivi, essa è insieme carnale e metaforica, immediatamente reale e paradigma di un modo di esistere. Bionda, alta, gioviale, sana, infingarda, bugiarda per difendere a oltranza la propria libertà di tradimento, volgare, bella, imperturbabile, scaltra e infantile al tempo stesso, sensibile al denaro e al chiaro vigore del rapporto amoroso ma non insensibile anche alla retorica sentimentale che lusinga e solletica una certa sua vaga propensione a credersi un'eroina e quindi in qualche misura sincera nell'accettare la corte tutta sublimata e intellettuale di Emilio. [...] per Emilio la lotta con Angiolina, nonostante la furbizia con cui egli immagina sulle prime di affrontarla, è perduta in partenza in modo straziato perché la posta in giuoco messa dalle due parti è troppo sproporzionata; per lui è addirittura «la possibilità di stare al mondo» (Debenedetti). Emilio Brentani è un eroe esistenziale. Tutta la sua protesta sociale, il suo non ritenersi figlio dei tempi si arrendono di fronte al casco d'oro dei capelli di Angiolina; la sua primogenitura intellettuale è ceduta per un sogno di felicità. Con modernissima intuizione, lo Svevo non ce lo presenta come un «vinto», secondo la tradizione naturalistica, ma come un rinnegato suo malgrado, e quindi due volte sconfitto, nella sua illusione e nella sua debolezza. L'analisi dei sentimenti, la ricostruzione del «tempo interno» dell'animo, lo scavo nel profondo, che il romanziere adopera qui con maestria, trovano un limite obiettivo meravigliosamente efficace nella percezione, di cui Emilio è vittima anelante, della potenza vitale e crudele della realtà. «Sembrerebbe che metà dell'umanità esista per vivere e l'altra per essere vissuta», pensa ad un certo momento Emilio, e si illude sperando: «Angiolina forse esiste solo acciocché io viva». Ma brutalmente l'autore d avverte che «egli si trovava eternamente in ginocchio dinanzi a lei, proprio nella posizione in cui sarebbe stato più facilmente abbattuto il giorno in cui Angiolina avesse creduto opportuno dargli un calcio». In realtà nel profondo di Emilio l'attrazione si mescola alla paura, la gelosia al desiderio di liberazione; l'ansia del possesso alla voluttà della sconfitta: e tutto questo a un sincero e ingenuo moto di adorazione. Nell'inetto, accanto alle velleità, all'orgoglio, alla complicata doppiezza, al masochismo, vive un anelito profondo alla purezza, la nostalgia di un paese innocente. Quando si sente respinto e tradito da Angiolina, Emilio finge di disprezzarla; ma in quel disprezzo, assai più che il dispetto per la sconfitta subìta, c'è il suo bisogno profondo di credere, attraverso di lei, nella vita.

G. Pampaloni, *Italo Svevo*, in AA.VV., *Storia della letteratura italiana*, vol. IX, Il Novecento, Milano, Garzanti, 1969

Senilità

La coscienza di Zeno

Una struttura insolita   Il terzo e maggiore romanzo di Svevo viene composto **tra il 1919 e il 1922** e pubblicato nel **1923** a Bologna dall'editore Cappelli. L'opera, suddivisa in otto capitoli, si presenta come un *memoriale* che il ricco commerciante triestino Zeno Cosini inizia a scrivere su **consiglio del proprio psicanalista** (il «dottor S.») e che viene interrotto quando il protagonista dichiara di essere guarito dalla sua nevrosi. Il romanzo si apre con una *Prefazione* del dottor S. che dichiara di pubblicare gli scritti del suo paziente per vendicarsi del rifiuto di proseguire la cura e si chiude con un capitolo intitolato *Psico-analisi*, formato da quattro frammenti di diario redatti da Zeno dopo la sua presunta guarigione. Il corpo della narrazione è costituito da **sei capitoli centrali**, in cui gli eventi passati vengono ricordati e analizzati dal protagonista secondo un **ordine non cronologico, ma tematico**.

Storia di una nevrosi   Pur riprendendo la struttura del memoriale autobiografico, *La coscienza di Zeno* non è la storia della vita del protagonista, bensì la ricostruzione, operata da Zeno stesso, delle diverse tappe e delle modalità di **manifestazione della propria nevrosi**. Al centro della vicenda si pone ancora una volta un **antieroe nevrotico** e «inetto», che però, a differenza di Alfonso ed Emilio (protagonisti di *Una vita* e *Senilità*), ha **successo** sia in ambito familiare che professionale e riesce a trasformare la sua condizione in un'opportunità per osservare la realtà borghese con distaccata e critica ironia.

Sul piano tematico, il motivo centrale del romanzo è costituito dalla **contrapposizione tra «salute» e «malattia»**, reinterpretata alla luce delle **teorie psicanalitiche** di Freud e della scoperta dell'inconscio. Sentendosi affetto da un profondo disagio psicologico, Zeno intraprende la terapia con il dottor S., che individuerà le radici del suo disturbo in un irrisolto complesso edipico, cioè nel rapporto di odio-amore che lo lega alla figura paterna. Questa interpretazione viene però nel finale respinta e irrisa da Zeno, che giunge alla paradossale consapevolezza che **la vita stessa è malattia** e coloro che appaiono «sani» sono in realtà profondamente «malati» in quanto chiusi nel loro ottuso conformismo e in una gabbia di certezze convenzionali e infondate. Al contrario, la **presunta nevrosi** di Zeno – dalla quale egli si dichiara infine «guarito» – si trasforma da condanna in **strumento conoscitivo e critico**, venendo a coincidere con una superiore consapevolezza della complessità del reale e con la capacità di adattarsi alle sue molteplici contraddizioni.

L'assenza di una verità oggettiva   Il romanzo si propone quindi come l'**autoanalisi** da parte di Zeno della sua «coscienza» – o meglio del suo inconscio – alla ricerca di una chiarificazione su se stesso e sulla realtà che lo circonda. I risultati di questo itinerario sono in apparenza fallimentari, in quanto la profonda ambivalenza del protagonista lo induce a mascherare le proprie pulsioni attraverso una serie infinita di alibi e di **autoinganni**. Infatti, come il dot-

---

La parola all'autore

Svevo a Montale: «La *Coscienza* è un'autobiografia e non la mia»

In una celebre lettera che Svevo scrive al giovane Eugenio Montale il 17 febbraio 1926 si trovano notizie preziose sulla nascita e la gestazione de *La coscienza di Zeno*. In particolare, Svevo smentisce un'interpretazione del romanzo in chiave strettamente autobiografica, spiegando che il personaggio di Zeno Cosini è in verità un suo doppio o alter ego.

È vero che la *Coscienza* è tutt'altra cosa dai romanzi precedenti. Ma pensi ch'è un'autobiografia e non la mia. Molto meno di *Senilità*. Ci misi tre anni a scriverlo nei miei ritagli di tempo. E procedetti così: Quand'ero lasciato solo cercavo di convincermi d'essere io stesso Zeno. Camminavo come lui, come lui fumavo, e cacciavo nel mio passato tutte le sue avventure che possono somigliare alle mie solo perché la rievocazione di una propria avventura è una ricostruzione che facilmente diventa una costruzione nuova del tutto quando si riesce a porla in un'atmosfera nuova. E non perde perciò il sapore e il valore del ricordo, e neppure la sua mestizia. [...] Sapevo la difficoltà di far parlare il mio eroe direttamente al lettore in prima persona ma non la credevo insormontabile. Necessariamente tale sforzo doveva rendere questo romanzo differente dagli altri. [...] Certo se avessi la fortuna di vivere sì a lungo da poter scrivere qualche cosa d'altro, io non m'imbarcherei più in una simile avventura. Ci vuole altra abilità della mia ed io so di uno o due punti dove la bocca di Zeno fu sostituita dalla mia e grida e stuona.

tor S. avverte nella *Prefazione*, nel suo memoriale **Zeno mescola più o meno consapevolmente verità e menzogne**, coscienza e inconsapevolezza. In quest'ottica, risulta fondamentale per Svevo l'apporto delle teorie psicanalitiche – di cui pure non accetta le pretese terapeutiche – e la scoperta della dimensione inconscia della psiche. La modernità del romanzo consiste appunto in questa **ricerca mancata di un senso univoco** da attribuire alla realtà e persino a se stessi.

Le novità dell'impianto narrativo La modernità tematica de *La coscienza di Zeno* si rispecchia nell'adozione di tecniche narrative innovative, che fanno del romanzo un'**opera volutamente priva di una possibilità di interpretazione univoca**. In primo luogo, la narrazione non è più affidata a una voce esterna ma si svolge in **prima persona**. Il protagonista e io narrante è però, per sua stessa ammissione, un nevrotico, portato a travisare gli eventi e i suoi stessi sentimenti attraverso sottili autoinganni. Zeno è quindi un **narratore del tutto inattendibile**, sul quale il lettore non può fare affidamento per una corretta interpretazione delle vicende narrate. Inoltre, egli narra la storia della sua malattia *a posteriori*, basandosi sui propri ricordi e mescolando **piani temporali diversi**. Al tempo lineare delle convenzioni narrative si sostituisce una continua alternanza di livelli temporali: **quello delle vicende ricordate e quello del presente**, in una sorta di «**tempo misto**» della coscienza, che tende a ritornare circolarmente su se stesso. Infine, proprio a causa della **sfasatura temporale** tra passato e presente, l'io narrante (Zeno ormai anziano) corrisponde solo in parte all'io narrato (Zeno giovane), poiché il soggetto si modifica nel tempo in conseguenza delle esperienze della vita. A questa impostazione si aggiunge inoltre il **filtro straniante dell'ironia**, che rende ulteriormente ambigue le affermazioni del narratore. Ne deriva nel complesso un'**opera aperta**, in cui il lettore è continuamente chiamato in causa per collaborare alla ricostruzione della verità.

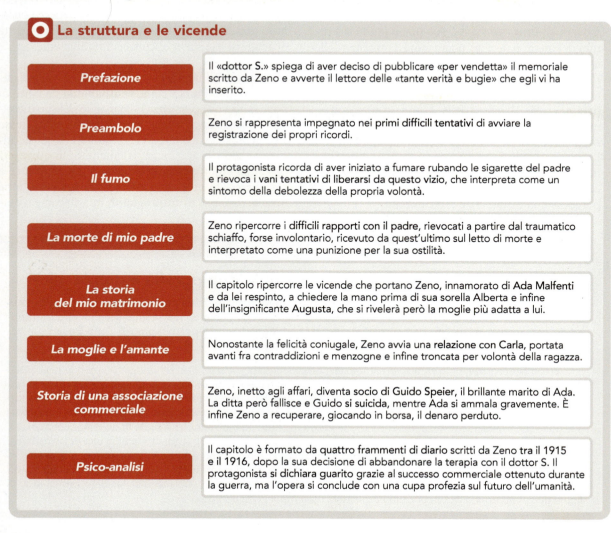

La struttura e le vicende

Prefazione	Il «dottor S.» spiega di aver deciso di pubblicare «per vendetta» il memoriale scritto da Zeno e avverte il lettore delle «tante verità e bugie» che egli vi ha inserito.
Preambolo	Zeno si rappresenta impegnato nei **primi difficili tentativi** di avviare la registrazione dei propri ricordi.
Il fumo	Il protagonista ricorda di aver iniziato a fumare rubando le sigarette del padre e rievoca i **vani tentativi** di liberarsi da questo vizio, che interpreta come un sintomo della debolezza della propria volontà.
La morte di mio padre	Zeno ripercorre i **difficili rapporti con il padre**, rievocati a partire dal traumatico schiaffo, forse involontario, ricevuto da quest'ultimo sul letto di morte e interpretato come una punizione per la sua ostilità.
La storia del mio matrimonio	Il capitolo ripercorre le vicende che portano Zeno, innamorato di **Ada Malfenti** e da lei respinto, a chiedere la mano prima di sua sorella **Alberta** e infine dell'insignificante **Augusta**, che si rivelerà però la moglie più adatta a lui.
La moglie e l'amante	Nonostante la felicità coniugale, Zeno avvia una **relazione con Carla**, portata avanti fra contraddizioni e menzogne e infine troncata per volontà della ragazza.
Storia di una associazione commerciale	Zeno, inetto agli affari, diventa socio di **Guido Speier**, il brillante marito di Ada. La ditta però fallisce e Guido si suicida, mentre Ada si ammala gravemente. È infine Zeno a recuperare, giocando in borsa, il denaro perduto.
Psico-analisi	Il capitolo è formato da quattro frammenti di diario scritti da Zeno tra il 1915 e il 1916, dopo la sua decisione di abbandonare la terapia con il dottor S. Il protagonista si dichiara guarito grazie al successo commerciale ottenuto durante la guerra, ma l'opera si conclude con una cupa profezia sul futuro dell'umanità.

T3 Prefazione e Preambolo

La coscienza di Zeno, capp. I-II

Ascolta l'inizio del romanzo

Il primo, brevissimo capitolo del romanzo è redatto dal «dottor S.», lo psicanalista che pubblica «per vendetta» le memorie del suo paziente dopo che questi ha abbandonato la terapia.
Nel capitolo successivo a parlare è invece Zeno, protagonista e io narrante che, seguendo senza troppa convinzione i consigli del dottor S., si sforza di riflettere sul suo passato e di recuperare i più remoti ricordi della sua infanzia. La Prefazione e il Preambolo hanno la funzione di avvertire il lettore dell'assoluta inattendibilità del testo che sta per leggere, in cui si mescoleranno «verità e bugie», e anche di portare la sua attenzione sulla condizione di "malattia" di Zeno e sul suo processo di analisi interiore.

> *Prefazione* — PARLA IL DOTTOR S
>
> Io sono il dottore di cui in questa novella si parla talvolta con parole poco lusinghiere. Chi di psico-analisi s'intende, sa dove piazzare l'antipatia che il paziente mi dedica. — RAPPORTO CONFLITTUALE TRA PAZIENTE E MEDICO
>
> Di psico-analisi non parlerò perché qui entro se ne parla già a sufficienza. Debbo scusarmi di aver indotto il mio paziente a scrivere la sua autobiografia; gli studiosi di psico-analisi arricceranno il naso a tanta novità[1]. Ma egli era vecchio ed io sperai che in tale rievocazione il suo passato si rinverdisse[2], che l'autobiografia fosse un buon preludio alla psico-analisi. Oggi ancora la mia idea mi pare buona perché mi ha dato dei risultati insperati, che sarebbero stati maggiori se il malato sul più bello non si fosse sottratto alla cura truffandomi del frutto della mia lunga paziente analisi di queste memorie.
>
> Le pubblico per vendetta e spero gli dispiaccia. Sappia però ch'io sono pronto di dividere con lui i lauti onorarii che ricaverò da questa pubblicazione a patto egli riprenda la cura. Sembrava tanto curioso di se stesso! Se sapesse quante sorprese potrebbero risultargli dal commento delle tante verità e bugie ch'egli ha qui accumulate!...
> DOTTOR S. — POCA VERIDICITÀ NEL TESTO

- *Allusione al fenomeno del* transfert, *ossia alla tendenza del paziente a trasferire sullo psicanalista sentimenti di affetto o di ostilità provati nei confronti dei genitori.*
- *L'evidente ostilità del dottor S. sottolinea la sua incapacità di gestire con il dovuto distacco professionale il rapporto con Zeno.*

> *Preambolo* — PARLA ZENO
>
> Vedere la mia infanzia? Più di dieci lustri[3] me ne separano e i miei occhi presbiti[4] forse potrebbero arrivarci se la luce che ancora ne riverbera non fosse tagliata da ostacoli d'ogni genere, vere alte montagne: i miei anni e qualche mia ora.
> Il dottore mi raccomandò di non ostinarmi a guardare tanto lontano. Anche le cose recenti sono preziose per essi[5] e sopra tutto le immaginazioni e i sogni della notte prima. Ma un po' d'ordine pur dovrebb'esserci e per poter cominciare *ab ovo*[6], appena abbandonato il dottore che di questi giorni e per lungo tempo lascia Trieste, solo per facilitargli il compito, comperai e lessi un trattato di psico-analisi. Non è difficile d'intenderlo, ma molto noioso.
> Dopo pranzato, sdraiato comodamente su una poltrona Club[7], ho la matita e un pezzo di carta in mano. La mia fronte è spianata perché dalla mia mente eliminai ogni sforzo. Il mio pensiero mi appare isolato da me. Io lo vedo. S'alza, s'abbassa... ma

- *Secondo le teorie di Freud le nevrosi dell'adulto affondano le loro radici in traumi risalenti ai primi anni di vita. Riconoscerli è un passo fondamentale sulla via della guarigione.*

---

1. gli studiosi ... novità: secondo la psicanalisi freudiana l'autoanalisi deve essere evitata.
2. si rinverdisse: ritornasse vivida.
3. dieci lustri: cinquant'anni (un lustro equivale a cinque anni).
4. presbiti: che non vedono bene da vicino, per l'età avanzata.
5. per essi: cioè per gli psicanalisti.
6. ab ovo: dall'inizio; è un'espressione latina che significa letteralmente "dall'uovo", ossia "dall'origine".
7. poltrona Club: è un tipo di poltrona comoda e avvolgente.

è la sua sola attività. Per ricordargli ch'esso è il pensiero e che sarebbe suo compito di manifestarsi, afferro la matita. Ecco che la mia fronte si corruga perché ogni parola è composta di tante lettere e il presente imperioso risorge ed offusca il passato. Ieri avevo tentato il massimo abbandono. L'esperimento finì nel sonno più profondo e non ne ebbi altro risultato che un grande ristoro e la curiosa sensazione di aver visto durante quel sonno qualche cosa d'importante. Ma era dimenticata, perduta per sempre.

Mercé la[8] matita che ho in mano, resto desto, oggi. Vedo, intravvedo delle immagini bizzarre che non possono avere nessuna relazione col mio passato: una locomotiva che sbuffa su una salita trascinando delle innumerevoli vetture; chissà donde venga e dove vada e perché sia ora capitata qui!

Nel dormiveglia ricordo che il mio testo[9] asserisce che con questo sistema si può arrivar a ricordare la prima infanzia, quella in fasce. Subito vedo un bambino in fasce, ma perché dovrei essere io quello? Non mi somiglia affatto e credo sia invece quello nato poche settimane or sono a mia cognata e che ci fu fatto vedere quale un miracolo perché ha le mani tanto piccole e gli occhi tanto grandi. Povero bambino! Altro che ricordare la mia infanzia! Io non trovo neppure la via di avvisare te, che vivi ora la tua, dell'importanza di ricordarla a vantaggio della tua intelligenza e della tua salute. Quando arriverai a sapere che sarebbe bene tu sapessi mandare a mente[10] la tua vita, anche quella tanta parte di essa che ti ripugnerà? E intanto, inconscio[11], vai investigando il tuo piccolo organismo alla ricerca del piacere e le tue scoperte deliziose ti avvieranno al dolore e alla malattia cui sarai spinto anche da coloro che non lo vorrebbero. Come fare? È impossibile tutelare la tua culla. Nel tuo seno[12] – fantolino[13]! – si va facendo una combinazione misteriosa. Ogni minuto che passa vi getta un reagente. Troppe probabilità di malattia vi sono per te, perché non tutti i tuoi minuti possono essere puri. Eppoi – fantolino! – sei consanguineo di persone ch'io conosco. I minuti che passano ora possono anche essere puri, ma, certo, tali non furono tutti i secoli che ti prepararono. Eccomi ben lontano dalle immagini che precorrono il sonno. Ritenterò domani.

> L'immagine non è casuale: a una locomotiva Zeno pensa anche durante l'agonia del padre, paragonando il suo sbuffare al respiro faticoso del morente.

> Secondo Zeno (e Svevo) la «malattia» è una componente inevitabile della vita, a cui tutti gli individui sono più o meno soggetti.

---

8. Mercé la: *grazie alla*.
9. il mio testo: *il trattato di psicanalisi*.
10. mandare a mente: *ricordare*.
11. inconscio: *inconsapevole*.
12. Nel tuo seno: *nel tuo animo*.
13. fantolino!: *piccolo bambino*.

Analisi del testo

COMPRENSIONE
I primi due capitoli del romanzo svolgono una **funzione introduttiva** e, oltre a preparare alla lettura del memoriale di Zeno, chiariscono i particolari **rapporti di antagonismo** che legano il protagonista al suo psicanalista.
Nella *Prefazione* il dottor S, scrivendo a vicenda ormai conclusa, si rivolge direttamente al lettore, informandolo che quella che leggerà è una sorta di autobiografia redatta dietro suo consiglio dall'anziano Zeno Cosini, come preparazione alla terapia psicanalitica. Egli afferma esplicitamente di voler pubblicare il memoriale «per vendetta», indispettito dalla decisione di Zeno di interrompere la cura, ma al tempo stesso si dichiara pronto a dividere con lui il ricavato della pubblicazione, «a patto che egli riprenda la cura».
Il *Preambolo* costituisce l'inizio del memoriale di Zeno che, seguendo le indicazioni del dottor S., cerca di far riaffiorare i propri ricordi dei suoi anni infantili. Il primo tentativo di «abbandono» al fluire della memoria si risolve però in un sonno profondo, mentre i successivi esperimenti inducono il protagonista a divagare, riflettendo sulla condizione del bambino, ancora ignaro della «malattia», e del dolore esistenziale che lo aspetta nella vita adulta.

ANALISI E INTERPRETAZIONE
Uno psicanalista poco professionale Nella *Prefazione* la voce narrante non appartiene a Zeno ma al dottor S., lo psicanalista che si finge editore delle

La coscienza di Zeno

sue memorie. Nel presentarle al lettore, egli **scredita apertamente la credibilità di Zeno**, sostenendo che, come tutti i nevrotici, il suo paziente ha più o meno volontariamente mescolato «verità e bugie». Il dottore stesso, peraltro, è una figura ben **poco attendibile** e professionale, ed anzi **sembra infrangere tutti i canoni della psicanalisi** freudiana. Non solo infatti invita il suo paziente alla scrittura e all'autoanalisi (pratica non prevista e anzi osteggiata da Freud), ma manifesta nei suoi confronti sentimenti di aperta ostilità. La figura del dottor S. sembra dunque una sorta di grottesca caricatura di Freud e dei suoi seguaci, e preannuncia l'**esito fallimentare della cura psicanalitica**, a cui Zeno infine sceglierà di sottrarsi.

Un paziente poco collaborativo Il protagonista – della cui inattendibilità il lettore è stato avvertito – non manifesta grande fiducia verso la terapia che sta per intraprendere. Mescolando **ingenuità** e **ironia**, si mostra disposto a seguire le indicazioni del Dottor S. ma in più punti sottolinea la propria perplessità: ha letto un trattato di psicanalisi – in apparenza per facilitare la cura, ma in realtà per controllare l'operato del suo terapeuta – e lo ha trovato «molto noioso». Anche il fatto che i suoi tentativi di meditazione si risolvano «nel sonno più profondo» ha chiaramente una valenza ironica. Nella seconda parte del capitolo, l'immagine del «bambino in fasce» suscita in Zeno una serie di riflessioni che anticipano alcuni temi centrali del romanzo: il **rapporto tra coscienza e inconsapevolezza** e quello **tra salute e malattia**. In particolare, il protagonista osserva che l'infanzia è per sua natura ignara dell'importanza del ricordo, mentre l'adulto che la rievoca opera inevitabilmente un'operazione arbitraria di selezione e interpretazione. Egli mette così in discussione un punto nodale delle teorie freudiane, che attribuivano grande importanza all'analisi della propria infanzia da parte del paziente.

L'infrazione delle convenzioni narrative I due capitoli introduttivi contribuiscono ad avviare la **dissoluzione delle strutture romanzesche tradizionali** che Svevo porta a compimento nel corso del romanzo. In primo luogo viene meno l'attendibilità dei narratori, su cui si fonda il patto narrativo: Zeno è un nevrotico che mescola «verità e bugie» e il dottore stesso risulta malevolo e poco credibile. Inoltre, l'autore svela da subito la conclusione della vicenda, ossia la scelta di Zeno di abbandonare la terapia, che peraltro viene presentata come un metodo di cura poco efficace. Nel *Preambolo*, infine, ha inizio la **mescolanza dei piani temporali** che caratterizza l'opera, segnalata dalla continua alternanza tra passato e presente. Fin dall'esordio, Svevo chiama quindi in causa lo **spirito critico del lettore**, invitandolo a entrare nella macchina narrativa e a contribuire alla costruzione del suo significato.

Lavoriamo sul testo

COMPRENSIONE
1 Chi è la voce narrante della *Prefazione*? Quale ruolo svolge il personaggio nel romanzo?
2 Quale pratica è stata consigliata a Zeno dal Dottor S.? Egli riesce a metterla in atto?
3 In quale punto del testo viene preannunciata la conclusione del romanzo?
4 Quali difficoltà incontra Zeno cercando di rievocare gli anni della sua infanzia?

LINGUA E LESSICO
5 Rintraccia nel testo le "sgrammaticature" che mostrano, da parte di Svevo, una non perfetta padronanza della lingua italiana, evidente soprattutto nell'uso improprio di alcune preposizioni.
6 Scrivi accanto ai seguenti termini il significato corrispondente:
onorari: ....
spianata: ....
ripugnerà: ....
precorrono: ....

ANALISI E INTERPRETAZIONE
7 Per quale motivo entrambi i narratori appaiono al lettore inattendibili e non sempre veritieri?
8 Individua i riferimenti alla pratica psicanalitica, chiarendo in quali casi sono di natura ironica. Quale immagine delle teorie freudiane emerge da queste pagine?
9 Individua i mutamenti dei piani temporali all'interno del *Preambolo*, aiutandoti con l'osservazione dei tempi verbali.
10 Quali riflessioni suscita in Zeno l'immagine del «fantolino»?
11 Analizza la forma espressiva dei due capitoli. Lo stile è elevato e ricercato o semplice e colloquiale? Per quale motivo?

SCRITTURA E APPROFONDIMENTI
12 Servendoti anche dell'*Approfondimento* a p. 702 chiarisci in un breve testo scritto quale visione ha Svevo delle teorie di Freud e per quali aspetti esse influenzano la struttura e i contenuti de *La coscienza di Zeno*.

T4 L'ultima sigaretta

La coscienza di Zeno, cap. III

Questo brano è l'inizio del terzo capitolo del romanzo e costituisce la prima parte del memoriale che, su consiglio dello psicanalista, Zeno inizia a scrivere per curare la sua nevrosi.
L'autoanalisi del protagonista e io narrante ha inizio da un sintomo apparentemente minore della sua «malattia», il vizio del fumo, in base al principio freudiano che nulla nel comportamento del paziente è insignificante per comprendere i meccanismi della sua nevrosi. E in effetti la psiche di Zeno si mostra fin dall'esordio nella sua complessità, nei suoi alibi e autoinganni, in un continuo intreccio fra presente e passato.

Il dottore[1] al quale ne parlai mi disse d'iniziare il mio lavoro con un'analisi storica della mia propensione al fumo:
«Scriva! Scriva! Vedrà come arriverà a vedersi intero».
Credo che del fumo posso scrivere qui al mio tavolo senz'andar a sognare su quel-
5 la poltrona. Non so come cominciare e invoco l'assistenza delle sigarette tutte tanto somiglianti a quella che ho in mano.
Oggi scopro subito qualche cosa che più non ricordavo. Le prime sigarette ch'io fumai non esistono più in commercio. Intorno al '70 se ne avevano in Austria di quelle che venivano vendute in scatoline di cartone munite del marchio dell'aqui-
10 la bicipite[2]. Ecco: attorno a una di quelle scatole s'aggruppano subito varie persone con qualche loro tratto, sufficiente per suggerirmene il nome, non bastevole però a commovermi per l'impensato incontro. Tento di ottenere di più e vado alla poltrona: le persone sbiadiscono e al loro posto si mettono dei buffoni che mi deridono. Ritorno sconfortato al tavolo.
15 Una delle figure, dalla voce un po' roca, era Giuseppe, un giovinetto della stessa mia età, e l'altra, mio fratello, di un anno di me più giovine e morto tanti anni or sono. Pare che Giuseppe ricevesse molto denaro dal padre suo e ci regalasse di quelle sigarette. Ma sono certo che ne offriva di più a mio fratello che a me. Donde la necessità in cui mi trovai di procurarmene da me delle altre. Co-
20 sì avvenne che rubai. D'estate mio padre abbandonava su una sedia nel tinello il suo panciotto nel cui taschino si trovavano sempre degli spiccioli: mi procuravo i dieci soldi occorrenti per acquistare la preziosa scatoletta e fumavo una dopo l'altra le dieci sigarette che conteneva, per non conservare a lungo il compromettente frutto del furto.
25 Tutto ciò giaceva nella mia coscienza a portata di mano. Risorge solo ora perché non sapevo prima che potesse avere importanza. Ecco che ho registrata l'origine della sozza[3] abitudine e (chissà?) forse ne sono già guarito. Perciò, per provare, accendo un'ultima sigaretta e forse la getterò via subito, disgustato.
Poi ricordo che un giorno mio padre mi sorprese col suo panciotto in mano. Io,
30 con una sfacciataggine che ora non avrei e che ancora adesso mi disgusta (chissà che tale disgusto non abbia una grande importanza nella mia cura) gli dissi che m'era venuta la curiosità di contarne i bottoni. Mio padre rise delle mie disposizioni alla matematica o alla sartoria e non s'avvide che avevo le dita nel ta-

Il tentativo di autoanalisi di Zeno, che usa la poltrona come equivalente del lettino dello psicanalista, è inizialmente difficoltoso.

Zeno riprende in forma ironica uno dei principi della psicanalisi, secondo cui, una volta risalito all'origine della sua nevrosi, il paziente inizia il processo di guarigione.

---

1. Il dottore: è il dottor S., lo psicanalista che ha in cura Zeno.
2. aquila bicipite: *aquila a due teste*; è lo stemma dell'Impero asburgico, di cui Trieste fece parte fino al 1918.
3. sozza: *vergognosa*.

schino del suo panciotto. A mio onore posso dire che bastò quel riso rivolto al-
35 la mia innocenza quand'essa non esisteva più, per impedirmi per sempre di rubare. Cioè... rubai ancora, ma senza saperlo. Mio padre lasciava per la casa dei
sigari virginia[4] fumati a mezzo, in bilico su tavoli e armadi. Io credevo fosse il
suo modo di gettarli via e credevo anche di sapere che la nostra vecchia fantesca[5], Catina, li buttasse via. Andavo a fumarli di nascosto. Già all'atto di impa-
40 dronirmene venivo pervaso da un brivido di ribrezzo sapendo quale malessere
m'avrebbero procurato. Poi li fumavo finché la mia fronte non si fosse coperta
di sudori freddi e il mio stomaco si contorcesse. Non si dirà che nella mia infanzia io mancassi di energia. [...]
Ma allora io non sapevo se amavo o odiavo la sigaretta e il suo sapore e lo stato in
45 cui la nicotina mi metteva. Quando seppi di odiare tutto ciò fu peggio. E lo seppi a vent'anni circa. Allora soffersi per qualche settimana di un violento male di
gola accompagnato da febbre. Il dottore prescrisse il letto e l'assoluta astensione
dal fumo. Ricordo questa parola assoluta! Mi ferì e la febbre la colorì[6]: un vuoto grande e niente per resistere all'enorme pressione che subito si produce attor-
50 no ad un vuoto.
Quando il dottore mi lasciò, mio padre (mia madre era morta da molti anni) con
tanto di sigaro in bocca restò ancora per qualche tempo a farmi compagnia. An-
dandosene, dopo di aver passata dolcemente la sua mano sulla mia fronte scot-
tante, mi disse:
55 «Non fumare, veh!»

> Ha qui inizio il circo-lo vizioso dell'«ulti-ma sigaretta», in cui il proposito di smet-tere di fumare rinfor-za paradossalmente la dipendenza.

Mi colse un'inquietudine enorme. Pensai: "Giacché mi fa male non fumerò mai
più, ma prima voglio farlo per l'ultima volta". Accesi una sigaretta e mi sentii subito liberato dall'inquietudine ad onta che[7] la febbre forse aumentasse e che ad
ogni tirata sentissi alle tonsille un bruciore come se fossero state toccate da un tiz-
60 zone ardente. Finii tutta la sigaretta con l'accuratezza con cui si compie un voto.
E, sempre soffrendo orribilmente, ne fumai molte altre durante la malattia. Mio
padre andava e veniva col suo sigaro in bocca dicendomi:
«Bravo! Ancora qualche giorno di astensione dal fumo e sei guarito!»
Bastava questa frase per farmi desiderare ch'egli se ne andasse presto, presto, per
65 permettermi di correre alla mia sigaretta. Fingevo anche di dormire per indurlo
ad allontanarsi prima.

Apri il vocabolario

La parola, di origi-ne longobarda, in-dica propriamente una danza veloce e ritmata, esegui-ta girando in tondo cantando e tenen-dosi per mano. Di qui il senso meta-forico di "tumulto, confusione, susse-guirsi incessante e disordinato di per-sone e cose".

Quella malattia mi procurò il secondo dei miei disturbi: lo sforzo di liberarmi dal
primo. Le mie giornate finirono coll'essere piene di sigarette e di propositi di non
fumare più e, per dire subito tutto, di tempo in tempo sono ancora tali. La ridda
70 delle ultime sigarette, formatasi a vent'anni, si muove tuttavia[8]. Menò violento è
il proposito e la mia debolezza trova nel mio vecchio animo maggior indulgen-
za. Da vecchi si sorride della vita e di ogni suo contenuto. Posso anzi dire, che da
qualche tempo io fumo molte sigarette... che non sono le ultime.

> Zeno, ormai vec-chio, è più consape-vole dei meccanismi del suo inconscio di quanto lo fosse in giovane età.

Sul frontispizio di un vocabolario trovo questa mia registrazione fatta con bella
75 scrittura e qualche ornato[9]:
«Oggi, 2 Febbraio 1886, passo dagli studii di legge a quelli di chimica. Ultima
sigaretta!!».
Era un'ultima sigaretta molto importante. Ricordo tutte le speranze che l'accom-

---

4. **sigari virginia**: fatti con il tabacco prove-niente dallo Stato americano della Virginia.
5. **fantesca**: *cameriera*.

6. **la colorì**: *la amplificò, la rese più insop-portabile*.
7. **ad onta che**: *nonostante*.

8. **si muove tuttavia**: *continua ancora*.
9. **ornato**: *decorazione*.

L'ultima sigaretta **719**

80 pagnarono. M'ero arrabbiato col diritto canonico che mi pareva tanto lontano dalla vita e correvo alla scienza ch'è la vita stessa benché ridotta in un matraccio[10]. Quell'ultima sigaretta significava proprio il desiderio di attività (anche manuale) e di sereno pensiero sobrio e sodo.

Per sfuggire alla catena delle combinazioni del carbonio[11] cui non credevo ritornai alla legge. Pur troppo! Fu un errore e fu anch'esso registrato da un'ultima si-
85 garetta di cui trovo la data registrata su di un libro. Fu importante anche questa e mi rassegnavo di ritornare a quelle complicazioni del mio, del tuo e del suo[12] coi migliori propositi, sciogliendo finalmente le catene del carbonio. M'ero dimostrato poco idoneo alla chimica anche per la mia deficienza[13] di abilità manuale. Come avrei potuto averla quando continuavo a fumare come un turco?

> **La mancanza di determinazione nel liberarsi dal vizio del fumo potrebbe essere un alibi paradossale per giustificare le proprie debolezze.**

90 Adesso che son qui, ad analizzarmi, sono colto da un dubbio: che io forse abbia amato tanto la sigaretta per poter riversare su di essa la colpa della mia incapacità? Chissà se cessando di fumare io sarei divenuto l'uomo ideale e forte che m'aspettavo? Forse fu tale dubbio che mi legò al mio vizio perché è un modo comodo di vivere quello di credersi grande di una grandezza latente[14]. Io avanzo
95 tale ipotesi per spiegare la mia debolezza giovanile, ma senza una decisa convinzione. Adesso che sono vecchio e che nessuno esige qualche cosa da me, passo tuttavia[15] da sigaretta a proposito, e da proposito a sigaretta. Che cosa significano oggi quei propositi? Come quell'igienista vecchio, descritto dal Goldoni[16], vorrei morire sano dopo di esser vissuto malato tutta la vita?

100 Una volta, allorché da studente cambiai di alloggio, dovetti far tappezzare a mie spese le pareti della stanza perché le avevo coperte di date. Probabilmente lasciai quella stanza proprio perché essa era divenuta il cimitero dei miei buoni propositi e non credevo più possibile di formarne in quel luogo degli altri.

Penso che la sigaretta abbia un gusto più intenso quand'è l'ultima. Anche le al-
105 tre hanno un loro gusto speciale, ma meno intenso. L'ultima acquista il suo sapore dal sentimento della vittoria su se stesso e la speranza di un prossimo futuro di forza e di salute. Le altre hanno la loro importanza perché accendendole si protesta la propria libertà e il futuro di forza e di salute permane, ma va un po' più lontano.

110 Le date sulle pareti della mia stanza erano impresse coi colori più varii ed anche ad olio. Il proponimento, rifatto con la fede più ingenua, trovava adeguata espressione nella forza del colore che doveva far impallidire quello dedicato al proponimento anteriore.

> **Al di là della comicità della situazione, è evidente il tentativo di Zeno di ancorare i suoi propositi a date significative, anche solo sul piano estetico.**

Certe date erano da me preferite per la concordanza delle cifre. Del secolo passato ricordo una data che mi parve dovesse sigillare per sempre la
115 bara in cui volevo mettere il mio vizio: «Nono giorno del nono mese del 1899». Significativa nevvero? Il secolo nuovo m'apportò delle date ben altrimenti musicali: «Primo giorno del primo mese del 1901». Ancora mi pare che se quella data potesse ripetersi, io saprei iniziare una nuova vita.

Ma nel calendario non mancano le date e con un po' d'immaginazione ognu-
120 na di esse potrebbe adattarsi ad un buon proponimento. Ricordo, perché mi parve contenesse un imperativo supremamente categorico, la seguente: «Ter-

---

10. matraccio: un recipiente usato nei laboratori chimici.

11. alla catena ... carbonio: cioè agli studi di chimica.

12. complicazioni ... del suo: alla compless-

sità del diritto di proprietà privata, ossia agli studi giuridici.

13. deficienza: mancanza.

14. latente: nascosta, solo teorica.

15. tuttavia: ancora.

16. igienista ... Goldoni: si tratta del patrizio veneto Alvise Cornaro, descritto da Goldoni nei Mémoires.

720 *La coscienza di Zeno*

zo giorno del sesto mese del 1912 ore 24». Suona come se ogni cifra raddoppiasse la posta[17].

L'anno 1913 mi diede un momento d'esitazione. Mancava il tredicesimo mese per accordarlo con l'anno. Ma non si creda che occorrano tanti accordi in una data per dare rilievo ad un'ultima sigaretta. Molte date che trovo notate su libri o quadri preferiti, spiccano per la loro deformità. Per esempio il terzo giorno del secondo mese del 1905 ore sei! Ha un suo ritmo quando ci si pensa, perché ogni singola cifra nega la precedente. Molti avvenimenti, anzi tutti, dalla morte di Pio IX[18] alla nascita di mio figlio, mi parvero degni di essere festeggiati dal solito ferreo proposito. Tutti in famiglia si stupiscono della mia memoria per gli anniversari lieti e tristi nostri e mi credono tanto buono! Per diminuirne l'apparenza balorda tentai di dare un contenuto filosofico alla malattia dell'ultima sigaretta. Si dice con un bellissimo atteggiamento: «mai più!». Ma dove va l'atteggiamento se si tiene la promessa? L'atteggiamento non è possibile di averlo che quando si deve rinnovare il proposito. Eppoi il tempo, per me, non è quella cosa impensabile che non s'arresta mai. Da me, solo da me, ritorna.

---

17. come se ... posta: perché ogni cifra è un multiplo della precedente.

18. morte di Pio IX: avvenuta nel 1878.

→ Analisi del testo

Il «tempo misto» della memoria Nel brano, **il presente della scrittura si alterna con il passato del ricordo**, che fa riferimento a momenti diversi della vita di Zeno (l'infanzia e la giovinezza). All'ordine cronologico lineare tipico della narrazione ottocentesca si sostituisce quindi una continua interferenza di livelli cronologici diversi, che si sovrappongono e si intrecciano nel «tempo misto» della coscienza.

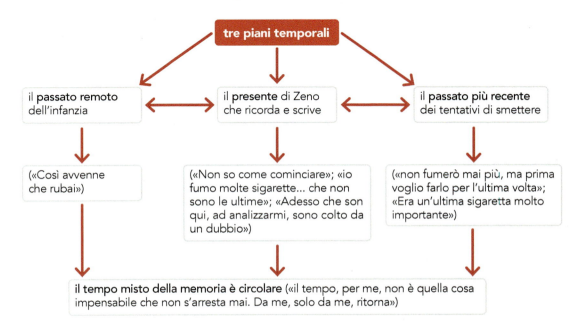

Un circolo vizioso Il vizio del fumo è solo un **sintomo della nevrosi** di Zeno, che si manifesta nella sua debolezza e nell'incapacità di tener fede ai propri propositi. Paradossalmente, il desiderio di smettere di fumare alimenta il vizio: il rituale dell'«ultima sigaretta» accresce il piacere del fumo, in quanto alla soddisfazione di un desiderio si aggiunge l'emozione della **trasgressione di un divieto**, che viene continuamente rinnovato e sistematicamente disatteso.

L'ironia Mentre i protagonisti dei primi due romanzi di Svevo soffrivano per la propria inadeguatezza alla vita, **Zeno** si presenta fin d'ora come un «inetto» **più maturo e disincantato**. La narrazione in prima persona evidenzia l'**autoironia del protagonista**, che si rivolge verso molteplici obiettivi.

Lavoriamo sul testo

COMPRENSIONE

1. Per quale motivo Zeno inizia a riflettere sul vizio del fumo? Quali sono i primi ricordi che affiorano alla sua mente?
2. In quale occasione Zeno ha iniziato a fumare?
3. Quale episodio fa nascere nel protagonista il desiderio di smettere di fumare?
4. In che cosa consiste il rituale dell'«ultima sigaretta», più volte attuato da Zeno?

LINGUA E LESSICO

5. Individua e sottolinea le forme verbali che caratterizzano i tre diversi piani temporali (presente, passato remoto, passato più recente) in cui è incastonata la vicenda narrata.
6. Con quale valore grammaticale è usato «tuttavia» alla r. 97?

ANALISI E INTERPRETAZIONE

7. Individua nel testo la presenza di diversi piani temporali e spiega la loro funzione.
8. Sottolinea tutti i punti del brano in cui il fumo è associato all'idea di «malattia» e analizza il rapporto complesso che Zeno ha instaurato con il suo vizio.
9. In quali altri ambiti della sua vita il protagonista si mostra irresoluto e indeciso?
10. Quale atteggiamento mostra Zeno, ormai vecchio, nei confronti dei suoi comportamenti giovanili?
11. Nel corso della sua autoanalisi l'io narrante contraddice spesso le sue stesse affermazioni. Individua qualche esempio di questo procedimento e spiegane il significato.
12. Quali affermazioni di Zeno lasciano intendere che in realtà egli non desidera veramente liberarsi dal suo vizio e dalla sua nevrosi?
13. Per quale motivo Zeno afferma, nel finale del brano, che il tempo della memoria è circolare?

SCRITTURA E APPROFONDIMENTO

12. L'ironia è l'elemento che più distingue Zeno dai protagonisti dei precedenti romanzi di Svevo. Sulla base dei brani letti, poni a confronto Zeno con Alfonso Nitti ed Emilio Brentani, individuando analogie e differenze.

Approfondimento

Nella mente del personaggio: quattro tecniche narrative

Pensieri e parole   Nella narrativa tradizionale, i pensieri dei personaggi erano in genere riportati attraverso le stesse modalità adottate per riferire le loro parole (discorso diretto o indiretto o, eventualmente, soliloquio). Per convenzione, i romanzieri hanno infatti a lungo trattato il pensiero nei termini di discorso verbalizzato: solo a partire dalla metà dell'Ottocento e poi in modo più evidente nel corso del Novecento, sono subentrate tecniche più efficaci per rappresentare il mondo interiore dei personaggi. Prendiamo in esame alcuni esempi di queste differenti soluzioni narrative.

Il soliloquio   Si tratta della trascrizione diretta delle parole che un personaggio rivolge a se stesso o a un interlocutore immaginario, in assenza di interlocutori reali o facendo in modo che questi non odano. Il soliloquio è usato nel romanzo ottocentesco, per esempio da Manzoni nei *Promessi sposi*. Nel capitolo XVII Renzo, in fuga da Milano, rettifica animosamente il racconto del tumulto per il pane udito in un'osteria dalla bocca di un mercante, rivolgendosi direttamente al suo accusatore assente: «Io fare il diavolo! Io ammazzare tutti i signori! Un fascio di lettere, io! I miei compagni che mi stavano a far la guardia! Pagherei qualche cosa a trovarmi a viso a viso con quel mercante, di là dall'Adda (ah quando l'avrò passata quest'Adda benedetta!), e fermarlo, e domandargli con comodo dov'abbia pescate tutte quelle belle notizie. Sappiate ora, mio caro signore, che la cosa è andata così e così, e che il diavolo ch'io ho fatto, è stato d'aiutar Ferrer, come se fosse stato un mio fratello [...]».

Il discorso indiretto libero   Utilizzata soprattutto da Verga e dai veristi, questa tecnica consiste nel riportare le parole o i pensieri dei personaggi in forma indiretta ma senza introdurli con verbi dichiarativi (come «disse che»), allo scopo di accentuare l'impressione di realismo e immediatezza. Il narratore utilizza la terza persona e i verbi sono al passato, mentre lo stile è quello tipico del personaggio. Nel cap. XIII dei *Malavoglia*, Verga riporta le opinioni del giovane 'Ntoni prima nella forma del discorso indiretto e poi (a partire da «e già») nella forma dell'indiretto libero: «'Ntoni diceva che se non lo volevano in casa sapeva dove andare a dormire, nella stalla della Santuzza; e già non spendevano nulla a casa sua per dargli da mangiare. Padron 'Ntoni, e Alessi, e Mena, tutto quello che buscavano colla pesca, col telaio, al lavatoio, e con tutti gli altri mestieri, potevano metterlo da parte, per quella famosa barca [...], o per la casa del nespolo, nella quale si sarebbe andati a crepare allegramente di fame!».

Il monologo interiore   Molto usato da Pirandello e ne *La coscienza di Zeno*, consiste in una trascrizione fedele dei pensieri del personaggio, che vengono riportati in stile diretto libero, ossia senza la mediazione di verbi di "pensare" e senza l'uso delle virgolette. Con questa tecnica il narratore lascia spazio alla voce del personaggio, rinunciando a ogni forma di mediazione. Tuttavia – come emerge dall'esempio, tratto dal brano di Svevo appena letto – vengono rispettate le regole sintattiche e l'io narrante sottopone le proprie riflessioni a un'accurata analisi: «Adesso che son qui, ad analizzarmi, sono colto da un dubbio: che io forse abbia tanto amato la sigaretta per poter riversare su di essa la colpa della mia incapacità? Chissà se cessando di fumare io sarei divenuto l'uomo ideale e forte che mi aspettavo? Forse fu tale dubbio che mi legò al mio vizio perché è un modo comodo di vivere quello di credersi grande di una grandezza latente».

Il flusso di coscienza   Spesso indicato con l'espressione inglese *stream of consciousness*, fu adottato per la prima volta da James Joyce e consiste nel riportare i pensieri del personaggio così come nascono nella sua psiche, cercando di riprodurre la libera associazione di idee, impressioni ed emozioni pre-verbali. L'intervento del narratore è ridotto al minimo, in quanto egli riporta spesso pensieri slegati tra loro, senza rapporti sintattici e senza punteggiatura. Questi sono per esempio i pensieri che attraversano nel dormiveglia la mente di Molly Bloom nel capitolo finale dell'*Ulisse* di Joyce: «[...] due e un quarto che ora bestiale mi dà l'idea che in Cina si stanno alzando a quest'ora e si pettinano i codini per la giornata tra poco le monache suoneranno l'angelus non c'è nessuno che vada a disturbare i loro sonni se non qualche prete per le funzioni della notte la sveglia di quelli accanto al primo *chicchirichì* si fa uscire il cervello a forza di far fracasso guardiamo un po' se riesco a addormentarmi 1 2 3 4 5 che razza di fiori son quelli che hanno inventato come la carta da parati di Lombard Street [...]».

L'ultima sigaretta   723

T5 Lo schiaffo del padre

La coscienza di Zeno, cap. IV

Nel quarto capitolo del romanzo, di cui riportiamo la parte finale, Zeno rivive la «grande catastrofe» che è stata per lui la morte del padre e ripercorre la storia del loro rapporto conflittuale, basato sulla reciproca incomprensione tra un borghese solido e concreto e un giovane stravagante e nevrotico.
Dopo diverse avvisaglie che Zeno trascura, il padre viene colpito da emorragia cerebrale e trascorre gli ultimi giorni in una lenta decadenza, assistito dal figlio. Per rispettare le indicazioni del medico, Zeno tenta di impedire che il genitore si sollevi dal letto ma quest'ultimo, forse sentendosi impedito nel movimento, lo schiaffeggia prima di esalare l'ultimo respiro. Zeno, scosso dal senso di colpa, interpreta l'ultimo gesto del padre come una punizione per averne desiderato la morte e solo idealizzandone il ricordo riesce a superare il rimorso.

> **Zeno pensa con timore alla morte imminente del padre, perché comprende che gli verrà a mancare una guida e una figura autorevole con cui misurarsi.**

Poco dopo ero a letto, ma non seppi chiuder occhio. Guardavo nell'avvenire indagando per trovare perché e per chi avrei potuto continuare i miei sforzi di migliorarmi. Piansi molto, ma piuttosto su me stesso che sul disgraziato che correva senza pace per la sua camera[1].
5 Quando mi levai, Maria[2] andò a coricarsi ed io restai accanto a mio padre insieme all'infermiere. Ero abbattuto e stanco; mio padre più irrequieto che mai. Fu allora che avvenne la scena terribile che non dimenticherò mai e che gettò lontano lontano la sua ombra, che offuscò ogni mio coraggio, ogni mia gioia. Per dimenticarne il dolore, fu d'uopo[3] che ogni mio sentimento fosse affievolito dagli anni.
10 L'infermiere mi disse:
«Come sarebbe bene se riuscissimo di tenerlo a letto. Il dottore vi dà tanta importanza!»
Fino a quel momento io ero rimasto adagiato sul sofà. Mi levai e andai al letto
15 ove, in quel momento, ansante[4] più che mai, l'ammalato s'era coricato. Ero deciso: avrei costretto mio padre di restare almeno per mezz'ora nel riposo voluto dal medico. Non era questo il mio dovere?

> **Il rapporto consueto, che identifica il padre con la forza e Zeno con la debolezza, appare ora rovesciato.**

Subito mio padre tentò di ribaltarsi verso la sponda del letto per sottrarsi alla mia pressione e levarsi. Con mano vigorosa poggiata sulla sua spalla, gliel'impe-
20 dii mentre a voce alta e imperiosa gli comandavo di non muoversi. Per un breve istante, terrorizzato, egli obbedì. Poi esclamò:
«Muoio!».
E si rizzò. A mia volta, subito spaventato dal suo grido, rallentai la pressione della mia mano. Perciò egli poté sedere sulla sponda del letto proprio di faccia a me.
25 Io penso che allora la sua ira fu aumentata al trovarsi – sebbene per un momento solo – impedito nei movimenti e gli parve certo ch'io gli togliessi anche l'aria di cui aveva tanto bisogno, come gli toglievo la luce stando in piedi contro di lui seduto. Con uno sforzo supremo arrivò a mettersi in piedi, alzò la mano alto alto, come se avesse saputo ch'egli non poteva comunicarle altra forza che quella
30 del suo peso e la lasciò cadere sulla mia guancia. Poi scivolò sul letto e di là sul pavimento. Morto!

---

1. sul disgraziato ... camera: *il padre, preso da una irrequieta frenesia.*
2. Maria: *la domestica di famiglia.*
3. fu d'uopo: *fu necessario.*
4. ansante: *ansimante, con il respiro affannoso.*

Non lo sapevo morto[5], ma mi si contrasse il cuore dal dolore della punizione ch'egli, moribondo, aveva voluto darmi. Con l'aiuto di Carlo[6] lo sollevai e lo riposi in letto. Piangendo, proprio come un bambino punito, gli gridai nell'orecchio:

«Non è colpa mia! Fu quel maledetto dottore che voleva obbligarti di star sdraiato!».

Era una bugia. Poi, ancora come un bambino, aggiunsi la promessa di non farlo più:

«Ti lascerò muovere come vorrai».

L'infermiere disse:

«È morto».

Dovettero allontanarmi a viva forza da quella stanza. Egli era morto ed io non potevo più provargli la mia innocenza! Nella solitudine tentai di riavermi. Ragionavo: era escluso che mio padre, ch'era sempre fuori di sensi[7], avesse potuto risolvere[8] di punirmi e dirigere la sua mano con tanta esattezza da colpire la mia guancia.

Come sarebbe stato possibile di avere la certezza che il mio ragionamento era giusto? Pensai persino di dirigermi a Coprosich[9]. Egli, quale medico, avrebbe potuto dirmi qualche cosa sulle capacità di risolvere e agire di un moribondo. Potevo anche essere stato vittima di un atto provocato da un tentativo di facilitarsi la respirazione! Ma col dottor Coprosich non parlai. Era impossibile di andar a rivelare a lui come mio padre si fosse congedato da me. A lui, che m'aveva già accusato di aver mancato di affetto per mio padre!

Fu un ulteriore grave colpo per me quando sentii che Carlo, l'infermiere, in cucina, di sera, raccontava a Maria: «Il padre alzò alto alto la mano e con l'ultimo suo atto picchiò il figliuolo». Egli lo sapeva e perciò Coprosich l'avrebbe risaputo.

Quando mi recai nella stanza mortuaria, trovai che avevano vestito il cadavere. L'infermiere doveva anche avergli ravviata[10] la bella, bianca chioma. La morte aveva già irrigidito quel corpo che giaceva superbo e minaccioso. Le sue mani grandi, potenti, ben formate, erano livide, ma giacevano con tanta naturalezza che parevano pronte ad afferrare e punire. Non volli, non seppi più rivederlo.

Poi, al funerale, riuscii a ricordare mio padre debole e buono come l'avevo sempre conosciuto dopo la mia infanzia e mi convinsi che quello schiaffo che m'era stato inflitto da lui moribondo, non era stato da lui voluto. Divenni buono, buono e il ricordo di mio padre s'accompagnò a me, divenendo sempre più dolce. Fu come un sogno delizioso: eravamo oramai perfettamente d'accordo, io divenuto il più debole e lui il più forte.

Ritornai e per molto tempo rimasi nella religione della mia infanzia. Immagi-

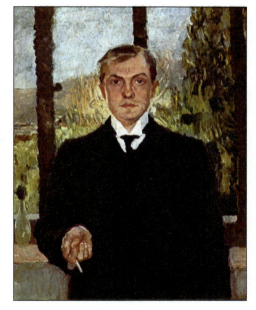

Max Beckmann, *Autoritratto a Firenze*, 1907.

> Zeno si contraddice, sostenendo la propria innocenza e al tempo stesso riconoscendo la falsità delle sue parole.

> Solo l'accettazione della propria debolezza permette a Zeno di ricordare il padre con serenità, annullando nel ricordo i propri impulsi aggressivi.

---

5. Non lo sapevo morto: *non avevo ancora capito che era morto.*
6. Carlo: *l'infermiere.*
7. fuori di sensi: *privo di lucidità.*
8. risolvere: *decidere.*
9. Coprosich: *il medico curante del padre,* con cui Zeno ha un rapporto conflittuale.
10. ravviata: *ravvivata.*

Lo schiaffo del padre 725

navo che mio padre mi sentisse e potessi dirgli che la colpa non era stata mia, ma del dottore. La bugia non aveva importanza perché egli oramai intendeva[11] tutto ed io pure. E per parecchio tempo i colloqui con mio padre continuarono dolci e celati[12] come un amore illecito, perché io dinanzi a tutti continuai a ridere di ogni pratica religiosa, mentre è vero – e qui voglio confessarlo – che io a qualcuno giornalmente e ferventemente raccomandai l'anima di mio padre. È proprio la religione vera quella che non occorre professare ad alta voce per averne il conforto di cui qualche volta – raramente – non si può fare a meno.

---

11. intendeva: *comprendeva.*   **12.** celati: *nascosti, segreti.*

Analisi del testo

COMPRENSIONE

La morte del padre di Zeno avviene in modo particolarmente traumatico. Poiché il medico curante, il dottor Coprosich, ha raccomandato di tenere il malato immobile a letto, quando questi si agita e tenta di alzarsi Zeno lo trattiene con decisione. Ma, nel tentativo di liberarsi, il padre colpisce Zeno con un violento **schiaffo** e subito dopo ricade privo di vita. Zeno, sentendosi in colpa per aver desiderato la sua morte, interpreta il gesto come una terribile **punizione**.
Con il passare del tempo egli riesce però a **elaborare il lutto e autoassolversi**, imponendosi di ricordare solo gli aspetti positivi della relazione con il padre e accettando la sua superiore autorità, cui corrisponde il riconoscimento della propria debolezza.

ANALISI E INTERPRETAZIONE

Un rapporto conflittuale   Nella vicenda di Zeno, la figura paterna svolge un ruolo centrale. Il protagonista ha sempre avuto con il padre un rapporto ambiguo, segnato da un'**aggressività latente**. Secondo le teorie freudiane, infatti, il legame tra padre e figlio è di per sé ambivalente e segnato dalla compresenza di **affetto** e di una **inconfessata rivalità**. Al termine della cura psicanalitica, il dottor S. individuerà la radice della nevrosi di Zeno proprio in un irrisolto **complesso edipico**, ossia nell'inconscio desiderio del paziente di rivaleggiare con il padre per ottenere il pieno affetto della madre. Zeno **rifiuterà questa diagnosi** prendendosene gioco, ma questo episodio fa supporre che la teoria del dottor S. non sia del tutto infondata e che anzi proprio la resistenza di Zeno alla diagnosi ne indichi la validità.

Il processo di rimozione   Lo schiaffo del padre suscita un vero e proprio **dramma nella coscienza** (o meglio, nell'inconscio) di Zeno. Una volta morto, il padre gli appare in tutta la sua **forza e autorità**: le sue «mani grandi, potenti», che sembrano «pronte ad afferrare e punire» sono una evidente proiezione del profondo senso di colpa. Per superare la sua angoscia, Zeno mette in atto un processo di **rimozione** che lo induce a rievocare solo gli aspetti positivi e miti dell'indole paterna. Ricordando suo padre «debole e buono», egli **annulla il proprio desiderio di competere** con lui, regredendo a una condizione quasi infantile e accettando la superiorità paterna («io divenuto il più debole e lui il più forte») che aveva sempre tentato di contrastare. In questo modo egli può **assolvere se stesso dalla colpa** e convincersi che lo schiaffo del padre è stato involontario.

Colpevole o innocente?   Al termine del capitolo, il lettore resta dubbioso circa l'**interpretazione dei fatti** narrati. Lo schiaffo del padre è stato un atto volontario di condanna o soltanto un gesto istintivo? Alcuni elementi del testo fanno propendere per la prima ipotesi: **Zeno si autoaccusa apertamente** («mi si contrasse il cuore dal dolore della punizione ch'egli [...] aveva voluto darmi»), ma al tempo stesso **si difende** («Non è colpa mia!»), salvo contraddirsi nuovamente subito dopo («Era una bugia»). Nel brano risalta quindi la straordinaria modernità dell'impostazione narrativa del romanzo: l'**io narrante**, del tutto **inattendibile** nella sua tendenza a trasfigurare la realtà, non guida il lettore a un'interpretazione univoca degli eventi, ma ne fornisce **interpretazioni diverse e contrastanti**. Nel labirinto della coscienza, del resto, i fatti hanno un'importanza secondaria rispetto al gioco degli alibi e degli autoinganni soggettivi. Spetta quindi al lettore collaborare alla ricerca di un **significato** che resta sempre **ambiguo e sfuggente**.

Lavoriamo sul testo

COMPRENSIONE

1 Per quale motivo Zeno si oppone al desiderio del padre morente di alzarsi dal letto?

2 Lo schiaffo del padre può essere interpretato in due modi diversi: quali?

3 Perché Zeno decide di non raccontare l'accaduto al dottor Coprosich?

> ### LINGUA E LESSICO
>
> **4** Individua nel testo parole o espressioni da cui traspare il senso di colpa del protagonista nei confronti del padre.
>
> **5** I protagonisti dei romanzi di Svevo si esprimono con un linguaggio volutamente imperfetto, che simboleggia la loro inadeguatezza nei confronti della realtà. Individua ed evidenzia nel brano i punti in cui questa scelta stilistica è più evidente.

ANALISI E INTERPRETAZIONE

6 Il rapporto di Zeno con il padre si gioca in gran parte sul contrasto tra forza e debolezza, continuamente rovesciato. In quali punti del brano emerge questa tematica?

7 Per quale motivo Zeno interpreta lo schiaffo del padre come una punizione? Di che cosa si sente colpevole?

8 Nel testo Zeno si rappresenta più volte «come un bambino punito». Quale significato ha questa immagine?

9 Individua nel brano gli elementi che fanno pensare che lo schiaffo del padre sia stato un gesto involontario e quelli che invece sembrano indicare una volontà punitiva.

10 In che modo Zeno supera i propri sensi di colpa? Quali sono gli aspetti del padre che il protagonista preferisce ricordare?

SCRITTURA E APPROFONDIMENTO

11 Dopo aver deciso quale significato attribuire allo schiaffo che Zeno riceve dal padre in punto di morte, scrivi un breve testo in cui argomenti la tua interpretazione con precisi riferimenti al testo.

La parola alla critica

Mario Lavagetto, *Le bugie di Zeno*

Il critico Mario Lavagetto mette in luce il carattere del tutto inattendibile della ricostruzione degli eventi fornita dall'io narrante della *Coscienza di Zeno*. Il fatto che il protagonista sia un nevrotico sottrae credibilità alle parole di Zeno e suscita l'attenzione critica del lettore.

Tutti gli episodi […] filtrano attraverso l'immagine che sta in primo piano e che è l'autentico oggetto del discorso narrativo: un vecchio – più precisamente un vecchio bugiardo – che prende la parola e che scrive con un destinatario preciso – lo psicoanalista a cui si è rivolto – da circuire e da ingannare. […]

Che Zeno è un bugiardo è proprio Svevo a raccontarcelo, ma senza mai contrapporre alle parole del narratore le proprie parole date come «verità oggettiva», come documento su cui misurare gli scarti e le deviazioni di una menzogna flagrante. Il problema che Svevo ha di fronte è allora quello di circondare la parola di Zeno con un articolato sistema di discrediti, di scalzare – pian piano – il controllo che il narratore esercita sul suo discorso. […] Ed è qui – per risolvere questo problema – che la psicanalisi si rivela più produttiva tra le mani di Svevo: per sceneggiare la menzogna attraverso l'emergenza dell'inconscio e per articolare l'inconscio sulla base di un codice garantito. Le serie parallele di lapsus, di atti mancati, di sogni, di incoerenze che attraversano tanto il discorso del narratore quanto i gesti, le azioni, le parole del personaggio sono le nervature di un universo discontinuo, di un circolo che non si chiude e che riproduce indefinitamente la propria apertura. Zeno incespica nella propria storia; cerca di fornirle un impianto solido, di turare tutte le falle; si accanisce caparbiamente nella propria versione, ma il testo che costruisce è, in qualche modo, raggrinzito, troppo stretto per impedire alla «realtà» e alle contraddizioni che ne derivano di venire alla luce. […] Leggere il romanzo significa avventurarsi sulla superficie vischiosa delle parole che lo compongono, slittare, cadere nelle trappole che Zeno dissemina e che ci risospingono, sempre, nella trama del suo discorso.

> M. Lavagetto, *Correzioni su Zeno*, in *Italo Svevo oggi*, *Atti del convegno di Firenze (3-4 febbraio 1979)*, a cura di M. Marchi, Firenze, Vallecchi, 1980

Lo schiaffo del padre

T6 Il fidanzamento di Zeno

Testo laboratorio

La coscienza di Zeno, cap. V

Il quinto capitolo del romanzo, intitolato Storia del mio matrimonio, *narra di come Zeno decida di sposarsi – ancor prima di avere conosciuto una possibile moglie – in base alla convinzione che il matrimonio è una tappa decisiva nella conquista della "normalità" borghese tanto desiderata. Ammesso in casa di Giovanni Malfenti, conosce le sue figlie e si innamora della maggiore, Ada, corteggiata anche dal brillante avvocato Guido Speier. La signora Malfenti lascia invece intuire a Zeno che la ragazza adatta per lui sarebbe Augusta, la meno bella delle tre.*

Una sera, dopo un'esibizione al violino di Guido, Zeno si dichiara ad Ada ma, rifiutato da lei, chiede in moglie Alberta, che ugualmente non accetta la sua proposta. In apparenza per caso Zeno chiede quindi in sposa Augusta, che si rivelerà poi la moglie più adatta a lui. Ancora una volta, in un episodio al limite del grottesco, l'inconsapevole Zeno fa la scelta giusta.

Guido cessò di suonare sapientemente. Nessuno plaudì fuori di Giovanni[1], e per qualche istante nessuno parlò. Poi, purtroppo, sentii io il bisogno di parlare. Come osai di farlo davanti a gente che il mio violino conosceva[2]? Pareva parlasse il mio violino che invano anelava[3] alla musica e biasimasse l'altro sul quale – non
5   si poteva negarlo – la musica era divenuta vita, luce ed aria.

«Benissimo!» dissi e aveva tutto il suono di una concessione più che di un applauso. «Ma però non capisco perché, verso la chiusa, abbiate voluto scandire quelle note che il Bach segnò legate».

Io conoscevo la *Chaconne*[4] nota per nota. C'era stata un'epoca in cui avevo creduto
10   che, per progredire, avrei dovuto affrontare di simili imprese e per lunghi mesi passai il tempo a compitare battuta per battuta alcune composizioni del Bach. Sentii che in tutto il salotto non v'era per me che biasimo[5] e derisione. Eppure parlai ancora lottando contro quell'ostilità.

«Bach» aggiunsi «è tanto modesto nei suoi mezzi che non ammette un arco fat-
15   turato a quel modo[6]».

Io avevo probabilmente ragione, ma era anche certo ch'io non avrei neppur saputo fatturare l'arco[7] a quel modo.

Guido fu subito altrettanto spropositato quanto lo ero stato io. Dichiarò:

«Forse Bach non conosceva la possibilità di quell'espressione. Gliela regalo io!».
20   Egli montava sulle spalle di Bach, ma in quell'ambiente nessuno protestò mentre mi si aveva deriso perché io avevo tentato di montare soltanto sulle sue.

Allora avvenne una cosa di minima importanza, ma che fu per me decisiva. Da una stanza abbastanza lontana da noi echeggiarono le urla della piccola Anna[8]. Come si seppe poi, era caduta insanguinandosi le labbra. Fu così ch'io per qualche
25   minuto mi trovai solo con Ada perché tutti uscirono di corsa dal salotto. Guido, prima di seguire gli altri, aveva posto il suo prezioso violino nelle mani di Ada.

«Volete dare a me quel violino?» domandai io ad Ada vedendola esitante se se-

---

1. Giovanni: è Malfenti, il padre delle tre sorelle.

2. davanti … conosceva?: in precedenza Zeno si è esibito con il violino con risultati molto scadenti.

3. anelava: *aspirava, desiderava ardente-*mente.

4. Chaconne: famoso brano musicale di Johann Sebastian Bach.

5. biasimo: *riprovazione.*

6. non ammette … modo: invece di eseguire tutte le note in una sola arcata, Guido ignora

la "legatura" e dà un'arcata per ogni nota.

7. fatturare l'arco: *manovrare l'archetto del violino,* per riuscire a suonare il brano in quel modo.

8. Anna: è la minore delle sorelle Malfenti, una bambina.

728   *La coscienza di Zeno*

Ada tiene stretto il violino come per sottolineare il suo legame con Guido, ma la sua scelta di restare nella stanza viene interpretata dal protagonista come un invito a dichiararsi.

È evidente la sproporzione tra le motivazioni e l'agire di Zeno, che sembra volersi dichiarare ad Ada solo per evitare l'insonnia.

Apri il vocabolario

Legato al verbo greco *empháino*, "mostro, manifesto", il sostantivo indica l'eccessivo impeto che si impiega nel parlare, l'eccessivo risalto dato a una parola o a un concetto attraverso il tono della voce o con artifici retorici.

Di nuovo Zeno ascolta solo ciò che desidera sentire: non l'invito a rivolgere ad Augusta le sue attenzioni, ma solo il dolce suono del suo nome pronunciato dalla ragazza.

guire gli altri. Davvero che non m'ero ancora accorto che l'occasione tanto sospirata[9] s'era finalmente presentata.

30 Ella esitò, ma poi una sua strana diffidenza ebbe il sopravvento. Trasse il violino ancora meglio a sé:

«No» rispose, «non occorre ch'io vada con gli altri. Non credo che Anna si sia fatta tanto male. Essa strilla per nulla».

Sedette col suo violino e a me parve che con quest'atto essa m'avesse invitato di

35 parlare. Del resto, come avrei potuto io andar a casa senz'aver parlato? Che cosa avrei poi fatto in quella lunga notte? Mi vedevo ribaltarmi da destra a sinistra nel mio letto o correre per le vie o le bische in cerca di svago. No! Non dovevo abbandonare quella casa senz'essermi procurata la chiarezza e la calma.

Cercai di essere semplice e breve. Vi ero anche costretto perché mi mancava il

40 fiato. Le dissi:

«Io vi amo, Ada. Perché non mi permettereste di parlarne a vostro padre?».

Ella mi guardò stupita e spaventata. Temetti che si mettesse a strillare come la piccina, là fuori. Io sapevo che il suo occhio sereno e la sua faccia dalle linee tanto precise non sapevano l'amore[10], ma tanto lontana dall'amore come ora, non

45 l'avevo mai vista. Incominciò a parlare e disse qualcosa che doveva essere come un esordio. Ma io volevo la chiarezza: un sì o un no! Forse m'offendeva già quanto mi pareva un'esitazione. Per fare presto e indurla a decidersi, discussi il suo diritto di prendersi tempo:

«Ma come non ve ne sareste accorta? A voi non era possibile di credere ch'io fa-

50 cessi la corte ad Augusta!».

Volli mettere dell'<mark>enfasi</mark> nelle mie parole, ma, nella fretta, la misi fuori di posto e finì che quel povero nome di Augusta fu accompagnato da un accento e da un gesto di disprezzo.

Fu così che levai Ada dall'imbarazzo. Essa non rilevò altro che l'offesa fatta ad

55 Augusta:

«Perché credete di essere superiore ad Augusta? Io non penso mica che Augusta accetterebbe di divenire vostra moglie!».

Poi appena ricordò che mi doveva una risposta:

«In quanto a me... mi meraviglia che vi sia capitata una cosa simile in testa».

60 La frase acre[11] doveva vendicare l'Augusta. Nella mia grande confusione pensai che anche il senso della parola non avesse avuto altro scopo; se mi avesse schiaffeggiato credo che sarei stato esitante a studiarne la ragione. Perciò ancora insistetti: «Pensateci, Ada. Io non sono un uomo cattivo. Sono ricco... Sono un po' bizzarro, ma mi sarà facile di correggermi».

65 Anche Ada fu più dolce, ma parlò di nuovo di Augusta.

«Pensateci anche voi, Zeno: Augusta è una buona fanciulla e farebbe veramente al caso vostro. Io non posso parlare per conto suo, ma credo...».

Era una grande dolcezza di sentirmi invocare da Ada per la prima volta col mio prenome[12]. Non era questo un invito a parlare ancora più chiaro? Forse era per-

70 duta per me, o almeno non avrebbe accettato subito di sposarmi, ma intanto bisognava evitare che si compromettesse di più con Guido sul conto del quale dovevo aprirle gli occhi. Fui accorto, e prima di tutto le dissi che stimavo e rispettavo Augusta, ma che assolutamente non volevo sposarla. Lo dissi due volte per

---

9. l'occasione tanto sospirata: per dichiarare ad Ada il suo amore.

10. non sapevano l'amore: *non conoscevano la passione.*

11. acre: *risentita.*

12. prenome: *nome proprio.*

Il fidanzamento di Zeno **729**

farmi intendere chiaramente: «io non volevo sposarla». Così potevo sperare di aver rabbonita Ada che prima aveva creduto io volessi offendere Augusta.

«Una buona, una cara, un'amabile ragazza quell'Augusta; ma non fa per me».

Poi appena precipitai le cose, perché c'era del rumore sul corridoio e mi poteva essere tagliata la parola da un momento all'altro.

«Ada! Quell'uomo non fa per voi. È un imbecille! Non v'accorgeste come soffer-se per i responsi del tavolino[13]? Avete visto il suo bastone? Suona bene il violi-no, ma vi sono anche delle scimmie che sanno suonarlo. Ogni sua parola tradi-sce il bestione[14]...».

Essa, dopo d'esser stata ad ascoltarmi con l'aspetto di chi non sa risolversi ad am-mettere nel loro senso le parole che gli sono dirette, m'interruppe. Balzò in pie-di sempre col violino e l'arco in mano e mi soffiò addosso delle parole offensive. Io feci del mio meglio per dimenticarle e vi riuscii. Ricordo solo che cominciò col domandarmi ad alta voce come avevo potuto parlare così di lui e di lei! Io fe-ci gli occhi grandi dalla sorpresa perché mi pareva di non aver parlato che di lui solo. Dimenticai le tante parole sdegnose ch'essa mi diresse, ma non la sua bel-la, nobile e sana faccia arrossata dallo sdegno e dalle linee rese più precise, quasi marmoree, dall'indignazione. Quella non dimenticai più e quando penso al mio amore e alla mia giovinezza, rivedo la faccia bella e nobile e sana di Ada nel mo-mento in cui essa m'eliminò definitivamente dal suo destino.

Ritornarono tutti in gruppo intorno alla signora Malfenti che teneva in braccio Anna ancora piangente. Nessuno si occupò di me o di Ada ed io, senza saluta-re nessuno, uscii dal salotto; nel corridoio presi il mio cappello. Curioso! Nessu-no veniva a trattenermi. Allora mi trattenni da solo, ricordando ch'io non dove-vo mancare alle regole della buona educazione e che perciò prima di andarmene dovevo salutare compitamente[15] tutti. Vero è che non dubito io non sia stato im-pedito di abbandonare quella casa dalla convinzione che troppo presto sarebbe cominciata per me la notte ancora peggiore delle cinque notti che l'avevano pre-ceduta. Io che finalmente avevo la chiarezza, sentivo ora un altro bisogno: quel-lo della pace, la pace con tutti. Se avessi saputo eliminare ogni asprezza dai miei rapporti con Ada e con tutti gli altri, mi sarebbe stato più facile di dormire. Per-ché aveva da sussistere tale asprezza? Se non potevo prendermela neppure con Guido il quale se anche non ne aveva alcun merito, certamente non aveva nessu-na colpa di essere stato preferito da Ada!

Essa era la sola che si fosse accorta della mia passeggiata sul corridoio e, quando mi vide ritornare, mi guardò ansiosa. Temeva di una scena? Subito volli rassicu-rarla. Le passai accanto e mormorai:

«Scusate se vi ho offesa!».

Essa prese la mia mano e, rasserenata, la strinse. Fu un grande conforto. Io chiusi per un istante gli occhi per isolarmi con la mia anima e vedere quanta pace glie-ne fosse derivata.

Il mio destino volle che mentre tutti ancora si occupavano della bimba, io mi tro-vassi seduto accanto ad Alberta. Non l'avevo vista e di lei non m'accorsi che quan-do essa mi parlò dicendomi:

«Non s'è fatta nulla. Il grave è la presenza di papà il quale, se la vede piangere, le

---

Gli aspetti sgrade-voli e dolorosi del ri-fiuto di Ada verran-no prontamente ri-mossi dall'inconscio del protagonista.

Ancora una volta, a trattenere Zeno sembra essere sol-tanto il timore di una notte insonne.

---

13. i responsi del tavolino: durante una se-duta spiritica Zeno, muovendo il tavolino, aveva fatto "parlare" uno spirito di nome

Guido, e il suo rivale si era molto spaventato.
14. tradisce il bestione: *manifesta la sua rozzezza d'animo.*

15. compitamente: *educatamente.*

730   *La coscienza di Zeno*

fa un bel regalo». Io cessai dall'analizzarmi perché mi vidi intero! Per avere la pace io avrei dovuto fare in modo che quel salotto non mi fosse mai più interdetto.
120 Guardai Alberta! Somigliava ad Ada! Era un po' di lei più piccola e portava sul suo organismo evidenti dei segni non ancora cancellati dell'infanzia. Facilmente alzava la voce, e il suo riso spesso eccessivo le contraeva la faccina e gliel'arrossava. Curioso! In quel momento ricordai una raccomandazione di mio padre:
125 «Scegli una donna giovine e ti sarà più facile di educarla a modo tuo». Il ricordo fu decisivo. Guardai ancora Alberta. Nel mio pensiero m'industriavo di spogliarla e mi piaceva così dolce e tenerella come supposi fosse.

Le dissi:

«Sentite, Alberta! Ho un'idea: avete mai pensato che siete nell'età di prendere
130 marito?».

«Io non penso di sposarmi!» disse essa sorridendo e guardandomi mitemente, senz'imbarazzo o rossore. «Penso invece di continuare i miei studii. Anche mamma lo desidera».

«Potreste continuare gli studii anche dopo sposata». Mi venne un'idea che mi par-
135 ve spiritosa e le dissi subito:

«Anch'io penso d'iniziarli dopo essermi sposato».

Essa rise di cuore, ma io m'accorsi che perdevo il mio tempo, perché non era con tali scipitezze[16] che si poteva conquistare una moglie e la pace. Bisognava essere serii. Qui poi era facile perché venivo accolto tutt'altrimenti che da Ada. Fui ve-
140 ramente serio. La mia futura moglie doveva intanto sapere tutto. Con voce commossa le dissi:

«Io, poco fa, ho indirizzata ad Ada la stessa proposta che ora feci a voi. Essa rifiutò con sdegno. Potete figurarvi in quale stato io mi trovi».

Queste parole accompagnate da un atteggiamento di tristezza non erano altro
145 che la mia ultima dichiarazione d'amore per Ada. Divenivo troppo serio e, sorridendo, aggiunsi:

«Ma credo che se voi accettaste di sposarmi, io sarei felicissimo e dimenticherei per voi tutto e tutti».

Essa si fece molto seria per dirmi:
150 «Non dovete offendervene, Zeno, perché mi dispiacerebbe. Io faccio una grande stima di voi. So che siete un buon diavolo eppoi, senza saperlo, sapete molte cose, mentre i miei professori sanno esattamente tutto quello che sanno. Io non voglio sposarmi. Forse mi ricrederò, ma per il momento non ho che una meta: vorrei diventare una scrittrice. Vedete quale fiducia vi dimostro. Non lo dissi mai
155 a nessuno e spero non mi tradirete. Dal canto mio, vi prometto che non ripeterò a nessuno la vostra proposta».

«Ma anzi potete dirlo a tutti!» la interruppi io con stizza. Mi sentivo di nuovo sotto la minaccia di essere espulso da quel salotto e corsi al riparo. C'era poi un solo modo per attenuare in Alberta l'orgoglio di aver potuto respingermi ed io l'adot-
160 tai non appena lo scopersi. Le dissi:

«Io ora farò la stessa proposta ad Augusta e racconterò a tutti che la sposai perché le sue due sorelle mi rifiutarono»!

Ridevo di un buon umore eccessivo che m'aveva colto in seguito alla stranezza del mio procedere. Non era nella parola che mettevo lo spirito di cui ero tanto
165 orgoglioso, ma nelle azioni.

All'irresolutezza di Zeno si contrappone la fermezza dei desideri delle due sorelle: Ada vuole sposare Guido, Alberta vuole proseguire gli studi.

Zeno teme di non riuscire a sposare una delle sorelle Malfenti, soprattutto perché questo significherebbe dover abbandonare la sua nuova "famiglia".

---

16. **scipitezze:** *sciocchezze.*

Il fidanzamento di Zeno 731

Mi guardai d'intorno per trovare Augusta. Era uscita sul corridoio con un vassoio sul quale non v'era che un bicchiere semivuoto contenente un calmante per Anna. La seguii di corsa chiamandola per nome ed essa s'addossò alla parete per aspettarmi. Mi misi a lei di faccia e subito le dissi:

170 «Sentite, Augusta, volete che noi due ci sposiamo?» La proposta era veramente rude. Io dovevo sposare lei e lei me, ed io non domandavo quello ch'essa pensasse né pensavo potrebbe toccarmi di essere io costretto di dare delle spiegazioni. Se non facevo altro che quello che tutti volevano[17]! Essa alzò gli occhi dilatati dalla sorpresa. Così quello sbilenco[18] era anche più differente del solito dall'altro.

175 La sua faccia vellutata e bianca, dapprima impallidì di più, eppoi subito si congestionò[19]. Con un filo di voce mi disse:

«Voi scherzate e ciò è male».

Temetti si mettesse a piangere ed ebbi la curiosa idea di consolarla dicendole della mia tristezza.

180 «Io non scherzo,» dissi serio e triste. «Domandai dapprima la sua mano ad Ada che me la rifiutò con ira, poi domandai ad Alberta di sposarmi ed essa, con belle parole, vi si rifiutò anch'essa. Non serbo rancore né all'una né all'altra. Solo mi sento molto, ma molto infelice».

Dinanzi al mio dolore essa si ricompose e si mise a guardarmi commossa, rifletto-
185 tendo intensamente. Il suo sguardo somigliava ad una carezza che non mi faceva piacere.

«Io devo dunque sapere e ricordare che voi non mi amate?» domandò.

Che cosa significava questa frase sibillina[20]? Preludiava[21] ad un consenso? Voleva ricordare! Ricordare per tutta la vita da trascorrersi con me? Ebbi il sentimento di
190 chi per ammazzarsi si sia messo in una posizione pericolosa ed ora sia costretto a faticare per salvarsi. Non sarebbe stato meglio che anche Augusta m'avesse rifiutato e che mi fosse stato concesso di ritornare sano e salvo nel mio studiolo nel quale neppure quel giorno stesso m'ero sentito troppo male? Le dissi:

«Sì! Io non amo che Ada e sposerei ora voi...».
195 Stavo per dirle che non potevo rassegnarmi di divenire un estraneo per Ada e che perciò mi contentavo di divenirle cognato. Sarebbe stato un eccesso, ed Augusta avrebbe di nuovo potuto credere che volessi dileggiarla[22]. Perciò dissi soltanto:

«Io non so più rassegnarmi di restar solo».

Essa rimaneva tuttavia poggiata alla parete del cui sostegno forse sentiva il biso-
200 gno; però pareva più calma ed il vassoio era ora tenuto da una sola mano. Ero salvo e cioè dovevo abbandonare quel salotto, o potevo restarci e dovevo sposarmi? Dissi delle altre parole, solo perché impaziente di aspettare le sue che non volevano venire:

«Io sono un buon diavolo e credo che con me si possa vivere facilmente anche
205 senza che ci sia un grande amore».

Questa era una frase che nei lunghi giorni precedenti avevo preparata per Ada per indurla a dirmi di sì anche senza sentire per me un grande amore.

Augusta ansava[23] leggermente e taceva ancora. Quel silenzio poteva anche significare un rifiuto, il più delicato rifiuto che si potesse immaginare: io quasi sarei
210 scappato in cerca del mio cappello, in tempo per porlo su una testa salva.

> Mosso dalla solita ambivalenza, ora che il proposito matrimoniale è prossimo a realizzarsi, Zeno viene colto dal timore e vorrebbe fuggire.

---

17. **Se non .... volevano!:** la signora Malfenti e suo marito vorrebbero che Zeno sposasse Augusta.
18. **quello sbilenco:** Augusta è strabica da un occhio.

19. **si congestionò:** arrossì.
20. **sibillina:** oscura.
21. **Preludiava:** anticipava.

22. **dileggiarla:** prendersi gioco di lei.
23. **ansava:** ansimava, respirava affannosamente.

La coscienza di Zeno

> La pacata risposta di Augusta fa risaltare il suo affetto dolce e materno: proprio il tipo di amore di cui l'inetto protagonista ha bisogno.

Invece Augusta, decisa, con un movimento dignitoso che mai dimenticai, si rizzò e abbandonò il sostegno della parete. Nel corridoio non largo essa si avvicinò così ancora di più a me che le stavo di faccia. Mi disse:

215 «Voi, Zeno, avete bisogno di una donna che voglia vivere per voi e vi assista. Io voglio essere quella donna».

Mi porse la mano paffutella ch'io quasi istintivamente baciai. Evidentemente non c'era più la possibilità di fare altrimenti. Devo poi confessare che in quel momento fui pervaso da una soddisfazione che m'allargò il petto. Non avevo più da risolvere niente, perché tutto era stato risolto. Questa era la vera chiarezza.

> Sposare Augusta significa anche trovare in Malfenti una nuova figura paterna e autorevole, in grado di sostituire il padre che Zeno ha perduto.

220 Fu così che mi fidanzai. Fummo subito festeggiatissimi. Il mio somigliava un poco al grande successo del violino di Guido, tanti furono gli applausi di tutti. Giovanni mi baciò e mi diede subito del tu. Con eccessiva espressione di affetto mi disse:

– Mi sentivo tuo padre da molto tempo, dacché[24] cominciai a darti dei consigli per il tuo commercio.

225 La mia futura suocera mi porse anch'essa la guancia che sfiorai. A quel bacio non sarei sfuggito neppure se avessi sposato Ada.

---

24. dacché: *da quando.*

COMPRENSIONE

1 Quale circostanza induce Zeno a rivolgere ad Ada la sua dichiarazione d'amore? Come reagisce la ragazza?

2 Nel rivolgersi ad Ada, Zeno accumula errori e clamorose gaffes: quali?

3 A chi il protagonista propone in un secondo momento di sposarlo? Con quali risultati?

4 Quale delle sorelle Malfenti accetta infine la proposta nuziale di Zeno? Come si conclude l'episodio?

ANALISI E INTERPRETAZIONE

5 Individua nel brano tutte le espressioni "sgrammaticate" tipiche dello stile di Zeno.

6 Che cosa significa letteralmente il termine "imbecille" e quale è la sua origine (r. 79)?

7 Come si configura nel brano il rapporto tra Zeno e Guido? Quali sentimenti nutre il protagonista nei confronti dello spasimante di Ada?

Oltre il testo — Confrontare e analizzare

- I protagonisti dei romanzi sveviani si trovano sempre a dover fare i conti con antagonisti che incarnano la dimensione "attiva" e vitale dell'esistenza che è loro preclusa; metti a confronto Macario (*Una vita*), Balli (*Senilità*) e Guido Speier e delinea l'evoluzione del rapporto protagonista/antagonista che si realizza da *Una vita* a *La coscienza di Zeno*.

8 Rievocando il colloquio con Ada, Zeno mostra chiaramente il suo bisogno di illudersi circa i sentimenti della ragazza e volutamente non comprende o dimentica i segnali di diversa natura. In quali punti del testo ciò è particolarmente evidente?

Il fidanzamento di Zeno

Oltre il testo — Confrontare e riflettere

- Metti a confronto questo brano con quello sulla morte del padre di Zeno (p. 724); di che cosa è segno il "travisamento" della realtà operato in modo consapevole da Zeno?

9. Quale reale motivo spinge Zeno a desiderare di sposare una delle sorelle Malfenti? Che cosa significa per Zeno diventare genero di Malfenti? Tieni presente che nella prima parte del capitolo il protagonista aveva affermato che pareva che le tre sorelle «fossero da consegnarsi in fascio» a lui.

10. Nel dichiararsi ad Ada e Alberta, che lo respingeranno, Zeno spera in una risposta positiva. Per quale motivo invece, quando si rivolge ad Augusta, che è realmente innamorata di lui, prova l'impulso di fuggire?

11. Quali caratteristiche psicologiche presenta Augusta? Da quali elementi del testo è possibile comprendere che sarà una moglie amorevole e adatta per Zeno?

12. Più volte nel brano Zeno afferma di cercare la «chiarezza» e la «pace». Spiega il senso di queste affermazioni in rapporto alla psicologia del protagonista.

SCRITTURA E APPROFONDIMENTO

13. Il brano ha un andamento quasi teatrale ed è pervaso da un'ironia che sfocia talvolta nella comicità. Quali sono a tuo avviso le caratteristiche dell'ironia di Svevo? Rispondi in un testo di una pagina, facendo precisi riferimenti ai testi letti.

14. Rifletti sulla funzione dell'ironia in questo brano e più in generale nel romanzo, ponendola a confronto con l'«umorismo» teorizzato da Pirandello (pp. 613-614).

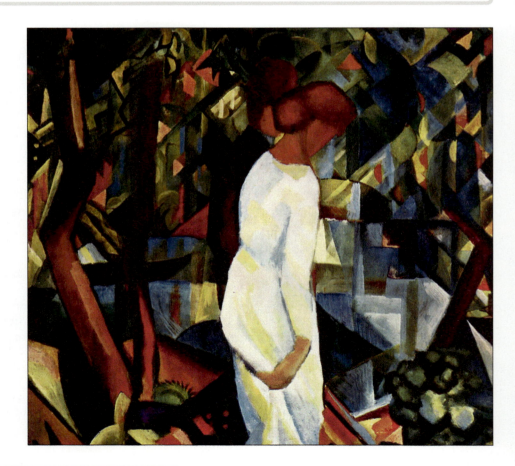

Franz Marc, *Coppia nel bosco*, 1912.

T7 L'esplosione finale

La coscienza di Zeno, cap. VIII

Ascolta il brano e fai l'analisi interattiva

Riportiamo qui il finale del romanzo, ultima parte del capitolo intitolato Psico-analisi. *Esso è costituito da quattro annotazioni che coprono il periodo tra il maggio 1915 e il marzo 1916 e che si immaginano scritte da Zeno dopo la decisione di interrompere la cura. Sorpreso dallo scoppio della Grande Guerra mentre si trova in villeggiatura sul Carso, Zeno viene diviso dalla sua famiglia e, tornato a Trieste, si dedica agli affari.*

Nell'ultima annotazione di diario Zeno annuncia in tono entusiastico la propria assoluta e totale guarigione, dovuta al successo riscosso negli affari durante la guerra. Al tempo stesso, afferma che la vita stessa è malattia e profetizza con tragica ironia una «catastrofe inaudita» destinata a distruggere l'umanità e ogni forma di vita sulla Terra, che sarà così finalmente risanata.

24 Marzo 1916

> Zeno è ormai del tutto ostile alla psicanalisi, che ritiene inutile e, nel suo caso, superflua.

Dal Maggio dell'anno scorso non avevo più toccato questo libercolo[1]. Ecco che dalla Svizzera il dottor S.[2] mi scrive pregandomi di mandargli quanto avessi ancora annotato. È una domanda curiosa, ma non ho nulla in contrario di mandargli anche questo libercolo dal quale chiaramente vedrà come io la pensi di lui e della
5 sua cura. Giacché possiede tutte le mie confessioni, si tenga anche queste poche pagine e ancora qualcuna che volentieri aggiungo a sua edificazione[3]. Ho poco tempo perché il mio commercio occupa la mia giornata. Ma al signor dottor S. voglio pur dire il fatto suo. Ci pensai tanto che oramai ho le idee ben chiare.
10 Intanto egli crede di ricevere altre mie confessioni di malattia e debolezza e invece riceverà la descrizione di una salute solida, perfetta quanto la mia età abbastanza inoltrata[4] può permettere. Io sono guarito! Non solo non voglio fare la psico-analisi, ma non ne ho neppur di bisogno. E la mia salute non proviene solo dal fatto che mi sento un privilegiato in mezzo a tanti martiri[5]. Non è per il confronto
15 ch'io mi senta sano. Io sono sano, assolutamente. Da lungo tempo io sapevo che la mia salute non poteva essere altro che la mia convinzione e ch'era una sciocchezza degna di un sognatore ipnagogico[6] di volerla curare anziché persuadere. Io soffro bensì di certi dolori, ma mancano d'importanza nella mia grande salute. Posso mettere un impiastro[7] qui o là, ma il resto ha da moversi e battersi e mai indu-
20 giarsi nell'immobilità come gl'incancreniti[8]. Dolore e amore, poi, la vita insomma, non può essere considerata quale una malattia perché duole.

> Il successo negli affari accresce l'autostima di Zeno e sembra guarirlo da tutte le sue nevrosi e insicurezze.

Ammetto che per avere la persuasione della salute il mio destino dovette mutare e scaldare il mio organismo con la lotta e soprattutto col trionfo. Fu il mio commercio che mi guarì e voglio che il dottor S. lo sappia.
25 Attonito e inerte, stetti a guardare il mondo sconvolto, fino al principio dell'Agosto dell'anno scorso. Allora io cominciai a *comperare*. Sottolineo questo verbo perché ha un significato più alto di prima della guerra. In bocca di un commerciante, allora, significava ch'egli era disposto a comperare un dato articolo. Ma quando io lo dissi, volli significare ch'io ero compratore di qualunque merce che mi sarebbe stata

---

1. libercolo: la parte finale dell'autobiografia, formata da brani di diario.
2. dottor S.: lo psicanalista che ha avuto in cura Zeno.
3. edificazione: *ammaestramento* (ironico).
4. età abbastanza inoltrata: nato nel 1857, Zeno ha 59 anni.
5. martiri: *stragi* (è un'allusione alle tragedie della guerra).
6. ipnagogico: letteralmente, *che induce il sonno*: il dottor S. è definito così sia perché l'analisi dei sogni è alla base della teoria freudiana sia perché è preda di allucinazioni simili a quelle che si fanno nel dormiveglia.
7. impiastro: *medicamento*.
8. gl'incancreniti: coloro che, colpiti dalla cancrena, sono ridotti alla completa immobilità.

L'esplosione finale **735**

30 offerta. Come tutte le persone forti, io ebbi nella mia testa una sola idea e di quella vissi e fu la mia fortuna. L'Olivi[9] non era a Trieste, ma è certo ch'egli non avrebbe permesso un rischio simile e lo avrebbe riservato agli altri. Invece per me non era un rischio. Io ne sapevo il risultato felice con piena certezza. Dapprima m'ero messo, secondo l'antico costume in epoca di guerra, a convertire tutto il patrimonio in
35 oro, ma v'era una certa difficoltà di comperare e vendere dell'oro. L'oro per così dire liquido, perché più mobile, era la merce e ne feci incetta[10]. Io effettuo di tempo in tempo anche delle vendite ma sempre in misura inferiore agli acquisti. Perché cominciai nel giusto momento i miei acquisti e le mie vendite furono tanto felici che queste mi davano i grandi mezzi di cui abbisognavo per quelli.

40 Con grande orgoglio ricordo che il mio primo acquisto fu addirittura apparentemente una sciocchezza e inteso unicamente a realizzare subito la mia nuova idea: una partita non grande d'incenso. Il venditore mi vantava la possibilità d'impiegare l'incenso quale un surrogato della resina che già cominciava a mancare, ma io quale chimico[11] sapevo con piena certezza che l'incenso mai più
45 avrebbe potuto sostituire la resina di cui era differente *toto genere*[12]. Secondo la mia idea il mondo sarebbe arrivato ad una miseria tale da dover accettare l'incenso quale un surrogato della resina. E comperai! Pochi giorni or sono ne vendetti una piccola parte e ne ricavai l'importo che m'era occorso per appropriarmi della partita intera. Nel momento in cui incassai quei denari mi si allargò il pet-
50 to al sentimento della mia forza e della mia salute.

Il dottore, quando avrà ricevuta quest'ultima parte del mio manoscritto, dovrebbe restituirmelo tutto. Lo rifarei con chiarezza vera perché come potevo intendere la mia vita quando non ne conoscevo quest'ultimo periodo? Forse io vissi tanti anni solo per prepararmi ad esso!
55 Naturalmente io non sono un ingenuo e scuso il dottore di vedere nella vita stessa una manifestazione di malattia. La vita somiglia un poco alla malattia come procede per crisi e lisi[13] ed ha i giornalieri miglioramenti e peggioramenti. A differenza delle altre malattie la vita è sempre mortale. Non sopporta cure. Sarebbe come voler turare i buchi che abbiamo nel corpo credendoli delle ferite.
60 Morremmo strangolati non appena curati.
La vita attuale è inquinata alle radici. L'uomo s'è messo al posto degli alberi e delle bestie ed ha inquinata l'aria, ha impedito il libero spazio. Può avvenire di peggio. Il triste e attivo animale[14] potrebbe scoprire e mettere al proprio servizio delle altre forze. V'è una minaccia di questo genere in aria. Ne seguirà una grande ricchezza...
65 nel numero degli uomini. Ogni metro quadrato sarà occupato da un uomo[15]. Chi ci guarirà della mancanza di aria e di spazio? Solamente al pensarci soffoco!
Ma non è questo, non è questo soltanto.
Qualunque sforzo di darci la salute è vano. Questa non può appartenere che alla bestia che conosce un solo progresso, quello del proprio organismo. Allorché la
70 rondinella comprese che per essa non c'era altra possibile vita fuori dell'emigrazione, essa ingrossò il muscolo che muove le sue ali e che divenne la parte più considerevole del suo organismo. La talpa s'interrò e tutto il suo corpo si confor-

---

Il protagonista approfitta senza alcuno scrupolo morale della crisi bellica e si arricchisce a spese della disperazione altrui.

Zeno continua a presentarsi come un personaggio "in divenire", che si modifica in conseguenza delle esperienze di vita.

L'affermazione, in apparenza paradossale, dimostra la presa di coscienza della imprevedibilità dell'esistenza.

---

9. L'Olivi: è l'amministratore che, per volere del padre di Zeno, amministra il suo patrimonio.

10. ne feci incetta: *ne acquistai il più possibile.*

11. quale chimico: dopo molte incertezze, Zeno si è infine laureato in chimica.

12. *toto genere*: *del tutto.*

13. lisi: *diminuzione lenta e graduale della febbre;* il termine medico è l'opposto di "crisi".

14. Il triste ... animale: *l'uomo.*

15. Ogni ... uomo: secondo le teorie dell'economista Robert Malthus (1766-1834), l'umanità è destinata alla penuria dei mezzi di sussistenza a causa dell'incremento esponenziale della popolazione.

La coscienza di Zeno

mò al suo bisogno. Il cavallo s'ingrandì e trasformò il suo piede. Di alcuni animali non sappiamo il progresso, ma ci sarà stato e non avrà mai leso la loro salute. Ma l'occhialuto uomo, invece, inventa gli ordigni[16] fuori del suo corpo e se c'è stata salute e nobiltà in chi li inventò, quasi sempre manca in chi li usa. Gli ordigni si comperano, si vendono e si rubano e l'uomo diventa sempre più furbo e più debole. Anzi si capisce che la sua furbizia cresce in proporzione della sua debolezza. I primi suoi ordigni parevano prolungazioni del suo braccio e non potevano essere efficaci che per la forza dello stesso, ma oramai, l'ordigno non ha più alcuna relazione con l'arto. Ed è l'ordigno che crea la malattia con l'abbandono della legge che fu su tutta la terra la creatrice[17]. La legge del più forte sparì e perdemmo la selezione salutare. Altro che psico-analisi ci vorrebbe: sotto la legge del possessore del maggior numero di ordigni prospereranno malattie e ammalati. Forse traverso una catastrofe inaudita prodotta dagli ordigni ritorneremo alla salute. Quando i gas velenosi[18] non basteranno più, un uomo fatto come tutti gli altri, nel segreto di una stanza di questo mondo, inventerà un esplosivo incomparabile, in confronto al quale gli esplosivi attualmente esistenti saranno considerati quali innocui giocattoli. Ed un altro uomo fatto anche lui come tutti gli altri, ma degli altri un po' più ammalato, ruberà tale esplosivo e s'arrampicherà al centro della terra per porlo nel punto ove il suo effetto potrà essere il massimo. Ci sarà un'esplosione enorme che nessuno udrà[19] e la terra ritornata alla forma di nebulosa errerà nei cieli priva di parassiti e di malattie.

Mentre gli animali si sono adattati all'ambiente, l'uomo ha costruito strumenti sempre più sofisticati che hanno modificato la natura.

L'immagine finale è pervasa di un'ironia cupa, che gioca ancora una volta sul contrasto tra vita e morte, salute e malattia.

---

16. ordigni: *strumenti*, ma il termine indica qui soprattutto le armi.
17. della legge … creatrice: la legge della selezione naturale.
18. i gas velenosi: nella Prima guerra mondiale vennero usati per la prima volta gas dagli effetti micidiali.
19. che nessuno udrà: perché gli uomini saranno tutti morti.

Analisi del testo

COMPRENSIONE
La conclusione del romanzo può essere scomposta in **tre sequenze**.
La **prima parte** (rr. 1-12) è dedicata al **dottor S.** (che ha richiesto a Zeno altre pagine del suo memoriale) e si ricollega in una struttura circolare al *Preambolo*, in cui lo psicanalista dichiara di aver pubblicato gli scritti di Zeno «per vendetta» nei confronti della sua decisione di interrompere la cura. Ritorna qui il motivo del **dissidio tra analista e paziente**, fondato sulla reciproca aggressività.
Nella **seconda sequenza** (rr. 13-60) Zeno annuncia polemicamente la propria **completa guarigione**, individuandone la causa nel **successo commerciale**, che lo ha reso più ricco, più forte e sicuro di sé.
Nell'**ultima parte** (dalla r. 61), il tono muta sensibilmente e l'attenzione dell'io narrante si amplia a considerazioni che riguardano il **futuro dell'intera umanità**. Secondo Zeno, attraverso un progresso dissennato l'uomo si è sottratto alle regole della natura e ha messo in pericolo la propria sopravvivenza, costruendo «ordigni» sempre più pericolosi. Forse solo **una catastrofe potrà guarire la Terra** dalla sua più grave malattia, ossia dalla presenza di un'umanità «inquinata alle radici».

ANALISI DEL TESTO
Una guarigione sospetta Zeno si proclama risolutamente **guarito dalla sua nevrosi** e non più bisognoso di alcuna cura. Questa affermazione, ribadita più volte nel testo («Io sono guarito!», «Io sono sano, assolutamente»), suscita però nel lettore qualche legittimo sospetto. Egli ammette infatti di avere ancora qualche disturbo («Io soffro bensì di certi dolori, ma mancano d'importanza nella mia grande salute», rr. 17-18) e sembra insistere sulla sua guarigione per **convincere se stesso** e suscitare l'irritazione dello psicanalista. Secondo le teorie freudiane, che Svevo ben conosce, l'opposizione al terapeuta è però una **reazione comune del nevrotico**, che tende a resistere alla diagnosi, dimostrandone così indirettamente la fondatezza. Il protagonista inoltre afferma paradossalmente che, in fondo, **la vita stessa è una malattia**, «sempre mortale» e che «non sopporta cure» (r. 58). Ancora una volta, l'io narrante sembra mescolare **verità e autoinganni**.

Sano in un mondo malato Il protagonista attribuisce l'origine della sua guarigione al **successo negli affari** («Fu il mio commercio che mi guarì»), ottenuto attraverso una serie di speculazioni finanziarie con le quali ha approfittato, senza alcuno scrupolo morale, della crisi economica causata dalla guerra. Egli, infine, ha dunque assimilato la **mentalità capitalistica**, tipica di quella società borghese che ha sempre implicitamente condannato. In quest'ottica sembra risolversi anche l'apparente contraddizione tra il lieto fine individuale della sua vicenda e l'inquietante profezia che conclude il romanzo. Zeno è in realtà **guarito perché si è pienamente inserito in un mondo** che, pur credendosi sano, è **radicalmente malato**, tanto da trasformare la tragedia della guerra in un'occasione di reciproca sopraffazione.

La superiore **consapevolezza** raggiunta dall'«inetto» coincide quindi con il lucido riconoscimento delle storture della società borghese e dell'umanità stessa.

Una profezia apocalittica Nel finale il narratore – che si fa in questo caso probabile portavoce delle opinioni di Svevo stesso – pronuncia un'inquietante profezia sul destino dell'umanità. Basandosi su una personale interpretazione della **teoria darwiniana**, Zeno sostiene che «l'occhialuto uomo», grazie alla sua evoluzione scientifica e tecnologica, si è liberato dalla dipendenza dalla natura e anzi ha piegato l'ambiente alla realizzazione dei suoi scopi egoistici. Ma le **pulsioni aggressive** contro i propri simili hanno portato alla creazione di «ordigni» tanto potenti che l'uomo stesso, divenuto «sempre più furbo e più debole», non è più in grado di controllarne gli effetti distruttivi. Il cupo finale, in cui traspare l'**orrore per le armi di distruzione** di massa utilizzate nella Grande Guerra, risuona come una sorta di involontaria previsione della futura catastrofe nucleare.

Lavoriamo sul testo

COMPRENSIONE

1 In quale periodo Zeno scrive questa pagina di diario? Essa si colloca prima, contemporaneamente o dopo la stesura del suo memoriale?

2 Perché Zeno manifesta tanta aggressività nei confronti del dottor S.?

3 A quali fattori il protagonista attribuisce la sua completa guarigione?

4 Che cosa profetizza Zeno nella parte finale del romanzo?

> **LINGUA E LESSICO**
>
> **5** Evidenzia le espressioni usate dal protagonista per sottolineare la soddisfazione di aver vinto la propria nevrosi.
>
> **6** Che cosa significano i termini «liquido» e «mobile» nella frase alle righe 35-36?

ANALISI E INTERPRETAZIONE

7 A tuo parere Zeno è veramente guarito dalla sua nevrosi? Argomenta la tua tesi con riferimenti al testo.

8 Alla fine del romanzo, il protagonista si presenta come un uomo completamente nuovo rispetto al passato: per quali aspetti psicologici, sociali ed economici è cambiato?

9 Che cosa significa l'affermazione secondo cui «Qualunque sforzo di darci la salute è vano»?

10 Come si concilia l'annuncio della guarigione del protagonista con la cupa profezia finale?

11 Per quale motivo nel finale Zeno passa dalla prima persona singolare al plurale? Quali altre particolarità stilistiche presenta il brano rispetto al resto del romanzo?

SCRITTURA E APPROFONDIMENTO

12 Illustra in un testo argomentativo come si configura nel romanzo il rapporto tra salute e malattia e il significato che esso assume alla luce del finale.

13 «Zeno sa che la malattia è una convinzione, e che una convinzione è anche la salute. Egli cioè sa che la differenza tra salute e malattia è una differenza pragmatica e non semantica. Nella lotta per la vita la salute corrisponde al successo, e la malattia all'insuccesso. Non c'è felicità (corrispondenza tra soggetto e oggetto). C'è una legge di sopraffazione reciproca che assegna variabilmente le parti. […] [La salute di Zeno] si costruisce e si mantiene nell'attesa del peggio, di ciò che neppure è pensabile. Il suo prosperare rivela "la piaga cancerosa", la grande carie. Con profondo umorismo Svevo gioca sui contrari. Attraverso l'assurdità di un successo commerciale produce il senso dell'eccezionalità dei tempi. E poiché la verità è sempre bifronte, ci dà sia il trionfo dell'io sia la sua angoscia. La salute diviene l'altra faccia della malattia; la felicità l'altra faccia dell'infelicità.» Spiega e commenta queste linee interpretative proposte da Guido Guglielmi, facendo riferimento al finale della *Coscienza* e in generale al romanzo nella sua interezza e complessità.

La coscienza di Zeno

LABORATORIO DELLE COMPETENZE

Testo laboratorio
T8 Il funerale sbagliato
La coscienza di Zeno, cap. VII

- Lettura
- Comprensione
- Analisi
- Interpretazione
- Produzione scritta

Mentre il matrimonio di Zeno procede a gonfie vele, il rapporto tra Ada e Guido Speier è in crisi. Per riconquistare la moglie, Guido inscena un finto suicidio ma, per una serie di sfortunate circostanze, muore davvero, lasciando la ditta di cui anche Zeno è socio sull'orlo del fallimento. Senza dire niente a nessuno e mosso dal desiderio di riabilitarsi agli occhi di Ada per le molte critiche rivolte al defunto Guido, Zeno si impegna in spericolate operazioni finanziarie con le quali, in pochissime ore, riesce a saldare tutti i debiti.
Questo brano, tratto dal capitolo VII (Storia di una associazione commerciale), racconta la grottesca situazione di cui Zeno è protagonista al funerale di Guido.

Ma a forza di «succhiellare[1]» (questa era la mia occupazione precipua) finii col non intervenire al funerale di Guido. La cosa avvenne così. Proprio quel giorno i valori[2] in cui eravamo impegnati fecero un balzo in alto. Il Nilini[3] ed io passammo il nostro tempo a fare il calcolo di quanto avessimo ricuperato della perdita.
5 Il patrimonio del vecchio Speier figurava ora solamente dimezzato! Un magnifico risultato che mi riempiva di orgoglio. […]
Partimmo dall'ufficio alle tre e corremmo perché allora ricordammo che il funerale doveva aver luogo alle due e tre quarti.
All'altezza dei volti di Chiozza[4], vidi in lontananza il convoglio e mi parve persino di riconoscere la carrozza di un amico mandata al funerale per Ada. Saltai col
10 Nilini in una vettura di piazza, dando ordine al cocchiere di seguire il funerale. E in quella vettura il Nilini ed io continuammo a succhiellare. Eravamo tanto lontani dal pensiero al povero defunto che ci lagnavamo dell'andatura lenta della vettura. Chissà quello che intanto avveniva alla Borsa non sorvegliata da noi? Il Nilini, a un dato momento, mi guardò proprio con gli occhi e mi domandò perché
15 non facessi alla Borsa qualche cosa per conto mio.
«Per il momento» dissi io, e non so perché arrossissi, «io non lavoro che per conto del mio povero amico».
Quindi, dopo una lieve esitazione, aggiunsi:
«Poi penserò a me stesso». Volevo lasciargli la speranza di poter indurmi al giu-
20 oco sempre nello sforzo di conservarmelo interamente amico. Ma fra me e me formulai proprio le parole che non osavo dirgli: «Non mi metterò mai in mano tua!». Egli si mise a predicare.
«Chissà se si può cogliere un'altra simile occasione!» Dimenticava d'avermi insegnato che alla Borsa v'era l'occasione ad ogni ora.
25 Quando si arrivò al posto dove di solito le vetture si fermano, il Nilini sporse la testa dalla finestra e diede un grido di sorpresa. La vettura continuava a procedere dietro al funerale che s'avviava al cimitero greco.

---

1. succhiellare: il termine indica il brivido che si prova scoprendo lentamente le carte e qui sta a significare l'ansiosa agitazione di Zeno per le rischiose operazioni di borsa che sta conducendo allo scopo di ripianare i debiti lasciati da Guido.
2. i valori: *le azioni*.
3. Nilini: un agente di borsa.
4. volti di Chiozza: i portici di un famoso palazzo del centro storico di Trieste.

LABORATORIO DELLE COMPETENZE

«Il signor Guido era greco?» domandò sorpreso.

30 Infatti il funerale passava oltre al cimitero cattolico e s'avviava a qualche altro cimitero, giudaico, greco, protestante o serbo.

«Può essere che sia stato protestante[5]!» dissi io dapprima, ma subito mi ricordai d'aver assistito al suo matrimonio nella chiesa cattolica.

«Dev'essere un errore!» esclamai pensando dapprima che volessero seppellirlo
35 fuori di posto.

Il Nilini improvvisamente scoppiò a ridere di un riso irrefrenabile che lo gettò privo di forze in fondo alla vettura con la sua boccaccia spalancata nella piccola faccia. «Ci siamo sbagliati!» esclamò. Quando arrivò a frenare lo scoppio della sua ilarità, mi colmò di rimproveri. Io avrei dovuto vedere dove si andava perché io avrei
40 dovuto sapere l'ora e le persone ecc. Era il funerale di un altro!

Irritato, io non avevo riso con lui ed ora m'era difficile di sopportare i suoi rimproveri. Perché non aveva guardato meglio anche lui? Frenai il mio malumore solo perché mi premeva più la Borsa, che il funerale. Scendemmo dalla vettura per orizzontarci meglio e ci avviammo verso l'entrata del cimitero cattolico. La vet-
45 tura ci seguì. M'accorsi che i superstiti dell'altro defunto ci guardavano sorpresi non sapendo spiegarsi perché dopo di aver onorato fino a quell'estremo limite quel poverino lo abbandonassimo sul più bello.

Il Nilini spazientito mi precedeva. Domandò al portiere dopo una breve esitazione: «Il funerale del signor Guido Speier è già arrivato?»

50 Il portiere non sembrò sorpreso della domanda che a me parve comica. Rispose che non lo sapeva. Sapeva solo dire che nel recinto erano entrati nell'ultima mezz'ora due funerali.

Perplessi ci consultammo. Evidentemente non si poteva sapere se il funerale si trovasse già dentro o fuori. Allora decisi per mio conto. A me non era permesso
55 d'intervenire alla funzione forse già cominciata e turbarla. Dunque non sarei entrato in cimitero. Ma d'altronde non potevo rischiare d'imbattermi nel funerale, ritornando. Rinunziavo perciò ad assistere all'interramento e sarei ritornato in città facendo un lungo giro oltre Servola. Lasciai la vettura al Nilini che non voleva rinunziare di far atto di presenza per riguardo ad Ada ch'egli conosceva.

60 Con passo rapido, per sfuggire a qualunque incontro, salii la strada di campagna che conduceva al villaggio. Oramai non mi dispiaceva affatto di essermi sbagliato di funerale e di non aver reso gli ultimi onori al povero Guido. Non potevo indugiarmi in quelle pratiche religiose. Altro dovere m'incombeva: dovevo salvare l'onore del mio amico e difenderne il patrimonio a vantaggio della vedova e dei figli. Quando
65 avrei informata Ada ch'ero riuscito di ricuperare tre quarti della perdita (e riandavo con la mente su tutto il conto fatto tante volte: Guido aveva perduto il doppio del patrimonio del padre e, dopo il mio intervento, la perdita si riduceva a metà di quel patrimonio. Era perciò esatto. Io avevo ricuperata proprio tre quarti della perdita), essa certamente m'avrebbe perdonato di non essere intervenuto al suo funerale.

70 Dovetti finalmente recarmi alla casa di Ada. Venne ad aprirmi Augusta.

Mi domandò subito: «Come hai fatto a mancare al funerale tu, l'unico uomo della nostra famiglia?».

Deposi l'ombrello e il cappello, e un po' perplesso le dissi che avrei voluto parlare subito con Ada per non dovermi ripetere. Intanto potevo assicurarla che ave-

---

5. protestante: *di religione protestante.*

740 Laboratorio delle competenze

75 vo avuto le mie buone ragioni per mancare al funerale. Non ero più tanto sicuro e improvvisamente il mio fianco s'era fatto dolente forse per la stanchezza. Doveva essere quell'osservazione di Augusta, che mi faceva dubitare della possibilità di fare scusare la mia assenza che doveva aver causato uno scandalo; vedevo dinanzi a me tutti i partecipi alla mesta funzione che si distraevano dal loro dolore

80 per domandarsi dove io potessi essere.

COMPRENSIONE

1 Per quale motivo Zeno compie operazioni di borsa?

2 Che cosa accade quando la carrozza con Zeno e Nilini si avvia verso il cimitero?

3 Perché alla fine Zeno decide di non andare al funerale di Guido?

4 Scrivi il significato dei seguenti termini.
precipua: ....
giudaico: ....
ilarità: ....
incombeva: ....

5 «Quando avrei informata Ada ch'ero riuscito di ricuperare tre quarti della perdita ... essa certamente m'avrebbe perdonato di non essere intervenuto al suo funerale»; quale errore grammaticale puoi riscontrare in questa frase?

> ➡ **Oltre il testo**   **Confrontare e analizzare**
>
> • La lingua di Svevo presenta spesso espressioni colloquiali e "sgrammaticature"; sulla base dei brani letti, spiega in un breve testo scritto i motivi di queste scelte stilistiche.

ANALISI E INTERPRETAZIONE

6 Qual è l'opinione di Zeno sul giocare in borsa? Da quali punti del testo la si può desumere?

7 Perché Zeno afferma che non si affiderà mai a Nilini? Come viene presentato questo personaggio nel brano letto?

8 Zeno si impegna a ripianare le perdite lasciate da Guido. Ti sembra che le sue azioni siano dettate dall'affetto che provava per il cognato o ci sono invece altri motivi alla base del suo comportamento?

> ➡ **Oltre il testo**   **Confrontare e collegare**
>
> • Per Zeno il passaggio da "malattia" a "salute" avviene attraverso il successo professionale ed è proprio in occasione delle speculazioni fatte in borsa che egli comincia a rendersi conto delle sue capacità; come si inserisce l'episodio narrato in questo brano nel processo di consapevolezza e maturazione vissuto da Zeno nel corso del romanzo?

9 In quali punti emerge in modo più evidente l'autoironia del protagonista?

SCRITTURA E APPROFONDIMENTI

10 La mancata partecipazione di Zeno al funerale di Guido si configura come un "atto mancato", un fenomeno psichico descritto da Freud. Fai una ricerca sull'argomento e spiega in un testo scritto perché questo avvenimento è rivelatore dei veri sentimenti di Zeno nei confronti di Guido.

11 Sulla base dei brani letti, riassumi in un testo espositivo le principali caratteristiche della personalità di Zeno.

Laboratorio delle competenze

LABORATORIO DELLE COMPETENZE

Guida alla verifica orale

DOMANDA N. 1 — Quali analogie e quali differenze si possono riscontrare tra i romanzi di Svevo?

LA RISPOSTA IN SINTESI

Una vita, *Senilità* e *La coscienza di Zeno*, opere in parte autobiografiche, si incentrano sulle vicende di un antieroe nevrotico e passivo, che si contrappone a un rivale brillante e sicuro di sé. Mentre però Alfonso ed Emilio, protagonisti dei primi due romanzi, concludono la loro avventura con un fallimento (Alfonso con il suicidio, Emilio con la regressione a una condizione di «senilità»), Zeno ha successo nella vita e appare dotato di una sorta di autoironica saggezza.

LA RISPOSTA NEI TESTI

- **T1** Alfonso Nitti manifesta tutta la sua debolezza e, posto a confronto con il rivale Macario, risulta inetto, incapace di vivere e abile solo nel riflettere su se stesso attraverso la letteratura.
- **T2** L'esordio di *Senilità* evidenzia l'ambiguo atteggiamento di desiderio e timore verso la vita di Emilio Brentani che, autoingannandosi, spera di ricavare dall'incontro con Angiolina un momento di pienezza vitale che però non metta in pericolo il suo fragile equilibrio.
- **T4** Fin dall'esordio del romanzo Zeno mostra al lettore la sua condizione di "malattia", presentandola però in chiave autoironica.
- **T5** Ripercorrendo la storia del suo vizio del fumo, Zeno è pienamente consapevole della debolezza della propria volontà e dei meccanismi della propria nevrosi, a cui guarda con indulgente autoironia.

DOMANDA N. 2 — Come si configura ne *La coscienza di Zeno* il rapporto tra salute e malattia?

LA RISPOSTA IN SINTESI

Zeno si rivolge al «dottor S.» nella speranza di curare una forma di nevrosi, ma nel corso della narrazione esprime la sua sfiducia nei confronti della psicanalisi, fino a rifiutare la diagnosi del medico e a dichiararsi "guarito". La sua presunta malattia in fondo non è altro che una forma di superiore sensibilità, che gli permette di comprendere la vita meglio di chi è apparentemente "sano".

LA RISPOSTA NEI TESTI

- **T4** Nel *Preambolo* Zeno manifesta ironicamente le sue perplessità sull'efficacia della cura psicanalitica.
- **T5** Zeno individua con chiarezza l'origine della sua nevrosi, che lo porta a desiderare ciò che gli è vietato e a non riuscire a interrompere il circolo vizioso dell'«ultima sigaretta».
- **T8** Nel finale, Zeno rovescia il rapporto tra salute e malattia e, paradossalmente, si dichiara guarito perché ormai pienamente inserito in una società intrinsecamente "malata" e destinata all'autodistruzione.

DOMANDA N. 3 — Quali sono le principali novità strutturali e formali de *La coscienza di Zeno* rispetto alla narrativa precedente?

LA RISPOSTA IN SINTESI

Il romanzo, narrato *a posteriori* dal protagonista, abolisce la successione cronologica degli eventi, che vengono rievocati attraverso la memoria e la soggettività di Zeno stesso. Egli però, in quanto nevrotico, non è un narratore attendibile e spetta quindi al lettore ricostruire il significato del romanzo.

LA RISPOSTA NEI TESTI

- **T5** Nel brano, come in tutta la narrazione, presente e passato si alternano, abolendo la successione lineare degli eventi e lasciando spazio al «tempo misto» della coscienza e della memoria soggettiva.
- **T6** Il lettore non è in grado di stabilire con certezza come si sono svolti realmente i fatti, né di decidere se Zeno sia in realtà colpevole o innocente nei confronti del padre.

742 Laboratorio delle competenze

VERSO L'ESAME DI STATO

Verifica delle conoscenze

Quesiti a risposta chiusa

1 Inizialmente le opere di Svevo non ebbero successo perché:
- [ ] erano troppo innovative nelle forme e nei temi
- [ ] presentavano una trama particolarmente complessa
- [ ] utilizzavano un linguaggio troppo letterario e aulico
- [ ] furono stampate in poche copie ed ebbero una circolazione limitata

2 Nei primi due romanzi di Svevo la narrazione si svolge:
- [ ] in prima persona, con focalizzazione fissa sul protagonista
- [ ] nella forma del monologo interiore
- [ ] in terza persona, con focalizzazione zero
- [ ] in terza persona, con frequente focalizzazione sul protagonista

3 Secondo Svevo lo scopo della letteratura è soprattutto:
- [ ] analizzare l'influsso dell'ambiente sociale sull'individuo
- [ ] descrivere la realtà in modo oggettivo e impersonale
- [ ] riflettere sulla realtà e sulle sue contraddizioni
- [ ] dilettare il lettore attraverso l'ironia

4 Nel finale di *Senilità* il protagonista:
- [ ] si suicida perché rifiutato dalla donna amata
- [ ] ha la meglio sul suo rivale in amore e sposa la donna amata
- [ ] resta solo e riprende la sua vita grigia e monotona
- [ ] guarisce dalle sue nevrosi e ha successo negli affari

5 *La coscienza di Zeno* può essere considerato:
- [ ] una sorta di diario o di autobiografia
- [ ] la storia dei rapporti di Zeno con il padre
- [ ] il resoconto delle vicende amorose del protagonista
- [ ] la storia della nevrosi di Zeno

6 Il dottor S. pubblica il memoriale di Zeno:
- [ ] per aiutarlo a intraprendere la terapia psicanalitica
- [ ] per dimostrargli che la cura ha avuto successo
- [ ] per vendetta, perché Zeno ha abbandonato la cura
- [ ] per esporre lo studio di un caso clinico

7 Il linguaggio utilizzato da Svevo nei suoi romanzi è:
- [ ] non molto ricercato e a tratti scorretto
- [ ] molto ricercato sul piano retorico
- [ ] colloquiale ma molto curato
- [ ] ricco di tecnicismi e neologismi

Quesiti a risposta aperta
(massimo 8 righe per ciascuno)

1 In quale maniera l'origine triestina influenza la formazione culturale di Svevo?

2 Illustra quali sono i modelli filosofici e letterari alla base della visione del mondo di Svevo.

3 Stendi un riassunto della trama di *Una vita*.

4 Analizza il sistema dei personaggi presente nel romanzo *Senilità*.

5 Spiega quale visione della psicanalisi e delle teorie freudiane emerge dal romanzo *La coscienza di Zeno*.

6 Spiega che cosa intende Svevo con l'espressione «tempo misto» e in che senso questa concezione sta alla base del suo romanzo maggiore.

7 Illustra la funzione del narratore nella *Coscienza di Zeno*.

Trattazione sintetica di argomenti
(massimo 20 righe per ciascuno)

1 Spiega in sintesi i motivi di originalità della narrativa di Svevo nel panorama letterario del primo Novecento, con particolare attenzione allo stile. In merito considera la seguente affermazione di Benjamin Cremieux, tra i primi critici favorevoli all'autore: «La maggior obiezione che troveranno i romanzi dello Svevo in Italia sarà quella della forma… La sua frase è qualche volta impacciata. Sotto l'italiano si sente il triestino… Lo Svevo infatti non sa scrivere. Ma ha qualche cosa da dire».

2 Sulla base dei brani analizzati, conduci un confronto tra l'opera di Svevo e la narrativa di Pirandello, individuando analogie e differenze tematiche e stilistiche tra i due autori.

Verso l'Esame di Stato **743**

VERSO L'ESAME DI STATO

Analisi del testo
T9 La seduta spiritica
La coscienza di Zeno, cap. V

Zeno è stato invitato a casa dei Malfenti per prendere parte a una seduta spiritica. In realtà egli vorrebbe approfittare dell'occasione per riuscire a dichiarare i suoi sentimenti ad Ada, ma gli eventi prendono una piega inaspettata.

Essa[1] mi condusse al salotto ch'era immerso nell'oscurità più profonda. Arrivatovi dalla piena luce dell'anticamera, per un momento non vidi nulla e non osai movermi. Poi scorsi varie figure disposte intorno ad un tavolino, in fondo al salotto, abbastanza lontano da me. Fui salutato dalla voce di Ada che nell'oscurità
5 mi parve sensuale. Sorridente, una carezza:
«S'accomodi, da quella parte e non turbi gli spiriti!».
Se continuava così io non li avrei certamente turbati. Da un altro punto della periferia del tavolino echeggiò un'altra voce, di Alberta o forse di Augusta:
«Se vuole prendere parte all'evocazione, c'è qui ancora un posticino libero».
10 Io ero ben risoluto di non lasciarmi mettere in disparte e avanzai risoluto verso il punto donde[2] m'era provenuto il saluto di Ada. Urtai col ginocchio contro lo spigolo di quel tavolino veneziano ch'era tutto spigoli. Ne ebbi un dolore intenso, ma non mi lasciai arrestare e andai a cadere su un sedile offertomi non sapevo da chi, fra due fanciulle di cui una, quella alla mia destra, pensai fosse Ada e l'altra Augu-
15 sta. Subito, per evitare ogni contatto con questa, mi spinsi verso l'altra. Ebbi però il dubbio che mi sbagliassi e alla vicina di destra domandai per sentirne la voce:
«Aveste già qualche comunicazione dagli spiriti?»
Guido, che mi parve sedesse a me di faccia, m'interruppe. Imperiosamente gridò: «Silenzio!».
20 Poi, più mitemente:
«Raccoglietevi e pensate intensamente al morto che desiderate di evocare».
Io non ho alcun'avversione per i tentativi di qualunque genere di spiare il mondo di là. Ero anzi seccato di non aver introdotto io in casa di Giovanni quel tavolino, giacché vi otteneva tale successo. Ma non mi sentivo di obbedire agli ordini
25 di Guido e perciò non mi raccolsi affatto. Poi m'ero fatti tanti di quei rimproveri per aver permesso che le cose arrivassero a quel punto senz'aver detta una parola chiara con Ada, che giacché avevo la fanciulla accanto, in quell'oscurità tanto favorevole, avrei chiarito tutto. Fui trattenuto solo dalla dolcezza di averla tanto vicina a me dopo di aver temuto di averla perduta per sempre. Intuivo la dolcez-
30 za delle stoffe tiepide che sfioravano i miei vestiti e pensavo anche che così stretti l'uno all'altra, il mio toccasse il suo piedino che di sera sapevo vestito di uno stivaletto laccato. Era addirittura troppo dopo un martirio troppo lungo.
Parlò di nuovo Guido:
«Ve ne prego, raccoglietevi. Supplicate ora lo spirito che invocaste di manifestar-
35 si movendo il tavolino».

---

1. Essa: la cameriera di casa Malfenti, che ha aperto la porta a Zeno.   **2. donde:** *da dove*.

Mi piaceva ch'egli continuasse ad occuparsi del tavolino. Oramai era evidente che Ada si rassegnava di portare quasi tutto il mio peso! Se non m'avesse amato non m'avrebbe sopportato. Era venuta l'ora della chiarezza. Tolsi la mia destra dal tavolino e pian pianino le posi il braccio alla taglia[3]:

40 «Io vi amo, Ada!» dissi a bassa voce e avvicinando la mia faccia alla sua per farmi sentire meglio.

La fanciulla non rispose subito. Poi, con un soffio di voce, però quella di Augusta, mi disse:

«Perché non veniste per tanto tempo?»

45 La sorpresa e il dispiacere quasi mi facevano crollare dal mio sedile.

Subito sentii che se io dovevo finalmente eliminare quella seccante fanciulla dal mio destino, pure dovevo usarle il riguardo che un buon cavaliere quale son io, deve tributare alla donna che lo ama e sia dessa[4] la più brutta che mai sia stata creata. Come m'amava! Nel mio dolore sentii il suo amore. Non poteva essere al-
50 tro che l'amore che le aveva suggerito di non dirmi ch'essa non era Ada, ma di farmi la domanda che da Ada avevo attesa invano e che lei invece certo s'era preparata di farmi subito quando m'avesse rivisto.

Seguii un mio istinto e non risposi alla sua domanda, ma, dopo una breve esitazione, le dissi:

55 «Ho tuttavia piacere di essermi confidato a voi, Augusta, che io credo tanto buona!». Mi rimisi subito in equilibrio sul mio treppiede. Non potevo avere la chiarezza con Ada, ma intanto l'avevo completa con Augusta. Qui non potevano esserci altri malintesi.

Guido ammonì di nuovo:

60 «Se non volete star zitti, non c'è alcuno scopo di passare qui il nostro tempo all'oscuro!».

Egli non lo sapeva, ma io avevo tuttavia bisogno di un po' di oscurità che m'isolasse e mi permettesse di raccogliermi. Avevo scoperto il mio errore e il solo equilibrio che avessi riconquistato era quello sul mio sedile.

65 Avrei parlato con Ada, ma alla chiara luce. Ebbi il sospetto che alla mia sinistra non ci fosse lei, ma Alberta. Come accertarmene? Il dubbio mi fece quasi cadere a sinistra e, per riconquistare l'equilibrio, mi poggiai sul tavolino. Tutti si misero ad urlare: «Si muove, si muove!». Il mio atto involontario avrebbe potuto condurmi alla chiarezza. Donde veniva la voce di Ada? Ma Guido coprendo con la sua la
70 voce di tutti, impose quel silenzio che io, tanto volentieri, avrei imposto a lui. Poi con voce mutata, supplice (imbecille!) parlò con lo spirito ch'egli credeva presente: «Te ne prego, di' il tuo nome designandone le lettere in base all'alfabeto nostro!». Egli prevedeva tutto: aveva paura che lo spirito ricordasse l'alfabeto greco. Io continuai la commedia sempre spiando l'oscurità alla ricerca di Ada. Dopo una lieve
75 esitazione feci alzare il tavolino per sette volte così che la lettera G era acquisita. L'idea mi parve buona e per quanto la U che seguiva costasse innumerevoli movimenti, dettai netto netto[5] il nome di Guido. Non dubito che dettando il suo nome, io non fossi diretto dal desiderio di relegarlo fra gli spiriti.

Quando il nome di Guido fu perfetto, Ada finalmente parlò:

80 «Qualche vostro antenato?» suggerì. Sedeva proprio accanto a lui. Avrei voluto muovere il tavolino in modo da cacciarlo fra loro due e dividerli.

---

3. **alla taglia:** *alla vita.* **4.** **dessa:** *ella stessa, proprio lei.* **5.** **netto netto:** *chiaramente.*

Verso l'Esame di Stato   **745**

VERSO L'ESAME DI STATO

85 «Può essere!» disse Guido. Egli credeva di avere degli antenati, ma non mi faceva paura. La sua voce era alterata da una reale emozione che mi diede la gioia che prova uno schermidore quando s'accorge che l'avversario è meno temibile di quanto egli credesse. Non era mica a sangue freddo ch'egli faceva quegli esperimenti. Era un vero imbecille! Tutte le debolezze trovavano facilmente il mio compatimento, ma non la sua.

Poi egli si rivolse allo spirito:

90 «Se ti chiami Speier fa un movimento solo». Altrimenti movi il tavolino per due volte. Giacché egli voleva avere degli antenati, lo compiacqui movendo il tavolino. «Mio nonno!» mormorò Guido.

Poi la conversazione con lo spirito camminò più rapida. Allo spirito fu domandato se volesse dare delle notizie. Rispose di sì. D'affari od altre? D'affari! Questa risposta fu preferita solo perché per darla bastava movere il tavolo per una volta

95 sola. Guido domandò poi se si trattava di buone o di cattive notizie. Le cattive dovevano essere designate con due movimenti ed io, - questa volta senz'alcun'esitazione, - volli movere il tavolo per due volte. Ma il secondo movimento mi fu contrastato e doveva esserci qualcuno nella compagnia che avrebbe desiderato che le nuove fossero buone. Ada, forse? Per produrre quel secondo movimento mi gettai

100 addirittura sul tavolino e vinsi facilmente! Le notizie erano cattive!

Causa la lotta, il secondo movimento risultò eccessivo e spostò addirittura tutta la compagnia. - «Strano!» mormorò Guido. Poi, deciso, urlò:

«Basta! Basta! Qui qualcuno si diverte alle nostre spalle!»

Fu un comando cui molti nello stesso tempo ubbidirono e il salotto fu subito

105 inondato dalla luce accesa in più punti. Guido mi parve pallido! Ada s'ingannava sul conto di quell'individuo ed io le avrei aperti gli occhi.

COMPRENSIONE

1 Suddividi il testo in sequenze, indica la natura di ciascuna (dialogica, narrativa…) e stendi un breve riassunto del brano.

ANALISI E INTERPRETAZIONE

2 Spiega quali sono i sentimenti che Zeno prova per Ada e per Augusta.

3 Qual è l'atteggiamento di Zeno nei confronti di Guido? La burla ai suoi danni è solo uno scherzo innocente o nasconde motivazioni più profonde?

4 Da quali passaggi del brano emerge in modo più evidente l'autoironia di Zeno?

5 Analizza il testo dal punto di vista stilistico. La sintassi e il lessico sono semplici o elaborati? La critica ha spesso accusato Svevo di "scrivere male", con ripetizioni e usi imprecisi della lingua. Ti sembra che nel brano siano presenti esempi di questa scarsa cura formale?

6 Come viene presentata la seduta spiritica da parte di Svevo? Quale ti sembra il suo atteggiamento nei confronti di queste pratiche?

7 Nel romanzo Zeno si rivela un narratore sostanzialmente inattendibile, che alterna verità e reticenze, confessioni e falsificazioni; ti pare che questa caratteristica emerga anche dal brano letto?

SCRITTURA E APPROFONDIMENTI

8 *La coscienza di Zeno* riprende per molti aspetti le teorie psicanalitiche di Freud. Sulla base dei riferimenti presenti in questo e negli altri brani letti, spiega in un testo l'atteggiamento di Svevo nei confronti dell'inconscio e delle teorie freudiane.

Saggio breve

ARGOMENTO La figura dell'«inetto»

DOCUMENTI

1 Sono un uomo malato… sono un uomo cattivo. Un uomo che non ha nulla di attraente. Credo di esser malato di fegato. Del resto di questa mia malattia non ne capisco niente, e in verità non so nemmeno io di che cosa soffra. […]

Non soltanto non sono stato capace di diventare cattivo, ma non sono riuscito a diventare niente di niente: né cattivo né buono, né un mascalzone né una persona perbene, né un eroe, né un insetto. Adesso tiro a campare nel mio angoletto, rodendomi e cercando consolazione nell'idea maligna e perfettamente inutile che una persona intelligente non può mai diventare sul serio qualcosa, e che soltanto gli sciocchi ci riescono. Sì, una persona intelligente, nel diciannovesimo secolo, deve, anzi è moralmente obbligata a diventare un essere essenzialmente privo di carattere; un uomo che abbia del carattere è una persona attiva, e cioè una persona essenzialmente limitata.

F. M. Dostoevskij, *I ricordi del sottosuolo* (1864), traduzione di S. Ferrigni, Milano, Feltrinelli, 1974

2 L. Pirandello, *L'arte umoristica*, p. 614

3 L. Pirandello, *Un piccolo difetto*, p. 655

4 Mattia, inutile dirlo, ci si presenta come un «inetto a tutto», con straordinaria corrispondenza con la figura di Zeno Cosini: anche lui, un figlio di papà, mitemente intento a disobbedirle, pur nelle apparenze esteriori dell'ossequio e della soggezione: arma principale di una simile disobbedienza, come ha ben visto la psicanalisi, il volersi appunto nella parte di un inetto, condannato a fallire in ogni «sano» intento pratico. Questa inettitudine di tipo nuovo, psicanalitico, può innestarsi su un'inettitudine più antica a carattere sociologico […]. Seppur in modo oscuro, Mattia sa di volersi inetto per raggiungere una diversa disponibilità alla vita: tanto è vero che, mentre i nobili decaduti di Verga o De Roberto risultano spietatamente esposti ai colpi della fortuna, questi nulla possono contro Mattia; egli ha un'arma efficace per combatterli, la risata: «Da allora ho fatto il gusto a ridere di tutte le mie sciagure e d'ogni mio tormento». Risata, difesa comica che significa anche riconoscersi ormai collocato su un piano diverso, fuori dalla soffocante logica naturalistico-borghese della roba […].

R. Barilli, *Pirandello. Una rivoluzione culturale*, Milano, Mursia, 1986

5 I. Svevo, *Alfonso e Macario*, p. 703.

6 I. Svevo, *Emilio e Angiolina*, p. 709.

7 G. Debenedetti, *L'inetto «consapevole» dei romanzi di Svevo*, p. 698.

8 I. Svevo, *L'ultima sigaretta*, p. 718.

9 Come Alfonso Nitti ed Emilio Brentani, Zeno appartiene alla categoria degli «inetti». Per lui le cose accadono casualmente, sottratte come sono a qualunque rapporto di causa-effetto, e nella sua ottica di straniero nel mondo (si ricordi che il suo nome ricalca il termine greco *Xénos*, "straniero"), l'enigmatico corso della vita non appare né brutto né bello, ma «originale», dunque imprevedibile. Egli tuttavia, a differenza dei suoi predecessori, ha imparato ironicamente a convivere con il proprio disagio, forte soprattutto della convinzione che ciò che la coscienza borghese identifica con la salute altro non è che una rimozione della malattia.

Estraneo e "malato", lo sguardo di Zeno funziona da elemento straniante nei confronti del mondo dei cosiddetti "sani". Nella sua totale diversità da Augusta, la donna che, pur non amando, ha deciso di sposare e che incarna ai suoi occhi il modello della salute, Zeno comprende che i "sani" non sanno nulla di se stessi, non si guardano allo specchio: se lo facessero, la salute si convertirebbe immediatamente in malattia. Ciò equivale a dire che la salute consiste in uno stato di inconsapevolezza, mentre l'uomo che abbia consapevolezza della propria condizione, che non prenda come un dato indiscutibile quanto accade, non può non sentirsi a disagio nel rapporto con il mondo.

G. Fenocchio, *Italo Svevo*, in E. Raimondi, *La letteratura italiana: il Novecento*, vol. 2, Milano, Bruno Mondadori, 2004

Verso l'Esame di Stato **747**

SCUOLA DI GRAMMATICA

Riflessioni e interrogativi sulla guerra

Competenze linguistiche
- Le congiunzioni subordinanti
- Il gerundio
- Il participio

Barbara Piovano, in un intervento dal titolo Il contributo della psicoanalisi al problema della guerra *pubblicato sul sito web della storica Società psicoana-litica italiana nel gennaio del 2014, cerca di stabilire quali relazioni ci siano tra le patologie nevrotiche del singolo e i grandi eventi collettivi.*

I contributi degli psicoanalisti alla comprensione dei problemi che riguardano la collettività – le guerre, il terrorismo, l'immigrazione, la bomba atomica – sono oggi numerosi, così come tanti sono gli analisti che si sono impegnati e si impegnano sul fronte nei paesi devastati da guerre civili, dittature, situazioni di esiliati traumatizzati. Circa le cause della guerra Freud riteneva che

5   l'aggressività fosse una componente essenziale della natura umana e che quindi fosse irrealistico ricondurre la violenza esclusivamente al regime politico o a ragioni di tipo sociale ed economico. Pur ritenendo che non esistesse alcuna speranza di poter sopprimere le inclinazioni aggressive degli uomini, suggeriva delle vie indirette per contrastare la guerra.
Sebbene la sua esperienza ed osservazione dell'Europa tra le due guerre non lo spingesse a es-

10 sere ottimista, sembrava, tuttavia, che mostrasse uno spiraglio di fiducia quando sosteneva che l'aggressività può essere gradualmente interiorizzata grazie all'impatto evolutivo del processo di civilizzazione e allo sviluppo delle identificazioni fondate sui "legami emotivi tra gli uomini" e sulla "condivisione del valore della ragione" e del pensiero.
Gli psicoanalisti, pur avendo mostrato interesse nei confronti del problema della guerra, mostrano

15 un tipo di approccio cauto che discute da sempre sull'opportunità o meno di applicare gli *insight* della psicoanalisi a processi sociali esterni e su larga scala, processi che sono determinati da una molteplicità di fattori biologici e sociopolitici.
La psicoanalisi non ha mai sostenuto di essere una teoria sociale o politica e si è sempre concentrata sul mondo interiore dell'individuo: tuttavia essa è l'unica scienza a poter offrire intuizioni

20 riguardo all'inconscio in quella particolare attività che chiamiamo guerra. Già Franco Fornari si chiedeva se e in che misura la conoscenza psicoanalitica potesse essere concretamente applicata al controllo della guerra come fenomeno collettivo (Fornari, 1970, pag 41).
La guerra offre innumerevoli opportunità per mettere in atto le fantasie distruttive dell'individuo o per vederle riattualizzate nel palcoscenico del mondo. Tutto ciò che per rendere possibile la

25 convivenza sociale era stato relegato nella sfera della fantasia riaffiora in tempo di guerra e la guerra ha effetti devastanti sulla psiche della persone.
I quesiti teorici che la psicoanalisi si pone quando si confronta con l'impatto della guerra sull'individuo sono: cosa accade nel paziente quando la realtà conferma le peggiori fantasie dell'individuo? Cosa accade quando sulla scena mondiale irrompono immagini di distruzione o di dissoluzione

30 personale precedentemente contenute nella sfera delle fantasie private?
Nella pratica psicoanalitica, tuttavia, può essere dannoso ritenere gli eventi esterni come semplici indizi per l'analisi del mondo psichico (Heike Inze, 1986). Gli effetti traumatici degli eventi esterni – guerre, abusi, torture, attentati terroristici, genocidi – sono adesso al centro dell'attenzione degli analisti e l'analisi di pazienti traumatizzati è andata incontro a modifiche nella tecnica e nel tipo

35 di ascolto analitico. Bohleber (2007) sostiene che quando il *transfert-controtransfert* è analizzato in terapia solo nel qui ed ora – partendo dal presupposto che il presente contiene il passato e che la verità narrativa sostituisce la verità storica – si corre il rischio di non distinguere tra fantasia e realtà (e tra bugie e verità) e di ritraumatizzare il paziente: districare la fantasia dalla realtà

richiede un reminiscenza (*remembrance*) e una ricostruzione nel trattamento psicoanalitico. Egli sottolinea con forza che il lavoro analitico con il paziente traumatizzato da gravi eventi sociali va affiancato a un discorso politico che denunci con forza la verità storica degli eventi traumatici e il diniego e il ripudio degli stessi.

Nella pratica psicoanalitica forme patologiche di narcisismo sono un sintomo di un Sé fragile che si sente minacciato dalla differenza e ha bisogno di escludere tutto ciò che è diverso e nuovo attraverso la costruzione di rigidi confini. Come potrebbe questa esperienza clinica essere utilizzata per comprendere il fenomeno sociale e politico della avversione e chiusura nei confronti della immigrazione?

Stefania Nicasi (2008) pone un importante interrogativo che lascia aperto, ma al quale sarebbe utile che gli psicoanalisti tentassero di dare una risposta se vogliono dare un contributo a una riflessione sui gruppi terroristici, sui genocidi e sulla guerra nucleare: "È sufficiente una teoria dell'aggressività individuale per spiegare il fenomeno della guerra o è necessario fare riferimento a una teoria dei gruppi? La guerra può essere considerata un qualsiasi conflitto tra gruppi o si deve tenere conto che a condurla siano gli Stati? È davvero possibile, come avviene nella teorizzazione di Fornari, equiparare lo Stato al gruppo?".

Hanna Segal (1987) e Franco Fornari (1970) insistono rispettivamente sulla necessità che venga accresciuta la consapevolezza sociale rispetto alla paura che ognuno di noi prova nei confronti della guerra e sulla necessità che individui e gruppi su riapproprino della responsabilità nei confronti della guerra.

La responsabilità presuppone che l'individuo o il gruppo abbiano la fiducia che il proprio contributo è importante ai fini di evitare che i conflitti si traducano in guerre. È proprio questa fiducia nell'importanza del contributo di ogni cittadino che un regime democratico dovrebbe sostenere. Concludo il rapido excursus su autorevoli analisti che hanno pensato sul fenomeno guerra con interrogativi che lascio aperti e che vorrebbero essere uno stimolo alla ricerca di soluzioni collettive orientate al mantenimento della pace, ispirate dalla ragione.

Nell'individuo l'onnipotenza e la paranoia si riducono nella misura in cui la terapia promuove cambiamenti strutturali interni della personalità che lo aiutino a integrare aspetti di negatività e distruttività interna, a riflettere sulle conseguenze delle proprie azioni sugli oggetti amati e a sviluppare attitudini e gesti riparatori.

Ma come può un maggiore insight sulla distruttività presente in ognuno di noi tradursi in una maggiore responsabilizzazione di quegli organismi nazionali e internazionali che sono preposti al mantenimento della pace?

(dal sito www.spiweb.it)

Verso l'INVALSI

1 Le lineette che racchiudono la frase «– le guerre, il terrorismo, l'immigrazione, la bomba atomica – » (rr. 1-2) servono per:

a isolare l'inciso che sottolinea quali sono i contributi degli psicanalisti
b introdurre una citazione dagli scritti degli psicanalisti
c isolare l'inciso che indica quali sono i problemi collettivi
d introdurre una informazione non pertinente

2 La frase «come tanti sono gli analisti che si sono impegnati e si impegnano sul fronte nei paesi devastati da guerre civili» (rr. 2-4) rispetto alla precedente introduce:

a un parallelismo
b una contrapposizione
c un effetto
d un chiarimento

3 Indica l'articolazione del periodo e la tipologia di proposizioni presenti nel seguente periodo del testo: «Circa le cause della guerra Freud riteneva che l'aggressività fosse una componente essenziale della natura umana e che quindi fosse irrealistico ricondurre la violenza esclusivamente al regime politico o a ragioni di tipo sociale ed economico» (rr. 4-6):

	PRINCIPALE	COORDINATA (specificare a che cosa)	SUBORDINATA (specificare grado e tipologia)
Circa le cause della guerra Freud riteneva			
che l'aggressività fosse una componente essenziale della natura umana			
e che quindi fosse irrealistico ricondurre la violenza esclusivamente al regime politico o a ragioni di tipo sociale ed economico			

4 La subordinata implicita «pur ritenendo» ha valore (r. 7):

a consecutivo   b concessivo
c condizionale   d temporale

5 Quale delle seguenti frasi del testo potrebbe sintetizzare il pensiero di Freud a proposito dell'aggressività in relazione alla guerra?

a «riteneva che l'aggressività fosse una componente essenziale della natura umana» (rr. 4-5)
b «Pur ritenendo che non esistesse alcuna speranza di poter sopprimere le inclinazioni aggressive degli uomini» (rr. 7-8)
c «sosteneva che l'aggressività può essere gradualmente interiorizzata grazie all'impatto evolutivo del processo di civilizzazione» (rr. 10-12)
d «La guerra offre innumerevoli opportunità per mettere in atto le fantasie distruttive dell'individuo» (rr. 23-24)

6 Nella frase «pur avendo mostrato interesse nei confronti del problema della guerra» (r. 14) chi è il soggetto?

a interesse   b guerra
c psicanalisti (sottinteso)   d Freud (sottinteso)

7 Le proposizioni subordinate nel periodo «si chiedeva se e in che misura la conoscenza psicoanalitica potesse essere concretamente applicata al controllo della guerra come fenomeno collettivo» (rr. 20-22) sono:

a dichiarative
b condizionali
c condizionale e relativa
d interrogative indirette

8 La proposizione implicita espressa al participio «precedentemente contenute nella sfera delle fantasie private» (r. 30) è una proposizione:

....

9 Che cosa è adesso al centro dell'attenzione degli analisti che si occupano di pazienti traumatizzati?

....

10 Su quale aspetto insistono gli studiosi Hanna Segal e Franco Fornari a proposito dei conflitti?

a gli eventi traumatici ricorrenti
b le paure degli individui
c il senso di responsabilità individuale
d l'aggressività degli individui

11 In quale delle seguenti frasi del testo che introduce una proposizione relativa?

a «Bohleber (2007) sostiene che quando il transfert-controtransfert è analizzato in terapia solo nel qui ed ora […] si corre il rischio di non distinguere tra fantasia e realtà» (rr. 35-38)
b «Egli sottolinea con forza che il lavoro analitico con il paziente traumatizzato da gravi eventi sociali va affiancato a un discorso politico» (rr. 89-41)
c «abbiano la fiducia che il proprio contributo è importante» (rr. 59-60)
d «È proprio questa fiducia nell'importanza del contributo di ogni cittadino che un regime democratico dovrebbe sostenere» (rr. 60-61)

12 Sintetizza le conclusioni proposte dall'autore dell'articolo sugli studi riportati:

....

....

Scuola di grammatica

Ripassiamo insieme - Sintassi

Congiunzioni subordinanti: quali?

Le subordinate esplicite sono espresse dal verbo di modo finito (indicativo, congiuntivo, condizionale), e introdotte da connettivi che possono essere pronomi o avverbi relativi, pronomi, aggettivi o avverbi interrogativi e infine congiunzioni subordinanti: concentriamo ora la nostra attenzione su queste ultime.

FUNZIONE	CONGIUNZIONI SUBORDINANTI	ESEMPIO
dichiarativa	Che, come	Mi hanno detto che oggi è sciopero dei treni
causale	Perché, poiché, dal momento che	Non verrò perché ho già un impegno
finale	Affinché, perché	Studio affinché possa superare l'esame
consecutiva	Cosicché, tanto … che…	Ho corso così tanto che sono stanco morto
temporale	Quando, mentre, prima	Preparo la cena mentre ascolto la radio
concessiva	Sebbene, benché, anche se	Sebbene fosse già buio non rinunciò alla sua passeggiata
condizionale	Se, qualora, purché	Se torni a casa, sarò felice
modale	Come	Preparo il risotto come mia mamma mi ha insegnato
interrogativa	Perché, come, se	Dimmi se parteciperai alla festa
eccettuativa	Eccetto che, fuorché, salvo che	Sarò lì alle otto, salvo che rimanga imbottigliata nel traffico

Occhio al gerundio!

Abbiamo visto che è possibile costruire subordinate implicite utilizzando i modi indefiniti, tra cui il gerundio. Di norma il gerundio ha lo stesso soggetto del verbo di modo finito da cui dipende:

→ *Avendo preso i biglietti, Marina è andata a teatro con gli amici*

Marina è il soggetto sia della proposizione principale (*è andata a teatro con gli amici*), sia della proposizione subordinata implicita (*Avendo preso i bilglietti*). Infatti se volgo la proposizione in forma esplicita avrò:

→ *Poiché/dopoché (Marina) ha preso i biglietti, Marina è andata a teatro*

Posso però anche costruire una proposizione subordinata con un gerundio assoluto, cioè che non abbia lo stesso soggetto della reggente: in questo caso però dovrò inserire il nuovo soggetto nella posizione opportuna:

→ *Avendo Giorgio preso i biglietti, Marina è andata a teatro con lui*

In questo caso il soggetto della proposizione al gerundio è Giorgio e il termine è posizionato tra l'ausiliare e il participio (*avendo Giorgio preso*).

È un errore:

→ *Marina è andata a teatro con Giorgio, avendo preso i biglietti*

Il soggetto del gerundio risulterebbe essere ancora una volta quello della reggente, con un errore di costruzione.

Solo quando il gerundio o la reggente hanno soggetto generico o impersonale si può contravvenire alla regola (*Sbagliando si impara*), o quando il gerundio è riferito al soggetto logico della principale (*Non mi resta che studiare, pur non avendone voglia*).

Scuola di grammatica

Occhio al participio!

Il participio passato può essere utilizzato per costruire una proposizione subordinata implicita dal valore temporale, causale, concessivo. In questi casi non dobbiamo dimenticare che:

Participio passato di verbi transitivi → **valore passivo**

È corretto:
1 *Interrogato a lungo, alla fine Luigi confessò la colpa*
   ↓
   Dopo essere stato interrogato a lungo

Il soggetto della subordinata è lo stesso della reggente: Luigi – non è necessario inserirlo.

2 *I poliziotti, interrogato Luigi, compilarono il verbale*
   ↓
   Dopo che Luigi era stato interrogato

Il soggetto della subordinata (Luigi) è diverso da quello della reggente (i poliziotti), perciò va inserito.

È un errore:
→ *I poliziotti, interrogato a lungo, poiché Luigi confessò la colpa, compilarono il verbale*

La subordinata al participio non ha un soggetto espresso, ma non può nemmeno avere quello della reggente (i poliziotti).
La frase può essere corretta così:

→ *I poliziotti, avendo interrogato Luigi, compilarono il verbale dopo che lui confessò la colpa*

Scuola di grammatica

Il romanzo della crisi

- **T1** M. Proust, *La madeleine* (Alla ricerca del tempo perduto – Dalla parte di Swann)
- **T2** T. Mann, *La morte di Aschenbach* (La morte a Venezia)
- **T3** F. Kafka, *Il risveglio di Gregor Samsa* (La metamorfosi)
- **T4** J. Joyce, *Il monologo di Molly Bloom* (Ulisse)
- **T5** V. Woolf, *Il calzerotto marrone* (Gita al faro)

Laboratorio delle competenze

- **T6** TESTO LABORATORIO – F. Kafka, *Davanti alla legge* (Il processo)

Il romanzo della crisi

Virginia Woolf fotografata da Gisèle Freund nel 1939.

Il romanzo del primo Novecento

La trasformazione del genere Nei primi decenni del Novecento si assiste in tutta Europa alla fioritura di **romanzi profondamente innovativi nei temi e nelle forme**, che si contrappongono alla tradizione letteraria precedente e sottopongono questo genere letterario a una vera e propria rivoluzione. Dopo la grande stagione della narrativa naturalista, già autori decadenti come Oscar Wilde e Gabriele D'Annunzio avevano messo in crisi l'idea del romanzo come trascrizione fedele di una realtà oggettiva, privilegiando una visione più critica e incentrata sulla psicologia dei personaggi. All'inizio del Novecento queste nuove tendenze giungono a maturazione, in conseguenza di una serie di fattori storici e culturali. Alla **crisi del razionalismo positivistico** si unisce infatti l'influsso della filosofia di Henri Bergson e la sua concezione del **tempo** come fattore **soggettivo**, mentre le teorie di Sigmund Freud e la nascita della psicanalisi portano alla scoperta dell'**inconscio**, e l'evoluzione della scienza, con le teorie della relatività e della meccanica quantistica, rimette in discussione le categorie stesse di spazio e tempo. Il profondo senso di disorientamento dell'uomo del Novecento si traduce quindi in una **visione della realtà relativa, soggettiva e problematica**, espressione di un disagio che influenza la narrativa contemporanea.

La centralità del soggetto L'aspetto più evidente del romanzo novecentesco è il venir meno dell'interesse per l'intreccio e per il contesto sociale a vantaggio dell'**analisi dell'interiorità del singolo**, dei suoi ricordi e delle complesse **dinamiche della psiche**. I soggetti della narrazione non sono più figure eccezionali, ma **personaggi quotidiani** e dimessi, preda di contraddizioni e turbamenti che prendono la forma della malattia e della nevrosi. Al centro della vicenda si pone spesso la figura dell'«inetto», personaggio debole e ragionatore, incapace di vivere e portato a una logorante autoanalisi.
La centralità del soggetto determina anche importanti **innovazioni strutturali**. Nel romanzo psicologico, gli eventi esterni perdono importanza e la trama diviene del tutto secondaria: il monumentale *Ulisse* di James Joyce è dedicato ad analizzare nei particolari più minuti una sola giornata del protagonista, mentre i sette volumi dell'opera maggiore di Marcel Proust si svolgono seguendo il tenue filo della memoria soggettiva.

L'"opera aperta" Un altro aspetto che, pur nella varietà delle soluzioni narrative, accomuna molti autori del primo Novecento è la tendenza all'abbandono di forme "chiuse" di racconto, volte a trasmettere un messaggio unitario, a vantaggio di **strutture più complesse e "aperte"**. Mentre il romanzo tradizionale seguiva la vicenda di uno o più personaggi secondo uno svolgimento logico e cronologico lineare, il nuovo romanzo assume spesso la forma meno strutturata del **diario**, del **memoriale** o del **monologo interiore**, poiché l'autore non intende più proporre una visione organica della realtà ma al contrario si propone di riflettere il **caos della realtà** (*Ulisse*) o la vita della **coscienza** (*Gita al faro* di Virginia Woolf) o la propria **percezione soggettiva** dell'esistenza (Proust). In quest'ottica sperimentale trova posto anche la scelta dell'"incompiuto" (tali sono per esempio *L'uomo senza qualità* di Robert Musil o i romanzi di Franz Kafka) o comunque di romanzi dal **finale problematico**, in cui è richiesta la collaborazione del lettore per ricostruire il senso complessivo della vicenda, che peraltro resta spesso volutamente ambiguo e sfuggente.

Le tecniche narrative   Sul piano formale, il romanzo del primo Novecento appare come un vero laboratorio di **sperimentazioni** spesso estreme, rivolte in genere a un pubblico colto e in grado di apprezzarne l'originalità. Del tutto nuove sono anche le modalità del racconto. Per meglio esprimere una visione della realtà soggettiva e relativa, la registrazione degli eventi non è più delegata a un narratore esterno e onnisciente, ma in genere è gestita dal protagonista stesso, ossia da un **io narrante interno alla vicenda**, il cui punto di vista è necessariamente parziale e talvolta inattendibile (come nella combinazione di verità e autoinganni della *Coscienza di Zeno* di Italo Svevo). All'ottica dell'io narrante si alternano inoltre **punti di vista alternativi e discordanti**, che portano il lettore a osservare la realtà descritta secondo una prospettiva variabile, che esclude la possibilità di individuare una chiave di lettura univoca degli eventi. Anche la gestione del tempo narrativo si modifica radicalmente, sottraendosi alla successione lineare attraverso la frequente **sovrapposizione di piani temporali diversi**, in cui passato, presente e futuro tendono a confondersi, in quanto **compresenti nella coscienza dell'io narrante**. *Alla ricerca del tempo perduto* di Proust, per esempio, si basa su vicende filtrate dalla memoria soggettiva, che non procede in modo razionale ma asseconda l'affiorare involontario dei ricordi. Infine, i nuovi romanzieri adottano forme espressive spesso arditamente sperimentali, nel tentativo di riportare in forma più immediata e suggestiva il **movimento libero e incoerente del pensiero** dei personaggi. Alle tecniche tradizionali del soliloquio o del monologo interiore, James Joyce e Virginia Woolf sostituiscono il cosiddetto "**flusso di coscienza**" (*stream of consciousness*), che consiste nel riportare i pensieri dei personaggi in forma volutamente disorganizzata, abolendo sia i nessi logici di causa-effetto sia il rispetto delle regole sintattiche.

Ⓞ Sosta di verifica

1   Quali fattori culturali influenzano il rinnovamento del romanzo del primo Novecento?

2   Quale tipo di protagonista è spesso al centro di questi romanzi?

3   Che cosa si intende con "opera aperta"?

4   Quali sono le principali innovazioni strutturali e formali del nuovo romanzo europeo?

Il romanzo in Francia

Nuovi sviluppi   Il processo di innovazione del romanzo risente naturalmente delle caratteristiche delle diverse tradizioni letterarie e assume forme differenti nelle varie aree d'Europa. In quella di lingua francese, esauritasi la grande stagione del Naturalismo ottocentesco, già opere di matrice decadente come *Controcorrente* di Joris-Karl Huysmans avevano avviato il passaggio dal romanzo oggettivo di analisi sociale alla narrativa psicologica, incentrata sui moti interiori del protagonista più che sugli eventi esteriori. Il processo di **dissoluzione della trama degli eventi a vantaggio della dimensione interiore** trova in seguito piena affermazione nella rivoluzionaria opera di Marcel Proust che, nel ciclo di sette romanzi intitolato *Alla ricerca del tempo perduto*, ricostruisce in prospettiva del tutto soggettiva l'esperienza biografica del protagonista e io narrante, filtrata attraverso la memoria e la scrittura.

Marcel Proust   Figlio di un illustre medico e di un'ebrea dell'alta borghesia, Marcel Proust nasce ad Auteuil, vicino a Parigi, nel **1871**. Dopo il liceo studia prima legge e poi scienze politiche a Parigi, avvicinandosi intanto a poeti e pittori dell'area simbolista. Introdotto nei salotti aristocratici, Proust conduce la vita del *dandy*, mentre esordisce come scrittore con una serie di articoli e novelle. Nel 1895 inizia la stesura di *Jean Santeuil*, un romanzo di formazione che lo occuperà per cinque anni ma resterà incompiuto. Nel 1908, dopo un periodo difficile segnato dalla morte dei genitori e dall'accentuarsi di una grave forma asmatica, si allontana dalla vita mondana per dedicarsi totalmente alla stesura del **ciclo romanzesco** *Alla ricerca del tempo perduto*, un progetto che si amplia progressivamente fino a comprendere **sette volumi**. Proust vi lavora in assoluto **isolamento**, chiuso nella sua abitazione e dedito all'uso di oppio e ipnotici che ne peggiorano l'incerta salute. Nel 1913 esce il primo

Il romanzo in Francia   755

volume, *Dalla parte di Swann*, cui segue nel 1919 il secondo, *All'ombra delle fanciulle in fiore*, che vince il premio Goncourt consacrando la fama del suo autore. Proust **muore a Parigi nel 1922**, dopo aver pubblicato anche il terzo e il quarto volume del ciclo (*I Guermantes* e *Sodoma e Gomorra*), mentre gli ultimi tre (*La prigioniera*, *La fuggitiva* e *Il tempo ritrovato*) saranno editi postumi tra il 1923 e il 1927.

Il vasto affresco della *Ricerca* narra i **ricordi del protagonista e io narrante** (che coincide con l'autore) **dalla sua infanzia alla maturità**, nell'ambiente dell'alta borghesia parigina.

Nel romanzo *Dalla parte di Swann* Marcel rievoca la propria infanzia a Combray, un paese di campagna in cui passava le vacanze; ai ricordi familiari si associano quelli legati alla famiglia aristocratica dei Guermantes e a Charles Swann, un ricco e colto borghese unitosi in matrimonio a Odette, una donna dal passato poco limpido. Gilberte, loro figlia, è il primo amore adolescenziale del narratore.

In *All'ombra delle fanciulle in fiore* l'ambientazione si sposta a Balbec, sulla costa normanna, dove il protagonista si innamora della giovane Albertine. Scoperta l'omosessualità della donna, Marcel decide comunque di portarla con sé a Parigi e di sposarla ma, ossessionato dai suoi tradimenti, la tiene reclusa in casa, fino alla sua fuga, cui segue la morte.

Il volume finale, *Il tempo ritrovato*, è ambientato in un periodo successivo, durante e subito dopo la Grande Guerra. Il protagonista, invecchiato, ritorna a Parigi dove, grazie a una serie di sensazioni folgoranti, comprende la sua vocazione di scrittore che ha come scopo quello di **ricordare il passato e sottrarlo all'oblio**, attraverso la stesura di un romanzo.

Il tempo e la memoria

Al di là della ricostruzione degli ambienti dell'**alta borghesia parigina** di inizio Novecento, al centro della *Ricerca* si colloca soprattutto la figura del protagonista e io narrante, che rievoca le vicende della propria vita in un'ottica del tutto soggettiva e individuale. Influenzato dal pensiero del filosofo Henri **Bergson** (suo cugino acquisito) e dalla sua teoria del tempo come «durata», Proust costruisce tutta la sua opera sui ricordi del protagonista, distinguendo tuttavia la «**memoria volontaria**», che coincide con la ricostruzione volontaria e razionale del passato, da quella che egli chiama «**memoria involontaria**», l'unica che appare in grado di far rivivere il tempo perduto nella sua interezza. Quest'ultima affiora in modo inaspettato, come una sorta di epifania (ossia di apparizione), suscitata da uno stimolo sensoriale in apparenza banale. All'inizio del romanzo, per esempio,

è il sapore dimenticato di una *madeleine*, un dolce gustato da bambino, a suscitare nel narratore una cascata di ricordi vividi che lo riportano agli anni dell'infanzia. L'opera di Proust si sviluppa seguendo la tenue scia di questi **ricordi alogici e irrazionali**, che permettono all'io narrante di riscoprire il significato della propria esistenza e di comprenderla.

Nonostante l'ampiezza della *Ricerca*, i sette romanzi si presentano come un **insieme unitario e organico**, di cui l'autore fissa a priori il punto di partenza e quello d'arrivo, ossia l'inizio del recupero memoriale e il punto d'approdo costituito dal volume conclusivo, *Il tempo ritrovato*, in cui alla scrittura viene riconosciuto il compito di esprimere la verità profonda della vita e di vincere il tempo e la morte.

Un lungo viaggio ideale

I volumi che compongono l'opera proustiana possono essere interpretati come una sorta di viaggio ideale del protagonista-narratore (e dell'autore stesso) a ritroso nel tempo e **alla ricerca della propria interiorità e del senso dell'esistenza**, in una continua **alternanza di piani temporali**. La narrazione è condotta da un punto di vista del tutto soggettivo, attento non tanto agli eventi concreti quanto piuttosto alle sensazioni e agli stati d'animo del protagonista, a quelle che Proust stesso chiama «**intermittenze del cuore**», del tutto emotive e inaspettate. L'idea che il **tempo** sia anzitutto una **dimensione interiore** fa sì che non solo la successione lineare degli eventi sia spesso alterata, ma anche che la loro durata sia **filtrata dalla percezione dell'io narrante**, che dilata episodi di per sé insignificanti ma fondamentali per la sua coscienza o, al contrario, contrae nello spazio di poche righe ampi periodi di tempo considerati poco significativi per il soggetto.

Sul piano stilistico, la *Ricerca* alterna sequenze narrative a parti descrittive o introspettive o, a tratti, quasi saggistiche, ricorrendo a un **periodare ampio e complesso**, ricco di subordinate, che riproduce l'ondeggiare della memoria e, al tempo stesso, la tensione di una scrittura che si pone come analisi e scandaglio delle zone più profonde della psiche.

◯ Sosta di verifica

1 A quale ambiente sociale appartiene Proust?

2 Quanti e quali romanzi compongono il ciclo *Alla ricerca del tempo perduto*?

3 Che cosa intende Proust con «memoria involontaria»?

4 Quale scopo si prefigge Proust con la stesura della *Ricerca*?

756 Il romanzo della crisi

T1 **Marcel Proust, La *madeleine***

Alla ricerca del tempo perduto – Dalla parte di Swann

All'inizio del romanzo Dalla parte di Swann *(il primo della* Ricerca*) la voce narrante, che è quella di un adulto di cui non viene precisata l'età, racconta che spesso gli accade di non riuscire a dormire e che, durante queste crisi di insonnia, si sforza di ricordare la sua infanzia a Combray, un paesino della provincia francese. La memoria gli restituisce immagini frammentarie del passato, tutte riferite al rapporto di profonda tenerezza che lo legava alla madre: la tristezza del distacco serale, l'attesa del bacio della buonanotte, il dolore per l'arrivo di qualche ospite che impediva il compiersi di quel rituale consolatorio.*

Dopo aver riflettuto sulla lontananza della stagione infantile, che sembra ormai irrimediabilmente perduta nell'oblio, il protagonista scopre che in realtà il passato può risorgere nella sua interezza attraverso un evento del tutto casuale e inaspettato, grazie al quale è possibile rivivere in tutta la sua intensità l'essenza preziosa di ciò che è stato. È quanto accade nel momento in cui, dopo tanto tempo, egli riassaggia lo stesso dolce (la madeleine) che da bambino mangiava a Combray: un intero mondo di ricordi e di emozioni riaffiora spontaneamente dal fondo della memoria.

E così, ogni volta che svegliandomi di notte mi ricordavo di Combray, per molto tempo non ne rividi che quella sorta di lembo luminoso ritagliato nel mezzo di tenebre indistinte, simile a quelli che l'accensione di un bengala[1] o un fascio di luce elettrica rischiarano e isolano in un edificio che resta per le altre parti spro-

5 fondato nel buio: abbastanza largo alla base, il salottino, la sala da pranzo, l'imbocco del viale non illuminato dal quale sarebbe comparso il signor Swann, l'ignaro responsabile delle mie tristezze[2], il vestibolo nel quale mi sarei avviato verso il primo gradino della scala, che era così crudele salire e che costituiva da sola il tronco fortemente assottigliato di questa piramide irregolare[3]; e, al vertice, la mia

10 camera da letto con annesso il piccolo corridoio dalla porta a vetri per l'ingresso della mamma; in breve, visto[4] sempre alla stessa ora, isolato da tutto ciò che poteva esistere intorno, si stagliava[5], unica presenza nell'oscurità, lo scenario strettamente indispensabile (come quelli che figurano in testa ai vecchi copioni teatrali per le rappresentazioni in provincia) al dramma della mia svestizione; come se

15 Combray non fosse consistita che di due piani collegati fra loro da un'esile scala e come se non fossero mai state, là, altro che le sette di sera. Per dire la verità, a chi m'avesse interrogato avrei potuto rispondere che Combray comprendeva altre cose ancora ed esisteva anche in altre ore. Ma poiché quello che avrei ricordato sarebbe affiorato soltanto dalla memoria volontaria, dalla memoria dell'intelli-

20 genza, e poiché le informazioni che questa fornisce sul passato non ne trattengono nulla di reale, io non avrei mai avuto voglia di pensare a quel resto di Combray. Per me, in effetti, era morto.

Morto per sempre? Poteva darsi.

Il caso ha gran parte in tutto ciò, e spesso un secondo caso, quello della nostra

25 morte, non ci permette di aspettare troppo a lungo i favori del primo.

Trovo del tutto ragionevole la credenza celtica[6] secondo la quale le anime di coloro che abbiamo perduti sono imprigionate in qualche essere inferiore, un ani-

> La «memoria volontaria», legata alla logica, risulta del tutto inefficace per far rivivere realmente il passato, che sembra cancellato per sempre dallo scorrere del tempo.

---

1. bengala: *fuoco d'artificio.*
2. l'ignaro … tristezze: poiché la presenza di Swann, un amico di famiglia, avrebbe impedito alla madre di salire in camera di Marcel per il bacio della buonanotte.

3. il tronco … irregolare: *la facciata stretta e alta, in forma di trapezio isoscele, di questa piramide di forma irregolare*; si riferisce alla scala che sale dal vestibolo ai piani superiori della casa.

4. visto: riferito a «scenario».
5. si stagliava: *si ergeva.*
6. credenza celtica: allude alla metempsicosi, ossia all'idea della trasmigrazione delle anime, in cui credeva l'antico popolo dei Celti.

Marcel Proust

> **Ricordare significa per Proust sottrarre l'esistenza all'oblio e alla morte.**

male, un vegetale, un oggetto inanimato, perdute davvero per noi fino al giorno, che per molti non arriva mai, nel quale ci troviamo a passare accanto all'albero o a entrare in possesso dell'oggetto che ne costituisce la prigione. Allora esse sussultano, ci chiamano, e non appena le abbiamo riconosciute, l'incantesimo si spezza. Liberate da noi, hanno vinto la morte, e tornano a vivere con noi.

Così per il nostro passato. È uno sforzo vano cercare di evocarlo, inutili tutti i tentativi della nostra intelligenza. Se ne sta nascosto al di là del suo dominio e della sua portata, in qualche insospettato oggetto materiale (nella sensazione che questo ci darebbe). Questo oggetto, dipende dal caso che noi lo incontriamo prima di morire, oppure che non lo incontriamo mai.

Erano già parecchi anni che tutto quanto di Combray non costituiva il teatro e il dramma del mio andare a letto aveva smesso di esistere per me, quando, un giorno d'inverno, al mio ritorno a casa, mia madre, vedendomi infreddolito, mi propose di bere, contrariamente alla mia abitudine, una tazza di tè. Dapprima rifiutai, poi, non so perché, cambiai idea. Mandò a prendere uno di quei dolci corti e paffuti che chiamano *petites madeleines* e che sembrano modellati dentro la valva scanalata di una «cappasanta»[7]. E subito, meccanicamente, oppresso dalla giornata uggiosa[8] e dalla prospettiva di un domani malinconico, mi portai alle labbra un cucchiaino di tè nel quale avevo lasciato che s'ammorbidisse un pezzetto di

> **È la prima epifania: la percezione di un sentimento che riaffiora, ancora indistinto e confuso, inafferrabile.**

madeleine. Ma nello stesso istante in cui il liquido al quale erano mischiate le briciole del dolce raggiunse il mio palato, io trasalii, attratto da qualcosa di straordinario che accadeva dentro di me. Una deliziosa voluttà mi aveva invaso, isolata, staccata da qualsiasi nozione della sua causa. Di colpo mi aveva reso indifferenti le vicissitudini della vita, inoffensivi i suoi disastri, illusoria la sua brevità, agendo nello stesso modo dell'amore, colmandomi di un'essenza preziosa: o meglio, quell'essenza non era dentro di me, io ero quell'essenza. Avevo smesso di sentirmi mediocre, contingente[9], mortale. Da dove era potuta giungermi una gioia così potente? Sentivo che era legata al sapore del tè e del dolce, ma lo superava infinitamente, non doveva condividerne la natura. Da dove veniva? Cosa significava? Dove afferrarla? Bevo una seconda sorsata nella quale non trovo nulla di più che nella prima, una terza che mi dà un po' meno della seconda. È tempo che mi fermi, la virtù del filtro[10] sembra diminuire. È chiaro che la verità che cerco non è lì dentro, ma in me. La bevanda l'ha risvegliata, ma non la conosce, e non può che ripetere indefinitamente, ma con sempre minor forza, la stessa testimonianza che io non riesco a interpretare e che vorrei almeno poterle chiedere di nuovo ritrovandola subito intatta, a mia disposizione, per un chiarimento decisivo. Poso la tazza e mi volgo verso il mio spirito. Trovare la verità è compito suo. Ma in che modo? Grave incertezza, ogni volta che lo spirito si sente inferiore a se stesso; quando il cercatore fa tutt'uno con il paese ignoto dove la ricerca deve aver luogo e dove tutto il suo bagaglio non gli servirà a nulla. Cercare? Di più: creare. Eccolo faccia a faccia con qualcosa che non esiste ancora e che lui solo può realizzare e far entrare, poi, nel raggio della sua luce.

Ricomincio a domandarmi che cosa poteva essere questa condizione ignota, che non adduceva alcuna prova logica, bensì l'evidenza della sua felicità, della sua realtà davanti alla quale le altre svanivano. Cercherò di farla riapparire. Retrocedo

---

7. dentro la valva ... «cappasanta»: cioè nel guscio di una conchiglia che ha una forma simile a un ventaglio.

8. uggiosa: *triste, noiosa.*
9. contingente: *legato agli aspetti terreni dell'esistenza.*

10. la virtù del filtro: *il potere del tè*, che appare come una sorta di pozione magica per le sensazioni che ha procurato all'io narrante.

Il romanzo della crisi

col pensiero al momento in cui ho sorbito[11] il primo cucchiaino di tè. Ritrovo lo stesso stato senza una chiarezza nuova. Chiedo al mio spirito di fare un ulteriore sforzo, di richiamare ancora una volta la sensazione che sfugge. E perché niente possa spezzare lo slancio con il quale cercherà di riafferrarla, tolgo di mezzo ogni ostacolo, ogni idea estranea, metto al riparo le mie orecchie e la mia attenzione dai rumori della stanza accanto. Ma quando m'accorgo che il mio spirito s'affatica senza successo, lo induco invece a prendersi quella distrazione che gli negavo, a pensare a qualcos'altro, a ritemprarsi[12] prima di un tentativo supremo. Per la seconda volta gli faccio il vuoto davanti, lo rimetto di fronte al sapore ancora recente di quella prima sorsata e dentro di me sento tremare qualcosa che si sposta, che vorrebbe venir su, come se fosse stato disancorato a una grande profondità; non so cosa sia, ma sale lentamente; avverto la resistenza, percepisco il rumore delle distanze attraversate.

A palpitare così in fondo al mio essere sarà, certo, l'immagine, il ricordo visivo che, legato a quel sapore, si sforza di seguirlo fino a me. Ma troppo lontano, troppo confusamente si dibatte; colgo a stento il riflesso neutro in cui si confonde l'inafferrabile vortice dei colori rimescolati; ma non arrivo a distinguere la forma, unico interprete al quale potrei chiedere di tradurmi la testimonianza del suo contemporaneo, del suo inseparabile compagno, il sapore, di spiegarmi di quale circostanza particolare, di quale epoca del passato si tratta.

Giungerà mai alla superficie della mia coscienza lucida quel ricordo, quell'istante remoto che l'attrazione di un identico istante è venuta così da lontano a sollecitare, a scuotere, a sollevare nel mio io più profondo? Non lo so. Adesso non sento più niente, si è fermato, forse è ridisceso; chi può dire se risalirà mai dalla sua notte? Dieci volte devo ricominciare, sporgermi verso di lui. E ogni volta la viltà che ci distoglie da ogni compito difficile, da ogni impresa importante, mi ha indotto a lasciar perdere, a bere il mio tè pensando semplicemente ai miei fastidi di oggi, ai miei desideri di domani che si lasciano rimasticare senza troppa fatica.

E tutt'a un tratto il ricordo è apparso davanti a me. Il sapore, era quello del pezzetto di *madeleine* che la domenica mattina a Combray (perché nei giorni di festa non usciva di casa prima dell'ora della messa), quando andavo a dirle buongiorno nella sua camera da letto, zia Léonie[13] mi offriva dopo averlo intinto nel suo infuso di tè o di tiglio. La vista della piccola *madeleine* non m'aveva ricordato nulla prima che ne sentissi il sapore; forse perché spesso dopo di allora ne avevo viste altre, senza mai mangiarle, sui ripiani dei pasticceri, e la loro immagine s'era staccata da quei giorni di Combray per legarsi ad altri più recenti; forse perché, di ricordi abbandonati per così lungo tempo al di fuori della memoria, niente sopravviveva, tutto s'era disgregato; le forme – compresa quella della piccola conchiglia di pasticceria, così grassamente sensuale sotto la sua pieghettatura severa e devota – erano scomparse, oppure, addormentate, avevano perduto la forza d'espansione che avrebbe permesso loro di raggiungere la coscienza. Ma quando di un lontano passato non rimane più nulla, dopo la morte delle creature, dopo la distruzione delle cose, soli e più fragili ma più vivaci, più immateriali, più persistenti, più fedeli, l'odore e il sapore permangono ancora a lungo, come anime, a ricordare, ad attendere, a sperare, sulla rovina di tutto, a sorreggere senza tremare – loro, goccioline quasi impalpabili – l'immenso edificio del ricordo.

E quando ebbi riconosciuto il gusto del pezzetto di madeleine che la zia inzuppava

---

Note a margine:

L'emergere faticoso del ricordo dalle zone più profonde dell'io è descritto con un lessico che sembra ricordare le teorie freudiane.

Il ricordo riappare nella sua pienezza in modo del tutto inatteso, slegato dagli sforzi della volontà: come un'illuminazione, il passato rivive nella memoria del soggetto.

---

11. sorbito: *bevuto.*

12. ritemprarsi: *riposarsi.*

13. zia Léonie: è la padrona di casa di Combray.

Marcel Proust

120 per me nel tiglio, subito (benché non sapessi ancora – e dovessi rimandare a ben
più tardi il momento della scoperta – perché quel ricordo mi rendesse tanto felice)
la vecchia casa grigia verso strada, di cui faceva parte la sua camera, venne come
uno scenario di teatro a saldarsi al piccolo padiglione prospiciente il giardino e costruito sul retro per i miei genitori (cioè all'unico isolato lembo da me rivisto fino
125 a quel momento); e, insieme alla casa, la città, da mattina a sera e con ogni sorta di
tempo, la piazza dove mi mandavano prima di pranzo, le vie dove facevo qualche
commissione, le strade percorse quando il tempo era bello. E come in quel gioco,
che piace ai giapponesi, di buttare in una ciotola di porcellana piena d'acqua dei
pezzettini di carta a tutta prima indefinibili che, non appena immersi, si stirano,
130 assumono contorni e colori, si differenziano diventando fiori, case, figure consistenti e riconoscibili, così, ora, tutti i fiori del nostro giardino e quelli del parco di
casa Swann, e le ninfee della Vivonne[14], e la brava gente del villaggio e le loro piccole abitazioni e la chiesa e tutta Combray e la campagna circostante, tutto questo
che sta prendendo forma e solidità è uscito, città e giardini, dalla mia tazza di tè.

M. Proust, *Dalla parte di Swann – Alla ricerca del tempo perduto*,
traduzione di G. Raboni, Milano, Mondadori, 1987-1995

---

14. ninfee della Vivonne: i fiori acquatici della Vivonne, il fiume che, nella finzione del romanzo, bagna Combray.

◉ Analisi guidata

Il ricordo involontario

Dopo aver rievocato i vani tentativi di recuperare la memoria dei suoi anni infantili, l'io narrante descrive un **episodio in sé banale**, che però è in grado, attraverso il sapore dimenticato della *madeleine*, di
far riaffiorare il ricordo in modo inaspettato.
È qui evidente la distinzione tra la «**memoria volontaria**», frutto della volontà razionale, e la «**memoria
involontaria**», che riemerge casualmente ed è in grado di riportare in vita il passato nella sua concretezza, di farlo rivivere nella memoria del narratore e sulla pagina.
Svalutando la razionalità a vantaggio dell'**intuizione**, Proust sviluppa questa concezione del ricordo
attraverso un esempio concreto, che richiama le «**corrispondenze**» di Baudelaire e dei simbolisti. Non
a caso è proprio un sapore, ossia una percezione legata a uno dei sensi meno "razionali", a suscitare
nel narratore il ricordo dell'infanzia a Combray.

◉ Competenze di comprensione e analisi

- Suddividi il brano in sequenze, assegnando a ciascuna un titolo riassuntivo del suo contenuto.

- Quale effetto ottengono nella prima parte del brano i tentativi del narratore di ricordare
il suo passato a Combray?

- Quale significato assume il riferimento alla credenza dei Celti nella metempsicosi? Quale
caratteristica della memoria intende sottolineare?

- Quali sensazioni provoca nel protagonista il sapore della *madeleine* e per quale motivo?

- Il vero e proprio recupero della memoria interviene nella sua pienezza solo alla fine del
brano: in quale punto del testo?

760 Il romanzo della crisi

La memoria e la ricerca di senso

Dopo che il gusto della *madeleine* ha suscitato nel protagonista un'**intensa e inaspettata emozione** («una deliziosa voluttà»), la narrazione indugia a lungo nel descrivere i tentativi di **comprendere il significato di questa sensazione**. L'io narrante svolge una ripetuta indagine nel proprio animo («Dieci volte devo ricominciare»), mosso dal desiderio di **cogliere il senso del ricordo** e le modalità che lo hanno fatto riaffiorare alla soglia della coscienza. Solo in questo modo potrà avere inizio la ricostruzione del proprio passato e la ricerca della verità.

Nel finale, tuttavia, viene ribadito il **carattere** del tutto **irrazionale** della memoria involontaria: a far riemergere il tempo perduto non è la volontà del protagonista, ma un moto interiore inconsapevole, che non ha nulla a che fare con la razionalità: «E tutt'a un tratto il ricordo è apparso davanti a me».

⬤ Competenze di comprensione e analisi

- Individua nel brano i diversi modi in cui il protagonista cerca di comprendere il significato della sensazione suscitata in lui dal gusto della *madeleine*.

- Il protagonista afferma: «Poso la tazza e mi volgo verso il mio spirito. Trovare la verità è compito suo» (rr. 63-65). Spiega questa affermazione alla luce del contesto in cui è inserita.

- Per quale motivo, a tuo parere, l'autore fa in modo che a evocare il passato sia un sapore e non, per esempio, la vista di un oggetto?

- In che modo infine affiora il ricordo di Combray?

Uno stile complesso

Lo stile di Proust è caratterizzato dall'uso di una **sintassi molto complessa ed elaborata**, costituita da periodi lunghissimi e ricca di proposizioni subordinate. L'autore, consapevole del fatto che queste costruzioni sintattiche rendono meno agevole la lettura, sceglie tuttavia di **seguire i pensieri del protagonista** e di sviluppare le descrizioni fin nei minimi particolari. È infatti proprio nei piccoli dettagli quotidiani come il sapore delle *madeleine* che si nasconde la possibilità di suscitare il ricordo e di ricercare il senso del passato, salvandolo dall'oblio.

⬤ Competenze di comprensione e analisi

- Analizza sul piano sintattico il periodo iniziale, individuando la frase principale e i diversi tipi di subordinate.

- In alcuni punti del brano si succedono brevi frasi interrogative. Che cosa intende sottolineare il narratore?

Il romanzo di lingua tedesca

L'area mitteleuropea All'inizio del Novecento, un'area particolarmente vivace sul piano letterario è la cosiddetta **Mitteleuropa**, ossia l'Europa centrale, corrispondente al vasto territorio dell'Impero asburgico. Questa regione, in cui fioriscono le teorie di Freud e di cui fa parte anche la Trieste di Italo Svevo, è caratterizzata nel periodo della *belle époque* da un'economia fiorente e da una **raffinata cultura**, che ne fa una sorta di **luogo ideale**, destinato però a crollare all'indomani della Grande Guerra. Nei primi decenni del Novecento in quest'area operano numerosi autori di lingua tedesca, uniti da comuni riferimenti culturali, come Hermann Hesse, Thomas Mann, Robert Musil e, soprattutto, il ceco Franz Kafka. Nelle loro opere predomina la **componente saggistica e filosofica**, volta a indagare il venir meno della possibilità di conoscere in modo oggettivo la realtà, esteriore e interiore, unita al nostalgico attaccamento a una tradizione di cui pure si riconosce l'inevitabile decadenza.

Thomas Mann Nato a Lubecca nel **1875**, il tedesco Thomas Mann riprende nella sua opera forme ancora in parte tradizionali, sulle quali innesta però una nuova attenzione per l'analisi psicologica dei personaggi e una **sensibilità tardodecadente**. Nel suo primo romanzo, *I Buddenbrook* (1901), Mann trae spunto da riferimenti autobiografici per narrare, attraverso il succedersi di quattro generazioni, la **decadenza di una famiglia di commercianti**, che diventa l'emblema della fine di un'epoca e di un'intera classe sociale, minacciata da un'**inquietudine esistenziale** che ne corrode la costruttiva operosità. Al racconto lungo *Tonio Kröger* (1903) – storia di formazione di un giovane borghese agitato dal contrasto fra aspirazioni artistiche e nostalgia per una vita ordinaria – segue *La morte a Venezia* (1912), in cui il **contrasto fra sanità borghese e sensibilità decadente** viene trasferito nell'animo del protagonista. Gustav von Aschenbach, uno scrittore di mezza età, si innamora di un bellissimo giovane e, travolto dalla passione, insegue il ragazzo nelle vie di una Venezia colpita dal colera, dove trova la morte. Tematiche analoghe ritornano nel romanzo *La montagna incantata* (1924), in cui si narra la vicenda del giovane Hans Castorp che, recatosi in un sanatorio svizzero per far visita al fratello, si scopre a sua volta malato di tubercolosi e vi trascorre sette anni, in una sorta di microcosmo separato dal mondo in cui la vita

Ernst Ludwig Kirchner, *La torre rossa a Halle*, 1915.

scorre monotona ma non priva di un ambiguo fascino. Nell'opera, sospesa tra romanzo di formazione e saggio, la **malattia** si fa simbolo del disagio dell'Europa nel decennio che precede lo scoppio della Prima guerra mondiale.
Gli eventi storici travolgono anche l'autore che, dopo aver ottenuto il **premio Nobel** nel 1929, viene indotto dall'avvento del **Nazismo** a un **volontario esilio**, prima in Svizzera e in seguito negli **Stati Uniti**. A partire dal 1933 Mann pubblica un ciclo di quattro romanzi dal titolo *Giuseppe e i suoi fratelli*, mentre nel 1947 esce *Doctor Faustus*, storia di un musicista che vende l'anima al diavolo in cambio di un decennio di intensa attività creativa. Nella vicenda è adombrato in forma allegorica il **destino della Germania moderna** che, malgrado la sua grande cultura, non ha saputo evitare la follia nazista. Negli ultimi anni Mann si trasferisce a **Zurigo**, dove muore nel **1955**.

Franz Kafka Il disagio e il senso di alienazione dell'uomo del Novecento trovano piena e originale espressione nell'opera del boemo Franz **Kafka**. La visione pessimistica del mondo e della società deriva all'autore anche dalla sua esperienza autobiografica. Nato a **Praga** nel **1883** da **famiglia ebrea**, Kafka sperimenta dolorosamente il peso del difficile rapporto con un padre autoritario e insensibile, di cui è testimonianza l'accorata *Lettera al padre* (1919). Laureatosi in giurisprudenza, Kafka si impiega in un istituto assicurativo, dove lavorerà fino al 1922, dedicandosi alla scrittura solo nel tempo libero, per lo più nelle ore notturne. L'angoscia di un lavoro opprimente, unita all'insoddisfazione per l'incapacità di stabilire rapporti sentimentali duraturi, accentua la **solitudine** dell'autore, colpito nel 1917 dalla **tubercolosi**, che lo porterà a una morte prematura nel **1924**. Tranne il racconto lungo *La metamorfosi*, le opere di Kafka vengono per la maggior parte pubblicate dopo la sua morte dall'amico scrittore Max Brod. In esse la realtà assume i tratti di un **angoscioso e lucido incubo**, in cui vicende fantastiche e oniriche vengono narrate in forme apparentemente realistiche, con un voluto **effetto straniante**. Il protagonista – proiezione dello scrittore e al tempo stesso simbolo di una condizione umana universale – si scontra con un mondo dominato dal rigore di una **legge incomprensibile**, che lo schiaccia sotto il peso di una colpa imprecisata, vanificando ogni tentativo di comprensione e ogni protesta d'innocenza.

Romanzo scritto tra il 1914 e il 1917 e pubblicato nel 1925, *Il processo* narra la vicenda del procuratore di banca Josef K. (cognome abbreviato ricorrente per i personaggi kafkiani, a sottolinearne le affinità autobiografiche) che, nel giorno del suo trentesimo compleanno, riceve la visita di due inviati di un misterioso tribunale che gli comunicano l'esistenza di un processo a suo carico. Sicuro della propria innocenza, K. tenta invano di difendersi, prendendo contatto con una serie di personaggi i quali cercano però di convincerlo che l'unica salvezza consiste nell'accettare l'autorità del tribunale. A un anno esatto dall'inizio della vicenda, K. viene prelevato da due sconosciuti che, senza spiegazioni, lo conducono fuori città e lo uccidono «come un cane», piantandogli un coltello nel cuore. I temi dell'assurdo, dell'**incomunicabilità** e dell'inutile ricerca di senso e verità ritornano in un altro romanzo, *Il castello* (1926), che racconta il vano tentativo dell'agrimensore K. di inserirsi nella vita di un villaggio dominato da una complessa burocrazia che vanifica ogni possibilità di integrazione. Anche nel racconto *La metamorfosi* (1915) il commesso viaggiatore Gregor Samsa è protagonista di una situazione inverosimile, presentata però con lucido realismo. Un mattino qualunque, senza alcun motivo apparente, al risveglio egli si trova trasformato in un enorme scarafaggio. Mentre i familiari reagiscono con crescente disgusto alla trasformazione, Gregor si adatta alla nuova vita, rinchiudendosi nella sua camera in un estremo tentativo di autodifesa. In un ultimo violentissimo scontro, il padre gli scaglia contro una mela che lo ferisce gravemente e, dopo una lunga agonia, lo porta alla morte. Il suo corpo viene gettato nella spazzatura, mentre la famiglia può riprendere la sua normale esistenza borghese.

L'"allegoria vuota" La critica ha dato le più svariate interpretazioni delle opere di Kafka, nel tentativo di fornire una spiegazione alle vicende narrate. Il **senso di colpa** che caratterizza i protagonisti – e l'autore stesso – è stato ricondotto da alcuni al difficile **rapporto con il padre**, da altri alla condizione di sradicamento ed esclusione legata all'**Ebraismo**, o ancora all'**insofferenza verso la società borghese** o verso l'opprimente burocrazia del potere austro-ungarico. Ogni interpretazione troppo univoca sembra tuttavia fuorviante rispetto a quello che è forse l'intento più profondo dell'autore: rappresentare in forma narrativa, attraverso una serie di apologhi fantastici, l'assurdità e l'**insensatezza dell'esistere**, in cui l'individuo, privato di personalità e ridotto a "cosa", si sente in balia di un mondo regolato da leggi pri-

Una fotografia di Franz Kafka.

ve di senso, di cui tenta inutilmente di penetrare il significato, senza mai rassegnarsi all'insensatezza. In questo senso le opere di Kafka si presentano come **"allegorie vuote"**, ossia come racconti in cui la vicenda, di per sé inverosimile, rimanda a un significato che tuttavia resta volutamente inafferrabile, come la realtà stessa. Il desiderio di Kafka di trasmettere il **disagio dell'uomo contemporaneo** si affida quindi alla struttura stessa del racconto e alle tecniche narrative. Tipico dell'autore è infatti l'uso di uno stile piano e pacato, apparentemente realistico, che nella sua normalità urta violentemente con l'assurdità delle situazioni descritte, accentuando il senso di **angoscia** del lettore.

L'uomo senza qualità di Musil
Decisamente innovativa nella struttura e nelle tematiche è anche l'opera dell'austriaco **Robert Musil**. Nato a Klagenfurt nel **1880**, Musil riceve una rigida educazione in un liceo militare e in seguito studia all'accademia tecnico-militare di Vienna. Questo periodo è rievocato ne *I turbamenti del giovane Törless* (1906), romanzo di formazione che riflette la dura esperienza di vita del collegio. In seguito Musil lavora tutta la vita al monumentale romanzo *L'uomo senza qualità*. Il primo volume dell'opera esce nel **1930**, accolto favorevolmente dalla critica e seguito nel 1933 dal secondo; un terzo volume, incompiuto a causa della morte dell'autore (**1942**), venne pubblicato postumo nel **1943** a cura della moglie.

Ancor più che per altri romanzi del primo Novecento, ricostruire la vicenda narrata ne *L'uomo senza qualità* risulta arduo, poiché l'esile trama narrativa, che ruota intorno alla figura di **Ulrich, funzionario e poi militare della «Cacania»** (termine ironico che indica l'Impero austro-ungarico), si interseca con una serie infinita di vicende secondarie e di personaggi minori (la folle Clarissa, la sorella Agatha, l'assassino Moosbrugger e molti altri) e da continue digressioni riflessive che danno all'opera l'aspetto del **«romanzo-saggio»**. La scelta di una **forma "aperta" e inconclusa** allude del resto, con piena coerenza, a una visione della realtà in cui le tradizionali certezze hanno perso ogni valore e il senso dell'esistenza può essere colto solo in modo frammentario. Il protagonista è il centro ideale della narrazione: il suo essere «senza qualità» non significa mancanza di doti, ma indica piuttosto la **mancanza di un rapporto concreto con il mondo** che lo circonda e la sua disponibilità di fronte alla complessità della vita. Alla constatazione della caduta di ogni possibile interpretazione unitaria del mondo si unisce inoltre il disincanto storico con cui l'autore **evoca il tramonto del mondo politico e sociale della Mitteleuropa**, osservato con un misto di ironia e nostalgia.

Sul piano formale, il romanzo si caratterizza per la **lucidità analitica della forma** che, riprendendo lo schema tradizionale del **narratore onnisciente**, evita di abbandonarsi a tecniche sperimentali come il "flusso di coscienza" o il monologo interiore, in un estremo sforzo di chiarificazione della realtà attraverso lo strumento critico della scrittura.

> ### ○ Sosta di verifica
>
> 1 Quali caratteristiche comuni presenta all'inizio del Novecento la narrativa di area mitteleuropea?
>
> 2 Quale significato assume nei romanzi di Mann il tema della malattia?
>
> 3 Chiarisci la concezione del mondo e della vita che sta alla base dell'opera di Franz Kafka.
>
> 4 In che senso si può affermare che *La metamorfosi* si basa su una "allegoria vuota"?
>
> 5 Qual è l'opera maggiore di Musil? Quale significato si può dare al suo titolo?

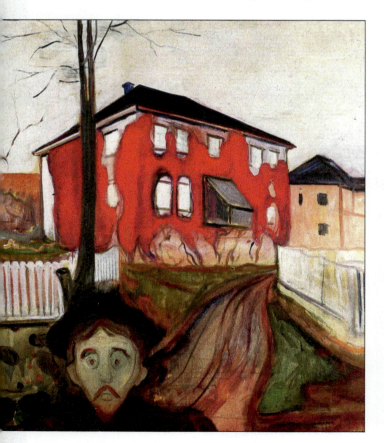

Edvard Munch, *Rampicante rosso*, 1900.

764   Il romanzo della crisi

T2 | **Thomas Mann, La morte di Aschenbach**

La morte a Venezia

Il brano proposto costituisce il finale del racconto La morte a Venezia, in cui Thomas Mann propone la parabola esemplare di una sconfitta individuale che diventa il simbolo della crisi di un'intera cultura: Aschenbach è l'artista moderno che confida troppo in forze spirituali che non possiede più, e non si accorge che il suo so-

gno di bellezza si è ridotto a una patetica infatuazione. In una Venezia opprimente e lugubre, il protagonista insegue l'oggetto del suo desiderio cercando inutilmente di nascondere i segni della sua decadenza fisica e spirituale, incurante dell'epidemia di colera che ha colpito la città.

Come tutti gli amanti, desiderava di piacere e aveva un'amara paura che ciò non fosse possibile. Aggiungeva al suo abbigliamento qualche nota giovanile e rallegrante, portava pietre preziose, si profumava parecchie volte al giorno, impiegava molto tempo ad agghindarsi[1] e andava a pranzo tutto adorno, eccitato, ansio-

5   so. Di fronte alla dolce giovinezza che lo aveva innamorato, provava ribrezzo del proprio corpo in declino; quando guardava allo specchio i suoi capelli grigi, i lineamenti marcati, vergogna e disperazione lo assalivano. Istintivamente cercava di riposarsi, di riacquistare freschezza; andava sovente dal parrucchiere.

> Alla bellezza giovane e sensuale del ragazzo amato si contrappone la decadenza fisica del protagonista.

Avvolto nell'accappatoio bianco, sotto le mani esperte del barbiere loquace, os-

10   servava con dolore la propria immagine nello specchio.

«Grigio» disse torcendo la bocca.

«Un pochino» rispose l'uomo. «Colpa di una certa trascuratezza, di una indifferenza alle cose esteriori che è ben comprensibile nelle persone illustri, ma che però non bisogna approvare incondizionatamente; tanto più che a tali persone non

15   si addicono pregiudizi in fatto di natura o di artificio. Se la severità di certe persone contro l'arte cosmetica si estendesse, come sarebbe logico, anche alla cura dei denti, si griderebbe allo scandalo. Del resto noi abbiamo soltanto l'età del nostro spirito, del nostro cuore, e in certi casi i capelli grigi sono assai più menzogneri che la deprecata tintura. Nel caso suo, signore, si ha diritto a riprendere il

> La ricerca di una bellezza "artificiale" viene in qualche modo giustificata dalla dimensione artistica e intellettuale di Aschenbach.

20   proprio colore naturale. Mi permette semplicemente di restituirglielo?»

«In che modo?» chiese Aschenbach.

Allora l'eloquente parrucchiere lavò la testa del cliente con due liquidi, uno chiaro e uno scuro, e i capelli divennero neri com'erano in gioventù. Poi col ferro da ricci li ondulò morbidamente, fece un passo indietro e considerò la propria opera.

25   «E ora» disse, «non resta che rinfrescare un poco la pelle del viso».

E instancabilmente, incontentabilmente si diede a passare con sempre maggior zelo da una manipolazione all'altra. Aschenbach, comodamente adagiato, incapace di opporsi, e anzi pieno di ansiosa speranza in quel trattamento, vedeva nello specchio le sue sopracciglia disegnarsi più regolari e più nette, allungarsi il ta-

30   glio degli occhi, aumentare lo splendore delle pupille grazie a un'ombreggiatura sotto le palpebre; più giù, dove la pelle era coriacea[2] e gialliccia, vide apparire un leggero carminio[3] morbidamente spalmato, le sue labbra esangui prendere un

---

1. ad agghindarsi: *a curare la propria eleganza, a farsi bello.* L'espressione (come più avanti l'aggettivo «adorno») vuole sottolineare l'eccessiva cura dedicata da Aschenbach al proprio aspetto esteriore.
2. coriacea: *indurita e ruvida* (letteralmente significa *simile a cuoio*).
3. carminio: *rosso.*

Thomas Mann   **765**

bel colore di fragola, sparire sotto creme e belletti solchi delle guance, della bocca, le rughe degli occhi… con cuore palpitante, ammirò nello specchio un florido giovanotto. Infine il tecnico della cosmesi si dichiarò soddisfatto, e ringraziò con strisciante[4] cortesia, secondo l'uso di quella gente[5], colui che aveva servito. «Qualche ritocco insignificante» disse terminando l'operazione. «Adesso il signore può innamorarsi tranquillamente». Aschenbach se ne andò come rapito in un sogno, confuso e spaventato. Portava una cravatta rossa, il suo largo cappello di paglia aveva un nastro multicolore.

Si era alzato un tiepido vento burrascoso; pioveva poco e di rado, ma l'aria era umida, spessa e piena di vapori mefitici[6]. Schiocchi, fischi, ronzii intronavano l'udito, e Aschenbach febbricitante sotto il rossetto credeva di sentir volteggiare nell'aria i maligni spiriti del vento, i biechi uccelli del mare che rodono, scompigliano e insudiciano il pasto dei condannati[7]. Infatti l'afa toglieva l'appetito e non si poteva fare a meno d'immaginare che i cibi fossero avvelenati dai germi del contagio. Sui passi del bel giovinetto, Aschenbach si era smarrito un giorno nel centro della città ammalata. Incapace di orientarsi, giacché le calli[8], i canali, i ponti e i campielli[9] del labirinto si somigliano troppo, incerto persino sui punti cardinali, egli pensava soltanto a non perder di vista l'immagine bramosamente inseguita; e, costretto a una umiliante circospezione[10], radendo i muri, cercando riparo dietro la schiena dei passanti, per molto tempo non si accorse della stanchezza, dello sfinimento che la passione e l'ansia continua avevano prodotto nel suo corpo e nel suo spirito. Tadzio camminava dietro ai suoi, nei passaggi angusti lasciava sempre la precedenza all'istitutrice e alle monachine sue sorelle[11], e girellando così solo voltava ogni tanto il capo per assicurarsi con un'occhiata dei suoi strani occhi grigi come l'alba, che il suo innamorato lo seguisse. Lo vedeva e non lo tradiva! Inebriato da quella scoperta, trascinato da quegli occhi, menato pel naso dalla passione, l'innamorato rincorreva la sua illecita speranza… e alla fine rimase gabbato. I polacchi[12] avevano attraversato un ponte a sesto acuto, l'altezza dell'arco li sottrasse alla vista dell'inseguitore e quando questi giunse a sua volta in cima non li scorse più. Li cercò in tre direzioni, dritto davanti a sé e lungo i due lati dell'argine stretto e sporco, ma invano. L'abbattimento, la spossatezza lo obbligarono infine a desistere dalla ricerca.

Aveva la testa in fiamme, il corpo bagnato di sudore appiccicoso, un tremito alla nuca, era torturato da una sete intollerabile; cercò lì intorno un qualsiasi ristoro immediato. In un piccolo negozio di verdura comprò della frutta, fragole troppo mature e sfatte, e ne mangiò camminando. Una piazzetta che pareva stregata e abbandonata gli si aperse davanti; egli la riconobbe, era lì che settimane prima aveva accarezzato quel vano progetto di fuga[13]. Si lasciò cadere sui gradini del pozzo, in mezzo al campiello, e appoggiò la testa

In mezzo a una Venezia sconvolta da un'epidemia di colera, l'insana passione del protagonista finisce per assumere i tratti della malattia che lo porterà alla morte.

---

4. strisciante: *servile, ipocrita.*

5. di quella gente: i parrucchieri.

6. mefitici: *malsani* (con riferimento all'aria corrotta della città in preda al colera).

7. i biechi … condannati: le allucinazioni di Aschenbach sono spesso reminiscenze letterarie; in questo caso i «biechi uccelli» ricordano le Arpie, rapaci con il volto di donna, che nell'*Eneide* costringono i troiani ad abbandonare un'isola delle Strofadi ricoprendo

di escrementi le loro tavole.

8. le calli: così sono dette le vie di Venezia.

9. i campielli: le piccole piazze di Venezia.

10. circospezione: *a guardarsi intorno con prudenza* (per non farsi scorgere da Tadzio e dai suoi familiari).

11. monachine sue sorelle: le sorelle di Tadzio vengono definite «monachine» per i semplici e austeri abiti che indossano.

12. I polacchi: la famiglia di Tadzio, di origine polacca.

13. vano … di fuga: pochi giorni prima Aschenbach, deciso ad abbandonare la città, aveva però scoperto alla stazione che per un disguido i suoi bagagli erano stati spediti a una destinazione sbagliata; aveva perciò rinunciato alla partenza, ben felice di non doversi allontanare da Tadzio.

alla vera[14] di pietra. Tutto era silenzio, l'erba cresceva tra le lastre del selciato, rifiuti erano sparsi all'intorno. Tra le case scolorite, di altezza disuguale, che circondavano la piazza, ve n'era una che pareva un palazzo, con finestre ad ogiva[15], dietro le quali regnava il vuoto, e balconcini sorretti da leoni. Al pianterreno di un'altra v'era una farmacia. Folate di vento caldo portavano ogni tanto odore di acido fenico[16].

Eccolo lì il maestro, l'artista dignitoso, l'autore del *Miserabile*[17], che in una forma di esemplare purezza aveva condannato la vita zingaresca e il torbido dei bassifondi, abiurato ogni simpatia per gli abissi, riprovato il riprovevole, colui che era salito così in alto, che, superato il proprio sapere e liberatosi dall'ironia, si era abituato a considerarsi impegnato dalla fiducia che ispirava alle masse – Gustav von Aschenbach la cui gloria era ufficiale, il cui nome era stato nobilitato e il cui stile era proposto a modello nelle scuole – eccolo lì seduto a terra, con le palpebre chiuse; solo di tanto in tanto saetta[18] uno sguardo obliquo, ironico e perplesso, e subito lo nasconde; e le sue labbra flosce ravvivate dal rossetto articolano parole staccate del discorso che il suo cervello intorpidito compone con la strana logica del sogno. […]

Qualche mattino dopo, Gustav von Aschenbach, non sentendosi bene, uscì dall'albergo più tardi del consueto. Doveva lottare con certe vertigini che solo in parte erano fisiche, e s'accompagnavano a violente crisi d'angoscia, a un senso di disperazione e di irresponsabilità che non sapeva se riferire al mondo esterno o alla propria vita. Nell'atrio vide una quantità di bagagli pronti per esser portati via; chiese al portiere chi partiva, e in risposta udì il nome aristocratico della famiglia polacca, proprio quello che fra sé s'attendeva. Lo ascoltò senza che i suoi lineamenti sciupati si contraessero, con quel leggero movimento del capo di chi apprende incidentalmente una notizia poco interessante, domandò ancora: «Quando?». Gli risposero: «Dopo il pranzo». Egli fece un cenno e andò al mare.

La spiaggia era inospitale. Sull'ampia distesa d'acqua bassa che separava la riva dal primo banco di sabbia correvano leggeri brividi[19]. Un'atmosfera autunnale, di stagione perenta[20], gravava su quel luogo di piaceri già così animato di colori e adesso quasi abbandonato, tanto che ormai non pulivano neanche più la rena[21]. Una macchina fotografica, apparentemente senza padrone, stava sul suo cavalletto in riva al mare, e il panno nero stesovi sopra svolazzava schioccando al vento, che era rinfrescato.

Tadzio coi tre o quattro compagni che gli eran rimasti si baloccava a destra davanti alla capanna dei suoi, e Aschenbach, sdraiato in poltrona con una coperta sulle ginocchia, a mezza strada circa fra il mare e la fila di cabine, ancora una volta lo seguiva con gli occhi. Il gioco, senza sorveglianza poiché le donne dovevano essere occupate nei preparativi del viaggio, pareva senza regole e finì per degenerare. Il ragazzo robusto dai capelli neri impomatati che si chiamava «Yaschu»[22], irritato e accecato da un lancio di sabbia in faccia, costrinse Tadzio alla lotta, che finì rapidamente con la sconfitta del più debole. Ma come

> Si esprime qui la forte contrapposizione tra la dimensione pubblica e civile dell'artista Aschenbach e la sua condotta privata, di cui la malattia è un evidente simbolo.

> Il dilagare dell'epidemia di colera si riflette sul paesaggio che diventa anch'esso un simbolo di morte e disfacimento.

---

14. vera: parapetto in pietra che circonda il pozzo.
15. ad ogiva: *a sesto acuto.*
16. acido fenico: sostanza usata per la disinfestazione (le autorità negano l'esistenza dell'epidemia, ma prendono i provvedimenti igienici per combatterla).
17. *Miserabile*: titolo di un'opera di Aschenbach.
18. saetta: *lancia.*
19. leggeri brividi: *piccole onde.*
20. perenta: *finita.*
21. rena: *sabbia.*
22. Yaschu: pronunciato alla polacca.

Thomas Mann 767

115 se nell'ora dell'addio il sentimento servile dell'inferiore[23] si mutasse in crudele violenza e come se egli volesse vendicarsi della lunga schiavitù, il vincitore non abbandonò ancora il vinto, anzi, inginocchiato sul suo dorso gli premette così a lungo il viso nella rena che Tadzio, già ansante per la lotta, minacciava di soffocare. I suoi sforzi per scuoter via l'avversario che l'opprimeva erano convul-
120 si, a momenti cessavano completamente e non si ripetevano che come sussulti. Inorridito Aschenbach stava per correre in suo aiuto quando il violento finalmente lasciò libera la sua vittima. Tadzio, molto pallido, si alzò a metà e rimase immobile per parecchi minuti appoggiato su un braccio, con capelli scarmigliati e occhi incupiti. Poi s'alzò in piedi e s'allontanò lentamente. I compagni
125 lo chiamarono, allegri dapprima, poi con voci angosciate e supplichevoli; egli non li ascoltava. Il bruno, che doveva essersi subito pentito del suo eccesso, lo raggiunse e cercò di ammansirlo. Tadzio lo respinse con una scrollata di spalle e scese obliquamente verso il mare. Era scalzo e portava l'abito di lino a righe con la cravatta rossa.
130 Sulla riva sostò a capo chino, tracciando figure con la punta del piede nella sabbia umida e poi entrò nell'acqua bassa che non gli bagnava nemmeno i ginocchi, l'attraversò stancamente e arrivò al banco di sabbia. Là si fermò un attimo col viso rivolto al largo, poi incominciò a percorrere lentamente, tornando verso sinistra, la lunga e sottile striscia di suolo scoperto. Separato dalla terrafer-
135 ma da una distesa d'acqua, separato dai compagni dal suo fiero capriccio, egli errava laggiù, visione distaccata e senza legami, nel mare, nel vento, davanti all'immensità nebulosa. Ancora una volta si fermò in contemplazione. E improvvisamente, come tratto da un ricordo, da un impulso, volse graziosamente il busto dalla posizione primitiva, con una mano sul fianco, e al di sopra della
140 spalla guardò verso la spiaggia. Aschenbach era lì come quando per la prima volta, rinviato dalla soglia dell'atrio, aveva incontrato lo sguardo di quegli occhi color del grigio crepuscolo. Appoggiato allo schienale della poltrona aveva girato lentamente il capo per seguire il moto di Tadzio che camminava laggiù; e ora si erse[24] come per andare incontro allo sguardo, poi ricadde sul petto così
145 che i suoi occhi guardavano di sotto in su, mentre la faccia prendeva l'espressione distesa e introspettiva di chi è caduto in un sonno profondo. Tuttavia gli parve che il pallido e soave psicagogo[25] laggiù gli sorridesse, gli facesse cenno; che, staccando la mano dall'anca, gli indicasse l'orizzonte lontano, lo precedesse aleggiando nell'immensità piena di promesse. E, come tante altre volte, vol-
150 le alzarsi per seguirlo.
Passarono alcuni minuti prima che qualcuno accorresse in aiuto del poeta che s'era accasciato su un fianco. Lo portarono in camera sua. E il giorno stesso il mondo apprese con reverente commozione la notizia della sua morte.

T. Mann, La morte a Venezia, traduzione di A. Rho, Torino, Einaudi, 1954

---

23. il sentimento... dell'inferiore: il senso di inferiorità davanti alla bellezza e al fascino di Tadzio.

24. si erse: *si drizzò.*
25. psicagogo: o psicopompo; epiteto di divinità quali Ermes o Caronte che ac-

compagnano le anime dei morti nell'oltretomba.

Analisi guidata

Atmosfera decadente e coscienza della crisi

Anche se *La morte a Venezia* è un'opera che rispecchia la **crisi di inizio Novecento**, le atmosfere e la figura del protagonista rinviano al clima culturale del **Decadentismo estetizzante**. Sullo sfondo di una città in preda alla **malattia**, il poeta Gustav von Aschenbach si illude di poter ottenere l'amore del giovane Tadzio ricorrendo a trattamenti cosmetici che nascondano i segni del suo declino fisico. La severa morale borghese che ha guidato tutta la sua vita viene così travolta dalla **forza sensuale della passione**, che finisce per trasformare il protagonista in un ridicolo manichino imbellettato, **simbolo della crisi dell'intellettuale contemporaneo**.

Competenze di comprensione e analisi

- Che cosa dice il parrucchiere al protagonista? Qual è il senso profondo delle sue affermazioni?
- Come viene caratterizzata la figura del giovane Tadzio? Che tipo di rapporto si delinea tra lui e Aschenbach?
- Quali valori sono espressi dalle opere del protagonista? Come si concilia il suo atteggiamento privato con la sua funzione di intellettuale?

Il tema della morte

Il fascino del racconto non risiede tanto nella sua trama esile e lineare, quanto nella cupa e livida **atmosfera di dissoluzione** che avvolge situazioni, ambienti e personaggi. Il tema della **morte** è una sorta di filo conduttore che percorre tutta la vicenda e tocca il suo apice nella **rappresentazione di Venezia**, descritta come uno spettrale labirinto di canali in cui soffia un vento malsano e l'aria carica di afa e umidità diffonde i germi dell'epidemia di colera. In questo modo il **paesaggio** perde le sue connotazioni naturalistiche e diviene uno **specchio dello stato d'animo del protagonista**, riflettendone la malinconia e il progressivo disfacimento.

Competenze di comprensione e analisi

- Quali immagini paesaggistiche esprimono il senso di morte che aleggia su Venezia?
- Individua nel brano le espressioni che lasciano intuire l'imminente contagio del protagonista.
- Su quale immagine si chiude il brano? Qual è il suo significato simbolico?

Lo stile

Lo stile del racconto è estremamente nitido e controllato, lontano dalle innovazioni formali di altri autori della "crisi". La storia è raccontata da un **narratore esterno** che prende le distanze dal comportamento del protagonista, utilizzando anche un **tono di ironico rimprovero** («Eccolo lì il maestro, l'artista dignitoso, l'autore del *Miserabile*», r. 78). Al narratore spetta anche il compito di mettere in luce i **significati simbolici** della vicenda di decadenza e morte: esemplare in tal senso è l'apparizione finale di Tadzio che collega indissolubilmente la morte di Aschenbach alla sua "insana" passione.

Competenze di comprensione e analisi

- Individua i giudizi del narratore sul protagonista; quale ritratto fanno emergere?
- Metti a confronto il brano letto con quello di Proust (p. 757): quali sono le principali differenze a livello stilistico? Rispondi in un testo scritto di una pagina al massimo.

T3 Franz Kafka
Il risveglio di Gregor Samsa
La metamorfosi

Il brano è l'inizio del racconto lungo La metamorfosi (pubblicato in volume nel 1915) e si apre con il risveglio del protagonista, il commesso viaggiatore Gregor Samsa che, a causa di una misteriosa metamorfosi, si trova incredibilmente trasformato in uno scarafaggio. Nonostante l'apparente assurdità della situazione, Gregor inizia a pensare ai suoi problemi lavorativi e alla possibilità di riuscire a prendere un treno.

> Il racconto si apre con l'annuncio dell'avvenuta metamorfosi, comunicata al lettore in tono piano e pacato.

Destandosi un mattino da sogni inquieti, Gregor Samsa si trovò tramutato, nel suo letto, in un enorme insetto. Se ne stava disteso sulla schiena, dura come una corazza, e per poco che alzasse la testa poteva vedersi il ventre abbrunito e convesso[1], solcato da nervature arcuate sul quale si reggeva a stento la coperta, ormai prossima a scivolare completamente a terra. Sotto i suoi occhi annaspavano impotenti le sue molte zampette, di una sottigliezza desolante se raffrontate[2] alla sua corporatura abituale.

«Che cosa mi è accaduto?», si domandò. Non stava affatto sognando. La sua stanza, una normale stanza per esseri umani, anche se un po' troppo piccola, era sempre lì quieta fra le quattro ben note pareti. Al di sopra del tavolo, dove era spiegato alla rinfusa un campionario di tele[3] appena tolte di valigia (Samsa faceva il commesso viaggiatore), stava appesa un'illustrazione che egli aveva ritagliata qualche giorno prima da una rivista illustrata e poi aveva messa in una graziosa cornice dorata. Raffigurava una signora con un cappellino e un boa[4] di pelliccia che, seduta con le spalle ben dritte, tendeva ai presenti un pesante manicotto[5] in cui il suo avambraccio era interamente scomparso.

> Gregor è tanto calmo da pensare di riprendere il sonno interrotto; a impedirglielo è, in apparenza, solo la sua nuova conformazione fisica.

Gregor volse lo sguardo verso la finestra, e la vista del brutto tempo (si udiva il ticchettio della pioggia sulla lamiera del davanzale) lo riempì di malinconia. "E se dormissi ancora un po' e cercassi di dimenticare tutte queste sciocchezze?", pensò; ma il suo proposito era assolutamente inattuabile: egli era infatti abituato a riposare sul fianco destro, ma nello stato attuale gli era impossibile assumere quella posizione. Per quanti sforzi facesse per girarsi sul fianco, ricadeva ogni volta indietro supino. Ci provò almeno un centinaio di volte, tenendo gli occhi chiusi per risparmiarsi la vista delle sue zampette sgambettanti, e smise soltanto allorché cominciò ad avvertire nel fianco una fitta leggera, sorda, mai provata in passato. "O mio Dio!", pensò, "che mestiere faticoso mi son scelto! Dover andare avanti e indietro in treno tutti i giorni... L'attività commerciale mi procura preoccupazioni molto maggiori che se lavorassi in proprio in negozio, e per giunta mi è imposta questa tortura del viaggiare, con l'affanno per le coincidenze, il mangiare irregolare e cattivo, i contatti con gente sempre diversa, contatti mai durevoli e mai cordiali. All'inferno tutto quanto!" Sentendo un lieve prurito nella parte alta del ventre, appoggiandosi sulla schiena si spinse lentamente più su verso il capezzale, per poter meglio sollevare la testa; scoprì allora il punto che gli prude-

---

1. **abbrunito e convesso:** *scuro e gonfio.*
2. **raffrontate:** *paragonate.*
3. **tele:** *tessuti.*
4. **boa:** *sciarpa molto lunga e sottile.*
5. **manicotto:** *manica di pelliccia o stoffa pesante, aperta alle estremità, in cui si infilavano le mani per ripararle dal freddo.*

Apri il vocabolario

Il termine "harem" è di origine turca; nel mondo musulmano indica la parte della casa riservata alle donne e ai bambini; per estensione passa poi a designare il gruppo di mogli e concubine legate a un singolo individuo nelle società in cui è in vigore la poligamia.

Nel suo intimo il protagonista nutre una profonda insofferenza verso il proprio lavoro e verso il principale.

Nel monologo interiore del protagonista domina la preoccupazione di non riuscire a recarsi al lavoro in tempo che, comparata alla sua ributtante metamorfosi, provoca nel lettore un effetto straniante.

va: era coperto di tanti puntini bianchi che lui non sapeva spiegarsi; provò a toccarlo con una delle zampette, ma dovette ritrarla immediatamente, perché a quel contatto provò brividi di freddo.

Si abbandonò nuovamente alla posizione di prima. "Queste levatacce", pensò, "rendono completamente inebetiti[6]. L'uomo deve poter dormire quanto gli è necessario. E pensare che certi commessi viaggiatori fanno una vita simile a quella delle donne di un harem! Quando per esempio durante la mattinata mi capita di rientrare alla pensione per trasmettere le ordinazioni raccolte, quei signorini stanno appena facendo colazione. Se mi comportassi io a quel modo con il mio principale, verrei sbattuto fuori su due piedi. Chissà, d'altronde: magari per me sarebbe la soluzione migliore. Se non fosse il pensiero dei miei genitori a trattenermi, mi sarei licenziato già da un bel pezzo, sarei andato dal principale e gli avrei detto senza mezzi termini quel che penso. Cose da farlo ruzzolar giù dallo scrittoio! In fin dei conti è proprio stramba quella maniera di sedersi lassù e di parlar dall'alto in basso all'impiegato il quale, dato che il principale non ci sente bene, deve farglisi proprio sotto[7]. Comunque non tutte le speranze sono ancora perdute: non appena avrò racimolato quel tanto di soldi che bastino a sanargli il debito dei miei[8] (occorreranno per questo altri cinque o sei anni) lo farò assolutamente. Allora darò un taglio netto alla faccenda. Per intanto però mi devo alzare comunque di buon'ora, perché il mio treno parte alle cinque."

E si volse alla sveglia che ticchettava sul cassettone. "Santo cielo!", pensò. Erano le sei e mezzo: le lancette proseguivano tranquille il loro giro; anzi, erano già oltre e ormai si avvicinavano ai tre quarti. Che la sveglia non avesse suonato? Dal letto si vedeva che la lancetta era disposta sull'ora giusta, le quattro; e la sveglia doveva aver suonato sicuramente. Come mai allora lui aveva potuto continuare a dormire indisturbato malgrado quello squillo che faceva tremare perfino i mobili? Beh, proprio tranquillo non aveva riposato, ma forse proprio per questo il suo sonno era stato più profondo. Ma adesso, che fare? Il prossimo treno era alle sette: per arrivare a prenderlo avrebbe dovuto fare una corsa forsennata, e poi restava ancora da riordinare il campionario e, quanto a lui, non si sentiva né molto sveglio né molto in gamba. E poi, se anche fosse riuscito a prenderlo, una lavata di capo da parte del principale era inevitabile, perché il fattorino della ditta doveva averlo aspettato ed aver già riferito da un pezzo la sua assenza. Era una pedina[9] del principale, quello lì, senza spina dorsale né comprendonio. Perché non darsi per malato? La cosa però sarebbe stata estremamente sgradevole e sospetta; infatti, durante i suoi cinque anni di impiego, Gregor non aveva fatto mai neanche un'assenza per malattia. Sicuramente sarebbe venuto il principale, con il medico della mutua, avrebbe lamentato coi genitori la svogliatezza del loro figliolo e avrebbe tagliato corto a tutte le giustificazioni, sottoponendo il caso al medico, per il quale esisteva soltanto gente sanissima ma pelandrona[10]. E del resto si poteva forse dire che in questo caso avesse tanto torto? In effetti Gregor, a parte una sonnolenza veramente ingiustificata dopo tutto quel dormire, si sentiva benissimo e aveva persino un appetito particolarmente robusto.

Mentre faceva molto frettolosamente tali considerazioni, senza riuscire a decidersi a lasciare il letto (proprio nell'istante in cui la sveglia stava battendo le sei e tre quarti), sentì bussare cautamente alla porta. «Gregor!», chiamò una vo-

---

6. **inebetiti:** *storditi.*
7. **farglisi... sotto:** *avvicinarsi molto.*

8. **sanargli... miei:** *ripagarlo del debito contratto dai miei genitori.*

9. **una pedina:** *una spia, un alleato.*
10. **pelandrona:** *sfaticata.*

Franz Kafka 771

ce (quella della mamma), «sono le sette meno un quarto! Non volevi partire?». Oh quella voce soave! Sentendo la propria in risposta, Gregor fu preso dal terrore: era senza dubbio la sua voce di sempre, ma vi si mescolava un incontenibile[11] e penoso pigolìo che pareva salire dal basso e che lasciava uscir chiare le parole solo al primo momento, ma poi nella risonanza le distorceva talmente da lasciare l'impressione di non aver udito bene in chi le ascoltava. Avrebbe voluto rispondere esaurientemente e spiegare ogni cosa ma, in quelle condizioni, si limitò a dire: «Sì, sì, grazie mamma, mi alzo subito». Per via della porta in legno non fu possibile accorgersi, di là, che la voce di Gregor era mutata; difatti la mamma si rassicurò udendo quella risposta e se ne andò ciabattando. Ma quel breve dialogo aveva fatto notare agli altri familiari il fatto che Gregor, contro ogni aspettativa, fosse ancora in casa; e già ad una delle porte laterali ecco bussare suo padre, debolmente, ma con il pugno. «Gregor! Gregor!», gridò, «ma che succede?» E dopo una breve pausa ripeté con voce più cupa e in tono ammonitore: «Gregor! Gregor!». Intanto all'uscio dirimpetto si udiva l'implorazione sommessa della sorella: «Gregor! Non ti senti bene? Hai bisogno di qualcosa?». «Sono già pronto», replicò lui volgendosi ad entrambe le direzioni e sforzandosi di togliere alla voce qualsiasi inflessione strana mediante una pronuncia molto chiara e l'introduzione di lunghe pause. Il padre se ne tornò alla sua colazione; ma la sorella sussurrò: «Apri, Gregor, te ne scongiuro!». Gregor però si guardò bene dall'aprire; anzi, lodò dentro di sé l'abitudine, che aveva presa viaggiando, di chiudere a chiave durante la notte, anche a casa sua, tutte quante le porte.

F. Kafka, *Tutti i racconti*, a cura di E. Pocar, Milano, Mondadori, 1970

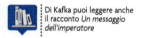
L'atteggiamento del padre di Gregor appare subito autoritario e imperioso.

---

11. incontenibile: incontrollabile.

Di Kafka puoi leggere anche il racconto *Un messaggio dell'imperatore*

● Analisi guidata

Un lucido incubo

La "metamorfosi" che colpisce Gregor trasformandolo in insetto è chiaramente un **evento inverosimile**. Kafka sviluppa però questo spunto in **modi apparentemente realistici**, illustrando la situazione in tono pacato e indugiando nella descrizione dell'ambiente e dei pensieri del protagonista. Gregor stesso, a parte un iniziale disorientamento («Che cosa mi è accaduto?») non prova né eccessiva sorpresa né il sentimento di orrore che il lettore potrebbe aspettarsi, ma sembra accettare la sua nuova condizione con tranquillità. L'incongruenza che si crea tra l'inverosimiglianza della situazione e la pacatezza con cui viene registrata dal narratore e dallo stesso protagonista trasporta il lettore in una **situazione onirica**, tipica del sogno o dell'incubo, in cui anche gli eventi più anomali appaiono reali e plausibili. In questo modo, Kafka suggerisce un messaggio inquietante: se l'assurdo può parere normale, la realtà è essa stessa un incubo del tutto plausibile.

Competenze di comprensione e analisi

- Il brano può essere suddiviso in tre sequenze: il risveglio e le prime reazioni di Gregor, il suo monologo interiore e l'intervento dei familiari. Individuale nel testo.

- Individua i punti in cui è più evidente il contrasto tra l'assurdità della situazione e le reazioni pacate del protagonista.

- La narrazione è condotta in terza persona. Individua la focalizzazione prevalente e motiva la tua risposta facendo riferimento al testo.

- Quali informazioni vengono fornite sull'ambiente domestico e sociale di cui Gregor è parte? Individuale e sottolineale nel testo.

Il tema dell'inadeguatezza

Ciò che più preoccupa Gregor, paradossalmente, non è la sua nuova natura, ma il fatto che essa gli renda impossibile recarsi al lavoro come ogni mattina. Il pensiero del suo impiego («che mestiere faticoso mi son scelto!»), unito all'insofferenza per il principale, domina la mente del protagonista, che esprime il desiderio di liberarsi delle **responsabilità legate alla famiglia e al lavoro**, sentite come un peso necessario ma gravoso. Fin dall'inizio del racconto emerge quindi l'immagine di un **personaggio debole e passivo**, incapace di inserirsi nella vita sociale ma anche di ribellarsi a essa. Il significato della metamorfosi allude appunto alla profonda **alienazione** di Gregor, privato della sua identità umana, ridotto a 'cosa' ed estromesso dal consorzio umano.

Competenze di comprensione e analisi

- Quali sono i sentimenti di Gregor nei confronti del suo lavoro?

- Quale significato simbolico assume nell'episodio l'immagine della «sveglia che ticchettava sul cassettone» (r. 54)? Perché il trascorrere del tempo angoscia il protagonista?

- Nella parte finale del brano Gregor si rende conto con «terrore» di non essere più in grado di parlare in modo comprensibile. Quale significato simbolico assume questa impossibilità?

Senso di colpa e regressione

La trasformazione in scarafaggio – non a caso un insetto che suscita istintiva repulsione – allude anche a un profondo **senso di colpa**, legato all'incapacità di Gregor di rispondere alle richieste della società, della famiglia e in particolar modo del padre. In questo senso assume un **significato allegorico** anche la reclusione, prima volontaria e poi forzata, di Gregor nella sua stanza. La sua trasformazione in insetto porterà la famiglia a relegarlo in questo luogo chiuso, trasformando il suo desiderio di regressione e isolamento in una tremenda condanna.

Competenze di comprensione e analisi

- In quali punti del brano emerge in modo indiretto il senso di colpa del protagonista? A che cosa è dovuto?

- Nella vicenda, un ruolo fondamentale sarà svolto dal padre di Gregor, che sarà responsabile della morte del protagonista. Fin d'ora, quale significato assume la sua figura e il suo «bussare ... debolmente, ma con il pugno» (rr. 91-92) alla porta della stanza del figlio?

Franz Kafka

Il libro del mese
Il deserto dei Tartari

AUTORE Dino Buzzati
ANNO DI PUBBLICAZIONE 1940
CASA EDITRICE Mondadori

TRE BUONI MOTIVI PER LEGGERLO

1. È una profonda riflessione sulla solitudine dell'uomo contemporaneo.
2. Descrive le forze, spesso contrastanti, che agiscono nell'animo umano.
3. Mette in scena una vicenda allegorica nella quale ogni lettore può in parte identificarsi.

L'AUTORE E IL ROMANZO Autore di romanzi e racconti, Dino Buzzati (1906-1972) è uno degli scrittori italiani che meglio ha saputo descrivere le difficoltà e le ansie dell'uomo moderno. Cresciuto tra Milano e le Dolomiti bellunesi – dove era nato e dove amava tornare per lunghe camminate in montagna – lavorò per molti anni al «Corriere della sera», in qualità di cronista e redattore. La sua carriera letteraria inizia negli anni Trenta con i romanzi *Bàrnabo delle montagne* (1933) e *Il segreto del bosco vecchio* (1935). Dopo il successo ottenuto con *Il deserto dei Tartari*, nel dopoguerra Buzzati si dedica soprattutto ai racconti, con raccolte come *Sessanta racconti* (1958) e *La boutique del mistero* (1968). *Il deserto dei Tartari* (1940) è il romanzo che ha consacrato Buzzati tra i grandi della letteratura europea. Dietro la vicenda onirica e surreale di un uomo che attende per vent'anni l'arrivo di un nemico invisibile, si celano tematiche estremamente moderne come l'impotenza dell'individuo di fronte al destino, l'incombere del tempo e della sua ripetitività, la noia e la ricerca di una possibilità di fuga da una realtà opprimente.

L'INCIPIT Nominato ufficiale, Giovanni Drogo partì una mattina di settembre dalla città per raggiungere la Fortezza Bastiani, sua prima destinazione.
Si fece svegliare ch'era ancora notte e vestì per la prima volta la divisa di tenente. Come ebbe finito, al lume di una lampada a petrolio si guardò allo specchio, ma senza trovare la letizia che aveva sperato. Nella casa c'era un grande silenzio, si udivano solo piccoli rumori da una stanza vicina; sua mamma stava alzandosi per salutarlo.
Era quello il giorno atteso da anni, il principio della sua vera vita. Pensava alle giornate squallide all'Accademia militare, si ricordò delle amare sere di studio quando sentiva fuori nelle vie passare la gente libera e presumibilmente felice; delle sveglie invernali nei cameroni gelati, dove ristagnava l'incubo delle punizioni. Ricordò la pena di contare i giorni ad uno ad uno, che sembrava non finissero mai.

LA TRAMA Il tenente Giovanni Drogo viene assegnato alla Fortezza Bastiani, un luogo che si affaccia su una pianura immensa denominata "il deserto dei Tartari", un tempo teatro di battaglie contro i popoli invasori. Poco dopo il suo arrivo Drogo comincia a sentirsi impaurito dal senso di noia e di immobilità che domina la vita nella fortezza, tanto da confidare a un suo sottoposto la volontà di essere trasferito altrove; al tempo stesso, però, prova una strana attrazione per quei luoghi disabitati e inospitali e nel suo animo si fa strada l'idea che i Tartari potrebbero tornare ad attaccare la fortezza.

TRE PISTE DI LETTURA

1. Per quali ragioni *Il deserto dei Tartari* può essere definito un romanzo realistico? E per quali ragioni invece si allontana da questo genere?
2. Quali sono le caratteristiche principali del personaggio di Drogo? Pensi che possa essere considerato un alterego di Buzzati? Rispondi in un testo scritto di due pagine al massimo.
3. *Il deserto dei Tartari* può essere accostato ad alcune opere di Kafka (*Il processo*, *Il castello*), in cui le vicende dei protagonisti diventano il simbolo di un'esistenza che scorre inutilmente nell'attesa di un qualcosa che non si verificherà mai. Metti a confronto il romanzo di Buzzati con uno dei testi di Kafka e spiega quali sono le principali analogie tra le due opere.

La narrativa inglese

La sperimentazione espressiva Nel progressivo rinnovamento del romanzo europeo del primo Novecento, un ruolo di primo piano è svolto dalla narrativa inglese. L'interesse per la **psicologia dei personaggi**, analizzata secondo le scoperte della psicanalisi e unita alla critica dell'ipocrisia borghese, è evidente già nelle opere di autori come Katherine Mansfield e David Herbert Lawrence, autore del romanzo *L'amante di Lady Chatterley*, che nel 1928 viene censurato per l'esplicita tematica erotica. Alla novità dei temi si aggiunge però, nei romanzieri inglesi della nuova generazione, soprattutto un'ardita **sperimentazione di forme narrative nuove**, volte a cogliere in 'presa diretta' il caotico fluire della vita interiore dei personaggi. L'uso di un **linguaggio nuovo** e di forme aperte di narrazione si impone in particolare grazie a due autori coevi, vissuti entrambi tra il 1882 e il 1941: Virginia Woolf e l'irlandese James Joyce.

James Joyce James Joyce, nato a **Dublino** nel **1882**, è considerato uno dei 'padri fondatori' del romanzo novecentesco, grazie soprattutto alla progressiva destrutturazione cui sottopone le forme della narrativa tradizionale, attraverso un incessante **sperimentalismo tematico e formale**. Formatosi nell'ambiente tradizionalista e provinciale dell'Irlanda cattolica, Joyce è indotto dalla sua indole ribelle a lasciare il suo paese, che abbandona per sempre a soli ventidue anni. Insieme alla moglie Nora, si stabilisce prima a **Parigi** e poi a **Trieste**, dove lavora come insegnante di inglese e conosce Italo Svevo. Alla città d'origine è dedicata la sua prima opera, i *Dubliners* (tradotta in italiano come *Gente di Dublino*), una raccolta di quindici racconti pubblicati nel 1914 in cui l'autore esprime un'impietosa critica nei confronti dei suoi concittadini, la cui vita grigia e meschina diviene emblema di una condizione esistenziale di esclusione dalla vita e di colpevole apatia. Nel 1916 pubblica il suo primo romanzo, noto in Italia come **Dedalus** ma intitolato *Portrait of the artist as a young man* («Ritratto dell'artista da giovane»). L'opera, che risente ancora in parte del naturalismo francese, narra la vicenda di formazione di Stephen Dedalus, un giovane dublinese che scopre la propria vocazione artistica e, come Joyce stesso, arriva a teorizzare il rifiuto della famiglia, della patria e della religione, scegliendo l'esilio. Nel 1918 Joyce – che dopo lo scoppio della guerra si è spostato a Zurigo – inizia a pubblicare a puntate sulla «Litte Review» di New York la sua opera maggiore, l'*Ulisse*, ma la rivista viene sequestrata perché l'opera è accusata di immoralità a causa del realismo con cui affronta anche gli aspetti più sgradevoli della vita quotidiana. Il monumentale romanzo, liberamente ispirato all'*Odissea* omerica, viene edito solo nel 1922 a Parigi, dove l'autore si è intanto trasferito. La fama ottenuta con l'*Ulisse* non placa l'ansia di sperimentazione di Joyce, che nel 1923 inizia a lavorare a una nuova opera, che uscirà nel 1939 con il titolo **La veglia di Finnegan** (*Finnegans Wake*). Nel romanzo, programmaticamente incompiuto, un evanescente tessuto narrativo sostiene un intricatissimo apparato simbolico che si propone come una babelica enciclopedia del sapere universale. La dissoluzione di ogni convenzione narrativa e l'intrecciarsi di registri linguistici diversi rendono l'ultima opera di Joyce una sorta di enigma, che sfiora il limite dell'oscurità espressiva. Costretto nel 1940 ad abbandonare la Francia in seguito all'invasione tedesca, Joyce si rifugia a Zurigo, dove muore nel **1941**.

Ulisse: un antieroe moderno Nell'*Ulisse* l'autore si propone di **reinterpretare l'epopea omerica in chiave moderna**, narrando con dovizia di particolari, attraverso un migliaio di pagine, una **singola giornata** – precisamente il 16 giugno 1904 – di un qualunque cittadino di Dublino, **Leopold Bloom**. La trama, volutamente ridotta al minimo, segue le peregrinazioni del protagonista e i suoi ripetuti incontri con **Stephen Dedalus**, un giovane intellettuale a cui Bloom è legato da un affetto paterno. L'apparente casualità dell'intreccio nasconde in realtà un

James Joyce fotografato da Berenice Abbott nel 1928.

La narrativa inglese 775

impianto narrativo molto elaborato, che nell'intenzione dell'autore suddivide i diciotto capitoli in **tre distinte sequenze**, corrispondenti ad altrettante parti dell'*Odissea*: la *Telemachia* (con riferimento a Telemaco, figlio di Ulisse, e alla sua ricerca del padre), comprendente i tre capitoli iniziali che hanno come protagonista Stephen, alter ego dello scrittore da giovane; l'*Odissea*, in dodici capitoli, che narra quanto accade a Leopold Bloom, moderno Ulisse che si aggira per le strade di Dublino; il *Nostos*, ovvero il «ritorno» a casa di Leopold, dove lo attende la moglie Molly, nuova Penelope. Con un'operazione squisitamente sperimentale, Joyce intende dar vita a una sorta di **poema della modernità**, in cui la materia è però sottoposta a un **procedimento straniante e antieroico** che sfiora la parodia. Le avventure di Ulisse lasciano il posto a eventi di assoluta banalità: ai pericoli del mare si sostituisce il caos cittadino e l'eroe non è altro che un uomo qualunque, un inetto sconfitto dalla vita, tradito dalla moglie ed emarginato dalla società. La ricerca di una struttura precisa e quasi geometrica si unisce quindi alla volontà di fornire un **affresco totale della realtà moderna**, che appare però non più unitaria ma **informe e caotica**. Nel romanzo, l'attenzione del narratore si concentra del resto, più che sugli eventi materiali, sulle sensazioni e sui **pensieri del protagonista**, spesso anch'essi contraddittori e disorganici. Nella figura di Bloom, vero e proprio antieroe moderno, si rispecchia la sorte comune di un'umanità degradata, ormai irrimediabilmente lontana da ogni possibilità di dominio su se stessa e sul mondo.

Le novità formali di *Ulisse*

Opera programmaticamente sperimentale e rivolta a un pubblico alto, l'*Ulisse* si caratterizza anche per l'assoluta originalità delle soluzioni narrative. La narrazione, condotta in terza persona, ricorre al **continuo variare del punto di vista**, fornendo una rappresentazione poliprospettica che disorienta il lettore, a cui viene a mancare un'ottica interpretativa unitaria. La focalizzazione prevalente segue comunque il punto di vista del protagonista, in una continua **alternanza di passato e presente**, che asseconda il flusso dei pensieri attraverso la tecnica del monologo interiore. In alcuni punti dell'opera – in particolare nel monologo finale di Molly Bloom – Joyce porta alle estreme conseguenze la tecnica del cosiddetto «**flusso di coscienza**» (*stream of consciousness*), che consiste nel riportare in assoluta libertà il **fluire dei pensieri del personaggio**, rinunciando a organizzarli in una sequenza logica e abolendo persino il rispetto delle regole sintattiche, grammaticali e ortografiche. In tutto il romanzo si alternano del resto **registri linguistici molto diversi tra loro**, in una mescolanza di stili che vede la compresenza del linguaggio biblico e del gergo dei bassifondi, del lessico tecnico e di riferimenti letterari elevati. In questo senso l'opera si propone anche come una sorta di enciclopedia volutamente disorganica della letteratura occidentale, in cui coesistono generi diversi: dal testo teatrale al romanzo sentimentale, dall'epica all'elegia al comico.

Virginia Woolf A risultati simili a quelli di Joyce, sebbene segnati da un meno acceso sperimentalismo e da un maggiore legame con la tradizione letteraria, giunge negli stessi anni la scrittrice londinese **Virginia Woolf**. Nata a Londra nel **1882** e legata a un gruppo di intellettuali d'avanguardia noto come **Bloomsbury Group** e moglie di un importante editore, la Woolf nel 1917 fonda a sua volta una casa editrice, la **Hogarth Press**, che pubblicherà le opere maggiori del Novecento inglese, tra cui *Preludio* di Katherine Mansfield e *La terra desolata* di Thomas Stearns Eliot. Nonostante la serenità affettiva e la ricchezza di stimoli culturali, tuttavia, la vita della scrittrice è segnata da ricorrenti **crisi depressive**, che si aggravano negli ultimi anni della sua vita e la portano al **suicidio** nel **1941**.

Dopo un paio di romanzi di impianto ancora tradizionale (*La crociera* e *Giorno e notte*), nel 1925 la Woolf pubblica *La signora Dalloway*, un romanzo modellato sull'*Ulisse* di Joyce. L'opera è infatti la cronaca della giornata di un'agiata cinquantenne che esce di casa per comprare dei fiori per un party serale; durante la sua passeggiata per le strade di Londra, riflette sul proprio passato e traccia un bilancio problematico della propria esistenza. La festa in casa che conclude la giornata si pone come il punto di **confluenza di tanti destini incrociati** e come il culmine delle riflessioni della donna, che matura una sia pur faticosa accettazione della vita. Nell'opera, in cui l'autrice ricorre alla tecnica del «flusso di coscienza» per riportare i pensieri della protagonista, ricorrono i temi più tipici della produzione della Woolf, ossia l'amore e la **solitudine esistenziale**, indagati con grande capacità di **introspezione psicologica** e in un continuo **intreccio tra il presente e i ricordi del passato**. Al 1927 risale il capolavoro della Woolf, *Gita al faro* (*To the lighthouse*) mentre *Una stanza tutta per sé* (1929) è un saggio sul rapporto tra letteratura e condizione femminile. Nel 1931 la pubblicazione della sua ultima opera, *Le onde* (*The waves*), costituita dall'intrecciarsi dei monologhi in cui sei personaggi rievocano la propria vita, segna il culmine della sua sperimentazione di nuove forme narrative, sempre più originali e ormai slegate dai modelli della tradizione.

Il romanzo della crisi

Tempo e struttura di _Gita al faro_ Nel suo romanzo più noto, _Gita al faro_, Virginia Woolf costruisce un organismo narrativo originale, in cui il tema del **potere distruttivo del tempo** che travolge persone e affetti trae spunto dal racconto di **avvenimenti minimi della vita quotidiana**. La famiglia Ramsay, in vacanza su un'isola a nord della Scozia, progetta una gita in barca al faro, che viene però rimandata per il maltempo. Nei dieci anni successivi, durante i quali la casa al mare resta abbandonata, la signora Ramsay muore, come pure due dei suoi otto figli. Quando i superstiti ritornano sull'isola, il padre compie con il figlio minore la gita progettata tanto tempo prima, e solo ora la pittrice Lily Briscoe – alter ego della Woolf – riesce a concludere un quadro iniziato dieci anni prima, in cui fissa sulla tela quell'istante, sottraendolo all'oblio. Il romanzo ha una **struttura tripartita**: la prima parte (intitolata _La finestra_) copre una sola giornata dell'estate del 1891 e si concentra soprattutto sulla figura della bellissima e malinconica **signora Ramsay**, intenta a cucire alla finestra e a riflettere sulla sua vita. Nella seconda parte (_Il tempo passa_) al tempo soggettivo della coscienza si sostituisce l'incalzare del tempo oggettivo, che nella sua implacabile progressione segna la scomparsa di alcuni protagonisti. Nel finale (_Il faro_) la vicenda si chiude circolarmente e attraverso il personaggio di Lily l'autrice sottolinea la **possibilità dell'arte di opporsi al fluire del tempo**. In tutto il romanzo **gli eventi sono ridotti al minimo**, mentre ampio spazio viene riservato ai pensieri dei protagonisti, riportati attraverso la tecnica del «flusso di coscienza», in una continua **alternanza tra presente e passato della memoria** che ricorda l'opera di Proust.

◯ Sosta di verifica

1 Quali caratteristiche comuni presentano le opere di Joyce e di Virginia Woolf?

2 Quali sono le tematiche della raccolta di racconti _Gente di Dublino_?

3 Quale legame sussiste tra l'_Ulisse_ di Joyce e l'_Odissea_ omerica?

4 Che tipo di struttura presenta il romanzo della Woolf _Gita al faro_?

T4

James Joyce
Il monologo di Molly Bloom

Ulisse, cap. XVIII

Il brano è tratto dalle pagine conclusive del romanzo, interamente occupate dal monologo interiore a cui si abbandona la moglie di Leopold, Molly Bloom, prima di addormentarsi al fianco del marito. Il capitolo finale – che inizialmente recava il titolo Penelope, poi soppresso – trasporta il lettore nel segreto dell'interiorità di Molly, moderna e infedele Penelope, offrendone un ritratto del tutto soggettivo.
È notte tarda e Molly, sdraiata nel letto nuziale, non riesce a prendere sonno. Come spesso accade nel dormiveglia, i suoi pensieri vagano liberamente, spaziando da particolari banali alla rievocazione, nel finale, del primo incontro d'amore con Leopold. Il flusso dei pensieri della protagonista è registrato dal narratore secondo la tecnica del «flusso di coscienza», senza alcun ordine logico e con l'abolizione della punteggiatura, per meglio evocarne il flusso indistinto.

> [...] due e un quarto che ora bestiale mi dà l'idea che in Cina si stanno alzando a quest'ora e si pettinano i codini per la giornata tra poco le monache suoneranno l'angelus[1] non c'è nessuno che vada a disturbare i loro sonni se non qualche prete per le funzioni della notte la sveglia di quelli accanto al primo chicchirichì si fa
> 5 uscire il cervello a forza di far fracasso guardiamo un po' se riesco a addormen-

---

1. **l'angelus:** preghiera in onore della Vergine Maria.

tarmi 1 2 3 4 5[2] che razza di fiori[3] son quelli che hanno inventato come le stelle la carta da parati di Lombard street[4] era molto più carina quel grembiale che mi ha dato assomigliava un po' solo che l'ho portato solo due volte meglio abbassare la lampada e provare ancora[5] in modo da alzarsi presto voglio andare da Agnel là

10 vicino a Findlater e farmi mandare dei fiori da mettere per casa nel caso lo portasse qui domani[6] cioè oggi no o il venerdì porta male prima voglio fare un po' di pulizie la polvere sembra che si ammucchi mentre dormo poi un po' di musica e qualche sigaretta posso accompagnarlo prima devo pulire i tasti del piano col latte cosa mi devo mettere porterò una rosa bianca o quelle brioscine di Lipton

15 mi piace l'odore di un bel negozio di lusso a 7 penny e 1/2 la libbra o quelle altre con le ciliegine e lo zucchero rosa 11 pence un paio di libbre e poi una bella piantina in mezzo alla tavola si trova a minor prezzo da un momento dove le ho viste non è mica molto i fiori mi piacciono vorrei che la casa traboccasse di rose Dio del cielo non c'è niente come la natura le montagne selvagge poi il mare

20 e le onde galoppanti poi la bella campagna con campi d'avena e di grano e ogni specie di cose e tutti quei begli animali in giro ti farebbe bene al cuore veder fiumi laghi e fiori ogni specie di forme e odori e colori che spuntano anche dai fossi primule e violette è questa la natura e quelli che dicono che non c'è un Dio non darei un soldo bucato di tutta la loro sapienza perché non provano loro a creare

25 qualcosa gliel'ho chiesto spesso gli atei o come diavolo si chiamano vadano e si lavino un po' prima e poi strillano per avere il prete quando stanno per morire e perché perché perché han paura dell'inferno per via della loro cattiva coscienza ah sì li conosco bene chi è stato il primo nell'universo prima che ci fosse qualcun altro che ha fatto tutto chi ah non lo sanno e nemmeno io eccoci tanto vale che

30 cerchino di impedire che domani sorga il sole splende per te disse lui quel giorno[7] che eravamo stesi tra i rododendri sul promontorio di Howth[8] con quel suo vestito di tweed grigio e la paglietta[9] il giorno che gli feci fare la dichiarazione sì prima gli passai in bocca quel pezzetto di biscotto all'anice e era un anno bisestile come ora sì 16 anni fa Dio mio dopo quel bacio così lungo non avevo più fiato

35 sì disse che ero un fior di montagna sì siamo tutti fiori allora un corpo di donna sì è stata una delle poche cose giuste che ha detto in vita sua e il sole splende per te oggi sì perciò mi piacque sì perché vidi che capiva o almeno sentiva cos'è una donna e io sapevo che me lo sarei rigirato come volevo e gli detti quanto più piacere potevo per portarlo a quel punto finché non mi chiese di dir di sì e io dap-

40 principio non volevo rispondere guardavo solo in giro il cielo e il mare pensavo a tante cose che lui non sapeva di Mulvey e Mr Stanhope e Hester e papà e il vecchio capitano Groves[10] e i marinai che giocavano al piattello e alla cavallina come dicevan loro sul molo e la sentinella davanti alla casa del governatore con quella cosa attorno all'elmetto bianco povero diavolo mezzo arrostito e le ragazze spa-

45 gnole che ridevano nei loro scialli e quei pettini alti e le aste la mattina i Greci e gli ebrei e gli Arabi e il diavolo chi sa altro da tutte le parti d'Europa[11] e Duke

---

Nelle riflessioni di Molly trovano spazio molti particolari banali della vita quotidiana, in genere assenti dalla letteratura tradizionale.

Ha qui inizio la rievocazione del giorno lontano in cui Leopold ha chiesto a Molly di sposarla.

La protagonista ricorda che, ascoltando la dichiarazione d'amore di Leopold, i suoi pensieri vagavano tra i ricordi dell'adolescenza.

---

2. 1 2 3 4 5: Molly conta mentalmente, per cercare di addormentarsi.

3. che razza di fiori: sono i fiori della carta da parati.

4. Lombard street: è la strada dove Molly ha abitato in precedenza con Leopold.

5. provare ancora: a dormire.

6. nel caso ... domani: si riferisce a Stephen, sul quale spera di far colpo il giorno dopo.

7. quel giorno: quando Leopold Bloom dichiarò a Molly il suo amore.

8. Howt: vicino a Dublino.

9. paglietta: cappello di paglia da uomo.

10. Mulvey ... Groves: personaggi dell'adolescenza di Molly, trascorsa a Gibilterra. Mulvey è il suo primo amore, che la baciò «sotto il muro moresco» (vedi più avanti).

11. i Greci ... d'Europa: il porto di Gibilterra, nel sud della penisola iberica, era frequentato da etnie diverse.

Il romanzo della crisi

street e il mercato del pollame un gran pigolio davanti a Larby Sharon[12] e i poveri ciuchini che inciampavano mezzi addormentati e gli uomini avvolti nei loro mantelli addormentati all'ombra sugli scalini e le grandi ruote dei carri dei tori e il vecchio castello vecchio di mill'anni sì e quei bei Mori tutti in bianco e turbanti come re che ti chiedevano di metterti a sedere in quei loro buchi di botteghe e Ronda[13] con le vecchie finestre delle posadas[14] fulgidi occhi celava l'inferriata perché il suo amante baciasse le sbarre e le gargotte[15] mezzo aperte la notte e le nacchere e la notte che perdemmo il battello ad Algesiras[16] il sereno che faceva il suo giro con la sua lampada[17] e Oh quel pauroso torrente laggiù in fondo Oh e il mare il mare qualche volta cremisi come il fuoco e gli splendidi tramonti e i fichi nei giardini dell'Alameda[18] sì e tutte quelle stradine curiose e le case rosa e azzurre e gialle e i roseti e i gelsomini e i geranii e i cactus e Gibilterra da ragazza dov'ero un Fior di montagna sì quando mi misi la rosa nei capelli come facevano le ragazze andaluse o ne porterò una rossa sì e come mi baciò sotto il muro moresco[19] e io pensavo be' lui ne vale un altro e poi gli chiesi con gli occhi di chiedere ancora sì e allora mi chiese se io volevo sì dire di sì mio fior di montagna e per prima cosa gli misi le braccia intorno sì e me lo tirai addosso in modo che mi potesse sentire il petto tutto profumato sì e il suo cuore batteva come impazzito e sì dissi sì voglio Sì.

J. Joyce, *Ulisse*, traduzione di G. De Angelis, Milano, Mondadori, 1971

---

12. Duke street ... Larby Sharon: sono una via e una piazza centrali di Gibilterra.
13. Ronda: città dell'Andalusia, nella Spagna del Sud, attraversata da un fiume che la taglia scorrendo in una gola (vedi poi «quel pauroso torrente laggiù in fondo»).
14. posadas: *locande* (in spagnolo).
15. gargotte: *osterie* (dal francese *gargotes*).
16. Algesiras: città spagnola nel golfo di Gibilterra.
17. lampada: il Sole.
18. Alameda: è il parco di Siviglia.
19. moresco: stile architettonico arabeggiante tipico dell'Andalusia.

 Dall'*Ulisse* puoi leggere anche *Due brani satirici*

Analisi guidata

Pensieri in libertà

Tutto il monologo di Molly è costruito sul **libero fluire delle fantasticherie e dei ricordi** della donna, che ondeggiano senza soluzione di continuità tra passato, presente e futuro e tra luoghi diversi, che si richiamano per analogia.
Nella prima parte del brano prevalgono **considerazioni più quotidiane**, legate ai preparativi per l'incontro dell'indomani con Stephen Dedalus. La sequenza conclusiva è invece dedicata alla **rievocazione del giorno** di diciotto anni prima **in cui Leopold chiese a Molly di sposarlo**, a cui si sovrappongono altri ricordi anteriori nel tempo, legati alla giovinezza di Molly a Gibilterra, alla Spagna e ai suoi primi amanti.

Competenze di comprensione e analisi

- Suddividi il monologo di Molly in microsequenze, indicando il contenuto delle riflessioni della donna.
- Individua nel testo la compresenza di diversi piani temporali, distinguendo il presente, il futuro e i diversi piani del passato evocati attraverso la memoria.
- Quali diversi luoghi compaiono nel pensiero della protagonista?

La tecnica del «flusso di coscienza»

Secondo la tecnica del «**flusso di coscienza**», l'autore registra i pensieri di Molly in una forma che evoca le **modalità apparentemente irrazionali con cui sensazioni, immagini ed emozioni si succedono nell'inconscio**. Sono del tutto assenti giudizi o commenti esterni, come pure ogni tentativo di ordinare i pensieri secondo i consueti criteri logici o cronologici. Molly Bloom registra le immagini che si affacciano alla sua mente, raggruppandosi attorno ad alcuni **nuclei simbolici** secondo **criteri analogici**.

Per esempio, i fiori della tappezzeria della stanza richiamano quelli che la donna vuole comprare il giorno dopo, ma diventano anche, nel ricordo, i «rododendri» sul promontorio di Howth dove Molly ha baciato Leopold per la prima volta e richiamano poi altri fiori, quelli dell'adolescenza a Gibilterra («e le rose e i gelsomini e i gerani») e del primo amore. Il flusso dei pensieri viene reso più immediato dalla **rinuncia a ogni regola sintattica**, fino all'**abolizione totale della punteggiatura**.

Competenze di comprensione e analisi

- Individua secondo quali criteri avviene il passaggio da un pensiero all'altro. Molly procede in modo razionale o per libere associazioni?
- Alle rr. 19-29 Molly riflette sulla bellezza della natura e si contrappone al pensiero degli atei. Da quale spunto nascono in lei queste riflessioni?
- In quale parte del brano Molly ricorda la sua adolescenza? Quale impressione ne deriva al lettore?
- Analizza le rr. 7-13 e cerca di ripristinare in questa parte del brano i segni di interpunzione tradizionali. Quale effetto ne deriva?
- Perché nel monologo di Molly è abolita la punteggiatura?

Una moderna Penelope

Sul piano dei contenuti, il monologo ruota insistentemente attorno all'esperienza dell'**amore** e del **sesso**, costruendo la figura di una donna intensamente sensuale. Per certi aspetti può parere che Molly Bloom, con le sue infedeltà passate e presenti, si proponga al lettore come una **parodia dell'eroina omerica**. In realtà i suoi molti amori non le impediscono di conservare una forma di **istintiva fedeltà al marito**, che continuamente ritorna nei suoi pensieri e nei suoi ricordi. Con la sua fisicità e la sua passione, Molly rappresenta in certo senso la donna come **archetipo materno**, capace di accogliere ogni aspetto della realtà e di offrire riposo all'incerto Ulisse contemporaneo.

Competenze di comprensione e analisi

- Quali elementi del brano sottolineano l'intensa passionalità della protagonista?
- Quali caratteristiche di Leopold emergono dal ricordo di Molly? Per quale motivo essa afferma di averlo scelto come marito?
- Nel finale, l'immagine di Mulvey, il primo amore di Molly, si sovrappone e si confonde con quella di Leopold. Quale significato ha, a tuo parere, questa scelta?

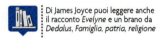
Di James Joyce puoi leggere anche il racconto *Evelyne* e un brano da *Dedalus, Famiglia, patria, religione*

Il romanzo della crisi

T5 Virginia Woolf, Il calzerotto marrone

Gita al faro

Il brano che segue è tratto dalla prima parte del romanzo, intitolata La finestra, in cui gli unici avvenimenti descritti sono una passeggiata in paese e la cena serale in famiglia. Quasi tutti i diciannove capitoli della prima macrosequenza presentano una scena immobile: la signora Ramsay che cuce un paio di calze da regalare al figlio del guardiano del faro, meta della gita programmata per il giorno seguente.

Mentre la signora Ramsay lavora a maglia alla finestra, i suoi pensieri vagano liberamente, lasciando spazio a tratti all'emergere di una profonda e indefinibile malinconia. Gli unici gesti concreti che essa compie sono rivolti al figlio James, che si trova con lei nella stanza. Nella seconda parte del brano la protagonista viene presentata invece dal punto di vista degli abitanti dell'isola e attraverso lo sguardo di un amico di famiglia.

«E se domani non è bello», disse[1] la signora Ramsay, alzando gli occhi su William Bankes e Lily Briscoe[2] che passavano, «ci andremo un altro giorno. E ora», disse, pensando che il fascino di Lily stava in quegli occhi cinesi, messi sghembi[3] nella pallida faccia grinzosa, ma ci voleva un uomo intelligente per vederlo; «e ora alzati su, fammi misurare la gamba» – perché alla fine magari sarebbero riusciti ad andare al faro, e doveva vedere se allungare i calzerotti di qualche centimetro.

Sorridendo a un'eccellente idea che le era balenata in mente in quell'istante – William e Lily dovevano sposarsi – prese il calzerotto color dell'erica, col suo incrocio d'aghi all'imboccatura, e lo misurò alla gamba di James.

«Sta' fermo, caro!» disse, perché a James, per gelosia, non andava affatto di fare da modello per il figlio del custode, e scalpitava apposta, ma se scalpitava, come faceva lei a vedere se era lungo, o corto? gli domandò.

Alzò gli occhi – quale demonio s'era impossessato del suo piccolo, il suo prediletto? – e guardò la stanza, guardò le sedie, e pensò che erano spaventosamente logore. L'imbottitura, aveva detto Andrew[4] l'altro giorno, invece che dentro stava fuori, sul pavimento. Ma a che serviva, si chiedeva, comprare delle sedie nuove per farle andare in malora d'inverno, quando la casa, custodita da una vecchia donna, gocciava addirittura per l'umidità? L'affitto non arrivava a tre centesimi, i bambini l'amavano, a suo marito faceva bene starsene a tremila – per la precisione erano trecento – miglia di distanza dalla biblioteca, le lezioni, gli studenti[5]. E c'era posto anche per gli ospiti. Stuoie, brande, fantastici spettri di sedie[6] e tavoli che avevano esaurito la loro funzione a Londra, lì andavano benissimo: con in più qualche fotografia, e i libri. I libri, pensò, crescevano da soli. Non aveva mai tempo di leggerli. Peccato. Anche i libri che le venivano regalati con tanto di dedica dell'autore: "A colei i cui desideri sono legge...", "Alla più felice Elena[7] dei nostri tempi...", si vergognava di dirlo, ma non li aveva mai letti. Il libro di Croom sulla mente, di Bates sui costumi selvaggi della Polinesia («Sta' fermo, caro», ripeté) – non li poteva certo mandare al Faro. A un certo punto, pensò, la casa sarebbe andata in malora, e avrebbero per forza dovuto fare qualcosa. Se avesse-

> *I pensieri di Mrs. Ramsay sono inizialmente rivolti alla casa e a tutto ciò che sta lentamente andando in rovina.*

---

1. disse: la protagonista si rivolge al figlio minore James, un bambino di sei anni.

2. William Bankes e Lily Briscoe: sono due amici della signora Ramsay, che vede dalla finestra.

3. sghembi: *storti.*

4. Andrew: è un altro figlio dei Ramsay.

5. a suo marito... gli studenti: il signor Ramsay è un professore di filosofia.

6. fantastici... sedie: *sedie tanto consumate da sembrare fantasmi scheletriti.*

ro almeno imparato a pulirsi i piedi, invece di portare dentro casa tutta la sabbia – sarebbe già stato qualcosa. I granchi doveva pur permetterli, visto che Andrew li voleva dissezionare, e se James aveva deciso che con le alghe si doveva fare la zuppa, non glielo poteva impedire, e così per gli oggetti di Rose[8], le conchiglie, le canne, i sassi. I suoi ragazzi erano tutti dotati, ognuno a modo suo. Il risultato era, sospirò avvolgendo con lo sguardo tutta la stanza dal soffitto al pavimento, sempre tenendo il calzerotto appoggiato alla gamba di James, che da un'estate all'altra la casa diventava sempre più squallida. La stuoia s'era scolorita, la carta da parati si scollava. Non si riconosceva neppure più se erano rose. D'altronde, a forza di lasciare le porte aperte, perché in tutta la Scozia non si trova un fabbro che sappia aggiustare un chiavistello, le cose si sciupano. A che serviva poggiare sull'orlo della cornice uno scialle di cachemire? In due settimane sarebbe diventato dello stesso colore del brodo di piselli. Ma erano le porte soprattutto che le davano fastidio, le porte lasciate aperte. Si fermò ad ascoltare: la porta del salotto era aperta, ed era sicuramente aperta anche la finestra del pianerottolo, l'aveva aperta lei, quella. Perché mai nessuno si ricordava di una cosa tanto semplice – le finestre dovevano stare aperte, e le porte chiuse? Se andava nella stanza delle cameriere di notte, le trovava sigillate come forni, eccetto quella di Marie, la ragazza svizzera, che avrebbe preferito fare a meno dell'acqua calda piuttosto che dell'aria fresca. Al suo paese, aveva detto, «le montagne sono così belle». Suo padre stava morendo laggiù, la signora Ramsey lo sapeva. Li avrebbe lasciati orfani. Era andata su per rimproverarla, e darle delle dimostrazioni (come si fa il letto, come si apre la finestra, e muoveva le mani come fosse una donna francese[9]), ma quando la ragazza disse così, subito si quietò, come dopo un volo dispiegato nel sole si quietano le ali di un uccello, e l'azzurro delle piume da grigio acceso si fa rosso porpora chiaro. Era rimasta lì ferma in silenzio, perché non c'era niente da dire. Aveva il cancro alla gola. A quel pensiero – al pensiero di com'era rimasta immobile, di come la ragazza aveva detto: «A casa mia le montagne sono così belle», no, non c'era speranza, nessuna – ebbe una contrazione irritata, e in tono brusco disse a James:

«Sta' fermo, non essere noioso», e James si rese subito conto che quella severità era reale, e allungò la gamba, e lei prese la misura.

Il calzerotto era troppo corto, mancava almeno un centimetro, anche tenendo conto che il bambino di Sorley[10] era meno sviluppato di James.

«È troppo corto», disse, «troppo corto».

Mai nessuno ebbe l'aria tanto triste. Amara e nera, a metà strada, giù nelle tenebre, nel canale che portava dalla luce del sole nell'abisso, si formò una lacrima, forse; una lacrima cadde; le acque si agitarono in differenti direzioni, l'accolsero, e si placarono. Mai nessuno ebbe l'aria tanto triste.

Ma era solo apparenza? si chiedeva la gente. Che c'era dietro – dietro la sua bellezza, il suo splendore? Non s'era fatto saltare le cervella, si chiedevano, non era morto una settimana prima che si sposassero – quell'altro, il suo primo amore, di cui qualcuno aveva sentito parlare? O non c'era niente? niente altro che una bellezza incomparabile, protetta dalla quale lei viveva, che niente poteva turbare? Perché se anche in quei momenti di intimità, quando le venivano confidate storie di grandi passioni, di amori traditi, di ambizioni frustrate, lei avrebbe po-

> I pensieri della protagonista vanno adesso a ritroso nel tempo, ricordando il tragico suicidio di un suo amore giovanile.

---

7. Elena: Elena di Troia, donna di mitica bellezza.
8. Rose: la figlia.

9. muoveva ... francese: secondo il compassato comportamento anglosassone, i francesi gesticolano in modo eccessivo.
10. Sorley: il guardiano del faro.

Il romanzo della crisi

tuto parlare, no, non parlava. Taceva sempre. Però sapeva – sapeva senza avere imparato. Nella sua semplicità coglieva cose che altri più colti di lei non capivano. La sincerità della sua mente la faceva andare giù a piombo, come un sasso, o posarsi precisa come un uccello; le dava, così, naturalmente, quel movimento a picco di uno spirito che piomba sulla verità – che incantava, confortava, sollevava, forse a torto.

«La natura», aveva detto una volta Bankes, nel sentirla parlare al telefono, commosso da quella voce che gli stava semplicemente dando un'informazione sull'orario dei treni, «non ne ha molta di quell'argilla con cui ha fatto lei[11]». La vide all'altro capo del telefono, greca[12], con gli occhi azzurri, il naso diritto. Sembrava incongruo[13] telefonare a una donna simile. Le Grazie a convegno sembrava che si fossero prese per mano in un prato di asfodeli[14], per comporre quel volto. Sì, avrebbe preso il treno delle 10.30 da Euston.

«Ma non è consapevole della sua bellezza, non più di un bambino!» si disse Bankes, riagganciando il ricevitore e attraversando la stanza per vedere a che punto fossero gli operai che costruivano l'albergo dietro casa sua. Osservando il trambusto[15] tra i muri non finiti, pensò alla signora Ramsay. Perché c'era sempre, pensò, qualcosa di incongruo, qualcosa che andava accordato nell'armonia del suo volto. Si calava in testa un cappello da cacciatore, attraversava in calosce[16] il prato correndo ad acchiappare i ragazzini sempre pronti a fare guai. Così se si pensava solo alla sua bellezza, ci si doveva ricordare di quel che di tremante, e di vivo (intanto guardava i muratori che trasportavano dei mattoni su per un'asse inclinata), e inserirlo nel quadro. O se si pensava a lei semplicemente come una donna, le si doveva attribuire un tocco capriccioso, idiosincratico[17], o supporre un qualche desiderio latente di abdicare alla propria regalità di forme[18], come se la sua bellezza e ciò che gli uomini ne dicevano l'annoiasse, e non volesse che essere una creatura qualunque, insignificante. Non sapeva. Non sapeva. Ma ora doveva tornare al lavoro.

Ripreso il calzerotto marrone-rossiccio, la testa assurdamente profilata[19] dalla cornice d'oro, lo scialle verde buttato sullo spigolo della cornice, e il capolavoro autentico di Michelangelo, la signora Ramsay ammorbidì quel che di ruvido era penetrato nelle sue maniere di un momento fa, e baciò il bambino sulla fronte. «Cerchiamo un'altra figura da ritagliare», disse.

V. Woolf, *Al faro*, traduzione di N. Fusini, Milano, Feltrinelli, 1992

> Con uno spostamento del punto di vista, la bellezza di Mrs. Ramsay è descritta attraverso gli occhi dell'amico di famiglia William Bankes.

Di *Gita al faro* puoi leggere anche un altro brano: *Il raggio del faro*

---

11. «La natura ... lei»: Bankes intende dire che la signora Ramsay è unica.
12. greca: con i tratti regolari come una scultura classica.
13. incongruo: fuori luogo.
14. Le Grazie ... asfodeli: le Grazie sono creature mitologiche di grande bellezza, gli asfodeli sono fiori bianchi.
15. tramestio: confusione.
16. calosce: soprascarpe di gomma.
17. idiosincratico: qui significa *originale, dissonante*.
18. desiderio ... forme: un desiderio nascosto di far dimenticare la sua bellezza.
19. profilata: *circondata*.

Analisi guidata

Gli eventi e i pensieri

Dopo la presentazione della situazione (la signora Ramsay intenta al lavoro a maglia in compagnia del figlio James), la prima parte del brano segue i pensieri della protagonista, che riflette prima sulla propria casa e poi sulla cameriera svizzera il cui padre sta per morire.
Nella seconda parte la psicologia della signora Ramsay e il motivo della sua malinconia vengono invece osservati attraverso l'ottica della gente del posto e poi del signor Bankes. La narrazione è quindi costituita quasi esclusivamente dalla **registrazione di pensieri e stati d'animo**, mentre gli **eventi** sono **ridotti al minimo**. I gesti e le parole della donna vengono riportati solo a tratti e talvolta tra parentesi, quasi per scandire i **diversi momenti del monologo interiore**. Rispetto alla narrativa tradizionale, la trama perde importanza a vantaggio dell'analisi psicologica, mentre fra il **tempo oggettivo** e il **tempo interiore della coscienza**, che si dilata ad abbracciare passato e futuro, si crea un totale scollamento.

Competenze di comprensione e analisi

- Individua i punti del testo in cui sono registrate le parole rivolte dalla signora Ramsay al figlio James. In quali momenti della narrazione intervengono e quale ruolo svolgono?
- Distingui nel monologo della protagonista l'alternanza tra i diversi piani temporali, evidenziando le parti in cui emergono i ricordi o le aspettative sul futuro.
- Quali sono le ipotesi avanzate dagli abitanti dell'isola per spiegare il fascino malinconico della signora Ramsay?
- In alcuni punti del testo lo stile si fa particolarmente suggestivo, attraverso il ricorso a immagini liriche e analogiche. Rintraccia un esempio di questo tipo di scrittura.

Il variare del punto di vista

L'originale tecnica narrativa adottata dalla Woolf permette al lettore di conoscere il personaggio della **signora Ramsay** non in modo oggettivo, attraverso la presentazione di un narratore onnisciente, bensì di ricostruirlo attraverso l'**accumularsi di indizi che riguardano la sua interiorità**. Nella prima parte la donna viene presentata dall'interno, attraverso l'analisi dei suoi pensieri e dei suoi stati d'animo, mentre nel seguito della narrazione il punto di vista si sposta sui compaesani e su un amico. Il **variare del punto di vista** rende possibile una **rappresentazione poliprospettica**, volutamente non univoca, che richiede la collaborazione attiva del lettore per essere ricondotta a unità.

Competenze di comprensione e analisi

- Alle rr. 66-69, da che cosa nascono a tuo parere la profonda tristezza e il pianto della protagonista? La causa della sua malinconia è legata a quanto accade, ai suoi pensieri o a qualcosa che viene taciuto dal narratore?
- Quali sentimenti prova Bankes verso la signora Ramsay?
- Sulla base degli indizi presenti nel testo, ricostruisci un breve ritratto fisico e psicologico della signora Ramsay.

784　Il romanzo della crisi

Il flusso di coscienza

Nel riportare i pensieri della signora Ramsay e del signor Bankes, la Woolf ricorre alla tecnica del «**flusso di coscienza**», sia pure in una forma non così sperimentale come quella adottata da Joyce. La narrazione asseconda il **libero corso del pensiero**, alternando **diversi piani temporali** e passando da un argomento all'altro in modo apparentemente irrazionale, senza rispettare precisi rapporti logici di causa-effetto. L'imitazione della logica dell'inconscio non si spinge però alle sue estreme conseguenze: la sintassi viene rispettata e i pensieri sono facilmente comprensibili per il lettore. Non mancano anche alcune **didascalie narrative** («pensava», «guardò fuori», «sentiva») che delimitano l'ambito dei fatti esterni dalla dimensione interiore dei pensieri.

Competenze di comprensione e analisi

- Nel monologo della signora Ramsay come avviene il passaggio da un pensiero all'altro? Segue le regole della logica o è libero?

- In quale parte del testo emerge la tematica centrale del romanzo, ossia il potere distruttore che il tempo esercita sugli oggetti e sulle persone?

- Confronta il brano con il monologo di Molly Bloom che conclude l'*Ulisse* di Joyce (p. 777). Quali analogie e quali differenze stilistiche noti fra i due testi?

Edmund Charles Tarbell, *Josephine intenta a lavorare a maglia*, 1916.

LABORATORIO DELLE COMPETENZE

Testo laboratorio
T6 Franz Kafka
Davanti alla legge
Il processo, cap. IX

Il brano che segue, tratto dal penultimo capitolo del racconto lungo Il processo *(scritto tra il 1914 e il 1917) è ambientato nel duomo di Praga, dove il protagonista, K., ha dato appuntamento a una persona a cui deve fare da guida.*

Dopo che la persona che aspettava non si è presentata, K. inizia a parlare con un sacerdote, dal quale tenta di scoprire un modo per aggirare il processo di cui è vittima, ma questi gli risponde con un apologo allegorico sul significato della legge che da tempo lo perseguita.

Tacquero a lungo entrambi. Certo il sacerdote non poteva distinguere bene K. nelle tenebre che regnavano in basso, mentre K. vedeva chiaramente lui alla luce del lume[1]. Perché il sacerdote non scendeva? Una predica non l'aveva tenuta, aveva solo trasmesso a K. alcune notizie che, se lui ne avesse tenuto conto, pro-
5 babilmente gli avrebbero portato più danno che vantaggio. Ma a K. pareva indubbio che l'intenzione del sacerdote fosse buona: se fosse disceso, non sarebbe stato impossibile trovare con lui un accordo, ottenere da lui un consiglio decisivo ed accettabile, che ad esempio gli indicasse non già come influire sul processo, ma come evaderne, come aggirarlo, come vivere standone fuori[2]. Questa
10 possibilità doveva pure sussistere, negli ultimi tempi K. vi aveva spesso pensato. Ma se il sacerdote ne sapeva qualcosa, forse, supplicandolo, questa possibilità l'avrebbe rivelata, benché appartenesse anche lui al tribunale, e benché, quando K. aveva attaccato il tribunale[3], avesse soffocato la sua mitezza d'animo e avesse addirittura inveito contro K.
15 «Perché non discendi?» chiese K. «Non hai prediche da tenere. Vieni giù qui con me». «Ora lo posso fare» disse il sacerdote: forse era pentito della sua invettiva. Sganciando il lume dal suo uncino, aggiunse: «Da principio ho dovuto parlarti da lontano. Se no mi lascio troppo influenzare e trascuro i miei doveri».
K. lo attese ai piedi della scala. Il sacerdote gli tese la mano scendendo da uno sca-
20 lino ancora alto. «Hai un po' di tempo per me?» chiese K. «Tanto quanto ne hai bisogno» disse il sacerdote, tendendo a K. il lume perché lo portasse. Anche da vicino, una certa solennità che spirava dalla sua figura non andava perduta. «Sei molto gentile con me» disse K., mentre passeggiavano vicini nella navata buia.

> Di fronte alle ripetute proteste di K. nessuno degli addetti del tribunale ha voluto spiegargli i motivi del processo.

«Fra tutti quelli del tribunale, sei un'eccezione. Ho più fiducia in te che in qual-
25 siasi altro di loro, quanti ne conosco finora. Con te posso parlare apertamente».
«Non illuderti» disse il sacerdote. «In che cosa mi dovrei illudere?» chiese K. «Ti illudi sul tribunale» disse il sacerdote, «negli Scritti che preludono alla Legge, di

---

1. alla luce del lume: si tratta del lume che illumina il pulpito, posto in alto rispetto a K.
2. ottenere ... fuori: K., che ha ammorbidito la sua intransigenza iniziale, è disposto a cercare delle scappatoie che gli evitino la sentenza, ma non riconosce comunque, dentro di sé, la legittimità del tribunale.
3. quando ... tribunale: nel dialogo con il prete, poco prima.

786 Laboratorio delle competenze

questa illusione si dice così: Davanti alla porta della Legge sta un guardiano. Gli viene davanti un uomo dalla campagna, e chiede di essere ammesso alla Legge,
30 ma il guardiano dice che per il momento non gli può concedere l'ingresso. L'uomo ci pensa su, e chiede se allora non potrà entrare più tardi. «Può darsi», dice il guardiano, «ma adesso no». Poiché il portone che conduce alla Legge è aperto come di consueto, e il guardiano si è scostato, l'uomo si china per dare un'occhiata all'interno attraverso il portone. Il guardiano se ne accorge, ride e dice: «Se
35 ti attira tanto, prova un po' a entrare a dispetto del mio divieto. Ma bada bene: io sono potente. E sono solo il guardiano di grado più basso. Di sala in sala però ce ne sono altri, ognuno più potente di quello che lo precede. E nemmeno io so sopportare anche solo lo sguardo del terzo guardiano». L'uomo della campagna non si aspettava simili difficoltà: pensa che la Legge dovrebbe essere accessibile
40 a tutti e in ogni momento, ma poi osserva meglio il guardiano nella sua pelliccia, col suo gran naso a punta, la barba tartara[4] nera, lunga e sottile, e si rassegna; meglio aspettare finché non gli venga concessa la licenza[5] di entrare. Il guardiano gli dà uno sgabello e gli permette di sedersi a lato della porta. Ci resta giorni ed anni. Prova più volte a ottenere la licenza, stanca il guardiano con le sue suppli-
45 che. Spesso il guardiano gli fa qualche domandina, gli chiede da che paese viene e tante altre cose, ma sono domande indifferenti, come le fanno i gran signori, e a conclusione continua a dirgli che non può ancora lasciarlo entrare. L'uomo, che per il viaggio si era portato dietro molte provviste, le spende tutte, anche le più preziose, per corrompere il guardiano. Questi accetta tutto, però dicendo-
50 gli: «Accetto solo perché tu non creda di aver trascurato qualcosa». Per molti anni l'uomo tiene d'occhio il guardiano quasi senza sosta. Dimentica gli altri guardiani e si convince che questo primo sia l'unico ostacolo per accedere alla Legge. Maledice il suo caso sfortunato, nei primi anni ad alta voce, poi, a mano a mano che invecchia, solo ormai brontolando fra sé. Rimbambisce; e siccome studiando
55 per anni ed anni il guardiano, ha finito col riconoscere perfino le pulci del suo bavero di pelliccia, supplica anche queste pulci di aiutarlo a convincere il guardiano. Infine gli si annebbia la vista, e non sa più se davvero gli si è fatto buio intorno o se solo gli occhi lo ingannano. Ma nel buio distingue un bagliore che riluce ininterrotto attraverso la porta della Legge. Non ha più molta vita davanti a
60 sé, e prima di morire tutte le cose che ha viste si condensano nel suo capo in una sola domanda, che fino allora non aveva mai rivolta al guardiano. Gli fa cenno di avvicinarsi, perché non sa più raddrizzare il suo corpo che si sta facendo rigido. Il guardiano deve chinarsi su lui molto in basso, perché la differenza di statura si è assai spostata a tutto sfavore dell'uomo. «Che cos'altro mi chiedi ancora?» do-
65 manda il guardiano, «sei incontentabile». L'uomo dice: «Tutti si vogliono avvicinare alla Legge; come mai, in tutti questi anni, nessuno ha chiesto di entrare oltre a me?». Il guardiano si è accorto che l'uomo è agli estremi, e per superare la sua sordità gli urla all'orecchio: «Qui, nessun altro poteva ottenere il permesso: questa entrata era riservata solo a te. Adesso vado a chiuderla».

F. Kafka, *Il processo*, trad. di Primo Levi, Torino, Einaudi, 1983

> L'immagine finale sembra far pensare che la legge consista nella capacità di comprendere il reale, diversa per tutti gli individui, ma il significato di questa allegoria rimane volutamente ambiguo.

---

4. barba tartara: una barba simile a quella dei tartari, popolazione dell'Asia centrale.

5. la licenza: *il permesso.*

Laboratorio delle competenze   787

LABORATORIO DELLE COMPETENZE

COMPRENSIONE

1. Dove si svolge il brano? Chi è il protagonista?
2. Perché K. dichiara di avere fiducia nel sacerdote?
3. Che cosa racconta l'apologo del sacerdote?

ANALISI E INTERPRETAZIONE

4. Traccia un breve ritratto del personaggio di K.; che cosa lo accomuna all'uomo di campagna protagonista della storia raccontata dal sacerdote?
5. Il narratore dell'apologo è di primo o secondo livello? Perché?
6. Quali elementi danno l'idea di un'ambientazione surreale e onirica?

Oltre il testo — Confrontare e analizzare

- Metti a confronto il brano letto con quello tratto da *La metamorfosi* (p. 770); perché è possibile affermare che entrambi presentano situazioni assurde e stranianti?

7. Qual è, a tuo avviso, il significato profondo dell'apologo della legge? Rispondi in un testo di massimo due pagine.

Oltre il testo — Confrontare e analizzare

- Le opere di Kafka esprimono l'inconoscibilità del reale; in quali autori italiani dell'epoca è particolarmente rilevante questo tema?

SCRITTURA E APPROFONDIMENTO

8. Fai una ricerca sulle varie interpretazioni che critici e studiosi hanno dato del *Processo* e dell'apologo della legge e in un elaborato multimediale presenta una sintesi delle teorie che reputi più corrette, spiegando i motivi della tua scelta.
9. Quale di queste celebri immagini sceglieresti per la copertina di una nuova edizione del *Processo* di Kafka? *L'urlo* di Edvard Munch, oppure *Relatività* di Maurits Cornelis Escher? Spiega in un breve testo quali sono i motivi della tua scelta.

Guida alla verifica orale

DOMANDA N. 1 Quali sono le principali innovazioni tematiche e stilistiche del romanzo europeo del primo Novecento?

LA RISPOSTA IN SINTESI

Le opere dei nuovi romanzieri si incentrano sulla soggettività del protagonista e sulla sua complessa interiorità, adottando in genere la narrazione in prima persona e una prospettiva soggettiva, che si avvale spesso di una mescolanza tra diversi piani temporali.

LA RISPOSTA NEI TESTI

- **T1** La *Ricerca* di Proust si svolge seguendo le «intermittenze del cuore» e i ricordi del protagonista, che affiorano in modo non razionale.
- **T5** Nel monologo di Molly Bloom Joyce spinge all'estremo lo sperimentalismo formale, riportando i pensieri della donna attraverso la tecnica del «flusso di coscienza», abolendo i nessi logici e la punteggiatura per evocare il libero fluire delle sensazioni.
- **T6** Nell'opera di Virginia Woolf gli eventi sono ridotti al minimo e in primo piano si pongono le riflessioni della protagonista, il cui ritratto emerge attraverso una pluralità di punti di vista.

DOMANDA N. 2 Quali caratteristiche assume il protagonista di molti romanzi europei di questo periodo?

LA RISPOSTA IN SINTESI

Il protagonista non è più, come nella narrativa tradizionale, una figura unitaria e organica, bensì un individuo tormentato e complesso, spesso un 'inetto a vivere', portato più all'autoanalisi che non all'azione.

LA RISPOSTA NEI TESTI

- **T2** Il protagonista del racconto *La morte a Venezia* simboleggia la crisi degli intellettuali del primo Novecento.
- **T3** Gregor Samsa, protagonista della *Metamorfosi* di Kafka, è un semplice commesso viaggiatore, oppresso dal lavoro e dall'autorità del padre; la sua trasformazione in insetto è simbolo della sua profonda alienazione e della perdita della dignità umana.
- **T5** Leopold Bloom, il moderno Ulisse di Joyce, è una sorta di antieroe, tradito dalla moglie che, a sua volta, sembra rappresentare l'antitesi della Penelope omerica.

DOMANDA N. 3 Che cos'è e come si caratterizza il «flusso di coscienza» nell'*Ulisse* di James Joyce e in *Gita al faro* di Virginia Woolf?

LA RISPOSTA IN SINTESI

Il «flusso di coscienza» o *stream of consciousness*, impiegato in misura maggiore da Joyce e in una variante moderata dalla Woolf, è una tecnica narrativa che consiste nel riportare in assoluta libertà il fluire dei pensieri del personaggio, abolendo le regole sintattiche, grammaticali e ortografiche.

LA RISPOSTA NEI TESTI

- **T5** Joyce ricostruisce il fluire dei pensieri di Molly Bloom senza giudizi o commenti esterni, evitando di ordinare i pensieri secondo i consueti criteri logici, sintattici o cronologici, ma ordinandoli attorno ad alcuni nuclei simbolici secondo criteri analogici.
- **T6** In *Gita al faro* la narrazione asseconda il libero corso del pensiero della signora Ramsay, alternando diversi piani temporali e passando da un argomento all'altro in modo apparentemente irrazionale: tuttavia la sintassi viene rispettata e i pensieri sono comprensibili per il lettore.

Laboratorio delle competenze

PERCORSI VISIVI

Acqua, luce e gas: la città moderna

Per le vie di Parigi

Nella seconda metà del XIX secolo tecnici, architetti e igienisti si mettono all'opera per migliorare la realtà urbana. A Parigi i *grands travaux* promossi da Napoleone III e realizzati dal prefetto Eugène Haussmann tra il 1853 e il 1869, sono documentati in numerosi dipinti e romanzi, come si legge in questo brano tratto dal romanzo *L'Assomoir* di Émile Zola del 1877:

> Il boulevard Magenta, che veniva su diritto dal cuore di Parigi, e il boulevard Ornano, che si slanciava verso la campagna, l'avevano spalancato all'altezza dell'antica barriera: un enorme sventramento di case, due vasti viali ancora bianchi di gesso [...]. Già da parecchio tempo la demolizione della cinta daziaria aveva allargato i boulevard esterni con le carreggiate laterali e col terrapieno in mezzo per i pedoni, corso da quattro file di platani novelli. Era un crocicchio immenso, che immetteva lontano, all'orizzonte, per interminabili vie, sempre formicolanti di folla e immergentisi nell'indescrivibile caos delle costruzioni.

Gustave Cailebotte, *Parigi in un giorno di pioggia*, 1877.

L'illuminazione attraverso l'uso di gas combustibile viene adottata nelle fabbriche e in alcuni quartieri cittadini: a Londra nel 1814, a Parigi nel 1817.

La ghisa, l'acciaio, il vetro, il cemento armato consentono la costruzione di grandi edifici luminosi ed eleganti che permettono lo sfruttamento dello spazio verticale.

La vita brulicante della metropoli parigina diviene l'oggetto di rappresentazione prediletto da Gustave Caillebotte. Il dipinto raffigura una coppia borghese a passeggio lungo uno dei nuovi viali parigini, dopo il processo di modernizzazione urbanistica operato da Haussmann.

I nuovi mezzi di comunicazione

Le innovazioni dei mezzi di comunicazione trasformano la vita quotidiana dei Paesi industrializzati. La macchina per scrivere, la fotografia, il telefono, il telegrafo rendono immediata la diffusione delle notizie e la possibilità di contatti diretti su lunghe distanze. Inoltre l'alfabetizzazione della popolazione e l'accesso all'istruzione favoriscono la diffusione di riviste e giornali.

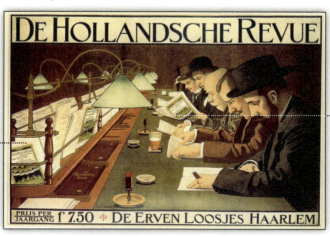

Manifesto pubblicitario di una rivista olandese.

L'invenzione della macchina da stampa rotativa velocizza il processo di stampa permettendo alte tirature: nascono in questo periodo i quotidiani moderni.

Nel 1867 viene inventata la macchina da scrivere dallo stampatore americano William Austin Burt, che ottiene rapidamente un grande consenso commerciale.

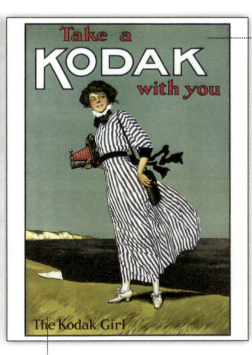

Nel 1863 con l'invenzione della celluloide, una pellicola sottile e trasparente, impressionabile e avvolgibile in rullini, l'immagine diventa facilmente riproducibile. Nel giro di qualche decennio i rullini si affermano nel mercato mondiale insieme alle macchine fotografiche portatili.

I fratelli Lumière costruiscono nel 1895 la prima macchina da ripresa e da proiezione e girano i primi brevi filmati.

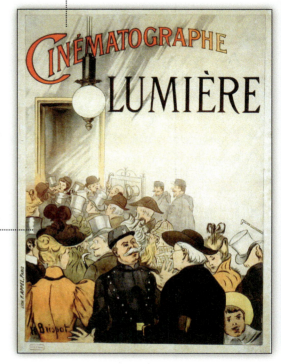

Nel 1888 l'imprenditore statunitense George Eastmann inventa una macchina fotografica automatica alla portata di tutti: la Kodak.

Questo manifesto pubblicitario del cinematografo Lumière del 1896, raffigura una folla di uomini, donne e bambini che si dirige verso una sala cinematografica.

Acqua, luce e gas: la città moderna

PERCORSI VISIVI

L'era del manifesto pubblicitario

A partire dalla fine dell'Ottocento, per incentivare i consumi, si cerca di produrre tipologie di merci sempre nuove. Diventa quindi essenziale, per il produttore e per i grandi empori commerciali che mirano a diffondere capillarmente il loro marchio, ricorrere alla pubblicità. I grandi manifesti, detti anche *affiches illustrées* (in francese) sono spesso delle opere d'arte e recano le firme di grandi artisti come, per fare solo un nome, l'impressionista francese Toulouse Lautrec.

Manifesto pubblicitario disegnato da Marcello Dudovich nel primo Novecento per i Grandi Magazzini dei fratelli Mele a Napoli.

L'immagine suggerisce classe stabilità e decoro borghesi, lontani dagli oggetti di consumo di massa e dai prodotti industriali contemporanei.

La soluzione compositiva adottata da Dudovich è elegante. L'*affiche* è colorata per attirare l'attenzione dei passanti. Le estese campiture di colore sono rese grazie alla tecnica della litografia, adatta a rendere gli effetti della tempera, dei pastelli e degli acquarelli.

Leggi, confronta, rifletti, organizza, realizza

- Esegui una ricerca sulle innovazioni dell'epoca e prepara una presentazione con power point corredata di immagini e didascalie dettagliate. Per cominciare può esserti di aiuto la scaletta che ti proponiamo.
    - 1836 Samuel Morse realizza il telegrafo elettrico e il codice che porta il suo nome
    - 1857 Antonio Meucci costruisce il primo telefono e nel 1876 Alexander Graham Bell realizza il telefono elettrico
    - 1863 Alfred Bernard Nobel inventa il procedimento per fabbricare la dinamite
    - 1877 Thomas Edison inventa il fonografo
    - 1877 Nikolaus Otto collauda il primo motore a combustione
    - 1878 Thomas Edison inventa la lampadina elettrica a incandescenza
    - 1892 Rudolf Diesel brevetta il motore a combustione interna
    - 1896 Guglielmo Marconi trasmette il primo messaggio su onde elettromagnetiche
    - 1903 i fratelli Wright compiono il primo volo su un biplano con motore a benzina

PERCORSI VISIVI

Macchine, velocità e dinamismo: la poetica della modernità

Esaltazione dell'automobile

Competenze attive
- Leggo le immagini
- Confronto
- Rifletto
- Ricerco

L'evolversi della civiltà industriale, l'avvento delle macchine, lo sviluppo delle comunicazioni e la conquista del volo cambiano profondamente la società tra la fine dell'Ottocento e l'inizio del Novecento. Gli artisti avvertono la necessità di un rinnovamento totale che investa ogni aspetto della vita. Tra i maggiori interpreti di questa tendenza troviamo i futuristi che fanno del rifiuto delle tradizioni, dell'odio dichiarato al "vecchio", dell'esaltazione del "nuovo", del moderno, della velocità, della macchina, i pilastri portanti della loro poetica, come si legge nella poesia di Filippo Tommaso Marinetti *All'automobile da corsa* (1921).

> Veemente dio d'una razza d'acciaio,
> Automobile ebbrrra di spazio,
> che scalpiti e frrremi d'angoscia
> rodendo il morso con striduli denti…
>
> […] io scateno il tuo cuore che tonfa diabolicamente,
> scateno i tuoi giganteschi pneumatici,
> per la danza che tu sai danzare
> via per le bianche strade di tutto il mondo

Il rifiuto del passato trova nell'automobile una sua perfetta espressione: come mezzo tecnologicamente nuovo e quindi proiettato verso il futuro, ma anche come espressione della velocità. Lo stile della pittura è rapido, scattante, turbinante come un'automobile in corsa.

Luigi Russolo, *Dinamismo di un automobile*, 1914.

I nuovi elementi costitutivi della bellezza sono l'attivismo della vita moderna, la velocità, il dinamismo, il contrasto, la disarmonia.
- Leggi il primo *Manifesto del futurismo* e rintraccia la dichiarazione di questa nuova poetica.

La violenza aggressiva del colore e le linee di forza costituite da cunei progressivamente più acuti rendono l'idea della penetrazione dell'oggetto nell'aria.

PERCORSI VISIVI

In viaggio verso il futuro: treni e stazioni

«Noi canteremo [ ] il vibrante fervore notturno degli arsenali e dei cantieri incendiati da violente lune elettriche; le stazioni ingorde, divoratrici di serpi che fumano; [ ] le locomotive dall'ampio petto, che scalpitano sulle rotaie, come enormi cavalli d'acciaio», scrive Marinetti sul *Manifesto del futurismo* del 1909. E proprio la stazione, il treno, il viaggio e gli scenari urbani, sono l'ambientazione per l'incontro tra l'uomo e il mondo meccanizzato, i crocevia dei flussi delle forze moderne che appassionano i pittori futuristi.

Umberto Boccioni, *Stati d'animo: gli addii*, 1911.

Nel ciclo di dipinti *Stati d'animo*, Boccioni riflette sulla nuova condizione psicologica introdotta dalla velocità nella vita contemporanea.

Al centro è raffigurata la massa scura della locomotiva contrassegnata da un numero di matrice e avvolta da una coltre di fumo.

Boccioni dipinge il momento straziante dell'addio ma la trascrizione psicologica non si trova nei volti delle coppie bensì nei contrasti e nei ritmi delle linee, accentuati da un cromatismo malinconico.

In questo spazio dominato da motivi curvilinei in cui i vari nuclei si attirano e si accostano, sono raffigurate le coppie abbracciate nel saluto prima di partire. Si realizza così un accostamento dinamico e una reciproca compenetrazione tra i corpi umani, la locomotiva, il binario, il traliccio elettrico.

Gino Severini, *Treno suburbano che arriva a Parigi*, 1915.

Il treno nel suo rapido procedere produce uno spostamento d'aria che sembra trascinare con sé il paesaggio circostante.

Le case, delle quali si intuiscono appena le finestre e i comignoli, sono rese come elementi geometrici.

Severini sviluppa uno stile policromo legato agli aspetti della vita urbana.

- In quale altro movimento artistico d'avanguardia del primo Novecento ritroviamo la scomposizione della forma, vista da differenti angolazioni?

Ricerca in internet e commenta altri quadri futuristi che ritraggano mezzi di trasporto come la motocicletta e il tram.

Percorsi visivi

Per cielo e per mare

Nel 1908 Marinetti pubblica l'*Aeroplano del Papa*, prima esaltazione lirica in versi liberi del volo e delle mutevoli prospettive aeree. Ma si dovrà attendere il primo dopoguerra per vedere le opere di aeropittura, una declinazione figurativa del Futurismo «che, mediante una libertà assoluta di fantasia e un ossessionante desiderio di abbracciare la molteplicità dinamica con la più indispensabile delle sintesi, fisserà l'immenso dramma visionario e sensibile del volo». Anche la navigazione diviene un terreno di sperimentazione e ricerca, catalizzando le speranze di progresso di una generazione: il mare non è più un elemento di separazione bensì si trasforma in un collegamento transcontinentale che prende forma grazie all'immaginazione degli artisti.

Tullio Crali, *Incuneandosi nell'abitato*, 1939.

Siamo all'interno di una carlinga d'aereo: Il pittore assume la prospettiva del pilota seduto ai comandi che si tuffa, s'impenna e sorvola la città con il velivolo.

Il soggetto di questo dipinto caleidoscopico è il transatlantico, la grande e veloce nave da passeggeri che collega l'Europa al Nord America.

I vetri anteriori, laterali e il tetto dell'abitacolo lasciano vedere un paesaggio urbano con un vortice di torri e grattacieli che balzano verso l'alto.

- A tuo avviso l'impressione generale è quella di uno schianto e un disastro imminente o di una compenetrazione tra due diversi piani di realtà?

Il contrasto è affidato al gioco cromatico del marrone scuro in primo piano, nell'abitacolo dell'aereo, e dei gialli della città che erompe dal basso e viene incontro all'osservatore.

- Fai una ricerca in internet sul *Manifesto dell'Aeropittura* futurista del 1929 e trova le analogie con quest'opera.

Christopher Richard Wynne Nevinson, *L'arrivo*, 1913.

Leggi, confronta, rifletti, organizza, realizza

- Il Futurismo si impone come un movimento provvisto di un'ideologia globale che spazia dall'arte al costume, dall'architettura alla musica, dal teatro alla letteratura, pertanto deve essere studiato con un metodo interdisciplinare. Esegui una ricerca e prepara una presentazione con power point corredata di immagini e didascalie. Per cominciare può esserti di aiuto seguire la scaletta che ti proponiamo:
  - I poeti futuristi: Filippo Tommaso Marinetti, Ardengo Soffici
  - La pittura e la scultura futurista: Umberto Boccioni, Carlo Carrà, Gino Severini, Giacomo Balla, Fortunato Depero
  - L'architettura futurista: Antonio Sant'Elia
  - Il teatro, la cinematografia, la fotografia e la musica futurista

Macchine, velocità e dinamismo: la poetica della modernità

SCUOLA DI SCRITTURA

Scrivere per l'Esame di Stato

■ L'analisi del testo (letterario e non letterario)

Criteri e procedure

Una prassi consolidata Anche se il regolamento dell'esame di Stato prevede che la prova di tipologia A consista in "analisi e commento, anche arricchito da note personali, di un testo **letterario o non letterario, in prosa o in poesia**", di fatto le scelte ministeriali hanno privilegiato testi letterari e, in particolare, testi poetici. Qualche eccezione è stata fatta nelle sessioni 2010 e 2013 rispettivamente per testi in prosa di Primo Levi e Claudio Magris, il cui carattere non letterario non è neppure esclusivo.

C'è poi da aggiungere che, in ogni caso, tra testo letterario e testo non letterario, non cambia il trattamento a base di Comprensione, Analisi e Interpretazione-Approfondimenti.

Poiché di fatto il manuale offre una rassegna continua di analisi di testi letterari con relative esercitazioni, in questa sede è sembrato più proficuo occuparci di testi non letterari.

Il testo non letterario La differenza tra testi letterari e testi non letterari è molto netta. Il testo non letterario è quello che non nasce da una espressa volontà artistica, ma mira principalmente a **comunicare**. Rientrano perciò nella tipologia dei testi non letterari gli scritti di saggistica, manuali, libri scolastici, articoli di giornale, studi di comunicazione scientifica ecc.

Dal punto di vista espressivo, il testo non letterario presenta una complessità minore rispetto al testo letterario e soprattutto al testo poetico, in quanto manca, almeno programmaticamente, di tutti gli abbellimenti letterari. Ciò non esclude, però, che un testo non letterario possa essere scritto molto bene; a volte pagine saggistiche o anche giornalistiche vengono raccolte in volume dagli autori stessi e possono, con il passare del tempo, essere apprezzate anche come opere letterarie: chi potrebbe negare il riconoscimento di opera letteraria al *Diario minimo* di Umberto Eco? La differenza è che il saggio, almeno al suo primo apparire, ha qualcosa di importante da comunicare e concentra l'attenzione **più sulle idee che sulle parole**.

Obiettivi dell'analisi Le operazioni di analisi da condurre sul testo non letterario impegnano soprattutto l'interpretazione, perché è necessario in primo luogo capire qual è il **messaggio** che il testo intende trasmettere, cioè che cosa vuole dire. In secondo luogo, bisogna vagliare l'**argomentazione**, per capire se l'autore ha sostenuto le proprie tesi in modo convincente. In caso contrario si dovrà esprimere il proprio dissenso.

Infine si passerà a osservare i **tratti espressivi** e, se il testo presenta un assetto stilistico degno di attenzione, lo si potrà analizzare impiegando gli strumenti forniti per l'analisi del testo letterario.

Riconoscere il testo Per farsi un'idea del testo, si può procedere in questo ordine:

- come prima cosa **leggere** il testo con la massima attenzione, cercando di capire che cosa dice ed eventualmente cercando sul dizionario termini che non risultassero chiari;
- contestualmente alla lettura individuare la **tipologia** del testo, che potrà essere:
  - informativo, se comunica dati e informazioni;
  - narrativo, se racconta un'esperienza;
  - descrittivo, se descrive un luogo o una cosa;
  - espositivo, se illustra un comportamento, un fatto di costume ecc.;
  - argomentativo, se cerca di dimostrare una tesi adducendo argomenti;
- individuare il **genere** del testo: articolo di giornale, saggio critico, parte di un manuale o di un libro a tema ecc.

Analizzare le componenti Il termine analisi (dal greco *análysis*, "scioglimento") indica l'operazione di sezionare il testo, di scomporlo in parti per individuarne la struttura e, quindi, la logica interna che lo governa. Come si può capire, si tratta di un'operazione fondamentale ai fini della comprensione. Essa prevede:

- la **suddivisione** in sequenze, cioè in blocchi corrispondenti a unità di contenuto. L'identificazione delle sequenze avviene a partire dai paragrafi segnati da rientro, ma tiene conto soprattutto dei nuclei concettuali;

796 Scuola di scrittura

- l'individuazione del **tema** di fondo, cioè dell'idea principale presente nel testo, che dovrebbe trovare un riscontro nel **titolo** stesso;
- l'individuazione dei **motivi**, cioè di unità testuali minori e ricorrenti, e delle **parole-chiave**, cioè di termini a cui si legano i concetti dominanti;
- l'individuazione della **tesi** sostenuta dall'autore;
  – l'individuazione di eventuali **tesi altrui** e la **confutazione** fatta dall'autore.

Valutare il testo   Naturalmente non basta capire **che cosa dice** il testo: è importante anche **come lo dice**. A questo scopo è necessario:
- valutare la qualità del testo, cioè se l'autore ha proposto un **pensiero originale** e lo ha sviluppato in modo persuasivo, disponendo dell'informazione appropriata;
- individuare in quale modo l'autore **ha argomentato** la sua tesi, cioè se ha addotto argomenti forti o deboli, se ha prodotto ragionamenti validi o fallaci;
- individuare come **si è espresso**: trattando-

si di un testo stampato, si presuppone che la scrittura sia corretta, ma l'autore può avere scelto un particolare registro espressivo, atto a suscitare interesse (esposizione rigorosa, tono divulgativo, stile brillante ecc.);
- definire se la scrittura prescelta è **appropriata** al tipo di pubblico a cui si rivolge: cioè se l'espressione è comprensibile, se va incontro alle aspettative del pubblico, se soddisfa le esigenze di chi legge ecc.

Scrivere le proprie osservazioni   Tutti i dati così raccolti costituiscono la base su cui costruire il proprio elaborato, che può seguire la traccia della prova d'esame (per la quale v. *Verifica le competenze*) o avere uno sviluppo autonomo rispondendo a una consegna del tipo "Analizza e commenta il testo XY".
Quelle che, in ogni caso, dopo l'analisi o in parallelo con l'analisi, non potranno mancare nell'elaborato, sono le **note di approfondimento e di commento**, cioè l'espressione di un punto di vista personale e motivato.

ESAME DI STATO 2010

Tipologia A – Analisi del testo

Primo Levi, dalla *Prefazione* di *La ricerca delle radici. Antologia personale*, Torino 1981

Poiché dispongo di input ibridi, ho accettato volentieri e con curiosità la proposta di comporre anch'io un'«antologia personale», non nel senso borgesiano di autoantologia, ma in quello di una raccolta, retrospettiva e in buona fede, che metta in luce le eventuali tracce di quanto è stato letto su quanto è stato scritto. L'ho accettata come un esperimento incruento, come ci si sottopone a una batteria di test; perché *placet experiri* e per vedere l'effetto che fa.

Volentieri, dunque, ma con qualche riserva e con qualche tristezza. La riserva principale nasce appunto dal mio ibridismo: ho letto parecchio, ma non credo di stare inscritto nelle cose che ho letto; è probabile che il mio scrivere risenta più dell'aver io condotto per trent'anni un mestiere tecnico, che non dei libri ingeriti; perciò l'esperimento è un po' pasticciato, e i suoi esiti dovranno essere interpretati con precauzione. Comunque, ho letto molto, soprattutto negli anni di apprendistato, che nel ricordo mi appaiono stranamente lunghi; come se il tempo, allora, fosse stirato come un elastico, fino a raddoppiarsi, a triplicarsi. Forse lo stesso avviene agli animali dalla vita breve e dal ricambio rapido, come i passeri e gli scoiattoli, e in genere a chi riesce, nell'unità di tempo, a fare e percepire più cose dell'uomo maturo medio: il tempo soggettivo diventa più lungo.

Ho letto molto perché appartenevo a una famiglia in cui leggere era un vizio innocente e tradizionale, un'abitudine gratificante, una ginnastica mentale, un modo obbligatorio e compulsivo di riempire i vuoti di tempo, e una sorta di fata morgana nella direzione della sapienza. Mio padre aveva sempre in lettura tre libri contemporaneamente; leggeva «stando in casa, andando per via, coricandosi e alzandosi» (*Deut.* 6.7); si faceva cucire dal sarto giacche con tasche larghe e profonde, che potessero contenere un libro ciascuna.

Aveva due fratelli altrettanto avidi di letture indiscriminate; i tre (un ingegnere, un medico, un agente di borsa) si volevano molto bene, ma si rubavano a vicenda i libri dalle rispettive librerie in tutte le occasioni possibili. I furti venivano recriminati pro forma, ma di fatto accettati sportivamente, come se ci fosse una regola non scritta secondo cui chi desidera veramente un libro è ipso facto degno di portarselo via e di possederlo. Perciò ho trascorso la giovinezza in un ambiente saturo di carta stampata, ed in cui i testi scolastici erano in minoranza: ho letto anch'io confusamente, senza metodo, secondo il costume di casa, e devo averne ricavato una certa (eccessiva) fiducia nella nobiltà e necessità della carta stampata, e, come sottoprodotto, un certo orecchio e un certo fiuto. Forse, leggendo, mi sono inconsapevolmente preparato a scrivere, così come il feto di otto mesi sta nell'acqua ma si prepara a respirare; forse le cose lette riaffiorano qua e là nelle pagine che poi ho scritto, ma il nocciolo del mio scrivere non è costituito da quanto ho letto. Mi sembra onesto dirlo chiaramente, in queste «istruzioni per l'uso» della presente antologia.

Primo Levi (Torino 1919-87) è l'autore di *Se questo è un uomo* (1947) e *La tregua* (1963), opere legate alla esperienza della deportazione, in quanto ebreo, nel campo di Buna-Monowitz presso Auschwitz, e del lungo e avventuroso viaggio di rimpatrio. Tornato in Italia, fu prima chimico di laboratorio e poi direttore di fabbrica. A partire dal 1975, dopo il pensionamento, si dedicò a tempo pieno all'attività letteraria. Scrisse romanzi, racconti, saggi, articoli e poesie.
A proposito di *La ricerca delle radici*, Italo Calvino così scrisse in un articolo apparso su «la Repubblica» dell'11 giugno 1981: «L'anno scorso Giulio Bollati ebbe l'idea di chiedere ad alcuni scrittori italiani di comporre una loro «antologia personale»: nel senso d'una scelta non dei propri scritti ma delle proprie letture considerate fondamentali, cioè di tracciare attraverso una successione di pagine d'autori prediletti un paesaggio letterario, culturale e ideale. [...] Tra gli autori che hanno accettato l'invito, l'unico che finora ha tenuto fede all'impegno è Primo Levi, il cui contributo era atteso come un test cruciale per questo tipo d'impresa, dato che in lui s'incontrano la formazione scientifica, la sensibilità letteraria sia nel rievocare il vissuto sia nell'immaginazione, e il forte senso della sostanza morale e civile d'ogni esperienza».

1. Comprensione del testo
Dopo una prima lettura, riassumi il contenuto informativo del testo.

2. Analisi del testo
2.1 Quali sono per Levi le conseguenze degli «input ibridi» (r. 1) e dell'«ibridismo» (r. 8)?

2.2 Spiega le considerazioni di Levi sul «tempo soggettivo» (rr. 11-16).

2.3 Perché si leggeva molto nella famiglia di Levi? Spiega, in particolare, perché leggere era «una sorta di fata morgana nella direzione della sapienza» (rr. 19-20).

2.4 Soffermati su ciò che Levi dichiara di avere ricavato dalle sue letture (rr. 31-35). In particolare, spiega l'atteggiamento di Levi nei confronti della «carta stampata» (r. 28).

2.5 Esponi le tue osservazioni in un commento personale di sufficiente ampiezza.

3. Interpretazione complessiva e approfondimenti
Proponi una tua interpretazione complessiva del brano e approfondiscila con opportuni collegamenti al libro da cui il brano è tratto o ad altri testi di Primo Levi. In alternativa, prendendo spunto dal testo proposto, proponi una tua «antologia personale» indicando le letture fatte che consideri fondamentali per la tua formazione.

Scuola di scrittura

Un esempio di analisi di testo non letterario

Ti presentiamo ora l'analisi di un testo non letterario, svolta secondo il modello dell'esame di Stato.

L'invenzione delle razze (*G. Barbujani*)

Almeno due questioni importanti possono e devono essere affrontate in termini scientifici rigorosi, mettendo (temporaneamente) da parte le loro implicazioni politiche. Primo, come si diceva, c'è chi pensa che la nostra specie sia un mosaico di gruppi biologicamente ben distinti, per cui le <u>identità etniche</u> sarebbero antiche e radicate nei nostri geni. E, secondo, da queste differenze biologiche e in definitiva razziali deriverebbero stili di vita necessariamente differenti, <u>diversi livelli di intelligenza o di moralità</u>. In altre parole, ci sarebbero netti confini fra gruppi umani, e si tratterebbe di confini al tempo stesso biologici e culturali, per cui il nostro aspetto e il nostro comportamento, sostanzialmente immutabili, sarebbero entrambi scritti nel nostro DNA. Non ci resterebbe che prenderne atto e rinforzare le difese ai nostri confini. Sono idee vecchie, anzi vecchissime, ma in anni recenti ne abbiamo constatato la sorprendente vitalità. I sequenza: tesi razzista.

In questo libro sosterrò, al contrario, che per quanto ne sappiamo la parola razza non identifica nessuna realtà biologica riconoscibile nel DNA della nostra specie, e che perciò non c'è nulla di inevitabile o genetico nelle identità etniche o culturali come le conosciamo oggi. II sequenza: tesi dell'autore Su questo, la scienza ha idee abbastanza chiare. <u>Le razze ce le siamo inventate</u>, le abbiamo prese sul serio per secoli, ma adesso ne sappiamo abbastanza per lasciarle perdere. Oggi sappiamo che siamo <u>tutti parenti e tutti differenti</u>, secondo un bello slogan coniato dal genetista francese André Langaney, e non c'è bisogno di aver fatto studi approfonditi per convincersene. Sul fatto che siamo tutti differenti (a parte i gemelli identici) nessuno, credo, ha dubbi: basta guardarsi un po' intorno. Quanto al "tutti parenti", bisogna pensarci un po' su. III sequenza: prima argomentazione Siamo sei miliardi e mezzo sulla Terra, ma fino ai primi dell'Ottocento eravamo meno di un miliardo, e intorno ai 150 milioni (milione più mi-

lione meno) duemila anni fa. Ora, come sappiamo bene, ognuno di noi ha due genitori, quattro nonni e otto bisnonni. È raro che qualcuno conosca i propri trisavoli, ma sappiamo che erano 16, e così via. Questo significa che, dieci generazioni fa, circa 250 anni ognuno di noi aveva un migliaio di antenati (1024 per la precisione), ognuno dei quali, a sua volta, aveva un migliaio di antenati 250 anni prima. Allora, facciamo un po' di conti. Ciascuno di noi discende da un milione di antenati vissuti al tempo dei viaggi di Colombo, da un milione di milioni di antenati nell'anno 1000, e parecchi miliardi di miliardi all'epoca di Cristo. Com'è possibile? La risposta è che non è possibile, e cioè che questi sono antenati virtuali e non persone diverse. […] Ma il fatto che ciascuno di noi abbia un numero spropositato di antenati teorici, anche solo mille anni fa, vuol dire soprattutto che molti dei miei antenati erano anche gli antenati di chiunque leggerà questo libro. Non c'è alternativa. Di recente, Douglas Rohde, del Massachusetts Institute of Technology ha calcolato che <u>due qualunque di noi hanno un antenato comune vissuto più di tremila anni fa</u>. Possiamo scommettere che qualunque sconosciuto è nostro parente, più o meno stretto. Si tratta solo di risalire un po' nel tempo. IV sequenza: seconda argomentazione.

Risalendo nel tempo, abbiamo prove fossili e genetiche che la grande famiglia umana <u>discende da un piccolo gruppo</u>, forse qualche migliaio di persone, che centomila anni fa <u>viveva in Africa</u>. Molti dettagli della loro storia ci sono noti, ma centomila anni significano che siamo una specie davvero giovane: la vita sulla Terra ha quasi 4 miliardi di anni. Siamo molto mobili: in quei centomila anni, partendo dall'Africa, <u>abbiamo colonizzato tutto il pianeta</u>. Siamo una specie fertile, che nello stesso arco di tempo è cresciuta fino agli attuali sei miliardi e passa di membri. V sequenza: terza argomentazione.

G. Barbujani, *L'invenzione delle razze*, Milano, Bompiani, 2006, pp. 10-12

Guido Barbujani, nato nel 1955, è professore di Genetica nell'Università di Ferrara, e studioso di genetica umana ed evoluzione, oltre che autore di alcuni romanzi correlati a questo tema.

Scrivere per l'Esame di Stato

Comprensione del testo

Riassumi il contenuto informativo del testo in non più di dieci righe.

Riassunto:

In questa pagina l'autore si oppone ai fautori delle teorie razziali sostenendo che non è possibile collegare alle <u>identità etniche</u> diversi <u>livelli di intelligenza e di moralità</u>. Al contrario, siamo noi che ci siamo <u>inventati le razze</u>, perché gli uomini sono "<u>tutti parenti e tutti differenti</u>". Basta infatti risalire nei millenni con un modello matematico che calcoli i nostri antenati virtuali, per capire che inevitabilmente noi tutti discendiamo da <u>antenati comuni</u>. Le prove fossili e genetiche dimostrano che la famiglia umana <u>discende da un piccolo gruppo</u> che centomila anni fa <u>viveva in Africa</u> e che di lì ha <u>colonizzato</u> la Terra.

Come puoi vedere, buona parte dei concetti sottolineati ritorna nel riassunto. Ciò significa che un uso appropriato della sottolineatura costituisce un valido supporto alla comprensione. Sei cosciente del fatto che bisogna sottolineare o evidenziare con metodo? Tu come ti regoli in proposito?

Analisi del testo

1. Suddividi il testo in sequenze, dai un titolo a ciascuna di esse e riassumine in poche parole il contenuto.

I sequenza (*I confini della razza*): tesi dei fautori delle teorie razziali.

II sequenza (*L'invenzione delle razze*): tesi contrapposta dell'autore, che sostiene il punto di vista contrario.

III sequenza (*Tutti parenti e tutti differenti*): prima argomentazione, fondata sul principio di autorità: come sostiene il genetista francese André Langaney, «siamo tutti parenti e tutti differenti».

IV sequenza (*Facciamo un po' di conti*): seconda argomentazione, fondata su un modello matematico: risalendo nel tempo si riscontra che tutti noi abbiamo antenati comuni.

V sequenza (*Una specie fertile e ibrida*): terza argomentazione (che può valere come conclusione del brano riportato) fondata su prove fossili e genetiche: la famiglia umana discende da un migliaio di persone che centomila anni fa vivevano in Africa.

2. A quale genere e a quale tipologia appartiene il testo di Barbujani?

Il brano di Barbujani appartiene a un libro sul tema delle razze. La tipologia del testo è ibrida e coniuga il tipo informativo, in quanto si appoggia largamente a dati e calcoli, con quello argomentativo.

3. Nel testo si parla di DNA. Di che cosa si tratta e a che proposito se ne parla?

Il DNA è la molecola che trasmette i caratteri ereditari della nostra specie: il problema è capire se il concetto di razza trova riscontro o meno nel nostro DNA.

4. Spiega lo slogan «tutti parenti e tutti differenti».

Lo slogan significa che noi abbiamo tratti somatici diversi (a parte i gemelli identici), ma siamo legati da una parentela virtuale in quanto, secondo un calcolo matematico, due di noi scelti a caso hanno in comune un antenato vissuto poco più di tremila anni fa.

5. La parola "razza" ritorna più volte in questo testo. Che cosa indica qui? Che cosa indica in senso generale?

In questo testo la parola "razza" indica un raggruppamento di uomini costituito in base a pretese differenze biologiche e culturali.

In generale la parola si riferisce a una serie omogenea di individui animali o vegetali (come, per esempio, per le razze di cani o di cavalli), anche in rapporto al grado di purezza (come quando si parla di un cane di razza).

Interpretazione complessiva e approfondimenti

Sulla base dell'analisi condotta, proponi una tua interpretazione complessiva del brano e approfondiscila facendo riferimento anche a eventuali tue letture sul tema, con particolare attenzione per la storia recente.

Il passo sostiene con vigore la tesi che le razze non esistono e che le abbiamo inventate noi. Oggi lo studio del codice genetico inscritto nel DNA consente infatti di spiegare la diversità umana senza ricorrere al concetto di razza.

Del resto, "razza" e "razzismo" sono termini di carattere strumentale e di uso relativamente recente, che non risalgono oltre la seconda metà dell'Ottocento. Essi devono la loro diffusione alla volontà di trovare un fondamento biologico alla presunta superiorità della razza bianca per poterne giustificare gli abusi nei confronti delle cosiddette razze inferiori. A partire dal Cinquecento, neri d'Africa, indigeni d'America, aborigeni d'Australia furono perseguitati, deportati, ridotti in schiavitù: se si riusciva a dimostrare che queste popolazioni erano composte da creature inferiori, i popoli civili di razza bianca sarebbero stati legittimati a sterminarli per appropriarsi delle loro terre o a ridurli in schiavitù per ricavare dal loro lavoro immensi profitti. La teoria razzista, formulata intorno alla metà dell'Ottocento dal conte de Gobineau nel suo *Saggio sull'ineguaglianza delle razze umane*, fornì dunque un supporto teorico al colonialismo e all'imperialismo dei paesi europei.

Ma il razzismo trovò il più fertile terreno di coltura nel secolo seguente e nell'ideologia nazista, quando il mito della pura razza ariana indusse a purificare la nazione tedesca eliminando le persone che potevano corromperla, dai malati di mente agli omosessuali, dai testimoni di Geova agli ebrei. Le tragiche conseguenze di questo folle progetto furono gli eccidi di massa e i campi di sterminio, per le cui vittime si celebra il 27 gennaio di ogni anno il giorno della memoria, nell'anniversario della liberazione di Auschwitz. Anche l'Italia fu coinvolta in queste tristi vicende, che portarono il regime fascista e la monarchia a emanare nel 1938 le leggi "per la difesa della razza italiana". Nello stesso anno un gruppo di studiosi e di docenti universitari italiani pubblicava il *Manifesto degli scienziati razzisti*, che ribadiva l'esistenza delle razze umane, certificava l'appartenenza degli italiani alla pura razza ariana, denunciava l'estraneità della razza ebraica. Ne fecero le spese i circa 7700 ebrei che furono deportati nei campi di sterminio, dei quali meno di uno su dieci fece ritorno: il più noto di questi superstiti fu Primo Levi.

Nella più recente storia europea, sembra che rigurgiti razzisti stiano prendendo sempre più piede, accompagnandosi ora a situazioni di disagio sociale (come per l'antisemitismo e il neonazismo in Germania) ora a conflitti etnici (come nella ex Jugoslavia) o, più semplicemente, a situazioni di xenofobia, che presentano una certa virulenza anche in Italia.

I libri come quello di Barbujani sono dunque importanti perché contribuiscono almeno a privare il razzismo di un fondamento scientifico. Il discorso si fa molto più complicato, naturalmente, quando si passa a cercare le ragioni che determinano il razzismo e che per lo più fanno riferimento a un desiderio di esclusione di categorie deboli e prive di dignità giuridica. Ed è facile capire come, in una società multiculturale come la nostra, che avverte intensamente la diminuzione del benessere e la prospettiva del decli-

no, la difesa della propria identità e del senso di appartenenza si manifesti in forme xenofobe.

Analisi del testo non letterario – Fai da te

Ora ti presentiamo un breve testo non letterario, del quale dovrai approntare l'analisi, sul modello previsto per l'esame di Stato:

Un senso per l'universo

Einstein si pose una volta la domanda: «Quanta scelta ebbe Dio nella costruzione dell'universo?». Se l'ipotesi dell'assenza di ogni confine è corretta, Dio non ha avuto alcuna libertà nella scelta delle condizioni iniziali. Egli avrebbe avuto però ancora, ovviamente, la libertà di scegliere le leggi a cui l'universo doveva obbedire. [...] Ma quand'anche ci fosse una sola teoria unificata possibile, essa sarebbe solo un insieme di regole e di equazioni. Che cos'è che infonde vita nelle equazioni e che costruisce un universo che possa essere descritto da esse? L'approccio consueto della scienza, consistente nel costruire un modello matematico, non può rispondere alle domande del perché dovrebbe esserci un universo reale descrivibile da quel modello. Perché l'universo si dà la pena di esistere? La teoria unificata è così cogente da determinare la sua propria esistenza? Oppure ha bisogno di un creatore e in tal caso questi ha un qualche altro effetto sull'universo? E chi ha creato il creatore? Fino a oggi la maggior parte degli scienziati sono stati troppo occupati nello sviluppo di nuove teorie che descrivono *che cosa* sia l'universo per porsi la domanda *perché*? D'altra parte, gli individui professionalmente qualificati a chiedersi sempre *perché*, essendo filosofi, non sono riusciti a tenere il passo col progresso delle teorie scientifiche. Nel Settecento i filosofi consideravano di propria competenza l'intero sapere umano, compresa la scienza, e discutevano problemi come: l'universo ha avuto un inizio? Nell'Ottocento e nel Novecento la scienza divenne però troppo tecnica e matematica per i filosofi o per chiunque altro tranne pochi specialisti. I filosofi ridussero a tal punto l'ambito delle loro investigazioni che Wittgenstein, il filosofo più famoso di questo secolo, disse: «L'unico compito restante per la filosofia è l'analisi del linguaggio». Quale caduta dalla grande tradizione della filosofia da Aristotele a Kant!

Se però perverremo a scoprire una teoria completa, essa dovrebbe essere col tempo comprensibile a tutti nei suoi principi generali, e non

Scrivere per l'Esame di Stato   801

solo a pochi scienziati. Noi tutti - filosofi, scienziati e gente comune - dovremmo allora essere in grado di partecipare alla discussione del problema del perché noi e l'universo esistiamo. Se riusciremo a trovare la risposta a questa domanda, decreteremo il trionfo definitivo della ragione umana: giacché allora conosceremmo la mente di Dio.

> S. Hawking, *Dal big bang ai buchi neri*,
> trad. it., Milano, Bur 1999[19]

Comprensione complessiva
Dopo una prima lettura, riassumi il contenuto informativo del testo in non più di dieci righe.

Analisi e interpretazione del testo
1. Il testo è scandito in quattro blocchi (segnati da a capo e rientro) equivalenti ad altrettante sequenze. Assegna un titolo a ciascuna di esse.
2. Individua e sottolinea quelle che secondo te sono le parole chiave del testo. Qual è il tema di fondo del brano?

3. Individua i vari passaggi dell'argomentazione di Hawking.

4. Quando Hawking parla di «teoria unificata», intende una teoria che sia in grado di spiegare tutti i fenomeni dell'universo. Non c'è dubbio che questa teoria rappresenterebbe il massimo trionfo della ragione umana.
   Secondo te, potranno mai avere risposta queste grandi domande cosmiche?

5. Per quali motivi, secondo Hawking, è difficile giungere a una grande teoria unificata?

Interpretazione complessiva e approfondimenti
Sulla base dell'analisi condotta, proponi una tua interpretazione complessiva del brano e approfondiscila collegando questa pagina con altri testi dello stesso Hawking che eventualmente conosci, o di altri fisici che si sono posti le medesime domande.

■ Il tema

Progettare il tema
Che cos'è il tema La prima prova dell'esame di Stato prevede, oltre all'analisi del testo (tipologia A) e al saggio breve o articolo di giornale (tipologia B), altre due tipologie: il **tema di argomento storico** (tipologia C) e il **tema di ordine generale** (tipologia D).
Il tema è una prova di scrittura che consiste nel **trattare un argomento con osservazioni personali**. Usato esclusivamente a scuola o negli esami di concorso, è una *performance* finalizzata a valutare l'abilità con cui si argomenta il proprio punto di vista e lo si esprime in buon italiano.
La differenza tra tema e saggio breve consiste, oltre che nel processo di elaborazione, anche nella destinazione: per il saggio breve si prevede una destinazione editoriale, mentre il tema è rivolto unicamente al docente di italiano, che lo legge e lo deve giudicare.

IL PUNTO SU...
Le differenze tra tema e saggio breve

	TEMA	SAGGIO BREVE
obiettivi	sondare le conoscenze	sondare le capacità (logiche, linguistiche, critiche)
consegne	non ci sono	ci sono
titolo	coincide con la traccia	da inventare
documenti	ciò che si riesce a ricordare	sono forniti
modalità	espositiva	argomentativa
taglio	obiettivo	personale
ampiezza	a piacere	4-5 colonne di metà foglio protocollo

802   Scuola di scrittura

Le due tipologie di temi L'esame di Stato prevede due tipologie di temi, così enunciate dal Regolamento:
- **tipologia C**: sviluppo di un argomento di carattere storico, coerente con i programmi svolti nell'ultimo anno di corso;
- **tipologia D**: trattazione di un tema di ordine generale, tratto dal corrente dibattito culturale, per il quale possono essere fornite indicazioni di svolgimento.

Indicati usualmente come tema di storia e tema di attualità, i due tipi di prova si distinguono più nei **contenuti** e nella prospettiva che nel metodo:
- il tema di **storia** mira ad accertare se è stata recepita e capita la storia del Novecento;
- il tema di **attualità** mira ad accertare se si è al corrente dei fatti di costume, dei comportamenti collettivi, delle problematiche e delle tendenze che investono l'età contemporanea.

Ambedue le prove richiedono un'esposizione che deve essere:
- **informata** e meditata;
- **serena** nei toni;
- **originale** nei limiti del possibile;
- **estranea** a ogni forma di faziosità.

Le procedure da seguire Non si inizia a scrivere subito dopo una veloce lettura della traccia. È invece necessario pianificare lo svolgimento secondo alcune procedure fisse, che sono:
- l'analisi della traccia;
- la stesura di una mappa o scaletta;
- la stesura del testo;
- la revisione del testo;
- la trascrizione in bella copia;
- la rilettura finale.

L'analisi della traccia La traccia va letta con grande attenzione per capire bene che cosa chiede e per adeguare lo svolgimento.
Le tracce possono essere di vario tipo.
Traccia aperta: propone il soggetto da discutere senza fornire indicazioni per lo svolgimento. Per esempio: *La "grande guerra" e la storia d'Italia*; oppure: *Un bilancio del Novecento*; o anche: *La figura di Giacomo Leopardi*.
Questo tipo di traccia generalmente non figura tra quelle dell'esame di Stato, il cui Regolamento prevede espressamente che per il tema possano essere fornite indicazioni di svolgimento.

Traccia descrittiva: propone il soggetto invitando a situarlo nel contesto e ad approfondirlo, come

nel tema storico dell'esame di Stato 2000:

> Tra gli eventi tragici del XX secolo emerge in particolare l'Olocausto degli Ebrei.
> Spiegane le possibili cause, ripercorrendone le fasi e gli eventi, ricordandone gli esiti e aggiungendo riflessioni personali, scaturite dall'eventuale racconto di testimoni, da letture, da film o documentari.

Traccia chiusa: indica in modo abbastanza analitico come deve essere scandito lo svolgimento. Si può citare come esempio il tema di ordine generale del 2008:

> Comunicare le emozioni: un tempo per farlo si scriveva una lettera, oggi un *sms* o una *e-mail*. Così idee e sentimenti viaggiano attraverso abbreviazioni e acronimi, in maniera veloce e funzionale. Non è possibile definire questo cambiamento in termini qualitativi, si può però prendere atto della differenza delle modalità di impatto che questa nuova forma di comunicazione ha sulle relazioni tra gli uomini: quanto quella di ieri era una comunicazione anche fisica, fatta di scrittura, odori, impronte e attesa, tanto quella di oggi è incorporea, impersonale e immediata.
> Discuti la questione proposta, illustrandone, sulla base delle tue conoscenze ed esperienze personali, gli aspetti che ritieni più significativi.

In questo caso la traccia è "chiusa" perché indica espressamente la linea da seguire nello svolgimento, cioè che il passaggio dalla lettera a un *sms* o a una *e-mail* non è un fatto qualitativo (si tratta in ogni caso di scrittura), ma una diversa forma di comunicazione.

Traccia di commento a una citazione: riporta una frase di un personaggio autorevole o competente invitando a discuterla e a prenderla come spunto per il dibattito. Ne è un esempio il tema di ordine generale del 2011:

> *«Nel futuro ognuno sarà famoso al mondo per quindici minuti».*
> Il candidato, prendendo spunto da questa "previsione" di Andy Warhol, analizzi il valore assegnato alla "fama" (effimera o meno) nella società odierna e rifletta sul concetto di "fama" proposto dall'industria televisiva (*Reality* e *Talent show*) o diffuso dai *social media* (*Twitter*, *Facebook*, *YouTube*, *Weblog* ecc.).

In generale **la traccia pone il problema** e indica da dove si deve partire. È dunque importante individuare quello che si chiama il *topic*, cioè

Scrivere per l'Esame di Stato 803

il tema dominante, che solitamente si aggancia a una parola chiave. Nella traccia non sono però impliciti né lo sviluppo del tema né quella che potrà essere la conclusione: due elementi importanti che devono essere pianificati prima di incominciare a scrivere.

Svolgere il tema

Entrare in argomento   Mentre l'articolo di giornale deve fare colpo per attirare l'attenzione, e quindi spesso ha un inizio a sorpresa, il tema preferisce una costruzione più sistematica e rigorosa, scandita in **premessa-sviluppo-conclusione**.

La **premessa** o parte introduttiva non deve essere una semplice parafrasi della traccia e deve anche evitare la prassi diffusa di trascrivere dal dizionario la definizione di qualche termine presente nella traccia: in ambedue i casi si dà l'idea di non avere nulla di meglio da dire.

Un buon modo per iniziare è quello di affrontare l'argomento in modo dinamico, cercando di mostrare come lo si intende e motivando la scelta di svolgerlo.

A questa parte si possono dedicare **cinque-dieci righe**.

Esporre   Si passa poi a esporre l'argomento. Non ci può essere un tema di storia senza una **narrazione** storica. E non ci può neppure essere un tema di attualità che non esponga preliminarmente un fenomeno, un evento, un fatto di costume a cui si agganci l'attualità stessa. In qualche caso, come nel tema 2011 riportato sopra, il titolo stesso indica i contenuti (industria televisiva e *social media*) che devono figurare nell'esposizione.

L'esposizione può occupare un buon quarto dello svolgimento: indicativamente **una pagina** di metà foglio protocollo.

Dibattere   Già nel presentare e nell'esporre gli eventi, potrebbero emergere molti elementi di giudizio. Ma il dibattito sulle opinioni costituisce il punto forte dello svolgimento. Anche il tema si alimenta del **confronto tra tesi opposte**, tra diverse opinioni e interpretazioni: chi scrive potrà scegliere se limitarsi a rendere conto del dibattito oppure schierarsi per l'una o per l'altra tesi.

Naturalmente l'orientamento suggerito dalla traccia può essere **contestato**, a condizione che si adducano **argomenti robusti**: l'originalità del tema risalterà con maggior vigore e sarà accresciuta dall'eventuale riferimento a esperienze personali, talora sollecitato dalla traccia stessa come nel ca-

so del tema 2010: *Se lo ritiene opportuno, può fare riferimento anche a sue personali esperienze di pratica e/o di ascolto musicale.*

Il dibattito delle ragioni a favore e contro deve costituire il corpo centrale del tema: almeno **un paio di pagine**.

Concludere   Rimane **una pagina** per concludere. La conclusione dovrebbe **confermare** definitivamente la tesi sostenuta, coincidente o meno con quella eventualmente suggerita dalla traccia. Ma nulla vieta che si investa anche questa pagina nella trattazione dell'argomento, rinunciando a una vera e propria conclusione formale, soprattutto se questa non dovesse aggiungere nulla di concreto. In fondo, il modo migliore per concludere potrebbe essere una citazione appropriata, se la si ricorda: occupa poco spazio e propone un parere autorevole.

Ampiezza   Anche se il regolamento non delimita l'ampiezza del tema, un'indicazione attendibile è quella fornita per il saggio breve, cioè quattro-cinque colonne di metà foglio protocollo, equivalenti a circa 6000 caratteri di videoscrittura.

La stesura e le operazioni conclusive

Uno stile formale   In quanto tipica esercitazione scolastica, il tema esige uno stile formale, comparabile a quello previsto per il saggio breve, sicuramente diverso dallo stile "brillante" dell'articolo di giornale. In qualche misura, però, è bene che lo stile sia adeguato all'argomento: se si sta parlando di *reality show* si può scrivere con un certo brio, che sarebbe impensabile, per esempio, in un tema sulla Costituzione italiana.

Per quanto riguarda il tema di storia, in particolare, il modello alto di stile è offerto dal manuale scolastico e dalle letture critiche in esso presenti. Ma l'espressione di un giovane studente potrà assumere toni più disinvolti.

Brutta copia e bella copia   L'abitudine vigente di stendere il testo in brutta copia ha senso a condizione che effettivamente la prima stesura sia diversa da quella definitiva. Non sempre questo avviene, soprattutto per ragioni di tempo, anche se una trascrizione affrettata è indizio di scarsa pianificazione. Invece la revisione della prima stesura è un passaggio fondamentale verso un buon risultato. A questo scopo, anche sulla brutta copia è bene scrivere solo metà foglio, lasciando lo spazio per eventuali correzioni, modifiche, aggiunte ecc.

Scuola di scrittura

La revisione consiste nel verificare che:

- sia stato **centrato il tema** proposto dalla traccia e non si sia andati **fuori tema**, cioè tutte le ragioni addotte siano pertinenti: se si scopre che in qualche punto ci si è allontanati dal tema, non bisogna esitare a cancellare la parte in causa;
- l'argomentazione sia **coerente**, cioè non vi siano salti logici, passaggi troppo bruschi, ragionamenti ellittici o incompleti: se necessario, integrare eventuali lacune;
- il **lessico** sia appropriato: controllare sul dizionario l'ortografia; cercare eventuali sinonimi, se necessario;
- i nessi assicurino la **coesione** sintattica;
- non ci siano **ripetizioni**, divagazioni, digressioni inutili;
- le **dimensioni** siano quelle previste: indicativamente quattro-cinque colonne di metà foglio protocollo.

La ricopiatura e la rilettura finale   Svolti gli adempimenti indicati fin qui, si può trascrivere l'elaborato in bella copia, avendo cura di:

- scrivere in **grafia leggibile**;
- **andare a capo** alla fine di ogni paragrafo, cioè di ogni blocco di testo tematicamente compiuto;
- alla fine **rileggere** il tutto.

Un tema svolto

Ti proponiamo un esempio di traccia di tema con relativo svolgimento, preceduto e seguito da alcune considerazioni operative:

Traccia

Spesso si attribuiscono ai giovani problemi che sono percepiti soprattutto dagli adulti. Eppure i giovani hanno il diritto di esprimere se stessi, di vivere la propria vita, la propria felicità e le proprie speranze: devono essere messi in guardia dall'assumere comportamenti devianti, ma non devono essere oppressi da eccessivi catastrofismi.

Discuti la questione proposta, illustrandone, sulla base delle tue esperienze e conoscenze personali, gli aspetti che ritieni più significativi.

Considerazioni operative

La **traccia** è di tipo chiuso, in quanto indica come scandire lo svolgimento. In pratica, vi è già implicita questa **scaletta** di svolgimento:

- i problemi dei giovani sono percepiti soprattutto dagli adulti
- però i giovani hanno diritto di essere se stessi e non devono essere oppressi da eccessivi catastrofismi

- quindi, quali sono i loro effettivi problemi?
- la questione deve essere illustrata sulla base di esperienze e conoscenze personali.

Esempio di svolgimento

Nel mondo della comunicazione a parlare dei giovani sono soprattutto gli adulti. Anche in scritti o in trasmissioni espressamente dedicate al mondo giovanile, per ragioni tecniche il ruolo di regia è sempre svolto da un adulto. In questo modo si finisce inevitabilmente per prevaricare: l'impressione che un ragazzo di oggi prova di fronte al mondo degli adulti è quella di sentirsi osservato, a volte consigliato, altre volte condannato, qualche volta anche compianto. Ma sempre riceve direttive da chi "ne sa di più" e conosce il vivere del mondo… [PREMESSA]

Viviamo tempi difficili, in una società pervasa dalle paure: paura della guerra e del terrorismo, della criminalità e della violenza, della recessione e della disoccupazione, paura di "fare la fine della Grecia" ecc. È inevitabile che i genitori guardino con trepidazione al nostro futuro, che si annuncia molto meno roseo di quello che fu il loro, e siamo consapevoli delle loro preoccupazioni, che sono per noi una prova d'affetto. Quelli a cui siamo meno disposti a rendere merito sono invece le persone che si rivolgono ai giovani per ragioni strumentali: chi parla dei giovani perché sono l'argomento di un suo libro, chi li adesca perché acquistino un prodotto, chi cerca di attirarli in una determinata militanza persegue anzitutto il proprio interesse, non quello dei giovani. [ESPOSIZIONE: il fenomeno individuato dalla traccia]

Anche in margine agli interventi governativi sulla scuola si è determinato un rumore di fondo che quasi mai coglie quelli che sono i veri problemi degli interessati. A nessuno dei sindaci e dei politici così pronti a stigmatizzare i disordini connessi con le proteste giovanili, viene mai in mente che, forse, i giovani che protestano li si dovrebbe ascoltare. E poi quante generalizzazioni fuorvianti! Si dice che i giovani sono nichilisti, non hanno valori, pensano solo ai soldi e al successo, non hanno una coscienza civile, non nutrono interesse per la vita pubblica, non hanno senso di responsabilità; e poi che non sopportano la fatica, che pensano solo a divertirsi e molte, molte altre accuse che lasciano il tempo che trovano. Dire "i giovani", infatti, è come non dire nulla, come se riferissimo queste valutazioni a tutti gli uomini nel loro complesso. [DIBATTITO: punto I, contro le generalizzazioni]

Scrivere per l'Esame di Stato   **805**

Una prima distinzione può essere quella della fascia di età a cui si appartiene e dell'occupazione che si svolge. Uno studente tra i sedici e i vent'anni si comporta diversamente, per esempio, da chi non frequenta la scuola. La scuola è, al tempo stesso, una scelta di vita e un modo di vivere la propria giornata: chi va a scuola seriamente si alza la mattina e sa che cosa fare per buona parte della giornata o per la giornata intera. In questo modo non ha molto tempo da dedicare ai divertimenti o alle avventure *on the road*. È vero, la cronaca quotidiana ci ricorda che talora i responsabili di illegalità e violenze non sono solo delinquenti abituali o disadattati senza fissa dimora, ma anche figli di buona famiglia e studenti di istituti prestigiosi. Non si tratta di fenomeni facilmente spiegabili se non come eccezioni: quello che è certo, tuttavia, è che chi frequenta il nostro sistema scolastico, a qualsiasi livello, trova nella scuola, accanto a un'istruzione sui contenuti, le risorse per una formazione umana e per un'educazione ai valori. Il fatto stesso di vivere in una comunità come la classe o l'istituto offre lo stimolo al confronto con il prossimo e alla partecipazione; l'accostamento a discipline culturali insegna la precisione delle analisi e l'esercizio dello spirito critico; lo studio della matematica e delle scienze insegna il rigore del metodo scientifico. E che cosa sono questi se non valori? Valori razionali e trasversali, validi universalmente. [DIBATTITO: punto II, il ruolo della scuola]
Certo, oggi la scuola è solo una delle molte agenzie formative. A volte la accusiamo di essere lontana dalla vita che pulsa e dai problemi effettivi. L'accusa è in parte fondata: che cosa dice la scuola di attuale a noi giovani? Su questo piano non ci dicono forse di più i *talk show* e le televisioni, popolate da personaggi che su ogni cosa ci insegnano che cosa fare? Ma la differenza è proprio questa: che la scuola non ci dice che cosa fare, ma ci insegna a decidere che cosa fare, ci educa alla libertà del volere.
E che dire della stampa e dei giornali? L'esasperazione delle notizie diffonde allarmismi e catastrofismi, rende difficile guardare al futuro, alimenta lo *stress*… È vero che la globalizzazione ci espone a minacce difficili da prevedere e da contenere; è anche comprensibile che per creare un titolo di un articolo di cronaca o di un libro sia necessario accentuare le tinte. Ma un ragazzo ha pur sempre il diritto di sentirsi arbitro del proprio destino, di guardare al futuro con fiducia e di nutrire la speranza in un mondo migliore. A questo lo porta la sua età, forse anche l'in-

genuità di chi non è ancora stato disilluso dalle esperienze, come invece sembra sia accaduto a quei filosofi che ogni giorno ci intrattengono sulla crisi irreversibile dell'Occidente, sui possibili esiti catastrofici del conflitto di civiltà, sulla crisi energetica e sul surriscaldamento del pianeta, per poi concludere che ormai "solo un Dio ci può salvare" e forse nemmeno lui… [DIBATTITO: punto III, le altre agenzie formative]
Mi è capitato di leggere recentemente la presentazione di un libro dello storico della scienza Paolo Rossi intitolato *Speranze*: in esso lo studioso contrappone agli scenari catastrofici ricorrenti alcuni progressi dell'umanità che possono dare ai giovani qualche ragionevole speranza. Rossi ne cita due di livello mondiale, e cioè l'abolizione della pena di morte e la crescita delle democrazie. Certo, si tratta di fenomeni che possono sembrare distanti rispetto all'esigenza di trovare la felicità nel presente. Ma sono pur sempre ragioni per sperare in un mondo migliore, ragioni a partire dalle quali ciascuno è libero di fissare i proprio valori e le proprie priorità. Anche perché alla generazione che ci precede, pur con tutto l'affetto che dai figli è dovuto ai genitori, ci risulta abbastanza difficile credere. Quando avevano la nostra età, i nostri padri dicevano di voler cambiare il mondo e ce ne stanno consegnando uno che è molto peggiore; volevano eliminare le ingiustizie sociali e il solco tra ricchi e poveri si è approfondito; erano contro il potere ma poi hanno occupato tutti i posti di potere disponibili e altri ne hanno creati solo per poterli occupare; hanno dato luogo a una politica sguaiata e squallida, lontana da noi. [DIBATTITO: punto IV, concepire la speranza]
Quello che gli adulti non capiscono è che il giovane per esprimere se stesso ha bisogno anche di un po' di immaginazione e di improvvisazione. [CONCLUSIONE]

Considerazioni operative

– L'**esempio di svolgimento** è di profilo medio: non mette in campo conoscenze specifiche e si limita a sviluppare il tema proposto cercando di esprimere qualche punto di vista personale, non senza una certa irruenza giovanile, come quando denuncia le "colpe" degli adulti.
Individua almeno un punto del dibattito che tu avresti svolto diversamente.
– Anche il **registro linguistico** è di livello medio, equidistante da toni troppo colloquiali come dai toni distaccati da tema storico.

806   Scuola di scrittura

– Ora, sulla base della parte teorica e dell'esempio, prova tu a comporre un tema su questo argomento.

Un autore scrive sullo stesso tema

In margine al discorso fatto nel tema precedente, ti proponiamo un adulto illustre – il critico Pietro Citati – che parla di giovani della tua età.

Perché ormai i nostri ragazzi pensano che studiare sia inutile

Quando, l'estate, vado al mare, prendo volentieri l'ombra vicino ai capanni dove giocano i bambini. Ci sono bambini di due, tre, quattro, cinque, sei, sette anni: qualcuno viene da Torino, altri da Firenze, da Prato, da Padova, da Trieste; e le voci mescolano e confondono i loro accenti.

Mi piace ascoltare quel fitto o fittissimo chiacchiericcio infantile, interrotto da esclamazioni, grida, urla, pause, racconti. Fino a sette anni, i bambini parlano una lingua corposa, ricca, divertente: migliore di quella degli adulti che, lì vicino, fanno pettegolezzi o dicono barzellette. Poi vanno a scuola, ascoltano i discorsi dei professori e dei presidi, e la loro lingua si degrada. Paola Mastrocola, che dedica un piacevolissimo libro alla scuola italiana (*Togliamo il disturbo. Saggio sulla libertà di non studiare*, Guanda), parla di rado delle chiacchiere infantili sulla spiaggia. C'è una sola condizione che le interessa: il ragazzo o la ragazza che frequentano le medie o la prima classe del liceo scientifico. Per loro, ha una passione insaziabile. Ogni mattina, alle sette e trenta, le ragazze si preparano per la scuola; jeans attillati, scarpine con un po' di tacco, cinturina di lamé, orologino Armani, brillante minutissimo alla narice destra, piccolo tatuaggio alla caviglia. Mezz'ora dopo, una massa scura occupa parlottando e fumacchiando la nebbia fitta che avvolge le scuole di Torino. I ragazzi e le ragazze hanno gli occhi cerchiati e tristi, il naso pieno di sonno, le spalle curve, le braccia penzolanti, lo sguardo perduto nel nulla, la bocca semiaperta, i capelli stanchi. Sembrano posseduti dalla noia.

Nessuno, o quasi nessuno tra quei ragazzi perduti nella nebbia, ha voglia di andare a scuola. Nessuno si vergogna di questo rifiuto. Tutti detestano leggere o scrivere o ascoltare le lezioni. Qualche volta, basta ascoltarli per cinque minuti. Il lessico umano è immenso, ma i ragazzi ne conoscono pochissime parole: usano termini impropri, pasticciano, confondono ortografia e punteggiatura. Non sanno pensare. Non riescono a distribuire le idee e le sensazioni secondo una architettura. Elaborare i concetti e disporli nel tempo sembra, a ciascuno di loro, un'impresa disperatissima. Discorrono in modo vuoto e spento, con parole senza vita, senza agilità e movimento.

Paola Mastrocola ama i suoi ragazzi perennemente annoiati, e in quei lunghi sbadigli percepisce delusioni, desideri, speranze. Quando guarda verso le cattedre, si accorge che i professori non posseggono il dono di insegnare. Nel mondo e nei libri, non esiste quasi nulla di noioso: tutto è misterioso, concentrato, enigmatico, affascinante. Basta saper capire e interpretare: ma i professori lasciano spento ciò che era spento, morto ciò che era morto. Sopra il loro capo, ci sono i volti dei presidi: sopra quello dei presidi, i sottosegretari; sopra quello dei sottosegretari, l'intelligenza sovrana dei Ministri-Riformatori. I Ministri hanno pretese grandiose, che si possono riassumere in pochissime parole: smantellare, mattone dopo mattone, la scuola: distruggere in pochi anni, o pochi mesi, gli studi, la lingua, il lessico, i significati, i vocabolari. Bisogna ammettere che ci sono riusciti. Oggi, all'inizio del febbraio 2011, rimane soltanto una vaga sembianza di quella che fu la scuola italiana. [...]

Malgrado la passione di Paola Mastrocola, temo che il suo libro sia troppo ottimista. In questi anni di presunte riforme, non assistiamo soltanto al disastro (certo più grave) della scuola italiana, ma a quello di tutta la scuola occidentale. In Gran Bretagna, il governo ha reso facoltativo, nel programma dei ragazzi più adulti, lo studio delle lingue straniere: questo studio - sostiene il Ministro - non serve più a niente, visto che, nel mondo, tutti letteralmente tutti, parlano e scrivono inglese. Per una volta, il ministro inglese è più sciocco di quello italiano: poiché immagina che la conoscenza di un'altra lingua sia soltanto un fatto utilitario: mentre arricchisce il lessico, la fantasia e l'intelligenza di chi la apprende. Il secondo esempio è ridicolo. Da qualche anno, gli studiosi di storia medioevale non conoscono più il latino di Gregorio di Tours o di Liutprando o di san Francesco. Anche questa conoscenza, suppongo, viene considerata inutile. Non è necessario conoscere un testo medioevale latino: bastano le traduzioni.

P. Citati «la Repubblica» 9 febbraio 2011

Scrivere per l'Esame di Stato

Verifica le competenze

- Quella riportata sopra è solo una parte di un articolo di giornale in cui Citati, tra le altre considerazioni, racconta le esperienze di lettura da lui fatte quando, a tredici anni – nel 1943 – fu costretto dai bombardamenti di Torino a rifugiarsi con la famiglia in una casa in Liguria, dove poté leggere avidamente i libri della biblioteca domestica, sedimentata da generazioni e aperta alla curiosità. Ti sembra che un brano appartenente a un testo più ampio debba essere sempre contestualizzato?

- Ti senti di condividere le osservazioni di Citati o giudichi il suo punto di vista troppo pessimistico?

- Ti sembra che – compatibilmente con la generalizzazione inerente a uno scritto giornalistico – l'immagine della scuola delineata da Citati sia sostanzialmente attendibile o fuorviante?

- «Usano termini impropri, pasticciano, confondono ortografia e punteggiatura. Non sanno pensare. Non riescono a distribuire le idee e le sensazioni secondo una architettura. Elaborare i concetti e disporli nel tempo sembra, a ciascuno di loro, un'impresa disperatissima. Discorrono in modo vuoto e spento, con parole senza vita, senza agilità e movimento».
  In questa caratterizzazione dei giovani studenti Citati indubbiamente calca la mano (sulla scorta del libro di Paola Mastrocola); tuttavia il legame tra controllo della lingua e controllo del pensiero è una realtà innegabile: chi non sa esprimere i pensieri non riesce nemmeno a concepirli. Sei d'accordo su questo?

- Osserva lingua e stile dell'articolo, che rivela la mano di un finissimo critico:
  – ti sembra che la descrizione dell'abbigliamento delle ragazze sia realistica o artificiale?
  – «I ragazzi e le ragazze hanno gli occhi cerchiati e tristi, il naso pieno di sonno, le spalle curve, le braccia penzolanti, lo sguardo perduto nel nulla, la bocca semiaperta, i capelli stanchi. Sembrano posseduti dalla noia».
  Anche questa descrizione è accurata e suggestiva. Ti sembra attendibile? Analizzane le singole immagini, osservando anche come ciascuna di esse rientri nel ritmo del periodo.

- Infine, tenendo conto dello scritto di Citati e delle indicazioni operative, redigi uno schema e poi svolgi un tema sul titolo: *Studiare oggi. È ancora utile o è inutile?*

Tema – Fai da te

Dapprima ti proponiamo il titolo di un tema da svolgere, seguito da alcuni consigli per lo svolgimento.

Traccia

A volte si ha l'impressione che mafia, camorra, corruzione, immoralità, illegalità politiche e amministrative siano argomenti per cineforum (peraltro in margine a ottimi film), spettacoli, assemblee d'Istituto piuttosto che bersaglio di decisivi interventi di prevenzione e repressione. Di ciò è causa anche l'assenza in tutti noi italiani di una sufficiente educazione civica ed etica. Ma di chi sono le responsabilità effettive? Discuti serenamente l'argomento.

Consigli per lo svolgimento

- La traccia accosta criminalità organizzata (mafia ecc.), corruzione ("Tangentopoli" e il suo seguito): due fenomeni complessi tra i quali è facile perdersi;
- pertanto non si può pretendere di presentarli ambedue se non accennando agli elementi comuni: un potere forte e occulto; il rifiuto della legalità; la creazione di un organismo parallelo a quello statale ecc.;
- si possono anche indicare gli elementi che li distinguono: per esempio, il diverso quoziente di criminalità;
- questi però sono tutti preliminari di un discorso più complesso, che investe la tolleranza o la connivenza delle istituzioni con comportamenti incivili o lesivi del prossimo; come esempi possono valere:
  – l'emergenza rifiuti, che peggiora la qualità della vita;
  – la pratica della raccomandazione, che penalizza i più meritevoli;
  – la dispensa di favori all'interno di gruppi di potere, che è il presupposto delle lotte tra le cosche;
  – le carenze dell'amministrazione, che tramite la spesa pubblica si ripercuotono sulla comunità ecc.
- la seconda parte della traccia sembra operare un salto logico chiamando in causa non gli effettivi responsabili (di cui si parla in seguito), ma gli italiani tutti;
- in realtà questa inversione di ruoli pone l'accento sul fatto che la corruzione non è solo quella che emerge dalle inchieste giudiziarie, ma pervade ormai ogni ambito, dettando comportamenti marcati dall'assenza di senso civico;
- l'ultimo punto riguarda le responsabilità, per le quali, naturalmente, non ci si aspetta un discor-

Scuola di scrittura

so giuridico, ma bastano considerazioni sulla mentalità, quali:
- la debolezza del senso civico;
- le carenze della formazione morale;
- la crisi dei valori, per cui è inevitabile che in una società che attribuisce il primato al profitto non ci si faccia scrupolo di assumere comportamenti illegali.

Ora, sulle tracce che seguono, costruisci uno schema o una scaletta di quello che potrebbe essere il tuo svolgimento. Poi svolgile secondo le indicazioni teoriche e gli esempi forniti:

Prima Traccia
La musica rappresenta uno degli ambiti che maggiormente riscuotono l'interesse delle giovani generazioni. Spiega i motivi di tale predilezione, distinguendo, all'interno della vasta produzione musicale contemporanea, quanto risente di interessi commerciali da quanto pertiene a un reale arricchimento culturale e umano.

Seconda Traccia
Viviamo nella cosiddetta "civiltà dell'immagine" e pertanto non ci stupiscono i dati Censis 2007, secondo i quali solo il 33% delle ragazze tra 18 e 25 anni si piace così com'è, mentre il 56% esprime l'aspirazione a migliorare il proprio aspetto. Infatti all'aspetto fisico viene attribuita molta importanza nelle varie occasioni della vita di società. Ma questo non deve farci dimenticare che solo in qualche caso il destino di una persona dipenderà dal suo aspetto esteriore, molto di più dal suo quoziente intellettivo, dal suo carattere e dalla sua determinazione, dalla fortuna… Esprimi il tuo parere in proposito.

Terza Traccia
Commenta questa osservazione del noto critico Piero Citati:
«Un evento grave minaccia l'intera società occidentale. Le fabbriche americane o inglesi o francesi o italiane non producono più automobili o scarpe in Europa: le producono in Cina o in India; mentre l'Occidente è rimasto la sede della pura attività finanziaria ed economica. Così, in pochi anni, l'Europa ha perduto una vocazione essenziale: quella di costruire una seggiola, o un tavolo, o una lavatrice, o un computer. Non sappiamo più leggere, né scrivere, né conoscere le lingue straniere, né comporre un lavoro qualsiasi. Un tempo, l'Occidente era il luogo dell'esperienza e dell'avventura. Oggi, siamo diventati quello del niente e del vuoto».

Quarta traccia
«La solitudine non è vivere da soli, la solitudine è il non essere capaci di fare compagnia a qualcuno o a qualcosa che sta dentro di noi, la solitudine non è un albero in mezzo a una pianura dove ci sia solo lui, è la distanza tra la linfa profonda e la corteccia, tra la foglia e la radice […]. Credo che sia questa la prima solitudine, il non sentirci utili».
Commenta questa affermazione di José Saramago (scrittore portoghese, premio Nobel nel 1998) nel romanzo L'anno della morte di Riccardo Reis, *riflettendo sui concetti di solitudine e di inutilità, anche sulla base della tua personale esperienza.*

Quinta traccia
Navigando nel web ci si fa l'idea di un'umanità che ha infinite risorse di pensiero, energie intellettuali, originalità di vedute e di proposte. Ma è doloroso dover prendere atto anche di una larga componente di stupidità, violenza, pornografia, che sfrutta l'anonimato per riversarsi nella rete e di lì filtrare nella mentalità collettiva. Illustra le tue esperienze in proposito.

Sesta traccia (tema di argomento storico)
La prima guerra mondiale costò all'Italia 650.000 morti: «lotta tremenda, la quale, ogni giorno più, appare inutile strage» e «suicidio dell'Europa civile» secondo le parole di papa Benedetto XV. Ma contribuì anche a formare, a caro prezzo, il senso dell'identità nazionale. Esponi e motiva un tuo bilancio dell'evento.

Settima traccia (tema di argomento letterario)
Il romanzo è il genere letterario più presente nella letteratura contemporanea. La sua capacità di proporre problematiche reali, ma anche di sviluppare spunti fantastici e di affrontare scavi psicologici ha dato luogo a una vera e propria editoria di consumo. Facendo riferimento a uno o più romanzi che hai apprezzato, mostra in quale modo l'autore ha saputo interpretare la realtà contemporanea.

Ottava traccia (tema di argomento scientifico)
Oggi la fisica quantistica sostiene che l'universo può essere un "pasto gratuito", cioè che l'universo può provvedere da sé anche alla propria creazione, così come nel mondo subatomico le particelle appaiono talvolta dal nulla, senza una causa specifica. Ma si aprono altri interrogativi. Perché l'universo è fatto come è fatto? E chi ha posto le leggi dell'universo?

Scrivere per l'Esame di Stato

INDICE DEI NOMI

A

Apollinaire, Guillaume 542-543, **550-552**, 555
Ardigò, Roberto 116
Ariosto, Ludovico 573
Arrighi, Cletto (Carlo Righetti) **262**
Austen, Jane 147

B

Baldi, Guido **256**
Balla, Giacomo **513-514**, 521, 803
Balzac, Honoré de **128**, 129, 146, 172, 173, 700
Barberi Squarotti, Giorgio 224, 408, **427**
Barbujani, Guido **799**
Barilli, Renato **747**
Basaglia, Franco **497**
Baudelaire, Charles 85, 122, 263, 265-267, 269, 280-281, 282, **308-319**, 320, 325, 327, 329, 331, 332, 369, 381, 411-412, 426, 430, 465, 471, 480, 538, 540, 540, 573, 590-591, 596, 707, 760
Beccaria, Gian Luigi 472
Bergson, Henri 6, **119-120**, 507-508, 611, **689**, 754, 756
Bernini, Gian Lorenzo **420**
Bezzi, Bartolomeo 164
Binni, Walter **60**, **289**, **399**
Bismarck, Otto von 108, 111, **501**
Bizzoni, Achille 264
Boccioni, Umberto 513, **514**, 521, **794**, 795
Boito, Arrigo 201, 264, **268-272**, 282
Boldini, Giovanni **334**
Bozzolla, Angelo 522
Braque, Georges 513
Buzzati, Dino **774**
Buzzi, Paolo 520-521

C

Caillebotte, Gustave **138**, **790**
Calvino, Italo 651, **652**, 798
Camerana, Giovanni 264
Cameroni, Felice 184, 264
Campana, Dino 320, **589-591**, **594**, **598-600**, 604
Cappiello, Leonetto 370
Capuana, Lugi 104, 145, **146**, 147, **148-152**, 158, 170, 172-173, 175, 184, 201, 207, 393

Carducci, Giosue 14, **284-306**, 362, 368, 391, 399, 422, 424-425, 428, 473, 520, 533, 553, 562, 565, 589
Carrà, Carlo 513, **520**, 521, 795
Casorati, Felice 562, 607, 670
Cavacchioli, Enrico 520-521
Cézanne, Paul **226**, **512**, 513
Chaplin, Charlie **505**, **518**
Chiaves, Carlo 562-563
Citati, Pietro 559, **807**, 808
Collodi, Carlo **419**
Comte, Auguste **114**, 116, 124
Conrad, Joseph 341
Contini, Gianfranco 408, **462**, 472, 477
Corazzini, Sergio 538, 562-563, **577-581**, 584, 603, 604
Costa, Simona 614
Courbet, Gustave 122, 491
Crémieux, Benjamin 696, 743
Cremona, Tranquillo **262**
Crialese, Emanuele **113**
Croce, Benedetto 612

D

D'Annunzio, Gabriele 119, 306, 320, 334, 349, 360, **361-420**, 422-423, 425, 469, 473, 477, 481, 485, 503, 510, 516, 520, 523, 553, 563-564, 568, 582, 584, 586, 589, 700, 754
Dante (Alighieri) 2, 10, 24, 27, 124, 268-269, 271-272, 292-294, 351-352, 365, 382, 387, 413-414, **419**, 423-424, 449, 457, 475, 574, 576, 619
Darwin, Charles 104, 129, 173, 173, 183, 200, 246, 250, 256, 349, 507, 697-700, 703, 706, 707, 738
Daumier, Honoré 122, 491
Debenedetti, Giacomo 465, **698**, 712, 747
De Bosis, Adolfo 473
Debussy, Claude 365
De Carolis, Adolfo 370
Degas, Edgar 122, **130**
Deledda, Grazia 147, 349, **350**, **355-357**, 466, 607
De Marchi, Emilio 147
De Robertis, Giuseppe 589
De Roberto, Federico 145, **146**, 147, **153-158**, 169, 174-175, 747
Dickens, Charles 118
Dix, Otto **632**
Donghi, Antonio **689**

NOTA *I numeri contrassegnati in neretto indicano le pagine in cui si ha la trattazione monografica di un autore o quelle in cui un autore è presente con un testo, un'opera d'arte o un film.*

Dossi, Carlo **264**
Dostoevskij, Fëdor 118, 350, 363, 651, 652, 700, **747**
Duchamp, Marcel **514**, 525
Dudovich, Marcello 370, **792**
Dumas, Alexander 172

E

Eakins, Thomas **495**
Eco, Umberto 273, 796
Einstein, Albert 499, 506, 508, 517, 801
Emerson, Peter Henry **492**
Engels, Friedrich **117**
Ensor, James **688**
Escher, Maurits Cornelis **788**
Esenin, Sergej **542**, **546-549**, 555

F

Faldella, Giovanni 264
Fattori, Giovanni **104**, **289**, **444**, 491
Fenocchio, Gabriella **751**
Flaubert, Gustave **128-135**, 145-146, 169, 172, 179, 700
Fogazzaro, Antonio 334, **349-354**, 355, 359, 360
Folgore, Luciano 409, 520
Foscolo, Ugo 2, 33, 72, 292-293, 297, 303, 468-469
Freud, Sigmund **483**, 499, **507-509**, 517, 543, 594, 651, **689**, 695, 696-702, 713, 715-718, 726, 735, 741, 746, 748, 750, 754, 759, 762
Fucini, Renato 147

G

Gauguin, Paul **122-123**
Gautier, Téophile 308
Genovesi, Fabio **410**
Ghidetti, Enrico 362, **640**
Gioanola, Elio 278, **483**, 539
Goncourt (fratelli), Edmond e Jules de 128-131, **136-138**, 143, 146, 169, 176, 184
Govoni, Corrado **484**, 520-521, **533-534**, **539-541**, **552**, 563
Gozzano, Guido 538, 549, 562-563, **564-576**, 580-581, 584, 588, 604
Gualdo, Luigi 201

H

Hausmann, Raoul **543**
Hawking, Stephen **801-802**
Hesse, Hermann **766**
Hine, Lewis **493**
Hodler, Ferdinand **428**
Hoffmann, Ernest Theodor Wilhelm 263
Holland, Agnieszka 315
Hugo, Victor 118
Huysmans, Joris-Karl 105, 335, **336-341**, 342, 349, **358-359**, 360, 371, 381, 415, 755

J

Jahier, Piero 589
Jahier, Valerio 697, 702
Joyce, James 506, 695-696, 700, 723, 754-755, **775-776**, **777-780**, 785, 789
Jung, Carl Gustav 508

K

Kafka, Franz **420**, 509, 610, 631, 700, **754**, **762-764**, **770-774**, 775, 786-788, 789
Kahlo, Frida **420**
Kandinskij, Vasilij **498**, 499
Kierkegaard, Søren **514-515**
Kirchner, Ludwig **510**, **512**, **591**, **597**, **762**
Koch, Robert **496**

L

Larbaud, Valery 696
Lavagetto, Mario **727**
Leopardi, Giacomo **1-103**, 196, **256**, 270, 291, 293-294, 296-297, 302, 314, 392-393, 424, 428, 432, 460, 462, 471, 477, 479, **483**, 485, 569, 591, 596, 619, 624, 644, 803
Levi, Primo **511**, 796, **797-798**, 801
Lojacono, Francesco **202**, **238**
Lombroso, Cesare 116
Longoni, Emilio **118**, **490**
Lumière (fratelli) 791
Luperini, Romano **200**, 224, **225**, **256**
Luti, Giorgio 373

M

Macchia, Giovanni **663**
Magritte, René **637**, **651**, **653**
Majakovskij, Vladimir **542-546**, 555
Malaparte, Curzio **386**
Mallarmé, Stéphane 308, 319, **320**, 323, **326-327**, 331, 332, 589
Manet, Édouard **15**, 122, **128**
Mann, Thomas **762**, **765-769**
Manzoni, Alessandro 4, 124, 176, 232, 256, 260, 263, 265-267, 282, 424, 516, 608, 723
Marc, Franz **734**
Marinetti, Filippo Tommaso 466, 510, **520-532**, 533-534, 541, 542, 545, 546, 552, 555, **793-795**
Martini, Fausto Maria 562-563
Martone, Mario **13**
Marx, Karl 104, 106, 112, **117-118**, **125**, 215, 516, 697-698, 700
Mascagni, Pietro 174
Matisse, Henri **409**, **512**
Maupassant, Guy de **130-131**
Merritt Chase, William **398**
Miccini, Eugenio 552
Mondrian, Piet **515**

Indice dei nomi 811

INDICE DEI NOMI

Monet, Claude **122**
Montale, Eugenio 409, **482**, 563, 564, 584, 589, 601, 696, 709, 713
Morasso, Mario **335**
Moravia, Alberto **343**
Moréas, Jean 308, 320
Moreau, Gustave **122**, **123**, **128**, **320**
Moretti, Marino 533, 554, 562-563, **577**, **582-588**, 603, 604
Mosse, George Lachmann **518**
Munch, Edvard **214**, **278**, **472**, 512, **585**, 603, **708**, **764**, **788**
Musil, Robert 754, 762, **764**
Mutterle, Anco Marzio 334, **393**, **402**

N

Nava, Giuseppe 447, **462**
Nietzsche, Friedrich **119-120**, 367-368, 370, 372, 507, 564, 568, 571, 574-575, 606, 611, 697, 700
Nomellini, Plinio **288**

O

Ojetti, Ugo 364
Omero 2, 16, **419**, 473
Ortega y Gasset, José, **518**

P

Palazzeschi, Aldo **466**, 520, **521**, **533-538**, 541, 549, **553-554**, 555, 563, 577, 581, 583, **688**
Papini, Giovanni **503**, 509-510, 520, 591
Pascoli, Giovanni 287, 303, 306, 320, 365, 391, 398, 403, 404, 408-409, **422-483**, 485, 533, 538, 562-563, 586, 589
Pastrone, Giovanni 365
Pater, Walter 341
Pellizza da Volpedo, **175**
Petrarca, Francesco 292, 393, 574-576
Petronio 381
Petronio, Giuseppe **473**
Picasso, Pablo 506, **513**, **577**
Pignotti, Lamberto 552
Pirandello, Luigi 349, 494, 509, 510, 516, 576, 584, **606-689**, 690, 697, 723, 734, 743, 747
Pissarro, Camille 122
Poe, Edgar Allan 268, 339, 441
Poliziano, Angelo 473
Praga, Emilio **263-267**, 272, 279, **280-281**, 282
Pratesi, Mario 147
Pratolini, Vasco **144**
Previati, Gaetano **389**
Prezzolini, Giuseppe 589, 598
Proust, Marcel 120, 506, 507, 700, 754, **755-761**, 769, 776, 789, 797
Puppo, Mario **103**

R

Rabano Mauro 552
Raimondi, Ezio **368**, 751
Ranieri, Antonio 4-5, 13, 24, 61, 76
Rebora, Clemente **589-593**, 604
Renoir, Pierre-Auguste 122
Rilke, Rainer Maria 320, 373
Rimbaud, Arthur 308, 315, **319-320**, 323, 327, **328-329**, 332, 589-591, 594
Rivière, Gorges 512
Rossetti, Dante Gabriel 341
Ruskin, John 341
Russo, Luigi 201, 224, 238
Russolo, Luigi 521, **526**, **793**

S

Saba, Umberto **483**, 485, 508, 563
Saffo 3, 5, 10, 20, 24-25, 27, 28-32
Salinari, Carlo **369**
Saramago, José 651, 809
Sbarbaro, Camillo **589-591**, **595-597**, 600, 601-604
Scarfoglio, Edoardo 363
Schiele, Egon 581, 701
Schopenhauer, Arthur 119, 606, 611, 697-698, 700, 703, 706, 707
Secondulfo, Domenico 381
Serao, Matilde **147**, **159-164**, 169, 363
Serra, Michele 257
Serra, Renato **509**, 589
Severini, Gino **794**
Signorini, Telemaco **287**, **497**
Singer Sargent, John **336**, **661**
Soffici, Ardengo 520, 591, 795
Sommaruga, Angelo 362
Spencer, Herbert **115-116**
Spitzer, Leo 208
Stendhal (Marie-Henri Beyle) 245, 700
Sterne, Laurence 700
Stevenson, Robert Louis 341, 342, 651
Sue, Eugène 172
Svevo, Italo 507-509, 516, 576, 584, 631, **694-747**, 755, 762, 775
Swift, Jonathan 700

T

Taine, Hippolyte 104, **114**, 116, 118, 129, 131
Tarchetti, Ugo Igino 264, **274-279**, 280, 282, 349, 360
Timpanaro, Sebastiano 7
Tisdall, Caroline 522
Tolstoj, Lev 118, 350, 363
Tomasi di Lampedusa, Giuseppe, 245
Tommasi, Angiolo 185
Tondelli, Pier Vittorio, **273**
Tozzi, Federigo **631**
Tozzi, Mario **662**

Treves, Emilio 185, 201, 238, 363, 416
Tzara, Tristan 510, 514, **543**

U
Ungaretti, Giuseppe 320, 510, 552

V
Valera, Paolo 264
Vallone, Aldo 581
Vallotton, Félix 679, 707
Van Gogh, Vincent **122-123**, **168**, **397**, **449**
Vassalli, Sebastiano **594**
Venanzio Fortunato 552
Verga, Giovanni 2, 118, 138, 144, 145-147, 152, 169, **172-255**, 263, 334, 349, 354, 363, 368, **486-489**, 490, **491**, 492, 723, 747
Verlaine, Paul 120, 308, **315**, 319, **320-325**, 327, 328, **330-331**, 332, 369

Villari, Pasquale **110**
Visconti, Luchino **215**, 245

W
Wagner, Richard 364, 368
Warhol, Andy 803
Weiss, Edoardo 695, 702
Wilde, Oscar 334, **341-342**, **344-348**, 360, 371, 376, 381, 415, **420**, 651, 754
Woolf, Virginia 506, 754-755, 775, **776-777**, **781-785**, 789

Z
Zandomeneghi, Federico **349**, **572**
Zola, Émile 118, **129-131**, **139-143**, 145, 146, **165-169**, 170, 172-177, 179, 180, 183, 184, 237, 264, 336, 337, 700, 790

REFERENZE ICONOGRAFICHE

Fine Ottocento

L. Budigna, *Giovanni Segantini*, in «Maestri del Colore», Milano, Fabbri, 1967; G. Carandente, *Edgar Degas*, in «Maestri del Colore», Milano, Fabbri, 1967; D. Durbè, *Eduard Manet*, in «Maestri del Colore», Milano, Fabbri, 1967; W. Hofmann, *Klimt*, in «Maestri del Colore», Milano, Fabbri, 1967; J. Leymarie, *Henry Matisse*, in «Maestri del Colore», Milano, Fabbri, 1967; L. Malvano, *Pissaro*, in «Maestri del Colore», Milano, Fabbri, 1967; A. Martini, *Claude Monet*, in «Maestri del Colore», Milano, Fabbri, 1967; A. Martini, *Gaugin*, in «Maestri del Colore», Milano, Fabbri, 1967; A. Martini, *Renoir*, in «Maestri del Colore», Milano, Fabbri, 1967; A. Mura, *Alfred Sisley*, in «Maestri del Colore», Milano, Fabbri, 1967; B. Toscano, *Simbolismo e intimismo a fine secolo*, in «Maestri del Colore», Milano, Fabbri, 1967; M. Shapiro, *Cezanne*, Milano, Garzanti, 1969; *La National Gallery, Londra*, London, Ph. Wilson Publishers, 1983; G. Bellew, *Britain's Kings and Queens*, Piktin Pictorials, London, 1984; B. Newhall, *Storia della fotografia*, Torino, Einaudi, 1984; *Maestri dell'arte moderna nella collezione Thiessen*, Milano, Electa, 1985; *I Preraffaelliti*, in «Art Dossier», n. 5, Firenze, Giunti, 1986; *Capolavori impressionisti dei musei americani*, catalogo della mostra, Milano, Electa, 1987; *Cinema e Pittura*, in «Art Dossier», n. 16, Firenze, Giunti, 1987; M. Gemin, *Monet*, Bologna, Capitol, 1987; *Roma e lo stile classico*, a cura di K. Oberhuber, Milano, Electa, 1987; R. De Leew, *Van Gogh*, in «Art Dossier», n. 22, Firenze, Giunti, 1988; *Il secondo '800 italiano*, Milano, Mazzotta, 1988; *Gustave Moreau*, catalogo della mostra, Firenze, Artificio, 1989; C. Newall, *The art of Lord Leighton*, London, Phaidon, 1990; *La pittura in Italia, L'Ottocento*, 2 tomi, 1991; G. Dulby – M. Pierrot, *Immagini delle donne*, Bari, Laterza, 1992; *Il Grande Louvre, il Palazzo, le collezioni, i nuovi spazi*, Paris, Beaux Arts, 1994; *Courbet*, in «Art Dossier», n. 99, Firenze, Giunti, 1995; *Degas, Un teatro di luci*, in «Gli impressionisti e la pittura dell'800», Milano, Fabbri, 1995; *Il passaggio nella pittura piemontese*, in «Gli impressionisti e la pittura dell'800», Milano, Fabbri, 1995; *I Preraffaelliti. Arti e mestieri*, in «Gli impressionisti e la pittura dell'800», vol. II, Milano, Fabbri, 1995; *Pissarro. Vedute di città e di campagna*, in «Gli impressionisti e la pittura dell'800», Milano, Fabbri, 1995; *Segantini. Il gigante della montagna*, in «Gli impressionisti e la pittura dell'800», Milano, Fabbri, 1995; G. Lacambre, *Moreau*, in «Art Dossier», n. 117, Firenze, Giunti, 1996; *Il Naturalismo e la pittura dei campi*, in «Pittori & Pittura dell'Ottocento Italiano», vol. III, Novara, De Agostini, 1997-1998; *I Macchiaioli*, in «Pittori & Pittura dell'Ottocento Italiano», vol. II, Novara, De Agostini, 1997-1998; *Il Purismo*, in «Pittori e Pittura dell'Ottocento italiano, vol. I, Novara, De Agostini, 1997-1998; *La scapigliatura*, in «Pittori & Pittura dell'Ottocento Italiano», vol. III, Novara, De Agostini, 1997-1998; J. Baal-Teshuva, *Marc Chagall*, Köln, Taschen, 1998; B. Ceccato, *Roma, i luoghi e la storia*, Vercelli, White Star, 1998; G.G. Lemaire, *Manet*, Milano, Anaya ed. Fenice, 2000; L.V. Masini, *Liberty. Art Nouveau*, Firenze, Giunti, 2000; *Moreau*, in «Galleria d'Arte», Novara, De Agostini, 2001; *Odilon Redon*, in «Galleria d'Arte», Novara, De Agostini, 2001; *Pittura in Lombardia, L'Ottocento e il Novecento*, Milano, Electa, 2001; U. Becks-Malorny, *Cezanne*, Köln, Taschen, 2002; H.M. *Il Museo d'Orsay*, Paris, Beaux Arts, 2002; Koetzle, *Photo Icons*, Köln, Taschen, 2002; I. Cahn, *Gauguin*, Paris, Flammarion, 2003; *Il paesaggio nell'arte*, a cura di F. Castria Marchetti, Milano, Electa, 2003; *La pittura moderna*, Milano, Electa, 2003; G. Fahr- Becker, *Art Nouveau*, Köln, Könemann, 2004; *La Storia. L'età dell'imperialismo e la prima guerra mondiale,* vol. 12, Novara, De Agostini, 2004; *L'Ottocento*, in «I Secoli dell'Arte», Milano, Electa, 2004; A. Noakes, *John William Waterhouse*, London, Chauser Press, 2004; C. Sisi, *Paesaggi. Pretesti dell'anima*, Milano, Skira, 2004; N. Brodskaïa, *Gli impressionisti*, Savigliano, Gribaudo, 2005; *L'Ottocento, seconda parte*, in «La grande storia dell'arte», Firenze, Scala Group, 2005; F. Nicosia, *Gauguin*, Firenze, Giunti, 2005; C. Sisi, *La Galleria d'Arte Moderna, Storia e Collezioni*, Milano, Silvana Editoriale, 2005; R. Middleton - D. Watkin, *Architettura Ottocento,* Milano, Electa, 2001; *Dans l'intimité des frères Caillebotte, peintre et photographe,* catalogo della mostra (Parigi, Musée Jacquemart – André 25 marzo-11 luglio 2011), Parigi, Skira-Flammarion, 2011.

Primo Novecento

Braque, in «Maestri del Colore», n. 114, Milano, Fabbri, 1965; *Picasso*, in «Maestri del Colore», n. 56, Milano, Fabbri, 1965; U. Apollonio, *A.P. Mondrian*, in «Maestri del Colore», Milano, Fabbri, 1967; E. Fezzi, *Aleksandr Archipenko*, in «Maestri del Colore», Milano, Fabbri, 1967; *Maestri dell'arte moderna nella collezione Thyseen-Bornemisza*, catalogo della mostra, Milano, Electa, 1985; *Boccioni*, in «I Giganti della Pittura», Milano, Peruzzo ed., 1986; E. Coen, *Futurismo*, in «Art e Dossier», n. 2, Firenze, Giunti, 1986; G.G. Lemaire, *Picasso*, in «Art e Dossier», n. 19, Firenze, Giunti, 1987; F. Le Targat, *Kandinskij*, Milano, Rizzoli, 1987; *Da Van Gogh a Picasso. Da Kandinskij a Pollock. Il percorso dell'arte moderna*, Milano, Bompiani, 1991; J. Nigro Covre, *Cubismo*, in «Art e Dossier», n. 58, Firenze, Giunti, 1991; *Watercolors by Kandinskij at the Guggenheim Museum*, catalogo della mostra, The Guggenheim Museum, New York, 1991; *Art of this Century, The Guggenheim Museum and its Collection*, New York, The Guggenheim Museum, 1993; *Avanguardie e Ritorno. Arte russa 1900-1940*, Milano, Mazzotta, 1994; G. Di Milla, *Boccioni*, in «Art e Dossier», n. 133, Firenze, Giunti, 1995; *Il Futurismo. I grandi temi. 1909-1944*, Milano, Mazzotta, 1997; A. Schwartz, *Man Ray*, in «Art e Dossier», n. 139, Firenze, Giunti, 1998; J. Gympel, *Storia dell'architettura, dall'antichità a oggi*, Köln, Könemann, 1999; B. Mantura, *Picasso. Da Guernica a Massacro in Corea*, in «Art e Dossier», n. 141, Firenze, Giunti, 1999; *Mondrian, Broadway Boogie Woogie*, in «Cento dipinti», Milano, Rizzoli, 1999; *Il Futurismo attraverso la Toscana*, Milano, Silvana Editoriale, 2000; *Novecento. Arte e Storia in Italia*, Milano, Skira, 2000; R.B. Stolley, *Life. Our Century in Pictures*, Bulvinch, New York, Press Book, 2000; J.L. Ferrier, *Paul Klee. Vita e opere*, Santarcangelo di Romagna, Key Book Arte, 2001; *Storia dell'Arte Italiana*, vol. 4, Milano, Electa, 2002; *La pittura moderna,* Milano, Electa, 2003; *Balla*, in «I Classici dell'Arte – Il Novecento», Milano, Rizzoli-Skira, 2004; *Boccioni*, in «I Classici dell'Arte – Il Novecento», Milano, Rizzoli-Skira, 2004; *Picasso*, in «I Classici dell'Arte – Il Novecento», Milano, Rizzoli-Skira, 2004; F. Amico, *Kandinskij*, Milano, Rizzoli-Skira, 2005; *Art of the 20th Century*, vol. II, Köln, Taschen, 2005; *Astrattismo*, in «Art e Dossier», n. 52, Firenze, Giunti, 2005; *Il Novecento, prima parte* in «La grande storia dell'arte», Firenze, Scala Group, 2005; F. Prina - E. Demartini, *Grande Atlante dell'Architettura*, Milano, Electa, 2005; M.C. Maiocchi, *Matisse e i fauves*, Milano-Firenze, «Il Sole 24 ore» – Education.it, 2008; G. Uzzani, *Picasso e il suo tempo*, Milano-Firenze, «Il Sole 24 ore» – E-ducation.it, 2008.